中国文化知识辞典

徐宝锋　主编

江蘇鳳凰教育出版社
Phoenix Education Publishing, Ltd

凡　例

一、本词典是专为海外汉学家、译者以及中国文化爱好者编写的简明普及型文化知识类案头工具书。全书共收词1 411条，涵盖思想观念、社会治理、文学历史、艺术美学、人文地理、器物科技等6大方面内容，具体包括哲学、宗教、伦理（价值）、政治、经济、军事、外交、法律、语言文字、文学、历史、教育、社会、艺术、礼仪风俗、地理人文景观、器物科技、传统工艺、遗产文物、医药养生等31个类别的词汇。

二、本词典收词范围为力求准确反映中国文化基本形态的常用代表性词汇、核心关键词和适宜国际传播的流行词汇和时代热词。对于日常学习和工作、生活中使用概率少、生僻难懂、国外读者不常接触或难以接受的专有词汇和术语，尽量不收或少收。

三、本词典词条释义力求知识准确精当，文字简明扼要。释文在准确说明其本源意义、出处、背景、作用、价值、范例、适用范围等的同时，注意阐明其发展演变、引申义、后世影响、综合评价等，力求做到专业、规范、简洁、实用。

四、本词典内容范围限定为中国文化知识，相关词条内容涉及外国、世界知识内容的一般不作介绍，必须连带加以说明的，则不作展开详述。

五、本词典词条和释文一般不标注外文译文，如释文中有必须注明外文的专有名词和外国人名、地名等，则在正文中标注，不另作外文注释。

六、本词典词条内容的时间跨度，兼顾古代、近代与现当代，比例大致各占一半，有些类别古今比例根据容量和需要有适当调整。

七、本词典词条中表述重量、长度、距离、容量、温度等量词数字，一律使用国际标准；表示年、月、日、世纪、年代、年龄等数字，一律使用阿拉伯数字；相邻模糊数字如“八九十年代”“十几个”等词语则使用汉字。

八、本词典使用分类目录和按音序排列索引两种检索目录，以便于读者了解全书的知识内容框架，同时方便外国读者检索使用。

目　录

一　思想观念

二　国家治理

三　文学历史

四　艺术美学

五　人文地理

六 器物科技

一 思想观念

概念与范畴

道

中国古代哲学概念。“道”的本义是道路，引申为“途径”“规律”“法则”等。“道”作为一个哲学范畴，源自老子。在老子的思想体系中，“道”具有多种含义，主要包括可以言说的“常道”和不可言说的“道”。一是指事物的总规律，《道德经》“反者道之动”，循环往复是道运动的规律。老子说天之道、人之道，均有规律、法则之意。韩非认为，理是具体事物的规律，道是事物的总规律，是可以说明白的“常道”。二是老子把“道”作为哲学的最高范畴，指宇宙的本体或本原。《道德经》：“有物混成，先天地生。寂兮寥兮，独立而不改，周行而不殆，可以为天地母。吾不知其名，字之曰道。”因为这个“道”不是“常道”，是不可言说的，所以老子认为很难准确为之命名，只能勉强用“道”字来代表。这个“道”有如下几个特点：先天地生，独立不变，是天地万物的开始，广大无边，包含了遥不可及的过去和未来，无比深远且周而复始，通过无形无质的运动来生成万物。它是先验的自然存在，是一个超越一切相对的绝对存在，具有永恒性、运动性、超越性和绝对性。“道”既是宇宙的本原和本体，又是道家思想的最高理念，用以统摄老子的全部思想，并推导出“自然”“无为”的天地观、社会观、人生观。庄子进一步发展老子本体论与生成论统一结构的特点，认为道既是生天生地的基始，又是万物存在的普遍根据。

儒家更多注重社会及其秩序，所说的“道”一般都是可以言说的“常道”。《管子》以气名道，从本质论方面改造发展了老子的道。《管子》：“道在天地之间，其大无外，其小无内。”“凡道，无根无茎，无叶无荣。万物以生，万物以成，命之曰道。”

《吕氏春秋》继承道家思想，依据老子的“道生一”，糅合儒、墨、法、阴阳各家，把道命名为“一”或“太一”，道作为宇宙的本原，是一种混沌未分的原始状态，可称为“一”，是无限的宇宙本体。正是这个“一”生出了“二”，即阴阳二气。

西汉儒学大家董仲舒一反老子道在天地之先的观点，主张“道之大，原出于天，天不变，道亦不变”，把天提高到道之上，配合他的天道观，以树立君王的最高权威。魏晋时王弼以无形、无名的道为本，有形、有名的物为末，道本物末，即道的本质是无，无是万物的共同本体和万物存在的根据。这是对老子思想的发展。宋代张载认为宇宙的本体是阴阳二气，天地万物都统一于气，还没有具体的形质，而“道”正是气运动变化的过程，合阴阳之气，便是道。宋代程颢、程颐和朱熹认为道就是理，顺理便是道，从本体论的意义延伸为伦理纲常，朱熹认为道为理、为太极，是天地万物的根源，又是人类社会的最高原则。道在朱熹哲学逻辑结构中均为最高范畴。

宋代陆九渊提出“道，未有外乎其心者”；弟子杨简发展为“无思无虑，是谓道心”，“人心即道”。明代王阳明集心学之大成，以心即道，心与道无二，要认识“道”，只要从自己心上体认，不需要向外求索。陆九渊、王阳明以心言道的心学派，与程朱以理言道的理学派，及张载等以气言道的气学派，形成了宋明理学关于“道”的三足鼎立的局面。

天道

中国古代哲学概念。与“人道”相对。字面含义是指天的运动变化规律，引申为用天道去解释或主宰自然与社会现象，科学与迷信的色彩并存。在古代，天道往往与王权政治相联系。不同思想家认为的天道的涵义不尽相同。老子认为天道自然无为，是一种必然的过程，“人法地，地法天，天法道，道法自然。”孔子不喜谈“性与天道”，对鬼神“敬而远之”，但又不敢背弃天道和放弃天命信仰。墨子强调“天志”“尊天”“明鬼”，天是人格神，喜爱“兼相爱，交相利”。荀子认为“天行有常”，天道是纯粹的自然过程，人应该“制天命而用之”。西汉董仲舒提出“天人感应”说，认为人道本于天道，天道决定人道。东汉王充反对董仲舒的学说，认为天道就是自然，是无为的。宋代朱熹把伦理道德规范作为天道、天理，提出“存天理，灭人欲”。明清之际王夫之系统地论述了天道与人道的关系，“人之道，天之道也；天之道，人不可以之为道者也”，人在遵循自然规则的基础上改造自然。

人道

中国古代哲学概念。与“天道”相对，字面含义是人所走的路，引申为人类行为的一般规律或人应遵循的社会规范，思想家们对天道的不同理解也影响着对人道的理解。

孔子讲的道主要指人道，少讲天道或将人道与天道并称，使人道与天道有着同等的地位。“仁”是孔子所讲人道的核心，是人道的最高追求，“志士仁人，无求生以害仁，有杀身以成仁”，具体做法有“克己复礼为仁”“己所不欲，勿施于人”“己欲立而立人，己欲达而达人”等。孟子将之发展为“仁义”，高度肯定了“义”也是人道的重要内容：“生，亦我所欲也；义，亦我所欲也。二者不可得兼，舍生而取义者也。”荀子认为人是最宝贵的，特别重视人的作用：“道者，非天之道，非地之道，人之所以道也……”主张以人力改造自然，使之尽善尽美。后来的儒家对此虽有不同程度的发展，但大体不出孔孟所述的范围。

老子、庄子将天道与人道相对立，强调天道与人道的区别，主张尊奉天道，否定人道，自然无为。老子说：“天之道损有余而补不足，人之道则不然，损不足以奉有余。”庄子说：“有天道，有人道。无为而尊者，天道也；有为而累者，人道也。”

西汉董仲舒在具体内容上发展了孔孟的人道观点，认为“以仁安人，以义正我”，但更强调天道的根本性地位和作用。北宋程颐以“敬”为求仁的根本功夫，要人们专心致志于“理”，达到“与理合”的境界。南宋朱熹以“居敬穷理”为修养的基本功夫，要求人们去私欲，返于天理。明清之际王夫之提出“以人道率天道”，其所说人道的内容虽仍不外“仁义”，但强调人改造自然的能力和作用。清代戴震批评程朱“以理杀人”，认为人道不过是人伦日用，剔除过于浓厚的道德色彩，把人道回归到普通生活的层次里，与孔孟程朱所说的人道不同。

道器

中国古代哲学的一对概念。“道”指无形的法则和规律，“器”指有形的事物或名物制度。春秋时的老子最早提出这对范畴，“朴（道）散则为器”，“散”是“散布”的意思，认为以“朴”为象征的“道”在“器”之前。《易·系辞上》提出“形而上者谓之道，形而下者谓之器”。宋代深入对“道器”的探讨，并形成了宋明理学的特色之一。北宋程颢认为“道”不离“器”，但以“道”为本；程颐认为一切事物都有其产生变化的根本，这个根本就是“道”，强调离了“阴阳”便没有“道”，作为形而下的“器”必须受形而上的“道”的支配。南宋朱熹进一步发展，认为有形有象的气之所以能够成为“器”，是因为有“理”亦即“道”的存在，并以“理气”来解释“道器”，认为“理”即形而上的“道”，是“生物之本”；“气”则是形而下的“器”，是“生物之具”。明清之际的王夫之主张唯物主义的“唯器论”，这个“器”就是有形有质的万物，认为客观存在的只是“器”而已，“器”中有“道”，“道”包含在“器”中，形而上的“道”和形而下的“器”都是由阴阳二气派生，并统一在有形之中。清代戴震则认为，所谓的“形”指已成形质，“形而上”指在成形之前，“形而下”指在成形之后，阴阳未成形质，即是“形而上”，把未成形质的阴阳看作形而上的“道”，把已成形质的阴阳看作形而下的“器”。近代郑观应主张“道本器末”，即“道”是本原，“器”是结果，以“道”指中国传统伦理道德，以“器”指西方科学技术。

道统

本指天道传播的脉络和系统，亦即儒家核心观念的历史渊源和继承发扬的脉络体系。春秋时孔子认为天道发源于黄帝，而传承则是从尧帝开始，尧帝传给舜帝，舜帝再传给大禹。战国时孟子认为孔子的学说是上接尧、舜、禹、汤、周文王，并自命是继承孔子的正统。唐代的儒家学者韩愈首次明确提出儒家有一个始终一贯的有异于佛老的“道”，即儒家的思想核心“仁义”。韩愈认为，传承儒家的道有一个历史的发展过程，这个过程就是“尧以是传之舜，舜以是传之禹，禹以是传之汤，汤以是传之文、武、周公，文、武、周公传之孔子，孔子传之孟轲。轲之死，不得其传焉”。这个传承系列类似于佛教所说的“法统”，儒者之“道”的这个传授谱系也就是后来朱熹所说的“道统”——朱熹首先把“道”“统”合在一起称为“道统”，并认为周敦颐、程颢、程颐上承孟子，自己又上接周、程。

德

一是伦理概念，指人的品德。周朝的统治者很重视“德”，认为王者的“德”是其统治的根据。春秋以后，“德”的含义进一步丰富，把“孝”“敬”“忠”“信”作为“吉德”，把“盗”“贼”“藏”“奸”作为“凶德”。儒家之“德”范畴很广，以“仁”为核心，包含仁、义、礼、信、忠、孝、敬、恕等等。儒家的伦理价值体系，强调“为政以德”，把统治者的“德”看作实行统治的先决条件。在个人品德方面，儒家提出各种德目，用以规范人们的日常道德行为，维持社会秩序，尤其是封建等级和宗法秩序。后世儒家虽多有发展，但都在孔子的伦理道德范围之中，并与佛教、道教中关于“德”的观念相结合，产生“行善积德”的观念，成为中华民族道德文化的主流。

二是老子的道家之“德”，与“道”一起成为一对哲学概念。老子的“德”指事物源自“道”的特性。《道德经·二十三章》：“孔德之容，惟道是从。”认为“德”是万物发展的根据。《管子·心术上》：“故德者，得也。”认为“德”是“道”的体现。《庄子·天地》：“物得以生谓之德。”认为“道”在具体事物上的表现就是“德”。《淮南子·齐俗训》：“得其天性谓之德。”就人德而言，老子也秉承“道法自然”，认为清静无为，不刻意讲求德行的人才是有德。道教沿袭老庄关于“德”的哲学思想，而加进神仙修炼的仙学内容，认为修道有成，与道一体，自然生长就是“德”。

理

中国古代哲学概念。本义为物质本身的纹路、层次，引申为客观事物本身的次序；在哲学上主要指法则或规律。

在中国哲学史上，“理”在不同时期及不同学派中有不同的理解和阐释。在先秦时期，“理”一般指一物之理。《管子》以阴阳为“天地之大理”；孟子认为“义”就是“理”，属于伦理范畴；庄子认为“理”是万物存在的形式及原因，属自然观；韩非子提出“理”是事物的具体规律；《吕氏春秋》把理视作判断是非的根据。魏晋兴“辨名析理”之风。王弼认为理是事物的规律；郭象认为理是必然性，即自然之理。唐代佛教华严宗提出理、事范畴，认为“理”是本体世界。宋代张载强调理的普遍性，认为“万物皆有理”，把理看成气化运动的规律；程颢、程颐首次把理作为最高本体，建立理本论哲学，“理”成为程朱理学的最高哲学范畴，他们认为理是“形而上者”，是事物之“所以然者”，是永恒不变的宇宙本体，万事万物都是从理派生出来的；朱熹发展二程的观点，对“理”做出了系统的论述，认为理是天地万物的主宰，是万事万物运动变化的推动者，而太极则是众理的总名，是真理和道德的标准，并根据程颐所说“性即理”，认为人的本然之性为“理”，内容是“仁义礼智”——二程和朱熹的“理”，既指事物的法则规律，也指伦理道德；陆九渊提出“心即理”的命题。明代王守仁强调“心外无理”，认为“理”只存在于心中，离开“心”的作用便不存在“理”，强调“理”的主观性；罗钦顺认为理是气所固有的客观规律；王廷相发展张载的思想，认为理是气之理。明清之际的王夫之认同“理气”说，认为气是根本，“理”依赖于气，并认为“理”是事物的秩序。清代戴震注重分析，认为“理”是事物之间的区别，而只有细致地剖析事物之间的区别才能得到“理”，着眼于探究事物自身的特点及与他物的关系。

气

中国古代哲学概念中的气，亦指元气，是构成天地万物的始基。中国古代的先哲们根据气的无形、无色、无味又无处不在、变化万千的特点，赋予气以宇宙本体的属性。西周时伯阳父认为“天地之气，不失其序”。春秋时医和认为天有六气，即阴阳风雨晦明。老子把“气”纳入其哲学体系，认为是“道生一，一生二”之后的阴阳属性混合而生成“负阴抱阳”的“冲气”，这种“气”产生有形有质的万物。管子进一步提出“精气”说，认为人的精神也是由“气”构成。战国时期，思想家发展老子的“冲气”说，把气视为构成万物的基本原始物质。庄子认为万物都是“气”聚集变化的结果；荀子认为“气”是万物赖以存在的基础，并强调只有人这样有生、有知、有“义”的“气”最为珍贵，后世据此形成了“义气”的观念。西汉董仲舒认为“气”分阴阳之后，形成了四时季节以及五行元素，并认为“阳气”仁，“阴气”凶，春夏秋冬四季变化是“气”的喜怒哀乐的表现，赋予“气”以道德属性。东汉王充认为“天地合气，万物自生”，并强调“气”是无意识的，是恬淡无欲、无为无事的。北宋张载对“气”的学说作了重大发展，从“虚空即气”，无所不在，推断出一切都是“气”聚散变化而成，“气”的阴阳两种对立特性的互相作用是“气”变化的原因。还认为“气”的本体不生不灭，只是能变化成各种“客形”。程颐则认为“气”有生灭，“凡物之散，其气遂尽，无复归本原之理”。明清之际的王夫之对“气本体论”学说进一步概括：虚空皆气，气聚集则显，即是“有”；散则隐，即是“无”。认为构成万物原始材料的“气”是不断变化更新的，但事物的发展规律则是相对稳定的，事物因其变化而日新，又因其有恒而连续。

类

中国古代逻辑术语，是关于定名、立辞、推理的基本概念。《尚书》《周礼》《诗经》《左传》《国语》中最早出现“类”字，但含义不一，有作为祭名出现的“类”，也有作为一种道德品质——“善”出现的“类”。

春秋时期，随着人们认识客观事物水平的提高，对周围事物开始有了朴素的分类，产生“族类”“物类”等概念，有了“同类”“异类”的逻辑区分，并把“类推”作为求知的重要思维方法。春秋末，邓析的“动之以其类”、孔子的“有教无类”，反映了他们都已经注意到事物“以类聚”“以群分”的普遍性，虽然还没有把“类”作为逻辑的范畴加以肯定，但已从“类”的角度去自觉地认识事物和比类推理。

墨子第一次系统地阐明了“类”的逻辑意义，明确地把“类”与“故”联系起来，并提出了“知类”“察类”的思想。《易传》认为事物之间有差异也有共性，提出“君子以同而异”的思想和“类族辨物”的逻辑方法。孟子提出“知类”的逻辑要求，指出“同类”即是有相似点，了解这些“相似点”才能更好地“归类”，对“类”的本质有进一步的认识。

后期墨家继承并发展了墨子关于“类”的思想概念，将“类”概念作为墨辩逻辑体系中的一个最重要的逻辑范畴，对“类”作了详细的分析，把“类名”作为“名”的一种，明确了它的外延反映一类事物，认为“类名”所反映的对象之间的“类同”是“有以同”，即部分属性相同；有的事物不能成为“类”，是因为“不有同”，即没有相同点,认为“立辞而不明其类,则必困矣”,并把“类”作为推理的原则,认为推论必须限于同类事物,异类之间不能比较,因为它们的度量标准不同。同时还认识到事物多层次的“类”增加了类推的困难性。

公孙龙、惠施从相对、绝对的观点出发,否认“以类为推”的逻辑思想,提出“白马非马”等命题。

荀子则认为“类”的本质在于“同理”,也把“类”作为立辞和推理的逻辑依据,认为“察类”是一种基本的认识方法。

《吕氏春秋》既注意到事物的某些属性相同而可以归为“一类”,“同类”可以相推,也注意到“类同”的差异性,认为同类事物并非都能类推。先秦诸子关于“类”的理论,给后人的思维活动以直接的指导。

东汉王充认为“类推”的方法不仅圣人学者可以运用,还可以成为百姓乃至妇孺的认知方法。

宋代程颐赋予“类推”以演绎的含义,将其作为一种基本的思维方法;朱熹更是将“类推”与演绎推理和归纳推理相结合,而且作为一种基本的治学求知的方法和教育方法。

明清之际的王夫之提出“比类而观”的理论,主张通过对各类事物的考察,分析事物之间异同的关系,逐步把握各类事物的本质,形成正确的“类”的概念。

“类”的理论对于中国古代各门科学的发展产生了深远影响,特别是反映了中国古代逻辑科学自萌芽至建立的整个过程,对哲学和逻辑学均产生了一定的影响。

故

中国古代逻辑术语。墨家指事物的原因、条件或推理论证的根据。墨子最先提出这一概念,强调“辩其故”“依类明故”。后期墨家对“故”的定义为:“故,所得而后成也。”即凡事物必有其因而成其果,并把“故”分为“大故”和“小故”两种。“小故”指必要条件,“大故”指充足条件。“故”与墨家另两个逻辑概念“理”和“类”并称墨辩“三物”。墨家认为,立论要有根据,在论证中要把论题所以能够成立的根据阐述出来。孟子也强调“求故”;荀子主张辩论中所提出的命题要有充分的根据,反对名辩家为辩论而辩论。《吕氏春秋》认为任何事物之所以是这样,必有其故,即理由或根据。

天

中国古代哲学观念范畴。“天”的字源,本意指人头顶上的苍穹空间。中国哲学中的天,有三种含义:一是指人头顶上苍茫无际的天空,即自然之天;二是指超自然的至高无上的人格神,有意志,能创造万物,并主宰一切,亦称为帝,即主宰之天;三是指宇宙最高准则和规律,即义理之天。

殷周时期,“天”指上帝,即最高的人格神,它主宰人间的一切。春秋时这种主宰之天的观念受到怀疑,“天”的含义大多回归“自然之天”。老子认为天是自然的、无意志的,“天地不仁”——没有主观意志,不会偏爱。孔子所说的天,有时指主宰之天,有时指自然之天。墨子提出“天志”,认为天能赏善罚恶。庄子明确区分天与人,否定了人格化的天之存在。荀子更提出“明于天人之分”,认为星辰运转、日月照耀,带来四时更替、阴阳变化、风雨博施,反对“错人而思天”的消极态度,主张“制天命而用之”的人定胜天的思想。西汉董仲舒将儒学宗教化,再次把“天”作为最高的人格神,提出“天人感应”和“君权神授”。东汉王充反对天人感应说,认为“天道无为”,万物自生,天与地都是物质存在,回归自然之天。唐代柳宗元《天对》、刘禹锡《天论》对天作了专门论述。柳宗元批判了“天命”说,认为宣传有神论的“天”是不合“圣人之道”的。刘禹锡提出“天”与“人”“交相胜”的思想,指出“天之能,人固不能也;人之能,天亦有所不能”,认识到人的社会特性和天之自然性特点的区分,“天之道在生植,其用在强弱;人之道在法制,其用在是非”。北宋张载认为天即是气,天即太虚,太虚即气,既有自然之天的含义,也有本体论本源论的观念。程颢提出“天者理也”,认为天就是理,天、理、性、心一体,对

"天"的理解进入"义理之天"的层次。南宋陆九渊发展程颐的观点,提出"宇宙便是吾心,吾心即是宇宙",心便是天。明王守仁也认为心就是天,心和天无所不包,心即道,道即心,知心即知道、知天。明清之际王夫之、清戴震等论天,基本延续了张载太虚即气的观点。

天命

中国古代哲学观念范畴。周朝时关于天命的观点,主要是指上天的命令或任命,不同于后世指"命运""定数"等意义的天命。《诗经·大雅·文王》:"上帝既命,侯于周服;侯服于周,天命靡常。"这是天命思想发展的初级阶段。孔子修正了周以来的天命观,把天命看作非人格神、但不可抗拒的超自然力量,主张"畏天命"。孟子思想中的天命,已经不再是周初的"天命",而是具有人力所不可改变的必然趋势的意义。孟子:"莫之为而为者,天也;莫之致而至者,命也。"荀子的天命,也指命运、时遇,"人之命在天,国之命在礼"。荀子还认为要"制天命而用之",君子重人为而轻天命,小人则轻人为而重天命,在一定意义上反对了命定论。汉代董仲舒用"天人感应"学说宣扬天命论,把物质的天人格化。唐代刘禹锡分析批判宿命论,认为天地万物之间只有理、数——事物的规定性,势——事物的必然趋势。人们把一种人力所不能及、不能把握的必然性,误当作天或命的支配;当事物发展处于稳定的时候,人们容易看到其规定和必然性,把握其规律;当事物急剧变化时,就不易掌握。但这并非天命,而是理、数、势的作用。汉唐以后,天命问题已不是哲学讨论的中心问题,但仍有一定影响。明初,刘基反对天能降祸福于人的天命论,他在解释现实社会中的祸福现象时,提出阴阳交错互胜思想,认为人的祸福不过是遭遇到不同的阴阳交错、正邪际遇而产生的"无方"与"无常"。

太极

中国古代关于宇宙生成的哲学概念。《易传·系辞上》"是故易有太极,是生两仪",认为"太极"是阴阳二气未生之前的混沌状态,这种状态发生变化之后,演变成天地两仪,再生化万物,将"太极"作为天地万物的本原实体。

《庄子·大宗师》中在阐述"道"时说:"在太极之先而不为高。"高诱在注释《淮南子》时认为,"太极"是天地开始成形时的状态,是天地万物起源中最初的环节,但在"道"之后,相当于老子"道生一,一生二,二生三"中的"一"。"道"是先天的,超验的,是无形无名无质的,而"太极"则初步具备了形质,所以能够产生天地,而成为宇宙有形万物的"始"。"太极"连接着无形无名无质的"道"与有形有名有质的万物,它一分为二之后,才产生了天地(空间)和四时(时间),并且"二生三,三生万物",成为宇宙生成论模型的基点。"太极"也是春秋以来人们阐述《周易》卦象时的原点:太极"生两仪,两仪生四象,四象生八卦"。

魏晋南北朝及隋唐以后,儒家、道家、玄学家、佛教、道教都对"太极"范畴有所丰富和发展。王弼在阐述《周易·系辞》时,用数的概念来说明"太极"——认为周易演绎天地有 50 个数,但实际运用过程中只用了 49 个数,那一个不用的数就是"太极";虽然不用,却能够起作用。晋皇甫谧认为,天地未分之时,在虚无之中,在无中生有的时候,那种刚刚具备了形质的状态就是"太极"。唐佛教的宗密也认同"太极生两仪"的观点,但认为"太易"在"太极"之先。因为"太极"与老子的"道"的关系,道家和道教都特别注重"太极"。北宋著名的道学家、养生家陈抟,创制"先天八卦图"和"太极图";周敦颐发展了道家"无为"的观念,认为"太极"即是"无极",并完善了陈抟的"太极图",成为我们今天看到的黑白阴阳鱼形图,并著有《太极图说》,"太极图"也成为道教的标志,形成道教的太极说。宋代理学吸收《周易》和道教的太极说,建构了以"太极"为最高宇宙本体的思想体系,认为太极即道,太极即理,太极即心。南宋叶適否认有离开具体事物而存在的"太极",批评道学家"太极生万物”的观点，坚持以物为本，认为在有形之“物”的前提下，才能有无形的“太极”。

阴阳

中国古代哲学的一对概念。“阴阳”的本义指日照的向背，后来指两种互相对立的“气”或状态。春秋以前中国典籍中多有论述，老子提出“万物负阴而抱阳”，将“阴阳”引入哲学之中，但并未展开论述。战国时期阴阳概念则被进一步用来指世间两种最基本的矛盾势力或属性：凡是动的、热的、在上的、向外的、明亮的、亢进的、强壮的等为“阳”，而静的、寒的、在下的、向内的、晦暗的、减退的、虚弱的等都为“阴”，“阴阳”的相互作用对于万物的产生和发展变化具有重要意义。《易传》对“阴阳”概念作了重要发展，认为“阴阳”的相互交替作用是宇宙的根本规律，并用“阴阳”来形容社会现象及关系，引申为上下、君民、君子小人、夫妻等等。以邹衍为代表的阴阳家则更是用“阴阳”解释一切，将“阴阳”概念普遍化、绝对化乃至神秘化。《黄帝内经》用“阴阳”观念来探索各种疾病的根源，《黄帝内经·素问·阴阳应象大论》认为“阴阳”是宇宙间的一般规律，是一切事物的纲纪，万物变化的起源，生长毁灭的根本，而道存其中；在宇宙观中，清阳之气聚于上，而成为天，浊阴之气积于下，而成为地；阴是比较静止的，阳是比较躁动的；阳主生成，阴主成长；阳主肃杀，阴主收藏；阳能化生力量，阴能构成形体；还以“阴阳”来区分人体五脏六腑的特性，作为治病的依据，凡医治疾病，必须用“阴阳”观念求得病情变化的根本。这种身体健康疾病的“阴阳”观念，成为后世中医药理论的根基。战国以后，从两汉到宋明清，中国不同历史时期的思想家们虽然表述不同，侧重点不同，但都认同“阴阳”观念，万物为“阴阳”所生，不但肯定了“阴阳”的对立统一，同时还认为“阴阳”能够互相转化，阳极则阴生，阴极则阳动。经过历代思想家们的阐述和传承，“阴阳”观念渗透在中国传统文化的各个方面，对中华民族的世界观和方法论都产生了重大影响。

五行

中国古代哲学概念。“五行”的本义是指金、木、水、火、土五种物质。在甲骨文、金文中已经出现。《尚书·大传》中说：“水火者，百姓之所饮食也；金木者，百姓之所兴作也；土者，万物之所资生也，是为人用。五行即五材也。”说的是这五种物质对人的用途。“水曰润下，火曰炎上，木曰曲直，金曰从革，土曰稼穑。润下作咸，炎上作苦，曲直作酸，从革作辛，稼穑作甘。”

《国语·郑语》中说：“故先王以土与金、木、水、火杂，以成百物。”在中国哲学史上第一次把“五行”作为创造万物的元素，用理性思维的方式，说明物与“五行”的内在关系，从而成为抽象的哲学命题，中国哲学开始走进对物质世界构成的探索中。

“五行”真正作为一种学说，是战国末期阴阳家邹衍创立。邹衍根据这五种元素各自的特性，进行了集大成的阐释和演绎，发展出“五行”“相生相克”说：木生火，火生土，土生金，金生水，水生木；反之，金克木，木克土，土克水，水克火，火克金，并赋予这五种元素以“阴阳”特性，形成完备的“阴阳五行”学说。这五种常见的与人类生活密切相关的元素，有金属和非金属，有固态的金木土、液态的水和非固态非液态的火，有生物和非生物，却各有特性。因此，世界万物都可以归类到“五行”中，赋予万物以“五行”中某一元素的特质及阴阳属性，而“相生相克”则代表了万物之间互相作用的关系。如此，就以“阴阳五行”统摄了整个物质世界。邹衍还将“五行”学说发展成“五德始终”说，即金木水火土五种元素不仅代表五种物质或特性，还构成五种德行，将“五行”赋予道德伦理特性，如周属火德，秦属水德，水克火，秦将灭周自代，秦王大加赞赏。

成书于战国时期的《黄帝内经》不仅用“五行”解释事物之间的普遍联系，而且以此揭示事物之间的结构关系，将“五行”引入中医药理论和实践中，认为“五行生克”能保持人生命状态的整体平衡，与“阴阳”观念相结合，成为中医诊断治疗的理论基础。西汉董仲舒将“五行”纳入他的“天人感应”的神学中,认为天有五行,映射到人类社会,则是孝子忠臣之行,把“五行生克”这种被固化的普遍法则进一步演化,被谶纬神学所用,后来还被广泛应用到了命理、相学、预测领域。

八卦

古称“经卦”,《周易》中具有象征意义的八种基本图形。“八卦”是由原始社会人们的卜筮活动演化而来,是对人们利用龟甲兽骨卜筮时出现的表示吉凶“象兆”的表征的记录、整理和条理化而形成的。一般认为,形成八卦并构成《周易》一书,大约在殷周之际。

八卦在《易经》中分别象征天、地、雷、风、水、火、山、泽等八种自然之物,其中“乾”“坤”两卦被认为是自然界和人类社会一切现象的最初根源。《易经》中的六十四卦乃由此八卦两两重合而组成,称为别卦。八卦的基本构成为“爻”。爻分两类。一为阳爻,用“—”表示;一为阴爻,用“--”表示。每个图形均由分别代表阳(—)与阴(--)的爻画组成。每卦由三个爻重叠在一起组成。分别是乾卦(☰)、坤卦(☷)、震卦(☳)、巽卦(☴)、坎卦(☵)、离卦(☲)、艮卦(☶)、兑卦(☱)。

在《周易》中,阳爻和阴爻的基本含义分别代表阳刚和阴柔这两种性质。以此为基础推衍,八卦亦分别代表一些不同的性质,如乾代表刚健,坤代表柔顺,震代表振动,巽代表进入,坎代表遭陷,离代表附丽,艮代表禁止,兑代表近悦等。根据这些不同的性质,八卦又可以分别象征一些不同的事物,称为八卦的卦象。其中最基本的八种卦象是:乾象天,坤象地,震象雷,巽象风,坎象水,离象火,艮象山,兑象泽。除此以外,八卦的卦象还有乾为马,坤为牛,震为龙,巽为鸡,坎为豕,离为雉,艮为狗,兑为羊等。以此使《周易》具有模拟自然界与人类社会各种变化的功能。旧说八卦为传说时代伏羲所创(《易传·系辞》)。今学者据甲骨文资料确认商代后期已有别卦符号存在,故八卦起源当甚早,或为史前原始宗教占术发展之结果。八卦的形成表明,古代在宗教神学世界观的统治下,唯物主义世界观开始萌芽。

乾坤

《周易》之八卦及六十四卦的两个卦名。在八经卦和六十四别卦中皆居首要地位。在八经卦中,乾由三阳爻(—)组成,卦象为☰;坤由三阴爻(--)组成,卦象为☷。在六十四别卦中,乾卦由六阳爻组成,卦象为䷀;坤卦由六阴爻组成,卦象为䷁。乾坤两卦象征着宇宙间两类互相对立的事物或属性。《易·说卦》言:“乾为天,为圜,为君,为父,为玉,为金……坤为地,为母,为布,为釜……”《易·系辞下》谓:“乾,阳物也;坤,阴物也。”《易纬·乾凿度》说:“昔者圣人因阴阳定消息,立乾坤以统天地也。”此两卦具有相反的属性,《易·杂卦》:“乾刚坤柔。”《说卦》:“乾,健也;坤,顺也。”《系辞上》:“乾道成男,坤道成女。乾知大始,坤作成物。乾以易知,坤以简能。”乾坤这两种对立的性质被看作是万物产生的根源,《易·乾象》:“大哉乾元,万物资始,乃统天。”《易·坤象》:“至哉坤元,万物资生,乃顺承天。”《易·序卦》:“有天地,然后万物生焉。”《系辞》认为乾坤的对立统一是《易》的门户、内蕴和基石,《系辞下》云:“乾坤,其《易》之门邪!”《系辞上》云:“乾坤,其《易》之缊邪?乾坤成列,而《易》立乎其中矣。乾坤毁,则无以见《易》。《易》不可见,则乾坤或几乎息矣。”乾坤二卦代表天地、阴阳、刚柔的相反相成,推动着客观世界的运动变化,从而生成万物。乾使万物发生,坤使万物成长。以此体察天地间的一切事物,区别其异,综合其同,才能认识其性质。

自然

先秦道家哲学观念,老子指万物非人为的本原状态,也指事物在非人力干预中自身自由发展变化的进程。老子首先提出“自然”的概念,来解释“道”和“德”,并以此作为人们的活动准则。老子说,“人法地,地法天,天法道,道法自然”,意为道生万物及天地人的活动过程都是“自然”的、“无为”的。庄子继承老子的天道自然思想，主张人应该无条件地与自然融合为一，才能达到“至人”与“至乐”的境界。在中国古代哲学中，“自然”可以指无目的、无为无造。如《韩非子·大体》中说“守成理，因自然”；王弼《老子注》中说：“天地任自然，无为无造，万物自相治理，故不仁也。”三国魏嵇康还认为“自然”即人的自然本性和自然情感。宋程颐说，“一阴一阳谓之道，自然之道”，认为“自然”即是“道”。

道法自然

先秦道家基本思想观念，出自老子《道德经·二十五章》：“人法地，地法天，天法道，道法自然。”老子认为，宇宙间最根本的法则是自然，这种法则任由世界上的所有事物自生自灭，而不是人为外力干预，因此，不应该强行改造自然、改造社会。在老子看来，“道”所反映出来的规律是“自然而然”的，老子将天、地、人乃至整个宇宙的生命规律概括、阐述出来，用以揭示整个宇宙的特性，并囊括天地间所有事物的属性，及宇宙天地间万事万物均效法或遵循“道”的“自然而然”的规律。

这与儒家人为设置和建立各种礼制道德，强行改变人的自然本性的观念相对。受老子思想的影响，魏晋时期的何晏、王弼等人将“道法自然”引入儒学，宣称儒家提倡的礼法名教也是出于自然，二者的关系是本末而非对立。嵇康等人则认为礼法名教是与自然相对立的，以“道法自然”反对儒家的礼法名教，提倡“越名教而任自然”，认为儒家的经典都是抑制自然人性的，礼法名教是违背自然的；阮籍则明确宣称儒家的礼法名教会残害天下，认为只有“道法自然”的社会才是“至德”之世。“道法自然”成为中国最基本的哲学思想和文化观念。

体用

中国古代哲学的一对观念范畴。“体”指本体、本质、形体；“用”指作用、功用、现象。

在不同时期的思想家那里，“体用”的含义不同。在老子那里，“体”是“有”的体现，“用”则归属于“无”。王弼《老子注·三十八章》：“虽贵以无为用，不能舍无以为体”，认同老子的“无之以为用”，同时又以“无”为世界本体。《易传》把“体”看作实际的存在，而把“用”当作内在的潜能。《荀子·富国》：“万物同宇而异体，无宜而有用为人。”“体”指形质、实体；“用”指功能、作用。

“体”“用”二词的意义，到唐代才明确起来。唐代的经学家给予“体”“用”二词以明晰的解释。唐崔憬《周易探玄》：“凡天地万物，皆有形质。就形质之中，有体有用。体者，即形质也；用者，即形质上之妙用也。”认为天地是“体”，产生万物的功能是“用”；动物的形躯是“体”，灵识是“用”。崔憬关于体用的学说具有鲜明的唯物主义色彩。

在宋代哲学中，“体用”成为常用的范畴。崔憬所谓“体用”的意义是具体的。宋代哲学中所谓“体用”的意义却比较抽象化了。在以张载为代表的宋代哲学中，所谓“体”指永恒的、根本的、深微的根源，所谓“用”指流动的、从属的、外发的表现；“体”是永恒的基础，“用”是外在的表现。程颐提出“体用一源”的学说，所谓“体”就是“微”，所谓“用”就是“显”。而“微”就是理，“显”就是象，他认为理乃是深微的基础，“一源”即是“一本”，“体用一源”就是说“体用”是相互统一的，并非彼此分离的两个根本。

明清之际王夫之以真实存在的“实有”为“体”，“实有”的功能作用为“用”，重返崔憬的唯物思想。近代张之洞主张“中学为体，西学为用”，即以儒学为中国核心价值观，以西方的科学技术为实际运用，做到体用结合。

知行

中国古代哲学的一对观念范畴。“知”为认识、知识、道德意识，“行”指行为、行动、践行。在中国哲学史上，知行关系问题主要涉及道德认识与道德实践，同时也具有一般认识论的意义。

自古至今，中国思想家们对知行关系所涉及认识的来源，求知的途径、方法，以及验证知识的标准等问题的探讨，从未间断。知与行并提始见于《左传》和《尚书》。《左传·昭公十年》："非知之实难，将在行之。"《尚书·说命中》："非知之艰，行之惟艰。"说的都是"知易行难"。先秦诸子中，孔子认为有"生而知之者""学而知之者"和"困而学之者"，他既重见闻，又重思索，并主张知行结合、学以致用、言行一致；墨子把认识的来源归结为"闻之见之"，主张"口言之，身必行之"；孟子主张人有"良知""良能"，认为人的道德认识是先天的；老子持"不行而知"的观点，从"无为"出发，主张"不出户，知天下"；庄子提出"大知""小知"以及"有真人而后有真知""知与恬交相养"；荀子明确提出："不闻不若闻之，闻之不若见之，见之不若知之，知之不若行之。"强调"见闻"（感觉）是"知"的来源，是"知"的初级层次，"行"是"知"的必然结果，达到了先秦哲学对知行关系认识的最高成就。

两汉时，知行关系的讨论以董仲舒和王充为代表，前者主张人"不学而自知"，后者认为"学之乃知，不问不识"。隋唐时，佛教哲学以其特有的方式讨论了知行问题，有重知轻行、知行并重、知行合一等不同主张。宋元明清时期，知行成为思想界争论的一个重点问题。程朱学派主张知先行后，强调知的作用；王阳明提出知行合一，否定了知与行的界限；王夫之认为行先知后，行可兼知，主张行优于知、行高于知。

五四运动以后，马克思主义传入中国，中国现当代哲学家在马克思辩证唯物主义基础上，对传统哲学的知行观进行了科学的总结，认为"知"就是一种探索和学习，探索世界未知事物的本质；"行"就是实践，就是将知的积累应用到现实世界的改造中，并在"行"的过程中进一步检验"知"的真理性。

心性

中国古代哲学的一对概念，指"心"与"性"及其关系。战国时孟子最早注重"心"的作用。《孟子·告子上》说："心之官则思，思则得之，不思则不得也。"认为"心"是主思维的器官，"心"的功能是思考。孟子的这个论断影响深远，至今在中国的语言交流中依然普遍使用"心想"一词。孟子一方面认为"心"是思维器官，同时又认为"心"有先验的道德本性，所以又提出"尽心知性"说，认为"性"在于"心"，为人之性的仁义礼智四端，都蕴藏在人的心中，"君子所性，仁义礼智，根于心"，尽心则能知性。荀子强调"心"的作用，认为心可以改变本性，人的本性所表现的喜怒哀乐之情，由"心"所控制，"心"的思维活动称作"伪"，即人心所为，所以人性的改变决定于"心"动，亦即思想观念的影响。其后佛教各宗盛谈心性，禅宗认为心即是性，提倡明心见性，顿悟成佛。宋明理学特别注重"心性"，张载提出"合性与知觉，有心之名"，认为"性"是根本的，有"性"才有知觉，而成为"心"，"心"是包含着"性"及由知觉而起的情；程颐认为"心"是蕴藏着"性"的有形之物，"性"动则为情；朱熹认为，"心"未动时是"性"，已动则为情，"心"统摄了"性情"；陆九渊、王阳明则主张"心即性""性即理"，认为"心""性"没有区别。明末清初的王夫之和后来的戴震虽然用"气"来解释"心性"的关系，但认为"心性"都是自然的属性。

性善性恶

即性善论与性恶论，中国古代关于人性本质的两个对立的观念。性善论由战国时的孟子首先提出，他认为人性就是不同于其他动物的本质属性，具有"恻隐""羞恶""辞让"和"是非"四种道德心理特征，也是"仁、义、礼、智"四德的根基。孟子主张人性平等，认为无论是圣人君子还是普通人，生来就具有这四种道德天性，只是由于后天环境的影响和主观不努力，从而失去了这四种道德天性，而表现出各种不同的"恶"。后世儒家除荀子外，对人性的本质属性虽然各有发展，但大多肯定人性中具有为善的心理基础，把"善"当作人性的根本，这也成为中国古代人性论的基本倾向。

性恶论是荀子的主张，即人性本恶。与孟子相反，荀子认为，所谓的“恶”来自于人的感性欲望，这些欲望都是与生俱来的，是人的自然本性，而所谓的“善”，恰恰是人后天接受教化的结果，属于后天“人为”的，即“恶”是人性之本，“善”是人性之伪。荀子否定“善”的先验性，荀子以为，人的自然属性不善，且有倾恶的可能，把这种自然属性看作是后天“恶”的根源，据此论证礼仪的起源和礼法兼治的必要性与合理性，同时又为道德教化和道德修养提供了理论依据。

战国时的告子提出“人性无善无不善”，从“生之谓性”立论，认为人的自然属性不具有道德善恶的意义，善恶是后天习俗和教育形成的，否定了善恶天赋的道德先验论。

性命

一般词义，原指生物的生命，在中国古代哲学中为一对观念范畴。“性”指万物的天赋和禀受；“命”指“命运”或“命理”；“性命”则指“性”与“命”及其关系。《易·乾》提到：“乾道变化，各正性命。”认为自然界的变化具有必然性和个别性的特点。孔颖达解释为：“性者，天生之质，若刚柔迟速之别；命者，人所禀受，若贵贱夭寿之属也。”

孟子最早探讨“性”与“命”的关系：“存其心，养其性，所以事天也。夭寿不贰，修身以俟之，所以立命也。”认为命由天定，而性则是天道在人或物身上的具体体现，进而认为感性和声色不是人类的本质，理性和仁义才是人的“性”，仁、义、礼、智，去追求就能得到，舍弃就会失去，并鼓励人们去追求这种合乎天道的“性”，以此决定自己的“命”。孟子的“性命”观具有积极进取的精神。

东汉王充认为“性”指人性，“命”指命运，反对“性的善恶能决定命的祸福吉凶”的观念，认为“性”是最初秉受的自然之气，“命”是自然之气转化的“生”。荀悦则认为，人生下来就自存有“性”和“命”，命运好就顺其自然本性发展，命运不好就谨慎自守。到了宋代张载，“性命”被提升到“天理”的高度，认为“命”只是“气”发展的自然规律，与“性”相通，“性”是基于形体的特性，也即事物的自然特性，而“命”则是自然而不能改变的一般规律，即“天理”。程颐再次将“性命”带回到传统观点，认为在天为“命”，在人为“性”。明清之际的王夫之强调人与动物的不同：动物初生的“命”决定了一生，而人性每天都在生成发展，突出了人的“性命”的发展观。

有无

中国古代哲学的一对概念范畴。“有”指事物的存在，有“有形、有名、实有”等义；“无”指事物的不存在，有“无形、无名、虚无”等义。老子最早提出这对哲学概念，认为“天下万物生于有，有生于无”，“无，名天地之始；有，名万物之母”，认为“无”比“有”更根本。老子还论述了“有”“无”的辩证关系，比如用泥土制作成一个器皿，正因为中间是空的（无）才有器皿的用途，因此，“有无相生”，互相关联，“有之以为利，无之以为用”。庄子继承老子的思想，认为“无”并非完全不存在，而是万物的根本或本原，“万物出乎无有，有不能以有为有，必出乎无有”。以无为万物的本原，类似于当代宇宙大爆炸理论的那个无限小的“奇点”。庄子既注重“有”“无”的统一性，又注重“有”“无”的相对性，认为“有”和“无”无法分清，存在和非存在之间的界限无法区分。后期墨家主张根据具体事物来分析“有”“无”的关系，魏晋时期“有”与“无”的关系问题成为哲学争论的热点，出现了王弼的“贵无论”和裴頠的“崇有论”，以及郭象的“独化论”。王弼提出“以无为本”，认为天地万物得以存在，是由于以无为本，万物要保全自身，就必须保持其本体的“无”，不能舍“无”以为体；裴頠反对“贵无论”，认为不能从虚无中去寻找事物产生的本原，产生“有”的都是“有”；郭象的“独化论”既反对“无中生有”，又反对“有”产生“有”，认为“有”是自生的。东晋时僧肇提出“非有非无”说，认为万物虽不真实，但并非不存在，而是“有”非实有，“无”非实无，万物既是“有”也是

“无”，强调“有”与“无”的统一，对后世产生了一定影响。宋代以降，张载、王夫之等人从朴素唯物主义观点出发，以气的聚散、显隐说明万物的生灭，反对老庄的“有生于无”之说，认为“无”是相对于“有”而提出的。没有“有”也就无所谓“无”，而“无”也必有待于“有”，主张“有”“无”统一于“气”，没有孤立独存的“无”。

名实

中国古代哲学的一对认识论范畴。“名”指名称、概念，“实”指客观实在、具体事物。春秋末期到战国，社会经济、政治、文化急速发展变化，各种不同的思潮、学派产生，百家争鸣，出现了名实之争，名实关系随之发展成为认识论的问题。

孔子针对这种情况首先提出了“正名”的主张。所谓正名，就是辩正名称、名分。孔子以周礼为尺度，以理想的“名”去匡正现实，要求人们克己复礼，以“礼”相待。孔子的正名思想包含了唯心主义名实观的萌芽，具有一定的认识论和逻辑学意义。

和孔子相反，墨子的名实观是唯物的。他主张“取实予名”，认为名是由实来决定的。他提出“非以其名也，以其取也”的命题，认为仅仅知道名称，还不能算是有知识，重要的在于认出名所指的实来。后期墨家进一步指出“以名举实”，认为名是对客观事物的概括。荀子继承和发展墨家的唯物主义名实观，主张“制名以指实”，名是实的反映，“名闻而实喻，名之用也”。名的作用，就在于听到名称，就可以使人们了解它所代表的实际事物。

秦汉以后，名实关系仍然是哲学论争的重要问题之一。董仲舒和东汉的徐幹提出了不同的名实观。董仲舒一方面提出“名生于真”“名者所以别物也”，另一方面又把名说成是圣人体察“天意”的产物，提出一切名都要服从天意的唯心主义的名实观。徐幹则明确指出：“名者，所以名实也，实立而名从之，非名立而实从之也。”秦汉以后的名实关系之争，推动了中国认识论和逻辑思维的发展，在中国哲学史上占有重要地位。

形神

中国古代哲学的一对观念范畴。“形”指形体、肉体，“神”指精神、灵魂。作为哲学范畴的“形神”关系，最早可追溯到《管子·内业》篇，管子认为，人的产生是因为天给予了“精”（神），地给予了“形”，认为“精”是构成万物之“气”的精微部分，把精神归结为一种特殊的物质，导致形神二元论。庄子提出“精神生于道，形本生于精，万物以形相生”，认为道是世界的本源，精神由道产生，形体由精神产生，精神比形体更根本。成玄英解释庄子的“形神论”时认为，无形之“道”能生有形之物，在“道”和“有物”之间，还有一个“精神”，“形神”既可分离，也能够合一。从此，“形神”及其关系就成为了一个哲学命题。

后期墨家认为人的生命现象是形体与知觉结合的产物，具有朴素的唯物主义思想成分。荀子在《荀子·天论》中提出“形具而神生”的唯物主义命题，肯定了精神对形体的依赖关系，同时又认为生命死亡，形体腐烂，形体中的“神”会以“气”的形式离开形体而游荡，陷入了“神不灭”论。《黄帝内经》认为“心伤则神去，神去则死矣”“故能形与神俱，而尽终其天年”。《淮南子》以为精神比形体更重要，主张“以神制形”“神贵于形”，却又认为“形有灭而神未尝化”，精神可以脱离肉体而长存，也是“神不灭”论。

东汉桓谭以烛火比喻形神进行论证，得出人死如灯灭、火烛俱尽的唯物主义结论。继桓谭之后，王充吸收了当时天文学、医学等自然科学成果，提出“形须气而成，气须形而知，天下无独燃之火，世间安得有无体独知之精”的观点，并进一步指出，精气就是血脉，人死血脉竭，竭而精气灭，灭而形体朽，朽而成灰土，神就不存在了，比《黄帝内经》的形神论更为深刻。

魏晋南北朝时期，佛教所宣扬的“神不灭”和“因果报应”思想与中国传统的有鬼论相结合，是这一时期唯心主义形神观点的主要表现形式。

南朝何承天也用“薪火之喻”，坚持形死神灭。南朝范缜著《神灭论》，抛弃了精气说，提出了“形质神用”的观点，认为形是物质实体，神是形体的一种功能或作用，神即形，形即神，所以形存则神存，形谢则神灭。

范缜以后，关于形神问题虽仍有讨论，但在理论上没有多大提升。宋代周敦颐以为先有形而后有神，明代学者何塘提出了明确的形神二元论，认为形神是相互独立的，来自宇宙的阴阳二气。明代唯物主义者王廷相认为神是形气的妙用，神必须依赖形气而存在，没有形气则神灭，重新肯定了关于形神问题的唯物主义观点。

始终

中国古代哲学观念的一对基本范畴，指宇宙的始终。老子说：“天下有始，以为天下母。”认为宇宙有始，这就是“道”，是一切的根本。庄子则认为“无古无今，无始无终”，宇宙是没有始终的，因为“穷则反，终则始”，只有变化。北宋邵雍则持天地有始有终说，认为既然有消长变化，就会有始终。程颢的观点和庄子相近，认为天地既无始，亦无终。朱熹则提出“动静无端，阴阳无始”。南宋蔡沈认为天地的始终是相续不绝的，而整个宇宙是无始无终的。明清之际的王夫之认为天地万物是日新不已地变化的，具体的事物有始终，但宇宙是无始无终的。

消长

中国古代哲学的一对观念范畴，“消”是减少、消失，“长”是增长、发展，“消长”，指事物发展变化的两种相反的状态或趋势。春秋战国时期，“消长”由单一概念演变为对偶范畴意义。《孟子·告子上》认为，如果得到一定的培养，没有什么事物是不生长的；如果失去培养，没有什么事物是不消亡的。孟子这里所说的“培养”“消长”的对象是仁义道德，强调教育培养对道德品性养成的重要性。庄子以“消长”来描述宇宙万物的生灭变化。《易传》扩大了“消长”的内涵，将“消长”与君子和小人、阴阳、刚柔、内外等一系列对立概念并列联系在一起，在与这些概念、范畴的网状联结中，被定位为相对范畴。此后，“消长”的意义逐渐划分为自然现象的消长与社会现象的消长两条路径，“消长”规则更具普遍应用性，阴阳、公私、理欲、轻重等作为“消长”的概念发挥作用。

在较长的时期内，阴阳消长的思维模式支配了消长范畴的运用和功能的扩展，特别是在易学思维的发展过程中，这种情况尤为突出。在消长范畴发展演变过程中，宋明理学家具有重要地位，他们基于对易学研究的深厚功底，使消长范畴超越阴阳的支配，而与义利、公私、理欲相联系，用以解释义利、公私与理欲范畴之间的关系，这样消长范畴便成为明晰义利、公利和理欲，以及从理欲反馈为义利、公利联系的载体和中介。

变化

中国古代哲学的一对范畴。最初，“变”与“化”并未连用，含义不同，变是指改变，化指教化。变化两字连用，较早见于《孙子兵法》：“兵无常势，水无常形，能因敌变化而取胜者，谓之神。”但此时，变与化是在同一意义上使用，并没有区别变、化的不同含义，因此，变化还是一个概念，而非哲学范畴。战国时期，变化由概念转变为哲学范畴。《管子》载：“静则不变，不变则无过。”这是说事物处在相对静止稳定不变的状态，而变化则是自然社会的普遍现象——这里的“变”就已经具有哲学意义了。孟子论变化，以变为改变，“诸侯危社稷，则变置”，以化为教化，“夫君子所过者化，所存者神”。庄子提出物化概念：“不知周之梦为胡蝶与，胡蝶之梦为周与？周与胡蝶，则必有分矣。此之谓物化。”公孙龙作《通变论》，可见“变”受到当时哲学家的重视。在《易传》中，变化是指一事物产生了新的状况或转化为新事物。北宋张载认为，“变”是顿然的改变，“化”是逐渐的改变。然而，在道教中，变化是指能变化形体，使人变成异人异物的幻想，又有所谓五遁之法，凡此纯属无稽之谈。

三表

亦称“三表法”，“表”指的是标准、准则。“三表”是指关于“立言”或判定言论是非的三条标准，春秋战国之际墨子用语。《墨子·非命上》：“言必有三表。”三表为：“有本之者，有原之者，有用之者。”即“上本之于古者圣王之事”，以前人的历史经验为依据；“下原察百姓耳目之实”，要以人们的直接经验为根据；“废以为刑政，观其中国家百姓人民之利”，还要付诸政治实践，看其是否符合国家、民众的利益。第一、二表着重间接经验，第三表为直接效果。这个标准属于唯物论的经验论，表明墨子的朴素唯物主义的经验论，是墨家逻辑学说的认识论基础，是中国哲学史上第一次明确提出检验认识正确与否的标准问题，但过分重视经验忽视理性思维，也带有一定的局限性，不能作为科学判断是非真伪的标准，墨子本人就运用这种“三表法”既论证了“命”的不存在，又论证了“鬼”的存在。

虚实

中国古代哲学的一对重要概念。就其本义讲，“虚”有空虚、虚伪等义，“实”有充实、实在等义。在哲学涵义上，作为关系范畴言，“虚”指事物中微弱、无形、空虚的一面；“实”指事物中强盛、有形、充实的一面。虚实之说，源于老子哲学中的“有无”理论。老子认为，道是“有”与“无”的统一，“无”是“有”的根本，“有”是“无”的外化。“有无相生”“有之以为利，无之以为用”，恰如房屋有空间才能居住，才成其为房子一样，“有”和“无”是相互统一、不可分割的。后人将老子这一思想运用于文艺批评，便产生了虚实论，主张虚实结合，以实显虚。如唐代刘禹锡说“境生于象外”，司空图说“超以象外，得其环中”，便是凭实求虚之论。清代诗人袁枚：“凡诗文妙处，全在于空。譬如一室内，人之所游焉息焉者，皆空处也。若窒而塞之，虽金玉满堂，而无安放此身处，又安见富贵之乐耶？钟不空则哑矣，耳不空则聋矣。”这是将老子论有无的例子应用于论诗文，说明诗文之妙在虚不在实。又如评画，笪重光《画筌》：“虚实相生，无画处皆成妙境”；戴熙《习苦斋画絮》：“画在有笔墨处，画之妙在无笔墨处。”理论家们一致将语言文字、字面意象，或线条色彩之类视为“实”的成分，而将诗画之意境、韵味看作“虚”的成分。“实”若不能传达出“虚”，那就不是好作品。虚实论引导人们重视物象以外的境界而不止于形式技巧的表现，突出了古代艺术中虚空、空白的地位，对于形成中国艺术贵含蓄、重意味的传统特色起了很大的作用。

三教合一

“三教”，指的是儒、释、道三家，“三教合一”是指儒教、佛教、道教三个教派的思想融合，其中有儒家立场的、道家立场的和佛教立场的三种融合类型。对于此种现象，学者多以三教合一统而论之。从三教并立到三教合一，则有一个过程。元明间“三教合一”一词的出现可以说明三教间关系已经具有内质的演变。

三教概念的发展，可以分几个阶段：第一阶段是魏晋南北朝梁武帝时期，开始出现三教的连称，不过彼此是独立的，相互间都有影响，儒、道、佛三者之所以相提并论，则是偏重于它们社会功能的互补。第二阶段是唐宋时期，是一个过渡的阶段，主要在于彼此内在意识上的沟通融合，逐步变成你中有我，我中有你，但就其主流而言，依然各树一帜。第三阶段是元明清时期，出现真正宗教形态上的三教合一。第二阶段是在继续第一阶段三教功能互补的基础上更添新内容，第三阶段是在前两个阶段的基础上再演化出来三教合一的新成分，这也反映了三教合流的趋势越来越明显。

佛教的传入和道教的形成是在两汉之间，虽然佛教传入以后的中国宗教史是儒、道、佛三教的交融史，但三教概念的出现并为社会所广泛接受，却是在魏晋南北朝时率先由佛教表现出来的。金代王重阳创立全真道,以道教清静无为为核心,吸收佛教禅宗和儒家理学的心功、心性、性理学说,倡导“三教合一”为全真道的根本,“儒门释户道相通,三教从来一祖风”,力主融合三教的精神。

在长期的历史过程中,儒家和佛教也同道教一样,一直在不断吸收其他两家的思想精神,充实到自家的教义思想中来。三教合一并非形式上的合一,而是通过融合三教的思想精神,取长补短,以适应各阶层的需要。

天人感应

中国古代历史哲学关于天人关系的观点之一。谓天与人相类通并相互影响。认为天是自然与人世至高无上之主宰,有意志,有情感,能感知并干预人事,自然灾害和祥瑞是天对人谴告和褒奖之表现;人亦能感知天意,并能通过自己的行为影响天意、改变天意。“天人感应”说产生于先秦,《左传·僖公五年》:“皇天无亲,惟德是辅。”孟子则认为君子“尽其心者,知其性也”,如此则可以“上下与天地同流”(《孟子·尽心上》)。《礼记·中庸》认为个人修养达到“至诚”境界者,能够“赞天地之化育”“与天地参矣”。西汉董仲舒吸取阴阳五行、五德终始等理论,将“天人感应”说系统化。“天人感应”说是董仲舒经学哲学体系的基础。他认为君主若顺应天意,实行德政,则能得到天以河图洛书、凤凰来仪等祥瑞所显示的嘉奖。相反,如果“国家将有失道之败,而天乃先出灾害以谴告之;不知自省,又出怪异以警惧之;尚不知变,而伤败乃至”(《汉书·董仲舒》),最后改朝换代,变易君主。东汉白虎观会议以“天人感应”说为主要理论依据,讨论五经异同,并将其讨论成果《白虎通义》作为钦定法典颁行全国,“天人感应”说盛行一时,成为此时史学理论领域占主导地位的学说,并对后世史学产生着深远的影响。后世不少政治家、史学家往往自觉不自觉地以“天人感应”说作为自己观察、评论历史之理论依据。其说是神意史观的理论基础,本质上是为神化君权的,但在封建社会里,它客观上又起到一定的制约君主的作用。

天理人欲

简称“理欲”。中国古代伦理学用语,宋代儒学的基本概念。“天理”指纲常伦理;“人欲”指人们的生活欲望。“天理”和“人欲”作为两个意义相对的伦理学范畴,原出《礼记·乐记》:“人化物也者,灭天理而穷人欲者也。”按照传统解释,意思是人被外物所化,故泯灭其自然清静的天性,而恣纵其情欲。

到了宋代,由于受到佛道二教的严重挑战,儒学开始调整,即从外转向内,转向被佛道二教尤其是禅宗独占风光的心性世界,于是“天理人欲”之辩就成了儒学的中心话题。程、朱等理学家理解“天理”为“仁、义、礼、智”的封建纲常伦理,“人欲”为违背天理的意念和衣食住行等日常生活欲望。他们强调“天理”与“人欲”的对立,把封建秩序和伦理道德说成是不可侵犯的“天理”。程颐提出寡妇贫穷也不能改嫁,“饿死事极小,失节事极大”(《二程遗书》);朱熹认为“孔子所谓‘克己复礼’……只是教人明天理,灭人欲”“学者须是革尽人欲,复尽天理,方始为学”(《朱子语类》)。他们都是“存天理,灭人欲”的积极鼓吹者。

这种以禁欲主义为中心的思潮在南宋就受到陈亮、叶適等人的非议。明末李贽反对将天理与人欲割裂开来,认为“穿衣吃饭,即是人伦物理”(《焚书》)。明清之际的王夫之提出天理即在人欲之中,“终不离人而别有天,终不离欲而别有理也”(《读四书大全说》)。清初戴震解释天理为“自然之理”,认为天理离不开人情、人欲。

尽管如此,由于“存天理,灭人欲”的思想符合封建统治者需要,因而它在后期封建社会的思想意识形态中占有重要地位。

天人合一

中国哲学史上的重要命题,意指天与人、天道与人道、自然与人为相通、相类和统一。“天人合一”是中国古代思想家的基本信念,与之对立的“天人相分”“天人不相预”一般为他们所反对。历代思想家们都力图探索天人相通之处,以求天与人的协调及和谐一致。这也是中国古代哲学的一个鲜明特色。

“天人合一”在不同的历史时期与不同思想家的认识各有不同。《易经》中说“大人与天地合德”,把“天人合一”当作人生理想的最高境界。老子:“人法地,地法天,天法道,道法自然。”认为宇宙自然是大天地,人则是一个小天地;人和自然在本质上是相通的,故一切人事均应顺乎自然规律,达到人与自然和谐;“天人合一”就是与先天本性相合,回归大道,返璞归真。

孟子认为人与天是相通的,人的善性是天赋的,认识了自己的善性就能认识天道,但要通过尽心、养性等途径,达到“上下与天地同流”。庄子认为天与人本来就是合一的,只是因为人们主观的区分,制定了各种典章制度、道德规范,使人丧失了原来的自然本性,变得与自然不协调,才破坏了天与人的统一,主张顺应自然,消除差别,达到天人合一。西汉董仲舒强调天与人以类相合,明确提出“天人之际,合而为一”,继而提出“天人感应”说,为君权神授提供理论依据。北宋张载认为人的身体及本性都是源自天地,二程则认为天地人本来就是一体,不必再讨论“合一”。明清之际的王夫之认为人心即天,所有圣贤的思想学说都体现了“天人合一”。

中庸之道

中国古代哲学的方法论原则和道德实践原则。“中庸”亦称“中和”“中道”。中,即不偏不倚,无过无不及。庸,含有平常、常道、用等义。中庸之道即对待事物的不偏不倚的行为原则。最早见于孔子的论说。《论语·雍也》:“中庸之为德也,其至矣乎!”把“中庸”视为一种至高的美德。孔子推崇中庸之道,提出“过犹不及”(《论语·先进》),认为做过了头和没有达到同样不可取。孔子之孙子思及其门人发展了孔子的思想,作《中庸》一书,对中庸之道进行论说,要求人们遵循“和而不流”“中立不倚”的处世原则,提倡“君子之中庸也,君子而时中”。北宋程颢、程颐提出:“不偏之谓中,不易之谓庸。中者,天下之正道;庸者,天下之定理。”(《河南程氏遗书》)把“中庸”作为天下适用的普遍原则,并把“中庸”视为天下最高的道德,对孔子的思想作了阐释。南宋朱熹继承了儒家中庸之道的传统思想,提出:“盖凡物皆有两端,如大小、厚薄之类,于善之中又执其两端而度量以取中,然后用之。”认为“所谓中之道者……不偏不倚,无过不及”(《答张敬夫》),强调把握最佳尺度。中庸之道作为一种道德实践原则,要求人们按照儒家的道德规范行事,有调和矛盾的消极作用,对人们的心理和性格产生了巨大的负面影响,以至于成为反对社会变革、维护旧秩序的工具。但作为一种哲学方法论,主张对待事物要注意适度,注意把握对立面之间的平衡,也包含有合理的、积极的因素。

天下为公

中国先哲关于未来社会的道德理想。语出《礼记·礼运》:“大道之行也,天下为公,选贤与能,讲信修睦,故人不独亲其亲,不独子其子;使老有所终,壮有所用,幼有所长,矜、寡、孤、独、废疾者皆有所养。”在这个社会中,人人安居乐业,“是故谋闭而不兴,盗窃乱贼而不作,故外户而不闭。是谓大同”。“天下为公”不仅凝结着作者对未来社会的理想设计和追求,而且在一定程度上反映了劳动人民的美好愿望。两千多年来,“天下为公”作为“大同世界”的代名词,在中国历史上产生很大影响,并为许多进步思想家所阐释。王符提出“天以民为心”“为国者”应“以富民为本”。张载:“民吾同胞,物吾与也。”是故“尊高年”“慈孤弱”(《正蒙·乾称》)。黄宗羲提出:“天下之治乱,不在一姓之兴亡,而在万民之忧乐。”(《明夷待访录》)

到了近代中国,“天下为公”又被赋予了新的时代内容,并成为思想家倡导革命的共同旗帜。洪秀全提出:

"天下总一家,凡间皆兄弟。"(《原道觉世训》)"处处平均,人人饱暖。"(《天朝田亩制度》)康有为作《礼运注》《大同书》,提出"大同之道,至平也,至公也,至仁也"(《大同书》)。孙中山赋予"天下为公"以明确的"民生主义"内容。

总之,"天下为公"作为美好的社会理想和道德理想,曾激励了中国历史上无数志士仁人为之奋斗终生,在中国历史上影响极为深远。

《周易》

亦称《易经》,又简称《易》,儒家重要经典之一。涉及殷周时期的社会情况,其中反映了一些当时的社会政治思想和道德思想,内容包括《经》和《传》两部分。《经》是中国古代占筮之书,由六十四卦的卦象、卦名、卦辞和爻辞组成。卦辞、爻辞是分别对卦象、爻象的解说。《传》包括解释卦辞、爻辞的七种文辞共十篇,统称《十翼》。在《周易》中,《易经》是有关占筮的,而《易传》是有关哲学伦理学的,是研究殷周之际的道德观念和伦理思想的重要资料。《周易》通过八卦形式(象征天、地、雷、风、水、火、山、泽八种自然现象)推测自然和社会的变化,认为阴阳两种势力的相互作用是产生万物的根源,提出"刚柔相推,变在其中矣"等富有朴素辩证法思想的观点。在探讨宇宙自然的同时,赋予自然以人的品德色彩,给予外在自然的"天"以肯定性的价值和意义,并类比于人事,使"天"具有道德意识和情感内容。《周易》把人类历史与整个自然的历史相联系,予以系统化。书中多次出现"德"字,清楚地包含了道德行为、道德品质和道德评价的意义。此书具有丰富的朴素辩证法思想,对中国哲学及史学思想的发展影响极大。因其辞义晦涩,加之年代久远,后人多有发展。两汉时被谶纬化,魏晋时被玄学化,宋明时被理学化,近代则又有人将其混同于自然科学。《周易》在中国传统文化的发展行程中占有重要的历史地位,3 000 余年来它对哲学、文学、艺术、宗教、政治以及天文、历法、律吕、数学、医学等起过相当大的影响和作用。近代以后《周易》被译成多种外文,对世界文化的发展正在发挥着越来越大的影响。今本《周易》主要有东汉郑玄注、三国魏王弼注、晋韩康伯注、唐孔颖达《周易正义》、李鼎祚《周易集解》、南宋朱熹《周易本义》以及近人闻一多《周易义证类纂》、于省吾《周易新证》、高亨《周易古经今注》《周易大传今注》等。

《周易参同契》

简称《参同契》。是东汉后期魏伯阳等人在炼丹术方面的著作,历来认为,徐从事和淳于叔通也是这本书的作者。此书是世界炼丹史上最古老的理论性著作,正文有 6 000 字左右,用《周易》中的卦和道家哲学作为炼丹的理论基础。此书在理论上、实践上给中国炼丹术以巨大影响,被称为"万古丹经王"。由于采用了韵文和许多隐语,所以又是"词韵皆古,奥雅难通"的书。它在化学史和医学史上有重大意义。古今中外对此书均很重视。

《周易参同契》与阿拉伯和西欧炼金术著作多以手稿形式留存不同,历代有很多注本、刻本行世。除托名者外,现在传世的最早注本是五代后蜀炼丹家彭晓的《周易参同契分章通真义》,重要的注本多出于宋、元,如朱熹的《周易参同契考异》、俞琰的《周易参同契发挥》。明清注本数量更多,《道藏》和《四库全书》都收有若干种注本,现存注本总数约 30 种。现代研究中对它的基本内容的理解存在着分歧。中国炼丹术分为内丹术(呼吸内功等)和外丹术(实验室药物反应化学)。近年研究趋向于认为《周易参同契》中内、外丹术内容并存,其中除了总结性的理论外,以外丹术为主,内丹术为辅。历代内丹术家都从外丹术借用名词术语和理论,例如把"铅汞龙虎"比喻为人体体液。

《道德经》

道家学派经典著作之一。成书时间大约在春秋战国时期。又称《道德真经》《老子》《五千言》《老子五千文》等，是中华传统文化的精品，也是中国古代道家文化的开山之作。传说是春秋时期的老子所作，《道德经》分上、下两篇，是中国历史上首部完整的哲学著作。原文上篇为《德经》，下篇为《道经》，不分章，后改为《道经》在前，《德经》在后，并分为81章。《道德经》为韵文哲理诗体，其说大体从天人合一的立场出发，穷究作为天地万物本源及宇宙最高理则之"道"，以之为终极，而发明修身、治政、教人等道。"人法地，地法天，天法道，道法自然"，阐明了"道"是天地万物的根本，是世界的总体法则。

《道德经》有5 000字左右，内容涵盖哲学、伦理学、政治学、军事学等诸多学科。语言极为精辟，主要论述"道"与"德"，主题思想为"道法自然"。讲究修辞，善用对偶、排比、比喻等手法。

《庄子》

道家学派的经典著作之一。成书时间大约在春秋战国时期。《庄子》基本上是庄子及其后学所作，全书7万余言。现存《庄子》33篇，后人将《逍遥游》至《应帝王》7篇称为内篇，《骈拇》至《知北游》15篇称为外篇，《庚桑楚》至《天下》11篇称为杂篇。内篇从风格上来看与外篇、杂篇有所不同。后人认为，内篇是庄子所作，而外篇与杂篇是庄子后人所为，其著名篇章有《秋水》《逍遥游》等。

《庄子》是庄子学派关于伦理、哲学、政治、人生、学术的论文汇编，也是先秦散文的一部杰出作品。书中运用了大量的寓言，体物入微的描写，具有浓厚的抒情色彩，怪异与灵动的风格。作者并不按现实生活的本来面目去再现生活，而是用丰富的想象、离奇的夸张，以及大量的比喻与拟人手法去写意抒怀。

《庄子》是哲学思想与文学完美结合、水平高深玄远的杰作，在中国哲学史、思想史、文学史、美学史上均有重要地位，是中国古代典籍的瑰宝，对后世有着深刻、巨大的影响。因此，《庄子》的历代注本众多，现今通行本有郭庆藩《庄子集释》、王先谦《庄子集解》等，此外陈鼓应《庄子今注今译》较为通俗，选录注文较全面。

《列子》

中国古代哲学著作。相传为战国道家列子所著。《汉书·艺文志》著录8篇，已佚。今传《列子》出现于晋代，由张湛编纂而成并为之作注。共有《天瑞》《黄帝》《周穆王》《仲尼》《汤问》《力命》《杨朱》《说符》等8篇。该书抄录了先秦的一些材料，但其思想在主体上则合于魏晋时代的潮流，一般认为它是伪书。语言多为玄学之语。因此可断其为晋代之作，今学者认为是张湛所著。内容多为民间故事、神话传说、寓言，其伦理思想多为道家主张。主要宣扬无为顺从、清静不争和自私利己、纵欲享乐等思想，"顺性则所之皆适水火，可蹈志怀则无幽不照，此其旨也"（张湛《列子序》）。其中《力命》宣扬至人无为的宿命论思想，《杨朱》宣扬了极端个人主义和享乐主义的思想。虽然其主流是阐发道家主张，但大多掺杂有佛经，"所明往往与佛经相参，大归同于老庄焉"（张湛《列子序》）。在唐天宝元年（742）被诏号为《冲虚真经》，成为道教的重要经典之一。《列子》有《二十二子》本、《四部丛刊》本，注有张湛本和杨伯峻《列子集释》。

四书五经

儒家经学的典籍，是儒家经典"四书"和"五经"的总称。

《大学》《中庸》《论语》和《孟子》合称"四书"。

《大学》《中庸》是《礼记》中的两篇，朱熹首次将它们编在一起，列入"四书"。

《论语》，儒家学派的经典著作之一。由孔子的弟子及其再传弟子编撰而成，成书时间大约在春秋战国时期。它以语录体和对话文体为主，记录了孔子及其弟子言行，集中体现了孔子的政治主张、伦理思想、道德观念及教育原则等。《论语》内容涉及政治、教育、文学、哲学以及立身处世的道理等多方面。早在春秋后期孔子设坛讲学时期，其主体内容就已初始创成；孔子去世以后，他的弟子和再传弟子代代传授他的言论，并逐渐将这些口头记诵的语录言行记录下来，因此称为“论”；《论语》主要记载孔子及其弟子的言行，因此称为“语”。其实，“论”又有纂的意思，所谓《论语》，是指将孔子及其弟子的言行记载下来编纂成书。

《孟子》，儒家学派的经典著作之一。全书共7篇，是战国时期孟子的言论汇编，记录了孟子与其他各家思想的争辩，对弟子的言传身教，游说诸侯等内容，由孟子及其弟子（万章等）共同编撰而成，记录了孟子的治国思想、政治策略和政治行动。成书大约在战国中期，其学说出发点为性善论，主张德治。《孟子》是“四书”中篇幅最长、部头最重的一本，有3.5万多字。该书不但理论纯粹宏博，文章也极雄健优美。

南宋朱熹将此四种书加以注释，合辑为《四书章句集注》，由此始立“四书”之名。此后直到清末，“四书”一直是科举必考内容。

“五经”为儒家的五部经典，即《诗》《书》《易》《礼》《春秋》这五部中国最古的文献，其名始立于汉武帝时。《诗》即《诗经》，是中国最早的一部诗集；《书》即《书经》或《尚书》，是中国最早的一部文集，主要记述商、周两代的一些重大政治事件；《易》即《易经》或《周易》，是中国最早的一部占卜用书；《礼》即《仪礼》，是春秋战国时期的部分礼仪制度的汇编；《春秋》是中国最早的一部编年体历史著作，以鲁国的历史为主。这些书记载了中国古代的典章文化，论述了儒家的哲学、政治、伦理、文化与教育等思想。汉武帝“罢黜百家，独尊儒术”，立“五经”于学宫，使之取得了统治思想和学术的最高地位。注释与发展其经义的学术为经学。汉成帝时，刘向校定“五经”。汉灵帝时，蔡邕等订正，并刻“五经”于石碑，立于太学，作为钦定官书以统一天下经文的标准。唐高宗时，颁行孔颖达等人注疏的《五经正义》，令学者传习，明经科籍此考试。宋以后，以朱熹学派的解释作为学校的教学标准。明永乐年间，编印《四书五经大全》，作为学校的主要教材。至清末，“五经”均为学校教材，科举考试要求“四书”必考，“五经”可专习其中一经。“五经”中保存有中国古代丰富的历史资料，长期以来成为封建统治阶级的教科书，并作为宣传封建宗法思想的理论根据。

⊙ 流派及思想家 ⊙

儒家

中国先秦诸子百家之一，创始人为孔子。孔子在总结、概括和继承了夏、商、周三代传统文化的基础上形成了一个完整的思想体系，思想核心是“仁”。后世把以孔子为宗师，崇奉孔子学说的学派称作儒家，并被列为先秦至汉初“九流十家”之首，四书五经是儒家的主要经典。“儒”在春秋时期是给富贵人家主办丧事葬礼的一批人，孔子早年以“儒”为职业，儒家之名由此而来。儒家形成的主要社会背景是春秋时期“私学”的兴起和新的“士”阶层的出现。其学说的主要内容是：在政治上，主张“仁政”“德治”“礼治”“王道”，重视礼仪教化，追求“大一统”，希望实现天下大同的理想；在道德上，提倡“忠恕”和“中庸”之道，核心价值理念是“仁、义、礼、智、信”；在天命观上，重视天命，同时又对鬼神持怀疑态度，“不语怪、力、乱、神”，更重人事，强调事在人为；在教育上，主张“学而优则仕”“因材施教”“有教无类”等。

孔子以六艺，即《诗》《书》《礼》《乐》《易》《春秋》教习弟子，传孔子时有弟子三千，“身通六艺者七十有二人”。因其思想体系复杂，后世弟子理解各异，虽均尊奉孔子的学说，但思想观点却有重大差别。因而儒家内部分为八派，称为“八儒”，其中占重要地位的有孟子和荀子两派。孟子被尊为“亚圣”，与孔子并称为“孔孟”。孟子主张性善论，认为要“法先王”，提倡“王道”“仁政”和“世卿世禄”（世袭制）。荀子反对性善论，提出性恶论，认为人性本恶，人的善是后天人为学习而来的；在政治上提倡“法后王”，主张礼法兼治，反对世袭制，对后期法家韩非、李斯等人的思想有直接影响。

最初，儒家只是诸子百家中的一家，与诸子百家地位平等。战国时，儒家与墨家并称“显学”。秦朝和西汉初期儒家受到轻视与排挤，儒家经典曾遭到秦始皇焚禁。汉文帝时，儒学逐渐被汉朝统治者重视，儒家经典纷纷立为官学。至汉武帝时，其接受董仲舒建议，“罢黜百家、独尊儒术”，儒家成为“法定”的唯一正统学派，社会地位发生了根本变化。此后，儒家为适应各个时期封建统治阶级的需要，总是从孔子学说中演绎出各种适应时代需要的儒家学说来，儒家形态多次改变。两汉时主要表现为今文经学与古文经学；魏晋时出现以佛道思想解释儒家精神的玄学思潮；唐代则强调恢复儒家道统，认为从尧舜禹汤文武以至孔孟，儒家的思想是一脉相传的，把荀子至唐以前的儒家代表人物均排除在外；宋明两代，在吸收佛道思想之基础上，建立以理学著称的新儒学；清代以现实政治为对象，发展今文经学之传统，同时继承古文经学方法，在整理、诠解儒家经典上成绩卓著。

儒家的思想学说，在中国源远流长，内容极其丰富，成为中国传统思想的核心和道德的主流，对中华民族的文化发展和民族精神的陶冶产生了深刻的影响，也对世界各地产生了广泛的影响。随着封建社会的没落，儒家学说日趋丧失其正统地位。20 世纪 30 年代以来，一部分学者提倡“儒学复兴”，出现了“现代新儒家”。

道家

中国先秦诸子百家之一，最初称为“道德家”，《汉书·艺文志》始称“道家”，列为九流之一。老子是道家的创始人，思想核心是“道”，道是虚无的，是宇宙万物的本质、构成、变化和本原。其学说的主要内容是：在政治上，主张无为而治，提出了秉要执本、清静无为、守雌守柔、不尚贤、柔弱胜刚强、小国寡民等统治权术；在道德上，提出“绝圣弃智”“绝仁弃义”“绝巧弃利”，追求个人精神上的超凡脱俗，认为仁义礼智是祸乱的开始；在天命观上，主张“道法自然”，从天道无为的观念出发，在否定古代神权主宰和神创说方面起了积极的作用；在认识论上，认为任何事物都包含着相互对立的两个方面，二者相互依存，相互转化，如“祸兮福之所倚，福兮祸之所伏”。

老子之后，后学对他的思想予以继承和发展，分化出了很多道家学派，如环渊学派，宋尹学派，杨朱学派，彭蒙、田骈、慎到学派，庄子学派，黄老学派等。其中，庄子学派是道家的正统学派，庄子全面地继承了老子的思想，并发展至极端、绝对化，对后世影响也最大。庄子认为“昭昭生于冥冥，有伦生于无形，精神生于道”，更强调“道”的从无生有、变化莫测的性质，认为万物都是相对的，主张齐物我、齐是非、齐大小、齐生死、齐贵贱，追求“天地与我并生，而万物与我为一”的主观精神境界。黄老学派将道与名、法相结合，成为西汉初年的指导思想，为汉初的休养生息、社会安定等起到了积极作用。道家思想流入民间后，对东汉道教的产生有直接而重大的影响。儒家学派也吸收、融合了部分道家思想，如魏晋玄学提倡的“名教出于自然”、宋代周敦颐的“太极说”等。

道家思想是中国传统文化的重要组成部分，对中国的政治、文化、思想等各方面有深刻影响。主要著作有《道德经》《庄子》《列子》等。

黄老学派

中国战国至两汉时期的哲学政治思想流派，是道家的一个分支。始于战国而盛行于西汉时期。黄指黄帝，老指老子，该派奉黄帝和老子为创始人，故名“黄老学派”。从思想源头上看，黄老学派以道、法为主，同时兼有阴阳家、儒家、墨家、名家的思想，兼容并包，融通百家，反映了当时学术思想相互融汇、走向统一的趋势。从思想学说上看，黄老学派以虚无之道为世界的本源，认为事物发展到极端即走向反面，故主张“虚静”“无为”，以适应天道。从代表人物上看，战国时稷下学者慎到、田骈、接子、环渊等人，“皆学黄老道德之术，因发明序其指意”，他们的思想不甚一致，其中慎到为法家，田骈则较多道家色彩，著名法家申不害、韩非等，或“本于黄老而主刑名”，或“喜刑名法术之学，而其归本于黄老”。汉时黄老学者有河上丈人、安期生、乐瑕公、乐臣公、盖公。从政治主张上看，黄老学派提倡以法治国，赏罚必信，循名责实；它还主张君主治国“无为而治”，认为“贵清静而民自定”，反对过多的干涉，因此要省苛事，薄赋敛，毋夺民时。从政治功能上看，西汉初期，天下方定，民众需要休养生息，黄老学派的主张适应时代的需要，得到汉初统治者的赞赏，汉初主要大臣萧何、曹参、陈平和皇族窦太后等都喜好黄老之学，黄老学派盛极一时，它对于汉初经济的恢复、国力的增强都发挥了重要作用，“文景之治”的繁荣局面在一定程度上归功于它。然而，黄老学派仅提倡“无为之政”，长期施行不符合社会进一步发展经济、重整政治、扩张国家实力等的要求，因此西汉武帝以后，黄老学派从政治舞台退出，让位于兼容法家思想的儒家思想，至东汉时，黄老之学蜕变为自然长生之道。黄老学派的著述已佚。1973 年 12 月长沙马王堆汉墓出土帛书中有《经法》《十六经》《称》《道原》四篇古佚书，是黄老之学的重要著作。

墨家

中国先秦诸子百家之一。创始人为墨子。前期墨家思想主要涉及政治、伦理及认识论问题，关注现世战乱。墨家与儒家展开了一系列政治思想和学术观点的论争，影响极大，并称为当时的显学。其学说的主要内容是：在政治上，以墨子所主张的“兼爱”为思想核心，主张“兼爱”——人与人之间平等相爱，“非攻”——反对侵略战争，“节用”——推崇节约、反对铺张浪费，“明鬼”——不信鬼神是天下大乱的主要原因，敬信鬼神是对先人的尊重，“天志”——上天的意志能够赏善罚恶、匡正社会秩序；提倡“尚贤”——不论贵贱选贤拔能，“尚同”——上天选贤良智慧者立为天子，社会上下一致尚同于天子，统一思想观念；在认识论上，主张以“三表”作为判定言论是非的标准，提出“取实予名”“察类明故”的观点，要依据事物的实际情况，赋予相称的名称，也要对事物进行合理的分类，区别事物的异同、原因，这对中国古代逻辑思想的发展作出了很大的贡献。

相传墨子有门徒300余人，成员大多出身小生产者，他们组成了一个有严密组织和严格纪律的团体，领袖称为“巨子”，由上代巨子指定贤者担任，代代相传，墨子可能是第一代巨子。墨家门徒具有“摩顶放踵利天下而为之”、舍身行道、自苦和勇于牺牲的精神。然而，后期墨家丧失了墨子的力行精神，并且为追求成为巨子的候选人，互相攻击，“相谓别墨”，严重影响了墨家内部的团结，失掉了墨家的优良传统。墨子死后，墨家分裂，大致衍生出三个主要的派别，亦称“三墨”，即楚墨、秦墨、齐墨。楚墨推行墨子的宗教思想，坚持舍身从志，转化为战国末与秦汉社会的游侠，“扶弱抗强”，被称为“墨侠”；秦墨在几何学、力学、光学等自然科学方面有特殊建树；齐墨喜好辩论和对认识论与逻辑学的研究，对辩、名、辞、说、类、故、里等都有系统阐发，创立了中国古代第一个比较完整的形式逻辑理论体系，被称为“墨辩”。

秦汉以后统治者或崇儒抑墨，或崇尚黄老，墨家渐趋衰微，其学说也成为“绝学”。此后，墨学少有人研究，自明清之际的傅山开始，才渐有学者注意研究《墨子》。墨家著作有《墨子》一书，其中《墨经》反映后期墨家思想。有关墨家诸子活动的资料散见于《荀子》《韩非子》《庄子》《吕氏春秋》等书中。

法家

中国先秦诸子百家之一，是主张法治的一个学派。法家的实际创始人是战国初李悝，思想核心是“法治”，与儒家的“德治”“礼治”思想相对立。李悝任魏文侯相，曾推行农政改革，并集诸国刑律，编著《法经》六篇，分别是《盗法》《贼法》《囚法》《捕法》《杂法》《具法》，这是中国古代最早的成文法。其学说的主要内容是：在政治上，通过法治实现政治革新，以性恶论为基础，主张君主专制、仗势用术、厉行赏罚、“燔诗书而明法令”、以法为教、以吏为师、官吏的考察要“循名而择实”、反对世卿世禄制、“不别亲疏，不殊贵贱，一断于法”等一系列重法之措，实现君主立法、大臣执法、民众守法，君臣上下贵贱都尊从法的治理理想；在经济上，主张废井田、开阡陌，建立和巩固封建土地私有制，重本抑末、重农抑商，奖励耕战，以农富国、以战强国；在哲学上，提出了很多的辩证法的思想，如“若地若天，孰疏孰亲”，自然界是无意志的客观存在，“道理相应”，一般和特殊的统一，“夫缘道理以从事者，无不能成”，按照客观规律办事；在道德上，重视诚信，如商鞅曾“立木取信”，肯定功利，“务利而不务德”，并以君主之公利为大。

法家起源于春秋时的管仲、子产，发展于战国时的李悝、吴起、商鞅、慎到、申不害等，韩非综合了商鞅之法治、申不害之术治、慎到之势治，又吸收道家思想，提出以“法”为中心的法、术、势三者合一的统治权术，认为“抱法处势则治”，形成了一套系统的法治理论，成为法家思想的集大成者。商鞅重“法”，即公开的成文法，强调“不贵义而贵法”，主张统一法令为统治的根本，曾在秦国两次推行变法改革；申不害重“术”，即君主驾驭群臣的手段和权术，主张君王把“术”藏于胸中，以驾驭臣下；慎到“尚法”，强调“握法处势”，势即君主的权势、地位，“法”必须与“势”相结合，君主凭借权势，即可“令行禁止”“南面而王”。

法家学说实用性很强，崇尚积极入世，当时诸侯国多采用法家思想，使经济发展、国家富强、战争取胜。秦王朝建立后，法家学说成为了秦的统治思想，但它过分强调严刑峻法，在一定程度上导致了秦二世而亡。西汉时虽主张“废黜百家，独尊儒术”，但武帝及后来统治者多数采用外儒内法、儒法兼行的政策。独立的法家学派逐渐衰微，其他各家学派如儒家主动去吸收法家思想，后世影响较大的法家代表人物有晁错、桑弘羊。法家著作有《申子》《慎子》《管子》《商君书》《韩非子》等。

名家

中国先秦诸子百家之一，又称刑（形）名家或名辩家，是以辩论名实问题而著称的一个学派。名家以能言善辩著称，代表人物被称为“辩者”。春秋战国时期社会激烈变革，出现了很多名实不符的情况，所以名实问题就成了许多思想家关心和探讨的问题，并发展成名家学派，思想体系也逐步从社会、政治方面推广到哲学、逻辑学、认识论方面。春秋末年，邓析最早提出“刑名之辩”“按实定名”“循名责实”“操两可之说，设无穷之辞”等主张，开创了先秦名辩的风气。公孙龙集大成者，作《名实论》，建立了一个比较成熟的名家逻辑体系。其他代表人物还有尹文、惠施等。

名家学说的主要内容是“循名责实，参伍不失”，即根据新的“实”（事实）来慎重地重新定“名”（概念）。然而，在名、实关系上，名家代表人物各有见解：邓析主张“刑名之辩”，强调事实和概念的并立；惠施提出“合同异”，注重概念外延的扩大，强调事物异同的相对性，认为世间万物“毕同”“毕异”，夸大事物的同一性，引出事物的本质上无差别，得出“天地一体”的结论；公孙龙提出“离坚白”，注重概念之间的差异性，以及概念的内涵与外延的差异性，区别个别与一般、具体与抽象，认为“石”之“坚”和“白”相分离，夸大事物的特殊性，强调“唯乎其彼此”的正名原则。

名家提出了一系列看似违背常识实则是探讨思维推理的命题。如惠施提出的“火不热”“白狗黑”“狗非犬”“犬可以为羊”“卵有毛”“龟长于蛇”；公孙龙提出的“白马非马”“二无一”等。庄子对此的评价是“能胜人之口，不能服人之心”。荀子认为其“不法先王，不足礼义，而好治怪说，玩琦辞”。墨子提出“坚白相盈”对“离坚白”进行了反驳。名家学说为墨家、儒家、道家所反对，在战国时代被人视为“诡辩”，秦以后名家学说衰微，而在汉代以后则成为“绝学”。

名家推进了古代逻辑学和认识论的发展，名家学说散见于《庄子》《荀子》《韩非子》《吕氏春秋》《史记》等著作中。

纵横家

中国先秦诸子百家之一，是战国时专以纵横捭阖之策游说诸侯，从事政治外交活动的谋士，被列为先秦至汉初的“九流十家”之一。战国时楚人鬼谷子隐居鬼谷，因称鬼谷子，以黄老“心术”论世，讲求内外损益、养性持身之道，而后演变为纵横捭阖之术，是该派思想的先驱。纵横家主要代表人物有相传为鬼谷子学生的苏秦、张仪等。南与北合为纵，西与东连为横。苏秦使燕、韩、赵、魏、齐、楚六国，主张“合纵”以拒秦，并兼任六国国相；仕秦的张仪则主张“连横”六国以破苏秦的“合纵”，使六国分别事秦。两派合称纵横家。纵横家对当时各诸侯国的政治、经济、军事、人文历史以及人的心理特点都有相当的了解，所以能够随机应变，通过阐述利害关系来游说国君，影响其军事外交，对战国时政局的发展变化有重大影响。《战国策》所述皆纵横家的活动和合纵连横之术。另有《鬼谷子》一书相传为鬼谷子所著，为纵横家所倚重，对后世影响很大。

阴阳家

中国先秦诸子百家之一，战国时期提倡阴阳五行思想的学派，被列为先秦至汉初的“九流十家”之一，代表人物是战国末齐国人邹衍。

阴阳家最早出于古代传说中唐尧时执掌天文、历数和禨祥的官吏。阴阳和五行两说，本来具有朴素的自然科学因素，认为世界是由金木水火土五种元素构成，并具有相生相克的关系。

以邹衍为代表的阴阳家，则把科学和巫术相结合，以天象来预测社会历史的演变与人事的吉凶祸福。他们认为人类社会的发展也受木、火、土、金、水五种势力的支配，提出“五德转移”“五德终始”说，用以论证社会历史的变革和王朝的更替，形成了唯心主义的历史循环论。其学说对后世有一定影响，其科学成分为秦汉以后的《黄帝内经》及王充的《论衡》所发展，而迷信成分则被董仲舒和谶纬神学所发展，并由此产生了后世的风水、命理学说。

杂家

战国末至汉初的一个博采各家学说的综合学派。被列为先秦至汉初的“九流十家”之一。其特点是“于百家之道无不贯综”，大体上反映了封建大一统国家建立过程中的文化融合趋势，也是长期百家争鸣过程中各个学派互相渗透的产物，虽集合众说，但自圆其说、自成系统，用自己的主导思想将之贯穿起来，亦可称为一家。《吕氏春秋》与《淮南子》为杂家代表作。这两部著作汇集了丰富的历史资料，是研究古代中国历史及学术思想的重要文献。

兵家

先秦、汉初研究军事理论、从事军事活动的学派，后来成为中国古代主管军事活动的官员、人物的总称。兵，本意指兵器，后来用以指代用兵器的人，即士兵，进而指代战争和军事。兵家作为一个学派，最早见于《汉书·艺文志》。主管军事活动的大臣“司马”是兵家，统帅部队的帝王将相也是兵家。后来，把为军事活动总结经验、撰写军事理论著作的都称作兵家。最为著名的兵书为姜子牙的《太公兵法》和孙武的《孙子兵法》。汉朝末年以后，《孙子兵法》成为中国兵家思想学说的主流，到魏晋隋唐时期，《孙子兵法》更是一枝独秀。北宋神宗元丰年间颁行的《武经七书》，以《孙子兵法》居首，所载“三十六计”思想，逐渐超越军事领域，为普通百姓所熟知，并应用于社会生活实践。近现代，《孙子兵法》传播到世界各地，其兵家权谋理论不但成为全世界公认的军事理论，并且被商家吸收，成为商战的经典。

农家

先秦诸子百家之一，反映农业生产和农民思想的学派。《汉书·艺文志》将它列为“九流”，认为“农家者流，盖出于农稷之官，播百谷，劝耕桑，以足衣食，故八政：一曰食，二曰货。孔子曰：‘所重民食。’此其所长也”。据其著录的农家著作目录看，其学说主要是关于农桑树艺等农业生产技术等。另据《孟子·滕文公上》记载，许行等为“神农之言”，针对当时许多学派鄙视农业生产，主张“贤者与民并耕而食，饔飧而治”，即社会全体成员共同参加农业生产劳动，绝对平等，反映了战国时期农民阶层的朴素愿望，这亦为农家一重要理论。农家著述已佚，其学说不得其详。农家总结的农业生产的技术经验，散见于《管子·地员篇》和《吕氏春秋》的《上农》《任地》《辩土》《审时》等篇，是研究先秦社会及其生产状况的可贵资料。

经学

中国历代训解和阐发儒家经典的学问。一般认为经学起源于战国时期儒家尊奉并研究解释孔子删定、整理的六经，这些传、记是经学之始。历经秦朝焚书坑儒后，除《易》外，大多散佚，经学传统也中断。汉武帝“罢黜百家，独尊儒术”，设立五经博士，将《诗》《书》《礼》《易》《春秋》作为政府法定的“经”，以通解经书作为选拔人才的标准，使尊奉研究经书成为社会风尚，自此，经学在中国古代延绵不绝，它的流变与政权联系在一起。清代经学家皮锡瑞将经学历史分为开辟时代（孔子删定六经）、流传时代（孔子弟子下传）、昌明时代（汉武帝时）、极盛时代（西汉元帝成帝至东汉）、中衰时代（东汉末至东晋）、分立时代（南北朝）、统一时代（隋唐至宋初）、变古时代（两宋）、积衰时代（宋末至元明）、复盛时代（清代）10个时期。西汉董仲舒以阴阳五行说解释《春秋公羊传》，首开今文经学；西汉末，陆续发现用古文字书写的经书，刘歆请立古文经学博士学官，开始经学今文和古文两派的争论。东汉末，郑玄学说盛行，今古文经学的斗争淡化。魏晋南北朝时，分化为南朝的“南学”和北朝的“北学”，南学以义疏为主，北学以章句训诂为主。唐初，孔颖达编《五经正义》，作为科举取士的依据，以南学为主，形成“义疏学派”。宋代经学发展为理学，阐述义理，兼谈性命，主要是心性之学，大讲理、气、心、性。明清之际顾炎武等主张“经世致用”，反对理学空谈心性的风气而倡导朴学。清代经历了古文经学向今文经学转变的过程。五四运动后，普遍崇尚西方引进的科学与民主，经学被终结。经学经历了2 000多年的历史，也形成了众多经学论著，对研究中国古代的政治、经济、社会、文化、文学等有重要意义。

新儒学

早在战国末期，伴随“儒分为八”局面的出现，“新儒学”这一名称或概念就开始出现，例如荀子的儒学思想，就被称为“新儒学”。而后凡是对于儒家学术加以比较系统的阐述的，多被冠之以“新儒学”。董仲舒为适应汉代大一统国家的政治需要，从糅合“六艺之科”和“孔子之术”入手，精心炮制了一种专门为政治统一作理论解释的学说，是汉代的新儒学。北宋出现了以阐发儒家经典义理为特征的哲学思潮，以周敦颐、邵雍、张载、程颢、程颐和朱熹为主要代表人物，称为宋明理学，是儒学的一种新发展。

现代学者冯友兰明确把宋明理学或道学称作“新儒学”，认为“新儒学”是儒家、佛家、道家诸家学说的综合。冯友兰的“新儒学”论得到国内比较一致的认同。现代新儒学思潮形成于五四运动前后东西方文化问题论战和“科学与人生观”论战期间，是现代新儒学发展的第一阶段，其代表人物有梁漱溟、熊十力、马一浮、张君劢等。第二阶段发生在抗战时期及抗战胜利后的中国大陆，简称为抗战时期的新儒学，代表人物有冯友兰、贺麟、钱穆、方东美等。第三阶段发生在20世纪50至70年代的中国台湾和香港地区，称为港台新儒学，代表人物有唐君毅、牟宗三、徐复观等。第四阶段发生在20世纪70至90年代的海外，称为海外新儒学，改革开放后又由一些华人学者引入中国大陆，代表人物有杜维明、成中英、刘述先等。

现代新儒学思潮反思现代性，反思唯科学主义，重视人类与中华民族的人文精神及价值理性，其论域、问题意识与思想贡献主要有：跳出传统文化与现代化的二元对立，重新思考东亚、中华文明与现代化、现代性的关系问题，批评把现代化等同于西方化的看法；提出开展文明对话、建设文化中国；揭示儒学价值与现代全球伦理、环境伦理、生命伦理的内在关联；强调儒学与现代民主具有一致性；发掘儒学的“内在超越”意涵，论证安身立命的“为己之学”具有超越意义，等等。现代新儒学致力于发掘中华传统文化的价值之源，阐述道德理想主义，肯定道德主体性，这对于纠正当代社会中存在的西方中心论以及拜金主义、享乐主义等是有积极意义的。

玄学

指中国魏晋时期的哲学思潮，也叫“魏晋玄学”，以崇尚老庄思想，研究玄远幽深的学说为特征，用老庄的思想解释《易经》和儒学，援道入儒，以阐发玄学思想，以“三玄”即《道德经》《庄子》《周易》为主要研究对象。取《道德经》“玄之又玄，众妙之门”的“玄”的概念，玄是指虚无玄远、深奥莫测的意思。玄学产生的社会背景是东汉末年社会动荡，人们思想解放，儒家社会地位下降，儒释道逐渐合流。玄学的思想核心是“本末有无”。代表人物多为当时的名士，出身高贵、举止优雅、极具风骨、崇尚清谈，有何晏、王弼、阮籍、嵇康、向秀、郭象、王衍、裴頠等。

玄学内部发展出不同的派别，大致可分为三派：贵无派、独化派、崇有派。何晏、王弼是贵无派的代表人物。将“无”作为世界的根本和万物统一的原始基础，认为“有”不能作为世界万物自身存在的根据，“有”只能依赖于本体“无”才能存在。在名教与自然的关系上，贵无派一改先秦老庄崇尚自然反对礼教的特征，调和儒道的名教与自然，认为名教是“末”，自然是“本”，名教出于自然，反对把名教规范与自然本性对立起来，用名教去抑制人性。崇有派的代表人物裴頠则反对“以无为本”，认为“始生者自生也”，万物以“有”为体，“无”不能生“有”，“有”才能生“有”。郭象综合两派的观点，提出“无”不能生“有”，“有”也不能生“有”的独化论。郭象也不反对将名教与自然对立，认为儒家的名教即是道家的自然。魏晋玄学的学说中，还包含着其他的探讨，如“言与意的关系”“圣人有情无情的问题”“声无哀乐”及“才与性的关系”等。魏晋玄学对各种哲学问题的讨论，为当时个性自由、思想繁荣创造了有利的条件，但是也导致了一些士人“薄综世之务，贱功烈之用，高浮游之业，埤经实之贤”。著作有《老子注》《崇有论》《庄子注》等。

理学

也称“宋明理学”“道学”，是宋明时期儒家的哲学思想。宋儒在诠释儒家经典时，一反汉代儒家注重章句训诂的学风，以讲求儒学经义、探究明理兼谈性命为主，所以“理学”又称“义理之学”。理学内部包含不同学派，各学派间既相互借鉴又相互贬抑。理学具有糅合儒、释、道三教合一的特点，以传统的儒家伦理思想为核心，同时吸收佛学和道教思想。理学的创始人为北宋的周敦颐，奠基者为张载、程颐、程颢，集大成者为朱熹。周敦颐在《太极图说》和《易通》中，以简洁的语言论述了宇宙生成和万物化生，提出了一切本于“太极”的观点，以及“太极”“理”“气”“性”“命”等一系列哲学范畴，成为宋代理学的基本范畴。张载把“理”当作物质（气）的运动规律，明代的王廷相也认为“理”是“气”的运动变化的规律，“理”不能离开“气”而独存，批评了程朱学派“理本气末”的观点。程颐、程颢提出了“万物皆只是一个天理”的命题，认为世界万物都是从“理”产生，虽然具体事物千差万别，但“理”是相同的；朱熹继承发展了二程思想，在以理为本的前提下建立起一个完整的客观唯心主义的理学体系。与朱熹同时期的陆九渊提出“宇宙便是吾心”的主观唯心主义命题，以“发明本心”为宗旨，奠定了理学中“心学”一派的基础。明代王阳明发展了陆九渊的学说，认为“心外无物”“心外无理”，断言“良知”“灵明”为宇宙根源，主张“致良知”，强调“知行合一”。在宋明时期，围绕对“理”的诠释，各思想家展开了论争，由此产生了丰富的思想成果，对后世有重要影响。

心学

从儒学发展而来的一个学派。最早可推溯自孟子。中国古人把“心”当做思维器官，所以孟子说“心之官则思”，认为心的功能是思考，并认识到“心之官则思，思则得之，不思则不得也”；同时，“心”又是一个伦理道德概念，孟子说“存其心，养其性”，“心”成为“本性”的近义词，由此产生了中国古代的“心性学”。因此，“心”在中国古代哲学意义上有两个含义，一个是本体论的“道”与“德”，一个是工夫论的“思”，即主观认识。在宋明理学中，程颢、程颐因为主张“道即理”，引入“心”的概念。南宋陆九渊专注于“心学”，认为宇宙万物不过是在人主观意识中的反映，进而断言“宇宙便是吾心，吾心即是宇宙”，以“心”为构成宇宙万物的本源，提出“心即理”的命题，强调“心”与“理”完全合一，“人皆有是心，心皆具是理。心即理也”，并认为“心”与“理”是永久不变的。陆九渊成为“心学”创始人。至明朝，陈献章首提“心学”一词，主张宇宙万理只是一理所现，此理即心，并强调发挥“静心”的作用，通过“静坐”“禅定”的方法，专注地去发现自我及认识世界，强调了“心”的工夫论。

真正把“心学”发扬光大的是明代的王阳明，史称“阳明心学”。王阳明是中国历史上“三不朽”（立德、立功、立言）的典范，从自己曲折而丰富多彩的人生社会实践中探索、总结了“心学”。他继承陆九渊的心学本体论，认为“心外无理”“我心即宇宙”，强调主观认识的重要性；同时，他更注重心学的工夫论，主张人应该从“心”

即主观意识、主观能动性入手，去认识客观世界、丰富自我。他第一次将“知”（认识）与“行”（实践）紧密结合在一起，认为“知”也是一种“行”，“行”也是“知”，主张“知行合一”和“致良知”。王阳明还将“善”“恶”贯注到心学，提出四句教：“无善无恶心之体，有善有恶意之动，知善知恶是良知，为善去恶是格物。”这里的“善恶”既有道德意义，也是真理与谬误的概念。阳明心学对后世影响深远。

朴学

一是指汉代今文经学形成前的原始儒学。二是指汉代的古文经学。古文经学派的特点是注重训诂、名物、典礼的考证，说经多据历史文献，治学严谨，不尚文采、夸饰，朴实无华，所以称之为“质朴之学”，但学者“皓首穷经”“一经说至百余万言”，过于繁琐。三指继承汉儒朴实学风，专力训诂、辨伪的乾嘉学派。致力于古籍整理、辑佚辨伪，以及古代历史地理、天文历法、典章制度等方面的考据，弊端在于脱离实际、厚古薄今、为考据而考据。

管仲（约前723—前645）

姬姓，管氏，名夷吾，字仲，谥敬，世人尊称管子，春秋时期法家代表人物，是中国古代著名的经济学家、哲学家、政治家、军事家，被誉为“法家先驱”。管仲受西周以来的传统思想——重礼思想影响很大，他在辅佐齐桓公建立霸业的过程中，就是打着“尊王攘夷”的旗号，维护周礼。在攻打楚国时，管仲责备楚王的行为有悖于周礼：“尔贡包茅不入，王祭不共，无以缩酒，寡人是征；昭王南征而不复，寡人是问。”（《左传僖公四年》）

管仲重视宗法伦理道德的作用，但他反对空谈礼义法度。礼义法度与发展生产和解决人民的衣食问题相比，他把后者置于首要地位。《管子·牧民》说：“凡有地牧民者，务在四时，守在仓廪。国多财，则远者来；地辟举，则民留处。”意思是，统治者只有注意农时，发展生产，使国家财物充足，人民生活有着落，才能使远方的人民愿意迁来，本国人民愿意留下。他认为，发展生产是使国家富强的前提，也是使人们遵守礼义法度和稳定社会秩序的物质基础。如果不注意发展生产，不解决人民的衣食问题，而空谈礼义法度，国家永远也治理不好。因此，他明确提出了“仓廪实而知礼节，衣食足而知荣辱”的著名论点。

管仲执政期间，齐国正经历着一场深刻的社会变革。西周以来所形成的宗法等级秩序已开始紊乱，奴隶逃亡已成为齐国社会的普遍现象，新旧势力之间的斗争也很激烈。要想使国家富强、社会安定，必须进行一番改革。管仲认为，改革必须着眼于争取民心，“政之所兴，在顺民心；政之所废，在逆民心”。因此，他要求齐桓公“修旧法，择其善者而业用之”（《管子·牧民》），要“令顺民心”“俗之所欲，因而予之；俗之所否，因而去之”（《史记·管晏列传》）。他明确提出“修旧法”和“令顺民心”的主张，这不仅表达了他顺应历史潮流进行改革的决心，也反映了他对“法”的重视。

首先，在农业方面，管仲改革赋税制度，采取“相地而衰征”的办法。即按照土地的好坏，分等征税，以提高土地利用率，使劳动者能得温饱而不致离乡背井。鼓励人民开垦荒地，兴修水利，种植五谷桑麻，饲养六畜，努力耕织。为了鼓励耕织，管仲提出了“与民分货”的主张，使人民能够分享一部分生产成果和经济权益。这些主张都有利于封建经济的发展。

其次，改革行政组织。管仲把齐国划为21乡，其中工商6乡，士农15乡。地方行政组织由国君和上卿直接管辖。居民按士农工商划定住处，用户籍法严格控制，四民分居定业，不准随便迁徙、杂处与转业。这样做一方面是为了整顿已经被破坏的统治秩序，以加强对人民的控制，另一方面是为了扩大与加强国君的权力。

再次，在改革内政的基础上，管仲又进一步改革军制，把军事组织和行政组织结合起来，寓兵于农，兵民合一。具体办法是：士农之乡5家为轨，10轨为里，4里为连，10连为乡，5乡为军。每家抽1人，5人为伍，50人为小戎，200人为卒，2 000人为旅，1万人为军。这样，15个士农之乡，就可组成3军，共3万人。管仲认为，这样做有利于扩大兵源，增强士兵的战斗力。

最后，管仲主张“轻过而移诸甲兵”，使犯罪者以兵器和铜铁赎其罪。具体办法是“制重罪赎以犀甲一戟，轻罪赎以盾一戟，小罪谪以金分，宥间罪”（《国语·齐语》）。即重罪、轻罪和小罪分别以犀甲、盾、戟和铜铁赎罪，罪疑者赦免。这种办法有利于储积甲兵，扩充军备。

总之，管仲在中国历史上是一位很有作为的人物，他的法律思想对后世也有较大影响。他重视礼治、重视道德和尊王攘夷的主张得到儒家的称赞，而他提倡改革、奖励耕织、富国强兵和重法的思想则为法家所继承。“仓廪实而知礼节，衣食足而知荣辱”的名言，一直为后人所传诵。

老子（约前571—约前471）

春秋末期思想家，道家学派的创始人。据《史记》记载，老子姓李，名耳，字聃，先于孔子，楚国苦县（今河南鹿邑东）历乡曲仁里人。做过周朝守藏室之史（管理藏书和文物的史官），周朝衰微，西出函谷关，退隐，不知所终。著作有《道德经》，又称《老子》，包含了自然哲学、政治哲学、伦理哲学、人生哲学、养生学、美学等博大精深的内容。

老子思想核心是“道”，把“道”作为哲学的最高范畴，用“道”来说明宇宙万物的本质、构成、变化、本原和总规律。这个“道”有如下几个特点：先天地生，独立不变，是天地万物的开始，广大无边，包含了遥不可及的过去和未来，无比的深远且周而复始，通过无形无质的运动来生成万物。它是先验的自然存在，是一个超越一切相对的绝对存在，具有永恒性、运动性、超越性和绝对性，既是宇宙的本原和本体，又是道家思想的最高理念。

老子学说具有丰富的辩证思想。认识到万物都处于永恒的变动之中，“天地尚不能久，而况人乎”。看到了一切事物都含有相互对立的两面“有无相生，难易相成，长短相形，高下相倾，音声相和，前后相随”“万物负阴而抱阳”，并且对立面之间相互依存、互相转化，“祸兮福之所倚，福兮祸之所伏”，把万事万物无不向对立面转化提炼为“反者道之动”。认为事物的发展变化需要有一定量的积累，“天下难事，必作于易，天下大事，必作于细”。首创“有”和“无”的哲学概念，认为事物的产生发展从无到有，最终又都“复归于无极”。

在认识论上，提出“玄览”的认识方法，排除一切语言概念、感性经验和欲望，通过直观感觉和内心修养来认识万物，认识“道”，认为“不行而知，不见而名”。提出“无名”论，把名实关系分成两个领域来考察，认为一般事物可以用语言概念来表达，这是“有名”，是“万物之母”；“道”则不能用语言概念来表达，这是“无名”，是“天地之始”。

在社会历史观上，主张复古，幻想回到“小国寡民”的原始社会形态，崇尚“邻国相望，鸡犬之声相闻，民至老死不相往来”；绝弃一切人类文明成果，才能避免灾难罪恶，天下才能太平安乐，“绝圣弃智，民利百倍；绝仁弃义，民复孝慈；绝巧弃利，盗贼无有”。

在政治上，主张“无为而治”的治理之道，劝谏统治者“治大国，若烹小鲜”，薄税敛、轻刑罚、慎用兵、尚节俭，人民自我管理，社会自然发展。提出“不尚贤，使民不争”，反对举贤才。

在军事上，反对战争，以兵为不祥之器，只能不得已而用之；主张以正治国，以奇用兵；还提出“善战不怒”“哀兵必胜”等军事观点。

老子的学说对中国哲学、政治学、认识论、美学、逻辑学、伦理学的发展有广泛而深远的影响，其他学派都从不同的角度吸取、融合、阐发他的思想，并因受其影响而改变自己的思想形态。《道德经》在全世界的传播十分广泛。

孔子（前551—前479）

春秋末期思想家、政治家、教育家，名丘，字仲尼，儒家学派的创始人。鲁国陬邑（今山东曲阜东南）人，先世为宋国贵族，因战乱逃至鲁国，世为鲁人。少年贫贱，青年时在鲁国做过相礼、委吏、乘田等小官。鲁定公时，做过司空、司寇，行摄相事，后去职，周游卫、宋、陈、蔡、齐、楚等国，但终不见用。晚年返回鲁国，致力于教育和文化典籍的整理工作，开设私学，弟子众多，有颜回、曾点、子路、冉求等。删定六经，修《诗》《书》，定《礼》《乐》，序《周易》，作《春秋》，其中《春秋》是中国第一部编年史著作。孔子好学，学无常师，“三人行，必有我师焉”，相传曾问礼于老聃，学乐于苌弘，学琴于师襄。孔子的思想体系十分丰富，在道德伦理、政治、天命观、教育、军事、美学、史学等方面都有所阐述。

在道德伦理上，以“礼”“仁”为核心。“礼”即等级制度和伦理规范，以区别人的身份等级；“仁”是人的本质，“仁者爱人”，仁是人们的行为准则，仁也包含各种道德品质，如刚、毅、木、讷、恭、宽、信、敏、惠等，是一个“本源性”的道德概念，但爱人有别，“立爱自亲始”，以维护贵族等级秩序。礼与仁密不可分，“克己复礼为仁”，“仁”的执行要以“礼”为规范，“礼”须从属于“仁”，提出“己所不欲，勿施于人”“己欲立而立人，己欲达而达人”的“忠恕”之道，并以孝悌为仁之本。

政治上，提倡德治、礼治，“为政以德，譬如北辰，居其所而众星拱之”“为国以礼，治国不以礼，犹无耜而耕也”，重教化、轻处罚，但不可偏废，“宽以济猛，猛以济宽，政是以和”，并提出“庶、富、教”的治国主张。为了实现礼，提出“正名”主张，强调“为政必先正名”，认为“名不正，则言不顺；言不顺，则事不成”，要求名实相符，维护“君君、臣臣、父父、子子”的等级秩序。奉行“中庸”的政治准则，主张无过无不及，认为“过犹不及”。政治理想是建立“天下为公”的大同社会。

在天命观上，孔子认为人受天命的制约，他所认为的天命包含一种人所不能抗拒的客观必然性的含义，不仅是指人的宿命，“不知命，无以为君子”，敬天、重视祭祀，但是又“敬鬼神而远之”“不语怪、力、乱、神”，强调人重于鬼、生重于死，“未能事人，焉能事鬼”“未知生，焉知死”。

教育上，首创私人讲学，打破“学在官府”，广收门徒，传说弟子先后有3 000人，精通六艺者70余人。提出“有教无类”的口号，强调“因材施教”和“启发式”的教学方法，并有“学而不厌，诲人不倦”的精神。强调“学而知之”，提倡“好学”“学而时习之”“知之为知之，不知为不知”“择其善者而从之，其不善者而改之”“学而不思则罔，思而不学则殆”的求学态度和“行在文先”的求学方法。最早提出分科教学，大致分为四科，即德行、言语、政事、文学，并要求对学生普遍实施礼、乐、射、御、书、数等六艺教育，但把德行教育放在首位，把《诗》《书》《礼》《乐》作为学生的主要科目。

孔子的学术思想观点，被其弟子及再传弟子以语录、对话的形式记录在《论语》之中，其余散见于《左传》《国语》和诸子著述中。其后，尊奉并研究孔子学说的学派称为儒家，儒家成为了中国古代社会的正统思想，对中国历史的演变和当代社会都有着很大的影响。

孙子（约前545—约前470）

春秋末期战略家、思想家、军事家、中国兵学理论体系的奠基人，名武，字长卿，世人尊称为“孙子”。孙子为陈国公子完的后裔，齐国人。后到吴国，以《兵法》13篇见吴王阖闾，被任为将。吴王阖闾九年（前506），孙武与伍子胥率军3万，打败当时强大的楚国，攻入楚国都城郢都。吴王夫差十二年（前484），于艾陵打败齐军，使吴国北面威胁齐国、晋国，显示了非凡的军事才能。孙武认为，军事是国家的大事，提出决定战争胜败的基本因素为“五事”，即道、天、地、将、法，和“七计”，即君主有道、将军有能、天地有利、法令能行、民众富强、士兵训练有素、赏罚分明，提出“知己知彼”是正确指导战争的先决条件，关键在于全面分析矛盾双方，促使其转化。

他反对用卜筮迷信、主观类比、星象度数之法来指导战争,主张“不可取于鬼神,不可象于事,不可验于度,必取于人,知敌之情者也”。他还看到了战争中的种种矛盾现象,如敌我、主客、强弱、众寡、攻守、进退、奇正、虚实、勇怯、治乱等,认为这些矛盾不仅相互依存,而且在一定条件下相互转化,强调主观能动性在促进矛盾转化中的作用。在战术指导上,强调“因敌制胜”,灵活地掌握“奇正之变”,他的战略及战术思想包含着丰富的辩证法思想,体现出他对自然、社会、人性的透彻了解。中国军事史上关于“兵不厌诈”“君命有所不受”“置之死地而后生”“避其锐气,击其惰归”“攻其不备,出其不意”“以逸待劳”等著名军事格言,都源于孙武的军事思想。所著《孙子兵法》,今流传 13 篇,是中国现存最早的军事著作,在当代世界都有广泛的影响。

公孙龙(约前 320—前 250)

先秦有两个公孙龙。一是春秋末年的公孙龙,字子石,生于公元前 498 年,孔子弟子,小孔子 53 岁,没有著作流传,见《史记・仲尼弟子列传》。二是战国末期哲学家、名家代表人物公孙龙,亦称“公孙龙子”,战国时赵国人,字子秉,为平原君赵胜门下客。在政治上,曾游说燕昭王与赵惠文王“偃兵”,认为“偃兵”是“兼爱天下”的实际行动;曾为平原君献策,支持赵国救魏抗秦。在哲学上,著《名实论》等,对名实关系作了系统论述,分析了概念之间的差异性尤其是概念内涵与外延的差异性,强调“唯乎其彼此”的正名原则,制定了一系列逻辑学原则,如:以概念来称谓事物而不超过事物的实际范围,只是概念的外延;以事物的本质属性来规定概念所表示的事物,使该事物充足具备而不欠缺其本质属性,这是概念的内涵;概念的内涵不充足就是错误的概念;概念具备充足的内涵就是正确的概念等,以及以正确的概念来校正不正确的概念,又以不正确的概念的失误之处,反过来探究正确的概念之所以正确的所在;要使概念正确,就必须正确反映事物的本质;要正确反映事物的本质,就必须依靠正确的概念的正名方法。在此种名实关系的指导下,公孙龙提出的主要命题有“白马非马”和“离坚白”。他认为,“白”指颜色,“马”指形状,白马包含颜色和形状,而马只有形状,没有颜色的规定,因此,“白马非马”,其中,“非”可以解释为不是,也可以解释为不等于,前者认为是诡辩论,后者认为合乎逻辑,由训解不同而产生的不同评价。同时,他也认为石头的“坚”和“白”都是各自独立的。公孙龙的学说渊源可上溯到春秋末期“操两可之说,设无穷之辞”的邓析,而又直接受影响于“察士辨类”的尹文。他的“离”与惠施的“合”是战国时代讨论名学颇有影响的两种思想倾向,这两种学说对中国古代逻辑思想的发展都是有重大贡献的。公孙龙认识到事物的差异性是合理的,过分强调差异而至于“离”天下万物,则陷于诡辩论,荀子批评他“用名以乱实”。著作《公孙龙子》,《汉书・艺文志》著录 14 篇,后亡佚 8 篇,今存 6 篇。有庞朴《公孙龙子译注》。

墨子(约前 468—前 376)

春秋战国之际思想家、政治家、教育家、军事家、科学家,墨家学派创始人。姓墨,名翟。鲁国人。出身微贱,早年做过木工匠,宋昭公时曾为宋国大夫。曾习儒术,因“以为其礼烦扰而不说,厚葬靡财而贫民,服伤生而害事”,另立新说,弃儒倡墨,开展独立的学派活动,聚徒讲学,门徒遍天下,墨家成为当时显学。

墨子除在宋国当过大夫外,大部分时间到各国去游说讲学,奔波于齐、鲁、宋、楚、卫、魏等国,宣传他的政治主张,推荐自己的学生入仕,他的学生们为推行墨子的主张,也奔走各国。墨子根据各国的不同情况,在推行墨家学说时主张因地制宜,对症下药,“国家昏乱,则语之尚贤、尚同;国家贫,则语之节用、节葬;国家憙音湛湎,则语之非乐、非命;国家淫僻无礼,则语之尊天、事鬼;国家务夺侵凌,则语之兼爱、非攻”。墨子制止了多次战争,其中以与公输般论战,止楚攻宋最为著名。尚贤、尚同、节用、节葬、非乐、非命、尊天、事鬼、兼爱、非攻也构成了其全部的哲学主张。在人伦关系上，认为天下一切祸害皆起于人们之间"交相别"，主张"兼相爱，交相利""爱人若爱其身"，否定儒家的"爱有差等"。在天人关系上，提出"非命"，否定"天命论"，认为人定胜天、事在人为，但又认为"天之爱民之厚"，尊天、事鬼。人才任用上要"尚贤使能"，官员、君主都要选择贤能之人，认为"官无常贵，民无终贱，有能则举之，无能则下之"，不偏富贵，不避贫贱，反对世袭制，反对亲亲尊尊。在军事上，提倡"非攻"，抨击"攻伐无罪之国"的掠夺战争，认为攻伐为"天下之巨害"，但不反对诛有罪之君的正义战争。在经济上，主张"节用""节葬""非乐"，厉行节约，反对铺张浪费，把音乐也看作享乐的一部分。墨子在认识论和逻辑学方面，也有丰富的思想。肯定知识来源于"耳目之实"而非天生就有，因此，要通过三种途径去获得，三种途径分别是亲知、闻知、说知，即直接经验所得的知识、传授所得的知识和推理所得的知识，并提出了"三表法"；认为墨辩的目的是"夫辩者，将以明是非之分，审治乱之纪，明同异之处，察名实之理，处利害，决嫌疑焉"，提出"察类明故"等逻辑原则和方法。墨子在自然科学方面也有着显著的成就，如数学、物理学，在数学方面，给出了"倍""直线""中"等概念的定义，在物理方面，有不少发现，如光与影、声音的传播等。墨子的思想学说主要记录于《墨子》，其余散见于《荀子》《韩非子》《庄子》《吕氏春秋》《淮南子》等书。

商鞅（约前390—前338）

战国时政治改革家、思想家，法家的主要代表人物。姓公孙，名鞅，卫国人，又称卫鞅；后受秦孝公封商邑，号"商君"，故称"商鞅"。初为魏相公叔痤家臣，后入秦进说秦孝公，始说以"帝王之道"，未能投合，继而说以"霸道"和"强国之术"，遂被重用。秦孝公三年（前359），与大夫甘龙、杜挚辩论变法，提出"苟可以强国不法其故，苟可以利民不循其礼"。秦孝公六年，推行第一次变法，颁布法律，制定"连坐法"，奖励军功，禁止私斗，重农抑商，奖励耕织，变法取得初步成功，并接连伐魏获胜。秦孝公十年，因功升为大良造（军政大臣，秦国当时的最高官职）。秦孝公十二年，秦国自雍都（今陕西凤翔南）迁都咸阳，进行第二次变法，推行开阡陌封疆，废除井田制，普遍推行郡县制，统一度量衡制，按户按人口征收军赋，实行"富国弱民"，进一步加强中央集权。秦孝公二十四年，秦孝公去世，秦惠王立，因为变法损害了王公贵族的利益，公子虔等人诬告商鞅"谋反"，被秦惠王派兵逮捕，并实行"车裂"，灭其全家。商鞅被杀，但其变法成果仍沿袭不变，两次变法成功，奠定了秦国富强的基础。在政治上，商鞅主张"一任于法"，强调统一法令为本，并以"壹刑""农战"等政策为法治理论的重要内容，认为"仁义"不仅不足以治天下，反而会削弱国力，提出"任其力不任其德""不贵义而贵法""战法必本于政胜"等政治、伦理、军事观点，为法治服务。哲学上强调在"适于时""恃其势""恃其数"的基础上，提出"以战去战，虽战可也。以杀去杀，虽杀可也。以刑去刑，虽重刑可也"等命题。历史观上把历史分为"上世""中世""下世"三个时期，为变法作论证，认为世道变了行为法则也应该随之变化。商鞅无原作，今存《商君书》为战国时法家所辑录，反映了他的思想，其他如《史记》本传和《韩非子》中一些篇目也是研究其思想的重要资料。

慎到（约前390—前315）

战国时期思想家、法家代表人物。赵国人。早年学黄老道德之术，是从道家分化出来的法家。曾在齐国稷下讲学，受上大夫之禄，齐湣王末年离开齐国至韩，为韩大夫。他讲法而兼讲势，主张"尚法"和"重势"，强调"民一于君，事断于法"，把君主的权势看作执行法治的力量，认为"贤智未足以服众，而势位足以诎贤者"，但他不主张独裁，反对"国家之政要在一人之心"，提出"立天子以为天下，非立天下以为天子也；立国君以为国，非立国以为君也"，反对把国家兴亡的责任归于个人。在哲学上，他的"弃知去己""舍是与非"为特点的名辩理论，受老子的影响，其中也包含了朴素的辩证法。著作早佚，现存《慎子》，只有7篇残余辑本。

惠施（前390—前317）

亦称"惠子"。战国时期哲学家、名家代表人物。宋国人。任魏相12年，曾与魏惠王论齐魏马陵之战，主张"变服折节而朝齐""遂开六国称王之局"，提高了魏在诸侯中的地位；主张"兼爱"，但不赞成无条件的"偃兵"，因而在"朝齐"的同时，劝魏王使计"以楚毁齐"；倡言"去尊"，但又以"治农夫者"自居；后因主张联齐楚抗秦，遭致秦使张仪离间，罢相离魏归宋。在哲学方面，在当时的名辩思潮中主张"合同异"观点，据《庄子·天下》记载，"合同异"命题共有10条，史称厉物十事，认为"大同而与小同异，此之谓小同异；万物毕同毕异，此之谓大同异"，具体事物之间的同异是小同异，天下之物谓其相同则皆有相同之处，谓其相异则皆有相异之处，这是大同异，从而肯定了"同"和"异"概念的相对性，并以"天与地卑，山与泽平"等命题，对"大同异"思想作具体说明；注重观察分析自然现象，善于运用譬喻式推理，认为这是一种"以其所知喻其所不知而使人知之"的逻辑方法；还与当时的辩者讨论"卵有毛""马有卵"等命题，广泛交游天下的辩士，与庄子为友，曾共游濠上作观鱼之辩，即"子非鱼安知鱼之乐"与"子非我，安知我不知鱼之乐"。其学说渊源于春秋时期"操两可之说"的邓析，在当时与儒、墨、杨（朱）、秉（公孙龙）并列为五，对先秦名学的发展起了重要作用。其著作据《汉书·艺文志》载有《惠子》一篇，已佚。晋人发掘魏襄王墓时获《名书》一本，有人疑是他的著作，后又佚，其言行片断，散见于《庄子》《荀子》《韩非子》《吕氏春秋》《战国策》《说苑》等书。

申不害（约前385—前337）

战国时期思想家、法家代表人物。郑国人，出身低微，后任韩昭侯相，直至终年。任职期间，国治兵强，政绩显著。在政治主张方面，申不害主张法治，其学本于黄老，而重"术"，强调"尊君卑臣，崇上抑下"，他要求国君要明了自己的地位，即"主处其大，臣处其细"，主张君主"示天下无为"，施展权术，言行深藏不露，以驾驭臣下。在哲学主张方面，认为概念可以反映一切事物："名者天地之纲，圣人之符。张天地之纲，用圣人之符，则万物之情无所逃之矣。"并从正反两方面分析"正名"在实践中的作用，强调"名自正也，事自定也"，因而要"自名而正之，随事而定之也"。著有《申子》一书，皆失佚，现仅存辑录《大体》一篇，此外还有散见于各书的残章断句。

孟子（约前372—前289）

战国时思想家、政治家、教育家，名轲，邹（今山东邹城东南）人。师从孔子的孙子子思的门人，儒家学派代表人物，在儒家分化中，继承、发展孔子思想，阐发子思学说，被称为思孟学派，孟子学说被后世认为是孔子之后儒家的正统思想，后有"亚圣"之称，与孔子合称为"孔孟"，与孔子的理论合称为"孔孟之道"。历游齐、宋、滕、魏等国，曾任齐宣王客卿，当时，各国都在变法革新、富国强兵、相互攻伐，因而信奉法家、兵家等学说，而孟子却称述"唐虞三代之德"，不合各国实际需要，终不被用，晚年退而与弟子万章、公孙丑等著书立说，所著《孟子》，成为后世儒家经典。孟子以性善论为基础、以仁政为核心建立其思想体系。在人性论上，孟子秉持性善论，认为人性本善，"人皆有不忍人之心"，具有天赋的仁义礼智"四端"、不虑而知的"良知"和"不学而能"的"良能"，认为"人皆可为尧舜"。性善论是孟子形成自己的政治主张和哲学主张的根据。孟子将孔子"仁"的观念发展成"仁政"学说，主张实行以仁政为主要内容的王道，反对霸道。首先，孟子严格区分了统治者和老百姓的社会分工，认为"劳心者治人，劳力者治于人；治于人者食人，治人者食于人；天下之通义也"；其次，孟子很重视民心向背，提出"保民而王""民为贵，社稷次之，君为轻""得道者多助，失道者寡助""天时不如地利，地利不如人和"

等诸多“重民”论断，具体做法有“仁政必自经界始”，制民之产，“有恒产者有恒心”，实现养民；“谨庠序之教，申之以孝悌之义”，实现教民；“省刑罚、薄税敛”“不违农时”，发展农业生产，实现富民。此外，还有“与民同乐”“尊贤使能”“老吾老以及人之老，幼吾幼以及人之幼”、反对重农抑商等措施。在义利观上，孟子认为“生，亦我所欲也；义，亦我所欲也。二者不可得兼，舍生而取义者也”，将义、利对立起来，重义轻利，克制对利的欲望，要做“富贵不能淫，贫贱不能移，威武不能屈”的大丈夫，必要时舍生取义。在世界观上，赋予“天”以道德的属性，以“天命”为决定自然和社会现象的主宰，由此认为仁义礼智是处理人伦关系的天则，还要知天、事天，也重视人力，要尽人事、听天命。在教育上，继承并发展了孔子的教育思想，主张发展学校教育，创办教育机构，同时也重视家庭教育，“中也养不中，才也养不才，故人乐有贤父兄也”，还首次提出了“易子而教”的教学方法，“古者易子而教之，父子之间不责善”。孟子在认识论、逻辑学、美学等方面也有很多贡献。

庄子（约前369—前286）

战国时哲学家、文学家，道家的主要代表人物。姓庄名周，宋国蒙（今河南商丘市东北）人。与梁惠王、齐宣王、孟子同时，为惠施挚友。庄子生于乱世，出身没落贵族家庭，家贫，做过蒙地方的漆园吏，拒绝楚威王相聘后终身不仕。痛恨当时社会的黑暗，不愿同流合污，对统治者有辛辣的嘲讽，隐居著书。庄子继承、丰富和发展了老子“道法自然”的思想，“其要本归老子之言”，真正确立了道家学派，与老子并称道家之祖。认为“道”是客观真实的存在，但又“无为无形”，“可传而不可受，可得而不可见”，为世界最高的本体；道的存在不以别的事物的存在为条件，在时间上和空间上都是无限的；世界统一于“道”，“道”与万物为一。庄子同样也继承了《道德经》的辩证法思想。事物是相对的，可以转化的，“天下莫大于秋毫之末，而泰山为小”“彼是方生之说也，虽然，方生方死，方死方生”，生即死、死即生，“时有始终”，始即终，终即始，因此可以齐物我、齐生死、齐大小、齐是非等；一切事物都是处在变化发展中的，“物之生也，若聚若驰，无动而不变，无时而不移”，变化发展是由矛盾双方相互作用引起的，“安危相易，祸福相生，缓急相摩，聚散以成”。在政治上，庄子也主张无为，与老子不同的是，老子主张的无为是相对的，庄子主张的无为则是绝对的；老子的无为是一种治世的方法，通过无为来达到治国的目的，庄子的无为则是否定一切社会文明和任何治国方略的绝对无为，顺应天道，摒弃人为。庄子激烈抨击儒家、墨家、法家、名家等的有为政治，认为这些治国措施，扰乱和破坏了人的自然本性，导致社会分化和纷争，“礼者，世俗之所为也；真者，所以受之于天也，自然不可易也”，主张回归自然、复归原始。庄子是迄今可考的最早的详尽论述生死问题的中国哲学家，认为在人生的种种困境中，最根本、最困扰人的心灵的莫过于生死困境，庄子把人的生死还原成一种自然的过程，立足于生来领悟死的意义，凭借着死来体察生的价值。庄子希望通过坐忘、心斋、外物、朝彻、见独等修养方法来保持精神的宁静，实现绝对的心灵自由，形成高洁、超脱的个性，最终达到“与造物者同游”的理想目标。庄子的散文很有特色，表面为“谬悠之说，荒唐之言，无端崖之辞，时恣纵而不傥，不以觭见之也”，实则独具匠心，蕴含着深刻的思想，代表作有《逍遥游》《齐物论》等。庄子在哲学、文学等方面都有着突出的贡献，对后世影响深远。

尹文（约前360—前280）

又称尹文子，著名的哲学家。战国时代齐国人。宋尹学派创始人，生平不详，大致活动在齐宣王、齐湣王之际，与宋钘、彭蒙、田骈同时，都是当时有名的学者。于齐宣王时居住在稷下，为稷下学派的代表人物，属稷下道家学派。尹文承继老子自然之道的思想，糅合法家、儒家，以法于道而为仁义礼乐的根据，变自然法则为与法制相联系的社会法则，对后期儒家思想有深刻影响。

尹文特别精通“名”（概念）的分析与分类，强调“名正则治，名丧则乱”，指出“有形者必有名，有名者未必有形”，认为认识事物必须先破除主观偏见，很受当时的名家公孙龙的称赞，对先秦名辩之士尤其是公孙龙的名辩学说思想的形成有重要影响。流传于世的《尹文子》上下两篇，语录与故事混杂。上篇论述形名理论，下篇论述治国之道，可以看作是形名理论的实际运用，其中的形名论思想，其对语言的指称性与内涵等关系的思考，为研究中国逻辑思想史者所重视。

邹衍（约前 324—前 250）

战国时期哲学家、阴阳家。邹衍亦作驺衍，齐国人，曾游学稷下学宫，号“谈天衍”，历游魏、赵、燕等国，因其学说适应当时大一统趋势，皆受到尊重和礼遇，并为燕昭王师。他的著作都已亡佚，其遗说载清代马国翰所编《玉函山房辑佚书》。邹衍在总结早期阴阳、五行学说的基础上，提出了“五行相生相胜”的观点，他认为，木生火、火生土、土生金、金生水、水生木是“五行相生”的转化形式，同时，又存在着水胜火、火胜金、金胜木、木胜土、土胜水的“五行相胜”的对立形式。他以五行相生相胜的模式来生硬地表现自然界事物之间的统一和对立关系，说明自然界的四时变化和万物生息，反映了对自然界运动变化过程的粗浅认识。他进一步认为，这种模式还体现在人类社会之中，由此，他提出了“五德终始”循环相生的观点，认为“天地剖判以来”的历史，按照“五德转移”的顺序，经历了黄帝（土德）、夏（木德）、商（金德）、周（火德）的更替过程，并预见以后的发展是“代火者必将水”。在研究方法上，邹衍还试图将宇宙各部分联贯为一个整体，并给以总的说明，他以“必先验小物，推而大之，至于无垠”的方法提出“大九州说”，认为赤县神州（中国）为世界 81 州之一，每 9 个州为一集合单位，有小海环绕，称为“大九州”，9 个“大九州”另有大海环绕，再往外便是天地的边际。他的学说对后世产生了很大的影响，他的某些观点成为两汉谶纬学说的主要来源之一，其阴阳五行思想也成为中国传统宇宙观、自然观和易学的一个主要观点和方法。

稷下学宫

中国古代最早的学术活动和政治咨询中心。田氏齐国在都城临淄的稷门之外筑起高门大屋，广招天下饱学之士来此讲学授徒，著书立说，参议政治，故称“稷下学宫”。学宫中有堂有室，有寝有庖，弟子至“数千百人”，规模相当宏大，其中德高望重的学者称为“稷下先生”，年轻的学子称为“学士”。创建于齐桓公时，一说在齐威王时；复盛于齐宣王时，宣王继其祖，扩置学宫，招致天下贤士近千人，任其“不治而议论”，其中 76 人被尊为“上大夫”；齐湣王时，齐国都城临淄被攻破，稷下学宫的活动一度中断；齐襄王之后逐渐衰落。历时一百四五十年。著名人物有邹衍、淳于髡、田骈、慎到、季真、环渊、彭蒙、宋钘、尹文、田巴、兒说、鲁仲连、邹奭和荀子等，其中，荀子曾“三为祭酒”，即任学宫的主持人。汇集了道、法、儒、名、兵、农、阴阳等百家之学，各家兴学论战，评论时政和传授生徒，成为当时各学派荟萃中心，并逐渐形成一个具有一定倾向的学派，后人称为“稷下学派”，其中黄老居于主导地位。推动了先秦名辩思潮的发展和先秦时期学术文化的繁荣，是战国百家争鸣的主要场所，当时相继出现的学术著作有《宋子》《田子》《娟子》《捷子》等（均佚失），另《管子》《晏子春秋》《司马法》《周官》等书编成，都有稷下之士参与。

荀子（约前 313—前 238）

名荀况，字卿，也称“荀卿”。赵国人，战国末期思想家、教育家、政治家、文学家。荀子曾经在齐国游学，齐襄王时，三次担任稷下学宫的“祭酒”。秦昭王四十四年（公元前 263），荀子应秦昭王聘请到秦国，他考察秦国后，认为秦国百姓朴实勤劳，官吏负责任，国家治理接近政治的最高水平。荀子回到赵国，与赵孝成王议论兵事，强调“用兵攻战之本在于壹民”，认为“善附民者，是乃善用兵者”“仁人之兵，王者之志”。荀子离开赵国再次到楚国，被楚国大臣春申君任命为兰陵（今山东苍山县西南兰陵镇）长官；春申君死后，荀子被免职，在兰陵著书立说终老。荀子以儒家自居，批判地继承和发展了前期儒家的学术思想，也吸收了其他学派的学说。在人性论上，反对“性善论”，首创“性恶论”，认为“人之性恶，其善者伪也”，由恶至善，是后天学习、教化的结果，即“化性起伪”。在天命观上，批评天命、鬼神迷信之说，提出“天行有常，不为尧存，不为桀亡”的天道观，肯定自然运行的规律是不以人的意志为转移的客观存在，主张“明于天人之分”“制天命而用之”的人定胜天思想，认识自然规律是为了利用它为人自身服务。在政治上，隆礼重法、礼法兼治、王霸统一、尊贤爱民，“君人者，隆礼尊贤而王，重法爱民而霸”，同时主张“法先王”与“法后王”结合，后王是理想化的君主，是礼法、王霸、义利等思想的综合“化身”，批判复古倒退的“法先王”观，认为先王之道要通过后王得以实现。在认识论上，肯定世界的可知性，认为人能通过“天官”和“心”两个阶段认识客观世界，并强调心对于天官的分析、辨别和验证；重视“行”的作用，行既是来源也是目的，“学至于行之而止”。在逻辑学上，荀子建立起正名逻辑体系，提出“制名以指实”“名定而实辨”的逻辑思想和“名”“辞”“说”“辩”等各种思维形式，以及制名的依据、原则等，在中国逻辑史上占有重要地位。荀子所著《荀子》共32篇，是古代散体论文的典范，总结、批判和发展了先前哲学思想的各个主要方面，吸收了各家的长处加以综合、改造，建立起自己的思想体系，发展了古代唯物主义思想。其中，《天论》集中阐述了自然观，阐发了掌握自然规律而利用的主观能动思想，对破除当时流行的种种迷信思想具有重大意义。《正名》《解蔽》阐述了认识论、逻辑论和思想方法，系统地探究了名实关系，认为反映客观事物的概念随现实的变化而变化，对概念、判断、推理这三种思维形式分别定义，这些思想对于解除旧有观念对认知的蒙蔽，获得真知，具有十分重要的作用。《劝学》集中体现了荀子的教育思想，认为人的知识、才能不是先天赋予的，而是通过观察学习得来的，强调教育对人成长的作用，指出人的知识和德性修养是一个积累的过程，而学习的目的在于培养理想人格。《乐论》是古代中国的一篇重要的音乐美学著作，系统阐述了音乐的产生、立乐的标准、礼与乐的关系，以及音乐的社会功能，指出音乐等艺术是人们获得感官愉悦不可缺少的形式，认为音乐能感动人的善心，具有宣泄情感和移风易俗的作用。中国古代重要的音乐美学专著《乐记》中的音乐美学思想，很多都来自于《乐论》。《议兵》阐述军事理论，《王制》《王霸》《富国》阐述社会政治思想，《非十二子》是对先秦诸子的批判总结。

河上公

姓名、生卒不详，西汉时道家学者，因在河滨结草屋而居，司马迁《史记》中称他为“河上丈人”，后人遂称其为河上公。精通《老子》，西汉相国曹参是他的再传弟子，汉文帝读《道德经》有所不解，曾向其请教。现存最早、影响深广的《老子道德经注》相传为河上公所著，《道德经》原文不分章节，河上公的注解分章，故称《河上公章句》，其特点是：注文简洁清晰，意境空灵；重在解释老子意旨，以极简单的语言阐说《老子》义理，同王弼注一样，没有字词考证，但说理透彻，平铺直叙，语言朴实流畅，平易近人。《河上公章句》的主要内容是以汉代流行的黄老学派无为治国、清静养生的观点解释《道德经》，基本思想是认为天道与人事相通，治国与治身之道相同，二者皆本于清虚无为的自然之道。

董仲舒（前179—前104）

西汉广川（河北景县）人，思想家、政治家、教育家、哲学家和今文经学大师。汉景帝时任博士，讲授《公羊春秋》。汉武帝元光元年（公元前134），武帝下诏征求治国方略，董仲舒以《公羊春秋》为依据，将周代以来的宗教天道观和阴阳、五行学说结合起来，吸收法家、道家、阴阳家思想，建立了一个新的思想体系，成为汉代的官方统治哲学，对当时社会所提出的一系列哲学、政治、社会、历史问题，给予了较为系统的回答。董仲舒在著名的《举贤良对策》中系统地提出了“天人感应”“大一统”学说和“诸不在六艺之科、孔子之术者，皆绝其道，勿使并进”“推明孔氏，抑黜百家”的主张，为汉武帝所采纳，使儒学成为中国社会正统思想，影响长达2 000多年。其学以儒家宗法思想为中心，杂以阴阳五行说，把神权、君权、父权、夫权贯穿在一起，形成帝制神学体系。在他的神学体系中，天是最高的哲学概念，是百神之君，万物之祖，认为天和人一样有意志情感，有喜怒哀乐，有道德意识；天按照自己的形象创造了人类，人的形神和道德品质等都是天的副本，人只能服从天道；天道通过阴阳五行的变化，体现其主宰作用，对地上的统治者经常用符瑞、灾异分别表示希望和谴责，所以统治者必须遵循天意行事；将天道与人事相比附，认为君臣、父子、夫妇等“道”出于天，借天道以论证封建统治秩序的神圣化、绝对化，认为人的认识在于与天意相符，而天意只有圣人才能认识到；认为“名”也来自天意，提出概念的先天起源说，并将深察名号作为一切是非曲直的标准。在提出封建伦理“君臣、父子、夫妇”三纲和“仁、义、礼、智、信”五常的同时，把人的性品分为上中下三等，认为圣人之性是善性，斗筲之徒是下愚者，不可以名性，只有大多数被统治的“中民之性”才可以名性，但他们需要统治者加强道德教育，把仁、义、礼、乐看做人类社会生活的基础。其后，董仲舒任江都易王刘非国相10年；汉武帝元朔四年（公元前125），任胶西王刘端国相，4年后辞职回家，著书写作。这以后，朝廷每有大事商议，皇帝还会下令使者和廷尉前去董家问他的建议，表明董仲舒仍受武帝尊重。董仲舒一生历经三朝，度过了西汉王朝的极盛时期，死后得武帝眷顾，被赐葬于长安下马陵。

严君平（约前86—10）

西汉思想家，西汉时《老子》的最早注疏家。蜀（今四川成都）人，名遵，字君平。隐居不仕，常以占卦为业，兼授《老子》《庄子》，精通《易经》。继承老子“道生万物”的思想，发展老子的“冲气以为和”，提出“气化分离”说，认为“道德”本为混沌未分之气，经分离而化生万物，强调“道德虚无”，主张“有生于无，实生于虚”，肯定“天道自然无为”“道德无为而神明然矣，神明无为而太和自起，太和无为而万物自理”，要求因时顺理，“奉道顺天，与物相参”，提出“审实定名”，认为实物的“名”必须符合“实”，“一名一实，平和周密，方圆曲直，不得相失”，把“虚静”当作得道的功夫。著作有《老子指归》，收藏于《道藏》。

王充（27—约97）

东汉哲学家，无神论者，会稽上虞（今浙江上虞）人。先世居魏郡元城（今河北大名），出身“细门孤族”，祖父辈曾做过商贩，到王充出生时，早已破落，且年少时就成了孤儿，乡里人都称赞他对母亲很孝顺。后来到京城，进太学学习，拜班彪为师。喜欢博览群书，但是不死记章句，精通百家学说。因仕途无望，回乡教书，中年曾做过一些小官，晚年辞职居家，教书著述。治学上兼采道家、儒家和墨家。哲学上，王充以道家的“自然无为”为立论宗旨，以“天”为天道观的最高范畴，主张元气自然论，认为“气”是天地万物的根基，“天地合气，万物自生”，天地是“气”合之后的产物，都是无意志的自然的物质实体，宇宙万物的运动变化和事物的生成是自然运动的结果。还认为“天无上”“地无下”“天地不生，故不死；阴阳不生，故不死”，触及了宇宙时空的无限性。认为天不具有精神作用和主宰能力，生物间的相胜是因为各种生命力的强弱、气势的优劣和动作的巧拙不同，并非天的有意安排，天不是什么有意志能降祸福的人格神，与董仲舒的天人感应论形成对立之势。在生死观及形神论上，具有鲜明的唯物主义色彩，认为人死后不能成为鬼神，强调精神对形体的依赖关系，为后来范缜的神灭论奠定了基础，也因此反对神学化的经学。在历史观上，反对崇古非今，认为社会的治乱与经济状况有很大关系。主张人性有“善恶”，强调人性是可以改变的。在文艺美学上，提出“真美”说，认为艺术应该真实有用，文艺创作应该诚意在胸，通过文墨表达于外，能够劝善惩恶。主张艺术家应发挥个性，反对抄袭模拟古人，提倡通俗易懂的语言。代表作品《论衡》，具有唯物主义、无神论倾向和批判精神，是中国历史上一部不朽的唯物主义哲学著作，对后世唯物主义思想的发展影响深广。

阮籍(210—263)

三国魏玄学家、文学家，“竹林七贤”之一，陈留尉氏(今属河南)人。博览群书，喜好《道德经》《庄子》，纵酒谈玄，蔑视礼法，与嵇康齐名。曾任从事中郎、步兵校尉。虽不满司马氏政治集团，但谨慎避祸。在自然观上，认为天地出于自然，万物生于天地，自然无外，天地有内，一切皆以自然为本，人的形体与精神都是自然的产物，自然界和万物的关系是和谐一致的；认为“道”就是自然，为世界宇宙的本原，否定在自然之外有精神性的主宰，但又认同庄子的相对主义观点。在政治思想上，折中“自然”与“名教”，崇尚自然，但并不主张废除名教，而是反对那些以名教礼法为幌子谋私利、谋权势的伪君子。他幻想一种无君无臣的社会，却又主张“尊卑有分，上下有等”，只是希望“上不凌下，卑不犯贵”。在文学艺术上，他擅长五言诗，有《咏怀》诗 82 首，通过不同的写作技巧如比兴、象征、寄托、借古讽今、借景抒情和形象塑造等，形成了一种“悲愤哀怨，隐晦曲折”的诗风。阮籍有很高的音乐造诣，善弹琴，作《乐论》，认为清淡平和之乐是宇宙和谐的体现。

嵇康(约 223—264)

三国魏哲学家、文学家、音乐家，与阮籍齐名，同为“竹林七贤”。祖先为会稽(今浙江绍兴)人，本姓奚，因避怨，迁居于嵇山之侧而改姓“嵇”。嵇康生于官宦之家，幼时丧父，靠寡母及兄长教养，自幼旷迈不群，高亮任性，不修名誉，宽简有大量，学不师授，博洽多闻。不涉经学，却好读老庄，倾向玄学，好属文论，又精通音律，喜弹琴咏唱。与曹魏宗室通婚，官至中散大夫，因不满司马氏专权，不赴任，以爱自由放旷为由拒绝朋友山涛让他做官的推荐。在太学中常抨击时政，后遭陷害，以“言论放荡，非毁典谟”的罪名被司马昭所杀。行刑时，嵇康索琴弹奏一曲《广陵散》，慷慨赴死。

在自然观上，嵇康主张元气自然论，认为宇宙间充满了浩荡无边的元气，人和万物都是由天地间阴阳二气的结合化生的。在名实关系上，嵇康认为名是事物的标志，同一事物因地域、风俗的不同而有不同的名号，名称是根据事物的具体情况而制定的，强调“推类辨物，当先求之自然之理”，反对儒家以周公、孔子的观点和六经思想为准绳，认为只有摆脱六经思想的束缚，才能认识真实的事物。在形神关系上，嵇康反对形神相离，主张“形恃神以立，神须形以存”“形神相亲，表里具济”，认为形神结合才能维持人的生命。在政治伦理上提倡“越名教而任自然”的主张，认为不故作高尚，所以能超越名声教化而任其自然；感情不被欲望所拘束，所以能审视贵贱之分而明白事物的道理。他不满儒家繁琐的礼教，认为六经束缚人性。他崇尚自然简易，期望君臣相忘于上，人民家足于下，达到一种没有矛盾斗争的和谐社会。在文学艺术上，嵇康的诗风格清峻，文辞简约，涵义深广；精通乐理，善弹琴，认为音乐可以导养神气。他的《声无哀乐论》是中国古代著名的音乐美学著作，认为声音和人的思想感情没有必然联系，同一音乐在不同的情境中能引起不同的感情，所以声音本身没有所谓的哀乐。

王弼(226—249)

三国魏哲学家，魏晋玄学的主要创始人之一。魏国山阳(今河南焦作)人，汉末著名士族王璨的侄孙，曾任尚书郎。王弼少年天才，好论儒道，能言善辩，与当时名士何晏等人针对儒家、道家和《周易》的思想哲学进行广泛的探讨，其作品主要包括解读《道德经》的《老子注》

《老子指略》及解读《周易》思想的《周易注》《周易略例》4部。正始十年(249)秋天,王弼患疠疾而亡,年仅24岁。在自然观上,他对《老子》哲学中的“先天地生”的“道”和“有生于无”作了玄学解释,提出“万物皆由道而生”,而“道”即是“无”,认为万物统一于一个共同的最高的“道”或者“无”,把老子“有无相生”的思想引向“以无为体”,认为“有生于无”,将老子的宇宙本原论改造为本体论,成为玄学中的“贵无派”。又认为,作为万物之宗的“无”不能独立自明,必须通过“有”,才能从天地万物的存在上去明了“无”是万物之宗,并从本末、体用、动静、一多等关系来论证“以无为本”,提出“得意忘象”“得象忘言”的命题,把“言”“象”看做“得意”的障碍——这个命题对后人力求通过具体物象来体会深奥意趣的美学思想和“意象”范畴的形成,具有重大影响。在“名教”与“自然”的关系上,王弼主张“名教出于自然”,以自然为本,以名教为末,反对把“名教”与“自然”对立起来,认为即使是孔子也不能去掉自然本性,并认为只要符合“自然”及“无为”的原则,名教也是完全必要的。反对何晏“圣人无喜怒哀乐”,认为圣人也有五情,圣人与众人的区别在于顺应万物而不被万物所累。在政治上,王弼主张要维护君主、圣人的绝对统治地位。

郭象(252—312)

西晋玄学家,河南洛阳人。好《老子》《庄子》,常闲居,善清谈,口若悬河,被称为王弼第二。曾任黄门侍郎、豫州牧长史、太傅主簿等官职。作《庄子注》,通过注解《庄子》,提出“独化”论。“独”指个体,一切万事万物的个体都具有自存、自足、自立、自由、自生、自已的存在状态;“化”就是形容这种存在状态的变化。“独化”就是一个绝对的个体活动变化,万物自生后,还在不断地自为中,而万物在“自为”的同时,还存在“相因”的关系,通过这种“自为而相因”的关系,就可以“独化于玄冥之境”。不但肯定万事万物有其个体性,而且他所说的个体性是指绝对个体,具有完全自足的价值,否定了以“无”或“道”为宇宙本体和万物本源的学说,既否定了“有生于无”,也否定了“造物主”观念。但又把“玄冥之境”看做一种神秘的存在,是不可抗拒的“命”的安排,陷入神秘主义。在“名教”与“自然”的关系上,他认为“名教”与“自然”并不矛盾,主张“名教”就是“自然”,既肯定儒家的名教之治,又倡导道家的自然无为,合儒道为一,以此论证封建礼法等级制度的合理性。在逻辑上,基本承袭《庄子》齐是非、主无辩的思想,认为“物皆自是,故无非是。物皆相彼,故无非彼。无非彼,则天下无是矣;无非是,则天下无彼矣。无彼无是,所以玄同也”。由此出发,力主“无辩”。著作除《庄子注》完整保存外,另有《论语体略》《老子注》《致命由己论》等,均佚,仅部分佚文散见于皇侃《论语义疏》及《道藏》中。

裴頠(267—300)

西晋哲学家,河东闻喜(今属山西)人。出身士族,曾祖裴茂是汉尚书令,祖裴潜为魏尚书令,父裴秀是晋司空,“在位四载,为当世名公”,裴頠出身于三代高官的贵族家庭,自己也做了尚书左仆射,是皇后的亲属,又是名士王戎的女婿。他博通多闻,兼通医术,年少即有名气。赵王司马伦篡逆,裴頠被害,时年34岁。在政治上他主张“无为而治”,君主只要选贤举善、居任得人即可。在哲学上,他著《崇有论》,提出与何晏、王弼的“贵无论”对立的“崇有论”观点,注重现实存有事物,认为世界本原是“有”,万有的整体是最根本的“道”,“道”存在于万事万物之中,提出“始生者自生”的观点,反对在万有之上寻找世界的本体,指出“无”是“有”的消失状态,不能把“无”作为“有”的根本,认为万物的运动变化和错综复杂的关系是探求事物规律的基础和根据,“理”本身必须以“有”为体,事物虽然自生,但每个事物都是万物整体的一部分,要依靠别的事物作为自身存在的条件。他的“崇有论”与王弼的“贵无论”和郭象的“独化论”,是魏晋玄学中关于宇宙本体的三大思想观念。裴頠的著作除《崇有论》外,余皆散失。

范缜(约 450—515)

南朝齐梁时哲学家,无神论者,南乡舞阴(今河南泌阳西北)人。幼年丧父,事母至孝,青年时拜名师求学,博通经书,特别精通三礼(即《周礼》《仪礼》《礼记》)。南朝齐时入仕为官,萧衍建立南梁后,任晋安太守、尚书左丞,终官中书郎、国子博士。范缜综合发展了先秦及魏晋以来的无神论和神灭论思想,与佛教进行了激烈的论争,是中国哲学史上杰出的唯物主义哲学家。在南齐时范缜就发表反对佛教因果报应的言论,认为社会富贵贫贱的现象是偶然因素造成的,而不是什么因果,引起当时信奉佛教的人士的激烈攻击。为了更好地反击,他整理自己的思想,形成完备的无神论理论,著成《神灭论》,提出"神形相即""形质神用"的观点,认为"形存则神存,形谢则神灭",形与神是一体的,形为质,神为用,就像刀和刀刃一样不可分,弥补了过去唯物主义视精神为特殊物质的缺陷,并针对当时崇佛泛滥的现状,揭露全民崇佛的危害:家家弃其亲爱,人人绝其嗣续,军队、政府不能正常履行职责,农商不能正常运作。《神灭论》一出,立即招致朝野上下的攻击,梁武帝萧衍发动王公贵族 64 人围攻《神灭论》。在辩论中,范缜主张"穷理",反对"穷辩",认为"穷理"是根据事实提出"精据",从而得出"雅决";"穷辩"则是根据经典古义、怪异传说来作辩解。范缜坚持自己的立场,并反对"卖官取论",拒绝收买。他说理透彻,举朝上下无人可以争锋。他的《神灭论》思想对后来无神论的发展起了重要作用。其著作大多失散,只有《神灭论》及《答曹舍人》存世。

王通(约 584—617)

隋代哲学家。字仲淹,门人私谥曰"文中子",因博学多著,被誉为"大儒",并以周公自比。绛州龙门(今山西稷山县西)人。隋文帝时,曾西游长安,上《太平十二策》,不见用,炀帝即位后,遂退居河汾之间,以授徒著述为业,弟子"盖千余人",时称"河汾门下"。拟六经作《续书》《续诗》等,均佚,又仿《论语》著《中说》10 卷,亦称《文中子》,今存。主张儒、佛、道三教合一,而以儒学为重。在哲学思想上,提出"三才"之说,认为天不只是苍茫无际,而是主元气的;地也不只是山川丘陵,而是主形质的;而人则是主思想精神的,以气、形、识分别作为天、地、人的特点,具有朴素唯物主义的思想因素。他相信有"天神""地祇",认为世界的治乱、人的穷达、事情的凶吉都有命,是人自招的。在修身伦理方面,主张以圣人为理想人格之极致,以君子为常人的模范。在知行问题上,提出"有行而至者,有不行而至者"。在政治方面,王通提倡尊王贱霸、修德治民、民贵君轻,主张建设一个无为自然、民众返璞归真、无争竞之心的社会。在文学方面,重视文学艺术的教育作用,但重于功利,轻视审美;极力反对当时的华丽轻艳、秀媚靡弱的六朝文风,为唐代的古文运动打下了思想觉醒的基础。

吕才(606—665)

唐初哲学家、思想家、学者,对音乐、文学、历史、地理、因明、五行、历算、医药、象戏、制图、天文、兵学等都有研究,博州清平(今山东临清)人。贞观三年(629),值弘文馆,参与增损乐章事,作周武帝《三局象经》图解,累迁太常博士。贞观十五年,受命与学者十余人刊正《阴阳书》百卷。贞观十六至十八年,造《方域图》及《教飞骑战阵图》。永徽元年(650),预修《文思博要》《姓氏录》。在逻辑方面,善于根据矛盾律驳斥谬误。永徽六年,因重视玄奘引入的因明,研习玄奘的译本及神泰、靖边、明觉 3 位法师的因明义疏,发现三法师虽同禀玄奘,但所述多有矛盾之处,于是著《因明注解立破义图》3 卷,提出 40 余条新解,对因明理隐伏之处则画为"义图"共相比较,对神泰等人的义疏"所说善者,因而成之;其有疑者,立而破之"。显庆年间,作《白雪歌》,增订陶弘景《本草》。龙朔年间,为太子司更大夫,著《隋记》。在宇宙观上,认为万物生于元气,一阴一阳,万物由此化生,宇宙变化、天地万物的"理"和"义",可以在矛盾(阴阳、刚柔)的运动中探求认识。批判当时流行的迷信,斥责卜宅（风水）、禄命（算命）、丧葬吉凶等思想行为，认为以人的出生年月推算人的命运，预言人的贵贱、贫富、寿夭都是不可信的，指出人的贫贱、富贵、祸福、凶吉不决定于风水、长相、出生日期等，而是决定于人的生活态度和道德修养。他的著作很多，但大多散失，《大藏经》中存有《因明注释立破义图序》。

成玄英（608—669）

唐初道士，道教学者，道家理论家，通儒学经典。陕州（今河南陕县）人。隐居东海（今江苏北部），贞观五年（631）奉召入京，赐号西华法师。后隐居郁洲（今江苏连云港云台山）。成玄英不仅精通老子、庄子的思想学说，同时深谙《周易》、儒学、佛学等，精通梵文。成玄英的哲学思想主要反映在他对《老子》和《庄子》的解注中，其重点在于阐发所谓“重玄之道”。他继承了向秀、郭象的玄学思想，同时汲取了佛教的双遣法，将“道”释为“虚通之妙理，众生之正性”，将“玄”解为“深远”“不滞”之义，认为“至道深玄，不可涯量，非无非有，不断不常”，视“重玄之道”为一种超越时空的绝对本体，由此主张彼我两忘、是非双遣，以养生成仙，达三业清净、六根解脱之境。成玄英通过认真严密的理论分析，建立了中国哲学史上一个包含本体论、存在论、方法论、修养论、心性论、意义论的完整哲学体系，使道教哲理及修炼思想更加升华，标志着道教在偏离道家之后，又在一个更高的基础上向道家回归；他融汇了佛学、儒学的“重玄学”成为唐朝初年道教哲学思想的一大主流，反过来又影响了佛学、儒学的发展，不仅对佛教思想的中国化有深刻的影响，还对后来的儒家宋明理学之形成亦有着重大的启迪。成玄英著作很多，传世著作为《道德真经义疏》和《南华真经注疏》。

司马承祯（647—735）

唐代道士，字子微，法号道隐，河内温县（今属河南）人。晋宣帝司马懿之弟司马馗的后人，道教上清派第十二代宗师。少时笃学好道，无心做官，拜师嵩山道士潘师正，得受上清经法、符箓、导引、服饵等道术，遍游天下，后隐居天台山玉霄峰，自号天台白云子。武则天闻其名，召至京都，对他非常敬重并多加褒扬。唐睿宗景云二年（711），奉召入宫，睿宗咨询阴阳术数和治理国家的事情，司马承祯回答说阴阳术数是异端，理国当以“无为”为本。唐玄宗开元九年（721）及十五年两次奉召入宫，唐玄宗命以三体书写老子《道德经》，勘正文句，刻为石经，卒赠“银青光禄大夫”，谥“贞一先生”。司马承祯的思想以老子、庄子的思想为本，吸收儒家的正心、诚意观念和佛家的止观、禅定学说，融合成道教的修道成仙理论。他认为神仙也是人，人的禀赋本来就具有神仙素质，只要“修我虚气”“遂我自然”便可以成仙，并将修仙过程分为“五渐门”，即“斋戒”“安处”“存想”“坐忘”“神解”，称之为“神仙之道，五归一门”；又将修道分为“七阶次”，即“敬信”“断缘”“收心”“简事”“真观”“泰定”“得道”。这“五渐门”与“七阶次”又可以概括为“简缘”“无欲”“静心”三戒，只要勤修三戒而不放弃松懈，就能达到仙真境界。司马承祯的道教修仙理论系统而完备，对后世影响很大，北宋理学的“主静去欲”观念就来自司马承祯。他有弟子70余人，以李含光、薛季昌为最著。著作有《天隐子》《坐忘论》《修真密旨》《修真养气诀》《服气精义论》等十余种。

韩愈（768—824）

唐朝文学家、哲学家。河南河阳（今河南孟州南）人。双亲早丧，自幼刻苦学习，熟读儒家经典。贞观进士，先后任监察御史、阳山令、国子博士、刑部侍郎、吏部侍郎等，因谏阻唐宪宗迎佛骨而被贬为潮州刺史。在哲学观念上，尊崇儒学，反对佛教、道教，建构了儒家的“道统”以对抗佛家的“祖统”，强调儒家思想在时间上早于佛家、道家，从尧、舜、禹、汤到文、武、周公，再到孔、孟，一脉相承，是华夏正统思想，并以自己为儒家“道统”的继承人，认为“道统”是儒家仁义道德的传统思想，“仁”

就是博爱,“义”就是“行仁适宜”,强调“道”和“德”离不开“仁”和“义”,阐述弘扬《大学》中修身齐家治国平天下的思想,指斥佛家、道家弃仁义、尚虚无,不要天下国家,毁灭伦理纲常,他的道统说开启了宋明理学的先河。韩愈信天命,肯定鬼神的存在,认为鬼神有赏罚能力,但同时又重视人的作用。在人性论上,提出“性情三品”说“上者唯善,中者善恶可导,下者唯恶”,并指出“上者可教,下者可制”,还提出“接于物而生”的七情(喜、怒、哀、惧、爱、恶、欲)与性相对应,亦分为三品,主张控制情欲,使之适“中”。在历史观上,认为圣“人”创造社会历史,礼、乐、刑、政、衣食、居室、日用器物等都是圣人创制、发明的。在教育上,有感于时人“耻学于师”等现象,提出人不是一生下来就什么都知道,须向老师学习,离不开老师的传道、授业、解惑,但做弟子的不一定不如老师,并在具体的学校教育中提出了一些行之有效的建议。在政治上,反对藩镇割据,维护中央集权;提倡忠君,认为君只有权利,民只有义务;主张除弊抑暴、礼法兼备,维护成法。在文学上,反对六朝以来的骈偶文风,提倡散体文,与柳宗元一同倡导古文运动,成为“唐宋八大家”之首,开创“以文为诗”的风气,对宋诗影响很大,提出“文以明道”“不平则鸣”等文学理论。著作有《昌黎先生集》。

刘禹锡(772—842)

唐朝文学家、哲学家。洛阳人。字梦得,世称刘宾客。贞观进士,任监察御史,加入王叔文改革集团,反对宦官与藩镇割据,失败后被贬为朗州司马,迁任连州刺史,后任太子宾客、礼部尚书。和柳宗元交谊很深,人称“刘柳”,后与白居易唱和甚多,也并称“刘白”。在哲学上,著有《天论》三篇,论述天的物质性,分析“天命论”产生的根源,具有唯物主义思想。刘禹锡认为天与人都是有形之物,元气分阴阳,从而产生雨露风雷运动现象,先生植物,后生动物,人因为有智慧而最高级。他认为“空”“无”也是物,是一种通过智慧才可见的细微物质,“无形”只是事物无常形。他用“理”“数”“势”说明事物的客观规律,认为用“理”度量,则万物一贯,即万物都遵循一个共同的“理”;万物之中存在“数”,因为“数”的存在而产生“势”,并引起万物的变化,强调“数”和“势”存在于万物之中并影响万物。他提出“天人交相胜”“还相用”的观点,认为天与人,即自然与人类社会的职能不同,天化生万物,产生强弱差异;人则在法制之中,产生是非观念。只要是非观念明确,即使在荒芜地区,“人理”也能起决定作用;如果是非观念丧失,即使在发达的地方,也只能靠“天理”起决定作用,“天理”与“人理”互相作用,天与人在各自的领域内显示自己的意义。刘禹锡据此揭示宗教有神论产生的根源:如果能够认识万物的客观规律,就不会相信“天命”;如果不能掌握客观规律,就会相信“天命”。他还提出宇宙万物“以不息为体,以日新为道”的观点,认识到宇宙永恒存在、永远变化(日新)的规律,将中国古代的认识论提升到了一个新的高度。他的诗歌清新通俗,大多自然流畅、简练爽利,同时具有一种空旷开阔的时间感和空间感。存世有《刘宾客集》。

邵雍(1011—1077)

北宋哲学家。祖籍河北范阳,幼年随父迁徙共城(今河南辉县),曾隐居苏门山百源之上,后人称为“百源先生”。朝廷多次任命而不受,与周敦颐、张载、程颐、程颢同称为“北宋五子”,为理学象数学派的创立者。邵雍根据《易传》关于八卦形成的解释和道教的宇宙生成说,构建起一个宇宙构造图式和学说体系。认为宇宙的本原是太极,太极生出天地,天生于动,地生于静。动之始生阳,动之极生阴,阴阳交互作用,于是形成日月星辰;静之始生柔,静之极生刚,刚柔交互作用,于是形成水火土石。他认为天之动生出阴阳,地之静生出刚柔,阴阳二者本是一气,生则为阳,消则为阴。他又认为太极是不动的,太极显发而有变化的功能,于是生出数、象和器来。认为天地万物的生成变化是按照“先天象数”的图式展开的。他把先天象数归之于心，认为“先天之学，心也”，他所说的心既是个人的心，也是宇宙的心。他认为人是宇宙间最高生命形态，比其他万物更有灵性；万物具有声色气味的特性，人的耳目口鼻具有接受声色气味的功用。在认识论上，他提出“以物观物”，认为“以物观物”则明，“以我观物”则暗，反对认识客观事物时加入主观感情的成分；认为人所以灵于万物，最根本的在于人能知天地万物之理，因为人认识事物并非只是用眼睛观看，而是用心去体验，并且认识到事物之中的“理”。他提倡“反观”，要求既不蔽于物，也不蔽于我。在逻辑思想上，他着重于对自然物象、人事变化做出主观的比附、推演和说明，从“象”以“顺观”物理，从“数”以“逆推”变化，并认为万物皆可类推，进而认识事物。他的象数推衍对宋初逻辑思想的发展有较大影响。在美学思想上，他提倡以理观物，否认感官的形象直观对于审美过程的作用，认为在认识过程中过多地注入主观情感会带来蒙蔽，认识到情感在审美过程中的重要性和可塑性，因而提倡儒家“哀而不伤”“乐而不淫”、不为情所累的审美观念，主张以“精神”去体验自然内在的“美妙”而不是外在的“美丽”。著有《伊川击壤集》《皇极经世》《渔樵问答》等。

周敦颐（1017—1073）

北宋哲学家，宋明理学的创始人，道州营道（今湖南道县）人，后人称其为“濂溪先生”。早年曾任郴州县令、大理寺丞、南昌知州、国子监博士等职，后弃官不做，潜心钻研学问。他根据《周易》《易传》《中庸》和《原道》，杂糅道家、佛教的思想，根据陈抟的《无极图》作《太极图说》，以“图”和“说”的形式论证宇宙本源和天、地、人、物的生成发展，初步建立了以孔子、孟子正统思想为主体的理学思想体系。他在《太极图说》中提出他的宇宙生成论：从无极到太极，太极运动而产生“阳”，运动到极点则静止，静止产生“阴”，静到极点又开始运动，这样动静交替，互为始终，阴阳两仪就成立了；阴变阳合产生金木水火土五行，在五气流布之中，四季也产生了，在阴阳二气交感之中，万物化生出来，并变化无穷，人得到阴阳五行的精粹，成为最有灵气的生命。他提出“太极”“理”“气”“性”“命”等一系列哲学范畴，成为宋明理学的基本范畴。“诚”是周敦颐道德哲学的中心观念，他把“诚”作为与天等同的本体，提出“诚者，圣人之本”，是构成“仁、义、礼、智、信”的“无常之本”，是“忠、孝、悌、顺”的“百行之源”。诚的特点是“静无而动有，至正而明达也”。周敦颐认为，“人极”最高的道德伦理理想，是纯粹至善的诚，人性原是善的，偏离中道便会成恶，通过“无欲”“主静”的道德修养才能达到人极，“无欲则静虚而动直”“圣人定之中正仁义而主静，立人极焉”。另一著作是《通书》，基本思想是把儒家的诚融入易学中，为理生万物的理论奠基。他的散文《爱莲说》脍炙人口，是中国古典散文的典范。

司马光（1019—1086）

北宋史学家、哲学家，字君实，世称涑水先生，南宋朱熹曾将他与邵雍、周敦颐、二程及张载列为北宋“六先生”。陕州夏县（今属山西）涑水乡人。曾任翰林院学士、御史中丞，宋哲宗元祐元年（1086）任宰相，主持国政，否定、推翻王安石的新法，为旧党首领。在哲学上，认为人格化的“天”为最高主宰，“违天之命者，天得而刑之；顺天之命者，天得而赏之”，认为礼义纲纪是社会历史的不易法则，仁义礼智是社会治乱之本。在认识论上，他认为只有摒弃外物影响，才能达到“道无所不通，明无所不照”，宣扬“遗物离人，精思超诣”的直觉论，并认为最高智慧只存在于圣人的“神心”之中。在人性论上，认为人性中本来就包含了善恶，人性中善恶的多寡和天命有关，是由天预先安排不可改变的，他是汉代以来传统神学天命论的继承者。在史学上，司马光的成就最大，奉命编著史学巨著《资治通鉴》，历时 19 年完成，是中国第一部编年体通史，在中国官修史书中占有极重要的地位。主要以时间为纲、事件为目，从周威烈王二十三年（前403）起，到五代后周世宗显德六年（959）征淮南止，涵盖16朝1362年的历史；内容以政治、军事和民族关系为主，兼及经济、文化和历史人物评价；目的是通过对事关国家盛衰、民族兴亡的统治阶级政策的描述警示后人。在这部书里，编者总结出许多经验教训，供统治者借鉴，宋神宗认为此书"鉴于往事，有资于治道"，即以历史的得失作为鉴诫来加强统治，所以定名为《资治通鉴》。该史书与司马迁的《史记》并列为中国史学的两大不朽著作，被誉为"史学两司马"。

张载（1020—1077）

北宋哲学家，凤翔郿县（今陕西眉县）横渠镇人，世称横渠先生。宋明理学奠基人之一，张载的思想是理学的重要部分。曾任著作佐郎、崇文院校书等。青年时喜论兵法，后留意道家、佛教经典，对天文学、医学也有研究，最后求之于儒家"六经"，尤喜《易》，范仲淹对他影响很大。曾讲学关中，故其学派称为"关学"，与二程的洛学、周敦颐的濂学、王安石的新学、朱熹的闽学齐名，学习、传承者甚多，如吕大钧、吕大临、范育、李复、冯从梧等人。在哲学上，提出气本论，认为物质性的"气"是宇宙的本源，"凡可状皆有也；凡有皆象也；凡象皆气也"，气是充塞宇宙的实体，无形的"太虚"正是气，虚空乃气分散而未聚的本来状态，由"气"聚散的运动变化而形成种种事物，事物的形体溃散后又变成了气，气是永恒的，不生不灭的，并由此批判了佛、道两家关于"空""无"的观点。气是"一物两体"，包含着矛盾对立的两个方面，由此引起万物的运动变化，并提出了两种运动形式，即"变"和"化"，"变言其著，化言其渐"，变是显著变化，化是逐渐变化。在天人关系上，主张天人合一，认为天与人是统一于气的，"故天地之塞，吾其体；天地之帅，吾其性。民吾同胞，物吾与也"。在认识论上，把认识分为"见闻之知"和"德性之知"，认识依赖于外物，要多闻多见，与客观事物直接接触，可以获得见闻之知，然而见闻之知是有限的、肤浅的、多变的，因此也要通过道德修养或理性获得德性之知，"德性所知，不萌于见闻"，"诚明所知，乃天德良知，非见闻小知而已"。在教育上，认为教育要从早期抓起，"幼而教之，长而学之"；向学要先立志，"人若志趣不远，心不在焉，虽学无成"；提倡实用性的学风，"学贵有用""务为实践"，反对空知不行，学而不用；教育内容是道德教育，培养圣人，"学必如圣人而后已"。在人性论上，提出"天地之性"和"气质之性"的对立命题，主张通过后天道德实践，返回到纯善的天地之性；指出"天地之性"是人人所具有的，是同一的，"气质之性"则因人而异；"天地之性"是善的，"气质之性"则有善有恶。在政治、经济方面，张载提出要恢复井田制，废除佃户制和租赁制。在自然科学方面成就也很多，如他认为大体运动"动必有机，动非自外"等。张载以天下为己任，从社会现实出发，忧国忧民，寻求根本的解决之道，追求经世致用，有一种博爱的情怀。他提出"为天地立心，为生民立命，为往圣继绝学，为万世开太平"的志向，被冯友兰称为"横渠四句"，成为后世中国知识分子的最高追求。著作有《正蒙》《经学理窟》《横渠易说》等，编入《张子全书》，中华书局于1978年出版《张载集》。

程颢（1032—1085）

北宋哲学家、教育家。学者称明道先生，洛阳人，与弟程颐师学周敦颐，同为理学奠基者，共创"洛学"，世称"二程"，学说后为朱熹所继承和发展，世称"程朱学派"。一生多是从事政治活动，曾任鄠县、上元县主簿，宋神宗时为太子中允，监察御史里行。政治上，重"尚德"，轻"兴利"，偏保守，反对王安石新政，"首为异论"，指责变法"用贱凌贵，以邪妨正"，但也提出一套经济、军事、教育方面的改革主张，提出改革兵役制度，防止"骄兵耗国力，匮国财"，反对土地兼并，强调"尽地力，勤人工"，促进农业生产，大醇教化，认为当时社会的很多不良风气是由于教化不利导致的。哲学上，认为理是宇宙的本源，理"不为尧存，不为桀亡"，没有"存亡加减"，提出“天者理也”“万物一理”“天人本无二”的观点，认为天地万物与“我”浑然一体，融客观于主观。但是又强调“心是理，理是心”，有心本体的倾向，“只心便是天，尽之便知性，知性便知天，当处便认取，更不可外求”，这影响了他在认识论上的观点，认为认识本在心中，也对陆王心学产生重要影响。在理欲观上，主张“存理灭欲”，同时也汲取了儒家传统的“以理节欲”的部分见解，虽不反对人们的基本生活要求，但往往把“人欲”与“天理”对立起来，认为“人欲”出于“私心”，“天理”出于“道心”，导致禁欲主义的倾向。人性论上，主张“生之谓性”，人性有善有恶，通过修身养性的内省工夫，便可恢复善性，也就是天命之性。在道德修养上，“合内外之道”，主张“定性”，保持内心的平静，不受外物的影响，方法是“内外两忘”，还应“识仁”，仁指的是万物同体，而非仅是道德修养，方法是“以诚敬存之”，用诚、敬来体仁、存仁。著作有《定性书》《识仁篇》等。

程颐（1033—1107）

北宋哲学家、教育家。学者称洛川先生。洛阳人。曾任汝州团练推官、西京国子监教授、崇政殿说书。反对王安石新政，但在一些策略问题上和司马光有所不同，如认为免役法可以维持，哲宗时被列为奸党贬至四川涪州，从事讲学和著述活动达30余年，门人甚众。程颐与程颢思想相近，在哲学上，认为理是宇宙的本源，“天下只有一个理”“万物皆只是一个天理”“一物之理即万物之理”“在天为命，在义为理，在人为性，主于身为心，其实一也”，“理”是“体”，为万物之源，而具体事物现象“器”则是“理”所表现出来的“用”，“理”永恒长存，是第一性的，客观事物“器”是第二性的。在理欲观上，主张“存天理，灭人欲”，反对寡妇再嫁，鼓吹“饿死事极小，失节事极大”，维护三纲五常。在道德修养上，提出“涵养须用敬，进学则在自知”“人道莫如敬，未有能致知而不用敬者”，强调“主敬”，敬在交感万物的思虑中能使心有所主，通过“敬以直内”的方法，在内心保存天理、善心，驱除外来的私欲影响。在教育上，认为教育的目的是“明人伦”、培养“圣人”，“君子之学必至于圣人而后已”“言学便以志为道，言人便以圣为志”，重视教化，“民可教也，不可威也”。在认识论上，根据《大学》“物格而后知致”，提出自己的“格物致知”说，认为格物即是穷理，即穷究事物之理，推致心中固有之知，最终达到所谓豁然贯通，直接体悟天理。“格物致知”的根本目的，在于实现内外合一，天人合一。格物穷理受禅宗影响，强调只在任何一事或一物上穷得理，不是要把天下所有的事物都一一穷尽，因一理即万物；提出“知先行后”“譬如人欲往京师，必知是出那门，行那路，然后可往。如不知，虽有欲往之心，其将何之”；又提出“非惟行难，知亦难也”，行难知亦难。在辩证法上，提出“天地之间皆有对”，认为有阴则有阳，有善则有恶，皆是自然之理，进而提出“物极必反”的矛盾转化思想，有生当有死、有始便有终、“阴阳相推”“动静相因”。著作有《易传》《春秋传》《文集》《语录》《经说》等。

朱熹（1130—1200）

南宋哲学家、教育家。宋明理学的集大成者，闽学派的代表人物，被尊称为朱子。祖籍徽州婺源（今属江西），生于南剑州尤溪（今属福建），侨居建阳（今属福建）。为程门四传弟子之一，与二程合称“程朱学派”。曾任泉州同安主簿、知南康军、秘阁修撰等职。他对各家学说融会贯通，知识渊博，曾修复白鹿洞书院和岳麓书院，推动了宋代书院文化的发展。哲学上主要承继、发展二程的天理说，改造周敦颐的“无极而太极”理论，吸收张载的气化思想，确立了完整的理学思想体系。认为理是最高哲学范畴和宇宙本源，“未有此事，已有此理”，“气”是第二性的，“有是理便有是气，但理是本”。他系统阐述了“理一分殊”“天地之间，理一而已”，认为一般的理和分殊的理既相互区别又彼此联系。在教育上，朱熹长期从事教育活动，“所至兴学校，明教化，四方学者毕至”，编订了多本教材，在总结教育实践经验的基础上提出了他的教育思想。他认为教育目的是“明人伦”；教育内容是“读书须是以经为本，而后读史”；把教育分成“小学”和“大学”两个阶段，并提出了两者不同的教育任务、内容和方法；他提出了六条读书的方法，包括循序渐进、熟读精思、虚心涵泳、切己体察、着紧用力、居敬持志；做学问有两种方法，“自下面做上去”和“自上面做下来”；教学方法是启发式、指导性的。在认识论上，主张“论先后知为先，论轻重行为重”，强调知先行后、行重知轻，但又认为“知行相须”“知之愈明，则行之愈笃；行之愈笃，则知之益明”“圣人教人，必以穷理为先，而力行以终之”，重视“格物致知”“穷推至事物之理，欲其极处无不到也”，最终在认识上豁然开朗。在“理”与“欲”的问题上，提出“人欲中自有天理”，认为道德意识与物质欲望联结而不可分，但凡超越封建道德原则规定的人欲，则与“天理”对立，他作了通俗的解释，如“饮食者，天理也；要求美味，人欲也”，故“天理人欲，不容并立”“存天理，灭人欲”。在社会历史观上，以理学家的“天理”标准研究历史，评价历史事件及人物，认为编写历史要求“合乎天理之正，而即合乎人心之安”，明天理是史书的最高标准，主张恢复三代之治，希冀周孔之道长存。在政治、经济上，朱熹主张“以口数占田”，实行“社仓”政策，奖励农业生产，“养民至厚，取民至薄”“奢不违礼，俭不失中”等。朱熹倡导的“理学”成为中国封建社会后期统治阶级的理论工具，在元明清三代被提高到儒学正宗的地位，其《四书章句集注》成为科举制的法定教材。朱熹的著作有《四书章句集注》《周易本义》《诗集传》及后人编纂的《晦庵先生朱文公文集》和《朱子语类》等。

陆九渊(1139—1193)

南宋哲学家、教育家，抚州金溪(今属江西)人。自号存斋，人称象山先生。“心学”创始人。自称是“因读《孟子》而自得之”，其学由明代王阳明继承发展，世称“陆王学派”，与兄陆九韶、陆九龄并称“三陆子之学”，曾与朱熹在鹅湖会讲，观点多有不同，从此理学分朱陆二家。青年时主张抗金，曾立志习武，以图恢复中原。乾道进士，历任靖安主簿、崇安主簿、国子正、荆门军知军，卒于任上。曾在象山建“精舍”，聚徒讲学，弟子杨简、袁燮、舒璘、沈焕被后世称为“甬上四先生”或“四明四先生”。在政治上，要求改革弊政，指责当时统治者身居高位却只知道骄奢享乐而不作为；肯定北宋王安石变法，主张减轻租税，缓和社会矛盾；从民本主义出发，认为应该关心人民的利益，谴责当时的统治者“志于声色利达”而不顾天下兴亡的行为。在哲学上，认为“心”是宇宙的本源，“宇宙便是吾心，吾心便是宇宙”；认为“心即理”，心理合一，“人皆有是心，心皆具是理，心即理也”“心，一心也；理，一理也。至当归一，精义无二，此心此理，实不容有二”；在心物关系上，认为物皆是由心产生，这一观点影响了他在认识论上的看法。在认识论上，强调反省内求、“发明本心”，就是存善心，修养身心，找回本心，不迷信书本知识，“学苟知本，六经皆我注脚”，认为学习要善于提出疑问，“为学患无疑，疑则有进，小疑则小进，大疑则大进”。在道德修养上，首先要“识欲利公私之辨”，以义指导道德修养。他认为道德观念都出于本心，只要明心，道德自然具备，因而主张“发明本心”“切己自反”、向内用功的修养途径；具体方法首先是“易简工夫”，认为本心即在日用处，随时可见，抨击朱熹繁琐、支离破碎的“格物致知”，其次是“静坐反思”，时常安坐冥目，反思自身，在某时就会豁然开朗，还要“自成、自得、自道”，道德意识是自然的，要自立、自做主宰，道不外索，不完全依仗师友；并认为道德修养要回归至道德实践活动中去，在实践中去体认本心，“践道则精明”；此外还应有“奋发植立”“冲破罗网”的斗争精神。著作经后人编为《象山先生全集》。

叶適(1150—1223)

南宋哲学家，永嘉(今浙江温州永嘉)人。晚年讲学于永嘉城外水心村，人称“水心先生”，与理学、心学相对峙，自成永嘉学派。淳熙年进士，官至太学正、太常博士、尚书左选郎、兵部侍郎等。南宋危亡之际，积极主张抗金，立过功绩，因遭诬陷被夺职，回乡讲学，著述终身。他讲究功利之学，注重从理论上与理学家展开争论，通过批判理学理论及其思想根源——儒学、道学、佛学，使功利学理论得到发展，对理学的批判也更深入一步。他坚持并发展了功利学"以物为本"的自然观，认为"夫形于天地之间者，物也"，物由气构成，"五行"和"八卦"是物质的主要表现形态，肯定道不离物，以及"务实而不务虚"，用功利衡量义理的主张，认为既无功利，则道义者乃无用之虚理。由此，倡导工商，主张"以国家之力扶持商贾，流通货币"，反对传统的"重本抑末"。在认识论上，提出"以物用而不以己用""无验于事者，其言不合；无考于器者，其道不化"，不可"论高而违实"等观点。具体来说，主张以客观为认识的依据，强调主观服从客观，反对用主观代替客观，认为认识"道"必须详尽地考察各种客观事物，检验认识是否正确应以客观事实为依据，重视人们亲身的直接经验对于认识的重大意义，强调人的思想言论必须符合客观实际。在逻辑上，强调正名的实践意义，指出古人不注意逻辑意义上的正名，高度评价荀子从逻辑上的"正名"理论。他深入分析了《周易》中的"族类辨物"思想，认为"类"是从各有差异的事物中寻找共性，而"辨"则是从同类事物中寻找差异，把"理"作为推论的演绎过程，"物"是推论的归纳对象，认为两者相应就是《周易》的认识方法。他重视教育，致力教学。在少年时期，就边读书边讲学，中年时期，在求学、从政之余不忘讲学，罢职回乡后，全身心投入办学授业，培养出吴子良、丁希亮等名士，对浙江一带影响很大。尤其重视教育的经世目的，期冀读书人在个人道德修养之外将自己与国家命运紧密联系起来，保证"义理与事功"的统一。著作有《叶適集》，包括《文集》与《别集》。

王守仁(1472—1529)

明代哲学家、教育家、军事家，余姚(今属浙江)人。曾筑书斋于故乡阳明洞，世称"阳明先生"。弘治进士，授刑部主事，改兵部主事。早年因反对宦官刘瑾，被谪为贵州龙场驿丞。又起官为吏部郎中、南京太仆寺卿、南京鸿胪寺卿。后因赣南剿匪和平定"宸濠之乱"，封"新建伯"，官至南京兵部尚书。青少年时潜心于程朱理学与佛学，终不得其要，后转修陆九渊心学，在被贬为贵州偏远山区龙场驿丞期间，在绝境之中悟通心学要旨，"忽悟格物致知之旨，圣人之道，吾性自足，不假外求"，并开始建立自己的心学理论体系，从自己曲折而丰富多彩的人生实践中探索、总结和发展了"心学"。他继承陆九渊的心学本体论，提出"天下无心外之理，无心外之物""心者，天地万物之主也，心即是天"的命题，认为世界上的一切事物都依赖于主观意志(心)而存在，自然界以及人类社会的一切事物都是"心"的表现，强调主观认识的重要性。在强调心学本体论的同时，他更注重心学的工夫论，他的心学本体论是他的心学工夫论的理论基础。主张人应该从"心"即主观意识、主观能动性入手，去认识客观世界、丰富自我；主张"知行合一"和"致良知"。他将"知"与"行"紧密结合在一起，认为"知、行"是一个工夫的两面，知也是行的过程，行也是知的积累，二者不能分离，也没有先后。王守仁是中国历史上第一个通过"心学"，全面深入地挖掘和焕发个人主观能动性的思想家，提出"无善无恶心之体，有善有恶意之动，知善知恶是良知，为善去恶是格物"，将对善恶的认知与实践贯注进"心学"，认为善恶不但是道德观念，也是指真理与谬误，让人们通过"知行合一"，不断地增强自己对善恶、真理及谬误的认知能力和为善去恶的行动能力，并以此实现自己的个人价值和社会价值，鼓励人人皆可成圣贤。他自己也正是从心学出发，通过"致良知"和"知行合一"，在自己的人生实践中，成为中国历史上"三不朽"(立德、立功、立言)的典范。他还提出"文理一体"，认为"理"显示为可见的就是"文"，"文"中蕴藏不见的就是"理"，"理"和"文"是一体的。在教育方法论方面，强调言传身教、启发诱导、循序渐进等，他的学生门人遍布天下。明中期，阳明学风行天下，与程朱学派相抗衡，影响很大，并流行于日本。明末清初，阳明学衰微，后又一度复兴。著作由门人辑成《王文成公全书》，其中在哲学上最重要的是《传习录》和《大学问》。

李贽(1527—1602)

明代思想家、文学家。泉州晋江(今福建泉州)人，世代为巨商，自祖辈起，家势渐衰。26岁中举人。30岁至45岁为官，先后任河南辉县教谕、南京国子监博士、北京国子监博士、北京礼部司务、南京刑部员外郎和郎中，最后出任云南姚安知府。后辞官不仕，专志著述，晚年从事讲学活动，深受大众欢迎，是泰州学派的一代宗师。在哲学上，李贽批评理学家“理在气先”“道在事外”的观点，提出“有天地然后有万物”，认为天地之产生万物，即阴阳二气，但又本着阳明心学“心外无物”的观念，相信世界万物是“最初一念之本心”，陷入主观唯心主义。在认识论上主张“生而知之”，反对唯圣人生知，认为“天下无一人不生知，无一物不生知”，圣人不过与凡人一样，陷入心学的先验论。他认为人的“是非”并不是一成不变的，强调了真理有其相对性。他批判传统儒学，否认儒家的正统地位，否定孔孟学说是永恒的真理，不能当做僵化的教条；认为《六经》《论语》《孟子》等儒家经典只是“史官过为褒崇之词”，是“懵懂弟子记忆师说”，并不是绝对真理，反对以孔子的是非为是非标准。他抨击程朱理学，斥之为伪道学——道学家满口仁义道德，实际上是借道学为自己谋取高官利禄。在伦理思想方面，他肯定私欲的合理性，认为“穿衣吃饭，即是人伦物理”，反映了当时兴起的市民阶层的进步意识。宣传“势利之心，亦吾人禀赋之自然”，以为“天下尽市道之交”，人际之间乃市场交易的关系，人有谋私之心也是“自然之理，必至之符”，反对重农抑商。与理学家“存天理灭人欲”观点相对立，他反对封建礼教，倡导男女平等，反对男尊女卑，认为妇女受了社会条件的限制而造成男女间见识上的差别，同情寡妇再嫁，赞成女子婚姻自主。在美学上提出“童心说”，认为天下至美的文艺作品均出自“童心”，认为童心即是真心，即人的真实情感和欲念，文艺作品必须表现“童心”。提倡“以自然之为美”，认为“声色之来，发于情性，由乎自然”，以“自然之美”为最高审美标准。李贽是传统儒学、理学的叛逆者，对2 000年来的传统儒学及宋明理学进行了深刻批判，是晚明思想启蒙、个性解放的先驱者，最终却被统治者以“敢倡乱道，惑世诬民”罪名逮捕，自杀于狱中。著作有《焚书》《续焚书》《藏书》《续藏书》《李温陵集》等。

儒家八派

亦称“八儒”。孔子死后儒家内部分成八派。孔子一生著述、言论繁多，思想体系庞杂，各弟子对其理解不尽相同。至战国时期，随着儒家内部斗争的激烈化以及与其他学派的争论，儒家逐渐分化。据《韩非子·显学》：“有子张之儒，有子思之儒，有颜氏之儒，有孟氏之儒，有漆雕氏之儒，有仲良氏之儒，有孙氏之儒，有乐正氏之儒。”八派中以孟子和荀子的学说对后世的影响最大。子张是孔子最著名的学生，尤其强调忠、信，对后来的墨家有影响；子思是孔子的孙子，毕生继承发扬孔子的“中庸”思想，强调“诚”的道德观念；颜回是孔子最得意的学生，为七十二贤之首，他的德行和学问深得孔子赞许，特点是能安贫乐道；漆雕开主张人性有善有恶，注重“勇”德，多任侠好勇。其余四家，乐正与仲良两派难以考证。孟子是孔子之后儒家最主要的代表，发展了孔子的“德治”思想，提出了“仁政”，把孔子的思想发展成一个完整的思想体系，被后世当做孔子儒家的真正继承者；荀子不但是孔子之后儒家的主要代表，而且集先秦哲学之大成，批判地总结了他之前的诸子各派学说，主张礼法兼治、王霸并用，后世儒家的外儒内法，基本上是沿用荀子的思想。

泰州学派

以明代江苏泰州人王艮为代表的学派，因泰州为讲学活动基地，故名“泰州学派”。王艮出身平民，随王阳明从学达8年之久，后在家乡讲学，使阳明心学得以广为传布，并渐渐形成自己的新观点而创新学派，因此立论有所不同。主张“百姓日用即道”，认为“百姓日用条理处，即是圣人之条理处”，要求在日常生活中贯彻封建伦理道德，此说与传统儒学不同，对以后的思想起过启蒙作用。王艮对阳明“格物”说作了新解，提出要以个人为本位，宣传“明哲保身”“安身立本”，认为“致良知”即是“复初”。王艮重视平民教育，其门人多为樵夫、陶匠、田夫等社会下层人物，在下层人民中有一定的影响；门人中亦有封建官吏、士大夫等社会上层人物，这使其思想得以广泛传播且有一定的理论高度。主要代表人物有王栋、王襞、徐樾等，徐樾有弟子赵贞吉、颜钧。颜钧弟子何心隐、罗汝芳，则具“狂禅”特点。代表人物的思想各具特色，王栋以“意”为心的主宰，认为必须在心中邪念未萌之际加以“慎独”或“诚意”的工夫防范未然，有唯意志倾向；颜钧等人主张人性天然善良，只要复初就行；何心隐则认为人生来就有相亲的本性，因此应该平等尊重，反对理学将人欲看作罪恶，认为人的物质欲望应适当加以满足，只能“寡欲”，不能“灭欲”；罗汝芳强调“赤子之心”最为纯洁，仁爱即出于此，强调自然人性论，视人的欲望为自然要求；徐樾认为从古到今，从天上到地下，有一个总的规律就是“道”，道反映在人，就是“心”。泰州学派的特点是简单易行，易于启发市井小民、贩夫走卒，极具平民色彩，所以流传比较广，在明中晚期有一定影响。

刘宗周(1578—1645)

明末哲学家。字起东，号念台，因讲学蕺山，人称蕺山先生。山阴(今浙江绍兴)人。万历进士，官至南京左都御史，因得罪宦官魏忠贤而被革职。清军攻陷杭州，绝食而死。一生致力讲学著述，开创蕺山学派，先后在东林、首善、证人等书院讲学，黄宗羲、陈确是他的学生。在哲学观上，一方面认同张载“气一元论”，反对程朱“理在气先”，认为理不外于气，“理即是气之理，断然不在气先，不在气之外”；另一方面，认为具体的“器”和一般的“道”不可分离，但不能认为道先于器而存在，“离器而道不可见，故道器可以上下言，不可以先后言”。在道德修养论上，创“慎独”说，强调道德的自觉性，要求通过自觉的“克己”“择善”来达到“诚敬”，并将之提升至非常重要的地位，认为“君子之学，慎独而已矣”。在生死观上，他认为生死虽然都是寻常事，但是，“死而有益于天下，死之可也”“与其默默而死，毋宁烈烈而死”，表现了爱国志士的崇高气节。著作颇丰，有《刘蕺山集》17卷及《刘子全书》《刘子全书遗编》《论语学案》等。

傅山(1607—1684)

明清之际思想家、医学家、书画家。字青主，又名真山。山西阳曲人。精通经史诸子之学，兼工诗文、书画、金石，又精医学。曾讲学于三立书院，明亡后，隐居山中。为表示对清廷剃发的反抗，他拜寿阳五峰山道士郭静中为师，出家为道士，道号“真山”，身着红色道袍，遂自号“朱衣道人”——朱衣即朱姓之衣，暗含对亡明的怀念。清顺治十年(1653)因宋谦反清案入狱，一年后得门人相救出狱。清廷开博学鸿词科，他以死拒不应征，被清廷特授中书舍人，仍托老病辞归，与顾炎武相交，坚持抗清节操。哲学上主张“气在理先”，认为“理”也有善恶，“理有善有恶，犹乎性有善有恶”，提出“做人”“养性”应以“自得惶人，别生机轴”为“安身立命之所”；自然界是客观存在的，“物皆有自然”，但又强调人的作用，反对“无心任物”之说；宇宙万物是不断变化发展的，并永远处在变化发展中的“纯一无妄之道”。在学术上，以异端自居，用佛学释《庄子》，用训诂诠注《墨子》和《公孙龙子》，把诸子和六经并列，提倡“经子不分”，否定儒家为正统，批判理学，认为四书五经不过是一代之王制，非千古之道统，通过考证，旁征博引，解释诸子，开清代子学研究之风。他还提出“天下者非一人之天下，天下人之天下也”“无理胜理”“市井贱夫最有理”“圣人为恶”等反传统的命题，主张天下为公，爱无差等，爱天下人，强调圣凡平等，以为不要他人“事之”的“圣贤”，才可言“平等”。在名实关系上，认为要名实对应，名是对客观事物的反映，实变则名变，赞同老子的有名、无名、既有、知止的思想。傅山在医学上成就巨大，在内科、妇科、儿科、外科均有很高的医术，而尤以妇科为最，他的医著《傅氏女科》《青囊秘诀》，至今流传于世，造福世人。傅山的书法被时人尊为“清初第一写家”，他的画也达到了很高的艺术境界，所画山水、梅、兰、竹等，非常精妙，被列入逸品之列，他的字画均渗透自己孤高的品格和崇高的气节，洋溢着爱国主义的气息，在中国古典书画艺术中，博得后人的高度赞赏。傅山一生著作丰富，传世者主要有《霜红龛集》。近年陆续发现其佚著手稿与录本，有《庄子批注》《荀子评注》《荀子批点》《淮南子评注》等。

黄宗羲(1610—1695)

明末清初经学家、史学家、思想家、地理学家、天文历算学家、教育家，东林七君子黄尊素长子，浙江绍兴府余姚县人。与顾炎武、王夫之并称明末清初三大思想家，被誉为“中国思想启蒙之父”。自幼受东林党人的影响，后领导“复社”坚持反对宦官的斗争。清兵南下，他募兵成立“世忠营”，武装抗清。明亡后，隐居著述、讲学，屡拒清廷征召。黄宗羲学问渊博，于天文、算术、乐律、经史百家以及释、道之书，无不研究。史学成就尤大，所著《明儒学案》，开浙东史学研究的风气。在哲学上，反对宋儒“理在气先”之说，认为宇宙万物皆由物质的“气”所构成，“理”只是“气”运动变化的条理和秩序，但又认为“气质人心是浑然流行之体，公共之物也”，并提出“盈天地皆心也”，具有泛神倾向。黄宗羲是杰出的教育理论家，他认为，设立学校，不是为了养士，更不是为了科举，而是“必使治天下之具皆出于学校，而后设学校之意始备”，使学校成为舆论、议政的场所，使学术思想形成强大的舆论力量，影响君主，左右政局。主张为学要有务博尚实之风，提倡自由创新精神，反对固守“一定之说”。要“不求合于人”“不以庸妄者之是非为是非”，而且可以“与先儒或同异”，并明确指出“天子之所是未必是，天子之所非未必非”，主张“公其非是于学校”。他重视革新风俗，主张“移风易俗”当放在文化、思想教育的基础上。在政治上，黄宗羲具有鲜明的民生、民权思想，肯定自私、自利是人之常情，认为人“以千万倍之勤劳”对社会尽义务，而社会也必须给人“享其利”的权利，并主张改革土地和赋税制度，强调工商皆本。他抨击君主一人私有天下，“以为天下利害之权皆出于我，我以天下之利尽归于己，以天下之害尽归于人……使天下之人，不敢自私，不敢自立，以我之大私为天下之大公”。认为一切人伦关系应是相互的、平等的，“父子兄弟之间，纯是一团天性”，应是“无不融洽”的平等关系，君臣之间本应是一种互助关系、师友关系。这种道德观是对以“三纲”为核心的封建道德的有力冲击，并具有五伦平等的色彩。后人编有《黄梨洲文集》。今浙江古籍出版社出版有《黄宗羲全集》。

方以智(1611—1671)

明清之际哲学家、科学家、博物学家。字密之，号曼公。安徽桐城人。因正当明清政权交替，个人命运深受朝代更迭影响。崇祯进士，任翰林院检讨。明亡后，改名吴石公，别号愚道人，以卖药为生。南明时任少詹事、翰林院讲学士，数次召为东阁大学士，固辞不就。后因避清兵搜捕，出家为僧，改名大智，字无可，别号弘智、药地、浮山、愚者大师等，遁入佛门后，虽环境一再变化，仍不改其志。幼时问学熊明遇，耳闻西学，后学习儒家经典，并对自然科学甚为感兴趣，学识渊博，博采众长，主张中西合璧、儒释道合一，天文地理、文学艺术、礼乐书画、医药律数无所不通。早年与陈贞慧、吴应箕、侯方域等人“主盟复社”，以文章名动天下。他主张将学术方法论分为“质测”(科学观测)和“通几”(哲学思辨)，认为在对事物进行实际观测验证时应该加以哲学思辨，并认为自然科学中包含了哲学,西方学术重观测验证,理学家重哲学思辨。在学问内容和具体方法上,主张“学天地”,把自然科学即“小物理”当做一生研究的学问,又把社会科学当做“大物理”进行大量的考证研究,善于运用归纳推理和类比推理的方法来作分析研究,开清代考据之风气。在哲学上,他提出“火”一元论的宇宙观,认为世界的本源是物质性的“火”,因而提出“满空皆火”的命题,“火”能够“生物”“化物”“照物”,自然界和人类生活之所以永恒运动都是“火”的作用的结果。他又提出“合二而一”的关于事物对立统一的哲学命题,批评历史上两种形而上学的错误观点:一种否认事物矛盾而去追求抽象的“一”,另一种是只承认对立而不讲统一,进而主张“相夺互通”,是中国哲学史上最接近“对立统一”概念的词语,也代表了古代辩证法发展的新阶段。在认识论上,他提出“以事实征事实,以后理征前理”作为衡量事物的标准,反对迷信古人,认为今人汲取了古人的智慧一定比古人更好。一生著述颇多,内容广博,但多有散佚,存世作品有《通雅》《物理小识》《药地炮庄》《东西均》等。

顾炎武(1613—1682)

明清之际思想家、学者,初名绛,字宁人,曾自署蒋山傭,学者称亭林先生。江苏昆山人。少时参加“复社”,反对宦官权贵。清兵入关后,曾参加抗清起义,失败后游遍华北,提出“天下兴亡,匹夫有责”,以图复明。晚年卜居华阴。顾炎武学识渊博,在经学、史学、音韵、小学、金石考古、方志舆地以及诗文诸学上,都有较深造诣,成为开启一代学术先路的杰出大师,著作有《日知录》《天下郡国利病书》《肇域志》《亭林诗文集》等。在政治上,提出“天下一位之义,则不敢肆于民上以自尊”“以天下之权,寄天下之人”的思想,要求君主分权而治,反对“独治”,主张“众治”;区分“亡国”与“亡天下”,亡国是统治者的政权转手,亡天下是民族、文化的沦亡,因此“保天下者,匹夫之贱与有责焉”;还认为自“天下为家”后,自私是人之常情,从不同的角度肯定“私”,并对公与私的关系作了辩证的论述,把人之有私看作是完全合乎情理的现象,主张利民富民;还认为人性可变是由于人情可变,指出“天下无不可变之风俗”,不笼统肯定性善或性恶,认为性善是就大同而论,也有天生不善之人,有自善而变为不善的人,也有自不善而变为善的人。倡导引古筹今,重当世之务,在史学方法上,他主张征实去伪,认为“据事直书”为“万世作史之准绳”。他还注重史料的可靠性,认为不要盲目相信载籍,即使是最原始的记载,也难免有错。他高度评价孔子治史的“多闻阙疑”精神。在哲学上,认为物质实体气是宇宙的本源,提出“盈天地之间者气也”“精气为物,自无而之有也,游魂为变,自有而之无也”。在认识论上,反对生而知之,坚持学而知之,倡导下学而上达,提倡经世致用,反对宋明理学空谈性命,注重实际的考察,创立了一套综合归纳、演绎于一体的比较科学的考证方法,开清代朴学风气,对重考据的吴派、皖派都有影响。在教育上,主张“博学于文”,要掌握“自一身以至天下国家”的所有学问,以备实用,以及“行已有耻”,耻于为八股,耻于谈性命,耻于空讲理学,耻匹夫匹妇之不被其泽,耻不顾天下兴亡,激烈抨击科举,认为“八股之害,等于焚书”。

王夫之(1619—1692)

湖广衡州府衡阳县(今湖南衡阳)人。与顾炎武、黄宗羲并称明清之际三大思想家。王夫之自幼跟随父兄读书,青年时期积极参加反清起义,晚年隐居于湘西石船山(今湖南衡阳县曲兰),研究、著述近40年,著书近100种,400余卷,后世学者称其为“船山先生”。王夫之对天文、历法、数学、地理学都有所研究,精于经学、史学、文学,被誉为真正百科全书式的学者。在政治上,王夫之主张限制君权,“天下非一姓之私”“重民”,认为要“宽以养民”“严以治吏”,治民之道是“人欲之各得,即天理之大同”,认为天理、人欲是统一的,重视发展农业,“民之生也,莫重于粟,故劝相其民以务本而遂其生者,莫重于农”。在哲学上,王夫之继承和发展了张载的“太虚即气”学说,认为气是宇宙的本源,主张“气一元论”,认为气是唯一实体,天地间存在着的一切都是具体的实物,批判了老庄“有生于无”、王弼“以无为本”的观点,并认为“气者,理之依也”“理在气中”,气是物质实体,而理则是客观规律,反对“理在气先”;天地间没有绝对的静止,静止里包含着运动,静止是运动在局部上的趋于稳定而成形象的暂时状态,所以静止的东西不是凝固的,而是生动灵活的;一切事物都处于对立统一之中。在教育方面,受其人性观点的影响,即“性者生理也,日生则日成也”“性屡迁而异”,提出了“习与性成”的观点,教育要重视习惯的养成,由此可以“继善成性”;主张学思并重、教学相调,既要求教师长,又要深思熟虑;学习要循序渐进,“有初学难而后易者,有初学易而后难者,因其序则皆可使之易”。在知行关系上,批判了程、朱、陆、王的“知先行后”“知行合一”的论点,强调行是知的基础,“行可兼知,而知不可兼行”“行而后知有道,道犹路也”。在历史观上,王夫之肯定历史是进化的,反对历史退化论;提出了“理势合一”的历史观,“势”是历史发展的必然趋势,“理”是事物发展的必然规律,理是势的基础,势是理的表现。并不否认人对社会历史的作用,肯定历史人物的重要作用。在逻辑思想上,批判“名”的先天起源说,指出“名非天造,必从其实”“知实而不知名,知名而不知实,皆不知也”;认为“辞”是判断,是对事物之间的联系与事物本质属性的确定,但因事物变化发展,判断也具有相对性;肯定“类”在推理中的作用,提出“比类相观”的推论方法,认为可据事物之间的同异作比较推论;事物间“存其通”,有一般相通之理,也“存其变”,在具体条件下就会变化。他的著作后人编为《船山遗书》。

戴震(1724—1777)

清思想家、语言文字学家、哲学家。字慎修。安徽休宁人。出身于小商人家庭,以教书为生,40岁中举,后6次会试皆落第,51岁时修《四库全书》,后被乾隆赐为同进士出身,授翰林院庶吉士。戴震博闻强记,对天文、数学、历史、水利、地理等均有精深研究,又擅长考据,是乾嘉学派“皖派”的创始人。哲学上,反对程朱的“理在气先”说,也反对陆王心学,把气作为宇宙的本源,道是气的运行,阴阳五行是气的内容,提出了“气化流行,生生不息,是故谓之道”的命题,把“天”看成是自然的“天”,天也是由气构成。在教育上,认为教育的作用就是“扩充”善端,“学以扩而充之”“学以养其良,充之至于圣人”,教育还有“去私去蔽”的作用,达到“虽愚必明,虽柔必强”的效果。在教学、治学方法上,认为做学问要深入钻研,追本穷源,“巨细毕究,本末兼察”才能获得“十分之见”;强调学习必须善于把握事物的“条理”,“事物之理,必就事物剖析至微,而后理得”,反对“以一己之意见为理义”,认为获得“理”的途径“非自我为之,求诸其物而已矣”;又反对学习上“食而不化”,主张“学问犹饮食,则贵其化,不贵其不化”;治学要脚踏实地,“贵精不贵博,吾之学,不务博也”。抨击程朱理学“存天理,灭人欲”的观点,肯定“欲者,血气之自然”,人欲就是人性,有欲才有为,“天下之用情,天下之同欲”即“理”,理存在于欲中,反对割裂人欲和天理,否则就是“以理杀人”“忍而残杀之具”,提出“理存于欲”和“顺民之情,遂民之欲”的命题。戴震在美学、艺术、自然科学等方面也颇有成就。章太炎是推重戴震的第一人,“铨次诸儒学术所原,不过惠、戴二宗”。胡适认为戴震建立起清朝学术全盛时代的哲学,是宋明理学的根本革命,也可以说是新理学的建设,哲学的中兴。著作有《原善》《孟子字义疏证》《方言疏证》等。

龚自珍(1792—1841)

近代思想家,字璱人,号定庵。浙江杭州人。出身官宦世家,38岁考中进士,任京官闲缺十载,官至礼部主事。鸦片战争前夕,支持林则徐禁烟抗英,京师妥协投降气氛使他感到不能容身,辞官还乡,在丹阳云阳书院讲学，卒于书院。在政治主张方面，龚自珍自幼受汉学熏陶，又跟从经学家刘逢禄学习《公羊春秋》，晚年受佛教影响，在社会危机日趋严重，思想界空谈心性，脱离实际学风盛行的情况下，大力提倡经世致用，借经议政，谈古论今，开创了论天下事的新风气；他运用《周易》穷变通论和《公羊》三世说分析社会现实问题，提出“更法”思想和“心力”说，反映了地主阶级有识之士改衰振兴的愿望。他认为社会改革需要充分发挥人的作用，肯定众人之心创造一切，并提出依靠“心之力”改革现状，但夸大了人的主观能动性，最终陷入佛教唯心主义。在哲学上，反对天人感应和五行灾变之说，认为天地、社会是众人所造，而不是圣人所造的，强调以“自我”代替“道”或者“太极”，以人的主观精神作为天地万物的主宰。在人性论上，主张人性无善无不善，既批判孟子的“性善论”，也批判荀子的“性恶论”，认为人人都有私心，强调个人根据自己的性情，焕发人的自尊心，就能够成为有用之才；批判封建纲常名教压抑人的本性，是近代中国个性解放的先驱。在历史观上，认为人类社会处于经常发生的变化之中，无论是国家法制还是民间风气，都在发生变化，历代王朝的更替，也是因为贫富过于悬殊，试图从财富分配的差异上探讨历史上王朝兴衰和时代演进的原因，并认为当时封建社会已经进入衰败的时期。在美学思想上，受儒、佛、法家思想的影响，赞美饱含生机的“变”“逆”之美，认为“生”由“变”而来，“兴”也是由“变”而来，只有“变”才能生生不息，从美学范畴揭示“变”“逆”所蕴含的生机和活力；强调以“经世匡用”作为文艺作品的社会职责，要求诗文应有“童心”和真情，认为“诗与人为一，诗外无人，人外无诗”，注重文艺的独创，追求天然之美，对后世文风影响很大。著作有《龚自珍全集》。

魏源（1794—1857）

近代思想家、史学家、文学家。湖南邵阳人，道光进士，曾任高邮知州，与龚自珍同为当时“通经致用”的代表人物。鸦片战争时期，曾任两江总督的幕府，参与浙东抗英战役；鸦片战争后，将林则徐主持翻译的西方史地资料《四洲志》结合历代有关资料，增补为《海国图志》，是中国第一部较为完备的世界地理、历史知识的综合性图书，详细叙述了世界舆地和各国历史政制、风土人情，主张学习西方的科学技术，提出“师夷长技以制夷”，具有深远的政治影响和巨大的学术成就。在哲学上，魏源具有辩证法思想，认为事物是对立统一且是发展变化的，“天下物无独必有对”“有对之中必一主一辅，则对而不失为独”“气化无一息不变者也，其不变者道而已，势则日变而不可复者也”。在认识论上，主张行先于知，行而后知，强调对实际生活的体验和观察，认为后天的勤奋能够改变先天的愚钝，并把人的认识归纳为认识人之“心”，人的精神就是天地的精神，能够在作用于事物的时候获得真知，甚至大知大觉。在伦理上，主张“义利并重”，不同于传统的“重义轻利”，认为只重视“义”会导致空谈义理、不务实事，应“以美利利天下之庶人”。提出“以实事程实功，以实功程实事”的功利主义道德观，继承和发扬顾炎武“天下兴亡，匹夫有责”的思想，反对理学家空谈心性。在政治上，主张变法革新，认为天下没有数百年不变之法，更没有永远不变之法，并据此在漕运、盐政、水利等方面进行改革，要求学习西方的先进技术，制造有利于民生国防的机器、枪炮、轮船，以富国强兵，对后来的改良主义运动有很大影响。在美学上，反对形式主义文学，倡导文以致用，推崇厚实、真情之美。著作有《魏源全集》。

严复（1854—1921）

近代哲学家、翻译家，福建侯官（今福州）人。福州船政学堂第一届毕业生，1877 年派赴英国留学，学习海军，并考察英国的社会制度，了解西方的社会政治学说，开始辨析“西学”与“中学”的差别异同。回国后，任北洋水师学堂总教习。1895 年中日甲午战争后著《论世变之亟》《原强》《救亡决论》等文，主张维新变法，认为不变法必亡；翻译赫胥黎的《天演论》，希望以“物竞天择”“适者生存”的进化论思想唤起国人救亡图存；1898年戊戌变法失败后，提倡教育救国，译介西方学术著作，如《原富》《法意》《群己权界论》，并提出了信、达、雅的翻译准则。在哲学上，他吸收达尔文进化论思想，肯定“变易”是客观世界发展的必然趋势，认为宇宙间天地、社会都是发展变化的，并强调“渐变”。在认识论上，重视经验的作用，推崇实证主义、归纳法，又把知识划分为与直接经验相关的“元知”和与间接经验相关的“推知”。他重视西方的逻辑学说，较早把西方逻辑中的归纳方法介绍到中国，首创音译“逻辑”这一译名，并意译为“名学”，认为西方的“逻辑”含义与中国古代的“名学”相近，结合中国古典逻辑的实例，阐发了中国“名学”与西方逻辑的见解，成为中西方比较逻辑学的先声。严复的著述，特别是他所译介的一系列国外名著，是极其宝贵的思想成就。严复将国外的政治经济学说、社会学说等理论以及政治、经济、科学的新实践成就传入中国，深刻地启迪了人们的思想。著作有《严复集》。

康有为（1858—1927）

原名祖诒，字广厦，号长素。广东南海人。清末维新派领袖，后为保皇会首领。初受学于名儒朱次琦。博通经史，怀疑传统，重经世致用。1879年游香港，开始接触西方资本主义文化。1888年鉴于民族危机深重，首次上书光绪帝，建议变成法，以图中国富强。1890年至广州万木草堂收徒讲学，培养维新力量，撰述变法理论。1895年《马关条约》签订时，联合在京会试举人1 300余名发起“公车上书”，要求拒和、迁都、变法。不久又上书，提出富国、养民、教士、练兵的具体办法，建议设立“议郎制”，深受光绪帝赞许；8月与文廷式等在京组织强学会，后又设上海强学分会，编印报刊，推动各地变法维新。1897年底再度赴京上书，痛陈内外危机，要求亟谋变法。1898年初应诏上统筹全局折。旋进呈《日本变政考》《俄罗斯大彼得变政记》，供光绪帝借鉴，4月在京成立保国会。受命为总理衙门章京上行走，特许专折奏事。提出政治、经济、军事、文教等方面改革建议，并与梁启超、谭嗣同等全力筹划新政，以期实现君主立宪，挽救民族危亡。糅合“托古改制”、公羊“三世”说（据乱世，升平世，太平世）和礼运“大同”思想，作为变法理论根据。变法失败遭清政府通缉，逃亡国外。后组织保皇会反对资产阶级革命。1913年在上海主编《不忍》杂志，任孔教会会长，反对民主共和，为帝制复辟造舆论。1917年参与张勋复辟。五四运动后攻击工农革命运动。1927年在青岛病死。著有《新学伪经考》《孔子改制考》《大同书》《戊戌奏稿》《康南海先生诗集》等。

谭嗣同（1865—1898）

清末资产阶级杰出的维新派志士、思想家、“戊戌六君子”之一。字复生，号壮飞。湖南浏阳人。自幼接触西学，崇尚民主自由。鄙视时文制艺，但为了谋求官职，以行经世济民抱负，先后六赴南北省试，不第。自1884年起，10年之间游历了河北、甘肃、河南、湖北等十余省，行程8万里。目睹了国事颓危、民生凋敝，因以匡救天下振兴民族为己任。甲午战败议签《马关条约》之际，曾去北京会见梁启超商讨兴邦之计。1896年赴江苏候缺，撰写变法文章。1897年在南京写成《仁学》5万言的哲学著作，驳斥了“天不变，道亦不变”“君臣一轮”等封建谬论。公开倡导“民择君”“可举”“可废”的民主思想，号召人们冲破封建罗网。提出“以太”本源说。主张以“仁”沟通世界，实现平等、博爱与自由，论证了维新变法的合理性。同年，应湖南巡抚陈宝箴之邀，协助陈及按察使黄遵宪办理新政等事务。聘请唐才常担任时务学堂教习，与唐创建维新团体“南学会”，创办《湘报》，大力宣传维新思想，公开提出废科举、兴学校、开矿藏、修铁路、办工厂、改官制等变法维新的主张。写文章抨击清政府的卖国投降政策，成为维新运动中的激进派。1898年夏奉召进京，全力推行新政，戊戌变法失败后，劝梁启超逃亡后，自己拒绝西人避祸使馆之请，愿以死醒国人。刑前高呼:“有心杀贼,无力回天。死得其所,快哉快哉!”代表作有《仁学》《狱中题壁》《寥天一阁文》《莽苍苍斋诗》《远遗堂集外文》《谭嗣同全集》等。

章太炎(1869—1936)

近代民主革命家、思想家。名炳麟,别号太炎。浙江余杭人。幼读经史,根底深厚。1897年参加《时务报》编撰工作。义和团运动爆发后,激烈鼓吹反清复汉。1903年在《苏报》发表文章鼓吹革命,并为邹容的《革命军》作序,撰文批驳康有为的保皇谬论,被清廷逮捕入狱。1904年参与组织革命团体光复会。1906年出狱主编《民报》,极力鼓吹反满革命。武昌起义后,鼓吹“革命军兴,革命党消”,要求解散同盟会,拥护袁世凯当总统。二次革命后转而反袁,1917年参加护法军政府,任秘书长。“九一八”事变后,赞成抗日,1936年病逝于苏州。在思想上,先习朴学、诸子学以及西方进化论和社会学,后则改习法相宗,而后思想便以唯识学为尚,认为先秦诸子之学皆不足比拟,固可谓“转俗成真”。自《齐物论释》著成之后,章太炎因齐物思想的启示,不再仅以唯识为唯一标准,转而认为凡“外能利物,内以遣忧”之学皆有价值,开始对古今中外的学术思想进行重估,即进入“回真向俗”的境界。章太炎思想主要来自四个渊源:一为受乾嘉学派考证学的影响,讲求客观实证;二为跟随晚清诸子学兴起的潮流,尊子贬孔;三为受到严复的影响,以进化论作为理论架构;四为佛学,尤其是佛学中的唯识论。他著述颇丰,对中国近代哲学、文学、史学、语言文字学多有贡献。主要著作有《章氏丛书》《章氏丛书续编》《章氏丛书三编》《章太炎全集》,有中国文化百科全书之称。

梁启超(1873—1929)

近代资产阶级改良主义者。字卓如,号任公,又号饮冰室主人。广东新会人。自幼在家读书,后进广州学海堂就读。光绪十五年(1889)考中举人。次年入京会试,未中,归途在上海接触西学。回粤后,拜康有为为师,为康门得意弟子。1895年与康有为发动“公车上书”。1896年在上海主编《时务报》,宣传变法的必要性,鼓吹民权学说,名噪一时,以“康梁”并称于世。戊戌政变后,逃亡日本。辛亥革命爆发后,在天津创办《庸言报》,反对孙中山发动的二次革命,拥护袁世凯,出任熊希龄内阁司法总长。1916年参与反袁斗争,任两广都司令部都参谋,继任护国军务院抚军兼政务委员长。袁死后,出任段祺瑞内阁财政总长兼盐务署督办。后辞职回天津私寓,深居不出。1918年游历欧洲,于1920年回国,到各处讲学,1925年任清华研究院导师、京师图书馆馆长。次年任北京图书馆馆长、司法储才馆馆长。1927年回天津匿居。1929年在北平病故。梁启超被公认为是清末优秀的学者,中国历史上一位百科全书式人物,而且是一位少有的能在退出政治舞台后仍在学术研究上取得巨大成就的人物。在学术上,对新史学、目录学、图书馆学和文学做出贡献,是20世纪前期创建中国近代史学理论的代表人物,倡导“史学革命”,为近代西方图书分类法的输入和中国图书新分类法的产生开辟了道路,以现代西方的图书馆学理论施之于中国传统目录学的改造,并参与、鼓动“诗界革命”和“小说革命”等。主要著作有《清代学术概论》《墨经校译》《近三百年中国学术史》《中国历史研究法》《饮冰室合集》等。

熊十力(1885—1968)

哲学家,现代新儒家主要代表人物之一。湖北黄冈人。早年入湖北新军,创办“黄冈军学界讲习社”,参加“日知会”活动,为同盟会会员。辛亥革命后任湖北军政府参谋。1917年追随孙中山参加“护法运动”。1920年入南京金陵刻经处研究部从欧阳渐学佛。1922年被蔡元培聘为北京大学特约讲师,此后长期于斯任教。抗日战争期间入蜀执教于复性书院、勉仁书院。20世纪40年代初至50年代末任北京大学教授。其学术思想经历了由儒转佛,即直从大乘有宗入手,后舍有宗而深研大乘空宗，最后归宗于儒家《大易》的演变途程。其哲学思想渊源于《周易》《老子》《庄子》、公羊学和宋明理学（特别是王阳明、王夫之之学），而于法相、天台、华严、禅宗均有所收，在融会中、西、印哲学基础上创立了“新唯识论”体系。其本体论为“体用不二”“翕辟成变”论，指出本体与功用、实体与现象原来不二，实体即是本心。认为本体流行即功能显用，有“翕”（坤）和“辟”（乾）两极，“翕”凝聚成物，“辟”遍运为心，相反相成。指出宇宙万象生生不已，其主宰者和能动者为“心”，心与物不离不即，相互作用。在认识论上主张“境不离心”“反求自识”“冥悟证会”，在重视逻辑分析的基础上更强调直觉体悟和整体把握。在人生论上高扬道德主体意识，主张自强不息、积极入世。在文化观上坚持以民族文化为主体的中西体用互渗论。主要著作有《新唯识论》《十力语要》《佛家名相通释》《原儒》《体用论》《乾坤衍》《熊十力论著集》等。

李达（1890—1966）

号鹤鸣，湖南零陵人。马克思主义哲学家，在中国传播马克思主义的先驱者之一。中国共产党的创始人之一。早年留学日本，毕业于东京帝国大学。留日期间积极投入中国留日学生反帝反封建的革命活动。1919年秋到1920年夏，翻译了《唯物史观解说》《马克思经济学说》《社会问题总览》等著作，对于系统地向国内传播马克思主义起了重要作用。1920年在上海同陈独秀等人建立共产主义小组，任小组理论刊物《共产党》的主编，并参加《新青年》的编辑工作。大力宣传马克思列宁主义，特别是无产阶级革命和无产阶级专政理论以及列宁的建党学说，为建立中国共产党做了思想准备和组织准备。1921年7月出席中国共产党第一次全国代表大会，当选为中央宣传局主任，主持创办中共第一个秘密出版机构——人民出版社，组织编译出版《马克思全书》。1922年7月在党的二大上当选为中央委员。同年任湖南自修大学校长，讲授唯物史观、剩余价值学说、科学社会主义等课程。1923年因与陈独秀商谈国共合作问题发生争执而脱党。曾任国民革命军总政治部编审委员会主席。后在上海法政大学、北平大学法商学院、中国大学等大学任教授，继续宣传马列主义。先后任湖南大学、武汉大学校长，中国科学院哲学社会科学部学部委员，中国哲学学会会长，中共八大代表，全国政协委员，全国人大代表，全国人大常委，中共湖北省委委员等职。1966年在武汉去世。在宣传马克思主义理论、宣传毛泽东思想方面，做出了卓越的贡献。在经济学、货币学、法学、史学理论领域也做了重要开拓性的工作。主要著作有《现代社会》《社会学大纲》《经济学大纲》《唯物辩证法大纲》《李达文集》等。

胡适（1891—1962）

中国现代学者、历史学家。安徽绩溪人。早年在上海梅溪学堂、澄衷学堂求学。19岁考取庚子赔款官费生，留学美国，师从哲学家约翰·杜威，系统接受实用主义哲学。1917年回国，受聘为北京大学教授。1918年加入《新青年》编辑部，大力提倡白话文，宣传个性自由、民主与科学，发动文学革命，为当时新文化运动的代表人物之一。五四运动后，主编《每周评论》，先后发表《多研究些问题，少谈些主义》等文章，宣扬改良主义，挑起改良与革命的大论战。同李大钊、陈独秀等接受马克思主义的知识分子分道扬镳，倡导改良。1923年主编《国学季刊》，提倡整理国故。1938至1942年出任中华民国驻美大使。1939年获得诺贝尔文学奖的提名。1946至1948年任北京大学校长。1949年去美国。1952年返台，1957年始任“中央研究院”院长。1962年在台北病逝。他主张多元论的实用主义历史观，否认历史的客观存在及其规律性。宣扬所谓“健全的个人主义人生观”，主张以“科学的态度”解决人生观的问题，创建一种“中国未来的新哲学”，即实用主义哲学。对历史提倡“存疑主义”，重考据，主张研究历史要冲破传统经学禁区，以“平等的眼光”来研究先秦各家各派的典籍及思想，这对古史辨史学的形成有直接的影响。他在学术上影响最大的是提倡“大胆假设,小心求证”的治学方法。胡适一生的学术活动主要在文学、哲学、史学、考据学、教育学、红学几个方面,主要著作有《中国哲学史大纲》(上)《尝试集》《白话文学史》(上)和《胡适文存》(四集)等。

汤用彤(1893—1964)

现代哲学家、思想家、宗教史学家、教育家。原籍湖北黄梅。字锡予。幼承庭训,早览乙部。对史学兴趣浓厚。辛亥革命前入北京顺天学校,1912年考入清华学堂。1917年毕业留校任教,任《清华月刊》总编辑。1918年去美国留学,后入哈佛大学研究院攻读哲学、梵文、巴利文。获哲学硕士后于1922年回国,先后于南京东南大学、南开大学、中央大学任教。1930年起,任北京大学、西南联合大学教授,北京大学哲学系主任、文学院院长,中央研究院院士、评议员等职。中华人民共和国成立后任北京大学校务委员会主席、副校长,中国科学院哲学社会科学部学部委员等职。曾讲授哲学概论、伦理学、中国佛教史、魏晋玄学、印度哲学史、欧洲大陆理性主义、英国经验主义等课。专长于中国佛教史和哲学史研究。精于考订而不流于繁琐,善于吸收中外研究成果而不囿于成说。既能把西方分析哲学的研究方法同中国考据学实事求是的传统结合起来研究佛教史和哲学史,又能注意统观古代各家学术思想的全貌以揭示其发展的线索。研究中国佛教史时坚持把佛教思想同中国哲学结合起来分析,把流行于中国的佛教各派溯其源头(比较印度哲学)研究,并运用西方哲学方法,使用比较科学、确定的概念分析佛教思想。在玄学与佛学之关系、魏晋玄学的言意之辨和本末有无之争等问题上,均有独到见解。其对中国佛教思想史和魏晋玄学的研究,为中外学术界重视。主要著作有《汉魏两晋南北朝佛教史》《印度哲学史略》《魏晋玄学论稿》《隋唐佛教史稿》《康复札记》《汤用彤论著集》等。

冯友兰(1895—1990)

中国当代著名哲学家、教育家、新理学的创立者。河南省唐河县人。1918年毕业于北京大学中国哲学专业,随即赴美留学,在哥伦比亚大学获博士学位,后又获美国哥伦比亚大学、普林斯顿大学及印度德里大学的名誉文学博士。回国后,先后任中州大学、广东大学、燕京大学教授,清华大学教授兼哲学系主任、文学院院长,西南联大教授兼文学院院长。自1952年后,一直在北京大学哲学系任教授,曾任中国科学院哲学社会科学部学部委员等职。早年接受宋明理学中的心学及西方的杜威哲学的影响;中年后,改而信奉程朱理学与罗素哲学,并以程朱理学为基本,融合所接受的中西哲学的各种成分,建构起了新理学的体系。这个新理学体系的代表作是被称作“贞元六书”的《新理学》《新事论》《新世训》《新原人》《新原道》及《新知言》。在书中,他以建“新统”“继往开来”的历史使命感,对儒学和中国文化的现代化作出了可贵的尝试。认为中国哲学的根本精神是“极高明而道中庸”,讲求天地境界或最高境界,但又不脱日常人伦的生活,这一精神是由孔孟开端,中经汉唐哲学,到宋代程朱理学时集大成。所著《中国哲学史》,是中国近代用西方研究方法的第一部具有体系性的专著,代表着当时用西学研究中国哲学的水平。自1949年后,主要从事七卷本《中国哲学史新编》的著述与教学工作。另著有《中国哲学简史》《人生哲学》等,其著述合编为《三松堂全集》。这些著作在国内外有较大影响,被誉为“现代新儒家”。

张岱年(1909—2004)

中国哲学家。河北献县人。早期欣赏英国分析派哲学的逻辑分析方法,不久受其兄张申府的引导,阅读马克思、恩格斯著作译本,开始了解辩证唯物论与历史唯物论的基本原理。1933年毕业于北京师范大学教育系,任教于清华大学哲学系,后任私立中国大学讲师、副教授,清华大学副教授、教授。1952年后,任北京大学哲学系教授、清华大学思想文化所所长、中国社会科学院哲学研究所兼职研究员。1935—1936年，研究中国哲学的概念范畴和层次体系，著成《中国哲学大纲》，为中国近代第一本系统论述中国哲学范畴的专著。1980年后任中国哲学史学会会长、名誉会长。长期致力于中国哲学史的研究，后又从事文化哲学的研究，在《中国文化传统简论》一书中提出"中华精神"的论点，认为中华民族有一种占主导地位的思想意识，可以称为"中华精神"。其表现于《周易大传》中的两个命题上，即"天行健，君子以自强不息""地势坤，君子以厚德载物"。还从中西哲学相比较的观点出发，认为西方哲学家注重天人对立，认为把人和自然分开，肯定主体与客体的区别是人的自觉；而中国哲人则一向持天人合一的观念，肯定人与自然的统一，在思维方式上，中国古代传统哲学的特点在于注重"整体动平衡的观念"和"直觉体悟的方法"。主要论著有《中国哲学大纲》《中国唯物主义思想简史》《求真集》《真与善的探索》《文化与哲学》《中国古典哲学概念范畴要论》《思想、文化、道德》《张岱年文集》(1—4卷)等。

艾思奇(1910—1966)

马克思主义哲学家。云南腾冲人。早年积极参加学生爱国运动。1927年和1930年两次东渡日本求学。曾参加中共东京支部组织的"社会主义学习小组"，研究马克思主义哲学。"九一八"事变后弃学归国。1932年在上海泉漳中学任教时参加反帝大同盟，开始翻译《新哲学大纲》，发表重要哲学论文《抽象作用与辩证法》。1934年发表《大众哲学》，传播马克思主义，对广大群众特别是青年起过启蒙作用，促使国民党统治区的不少青年走上革命道路。在编辑《读书生活》期间，陆续出版了《新哲学论集》《思想方法论》《哲学与生活》《实践与理论》等哲学著作，与郑易里翻译出版了《新哲学大纲》。从1933年到1936年积极参加了对胡适的实用主义、张君劢的玄学、张东荪的新康德主义和叶青的唯心主义的批判。先后在延安抗日军政大学、陕北公学、马列学院任教。历任中央文委秘书长、中央研究院文化思想研究室主任、《解放日报》副总编辑。1939年参加毛泽东主持的哲学研究小组，主持延安新哲学会工作。整风运动中主编《马克思、恩格斯、列宁、斯大林思想方法论》，撰写了《不要误解实事求是》《有的放矢及其他》等重要文章。中华人民共和国成立后历任中共中央高级党校哲学教研室主任、副校长，中国哲学学会副会长，中国科学院哲学社会科学部学部委员。长期从事马克思主义哲学的研究、宣传和教育工作，成绩显著，著述甚丰。主要著作有《大众哲学》《思想方法论》《哲学与生活》《辩证唯物主义纲要》《辩证唯物主义历史唯物主义》《艾思奇文集》等。

汤一介(1927—2014)

现代学者，中国哲学史家。湖北省黄梅县人。父亲汤用彤，是久负盛名的国学大师。1951年于北京大学哲学系毕业，后在北京市委党校任教。1956年调北京大学哲学系工作，1985年晋升为教授。长期研究中国哲学史，尤重视魏晋玄学、中国道教史和中国佛教史的研究。1983年出版专著《郭象与魏晋玄学》，对魏晋玄学的逻辑进程和郭象哲学体系的主要范畴、逻辑结构提出了系统的见解。论文有《孔子思想在春秋末期的作用》《论早期道教关于生死、神形问题的理论》《从佛教的传入中国看研究比较哲学比较宗教学的意义》《对儒家哲学第三期发展的探讨》《中国哲学史研究——并论传统哲学中有关真善美的争论》《近代中国哲学史研究新发展》《中华人民共和国哲学研究的最新进展》等。曾担任中国文化书院院长、中国哲学史学会顾问、中华孔子学会副会长、中国东方文化研究会副理事长、中国炎黄文化研究会副会长、国际价值与哲学研究会理事、第十九届亚洲与北非研究会顾问委员会委员、国际儒学联合会顾问、国际道学联合会副主席等学术职务。晚年还提出了"和而不同""普遍和谐""内在超越""中国解释学""新轴心时代"等一系列前瞻性的理念和新问题，推动了学术界对传统哲学的讨论。2003年起，担任《儒藏》编纂中心主任、首席专家。主要著作有《郭象与魏晋玄学》《早期道教史》《中国传统文化中的儒道释》《儒道释与内在超越问题》《汤一介学术文化随笔》《儒教、佛教、道教、基督教与中国文化》《当代学者自选文库：汤一介卷》《佛教与中国文化》《我的哲学之路》《新轴心时代与中国文化的建构》等。

西学东渐

明清之际西方传教士在传教期间通过中西文化的交流，介绍西洋学术文化到中国的过程。主要有六类：(1)用西洋天文历法修正大统历和回族历，翻译和编撰《崇祯历书》等大型天文历法丛书，为明清两朝培养懂得近代测量方法的钦天监官员。(2)制造精密仪器。明崇祯七年(1634)，中国第一架望远镜制成。清康熙十二年(1673)，南怀仁监造了一批大型天文仪器，他在康熙十七年制造的燃汽轮推动的车船比欧洲同类早100多年。明末的《奇器图说》是中国最早的一部机器工程学著作。(3)介绍近代地理学，并以新法测绘地图。利玛窦的《山海舆地全图》介绍了许多地理学新概念，人们从此知道中国在世界上的位置。雷孝思等十余名传教士历时27年，制出《皇舆全览图》。(4)制造新式武器，并著书介绍火器的铸造和火药的配制。(5)介绍西方数学理论。明清传教士翻译了大量数学书籍，几何、三角、代数传入中国，因此影响了许多中国的士大夫，出现了一些优秀的数学家。(6)介绍西洋建筑、绘画及音乐。此外，传教士还介绍西洋生物学、医学及水利学等。邓玉函的《人身图说》是最早介绍西方人体解剖学的著作。熊三拔的《泰西水法》介绍了西方的水利学。西学东渐对于中国大众的生活习惯、思想观念有重大影响，最显著的是破除迷信，排斥偶像，同时也引起了中国大众生活习惯上的变化，并间接影响到固有的伦理思想。在科学方面，开阔了中国人对世界的眼界，其中天文、历算的影响最大。耶稣会传教士所传宗教和西方科学文化，对中国传统文化也产生一定影响。

中国化马克思主义

亦称“马克思主义中国化”。马克思主义中国化就是将马克思主义基本原理同中国具体实际相结合，不断形成具有中国特色的马克思主义理论成果的过程。一是马克思主义在指导中国革命、建设和改革的实践中实现具体化。二是把中国革命、建设和改革的实践经验和历史经验上升为马克思主义理论。三是把马克思主义植根于中国的优秀文化之中。毛泽东是马克思主义中国化的奠基者。经过与党内各种错误倾向，特别是“左”的教条主义的斗争，围绕对中国革命道路问题探索的经验总结，毛泽东同志最早提出了马克思主义中国化的思想。1938年10月，毛泽东在中共六届六中全会的政治报告《论新阶段》中指出：“离开中国特点来谈马克思主义，只是抽象的空洞的马克思主义。因此，马克思主义的中国化，使之在每一表现中带着必须有的中国的特性，即是说，按照中国的特点去应用它，成为全党亟待了解并解决的问题。”第一次提出“把马克思主义中国化”的任务。把马克思主义中国化，最重要的是对中国社会的历史和现状进行系统的、周密的调查研究，从中国的实际出发，从中引出其固有的而不是臆造的规律作为行动的指南。中共十一届三中全会以后，邓小平理论科学地总结了中国革命和建设正反两方面的经验教训，强调要把马列主义基本原理同中国建设实践相结合，走自己的路，建设有中国特色的社会主义。作为中国共产党指导思想的中国化马克思主义的重大成果是毛泽东思想和中国特色社会主义理论体系。习近平新时代中国特色社会主义思想是中国特色社会主义理论体系的重要组成部分及最新成果。

对立统一规律

亦称“矛盾规律”或“对立面的统一和斗争规律”。马克思主义哲学认为，对立统一规律不论在自然界、人类社会，还是在人们的思想中，都是普遍存在并起作用的。近代德国哲学家黑格尔第一次以唯心主义的形式系统地阐述了对立统一规律。马克思、恩格斯在提到黑格尔的唯心主义体系时，吸取了他的辩证法思想，创立了唯物辩证法，首先科学地阐述了对立统一规律。列宁在马克思主义哲学史上首次提出对立统一规律是辩证法的实质和核心的思想。毛泽东在《矛盾论》等著作中，结合中国革命的经验，对对立统一规律及其在唯物辩证法中的核心地位作了进一步的说明和发展，并提出了一系列关于从对立中把握统一、在统一中把握对立的思想方法和工作方法。对立统一规律的基本内容是：世界上的一切事物和过程内部，都包含着相互矛盾的两个方面和趋势。一方面，它们相互依存、相互连结、相互渗透和转化；另一方面，它们又相互排斥、相互分离和斗争。斗争性是绝对的；同一性是相对的。发展就是对立面的统一和斗争。矛盾是事物自身运动、发展的内在源泉和动力。矛盾具有普遍性，它存在于一切事物的发展过程中，每一事物发展过程中存在着自始至终的矛盾运动。矛盾的普遍性和矛盾的特殊性既有区别又有联系，并在一定条件下相互转化。对立统一规律揭示了事物普遍联系的实质，特别是揭示了事物运动、发展的内在动力和实际过程，是理解唯物辩证法其他规律和范畴的钥匙，是唯物辩证法的实质和核心。

一分为二

中国哲学关于宇宙生成和事物对立统一关系的命题。一是指统一物，二是讲统一物的可分性。春秋末年史墨提出的“物生有两”，《易·系辞》中的“一阴一阳之谓道”等等，是古代最早对事物的对立统一关系的猜测性理解。隋代杨上善撰注《黄帝内经》，开始出现“一分为二，谓天地也”的说法。北宋邵雍把它上升为哲学命题，用指“太极”分出天地，再分出日月星辰，以至万事万物，并由此组成其“先天图”的象数体系。北宋张载认为事物运动的根源是统一物内部阴阳二端的矛盾方面，探讨了“必分为二”，提出了“一物两体”的思想。南宋朱熹认为“一分为二”是统一物的对立统一关系，世界万物的产生和变化，都必须遵循这一规律。他说：“此只是一分为二，节节如此，以至于无穷，皆是一生两尔。”明清之际的王夫之在总结“一分为二”和“合二而一”的关系时，进一步阐发了“一”与“二”的关系，他说：“故合二以一者，既分一为二之所固有矣。”主张一分为二包含合二为一，把古代辩证法思想发展到一个新的高度。一分为二是事物的普遍本质与现象。一切事物都是可分的。自然界是可分的，它分为有机界和无机界，有机界又分为动物界和植物界，动物界又分为人和禽兽。社会也是可分的，它分为经济基础和上层建筑，经济基础又分为生产力和生产关系，生产力又分为人的因素和物的因素。认识也是可分的，它分为真理和谬误，真理又分为相对真理和绝对真理。毛泽东引用“一分为二”指事物对立统一规律以后，遂成唯物辩证法的通俗名称。

合二为一

原为古代哲学术语，现在是对矛盾同一性的通俗概括和表达。基本含义是对立中有同一，差别中有联结；强调矛盾着的双方互相联系、互相渗透构成统一事物。也叫“合二而一”。

“合二为一”初为明清之际方以智提出的哲学命题。语出《东西均·三征》：“交也者，合二而一也；轮也者，首尾相衔也。”意为矛盾对立的双方相互依存，合为一体。与“一分为二”相对。认为事物普遍处于矛盾的对立统一之中，既一分为二，又合二而一。“一不可言，而因二以济，二即一，一即二也。自是阴阳、动静、体用、理事，而因果、善恶、染净、性相、真妄皆二也，贯之则一也。”（《东西均·反因》）进而指出“两间无不交，则无不二而一者，相反相因，因二以济，而实无二无一也”（《东西均·三征》）。北宋张载即有类似思想，“二端故有感，本一故能合”（《正蒙·乾称》）。明清之际王夫之也说，“表里相待而二，二异致而一”“合二以一者，既一分为二之所固有矣”(《周易外传》卷五)。

毛泽东思想

以毛泽东为代表的中国共产党人,根据马列主义的基本原理,对中国长期革命实践经验概括形成的思想体系。是马列主义与中国革命实践相结合的产物,是马列主义在中国的运用和发展,是被实践证明了的关于中国革命和建设的正确理论原则和经验总结,是中国共产党集体智慧的结晶。中国共产党许多卓越的领导人对它的形成和发展都做出了重大贡献。毛泽东的科学著作是它的集中概括。毛泽东思想是在中国革命历史过程中形成和发展的。20世纪20年代后期和30年代前期,国际共产主义运动和中国共产党内盛行的把马克思主义教条化、把共产国际和苏联经验神圣化的错误倾向,曾使中国革命几乎陷入绝境。以毛泽东为代表的中国共产党人与之进行了坚决的斗争。毛泽东思想是在斗争中逐渐形成和发展起来的,它在土地革命战争后期和抗日战争时期得到系统总结和多方面展开而达到成熟,在解放战争时期和中华人民共和国成立以后继续得到发展。毛泽东思想具有多方面的内容,主要在关于新民主主义革命、关于社会主义革命和建设、关于革命军队的建设和军事策略、关于政策和策略、关于思想政治工作和文化工作、关于党的建设等方面,以独创性的理论丰富和发展了马克思列宁主义。毛泽东思想活的灵魂,是贯串于它的各个部分的立场、观点和方法。它有三个基本方面,即实事求是、群众路线、独立自主。毛泽东思想是中国共产党宝贵的精神财富。毛泽东思想同马列主义一样,不是僵化的教条,它必然在中国社会主义现代化建设的实践中不断得到发展。

邓小平理论

是以邓小平为主要创立者、以建设有中国特色社会主义为主题的理论。邓小平理论是马克思主义中国化的一大理论成果,是中国共产党获得的与苏联模式不同的社会主义建设经验的理论总结。

邓小平理论是当代中国的马克思主义,是马克思主义在中国发展的新阶段。这个理论之所以能够成为马克思主义在中国发展的新阶段,是因为:第一,邓小平理论坚持解放思想、实事求是,在新的实践基础上继承前人又突破陈规,开拓了马克思主义的新境界。第二,邓小平理论坚持科学社会主义理论和实践的基本成果,抓住“什么是社会主义,怎样建设社会主义”这个根本问题,深刻地揭示社会主义的本质,把对社会主义的认识提高到新的科学水平。第三,邓小平理论坚持用马克思主义的宽广眼界观察世界,对当今时代特征和总体国际形势,世界上其他社会主义国家的成败,发展中国家谋求发展的得失,发达国家发展的态势和矛盾,进行正确分析,作出了新的科学判断。第四,总起来说,邓小平理论形成了新的建设有中国特色社会主义理论的科学体系。

邓小平理论第一次比较系统地初步围绕“什么是社会主义,怎样建设社会主义”这个根本问题回答了中国社会主义的发展道路、发展阶段、根本任务、发展动力、外部条件、政治保证、战略步骤、党的领导和依靠力量以及祖国统一等一系列基本问题,指导我们党制定了在社会主义初级阶段的基本路线。它是一个贯通哲学、政治经济学、科学社会主义等领域,涵盖经济、政治、科技、教育、文化、民族、军事、外交、统一战线、党的建设等方面比较完备的科学体系。

中国特色社会主义理论体系

是中国共产党在改革开放新时期,推进马克思主义中国化的系统理论成果。在新的时代条件下系统回答了什么是社会主义、怎样建设社会主义,建设什么样的党、怎样建设党,实现什么样的发展、怎样发展,坚持和发展什么样的中国特色社会主义、怎样坚持和发展中国特色社会主义等重大理论和实践问题。中国共产党第十七次全国代表大会提出了中国特色社会主义理论体系的科学命题。中国共产党第十八次全国代表大会对这一命题做出新的表述:"中国特色社会主义理论体系,就是包括邓小平理论、'三个代表'重要思想以及科学发展观在内的科学理论体系,是对马克思列宁主义、毛泽东思想的坚持和发展"。中国共产党第十九次全国代表大会及经修改后的《中国共产党章程》均指明,习近平新时代中国特色社会主义思想是中国特色社会主义理论体系的重要组成部分。习近平新时代中国特色社会主义思想科学地阐明了中国特色社会主义的思想路线、发展道路、发展阶段、根本任务、发展动力、发展战略、依靠力量、国际战略、领导力量等重大问题,是贯通马克思主义哲学、政治经济学、科学社会主义等领域,覆盖经济、政治、文化、社会、国防、外交、统一战线、祖国统一、党的建设等方面的系统的科学理论体系。中国特色社会主义理论体系的精髓是解放思想、实事求是、与时俱进和求真务实。这个理论体系,创造性地提出了一系列新的重大理论观点和战略思想,从而实现了马克思主义中国化的第二次历史性飞跃,是全国各族人民团结奋斗的共同思想基础,是实践中不断发展的开放的理论体系。

习近平新时代中国特色社会主义思想

2017年10月18日至10月24日,中国共产党第十九次全国代表大会将习近平新时代中国特色社会主义思想确立为中国共产党必须长期坚持的指导思想并写进党章。十三届全国人大一次会议通过的宪法修正案,把习近平新时代中国特色社会主义思想载入宪法。这一思想包括新时代坚持和发展中国特色社会主义的总目标、总任务、总体布局、战略布局和发展方向、发展方式、发展动力、战略步骤、外部条件、政治保证等方面的基本问题,并根据新的实践对经济、政治、法治、科技、文化、教育、民生、宗教、社会、生态文明、国家安全、国防和军队、"一国两制"和祖国统一、统一战线、外交、党的建设等各方面作出理论分析和政策指导。

习近平新时代中国特色社会主义思想的核心内容是"八个明确"和"十四个坚持"。其中"八个明确"分别是:(一)明确坚持和发展中国特色社会主义,总任务是实现社会主义现代化和中华民族伟大复兴,在全面建成小康社会的基础上,分两步走,在本世纪中叶建成富强民主文明和谐美丽的社会主义现代化强国;(二)明确新时代中国社会主要矛盾是人民日益增长的美好生活需要和不平衡不充分的发展之间的矛盾,必须坚持以人民为中心的发展思想,不断促进人的全面发展、全体人民共同富裕;(三)明确中国特色社会主义事业总体布局是"五位一体"、战略布局是"四个全面",强调坚定道路自信、理论自信、制度自信、文化自信;(四)明确全面深化改革总目标是完善和发展中国特色社会主义制度、推进国家治理体系和治理能力现代化;(五)明确全面推进依法治国总目标是建设中国特色社会主义法治体系、建设社会主义法治国家;(六)明确党在新时代的强军目标是建设一支听党指挥、能打胜仗、作风优良的人民军队,把人民军队建设成为世界一流军队;(七)明确中国特色大国外交要推动构建新型国际关系,推动构建人类命运共同体;(八)明确中国特色社会主义最本质的特征是中国共产党领导,中国特色社会主义制度的最大优势是中国共产党领导,党是最高政治领导力量,提出新时代党的建设总要求,突出政治建设在党的建设中的重要地位。

"十四个坚持"分别是:(一)坚持中国共产党对一切工作的领导;(二)坚持以人民为中心;(三)坚持全面深化改革;(四)坚持新发展理念;(五)坚持人民当家作主;(六)坚持全面依法治国;(七)坚持社会主义核心价值体系;(八)坚持在发展中保障和改善民生;(九)坚持人与自然和谐共生;(十)坚持总体国家安全观;(十一)坚持中国共产党对人民军队的绝对领导;(十二)坚持"一国两制"和推进祖国统一;(十三)坚持推动构建人类命运共同体;(十四)坚持全面从严治党。

习近平新时代中国特色社会主义思想,是马克思主义中国化的最新成果,是中国共产党和人民实践经验和集体智慧的结晶，是中国精神的时代精华，是中国国家政治生活和社会生活的根本指针。

实事求是

毛泽东阐述的辩证唯物主义方法论的基本原则。毛泽东思想的活的灵魂之一。“实事求是”一语，出自东汉班固所著《汉书·河间献王传》。传中颂扬河间献王“修学好古、实事求是”。毛泽东从哲学的高度赋予了这句原指治学态度的话新的含义。他指出：“‘实事’就是客观存在着的一切事物，‘是’就是客观事物的内部联系，即规律性，‘求’就是我们去研究。”

从毛泽东的哲学思想来说，实事求是包含三个基本的观点：(1) 唯物主义的基本观点。实事求是是以承认物质第一性、精神第二性为基本前提的。(2) 辩证法的基本观点。实事求是是以全面、发展、具体问题具体分析等辩证法原则为基本要求的。(3) 辩证唯物主义认识论的基本观点。实事求是是以在实践中正确认识世界，把握事物发展的规律，进而改造世界为根本目的的。

在第一次国内革命战争时期，毛泽东写出了《湖南农民运动考察报告》。这一报告是实事求是的一个典范。1929 年，毛泽东在为古田会议写的决议中专门写了批判主观主义一节，要求党员注意社会经济的调查和研究，不要脱离实际。1937 年，毛泽东写了《实践论》《矛盾论》等哲学专著，阐明了实事求是的理论基础。在延安整风运动中，毛泽东明确提出了实事求是的概念，在《改造我们的学习》一文中，第一次对实事求是作了科学的解释。毛泽东 1941 年以此作为给延安中共中央党校的题词。毛泽东任中共中央党校校长后，曾把“实事求是，不尚空谈”作为党校的校训。实事求是，是中国共产党在长期革命实践中总结出来的，是我们党的优良传统和作风，是马克思主义的根本观点和根本方法。

《矛盾论》

毛泽东的著名哲学著作之一，收入《毛泽东选集》第一卷。这篇文章是继《实践论》之后，为克服存在于党内的严重的经验主义和教条主义，尤其是教条主义而撰写的，从世界观和方法论的高度对中国革命斗争经验进行概括和总结。文章以对立统一规律为核心，系统地阐述和发展了马克思主义的唯物辩证法。文章指出事物的矛盾法则，即对立统一的法则，是唯物辩证法的最根本的法则。事物发展的根本原因，在于事物内部的矛盾性。文章阐述了矛盾的普遍性和特殊性。矛盾存在于一切事物的发展过程中，贯穿于一切过程的始终，这是矛盾的普遍性；每一事物的矛盾及其每一侧面各有其特点，这是矛盾的特殊性。认识矛盾的普遍性，就能发现事物运动发展的原因和根据；研究矛盾的特殊性，就能够确定这一事物不同于其他事物的特殊本质，从而正确辨别事物。文章分析了矛盾和矛盾各方面的地位及相互关系。指出在许多矛盾存在的复杂事物的发展过程中，其中必有一种是主要的矛盾；矛盾着的两方面中，必有一方面是主要的，他方面是次要的；主要的矛盾和次要的矛盾，主要的矛盾方面和次要的矛盾方面，在一定条件下发生转化；必须善于抓住主要矛盾和主要矛盾方面。文章论述了矛盾双方的同一性和斗争性，指出“有条件的相对的同一性和无条件的绝对的斗争性相结合，构成了一切事物的矛盾运动”，并且具体分析了矛盾斗争的对抗性和非对抗性两种不同情形。这篇文章有效地帮助全党划清唯物辩证法和形而上学的界限，继承、捍卫和发展了马克思主义的辩证法，是对马克思列宁主义哲学宝库的重要贡献。

《实践论》

毛泽东 1937 年 7 月为揭露党内的教条主义和经验主义错误而写作的论文，是毛泽东的重要哲学著作，收入《毛泽东选集》第一卷。这篇文章从哲学高度对历史的经验加以总结，批评主观主义，进一步阐述了中国共产党的思想路线。文章从世界观和方法论的高度总结了党内斗争的经验教训，揭露了“左”、

"右"倾错误的思想特征和认识论根源，指出它们都是以主观和客观相分裂、认识和实践相脱离为特征，都是唯心主义认识论的具体表现。文章阐述了认识的来源问题，强调人的认识一点也不能离开实践。实践是认识的来源，是推动认识发展的动力，是检验认识真理性的标准。文章论述了人类认识运动的规律，指出人们在实践中对于事物的认识是一个由感性认识到理性认识的过程。通过实践产生感性认识，感性认识重复多次，经过头脑的加工制作产生理性认识，这是认识过程的第一次飞跃；理性认识还必须回到实践中去，能动地改造世界，并得到检验和发展，实现认识过程的第二次飞跃。"实践、认识、再实践、再认识，这种形式，循环往复以至无穷，而实践和认识之每一循环的内容，都比较地进到了高一级的程度。"这就是认识运动的总规律和全过程。文章强调指出，无产阶级认识世界的目的是为了改造世界，这包括两方面的任务：改造客观世界，同时也改造自己的主观世界。这篇文章继承和发展了马克思主义认识论，奠定了毛泽东思想的哲学基础，为形成中国共产党的实事求是的思想路线提供了重要的理论依据。

⊙ 宗教与信仰 ⊙

道教

产生于中国本土的宗教。源自古代巫术、秦汉时的神仙方术和黄老学派的道家思想。东汉初期，黄老思想进一步宗教化而成为"黄老道"。东汉顺帝时，张陵创立"五斗米道"，著《老子想尔注》，书中提出"道教"之名，奉老子为教主，尊《道德经》为主要经典，建立道教组织和相关制度。东汉熹平年间(172—178)，张角创立"太平道"，信奉《太平经》，十余年间聚徒众数十万人。东晋建武元年(317)，葛洪撰成《抱朴子内篇》，整理并阐述神仙方术理论，充实了道教的思想内容。北魏太平真君年间(440—451)，嵩山道士寇谦之"清整道教，除去三张伪法"，制订乐章诵诫新法，进一步完善道教制度，形成北天师道；在南朝宋，有庐山道士陆修静整理"三洞"经书，编著斋仪戒律，形成南天师道。隋唐后，南北天师道逐渐合流，到元代归并于"正一道"。民间自唐朝起兴起三教合一的道教。金大定七年(1167)，王重阳创立以道为主，兼融儒、释的"全真道"，盛极一时。至元朝，道教分为"正一"和"全真"两大教派，明代仍有流传，至清代式微。道教的基本信仰和教义是"道"，认为宇宙、阴阳、万物皆由"道"化生；崇拜的最高尊神是"道"的化身——"三清尊神"，即"元始天尊""灵宝天尊"和"道德天尊"。其中，"道德天尊"即老子。道教教义的核心是积德劝善、养生却祸、长生久视和修道成仙；其目标是自然无为、超然逍遥、与道一体。修炼的具体方法有"服食""导引""胎息""内丹""外丹""符箓""房中""辟谷"等；宗教仪式有"斋醮""祈祷""诵经""礼忏"等。现存的道教经籍总集有《道藏》。

五斗米道

中国早期的道教派别，东汉顺帝(126—144在位)时张陵在鹤鸣山(今四川大邑境内)创立。因入道者需缴纳五斗米故名"五斗米道"，又因道徒尊称张陵为"天师"，也称"天师道"。五斗米道奉老子为教祖，尊为"太上老君"，以老子《道德经》为主要经典，后来还信奉《太平洞极经》《太清经》《太玄经》《正一经》和《五斗经》等，同时还吸收当地氐羌等少数民族宗教信仰内容。初学道者称为"鬼卒"，道徒中的骨干称"祭酒"。道民都要登记户籍人口，奉道的家庭设置静室为诵经修道之处。五斗米道以"治"为教区，设置治头大祭酒或治头祭酒统领教区，成为中国历史上第一个有组织形态的宗教，到东汉汉安三年(144)已经发展为24"治"，绝大部分在今四川境内。五斗米道除信奉老子外还信奉鬼神，道徒生病，被命令跪拜反省，忏悔谢罪，同时请神驱鬼；道士上章书写病者姓名及服罪内容，书写三份，分别埋于山、土，沉于水中，称"三官手书"，为后世道教"符箓"的发端。张陵死后传子张衡，张衡死后传子张鲁。东汉末年，张鲁在汉中建立政教合一的政权近30年，建安二十年(215)降于曹操，被封为镇南将军、阆中侯，并从汉中移民数十万到关陇中原地区，五斗米道也随之传到北方。西晋后，五斗米道一部分在士大夫中传播，一部分仍在农民中传播，并借之从事秘密活动。东晋时，孙恩、卢循利用五斗米道领导农民起义，前后十余年。南北朝时，在北方，嵩山道士寇谦之在魏太武帝(424—451在位)的支持下，自称奉太上老君的意旨，就天师正位，清整道教，去除三张(张陵、张衡、张鲁)"伪法"，用儒家"佐国扶民"的思想，创立了以礼拜、修炼为主要形式的新天师道，为北天师道；在南方，庐山道士陆修静整理"三洞"经书，吸收佛教思想和仪式，创立较为系统的道教斋戒仪轨，为南天师道。唐宋以来，南北天师道与上清、灵宝等道教派系逐渐融合，元代以后统称“正一道”。五斗米道的创立，标志着中国本土组织化、制度化的宗教正式诞生。

太平道

中国早期道教派别，东汉灵帝熹平年间（172—178）张角所创。崇拜神祇“中黄太一”，奉《太平经》为经典，提出“黄天太平”的口号。据《后汉书》记载，巨鹿人张角自称“大贤良师”，奉行黄老道，蓄养弟子，跪拜首过；用符水及咒语为人治病，病者多愈，获得百姓信奉。张角派 8 名弟子出使四方，传播道教，十余年间，聚徒众数十万人，几乎遍布全国。张角分信徒为 36 方，“大方”万余人，“小方”六七千人，各设“渠帅”统领，预定甲子年甲子日（汉灵帝中平元年，184 年 3 月 5 日）起义，口号为“苍天已死，黄天当立，岁在甲子，天下大吉”。因唐周告密，提前起义，起义者佩戴黄巾为标志，故称“黄巾军”，史称“黄巾起义”，后被镇压失败，但太平道在民间仍秘密流传。

全真道

也称“全真教”“全真派”，中国道教派别。创始人王嚞，号“重阳子”，即王重阳。金世宗大定七年（1167），在陕西修道多年的王重阳到山东宁海（今烟台牟平）传道，以“全性返真”为宗旨，讲道处名为“全真庵”，入道者为“全真道士”。全真道是金代产生于中国北方的新道教，具有全新的教义。其一，王重阳身出儒门，继而研读佛教《心经》而彻悟，由此提出三教圆融的思想，主张三教合一，建立“三教七宝会”“三教金莲会”，都以三教为标志，他认为“三教不离真道”，所以教人诵读《道德经》《清净经》《心经》和《孝经》，兼采儒释道三教经典。其二，全真道不尚符箓，不奢谈神仙长生，否定长生不死之说，主张性命双修、先性后命的内丹修炼；全真道的内丹理论汲取佛教心性不生不灭、明心见性的思想，并与儒家的正心、诚意、尽心、知性相结合，体现会通三教的特征，同时也使内丹思想在吸取禅宗与理学之后，获得哲学上的深化。其三，全真道极重戒律，主张功行（功指内修功夫，行指济世利人的德行）并重、清净恬淡、无私寡欲。王重阳教人“断酒色财气”，自己也离家、素食、节欲、少睡，苦行磨炼；先人后己，于物无私，拔苦济贫，行医施药等成为全真道传统的济世活人之道。其四，全真道重视儒家的伦理道德实践，强调忠君孝亲，认为这是炼丹修道的前提，强调忠孝，调和出世与入世，更能适应封建社会的需要，因此全真道大兴。王重阳有七大弟子，即马丹阳、谭处端、刘处玄、丘处机、王处一、郝大通和孙不二，号为“全真七子”。王重阳去世后，全真七子继续弘扬师教，各立宗派：马丹阳建“南山派”，谭处端立“南无派”，丘处机立“龙门派”，王处一立“嵛山派”，郝大通立“华山派”，孙不二立“清静派”，其中，丘处机的“龙门派”最盛。13 世纪 20 年代，丘处机应成吉思汗的征召到西域雪山谒见，告以不嗜杀人、敬天爱民为本，受到成吉思汗的尊崇礼遇。丘处机回到燕京（今北京）后，受命掌管天下道教，龙门派盛极一时。自明清以来，道教仅存全真、正一两大派，流传至今。

真人

道教用语，指“修真得道”或“成仙”的人。“真人”最早出自《庄子·天下》：“关尹、老聃乎，古之博大真人哉！”汉晋以后，被道教神格化，其等级地位在“大神”之下、“仙人”之上。唐代以后，有少数道教人士被帝王赠号为“真人”。

仙人

也称“仙”，道教用语，指一种超脱尘世，有神通变化、长生不死的人。道教认为“仙”有神通广大的变化，不食人间烟火，或耸身入云，或驾龙乘云，或化为鸟兽，或潜行江湖，能隐身不见，出入人间而人不识等等。按照道行深浅，神仙又可分为若干不同的品级。梁朝陶弘景著《真灵位业图》划定仙真七等。宋元以后，道教奉祀最盛行的有“八仙”，即铁拐李、汉钟离、张果老、何仙姑、蓝采和、吕洞宾、韩湘子、曹国舅。

内丹术

道教用语，关于“内丹”的理论，是一种道家修炼术，被道教沿用。内丹术源远流长，传于稷下黄老，阐发于汉末，盛行于晚唐，不断趋于成熟，并逐步形成了完备的理论体系和多种多样的修炼途径。“内丹”与“外丹”相对，以人身体为炉鼎，精、气、神为药物，经过一定时间的修养锻炼，以神运炼精、气，达到三位一体，凝结成丹，称为“圣胎”。其修炼主要有“炼精化气、炼气化神、炼神还虚”等阶段。按照道教理论，由道产生神、气、精，凝聚成形而成为人，这是“顺行”的过程；炼内丹则是从人的精、气、神通过修炼复归于道，这是“逆行”的过程。内丹术吸取中国古代气功、医学及古代哲学思想，综合提炼而成，夹杂着一些神秘主义成分。内丹的称谓，最早见于六朝，南朝陈朝天台宗二祖慧思《立誓愿文》中说“借外丹力修内丹，欲安众生先自安”，但其基本思想理论和实践却渊源久远。内丹派别众多，主要分为南北二宗，北宋张伯端传丹道于南方，演变为南宗；金代王重阳传丹道于北方，形成北宗。内丹为性命之学，南宗主张先修命后修性，北宗主张先修性后修命，两家都主张“性命双修”，只是侧重点和入手功夫不同。内丹融摄易、儒、医等学，实践体验，形成了基于人体生命顺逆升沉的独特理论，对气功、医疗、人体科学、养生健身等方面，都有广泛的影响和启发作用。内丹术重要典籍有《周易参同契》《悟真篇》《钟吕传道集》《入药镜》等。

外丹术

道教用语，指关于“外丹”的思想理论。外丹也称“金丹”，与“内丹”相对，是以铅汞等为主要原料，配制其他药物，在炉鼎中烧炼而成的化合物。初步炼成的叫“丹头”，只作“点化”之用，不能服食。继续烧炼，直至成为能够服食的丹药，即道教所谓的“金丹”或“仙丹”，认为服食后能够使人长生或成仙。外丹术本源自于秦汉方士炼黄金白银，故又称“黄白术”，后为道教继承发展。外丹术的重要典籍有《周易参同契》《抱朴子内篇》等。

道藏

道教典籍丛书。道经的汇集始于六朝时期（222—589），汇集成“藏”则在唐朝开元年间（713—741），编有《三洞琼纲》目录。宋初有《大宋天官宝藏》和《崇宁重校道藏》。藏经刊印于宋徽宗政和年间（1111—1118）的《政和万寿道藏》，后来金元各“藏”都以此为蓝本。明代有《正统道藏》5 305 卷和《万历续道藏》180 卷，包括 1 476 种书籍。1923 年至 1926 年，上海商务印书馆借用北京白云观所存明代版本刊行《正统道藏》，共 1 120 册，为现今通行本。《道藏》的内容十分庞杂，篇卷数量很大，既有大批道教的经典、丹经、符箓、戒律以及神仙人物传记、宫观山志等等，又有儒家和诸子百家著作上百种，还收入不少有关中国古代科学技术的著作，涉及医药学、化学、生物、体育、保健，以及天文、历法、地理等学科论著。2004 年由中国道教协会、中国社会科学院世界宗教研究所和华夏出版社共同编纂出版的《中华道藏》，共 49 册，以明代《道藏》为底本，吸收和收编了明代《道藏》之外的道书以及近代道教研究成果。

葛洪（284—364）

东晋道教思想家、医药学家、炼丹家，号“抱朴子”，丹阳句容（今江苏句容）人，三国时著名方士葛玄的侄孙，出身江南士族。从小好学，13 岁时父亲亡故，家道中落，饥寒交迫，依靠砍柴出卖换取书籍纸笔。16 岁研习儒家经书，特别喜欢神仙导养之法，师从葛玄弟子郑隐学习炼丹术。他总结了晋以前的神仙理论和方术，同时将这些理论与儒家纲常名教相结合，提倡修仙者必须以忠、孝、和、顺、仁、信为本，认为如果德行不好，即使得到好的方术，也不能成仙；主张以神仙养生为内，儒术应世为外，促进了道教理论的发展。他坚信修仙可以获得长生，途径分为内修和外养两方面：一是内修，即自身体内炼养精气神，贵在“宝精行气”，恬淡守真，静寂无为，将“玄”或者“道”“一”奉为最高信仰，认为“玄道”的要旨在于“守一”，存思于丹田或两眉之间，使形体和精神相合不离，就能获得长生；二是外养，即借外物以自坚固，就是烧炼、服用金丹。葛洪在长期烧炼金丹的实践过程中，积累了丰富的经验，认识到物质的某些特性及其化学反应，记载下大量的炼丹方法，留下了古代实验化学的珍贵资料，成为中国炼丹史上承前启后的重要人物。葛洪因此精通医学和药物学，主张道士兼修医术。葛洪所撰写的《肘后备急方》，记载了大量民间治病的方剂，保存了许多古代医学典籍。

陶弘景(456—536)

南朝齐梁时道士、道教学家、医药学家，丹阳秣陵(今江苏南京)人，南朝士族出身。少年聪慧，言行不同于常人，10岁读《神仙传》，即有养生修仙之志。20岁，为齐高帝王子侍读，后任左卫中将军。曾经跟随陆修静的弟子孙游岳学习浮图经法，遍游名山，寻访真经仙药，南齐永明六年(488)得到杨羲、许谧手书真迹。永明十年(492)辞官隐居句曲山(今江苏茅山)。梁武帝即位后，多次派使者邀请，他坚辞不受，但朝廷很多大事梁武帝还是到山中向他咨询，被称为“山中宰相”。陶弘景博学多才，参合儒、释、道三家学说思想，以道为主，主张三教合流，认为世事万端，道理都在儒、释、道三家思想之中，不但习儒传道，并且还亲自去佛寺受戒，在茅山道观中设道、佛二堂，隔日轮番朝礼，著述的《真诰》引入佛教的地狱托生说。在道教传承上，他创立上清派茅山宗，奉《上清大洞真经》为主经，尊元始天尊为最高神，修持上以存神为主、诵经和积功德为辅，长期居住在茅山，开设道馆，广招信徒，编撰成《真诰》，对上清派早期的教义、方术以及传授师承作了系统的叙述，从而使茅山成为上清派的传道中心。他编排了系统完整的道教神仙谱系，将封建社会的等级制度引入神仙世界，编撰成《真灵位业图》，将700余位神灵(包括历史上的部分帝王将相和儒道圣贤)，分为7个等级加以排列，首次建立了统一的道教神系。陶弘景又是杰出的医药学家，尤其是对医药养生方面多有贡献，他整理《神农本草经》，增收魏晋时期名医所用新药，编成《本草经集注》，共记载药物700多种，并首创以玉石、草木、虫、兽、果、菜、米实分类，成为隋唐以后草木学的蓝本，并著有《补阙肘后百义方》《药总诀》等重要医药学著作。在养生方面著有《养性延命录》，被后世奉为养生经典。在炼丹方面，著有《大清玉石丹药集》等。

佛教

世界三大宗教之一，产生于公元前6世纪的古印度，创始人为乔达摩·悉达多，是古印度迦毗罗卫国的王子。因感叹世间生死无常，在29岁的时候出家修道，在菩提树下觉悟，成为佛陀，后在印度弘法，80岁时入涅槃。佛教认为一切事物在本质上都是没有自性的，是性空的，无常的，不应该有所执着，而众生因为有贪嗔痴等烦恼，不能如实认识事物的本质，导致生命陷入无限的轮回。应该信仰佛陀的教导，依照佛陀的教导修行，摆脱烦恼，获得智慧，实现涅槃的生命状态。佛教的经典分为经、律、论三藏。其中经是佛说的道理，律是佛陀制定的僧人应该遵守的宗教制度，论则是后代弟子们对佛经的解释。佛教有大乘与小乘两大体系，大乘佛教主张人人皆可成佛，十方世界都有佛存在。小乘佛教认为现在只有释迦牟尼佛，人们修行的目标应该是阿罗汉。依据传播的语言和地域，佛教又可分为汉传佛教、南传佛教和藏传佛教，其中南传佛教主要是小乘佛教，汉传佛教和藏传佛教则主要是大乘佛教。

汉传佛教

以地理区域划分的佛教派别，流传于中国、日本、朝鲜半岛等地，是北传佛教中的一支，与藏传佛教、南传佛教并称佛教三大地理体系，主要以大乘佛教为主。根据史料记载，佛教早在东汉初期即传入中国，东汉永平十年(67)，汉明帝梦见金人，于是派人去西域，迎来迦叶摩腾与竺法兰两位高僧，并且带来了许多佛像和佛经，用白马驮回首都洛阳，皇帝命人修建房屋(即白马寺)供其居住，翻译《四十二章经》，佛、法、僧三宝完备，标志着佛教在汉地真正的开端。因此，在中国佛教史上，一般以永平十年作为佛教传入之年，白马寺成为中国第一座佛寺，《四十二章经》成为中国第一部汉译佛经。建和元年(147)安息人安世高到汉朝传译小乘佛经，延熹十年(167)月氏人支娄迦谶到汉朝传译大乘佛经。当时儒学兴盛，佛教发展受限，至魏晋南北朝时才发展迅速，并在南朝时形成第一个高潮。隋唐两代，译经工作大多由国家主持，译经的数量和规模都远超前代。不仅有大批外国僧侣、学者来中国从事传教和译经事业，中国也有不少僧人如玄奘、义净前往印度游学，带回并翻译大量佛经。这一时期，汉传佛教名僧辈出，对佛学义理的阐发无论在深度和广度上都超过以往，当时印度大乘佛教的精华基本都已经传入中国，为建立具有中国民族特色的佛教宗派奠定了理论基础。在此基础上，八个佛教宗派先后建立，分别是天台宗、三论宗、唯识宗、华严宗、净土宗、禅宗、律宗、密宗，后人称之为“八大宗派”，它们的建立标志着中国佛教理论日益成熟，已经脱胎于印度佛教而自成一体，成为形塑大乘佛教面貌的主要力量。随着中国对外交通的开拓，中国佛教开始传入朝鲜、日本、越南和印度尼西亚，加强了中国与亚洲其他国家在宗教、文化上的联系。两宋时期，儒、释、道三教互相影响融合，极大地丰富了汉地文化。元代的统治者崇尚藏传佛教，对汉地佛教则加以排挤，汉传佛教各大宗派的发展因而受到限制，各宗派在元代继续融合，逐渐走向世俗。明朝建立后，废除了藏传佛教在内地的特权，致力于对汉传佛教的整肃工作，制定了严密的僧官、考试等制度，主要内容是将僧官分为中央与地方两大系统，并将全国的僧尼编录成“周知板册”，进行僧籍管理。清代初年，政府为了笼络蒙古和西藏，颇为尊崇藏传佛教，对汉传佛教则沿袭明代制度进行管理，对僧人和寺庙的管理更为严格，佛教日益衰败。近代以后，佛教在家弟子的势力逐渐崛起，居士佛教逐渐成为佛教的主力，创办了刻经处、佛学院、佛学会等，为佛教义学的研究开辟了新的方向，使佛教产生了新的气象。

南传佛教

以地理区域划分的佛教派别，又称上座部佛教，属于小乘佛教，因其由印度本土向南传播到斯里兰卡等地，故称为“南传佛教”。又因所传诵的三藏经典使用巴利语，故又称为“巴利语系佛教”。南传佛教坚持释迦牟尼在世时的原始教法，认为凡是佛陀尚未制定者不应再制；凡是佛陀已经制定者不应废除；佛陀如何制定，即应如何受持遵行。以佛、法、僧三宝为信仰中心，以律、经、论为教法根本，以戒、定、慧为修行次第，以现证圣果为修行目标，依照八圣道、戒、定、慧、四念处等方法修行，大多数人致力于断除烦恼、解脱生死、证悟涅槃。南传佛教现盛行于缅甸、泰国、斯里兰卡、柬埔寨、老挝、越南、中国云南边境等地区，以及印度东北部、孟加拉国东部；在中国仅云南独有，传入云南已 1 000 多年，分布在西双版纳、德宏、思茅、临沧等地，傣族、布朗族、德昂族几乎是全民信仰南传佛教，另有部分佤族也信仰南传佛教。从 19 世纪末开始，上座部佛教也传播到一些西方国家，并有持续发展之势。

藏传佛教

以地理区域划分的佛教派别，又称藏语系佛教，或俗称喇嘛教，指传入中国西藏的佛教分支，属于大乘佛教，但以密宗传承为其主要特色。从公元 7 世纪松赞干布时期印度佛教传入吐蕃以后，印度佛教与藏区的原始宗教苯教之间互相吸收了对方的许多内容而各自得到了发展，印度佛教因大量吸收了苯教的内容，使其能够更深入地植根于当时的社会并逐渐发展成为现代的“藏传佛教”。藏传佛教早期经历了7、8世纪松赞干布、赤松德赞、赤祖德赞“祖孙三王”大力推广的“前弘期”，9世纪中叶朗达玛灭佛，11世纪开始的“后弘期”佛教复兴三个阶段。期间，前弘期印度僧人寂护与莲花生大士奠定了藏传佛教的基础；后弘期印度僧人阿底峡尊者写作《菩提道灯论》，对藏传佛教理论的发展做出了巨大贡献。藏传佛教从11世纪开始陆续形成各种支派，到15世纪初格鲁派的形成，藏传佛教的派别分支才最终定型，主要有宁玛派、噶当派、萨迦派、噶举派等前期四大派和后期的格鲁派等，因不同师承、不同修持、所据不同经典，及对经典的不同理解等佛教内部因素和不同地域、不同施主等教外因素而形成众多派别。这是藏传佛教的特点。藏传佛教教义特征为：大小乘兼学，显密双修，见行并重，并吸收了苯教的某些特点。传承各异、仪轨复杂、像设繁多，是藏传佛教有别于汉传佛教的一个显著特点。西藏密教一般分为事部、行部、瑜伽部、无上瑜伽部等四部，而各宗派多以无上瑜伽部的各种教授为主要修行法门。传承方式既有师徒传承方式，也有家族传承方式，最具特色的是活佛转世制度。“政教合一”是喇嘛教的另一大特点。历史上，藏传佛教的多数派别都和一定的政治势力（包括地方实力集团或家族势力）结合在一起，形成政教合一制度，教依政而行，政持教而立，彼此依存。这一制度在吐蕃赤祖德赞赞普时初见雏形，至萨迦派时正式确立，其后不断完善，至格鲁派掌西藏地方政教大权后而达鼎盛，1959年西藏民主改革时废除政教合一。藏传佛教的文献极为丰富，藏文《大藏经》分《甘珠尔》和《丹珠尔》两大部分，其中《甘珠尔》包括显密经律，主要为佛教的原始经典。《丹珠尔》为论藏，是释迦牟尼弟子对佛语的阐释和论述的译文集成。藏传佛教的流传地集中在中国藏族主要聚居地区（西藏、青海、四川、甘肃、云南），蒙古，尼泊尔，不丹，印度的喜玛偕尔邦、拉达克和达兰萨拉，俄罗斯的卡尔梅克、图瓦和布里亚特。近现代，藏传佛教逐渐流传到世界各地。

人间佛教

民国时代佛教革新运动的倡导者太虚大师提出来的概念，后来又经过星云法师等人的发扬，使“人间佛教”成为中国当代佛教的发展方向。太虚大师是中国近代佛教改革运动中杰出的理论家和实践家，他提出要用佛教来解决人生问题，佛教要为活人服务，与世俗社会紧密联系，因而倡导“人间佛教”，主张“成佛在人间，人成佛成，是为真现实”。后经星云法师弘扬发展，其核心思想是：强调佛教的人间性、生活性、利他性、喜乐性、时代性和普济性；主张“五乘共法”，“五乘”即人、天、声闻、缘觉、菩萨；“共法”即一致性，把这五乘佛法调和起来，就是人间的佛教；持“五戒十善”；坚守慈、悲、喜、舍四无量心；行“六度四摄”（即布施、持戒、忍辱、精进、禅定、般若的六度佛法；布施、爱语、利行、同事的四摄法）；重因缘果报；立禅净中道。人间佛教将佛教基本宗旨与普罗大众的日常生活紧密联系起来，打破出家、居家的界限，不重念经及仪轨，使得人人皆可信佛、修佛，利己、利他，在人世间解脱苦难，得到幸福，有利于使人类社会更加和谐美满。

四大菩萨

佛教中的四大菩萨，指的是文殊、观音、普贤、地藏四位法力高深的菩萨。菩萨是“菩提萨埵”的略称，意思是：道众生、觉有情、人觉有情、道心众生，指以智慧求无上菩提，以慈悲下化众生，修诸波罗密行，于未来成就佛果的修行者。此外，由于菩萨是佛位的继承人，因此也称之为“法王子”。文殊菩萨也叫大智菩萨，代表聪明智慧，又称文殊师利、曼殊室利、法王子。文殊菩萨与普贤菩萨同为释迦牟尼佛左右胁侍，世称“华严三圣”，应化道场为山西五台山。观音菩萨也叫大悲菩萨，代表大慈大悲，又称观世音菩萨、观自在菩萨等名，以大悲显现、拔除一切有情苦难为本愿，循声救苦，不稍停息，是西方极乐世界的上首菩萨，应化道场为浙江普陀山。普贤菩萨代表菩萨行愿，普贤菩萨也叫大行菩萨，又称三曼多跋陀罗，意思是具足无量行愿，示现于一切诸佛刹土，应化道场为四川峨眉山。地藏菩萨也叫大愿菩萨，是发大愿的象征，又称地藏王菩萨，因悲愿持重“地狱不空，誓不成佛”，所以佛教徒常称之为大愿地藏王菩萨，应化道场为安徽九华山。四大菩萨是佛法在尘世间的化身。

弥勒佛

弥勒，意译为慈氏，是菩萨的姓，名为阿逸多。是兜率天宫说法的菩萨，将在未来成佛。根据佛经的记载，弥勒菩萨在经过兜率天之 4 000 岁后将降生到世间，在华林园龙华树下成佛，并三会度生，转妙法轮，这三次度众法会，号称“龙华三会”。人们如果希望见到弥勒佛，并见证他成佛，可以发愿死后去到弥勒所在的兜率天宫，在那里可以听弥勒说法，因此，弥勒信仰也是很流行的净土信仰。东晋的道安法师、唐代的玄奘法师都信仰弥勒净土。记载弥勒事迹的经典主要有《观弥勒上生经》《弥勒下生经》《弥勒来时经》《观弥勒菩萨下生经》《弥勒菩萨本愿经》《弥勒大成佛经》等共六部佛经。在中国五代时期，有一位布袋和尚，他慈悲度众，弘化一生。在示寂时曾遗有一偈云：“弥勒真弥勒，分身千百亿，时时示时人，时人自不识。”佛教徒便认为他是弥勒菩萨的化身。中国历代有关弥勒菩萨的图像，大多是以布袋和尚为依据而绘制的。

比丘

佛教称谓用语，指佛教出家修行的男性教徒。一般意译为“乞士”，俗称“和尚”。年满 20 岁，受了比丘戒，称为比丘（意思是乞士——上乞佛法，下乞饮食）。受了比丘戒的 5 年之内，不得做出家同道之师；5 年之后，若已通晓戒律，才可以所学的特长作师，称为轨范师，梵语叫作阿阇梨耶，授人依止，教人习诵；10 年之后，才可做亲教师，亦即“和尚”；20 年之后，称为上座；50 年以上，称为耆宿长老。后来在汉地民间，把出家修行的男性佛教徒统称为“和尚”。凡是出家当和尚的人都要剃光头发，佛教叫作剃度——按佛教的说法，头发也叫“烦恼丝”，代表着人间的无数烦恼和错误习气，削掉了头发就等于去除了烦恼和错误习气；此外削掉头发就等于去掉人间的骄傲怠慢之心；去除一切牵挂，一心一意修行。

比丘尼

又称“乞士女”，或简称为“尼”。是指出家受了具足戒的女性。根据佛教的历史，佛陀最初不允许女性出家，后经阿难的请求，佛陀才允许女性出家，而且必须要遵守八敬法的规定。第一位出家的比丘尼是佛陀的姨母摩诃波阇波提。比丘尼在出家受具足戒之前，还需要两年的特殊考验期，称为式叉摩那。通过考验后，就可以受具足戒。比丘尼所要受的戒律条文比比丘更多，共有 348 条。

居士

最早出现于《礼记·玉藻》：“居士锦带。”郑玄注：“居士，道艺处士也。”即有道艺而不入仕做官的文人雅士，如唐朝李白自称青莲居士，宋朝苏轼自称东坡居士，明朝唐寅自称六如居士。道教也有“居士”的称谓，是出家人对居家信道的人的称呼。印度佛教传入后，“居士”又被翻译引入佛经，意即“居家信佛修行的人士”。佛教对居士也有修行的要求，主要包括皈依三宝、受持五戒、持斋、修行菩萨六度、居家八法等等。遵守三皈、五戒和持斋，对人努力行善，对自己清净身心，读诵大乘劝进，都是佛教在家信徒修持的标准。

喇嘛

西藏语 lama 的音译，意译为上师。含有最上者、上人的意思。是藏传佛教对僧侣之尊称。喇嘛中分为普通僧与贵族僧。寺院中往往仅有数位贵族僧，他们的地位较为崇高。其中，最具代表性的即是达赖喇嘛与班禅喇嘛。他们支配西藏的政教大权，位居法王与副法王的地位，一般相信达赖喇嘛为观世音菩萨、班禅喇嘛为阿弥陀佛之化身。西藏最早的喇嘛是帕尔班恩斯，其后则为七喇嘛，都是莲华生大师之弟子。喇嘛并不限用于男众出家人，无论男女僧人均可被称为喇嘛。在藏传佛教传统中，喇嘛在社会上享有最尊、最上之地位。与佛、法、僧并列为四宝。喇嘛之日常生活多在寺庙中进行祈祷、诵读、礼拜等日课；此外，学问知识之研习，乃至于教化民众、推展社会事业等，都是喇嘛的重要工作。在寺庙中，喇嘛一方面持守严格之戒律生活，一方面要修学显教和密教两教典籍，还学习天文、医学等知识。

禅宗

中国佛教派别，特指奉菩提达摩为始祖的佛教宗派，其提倡和践行者称为禅师，因主张用“禅定”概括佛教的全部修习而得名。又因自称“传佛心印”，以自具心性的本源为主旨，亦称“佛心宗”。南朝宋末菩提达摩到达广州，后往北到洛阳传禅法，入嵩山少林寺，创立中国禅宗，下传慧可、僧璨，至道信，在湖北双峰山聚众定居，垦荒自给。五祖弘忍始为朝廷承认，其禅叫“东山法门”，行“一行三昧”，白昼劳作，夜间静坐，门徒布于全国，建成许多传禅基地。禅宗分为南北二派。北宗尊神秀为领袖，以长安、洛阳为中心；南宗奉惠能为领袖，以江南、岭南为主，世称“南能北秀”。北宗强调“拂尘看净”，要求“慧念以息想，极力以摄心”，通过打坐、息想、起坐拘束其心，实现拂除客尘烦恼、清净白心的目的，故不排除“方便通经”，被称为“渐悟”。南宗经惠能弟子神会等人的努力，受到自藩镇至王室的重视，以《金刚经》为旗帜，《六祖坛经》为代表著作，主张心性本净，佛性本有，觉悟不假外求，净土即在自心；不提倡读经礼佛，不重戒律，不立文字；强调“无念”“无相”，“即心是佛”“见性成佛”，称为“顿悟”。故有“南顿北渐”之说。此外，法融创“牛头宗”，以“牛头”为代表，以润州籍僧众为主体，是早期禅宗的重要一支，后被纳入道信的旁系。惠能的知名门徒有荷泽神会、南阳慧忠、青原行思、南岳怀让等。至晚唐五代十国，禅宗惠能一系发展为沩仰、临济、曹洞、云门、法眼五宗，及黄龙、杨岐二派，称为“五家七宗”。禅宗开创以来，禅修方法五花八门，公案、颂古、垂示、评唱，以及看话禅、文字禅、默照禅等等，以致“呵风呵雨”“嬉笑怒骂”皆可成禅。南宋末年汇集的《五灯会元》，完成禅宗法统的定型。南宋以后，禅宗中往往蕴含某些与当权者不合作的因素，所以元、明、清三代普遍对禅宗采取限制和压抑的政策。同时，佛教内部关于禅教合一、禅净合一的呼声日高，禅规亦趋于严密，元德辉完成《敕修百丈清规》，禅宗的独特性逐渐模糊起来。南宋时期临济宗、曹洞宗传入日本。8 世纪起北宗、南宗先后传入朝鲜，南宗禅后成为朝鲜禅宗主流，称“禅寂宗”。

净土宗

中国佛教派别。亦称“莲宗”，因专修死后往生阿弥陀西方净土（极乐世界）的法门，故名净土宗。东晋慧远在庐山邀集僧俗 18 人成立“白莲社”，发愿往生西方净土，故被后代奉为初祖。隋唐间道绰在玄中寺传净土信仰，著有《安乐集》。唐初善导师从道绰学净土教义，后到长安光明寺传播净土教义，被认为是净土宗的正式创立。净土宗主要依据《无量寿经》《观无量寿经》《阿弥陀经》和世亲《往生论》；《观无量寿经疏》《往生礼赞》《观念法门》《法华赞》《般舟赞》等也是该宗重要依据。其教义认为世风混浊，靠“自力”解脱甚难，而主张“乘佛愿力”（他力）往生净土，即“一心专念”阿弥陀佛名号，死后“往生安乐国土”，命名这种“称诵佛号往生净土”的法门为“易行道”。由于修行简易，中唐以后广泛流行，后与禅宗整合，提倡“禅净”双修。早在西晋即有弥勒兜率净土的流行，慧远之师道安和名僧支遁，都是著名的提倡者。中国净土信仰并不限于阿弥陀佛西方净土。据佛家经典，佛国净土极多，大乘多认为是唯心所造，故修持“念佛三昧”，主张“唯心净土”之说，自汉魏以来，也一直流行。9 世纪日本天台宗僧圆仁入唐学天台、密宗教义，也学净土念佛法门并传入日本；12 世纪源空(法然)据善导《观无量寿经疏》,著《选择本愿念佛集》,倡导专修念佛,开创日本净土宗。

华严宗

中国佛教派别,因以《华严经》为最高经典,故名。实际创始人为法藏。该宗酝酿于南北朝以来的华严学和毗卢、文殊、普贤崇拜,而后汇集地论和摄论两家师说,成熟于隋唐之际终南山至相寺。据该宗自记的法系传承,初祖为杜顺(法顺),是"感通幽显、声闻朝野"的名人,传说著有《华严法界观门》和《华严五教止观》;二祖智俨,从摄论师法常、僧辩等学习佛法;在至相寺学《华严经》的智正,著有《华严孔目章》《华严五十要问答》《华严一乘十玄门》等,形成理论雏形,对后世影响较大。至唐代,三祖法藏,为三帝(武后、中宗、睿宗)所重,著有《华严经探玄记》《大乘起信论义记》《华严经旨归》《华严一乘教义分齐章》《华严经义海百门》《华严金狮子章》等50余部,扩大而成为一个庞杂的佛教哲学体系。在思想上,华严宗把"一真法界"(或称一心法界,即真如佛性)视为世界一切现象之本源;用"法界缘起"说明现象间的关系,其中包括"四法界""六相圆融""十玄缘起"等说;认为"一心"即是"理","一心"所起之现象是"事",并用"理事互彻"解说世间和出世间种种关系,把"事事无碍"作为认识的最高境界,为此提出"一多""总别""隐显""相即相入"等一系列概念,并进行解说。法藏的门徒众多,以慧苑弟子法铣,再传澄观。澄观被尊为四祖,其弟子宗密,同时以禅宗荷泽宗传人自称,进一步调和佛教内部和儒道各家思想。至两宋,以宗密禅教合一为主线的华严宗,重新复兴。元代以后,华严宗被视为"教门",讲习与注疏不断,明代袾宏、德清、智旭等也以弘扬《华严》著称。明清之际,有德水明源,以重振贤首自任,其弟子续法著述很多,所撰《华严宗佛祖传》有史料价值。清末彭绍升、杨文会也着力弘扬华严宗义。早在华严宗初期,智俨门下新罗人义湘,将华严宗传入新罗,称海东华严宗初祖。日本天平十二年(740)新罗僧人审祥到日本宣讲华严宗义,传法于日僧良辩,以奈良东大寺为根本道场,开创日本的华严宗。

天台宗

中国佛教派别。实际创始人是南朝陈、隋间的智顗(538—597),因常住浙江天台山,故名"天台宗";又以《妙法莲华经》为教义的主要根据,故又称"法华宗"。据该宗系谱,初祖为印度龙树,二祖为北齐禅僧慧文,三祖慧思从北齐到南方,逐步形成以"止观"统帅全部教理和践行的独特主张。四祖智顗,前后著《法华玄义》《摩诃止观》《法华文句》,称"天台三大部";又传《观音玄义》《观音义疏》《金光明经玄义》《金光明经文句》《观无量寿佛经疏》等,号"天台五小部",由此构成该宗的理论体系。其阐述的"止观双修"是修持的根本,也是体验"实相"的根本途径,与禅宗的"定慧并重"相同,即通过"止"或"观"的具体宗教实践,从而体认佛理,把握佛法真精神,获得佛教慧解。所以,天台宗比任何一个宗派都重视禅法的功能。该宗思想的核心是"一心三观"。认为"实相"处于潜在状态(隐)称之为"本",在其现实性上(显)称之为"迹"。不论"本""迹",共相和自相总是统一的;任何现象都是即空、即假、即中的存在,又名"圆融三谛"。在禅观中,能体认到这一"空、假、中"的道理,称为"一心三观";一心同时可得"一切智"(共相智)"一切种智"(自相智)和"道种智"(修道之智),称作"一心三智"。认为"三千"是永恒的自然存在,在三千之外别无本源;三千之间互相依存,互相容纳,故任何一物悉具其他一切性、相、法界、世间,这种本然即具三千之说,名"性具三千"。此"三千"的潜在形态,不可思议,但若有"心",即"显"而为"迹",故任何一念(心),皆具三千,名"一念三千"。众生的差别,不在"性具"自身,而在于"三千"有隐显不同。隐显的性质及其具体构成(个体)是因缘(业惑)造作的结果,因此,该宗强调伏结断惑,修心发解。智顗被奉为"四祖"。其后传智威、慧威、玄朗,开始转向山居清修。九祖湛然,中兴天台宗，进一步提出“无情有性”的理论，以为草木砖石也有佛性。北宋时期，山家派领袖知礼（960—1028）突出地坚持“妄心观”和“性具”说，促进天台宗的一度繁荣。9世纪初日本僧人最澄入唐学天台教义，后把天台宗传入日本。11世纪末，朝鲜僧人义天入宋学天台宗教义，后把天台宗传入朝鲜。

三论宗

中国佛教派别。以主要研习龙树《中论》《十二门论》和提婆《百论》三论而得名。又因为着重阐扬“诸法性空”，亦称“法性宗”。后秦鸠摩罗什译出此三论后，师徒相传，研究者群起，著名的有僧叡、僧肇、僧导、昙济等。经过南朝宋、梁的僧朗、僧诠等，特别是梁、陈的法朗，至隋代的吉藏而集大成。吉藏著有《三论玄义》《大乘玄论》《法华玄论》《法华义疏》《中论疏》《二谛义》等。在判教方面，提出二藏三法轮说，认为三论宗教义属大乘菩萨藏，并认为大小乘皆为佛说，最后三乘同归一乘。在教义上重点阐述“二谛”和“八不中道”说。认为世界万象皆由因缘而生，空幻不实，但在世俗人看来它们是真实的存在，此为“俗谛”；在得道的“圣贤”看来，皆空无实体（自性），此为“真谛”。但俗、真二谛皆属言说，其所诠释的道理没有差别，二者不可偏废。世界的真实面貌（实相）是非有非无，“虽空而宛然假（万物是假有、假名），虽假而宛然空”，此则为“中道”。万物既然“非有非无”，那么生非真生、灭非真灭，而是不生不灭，不常不断，不一不异，不来不出，此为“八不”；用“八不”说明中道，名“八不中道”。在方法上，主张只破不立，而以“无所得，亦无所不得”为旨归。自唐太宗扶植法相宗后，三论宗逐渐衰微。625年朝鲜僧人慧灌把此派学说传到日本。此后其弟子日本僧人智威、道慈等人又入唐学三论学说，回国传播，形成元兴寺、大安寺两个流派。

唯识宗

中国佛教派别。唐代玄奘及其弟子窥基创立。由分析法相而表达“唯识真性”，又称“法相唯识宗”“法相宗”。唯识宗源自印度弥勒和无著、世亲的瑜伽行派学说，故提倡弥勒信仰，所依典籍号称“六经十一论”。玄奘糅合该派“十大论师”对于世亲《唯识三十论》的注解，编纂《成唯识论》，为该宗的代表性著作。后来窥基注疏的《成唯识论述记》《枢要》大有影响。唯识宗在阐述教义时分析周密，条理严谨，为各宗派之最，并创造出许多名词概念。它主张“外境非有，内识非无”，以“唯识无境”为基本理论，把“八识”中的“阿赖耶识”看作人生和世界的“根本依”；从“三能变”说明一切现象的本源在于唯识；用“带相”说解释认识的对象，并说明有“离言自性”的存在。又将彻底转变凡俗的思想认识称作“转依”（即转化），并规定由迷而悟、由染而净是全部修习的目的；转“八识”成“四智”，束“四智”具“三身”，是“转依”的具体内容，是觉悟成佛的最后归宿，也是菩萨永不离世间教化众生的事业。又用“遍计所执”（分别性）、“依他起”（因果性）、“圆成实”（圆满成就性）、“三自性说”概括和践行；用“五位百法”（一切有为无为法）为一切法分类，并作为践行修习的心理根据；用佛教逻辑“因明”学，作为建立唯识学说的论证工具。在说明阿赖耶识中“种子”时，既肯定“本有”，也主张“新熏”；既不承认阿赖耶识唯是清净心性，也不断言一定没有清净因素。“唯识真如”不离于识，但不属“种子”；它遍在于一切众生，或称为“理佛性”。宋元以来的唯识宗，被列为教门，主要在北方流行，到了近现代，再度兴起，成为佛教中影响时代思想最大的一种义学。653年，日本僧人道昭入唐从学玄奘，回国后以元兴寺为中心，传唯识宗教义，称“南寺传”；716（一说717）年，日本僧人玄昉入唐从学智周，回国后以兴福寺为中心传唯识宗，称“北寺传”。日本唯识宗是奈良时期（710—794）和平安时期（794—1192）最有势力的宗派之一。

律宗

中国佛教派别。依据五部律中的《四分律》，着重研习、传持戒律的派别。相传释迦在世时,为约束僧众,制定了各种戒律。第一次佛教结集时,由优婆离诵出律藏。其后因佛教各派对戒律的理解不尽一致,所传戒律也有所不同。中国汉地翻译戒律和实行受戒,始于三国魏嘉平(249—254)中。时中印度昙柯迦罗来洛阳,见中国僧人只落发而未受戒,即译出《摩诃僧祇部戒本》,作为持戒的准绳。又请印度僧立羯磨法(受戒规则)创行受戒。正元(254—256)中,安息国沙门昙谛来洛阳,译出《法藏部羯磨》,从此中国僧众受戒即依法藏部的做法。东晋时又把《摩诃僧祇律》《十诵律》等广律译出,用做行事的依据,以致受戒与随行不相一致。东晋道安制定"僧尼轨范",为当时寺院普遍遵循。慧光造《四分律疏》,并删定羯磨,被视为中国律宗的奠基者。慧光的四传弟子,唐代的道宣,专研律学,继而入终南山潜心述作,著《四分律比丘含注戒本》《四分律删补随机羯磨》《四分律删繁补阙行事钞》《四分律拾毗尼义钞》《四分律比丘尼钞》,后被称为五大部。他在终南山创设戒坛,制定佛教受戒仪式,从而正式形成宗派,称"南山律宗"或"南山宗",道宣为中国律宗的实际创始人。律宗的教理分成戒法、戒体、戒行、戒相四科,也称四分律宗。戒法是佛所判定的戒律,戒行是戒律的实践,戒相是戒的表现或规定,即五戒、十戒、二百五十戒等;该宗的主要学说是戒体论。戒体是受戒弟子从师受戒时所发生而领受在自心的法体,即由接受的作法在心理上构成一种防非止恶的功能,这是律宗教理的核心理论。唐天宝年间(742—756),鉴真将律宗传入日本。

密宗

中国佛教教派,也称"真言宗""金刚乘"等。自称受法身佛大日如来深奥秘密教旨传授,为"真实"言教。一般认为是7世纪后印度大乘佛教一部分派别与婆罗门教某些教义相结合的产物。以高度组织化的咒术、仪轨、民俗信仰为特征。主要经典为《大日经》《金刚顶经》《苏悉地经》等。唐开元四年(716),善无畏带来《大日经》,与弟子一行译出;开元八年(720),金刚智及弟子不空传入《金刚顶经》,由不空译出,从而输入密教,并形成中国密宗。密宗认为,世界万物、诸佛、众生都是由地、水、火、风、空、识"六大"所造,前"五大"为"色法",属"胎藏界";"识"为心法,属"金刚界","色""心"不二,"金""胎"为一,两者包容宇宙万有,同时又皆具生心中;佛与众生体性相同,众生如果依法修"三密加持",即手结印契,口诵真言,心观佛尊,就能使身、口、意"三业"清净,与佛身、口、意相应,即身成佛。该宗将佛教各派分为"显""密"二教,自称"密教",称其他各派为"显教"。密宗仪轨复杂,对设坛、供养、诵咒、灌顶等都有严格规定,需经导师秘密传授。金刚智为密宗第一祖。公元8至11世纪,印度密教传入中国西藏地区,建立西藏密教传统,称为"藏密"。

《六祖坛经》

佛教禅宗六祖惠能讲说,弟子法海等集录的一部经典。《六祖坛经》记载惠能一生得法、传法的事迹及启导门徒的言教,内容丰富,文字通俗,是研究禅宗思想渊源的重要依据。《六祖坛经》的中心思想是"见性成佛",或"即心即佛"的佛性论、"顿悟见性"的修行观。所谓"唯传见性法,出世破邪宗"。性,指众生本具之成佛可能性,即"菩提自性,本来清净,但用此心,直了成佛"及"人虽有南北,佛性本无南北"。这一思想与《涅槃经》"一切众生悉有佛性"之说一脉相承。《六祖坛经》还主张唯心净土思想。认为东方人造罪念佛求生西方,西方人造罪念佛求生何国?"凡愚不了自性,不识身中净土,愿东愿西,悟人在处一般。所以佛言,随所住处,恒安乐。使君心地但无不善,西方去此不遥;若怀不善之心,念佛往生难到。"惠能反对离开世间空谈佛法,主张"佛法在世间,不离世间觉,离世觅菩提,恰如求兔角"。指出"若欲修行,在家亦得,不由在寺。在家能行,如东方人心善;在寺不修,如西方人心恶。"《六祖坛经》对《金刚经》的理解和阐释,显示出中国人对般若"假有性空"

思想的基本把握。其中对“应无所住而生其心”的理解，是对般若思想的一次集中阐释。

明心见性

佛教用语。这是一种以自心本有的“般若智慧”去知觉“自心真性”的内省修行方法，是佛教禅宗的基本思想之一。主张成佛或往生净土时不执着于外修，不假外物，只要觉悟到自心的本性（佛性），就能成佛。“明心”是发现自己的真心；“见性”是见到自己本来的真性。见到自己本来的真性了，所以说是直指本心。明本心，见不生不灭的本性，言语道断、心行处灭，是禅宗悟道之境界。“明心见性”的思想法门对后世佛教及宋明理学影响很大。

渐悟与顿悟

佛教用语，指修行觉悟的两种方法或状态。“渐悟”亦称“渐了”，指经过长期修习逐渐达到佛教的觉悟。禅宗以神秀为代表的北宗主张“渐悟”，认为众生皆有佛性，但因障碍多，必须逐渐甚至累世修行，才能领悟佛教的真理，达到成佛的境界。“顿悟”也称“顿了”，指无需经过繁琐仪式和长期修习，一旦把握佛教真理，就豁然觉悟。禅宗以惠能为代表的南宗主张“顿悟”。随着佛教各宗派的形成与发展，渐悟与顿悟，在中国佛教史上多有争论，总体来说，禅宗诸派多提倡“顿悟”，其他各宗大多主张“渐修”“渐悟”。禅宗的“顿悟”说，还对中国哲学思想，尤其是宋明理学有很大影响，对中国古代的诗论、文论和美学思想，也产生了巨大影响，加强了中国古代美学思想重直观和静观、重感悟，而不重言谈和思辨的趋向，“兴趣”说、“神韵”说都是这一趋向的产物。

禅修

佛教用语，以“禅”为法门的修行。禅修，梵语意思是“心灵的培育”，即通过静坐、冥想等方式，去除杂念，把心灵中的良好状态培育出来。其实践方法就是以正见、正思维、正语、正业、正命、正精进、正念、正定这“八正道”的修学为主，辅以四梵住的“慈、悲、喜、舍”，通过精神集中、观想特定对象而获得佛教觉悟，也即是通过由“戒”到“定”的过程，达到“慧”的境界，即“明心见性”。具体到个人的禅修实践，方法则不拘一格，因人而异。惠能认为行住坐卧皆是坐禅，因此禅修的法门应用广泛，无论是出家修行的人，还是在家生活的人，都可以根据自己的生活方式，随分随力地践行八正道来提升自己的人生境界，逐渐减少烦恼的困扰和贪、嗔、痴的束缚，让心灵净化而得到解脱自在，达到明心见性。

汉传《大藏经》

指汉文佛教典籍总集，内容以经、律、论三藏为主，并包括印度、中国等佛教著述。中国在南北朝时期才有藏经的编辑，开始称“一切经”或“众经”，隋朝以后才有“大藏经”的名称。据唐朝《开元释教录》记载，当时共有 1 076 部，5 048 卷，后各代又继续增补新译经论和著述。北宋初始有大藏经的刊印。清代有乾隆藏、嘉兴藏等。当代著名学者任继愈主持编纂的《中华大藏经》，是搜集最为丰富的汉文大藏经，它以《赵城藏》为底本，将中外各版藏经中佛教的典籍悉数收录。其汉文部分由三编组成。第一编为历代大藏经所收集的编有千字文编号的典籍，也就是历代的正藏，有 2 000 余部，1 万余卷。第二编是历代汉文大藏经中所收的没有千字文编号的典籍，也就是通常所说的续藏，亦有 2 000 余部，1 000余卷，包括《嘉兴藏》的续藏、又续藏，日本《续藏》《房山石经》正编未收部分，《频伽藏》《普慧藏》，以及敦煌遗书中的特有经论等。第三编为新编入藏，收入历代大藏经中未收的藏外逸典和近代新出现的佛教著译。

梵呗

佛教用语。是出家的佛教徒（比丘、比丘尼）举行宗教仪式时，在佛菩萨前歌诵、供养、止断、赞叹的音声修行法门。包括赞呗、念唱,即和尚念经说法的声音。梵,是印度语“清净”的意思;呗,是印度语“呗匿”的略称,意为赞颂或歌咏。梵呗与梵乐、佛曲、佛乐截然不同,也不能等同佛教音乐,一般佛曲不能称梵呗。中国最早的梵呗,是三国魏明帝太和四年(230),陈思王曹植游鱼山,感鱼山之神制,于是删治《太子瑞应本起》,始著《太子颂》(即今《浴佛赞》),被后世称为“鱼山梵”或“鱼山呗”,简称“梵呗”。历经支谦、康僧会、僧辩、慧忍、萧子良、梁武帝等僧俗名家将梵呗提倡发扬光大,盛于齐梁,普及隋唐,衰败于宋元,濒危于明清。当代著名的“鱼山梵呗”被定为国家级非物质文化遗产,代表作即是“佛诞节”唱诵的太子颂《释迦大赞》,每年农历四月八日被定为“鱼山梵呗传承日”。

妈祖

又称天上圣母、天后、天后娘娘、天妃、天妃娘娘、湄洲娘妈等。是发源于中国福建地区的海神信仰。妈祖原名叫林默,出身于福建的一个官宦世家。她的母亲曾做了一个梦,梦见观音菩萨对她说:“你家行善积德,今赐你一丸,服下当得慈济之赐。”于是便怀了孕。妈祖生于北宋建隆元年(960)农历三月二十三日。她出生至满月,一声不哭,因此,父亲给她取名“默”。妈祖林默从小就通晓天文气象,熟习水性。常常帮助往来于湄洲岛与大陆之间的渔舟、商船。她还会测吉凶,必会事前告知船户可否出航。人们都称她为“神女”“龙女”。在一次海上救援中,林默不幸遇难。人们都相信她成为了海神,会继续保佑他们平安,便称她为“妈祖”,这是当地人对女性祖先的尊称,并专门为她修建庙宇。在宋高宗的时候,被封为灵惠夫人。元朝的时候被封为天妃,后又被封为天后。中国沿海地区都建有妈祖庙或天后宫。妈祖信仰也传播到了东南亚、日本、韩国等国家。每年农历三月二十三日,是妈祖的生日,各地都会举行隆重的纪念妈祖的仪式。

班禅制度

班禅制度是藏传佛教格鲁派活佛转世制度之一。班是梵语“班智达”的简称,意思是学者,禅是藏语“钦波”的简称,意思是“大”,班禅意指大学者。1645年,蒙古固始汗入藏,封四世班禅为“班禅博克多”,“博克多”是蒙古语,意为睿智英武,这是班禅制度的开始。后来格鲁派确认他为四世班禅,追认宗喀巴的门徒克珠杰为一世班禅,索南却朗为二世班禅,罗桑丹珠为三世班禅。1713年清朝康熙帝封五世班禅为“班禅额尔德尼”,并加封以前各世班禅,从此这一活佛系统得此封号。自清朝开始,历世班禅额尔德尼的转世灵童的选择,首先要由有关寺院和地方政府寻访灵童,再对访到的众灵童逐一筛选,被确定下来的灵童人选的灵异情况等禀报皇帝,请求准予“金瓶掣签”认定。皇帝恩准后方可择日在释迦牟尼像前由驻藏大臣主持掣签,认定转世灵童。而后由驻藏大臣上奏皇帝,请求任命。皇帝批准后,由中央政府派大员前往看视并主持坐床大典。班禅的驻锡地为日喀则的扎什伦布寺。班禅的影响主要在后藏,以日喀则为中心。

达赖制度

达赖制度是藏传佛教格鲁派与班禅制度并行的一套活佛转世制度。达赖制度开始于达赖三世,蒙古土默特汗王俺答汗在会晤黄教高僧索南嘉措(达赖三世)以后,由俺答汗封之“圣识一切瓦齐尔达喇达赖喇嘛”尊号。后追认宗喀巴的弟子根敦朱巴为第一任达赖,根敦嘉措为第二任达赖。藏传佛教认为达赖喇嘛会通过连续不断的“转世”来到世间生活。因此一位活佛圆寂时,就要根据种种“征兆”和“启示”,来确定活佛转世的方向和地点,然后再派人沿着一定方向寻找被认为是活佛化身的“转世灵童”,成为下一任达赖。如果有多名“灵童”,那就要召集摄政和大活佛、高僧及官员到大昭寺,由驻藏大臣亲自主持“金瓶掣签”活动,将写有各“灵童”姓名的签放入瓶内摇后当众掣出,定夺达赖转世。

定为转世者,其家人被封为贵族。被确定的"灵童"直接送至公塘寺或哲蚌寺学习经典。由班禅亲自为达赖转世者剃发受戒取法名,并亲自教育转世灵童一段时间。在中央王朝册封令下达后,择定吉期在布达拉宫举行"坐床典礼"。仪式后,新的达赖正式确定。达赖喇嘛世系至今已历经数百年。

观音信仰

即"观世音菩萨信仰",指以观世音菩萨为崇奉对象的宗教信仰。观音菩萨,又作观世音菩萨、观自在菩萨等,从字面解释就是"观察(世间民众的)声音"的菩萨,是四大菩萨之一,具有"循声救苦"的能力。他相貌端庄慈祥,经常手持净瓶、杨柳,具有无量的智慧和神通,大慈大悲,普救人间疾苦。据《法华经·普门品》之记述,当人们遇到灾难时,只要念观音菩萨的名号,观音菩萨便前往救度,所以称观世音。在佛教中,他是西方极乐世界教主阿弥陀佛座下的上首菩萨,同大势至菩萨一起,是阿弥陀佛身边的胁侍菩萨,并称"西方三圣"。随着广说观世音菩萨功德的《法华经》信仰的普及,观世音信仰亦深入民间,并被塑造成一位慈爱的女子形象。在发展过程中,受中国民间香火传承的影响,观音菩萨还被赋予"送子"的能力,即"送子观音",能够助人受孕生子。观音信仰因为简易方便,又与普通百姓的生活息息相关,故成为在中国尤其是汉地传播最广的民间宗教信仰。

莲花生

莲花生也称莲花生大士,号"乌金大师",密教活动中心乌苌国人,藏传佛教的主要奠基者。公元8世纪,由印度瑜伽中观行派创始人寂护推介,应藏王赤松德赞迎请入藏弘法。在桑耶,莲花生用类似苯教的那套神秘的巫术,降服一切天魔、非人,咸令立誓,改心向善,作正法护佑,深得藏人信赖。他与寂护一起,成功创立了西藏第一座佛、法、僧三宝齐全的佛教寺院——桑耶寺。他教导藏族弟子学习译经,从印度迎请无垢友等大德人藏,将重要显、密经论译成藏文,创建显、密经院及密宗道场,开创了在家、出家的两种圣者应供轨范,奠定了西藏佛教的基础。藏传佛教尊称他为大宝上师,宁玛派(即旧教)的祖师。藏历六月十日被定为莲花生的圣诞日。

活佛转世制度

活佛转世是藏传佛教寺院为解决其首领的继承而创立的一种制度,是藏传佛教特有的传承方式。活佛,藏语叫"朱古",本意为"化身"。活佛转世出自佛教灵魂不灭、生死轮回、佛以种种化身普度众生的观念。转世的活佛主要是具有一定名望的大喇嘛和活佛。噶举派采用活佛转世制度,始于13世纪中期。活佛转生是通过降神、占卜选定灵童继承法位。到了清代,由于政府奉行兴黄教"辑藏安边""安众蒙古"的怀柔政策,藏传佛教格鲁派势力发展很快。为了适应格鲁派势力发展和教派首领的稳定,很快便形成了格鲁派四大活佛转世系统:达赖喇嘛转世系统,班禅额尔德尼转世系统,章嘉转世系统,哲布尊丹巴转世系统。这四大转世系统均源于该派创始人宗喀巴的四大弟子。随着活佛转世制度的普遍采用,在灵童寻认、坐床等具体操作方法上,逐渐形成一套比较规范的完整制度。元代以来,教派首领或大活佛,大都得到过中央的封号和印信,后来,请封、袭封便形成一种制度。为排除寻找灵童时可能发生的弊端,清乾隆五十七年(1792)制定的《钦定藏内善后章程》中,又明确规定了达赖、班禅等大活佛的转世灵童,最终须由金瓶掣签确定。凡遴选达赖或班禅等活佛的转世灵童,均须按宗教仪式,经过依照前世预言、自现征兆、护法神谕进行密查暗访、遗物认证等选认程序,然后将初选者名签放置在御赐的金本巴瓶中掣定后,报中央批准。

道安

东晋时代杰出的佛教学者,般若学派"六家七宗"之一的"本无宗"的主要代表。俗姓卫，常山扶柳县（今河北省冀州境）人。由于世乱，早丧父母，从小就受外兄孔氏的抚养，7岁开始读书，到15岁的时候，对于儒家五经文义已经相当通达，转而学习佛法。18岁出家受戒，师从佛图澄，后在山西、河北、河南一带研习禅学，弘扬佛法；又南下襄阳，传法15年。东晋太元四年（379），前秦苻坚攻克襄阳，送道安至长安（今西安），住五重寺宣法，并主持译经。道安与法和协助僧伽提婆、昙摩难提、僧伽跋澄等译出部分《阿含经》和说一切有部论书等。鉴于沙门多随师姓，道安主张沙门皆以"释"为姓，为后世僧徒所遵循；还制定《僧尼轨范》，对僧团讲经说法、食住及平日宗教仪式作出规定。道安把空无、寂静、不变和不可认识的"本无"作为宇宙的最终本原，主张通过禅定，清除杂念和欲望，使"心"和"本无"相合为一，从而进入成佛的最高境界。道安重视般若学，同时重视戒律，注意禅法，并考校译本，注释经文，创制《众经目录》，对安世高所译禅籍注释甚多。由于道安综合整理了前代般若、禅法、戒律等系佛学，遂使原本零散的佛学思想，得以较完整的面目呈现于世，因此，道安大师被视为汉晋间佛教思想的集大成者。弟子有慧远、僧叡等数千人。

法显（334—420）

东晋僧人。俗姓龚，平阳郡武阳（今山西省襄丘县）人。兄弟4人，其中3人都于幼年死亡，父母担心他也会夭折，3岁时便把他度为沙弥。父母死后，他便决心出家，20岁时受比丘戒。他常慨叹律藏传译未全，立志前往印度寻求。晋安帝隆安三年（399），他约了慧景、道整、慧应、慧嵬等4人，一同从长安出发。途经6年，才到印度的中部，在那里逗留了6年，归程经师子国等地，又3年才回到青州，前后经过了15年，游历所经将近30国，这是以往求法僧人所没有过的经历。从前和法显一同西行求法的，先后有10人，或半途折回，或病死异国，或久留不还，只有法显一人，孜孜不倦，终于完满夙愿。他在建康住了四五年，于译事告一段落之后，又转往荆州辛寺，后在那里逝世。归国后，于道场寺与佛陀跋陀罗合译《摩诃僧祇律》《大般泥洹经》《杂藏经》《杂阿毗昙心论》等。此外，法显还详述西行求法的经历，留下了《佛国记》一卷。此书为中国古代以亲身经历介绍印度和斯里兰卡等国情况的第一部旅行记，对于后来去印度求法的人，起了很大的指导作用。同时在他的记载里，还保存了西域诸国的许多可贵的古代史地资料。

慧远（334—416）

东晋僧人。雁门楼烦（今山西宁武附近）人。少年时即博览群书，精通《周易》《道德经》《庄子》。21岁南下豫章（今江西南昌），随名儒范宣子隐居，后拜般若派僧人道安为师，出家为僧。听道安讲解《般若经》后，觉得儒家思想学说都是糟粕，于是精研般若学说，精于"般若性空"学，24岁便开始讲授《般若经》。为使听众更好地理解般若意义，经常引用《庄子》的话语思想相比较。后来他辞别道安，于东晋太元六年（381）到庐山，住在东林寺传法，弟子甚众。隐居庐山30余年，专心从事佛教事业。因深感南方佛典不全，特遣弟子法净、法领等赴于阗获梵本《华严经》并翻译传播。分别迎请僧伽提婆翻译《阿毗昙心论》《三法度论》，佛陀跋陀罗翻译《达摩多罗禅经》等。鸠摩罗什到关中，慧远遣人致书信问候，并询问佛经教义数十条，后集鸠摩罗什所答写成《大乘大义章》。曾与刘遗民等123人在阿弥陀佛像前立誓，共期往生西方弥陀净土。为此，奉行念佛三昧，主张坐禅修定，息除妄念，心注西方，观想念佛，与后来的净土宗口诵佛号有所区别。但因提倡念佛往生，被净土宗追奉为初祖。慧远继承道安的"本无义"，认为"至极（涅槃、法性）以不变为性，得性以体极为宗"，将体证涅槃作为佛教追求的最高目标。把老庄学说的"有""无"引入佛学，强调"形尽而神不灭"，阐发灵魂不灭和因果报应思想。主张"沙门不敬王者"，否定王权高于宗教。在伦理思想方面，着重宣扬佛教的轮回报应说，其佛教思想在中国佛教史上占有重要地位。他的"神不灭论"及调和儒佛的思想,在中国哲学史上也有重大影响。

鸠摩罗什(344—413)

后秦僧人,中国佛教四大译经家之一。祖籍天竺,出生于西域龟兹国(今新疆库车),7岁时随母亲出家,初学小乘佛教,后学大乘佛经。曾在龟兹广宣大乘佛教,闻名遐迩。前秦建元十八年(382),苻坚遣吕光灭龟兹,把鸠摩罗什带到甘肃凉州,鸠摩罗什在凉州待了17年弘扬佛法,学习汉文。后秦弘始三年(401)入长安,至十一年(409)与弟子译成《大品般若经》《法华经》《维摩诘经》《阿弥陀经》《金刚经》等经和《中论》《百论》《十二门论》等论,系统介绍龙树中观学派的学说。总计翻译经律论传94部、425卷,所译佛经,不但数量多而且质量好,开创了中国译经史上的新纪元。其中中观"三论"(《中论》《十二门论》《百论》)为三论宗主要依据,鸠摩罗什也被奉为三论宗初祖;《成实论》为成实学派主要依据;《法华经》为天台宗主要依据;《阿弥陀经》为净土宗所依"三经"之一。鸠摩罗什主要信奉和宣传龙树一系的大乘空宗学说,主张"假有性空"、不着有无二边的"中观",是对中国佛教影响最大的印度佛教思想。鸠摩罗什从佛教源流上廓清了对般若学各宗的不同理解,推动了般若学的进一步发展。著名弟子有道生、僧肇、道融、僧叡,合称"什门四圣"。

玄奘(约602—664)

唐代著名高僧,佛教学者、旅行家,中国四大译经家之一。唯识宗创始人之一,洛州缑氏(今河南洛阳偃师)人,其先祖颍川人,俗家姓名陈祎,法名玄奘,被尊称为"三藏法师",后世俗称"唐僧"。玄奘幼年跟父亲学《孝经》等儒家典籍,父亲去世后,二兄陈素在洛阳净土寺出家。玄奘11岁入寺受学《法华经》《维摩经》等,13岁出家,21岁在成都受具足戒。后游历各地,遍访名师,学习各种佛教理论,感到所说多有分歧,难得定论,决心西行求法。唐贞观元年(627)从长安(今西安)出发,经甘肃武威,出敦煌,经新疆及中亚,辗转跋涉5万里,到达印度摩羯陀国王舍城,进入当时印度佛教中心那烂陀寺,跟随戒贤学习《瑜伽师地论》《顺正理论》等,兼学梵书《声明记论》。后游历印度各地,参访名师,钻研佛教典籍,前后17年学遍了当时的大小乘各种学说。回到那烂陀寺后,主讲《摄大乘论》和《唯实抉择论》,并先后四次参加印度佛教内的论争;著《会宗论》3 000颂,融汇"空""有"二宗,批驳子光对《瑜伽师地论》的诘难,为戒贤赞许;与"顺世论"者辩论获胜;奉戒贤之命与小乘正量部论师辩论获胜;用梵文著《制恶见论》1 600颂;在戒日王于曲女城为他召开的佛学辩论大会上,宣讲大乘佛教义,任人反驳而无与论者。贞观十九年(645)返长安,共带回经、论657部,得唐太宗召见和礼遇,先后居住长安弘福寺、大慈恩寺,从事翻译佛经的工作。20年间,与其弟子共译出佛典75部、1 335卷。译典著作主要有《大般若经》《心经》《解深密经》《瑜伽师地论》《成唯识论》等。同时,还把《道德经》和《大乘起信论》译成梵文传入印度。著《大唐西域记》12卷,记述他西游亲身经历的110个国家(地区)及传闻的28个国家的山川、地邑、物产、习俗等。他的译著对保存古印度佛教典籍、印度及中亚地区历史地理资料有很大贡献。玄奘创立唯识宗,主要思想反映在他的《成唯识论》中,主张"三界唯心""万法唯识",认为宇宙间的一切事物包括"我""法"都不是独立存在的,而是人们的心识变现出来的,离开心识,世界上没有任何独立存在的客体。认为"识"有8种,其中最根本的称作"阿赖耶识",它是世界的本原,宇宙间一切事物和现象,都由"阿赖耶识"派生出来;同时,"阿赖耶识"也是轮回果报的精神主体和由世间证得涅槃的依据。在认识论上,提出"四分"说和"三自性"论:"四分"即相分、见分、自证分、证自证分;"三自性"即"遍计所执性""依他起性""圆成实性"。根据这"四分""三自性",即可成立"唯识无境"。玄奘对古印度的因明理论有所发展,还对因明辩论、论证的性质作了重要的发展，深化了因明立论的方法，并对“立”“破”的理论作了精细的分析，丰富和发展了因明理论，给中国古代逻辑研究注入了新的内容。玄奘在印度的活动对当地的佛教产生一定影响，取经、译经对后来中国佛教的发展影响重大。

惠能（638—713）

唐代僧人，中国佛教禅宗六祖，禅宗南宗创始人，俗姓卢，原籍范阳（今河北涿州）。父亲原在范阳做官，后来被贬迁流放到今广东新兴县。惠能于贞观十二年（638）在新州出生。幼年丧父，后来母子移居广东南海。长大后以砍柴卖柴维持生活、奉养母亲。据《坛经》所说，惠能某天听人诵《金刚经》而有所领悟，听说黄梅弘忍法师讲《金刚经》，于是在龙朔元年（661）到黄梅参见，作“行者”，被派在碓房里踏碓，随众听法，劳作与修持相结合，一共8个多月。后弘忍要选择继承衣钵的弟子，让众弟子各作一首偈，察看各人的见地，以便付法。弘忍弟子中声望最高的神秀，作偈写在廊下的壁上：“身似菩提树，心如明镜台，时时勤拂拭，勿使染尘埃。”惠能以为神秀此偈并没有见性，也作了一偈，请人也写在壁上：“菩提本非树，明镜亦非台，本来无一物，何处染尘埃。”表现出心性的“顿悟”，深得弘忍赞许，于半夜时分专门为惠能讲解《金刚经》，密授衣钵。后来，惠能回岭南隐居达16年。仪凤二年（677），惠能到韶州，住曹溪宝林寺，弘扬“直指人心，见性成佛”的顿悟法门，与神秀在北方倡行的“渐悟”相对，史称“南顿北渐”“南能北秀”。惠能死后，被唐宪宗追谥“大鉴禅师”。惠能的禅法以“定慧为本”，主张一切众生皆有佛性，人人都可以成佛。而行住坐卧皆是坐禅，只要于自性顿显真如本性，即可“顿悟成佛”。所著《六祖坛经》为禅宗经典，中心思想是“见性成佛”“即心即佛”的佛性论，及“顿悟见性”的修行观。

鉴真（688—763）

中国唐代赴日本传戒并首创日本律宗的高僧。唐垂拱四年（688），生于广陵江阳县（今江苏扬州），俗姓淳于，14岁从智满禅师出家为沙弥。神龙元年（705），从道岸律师受菩萨戒。景龙元年（707），游学东都洛阳，继入西京长安。次年，于长安实际寺从弘景律师受具足戒。开元二十一年（733），自长安回到扬州，先后10年间在江淮地区努力讲律传戒，声名远播，他同时建造了许多寺院和佛像，书写过三部大藏经，又兴办救济孤贫疾病等社会事业，并曾亲自为病者煎调药物。天宝元年（742），鉴真应日本的学问僧荣叡和普照的邀请，决定赴日传戒。但东渡日本的过程并不顺利，先后经历了5次失败，最后在天宝十二年（753），鉴真66岁时终于于日本天平胜宝六年（754）到难波（今大阪），随后入平城京（即奈良）。日皇的特使吉备真备宣读诏书对鉴真表示慰劳和欢迎，并请他就东大寺设坛传戒。这是日本佛教史上正规传戒的开始。鉴真自从发愿东渡传戒，遭受五次航海的挫折，第六次到达日本时，前后同伴已死去36人，道俗退心的200余人；只有他和日本学问僧普照、天台僧思托等坚持六渡，不顾生命的危险，经过12年终于达到了赴日传戒的目的。鉴真和他的弟子除律学之外，对于天台宗义也深有研究，他们带到日本去的经典中以天台章疏为最完备。鉴真、法进、如宝、法载、思托等都先后在唐招提寺讲说天台宗义（《唐招提寺缘起略集》），因此，他们是天台宗传到日本的先驱者。鉴真对于建寺造像又富有经验，随他东渡的弟子如思托、如宝、法力等人都是精于塑造佛像的雕刻家和建造寺塔的建筑家。

赵朴初（1907—2000）

佛教居士，原中国佛教协会会长。安徽省安庆市人。早年求学于苏州东吴大学，毕业后任上海江浙佛教联合会秘书，上海“佛教净业社”社长等职务。1938年，任中国佛教协会秘书、主任秘书。1945年参与发起组建中国民主促进会。1950年后，任中国人民救济总会上海市分会副主席兼秘书长，华东民政部、人事部副部长，上海市人民政府政法委员会副主任。1953年，任中国佛教协会副会长兼秘书长。1980年，任中国佛教协会会长，中国佛学院院长，中国宗教和平委员会主席，中国书法家协会副主席，中国民主促进会中央常委、民进中央参议委员会主任。2000年5月21日因病在北京逝世，享年93岁。赵朴初一生爱国爱教，对中华人民共和国佛教的发展做出了重要贡献。赵朴初擅长诗词、书法，在中国文化艺术界享有盛誉。著有《滴水集》《片石集》《佛教常识问答》等。

任继愈（1916—2009）

字又之，山东德州平原人。1934年，毕业于山东省平原第一中学并考入北京大学哲学系。1939年考取西南联大北京大学文科研究所第一批研究生，师从汤用彤和贺麟教授，攻读中国哲学史和佛教史。1942—1964年在北京大学哲学系任教，先后讲授中国哲学史、隋唐佛教和逻辑学等课程。1956年起兼任中国科学院哲学研究所研究员，为中华人民共和国培养的第一批副博士研究生。1964年，筹建中国科学院世界宗教研究所，任所长。1987至2005年间，任国家图书馆馆长。曾当选为第四、五、六、七、八届全国人大代表。1999年当选为国际欧亚科学院院士。致力于用唯物史观研究中国佛教史和中国哲学史。著有《汉唐佛教思想论集》《中国哲学史论》《老子全译》等；主编《中国哲学史》《中国佛教史》《宗教词典》等。此外，还主持《中华大藏经》（汉文部分）等的编辑出版工作。任继愈始终坚持以科学无神论为思想基础的马克思主义宗教观，坚持宗教研究中的马克思主义立场，坚持用无神论思想批判形形色色的有神论。2009年7月11日在北京逝世，享年93岁。

伊斯兰教在中国

伊斯兰教公元7世纪中叶传入中国。相传伊斯兰教从陆路传入中国时，曾经过回纥地区（今维吾尔地区），因此中国人逐渐以回纥的“回”字为名，称伊斯兰教为“回教”。伊斯兰教在中国不同历史时期有不同的称谓。宋、元称“大食教”，明代称“天方教”或“回回教”，明末至清称“清真教”，民国时期称“回教”。1956年起统称伊斯兰教。有回、维吾尔、哈萨克、东乡、柯尔克孜、撒拉、塔吉克、乌孜别克、保安、塔塔尔等10个民族大部分信仰伊斯兰教。经长期传播、发展和演变，已形成具有民族特色和地域特点的伊斯兰信仰体系，现已成为中国五大宗教信仰之一。唐、宋、元三代是伊斯兰教在中国传播的主要时期。伊斯兰教在中国的传播与发展又分为内地伊斯兰教（汉语系）和新疆地区伊斯兰教（突厥语系）两大系。中国的伊斯兰教大多属逊尼派，新疆极少数为什叶派的伊斯玛仪派，又在其发展过程中逐渐形成五个教派，即格底木教派、虎非耶教派、哲合林耶教派、格底林耶教派、伊合瓦尼教派。伊斯兰教以《古兰经》为经典，基本教义即“六信五功”。“六信”为信安拉、信天使、信经典、信先知、信前定、信后世；“五功”为念功（念诵清真言）、礼功（做礼拜）、斋功（斋戒）、课功（纳宗教税）、朝功（去麦加朝圣）。伊斯兰教对各穆斯林民族的历史文化、伦理道德、生活方式和习俗产生了深刻影响。伊斯兰文化同中国传统文化交流融合，成为各穆斯林民族文化不可分割的组成部分，并丰富了中华民族的历史文化宝库。

天主教在中国

天主教是中国对罗马公教的称呼。中文“天主”一词，为明末耶稣会传教士进入中国后，借用中国原有的“天主”名称来翻译上帝，意为至高至上的主宰，故称为天主教。在唐朝，基督教会的一个派别聂斯脱利派传入中国，称为景教，后随唐武宗灭佛而一起消亡。1294年，意大利方济各会会士孟高唯诺以教廷使节身份来到中国，并获准在京城设立教堂传教，天主教正式传入中国，后随元朝灭亡而中断。16世纪，以意大利人利玛窦为首的耶稣会士再度将天主教传入中国，在明清时期产生了巨大的影响。中华人民共和国成立后，天主教开展了

“三自”（自传、自治、自养）运动，变成为中国教徒独立自主自办的宗教事业。

基督教(新教)在中国

新教，亦称基督新教，与天主教、东正教并称为基督教三大流派。包括16世纪欧洲宗教改革运动中脱离天主教而产生的新宗派：路德宗、加尔文宗、安立甘宗，以及随后又从这些宗派中不断分化出来的更多宗派。中国常以“基督教”一词单指新教。鸦片战争之前，基督教新教经过马礼逊等人的努力已经传入中国，但外国人不能以传教士的身份进入中国，更不能进入中国内地，因此，基督教新教的传教事业人数不多，影响不大，传播不广。鸦片战争之后，随着一系列不平等条约的订立，外国传教士在“传教条款”的保护下，纷纷涌入中国。中华人民共和国成立后，1950年7月28日发表《中国基督教在中华人民共和国建设中努力的途径》（简称《三自宣言》），中国的“三自”爱国运动正式展开。

传教士

一般指西方国家中一部分向外界传播基督教的人士。在西方教会历史中专职的传教士大部分是圣职人员或修会的会士；他们有专门的传教组织，负责某地区的传教工作，以建立新的地方教会。著名的有耶稣会、方济各会、多明我会等，中国就是当时基督教海外传教的重点地区之一。1583年，耶稣会士利玛窦等到达肇庆，开启了耶稣会在中国内地传教的历史。此后，耶稣会陆续派遣传教士进入中国。传教士在中国一方面传播宗教，同时也传播了西方先进的科学文化，如地理、天文、历法等。此外，传教士还兴办教育、医疗，创立了许多大学和医院。

利玛窦（1552—1610）

意大利的天主教耶稣会传教士。明朝万历年间来到中国传教。1583年9月10日，利玛窦与罗明坚进入中国，求得知府王泮的允许，在崇禧塔旁修建了一座带有教堂的小房子，在肇庆建立了第一个传教驻地。利玛窦出版了第一份中文世界地图，并用中文和罗明坚起草了第一部《祖传天主十诫》。1584年8月，利玛窦在肇庆建立了“仙花寺”，开始传教工作。利玛窦制作并印行《山海舆地全图》，这是中国人首次接触到了近代地理学知识。利玛窦利用解释各种西方事物的机会，同时介绍了他们的天主教信仰。他们翻译了《十诫》《主的祈祷》《圣母赞歌》和《教理问答书》，后又先后在南昌、南京等地传教。1600年5月18日，利玛窦由南京启程再赴北京，并于1601年1月24日抵达北京。利玛窦进呈万历皇帝自鸣钟、《圣经》《万国图志》、大西洋琴等贡品，万历皇帝也因此对他赏识有加，允许其留居北京。利玛窦在北京以丰富的东西学识，结交中国的士大夫，得到不少中国知识分子的尊重，在他的传教下，徐光启、李之藻和杨廷筠等都归信了天主教。1610年，因病卒于北京，终年59岁。利玛窦的主要著作有《天主实录》《坤舆万国全图》《西字奇迹》《二十五言》《畸人十篇》《交友论》《利玛窦书信记》《西国记法》《辩学遗牍》《同文算指》《测量法义》《圜容较义》《浑盖通宪图说》等。利玛窦用意大利文写的日记后经比利时耶稣会士金尼阁整理翻译为拉丁文，出版于1615年，取名《基督教远征中国史》，汉译名为《利玛窦中国札记》。

汤若望（1592—1666）

明清之际来华的耶稣会士之一。出生于德国科隆，1611年加入了耶稣会，1619年来到澳门，开始在中国传教。1622年汤若望把德文姓名“亚当”改为发音相近的“汤”，“约翰”改为“若望”，正式取名汤若望。1623年来到北京，并成功地预测了1623年10月8日出现的月食。1627年，汤若望被派到西安传教。他在西安城内建立了一座小教堂，除了开展宗教活动外，还始终坚持科学研究。他研究了从西安通向中亚、中东和欧洲的交通道路问题。1630年，由礼部尚书徐光启疏荐，回京供职于钦天监。又受明廷之命以西法督造战炮，并口述有关大炮冶铸、制造、保管、运输、演放以及火药配制、炮弹制造等原理和技术。1644年，清军进入北京。汤若望以其天文历法方面的学识和技能受到清廷的保护，受命继续修正历法。汤若望多次向新统治者力陈新历之长，并适时进献了新制的舆地屏图和浑天仪、地平晷、望远镜等仪器，而且用西洋新法准确预测了1644年的日食，终于说服当时的摄政王多尔衮将其参与编纂的新历颁行天下。1666年8月15日，汤若望病死于寓所。汤若望的著作主要有《进呈书像》《主教缘起》《主制群徵》《真福训诠》《崇一堂日记随笔》《哀矜行诠》《灵魂道体说》以及《圣母堂记》。此外还有一些科学著作，如《远镜说》《崇祯历书》《火攻挈要》《历法西传》《新法表异》《西洋新法历书》等。

民间信仰

指除去佛教、道教、基督教等主流宗教，流行于民间的宗教信仰模式。也有学者称之为“民俗宗教”或“普化宗教”。中国的民间信仰以自然崇拜、图腾崇拜、祖先崇拜以及其他地方神灵崇拜为核心，缺乏统一的信仰体系和宗教经典，具有地域性、分散性、自发性、民间性等特点，尤其以祖先祭祀为核心特征。民间信仰作为一种原生性宗教形态，有着不可或缺的民间因素，有自己的崇拜对象、朝圣地点，某些地方还形成某种形式的管理机构。但民间信仰在组织结构上比较松散，没有专门的神职人员。民间信仰在中国具有悠久的历史，而且比佛教信仰和道德信仰更具有民间特色。

东巴教

中国西南地区的纳西族所普遍信奉的宗教，起源于本民族的原始崇拜，具有原始巫教和宗教的特征。由于经文讲师被称作“东巴”，故名“东巴教”。东巴教属原始多神崇拜，在原始自然宗教的基础上逐步发展到巫教，再从巫教发展到民族宗教，正式形成于公元3世纪左右，公元4至5世纪左右达到极盛，其所崇拜的始祖师来源于藏族本教祖师“辛饶米沃”。自唐朝以来，纳西族与吐蕃地方频繁接触，与周边汉族地区交往增多，东巴教在发展过程中受到了藏族苯教、藏传佛教、汉传佛教和道教的很大影响，教义也逐渐发展，形成了天堂地狱观念，宣扬天地神祇保佑人类，与人为善，而鬼蜮作祟，需要靠神力才能消灭；宣扬人世苦难，天国幸福，祈求摆脱今世苦难以求来世幸福等等。东巴教没有统一的组织、教规、寺庙、宗教财产和职业教徒队伍，但其教义则渗透到了整个纳西族社会的物质生活与精神生活中。经师东巴也分为普通东巴、大东巴和东巴王三个等级。普通东巴会念诵经文，主持一般法事；大东巴则长于讲经、绘画、扎纸、塑像、跳神，并且要去东巴教圣地白地（东巴教第二祖师阿明什罗系香格里拉县三坝乡白地水甲村人，白地也成为全体东巴教徒的朝圣之地）接受入教仪式，人们相信他法力广大，可以制服妖魔鬼怪，在重大法事中充任掌坛师，在超度亡灵时执掌法杖，并可收徒传法，享有极高的威望；东巴王则享有最高的威望。云南省丽江各地的东巴教有统一的祖师丁巴什罗和阿明，丁巴什罗是东巴教和苯教共同信奉的至圣始祖，阿明是纳西族本民族的祖先英雄，传说他是第一个用象形文字编写《东巴经》的智者，对纳西族东巴文的形成和发展有重大贡献。东巴教有特殊的法器和服饰，法事亦十分繁杂，全年几乎每月都有大小不等的法事活动，宗教活动形式主要分祭祀（祭天、祭风、祭署、祭丁巴什罗）、丧葬、禳灾、卜卦、赐名五大类，其中祭天最为隆重。

苯教

即雍仲苯教，简称“苯教”。雍仲苯教发源于西藏古象雄的“冈底斯山”和“玛旁雍错湖”一带，是一种原始宗教，也被称为古象雄佛法，崇奉天地、日月、星辰、雷电、冰雹、山川、草木、禽兽等自然之物和鬼怪精灵，最初流传于象雄地区，后自西向东传播到整个西藏地区。苯教的教法又分两种：古苯，源自辛饶弥沃古老的传承，它严格保持着纯正的雍仲传统，有其独特的大圆满传承体系；新苯，是雍仲苯教后期和印度传入的佛教互相影响和交融而形成的新派传统，新苯的塑像风格和修行方法融入了一些印度佛教的元素。九乘次第是雍仲苯教和宁玛派共有的判教方式，苯教的九乘次第是因四乘、果四乘和无上乘。因四乘——占卜乘，预测吉凶祸福；现象乘，即专注于祭祀和祈祷，向神祇祭祀，使现象世界平安；神变乘，专门讲究驱除魔鬼，呼风唤雨等；世间乘，主要是为人除障消灾，保护人的灵魂，并为死者招魂。果四乘——居士乘，在家修行，以信念、精进和智慧从因而生果；仙人乘，约等同于戒律严谨的出家人，见解是通达人和法两种无我；纯洁乘，见解是通达一切万法皆无自性；至圣佛乘，见解是通达空性法界和智慧无二，如同虚空中升起的太阳。无上乘为大圆满。苯教注重祭祀、跳神、占卜和禳解等，其活动主要通过巫师进行。苯教有很多护法本尊，如普贤王如来、普明大日如来、辛饶弥沃、桑波本持、辛饶祥玛（智慧慈母佛）、南巴嘉瓦（尊胜佛）、杰瓦降措（千手千眼佛海），形象各具特色，教法各异。苯教在吐蕃王朝前期的意识形态领域中占统治地位，佛教传入后受到抑制，部分教义被佛教吸收，成为藏传佛教中的重要内容。

萨满教

基于万物有灵论形成的一种自然宗教形态，因为通古斯语称巫师为“萨满”，故称“萨满教”。“萨满”在通古斯语中的本意为“激动、不安和癫狂的人”。一般认为，萨满教始于原始渔猎时代，在中国流传于东北到西北边疆地区操阿尔泰语系的满—通古斯语族、蒙古语族、突厥语族的许多民族中。鄂伦春族、鄂温克族、赫哲族和达斡尔族到20世纪50年代初尚保存该教的信仰，对这些民族的生产、生活和社会习俗等各个领域产生过重大影响。萨满教信仰万物有灵和灵魂不灭，主要在于强调与自然力量和谐相处，而不是追求彼岸世界。萨满教相信宇宙有上、中、下三界，宇宙万物、人事祸福皆由鬼神主宰、神灵赐福、魔鬼布祸。主要有自然崇拜与祖先崇拜两种形式。自然崇拜主要包括对天、地、日、月、山、水、火、雷，以及一些赋予神灵色彩的实物，如矛、弓箭、马鞍等的崇拜及其祭祀仪式。萨满教坚信人世间的众生需要先祖们强有力的庇护，先祖的神灵附体，会导致因兴奋而癫狂和痉挛性的颤抖，是灵魂与先祖沟通的标志。随着时代的发展，祖先崇拜除了包括对自己祖先的定期祭祀，还包括对民族英雄人物的崇拜和祭祀，使萨满教具有了明显的氏族部落宗教的特点。萨满教没有共同的经典，没有统一的组织，也没有宫观庙宇等固定的宗教场所，但有着相同或相似的宗教观念和职业神职人员。萨满教巫师的主要职能是沟通天与人，他们被认为有控制天气、预言、解梦、占星以及上天入地的能力。在其他各种外来宗教先后传入之前，萨满教几乎独占了中国北方各民族的古老祭坛，在中国北方古代各民族中的影响根深蒂固。即使在佛教或伊斯兰教成为主流信仰的中国北方一些民族当中，仍可明显见到萨满教的遗留。

图腾崇拜

图腾崇拜是人类社会早期的一种宗教形态，是将某种动物或植物视作与本氏族有亲属或其他特殊关系的崇拜行为。“图腾”一词最早出现于18世纪末叶，来源于印第安人的方言，意为“他的亲族”或“他的氏族”。严复1903年翻译英国学者甄克思的《社会通诠》一书时，首次把“totem”一词译成“图腾”，成为中国学术界的通用译名。宗教学的研究发现，早期人类氏族社会对图腾存在着很多禁忌性的规定，以维护图腾的神圣性和整个氏族的团结。一般来说对图腾要敬重，禁止伤害，但有时却有极其相反的情况。有的部落猎取图腾兽吃，甚至以图腾为牺牲。之所以猎吃图腾兽，是认为图腾太完美了，吃了它，它的智慧、力量、勇气就会转移到自己身上来。图腾是最早的社会组织标志和象征，通过图腾标志，氏族成员得到图腾的认同，受到图腾的保护。图腾标志最典型的就是图腾柱，在印第安人的村落中，多立有图腾柱，在中国东南沿海考古中，也发现有鸟图腾柱。浙江绍兴出土一战国时古越人铜质房屋模型，屋顶立一图腾柱，柱顶塑一大尾鸠。故宫索伦杆顶立一神鸟，古代朝鲜族每一村落村口都立一鸟杆，这都是由图腾柱演变而来。除了图腾柱以外，图腾的形式还有很多，包括旗帜、服饰、舞蹈、文身等。

祖先崇拜

中国民间信仰，也称敬祖或祭祖，是一种认为祖先的灵魂能够影响现世子孙的生存状态而加以崇拜的信仰。祖先崇拜是在母系氏族社会向父系氏族社会发展的过程中，由图腾崇拜过渡而来，即在亲缘意识中萌生、衍化出对本族始祖先人的敬拜思想。最初始于原始人对同族死者的某种追思和怀念。氏族社会的演进确立了父权制，原始家庭制度趋于明朗、稳定和完善，人们逐渐有了其父亲家长或氏族中前辈长者的灵魂可以庇佑本族成员、赐福子孙后代的观念，并开始祭拜、祈求其祖宗亡灵，从此才形成严格意义上的祖先崇拜。其崇拜行为的特点，首先是将本族的祖先神化并对之祭拜，具有本族认同性和异族排斥性；其次是相信其祖先神灵具有神奇超凡的威力，会庇佑后代族人并与之沟通互感；最后超越了原始图腾崇拜和生殖崇拜的认识局限，不再用动植物等图腾象征或生殖象征来作为其氏族部落的标志，而以其氏族祖先的名字取代，由此使古代宗教从自然崇拜上升为人文崇拜。祖先崇拜在中国封建社会的宗教传统中尤为突出，祖先崇拜的对象主要是有功绩的远祖和血缘关系密切的近几代祖先。中国人对祖先的崇拜表现在定时扫墓、祭拜，在逝者下葬时，随同准备许多日常生活用品纸样，一同烧毁，如同送先人到另一个世界生活一样，并定时烧纸（送钱），甚至在不同季节送不同衣物的纸样。在汉地农村宗族聚居的村庄，一般都设有祠堂，是祖先崇拜的固定场所，在婚庆仪式和春节期间都有祭拜活动，其目的既有相信去世的祖先会继续保佑自己后代的祈求，也表达对祖先的怀念。在中国历史上，祖先崇拜成为各族人民生活中一种强烈而普遍的信仰，是宗族聚合的精神支柱。

鬼神崇拜

一种民间信仰，是中国民间信仰最早也是最基本的信仰之一。鬼神崇拜起源于灵魂不灭观念。在中国传统文化中，鬼与神是不同的生物状态。鬼是死后的游魂；神泛指神仙，是天生存在（天神）或者各种生物通过修炼达到的具有种种非凡法术神力的存在。鬼的法力比神要小，且善恶兼有；神的法力更大，多为善。在中国各种传说里鬼神往往在现实生活中是无法触摸或看到的，但可以通过祈祷、祭祀等等方式与他们沟通，以祈求神明的护佑，以及鬼不作恶加害。因此，鬼神崇拜的目的就是祈福消灾。早在公元前1000多年的商周时代，中国就有了“天神”“人鬼”的观念。人们相信地上发生的一切事情或后果，都是天神意志的体现，或是人鬼情绪干预的结果；天神及人鬼的意志与情绪受到世人对它崇敬的程度，以及行为的善恶的影响。帝王为了取悦于鬼神，祈求鬼神以其无限的权威来维持他的统治，相应地兴起祭祀以宣扬神威和献谀于神，从而将原始的自然崇拜发展到了鬼神崇拜，开始有了国家管理宗教的仪式、卜筮吉凶和祈福禳灾的巫祝。鬼神崇拜在民间非常普遍，中国各个民族都有着大同小异的鬼神崇拜。在汉族，受佛教和道教的影响，甚至发展产生了阴间的鬼谱系和天上的神谱系。人死后鬼魂居住的地方被称作“阴间”或“阴曹地府”，并把阴间也想象成与人间相似，有皇权的统治，创造出了“阎罗王”“丰都大帝”等统治鬼世界的帝王；道教的神仙谱系也被民间的这种神仙崇拜借用。鬼神崇拜的形式一般是祭祀、跪拜、呈送供品、焚香、烧纸钱等。

谶纬

谶书和纬书的合称。谶的本义是应验，是指从秦汉时期开始出现的预测吉凶祸福的一类书。因为在书中经常出现一些神秘的图案，所以也被称为图书、图谶。纬则是用宗教神学的观点来解释儒家思想的一类书，把它们说成是神的启示。谶纬说中虽然也包括一些天文、历法和地理知识，但大部分充满着神学的内容。谶纬之学对东汉政治、社会生活与思想学术均产生过十分重大的影响。东汉光武帝刘秀曾以符瑞图谶起兵，即位后崇信谶纬，谶纬之学遂成为东汉统治思想的重要组成部分，具有高度的神圣性。当时用人施政、各种重大问题的决策，都要依谶纬来决定；对儒家经典的解释，也要向谶纬看齐。由于谶纬本就是人为制作的，可以被一些人利用来散布改朝换代的政治预言，统治者逐渐认识到其中的危险，在东汉末年渐衰。

⊙ 价值与伦理 ⊙

仁

儒家古代伦理哲学的核心范畴。表示以爱、亲为本质特点的人与人的关系，具有孝父、忠君、惠民、爱人等含义。

孔子十分注重仁，提出一个以“仁”为核心，仁礼结合的政治、伦理学说。“仁”既是指人们的内在心理意识，又是指人们行为的基本准则和道德规范。“仁”以爱人为基本规定，以“成仁”为人生追求的最高价值。孔子的“仁”是有等级差别、血缘亲疏的，主张“仁”以孝父敬兄为先，又扩大为“泛爱众”，爱父兄以外的氏族其他成员，认为“爱人”重在“惠民”，“爱人”应以“礼”为节度，倡导仁礼互补，文质统一，以及“己所不欲，勿施于人”的“忠恕”之道。

孟子直言“仁者爱人”，并将“仁”与君主施政结合起来，提倡“仁政”“施仁政于民”，将仁的伦理发展成以仁政治民。孟子又将“仁”与“义”相统一，主张“居仁由义”“不偏爱人”，应“老吾老以及人之老，幼吾幼以及人之幼”，并认为“仁”是“仁心”，即“不忍人之心”，是人人所固有的天赋德性，即“人性善”，从人性论角度论证“仁”的来源。

孔孟的“仁”是封建社会正统伦理思想的中心观念，对后世儒家影响深远。西汉董仲舒以“天人合类”的神学宇宙观将“仁”神圣化，认为“仁”是上天的意志，强调承天意以行仁政是君主权威的根本，同时也认为“爱人”就是平易修理而无争，就是“仁”。唐代韩愈排斥佛老，把仁义看作圣人相传的“道统”，提出“博爱之谓仁”的新解，主张“一视而同仁，笃近而举远”。北宋张载提出“民胞物与”，主张“爱必兼爱”，不仅爱一切人，而且爱一切物类，又提倡“爱自亲始”，认为爱的程度与亲疏有关。北宋程颐、程颢区别“仁”与“爱”，认为爱是情感，仁是本性，不能以爱代替仁，因为“仁”包含义、礼、智、信，是全体。南宋朱熹进而提出“仁包五常”，认为“仁”是“天理”的核心内容，并以此作为世界万事万物的本原和三纲五常的本体，把“仁”升华到宇宙道德本体的高度。南宋陆九渊和明代王守仁则根据“心即理”学说，以为“仁”“心”合一，仁在人心，不可外求。明清之际顾炎武把“仁”当作“天下兴亡”的责任，提出“仁以为己任，死而后已”。近代康有为、谭嗣同都以“爱力”诠释“仁”，“仁”不但有爱，还有平等，赋予“仁”以近代西方“平等”“博爱”的新义。

不管2 000多年来的思想家们怎么阐发“仁”，但其核心“爱”是不变的，而“仁爱”也塑造了中华民族的伦理核心价值观。

义

儒家古代伦理哲学范畴。指通过内心的自我调节使思想行为符合一定的准则，与“不义”相对，具有“善”的价值，又常与“礼”“仁”连用为“礼义”“仁义”。最早认为行事适宜于礼为“义”。后儒家作了发展，孔子提出“君子喻于义”“君子义以为上”，以“义”为君子立身之本，又主张“见利思义”，利益的求取必须合乎“义”；墨子把利人、利天下当作“义”，肯定“义”为天下之至宝，强调“万事莫贵于义”；孟子把尊敬长者、有羞恶之心称为“义”，以“义”为人的正路，是人内心固有的道德准则，并且倡导“舍生取义”。荀子认为在不同的关系中“义”的含义不同，“遇君则修臣下之义……遇友则修礼节辞让之义，遇贱而少者则修告导宽容之义”，在形式上表现为“忠”“孝”“悌”“敬”等道德要求，主张“唯义之为行”。先秦法家把“法”当作臣民行为唯一的准则，

“义”在法家这里表现为一种合乎“法”的“公义”。汉代董仲舒提倡人生应以“行义”为价值方针，强调“义者，心之养也”，认为“义之养生人大于利”。宋明理学认为，“义”是心的准则，必须合乎事宜以及天理。中国传统文化把“义”认定为行为之所宜、之所当然，以“为义”“行义”为行为道德价值的评价标准，并为各家各派接受，成为中国人际关系的基本准则。“义”又往往和“利”对举，形成“义利之辩”，成为贯穿于中国哲学史与伦理思想史的一个基本问题。

礼

泛指中国古代的宗法等级制度以及与此相应的礼节仪式和道德规范。“礼”最初指祭祀神灵的器物和仪式。殷代人普遍敬神，用礼器以事神，所用礼器按照祭祀者的身份、等级而定，这种法则，即谓礼制。周朝根据殷礼而有所发展损益，建立起一整套更为完备、严格的礼制，史称“周礼”，包括“仪”和“礼”两个方面。规定祭祀、朝聘、军事、婚丧等所应遵守的仪式，其主体部分的礼，核心是“君君、臣臣、父父、子子”的奴隶主宗法等级制度，包括了立嫡之制、庙数之制、同姓不通婚之制等，以此纲纪天下，实行礼治。

同时，“礼”又包含一系列道德规范，具有人与人之间的“礼节”“礼仪”意义，规定了特定人际关系中人所应有的“礼”的形态，如父慈子孝、兄爱弟敬、夫和妻柔等。儒家对“礼”进行了各种论述。孔子为维护和改造周礼，提出“仁—礼”统一的伦理模式，认为“仁”是“礼”的道德基础，以保障“礼”的实行；“礼”又是“仁”的节度，使“礼”由人们行为的外在约束成为人心的内在要求，主张“为国以礼”，对民要“齐之以礼”，打破了“礼不下庶人”的界限。荀子是春秋以后礼制的理论奠基者，认为“礼”是人道的最高形态，是做人的最高准则和道德规范，能使贵贱等级分明，长幼有别，贫富强弱都有相应名分和地位，使集体关系能够和谐为一，并且，“礼”是“强国之本”。

《礼记》进一步阐述“礼”能够“定亲疏，决嫌疑，别异同，明是非”，能够带来政治昌明、人民安居，并对君臣上下、父子兄弟、宦学师承、班朝治军、官责法制、祭祀祝祷、婚姻丧葬等礼节仪式，作了具体规定，成为封建社会实行礼教礼制的经典依据，是封建社会政治制度、生活方式和道德规范的总体。

宋儒确立“礼即理”的命题，对“礼”作出哲学本体论证明，对“礼”作了形而上的理论总结。

到现当代，随着社会的发展，对“礼”文化的含义多有扬弃，但“礼”的观念却深入每一个中国人心中，人际关系中非常注重“礼仪”“礼节”，中国作为“礼仪之邦”的形象一直延续不衰。

智

中国古代道德规范。儒家列为“五常”之一。最早由孔子提出，他认为“知(智)者利仁”“里仁为美。择不处仁，焉得知(智)？”(《论语·里仁》)智是处理人际关系所需的一种品德。子思所作《中庸》以智为天下三达德之一，认为“好学近乎知(智)”。孟子提出仁义礼智“四德”说，以知仁义为智。他说：“仁之实，事亲是也；义之实，从兄是也；智之实，知斯二者弗去是也。”(《孟子·离娄上》)又将智与圣作了区别。他认为智属于认识过程，圣则是仁智。孟子说：“学不厌，智也；教不倦，仁也。仁且智，夫子既圣矣。”(《孟子·公孙丑上》)汉《大戴礼·四代》说：“智，圣之始也；圣，智之华也。”孟子认为，智必须和善或仁结合起来，否则，智就会成为一种恶的品质。孟子和心学的观点，是一种主观唯心主义的道德论。汉董仲舒提出仁义礼智信“五常”说。汉帛书《五行篇》以知贤为智，“见贤人而不知其有德也者，谓之不智”“见贤人，明也；见而知之，智也”。

老子讲“知人者智，自知者明”(《道德经·第三十三章》)，但反对以智治国。他说：“以智治国，国之贼；不以智治国，国之福。”主张“绝圣弃智”“常使民无知无欲”。他认为能“博”与“言”者是假知，为下智。“知者不博，博者不知”；“知者不言，言者不知”。庄子发展这一思想，提出大智与小智的分别。他说：“大知闲闲，小知间间。”（《庄子·齐物论》）在智的看法上，儒家与道家的分歧是明显的。

信

儒家提倡的伦理思想观念。“信”的本义为诚实不欺诈，恪守信用，说到做到。孔子把“信”视为“仁”的主要德目，为行礼的必备品德，并引为治民、用人、交友的重要原则；孟子进而把“信”纳入“五伦”（君臣、父子、兄弟、夫妇、朋友五种基本人际关系）规范；汉代董仲舒将“信”解释为“诚实而不隐瞒其情”，认为“信”不限于“朋友之交”，把“信”当作“五常”之一，与“仁、义、礼、智”相并列，确立了“信”在儒家道德规范体系中的重要地位。南宋朱熹认为“信”与“仁、义、礼、智”四德的关系是：“信”涵盖“四德”，又体现于“四德”，把“信”当作封建伦理纲常的诚实信念。“信”作为一种大众道德规范，几千年来为各家学派所提倡，如《墨子》的“信，言合于意也”，意即说的、想的、做的相合；法家韩非子则一方面强调“赏罚必信”，另一方面又强调“固法而不慕信”，以能够执法的权术为重而不欣赏“信”，否定“信”的道德价值。到了现当代，“信”的含义一般为“信用”“诚信”，成为人们在政治生活、经济生活和日常人际关系中的基本伦理观念。

恕

孔子提倡的重要伦理思想观念。“恕”就是像字的构造那样“如心”，就是“如自己的心”，孔子解释为“己所不欲，勿施于人”，意即“自己不愿意的，就不能强加给别人”。每个人通过对自己的“心”的观察，知道自己喜欢什么，不喜欢什么，进而据此推断他人会喜欢什么，不喜欢什么。因为自己喜欢什么，而成全别人的喜欢，也就是“己欲立而立人，己欲达而达人”，要想自己站得住，也要帮助他人一同站得住；要想自己过得好，也要帮助他人一同过得好。因为自己不喜欢什么，而知道别人也不喜欢什么，因而不愿意将这些别人不喜欢的事情强加到别人身上，这就是“恕”。“恕”是实现“仁”的基本途径和方法，为后世儒家所继承，成为儒家伦理思想的重要组成部分，深深地影响了中国人与人的交往。

孝

儒家重要的伦理观念，也是中华民族几千年来所信奉的重要伦理观念。“孝”的本义为子女对父母的敬重、奉养和服从，以奉养父母、祭祀祖先为“孝”的基本规则，“不孝”被视为最大的罪过。孔子提出“孝”是“仁之本”，突出“孝”的“尊亲”之义，即不但要奉养，而且要尊敬服从，强调“无违父志”；孟子说“不孝有三，无后为大”，认为最大的不孝就是没有生育子女以延续后代；荀子主张“从义不从父”，认为服从父命应以使父安、父荣为宜，反对把“从命”绝对化；墨家也主张孝道，但突出指赡养长辈；道家反对儒家把“孝”纳入仁义范畴，认为提倡仁义，反而会破坏孝慈的纯朴性，主张“绝仁弃义，民复孝慈”；法家韩非子从“法制”原则讲“孝”，认为“孝”只是子迫于父亲的威严而不得不为的“养父”行为。

随着封建制度的巩固，统治者不断强化“孝道”，认为“孝”是“德之本”，奉为“天经地义”，倡导“以孝治天下”，把孝提高到“百行之首”的地位，即“百善孝为先”。两汉魏晋时期，“孝”成为“三纲”之一，确定“父为子纲”，并将“孝”引进法律，“不孝”成为“十恶之首”。宋以后，“孝”被理学家进一步绝对化为“天理”，统治者更是“以孝证忠”，认为“忠君”必先“孝亲”，不孝父母者，必不能忠于君主。汉代道教《太平经》也把“孝”定位为供养父母的义务，并提出“人是天地之子”，不能像奉养父母那样尊养天地也是不孝；在民间，“孝”道同样被尊崇，孝观念普遍深入人心，中华孝道故事世代传扬，形成了中华民族特有的“孝”文化。

忠

春秋儒家孔子的伦理思想观念。《说文》解释为“忠,敬也,尽心曰忠”。意即对他人尽心尽力,帮助其成就事业,就叫作“忠”。孔子认为“忠”是表现于与人交往中的忠诚老实,全心全意,如履行自己的职责称作“忠于职守”。孔子还主张“臣事君以忠”,即臣子为君主服务应该尽心尽力。这种思想在汉代以后,逐渐演变成“忠君”,在封建帝王专制社会里,对君王或上级的“忠”被提高到空前的高度,成为一个重要的政治道德范畴。

慈

春秋时期孔子提出的伦理思想观念。指父母爱子女的慈爱之情。孔子提倡“孝慈”,即子女对父母孝敬,父母对子女慈爱。经过儒家的长期倡导,“孝慈”成为中华民族的道德传统。后来,“慈”也用为长辈对晚辈的关爱,而不限于父母对子女。另外,在佛教传入中国后,十分重视“慈”与“悲”,关爱众生并给予快乐,称为“慈”;同感众生之苦,怜悯、消除众生的苦难,称为“悲”。二者合称为“慈悲”。

和

中国古代哲学观念范畴。“和”在甲骨文中已经出现,最初的意义是人吹奏中空类植物做成的乐器,一支“和”配三支“笙”称作“和谐”,指代音声相应和谐,后引申为天、地、人、事、物之间的和谐依存的关系。《周易》及《易传》中都强调“和”的思想观念,成为中国文化中“和”观念的发端。老子则从宇宙本源论出发,“冲气以为和”,认为天地万物在“道”的范畴内以“和”的形态生成,在人世间则成为“民和”;孔子的“为政以和”,指的是统治与被统治的和谐关系,主张治国处事、礼仪制度以“和”为目的,强调“和为贵”,在人际关系中主张“君子和而不同”;墨子也认为,“和”是处理人与社会关系的根本原则;孟子把“和”作为人的主要特征,因为在他看来,人性本来就是善的,还把“和”提升到与天地并举,说“天时不如地利,地利不如人和”,强调“人和”的重要性;庄子首提“天地人和”的概念,认为与人“和”则生人之乐,与天“和”则生天之乐。在中国古代的哲学观念中,“和”的关系有两大类,一是因同而“和”,称为“和同”;一是因异而“和”,即对立统一,如“阴阳之和”;事物因“和”的关系而结合在一起,则为“和合”,是中国传统文化追求的境界。同时,“和”不但是事物存在的状态,也是事物发展的原因、动力及目标——万物因“和”而生长,人类社会也因“和”而发展。

慎独

中国古代儒家道德修养观念。指在无人觉察的闲居独处时,也谨慎地对待自己的行为,自觉遵守道德要求。“慎独”出于《大学》《中庸》:“君子慎其独也。”东汉郑玄注《中庸》“慎独”云,“慎其家居之所为”,意思是即使在独处无人注意时,自己的行为也要谨慎合乎道德。南宋朱熹以理学观念进而发展为对待人所不知而自己所独知的微细之事,也不敢疏忽,保持敬畏的君子之心,并且用于将个人私欲遏制在刚刚萌生的阶段,不使其滋长,将“慎独”作为“存天理”的重要方法。明末刘宗周将“慎独”与王阳明的“心学”联系起来,认为“慎独”即是“致良知”。

圣人

中国古代指才智道德最高、超越凡俗的人,是儒家理想的最高人格典范。不同的学派对于圣人的内涵有不同的评价标准。儒家以人伦道德至高无上者为“圣人”,孔子追求以“仁”为核心,仁、智、勇相统一的理想人格,认为圣人比君子、仁人的道德境界更高。后世儒家以古代道德高尚的贤明君主尧、舜、禹等人以及周公、孔子为圣人形象,孔子本人更是被后世直接称为“孔圣人”及“至圣先师”。孟子将“圣”与“神”相联系,认为“圣人”近乎“神”。王充则提出“圣人不神,神人不圣”,强调“圣人”是道德智能的称号。墨家以“兼爱”为标准,认为历代圣贤的君主都是因为“兼爱天下”而被称为“圣人”。道家主张“绝圣弃智”，有自己的圣人观，老子以法“道”之“无为”为“圣人”；庄子认为“至人无己，神人无功，圣人无名”，以超世脱俗而获得“逍遥”者为“圣人”。荀子认为只有“圣人”才能为天下的帝王，因而不主张帝王世袭。

君子

中国古代对有才德的人的通称，与“小人”相对。孔子认为，君子有三种品性：有仁德而不忧愁，聪明而不迷惑，勇敢而不畏惧，即具备“仁”“智”“勇”三德者为君子，并认为君子重义轻利。“君子”有时与“贤人”意思相近，是2 000多年来中国文化意识中大众的楷模，更是有修养者想达到的目标。“君子”另有一义指代贵族和统治者。

小人

中国古代通常用做对无德者的贬称，与“大人”“君子”相对。“小人”原指地位低下的劳力者或仆役，《国语·鲁语》：“君子务治，小人务力。”孔子赋予“小人”以伦理学含义，“君子喻于义，小人喻于利”，认为君子明白大义，而小人只知道小利；《韩诗外传》“无仁义礼智顺善之心，谓之小人”；明代王阳明，以道德境界的高低不同划分“大人”与“小人”，认为“大人者，以天地万物为一体者也，其视天下犹一家，中国犹一人焉。若夫间形骸而分尔我者，小人矣”。总体来说，几千年来，大都把道德高低作为“君子”与“小人”的评价标准，形成了相对固定的个人道德评价的文化语境。

三不朽

三不朽是中国古代伦理思想史上的一个命题。春秋时期鲁国大夫叔孙豹首先提出“立德”“立功”“立言”为“三不朽”。他认为：“大上有立德，其次有立功，其次有立言，虽久不废，此谓之不朽。”“立德”，即树立完善的道德楷模；“立功”，即为国为民建立功绩；“立言”，即提出具有真知灼见、影响深广的言论。从道德价值和社会长远发展效果上论述了“三不朽”，为后世大多数思想家所肯定。在中国历史上，“三不朽”是仁人志士孜孜以求的一种永恒价值。唐人孔颖达在《春秋左传正义》中对德、功、言三者分别做了界定：“立德谓创制垂法，博施济众”；“立功谓拯厄除难，功济于时”；“立言谓言得其要，理足可传”。在后人对“三不朽”的解读中，“立德”系指道德操守而言，“立功”乃指事功业绩，而“立言”指的是把真知灼见形诸语言文字，著书立说，传于后世。当然，无论“立德”“立功”或者“立言”，其实都旨在追求某种“身后之名”“不朽之名”。对身后不朽之名的追求，正是古圣先贤超越个体生命而追求永生不朽、超越物质欲求而追求精神满足的独特形式。

自强不息

指自主自立、勤勉不懈、奋发向上的进取精神。语出《周易·乾·象》“天行健，君子以自强不息”，意思是天的运行以其自身刚健的力量，永不懈怠、永无止息；君子应以“天”为楷模，发挥自己的主观能动性，努力进取，永不停止。《周易》认为，君子自强不息，即是要与时俱进，顺应变化。《周易·乾·文言》“君子进德修业，欲及时也”“终日乾乾，与时偕行”，求得变革与日新；同时，强健有为但不可随意妄为，不可过于刚强，必须符合“中正”原则，在顺应变化中自强日新。后世儒家的解说，表现在“进德”上，如南宋朱熹解释为君子应该不断提升自己的道德境界，完善人格；在“修业”上，应不畏惧艰险，不断有所作为，取得事业上的成功。“自强不息”的丰富内涵，在长期的文化传承和社会实践中，积淀为中国文化的优良传统。

厚德载物

以宽厚之德包容万物，使万物各遂其生，各由其长。语出《周易·坤·象》：“地势坤，君子以厚德载物。”

“坤”为大地之德，具有宽厚包容的特点，能够顺承天道，生养万物，其体厚能承载万物，其面广能包容万物，万物才得以显现自身的美丽与丰富。君子应该效法大地之德，应有博大的胸怀，以宽厚之德包容万物以及众生，使之都能够各自生长，是一种对事物与人的兼容并包的宽容精神，与孔子的“君子和而不同”相通。唐代韩愈的“博爱谓之仁”，北宋张载的“民胞物与”等思想都与“厚德载物”的思想观念相关，与“天行健，君子以自强不息”一起，成为中华民族的优良传统，具有永恒的普世价值。

和而不同

春秋时孔子的伦理思想观念，指和谐而不苟同。语出《论语·子路》：“君子和而不同，小人同而不和。”意思是说，君子可以保留自己的不同意见却能够与人和谐相处；小人则随意盲从附和，却不懂得尊重他人，难以与人和谐相处。“和”指不同事物的和谐统一，“同”指相同的东西简单相加或绝对同一。孔子认为，君子善于与不同意见和思想的人平等相待、互相尊重、取长补短、和谐相处，而不盲从附和，也不唯我独尊。孔子“和而不同”的思想观念后来成为处理人与人、国与国关系的准则。

见贤思齐

春秋时孔子的道德修养观念。《论语·里仁》：“见贤思齐焉，见不贤而内自省也。”“齐”是学习他人，向他人看齐。认为见到他人的贤能，就想着学习，并达到他人的水平；发现别人的“不贤”，则要反省自己是不是也会这样，努力消除或防止类似的缺点，引以为戒，强调严于律己，向高者看齐。

己所不欲，勿施于人

春秋时期孔子的伦理观念，出自《论语·卫灵公》：“其恕乎！己所不欲，勿施于人。”意思是：“恕”，就是自己不愿意的事情，就不能强加给别人。孔子处理人际关系的伦理原则和实行“仁”的方法，就是“恕道”。

乐而不淫，哀而不伤

春秋时期孔子关于艺术批评的美学准则之一。语出《论语·八佾》“子曰：‘《关雎》乐而不淫，哀而不伤’”，指艺术作品在表达欢乐情感时应有节制而不过度放纵，在表达忧愁情感时不过于悲伤。这种审美尺度反映了孔子“过犹不及”的审美原则。孔子评价《关雎》，指的都是情感表达不论苦乐都不能过度，应该坚持“中和”。孔子进而以“哀而不伤”来强调人的尊严，强调对生命的肯定，极力反对过度哀伤和毁伤生命，即使临丧亦应“丧致乎哀而止”。

《左传·襄公二十九年》记载，吴公子季札观赏周乐赞美《豳》说：“美哉！荡乎！乐而不淫，其周公之东乎？”意思是“美啊，浩荡博大呵！欢乐而不过度，大概是周公东征的音乐吧！”杜预认为，乐而不淫，说的是有节制。朱熹解释说：“淫者，乐之过而失其正者也。”意思是欢乐过度而失去了它正的意义。

这个美学观念反映了人们对“中和之美”的崇尚，还被后世推广到人们的日常精神生活中，显示了中国传统文化的“中和”特色。

三省吾身

儒家主张内省的一种修身功夫。“省”即反省、省察。“三”，表示多次。“三省吾身”要求人们经常虚心地反观自省。《论语·学而》：“曾子曰：吾日三省吾身。为人谋而不忠乎？与朋友交而不信乎？传不习乎？”荀子在《劝学》中说：“君子博学而日参省乎己，则知明而行无过矣。”程颐认为，“曾子之三省，忠信而已”，指的是自我反省的内容是忠信。朱熹说，“曾子以此三者日省其身，有则改之，无则加勉”，肯定这种经常虚心自我检查精神。这种勤于自省的精神一直被后世弘扬，对中华民族的文化影响深远。

美善相乐

战国荀子用语，指美与善相结合，相得益彰。荀子在《乐论》中阐述说“故乐行而志清，礼修而行成，耳目聪明，血气平和，移风易俗，天下皆宁，美善相乐。”意谓美好的音乐能够使人神志清逸，并修养成好的礼仪，能够耳聪目明，血气和平，改变风俗，天下和宁，达到这种美善相乐的境界。这是荀子的音乐美学观念，继承并发展了孔子“尽善尽美”的价值取向。荀子认为，作为美与善相统一的礼乐，能够引导人们将音乐与品德结合起来，既能使人获得审美的快乐，又能陶冶性情，提升品德。荀子的这一命题，后来成为儒家最高的音乐美学理想，对后世影响很大。

礼以养欲

战国时期荀子用语，是关于礼义起源及其功能的思想观念，意为用“礼”起源于调节人们的财物欲望的需求，功能也是为了调节人们的财物欲望。荀子在他的《礼论》中认为：“人生而有欲，欲而不得，则不能无求；求而无度量分界，则不能不争；争则乱，乱则穷。先王恶其乱也，故制礼义以分之，以养人之欲，给人之求，使欲必不穷于物，物必不屈于欲，两者相持而长，是礼之所起也。”意谓人生来就有物质欲望，如果不能得到，就会想方设法去追求；追求财物没有度量，就会产生争斗；有争斗就会乱，乱则穷。因此，先王为了避免这种争、乱、穷，就制定了礼义来分配财富，把有限的财富按照等级实行有节度的分配，从而使人们的欲望得到调节。这是“礼义”的起源。这种礼义制度及其道德规范的功能在于调节不同等级之间的利益关系，使得人们得以在社会中和谐生活。

化性起伪

中国战国时期哲学家荀子的人性论学说。荀子认为“性者，本始材朴也；伪者，文理隆盛也”，即人的本“性”只是一种原始的质朴材料，“伪”则是人为的文理隆盛。荀子认为，人生来就好利嗜欲，如果“从人之性，顺人之情，必出于争夺，合于犯分乱理而归于暴”，因此认为人性是恶的，礼义道德不会自然产生，需要“化性起伪”，设“有师法之化，礼义之道”，使人“出于辞让，合于文理，而归于治”，“故圣人化性而起伪，伪起而生礼义，礼义生而制法度”，即圣人需要通过教化，制定出人为的道德规范和法律制度，“使天下皆出于治合于善”。因此，荀子十分强调环境和教育在“化性起伪”中的作用，认为“习俗移志，安久移质”“注错习俗，所以化性也”，并据此提出“强学而求”“积善成德”的道德修养论，这具有唯物主义的因素。但荀子把礼义法度归功于少数圣人的发明，这是唯心史观。

正德厚生

中国古代的一种政治伦理观念。语出《尚书·大禹谟》“正德，利用，厚生”，是帝舜和大禹在讨论如何治理国家时的对白，禹为舜讲“正德厚生”的道理，强调善政和养民是帝王的责任和义务。具体来说，正德，即正人之德，正物之德，树立社会道德，这里的德并不能简单地认为是道德的含义，而是指事物的属性，意为使事物的属性平正；厚生，即厚民之生，要薄征徭，轻赋税，不夺农时，使民众生计温厚，衣食丰足，体现的是一种关爱民生、兼及天下的济世情怀。《尚书》将“正德”“厚生”与“利用”并为三件大事，协调运行这三件大事，是平治天下的首要谋略，三者相辅相成，“正德”是首要的，是“利用”“厚生”的前提，既正人德，又正物德，方能利用自然及社会资源，以达到使人们生活富足而有序的目的。

修齐治平

修身、齐家、治国、平天下的简称，是儒家“八条目”的重要组成部分。语出《礼记·大学》，源于先秦儒家。孔子说：“苟正其身矣，于从政乎何有？不能正其身，如正人何？”孟子以为“君子之守，修其身而天下平”。荀子则进一步提出“闻修身，未尝闻为国也。君者，仪也；民者，景也；仪正而景正”。可以看出，这是儒家的一贯主张，只不过《大学》把这一思想表述得更加明确而已，《大学》兼综孔、孟、荀三人的见解，使之系统化，并强调家庭为联系个人与社会的重要中间环节：“古之欲明明德于天下者，先治其国；欲治其国者，先齐其家；欲齐其家者，先修其身；欲修其身者，先正其心；欲正其心者，先诚其意；欲诚其意者，先致其知；致知在格物。物格而后知至，知至而后意诚，意诚而后心正，心正而后身修，身修而后家齐，家齐而后国治，国治而后天下平。”修身，是说要做好自身的修养；齐家，是指需治理家政；治国，是说治理国政；平天下，是说明明德于天下。修齐治平表述了儒家对道德修养的目的的看法，以及修身与家和国之间关系的根本观点。儒家十分重视个人的道德修养，认为这是做好其他一切事情的基础，修身是齐家治国的前提，唯有个人通过修心养性，成为合乎道德要求的人，方能使家庭内部做到长幼有序，社会上做到尊卑有别。南宋朱熹把此四者与“格物”“致知”“诚意”“正心”并列，称为“大学之条目也”。

知行合一

明代哲学家王守仁关于知行关系的命题。与程朱学派的“知先行后”说相对立。这一思想在宋儒中已露端倪，程颐说：“人既能知见，岂有不能行。”王守仁所谓“知”即“致吾心之良知”，知行合一的本体即是良知，良知即天理，他认为的知不是对客体的认识，所谓“行”即致良知于事事物物；他认为的行也不是实践，而是一念发动处，便是行了，动机即是行动，故其知行合一实际上就是致良知的同义词。在知和行的关系上，他认为知行是统一体，“知是行的主意，行是知的工夫。知是行之始，行是知之成”，行是知的基础、知的目的，知是行的主导，达到行的手段，知中含行，行中含知，知行只是一个过程的两个方面，切实用力的方面叫作行，认识理解的方面叫作知，两者不可分离，以知为行，消行归知。他反对知行观上的两种倾向：懵懵懂懂地任意去做，全不解思维省察，也只是个冥行妄作，所以必说是一个知，方才行得是；茫茫荡荡悬空去思索，全不肯着实躬行，也只是个揣摸影响，所以必说是一个行，方才知得真。“知行合一”说，对从朱熹的“知先行后”到王夫之的“行先知后”的发展，将知行紧密的结合起来，对后世有一定的认知启发作用。

民胞物与

北宋理学家、关学创始人张载的伦理观念。语出其著作《正蒙》第十七篇《乾称篇》：“乾称父，坤称母；予兹藐焉，乃混然中处。故天地之塞，吾其体；天地之帅，吾其性。民，吾同胞；物，吾与也。”张载在“万物一体”“天人合一”的思想基础上，提出“民吾同胞，物吾与也”的思想，后世学者将其概括为“民胞物与”，被视为孟子之后论仁爱的思想精华。张载认为，天地万物都是因“阴阳二气”气化而生，同源同性，所有的人与物都是平等的，具有同等的价值意义，都应该共享应有的公平。作为每一生命个体的人，既要视他人为自己的同胞，尽自己的伦理责任，履行自己的道德义务，对他人尽忠，对亲人尽孝，还要以仁爱的德性，关爱社会上生存状态各异的族群，特别要关爱那些弱势群体，同时，我们还应该使天地间的万物为同伴，共存共荣。张载发展了儒家的“泛爱众”、墨子的“兼爱”与韩愈的“博爱”思想，认为人和万物都是天地所生，性同一源，主张爱一切人、一切物。“民胞物与”的思想为程朱学派继承和发展，成为宋明理学伦理思想的重要组成部分。程颐将这段话改名为《西铭》，对其推崇备至，甚至将之与《论语》《孟子》等经典相提并论，这也成为中华民族重要的价值理念。

舍生取义

孟子提出的道德命题。出自《孟子·告子上》：“鱼，我所欲也；熊掌，亦我所欲也。二者不可得兼，舍鱼而取熊掌者也。生，亦我所欲也；义，亦我所欲也。二者不可得兼，舍生而取义者也。”意思是说，我既喜欢鱼，又喜欢熊掌，当两者不能兼得时，我宁肯放弃鱼而要熊掌。我既珍惜生命，又酷爱正义，如果两者必舍其一，我宁可牺牲生命，也要维护正义。孟子的这一道德命题是表示道德选择和高尚情操的道德用语。他认为，对于人生来说，“义”的价值比生命更为重大，在孟子心中，“义”是一种坚定不移的最高信念，贫穷不能改变它，富贵不能消磨它，强权不能压制它，人们把在生死关头，宁可为维护正义光荣地去死，也决不屈辱贪生，称之为“舍生取义”。

在中国历史上，孟子的这一思想对许多维护民族尊严，誓死保卫国家领土的民族英雄起到了积极的鼓励和鞭策作用。孟子的“舍生取义”与孔子的“杀身成仁”、墨子的“贵义于其身”、荀子的“畏患而不避义死”等思想观念一起，成为中华民族的优良传统。

知足常乐

道家提倡的人生观，全称“知足之足常足”，意为懂得满足就会经常感觉快乐。语出老子《道德经·四十六章》：“祸莫大于不知足；咎莫大于欲得。故知足之足，常足矣。”意为最大的祸害是不知道满足，最大的过失是贪婪，欲望永不满足。知道到什么地步就该满足了的人，则永远是满足快乐的；唯有懂得满足，才是永恒的“足”。

老子又说“知足者富”，懂得满足的人是富有的，并认为懂得满足，就不会受到屈辱；懂得适可而止，就不会遭遇危险；这样才可以保持住长久的平安。老子以此作为保持人生的安宁和幸福的准则。

魏晋时嵇康发展老子的思想，提出“意足”为乐的观念，主张精神上的自我满足和快乐。老子这种充满哲理智慧的人生观，引导人们通过调节欲望而获得幸福快乐，对后世产生了重大影响。

节身诲民

战国时期墨家的思想观念。语出《墨子·辞过》：“故节于身，诲于民，是以天下之民可得而治，财用可得而足。”意思是王者与所有在上者若得节制一己身之欲，不求奢华，表率“节用”，以身作则地教导百姓，因而天下的民众得以治理，财用得以充足。墨子认为，如果富贵者奢侈无度，而孤寡者饥寒交迫，天下不乱是不可能的。墨子主张“量腹而食，度身而衣”，满足基本的衣食需求即可，那么天下的财物就不至于缺乏，百姓也能免于饥寒交迫。孔子也曾认为，治理国家“要节用爱人，使民以时”，并且以奢侈为耻。但墨子较之儒者更为简朴，这也反映出儒墨在这一问题上的不同观点。

生生不息

中国古代哲学用语。语出《周易》。一是指事物不断产生、变化。《易·系辞上》“生生之谓易”，后来思想家多依据《易》义，以述宇宙万物时时在变化之中，无一息之停之意。二是指生育万物之仁德。《易·系辞上》“日新之谓盛德。生生之谓易”，已含有赞扬阴阳生育万物之仁德的意思。清李塨认为：“生生即仁也，即爱也，即不忍也，即性情也。”戴震也有类似之说：“仁者，生生之德也。”近代康有为也认为：“仁者，在天为生生之理。”

利

指利益或功利，在道德价值观上，常与“义”对举，亦有私利与公利之分，对于君主之利，有的认为是公利，有的认为是私利。中国先秦各家对“利”各有见解。孔子认为，为追求利益而行动，就会招致更多的怨恨，儒家轻“利”，特别看不起“私利”，认为逐利是小人的品性；荀子承认即使最圣明的君王也不能去除人民心中的私欲，但“利”又确实常常成为“恶”的根源；墨家“尚利”，以兴天下之利为行为价值取向，并作为区别善恶的标准，强调“利”与“义”的结合，肯定“利”与“义”的统一性；法家韩非子视“利已”为人的本性，并称君主之利为公利，臣子之利为私利，强调堵塞私利，成就公利；道家崇尚自然，主张“绝巧弃利”，超越“厉害之端”。汉代董仲舒认为君子日常不应该说“利”，提出“正其义而不谋其利”，将“利”与“义”对立起来，使儒家的道德价值观具有非功利性的道义论特点。宋明理学中，程颐、程颢兄弟认为，“利”不只是“利财”，也包括“利心”，主张不能唯利是图，“利”要合乎于“义”；陈亮、叶適则强调“功利”的道德价值，因为没有功利，道义就成了无用的虚饰。明代李贽肯定私利的合理性。清代颜元以“富天下”“强天下”为大利，把计谋功利视为道德的目的。近代思想家引进西方功利主义，批判传统儒家的“贱利”观念，肯定私利与他利相结合，如陈独秀等人的“自利利他主义”，主张以个人利益为基本，同时要利他、利群，调节利己与利他的关系。

让

意为谦让，儒家所提倡的一种道德品质。孔子率先提倡让，并身体力行，其弟子称颂他的品格时说：“夫子温、良、恭、俭、让。”孔子认为，即使参加竞争性的活动，也要做到谦让，他也强调“让”是一种高尚的政治品质。历史上，君主的继承有“禅让”，周朝的君主祖先泰伯把王位让给三弟季历（周文王的父亲），自己同二弟避居吴国，孔子对此高度赞扬。孔子以为，能够以礼让治国，人们就不会互相争斗攻伐，人与人之间就能和睦相处，社会得以安宁。然而孔子又认为，人们面对应尽的责任和义务时不能推让，而要勇于承担，说“当仁不让于师”，意为人们应以仁为己任，在实践仁这种事情上，就是对老师也不必谦让。孔子对“让”的推崇，经过后世儒家的发扬，成为中华民族的一种高尚品格，一直延续至今。

朴

春秋时老子关于宇宙本源性质的观念。“朴”的本义是指未经加工的树木，老子用以指原始自然质朴的存在，即指“道”。《道德经·三十二章》：“道常无名，朴。虽小，天下莫能臣。”意思是“道”永远是无名而质朴的，它虽然很小不可见，天下没有谁能使它服从自己。在老子看来，“朴”是“道”存在的本初状态，如果这种本初的状态被人为加工改变，就成为世间有实用的器物，却已经失去了最初的意义。人的天性中也有这种自然的“朴”，只要去除后天的杂质欲念，也能够返回到“朴”的状态。后来的道教，从绝虑去欲、返朴归真的角度加以阐发，认为“朴”就是本性的“真”，只有回到这种生命本真的“朴”的状态，才能够修道有成。

正气

亦称“浩然正气”，通常指大义凛然、坚贞不屈的气节操守。源自孟子的“浩然之气”，这是通过内心修养，逐渐积累道义精神而产生的一种正义气概。孟子认为这种气概至大至刚，能充盈天地之间，融合道与义而无所畏惧，具体体现为“富贵不能淫，威武不能屈，贫贱不能移”的英雄精神和道德境界，体现了伟大的人格，成为中华民族贯彻的高尚精神，古往今来鼓舞了无数仁人志士。后儒称之为“德操”“名节”“风骨”。宋末民族英雄文天祥身陷囹圄，不畏强暴，坚贞不屈，写下气壮山河的《正气歌》，把“浩然之气”表述为“正气”“浩然”，升华为崇高的民族气节和人格操守。随着《正气歌》和文天祥英雄事迹的广为流传，“浩然正气”成为志士仁人和英雄人物大义凛然、坚持真理、不畏强暴、以身殉国的崇高品格和民族气节的代称。

四端

战国时期孟子的哲学术语，亦称“四善端”。“端”指端绪、萌芽。“四端”指仁、义、礼、智四德的端绪、萌芽。语出《孟子·公孙丑上》：“恻隐之心，仁之端也；羞恶之心，义之端也；辞让之心，礼之端也；是非之心，智之端也。人之有四端，犹其有四体也。”孟子认为，恻隐之心、羞恶之心、辞让之心、是非之心是人们生而固有的心理活动，其中包含着仁、义、礼、智等道德观念的萌芽，仁、义、礼、智四德正是从此开端。人之所以异于禽兽，就在于人有此四端，有的人能够通过反思、修养等方法扩充四端，使之发扬光大，成为具有善德的君子，有的人缺乏自觉，不去扩充培养，成为人品低下的小人。

四端说是孟子论证人性本善的重要概念和主要论据,孟子从人们内在的感情心理活动讨论人性和道德,具有较深的理论意义,但他把四端说成是与生俱来的,则属于唯心主义先验论。

南宋朱熹发展了孟子这一思想,提出性情、体用之说,认为四端是情,仁、义、礼、智是性,《孟子集注》说“恻隐、羞恶、辞让、是非,情也;仁、义、礼、智,性也。心统性情者也”,性是心之未发,情是心之已发。《朱子语类》卷四说“未发则具仁、义、礼、智、信之性以为之体,已发则有恻隐、羞恶、恭敬、是非、诚实之情以为之用”,有体而后有用,情是性的表现,但由情可以知性之有,即“因用以著其本体”。

四句教

明朝哲学家王阳明晚年著名的思想观念,即“无善无恶心之体,有善有恶意之动,知善知恶是良知,为善去恶是格物”四句,一般视此四句为王阳明对其大半生学术思想的概括性论述。王阳明认为,心的本体是没有善恶的,善恶体现在人们的欲念和行动之中;致良知的关键就是明辨是非善恶,而达到为善去恶的过程正是“格物”的本质。

王阳明的这四句话对后世心学的影响很大,被认为是四句经典的教导,故名“四句教”。围绕“四句教”,在王门中引起了争论。王门弟子王畿认为四句教“恐未是究竟话头”,指出“若说心体是无善无恶,意亦是无善无恶的意,知亦是无善无恶的知,物亦是无善无恶的物矣。若说意有善恶,毕竟心体还有善恶在”。钱德洪则认为“心之本体”虽是“天命之性”“原是无善无恶的”,但是“人有习心,意念上见有善恶在。格致诚正修,此正是复那性体工夫。若原无善无恶,工夫亦不消说矣”。针对王、钱的意见分歧,王阳明指出,“二君之见,正好相资为用,不可各执一边”,他承认王畿之说是“接利根人”的一种教法,同时也指出此说有可能导致“只去悬空想个本体”等弊病。

三达德

儒家所认为的君子必备的三种基本品德,即“仁、智、勇”。由春秋时孔子首先提出,《论语·宪问》:“君子道者三:仁者不忧,知者不惑,勇者不惧。”孔子还认为,“仁、智、勇”三者互相联系,以仁为根本,智慧为条件,勇敢为表征,仁者必有勇,而勇者未必仁,智服务于仁,只有以仁为核心,三者齐备,才是君子的理想人格。《中庸》发展孔子的思想,把“仁、智、勇”概括为“三达德”,即三种最需要具备的品德,并以“好学”“力行”“知耻”加以解释:“好学近乎知,力行近乎仁,知耻近乎勇。”又与孟子所谓“父子有亲,君臣有义,夫妇有别,长幼有序,朋友有信”相配合,进一步把仁、智、勇三者视为修齐治平之政治实践的根本。宋代的二程还提出“诚”统仁、智、勇的思想,谓:“诚者,止是诚实此三者。三者之外,更别无诚。”经过后世儒家的弘扬,“仁、智、勇”这“三达德”成为中国人普遍追求的道德境界,是中国传统文化的重要组成部分。

致良知

中国明代哲学家王守仁心学的重要学说,是一种达到天赋道德的修养方法。“良知”来自《孟子》,指不学而知的智慧,是先天具有的道德善性和认识本能,王守仁阐发为心之本体,“吾心之良知即所谓天理”。《大学》有“致知在格物”语,致是推及、达到的意思。王守仁将“致知”与“良知”结合起来,认为“致知”即致吾心内在的良知。主要有内外两条路径,一方面,通过闭目“省察存养”的内心工夫,达到“致是良知而行”的道德自我完善过程;另一方面,要求对外推及自己的良知于事事物物,把自己的一切行为和活动都纳入道德规范的轨道。他认为良知人人具有,个个自足,任何情况下都不会泯灭,虽有时为私欲习气所蔽,但只要顺从良知,扩充善念,去除邪念,就能保持良知而不丧失,人的一切言行就不会违背天理,并将吾心之良知扩充到事事物物上去,那么事事物物也就皆得其理了,这就是致良知。致良知将本体论、认知论和修养方法结合起来,既是宣扬主观唯心主义的世界观和先验论,又是宣扬道学"存天理,灭人欲"的道德说教。

无为

道家关于否定人为,强调顺物之自然的思想观念。老子认为宇宙的本原是"道","道"无为,"道"生成万物而不干涉万物;人应该遵循"道",故人也应该无为。"圣人处无为之事,行不言之教,万物作焉而不为始,生而不有,为而不恃,功成而弗居。"主张一任万物之自然,以"无为"为为,以无事为事,把"无为"作为治理国家和道德实践的原则。庄子更由"无为"而逍遥,以游心于四海之内的精神生活为最高境界,做到去名弃谋,无事无知而顺任自然。老子、庄子在政治上都主张无为而治。汉初黄老学说与刑名法术相结合,采用"无为"治术,即"与民休息"的政策,对稳定社会秩序和发展生产起了积极的作用。《淮南子》书中对老庄的"无为"作了修正,提出:"所谓无为者,不先物为也。所谓无不为者,因物之所为也。"认为遵循事物自然趋势而为,便是无为。

逍遥

亦称"逍遥游"。战国时期庄子的哲学用语,是庄子哲学所追求的个人精神绝对自由的境界。最早见于《诗·郑风·清人》"二矛重乔,河上乎逍遥",表明悠然自得的状态。《庄子·逍遥游》集中阐述了这一思想:"若夫乘天地之正,而御六气之辩,以游无穷者,彼且恶乎待哉!故曰:至人无己,神人无功,圣人无名。"主张要超然物外,摒弃大小、寿夭、是非、物我之别,无我无为,无名无功,便可达到与"道"一体的绝对自由的"至人"境界。这种在"无何有之乡"的"逍遥",是庄子自由观和人生理想的集中概括,但不过是庄子精神上的幻觉而已。后人对"逍遥"有不同的理解。西晋郭象以"性各有分""各安其分"的性命论为依据,认为一切有待之物(包括人类),只要安于各自的性分,即是逍遥,无待的"至人"固是逍遥,有待之物只要安于自然性分亦可逍遥。东晋名僧支遁则反对此说,他认为"夫桀跖以残害为性,若适性为得者,彼亦逍遥矣",逍遥是"玄感无为",应变无穷,只有无待的至人才能达到。

齐物

战国时期庄子用语,主要讨论认识论问题,以不知有物的无差别境界为最高认识,主张不分彼此、不分是非、因任自然,来自《庄子·齐物论》。春秋战国时代,诸子百家对客观事物的评论,各执一端,相互非难,都把自己的思想观点,当做裁决一切的绝对真理。针对这种倾向,庄子认为这些争辩以及各家的观点都各执一偏,不见道之大全,而提出他的"齐物"观,并进行了全面的论述。他认为,从"道"的观点来看,世间一切矛盾对立的双方,诸如生与死、贵与贱、荣与辱、成与毁、大与小、寿与夭、然与不然、可与不可等等,都是没有差别的。庄子认为,各家各派出于"成心"的彼此是非之争,只能是各自发挥偏见的争辩。庄子提出以"齐是非"反对名辩,认为名辩家提出的"物指非指""白马非马"等争辩,最终无是非可言。庄子认为,事物间没有绝对的"类"的区别,"类与不类,相与为类",提出"天地与我并生,而万物与我为一",与其各执己见争辩不休,不如物我两忘,不言不辩,超然于是非之外。庄子明确地肯定天下万物和人们认识的相对性,含有辩证法的因素。庄子的"齐物"观虽然带有相对主义色彩,但他并非持绝对的相对主义立场,他的认识论能促使理性反思自身的界限、范围,它的作用是反对非此即彼的简单的形式逻辑,反对用外在的标准压制生命的本能,反思、重估一切价值,具有反对独断论的作用。

致虚守静

道家倡导的一种审美心态和修身境界,即"致虚极,守静笃"。语出老子《道德经·十六章》:"致虚极,守静笃。万物并作,吾以观其复。"意思是:尽力使心灵的虚寂达到极点，使生活清静坚守不变。万物都一齐蓬勃生长，我用这种心态观察事物循环往复的规律。这种规律就是老子所说的“道”，为了进入“道”的境界，老子认为主体必须要有“致虚极，守静笃”的心理状态，使自己忘掉周围的一切，也忘掉自身的存在，这样就可以与物同化。老子还提出，审美主体必须排除一切主客观因素的干扰，内心虚静，才能够洞察宇宙，览知万物。《管子·心术上》中说：“去欲则宣，宣则静矣，静则精。精则独立矣，独则明，明则神矣。”意为清除欲念则心意疏通，疏通则虚静。虚静就可以专一。心意专一则独立于万物之上，独立则明察一切，明察一切就到达神的境界了。“修之此，莫能虚矣。虚者，无藏也。”修养心的最好办法，莫如使它处于虚的状态；虚，就是无所保留。《荀子·解蔽》说：“虚一而静，谓之大清明。”意即达到了虚心、专心与静心的境界，这就叫作最大的清彻澄明。《庄子·天道》中说：“夫虚静恬淡寂漠无为者，万物之本也。”老子关于“虚、静”的观念，对后世人们的修身养性影响很大，“致虚守静”的审美观念也在中国美学史上占有极为重要的位置。

返璞归真

道家倡导的哲学思想。学道者通过自身的修行，去掉外在的伪饰，返归纯朴天真的本性，使生命回到始初的状态，如同婴儿一样，而与道合一，道家称之为“返璞归真”。“璞”也作“朴”——“璞”是未经琢磨的玉石，“朴”即未经加工的树木，都是指事物本原的状态。老子认为，大道无形无名，混沌未分，称为“朴”，但“道”又有精质，是绝对真实的；作为人，必须以“道”为法，心志清净，敦厚若朴，才能保全真性。庄子也认为，朴和真是人的自然状态，而文饰和伪作却是人为了名利是非之心而生的，前者为“天”，后者为“人”，主张保全人的自然属性，摒弃文饰和伪作。道教吸收这一观念并加以宗教化，作为其修道长生的重要途径。道教认为，人原初的本性是淳朴和纯真的，是近于“道”的本性的。但随着年龄的增长，思虑欲念不断萌生，再加上社会环境的不同影响和情色财货的诱惑，不断地消耗掉人原有的生命元真，也蒙蔽了原有的纯朴天性，若进一步嗜欲无止，将严重损害自己的心性和生命健康。因此，要达到健康长生，就必须使心性和生命回到纯朴纯真的状态，即为“归真”，使人的精神性命与“道”相合，这种“归真”必须弃绝情欲、文饰和伪作，通过“修真”来达到。所以，道教把在“修真”上取得一定成就的人，叫作“真人”。

否极泰来

《周易》否卦上九爻中反映的哲学思想，即物极必反的意思，事物发展到一定程度，就要转化到它的对立面，“否”可转化到“泰”，“泰”亦可转化到“否”。“否”“泰”是《周易》六十四卦中的两个卦名，天地交通谓之“泰”，不交通谓之“否”，“泰”则安吉顺利，“否”则危难失利。具体来说，否，上贞为天，阳卦；下悔为地，阴卦。《易·否·彖传》：“天地不交而万物不通也。”因否卦上阳下阴，阳气上升，阴气下降，阴阳不交感，故得此卦“不利”。泰，上阴下阳，阳气上升，阴气下降，上下交感。《易·泰·彖传》：“天地交而万物通。”故得此卦“吉”。《易·否》上九爻为否卦最终一爻：“上九，倾否，先否后喜。”《象传》：“否终则倾。”“否”至上九爻，已达到了顶点，据《易》变的规律，否至极点将倾毁其否而变通，故由凶变吉。这是中国古代朴素的辩证思想，揭示了事物发展的规律。

兼爱

战国时期墨子的核心思想，也是墨家的核心观念。墨子以“兼爱”为其社会伦理思想的核心，认为当时社会动乱的原因就在于人们不能兼爱。他提倡“兼以易别”，反对儒家所强调的“爱有差等”的观点，主张对待别人要如同对待自己，爱护别人如同爱护自己，彼此之间相亲相爱，不受等级地位、家族地域的限制。他提出“兼相爱,交相利”,把兼爱与实现人们物质利益方面的平等互利相联系,表现出对功利的重视。墨子无意追求爱的高远无私,将“兼爱”视为济世救世的良方,有意凸显爱的现实性一面,通过把爱与利予以贯通,实现爱与利的合一,也就是说,爱必言利,以爱启利,以利寓爱,构成一个有机整体。墨子尚贤、尚同、节用、节葬、非攻等主张均以兼爱为出发点,他希望通过提倡兼爱解决社会矛盾。兼爱以天志为源头,引导出天爱万物,养万物,包容万物,因而人也该爱万物,养万物,包容万物。“兼相爱”并不否定自爱,而是把自爱与爱人结合起来。“交相利”也不是鄙视自利,而是力求使自利与互利两不偏废。“夫爱人者,人必从而爱之;利人者,人必从而利之。”在这种爱意融融的相互义务性关系中,天下才能实现和谐、富足,兼爱互利是为治之道。

二　国家治理

⊙
政治
⊙

政治思想

民本

儒家的一种政治伦理理想，出自“民惟邦本，本固邦宁”（《尚书·五子之歌》），意为民众是国家的根本，稳固这个根本，国家才能安宁。

民本是相对于君本（国本）、官本而言的，是中国古代的明君、贤臣提出的一种政治理念，其基本思想主要表现为重民、贵民、安民、恤民、爱民等。先秦和明清之际是民本思想发展的两个高峰时期。春秋以前已有初步的民本思想，但常与神权天道观相结合。孟子直接从君民关系上论证了以民为本的思想，他的“民贵君轻”思想在历史上曾产生过很大影响。荀子尊君卑臣的倾向虽较突出，但涉及君民关系时也有鲜明的民本思想。西汉初年，民本思想也受到重视。明清之际，黄宗羲抨击君主专制，其民本思想更为突出。中国传统的民本思想大致包括以下几个特色：第一，人民是国家的根本；第二，当政者应该重视民意；第三，以民为贵，以君为轻；第四，政府必须以爱国利民为主要工作。民本思想虽然存在固有的阶级局限性，但在一定程度上起到了约束君主、缓和阶级矛盾和维护社会稳定的作用。

仁政

中国儒家关于以仁义道德为施政准则的政治学说，由孟子较为系统地阐发。

仁政的思想渊源是西周以后的重民思想和孔子的仁学德政思想。孔子在《论语·为政》中早就提出德治的为政主张，并将其与刑治相对立。孟子在此基础上系统地阐发了仁政思想：在经济上要求保持小农生产的稳定性，实行保证小农土地的井田制，因此提出“夫仁政，必自经界始”的思想，认为经界正，井地均，谷禄平，才能限制兼并，使民众对国家的负担均平合理；在政治上要求统治者实行以德行仁的“王道”，反对以力假仁的霸道，主张轻刑罚，重教化，认为“善政不如善教之得民”；施仁政还要求统治者乐民之乐，忧民之忧，乐以天下，忧以天下（《孟子·梁惠王下》）。基于得天下必先得民心的认识，孟子提出了“民为贵，社稷次之，君为轻”（《孟子·尽心下》）的命题。尊贤使能，俊杰在位，也是仁政的重要内容。根据历史事实，他得出了得天下与失天下，国之所以兴废、存亡，关键在于行不行仁政的结论。孟子的仁政思想是儒家政治思想的中心内容之一，在历史上曾经产生过广泛的影响，是后世进步思想家批评和抗议专制暴政的思想武器，又是开明统治者的施政方针和追求目标。

礼治

儒家的一种政治思想，主张用贵族等级制的社会规范和道德规范维持统治。

儒家认为法治抹杀了伦理人情，使统治者刻薄寡恩，被统治者手足无措。儒家主张维护传统的宗法等级制度，以伦理道德规范人们的言行。以理，而不是以力服人，以德，而不是以法治国，建立起一个君仁臣忠、父慈子孝、夫义妇节、兄友弟恭、长惠幼顺的社会。儒家认为“亲亲尊尊”是礼治的原则，西周社会便是礼治的典型。因此，儒家主张伦理道德至上，法律必须与伦理道德互为表里。在伦理道德与法律发生冲突时，应屈法而维护伦理道德。礼治的主张主要包括四个方面：第一，正名分，确立“亲亲尊尊”的贵族等级制。在法律上，不同身份、不同等级的人享有不同的权利，承担不同的义务。第二，维护伦理道德。坚持亲亲为大，亲属相隐。第三，反对苛政，主张施惠于民。一个人犯了罪，法律应只惩办犯罪者，而不应株连他人。一个人功德卓著，子孙也应受到恩惠。第四，以礼教道德教化百姓、引导百姓，使百姓“知耻”而不去犯罪。在中国古代，礼治的主张较法治缓和、全面，有利于阶级矛盾的缓和，也有利于统治者的自律。

人治

儒家的一种政治思想，认为道德高尚的圣贤应该通过道德感化来治理国家。

人治的出发点是统治者个人的素质决定国家政治的好坏，统治者的道德、言行是规范被统治者道德、言行的尺度，因此强调统治者个人的道德修养与示范作用。孔子曾经提出“政者，正也。子帅以正，孰敢不正”（《论语·颜渊》）。法固然不可或缺，但执政者“其身正，不令而行；其身不正，虽令不从”（《论语·子路》）。主张君主以身作则，施德行仁，并尚贤使能，任用得力官吏推行礼治，以达到“文武之政，布在方策。其人存，则其政举；其人亡，则其政息”（《礼记·中庸》）的境界；主张把人治与礼治、德政结合起来。“人治”与“法治”相对，简单地说，“人治”突出个体道德人格的感召作用，寄政治希望于贤明仁慈的君主；“法治”则迷信严刑峻法的震慑作用，寄政治希望于刚毅独断的君主。“人治”要靠清官，“法治”要靠酷吏。人治理论重视人才，重视人的能动作用，强调为政者的道德品质对于政事兴废的重要性，有合理成分。但是，它过分夸大了统治者个人的作用，贬低了法律以及其他社会因素的作用。

法治

主张严格依据法律治理国家的一种政治思想。

中国古代以商鞅、慎到、韩非为代表的法家，为反对儒家的“礼治”“德治”和“人治”，提出法治思想，认为国家只要有稳定的法律制度，依法运行，就能治国安邦。韩非集法家学说之大成，形成了较完整的法治理论。韩非主张“以法治国”（《韩非子·有度》），规定明确的法律，并公布于众；法律要统一、稳定，并要随着社会情况的变化加以修订；奖励耕战，严格执行赏罚制度；废除世袭贵族的分封制、世袭制，实行“宰相必起于州部，猛将必发于卒伍”（《韩非子·显学》）的官吏选拔制度；并要求用法律统一人们的思想，“以法为教”“以吏为师”，使得人民的言谈都合于法。韩非重视法的作用，但并不把法看成唯一的治国之道，而是把“法”“术”“势”三者结合起来。“法”指体现以国君为代表的统治阶级意志的政策、法令；“术”指任免、考核、赏罚各级官吏的手段；“势”指君主地位和权力。中国古代的法治主张是以实行君主集权、确立封建主阶级统治为目的的。

无为而治

道家的治世主张。无为，指不违背事物的本然状态，顺其自然。无为而治，指在治理国家时采取无为的方法。

较早系统地论述无为而治思想的是春秋末期哲学家老子。老子认为，“道”作为万物本原和运动变化总规律，是自然无为的。人应该遵循道的自然无为法则。在老子看来，统治者越是政举繁苛地“有为”，百姓就越是不得安宁，国家就越难以治理。“民之难治，以其上之有为，是以难治”（《老子·第七十五章》）。如果采取“无为”的方法，不以繁政苛举扰害百姓，百姓会纯朴自处，生活自然富足安定。“我无为而民自化，我好静而民自正，我无事而民自富，我无欲而民自朴。”（《老子·第五十七章》）以无为来治理国家，则没有治理不好的。战国时期的哲学家庄子继承发挥了老子无为而治的思想，主张从精神上彻底摆脱“有为”的欲念，要求绝弃求名利之心和智虑谋算，体会无穷的“道”，游心于寂静的境界。汉初推崇黄老之学，统治者为适应秦末政治动乱以后民心思定的形势，强调清净无为，主张轻徭薄赋、与民休息，对人民的政治生活和经济生活主张不干涉或少干涉，借以安定民心，发展社会生产。无为而治的政治理念有消极为政的一面，但其中包含着反对统治者繁政苛举扰害百姓的积极因素，与今天的“小政府大社会”思想也有异曲同工之妙。

法先王

先秦时期儒家提出的一种带有复古主义倾向的政治主张。法，指效法、遵循；先王指古代圣明的君主、帝王。儒家所崇尚的先王有尧、舜、禹、汤、文、武、周公等人。法先王，即后世的王者要效法先王所确立的古法和制度，遵而行之，一无违反。

儒家认为只有古代圣明君主的言行及制度才是最完美的，现时代的人只有效法和遵循古代圣明君主的言行和制度，才能最好地进行统治，达到内圣而外王，实现王道之治。法先王思想在春秋战国时期是很盛行的，孔子就提出“述而不作”的观点；《商君书·更法》也记载过“法古无过，循礼无邪”的观点；《中庸》提出“祖述尧舜，宪章文武”；《孟子·滕文公上》则明确提出“言必称尧舜”，以尧舜之言行制度为榜样和目的，才能更好地解决现实矛盾。他们把不法先王看成是君主的罪过，是在政治上陷入了歧途。其实，法先王只不过是儒家用来推行自己政治主张的借口。他们要效法的先王不是孟子心目中的先王，也不是惠施、邓析所遵循的先王，而是按地主阶级政治伦理理想化的古代帝王。法先王思想对后代影响很大，尽管有荀子法后王思想存在，但中国封建社会中关于政治、伦理的学术研究一直未能超脱这一轨道，呈现出一种相对保守的倾向。

法后王

与法先王相对，是先秦的一种进步的政治伦理思想。法，效法、遵循；后王，当代圣明的君主、帝王。

荀子批判了“呼先王以欺愚者”的复古论调，针对孟子“法先王”的思想，提出法后王，一制度，隆礼义(《荀子·儒效》)，主张“百家之说，不及后王，则不听也”，认为不要抽象地、脱离实际地效法古代君王及古代制度，而要根据现实分析，确立正确的制度和治国方策。历史是向前的，当代的圣明君主比古代贤王要进步得多，他们的制度和主张更符合现实的要求，因而不应事事都以先王为准，而应以君主所行之法在现实中的作用大小为根据。不管是什么时代、什么人的思想主张，只要他的作用比不上后王的制度、思想，就可以不听不问。但他并不是全盘否认“先王”，认为“以道观尽，古今一也”。荀子的法后王主张，反对空谈尚古，强调站在今天的高度衡量古人，根据现实研究历史，从中得出恰当的统治原则和方法。这种主张有解放人们思想的进步意义。荀子的学生韩非进一步发挥了这一思想，提出了效法当世之新“圣”“以吏为师”的主张，进一步否定了儒家循古蹈旧的保守主张。

大一统

中国古代的政治主张，指思想、法度、政令的统一。

大一统源于《公羊传·隐公元年》。《春秋》中有“元年春，王正月”的话，《公羊传》的作者认为，“何言乎王正月？大一统也”。大，指重视，尊重；一统，指天下诸侯统一于天子。大一统主张的重新提出，是在西汉汉武帝时期。那时的国力逐渐强盛，汉初推行的无为而治的黄老思想已不适应形势发展的要求，需要一种新的理论相适应。董仲舒看到了统一集权是大势所趋，便搬出儒家经典提出大一统思想，认为《春秋》中提出的大一统思想是最高的真理，是天经地义，是人们必须遵循的法则。强调大一统体现在政治上，就是加强中央集权，强化皇帝的个人权利；表现在思想上，就是“罢黜百家，独尊儒术”，断言思想归于一统，才能治理好国家。董仲舒的大一统主张，目的是统一地主阶级的统治思想和行动步调，以强化对人民的思想统治。大一统的主张对后世的影响非常深远，尤其是处于分裂时期的历史阶段，人们都希望出现大一统的局面。

大同

儒家提出的理想社会。

语出《礼记·礼运》：“大道之行也，天下为公，选贤与能，讲信修睦。故人不独亲其亲，不独子其子。使老有所终，壮有所用，幼有所长，鳏、寡、孤、独、废、疾者皆有所养，男有分，女有归。货恶其弃于地也，不必藏于己；力恶其不出于身也，不必为己。是故谋闭而不兴，盗窃乱贼而不作，故外户而不闭，是谓大同。”《礼记》把既不用礼，也无人去制礼的大同社会作为自己向往的理想社会。认为在大同社会里，没有私有制，生产资料是公有的。人们各尽其力地劳动着，具有高度的自觉性。实行民主制度，选举贤能之人为大家服务。这是一种没有剥削压迫、没有欺诈争乱、人们和睦相处的社会，这是各尽所能、各有所养的社会，这是道德行为高尚的社会。这种思想对后来的进步思想家、社会改革家都有一定影响。近代中国思想家王韬、谭嗣同、康有为、孙中山、刘师培、李大钊等，都曾受到大同思想的启迪，构筑了各具特色的大同社会思想。尤其是康有为，花了 20 余年时间，写了一部《大同书》。这些富有空想成分的思想，代表了中国士大夫阶层对于未来美好社会的憧憬。

小康

中国古代儒家宣扬的一种理想社会。小康社会低于“大同”社会，是大道既隐之后需要靠礼仪制度维持的社会。

小康概念出自《礼记·礼运》：“今大道既隐，天下为家，各亲其亲，各子其子，货力为己。大人世及以为礼，城郭沟池以为固。礼义以为纪，以正君臣，以笃父子，以睦兄弟，以和夫妇，以设制度，以立田里，以贤勇知，以功为己。故谋用是作，而兵由此起。禹、汤、文、武、成王、周公，由此其选也。此六君子者，未有不谨于礼者也。以著其义，以考其信，著有过，刑仁讲让，示民有常。如有不由此者，在势者去，众以为殃，是谓小康。”在儒家看来，大道隐没之后，天下变成一家所私有，每个人都只爱自己的父母，只抚养自己的子女，财富和劳力也都是为了自己。君主的后代世世相传，认为是合于礼的规定，因而就修筑城郭、沟池来加以巩固。他们以礼义为纲纪来调整君、臣、父、子、兄弟、夫妇之间的关系。同时，还制定各种制度，划分土地疆界，敬重勇敢和智谋的人，让他们立功做事却只是为了自己。这样，权谋也就到处使用，战争也就产生了。禹、汤文王、武王、成王、周公因此成为杰出人物。他们都十分注意作为政治制度和道德规范的礼的重要作用，用礼来分清是非，考查是否忠信，指出不符合礼的错误，并且用礼来树立仁爱的榜样和教育老百姓谦让，从而使他们有了应当遵循的准则。如果不遵守礼仪，在位者就会被罢免，老百姓也会把这样的人当作祸害。可以说小康社会的思想是大同理想的补充和发展。

小康社会是古代思想家描绘的美好的社会理想，表现了百姓大众对宽裕、富足、殷实的理想生活的追求。从当代人民的企盼和社会发展要求来说，所谓建设小康社会，不仅解决人民的温饱问题，还要从政治、经济、文化、社会、生态等各方面满足城乡发展需要。1992 年中国改革开放转型后，正式向全面建设小康社会转型。中共十五大报告中提出了“建设小康社会”的历史新任务，十六大提出了到 2020 年全面建设小康社会的奋斗目标，党的十八大在十六大、十七大确立的全面建设小康社会目标的基础上，提出了更加明确的政策导向和工作要求，以确保 2020 年全面建成小康社会目标的实现。2017 年，习近平在党的十九大报告中提出，解决人民温饱问题、人民生活总体上达到小康水平这两个目标已提前实现，从现在起到 2020 年是全面建成小康社会的决胜期，我们既要全面建成小康社会、实现第一个百年奋斗目标，又要乘势而上开启全面建设社会主义现代化国家新征程，向第二个百年奋斗目标进军。到本世纪中叶，把中国建成富强民主文明和谐美丽的社会主义现代化强国。

家国同构

中国传统社会的立国结构，是宗法社会的典型特征，即家庭、家族与国家在组织结构方面有共通性，均以血亲宗法关系来统领，存在着严格的家长制。

家族是家庭的扩大，国家则是家族的扩大和延伸。在家国同构格局下，家是小国，国是大家，家是一国的原点，国是一家之国。在整体的治理逻辑链条上，家、国以及天下密切相连，形成自下而上的治理体系。在一个家庭或家族内，父亲家长的地位至尊，权力至大；在国内，君王地位至尊，权力至大。在治理关系上，由血亲关系的小家构建成国家的基本社会单元，小家的内在等级治理秩序，延伸为国家的等级治理秩序。父亲家长因其在血统上的宗主地位，统率其族众家人，而且这一宗主地位并不因其生命的终止而停辍，而是通过血脉遗传，代代相继。同样，君王自命“天子”，君王驾崩，由其嫡长子自然承袭。简言之，父为“家君”，君为“国父”，君父同伦，家国同构，宗法制度因而渗透于社会整体，甚至掩盖了阶级和等级关系。由于古代中国是自给自足的小农经济占主导，所以与这种生产方式相联系的家族制度深深根植于数千年中国社会结构之中，家族结构扩大至国家结构。家与国的系统组织与权力配置都是严格的家长制，家庭观念在中国传统文化中有着重要的地位。

中国封建社会

中国约在春秋（前770—前476）战国（前475—前221）之际进入封建社会，至20世纪初才结束。

封建社会是以封建地主占有土地、剥削农民剩余劳动为基础的社会，是人类历史上继奴隶社会之后的又一个阶级社会。它是随着生产力的发展，在奴隶社会瓦解的基础上产生的。封建社会有两个互相对立的基本阶级，即地主阶级和农民阶级。地主阶级占有绝大部分土地，农民因没有或只有很少的土地，不得不耕种封建地主的土地。地主剥削农民的方式主要是收取地租（劳役地租、实物地租、货币地租）。在封建社会，自然经济占主要地位，其特点是以一家一户为单位，农业和手工业相结合，男耕女织，自给自足。同奴隶制相比，封建社会的生产关系使农民有了一定的人身自由，有自己的私有经济，因而能在一定程度上调动农民的生产积极性，使生产力得到一定的发展。在封建制度下，铁制工具得到普遍使用，农业、畜牧业都有较大发展，城市中的商业和手工业也日趋发达。到封建社会末期，随着生产力和商品经济的发展，出现资本主义经济的萌芽。封建社会的政治上层建筑是以等级制为特点的封建制国家。皇帝拥有至高无上的权力，以下分封有许多等级，建有一整套封建官僚制度，用以巩固封建社会统治。中国封建社会占统治地位的意识形态是以维护封建剥削和等级制度、宣扬封建道德为特征的地主阶级思想，主要是儒家的思想、伦理和道德。

三民主义

孙中山提出的中国资产阶级民主革命的纲领，即民族主义、民权主义、民生主义。

三民主义的发展过程分为两个阶段，包括旧三民主义和新三民主义。在同盟会的纲领中，三民主义被表述为“驱除鞑虏，恢复中华，创立民国，平均地权”四句话。民族主义的主要内容之一就是反满，“驱除鞑虏，恢复中华”始终是资产阶级革命民主派在清末的战斗口号。民权主义是三民主义的核心，基本内容是：揭露和批判封建专制主义，指出封建的社会政治制度剥夺了人权，必须经由国民革命的途径推翻封建帝制，代之以民主立宪的共和制度。民生主义以改善人民物质生活，解决人民食、衣、住、行问题，防止出现贫富严重对立为目标。既要振兴实业、发展生产力，又要反对少数人垄断社会财富，也不能使地主因地价上涨而坐享其利。三民主义作为一个民主革命纲领，在当时的历史条件下产生了重大的积极作用。当中国革命历程进入新民主主义阶段时，孙中山接受了中国共产党和国际无产阶级的帮助，确立了联俄、联共、扶助农工的三大政策，把旧三民主义发展为新三民主义，表现了资产阶级革命民主派在新的革命阶段的进步性，并成为第一次国共合作的政治思想基础。

新民主主义

毛泽东根据中国现实提出的关于在帝国主义和无产阶级革命时代，殖民地半殖民地国家的无产阶级领导民主革命的理论。

他从中国的历史状况和社会状况出发，深刻研究中国革命的特点和中国革命的规律，发展了马克思列宁主义关于资产阶级在民主革命中的领导权的思想，创立了无产阶级领导的以工农联盟为基础的，反对帝国主义、封建主义和官僚资本主义的新民主主义革命的理论。这个理论指出：新民主主义革命，虽然按其社会性质，基本上依然是资产阶级民主主义的，它的客观要求，是为资本主义的发展扫清道路；然而这种革命，已经不是旧的、资产阶级领导的、以建立资本主义的社会和资产阶级专政的国家为目的的革命，而是新的、被无产阶级领导的、以在第一阶段上建立新民主主义的社会和建立各个革命阶级联合专政的国家为目的的革命。因此，这种革命又恰是为社会主义的发展扫清道路。中国从1919年五四运动开始的新民主主义革命，是无产阶级领导的，人民大众的，反对帝国主义、封建主义和官僚资本主义的革命。无产阶级通过自己的先锋队——共产党紧紧地掌握新民主主义革命的领导权，保证了革命的彻底胜利。并且从1949年10月中华人民共和国成立到1956年，中国共产党领导全国各族人民有步骤地实现了从新民主主义到社会主义的转变。

社会主义改造

中国从1953年到1956年年底实行的对农业、手工业和工商业的社会主义性质的改造运动，即将生产资料私有制和个体农民、手工业者的生产资料私有制变为集体所有制。

新成立不久的中国政府采取了委托加工、计划订货、统购包销、委托经销代销、公私合营、全行业公私合营等一系列从低级到高级的国家资本主义的过渡形式，对传统的工业企业进行了和平赎买，基本上实现了社会主义全民所有制。对个体农业的社会主义改造，则遵循自愿互利、典型示范和国家帮助的原则，从临时互助组和常年互助组，发展到初级农业生产合作社，再发展到高级农业生产合作社的过渡形式，使个体的小私有制过渡到劳动群众集体所有制，后来发展为人民公社制度。对个体手工业的改造也采取了类似的方法。从后来的农村和城市改革情况来看，中国当时的社会主义改造运动，是超越了当时的社会生产力发展水平的。

社会主义民主与法制

社会主义民主与法制是中国社会主义政治的重要内容。社会主义民主是占社会绝大多数的广大人民享有的管理国家的权力。民主与法制的统一是社会主义民主的重要特征。社会主义法制就是依照社会主义的宪法和法律制度治理社会主义国家，其中包括立法、执法、司法和守法。

社会主义民主与法制两者密不可分，相互制约。一方面，社会主义民主是法制的前提和基础。社会主义国家要想将人民的意志上升为国家的意志(国家的法律)，首先需要广大人民取得国家政权；社会主义法制只有体现社会主义民主的原则和内容，才能确证自我本质；社会主义法制的实现程度也取决于社会主义民主化程度。只有在民主前提下确立的法制，才能做到有法可依，有法必依，执法必严，违法必究。另一方面，社会主义法制是社会主义民主的重要保障。社会主义国家的人民享有管理国家的权力，社会主义法律代表并反映了广大人民群众的利益和意志，人民管理国家必须依法办事，不允许任何机关或个人滥用权力。社会主义法制实现了社会主义民主的制度化、法律化，保障了社会主义民主的合法有序。只有法律保障人民的各项权利，才能带动人民参与社会主义国家治理的主动性和积极性。社会主义民主与社会主义法制的辩证关系表明，社会主义民主与法制是推进社会主义现代化建设顺利发展的基本保障。

依法治国与以德治国

依法治国是广大人民群众依照宪法和法律，通过各种途径和形式管理国家政治、经济、文化和社会事务，从而保证国家各项事务能够依法进行，是中国共产党领导人民治理国家的基本方略。依法治国是建设中国特色社会主义事业的重要目标之一。依法治国要贯彻两个原则：一是必须坚持党的领导和社会主义方向，二是必须保证广大人民群众充分行使民主权利。

以德治国的“德”是以马克思列宁主义、毛泽东思想和中国特色社会主义理论体系为指导，结合中国历史文化背景，建立的适应社会主义市场经济发展的社会主义思想道德体系，是得到人民普遍认可和自觉遵循的道德规范。以德治国是对马克思主义国家学说的丰富和发展，也是对中国古代儒家“德治”思想的继承与创新。

依法治国与以德治国是中国国家治理的两种重要手段，对调整社会关系、维护社会秩序发挥不可替代的作用。依法治国为以德治国提供法律制度基础，以德治国为依法治国提供思想道德保障。依法治国与以德治国相结合是借鉴国内外治理经验，将马克思主义基本原理与中国具体国情相结合提出的重要观念。依法治国与以德治国相结合就是要求在中国特色社会主义建设中，既要加强社会主义法治建设，又要加强社会主义道德建设，两者缺一不可。只有实现依法治国与以德治国的有机统一，才能实现国家的长治久安。

政治体制

禅让制

中国原始社会末期推选部落首领的制度。

起初在部落联盟中，重要事务都是经由参加联盟的各氏族部落首领组成的联盟议事会讨论决定。部落联盟的首领也由这种议事会选举产生。后来由于频繁的掠夺战争，增强了部落首领的权力，遂形成部落首领把自己的权力禅让给他人的惯例。相传尧年老的时候，不是把首领之位传给儿子丹朱，而是举行部落联盟议事会，各部落领袖都推举舜为继承人。尧便对舜进行了三年考核，认为他可以胜任，就命舜摄位行政。尧死后，便由舜继任首领。舜继位后，也用同样的方法选定禹为继承人，并使其治水。禹完成了治水工作，将天下划分为九州。这种经过民主方式推选首领的方法，反映了中国原始社会末期的军事民主制传统。禹死后，禹的儿子启破坏了这种选举制，继承了禹的首领之位，从此，禅让制便为传子的世袭制代替了。这种将首领之位主动让于贤者的制度为后人所推崇，成为中国的千古美谈。

宗法制

中国古代维护贵族世袭统治的一种制度。

它源于原始社会后期的父权家长制，经过长期演变，到周代逐渐完备。周天子是天下的共主，又是同姓贵族的最大族长，即天下的大宗。他既代表社稷，又主持宗庙的祭礼，掌握全国的政权和族权。其王位由嫡长子继承，世代为大宗。天子的庶子有的分封为诸侯，对天子为小宗，在其封邑之内又是大宗，他们以国名为氏，其职位亦由嫡长子继承。诸侯的庶子有的分封为卿大夫，对诸侯为小宗，在本家为大宗，也由嫡长子继承父位，他们以官职、邑名、辈分等为氏。从卿大夫到士，其大宗与小宗的关系与上同。这些世袭的嫡长子称为宗子，他们掌握本族财产，负责本族的祭礼，管理本族成员，同时代表贵族统治人民。宗法制既用于同姓贵族，也用于异姓贵族，同姓贵族之间是兄弟叔伯关系，异姓贵族之间是甥舅亲戚关系，以此来强调贵族中血缘关系及等级观念。这一制度把宗法血缘关系和国家体制紧密地结合在一起，在国家的初级阶段，对巩固和加强中央政权的统治起了重大作用。在后来漫长的封建社会中，仍然存留着宗法制的残余。

分封制

中国古代对诸侯、大夫、士逐级分封的制度。

商代已经开始分封诸侯。西周出现分封制的完整形态。它与嫡长子世袭的宗法制紧密结合。西周天子直接统治地区叫“王畿”,王位由嫡长子世袭,对其他的儿子和功臣分封给土地、臣民,“建国”为诸侯。诸侯国君由嫡长子世袭,对其他的儿子和姻戚分封给“采地”“立家”为大夫。大夫由嫡长子世袭,对其他的儿子封田里为士。士由嫡长子世袭,不再分封,其他的儿子为庶人。形成周王、诸侯、大夫、士逐级分封的贵族统治系统。在这种制度下,土地和劳动者名义上都归周王所有,受封赐的各级贵族,只有享有权,土地不能买卖。下一级须对上一级承担缴纳贡物、服劳役、军事保卫和述职等义务。各级贵族在自己的封地内,有世袭的行政统治权和经济剥削权。和王畿一样,封国、封邑可设官治理,建筑都城,并拥有军队,俨然是又一小王国。由于各级贵族的所受爵位和臣民都是世袭的,周王室和诸侯国管理国政的公、卿都从世袭爵位、封土的诸侯和大夫中选任,而公、卿官位很多也是世袭的,故名世卿世禄制。东周以后,各诸侯国开始实行由国君直接统治的郡县制,逐步代替分封制。秦始皇统一六国后,在全国废除分封制,建立中央集权的郡县制,由皇帝直接派官员统治各地。此后,有些朝代也有分封诸王的,或时间短暂,或地区狭小,或对封地内的统治权有较大限制,皆属残留形态。

郡县制

中国历史上的地方行政体制,始于春秋战国时期,确立完善于秦代。

春秋初期,楚、秦、晋等国已开始在边地设县,后逐渐在内地推行。其长官可以世袭,不尽同于后来的县。春秋末年,各国在边地设郡,面积较县为大,但地处偏远,故行政建制一般比县低。战国时在边郡分设县,逐渐形成县统于郡的两级制。秦统一六国后,全面推行郡县制。分全国为 36 郡,后增至 40 郡,一郡辖若干县。郡的行政长官为郡守,下置郡尉,辅佐郡守并掌管全郡的军事;又置监察史,掌管监察,为中央在地方上的耳目。县分大小,万户以上的县设县令,不满万户的县设县长,掌管全县事务,受郡守节制。另置县尉,辅佐县令、县长并掌管全县军事;置县丞,掌文书、仓储和刑狱。郡、县长官均由中央任命,领取俸禄,不世袭;而且郡、县的行政、军政和监察诸权分立,尤其是独立而直属中央的监察权,有利于加强中央集权政体和巩固国家的统一。其后历代沿用,虽然行政的建制和名称有发展和变化,但所置略同。郡县制对中国古代中央集权政体的行政建制有深远影响。

内阁

明清两朝的一种政治制度。

明太祖朱元璋废除了丞相,设殿阁大学士作为皇帝的咨询机构,这就是内阁的雏形。明成祖朱棣时正式设置内阁,内阁成为位于皇帝与六部之间的一个办事处,设内阁大学士五至七人在文渊阁当值,参与机务,草拟诏令。但当时阁臣权位远不及尚书,阁臣虽参与机务,但他们的权力受到种种限制。明仁宗和明宣宗时期,阁臣不断提升,有的任尚书,其权力已重于六部。并提高阁臣的品秩,由五品升为正三品,乃至正一品。而且有了票拟权,直接掌握处理国家政事的大权。内阁大臣把建议写在一张纸上,贴在奏章上面,叫作“票拟”。皇帝用红字做批示,或司礼太监代皇帝批阅,叫作“批红”。明代中叶,形成内阁首辅制度,即大学士中资格最老、最受皇帝信任者为首辅,负主要责任,其他的大学士称群辅,是首辅的助手,权力较首辅小得多。内阁的权力虽然随着内阁制度的发展不断增大,但是,由于明代皇帝极度专权,它始终不是明代统治中枢的一级行政机构。这是明代政治制度的特点之一。

清初改内三院为内阁,设大学士满、汉各二人,协办大学士满、汉各一人,并加殿阁衔。名义上仍是最高官署,实际已不再具有明内阁的中枢地位。清初有议政王大臣会议,裁决军国机要,康熙时又以南书房草拟诏旨,内阁渐成为处理例行政务及发布文告的机构。雍正时设军机处,内阁职权更轻。清宣统三年(1911)改责任内阁,旧内阁即告废除。

铨选制

指量才授官,是中国历史上官僚制度形成以后的官吏任用制度。

战国中后期,中央和地方官吏及军队官员均由国君任免。秦代沿袭。汉初,铨选与上计相结合,后有专官主持铨政,不专重资格与流品,任用无期限。隋代取消长官任用下属官吏的制度,规定自六品以下的中央与地方官员都归吏部铨选,地方官吏任用外郡的人,这是铨选制的重大变化。唐代将选拔士人与官吏分开,通过科目来选拔士,通过铨选来选拔官,试士归吏部,铨选归吏、兵二部,吏部掌握文选,兵部掌握武选。宋初,铨政分掌于不同部门,宋神宗改制以后,铨选之权都归吏部。元代,从七品以下归吏部,正七品以上归中书省,三品以上由中书省办理、皇帝任命。明代,文官归吏部,武官归兵部。明万历年间,孙丕扬任吏部尚书,为了表明选补官吏的公正,创立掣签法,用竹签若干写上所选机关、地区及姓名等,杂置筒中,当堂随手到竹筒中拈取,拿到哪个竹签,就按竹签上所写的去上任。清代沿袭明代,到了中叶以后,铨选形同虚设。

九品中正制

中国魏晋南北朝时期的一种官吏选拔制度,又名九品官人法。

魏文帝时期制定,到西晋渐趋完备,南北朝时又有所变化。魏晋时期的九品中正制主要包括以下内容:第一,先在各郡、各州设置中正。州郡中正只能由本地人充当,且多由现任中央官员兼任,一般是九品中的二品即上品。第二,中正的职权主要是评议人物,其标准有三:家世、道德、才能。中正对人物的道德、才能只作概括性的评语,称为"状"。中正根据家世、才德的评论,对人物做出高下的品定,称为"品"。品共分为九等,即上上、上中、上下、中上、中中、中下、下上、下中、下下。但类别只有上品和下品。一品无人能得,形同虚设,所以二品实际上是最高品。第三,中正评议结果上交司徒府复核批准,然后送吏部作为选官的根据。中正评定的品第又称乡品,和被评者的仕途密切相关。任官者的官品必须和乡品相适应,乡品高者做官的起点往往为清官,升迁也较快,受人尊重。乡品卑者做官的起点往往为浊官,升迁也慢,受人轻视。第四,中正评议人物照例三年调整一次,但中正所评议人物也可随时予以升品或降品。九品中正制创立之初,评议人物的标准是家世、道德、才能三者并重。但在魏晋时期,门阀士族完全把持了官吏选拔之权,于是才德标准逐渐被忽视,家世则越来越重要,甚至成为唯一的标准,到西晋时终于形成了"上品无寒门,下品无势族"的局面。到了隋代,随着门阀制度的衰落,这项制度也被废除。

爵位制度

中国古代国家对诸侯、官吏们的赏赐制度,旨在区分等级以示荣宠。

爵位是表示官员、贵族或有功人员、才能之士的社会地位、物质待遇的一种尊号,一般根据与帝王血缘亲疏或功劳大小来授予,通常可以世袭。春秋以前,有公、侯、伯、子、男五等,另有卿、大夫、士,这些既是爵称,同时又是官称,依血缘的亲疏而定,人多是宗室封爵,各占有一定的土地,拥有一定的政治权力。春秋以后,爵称与官称逐渐分离,爵称只是作为收取封地地租和政治地位的待遇,封地里的行政长官由君主另派,封爵也不仅限于宗室。秦代设立自公士到彻侯二十等爵。汉代沿袭,另设宗室封爵诸侯王。魏晋以后,宗室和功臣多以王、公、侯、伯、子、男六等为爵号,每种又分若干等级。有爵位者在礼仪上享受相同品级官员的待遇,虽然没有职事,却是官僚的一部分,而且许多职事官也带有爵位的名号。封爵大多是出自君主或少数上层统治者的偏爱姑息,有时也因为迁就一时的权势和局势,造成了官僚队伍素质的下降。

察举制

中国汉代至隋代的一种选官制度。

王朝根据不同需要设立各种科目，指定有关官员担任举主，依规定贡上相应人才，经朝廷检验后给予录用或升迁。定期的察举科目称为常科或岁举，如孝廉、秀才科；由皇帝不定期地下诏要求贡举的为特科或诏举，如贤良、文学、明经、有道等科。汉文帝十五年（前165），诏举贤良能直言极谏者参加对策，并根据等第授予官职，察举制度因此正式确立。汉武帝在元光元年（前134）下诏郡国每年察举孝者、廉者各一人，被通称为孝廉，成为汉代察举制中最为重要的岁举科目。秀才在西汉后期成了岁举，举主为刺史，遂形成州举秀才、郡举孝廉的体制。汉顺帝阳嘉元年（132）规定儒生出身的孝廉要考试经术，文吏出身的则考试笺奏。孝廉科开始向中央考试制度过渡。从西汉到东汉初，察举的实施比较严格，保证了王朝对行政人才的选拔需求，特别是孝廉一科成为政府官员的重要来源。但由于东汉后期的政治腐败，造成严重的察举不实。魏晋南北朝时期，察举仍是基本的入仕途径之一。西晋时，察举形成了秀才对策而孝廉试经的格局。但曹魏以降，门阀士族势力日益发展，与之相适应，在选官上产生了九品中正制，察举制的地位开始下降。东晋时，察举已相当衰落。南北朝时，察举又趋于复兴，但大多为门阀士族所占据。北朝后期，随门阀制度的衰落，察举中的普通士人再度增多。在南北朝时期，考试日益成为决定被举者得官与否的中心环节。唐代初年，演变为科举制度。

科举制

中国封建王朝的一种选拔录用官吏的制度，因分科取士得名。

科举制始创于隋代，形成于唐代，延续至清末，存在了1 300多年。隋文帝废除九品中正制，打破士族对官吏选拔的垄断，采用荐举的方法来选拔人才。隋炀帝时创设进士科，以策问取士。唐代于进士科之外，复设秀才、明经、明法、明算、童子诸科，近20种。每年举行一次，称为“常科”。开始时由吏部，后改为由礼部主管考试录取。考试的内容侧重经文、律令、诗赋。而由皇帝临时特诏举行的，称“制科”，以考选“非常之才”，其名目达80余科。考中者，立即得以加官进爵。在诸科中，以明经、进士两科为重，而进士更重于明经。武则天时，亲行殿试，增设武举。宋代科举中逐步以经文取士，录取人数也大为增加。明清以四书、五经的文句为题，规定文章的格式为八股文，解释须以朱熹《四书集注》等书为准。考试程序为童试、乡试、会试、殿试四级。清光绪三十一年（1905），推行学校教育，科举制被废除。科举制有利于封建中央集权政府选人，把选用官吏的权力从世家大族的手里收归朝廷。采取公开考试的方法选拔人才，使选拔官吏有了一个知识才能的标准，具有很大的进步性。但后来流于形式，束缚了思想的发展，弊端日益明显。

行省制

自元代起施行的一项政治制度。

元统治者为加强中央集权，巩固对全国的统治，在中央设置中书省，作为全国最高行政机构，除京师邻近地区，包括山东、山西、河北、内蒙古由中书省直接管辖外，又在河南、陕西、四川、甘肃、岭北、辽阳、云南、江浙、江西、湖广等处设立行中书省，简称为行省或省。由中央委派丞相管理全省军政大事。行省以下设府、州、县，构成中央集权政体的地方行政体制。明代，撤销行中书省，改设承宣布政使司，但习惯上仍称行省，掌管民政、财政，另设按察使司掌管刑法，都指挥使司掌管军事，合称“三司”，不相统属，各自直属中央。布政使司下分府、县两级。宣德时，在关中、江南等地专设巡抚，职权驾于三司之上。后来为了军事目的，一些地方增设总督，巡抚也成了他的属下。清代复行省之名，省下设道、府、县三级。督府制成为各省的常制。巡抚为一省的地方长官,综理军、民要政;但总督职权大于巡抚,他可以辖一省或二三省,管理军、民政事,而以主持军事为主。这种地方行政建制是秦以来郡县制的进一步发展,它使中央集权在行政体制上得到保证。

羁縻制(土司制)

中国古代在少数民族地区利用各族首领统治该族人民的制度。

元以前,各封建王朝曾采取封赠边疆各族首领官爵以统治该族人民的措施。元代封授各族地方首领宣慰使、宣抚使、安抚使、招讨使等官职。此外,还在下面设土知府、土知州、土知县等土官,逐渐在民族地区形成一种不同于全国一般行政区的特殊制度。明代沿袭元制,以宣慰使、宣抚使、安抚使等官归兵部,土知府、土知州、土知县等归吏部,更完善了土司制度。土官皆世袭,给予符印,并确定了承袭、等级、考核、贡赋、征发等制度。土司除了对中央政权负担规定的义务外,在辖区内仍保留传统的统治组织与权力。土司制的确立,巩固了各少数民族地方首领的统治地位,同时也加强了中央政权与少数民族地区的联系,客观上曾经有利于各民族的友好往来和经济文化交流。明清两代曾在部分地区废除土司、土官,改由中央委任的流官进行统治,史称"改土归流"。国民党统治时期,部分地区仍然存在土司制度。中华人民共和国建立后,土司制被彻底废除。

府州县

府、州、县均是中国古代地方行政区划级别,在明清时代作为主要的省一级以下行政区划。

春秋时期,"县"最初设在边疆地区,诸侯大国把新兼并的地方设置为县;春秋后期,各国把县制推广到内地,在边疆设郡。秦始皇统一六国建立秦王朝后,确立郡、县二级制,将全国分为36郡,郡下设县。西汉和东汉时期,将郡、国作为一级行政区,县作为第二级行政区划。西晋和东晋时期,实施州、郡、县三级制。隋朝废郡,实施州、县两级制。唐朝承袭隋制,全国主要分州(府、郡)和县两级,总体实施以州辖县,但将重要的州命名为府,以与一般的州区分。宋朝地方行政区划基本实施两级制,以府、州、军、监为一级,县为第二级。元朝地方为三级或四级并存,开始设置行省(简称"省")为最高一级行政区,省下有路、府、州、县,路归省管;府和州有的归路管,有的归省管,还有的州归府管;县有的归路管,有的归府管,有的归州管。明朝沿袭元朝的行省制度,在省以下,府为第二级,州、县为第三级,部分的州还辖有县作为第四级。清朝基本沿袭明朝体制,形成了省下领府或者直隶州,府下领散州或县三级管理的格局。

改土归流

改土归流亦称改土设流、改土为流、改土易流,明清两代在少数民族地区废除世袭土司,改行临时任命的流官统治的一种政治举措。流官是指政府任命到地方任职的官员,因随时可以调往、流动不定,故称流官。它是与地方土官相对而言的,土官是世袭的,不调动、不流动。

中国古代以来在西南少数民族地区实行土司制度,少数民族人民由土司管理。明朝在西南少数民族沿袭元代的统治办法,设宣慰司、土知府等各级政府机关,任用少数民族首领担任土司长官,允许世袭,但必须忠于朝廷,按期给朝廷交纳贡赋,实行土司制度。明永乐年间,西南两个宣慰司叛乱,平定以后,改设贵州布政使司,从此贵州成为省一级行政单位。这种取消土司衙门,改由朝廷派流官直接统治的变革,称为改土归流。明成祖朱棣是实施改土归流的第一个皇帝,但因北方边境不稳固,改土归流仅在局部地区进行,土司制度仍存在于西南绝大部分地区。清康熙年间,平西王吴三桂、平南王尚可喜、靖南王耿精忠叛乱,史称三藩之乱,清朝历时八年才平息叛乱,为后继者雍正、乾隆皇帝的改土归流政策的推行扫清了障碍。有目的、有计划的大规模改土归流主要发生在清雍正年间，雍正四年(1726)，云贵总督鄂尔泰上奏雍正，提出了“计擒为上策，兵剿为下策；令自投献为上策，勒令投献为下策”的改土归流方法。为此，改土归流的措施主要体现为“恩威并用”“剿抚结合”“以威为主”，即用重兵进剿，强迫改土归流；自愿改土归流的土司，给予恩惠授以官职；抗拒改土归流的土司和寨长，给以革职处分处理。雍正采纳鄂尔泰奏请，实行改土归流，并任命鄂尔泰为云贵广三省总督，督办西南地区的改土归流。

改土归流是封建中国中央王朝以直接统治取代间接统治的一次政治制度改革。在中国封建社会漫长发展历程中，深山偏僻的少数民族地区没有被纳入直接统治范围，而是任用当地少数民族首领，授以宣慰使、宣抚使、安抚使、长官等武职或土知府、土知州、土知县等文职，世代相袭。随着封建制度日益成熟完善，世袭土司制度难以被“大一统”的封建专制制度所容忍。到明清时期，封建统治者已具备强大的政治、经济、军事实力，改土归流势在必行。改土归流有利于消除土司制度的落后性，加强中央对西南少数民族聚居地区的统治。

民族区域自治制度

民族区域自治制度，是指在国家统一领导下，各少数民族聚居的地方实行区域自治，设立自治机关，行使自治权的制度。民族区域自治制度是我国的基本政治制度之一，是建设中国特色社会主义政治的重要内容。

自治地方主要有自治区、自治州、自治县三级，每级都有相应的自治机关依法行使一般的地方职权和自治权力。民族自治区域与特别行政区的根本区别在于民族自治区域坚持社会主义制度，特别行政区可以实行资本主义制度。自治区与其他非自治区的主要区别在于民族自治区可以根据本地方的经济、政治、文化等特殊情况制定符合本地区特色的自治条例等，需向上级权力机关报备获取批准，方能生效实施；国家鼓励使用自治区域的民族文字和语言。自治区域、特别行政区和其他非自治区域都必须坚持“一个中国”原则，确保国家统一和民族团结。

截至2018年12月31日，中国先后建立了内蒙古自治区、西藏自治区、宁夏回族自治区、广西壮族自治区、新疆维吾尔自治区五个省级自治区。

一国两制

“一国两制”是指“一个国家，两种制度”，是中国政府为实现国家和平统一而提出的基本国策。按照邓小平的论述，“一国两制”是指在一个中国的前提下，国家主体坚持社会主义制度，香港、澳门、台湾保持原有资本主义制度长期不变。

“一国两制”以一个中国为原则，并强调“中华人民共和国政府是代表中国的唯一合法政府”。这是1978年中共党的十一届三中全会后，在实事求是思想路线的指导下，尊重台湾、香港、澳门地区的历史问题和现实状况而提出的实现祖国和平统一的构想，其主要内容是完成祖国统一后的香港、澳门、台湾作为不同于国家其他省、直辖市、自治区的特别行政区，拥有高度的自治权，如港、澳现行社会和经济制度及生活方式保持不变，保持财政独立，等等。而解决台湾问题的政策将会更宽一些，在对大陆不构成威胁的前提下，台湾可以拥有自己的军队，可以发行货币，台湾当局和各界代表人士可担任全国性政治机构的领导职务，等等。

“一国两制”构想最早是针对台湾问题提出来的，但首先被用来解决香港问题。1984年12月19日，中英两国政府领导人正式签署《中华人民共和国政府和大不列颠及北爱尔兰联合王国政府关于香港问题的联合声明》，宣布中华人民共和国将于1997年7月1日对香港恢复行使主权。1990年4月，第七届全国人民代表大会第三次会议正式批准《中华人民共和国香港特别行政区基本法》。1997年7月1日，中英两国政府举行了香港政权交接仪式，中国政府恢复对香港行使主权。1987年4月13日，中葡两国政府正式签署《中华人民共和国和葡萄牙共和国政府关于澳门问题的联合声明》，宣布中国政府将于1999年12月20日对澳门恢复行使主权并设立澳门特别行政区。1999年12月20日，中葡两国政府举行澳门政权交接仪式，澳门正式回归中国。“一国两制”在港澳地区的成功实践，对于中国实现台湾地区的和平统一提供了借鉴。

政治组织、机构和官职

皇帝

中国封建社会最高统治者的称号。

秦王嬴政在其即位第二十六年（前221）统一六国后，自以为“德兼三皇，功高五帝”，称始皇帝。从此历代封建君主均称皇帝。由于皇位是世袭的，于是以皇帝为本位推而及其亲属均有尊称，皇帝的父母称太上皇、皇太后，妻称皇后，子称皇太子、皇子，女称公主，孙称皇孙。皇帝的职权极为广泛：第一，为国家最高的行政首脑。三公、九卿分行政务，对皇帝负责，一切任用、选举与赏罚的最高权力均属于皇帝。第二，有最高的立法权。第三，有最高的司法权。诛赏刑赦的最高权力掌握在皇帝手中。第四，有最高的监察权。除最高级官员如宰相等由皇帝自行监察外，并设御史台以监察百官，为皇帝的耳目之司。第五，有最高的军事指挥权。凡用兵遣将，须有皇帝的命令。皇帝集中一切大权，其受事听政则有朝会制度。朝会创立于秦代，一直延续到明清。除节日及各种礼节性的朝会外，皇帝经常用常朝会议的形式来处理政务，凡属大政、大狱、立法、军事，均属常朝会议的内容。常朝有一定的仪式、程序和固定的地点。但朝会的疏密，则因皇帝的勤政与否有很大的差别。秦汉以后，历代因经济、政治的原因，皇帝的职权颇有轻重的差异。宋代，绝对君权逐渐形成。明清两代，君权极度膨胀。

三公九卿

中国古代的中央官制。

秦代以丞相、太尉、御史大夫为三公。丞相为百官之长，辅佐皇帝，综理全国政务。汉初改为相国，西汉末年又改称大司徒。太尉为全国军事首脑，汉武帝时改称大司马。御史大夫为仅次于丞相的中央高级长官，主监察，兼管重要文书图籍。西汉时丞相缺位，往往以御史大夫递补。东汉以太尉（大司马）、司徒、司空为三公，但实权操于官位较低的尚书台。唐宋沿袭东汉旧称，但三公并无实际职务。明清以太师、太傅、太保为三公，但只为大臣的最高荣衔。九卿是中央政府各行政机构的总称，亦为秦代所创立。秦以奉常、郎中令、卫尉、太仆、廷尉、典客、宗正、治粟内史、少府为九卿。奉常，汉改称太常，负责宗庙祭祀礼仪。郎中令，汉改称光禄勋，负责守卫宫殿门户。卫尉，负责掌管宫门警卫，主南军。太仆，掌管皇室车马。廷尉，汉景帝时改为大理，掌刑罚，为全国最高的司法官。典客，汉景帝改为大行令，武帝又改为大鸿胪，主管少数民族事务。宗正，汉平帝时改为宗伯，掌管宗室亲族事务。治粟内史，汉景帝改为大农令，武帝又改称大司农，主管租税钱谷、盐铁和国家财政收支。少府，掌管山海池泽的收入和皇室手工业制造，为皇帝的私府。魏晋以后由尚书主管各部行政，九卿只管一部分事务，职任较轻。明以六部（吏、户、礼、兵、刑、工）尚书、都察院都御史、通政司使、大理卿为九卿。清以都察院、大理寺、太常寺、光禄寺、鸿胪寺、太仆寺、通政司、宗人府、銮仪卫为九卿。

宰相

中国封建王朝对君主负责、总揽政务的人。宰是主持，相是辅佐。

历代所用官名与职权广狭程度各有不同。秦和西汉以相国或丞相为宰相，御史大夫为丞相之副。东汉的司徒等于丞相，与司空、太尉合称三公，共掌政务，然而实权都归尚书。魏晋以后，以中书监、中书令、侍中、尚书令、仆射以及重要的将军等执政者为宰相，无定员定名。隋唐时以三省长官中书令、侍中、尚书令、仆射为宰相，后又加衔称同中书门下平章事之号，简称同平章事。宋代直接以同平章事为宰相官称，参政知事为副相，合称宰执。宋神宗时改以左右仆射为宰相。南宋时又改为左右丞相。元代以中书省为政务中枢，丞相、平章政事为宰相，左右丞、参知政事为副相。明初废中书省及丞相等官称，由皇帝总揽政务。明成祖时建“内阁”，仁宗后，内阁权位渐高，入阁大学士成为实际的宰相，号称辅臣。清代雍正时另在内廷设立军机处，军机大臣成为新的宰相之职。辛亥革命以后，随着君主专制的消亡，宰相之职也消亡。

御史

中国历史上负责监察百官、纠弹不法、考核官吏的官员。

御史始于西周时期，为保管档案之职。战国时，御史为君主左右的随从秘书，掌记事、接收文书并充当君主监察官吏的耳目。秦汉御史地位提高，设御史府，以御史大夫为长官，下有侍御史、符玺御史、治书御史、监军御史等。东汉有侍御史，掌监察；治书侍御史，明察难以判决的案件。魏晋南北朝时期，御史台从少府中独立出来，成为全国最高监察机关，以御史中丞为长官，其下有治书侍御史、殿中侍御史、禁防御史、检校御史等。唐代侍御史掌纠举百官，殿中侍御史掌殿庭供奉之仪，监察御史掌分察百官、巡按州县等。至明清时期，院台科道御史体制形成，御史台改称为都察院，御史大夫改称左都御史、右都御史，置十三道监察御史，在内主纠百司之官，在外为巡按，代天子巡察府州县；设立六科给事中，分科监察六部百司，因此又称作科道制。清对中央、地方官员实行分道而察，对执法机构与监察机构进行反监，体现了朝野分治、科道并施的法律原则，标志着封建社会的监察制度已经完全成熟。

三省六部

隋唐时期中国中央政权机构的总称。

“三省”指尚书省、中书省和门下省。魏晋以降，已陆续设立尚书省、门下省、中书省、集书省、秘书省、中侍中省等衙门。隋设尚书、门下、内史、秘书、内侍等五省，唐增设殿中省。其中以尚书、门下、中书三省职权最重，同为最高政务机构。三省互相牵制，由中书省取旨，门下省审议，尚书省执行。三省长官同为宰相，共议国政。宋代三省分立之制渐成空名，行政权归中书省。元代尚书省时置时废，职权归于中书省。明代废中书省，三省之名遂消亡。“六部”指尚书省下属的吏、户（民）、礼、兵、刑（都官）、工等六部，由汉代六曹转化而来。西汉曾分尚书四人为四曹，后增至五曹，到东汉光武帝时又增至六曹，分理各项政务。魏晋以后，曹渐变为部。隋唐两代，以六部比附《周礼》的天、地、春、夏、秋、冬六官，隶属于尚书省。至此，秦汉九卿之政务职能由六部取代，九卿之事务职能仍归各寺、监执掌。元代六部改为隶属中书省。明太祖废宰相，六部直接隶属皇帝。清末逐渐增置新部，原来的六部也就废除了。

中国共产党

中国共产党成立于 1921 年 7 月 23 日，是 1949 年 10 月至今中国大陆唯一的执政党。

中国共产党是中国工人阶级的先锋队，是中国特色社会主义事业的领导核心，始终代表中国最广大人民的根本利益。党的最高理想和最终目标是实现共产主义。建党日是 7 月 1 日。

1917 年俄国十月革命促使一批中国先进分子开始接受并宣传马克思列宁主义。1921 年 7 月，在李大钊等人的倡导下和第三国际的帮助下，中国共产党正式成立。中国共产党成立以后，开展反帝反封建斗争，逐渐成为革命的领导力量。以毛泽东为代表的共产党人开辟了农村包围城市、武装夺取政权的革命道路，推翻了国民党统治并于 1949 年 10 月 1 日建立中华人民共和国。中华人民共和国成立后，中国共产党带领中国人民迅速恢复国民经济，并有计划地进行经济建设，到 1956

年基本完成了“三大改造”，实现了从新民主主义到社会主义的转变。1966年开始的“文化大革命”是给党和全国各族人民带来严重灾难的内乱。1976年“文革”结束。1978年中共十一届三中全会以来，全党解放思想，实事求是，将工作重心转移到经济建设上来，实行改革开放。以邓小平、江泽民、胡锦涛、习近平等为代表的中共中央领导集体，将马克思主义基本原理与中国具体实际相结合，率领全国人民建设中国特色社会主义，推动实现中华民族伟大复兴的中国梦。

全国人民代表大会

简称“全国人大”，是中国的国家最高权力机关。

1954年9月15日至28日，中国召开了第一届全国人民代表大会第一次会议，从而产生了中国的最高国家权力机关，行使国家立法权，全国人民代表大会制度是中国最高权力组织形式。

全国人大的常设机关为全国人民代表大会常务委员会（简称“全国人大常委会”），在全国人大闭会期间，由全国人大常委会行使国家最高权力。全国人大由省、自治区、直辖市、特别行政区和军队选出的代表组成，每届任期五年，每年举行一次会议，由全国人大常委会负责召集。全国人大代表的选举由全国人大常委会主持，代表任期届满的两个月以前，常委会委员必须完成下届全国人大代表的选举。全国人大有权对宪法、刑法、民事法等其他基本法律进行修改；有权选举产生国家主席、副主席、中央军事委员会主席、国家监察委员会主任、最高人民法院院长和最高人民检察院检察长；根据国家主席的提名，决定国务院总理的人选，根据国务院总理的提名，决定国务院副总理、国务委员、各部部长等一系列国务院重要职位的人选，根据中央军事委员会主席的提名，决定中央军事委员会其他组成人员的人选，并有权罢免上述人员；有权审查和批准国民经济和社会发展计划和计划执行情况的报告、国家的预算以及预算执行情况的报告；改变或者撤销全国人大常委会不适当的决定；批准省、自治区和直辖市的建置；决定特别行政区的设立及其制度；决定战争与和平问题，以及宪法规定的其他职权。中央国家机关对全国人大负责，并受其监督。

中国人民政治协商会议

中国人民政治协商会议（简称“政协”）是中国共产党领导的多党合作和政治协商的重要机构，是中国共产党领导的各党派团体和各族、各界代表人士进行政治协商、民主监督、参政议政的机构，是在中国共产党的领导下，具有广泛代表性的爱国统一战线的组织。

1949年9月21日至30日，中国人民政治协商会议举行第一次全体会议，代行全国人民代表大会职权，制定了《中国人民政治协商会议共同纲领》，会议选举了以毛泽东为首的中央人民政府委员会，宣告了中华人民共和国的成立。1954年9月，第一届全国人民代表大会召开后，政协不再代行全国人大职能。政协根据“长期共存、互相监督、肝胆相照、荣辱与共”的方针，对国家在经济、政治、文化、社会、生态等方面关乎民生福祉的问题进行政治协商，并发挥民主监督的作用。

政协设立全国委员会和地方委员会，全国委员会每届任期五年，全体会议每年举行一次，并设立常务委员会主持会务，常务委员会由全国委员会主席、副主席、秘书长和常委委员组成。政协委员由协商推荐的形式产生，每届政协委员名额和人选经上届全国委员会主席会议审议同意后，由常务委员会协商决定。政协委员主要由在全国各个领域具有参政议政能力，并具有代表性和影响力的人物组成。

民主党派

中华人民共和国的参政党，在中国共产党的领导之下进行民主监督和参政议政。

民主党派由中国国民党革命委员会（简称“民革”）、中国民主建国会（简称“民建”）、中国民主促进会（简称“民进”）、中国民主同盟（简称“民盟”）、中国农工民主党(简称“农工党”)、中国致公党(简称“致公党”)、九三学社以及台湾民主自治同盟(简称“台盟”)八个党派组成。其政治纲领是中华人民共和国宪法的总纲,遵循“长期共存、互相监督、肝胆相照、荣辱与共”的合作方针。民主党派形成于新民主主义革命时期(1919—1949),主要是由民族资产阶级以及相关的爱国人士、知识分子等联合而成的组织,反映民族资产阶级的利益和要求。中华人民共和国成立直至今日,民主党派的性质已发生改变,由代表资产阶级利益的党派变为一部分是社会主义劳动者的党派。

民主党派在多次民主革命失败后,深刻认识到中国共产党的正确主张是利国利民的,转向与中国共产党合作,结成统一战线,为民主革命的胜利做出了重要贡献。中华人民共和国成立后,作为参政党,坚持中国共产党的领导,在巩固人民民主专政,顺利进行社会主义改造,促进社会主义建设等方面都发挥了重要作用。

统一战线

指中国共产党在一定的历史时期内为了实现中国革命、建设和改革而团结有着共同目标的其他革命阶级、政党和可能团结的一切力量而结成的联盟。

统一战线的前提是坚持中国共产党对其路线、方针、政策上的领导,主要目标是实现祖国独立、统一和复兴。在不同的历史时期,统一战线始终是中国共产党将马克思主义基本原理同中国历史与现实和具体的社会状况相结合取得胜利的重要法宝。大革命时期,在国际共产主义和中国共产党人的努力下,孙中山发展完善三民主义,将国民党改组为多阶级、阶层的反帝反封建联盟团体,由此发展为民族统一战线。这一联盟团体主要是广大农民、工人、城市小资产阶级等团体。在1927—1936年国共十年对峙时期,中国共产党为取得政权,实现解放,结成了工人、农民、知识分子分别与劳动者、非劳动者的联盟,形成工农民主统一战线。抗日战争时期,国共停止内战,相互合作,抵抗日本侵略,结成抗日民族统一战线。解放战争时期,为实现人民的解放,中国共产党团结一切爱国的团体、阶层、党派及人士,结成人民民主统一战线,赢得了解放战争的胜利。社会主义时期,以工农联盟为基础的全体社会主义劳动者、建设者,拥护社会主义和祖国统一以及致力于中华民族伟大复兴的爱国者联合起来,结成最广泛的爱国统一战线,推动了社会主义建设发展。2015年,中国共产党颁布了第一部关于统一战线的党内法规——《中国共产党统一战线工作条例(试行)》,系统阐述了统一战线的相关工作要求。

中国国民党

中国国民党(简称“国民党”)是孙中山创立的、中国历史上第一个资产阶级政党,也是中华民国时期的主要执政党,经历了兴中会、中国同盟会、中华革命党、中国国民党等时期。

1911年,辛亥革命在中国同盟会的组织下爆发,次年,中华民国建立。“二次革命”失败后,国民党的雏形——中华革命党在日本东京成立。1924年,国民党在孙中山的领导下召开了第一次全国代表大会,同意将国民党进行组织结构的调整,并提出了“新三民主义”。广州国民政府成立后于翌年发动北伐。1927年,由于蒋介石、汪精卫对国共合作形式的破坏,第一次国民革命战争失败。1928年,国民党召开二届四中全会,对三民主义进行了彻底的扭曲。蒋介石掌控领导权,在国内进行独裁统治,发动了长达10年的内战。日本帝国主义入侵后,蒋介石坚持“围剿”红军根据地。1936年西安事变后,蒋介石在多方的影响下被迫答应与共产党合作一致对外。日本全面侵华后,与共产党结成抗日民族统一战线。抗日战争一开始,国民党积极与日军进行正面对抗,有效延缓了日军的攻势。1938年武汉失守后,汪精卫派系公开向日本投降,国民党当局转为被动抗日、主动反共。抗战结束后,在美国的援助下,蒋介石发起内战。1949年中华人民共和国成立,国民党在大陆的统治宣告结束。同年12月,国民党将组织核心迁至台湾。蒋介石去世后,先后由蒋经国、李登辉、连战、马英九、吴伯雄、朱立伦、洪秀柱、吴敦义等接任国民党主席职务,统管国民党的事务。

政治人物

周文王(约前1152—约前1056)

西周王朝奠基者。姓姬,名昌,岐周(今陕西省岐山县)人。公亶父之孙,季历之子。

相传季历和姬昌都十分贤明厚德,公亶父觉得他们更适合做君王,便有意传位给他们。季历的两个兄长听说了此事,主动放弃了继承王位并去了外地,于是王位就由季历和姬昌继承了。

周文王即位后,选拔与任用人才,得太颠、伯夷、姜尚等贤臣,并依靠这些人迅速发展国力,使得周国实力空前强大,因此受到了商纣王的忌惮,又遭到了奸臣崇侯虎的诬陷,被囚禁在羑里(今河南省汤阴县)。在被囚禁期间,因无所事事,便潜心研究伏羲八卦,并将八卦演化为六十四卦。幸商纣王昏庸无能,周国大臣又以重礼献上,才被赦免。

当时商纣王不辨是非,不理朝政,导致国事一片混乱。周文王以贤能闻名于诸侯国之间,又因为解决了虞(今山西省平陆县)、芮(今陕西省大荔县)两国之间的矛盾,大大增加其在诸侯国之中的威望。周文王在位时,多次发兵平定各路诸侯。先是伐犬戎(今陕西省、甘肃省一带)获胜,后灭密须(今甘肃省灵台西南),巩固了周朝的西北方。随后发兵东征,伐黎(今山西省黎城县)、邘(今河南省沁阳市),最后攻克崇国(今陕西省西安市),并定都于此。死于约公元前1056年,葬于毕原(今陕西省岐山县)。

周文王演绎《周易》,创建周礼,成了后世儒家思想的一个重要来源。在位后期,周国空前强大,在诸侯国之间威望无与伦比,但是周文王一生并未称王。约公元前1046年,文王之子姬发攻伐商朝,建立了周朝,才追谥姬昌为周文王。

秦始皇(前259—前210)

嬴政,又名赵政(正)、秦政,秦朝的开国者,秦庄襄王之子。

公元前247年,嬴政年方13便继承秦国王位,此时国家权力实际掌握在吕不韦、嫪毐等人手中。公元前238年,嬴政在故都雍城举行了成人礼,之后开始逐步掌控国家大权,先杀嫪毐,后罢免吕不韦官职。重用李斯、尉缭等人,采纳其建议开始变法改革,使得秦国国力空前强大。采取远交近攻的军事策略,派遣谋士游说各国国君与大臣,在十年的时间里先后灭六国,建立秦朝,奠定中国的国土边界。

秦始皇首创"皇帝"的尊号,自称为"始皇帝"。在政治制度上,采用三公九卿制来治理国家,主要官员由皇帝直接任免,废除世袭制,以达到君主集权的目的。地方上以郡县制取代分封制,防止形成割据势力。同时为了促进不同地区间经济与文化的融合,对法律、货币、文字和度量衡等都做了统一。积极保卫国家主权,修筑长城抵御外敌,坚决抵抗外来侵略势力。重视农业发展,修建灵渠保证农业灌溉。

秦始皇前期的功绩对后世产生了极其深远影响,但是其在位的后期,妄想长生来维护自己的长久统治,派人入海求不死之药。又接连用兵,修建大规模的宫殿陵墓,导致死者无数,民不聊生。严刑苛法,重赋繁役,"焚书坑儒"以扼杀民智,造成了社会的动荡不安。公元前210年,死于东巡途中,随后农民起义此起彼伏,导致秦朝早早就灭亡了。

汉武帝(前156—前87)

即刘彻,西汉第七位皇帝,汉景帝之子,即位承文景之治盛世之后,是西汉国力最为强盛的时期。

在位期间,采取主父偃的建议颁布了"推恩令",允许诸侯王分封土地给子弟为侯,建立较为小的诸侯国,使得诸侯领土越分越小，削弱了地方势力。由皇帝任命十三部州刺史，巡查地方，增强了中央集权。在思想上采纳了董仲舒“罢黜百家，独尊儒术”的主张，使得儒家思想成为影响后世几千年的正统思想。设立太学，建立察举制度，培养和选用人才维护统治。为加强对西域的统治，曾多次派遣张骞等出使月氏、乌孙、安息等国，开辟“丝绸之路”增强了与西域诸国之间的政治经济来往。为清除统治威胁，在元光二年至元狩四年（前133—前119）间，多次发动讨伐匈奴的战争，平定了北方匈奴之乱。元鼎六年（前111）又平定了南越，并设置郡县对当地进行管理。推行赵过的“代田法”，使得农业生产的产量有了大幅度增长。鼓励农民开垦荒田，扩大农业生产规模，治理黄河水患，兴修水利保证农业灌溉。为解决长期征战的财政支出，将铸钱、冶铁、制盐收回官营，鼓励商业活动但向其征税。通过这些改革，西汉时的封建统治比较稳定。

汉武帝雄才大略但好大喜功，举行封禅仪式昭告天地自己的功劳，吃喝所用奢侈无度，大大增加了人民负担。加上常年征战，导致经济发展滞退，百姓无家可归，西汉国力由盛转衰。后元二年（前87），汉武帝死于五柞宫，葬于茂陵（今陕西省咸阳市）。

隋文帝（541—604）

即杨坚，隋朝开创者。

北周时其父杨忠就官拜大将军，封爵为隋国公。周武帝时杨坚英勇作战，立下无数战功后官拜大将军，世袭隋国公。周宣帝时期因其女为皇后而得到重用，手握大权。但宣帝早逝，杨坚以辅佐幼主周静帝的名义把持朝政，实力日渐强大，被封为隋王。为防北周诸公王叛乱而杀赵、陈、越、代、滕五王，平定以相州总管尉迟炯为首的三方叛乱。于北周大定元年（581）逼迫周静帝禅位，自己当了皇帝，建立隋朝，改年号为开皇。从隋开皇八年（588）开始举兵伐陈，在两年的时间里结束了长期以来诸侯国之间征战不止的分裂局面，统一了全国。

隋文帝在位期间积极改革政治经济制度，加强皇权。在政治方面，在中央确立了三省六部制，在地方上则实行了州、县两级制，官员的任免由皇帝决定。废除九品中正制，采用分科考试的方法选拔人才，有利于打破阶级固化，稳固长久统治。在经济方面，推行均田制和租调制，缩短男丁服役期限，实行输籍定样，整顿户籍。在军事上，对府兵制进行改革，实现了兵农合一。这些改革措施促进了社会的稳定，提高了综合国力。在隋文帝统治后期，人丁兴旺，兵强马壮，既保证了社会和谐，又稳固了封建统治。隋文帝死于隋仁寿四年（604），相传为当时还是太子的杨广所杀害。

唐太宗（599—649）

即李世民，唐朝第二位皇帝，杰出的政治家、战略家、军事家、诗人，生于武功之别馆（今陕西省武功县），是唐高祖李渊和窦皇后的次子。

李世民少年从军，曾去雁门关营救隋炀帝。唐朝建立后，李世民官居尚书令、右武侯大将军，受封为秦国公，后晋封为秦王，先后率部平定了薛仁杲、刘武周、窦建德、王世充等军阀，在唐朝的建立与统一过程中立下赫赫战功。

唐武德九年六月初四（626年7月2日），李世民发动“玄武门之变”，杀死自己的兄长太子李建成、四弟齐王李元吉及二人诸子，被立为太子。不久唐高祖李渊退位，李世民即位，改元“贞观”。

李世民在位期间，积极听取群臣的意见，对内以文治天下，虚心纳谏，厉行节约，劝课农桑，使百姓能够休养生息，国泰民安，开创了中国历史上的贞观之治。对外开疆拓土，攻灭东突厥与薛延陀，征服高昌、龟兹、吐谷浑，重创高句丽，设立安西四镇，各民族相处融洽，李世民被各族人民尊称为“天可汗”，为之后一百多年的盛世奠定了重要基础。

唐贞观二十三年五月己巳日（649年7月10日），李世民因病驾崩于含风殿，享年52岁，在位23年，庙号太宗，葬于昭陵。

李世民是一位有作为的政治家和军事家，在反隋建唐的斗争中起着领导作用，李世民玄武门之变的胜利，在客观上对唐初社会历史的发展起着积极作用。李世民不歧视少数民族，除对突厥的侵扰用兵外，主要是采用怀柔的政治手段处理民族问题，方法妥当，政策开明，有利于民族的团结和国家的统一。

宋太祖(927—976)

即赵匡胤，字元朗，宋朝开创者。

后汉乾祐元年(948)拜入郭威门下讨伐李守真。在帮助郭威称帝建立后周后，为后周南征北战，消灭敌对势力并取得巨大功劳。后周显德六年(959)，担任殿前都点检之职，此时周世宗柴荣去世，新帝年幼，朝政不稳，赵匡胤就顺势发动了兵变，手下将领拥立其为皇帝，赵匡胤凭借自己的军事实力逼迫新帝禅位，建立宋朝。

建隆元年(960)平定了李筠、李重进的叛乱。于次年杯酒释兵权，将兵权收回到中央。采取了赵普等人“先南后北、先易后难”的作战方针，平定了南方诸国，继而开始进行统一全国的战争。设立三官瓜分宰相之权，加强君主集权。待平定全国各地后，由皇帝直接任命京朝文官去执掌地方政权，并设转运使监管地方官员，加强中央对地方的掌控力。为防止地方军队过于强大，挑选地方精兵为中央禁军。改革军制，将领之间相互调动，使兵将不相知，以加强中央对军队的掌控力。改良科举，兴修水利，奖励农桑等，都极大地促进了经济发展。注意维护国家主权，在边界建立要塞以防止外敌入侵。

宋太祖在位期间，巩固发展了封建王朝的统治，使宋朝得以快速发展，但由于自身是通过兵变当上皇帝，因此对军队的管理异常苛刻。其治军的政策对军队的战斗力有着极大削弱作用，也为宋王朝的覆灭留下了祸端。宋太祖于开宝九年(976)暴毙于宫中，葬于永昌陵(今河南省巩义市)。

元世祖(1215—1294)

即孛儿只斤忽必烈，元朝开创者，蒙古族人，蒙语尊称“薛禅汗”。

忽必烈为藩王时，就有着极其远大的志向。宪宗即位初时，让他掌管漠南汉地军国事务。他任用各族儒生，兴办屯田，采用“汉法”统治，后攻灭大理国。1256年在开平(今内蒙古自治区境内)建立了自己的根据地。1259年对外作战时得知宪宗战死的消息，采纳了郝经的建议，迎宪宗灵车，取大汗宝玺以获得正统地位；同时与南宋密约议和，为争夺汗位迅速北返。1260年在漠南诸王支持下即大汗位，定都于开平。1267年迁都至大都城(今北京市)。1271年，定国号为元。忽必烈受汉族文化的影响，延续了许多汉族的行政、军事和财政制度，但其创立的行省制度一直沿用至今。后大举出兵进攻南宋，于1279年彻底覆灭南宋，结束了国内不同势力相互对立的混乱局面，实现了全国统一。

他提倡程朱理学，以加强思想统治。实行屯田，兴修水利，保证农业生产，促进经济恢复。为防止人民起义，禁止汉族人学习捕猎和舞刀弄枪，对汉民中持有的兵器一律收缴。颁布的各项政策中带有浓重的民族压迫色彩，导致汉族人民的生活苦不堪言，民族矛盾的加深导致人民起义不断。至元三十一年(1294)病死，所葬之处不详。

明太祖(1328—1398)

即朱元璋，明朝开创者，濠州钟离(今安徽省凤阳县)人。

幼时家中贫苦，靠为地主家放牛谋生。元至正四年(1344)亲人全部因瘟疫而死，为生存入皇觉寺削发为僧。至正十二年(1352)加入了郭子兴部的红巾军，因为有勇有谋被郭子兴赏识。随后的几年里因战功显赫而被授予江南行中书省平章之职。为加强地方治理接受朱升的建议，推行屯田，鼓励农业生产，减少作战保存实力，以此来提升自身的综合实力，成了一方诸侯。至正十九年(1359)升左丞相,不久又被封为吴国公。后击败陈友谅,在消灭其残余势力后改称吴王。随后不断地消灭周围的割据势力,并以主力北伐中原。

1368年称帝并建立明朝,定都应天(今江苏省南京市),定年号为洪武,随后消灭元朝,之后逐步平定了全国各地的叛乱,建立起统一的王朝。在位期间,吸取元朝灭亡的教训,制定严明的法律,整顿官治。由于自身出于草莽,了解人间疾苦,派人清丈土地并出台法律防止土地兼并和贪污腐败,还采取了均平徭赋等一系列措施,使民众得以休养生息,恢复被战争破坏的经济秩序。为加强皇权,维护专制统治,去行中书省,废宰相,分与六部,为明朝的长久统治奠定了坚实基础。明太祖在位后期大兴文字狱,严刑峻法,滥杀了一大批文人和大臣。最终病逝于国都应天,葬于明孝陵。

清太宗(1592—1643)

即爱新觉罗·皇太极,清朝第二位皇帝,满族,清太祖第八子。初为正白旗旗主贝勒,与其三位兄长合称“四大贝勒”,因年龄排为“四贝勒”。

在天命十一年(1626)继承汗位,后改年号为天聪。为稳固自己的统治,先后将其余三个贝勒囚禁或流放,后增设了“八大臣”“十六大臣”,共议朝政,以打击和削弱其他贝勒对朝政的掌控力,加强君主的权力。天聪五年(1631),仿明制设六部及文馆(后为内三院),翻译汉文典籍,吸收汉族文化。命达海对老满文进行修改,创制出新满文,使其通俗易懂,便于使用。自领正黄旗、镶黄旗和正蓝旗,扩大自己的军事实力。推行恢复和发展社会经济的政策,改革奴隶制度,使得部分汉族奴隶可以编为民户以此扩大农业生产。天聪九年(1635),定族名为满洲,并于次年称帝,建立大清国。采纳汉官建议,实行开科取士,荐举人才。设置都察院,定服式,明尊卑等。为了缓和民族矛盾,提倡满汉一体,选拔和任用汉族官员。

继续与明朝进行战争,北征黑龙江,平定朝鲜与蒙古,巩固和扩大了满族的疆域。专门设置理藩院来掌管蒙古事宜。崇德七年(1642),重创明军,获松锦大捷,为进取中原奠定基础。在位17年,对满族及其文化的发展,贡献甚大。崇德八年(1643)突然去世,葬于盛京昭陵(今沈阳北陵)。

孙中山(1866—1925)

又名孙文,广东人,近代中国杰出的思想家、民主革命家,中国国民党的始创者。主要代表思想是“三民主义”,即民族、民权、民生。先后创立民主革命团体兴中会和民主革命政党中国同盟会、中华革命党和中国国民党,积极推动民主革命发展。著述主要收录于《孙中山全集》等。

1911年10月爆发的辛亥革命,推翻了清王朝的统治,中国封建帝制被瓦解。1912年元旦,中华民国建立,孙中山被任命为中华民国临时总统,掌管中华民国重大事务,但不久被迫辞职。随后孙中山相继领导了反对袁世凯和各派军阀统治的运动,以期实现国家统一与独立,但都以失败告终。后来经过深刻反思,意识到共产党的力量,在国际无产阶级和中国共产党的协助下,孙中山积极组织召开国民党第一次全国代表大会,与中国共产党合作,将国民党改组成由多个阶级联合起来的民主革命的大联盟,将旧三民主义发展成新三民主义,制定并实行联俄、联共、扶助农工三大革命政策,推动了民主革命的有序进行。

孙中山一生热爱祖国,为国家早日实现独立、自由、民主、富强,耗尽毕生精力和心血。1925年3月12日,病逝于北京。

蒋介石(1887—1975)

又名蒋中正,浙江奉化人,近代中国政治人物及军事家。

蒋介石小时候从私塾入学新式学堂,20岁入保定军官学校学习后,又到日本学习并加入了中国同盟会,投身民主革命，得到了孙中山的赏识和重用。曾任黄埔军校校长、国民革命军总司令、国民政府主席、行政院院长、国民政府军事委员会委员长、中国国民党总裁、民国政府总统等。著述主要编入《蒋总统集》等。

1927年在上海发起"四一二"反革命政变后，大量残害共产党员和其他革命群众，使得两党之间的合作关系破裂。1928年在南京成立南京国民党政府，此后掌握了政治上和军事上的重大权力。1931年在面对日本侵略时，坚持不抵抗政策，依旧反对中国共产党。1936年西安事变，在张学良等人的努力下，被迫接受与共产党合作的提议，结束了国民党和共产党之间的战争，开启了双方第二次合作，共同积极抵抗日本帝国主义的侵略。但在武汉沦陷后，蒋介石对待日本侵略采取消极抵抗的态度，将国民党的力量集中在积极压制共产党的活动中。抗战胜利后，在美国的支持下，全面发动内战，并与美国签订了一系列丧权辱国的不平等条约。内战失败后，蒋介石率国民党退居台湾，后一直担任国民党最高领导和台湾"中华民国总统"职位。在台湾26年，虽主张一个中国原则，但始终反对中国共产党领导的国家政权，这也造成了中国大陆与台湾长期处于分离状态。

毛泽东(1893—1976)

字润之，湖南湘潭人。中国共产党、中国人民解放军、中华人民共和国的主要缔造者，中国各族人民的伟大领袖。

毛泽东是伟大的马克思主义者，伟大的无产阶级革命家、战略家、理论家，是马克思主义中国化的伟大开拓者，是近代以来中国伟大的爱国者和民族英雄，是党的第一代中央领导集体的核心，是领导中国人民彻底改变自己命运和国家面貌的一代伟人。早期即开始革命活动，接受并传播马克思列宁主义。1921年7月出席中国共产党第一次全国代表大会，1927年8月7日在中共中央汉口紧急会议上提出"政权是由枪杆子中取得的"论断。会后领导湘赣边界秋收起义，在井冈山创立第一个农村革命根据地，开辟了以农村包围城市、最后夺取全国胜利的革命道路。1934年10月参加红一方面军长征。1935年1月在遵义会议上被增选为中央政治局常委，开始确立以毛泽东为代表的新的中央的正确领导。抗日战争爆发后，写了《论持久战》等著作，提出中国共产党关于抗日战争的路线、方针、政策。1940年作《新民主主义论》，系统阐述新民主主义革命和新民主主义社会的理论。1945年4月主持召开中共七大，作《论联合政府》的政治报告，提出了建设新民主主义中华人民共和国的路线、方针、政策。1946年夏在蒋介石发动全面内战后，号召和领导全国人民以革命战争反对反革命战争，指挥全国解放战争取得胜利。1949年3月主持召开中共七届二中全会，提出全国胜利以后党的工作重心必须由农村转到城市。中华人民共和国成立后，领导中国共产党在迅速医治战争创伤、恢复国民经济的基础上，不失时机提出了过渡时期总路线，创造性地完成了由新民主主义革命向社会主义革命的转变，使中国进入社会主义社会。在社会主义基本制度确立后，对适合中国情况的社会主义建设道路进行了艰苦探索，取得了社会主义建设的基础性成就。1954年9月主持制定《中华人民共和国宪法》。1958年发动"大跃进"和农村人民公社化运动。晚年由于对国内阶级形势及党和国家政治状况的错误估计，发动"文化大革命"运动，使党和国家遭到严重的挫折和损失。1981年6月中共中央通过《关于建国以来党的若干历史问题的决议》，对毛泽东一生的全部活动和思想做出全面评价。其主要著作收入《毛泽东选集》和《毛泽东文集》。

刘少奇(1898—1969)

湖南宁乡人，伟大的马克思主义者，伟大的无产阶级革命家、政治家、理论家，党和国家主要领导人之一，中华人民共和国开国元勋。曾任中华人民共和国主席、全国人民代表大会常务委员会委员长，是以毛泽东为核心的党的第一代中央领导集体的重要成员。主要论著编入《刘少奇选集》。

早年读过私塾，上过学堂，参加过五四运动，远赴俄国大学学习，并加入中国共产党，回国后在中国劳动组合书记部工作，积极参加五卅运动、省港大罢工等活动，第一次国共合作失败后，曾在华东、华北、东北地区秘密进行党的相关工作。在赤色职工国际执行局工作（1930），后回国担任中共中央职工部部长、全国总工会党团书记（1931）。参加红军长征，积极拥护毛泽东在遵义会议上的正确主张。抗日战争中领导建设华北抗日根据地和华中抗日根据地。在中共七大做报告并系统阐述了毛泽东思想（1945）。中华人民共和国成立后，任中央人民政府副主席。1954 年在第一届全国人民代表大会第一次会议上当选为全国人民代表大会常务委员会委员长，1959 年第二届全国人大一次会议上当选为国家主席。“文化大革命”时期，遭受迫害致死。中共十一届五中全会为其平反冤屈，恢复名誉与尊严。

刘少奇一直关注改善人民的生活状况。中华人民共和国成立前就曾在河北组织召开会议，推动解放区的土地改革的发展（1947），中华人民共和国成立后在政协会议上做了《关于土地改革问题的报告》（1950），积极参与制定恢复国民经济的重要政策。

周恩来（1898—1976）

浙江绍兴人，生于江苏淮安，伟大的马克思主义者，伟大的无产阶级革命家、政治家、军事家、外交家。中国共产党和中华人民共和国主要领导人。中国人民解放军主要创建人之一。曾任国家总理、中央军委副主席、外交部部长等，被人民亲切地称作“周总理”。是以毛泽东为核心的党的第一代中央领导集体的重要成员。主要论著编入《周恩来选集》。

中学毕业后留学日本（1917），五四运动爆发后回国参加革命运动，后又赴欧洲勤工俭学，在欧洲期间宣传马克思主义，并加入中国共产党（1921）。回国后，任黄埔军校政治部主任，组织创建独立团，领导上海工人第三次武装起义，组织领导南昌起义、第四次反“围剿”并取得胜利。参加红军长征，遵义会议上坚决支持与拥护毛泽东的正确主张。西安事变后代表中国共产党与蒋介石谈判，结束内战，促使国共两党一致对外抗日。抗战期间，积极推进国共合作，在“国统区”努力争取和团结各方力量联合抗日，为抗战胜利后解放全中国的统一战线工作奠定了重要基础。抗日战争胜利后，与毛泽东一同组织领导解放全中国的人民解放战争。中华人民共和国成立后，长期担任国家总理，负责处理党和国家的各项重要工作。

国际上，周恩来为中华人民共和国的外交工作打开新局面；倡议将和平共处五项原则作为国家与国家之间的关系准则；万隆会议上主张和平共处，提倡求同存异的外交政策，促进了会议的圆满成功，让世界重新认识了中国；积极促成中国恢复在联合国的合法席位，推动中美、中日关系走向正常化。国内方面，他一直重视国家建设和改善人民生活，中华人民共和国成立以来，组织领导恢复国民经济建设的工作，提出社会主义建设四个现代化目标，即实现工业、农业、国防、科学技术现代化。

邓小平（1904—1997）

又名邓希贤，四川广安人，伟大的马克思主义者，伟大的无产阶级革命家、政治家、军事家、外交家，久经考验的共产主义战士。曾任党和国家的重要领导职务。中国社会主义改革开放和现代化建设的总设计师，中国特色社会主义道路的开创者，邓小平理论的主要创立者。主要著述编入《邓小平文选》。

邓小平早年由私塾转入公办学校学习，先后赴法国、俄罗斯留学（1920—1927），加入中国共产党，回国后受组织安排，投入与国民党共同推翻北洋军阀统治的革命斗争中。第一次国共合作失败后，从西安前往上海，改名邓小平，后又赴广西领导革命工作，发动百色起义，组织创建红军第 7、8 军，参加长征、遵义会议。

抗战期间任八路军129师政委，组织创建太行山抗日根据地，与彭德怀等人一起指挥百团大战。解放战争时期，与刘伯承指挥军队坚守并扩大中原解放区，指挥淮海战役。中华人民共和国成立后，率军解放西南地区，领导恢复该地区国民经济发展，和平解放西藏。“文化大革命”期间被诬陷迫害。

邓小平领导了“文革”后中国的思想解放和改革开放，主张建设有中国特色的社会主义，主张国内以经济建设为中心，实行社会主义市场经济，开放经济特区试点，农村改革实行家庭联产承包责任制，加强社会主义工业现代化建设；提出“一国两制”，推动实现香港回归，努力解决澳门、台湾问题；提出和平与发展的时代主题，对外打开国门，与国际接轨，外交斗争中韬光养晦，有所作为，积极推动恢复同美国、日本、苏联等国家的正常关系。

陈云（1905—1995）

上海人，无产阶级革命家、政治家，杰出的马克思主义者，中国社会主义经济建设的开创者和奠基人之一，卓越的经济工作领导人。曾任中央政治局常委、国务院副总理等党和国家重要领导职务，是以毛泽东同志为核心的党的第一代中央领导集体和以邓小平同志为核心的党的第二代中央领导集体的重要成员。主要论著编入《陈云文选》。

陈云出身贫寒，小学毕业后入上海商务印书馆当学徒（1919），参加五卅运动并加入中国共产党（1925）。第一次国共合作失败后，回乡参加农民运动（1927），后赴江西革命根据地开展革命工作（1933）。参加红军长征、遵义会议，支持毛泽东在全党的领导地位。1935年从上海赴苏联从事中共在共产国际代表团的工作，回国后担任中共中央组织部部长（1937）。中华人民共和国成立后，陈云主要负责国家的财政经济工作，历任国务院副总理、财政经济委员会主任、商业部部长、国家基本建设委员会主任等职务。“文化大革命”结束后，推荐邓小平重回党的领导层，主持相关工作。在改革开放的重要经济决策方面做出了重要贡献。

陈云在社会主义革命和建设时期十分关注党的建设和国民经济的发展。在党建方面，认为党风建设关系到执政党的生死存亡，重视党的干部任用，认为首先要了解人，气量大，才能更好地识才用人；党的政治思想道德建设应该坚持党员标准，严肃党规党纪。关于中华人民共和国成立初期的国民经济建设，陈云认为在处理公私关系时，确保国营经济主导地位的同时，可以兼顾其他经济成分，私营经济的合理利润不但不能否定，还要进行保护。关于改革开放和经济建设问题，认为社会主义社会可以同时存在计划经济和市场经济，协调并存可以共同促进国民经济发展。

⊙ 经济 ⊙

经济制度

社会主义计划经济

在生产资料公有制的基础上，根据社会主义基本经济规律和国民经济有计划按比例发展规律的要求，由国家按照经济、社会建设与发展的统一计划来管理国民经济的经济运行体制。

计划经济，或计划经济体制，是指有规划、有计划地发展经济，一般是政府按事先制订的计划，提出国民经济和社会发展的总体目标，制定合理的政策和措施，有计划地安排重大经济活动，引导和调节经济运行方向。由于几乎所有计划经济体制都依赖于指令性计划，因此计划经济也被称为指令性经济。计划经济体制下的政府要解决三个基本经济问题：生产什么、怎样生产和为谁生产。

中国计划经济体制的形成大致分为三个阶段：第一阶段，从1949年到1952年，主要开展了国民经济的恢复和财政状况的好转方面的工作，为全国开始大规模有计划的经济建设创造条件；第二阶段，从1953年到1955年，通过进行社会主义改造，逐步缩小市场经济的范围，加快建立国家的计划经济体制；第三阶段，1956年以后，多种经济成分并存的经济结构基本上转变为单一的公有制结构，生产依据指令，供应统一调拨，销售统购统销，财政统收统支，劳动统包统配，市场调节逐步被取消，计划经济体制得以确立。

计划经济相对于市场经济，在某种程度上表现出高度集中，也避免了市场经济发展的盲目性、不确定性等问题给社会经济发展造成的危害，如重复建设、企业恶性竞争、工厂倒闭、工人失业、地域经济发展不平衡、社会经济危机等问题。但是，这种以公有制为基础的计划经济也存在低效率的问题，因此，从1978年开始，中国开始实行改革开放政策，引入市场机制，逐步推进和深化经济体制改革，极大地促进了中国经济社会的发展。

社会主义市场经济

同社会主义基本制度结合在一起的市场经济。市场在社会主义国家宏观调控下对资源配置起基础性作用的经济运行方式。

市场经济是发达的商品经济，它以商品经济的充分发展为前提，是在产品、劳动力和物质生产要素逐步商品化的基础上形成、发展起来的。市场经济体系下产品和服务的生产及销售完全由市场的自由价格机制所引导，经济活动遵循价值规律的要求，以适应供求关系的变化；通过价格杠杆和竞争机制，把资源配置到效益最好的环节中去，并使企业实行优胜劣汰；运用市场对各种经济信号反应灵敏的特点，促进生产和需求的及时协调。社会主义市场经济将社会主义制度与市场经济体制相结合，使市场在社会主义国家宏观调控下对资源配置起决定性作用。

社会主义市场经济体制作为市场经济的一种，显然具有市场经济的共性。中国的市场经济同一般的市场经济体制相比，又有特殊性。中国的市场经济所有制结构是以公有制经济为主体，多种所有制经济长期共同发展，国有企业在市场运行中发挥主导作用；分配制度是按劳分配为主体、多种分配方式并存的制度；宏观调控把当前利益与长远利益、局部利益与整体利益结合起来，以更好地发挥计划与市场两种手段的长处；政治制度最重要的是坚持党的领导。

1992年，邓小平在南方谈话中指出：计划多一点还是市场多一点，不是社会主义与资本主义的本质区别，计划经济不等于社会主义，资本主义也有计划；市场经济不等于资本主义，社会主义也有市场；计划和市场都是经济手段。邓小平的这一论述，进一步解放了人们的思想。社会主义市场经济理论，是邓小平理论体系中极具创新意义的组成部分，是对马克思主义经济理论的修正。依据这一理论，党确定了建立社会主义市场经济体制的改革目标，进行了社会主义发展史上前无古人的探索。

经济体制改革（社会主义经济体制改革）

社会主义国家对其经济体制的调整和改造，是社会主义国家按照其国内生产关系一定要适应生产力性质这一客观规律的要求，对不适应社会生产力发展的国民经济管理制度和管理方式进行的改革。

在中国，大规模的经济体制改革源起于 1978 年中共十一届三中全会。其基本目标是，把高度集中的计划经济体制改革成为社会主义市场经济体制。1984 年 10 月 20 日，中共第十二届三中全会通过了《中共中央关于经济体制改革的决定》，成为指导中国 20 世纪 80 年代经济体制改革的纲领性文件。它共分十个部分：

1. 改革是当前中国形势发展的迫切需要。2. 改革是为了建立充满生机的社会主义经济体制。3. 增强企业活力是经济体制改革的中心环节。4. 建立自觉运用价值规律的计划体制，发展社会主义商品经济。5. 建立合理的价格体系，充分重视经济杠杆的作用。6. 实行政企职责分开，正确发挥政府机构管理经济的职能。7. 建立多种形式的经济责任制，认真贯彻按劳分配原则。8. 积极发展多种经济形式，进一步扩大对外的和国内的经济技术交流。9. 起用一代新人，造就一支社会主义经济管理干部的宏大队伍。10. 加强党的领导，保证改革的顺利进行。

《决定》明确提出进一步贯彻执行对内搞活经济、对外实行开放的方针，阐明了加快以城市为重点的整个经济体制改革的必要性、紧迫性，规定了改革的方向、性质、任务和各项基本方针政策。这次改革是对经济运行中多年积累的问题进行集中、系统的解决。但它不是对社会主义基本经济制度的改革，是在坚持社会主义基本经济制度的条件下，改造旧的经济模式，把僵化的、高度集中的计划经济模式，改造成为有中国特色的、企业有充分活力的、自觉运用价值规律的经济模式。

公有制经济

公有制经济是指生产资料归劳动者共同占有的经济形式。

人类历史上存在两种公有制经济：一是原始公社制经济。在生产力极低的条件下，个人无力单独和自然界作斗争，必须通过共同劳动获取生活资料，来维持生存和发展。二是社会主义公有制经济。它的实现形式主要是生产资料全民所有制和部分劳动群众集体所有制经济，主要包括国有经济、集体经济以及混合所有制经济中的国有成分和集体成分。

国有经济，即社会主义全民所有制经济，是指由社会全体成员共同占有生产资料的公有制经济形式，它同基础产业、基础设施和其他高度社会化的生产和经营活动相适应。

集体经济，是指由部分劳动群众共同占有生产资料的一种社会主义公有制形式，与农业和手工业、工业、建筑业、运输业、商业、服务业等部门中社会化程度较低的生产和经营活动相适应。在中国，集体经济又包括农村集体经济和城市集体经济。

混合所有制经济，是指在生产社会化和专业分工进一步发展的条件下，各种不同所有制经济按照一定的原则，主要以入股的方式将生产要素组织起来，进行统一经营、按股分红并负有限责任的所有制经济形式。混合所有制经济中的国有成分和集体成分，并不改变其公有制经济的性质。

社会主义初级阶段，在多种经济共同发展的格局中，公有制经济占据主体地位，其中全民所有制经济发挥主导作用。公有制的主体地位主要体现为：公有资产在社会总资产中占优势，国有经济控制国民经济命脉，对经济发展起主导作用。在社会主义市场经济体制下,公有制经济的主体地位和国有经济的主导作用的确立主要依靠公有制经济自身在竞争中的优势。

私有制经济

私有制经济是指生产资料归个人所有,私人占有企业利润的经济形式。

1949年前,中国普遍实行私有制经济。在中国,私有制经济也称为个体经济、非公有制经济、民营经济。

1953年6月15日,毛泽东在中央政治局扩大会议上第一次对党在过渡时期的总路线和总任务的内容做了比较完整的表述。改变生产资料的资本主义私有制为生产资料的社会主义公有制,在一个相当长的时期内,逐步实现国家的社会主义工业化,逐步实现国家对农业、手工业和资本主义工商业的社会主义改造。在对农业、手工业改造的过程中,采取一整套方针、原则、路线,遵循自愿互利、典型示范、国家帮助的原则,采取从互助组到初级合作社到高级合作社和公私合营的逐步过渡形式,不失时机地引导个体生产者走互助合作道路,逐步把个体农民和手工业者的生产资料私有制改造成为社会主义的集体所有制。

中国改革开放以来,逐步放开市场,允许私人投资和经营企业,从而极大地调动了生产者的劳动积极性,活跃了市场,促使中国经济社会迅速发展。在今天的中国,非公有制经济已经由原来"对社会主义公有制的必要补充",上升到"社会主义市场经济的重要组成部分"。

混合所有制经济

混合所有制经济指的是各种不同所有制形式的企业通过股权分割的方式进行的企业联合。

最初,各种所有制形式之间基本上是孤立地并存,每一种所有制对应着国民经济的一块,各板块之间相互封闭,国家也根据不同的板块制定差别化的经济政策和管理条例,生产要素的流动对板块之间的壁垒产生了冲击。公有制经济和非公有制经济在经营决策、收入分配和融资等方面存在机制上的摩擦,而市场化改革的趋势要求机制统一,这就决定了不同所有制经济需要寻求内在联合。中国的混合所有制是在各所有制追求优势互补的动机支配下形成的。

从宏观层次来讲,混合所有制经济是指一个国家或地区所有制结构的非单一性,在所有制结构中,既有国有、集体等公有制经济成分,也有个体、私营、外资等非公有制经济,还包括拥有国有和集体成分的合资、合作经济;而作为微观层次的混合所有制经济,是指不同所有制性质的投资主体共同出资组建的企业。混合所有制经济既有市场调节,又有政府干预。财产权分属于不同所有者,性质由控股主体的所有制形式来决定。

混合经济将社会上不同性质的资金集中起来,统一使用,既有利于缓解资金紧张,又能迅速扩大社会生产规模。国有经济成分和集体经济成分通过与其他所有制经济的融合,可以更好地发挥公有制经济凝结其他经济成分,形成规模经济效益,保证和促进公有资本保值增值的作用,是提高资本集中效益的重要途径。在股份制经济中,所有权与经营权分离,所有者、经营者、生产者三者权责利明确,有利于两权分离,调动三者积极性。

农村联产承包责任制

家庭联产承包责任制是农民以家庭为单位,向集体经济组织(主要是村、组)承包土地等生产资料和生产任务的农业生产责任制形式。

改革开放前的"政社合一"的人民公社所有制的体制下,农民没有生产自主权,农村经济较为单一,群众的生产积极性没有得到充分挖掘。随着思想的解放,中国农村经营体制改革,开始实行农业生产责任制,迈开了改革开放和农村经济体制改革的步伐。1979年,部分生产队出现"小段包工,定额计酬"的生产模式。1980年,中共中央《关于进一步加强和完善农业生产责任制的几个问题》文件下发后,1981年开始实行"分组作业,定额计酬”，一个生产队将劳动力分为若干个生产小组，将土地承包到组，各小组支配劳力和生产。作物从播种到收获一律由小组负责，入库时生产队按产量计酬到组再分配到人，通过联产计酬的方式，农民有了更多收获，生产自觉性、积极性大为提高，农作物产量明显增加。

随着改革的进一步深入，联产承包责任制形式不再局限于生产队统一经营承包到组，对于体制规模大、田地多、居住分散的生产队，可以以队的形式联合经营。有些地区直接统一包干到户，实行分户自主经营，这种到户的形式不同于联产计酬，需要自负盈亏，但是生产队体制不变，土地仍然归集体所有，使用权归农户，生产投资由农户负责，完成国家和集体征购的任务后，剩余的粮食和经营收入归农户自己所有，这是农村联产承包责任制“家庭大包干”形式的雏形。到 1984 年，中央一号文件“土地承包期一般应在 15 年以上”精神出台后，农村家庭联产承包责任制在时间上得以进一步稳定。2003 年 3 月 1 日起，第九届全国人民代表大会常委员会第二十九次会议通过的《中华人民共和国农村土地承包法》开始施行，明确规定农村土地承包后所有权性质不变，耕地的承包期为 30 年。2018 年 12 月 29 日第十三届全国人民代表大会常务委员会第七次会议做出《关于修改〈中华人民共和国农村土地承包法〉的决定》，确认土地承包期不变，第二轮承包期届满后再延长三十年。自此，中国开始实施农村土地流转制度，开始了新一轮的土地权制度改革，为农村家庭联产承包制注入了新的活动。农民承包土地使用权有了长期性和稳定性，农户种地、养地、改善生产条件的积极性提高，土地的经济效益也更好地发挥了出来。

土地制度

井田制

井田制是中国古代社会的一种土地制度。西周时期，土地被分隔成方块，周围有经界，中间有水沟，阡陌纵横，形状像“井”字，因此称作“井田”。

商、周两代的井田制因夏而来，到西周时已发展得很成熟。周王把土地层层分封给诸侯，诸侯将受封土地分赐给卿大夫，卿大夫把土地再分赐其子弟和臣属。周王对所封土地有予夺之权。各级受封的贵族对土地只有使用权，没有所有权，只能世代享用，不能转让与买卖。受封者还要向国王承担义务，交纳贡赋。井田制规定一切土地属于国家所有（即属于周王所有），周王是全国最高的统治者，也是最高的土地所有者。其实质是一种以国有为名的贵族土地所有制。

井田制是中国西周时期较为普及的土地制度，是中国春秋以前实现土地公有的有效途径。到春秋时期，由于铁制农具和牛耕的普及，中国从奴隶社会向封建社会转型，由于生产力发展等诸多原因导致井田制逐渐瓦解，秦孝公即位后，废除了井田制度。秦国商鞅变法标志着井田制的结束。可以说，铁器的使用和牛耕的推广，是促成井田制逐渐瓦解的一个物质因素。

初税亩

初税亩，从字面上解释，初，即开始的意思；税亩，指按土地亩数对土地征税。中国古代春秋时期鲁国实行的按亩征税的田赋制度，它是承认土地私有合法化的开始。

鲁宣公十五年（前 594），鲁国为了增加收入，规定不论公田、私田，一律按田亩收税。此后，楚国、郑国、晋国等也陆续实行了税亩制。春秋时期，由于牛耕和铁制农具的应用和普及，农业生产力水平提高，大量的荒地被开垦后，隐瞒在私人手中，成为私有财产；同时贵族之间通过转让、互相劫夺、赏赐等途径转化的私有土地急剧增加。在实行“初税亩”田赋制度之前，鲁国施行按井田征收田赋的制度，私田不向国家纳税，因此国家财政收入占全部农业产量的比重不断下降。鲁国实行初税亩，即履亩而税，按田亩征税，不分公田、私田，凡占有土地者均按土地面积纳税，税率为产量的 10%。

初税亩的实行，增加了财政收入，适应和促进了新型的封建土地占有关系。“初税亩”从律法的角度肯定了土地私有制,使中国历史从奴隶社会向封建社会的发展迈出了关键的一步。初税亩的实施使生产关系发生了变革,使其更加适应生产力的发展,是历史进步的具体表现。另外,初税亩制度削弱了各采邑的实力,使诸侯国的地位更加稳固,为后来建立中央集权制的统一国家奠定了基础。初税亩是土地私有制前提下平等赋税制度的最初形式,是符合经济发展一般规律的,它在激发劳动者生产积极性方面起到了积极的作用,是当时的社会条件下比较科学的选择。但税率高达10%,在今天看来是不可取的。

屯田制

屯田制是汉以后历代政府为取得军队给养或税粮,利用士兵和无地农民垦种荒地的制度。

屯田有军屯、民屯和商屯三种。屯田始于汉武帝时西域屯田,当时为军屯。军屯是指设立土地给不用打仗的军士,要求军士能自行耕作而生产行军所需粮食。在屯田上劳动的农民称作屯田客,亦称典农部民。

最早提出屯田制度的是曹操麾下的枣祗与韩浩,而实行者包括任峻和邓艾等。曹操与他奠基的曹魏政权整合军屯与民屯,在各地设立田官专门负责屯田。屯田制逐步确立后,成了国家政权的钱粮收入来源,同时也解决了屯田军民本身的生计。

近代史家把曹魏屯田分为军屯和民屯,二者都是战争时期的产物,为供应军粮而兴办,必要时参加民屯的劳力同样需执戈对敌。不同之处在于,屯田民主要从事农垦生产,而军士以攻防为主。按照经济学的说法,建安屯田使有限的生产资源得到了高效率的分配使用。屯田制把劳动力安置在国有土地上从事生产,从而充分利用了既定的生产资源,也解决了军粮供应问题。

屯田制自古有之,并非曹操首创。但曹魏屯田的规模和作用之大是空前绝后的。由枣祗首倡实施的屯田制,不仅在当时起了一定的积极作用,而且为后世开创了一种大规模的寓兵于农、兵农合一的先例,为历代封建统治阶级所不同程度地仿效,在中国政治、经济、军事发展史上占有重要的地位。

均田制

即封建王朝将无主土地按人口数分给小农耕作,土地为国有制,耕作一定年限后归其所有,是北魏孝文帝改革中具有开创性的一项措施。

北魏初年,鉴于中国北方长期战乱,人民流离失所,户口迁徙,田地大量荒芜,国家赋税收入受到严重影响。为保证国家赋税来源,北魏政府把掌握的土地分配给农民,农民向政府交纳租税,并承担一定的徭役和兵役。孝文帝于太和九年(485)颁布均田令并开始执行。但是,地主阶级的土地不属于均田范围。后来的隋朝和唐朝初期仍行此制,唐中叶以后,人口增加,土地兼并日益严重,均田制实行的基础——土地国有制破坏严重。唐德宗建中元年(780),在宰相杨炎的建议下,实行两税法,均田制被废止。

均田制对巩固封建统治,恢复和发展农业生产有积极的作用。首先,它在一定程度上使无地农民获得了无主的荒地,大片荒地被开垦出来,粮食产量不断增加,农民能够安居乐业,生产积极性得到提高,推动了北方经济的恢复和发展。其次,均田制作为封建国家土地所有制,有利于国家征收赋税和徭役,促进北魏政权的封建化,巩固统治。最后,均田制的推行极大地推动了北方内迁各族改变原先落后的游牧生活而向封建农民的转化,推动了这一时期北方民族大融合高潮的出现。均田制对后代田制也有很大影响,先后为北齐、北周、隋、唐所沿用,施行时间长达300多年。这一制度的选择、推行,为中国封建鼎盛时期的出现奠定了雄厚的物质基础。

鱼鳞图册

又称鱼鳞册、鱼鳞图、鱼鳞图籍、鱼鳞簿、丈量册,是中国古代的一种土地登记簿册，是民间田地之总册。这种簿册由总图和分图构成，总图由各分图田块栉比排列，看似鱼鳞，故称鱼鳞图册。

图册将房屋、山林、池塘、田地按照次序排列，把每块土地形状绘制成图，标明相应的名称，田块内注有田块编号、面积及水陆、山川、桥梁、道路情况，并详细登记了土地拥有者的姓名、土地亩数、四至以及土地等级。

鱼鳞图册的编制最早始于南宋嘉定十年（1217），出现在宋朝农业经济较为发达的两浙（即浙东和浙西）、福建等地。明洪武十四年（1381），朱元璋发现因土地隐匿给国家税收造成损失的严重问题后，开始编造完整、详细的鱼鳞图册，在相当大程度上摸清了地权，清理了隐匿。明代鱼鳞图册就其所登记的项目而言更加完善，已是相当完备的土地登记册。它的编制，使赋役的征收具备了确实根据，多少防止了产去税存或有产无税的弊端，使政府税收有了保证，耕地及税额也有所增长。这是地政管理史上的一个巨大进步，也是继摊丁入地之后尤为重要的赋税征课制度。明代中叶后，鱼鳞图册与实际逐渐不相符合，而流为具文，清朝建立后已名存实亡。

鱼鳞图册制度是中国封建社会建立的科学的土地赋税管理办法，它的编制对于巩固高度专制主义中央集权国家的经济基础曾发挥了较大的作用。鱼鳞图册对于中国土地制度史等领域的研究也有着重要的价值和意义。

族田

中国旧时宗族共有的土地。有祭田、社地、义庄田、祠堂田等名目。

宗族共同体为支付祭祀祖先、维持祠堂、修纂族谱、赡养和培养族人时产生的费用，设置了宗族集体的公共财产——族田，它是旧中国宗族所共有的土地。它是中国封建土地制度中地主阶级以宗族名义占有的土地。宗族占有的土地（族田）有多种名目，诸如祠堂田、寺庙田、墓田、祭田、义田、学田、公会田等。族田一般掌握在族长和族中有财势的人手中。有的由族长直接经管，有的由族里委托专人经管。所收地租用于祭祀、助学、救济等。义庄则是管理族田、掌握地租分配的机构。

族田早在宋代已经出现，范仲淹曾创设义田。范氏义庄为宋代宗族置田开创了先例，各地官员竞相仿效。在元代百年间，族田、义庄变化不大。明代则有所发展，安徽、广东、陕西、直隶（今河北省）等省都有关于设置族田、创建义庄的记载。在清代两百多年间，族田发展比较迅速，各省都有关于族田、义庄的记载。中华民国时期，族田建置仍继续扩大。

族田、义庄创建人多系官僚地主，也有少数富商。义庄田产不仅用于赡养本族族人，而且扩大到培养本族士人和赈济本地贫苦百姓。官绅地主创建族田、义庄，是为了通过经济权力维护宗法关系，巩固封建统治，因此受到封建政权的维护。明清时尤其是清代，伴随商品货币经济的发展，宗法关系趋向松懈，族田、义庄曾成为地方行政的辅助，对封建统治起着一定维护作用。可以说，建立族田、义庄也是地主阶级维护宗族统治的一种手段。

旗地

清朝统治者赏赐给满、蒙、汉军八旗官兵的土地。

清天命六年（明天启元年）（1621），后金占领辽沈，并迁都辽阳，发布“计丁授田”令，将辽沈地区大量闲置土地分给驻地军士耕种，这是最早的旗地。

在清代土地制度中，旗地是特有的土地占有形态，这种土地是政府掌握的官田或强迫圈占的民田，本质上属于封建地主土地所有制的范畴。它包括贵族庄田和旗兵旗地。拨归皇室内务府的叫皇室庄田，赐予亲王、郡王等勋贵的叫宗室庄田，授予满洲八旗、蒙古八旗、汉军八旗官兵的叫八旗官兵旗地。

清初，旗地生产由壮丁担负。壮丁是旗籍下的农民（包衣），他们在庄头监督驱使下领种土地，纳粮当差。他们与庄田主有严格的人身依附关系。旗租以征收银租为主。每块地租额多少因各项旗租地来源不同而有所差异。旗人不向国家交纳田赋。

清朝法律严禁旗民交产。清朝入关伊始即规定：旗地不准越旗交易和私售于民，违者以倒卖官田论罪。清政府不允许旗民交产，主要是不准旗人典卖土地给民人，汉人不许典卖旗地、旗房。旗地是清朝统治者分配给旗人的份地，只赋予占有权和使用权，没有所有权，旗地不许典卖转让，只能世代承袭，为的就是保护旗人的经济地位，防止削弱清政权的社会基础。但八旗人丁典卖旗地的现象从康熙初年便出现了。主要是转让使用权，保留所有权及回赎权。同一旗内部的旗人可以相互买卖土地，使旗地转让合法化。康熙时期，旗地典当活动越来越活跃，清雍正元年（1723），清政府正式建立旗地买卖税契制度。旗民交产，使得“官田”变“民田”，这是旗地所有权发生变动的重要途径。

永佃制

中国传统农业社会后期出现的一种佃农有权永久性耕种地主土地的租佃制度。

地主出租土地时，先收一定数额的押租，佃户交了押租即取得土地的耕种权，地主不能无故撤佃，或随意增加租额，这种习惯相沿而成永佃制。

早期永佃制的形成，主要是农民垦荒或长期耕种、改良地主土地。例如在灾荒或战争之后，地主为了招民垦荒，给农民以永佃权；也有因农民贫困破产或不堪捐税重负而出卖土地的所有权，保留土地使用权，结果形成永佃制；有的佃户在佃耕的土地上进行土壤改良，使原来贫瘠的土地成为肥沃的土地，因而取得了永佃权。到了后期的永佃制，更多的是农民价买佃权，或出卖所有权而保留耕作权。

在这种租佃制度下，土地分为田底与田面（亦称田骨与田皮、里子与面子、下盘与上盘等）两部分。地主占有田底，其权利是向佃农收租；佃农占有田面，其权利是永久使用土地。

前者称为“田底权”，后者称为“田面权”。田面权可以继承，也可以出租或出卖。地主的田底权可单独转让，不影响佃户的田面权。田底、田面各有价格，田面价大多低于田底价，也有等于或高于田底价的。永佃制一般租额较低，多为定额租制。

一般认为，永佃制起源于宋代。清代前期，在江苏、江西、福建、广东、浙江、安徽等省盛行，永佃制发展得最完备、最典型的是苏州地区。对永佃制下土地所有权和耕作权的称法，各地不一。清中叶以后，某些地区的永佃制开始衰落，但是江苏、浙江、安徽一带的永佃制在太平天国后曾一度有所恢复和发展。

永佃制下土地所有权与土地使用权分离，使农民对土地有较大的支配权和生产经营权，这种租佃制度曾对某些地区农业生产的恢复和发展起过一定的作用。1949 年后中国台湾地区农村普遍实行了永佃制，从而使佃农分享到了台湾地区城市化过程中的土地溢价权。

土地改革

指政府对土地使用和制度等方面进行的大调整，比如土地税收、产权改革、土地使用制度的改革等。

土地改革有狭义和广义之分。狭义的土地改革是指土地所有权的再分配，即把一部分人占有的土地转移给另一部分人所有。广义的土地改革不仅包括土地所有权的转移，而且包括土地租赁契约的改变。

中华人民共和国成立前，半殖民地半封建的旧中国仍维持封建土地制度，占农村人口不到百分之五的地主、富农，占有全国百分之五十的土地。封建土地制度严重阻碍了农村经济和社会的发展。1947 年 9 月，中国共产党在河北省石家庄市西柏坡村举行全国土地会议，通过了《中国土地法大纲》，于同年 10 月 10 日由中共中央公布施行。1947 年全国土地会议后，各解放区为贯彻会议精神，从各级党、政、军机关抽调大批人员组成工作组深入农村开展工作。1947 年 11 月至 12 月，一个以土地改革为中心的波澜壮阔的群众运动，很快在陕甘宁、晋绥、晋察冀、晋冀鲁豫、华东等老解放区,东北等半老解放区,以及鄂豫皖、豫皖苏、豫陕鄂、江汉、桐柏等新解放区广泛开展起来。

中华人民共和国成立后,占全国3亿多人口的新解放区还没有进行土地改革,广大农民迫切要求进行土地改革,获得土地。1950年6月30日,中央人民政府根据中华人民共和国成立后的新情况,颁布了《中华人民共和国土地改革法》。它规定废除地主阶级封建剥削的土地所有制,实行农民的土地所有制。同年起,没收地主的土地,分给无地或少地的农民耕种,同时也分给地主应得的一份,让他们自己耕种,自食其力,借以解放农村生产力,发展农业生产,为中华人民共和国的工业化开辟道路。《土地改革法》公布以后,在3.1亿人口的新解放区分期分批,有计划、有领导、有秩序地开展了土改运动。

1949年中华人民共和国成立后,中国确立了土地的社会主义公有制,同时宪法明确规定"任何组织或者个人不得侵占、买卖、出租或者以其他形式非法转让土地"。中国存在两千多年的封建土地所有制从此被彻底摧毁,地主阶级也被消灭。土地改革是中国人民在中国共产党领导下,彻底铲除封建剥削制度的一场深刻的社会革命,是中国民主革命的一项基本任务。

税收制度

赋税

指田赋及各种捐税的总称,依照法律或习俗征收的款项,尤指应付给政府的费用。

古代国家向人民征收的人口税、财产税、田地税、工商税等通称为赋税,为古代国家主要的财政来源。中国最初的赋税是统治者向下属征取土产、劳役和其他实物,后渐变为按丁口征收军役及军需品,称为"赋",按土地及工商经营征收财物,称为"税"。

"贡、助、彻",据说是中国历史上早期的租税制度。夏代的田赋称为"贡",贡有两种,一是诸侯进献的土贡,一是百姓缴纳的田赋。到了商代,贡法为助法所取代。助法又称藉法,藉即借,指借民力以耕公田。周代实行彻法,是对助法的改进。春秋战国以后,随着私有经济不断发展,授田制的创建,特别是"初税亩""初阻禾"的推行,国家开始向农民份地征收实物,故赋、税逐渐混合。唐宋时按田亩征课的又称为田赋(或田租)。清代"摊丁入亩"完成了赋役合并征收。辛亥革命后,漕粮、芦课和官田征纳均称"田赋","税"则成为国家财政收入的一种概称或其他征课之名。

赋税以一定的货币量表现则称之为税金。它是国家为了实现其职能,凭借政治权力,按法定标准,强制地、无偿地取得财政收入的一种手段,其目的是实现国家职能。它属于分配范畴,体现着一种特殊的分配关系。如果征收的赋税过重,几乎夺去了人们全部的财物,人们丧失了生活的基础,面临着生存的危机,老百姓不能承受,自然就会产生怨言。通过轻徭薄赋来鼓励耕织、发展生产,可以充实国家的物质基础。因此,减轻赋税不仅是为老百姓的利益着想,也是为国家的长远利益着想。

徭役

古代官方规定的平民(主要是农民)成年男子在一定时期内或特殊情况下所承担的一定数量的无偿社会劳动。

徭役一般包括力役、军役和杂役。力役包括"夫役"和"职役",夫役主要承担修建道路城池、整治堤坝河渠、运送官府公私财物等,更多的情况下征调夫役用以修河、治水。职役是从官府中较低微的职务转化而来的无偿征调,又称差役。杂役主要是兴修水利、道路,造宫室,运粮草,郡县官府临时调发的力役等。

徭役在先秦时已经存在,称为"更""更徭""更役",秦汉之际已形成比较正式的徭役制度。徭役有役龄、役期之规制。政府法律规定成年男子必须为政府从事力役和兵役。开始服役的年龄,即傅籍年龄,秦时为17

岁,汉时为满23岁,须在地方和京师各服兵役一年,是为正卒;每个男子一生必须戍边一年,是为戍卒;另外,还须再为地方政府服劳役一月,是为更卒。官富人家则可以银抵役。

财政收支以实物和力役为主要形式,是古代封建国家财政的特点。古代社会的力役之征,是国家对民间劳动力的无偿使用,是一种变相的财政征收。就其轻重程度来说,唐之前的徭役比较繁重,唐之后徭役负担相对减轻,尤其明清之际,因徭役货币化,且国家的财政收入重心由人丁转向土地,徭役负担以银钱的方式大部分转移到了富户身上,中下层百姓徭役负担大大减轻。历代徭役制度各有不同,总体上,古代徭役制度是沿着逐渐货币化的路线演进。

两税法

唐代后期推行的新税法,由于分夏、秋两季征收,所以称为两税法。

从南北朝时期的北魏开始,一直到唐朝安史之乱之前,中国的主要税制都是租庸调制。所谓“租”,就是每个男丁每年要向国家交一定量的“粟”,就是粮食;“庸”,就是徭役;而所谓“调”,则是每个男丁每年要向国家交一定量的“绢”“布”“绵”等,也就是丝织品。这些制度在与其相应的年代曾发挥过积极作用,但随着社会形势的发展,出现了一些不适宜的地方。

唐大历十四年(779)五月,唐德宗即位,宰相杨炎上奏德宗,请求改租庸调制为两税法,并取消各种杂税。唐建中元年(780)正月,该税法正式以敕诏公布。在均田制下,国家对租调徭役的征敛,主要依据是丁身,两税法则主要是依据土地多少征税。两税法改变了租税徭役据丁口征收,它以财产的多少为计税依据,规定全国的税户,不分贵族、官僚、商人都要交税,这就扩大了税源,拓宽了征税的广度,增加了政府的财政收入。由于依照财产多少即按照纳税人负税能力大小征税,相对地使税收负担比较公平合理,在一定程度上减轻了广大贫苦人民的税收负担。两税法推行后,没有土地而租种地主土地的人,只交户税,不交地税。这样,就多少改变了贫富负担不均的现象。同时,它还简化了税目和手续,使朝廷对农民的人身控制有所放松。

用两税法代替租庸调制的赋税制度,是对当时赋役制度较为全面的改革,它在调动劳动者生产积极性,解放生产力,促进当时社会经济的恢复发展等方面,起到了积极作用,奠定了宋代以后两税法的基础,是中国税制史上具有重要意义的改革,是历史的一个进步。

一条鞭法

明代嘉靖时期确立并实行的赋税及徭役制度。

一条鞭法由桂萼在明嘉靖十年(1531)提出,在赋役繁重的南直隶(约今江苏省、安徽省)和浙江省等地较早试行,其次为江西、福建、广东和广西等地的一些府、州、县,并未普遍实行。张居正在明万历六年(1578)下令清丈全国土地,清查溢额脱漏,并限三年完成。在这个基础上,于明万历九年采用一条鞭法,作为全国通行的制度。

一条鞭法的内容是:1. 一概征银,田赋和力役都折银征收。2. 把力役部分地摊入田赋征收。3. 归并和简化征收项目,统一摊派。4. 赋收的征收解运,由民收民解改为官收官解。

实行一条鞭法以前是赋役分开。赋以田亩纳课,役以户丁征集,赋役之外还有名目繁多的方物、土贡之类的额外加派。一条鞭法改变了历代“赋”与“役”平行的征收形式,各州县的田赋、徭役以及其他杂征总为一条,合并征收银两,按亩折算缴纳,大大简化了征收手续,地方官吏直接征收,解缴入库,使地方官员难以作弊。不按实物征课,以银纳税比以实物纳税运输轻便,省却了输送储存之费,既方便征收,又提高了课税的行政效率和经济效率,降低了课税成本,增加了财政收入。

实行这种办法,可以使没有土地的农民解除劳役负担,有田的农民能够用较多的时间耕种土地,有利于发展农业生产。没有土地的工商业者可以不纳丁银，有利于工商业的发展。徭役改为征收银两，使长期以来因徭役制对农民所形成的人身奴役关系有所削弱，农民获得了较大的人身自由，比较容易离开土地，给城市手工业提供了更多的劳动力来源。赋役的货币化，使较多的农村产品投入市场，促使自然经济进一步瓦解，为工商业的进一步发展创造了条件。一条鞭法后，一定程度上改变了民户负担畸轻畸重的现象，由赋役问题产生的阶级矛盾暂时得到缓解，缓解了经济危机，也缓和了政治危机。一条鞭法标志着赋税由实物为主向货币为主、征收种类由繁杂向简单的转变，它上承唐代的两税法，下启清代的摊丁入亩，在中国封建社会后期的赋役制度的演变中发挥着承前启后的作用。

摊丁入亩

又称作摊丁入地、地丁合一，是中国封建社会后期赋役制度的一次重要改革，是清代政府将历代相沿的丁银并入田赋征收的一种赋税制度，标志着中国实行两千多年人头税（丁税）的废除。

其主要内容包括将丁银摊入田赋征收，废除了以前的“人头税”；政府放松对户籍的控制，农民和手工业者可以自由迁徙，出卖劳动力等。清朝统治者为了招抚流亡者，恢复和发展社会经济，缓和阶级矛盾，稳定社会秩序，巩固政权，毅然抛弃了关外的赋役制度，看中了前朝曾经小试过的“摊丁入亩”制度。

摊丁入亩的税制改革由雍正时期开始实行。它是对康熙皇帝“滋生人丁永不加赋”政策的进一步改革和发展。摊丁入亩结束了地、户、丁等赋役混乱的现象，完成了人头税并入财产税的过程，彻底废除了自西汉以来的人头税；丁银与田赋以田亩多少为征收依据，减轻了无地、少地农民的负担；由于征税的对象是土地，政府放松了对户籍的控制，客观上是对最底层农民人身控制的放松，增加了大量可以自由流动的劳动力，对活跃商品经济起到推动作用。

这一税制在清代康熙、雍正、乾隆年间普遍实行。在当时起到了缓和社会矛盾、释放社会活力、促进生产发展的作用。劳动者不再被强制束缚在土地上，有了较大的人身自由，有利于社会经济的发展，进一步松弛了农民对封建国家的人身依附关系，对当时的社会经济，特别是对资本主义的萌芽和发展起到了积极作用。

税制改革

中国中央政府通过税制设计和税制结构的边际改变来增进社会福利的过程。

税制改革或是对适应当时社会经济环境既定税收制度某些不完善之处的修补，或是对税收制度的重新构造。税制改革有很多形式，既有税率、纳税档次、起征点或免征额的升降和税基的变化，又有新税种的出台和旧税种的废弃，还有税种搭配组合的变化。

1949 年中华人民共和国成立后，中国在税制体系上建立了双主体税复合税制的模式，以流转税和所得税为主体税，辅之以其他税种的税制体系。根据演变性质和内容划分，中国税制改革大致可分为两个阶段：一是计划经济时期的税制，这一阶段中国税制主要经历了 1950 年建立税制、1953 年修正税制、1958 年改革税制、1973 年简并税制几个阶段。二是市场经济时期的税制，主要是涉外税制的建立、工商税制改革、1994 年的分税制改革。1994 年中国政府进行税制改革取得的最大成效，就是初步建立了财政收入稳定增长的机制。税制改革后，税收已成为财政收入最主要的来源。此后，中国又不断地调整和完善税制，特别是针对税收征管体制滞后于税制的状况，加快了税收征管改革步伐。

中国下一步税制改革的几项主要内容是：增值税要由生产型转向消费型，鼓励企业进行固定资产投资；同时进一步扩大增值税征收范围，以往缴纳营业税的金融保险业、律师事务所、会计师事务所、交通运输和邮政电信等行业，将改为缴纳增值税。

分税制

指中央与地方政府之间,为满足各级支出需要而按税种特点划分各自收入和管理权限,收支挂钩的分级管理财政体制。

分税制通过对不同税种的立法权、司法权、执法权在中央和地方政府进行分配,以求实现事权同财权的统一,实现中央与地方财政自收自支、自求平衡。

分税制是划分税种,不包含划分税收立法权、税收管理权的含义。主要内容有:

中央与地方的事权和支出划分:中央财政主要承担国家安全、外交和中央国家机关运转所需经费;调整国民经济结构、协调地区发展、实施宏观调控所必需的支出以及由中央直接管理的社会事业发展支出。地方财政主要承担本地区政权机关运转所需支出以及本地区经济、社会事业发展所需支出。

中央与地方的收入划分:分设中央与地方两套税务机构,中央税务机构征收中央税和中央与地方共享税,地方税务机构征收地方税。

政府间财政转移支付制度:分税制在重新划分中央财政收入与地方财政收入的基础上,相应地调整了政府间财政转移支付数量和形式,除保留原体制下中央财政对地方的定额补助、专项补助和地方上解外,根据中央财政固定收入范围扩大、数量增加的新情况,着重建立了中央财政对地方财政的税收返还制度。

预算编制与资金调度:实行分税制后,中央和地方都要按照新口径编报预算。同时将中央税收返还数和地方的原上解数抵扣,按抵顶后的净额占当年预计中央消费税和增值税收入数的比重,核定一个"资金调度比例",由金库按此比例划拨消费税和中央分享增值税给地方。

货币和银行

五铢钱

中国古铜币名。最初铸于汉武帝元狩五年(前118),因钱上有"五铢"二篆字且重如其文,故称为五铢钱。

汉武帝于元鼎四年(前113)下令禁止郡国铸钱,把各地私铸的钱币运到京师销毁,将铸币大权收归中央。中央政府成立专门的铸币机构,即由水衡都尉的属官(钟官、辨铜、技巧三官)负责铸钱,钟官负责铸造,辨铜负责审查铜的质量成色,技巧负责刻范。三官五铢就是这个时候铸造的。该钱制作精美,边郭工整,重量准确,钱文秀丽,为钱中楷模。上林苑是政府铸钱的机构,是汉初在原秦代旧苑的基础上扩建而成的皇家园林,规模宏大。

西汉时期的五铢钱,枚重五铢,形制规整,重量标准,铸造精良。东汉建武十六年(40),光武帝刘秀重新推行为王莽改制所中断的五铢钱制,对社会经济的恢复起到了积极的作用。三国两晋南北朝隋唐五代十国时期,是中国货币发展史上的一个重要转变期,隋代在全国范围内推行统一标准的五铢钱,同时严禁私铸及其他旧币使用。至隋开皇五年(585)隋五铢便成为国内统一的法定货币。唐朝开国以后,五铢钱退出了钱币历史的舞台,改铸开元通宝。钱币从此向唐宋年号、宝文钱制转变。

五铢钱轻重适中,合乎古代的社会经济发展状况与价格水平对货币单位的要求,因而在汉武帝以后的西汉、东汉、蜀、魏、晋、南齐、梁、陈、北魏、隋均有过铸造,历时长达700多年,是中国历史上铸行数量最多、时间最长最为成功的长寿钱。五铢钱是秦汉货币史上的一大转折,实现了中央对货币铸造权的集中统一。

元宝

中国古代的一种货币,由贵重的黄金或白银制成,一般白银居多,黄金稀见。

元宝起源于唐朝,在唐朝建中(780—783)时期就有使用白银支付大宗马钱(支付买马的大笔数额款项)的记录,从出土的宝物中也证实:唐代已有银制的"饼"和

"铤",也就是仰面似船,伏面似案(桌面)的船形"银铤"。早在唐初开元通宝行世时,民间就有取其硕大、贵重之意,旋读为"开通元宝"。隋唐以前称之为"银饼""银笏",宋金时期称为"银锭"。正式把金银称作"元宝"始于元代,是元朝之宝的意思,这也是元宝称呼的主要来历,而不是指形状。黄金叫作金元宝,银锭叫作银元宝,既有政治含义,也是对金银货币约定俗成的通称。不过,银锭作为支付手段流通始于金代。元代起采用白银为价值尺度,产生了中国币制的一次重大改革。

明朝起盛行银元宝,但还不是国家的法定货币。直至清朝,银元宝始为主要的货币流通,因重量不等,所以以"两"为主要的重量单位,故又称银锭为"银两"。清朝的银锭形状变为马蹄形的元宝,故亦称为宝银。清代是中国银元宝铸造、使用、流通的鼎盛时期,品种颇多。所有的元宝内均铸有铸造地、年份、炉名或工匠名等内容。明清两朝的银元宝分官铸和私铸,官铸的大多铸有银局名,私铸的一般铸有私银钱号等,两者的地位也有很大的不同。官铸银元宝具有至高无上的公信力,其地位是私铸银元宝所难以企及的。

元宝在很长一段历史时期内是人们物质生活中不可少的东西,赏赐、赋税、买卖等都缺不了它,它是一种财富的象征。直到1933年宣布废两改元后,银两才不再作为货币流通使用。今天人们所见的元宝以明清两朝及民国初期留存下来的居多,这主要是因为这段时期的元宝是主要流通货币,特别是银元宝更加突出,加之民间收藏盛行,留下来的就相对要多些。而前朝的大量金银锭因被熔铸而留存下来的已是少之又少,偶见的多为近年来的出土之物。

银圆

稀有金属,多用作货币及装饰品。中国古代常把银与金铜并列,称为"唯金三品"。在货币方面的应用有银圆、银条、银元宝等。银圆,亦作"银元",也称洋钱、洋钿、花边钱、大洋等,中国旧时市场上所流通的本位货币,种类繁多,是大型银质圆形货币铸币的通称。15世纪末始铸于欧洲,16世纪由西班牙殖民者在美洲大量铸造。明万历年间(1573—1620)开始流入中国。清乾隆五十八年(1793),清政府首次在西藏铸行清乾隆宝藏银币。

银元曾在中国的流通领域里占有重要的位置。1935年前,中国的货币制度采取银本位,白银包括银两和银元。清光绪十四年(1888),清政府首先在广东设立银元局,从此开创了国内铸造银元的历史。光绪年间,银元大量铸造,因上面有一条龙,称为"龙洋"。清政府1910年颁布《币制则例》,规定银元为本位币。1912年开铸的孙中山半身侧面像开国纪念币和1914年开铸的袁世凯头像银元,俗称"孙小头"和"袁大头",重量均为7钱3分。最后开铸的是1933年帆船图案的"船洋"银元。

铜钱

铜钱,古代铜质辅币,是指秦汉以后的各类方孔圆钱,其铸期一直延伸到清末民国初年。

古钱币又称为泉、布、帛、孔方兄等。中国历代古钱币大多数是以铜合金形式铸造的,方孔钱(铜钱)是古代钱币最常见的一种。

春秋战国时期,在流通中需要分割和鉴定成色的金属称量货币逐步不适应商品经济发展,取而代之的是金属铸币。秦始皇统一中国后,也统一了货币,废除刀、布、贝等钱币,以"半两"作为货币,即秦国后来的圆形方孔铜钱,铸文"半两",重十二铢(一两为二十四铢),称之为重如其文的"半两"铜钱。从此,这种由圆孔环钱演变而来的"半两",在中国陆续流通了两千多年。古代人们认为天是圆的,地是方的,天圆地方之说是秦始皇铸钱的原型。

中国古代钱币还经常以皇帝年号来命名,亦称"年号钱"。年号钱成为定制自宋代开始,宋代年号更改频繁,铸的年号钱也特别多。元以后,历代所铸的钱基本上都是以年号命名的。如元代的“至元通宝”、明代的“洪武通宝”、清代的“乾隆通宝”等。通宝，是中国自唐以后钱币的一种名称，因铸文中有“通宝”字样而得名。在钱币上铸“通宝”字样，起源于唐高祖武德四年(621)废五铢钱而铸的“开元通宝”。从此，铜钱不再是重如其文，以重量来铸名了，改称“通宝”流通。钱币也真正开始成为货币符号，不再以货币自身价值来交换了。以后历代都沿用通宝，并在通宝二字前冠以年号、朝代或国名，铸于币面。辛亥革命后广东、福建等地的“民国通宝”则是中国最晚的通宝钱币。

把铜钱盘起来缠绕腰间，既方便携带又安全。旅费“盘缠”则来源于此。如今，古钱币已成为新的收藏投资热点，不少古钱币在拍卖会上表现突出。

交子

交子是四川地方俗话，也是票证、票券的概称，有交合之意，即“合券取钱”。

交子最早出现于四川地区，发行于北宋前期(1023)的成都。交子是中国最早的纸币，也是世界上最早使用的纸币。

北宋初年，四川使用的铁钱，重量重、价值小，流通十分不便，1 000 个大钱重 25 斤，买 1 匹绢需 90 斤到上百斤的铁钱。于是，商人发行了一种上面有图案、密码、画押、图章等印记的纸币代替铁钱流通。承担铁钱保管业务的为“交子铺户”，存款人把铁钱交付给铺户，铺户把存款数额填写在用楮纸制作的纸卷上，再交还存款人，并收取一定保管费。这种临时填写存款金额的楮纸券便是交子，又名“楮币”。最初的交子实际上是一种存款和取款凭据，而非货币。

随着商品经济的发展，交子的使用也越来越广泛，许多商人联合成立专营发行和兑换交子的交子铺，并在各地设交子分铺。由于交子铺户恪守信用，随到随取，所印交子图案讲究，隐作记号，黑红间错，亲笔押字，他人难以伪造，所以赢得了很高的信誉。在反复流通过程中，交子逐渐具备了信用货币的品格。后来交子铺户在经营中发现，只动用部分存款，并不会危及交子信誉。于是他们便开始印刷有统一面额和格式的交子，作为一种新的流通手段向市场发行。这种交子已经是铸币的符号，真正成了纸币。但此时的交子尚未获得政府认可，还是民间发行的私交。

宋仁宗天圣元年(1023)，政府设益州交子务，由京朝官一二人担任监官主持交子发行，并“置抄纸院，以革伪造之弊”，严格其印制过程。这便是中国最早由政府正式发行的纸币——官交子。它比美国(1692)、法国(1716)等西方国家发行纸币要早六七百年，是世界上发行最早的纸币。

交子的出现，便利了商业往来，弥补了现钱的不足，是中国货币史上的一大业绩。同时，作为中国乃至世界上发行最早的纸币，在印刷史、版画史上也占有重要的地位，对研究中国古代纸币印刷技术有着重要意义。

票号和钱庄

票号，亦称票庄、汇号或汇兑庄，是中国古代的一种金融机构。明末清初汇票作为汇兑的工具已有流行，早期以承担汇兑业务为主，清初，许多票号又增加了存款服务，由商业资本转化而来的旧式信用机构有了类似近代银行的功能。

道光初年，山西平遥县日升昌颜料庄改组为日升昌票庄，是最早的一家票号。受日升昌票号成功的鼓舞，山西商人纷纷设立或改营票号，极大地促进了当时商业贸易的发展。在此后将近一个世纪里，山西票号基本垄断了当时清朝的汇兑业务。因票号多为山西人开设，它又被称为“山西票号”或“西号”。清光绪十九年(1893)至清宣统二年(1910)间，山西票号达到了鼎盛时期，许多票号每股红利都能分到近 2 万两白银，其分支机构也遍及国内外，营业领域非常广泛，并由此获得了“汇通天下”的美誉。值得一提的是，当时山西票号虽然带有家族色彩，但其经营方式和管理已相当现代化，其中有些金融理念,百年后才在西方的华尔街出现。

钱庄,是中国封建社会后期(约在明中叶以后)出现的一种信用机构。早期的钱庄大多为独资或合伙组织。规模较大的钱庄,除办理存款、贷款业务外,还可发庄票、银钱票,凭票兑换货币。而小钱庄则仅仅从事兑换业务。明末,钱庄已成为一种独立经营的金融组织,不仅经营兑换,还办放款,供给签发帖子取款的便利。

清代钱庄主要分布在长江流域和东南各大城市,但钱庄业中心在上海。清末,银行逐渐兴起,替代了钱庄。1949 年中华人民共和国成立后,人民政府对钱庄实行利用、限制、改造的政策。1952 年 12 月,钱庄和其他私营银行、信托公司等一起实行全行业公私合营,转为公私合营银行的组成部分,钱庄不复存在。

钱庄在通融和调拨资金上有促进商品流通的作用,适应了商业发展的需要。上海钱庄在外商华商之间,以庄票为经营进出口贸易的纽带,庄票如同现金,是早期外国银行唯一认可的中国票据。

投资和贸易

盐铁专营(禁榷、盐引、茶引)

禁榷是中国古代政府对重要资源和产品实行垄断性经营或专卖,限制民间商业贸易,借以扩大财政收入的一种重要的经济政策。“榷”的原意是独木桥,引申为专利、专卖、垄断。禁榷起源于春秋齐国管仲的“官(管)山海”。“官山海”就是由官府管制铁、盐、鱼的生产,通过对盐铁等自然资源实行管制以增加财政收入的经济思想和政策主张。禁榷的范围一般包括盐、酒、茶等,关于这三者的律法也最为重要和完备。宋代还把矾、铁、煤等列入禁榷物品。宋代财政匮乏时期,禁榷是获取财政收入的重要方法之一。

“盐引”又称“盐钞”,“引”是指有价证券,可以作为“代币”流通。盐引是宋代以后历代政府发给盐商的食盐运销许可凭证,源于盐钞法。宋庆历八年(1048),兵部员外郎范祥变通盐法,由折中法的交实物改为交钱买盐钞,商人凭盐钞购盐运销,官则用所得之钱收购粮草。盐引是历史最为悠久的“复杂货币”,它一身兼具“债”与“仓单”的所有性质与相关的“交易”特征。盐引的用法关键在于如果商户合法贩盐,就必须先向官府购得盐引。每“引”一号,分前后两卷,盖印后从中间分成两份,后卷给商人的,称为“引纸”,前卷存根称为“引根”。盐引有价,因为盐业的买卖与运输都不能没有盐引。

茶商运茶贩卖,须向政府纳税领“引”,凭“引”运销。茶引是旧时茶商缴纳茶税后,获得的茶叶专卖凭证,性质和盐钞相同,可以作为代币流通。上开运销数量及地点,准予按引上的规定从事贸易。茶引法是宋代茶叶专卖法的一种。“茶引制”源于北宋末年,由“榷茶制”转变而来,两者都是对茶叶产销课税与专买专卖的产物。此制始于宋代,清末渐废。

漕粮和漕运

中国封建时代通过河运和海运由东南地区漕运至京师税粮,运送粮食的目的是供宫廷消费、百官俸禄、军饷支付和民食调剂,这种粮食称漕粮,漕粮的运输称漕运,方式有河运、水陆递运和海运三种。狭义的漕运仅指通过运河并沟通天然河道转运漕粮的河运。漕运是中国历史上一项重要的经济措施。它起源很早,秦始皇北征匈奴,曾自山东沿海一带运军粮抵于北河(今内蒙古乌加河一带)。

唐、宋、元、明、清历代均重视漕运,为此,疏通了南粮北调所需的网道,建立了漕运仓储制度。明清的漕粮主要从江苏、浙江、江西、安徽、湖南、湖北、山东、河南等地征收,征收数额因驻军多少而不同。元、明、清政府通过水路运往京师和其他要地供官、军食用的粮食每年定额四百万石,承担漕运之责的船帮是民间帮会,受各地政府管辖。

宋代之前,漕运均为民运。除承担运官粮外,也为商家运输货物。元代开始,专设万户府管理军粮运输。到了明代,政府实行官收官兑,由官府委托运输,支付费用，漕运实际上成了官办的运输业。清朝沿袭前朝的制度，在此基础上加强了行政管理。清代的漕运政务系统自成体系，完全成为官办的垄断行业。清代的漕运量非常可观，每年高达几百万石，动用各地船帮数千艘船。清政府将漕运列为“一代大政”，除了它是为确保官员俸米和军饷等，还有一个重要缘由，就是通过漕运管理调节市场、平抑粮价。

清承明制，以河运为“正载”，随着自然条件和社会条件的变化，河运漕粮改为海运已成为一种需求，但海运与河运是不同的漕运体制，河运是官办，海运是商办。漕运制度本质上是由封建官僚制所决定的，河运改海运，也就意味着从过去的官僚体制控制变为招商协议、市场调节，虽是一字之差，却牵动政治制度的变革。

历代漕运保证了京师和北方军民所需粮食，有利于国家统一，并因运粮兼带商货，有利于沟通南北经济和商品流通，既是当时社会历史条件下的产物，又反过来对当时的社会发展产生了深远的影响。

朝贡贸易

中国古代与海外诸国官方的进贡和回赐关系。

封建时代，前来中国的外国使节称为“贡使”。外国使节来华的任务，就是前往京城朝见皇帝，递交和接受两国外交文件，并把一些珍贵的本国土特产贡献给皇帝。中国皇帝也回赠礼物，并根据所进贡的物品价值回赠价值相当的物品，这就是所谓的朝贡。

唐代以前，国家富强，很多国家前来寻求同中国建立友好关系，这时朝贡贸易占主导地位。仅南北朝梁武帝统治时期，南海诸国通使的就有九国之多。这些国家使节来朝贡，货物由朝廷处置，广州只负责过境和接送任务。唐朝廷对来朝贡的国家一般都有相当丰厚的回赐。这种“贡”和“赐”的关系实际是不等价的，对朝廷来说是得不偿失的。朝廷之所以明知亏本而乐此不疲，是因为对这种交易怀有一种政治目的。可以说，朝贡贸易的存在完全取决于朝廷的财力。

古代广州是中国最早开放的门户，在中国与世界各国的政治、经济、宗教、文化的互相传播中，起了重要的媒介作用。当时广州的海外贸易分为朝贡贸易和市舶贸易两种。唐中后期，市舶贸易取代了朝贡贸易。市舶贸易就是中外商人的商业等价交换，相当于今天的市场经济。当时各国到唐朝进贡，都必须先到广州，广州再选择首领一人、随员两人进京，其余随员留在广州。广州是唐代唯一设置市舶使的城市，为整个国家履行对外贸易的管理职能，具有特殊的地位，在海外享有盛誉。

唐代是中国古代海外贸易的重要转折点，在广州设立的市舶贸易制度，使由海道来广州贸易的国家大为增加。唐代广州海外贸易的最大成就是确立了一套全新的市舶管理制度与经营方式，并为后世所沿用，在中国外贸史上具有划时代意义。

官僚资本

官僚资本是买办的封建的国家垄断资本在中国的通俗名称，是一种利用政治特权，主要通过在商品流通和金融领域的掠夺，进行财产再分配的资本原始积累形式。官僚资本从三种不同而又相互联系的资本形态中产生出来，并在这三种资本形态中生存、活动和发展。这三种不同的资本形态分别是：官僚私人所有的资本，官僚经营管理的国家资本，官僚支配的其他私人资本。之后北洋政府由外债支持建立的一些官办企业也构成官僚资本的一部分。

19 世纪后期，由清政府洋务派大官僚开办的各种形式的近代军事企业和民用企业，是官僚资本的早期形式；北洋军阀统治时期，官僚资本继续发展，并出现了走向金融垄断的趋势；国民党统治时期，官僚资本急剧膨胀，抗日战争后期和解放战争时期，官僚资本的发展达到最高峰，此时的官僚资本特指国民党政府的国家资本及其官僚们利用政治权力所占有、积累和经营的资产，以蒋、宋、孔、陈四大家族为代表。他们通过军事行动掌握国家政权，利用政权掌握国家财政，利用财政手段建立金融垄断，利用金融垄断建立商业垄断，吞并私人资本主义工业。他们凭借国家政权，接收前政府的国家资本，发行公债，征收苛捐杂税，进行商业投资。官僚资本的性质是买办的封建的国家垄断资本主义，是反动的生产关系。中华人民共和国成立后没收了官僚资本，建立起社会主义国营经济，人民政府掌握了国家的主要经济命脉。

民族资本

在半殖民地半封建的中国，民族资本是指民间投资经营的资本主义经济。早期通称商办企业，与清政府和中华民国时期北洋政府的官办、官督商办、官商合办企业相区别，是一种进步的经济成分。

19世纪70年代，由于外国资本主义的冲击和封建经济的某些破坏，一部分商人、地主和官僚投资于新式工业，开始民族资本的探索。主要出现于缫丝、棉纺、煤矿、船舶修造等业。在戊戌变法、辛亥革命等政治运动的推动下，民族资本获得了初步发展，以纺织、面粉、火柴等轻工业为主，电力和内河航运也有发展，并有民办铁路和银行出现。受帝国主义、封建主义、官僚资本主义的限制和压迫，民族资本和它们之间存在着矛盾和斗争。在爱国主义思潮的影响下，不少工程技术人员和有志之士在艰难中集资创办新式企业，这一时期华侨回国兴办实业占有相当重要地位。

民族资本在一定程度上应用了现代化的生产技术和科学知识，组织了社会化的生产，同当时数量上占优势的地主经济和个体经济比较起来，有较高的劳动生产率。它的发展对于提高社会生产力，促进生产社会化和国家现代化有一定的进步作用。

中国共产党在领导中国新民主主义革命中提出保护民族工商业的政策，并在革命根据地和解放区实行这种政策。1949年中华人民共和国建立后，人民政府对民族资本实行利用、限制和改造的政策。1949—1952年，民族资本主义经济有了较快的发展，1953年起开始社会主义改造，1956年社会主义改造基本完成，原来的民族资本主义经济转化为社会主义经济。

自由贸易区

2013年8月22日，中国政府提出了设立中国（上海）自由贸易试验区，将其建设成为开放度最高的投资贸易便利、货币兑换自由、监管高效便捷、法制环境规范的自由贸易园区的建议，并得到全国人大的认可。2014年12月12日，中共中央和国务院进一步提出了设立三个自由贸易区的设想并得以实施，三个自由贸易区分别是：中国（广东）自由贸易试验区为依托港澳的粤港澳深度合作示范区；中国（天津）自由贸易试验区为京津冀协同发展高水平对外开放平台；中国（福建）自由贸易试验区为深化两岸经济合作的示范区。

2016年8月31日，中共中央和国务院决定再设立七个自贸区，分别是中国（辽宁）自由贸易试验区，将其建设成为提升东北老工业基地发展整体竞争力和对外开放水平的新引擎；中国（浙江）自由贸易试验区，将其建设成为东部地区重要海上开放门户示范区、国际大宗商品贸易自由化先导区和具有国际影响力的资源配置基地；中国（河南）自由贸易试验区，将其建设成为贯通南北、连接东西的现代立体交通体系和现代物流体系；中国（湖北）自由贸易试验区，将其建设成为中部有序承接产业转移示范区；中国（重庆）自由贸易试验区，将其建设成为西部大开发战略重要支点；中国（四川）自由贸易试验区，将其建设成为内陆与沿海沿边沿江协同开放示范区；中国（陕西）自由贸易试验区，将其建设成为内陆型改革开放新高地、“一带一路”经济合作和人文交流重要支点。

2018年4月13日，习近平在庆祝海南建省办经济特区30周年大会上郑重宣布，中共中央决定支持海南全岛建设中国（海南）自由贸易试验区，把海南打造成为中国面向太平洋和印度洋的重要对外开放门户。

保税区

经海关批准，在海港、机场或其他地点设立的允许外国货物不办理进出口手续即可连续长期储存的区域。

保税区与经济特区、经济技术开发区等区域一样，都是经中国政府和人大批准设立的实行特殊经济政策的经济区域。中国最早设置的保税区是1990年建立的上海外高桥保税区。保税区也称保税仓库区，保税仓库是经海关批准，在当地税务机关监督下，专门寄放暂时免征进口税和国内税的外国货物的场所，例如天津港保税区的前身就是天津保税仓库。

保税区的功能定位为“保税仓储、出口加工、转口贸易”三大功能。即进出口加工、国际贸易、保税仓储商品展示等，运入保税区的货物可以进行储存、改装、分类、混合、展览，以及加工制造，但必须处于海关监管范围内。保税区享有“免证、免税、保税”政策，实行“境内关外”运作方式，是中国对外开放程度最高、运作机制最便捷、政策最优惠的经济区域之一。

1992年以来，国务院陆续批准设立了14个保税区和1个享有保税区优惠政策的经济开发区，分别是天津港、大连、张家港、深圳沙头角、深圳福田、福州、海口、厦门象屿、广州、青岛、宁波、汕头、深圳盐田港、珠海保税区以及海南洋浦经济开发区。部分保税区通过整合升级为保税港区，还有个别调整转型为综合保税区。例如，张家港保税区经国务院批准，升级转型为保税港区，海口保税区调整转型为综合保税区，青岛保税区升级为青岛保税港区。到2020年10月，国务院正式批准的全国综合保税区共有144家。

招商引资

“招商引资”一词源于中国因开放政策所成立的开发区，早期主要集中在吸收制造业的外国直接投资。沿海开发区的招商引资所引起的示范效应，使招商引资一度成为各地各级地方政府的主要工作，并且在各级政府工作报告和工作计划中出现，大规模招商引资的序幕由此拉开。

招商形式较为灵活多样，政府组团招商是领导集体出行的招商，规模较大；小组招商是领导班子以小组为单位，不定期到目标引资地去洽谈项目；驻点招商是在重点招商目的地设立办事处，成立专门的团队，长期负责在当地进行招商；展会招商是在大城市举办各类展会，通过展会对招商项目集中展示，广泛吸引人气进行招商引资；文化招商是地方政府利用自己的特色文化，打文化招商牌；以商招商是通过已经在当地投资的企业，利用商人之间良好口碑传播进行招商引资；委托招商是采取有偿的办法，委托对目标招商地熟悉的机构（比如投资中介）推荐项目，达到招商引资的目的；顾问招商与委托招商相似，只是担任顾问的均是个人，一般是委托在目标招商地的知名人士和商界名人等，有一些还持有政府聘书；全员招商是发动群众进行招商。

改革开放以来，为了加快本区经济发展，中国各地方政府纷纷设立开发区和工业园区，作为经济对外开放的窗口，通过税收优惠，加大对基础设施配套和公共服务的投入举措进行全面招商引资，极大地影响着各地经济的启动，地方经济总量增长，地方财政收入增长，地方就业增加。

商业机构

商会

资本主义社会和旧中国工商业资本家为维护其利益而组织的社会团体。

商会是中国近代最早建立的现代意义上的社会团体之一，同时也是社会影响力最大的社团之一。中国早期的商人组织结构、形式与功能都比较单一，几乎为纯商人间的封闭型组织。晚清以来，由于情势变迁，商人的地位大为改观，商人组织的性质亦相应有所变化。传统的商人组织如行会和善堂等，根据实际状况比较自然地开始转化为近代意义上的商会。19世纪90年代，沪、杭等地首先出现了代表商界利益的商会。1899年出现了第一个有关商会的民间拟定章程《拟中国建立商业会章程》。1902年,上海通商银行的总董严信厚组织成立了上海商业会议公所,这是近代商会的雏形。1903年,清政府设立了商部,作为统辖农工商实业的最高管理机构。

典型的商会是行业协会,是由同一行业的企业法人、相关的事业法人和其他组织依法自愿组成的、不以营利为目的的社会团体。另一种商会是地域性的,通常由某地区企业公司、公务人员、自由职业者和热心公益的公民自愿组成的组织。

中国商会制度建立的过程,也是近代意义上商人身份确立的过程,是商人组织有序化的过程。与当时西方的民间商会相比较,它更具官方色彩,更依赖于国家法律的制度催化。这种制度的催化作用成效十分显著,它相当迅速地改造、吸纳了各种形式的传统商人组织,成为具有主体性的利益集团。

广州十三行

指清代在广州经营进出口贸易的十三家牙行商人。除了做生意之外,十三行还要与来华洋商打交道,从货物买卖到日常起居,事无巨细,都必须通过十三行。名义上虽称“十三”,其实并无定数。

海禁是中国明清时期政府禁阻私人出洋从事海外贸易的政策,亦称“洋禁”。这一政策始于明初。明代该政策时张时弛,有“严禁”及“弛禁”之分。比较之下,清朝海禁影响更大,故此“海禁”一词多意为“清代海禁”。清廷为办铜需要,最初并不禁海,后来为了消灭反叛势力、打击海盗及走私、保障社会稳定才实行海禁,而且较明代更为严厉,政策表现为限制商品出口,限制出海船只,限制出海船只携带武器等。清朝政府对外贸易的限制政策对于殖民主义者在中国的侵略活动起过一定的自卫作用。

1757年,随着乾隆皇帝仅留粤海关一口对外通商上谕的颁布,清朝的对外贸易便锁定在广州十三行。广州十三行创立于康熙盛世,是清政府特许经营对外贸易的专业商行,位于珠江边上的中外交易场所,别名“洋货行”“洋行”,被誉为“金山珠海,天子南库”。

明清时期的广东商人可分为牙商、盐商、铁商、米商、糖商、丝绸商、陶瓷商、烟草商、典当商、布商、药商等,其中以牙商最为出名。所谓牙商,本来是指在城市和乡村的市场中为买卖双方说合交易,并从中抽取佣金的居间商人,亦称牙人。明清时,随着商品经济的进一步发展,牙商人数大大增加,形成了一个专门的行当,称为牙行。

广州十三行被认为是华南商贸繁荣的源头,广州行商在为宫廷引进西洋人才方面曾发挥过举足轻重的作用。十三行街区是工艺美术制造业的天堂,也是宫廷匠师的人才基地。十三行口岸洋船聚集,几乎所有亚洲、欧洲、美洲的主要国家和地区都与十三行产生过直接的贸易关系。这里拥有通往欧洲、拉美、南亚、东洋和大洋洲的环球贸易航线,是清政府闭关政策下唯一幸存的海上丝绸之路。广州十三行,在17世纪后期至19世纪中叶这一段时间,又是中国对外贸易中的一种特殊的组织。到了近代,国势发生了变化,十三行商馆也历经了繁荣与沧桑。

鞍钢

鞍钢集团有限公司(简称鞍钢集团或鞍钢),由原鞍山钢铁集团公司(简称鞍山钢铁)和攀钢集团有限公司(简称攀钢)联合重组而成。

鞍山钢铁始建于1916年,是中华人民共和国第一个恢复建设的大型钢铁联合企业和最早建成的钢铁生产基地,被誉为“中国钢铁工业的摇篮”“共和国钢铁工业的长子”;鞍钢是世界最大的产钒企业,是中国最大的钛原料和重要的钛白粉生产基地以及重要的铁路用钢、无缝钢管、特殊钢生产基地。2010年5月重组后的鞍钢集团公司已形成跨区域、多基地、国际化的发展格局,成为国内布局完善、最具资源优势的钢铁企业,是国内首家具有成套技术输出能力的钢铁企业。

宝钢

宝钢集团有限公司（2016 年 12 月合并为中国宝武钢铁集团有限公司），1992 年 1 月 1 日成立，经营范围包括经营国务院授权范围内的国有资产，并开展有关投资业务等。

公司专业生产高技术含量、高附加值的钢铁产品。在汽车用钢，造船用钢，油、气开采和输送用钢，家电用钢，电工器材用钢，锅炉和压力容器用钢，食品、饮料等包装用钢，金属制品用钢，不锈钢，特种材料用钢以及高等级建筑用钢等领域，宝钢股份在成为中国市场主要钢材供应商的同时，产品出口日本、韩国、欧美 40 多个国家和地区。公司全部装备技术建立在当代钢铁冶炼、冷热加工、液压传感、电子控制、计算机和信息通信等先进技术的基础上，具有大型化、连续化、自动化的特点。通过引进并对其不断进行技术改造，保持着世界先进的技术水平。公司具有雄厚的研发实力，从事新技术、新产品、新工艺、新装备的开发研制，为公司积聚了不竭的发展动力。公司重视环境保护，追求可持续发展，在中国冶金行业第一家通过 ISO14001 环境贯标认证。

乡镇企业

中国乡镇地区多形式、多层次、多门类、多渠道的合作企业和个体企业的统称，包括乡镇办企业、村办企业、农民联营的合作企业、其他形式的合作企业和个体企业五种。

乡镇企业持有当地工商行政管理机关或有关部门颁发的营业（经营）执照（农业企业除外），是独立自主的经济实体，承担经济责任和纳税义务。它与周围农村联系密切，分布点多、面广，便于利用本地各种资源，也便于直接为各类消费者服务，职工大都实行亦工亦农的劳动制度和灵活多样的分配制度；经营范围广泛，包括农业、工业、交通运输业、建筑业以及商业、饮食、服务、修理等行业门类。产供销活动主要靠市场调节，能比较灵活地适应市场需求的不断变化；在现阶段大多是劳动密集型的经济组织，能容纳大量农村剩余劳动力。

乡镇企业为农户与市场之间架起桥梁，带动农业的企业化、集约化和产业化。乡镇工业大多是中小企业结构，城郊乡镇工业相当一部分是为国有大工业加工配套的，与国有大中型企业一起形成了中国大中小结合的较为合理的工业企业结构，形成了互为市场、相互依存、相互补充的关系。

乡镇企业的出现和发展革命性地开创了农民在农村就地就近就业的新路子，在农村区域和市场条件下开创了中国特色农村工业化的道路。如果说联产承包解决了温饱，那么乡镇企业则成为实现农村小康生活的另一把钥匙，乡镇企业已成为中国农民脱贫致富的必由之路，也是国民经济的一个重要支柱。

个体户

中国改革开放以来对城乡个体工商户的一种俗称，是以劳动者个人及其家庭成员为主，用自有的生产资料和资金独立地从事生产和经营活动，向社会提供商品和劳务。

在中国，自然人从事个体工商业经营必须依法核准登记，有经营能力的城镇待业人员、农村村民以及国家政策允许的其他人员，可以申请从事个体工商业经营，申请人必须具备与经营项目相应的资金、经营场地、经营能力及业务技术；注册资金实行申报制，没有最低限额要求；只能经营法律、政策允许个体经营的行业；登记机关是政府的工商行政管理机关；经核准登记，取得营业执照后，可以开始经营。一般经营各种修理服务行业、服装加工业、家庭手工业、个体运输业、饮食业、小商品及政策允许的其他生产性、服务性的行业。

国家通过行政管理，指导、帮助和监督个体户经营。其正当经营活动受法律保护，对其经营的资产和合法收益，个体工商户享有所有权。个体工商户可以在银行开设账户，向银行申请贷款，有权申请商标专用权，有权签订劳动合同及请帮工、带学徒，还享有起字号、刻印章的权利。

私营企业和个体工商户按其登记注册情况区分，个体领取的是《个体工商户营业执照》，私营企业领取的是《企业营业执照》。

经济措施

统一度量衡

度量衡具体来说是代表三种不同的单位，“度”是计量长短的器具，“量”是测量体积的器具，“衡”是计量重量的器具。度量衡在商品交换中必不可少，是国家收取赋税的重要标准。

中国古代的度量衡制度极为多样。战国时期各诸侯国之间，甚至是一个国家内不同地方的度量衡都是有所差异的。秦国是最早在国内实行统一度量衡工作的，早在商鞅变法时期就已经开始了。商鞅制造了标准的度量衡器，如今传世之“商鞅量”，上有铭文，记有秦孝公监造。为了保证国家的赋税收入，商鞅还统一了斗、桶、权、衡、丈、尺等度量衡。要求秦国人必须严格执行，不得违犯。秦始皇统一六国后，下令以秦国的度量衡为标准，统一其他六国的度量衡器，将统一度量衡的诏书全文刻在新制作的度量衡标准器上。中国度量衡首次得到统一。

南北朝时，各国度量衡的标准不一，给工商业发展带来很大不便，到了隋朝，隋文帝再次统一度量衡，对全国经济的发展起了推动作用。唐朝继承隋朝的制度，虽稍有变动，但基本仍保留隋制。

到了现代，1959 年，国务院下达《关于统一中国计量制度的命令》，历史遗留的计量标准不一的状况得到彻底的改观。

平准法

中国两汉政府通过官营商业收售物资以平抑市场商品价格的一种经济措施，与均输法紧密联系。

京师长安设置有“平准”机构，当市场上某种商品价格上涨时，平准就以低价抛售，价格下落，则由平准收购，使物价保持稳定。均输法是政府直接经营大宗商品的地区间远程贩运贸易，调剂地区间的物资余缺。平准以平抑物价、限制市场上的投机活动为主，均输侧重于物资的收购、转运和销售。平准官只设于京师，均输官分设于各郡。

平准与均输相互协调、配合，既有利于商品流通、调节物价和限制私商的非法活动，又可以增加政府的财政收入，改变了过去地方物资的混乱浪费，较好地解决了地区之间的物资流通。两者的结合实际上是官营长途贩运业和官营销售行业的结合，建立了由朝廷大司农统一管理调度的商业运销网络，实现了对经济的宏观调控。

宋代以后商品经济有较大发展，各行业均已建立较完备的行会组织，所以元、明以后封建政府不再设置平准机构，平准措施亦随之废止。

常平仓，指中国古代政府为调节粮价，储粮备荒以供应官需民食而设置的粮仓。主要是运用价值规律来调剂粮食供应，充分发挥稳定粮食的市场价值的作用。在市场粮价低的时候，适当提高粮价进行大量收购，不仅使朝廷粮仓充实，而且边郡地方也仓廪充盈。在市场粮价高的时候，适当降低价格进行出售。这一措施既避免了“谷贱伤农”，又防止了“谷贵伤民”，对平抑粮食市场和巩固封建政权起到了积极作用，在一定程度上反映了人民群众的利益和愿望。

青苗法

亦称常平新法，是宋代王安石的变法措施之一。

王安石任职后，于熙宁二年(1069)实行青苗法，规定凡州县各等民户，在每年夏秋两收前，即春正月和五月，可到当地官府借贷现钱或粮谷，以补助耕作。借户贫富搭配，十人为保，互相检查。当年借款随夏秋两税归还。政府按户等下贷粮食或钱款给农村主户，称青苗钱。民户自愿请贷，借贷期限为半年，出息二分。

青苗法的功能设计中仍然保留了常平制度的救济与调节市价的方式及作用。在某些方面对旧有常平仓制度做出了修正，灵活地将常平仓、广惠仓的储粮折算为本钱，贷给农民、城市手工业者，目的是抑制兼并，在青黄不接的时候救济百姓，从而改善北宋积贫的现象。王安石主张推行青苗法最初的动机是“富民”“强兵”。希望通过青苗法的施行，使得政府在不动摇官僚体制的情况下，避开冗官现象，通过“理财”，在财政上的“开源”来解决现实中“积贫”困境，同时改善民户生活，使其避免受兼并之家高利贷的盘剥，达到民不加赋而国用足。最后通过使国、民都富裕后，达到“强兵”的目的。这项措施可以说是中国农业借贷史上极为重要的一次尝试。梁启超说，青苗法之创设，有类于官办之劝业银行。

坊市制

中国古代官府对城区规划和市场管理的制度，亦称市坊制。“坊”指的是居民住宅区。西汉时，宫殿区以外的一般居民区称“里”，至唐代起称“坊”，“市”指商业区。

从西周到唐代，城市建置的格局一直是市与坊分设，市内不住家，坊内不设店肆。坊和市之间以墙垣隔绝，市民们购买商品必须到市内，坊门和市门按规定时间开启，并有专职卫士把守，时间一到便关闭。市场面积狭小，固定在城市某处。市内店铺按商品种类区分，排列在规定地点，称为“肆”或“次”。所有交易都必须在市场中进行，市场之外严禁交易。市的设立、废撤和迁徙，都由官府以命令行之。政府设有管理市场的专职官吏，上市商品、参与交易的人、度量衡、交易契据以及价格的评定、市税的收缴等，都在市官的监督和管辖之下。这种制度是适应统治阶级为维持封建秩序的稳定而形成的，同时也反映了当时商品经济发展程度较低。

唐代城市工商业较前发展较快，市区规划整齐，被看作是市坊制最成熟的典型。随着商品经济的发展，到唐代后期，商业活动渐渐不限于两市，在两市邻近的各坊和城门附近，已有手工业者和商人设店、摆摊售货；大城市出现夜市。北宋年间，这种自古相沿的市坊制已被打破，市场的地域限制和时间限制随之取消。城里随处可开设商铺，小商贩也可在各处沿街叫卖，夜市盛行，城厢内外形成繁华的商业区，并出现了专业性的批发交易市场。明清以后逐渐发展成近代的市场规模。

重农抑商

中国古代政治思想家和理财家提出的关于重视农业、抑制商业的财政经济政策思想，又称“重本抑末”。其主张是重视农业、以农为本，限制工商业的发展。

农业提供人类最基本的生活资料，在生产力发展水平还比较低的条件下，它是人们维持生存的物质基础。因此重农或重本，是古代世界各国所普遍遵循的一项经济原则。在中国，重农作为一种重要的经济思想，贯穿于中国古代经济思想发展的全过程。例如，战国时期秦商鞅变法重农抑商；西汉初休养生息，实行轻徭薄赋，发展农业生产，减轻农民的徭役、兵役和赋税负担，文帝、景帝奖励努力耕作的农民，劝诫百官关心农桑。每年春耕时，他们亲自下地耕作，给百姓做榜样。可以说，在两千余年封建历史中，自战国时形成“奖耕战”“抑商贾”，秦汉后“重农抑商”“崇本抑末”，到宋元“专卖”法乃至明清“海禁”，均是重农抑商之表现。

中国封建社会采取这种政策，归根到底是由其经济基础决定的。封建国家的经济基础是自给自足的自然经济，这种经济的主要部门是农业，作为起决定作用的生产部门，它提供给人们最基本的生活资料，农业生产的状况直接关系到国家的兴衰存亡。因此，重农抑商政策在封建社会初期对当时农业以及社会经济的发展、维护社会稳定、巩固新兴地主阶级政权起到了积极作用。但是，随着生产的发展，封建社会以农业为主体的自然经济逐步被商品经济所取代，到了明清之际，重农抑商思想已经开始被黄宗羲的工商皆本论和郑观应的“以商立国”思想所扬弃。

“一五六”工程

“一五”计划期间（1953—1957）苏联援建中国的156个工业项目的总称，这一庞大的援建工程旨在帮助中国建立比较完整的基础工业体系和国防工业体系的骨架，以奠定中国工业化的初步基础。

旧中国工业生产十分落后。近代工业产值仅占工农业总产值的12.3%，其中生产资料生产的比重又仅占5.5%。要迅速恢复生产，建立现代工业，接受外援是必不可少的，但是美国等一些西方国家在经济上对中国实施封锁、禁运，使中国的技术引进受到极大限制。中国只能寻求苏联和东欧社会主义国家的经济技术援助。陈云作为政务院副总理、中财委主任，统筹了“一五六”工程建设。

根据国家第一个五年计划的规定，东北三省是国家工业建设的重点地区之一。苏联帮助中国建设的156项工程，有22项在黑龙江省。国家在黑龙江省的基本建设投资总额计划规定为25.6亿元，占国家工业投资的10.3%。24项在辽宁省，其中包括鞍山钢铁公司（现为鞍山钢铁集团）、本溪钢铁公司的扩建、抚顺发电厂及阜新发电厂。“一五”计划时期，在重点建设东北工业基地的方针指导下，吉林省是国家工业建设的重点地区。在全国156个工业项目项目中，吉林省有11项。5年间，全省工业基本建设投资17.6亿元。长春第一汽车制造厂、吉林化肥厂、丰满发电厂等一批国家骨干企业新建、扩建并投产，使吉林省工业跨跃到了一个新水平。

人民公社

中国1958年至1978年期间设在农村的基层单位，是工农商学兵相结合的政社合一的基层单位。

中国的人民公社运动是从1958年夏季开始的，很短时间内，全国农村就实现了公社化。当时，农业合作社的一切生产资料和公共财产转为公社所有，由公社统一核算，统一分配；社员分配实行工分核算工资制和口粮供给制相结合；推广了公共食堂；成立了托儿所、幼儿园、敬老院、缝纫组；设立了农业、林业、畜牧、工交、粮食、供销、卫生、武装保卫等若干部门或委员会，下设生产大队和生产队，实行统一领导、分级管理和组织军事化、生产战斗化、生活集体化的管理方式。

人民公社的基本核算单位是生产队。根据各地方不同的情况，人民公社的组织可以是两级，即公社和生产队，也可以是三级，即公社、生产大队和生产队。人民公社的各级权力机关，是公社社员代表大会、生产大队社员代表大会和生产队社员大会。人民公社各级社员代表大会的代表和各级管理委员会、监察委员会的成员，都必须经过社员充分的酝酿，采取不记名投票的方式选举产生。公社社员代表大会的代表每两年改选一次。人民公社的管理机关是各级管理委员会，公社管理委员会的主要任务是：面向生产队，充分调动社员群众的积极性，发展农业、畜牧业、林业、副业、渔业等生产事业。全公社范围内的重大事情都由社员代表大会决定。

农村人民公社是适应生产发展的需要，在高级农业生产合作社的基础上联合组成的。它在一个很长的历史时期内，是社会主义的互助、互利的集体经济组织，实行各尽所能、按劳分配、多劳多得的分配原则。

20世纪80年代初，随着农村经济体制的改革，中共中央和国务院决定，将人民公社政社合一的体制改为政社分开，建立乡政府，原有的三级集体经济组织的隶属关系不再存在，人民公社也就不复存在了。

国营经济

因国家投资或私人企业国有化而产生，生产资料归国家所有并由政府直接经营的经济组织形式，有国营工厂、国营农场、国营商店、国家银行等。

在中华人民共和国成立初期，没收官僚资本，从而建立了国营经济。在中国,关系国计民生、影响经济全局的企业和现代化大工业、交通运输邮电业、能源、金融保险业以及主要商业等均属于国营经济。社会主义性质的国营经济一经建立,就成为整个社会经济的领导力量和发展生产、繁荣经济的主要物质基础,为以后进行的社会主义改造奠定了重要的物质基础。

改革开放后,中国政府一般不直接经营企业,因而改称为国有经济。国有企业是国有经济的重要组成部分,是一种特殊企业,它的资本全部或主要由国家投入,主要股份归国家所有,最终产权归全体人民共同所有。国有企业的利润并未分为消费基金和积累基金,只有积累基金,力求根据生产计划来预先确定必要的积累基金,然后明确其中哪一部分可以通过预算的途径来提供,哪一部分在价格政策基础上来提供。

民营经济

非国有经济,为公民个人所有、公民个人及其组合自行经营的经济形式。一般来说,是指除了国有和国有控股企业、外商和港澳台商独资及其控股企业以外的多种所有制经济的统称,包括国有民营经济、集体所有制经济、个体经济、私营经济、混合所有制民营经济和民营科技企业等类型。

从所有权与经营权分离的角度来看,国有企业改革后实现政企分开,成为法人主体之后,企业劳动者集体自主经营,也可以称之为民营经济。集体经济是在一定范围组织起来的劳动者群众自主经营的经济,应属于民营经济。就目前个体私营企业的规模状况而言,民营经济的主要构成部分是中小企业。

民营经济是从经济管理角度进行划分的一种经济形式,是具有中国特色的一种经济概念和经济形式。曾一度在中国消失,在中国经济体制改革和社会主义市场经济逐步发展过程中得以复兴,成为中国经济高速发展的生力军。

民营企业多数为自筹资金、自由组合的经济实体,无论是个人投资、合伙投资或外商投资以及集体筹资创办的企业,其产权关系和利益关系都比较明确,自主经营、自负盈亏、自我约束、自我发展的机制比较健全。中国改革开放以来,民营经济在经济结构中所占的比重逐步扩大,开始发挥越来越广泛的作用。民营经济能够在市场竞争中自主决策,不断创新,增加社会就业率;有利于充分调动所有者、经营者和广大职工的积极性;有利于培养和创造能够适应市场经济规律运作的经营、管理人才。

公私合营

公私合营是中国对民族资本主义工商业实行社会主义改造时期所采取的国家资本主义的高级形式。大体上经过个别企业的公私合营和全行业公私合营两个阶段。个别企业的公私合营,是在私营企业中增加公股,国家派驻干部(公方代表)负责企业的经营管理。

1953 年,中共中央政治局正式讨论通过和制定了中国共产党在过渡时期的总路线。并在《中华人民共和国宪法》中做出规定,以国家根本大法的形式确定了“过渡时期总路线”。这一年开始,资本主义工商业接受社会主义改造,组成公私合营企业。原来的私人资本参加公私合营后,执行国家对资本主义工商业的赎买政策,按核定资产分配利润及收取额定利息,至赎买完成。1954 年 9 月 2 日,政务院通过《公私合营工业企业暂行条例》。条例规定:对资本主义企业实行公私合营,应当根据国家的需要、企业改造的可能和资本家的自愿。从此,一个新词“公私合营”频繁出现在报纸和文件上。

合营企业中,生产关系在多方面发生深刻变化,企业由资本家所有变为公私共有,社会主义成分居领导地位,私人股份的合法权益受到保护。合营企业遵守国家计划,企业的盈余,在依法缴纳所得税后的余额,应当就企业公积金、企业奖励金和股东股息红利三个方面加以合理分配。公私关系和劳资关系也有了进一步的改善,生产的潜力得到发挥。质量提高,产量增加,成本降低,利润增大。

四个现代化

1954 年，第一届全国人民代表大会召开，时任国务院总理周恩来在会议上第一次提出了“四个现代化”的概念，即在中国建设现代化的工业、现代化的农业、现代化的交通运输业和现代化的国防。1956 年，实现“四个现代化”的目标被列入了中共八大通过的党章总纲。

1957 年，在全国宣传工作会议上，毛泽东提出了“三个现代化”的说法，要建设一个具有现代工业、现代农业和现代科学文化的社会主义国家。1959 年至 1960 年期间，毛泽东在读书小组读书时提出，建设社会主义原来要求是工业现代化，农业现代化，科学文化现代化，现在要加上国防现代化。至此，“实现社会主义四个现代化”的口号就全面、完整地提出了。1964 年，在三届全国人大一次会议上，周恩来根据毛泽东建议，在政府工作报告中向全国人民宣布中国今后的战略目标，把中国建设成为一个具有现代农业、现代工业、现代国防和现代科学技术的社会主义强国，并提出实现四个现代化目标的“两步走”设想。第一步，用 15 年时间，建立一个独立的、比较完整的工业体系和国民经济体系，使中国工业大体接近世界先进水平；第二步，力争在 20 世纪末，使中国工业走在世界前列，全面实现农业、工业、国防和科学技术的现代化。

国有企业改革

中国的国有企业改革是传统国有企业在体制、机制以及管理制度等方面为适应社会主义市场经济体制而进行的改革。

国有企业改革的核心内容是产权制度、分配制度和管理、运营模式方面的改革，中心环节是建立现代企业制度，增强国有企业活力，提高国有企业的经济效益。

在经过了长期的国有企业改革实验的基础上，中国政府有关行政部门于 2016 年提出了国企改革十项改革试点计划，主要内容包括：1. 改革董事会职权制度。2. 市场化选聘企业经营管理者。3. 推行职业经理人制度。4. 企业薪酬分配差异化改革。5. 国有资本、投资运营公司试点。6. 中央企业兼并重组试点。7. 部分重要领域混合所有制改革试点。8. 混合所有制企业员工持股改革试点。9. 国有企业信息公开工作试点。10. 剥离企业办社会职能和解决历史遗留问题试点。

国有企业改革是中国正在实施的做强做大国有企业方针的重大战略步骤，推进国有企业改革，有利于保证国有资产保值增值，有利于提高国有经济竞争力，有利于放大国有资本功能。

经济特区

中国政府根据改革开放的需要，选定一些对外经济往来条件优越的地方，以减免关税等优惠措施，创造良好的投资环境，鼓励外商投资，引进先进技术和科学管理方法等特殊政策设立的特定区域。

1979 年 4 月，中国领导人邓小平首次提出要开办“出口特区”，1980 年“出口特区”改名为“经济特区”，并在深圳加以实施。1980 年起，中国先后在深圳、珠海、汕头、厦门、海南省建立了经济特区。经济特区的设置是中国改革开放政策的重要体现。经济特区的建立在中国体制改革中发挥了“试验田”的作用，是体制改革的试验场；在对外开放中发挥重要的“窗口”作用，是对外开放的重要基地；在自主创新中发挥重要的排头兵作用；在借鉴外国的经济发展和管理经验的过程中，使特区经济从内向转到外向。经济特区与其他区域的重要区别还在于拥有经济特区立法权，国家对经济特区由赋予“特殊政策”到“特别立法”，鼓励经济特区在制度创新方面积极探索，为特区创新发展注入强大动力。随着改革开放的深入开展，特区经济竞争力的本质内涵更加体现在制度竞争力方面。

中国经济特区诞生于 20 世纪七八十年代，成长于 90 年代。深圳凭借着优越的地理位置，成了最早建立的经济特区，发挥了对外窗口的功能。这个曾经落后的偏僻之地，成为中国改革开放的先锋。深圳模式的成功鼓舞了全国,使中央政府决定把市场经济作为中国经济改革的目标。

经济技术开发区

中国最早在沿海开放城市设立的,以发展知识密集型和技术密集型产业为主的特定区域,后来在全国范围内设立。

1981 年,国务院批准在沿海开放城市建立经济技术开发区。1984 年 5 月,正式决定开放大连、秦皇岛、天津、烟台、青岛、连云港、南通、上海、宁波、温州、福州、广州、湛江、北海等 14 个沿海港口城市,并建立了第一批国家级经济技术开发区。随着改革开放的推进和深化,经济技术开发区建设从沿海地区向沿江、沿边和内陆省会城市、区域中心城市拓展。

经济技术开发区的发展方向是技术密集型产业,经济结构较为单一,享受的优惠条件少于经济特区。主要任务是引进、吸收先进技术和现代管理经验;扩大出口贸易,增加外汇收入,积累建设资金;开发国内紧缺产品,满足全国生产建设需要;及时掌握和传播经济技术信息,培养各方面人才,通过外引内联促进内地经济发展与对外贸易。

根据地理位置不同,经济、文化发展水平的差距,可以分为以下四种开发模式:第一,工业基础较雄厚,工业门类较齐全,科技和经济管理水平较高的中心城市,建立新兴产业开发区发展尖端科技,如上海和天津;第二,毗邻深水良港,交流网络发达,有较广阔的腹地,对外经济活跃,地处国际航运发达的地区,发展转口和出口贸易开发区,如大连、宁波;第三,地处风景名胜、旅游资源发达的地区,重点发展旅游业、商业、服务业等第三产业;第四,为完善投资环境,制定经济优惠政策,以及完善各项基础设施建设的管理机构,发展中外经济合作开发区。

精准扶贫

中国政府针对不同贫困区域环境、不同贫困农户状况,运用科学有效程序对扶贫对象实施精确识别、精确帮扶、精确管理的治贫方式,由习近平总书记 2013 年 11 月首次提出。

精准扶贫的背面是粗放扶贫,粗放扶贫主要表现在对贫困居民底数不清,对扶贫对象推测估算,针对性不强,扶贫资金"天女散花",扶贫项目粗放"漫灌",以致"年年扶贫年年贫",挤占浪费国家扶贫资源,造成应扶未扶、扶富不扶穷等社会不公现象。精准扶贫、精准脱贫就是要在扶持对象精准、项目安排精准、资金使用精准、措施到户精准、脱贫成效精准上想办法、出实招、见真效。回答"谁是贫困居民""贫困原因是什么""怎么针对性帮扶""帮扶效果又怎样"等问题,首先要通过有效、合规的程序,把谁是贫困居民识别出来,贫困居民识别出来以后,针对扶贫对象的贫困情况定责任人和帮扶措施,实施精确管理,正所谓"授之以鱼不如授之以渔",使贫困户拥有一技之长,发展产业增收,才是长远发展目标。坚持标本兼治,抓好教育培训,让更多贫困地区的青少年通过学习深造走出大山。

中国是世界上最大的发展中国家,通过执政党和政府的努力,发挥社会主义制度的优势,通过全社会的动员,积极解决贫困人口问题,取得了很好的效果。

⊙ 军事 ⊙

军事思想

毛泽东军事思想

以毛泽东为主要代表的中国共产党人关于当代中国革命战争和人民军队问题的科学理论体系。它是马克思列宁主义普遍原理与中国革命战争实践相结合的产物，是中国革命战争和人民军队建设实践经验的科学总结，是中国共产党集体智慧的结晶，是毛泽东思想的重要组成部分。

毛泽东军事思想形成于土地革命战争时期，在抗日战争时期全面成熟，解放战争时期和中华人民共和国成立以后得到进一步发展。毛泽东军事思想是内容丰富的科学体系，主要包括：

关于战争的基本理论。深刻地阐明了无产阶级对战争起源、战争本质、战争目的、战争性质、现代战争根源等问题的根本看法，指出了指导战争正确的认识论和方法论。

关于人民军队建设理论。毛泽东不仅强调建立军队的重要性，而且成功地解决了把一支以农民为主要成分的军队，建设成为无产阶级性质的、同人民群众保持密切联系的、具有严格组织纪律和高度军事素养的新型人民军队的问题。

关于人民战争的思想。以毛泽东为代表的中国共产党人在领导中国革命战争的实践中，创造性地发展了马列主义关于人民战争的理论，对实行人民战争的必要性、可能性和如何实行人民战争问题做了系统的阐述，形成了具有中国特色的人民战争思想。

关于人民战争的战略战术。毛泽东从敌强我弱这一中国革命战争的特殊性出发，在人民战争和人民军队的基础上，总结作战的丰富经验，提出了以灵活机动为特点的人民战争的战略战术。

毛泽东军事思想对中国革命战争和人民军队建设实践产生了巨大指导作用，中国革命战争的胜利和人民军队的发展壮大，无可辩驳地证明了它的真理性。在强国强军新时代，继续坚持和发展毛泽东军事思想是中国共产党及其领导下的军队和人民军事领域建设的重要任务。

邓小平新时期军队建设思想

邓小平在中国社会主义事业进入改革开放和现代化建设新时期，为指导中国军队建设和国防建设而提出的系统理论，是邓小平理论的重要组成部分，是中国共产党和军队集体智慧的结晶。

邓小平新时期军队建设思想的主要内容包括：军队和国防建设指导思想实行战略性转变；军队建设要服从和服务于整个国家建设大局；军队要担当起维护国家主权和安全的历史责任；实行积极防御的军事战略方针；建设一支强大的现代化正规化革命军队；始终不渝地坚持人民军队的性质；中心是解决现代化的问题；提高军队建设的正规化水平；要把教育训练提高到战略地位；坚定不移地走中国特色的精兵之路；军队和国防建设是全党和全国人民的事业等。

邓小平新时期军队建设思想，是在中国社会主义事业进入改革开放和现代化建设新时期对毛泽东军事思想的继承和发展，是军队建设和国防建设的根本指导思想。这一思想正确地反映了新时期军队和国防建设的基本规律，为人民军队革命化现代化正规化建设和国防现代化建设指明了方向。

江泽民国防和军队建设思想

江泽民在20世纪90年代和21世纪初针对时代发展变化，为指导国防和军队建设而提出的系统理论，是

“三个代表”重要思想的重要组成部分，是中国共产党和军队集体智慧的结晶。

江泽民国防和军队建设思想的主要内容包括：从国际战略全局和国家发展大局谋划国防和军队建设；解决好“打得赢、不变质”两个历史性课题；中国共产党对人民解放军的绝对领导是永远不变的军魂；积极推进中国特色军事变革；提出新时期军事战略方针并用以统揽军队建设全局；按照“五句话”（“政治合格、军事过硬、作风优良、纪律严明、保障有力”）总要求全面加强军队建设；始终把思想政治建设摆在军队各项建设的首位；实施科技强军战略，加强军队质量建设；培养和造就大批高素质的新型军事人才；加快武器装备现代化建设的步伐；走出一条投入少、效益高的军队现代化建设路子；坚持依法治军、从严治军；军队现代化建设动力在改革；依靠人民建设军队、建设国防等。

江泽民国防和军队建设思想，是对毛泽东军事思想和邓小平新时期军队建设思想的继承和发展，进一步回答了新的历史条件下建设什么样的军队、怎样建设军队，未来打什么仗、怎样打仗的基本问题，是新形势下推进国防和军队建设的强大思想武器和科学指南。

胡锦涛国防和军队建设思想

中共党的十六大特别是十六届四中全会以来，面对世情、国情、党情深刻变化，胡锦涛科学判断中国军队建设所处历史方位，准确把握国防和军队建设阶段性特征，从国家安全和发展战略全局高度统筹经济建设和国防建设，提出了一系列紧密联系、相互贯通的新思想新观点新论断，形成了中国共产党关于新形势下国防和军队建设的思想。

这一重要的军事指导理论，科学回答了在世界大发展大变革大调整、中国全面建设小康社会的历史条件下，推进国防和军队建设科学发展、全面履行新世纪新阶段中国军队历史使命的重大课题，开辟了中国共产党的军事指导理论创新和发展的新境界。胡锦涛国防和军队建设思想作为科学发展观的重要组成部分，是科学发展观在军事领域的运用和展开，是毛泽东军事思想、邓小平新时期军队建设思想、江泽民国防和军队建设思想的继承和发展，是新形势下推进中国国防和军队建设的科学指南。

胡锦涛国防和军队建设思想是一个科学体系。关于国防和军队建设的指导方针、国防和军队建设的主题主线、国防和军队建设的总基调、国防和军队建设的目标任务、国防和军队建设的发展道路、国防和军队建设的发展理念、国防和军队建设的内在动力、国防和军队的思想政治建设等一系列重要论述，既有军事哲学层次的指导思想，也有军事实践活动的方法原则，丰富和发展了新形势下国防和军队建设的目标、道路、理念、动力、保证等基本内容，形成了一个完整、科学、开放的军事思想体系。这一重要军事指导思想，反映了军队建设继往开来的客观规律，是加强军队建设的基本遵循，是引领、推动国防和军队建设实践不断前进的强大思想武器。

习近平强军思想

以习近平为核心的中共中央，在指导建设强军事业伟大实践中孕育的科学思想体系，深刻回答了强军兴军的使命任务、目标方向、原则制度、根本指向、战略布局、重要路径等一系列根本性问题，是一个逻辑严密、意蕴深远的科学军事理论体系。

习近平强军思想核心要义可以概括为“十个明确”：明确强国必须强军，巩固国防和强大人民军队是新时代坚持和发展中国特色社会主义、实现中华民族伟大复兴的战略支撑；明确党在新时代的强军目标是建设一支听党指挥、能打胜仗、作风优良的人民军队，必须同国家现代化进程相一致，力争到 2035 年基本实现国防和军队现代化，到 21 世纪中叶把人民军队全面建成世界一流军队；明确党对军队绝对领导是人民军队建军之本、强军之魂，必须全面贯彻党领导军队的一系列根本原则和制度，确保部队绝对忠诚、绝对纯洁、绝对可靠；明确军队是要准备打仗的，必须聚焦能打仗、打胜仗，创新发展军事战略指导，构建中国特色现代军事作战体系，全面提高新时代备战打仗能力，有效塑造态势、管控危机、遏制战争、打赢战争；明确作风优良是中国人民解放军鲜明特色和政治优势，必须加强作风建设、纪律建设，坚定不移正风肃纪、反腐惩恶，大力弘扬中国共产党、人民解放军的光荣传统和优良作风，永葆人民军队性质、宗旨、本色；明确推进强军事业必须坚持政治建军、改革强军、科技兴军、依法治军，更加注重聚焦实战，更加注重创新驱动，更加注重体系建设，更加注重集约高效，更加注重军民融合，全面提高革命化现代化正规化水平；明确改革是强军的必由之路，必须推进军队组织形态现代化，构建中国特色现代军事力量体系，完善中国特色社会主义军事制度；明确创新是引领发展的第一动力，必须坚持向科技创新要战斗力，统筹推进军事理论、技术、组织、管理、文化等各方面创新，建设创新型人民军队；明确现代化军队必须构建中国特色军事法治体系，推动治军方式根本性转变，提高国防和军队建设法治化水平；明确军民融合发展是兴国之举、强军之策，必须坚持发展和安全兼顾、富国和强军统一，形成全要素、多领域、高效益军民融合深度发展格局，构建一体化的国家战略体系和能力。

习近平强军思想统筹发展和安全两件大事，统筹经济建设和国防建设两大领域，统筹国际和国内两个大局，统筹军队和地方两大部门，涵盖战争指导、建军治军和改革创新等各方面，打通建设、指挥、管理、监督等链路，是一块成型的“理论整钢”。习近平强军思想立论于马克思主义基本原理，立足于新时代国防和军队鲜活实践，揭示了强军制胜的根本规律，闪耀着马克思主义思想方法的光辉，是指引强军事业发展进步的科学指南。

政治建军

“政治建军”来源于中国革命的历史实践，指实行革命的政治工作，保证人民军队始终是党的绝对领导下的革命军队，为军队战胜强大敌人和艰难险阻提供了不竭力量，使军队始终保持了人民军队的本色和作风。政治建军是中国共产党和军队的命脉所在，也是实现强军目标、建设世界一流军队的根本法宝。

1929年古田会议上，中国共产党就确立了政治建军的根本原则和制度。从历史烽烟一路走来，人民军队历经坎坷而不散，遭遇挫败又奋起，在血雨腥风中坚不可摧，在艰难困苦中勇往直前，创造了二万五千里长征的奇迹，创造了14年浴血抗战打败日本侵略者的奇迹，创造了横扫国民党八百万军队如卷席的奇迹，创造了领导人民军队多次实现现代化大跨越的奇迹……这些伟绩雄辩地证明：政治建军是人民军队的建军之本，是中国共产党和军队的重要政治优势。

中国共产党十八大以来，特别是在古田全军政工会上，习近平围绕新形势下进一步加强政治建军提出一系列带根本性、方向性、指导性的重要思想，形成了蕴含丰富、博大精深的政治建军方略；提出政治工作的时代主题，就是紧紧围绕实现中华民族伟大复兴的中国梦，为实现执政党在新形势下的强军目标提供坚强政治保证；强调要扭住坚持党对军队绝对领导这个根本不放松，坚决维护和贯彻军委主席负责制，强化政治意识、大局意识、核心意识、看齐意识，确保部队绝对忠诚、绝对纯洁、绝对可靠；要把理想信念、党性原则、战斗力标准、政治工作威信在全军牢固树立起来，培养有灵魂、有本事、有血性、有品德的新一代革命军人，着力推动政治工作创新发展；等等。这些富有创见的新思想新观点新论断，从理论与实践的结合上系统回答了新形势下政治工作抓什么、怎么抓的问题，为新的历史条件下加强政治建军提供了基本遵循。

军队建设

古代兵制

古代国家或政治集团关于军事建设的制度。

历史上中国是一个战事频繁的国家，古代兵制在阶级矛盾与民族矛盾中产生与发展。从上古到春秋战国时期是古代兵制的创建与萌芽时期,开始建立了国君的最高军事指挥地位,逐步实行了武官制度和军功爵赏制度,先后出现了车兵、步兵、骑兵和水师等兵种,集兵方式从甲士持卒召集制发展到郡县征兵制,武器装备从石兵器发展到铜兵器与铁兵器。

从战国时代到鸦片战争时期,是漫长的封建社会,其间兵制有了很大的发展。以封建专制集权为基础,军权集于皇帝。常备军成为武装力量的主体。兵种多数以步兵为主,辅以骑兵和水师。武器装备以冷兵器为主,后期开始有了火器。建立与完善武库、粮储和兵器制造机构。兵源主要来自农民,实行募兵、征兵、府兵、世兵等不同兵役制度。

清末到国民党统治时期,中国继续加强了地主与军阀控制军权的军事机构,武器装备完成了从冷兵器到火器的转变,近代军事工业开始建立与发展,军队发展为陆、海、空三大军种,各种军事学校相继开设,军事制度实现了由古代兵制向近代军制的转变。

兵役制度

国家关于公民参加武装组织或在武装组织之外承担军事任务、接受军事训练的制度。

兵役制度主要包括公民在军队中服现役,在军队外服预备役,以及在校学生接受军事训练等方面的有关规程。兵役制度是国家的一项重要军事制度,由国家最高权力机关或者国家元首以法律、法令的形式颁布实施。它对于保障军队现役兵员的更替和后备兵员的储备,加强国家武装力量建设,建立战时兵员动员基础,具有重大意义。它是随着国家及其军队的形成而产生,又随着国家的经济状况、政治制度和军事需要而发展变化。

中国历史上曾实行过多种兵役制度。春秋、战国时期起实行郡县征兵制,直至秦、汉时期;三国时期实行过募兵制,后又改行世兵制;隋、唐前期主要实行府兵制,后又改为募兵制,直至宋朝;元代、明代和清代前、中期,主要实行世兵制。清末,编练新军,招募兵员,士兵在常备军中服现役3年后,转为续备军和后备军。中华民国初期,主要实行募兵制。1933年6月,南京国民党政府曾颁布兵役法,实行征兵制。中国共产党领导下的人民军队,在历次革命战争时期一直实行志愿兵役制。土地革命时期,工人、农民加入中国工农红军,实行绝对的志愿兵役制。中华人民共和国成立后,继续实行志愿兵役制。1955年7月30日颁布的《中华人民共和国兵役法》规定实行义务兵役制。1984年5月31日,经第六届全国人民代表大会第二次会议审议通过,颁布了第二部兵役法,规定中国实行义务兵役制为主体的义务兵与志愿兵相结合、民兵与预备役相结合的兵役制度;中国公民都有依法服兵役的义务;服现役满5年的义务兵,根据部队需要和本人自愿可改为志愿兵,继续服现役;退出现役的士兵和军官以及其他符合兵役条件的公民,在规定年龄内服预备役;民兵组织既是国家武装力量的组成部分,又是预备役人员的基本组织形式;士兵的服役年限为陆军3年,空军、海军4年。1998年颁布的兵役法将陆海空军义务兵服役年限一律改为2年,取消了超期服役的规定。

军队编制

军队的组织系统、机构设置和人员、装备编配的具体规定,包括根据规定的军队定额,确定军内各系统的编配比例和人员、装备定额,确定编制系统,制定并颁行编制表。编制是军队编成的法规,是军队编成和干部调配、兵员补充、后勤供应、装备配备的法定依据。

军队编制随着军队的出现而出现、发展而发展,经历了由简单到复杂、由低级到高级的发展过程。在中国古代,因士兵往往不是职业军人,因此,其编制在平时与战时往往有所不同。五进位制以及十进位制是人类普遍采用的计数方法,因此,先秦军队基层编制就是一五一十的"什伍"之制。五人为伍,五伍为两,四两为卒,五卒为旅,五旅为师,五师为军,一军有12 500人,又往往按照具体职责分为三军。秦汉时期，军队乃是民兵制，兵士平时按照居住地点就近编伍，由各郡的郡尉、各县的县尉负责训练，并负责地方治安；参加战争时，再进行统一编制。一般是按地域编制后，分配到各将军的战斗集群中去。隋唐时期，平时编制实行府兵制，各地每个折冲府管辖兵员 800 到 1 200 人，以折冲都尉为长官。战斗时则同样再进行临时编制。清代八旗军则以旗为最大单位，绿营兵则以营为基本单位。

中国人民解放军现在编制的基本形式是：班、排、连、营、团、旅、军，但因军种、兵种不同，有其不同的名称。从历史上看，中国人民解放军的历史就是一部编制的发展完善和改革创新史。中国共产党十八大以来，中国军队深化国防和军队改革，成立了陆军领导机构、火箭军、战略支援部队，七大军区调整划设为东部、南部、西部、北部、中部五大战区，组建军委联合作战指挥机构和战区联合作战指挥机构等，中国军队长期实行的总部体制、大军区体制、大陆军体制被打破，立起了人民军队新的“四梁八柱”，使人民军队规模更精干、编成更科学、布局更优化，人民军队体制一新、结构一新、格局一新、面貌一新。

军功制度

军人在服役过程中因立功而获得奖励的制度。

自从军队诞生之日起，军功制度就与之伴生。战国时期各国就注意奖励军功。据《汉书·刑法志》记载，当时齐国就规定兵卒凡“得一首则受赐金”。秦国商鞅变法时，制定 20 等军功爵，规定不分贵贱，按军功大小实行奖赏。士卒获一敌首，赐爵一级，授田一顷，住宅地九亩，隶役一人。各级将吏也论功行赏，无功者受罚。正因为秦国赏罚严明，才使秦军有极强的战斗力，并最终扫灭六国，一统天下。战国兵制的上述变化，适应了新兴地主阶级的需要，也为之后秦汉封建军事制度的发展奠定了基础。后世汉、唐、宋、明等封建王朝都根据情势变化，建立了自己的军功制度，这对鼓励士卒英勇杀敌，巩固国家的统一，维护边疆不受异族的侵犯曾起过积极作用。

中国人民解放军建军以来，就积极开展立功授奖工作，逐步在战争中确立和完善军队的立功授奖制度，对调动军队积极性、激发战斗精神起到过重要作用。中华人民共和国成立后，1963 年 9 月原总政治部颁发的《中国人民解放军战时立功条例（草案）》，1979 年 3 月原总政治部下发的《关于颁发战时英雄模范奖章和立功奖章的通知》和 1984 年中华人民共和国中央军事委员会颁发的《中国人民解放军纪律条令》等军事法规中，正式规定了立功的原则、等级、标准、批准权限、评定方法和奖励方法等。中国人民解放军军功章即立功奖章分为：一等、二等、三等，每年评定一次，通常由群众评议，党委（支部）和领导机关审查批准，必要时可由领导机关评定。中国目前的军功制度对推进新时代强军进程，营造社会尚武氛围仍将持续发挥作用。

黄埔军校

孙中山在广州创建的中国近代以来第一所真正意义上的军事院校。

1924 年初，孙中山在共产国际、中国共产党的支持和帮助下，毅然决定改组国民党，确定了“联俄、联共、扶助农工”三大政策，实现了第一次国共合作，并于 1924 年 6 月在广州创建了黄埔军校。黄埔军校创立后，历经多次战争，为中国革命输送了大批军政人才，是名副其实的“将帅摇篮”。不但国民党中很多高级将领出自黄埔，共产党方面，中华人民共和国 1955 年授衔的开国将帅中，十大元帅中有五位，十位大将中有三位，还有上将、中将、少将等多位将军出自黄埔。黄埔军校的建立，对中国革命的进程发展发挥了积极作用，在中国近现代军校发展史上占有重要地位，但随着中国革命形势的逆转，黄埔军校也遭到了极大的破坏，之后虽然在不少地方以不同校名继续创办，但其性质已发生了根本变化，光辉已成为历史。但其以“革命”“爱国”为主要核心的黄埔精神，砥砺着中华儿女为民族独立，为国家解放，为人民自由冲锋陷阵、抛洒热血。特别是在抗日战争时期，黄埔师生为挽救民族之危亡，与日本侵略者在正面战场、敌后战场展开英勇搏杀，用血肉之躯抵抗敌人的飞机大炮，谱写了一首首英勇壮歌，其留下的黄埔精神要求每一名中国人在民族危亡之际，国将不国之时，能够挺身而出，不惜血肉之躯，解危救难，安邦定国。

中国人民抗日军政大学

中国人民抗日军政大学全称为中国人民抗日军事政治大学，简称“抗大”，是中国共产党领导下培养八路军军政干部的学校。

“抗大”前身是1931年创建于江西瑞金的中国红军学校，1933年扩建为红军大学，1934年随中央红军长征，改称“干部团”。红军长征到达陕北后，红军大学恢复创建于陕北瓦窑堡，红军干部团和陕北红军学校合并，组成“中国工农红军学校”，不久改称“西北抗日红军大学”，1937年初改为此名。林彪、徐向前先后任校长，毛泽东任教育委员会主席，并为抗大制定了“坚定正确的政治方向、艰苦奋斗的工作作风、灵活机动的战略战术”的教育方针和“团结、紧张、严肃、活泼”的校训。学员以抽调的部队干部为主，同时吸收全国各地来延安的知识青年。1939年总校迁到华北敌后根据地，先后在晋东南、晋察冀、山东、延安、皖北、苏北、晋绥、淮南、苏中鄂豫皖等抗日根据地建立分校。学习内容分政治、军事两类课程，主要有马列主义概论、哲学、政治经济学、抗日民族统一战线、民运工作、日本问题、战略学、游击战术、战斗指挥和队列、军事技术等。在抗日战争期间，“抗大”先后培养军政干部20余万人，对于中国人民子弟兵的发展壮大，对于取得抗日战争、解放战争的胜利做出了重大贡献。

中国人民解放军

中华人民共和国的国家武装力量。

中国人民解放军诞生于1927年8月1日南昌起义。南昌起义打响了中国共产党领导中国人民进行武装革命的第一枪。南昌起义后，中国共产党先后发动了秋收起义、广州起义及其他各地武装起义，这些地区起义保留下的武装当时叫中国工农革命军，之后陆续改称为中国工农红军，简称“红军”，这是中国人民解放军的最早前身。

抗日战争爆发后，在民族危亡之际，中国共产党为促成国共合作，停止内战，一致对外，在军事上做出了重大让步，即取消“红军”番号，将中国工农红军第一、第二、第四方面军及陕北红军改编为国民革命军第八路军（简称“八路军”），将南方八省的红军游击队改编为国民革命军陆军新编第四军（简称“新四军”）。红军虽然改编，但革命属性没有改变，其仍然是中国共产党领导的人民军队。

抗日战争胜利后，国民党当局于1946年6月底悍然破坏和平谈判成果，发动全面内战，中国共产党领导的人民军队被迫进行自卫反击，全国解放战争由此开始。中国共产党旋即将八路军、新四军，以及1945年10月组建的东北人民自治军（后改称“东北民主联军”）等各部队陆续改称为中国人民解放军。解放战争胜利后，人民军队又经数次整编，但中国人民解放军的称谓一直延续至今。

重要战役

牧野之战

商王纣三十三年（“夏商周断代工程”观点为公元前1046年），周武王联合诸部落在牧野（今河南省淇县南）战胜商军建立周朝的决定性战役，史称“武王伐纣”。

商朝末期，纣王穷兵黩武、横征暴敛，其残酷的统治为臣民所愤恨。此时，经过文王的大力发展，周势力范围不断扩大，周人伐商的准备已基本完成。据《史记·周本纪》记载，商王纣三十一年，武王为查探各诸侯国对伐商的态度而陈兵于孟津（今河南省孟津县），与八百诸侯不期而会，诸侯皆曰“纣可伐矣”，唯武王认为商纣主力尚存，气数未尽，于是还师西归再做准备，史称“孟津观兵”。两年后，纣王淫纵暴虐更甚，国内民怨沸腾。而此时，殷商主力远在东南地区讨伐东夷，武王认为伐纣时机已经成熟，于是遍告诸侯，殷有重罪，不可不伐，亲率戎车三百乘、虎贲三千人、甲士四万五千人，集结部队渡过孟津，各路诸侯闻讯，纷纷与武王会合，共同东进伐纣。周军抵达商都城朝歌（今河南省淇县）南郊牧野，武王又作《牧誓》激励将士，严肃作战纪律，并亲自指挥大军讨伐商纣。纣王接到周军抵达牧野的消息后匆忙应战，只能调动卫戍部队和临时由奴隶组成的大军开向牧野。商军虽然人数众多，号称“十七万大军（一说七十万）”，但因主力不在，临时军队多由奴隶组成，既无经验，亦无士气，与周军一触即溃，纷纷倒戈，周军几乎兵不血刃攻占朝歌，纣王见大势已去，自焚于鹿台，自此商朝灭亡，周朝建立。

长勺之战

春秋时期，鲁军在长勺（今山东省济南市莱芜区东北，一说今山东省曲阜市以北）后发制人战胜齐军的战例。

齐桓公继位之初，正值齐强鲁弱，齐桓公企图一举征服鲁国。国相管仲认为此时国家还未完全安定，应内修朝政，外睦与国，养精蓄锐，蓄势待发，但齐桓公未采纳管仲意见，于公元前 684 年正月发兵鲁国。面对强大的齐国，鲁庄公决心以全国之力同齐国一战。谋士曹刿求见鲁庄公并指出：“施小恩小惠于百姓，百姓是不会为您出力的，对神明守点小信，神灵也未必会降福给您，只有尽到了做君主的责任，取信于民，才可一战。”鲁庄公回答：“我对待民间大小狱讼，虽不能件件断得清楚，但都谨慎对待，认真办理。”曹刿说：“您能这样办案，倒是取信于民，尽了责任，这就有力量可以与齐国一战。”并请求随鲁庄公共同出战。鲁军抵达长勺，曹刿与鲁庄公同乘一车。战争一开始，齐军擂鼓出战，鲁庄公随即要击鼓相迎，曹刿连忙阻止，劝鲁庄公按兵不动，坚守阵地。齐军又一连擂鼓两次，向鲁军阵地发起多次冲击，但均未奏效。此时，齐军将士开始面露疲色，士气逐渐低落。曹刿见时机已到，赶忙向鲁庄公建议击鼓反攻。此时，鼓声雷动，鲁军一鼓作气，勇不可挡，当即将齐军阵营冲垮，齐军被鲁军气势所逼节节败退。鲁庄公为扩大战果，催促鲁军赶快追击败退的齐军，曹刿再次阻止，并下车察看，发现齐军撤退时车辙紊乱，旗帜也东倒西歪，判断齐军是真的溃败而逃，这才建议鲁庄公追击齐军。

城濮之战

春秋时期，晋国在城濮（今山东省濮县南）大败楚国争夺中原霸权的大规模战役。

自泓水之战后宋国因耻于败降楚国而突然转投北方大国晋国。楚国因受辱而出兵围宋，宋旋即向晋国求援。晋为缓解楚对宋的围困，转而攻击与楚交好的曹、卫两国，但并未奏效。晋又建议宋贿赂齐、秦两国，让两国出面调停。楚成王拒绝了两国调停，这加深了齐、秦两国与楚之间的矛盾，晋则借机与齐、秦两国组成联盟共同攻楚。楚成王见中原形势对楚越发不利，又恐后方局势不稳，便决定留子玉所率部队在宋境，其余楚军撤至楚地申（今河南省南阳县）。晋文公深谙子玉骄而好战的性格，遂用计激怒子玉，诱子玉出军，并主动避其锋芒，引楚军尾随。这既履行了晋文公流亡楚国期间许下的晋、楚交战“退避三舍”（古时行军一舍为三十里）的承诺，又陷楚军于被动，使战事朝着有利于晋军的方向发展。公元前 632 年 4 月，子玉率楚军连同随征的陈、蔡等国军队围追晋军至城濮，与晋、齐、秦、宋等国联军在此展开决战。晋军首先猛攻由陈、蔡两军组成的战斗力最为薄弱的右军，陈、蔡两军见晋军攻势凶猛，果然惊慌逃窜。此时，晋军主将反而竖起两面大旗，佯作后退，晋军战车则拖着树枝扬起尘土，也假装败逃。楚军主将子玉不知虚实，误认晋军溃败，旋即命令其左军追击，结果导致楚军左军孤军深入，侧翼完全暴露。晋军见楚军上当，当即回军并形成夹击之势，将楚军大部歼灭。

合纵攻秦之战

战国中期，齐、楚、赵、魏、韩、燕等国组成联军共同攻击秦国的战争，大致有五次。

秦经商鞅变法，国力强劲，一跃成为战国七雄中第一强国，中原各国都无力单独与其抗衡，遂形成合纵之势，联合抗秦。首次攻秦：公元前318年，随着秦国的扩张，距离秦较近的赵、魏、韩、燕四国感受到了秦国的威胁，遂联合齐、楚两国组成联军在函谷关进攻秦军，由于六国并未戮力同心，此次攻秦以失败告终。第二次攻秦：公元前298年，秦攻楚，斩杀楚军五万人，夺取楚国城邑十余座，齐、魏、韩等国恐秦借势东扩，趁秦军久战兵疲之际，再次组成联军合纵攻秦，并取得胜利。第三次攻秦：公元前288年，齐、秦并称东帝、西帝。苏秦入齐，劝说齐王取消帝号，使天下爱齐而憎秦。次年，苏秦联合齐、赵、魏、韩、燕五国共同攻秦，但五国各怀私心。秦见五国存有间隙，就主动取消帝号，并以归还魏、赵等国部分土地为名，破坏五国联军，最终此次攻秦不战而退。第四次攻秦：秦经鄢郢之战沉重打击了楚国，华阳之战歼灭赵、魏联军十五万人，长平之战坑杀赵军四十余万人，迫使中原各国再次联合抗秦。公元前247年，由魏国信陵君率领魏、赵、韩、楚、燕五国联军进攻秦国，迫使秦军退至函谷关，此次攻秦以联军大胜告终。第五次攻秦：第四次合纵攻秦虽然取胜，但未能阻止秦国东扩。公元前241年，赵、魏、韩、楚、燕再次组成联军合纵攻秦，此次攻秦联军未能取胜，六国国力自此也愈加衰弱，再无力与秦抗衡。

长平之战

先秦时期，秦与赵在长平（今山西省高平市西北）发生的一次战略决战。

公元前262年，秦军发兵攻占韩地野王（今河南省沁阳县），韩为求息兵，欲将韩地上党（今山西省长治市一带）献予秦国。但上党郡守冯亭不愿降秦，先行私自将上党献给赵国，欲以赵御秦，秦国震怒不已。公元前260年，秦命大将王龁率军攻打上党，赵国派老将廉颇屯兵上党郡属地长平阻止秦军进攻。廉颇依托有利地形，坚守营垒，以逸待劳。但赵王认为廉颇守城不出是怯战，数次责备廉颇。秦人趁机挑拨，散布谣言称“秦只畏惧赵奢的儿子赵括。廉颇已老，不足为虑，且要投降于秦”。赵王本对廉颇避战心存不满，遂派赵括接替廉颇。秦王闻此，暗中以白起换回王龁。秦将白起深知赵括自命不凡，好纸上谈兵，遂派遣一支部队佯败诱使赵括出兵追击，待赵括追击至秦军预设营垒时，秦军突然转退为攻，先坚守营垒，再派两万五千秦兵突袭赵军后方，切断赵军退路，又派五千骑兵直插赵军营垒，分割赵军，之后再派轻装部队不断突袭赵军，迫使赵军就地待援。秦王听闻赵军被围，粮草匮乏，便亲自征发青年开往长平，彻底切断赵国援军和粮草。赵军断粮多日，军中杀人互食。赵括情急之下兵分四路轮番突围，但均告失败，无奈之下只得强行突围，最终被秦军射杀。赵军失去主帅，纷纷放弃抵抗，全部投降。白起怕赵军反复，只留下赵军中年幼者二百四十人，其余四十余万人全部坑杀。

长平之战，秦国重创赵国，开创了中国古代战争史大规模歼灭战的先例。

官渡之战

东汉末年，曹操与袁绍在官渡（今河南省中牟县）地区发生的一次战略决战。

199年春，袁绍消灭公孙瓒后，自恃兵多粮足，企图一举剿除曹操。袁绍谋士沮授认为，袁军多年作战，已兵疲民惫，应先休养生息，再作打算。袁绍未听取沮授的意见，决定率步兵十万、骑兵一万余，南下攻曹。曹操当时只有袁绍十分之一的兵力，听闻袁绍南下，恐腹背受敌，便先击败与袁绍结盟并占据徐州的刘备，随后占据下邳（今江苏省邳县）。200年2月，袁绍进军黎阳

(今河南省浚县东),命大将颜良攻打黄河南岸要地白马(今河南省滑县东黄河南岸),企图渡过黄河与曹操决战。曹操为解白马之围,听取了谋士荀攸的建议,先引兵延津,佯作渡河攻击袁绍,引袁绍出兵,再趁势转攻白马。袁绍果然上当,曹操成功解了白马之围,并一举消灭颜良部队。袁绍闻讯,派大将文丑和刘备率六千轻骑兵渡河追击曹操,曹操在延津南面再次击败袁军。同年7月,袁军主力开入官渡之北阳武(今河南省中牟县北),并不断向官渡推进,双方在官渡拉开战事,互相对峙。曹军实力仍不敌袁军,且粮草不足,战事艰难。袁绍谋士许攸因不受袁绍重用,家人又被袁绍下狱,遂弃袁降曹,且将袁军虚实全盘托出,献计曹操偷袭袁绍粮草驻地乌巢(今河南省延津县东南)。曹操依计率骑兵五千夜袭乌巢,烧毁袁军粮草,以致袁军军心大乱,趁势大败袁军。最终袁绍只带着儿子袁谭和骑兵八百人逃回河北。官渡之战,为曹操一统北方奠定了基础。

赤壁之战

东汉末年,孙权、刘备联军在赤壁(今湖北省赤壁市西北长江南岸,一说今湖北省武汉市江夏区西南赤矶山)大败曹操军队,奠定三国鼎立的决战。

208年7月,曹操在基本稳定北方后,就挥军南下准备先攻刘表、刘备,再灭孙权,一举平定江东等地。8月,刘表病故,其次子刘琮继任荆州牧。9月,刘琮怯战降曹。刘备在刘琮投降后,自知无法单独对抗曹操,就率部向江陵退却,但碍于民众和辎重被曹操击败于长坂(今湖北省当阳市东北),最终仅几十骑改向汉水逃去,曹操则顺势占领江陵。10月,刘备为阻止曹操东下,命诸葛亮会见孙权。诸葛亮以刘备尚有军队万余,曹军百战兵疲,且北方士兵不懂水战为由,游说孙权联合抗曹。孙权大将周瑜也认为,曹军早已疲惫不堪,而新降军队对曹操多有猜疑,人数虽多,但不足为惧。孙权本不想投降曹操,听诸葛亮、周瑜所言,便命周瑜等率东吴3万精兵与刘备会合共同抗曹。孙、刘联军首战告捷,曹操认为,这是北方军队不习水上风浪颠簸以致失败,遂将战船"首尾相连"稳固在一起,减少颠簸。周瑜部将黄盖针对曹军此举,提出火攻策略。黄盖先修书诈降曹操,并率填满干柴、油脂的快船奔向曹营,再趁曹军误以为来降而不备之际,火烧曹营。此时,正值东南风,风助火势,曹军烧死、溺死无数,孙、刘联军趁势进攻,曹操见大势已去,急率残部经华容道向江陵撤退,其间屡遭追击,部队又折损大半。退却江陵后,曹操又恐孤军深入,后方不稳,遂率余部撤回北方。赤壁之战孙、刘联军以弱胜强大败曹军。

淝水之战

发生于383年,东晋以85 000人的兵力于淝水大胜前秦80余万大军的战略决战。

383年7月,前秦王苻坚下诏大举伐晋,在全国征兵,选20岁以下的富家子弟3万人组成骑兵卫队。8月,苻坚从长安启程,率秦军步兵60万,骑兵27万,号称百万大军,旗鼓相望,前后千里,从各地一齐向南进发。晋国上下听说苻坚亲率大军南下,惶恐不安。宰相谢安沉着冷静,派其弟谢石为大都督,兄子谢玄为前锋,与将军谢琰、桓伊等率8万北府兵迎战;另派胡彬率水军5 000增援寿春。10月,秦国大将军苻融占领寿春后,一面攻打硖石,一面派梁成等5万人进驻洛涧,封锁淮水,阻挡晋军前进。晋军被阻,在距洛涧25里的地方驻扎。谢石等便率大军沿淮水水陆并进,到淝水东岸与秦军隔河对峙。苻坚听说晋军攻到淝水,便与苻融登寿春城观看形势,见晋军部伍严整,又望八公山上的草木,以为皆是晋兵,回头对苻融说,此亦劲敌也,不觉面有惧色。秦军沿淝水岸边立阵,晋军不能渡河。谢玄派人要求苻融把阵地后移,让晋军渡河决战。苻坚企图在晋军半渡时发动突然袭击,便挥军后撤。不料队伍因此大乱,晋国降将朱序又在阵后连呼"苻坚败了",于是秦军一退不可复止。大将军苻融想重新整顿阵势,结果马倒被杀。晋军乘胜追击,一直追到寿春西北30里的青冈,秦军死者相枕于路。苻坚被流箭射中,单骑逃回淮北,及到洛阳,检点余众,不过十余万人。

淝水之战是中国历史上以少胜多的战例。拥有绝对优势的前秦败给了东晋,国家也因此衰败灭亡,北方各民族纷纷脱离了前秦的统治,分裂为后秦和后燕为主的几个政权。而东晋则趁此北伐,把边界线推进到了黄河,并且此后数十年间东晋再无外部侵略。

崖山海战

元朝至元十六年(1279),南宋流亡政权与蒙古军在崖山(今广东省江门市新会区南崖门镇)进行决战,这是中国古代少见的大海战。崖山海战以蒙古军的全胜告终,标志着享国三百余年的赵宋政权的覆没。

金宋对峙中,蒙古族崛起于漠北,蒙古成吉思汗元年(1206)春天,统一了漠北的铁木真在斡难河(今鄂嫩河)源头被推为"成吉思汗",登基成为大蒙古国皇帝。他改善和丰富了骑兵的战术,又建立炮军,攻城以炮石为先,在通信联络上创建"箭速传骑",发挥骑兵之长,日速数百里,有"蒙古旋风"之称。他打垮了金的主力部队,又征服西达中亚、东欧的黑海海滨地区。他晚年亲征西夏,消灭了西夏的主力部队,死后秘不发丧,次年,西夏求降,西夏亡国。成吉思汗病危前留下遗嘱:利用宋金世仇借道宋境,联宋灭金。其子窝阔台和拖雷执行成吉思汗遗策,于蒙古太宗六年(1234)灭金。灭金之后,蒙古军队北还休整。这时候河南一带出现统治空虚。南宋当权者企图"西据潼关,北依黄河",和蒙古南北对峙,于是乘机出兵收复三京。太宗七年,蒙古军分两路伐宋。荆襄、四川、两淮地区再燃战火。窝阔台死后将汗位传给儿子贵由,但仅仅两年后汗位便被拖雷的长子蒙哥取代。蒙古宪宗二年(1252),蒙哥命二弟忽必烈、兀良合台南征大理国;宪宗三年,蒙哥命三弟旭烈兀、郭侃西征波斯。宪宗四年,忽必烈灭大理国。宪宗八年,蒙哥与忽必烈和兀良合台三路伐宋,兀良合台从云南包抄南宋,忽必烈从江淮进攻,蒙哥率主力进攻四川。宪宗九年,蒙哥在合州(今重庆市合川区)钓鱼城下受炮伤而死(波斯拉施特《史集》认为,蒙哥嗜酒,染痢疫病死)。这引发了大蒙古国的汗位之争。阿里不哥是忽必烈同父异母的弟弟,留守在大蒙古国首都哈拉和林,宪宗十年被推为大汗;忽必烈在中原开平自立为大汗。钦察汗国、察合台汗国、窝阔台汗国都支持阿里不哥;独有西征的旭烈兀支持忽必烈。元朝至元元年(1264),阿里不哥向忽必烈投降。阿里不哥失败后各大汗国纷纷独立。

至元八年,忽必烈将国号由"大蒙古国"改为"大元",至元九年,改金中都(今北京)为大都,从此元大都成为一个多民族帝国的政治文化中心。

忽必烈灭宋的战略是先拔襄阳,由汉水入长江,进取南宋。至元九年,孤守襄樊六年的吕文焕出降。至元十年,忽必烈命伯颜督诸军大举南进。至元十一年,兵趋临安(浙江杭州),至元十二年,五岁的宋恭帝赵㬎上降元表,并任文天祥为右丞相兼枢密使,赴元军议和。文天祥被扣押,在北上解押途中逃出,后在福州与张世杰、陆秀夫等拥立赵㬎的哥哥赵昰为帝。元兵一路向南追击南宋流亡政权。逃亡途中,赵昰屡受颠簸,惊病交加,至元十五年死去,年仅十岁。于是,六岁的赵昺即位,是为宋幼帝。这一年文天祥在五坡岭(今广东海丰北)被俘。至元十六年,南宋流亡政权的军队与蒙古军在崖山进行决战。崖山海战的具体过程已经难以考订,结果毫无悬念,元军以少胜多,战斗十分惨烈,陆秀夫见无法突围,背着小皇帝一起投海。张世杰逃出不久,在大风雨中不幸溺水而亡。崖山海战前,文天祥被带到战场,元军希望他招降张世杰,文天祥予以拒绝,写下了千古名篇《过零丁洋》:"人生自古谁无死,留取丹心照汗青。"后来文天祥被押解到元大都(今北京),忽必烈亲自劝降,并许以中书宰相的职位。文天祥宁死不屈,至元二十年被杀害。

崖山海战后,元朝完成了中国的大一统,结束了唐朝黄巢起义军进占长安后近四百年的分裂局面,是中国历史的一个重要的转折点。陈寅恪曾说:“华夏民族之文化,历数千载之演进,而造极于赵宋之世。”中国重新进入了一个多民族融合的文化时代。

郑成功收复台湾

清初南明将领郑成功收复台湾的军事斗争,是中华民族反对外来侵略的成功尝试。通过这一斗争,驱逐了荷兰殖民者,维护了中华民族的利益,捍卫了中国主权和领土的完整。

清顺治十八年(1661)阴历四月一日早晨,郑成功率领部队冒着暴风雨横渡台湾海峡,陆续到达澎湖列岛鹿耳门港外。等到鹿耳门海潮大涨之时,郑成功命令众将士乘坐大小战舰顺利地通过鹿耳门后,立即兵分两路:一路登上北线尾,一路驶入台江,准备在禾寮港登陆。荷兰侵略者面对浩浩荡荡的郑军船队,以为是神兵天降,束手无策。郑军船队沿着预先测度好的港路鱼贯而入,切断了台湾城与赤嵌城荷军的联系,迅速于禾寮港登陆,并立即在台江沿岸建立起滩头阵地,准备从侧背进攻赤嵌城。在台湾人民的大力支援下,郑军不但顺利登陆,而且为分隔包围盘踞台湾的荷军创造了有利的条件。为了对抗郑军,侵略军又调动了一艘巨大的军舰“赫克托”号,企图阻止郑军的船只继续登岸。郑成功沉着镇定,指挥他的60多只战船把“赫克托”号围住。郑军的战船小,行动灵活。郑成功号令一下,60多只战船一起发炮,“赫克托”号被打中起火,渐渐沉没下去,还有3艘荷兰船一看形势不妙,掉头就逃。盘踞台湾城的侵略军企图顽抗,等待救兵。郑成功决定采取长期围困的办法逼他们投降。在围困8个月之后,郑成功下令向台湾城发起强攻。荷兰侵略军走投无路,只好扯起白旗投降。清康熙元年(1662)初,侵略军头目被迫到郑成功大营,在投降书上签了字后灰溜溜地离开了台湾。

收复台湾之战是东方古老文明对西方殖民主义的第一次战略性胜利,是中华民族第一次取得全面胜利的民族解放战争,它阻止了西方殖民主义的扩张步伐,维护了东方国家的主权独立。

中日甲午战争

19世纪末日本侵略中国和朝鲜的战争。按中国干支纪年,战争爆发的清光绪二十年(1894)为甲午年,故称甲午战争。

7月25日,日本不宣而战,首先在朝鲜牙山口外的丰岛海上击沉了装载着中国军队的一艘英国商轮。8月1日,清政府下诏宣战。同一天,日本正式宣战。对于这场战争,清政府处于被迫应付的状态。日本军队用一万多人分路进攻朝鲜北部的平壤,清军只有部分军队进行了顽强的抵抗,随后一口气退到了鸭绿江以北。日本军队渡鸭绿江攻入中国境内。守江的清朝军队近四万人不战溃退。北洋舰队从大连护航运兵到大东沟,在准备返航时,9月17日为日本舰队所袭击。海战刚开始时,丁汝昌在旗舰定远号的飞桥上,飞桥在定远号发出第一炮时被震断。丁汝昌自空中坠落,负重伤。刘步蟾代替丁汝昌负起了指挥作战的任务。这次海战持续了一个下午,北洋海军参战的大小13艘船中有两艘在战斗激烈时逃走,其中一艘撞沉了自己的一艘舰,有3艘被敌人击沉,其余7艘中,包括旗舰定远号都遭到轻重不等的创伤。日本共12艘船的舰队并没有取得全胜,旗舰松岛号被打得陷于瘫痪,有几艘兵舰受重创,一艘较弱的船被击沉。李鸿章命令舰队全部进入威海卫港口内,企图保存自己的实力。日本军队用后路抄袭的方法先袭攻了旅顺港,两个月之后用同样的方法进攻威海卫。登陆的日军10天后就进兵从后路攻占了威海卫港口南北两岸所有的炮台,并且用海军封锁了东西港口。光绪二十一年(1895)2月,北洋海军尚存的10艘兵船和刘公岛的炮台及一切军资器械全部被敌军缴获。

光绪二十一年(1895)4月17日,清政府按照日方提出的条件签订了《马关条约》。甲午战争的失败促使了中华民族的觉醒。甲午战争的结果给中华民族带来空前严重的民族危机,大大加深了中国社会半殖民地化的程度；另一方面则使日本国力更为强大，为其跻身列强奠定了重要基础。

北伐战争

孙中山晚年在共产国际和苏联代表的帮助下，提出了“联俄、联共、扶助农工”三大政策，1924年1月，中国国民党在广州举行第一次全国代表大会，中国国民党和中国共产党展开合作。在苏联帮助下，国民党组建黄埔军校，为革命培养军事政治人才。1925年，孙中山在广州改组大元帅府为国民政府，以黄埔军校组建国民革命军。国民革命军8个军10万余人，蒋介石任总司令，李济深任总司令部参谋长，何应钦、谭延闿、朱培德、李济深、李福林、程潜、李宗仁、唐生智分任第1军至第8军军长。

1926年1月，中国国民党第二次全国代表大会提出“对内当打倒一切帝国主义之工具，首为军阀”的口号。5月21日，中国国民党二届二中全会召开，通过北伐战争决议案。7月4日，国民党中央临时全体会议通过《国民革命军北伐宣言》；7月9日，蒋介石就职国民革命军总司令并誓师北伐。这时候北洋政府控制在以张作霖为首的奉系军阀手中，直系军阀吴佩孚沦为附庸，占据两湖、河南三省和河北、陕西，控制京汉铁路。直系军阀后起之秀孙传芳占据长江中下游。张作霖、吴佩孚、冯玉祥与孙传芳等人各怀异志，互相防范，山头林立。苏联军事顾问建议，根据敌我双方军事力量对比和军阀之间的矛盾，制定集中兵力、各个击破的战略方针，首先消灭吴佩孚军，然后歼灭孙传芳军，最后消灭张作霖军。由广东开始，北伐军早期一路进入湘鄂，攻取江西。10月，北伐军占领武汉三镇。11月8日，国民党中央政治会议作出决定，把中央党部和国民政府迁往武汉。1927年2月21日，武汉国民政府正式开始运作。3月10日，国民党中央在汉口召开了二届三中全会，会议废除了中央常务委员会主席，实行常务委员集体领导制度，剥夺了蒋介石的中央常委会主席职务，决策机构成员中，国民党左派和共产党员占了多数。

另一路北伐军出兵福建，挺进浙江，进驻上海，攻克南京。蒋介石对武汉国民政府被国民党左派把持并过分容共非常不满，1927年4月12日，在上海发动反对国民党左派和共产党的反革命政变，4月18日在南京另立南京国民政府，与武汉国民政府对峙。7月15日，武汉国民政府领袖汪精卫公布《统一本党政策案》，正式与中国共产党决裂。8月1日，周恩来、贺龙、叶挺、刘伯承等发动南昌起义，第一次国共合作彻底破裂。8月14日，蒋介石下野。8月19日，武汉政府宣布迁都南京。9月初，汪精卫亲抵南京，宁汉合流。

1927年12月，国民党二届四中全会预备会召开，决定恢复蒋介石北伐军总司令职务。蒋介石领导北伐军占领河南之后，屡次致电冯玉祥、阎锡山及各将领准备北伐。1928年2月28日，中国国民党中央政治会议决定冯玉祥为第二集团军总司令，阎锡山为第三集团军总司令，并命其统一归蒋指挥。4月7日，蒋介石在徐州誓师北伐。9日，各路北伐军发起全线总攻。6月8日，国民革命军进占北京。

1928年12月29日，张学良在东北通电东北易帜，宣布效忠南京中央政府，北伐至此宣布成功。北伐战争的成功，是孙中山联俄联共政策的成果，是国共两党合作的成果。

北伐战争结束了旧军阀混乱的割据局面，中国实现了形式上的统一，中国历史进入了国民党政府统治时期。

南昌起义

大革命失败后，国内政治局势急剧逆转，中国西南腥风血雨。经过新军阀混战，蒋介石建立全国范围的领导权。这个政权对外采取反苏、亲帝的政策，对内维护官僚买办资本和地主阶级的利益，镇压、屠杀共产党人和革命群众。在这样的统治下，中国共产党必须继续进行反帝反封建的民主革命。

1927年7月中旬，中共中央临时政治局常委会决定将当时所掌握和影响的部队向南昌集中，准备起义。8月1日，周恩来、贺龙、叶挺、朱德、刘伯承、谭平山等率领中国共产党掌握或影响下的北伐军2万多人在南昌举行起义。起义部队经过4个多小时的激烈战斗，占领了南昌城。9月下旬，起义军占领潮安、汕头，主力部队经揭阳向汤坑西进。10月初，起义军在南下广州途中遭遇失败。保留下来的部队，一部分转移到海陆丰地区，同当地农民武装汇合，另一部分经赣南、粤北转入湘南，开始游击战争。

南昌起义在中国共产党历史上开辟了一个新的时期，打响了武装反抗国民党反动派的第一枪，揭开了中国共产党独立领导武装斗争、创建人民军队和武装夺取政权的序幕。中国共产党领导下的人民军队便是在这次起义中诞生的。

1933年7月11日，中华苏维埃共和国临时中央政府根据中央革命军事委员会6月30日的建议，将8月1日定为中国工农红军成立纪念日，后来也成为中国人民解放军的建军节。

秋收起义

1927年中共八七会议彻底清算了大革命后期的右倾机会主义错误，确立了开展土地革命和武装反抗国民党反动派的总方针。八七会议后，毛泽东作为中央特派员到湖南改组省委并领导湘赣边界发动农民举行秋收起义。

在湖南长沙举行的省委会议上着重讨论了两个问题：一是暴动问题，一是土地问题。毛泽东对这两个问题都发表了重要的意见。对于暴动，他主张单靠农民的力量是不行的，必须有一个军事的帮助；对于土地问题，他认为要想全部发动农民，必须没收地主的土地交给农民。省委根据实际情况，将原计划的湖南全省暴动改变为先在以长沙为中心的湘中7个县发动。这样，起义不仅仅是军事行动，而且有数量众多的工农武装参加。

起义在1927年9月9日发动。起义军一度占领醴陵、浏阳县城和一些集镇，但因反对派军队的力量远比起义军强大，起义军先后遭受严重挫折。19日，秋收起义部队在文家市会师，毛泽东主持前委会议，及时做出从进攻大城市到转而向农村进军的决定，初步形成了农村包围城市的战略思想。随后进行著名的三湾改编，将党的支部建在连上，部队内部实行民主管理。

秋收起义是继南昌起义之后中国共产党领导的又一次著名的武装起义。虽然秋收起义结果是失败的，但它开创了一条新的道路，也开辟了第一个在农村的根据地，为后来各地工农红军和农村革命根据地的大规模发展奠定了基础。

红军长征

土地革命战争时期，中国工农红军主力撤离长江南北各苏区，转战两年，到达陕甘苏区的战略转移行动。

1934年10月，第五次反"围剿"失败后，中央主力红军为摆脱国民党军队的包围追击，被迫实行战略性转移，退出中央根据地，进行长征。12月1日，中共中央、中革军委和直属机关渡过湘江。由长征出发到这时，中央红军从8.6万多人锐减到3万多人。1935年1月7日，红军攻克黔北重镇遵义。15日至17日，中共中央在遵义召开政治局扩大会议，开始确立以毛泽东为主要代表的马克思主义正确路线在中共中央的领导地位，从而在极其危急的情况下挽救了党，挽救了红军，挽救了中国革命。从1月末到3月下旬，红军四次渡过赤水河。3月下旬，红军南渡乌江，佯攻贵阳。5月上旬，渡过金沙江。至此，中央红军摆脱了几十万国民党军队的围追堵截。1935年5月下旬，红军强渡大渡河，飞夺泸定桥，接着又翻越了长征途中第一座人迹罕至的大雪山夹金山。6月12日，中央红军先头部队到达懋功东南的达维镇，与前来迎接的红四方面军第三十军李先念部会师。6月18日，中共中央与中央红军主力到达懋功地区，两大主力红军会师。

1935年8月初，红军分编为左、右两路军过草地北上。后因张国焘拒绝执行中共中央的北上方针，9月12日，中央政治局召开扩大会议，通过关于张国焘错误的决定，将北上红军改称为陕甘支队。9月17日，陕甘支队在彭德怀的率领下突破甘南腊子口，于10月19日到达陕北吴起镇，先期结束了长征，为党中央和红军扎根在陕北奠定了基础。

在湘鄂川黔根据地的红二、红六军团，1935年11月从湖南桑植出发，历经艰险，1936年7月，同红四方面军会师于甘孜。10月先后在甘肃省会宁县与红一方面军会师。至此，红军三大主力会师，长征结束。

中国工农红军长征的胜利，是中国革命转危为安的关键。毛泽东曾形象地指出："长征是历史记录上的第一次，长征是宣言书，长征是宣传队，长征是播种机。"它宣告了国民党围追堵截的破产，实现了红军的战略大转移，宣传了中国共产党的政治主张，在沿途播下了革命的种子，鼓舞了广大人民群众。

抗日战争

中华民族历史上最伟大的卫国战争，是中国人民反抗日本帝国主义侵略的正义战争，是世界反法西斯战争的重要组成部分。从1931年"九一八事变"开始至1945年日本向同盟国无条件投降结束，历时14年。

1931年9月18日深夜，根据不平等条约驻扎在中国东北的日本关东军，向中国军队驻地北大营和沈阳城发动了进攻，中国局部抗战开始。4个多月内，东北三省全部沦陷，这就是震惊中外的"九一八事变"。此后，日本在中国东北建立了伪满洲国傀儡政权，开始了对东北人民长达14年之久的奴役和殖民统治。"九一八事变"不仅是日本帝国主义妄图以武力吞并中国的开始，也标志着亚洲战争策源地的形成和第二次世界大战序幕的揭开。

日军占领东北后，又陆续在华北、上海等地制造事端，挑起战争。1937年7月7日，日军在北平（今北京）西南附近的卢沟桥突然向中国驻军发动进攻，这就是"七七事变"，又称卢沟桥事变。卢沟桥事变是日本帝国主义全面侵华战争的开始，中国军队奋起抵抗，从此开始全国性抗日战争。

在民族危亡的紧要关头，只有全民族团结抗战才是中国生存和发展的唯一出路。卢沟桥事变发生的第二天，中国共产党通电全国，号召："全中国同胞、政府与军队团结起来，筑成民族统一战线的坚固长城，抵抗日寇的侵略！国共两党亲密合作，抵抗日寇的新进攻！"同天，毛泽东、朱德、彭德怀等致电蒋介石，表示红军将士愿意与敌周旋，以达保土卫国之目的。在抗日救亡运动高涨和国共合作抗战的呼声下，7月17日，蒋介石在庐山发表谈话，9月22日，国民党中央通讯社公开发表《中国共产党为公布国共合作宣言》，23日，蒋介石发表承认中国共产党合法地位的谈话，以国共合作为基础的中国抗日民族统一战线正式形成。

随着形势的发展，中国的抗日战争逐渐形成战略上互相配合的两个战场：一个是国民党军队担负的正面战场，一个是共产党军队为主的敌后战场。1938年，毛泽东发表了《论持久战》，深刻地揭示了中国经过持久抗战夺取最后胜利的客观依据。

1941年12月7日，日本偷袭美国海军基地珍珠港，同时进攻英美在太平洋属地，挑起太平洋战争。1942年1月，中、美、英、苏等国签署《联合国家宣言》，正式形成国际反法西斯统一战线。中国战场成为世界反法西斯战争的东方主战场。1945年上半年，世界反法西斯战争进入最后胜利阶段。7月26日，中、美、英三国发表《波茨坦公告》，促令日本投降。8月15日，日本天皇宣布无条件投降。

淞沪会战

淞沪会战（又称"八一三战役"，日本称为第二次上海事变），是中日双方在战争爆发后的第一场大型会战，也是整个中日战争中进行的规模最大、战斗最惨烈的一场战役。中日双方共有约100万军队投入战斗，战役本身持续了3个月,日军投入8个师团、2个旅团共20万余人;中国军队投入最精锐的中央教导总队及八十七师、八十八师等148个师、62个旅共80余万人。

1937年8月13日,日军沿上海市四川路、军工路一线发动进攻,日军舰以猛烈排炮向中国守军做纵深袭击,中国守军奋起还击。历时3个月之久的淞沪会战拉开了战幕。整个会战过程大致分为三个阶段。8月13日至22日为第一阶段,8月23日至10月25日为第二阶段,10月25日至11月12日为第三阶段。8月14日至22日,中国的陆军和空军,对杨树浦以西至虹口敌司令部之间的日军发动进攻,一度攻入虹口日军阵地,并打进汇山码头,但未能包围歼灭敌人。8月23日,约3个师团的日军向浏河、罗店、宝山进犯,战事中心移到罗店至月浦一线。31日,日海空军猛攻吴淞后,以步兵登陆,然后分兵进攻宝山和闸北。9月10日以后,日军已增至10余万人,飞机300余架,战车200余辆,大炮300多门。双方在闸北、杨行、施相公庙一线激战。9月21日第三战区改组,蒋介石兼任司令长官,总兵力达40余万人。30日,日军发动全线攻击,突破中国军队阵地,中国军队向蕴藻浜南岸转移。10月7日起,日军向蕴藻浜南岸猛攻,中国军队苦战十余天。25日,大场失守,中国军队退守苏州河南岸。大场失陷后,会战进入第三个阶段。26日晚,守军第88师第55团团长谢晋元奉令率800官兵坚守四行仓库,掩护主力部队撤退。10月底,日本从华北抽调3个多师团,从国内调来1个多师团,连同原在上海的部队共9个师团,编组了华中派遣军,取代上海派遣军进行淞沪会战。11月5日,日军第十军从杭州湾的金山卫和全公亭大举登陆,由西线迂回到中国守军的后方。9日,松江失陷,日军对上海实行包抄。中国守军为避免腹背受敌,下令全线撤退。日寇于12日占领上海,淞沪会战结束。

中国军队在上海和全国人民的支持下,奋勇苦战了3个月,给敌人以重大打击,粉碎了日军"速战速决"的战略企图。

长沙保卫战

发生在1939年9月到1942年2月期间,中国军队与侵华日军在以长沙为中心的第九战区进行的三次大规模的激烈攻防战,也称为"长沙会战"。

1939年9月14日,第一次长沙会战开始。日军动员了10万余人,中国军队先后出动了30多个师,约40万人,在每条河两岸节节抵抗,消耗敌人。日军从9月18日发动正面攻击,至29日主力到达长沙外围,已经十余天,所带粮弹已快用尽,认为击溃第九战区野战军目的已达到,于是下令撤退。最后双方回到原阵地对峙,10月10日,第一次会战结束。

1941年9月,第二次长沙会战开始。日军总兵力达12万多人,企图通过速战粉碎中国政府的抗战力量,战斗非常激烈。10月1日,日军在完成预定目标后,即行撤退,在中国军队的全线追击下,于8日渡过新墙河,双方恢复了原来阵地。

1942年1月1日,日军侵略者先发制人,开始攻打长沙,发动了第三次长沙会战。2日,在援军增援下,猛攻守军预备十师葛先才团,葛先才团阵地失而复得者四次,激战两日,日军反复冲锋,都被击退。守军死伤也很严重。4日,日军全线猛攻,以多架飞机助攻。守军英勇奋战,阻敌前进。日军因对外联络被截断,伤亡过大,补给不继,下午开始从长沙向北撤退。中国军队全线反攻。日军在撤退途中行动迟缓,直到15日才撤至新墙河以北阵地,伤亡四五万人。会战以中国军队的最后胜利而告终。

长沙会战的胜利,沉重地打击了侵华日军,粉碎了日本消灭中国军队主力、"以战迫降"的战略目标,振奋了全国人民抗战胜利的信心。

平型关大捷

平型关大捷(又称平型关战斗、平型关伏击战),是指1937年9月25日,八路军在山西省大同市灵丘县平型关附近,为了配合第二战区的友军作战,阻挡日军攻势，由115师师长林彪、副师长聂荣臻指挥，充分发挥近战和山地战的特长，首次集中较大兵力对日军进行的一次成功伏击战。

平型关为中国内长城南端的重要关隘，扼守灵丘至大营公路，为日军由灵丘进攻雁门关侧背的必经之路，中国军队决定利用这里的险要地形阻击敌人。1937年9月21日，中国军队占领平型关南的马跑泉经平型关至东跑池南侧之线。同日，日本华北方面军5 000余人由灵丘—大营西路向西前进。22日，其先头部队到达平型关，与中国军队展开激战，守军伤亡严重，阵地失而复得者数次。23日拂晓，日军主力到达，向公路两侧的中方阵地猛攻，并以战车数十辆沿公路进攻。当时公路南北两侧高地守军仅有两个连，奋力抵抗敌人优势兵力的进攻，苦战一夜，终因后援不继而全部牺牲。同日，傅作义奉阎锡山命令率预备队增援平型关。24日，日方增援数千人猛攻平型关正面，第六集团军奋勇抵抗。傅作义亲自率军参战，双方伤亡惨重，日军正面攻击未能得逞。9月中旬，第十八集团军第115师到达晋北前线，为配合友军固守平型关等隘口，以第115师主力向平型关疾进，准备予进犯之敌以打击。根据第二战区的作战计划，第115师向进攻平型关之日军侧后攻击，平型关正面防御部队以一部兵力从正面攻击，配合115师行动。按第十八集团军朱德总司令、彭德怀副总司令的指示，第115师主力以3个团兵力于24日夜，冒雨设伏于平型关东北公路两侧山地。25日，日军师团一部进入预伏地区，中国军队突然发起猛攻，迅速将日本军队包围割裂，展开白刃格斗。经一天激战，歼灭日军1 000多人，击毁汽车80余辆，缴获武器、物资甚多；切断了平型关日军与其后方的联络，有力配合了主力出击，使日军陷入被包围的困境。这一次伏击战的胜利，打击了日军的嚣张气焰，鼓舞了中国的民心士气。

百团大战

1940年8月20日至翌年1月24日，八路军总部在华北地区向日本占领的交通线和据点发动的一次大规模进攻战役，陆续参战的部队达到105个团20余万人，史称百团大战。

八路军总部发动这次进攻战，主要是因为当时中国出现了空前的投降危险与抗战困难。一方面，日本加紧诱使国民党蒋介石集团投降。另一方面，日军对敌后抗日根据地加紧推行“囚笼政策”，利用重要交通线对各抗日根据地进行分割和“扫荡”。在这样的情况下，八路军总部认为，为坚决反对投降，振奋抗战军民，锻炼自身力量，应当组织一次大规模的以破袭敌人交通线为主要目的的战斗。百团大战共分三个阶段。第一阶段从8月20日至9月10日，为交通总破袭战。正太铁路沿线是日军重要的物资运输线和经济开发地区，也是日军分割破坏抗日根据地的重要封锁线。为此，第一阶段作战就以破袭以正太铁路为重点的日军交通线为主要目标。8月20日，战役突然展开。八路军各部队按预定计划，向华北各主要铁路、公路交通沿线的日、伪军同时发起攻击。第二阶段是9月22日至10月上旬，主要任务是攻坚作战，对日军盘踞的一些据点进行攻击。第三阶段是10月上旬至翌年1月24日，主要是反击日、伪军的报复性“扫荡”。

百团大战是全国抗战以来八路军在华北发动的规模最大、持续时间最长的一次带战略性进攻的战役。至1940年12月初，敌后军民共作战1 824次，毙伤日、伪军2.5万余人，俘日军281人，伪军1.8万余人，破坏铁路470余千米、公路1 500余千米，摧毁大量敌碉堡和据点，缴获大批枪炮和军用物资。同时八路军也付出伤亡1.7万余人的代价。百团大战给日军的“囚笼政策”以沉重打击，钳制了日军大量兵力，打击了日军的侵略气焰，既锻炼了人民军队，提高了共产党和八路军的威望，又在抗日局面比较低沉时振奋了全国民心。

台儿庄战役

1938年3月至4月，中国军队同日本侵略军在山东峄县的台儿庄进行的一场大规模会战，中国军队取得了击败日军两个精锐师团的辉煌胜利，史称“台儿庄战役”。

台儿庄位于徐州东北30千米的大运河北岸，临城至赵墩的铁路支线上，北连津浦路，南接陇海线，战略地位十分重要。1938年3月中旬，日军以7万至8万兵力在华北方面军第二军司令官指挥下，分两路向台儿庄进发，一路为板垣第五师团，一路为矶谷第十师团，这两师团同中国军队在临沂、滕县发生了激烈的战斗，揭开了台儿庄战役的序幕。临沂之战，中国军队砍断了津浦路北段日军的左臂，取得了中国军队围歼孤军深入台儿庄的矶谷师团的战机。津浦路滕县方面，中国守军以寡敌众，以重大牺牲阻敌南下。17日晚，滕县被攻占。20日，矶谷师团濑谷旅团向台儿庄阵地突进。

3月23日，台儿庄战役开始。峄县之敌1 000余人在重炮、坦克的掩护下，向台儿庄进攻，被中国守军歼灭过半。24日起，日军援军到达，在重武器的掩护下，多次发动进攻，两军不断增添部队，补充武器弹药，在台儿庄多处反复展开肉搏战、巷战，场面极其惨烈，双方伤亡都比较大。4月3日，火力占极大优势的日军占领了台儿庄的四分之三，中国军队伤亡达7 000余人，陷入苦战。日军调集重炮、坦克猛攻，中国军队死守不退。日军后援被切断后，中国军队决定迅速围歼濑谷、坂本这两个旅团。4月3日起，中国军队向台儿庄日军发动总攻，重创坂本部队。日军以重武器向阵地猛轰，中国军队浴血奋战。濑谷部队不敌，向峄县溃逃。7日，坂本支队在中国军队夹击下，伤亡惨重，当夜烧毁弹药，向台儿庄以北溃散。

台儿庄战役前后近一个月，日军恃其兵器优越，炮火猛烈，不断向台儿庄进攻。中国守军依靠步枪、手榴弹、机关枪和少量重武器，以伤亡近2万人的代价，击溃了日军精锐部队，歼敌1万余人，击毁战车10余辆，野重炮10余门，取得了抗战以来中国军事上的重大胜利，打破了日军不可战胜的神话。

解放战争

1946年6月至1949年9月，中国人民解放军在中国共产党的领导下，为推翻国民党统治、解放全中国而进行的一场战争。

抗日战争胜利前后，国共两党就和平建国等问题举行谈判并签订《政府与中共代表会谈纪要》（即《双十协定》）和《关于停止国内军事冲突的协议》（即《国共停战协定》）。各党派代表和社会贤达举行政治协商会议，通过和平解决国内问题的五项协议。在国共两党谈判期间，国民党军一直没有停止对解放区的进攻，在其完成各项军事部署后，又公然撕毁停战协定和政协决议，于1946年6月26日开始，向解放区发动全面进攻。毛泽东领导的中共中央制定以歼灭国民党军有生力量为主而不是以保守地方为主的积极防御的战略方针，指挥解放区军民奋起还击。经过1年作战，打破了国民党军的全面进攻和重点进攻。与此同时，在共产党领导下，国民党统治区人民反饥饿、反内战、反迫害的民主爱国运动也逐步高涨，形成反对国民党反动统治的第二条战线，使国民党政府处于全民包围之中。1947年6月底，解放军由战略防御转入战略进攻，以主力一部挺进中原，将战争引向国民党统治区，在外线大量歼灭国民党军；以部分主力和地方武装坚持内线作战，收复失地。10月10日，解放军总部发表宣言，号召全国人民打倒蒋介石，解放全中国。战争第二年，解放军大量歼灭国民党军有生力量，攻克大批国民党军重点设防的城市，为与国民党军进行战略决战创造了条件。1948年9月到1949年1月，解放军连续进行辽沈、淮海、平津三大战役，基本上歼灭了国民党军主力，解放长江中、下游以北地区。1949年3月，中共中央召开七届二中全会，确定夺取全国胜利及其以后的基本政策。4月20日，国民党政府最后拒绝签订和平协定，人民解放军遵照毛泽东和朱德向全国进军的命令，以百万大军横渡长江，23日解放南京，标志着国民党反动统治的覆灭。之后解放军分路追歼国民党军残余部队。10月1日，中华人民共和国宣告成立。至 1950 年 6 月，人民解放军大规模作战结束，解放了除西藏及台湾、澎湖、金门、马祖等岛屿以外的全部国土，共歼灭国民党军 807 万余人，取得了解放战争的伟大胜利。

三大战役

1948 年 9 月至 1949 年 1 月，中国人民解放军同国民党军队进行的战略决战，包括辽沈战役、淮海战役、平津战役三个战略性战役。

1948 年秋，中国人民解放战争进入夺取全国胜利的决定性阶段。以毛泽东为主席的中共中央科学分析了战争形势，当机立断，及时抓住战略决战的有利时机，连续组织了辽沈、淮海、平津三大战役。中共中央选定首先在东北战场展开决战。当时，东北战场的态势对人民解放军最为有利，在数量上，解放军兵力大大超过国民党军队。济南战役是解放军解放敌人重点设防的大城市的开始，这一战役揭开了战略决战的序幕。

从 9 月 12 日开始，东北解放军集中主力 70 万人，发动了声势浩大的辽沈战役。辽沈战役历时 52 天，歼敌 47.2 万人。截至这次战役结束的当月，人民解放军的总兵力增加到 310 万人，国民党军队的总兵力下降到 290 万人。从此，人民解放军对国民党军队不但在质量上占有优势，而且在数量上也取得优势。

辽沈战役刚结束，华东野战军和中原野战军以及部分地方武装共 60 万人，发动了规模空前的淮海战役。淮海战役中，先后集结在这个地区的国民党军队在兵力上超过人民解放军参战部队，在武器装备上更占有巨大优势。因此，人民解放军在作战指导上采取将敌军的重兵集团多次分割，集中优势兵力各个加以歼灭的办法。淮海战役历时 66 天胜利结束，共歼灭国民党军 55.5 万人。经过这一战役，南线国民党军队的精锐主力已被消灭，长江中下游以北的广大地区获得解放，并同华北解放区连成一片。解放军进逼到长江北岸。

在辽沈战役结束、淮海战役胜利发展之际，东北野战军和华北军区第二、第三兵团以及华北、东北军区地方部队共 100 万人，联合发动了平津战役。1949 年 1 月 14 日，解放军对拒不接受和平改编的天津守敌发起总攻，全歼守敌 13 万余人，天津解放。31 日，解放军进入北平，北平宣告和平解放。平津战役历时 64 天，共歼灭和改编国民党军队 52 万余人，基本上解放了华北全境。

这三大战役历时四个月零 19 天，无论是战争的规模还是取得的战果，在中国战争史上都是空前的，在世界战争史上也是罕见的。三大战役共歼灭国民党军队 154 万余人，使国民党赖以维持其反动统治的主要军事力量基本上被摧毁，为中国革命在全国的胜利奠定了基础。

抗美援朝

又称抗美援朝运动或抗美援朝战争，是 20 世纪 50 年代初爆发的朝鲜战争的一部分，仅指中国人民志愿军应朝鲜政府的请求参战的阶段，也包括中国人民支援朝鲜人民抗击美国侵略的群众性运动。

1950 年 6 月，朝鲜内战爆发。美国立即进行武装干涉，同时派第七舰队侵入中国台湾海峡，并将战火烧到鸭绿江边。7 月 10 日，“中国人民反对美国侵略台湾朝鲜运动委员会”成立，抗美援朝运动自此开始。10 月，中国人民志愿军赴朝作战。

在抗美援朝战争中，志愿军得到了解放军全军和全国人民的全力支持，得到了以苏联为首的社会主义阵营的配合。经过两年零九个月的浴血奋战，以劣势装备打败了具有现代军事技术和先进武器装备的以美国为首的“联合国军”。1953 年 7 月，双方签订《朝鲜停战协定》，从此抗美援朝胜利结束。1958 年，志愿军全部撤回中国。10 月 25 日为抗美援朝纪念日。

抗美援朝战争分为两个阶段：

第一阶段，从 1950 年 10 月 25 日至 1951 年 7 月 10 日。这一阶段，中国人民志愿军和朝鲜人民军以运动战为主要作战形式，连续进行了五次战役，属于实施战略反攻性质的作战。战线从鸭绿江退回并稳定在“三八线”,敌军转入战略防御,接受了停战谈判。

第二阶段,从1951年6月中旬至1953年7月27日战争结束。这一阶段,主要作战形式是阵地战。中朝人民军队依靠坚固阵地,曾先后粉碎了敌军多次局部进攻,并取得了反“绞杀战”和反细菌战的胜利。同时,也主动地对敌军发动了多次战术性进攻,直至战役进攻。

抗美援朝战争的胜利,保卫了朝鲜民主主义人民共和国和中国的安全,捍卫了远东和世界和平,对国际局势产生了深远的影响。

军事家和兵书

《武经七书》

又称《武学七书》,简称“七书”,是宋代官方校刊颁定的军事教科书。

《武经七书》是中国古代兵书的精华,是第一部兵书丛书,收录从先秦到唐宋间七部重要兵书,即《孙子》《吴子》《司马法》《李卫公问对》《尉缭子》《三略》《六韬》。该丛书的次序,是北宋国子司业朱服组织校定“七书”时确定的。后来虽出现许多不同的排列次序,但是《孙子》《吴子》居《武经七书》之首基本上再没有改变,只是后边的几部书互相移位。

《武经七书》这部兵书丛书是封建社会根据兴武备、建武学、选武举的需要逐渐形成的,在宋元丰年间作为一个整体正式颁定并被固定下来。据《续资治通鉴长编》记载,元丰三年(1080)四月乙未,宋神宗下诏校定《孙子》《吴子》《六韬》《司马法》《三略》《尉缭子》《李卫公问对》,并雕版刊行,号称“七书”,《武经七书》即源于此。自此,《武经七书》被定为官书,颁之武学,并列学官,设置武经博士。《武经七书》是自宋代以来封建社会武举试士的基本教材。谙熟《武经七书》,成为统治者选拔军事人才的一条重要标准。

《武经七书》北宋刊本已不可见,现存南宋孝宗或光宗时刻本,原为陆心源皕宋楼藏书,后被日本岩崎氏买去,藏于日本静嘉堂。国内有《续古逸丛书》影宋本。宋本《武经七书》校刊精审,明清以来翻刻传抄,多据为底本,成为独具特色的《武经七书》系统本。

《武经七书》的颁定,确立了兵书在封建社会的正统地位,促进了古代军事学术的发展,不但在中国兵学史上占有极重要的地位,在世界军事学术史上也素负盛名。

三十六计

又称三十六策,是指中国古代三十六个兵法策略,语源于南北朝,成书于明清。它是根据中国古代军事思想和丰富的斗争经验总结而成的兵书,是中华民族非物质文化遗产之一。

“三十六计”一语先于著书之年,语源可考自南朝宋将檀道济(?—436)。据《南齐书·王敬则传》:“檀公三十六策,走是上计,汝父子唯应急走耳。”意为败局已定,无可挽回,唯有退却,方是上策。此语为后人沿用,宋代惠洪《冷斋夜话》:“三十六计,走为上计。”及明末清初,引用此语的人更多。于是有人采集群书,编撰成《三十六计》。但此书为何时何人所撰已难确考。

原书按计名排列,共分六套,即胜战计、敌战计、攻战计、混战计、并战计、败战计。前三套是处于优势所用之计,后三套是处于劣势所用之计。每套各包含六计,总共三十六计。每计的名称多取之于广为流传的成语典故,如瞒天过海、围魏救赵、隔岸观火、釜底抽薪等。内容由解语和按语两部分组成。其中每计名称后的解语,均依据《易经》中的阴阳变化之理及古代兵家刚柔、奇正、攻防、彼己、虚实、主客等对立关系相互转化的思想推演而成,含有朴素的军事辩证法的因素。解语后的按语是对解语的阐释,多引证宋代以前的战例和孙武、吴起、尉缭子等兵家的精辟语句,先讲理论,次引实例相参证,较易理解。全书还有总说和跋。

孙膑

战国时期齐国军事家。出生于阿、鄄之间(今山东省菏泽市鄄城县北)，是孙武的后代。

孙膑曾与魏国将军庞涓为同窗，因受庞涓迫害遭受膑刑，身体残疾，后在齐国使者的帮助下投奔齐国，被齐威王任命为军师，辅佐齐国大将田忌两次击败庞涓，取得了桂陵之战和马陵之战的胜利，奠定了齐国的霸业。唐德宗时将孙膑等历史上六十四位武功卓著的名将供奉于武成王庙内，被称为武成王庙六十四将。宋徽宗时追尊孙膑为武清伯，位列宋武庙七十二将之一。

孙膑的军事思想主要集中于《孙膑兵法》。《孙膑兵法》又名《齐孙子》，系与《孙子兵法》区别之故。《汉书·艺文志》称"八十九篇，图四卷"，但自《隋书·经籍志》始，便不见于历代著录，大概在东汉末年便已失传。1972 年，临沂银雀山汉墓竹简出土，这部古兵法始重见天日。但由于年代久远，竹简残缺不全，损坏严重。经竹简整理小组整理考证，文物出版社于 1975 年出版了简本《孙膑兵法》，共收竹简 364 枚，分上、下编，各 15 篇。对于这批简文，学术界一般认为，上篇当属原著无疑，系在孙膑著述和言论的基础上经弟子辑录、整理而成；下篇内容虽与上篇内容相类，但也存在着编撰体例上的不同，是否为孙膑及其弟子所著尚无充分的证据。1985 年，文物出版社出版的《银雀山汉墓竹简(一)》中，收入《孙膑兵法》共 16 篇，系原上编诸篇加上下编中的《五教法》而成，其篇目依次为：《擒庞涓》《见威王》《威王问》《陈忌问垒》《篡卒》《月战》《八阵》《地葆》《势备》《兵情》《行篡》《杀士》《延气》《官一》《五教法》《强兵》。

韩信(约前 231—前 196)

淮阴(原江苏省淮阴县，今江苏省淮安市淮阴区)人，西汉开国功臣，军事家，兵家四圣之一，汉初三杰之一，中国军事思想"兵权谋家"的代表人物，被后人奉为"兵仙""神帅"。

韩信秦末参加反秦斗争投奔项梁、项羽，却得不到任用。不得已转投刘邦，经夏侯婴推荐拜治粟都尉，后经萧何保举拜为大将，韩信也为刘邦制定了汉中对策。

刘邦彭城兵败后，韩信先破楚军于京邑、索亭之间，后又平定了魏国。之后请命北伐拿下代国，在刘邦派人收取其精兵后背水一战击败赵国，同时派人降服了燕国。之后派兵支援刘邦并清除项羽派往赵国的楚骑兵，平定剩下的赵国城邑。刘邦成皋兵败后夺去韩信兵马命其拿下齐国，之后韩信攻下临淄，并在潍水全歼龙且率领援齐的 20 万楚军。之后韩信开始进攻楚国，项羽被迫与刘邦签订鸿沟协议。刘邦听从张良、陈平的计策撕毁鸿沟协议追击项羽反被项羽击败。汉五年，韩信会师垓下，围歼楚军，项羽自刎。

项羽死后韩信被解除兵权，徙为楚王，后被人诬告谋反而被贬为淮阴侯。后吕后与萧何合谋，将其骗入长乐宫中，斩于钟室，夷其三族。

"国士无双""功高无二，略不世出"是楚汉之时人们对韩信的评价。作为统帅，他擒魏、取代、破赵、胁燕、东击齐，南灭楚垓下，名闻海内，威震天下；作为军事理论家，他与张良整理兵书，序次兵法，并著有《韩信》兵法三篇。

项羽(前 232—前 202)

本名项籍，字羽，泗水下相(今江苏省宿迁市区)人，楚国名将项燕之孙。

司马迁《史记》记载："项氏世为楚将，封于项城，故姓项氏。"项羽是秦末农民起义领袖，杰出的军事家，中国军事思想"兵形势"(兵家四势：兵形势、兵权谋、兵阴阳、兵技巧)的代表人物，也是以个人武力出众而闻名的武将。

秦二世元年(前 209)，项羽跟随叔父项梁在吴中起义反秦，项梁阵亡后，率军渡河援救赵王歇。巨鹿之战中，击破章邯和王离率领的秦军主力，领军灭亡秦国。自称西楚霸王，定都于彭城(今江苏省徐州市)，大封灭秦功臣将领，拥立六国贵族后代为王。汉王刘邦从汉中出兵，掀起历时四年的楚汉之争。项羽在正面战场屡破刘邦,统一了黄河以北,挥师南下。然而,项羽刚愎自用,猜疑亚父范增,终为刘邦所败。西汉汉高帝五年(前202),项羽退守垓下(今安徽省灵璧县),突围乌江(今安徽省和县乌江镇)时兵败自刎而死。

项羽在华夏冷兵器史上以勇武著称,同时也是杰出的战术指挥家,指挥了巨鹿之战、彭城之战两场兵力悬殊、以少胜多的战役,他还是推翻秦帝国的首功之人,留下了“破釜沉舟”“四面楚歌”等典故和成语。有人评价项羽“羽之神勇,千古无二”。

霍去病(前140—前117)

河东平阳(今山西省临汾西南)人,西汉抗匈将领,官至大司马骠骑将军,封冠军侯。

霍去病精通骑马、射箭、击刺等各种武艺,用兵灵活,注重方略,不拘古法,勇猛果断,善于长途奔袭、快速突袭和大迂回、大穿插作战。西汉元朔六年(前123),17岁的霍去病被汉武帝任命为剽姚校尉,两次随卫青击匈奴于漠南(今蒙古高原大沙漠以南),与轻勇骑八百直弃大军数百里追击敌人,斩捕首虏过当(斩杀敌人数目超过己方损失的数目),斩获敌人2 028人,其中包括相国、当户的官员,同时也斩杀了单于的祖父辈籍若侯产(籍若侯乃封号,名产),并且俘虏了单于的叔父罗姑比,两次功冠全军,以1 600户受封冠军侯。

西汉元狩二年(前121),汉武帝任命19岁的霍去病为骠骑将军。在两次河西之战中,霍去病大破匈奴,俘获匈奴祭天金人,直取祁连山。在漠北之战中,霍去病封狼居胥,大捷而归。

元狩四年(前119),汉武帝设置大司马位,大将军卫青、骠骑将军霍去病皆加官为大司马,同时汉武帝定下法令,让骠骑将军的官阶和俸禄同大将军相等。

元狩六年(前117),霍去病因病去世,年仅24岁。汉武帝很悲伤,调遣边境五郡的铁甲军,从长安到茂陵排列成阵,给霍去病修的坟墓外形像祁连山的样子,彰显他力克匈奴的奇功,并追谥为景桓侯。

曹操(155—220)

字孟德,一名吉利,小字阿瞒,沛国谯县(今安徽省亳州市)人。东汉末年政治家、军事家、文学家、书法家,三国中曹魏政权的奠基人。曹操曾担任东汉丞相,后加封魏王,奠定了曹魏立国的基础。去世后谥号为武王。其子曹丕称帝后,追尊为武皇帝,庙号太祖。

东汉末年,天下大乱,曹操以汉天子的名义征讨四方,消灭二袁、吕布、刘表、马超、韩遂等割据势力,降服南匈奴、乌桓、鲜卑等,统一了中国北方,并实行一系列政策恢复经济生产和社会秩序,扩大屯田、兴修水利、奖励农桑、重视手工业、安置流亡人口、实行“租调制”,从而使中原社会渐趋稳定,经济出现转机。黄河流域在曹操统治下,政治渐见清明,经济逐步恢复,阶级压迫稍有减轻,社会风气有所好转。曹操以汉朝的名义采取的一些措施具有积极作用。

曹操钻研兵法,有高深的军事理论,曾熟读孙武、吴起等前代军事家的著作,在习诸家兵法的基础上,写成《兵书接要》一书,结合自己的战争经验加以论述。所撰《孙子略解》,开创整理注释《孙子》13篇的先河。他主张“兵以义动”的战争观,强调师出有名,符合道义,在战略战术上灵活多变,因事设奇,任势制胜,兵不厌诈。

在用兵方面,史称他行军用师,大较依孙吴之法,而因事设奇,谲敌制胜,变化如神。在对吕布、张绣、袁绍、马超、韩遂等一系列战斗中,他常用声东击西、避实就虚、埋伏、包抄、突袭、离间、劫粮、攻彼救此、弃物诱敌等战术,谲敌制胜,转弱为强。李靖的《李卫公问对》、何去非的《何博士备论》等著作都赞誉曹操的行军用兵。

诸葛亮(181—234)

字孔明,号卧龙,徐州琅琊阳都(今山东省临沂市沂南县)人。三国时期蜀国丞相,政治家、军事家、外交家、文学家、书法家、发明家。

诸葛亮早年随叔父诸葛玄到荆州,诸葛玄死后,诸葛亮就在襄阳隆中隐居。后刘备三顾茅庐请出诸葛亮，联孙抗曹，于赤壁之战大败曹军，形成三国鼎足之势，又夺占荆州。东汉建安十九年(214)，刘备攻取益州。继又击败曹军，夺得汉中。蜀章武元年(221)，刘备在成都建立蜀汉政权，诸葛亮被任命为丞相，主持朝政。蜀后主刘禅继位，诸葛亮被封为武乡侯，领益州牧。诸葛亮勤勉谨慎，大小政事必亲自处理，赏罚严明；与东吴联盟，改善和西南各族的关系；实行屯田政策，加强战备。前后六次北伐中原，多以粮尽无功。终因积劳成疾，于蜀建兴十二年(234)病逝于五丈原(今陕西省宝鸡市岐山县境内)，享年 54 岁。刘禅追封其为忠武侯，后世常以武侯尊称诸葛亮。东晋政权因其军事才能特追封他为武兴王。

诸葛亮善于治军。首先是治军严明。一是提出明确的道德要求，认为师出以律，失律则凶，律有十五，其中明白地指出要“勇”“廉”“平”“忍”“宽”“信”“敬”“明”“仁”“忠”等有关要求。二是制定严格的法令规定，亲著《法检》两卷、《军令》两卷，制定《八务》《七戒》《六恐》《五惧》等条规。三是以信为本，“夫统武行师，以大信为本”“赏罚有信”“进有厚赏，退有严刑，赏不逾时，刑不择贵”。

诸葛亮散文代表作有《出师表》《诫子书》等。他曾发明木牛流马、孔明灯等，并改造连弩，称作诸葛连弩，可一弩十矢俱发。诸葛亮一生“鞠躬尽瘁，死而后已”，是中国传统文化中忠臣与智者的代表人物。

岳飞(1103—1142)

字鹏举，相州汤阴(今河南省汤阴县)人。南宋时期抗金名将、军事家、战略家、书法家、诗人，位列南宋“中兴四将”之首。

岳飞从 20 岁起，曾先后四次从军。自南宋建炎二年(1128)遇宗泽起至南宋绍兴十一年(1141)止，先后参与、指挥大小战斗数百次。金军攻打江南时，独树一帜，力主抗金，收复建康。南宋绍兴四年(1134)，收复襄阳六郡。绍兴六年(1136)，率师北伐，顺利攻取商州、虢州等地。绍兴十年(1140)，完颜宗弼毁盟攻宋，岳飞挥师北伐，两河人民奔走相告，各地义军纷纷响应，夹击金军。岳家军先后收复郑州、洛阳等地，在郾城、颍昌大败金军，进军朱仙镇。宋高宗赵构和宰相秦桧却一意求和，以十二道“金字牌”催令班师。在宋金议和过程中，岳飞遭受秦桧、张俊等人诬陷入狱。绍兴十二年(1142)一月，以“莫须有”的罪名，与长子岳云、部将张宪一同遇害。宋孝宗时，平反昭雪，改葬于西湖畔栖霞岭，追谥武穆，后又追谥忠武，封鄂王。

岳飞是南宋杰出的统帅，他重视人民抗金力量，缔结了“联结河朔”之谋，主张黄河以北的民间抗金义军和宋军互相配合，以收复失地；治军赏罚分明，纪律严整，又能体恤部属，以身作则，率领的“岳家军”号称“冻死不拆屋，饿死不打掳”。金军有“撼山易，撼岳家军难”的评语，以示对岳家军的由衷敬佩。

岳飞的文学才华也是将帅中少有的，代表词作《满江红·怒发冲冠》是千古传诵的爱国名篇，后人辑有文集传世。

文天祥(1236—1283)

吉州庐陵(今江西省吉安市)人。南宋抗元名臣、政治家、文学家、爱国诗人，与陆秀夫、张世杰并称为“宋末三杰”。著有《文山诗集》《指南录》《指南后录》《正气歌》等。

南宋宝祐四年(1256)进士第一。南宋开庆元年(1259)，元朝的军队攻打南宋，宦官董宋臣建议宋理宗迁都，没有人敢反对。文天祥当时入朝任宁海军节度判官，上书请求斩杀董宋臣，以统一人心。未被采纳，辞官回乡。后又入仕并逐渐升官至刑部侍郎，多次遭台官议论罢职。南宋德佑元年(1275)，元军沿长江东下，进逼临安(今浙江省杭州市)，文天祥倾尽家财筹集军资，在家乡赣州招募义军五万人力卫临安。主张集中财力、军力抗元。德佑二年五月，在福州与张世杰、礼部侍郎陆秀夫、右丞相陈宜中等拥立益王赵昰为帝，任枢密使。南宋景炎二年（1277）五月，在各地抗元义军和人民支持下，再攻江西，于雩都（今江西省赣州市于都县）击败元军，收复兴国（今属江西省）及赣州、吉州的属县，但最终因为势孤力单，败退广东。景炎三年（1278）三月，文天祥进驻丽江浦。八月，加封少保、信国公。十二月，赶赴南岭，在五坡岭（今广东省海丰县北）被俘，在被押送往北方途中写下不朽诗篇《过零丁洋》，“人生自古谁无死，留取丹心照汗青”成为名句，广为流传。次年至大都（今北京市），被囚四年，虽然备受折磨，但是坚持不降，最终在柴市口殉难，终年47岁。狱中所作《正气歌》，尤被后世传诵。

戚继光（1528—1587）

山东登州（今山东省蓬莱市）人。明朝抗倭名将、民族英雄、军事家。出身将门，自幼喜读兵书，勤奋习武，立志报效国家。戚继光戎马一生，抗倭战功卓著。注重练兵，尤其善于培养将领，严明军纪，赏罚分明。

戚继光17岁继承父职任登州卫指挥佥事。明嘉靖二十五年（1546），分管屯田。明嘉靖三十二年（1553），实授都指挥佥事，率领山东登州、文登、即墨三营二十五卫所兵马，操练水军，整顿军备，抗击入侵山东沿海的倭寇。嘉靖三十八年（1559），招募义乌农民、矿工3 000名，按年龄和身材配发兵器，编组训练出一支纪律严明、战斗力强的军队，人称“戚家军”。嘉靖三十九年（1560），针对明军兵器装备种类繁多、沿海地形多沮泽、倭寇多小股分散的特点，创立攻守兼备的“鸳鸯阵”，长短兵器配合，攻防兼顾，因敌人、地形的变化而变换阵型，屡败倭寇。明隆庆元年（1567）奉调至蓟州，连续5年率领卫所士卒戍守蓟门（今北京市昌平区西北），春去秋归。在镇16年，修筑长城，加强战备。依据因地制宜用险制塞的建筑思想，在山势低矮处加高城墙，在山势高峻处修建敌楼，在个别地方加修了障墙、支墙、挡马墙。修建后的长城设施完备、构筑牢固、布局严谨、可攻可守。障墙、文字砖、挡马墙被誉为金山岭长城的“三绝”。他利用作战间隙撰写了《纪效新书》，阐述选兵、编伍、操练、出征等理论和方法，并以此使戚家军闻名于世。隆庆五年（1571），写成《练兵实纪》，主张练兵之要在先练将，强调将官必须进行德、才、识、艺修养，倡办武庠（军校），从实践中锻炼、造就精通韬略的良将。这两部兵书是他练兵打仗的经验总结，在军事学上有很高的地位，被收录进《四库全书》。明万历十五年（1587）病卒，终年61岁。

努尔哈赤（1559—1626）

清王朝的奠基者，八旗兵创建者和统帅，军事家、政治家。满族，姓爱新觉罗。清朝建立后，被尊为清太祖。

努尔哈赤戎马生涯四十余年，创建了一支能征善战的八旗兵，培养了一批统军有方的将领。常躬亲率兵征战，指授方略，强调以智取胜，创造了以弱胜强、以少克众的战例。其军事思想对后来兵家有较大影响。

努尔哈赤十岁丧母，十五六岁时寄居外祖父、建州首领王杲家。后常到抚顺、清河（今辽宁省本溪市北清河城）等地经商，广交朋友，学会蒙语、汉语，喜读《三国演义》和《水浒传》，从中学习韬略兵法。十八九岁时参加明总兵李成梁部，屡立战功，受器重。明万历十一年（1583），袭父职为建州左卫都指挥。万历十五年，筑佛阿拉城（今辽宁省抚顺市新宾县城），颁教令，立法制，称王，又称女真国淑勒贝勒。至万历十六年统一建州五部。万历十七年，整编军队，分为环刀军、铁锤军、串赤军和能射军。万历二十四年，先后与朝鲜五次联姻、七次盟誓，以征抚并用之策，开始吞并图们江、乌苏里江流域之东海女真。万历二十九年，灭哈达部。实施第二次整军，编300人为一牛录（佐领），始以黄、白、蓝、红正色旗为各军标志。万历四十三年，更定八旗制，在四正色之外又增加四镶色，置分散女真人于旗下，出则备战，入则务农。万历四十四年正月，称覆育列国英明汗，立国号大金（史称后金），定都赫图阿拉，年号天命。后金天命四年

(1619)统一海西女真四部。天命六年三月,席卷辽东,攻下明朝70余城。四月,迁都辽阳。天命十年(1625),迁都沈阳。天命十一年正月,西渡辽河攻明,在宁远之战中,被明将袁崇焕击败,在愤恨中退还沈阳。八月十一日病卒,终年68岁,葬于沈阳清福陵。

曾国藩(1811—1872)

原名子城,字伯涵,号涤生,湖南湘乡人。晚清政治家、文学家、军事家,湘军的创立者和统帅。清道光十八年(1838)进士,历任翰林院检讨、侍讲学士、内阁学士,礼、兵、工、刑、吏部侍郎。崇尚程朱理学,熟悉历朝典章制度及兵略。

曾国藩一生修身律己,为挽救摇摇欲坠的清王朝统治,殚精竭虑,不遗余力地镇压农民起义。创建了湘军、练军,在建军、治军和作战方面提出了一系列方针原则,成为军事家,为推进晚清军事近代化做出了贡献。在曾国藩的倡议下,清王朝建造了中国第一艘轮船,建立了第一所兵工学堂,印刷翻译了第一批西方书籍,安排了第一批赴美留学生。曾国藩是中国近代化建设的开拓者。

清咸丰三年(1853),曾国藩奉命帮办湖南团练,编练湘军。咸丰四年二月,曾国藩率湘军镇压西征太平军。清同治三年(1864)七月,在十年征战后,湘军攻陷天京,曾国藩因功赏加太子太保衔,赐一等侯爵。因顾虑位高权重易遭疑虑,主动大量裁撤所统湘军。同治五年,曾国藩奉旨进驻周家口,以钦差大臣的重权身份,督师剿捻,但因地广人单,不能阻止捻军纵横驰骋,最终全部失败。

曾国藩是洋务运动的首倡者之一。早在清同治元年,曾国藩设立安庆内军械所,仿制外国军械。同治四年,他支持李鸿章创建江南机器制造总局和金陵机器制造总局,制造近现代武器。同治七年,江南制造总局制造出第一艘蒸汽明轮船"恬吉"号。同治九年,回任两江总督,与李鸿章联名上奏,每年选送30名聪颖幼童赴美学习军事技术和战术。

曾国藩在儒学、文学、书法方面亦有很深造诣,著述颇丰,其传世的《曾文正公全集》,影响很大。

左宗棠(1812—1885)

湖南湘阴人。晚清重臣,军事家、政治家、湘军统帅,洋务派代表人物之一。与曾国藩、李鸿章、张之洞并称晚清中兴四大名臣。

左宗棠青年时就注重经世致用之学。他学习中国传统兵学,结合自己的军事实践提出不少独到见解。其军事思想主要保存在大量奏稿、书牍、批札、咨札及《楚军营制》一书中。历任闽浙总督、陕甘总督、两江总督,官至东阁大学士、军机大臣,封二等恪靖侯。参与平定太平天国运动,兴办洋务运动,主持镇压捻军,平定陕甘同治回乱,收复沦陷多年的新疆,推动新疆建省。中法战争时,左宗棠自请赴福建督师,亲赴福建抗法。左宗棠著有《楚军营制》《朴存阁农书》等,其奏稿、文牍等辑为《左文襄公全集》,后人又辑有《左宗棠全集》。

清咸丰十年(1860),左宗棠随同钦差大臣、两江总督曾国藩襄办军务。并在湖南招募5 000人,组成"楚军",镇压太平军。清同治五年(1866)二月,指挥清军分七路围攻嘉应州(今广东省梅州市梅县区)城,击灭太平军余部。在镇压太平天国后,左宗棠倡议减兵并饷,加给练兵。同年,于福州马尾择址办船厂,并创办求是堂艺局(亦称船政学堂),培养造船技术和海军人才。一年后,福州船政局(亦称马尾船政局)正式开工,成为中国第一个新式造船厂。同治六年,左宗棠以钦差大臣身份督统军队,屡次击败捻军,最终于同治七年协助李鸿章剿灭了西捻军。同治十一年,在兰州创办甘肃机器制造局(即兰州制造局)。清光绪十一年(1885)在福州病逝,享年73岁,追赠太傅,谥号"文襄",并入祀昭忠祠、贤良祠。

李鸿章(1823—1901)

安徽合肥人,晚清军事家,洋务派首领,淮军创始人和统帅。历任巡抚、总督、北洋大臣，从事军事活动40年，建立了中国第一支西式海军北洋水师。参与一系列重大历史事件，包括镇压太平天国运动、镇压捻军起义、洋务运动、甲午战争等，代表清政府签订了一系列不平等条约。

同治元年(1862)创立淮军，大量购置洋枪洋炮，并建立新的兵种炮营，成为当时清军中西化最早、装备最好、战斗力最强的一支部队。同治三年，配合湘军镇压太平军。同治五年至同治七年，镇压西捻军。李鸿章先后建造了江南机器制造总局、金陵机器制造局和天津机器制造局，制造洋枪洋炮。此外，还委派专人创办了一批与军工有关的民用企业，如轮船招商局、开平煤矿、漠河金矿、天津电报局、津榆铁路、上海机器织布局等，以加强经济实力。同治十三年，李鸿章奉命筹办海防，组建海军。光绪十四年(1888)，编练成北洋海军，计有大小舰艇30艘，是中国第一支正规化近代海军。为培养海陆军人才，李鸿章派遣留学生，创办军事学堂。清同治十年至清光绪三年，先后派留学生到美、德、英、法等国学习军事、船械制造与轮船驾驶。光绪六年起，先后在天津、威海、旅顺等地创办水师学堂、北洋武备学堂、水雷学堂、鱼雷驾驶学堂、管轮学堂以及枪炮学堂等，为海陆军造就了一批军事与科学技术人才，促进了西学在中国的传播。光绪二十年，甲午战争爆发，李鸿章在军事部署上实行消极防御，致使日军先后攻占了大连、旅顺、威海卫，北洋舰队全军覆没。3月4日，日军发动辽东之战，清军全线溃退，清廷妥协求和，4月17日，李鸿章受命为全权大臣与日本签订中日《马关条约》。光绪二十六年，八国联军侵华，后又被任命为全权大臣，与列强签订《辛丑条约》。光绪二十七年十一月七日，病死，谥文忠。遗著被编辑为《李文忠公全书》。

作为晚清重臣，李鸿章一方面通过兴办洋务，推动了中国近代化进程；另一方面，兴办洋务无法改变中国落后的现实，面对列强提出的一系列不平等条约，李鸿章虽然据理力争，然而却不得不接受屈辱的要求，最终无法改变中国继续沦落的命运。

蔡锷(1882—1916)

湖南宝庆(今湖南省邵阳市)人，近代爱国将领，政治家、军事家、民主革命家，中华民国初年的杰出军事领袖。

光绪二十三年(1897)入长沙时务学堂。后入上海南洋公学(后更名为“国立交通大学”，即今天上海交通大学与西安交通大学的前身)。光绪二十五年赴日本，先后入东京大同高等学校、陆军成城学校和陆军士官学校学习军事，主张普及国民军事教育，习兵尚武，实行军事救国。光绪三十年毕业回国，先后在江西、湖南教练新军。光绪三十一年七月至宣统二年(1910)底，历任广西新军总参谋官兼总教练、广西陆军第一标统、龙州讲武堂监督等职。宣统三年初调云南，任新军第19镇第37协协统。宣统三年10月30日，与革命党人李根源等在昆明领导新军响应武昌起义，蔡锷被推为临时革命总司令。在任职期间，主持制定《五省边防计划》，确定先集中兵力消灭力量较弱的法军，并准备对英、法军同时作战。1913年10月被袁世凯调至北京，加以笼络与监视。先后任陆军部编译处副总裁、参政院参政、全国经界局督办。1915年12月19日由北京潜抵昆明，25日与开武将军唐继尧等人宣布云南独立，反对袁世凯复辟称帝，旋即组织护国军，任第一军总司令。1916年1月抱病率主力入川，运用近战和迂回包围等战术手段，击败数倍于己的北洋军，赢得战争胜利。9月东渡日本治喉癌。1916年11月8日，因医治无效病逝于日本福冈，年仅34岁。1917年4月12日，蔡锷魂归故里，北洋政府在长沙岳麓山为他举行国葬。蔡锷也成为民国历史上的“国葬第一人”，被追认为陆军上将。

张学良(1901—2001)

爱国将领，东北军首领。奉系军阀首领张作霖的长子。1920年毕业于东三省陆军讲武堂，先于奉系军中担任要职。指挥了两次直奉战争，参加了平定郭松龄倒戈。曾逼蒋介石联共抗日,发动了“西安事变”。

1928年6月4日,在张作相等人的拥护下就任东三省保安总司令,开始统治东北。7月,向国民政府发出《绝不妨碍统一电》,促使中国从形式上走向统一。1929年7月,张学良欲取消苏联在东北的特权,查封哈尔滨苏联商业机构,开始着手收回中东铁路。8月14日,斯大林命令苏联军队沿中东路一线向东北进攻,张学良领导的东北军败给苏军。张学良被迫在伯力签订议定书,恢复苏联在中东铁路的特权。1931年9月18日,日本关东军发动震惊中外的九一八事变,张学良执行蒋介石不抵抗命令,致使日军侵占东三省,受到全国人民谴责。1936年12月12日,张学良与杨虎城兵谏蒋介石,共同逼蒋联共抗日,发动震惊中外的“西安事变”。17日,中共中央派周恩来等到达西安,与张、杨协商,一致同意和平解决西安事变,随后与蒋达成停止剿共、改组国民政府等六项协议,从而为实现国共第二次合作走向全国抗战奠定了基础。25日,张学良自行送蒋回南京,被扣留,并于31日被军事法庭判处10年徒刑,4天后被蒋特赦,交军事委员会“严加管束”。从此,先后被囚于浙、赣、湘、黔、台等地。1959年虽被台湾地区当局宣布解除“管束”,但仍受到监视。1991年3月获准赴美探亲。1995年4月决定定居美国檀香山。2001年10月在美国夏威夷病逝,享年101岁。

《论持久战》

毛泽东于1938年5月26日至6月3日在延安抗日战争研究会上的演讲稿,是关于中国抗日战争方针的军事政治著作,1938年7月首次出版。

《论持久战》发表时,中国的全面抗日战争已经进行了10个月。毛泽东深感有必要对全面抗战10个月的经验做个总结性的解释,特别是有着重研究持久战的必要,以回答人们关心的一些问题,并对“亡国论”和“速胜论”进行批驳。

著作开篇以“中国必亡论”和“中国速胜论”做引子,然后针对这两种错误观点进行了一一驳斥,接着引出作者自己的观点:抗日战争是持久战,最后的胜利是中国的,并通过“能动性在战争中”“战争和政治”“抗战的政治动员”“战争的目的”“防御中的进攻”“持久中的速决”“内线中的外线”“主动性、灵活性、计划性”“运动战、游击战、阵地战”“消耗战、歼灭战”“乘敌之隙的可能性”“抗日战争中的决战问题”“兵民是胜利之本”等既独立而又有联系的篇章的阐述,来说明抗日战争为什么是持久战,怎么进行持久战,为什么能取得最后的胜利,应当怎样做才能取得最后的胜利。

《论持久战》论证了抗战的发展规律,阐明了争取抗战胜利的道路,批判了对抗战的各种错误认识。该著作从思想上武装了全党全军和人民群众,坚定了中国人民争取抗战胜利的信心,是指导全国抗战的理论纲领。

十大元帅

1955年被授予中华人民共和国元帅军衔的十位军事家。他们分别是:朱德、彭德怀、林彪、刘伯承、贺龙、陈毅、罗荣桓、徐向前、聂荣臻、叶剑英。

1955年9月27日,中华人民共和国全国人大常委会第22次会议通过了授予中华人民共和国元帅军衔的决议。1955年9月27日下午5时,在北京中南海怀仁堂隆重举行授元帅军衔及授予勋章典礼,毛泽东主席颁发命令状,授予朱德、彭德怀、林彪、刘伯承、贺龙、陈毅、罗荣桓、徐向前、聂荣臻、叶剑英十人中华人民共和国元帅军衔,并授予一级八一勋章、一级独立自由勋章、一级解放勋章,中国人民解放军历史上“十大元帅”由此确立。

十大元帅不仅是解放军创建时期的领导者,还是实践者。朱德是南昌起义的领导者之一,时任起义军第9军副军长。彭德怀是平江起义的领导者之一,时任起义军总指挥。林彪是南昌起义的参加者之一,时任起义军第11军第25师73团3营7连连长。刘伯承是南昌起义的领导者之一,时任中共前敌委员会参谋团参谋长。

贺龙是南昌起义和桑植起义的领导者之一，时任两个起义军的总指挥。陈毅是南昌起义的参加者之一，时任起义军第 11 军第 25 师 73 团政治指导员。罗荣桓是秋收起义的参加者之一，时任起义军工农革命军第 1 师师部特务连党代表。徐向前是广州起义的领导者之一，时任起义军中的工人赤卫队第 6 联队队长。聂荣臻是南昌起义的参加者之一，时任起义军第 11 军党代表；广州起义的领导者之一，时任中共广东省军委书记。叶剑英是广州起义的领导者之一，时任起义军副总指挥；为筹划南昌起义做出过重要贡献。十大元帅在中国人民解放军创建时期，在革命浪潮的风云际会中，在革命战争的大风大浪中奋勇拼杀，充分施展自己的雄才大略，成为各个时期我军重要的领导者和重大战役战斗的指挥者，对我军发展作出了重要贡献。

其他

十八般兵器

其名称始见于元曲，不同时期十八般兵器内容多有变化，近代戏曲界多指刀、枪、剑、戟、斧、钺、钩、叉、鞭、锏、锤、抓、镋、棍、槊、棒、拐、流星等十八种兵器，亦代表使用十八种兵器的本领，泛指多种技能、技艺或武艺。

刀，一般指单侧开刃的弯型兵器；枪，一般指在长棍顶端安装一个金属“枪头”的长柄兵器；剑，一般指双侧开刃的直形兵器；戟，是戈与矛的合体，其柄前直刃可以刺敌，而旁边横刃可以勾、啄敌人；斧，一般指在木柄上端安装一块梯形板状刀刃的兵器；钺，确切地说就是一种大斧，多用于仪卫，象征权力；钩，由戈演变而来，是一种形状弯曲、头端尖锐的兵器；叉，是一种顶端分岔，且多为三道分岔的长柄兵器；鞭，是一种有节、没锋刃的兵器，有软鞭、硬鞭之分，软鞭柔软可弯，多为皮制，硬鞭刚直坚硬，多为铜、铁制成；锏，一般由铜或铁制成，四棱形，长直无刃，上端略小于下端，且下端有握柄；锤，是一种由木制长柄直接或通过链条连接类似瓜型、圆柱形、四方八棱等形状金属物制成的兵器；抓，又称挝，是一种头形似爪，且爪后缚以长绳或木柄的兵器；镋，是一种中有利刃似枪，利刃两端分出两股形似月牙的长重兵器；棍，材质多样，是一种长直无刃的兵器；槊，也称长矛，但较长矛重而精致，是一种类似长枪，但比长枪更长的兵器；棒，与棍同种，但多为白蜡木制成；拐，是一种由老人拐杖演化而成的兵器；流星，即流星锤，与锤类似，是将金属锤头系于长链一端或两端的兵器。

“八一”建军节

“八一”建军节是中国人民解放军建军纪念日，每年的 8 月 1 日举行，由中国人民革命军事委员会设立，为纪念中国工农红军成立的节日。

八一南昌起义，是中国共产党独立地领导武装斗争的开始。1927 年 8 月 1 日凌晨，一声枪响划破了南昌城寂静的夜空。以周恩来为书记的中共前敌委员会及贺龙、叶挺、朱德、刘伯承等率领北伐军两万多人在南昌举行起义。经过数小时激战，全歼守敌，占领了南昌城。它打响了武装反抗国民党反动派的第一枪，标志着中国共产党独立地创建革命军队和领导革命战争的开始。它如一声春雷，使中国人民在黑暗中看到了高高举起的火炬，指明了中国革命的方向。

1933 年 7 月 11 日，中华苏维埃共和国临时中央政府根据中央革命军事委员会 6 月 30 日的建议，决定 8 月 1 日为中国工农红军成立纪念日。1949 年 6 月 15 日，中国人民革命军事委员会发布命令，以“八一”两字作为中国人民解放军军旗和军徽的主要标志。中华人民共和国成立后，将此纪念日改称为中国人民解放军建军节。

三湾改编

中国共产党建设新型人民军队最早的一次成功探索和实践。

1927 年 9 月 29 日，毛泽东率领湘赣边界秋收起义部队到达江西永新县三湾村。起义部队减员较大，人员不足 1 000 人，组织很不健全，思想相当混乱。如果不改进部队存在的问题，不加强党对军队的领导，不仅难以适应艰苦的环境，而且无法完成艰巨的革命任务。为了巩固这支新生的革命军队，适应革命斗争的需要，毛泽东在到达三湾的当天晚上，就主持召开了前敌委员会议，决定对起义部队进行整顿和改编。部队取消了原来3个团的番号，将工农革命军第1军第1师改编为工农革命军第1军第1师第1团。部队中建立党的各级组织，班有小组，连有支部，营、团有党委，连以上各级均设党代表，党的最高领导机关是前敌委员会，毛泽东任书记。改编后，在军队内部实行民主制度，成立了士兵委员会，废除烦琐礼节，实行经济公开；取消雇用制度，建立官兵一致、上下平等的原则。

三湾改编初步解决了如何把以农民及旧军人为主要成分的革命军队建设成为一支无产阶级新型人民军队的问题，保证了党对军队的绝对领导，奠定了政治建军的基础。

古田会议

中国工农红军第四军在1929年12月28日至29日在福建省龙岩市上杭县古田村召开的第九次党的代表大会，即红军第四军第九次党代表大会。因在福建省上杭县古田村召开，史称古田会议。这次会议在中国共产党和工农红军的发展史上有着极其重要的意义，是人民军队建设史上一座光辉的里程碑。

由于红军长期处于游击战争的环境，红军成分主要是农民、其他小资产阶级和从旧军队起义的官兵，在作战中俘虏兵成分又大量增加，各种非无产阶级思想都反映到红军中来。而在各级领导干部中，对于如何创建革命根据地和建设一支新型的人民军队，认识也不一致。古田会议就是为了解决这个关系到建军根本原则的问题而召开的。会议期间，毛泽东、朱德作报告，陈毅传达了中央九月指示信的精神。会议总结了红军建军以来的经验教训，划清了无产阶级军队和一切旧式军队的界线，解决了如何把以农民和其他小资产阶级为主要成分的中国红军建设成为党领导下的新型人民军队的根本问题。毛泽东代表前委起草的3万余字的8个决议案，总称《中国共产党红军第四军第九次代表大会决议案》，即古田会议决议。大会所通过的决议，不仅为红四军党和军队的建设指明了方向，而且也为中国红军的建设制定了一条马克思列宁主义的路线，决议的基本精神是人民军队建设的伟大纲领。会议还改选了前委，毛泽东为书记。

军民融合

军民融合就是把国防和军队现代化建设深深融入经济社会发展体系之中，全面推进经济、科技、教育、人才等各个领域的军民融合，在更广范围、更高层次、更深程度上把国防和军队现代化建设与经济社会发展结合起来，为实现国防和军队现代化提供丰厚的资源和可持续发展的后劲。

军民融合在中国有一个发展过程。20世纪50年代之前：全民皆兵，军民一体；50年代中后期：重军民两用；60年代：军民结合，平战结合，以军为主；50至70年代，处于“军民结合”阶段；70年代至21世纪初，进入“军民一体化”阶段。2007年，胡锦涛在中共十七大报告中提出了“走出一条中国特色军民融合式发展路子”的战略思想，标志着中国开始迈向“军民融合”阶段。2015年，习近平首次提出把军民融合发展上升为中国国家战略。把走中国特色军民融合式发展与实现中华民族伟大复兴紧密联系在一起。

军民融合发展战略是国家战略体系的重要组成部分。推动军民融合深度发展有助于提升国家战略能力，推动中国国防建设和经济建设良性互动，是实现强国梦、强军梦的必由之路。2017年1月22日，中共中央政治局决定设立中央军民融合发展委员会，作为中央层面军民融合发展重大问题的决策和议事协调机构，统一领导军民融合深度发展，向中央政治局、中央政治局常务委员会负责。

⊙外交⊙

外交思想与政策

毛泽东外交思想

毛泽东关于国际关系和中国外交方针的重要论述，集中体现了马克思主义伟大战略家的远见卓识和务实精神，是毛泽东思想的重要组成部分。

毛泽东外交思想的主要内涵包括：1. 创建独立自主的新型外交。1949 年中华人民共和国成立之初，毛泽东提出了“另起炉灶”和“打扫干净屋子再请客”的外交主张。针对美国政府推行与中国革命为敌的政策，毛泽东提出了“一边倒”的外交政策，坚定地站在“和平、民主、社会主义一边”，并与苏联结盟。2. 争取和维护世界和平。中华人民共和国成立后，毛泽东冷静地分析了第二次世界大战后的国际格局和世界主要矛盾的变化，把争取和维护世界和平作为中国共产党和中华人民共和国对外政策的主要目标，为中国外交确定了正确的方向。3. 坚持和平共处五项原则。毛泽东提出了处理国与国之间关系的“和平共处五项原则”，奠定了当代中国外交的基础。4. 发展同亚非拉国家的友好合作。毛泽东曾多次发表声明和谈话，坚决支持亚非拉各国人民为维护民族独立、捍卫国家主权所进行的正义斗争。

在毛泽东外交思想的指导下，1949 年至 1976 年期间，中国外交坚持独立自主的外交政策，努力争取和维护世界和平，在平等的基础上发展同世界各国的关系，经过不懈的努力和奋斗，终于打破了西方的封锁和包围，顶住了霸权主义的巨大压力，维护了国家的独立、主权和领土完整，使中华人民共和国在错综复杂的国际社会中牢牢站稳了脚跟，成为一支不容忽视的力量。

三个世界划分理论

毛泽东于 20 世纪 70 年代依据国际形势的变化和中国外交所面临的新情况，在继承马克思主义国际统战思想的基础上阐发的外交统战思想。

毛泽东三个世界划分理论萌芽于 20 世纪四五十年代“一个中间地带”思想，雏形出现于 20 世纪 60 年代的“两个中间地带”思想，正式形成于 70 年代初期。1974 年 2 月 22 日，毛泽东在会见赞比亚总统卡翁达时说：“我看美国、苏联是第一世界；中间派，日本、欧洲、澳大利亚、加拿大，是第二世界；咱们是第三世界。”“亚洲除了日本都是第三世界，整个非洲都是第三世界，拉丁美洲也是第三世界。”毛泽东以国家利益与主权诉求为逻辑原点，以矛盾对立统一论为哲学基石，以冷战时代背景为历史平台，以反对霸权主义为主要外交方略，形成了三个世界划分理论。

三个世界划分理论为 20 世纪 80 年代中国制定全方位改革开放政策提供了思想准备和理论依据。三个世界划分理论在实践上的成就包括辨清了敌友，为中国团结第三世界国家、联合第二世界国家、共同反霸的外交工作起到了重要的指导作用。三个世界划分理论为中国争取到了比较有利的外交环境，极大地提高了中国的国际威望，扭转了当时中国外交工作面临的窘迫局面。该理论是对当时国际政治格局进行的高度概括和总结，对世界主要战略力量划分做出了科学的分析，使中国找到了自己准确的国际定位。

周恩来外交思想

周恩来独具特色、博大精深的外交理论体系。周恩来是中华人民共和国外交事业的创始人和奠基者，领导中华人民共和国外交工作 26 年，开创了中华人民共和国外交事业的新局面。

周恩来外交思想主要包括以下几个方面：1. 独立自主是决定中国外交政策、处理国际问题的根本出发点，这一原则适用于中国同各类国家的关系，社会主义国家之间的关系也不例外。2. 战争与和平是世界的主要矛盾，反对帝国主义和霸权主义的侵略和干涉，维护中国安全与世界和平是中华人民共和国外交的首要目标。3. 和平共处五项原则是建立新型的国与国之间关系的普遍准则，不同制度的国家和制度相同的国家，都应和平相处，共同发展。4. 外交是处理国家与国家之间的关系，主要对象是各国政府及其当权者，各国人民在交往中有义务支持被压迫人民的正义斗争，但革命是各国人民自己的事，革命不能输出，要正确处理外交与革命两者的关系。5. 大力开展民间外交，民间先行，以民促官，官民并举。6. 团结进步势力，争取中间势力，孤立和打击极少数反动势力，结成最广泛的国际统一战线。7. 实行国际主义与爱国主义相结合的原则，既反对狭隘的民族主义，也反对大国沙文主义，大小国家一律平等。8. 自力更生与国际合作相结合，在自力更生基础上加强国际合作，互通有无，学习一切国家的长处和优点。9. 在国际关系中提倡“求同存异”，作为处理各种矛盾和分歧的指导思想，不强求一致或强加于人。

周恩来在长期的外交实践中形成的一整套行之有效的外交思想，以及他独具一格的外交艺术与外交风格，深深影响了中华人民共和国外交的发展方向，具有不可低估的学术价值和重要的时代意义。

和平共处五项原则

和平共处五项原则指的是“互相尊重主权和领土完整、互不侵犯、互不干涉内政、平等互利、和平共处”。和平共处五项原则最先是周恩来总理于1953年年底在会见来访的印度代表团时提出的，它是周恩来外交思想的精髓，也是中华人民共和国外交的基本原则之一，后来逐渐成为中国处理国际事务的基本准则与价值理念。

1953年12月，周恩来总理接见印度代表团并就两国关系及中国西藏问题进行协商谈判时，第一次提出了和平共处五项原则。1955年4月，在印度尼西亚万隆举行了有29个国家和地区参加的万隆会议，会上发表了《关于促进世界和平与合作的宣言》，其中就包括了和平共处五项原则的全部内容。1957年，中共中央主席、中国国家主席毛泽东在莫斯科宣布，中国坚决主张一切国家实行和平共处五项原则。1974年，中国国务院副总理邓小平在特别联大上再次强调国家之间的政治和经济关系“都应建立在和平共处五项原则的基础上”。1988年，邓小平又提出了以和平共处五项原则为准则，建立国际政治经济新秩序的主张。

和平共处五项原则的提出具有重要的时代意义，它打破了雅尔塔体系下的西方霸权，促进了南方国家间的团结和强有力的合作，成了中国与蒙古、阿富汗、尼泊尔等国家解决边境问题、对非洲进行技术经济援助等的基本准则。随着20世纪70年代中国重返联合国，和平共处五项原则获得联合国绝大多数成员国的认可，也成为中日、中美建交谈判遵循的基本原则，冷战结束以后成为推进国际关系民主发展的重要指导原则，对国际关系产生了深远影响。

半个多世纪以来，和平共处五项原则不仅成为中国奉行独立自主和平外交政策的基础，而且还被世界上绝大多数国家所接受，成为规范国际关系的重要准则。在21世纪初国际格局重塑的背景下，在构建“不冲突、不对抗”的大国关系和“亲诚惠容”的邻国关系时，和平共处五项原则仍将发挥重要作用，对指导各国和平相处依然具有重要的现实意义。

中国对外经济技术援助的八项原则

1963年年底至1964年年初，周恩来在访问亚非14国时提出了“对外经济技术援助的八项原则”，这是指导中国对外援助政策的根本原则之一。

“八项原则”的具体内容包括：1. 中国政府一贯根据平等互利的原则对外提供援助，从来不把这种援助看作是单方面的赐予，而认为援助是相互的。2. 中国政府在对外提供援助的时候，严格尊重受援国的主权，绝对不附带任何条件，绝不要求任何特权。3. 中国政府以无息或者低息贷款的方式提供经济援助,在需要的时候延长还款期限,以尽量减少受援国的负担。4. 中国政府对外援助的目的,不是造成受援国对中国的依赖,而是帮助受援国逐步走上自力更生、经济上独立发展的道路。5. 中国政府帮助受援国建设的项目,力求投资少,收效快,使受援国政府能够增加收入、积累资金。6. 中国政府提供自己所能生产的、质量最好的设备和物资,并且根据国际市场的价格议价。如果中国政府所提供的设备和物资不合乎商定的规格和质量,中国政府保证退换。7. 中国政府对外提供任何一种技术援助的时候,保证做到使受援国的人员充分掌握这种技术。8. 中国政府派到受援国帮助进行建设的专家,同受援国自己的专家享受同样的物质待遇,不容许有任何特殊要求和享受。

"八项原则"是周恩来对外经济技术援助思想的高度概括,也是多年来中国政府对外援助工作经验的概括和总结,是中国开展对外援助的重要指导思想。在"八项原则"指导下,中国同越来越多的发展中国家建立了经济和技术合作关系,并援建了坦赞铁路等一批重大基础设施项目,为发展中国家争取民族独立和发展民族经济提供了最大程度的支持。同时,"八项原则"也为中华人民共和国赢得了广泛的国际支持,奠定了中国与发展中国家长期友好合作的基础。

邓小平外交思想

以邓小平为核心的中国共产党第二代中央领导集体在继承和发展毛泽东、周恩来外交思想的基础上,根据国际局势出现的新情况和新问题做出的探索和创新,是邓小平理论的重要组成部分。

邓小平外交思想主要是在20世纪70年代到90年代初形成和发展起来的。邓小平外交思想是以邓小平为代表的中国共产党人在新时期坚持运用马列主义、毛泽东思想的宽广眼界观察世界,对总体国际形势、时代特征和全球性战略问题,对处理国家关系的基本原则,对世界上其他社会主义国家的成败、发展中国家谋求发展的得失、发达国家的动态和矛盾,进行正确分析的理论成果。邓小平外交思想博大精深,是中国共产党的宝贵精神财富,是指导中国对外工作的强大思想武器。

邓小平外交思想是一个完整的理论体系,主要内容包括:1. 提出世界战争可以避免的重要战略判断。邓小平改变了世界战争不可避免且迫在眉睫的提法,他肯定地说,和平力量发展起来了,"战争是可以避免的"。2. 调整片面以社会制度和意识形态划线的做法。邓小平强调要从国际战略利益出发,以和平共处五项原则为基础,处理国与国之间的关系和推动建立公正合理的国际政治经济新秩序。3. 提出和平与发展是带全球性的两大战略问题的科学理论。20世纪70年代末至80年代,邓小平提出当今世界带有全球性的战略问题是和平和发展两大问题。1992年春,邓小平再次强调维护世界和平、促进共同发展是中国外交政策的宗旨,也是义不容辞的责任。为此,中国反对任何形式的霸权主义,中国要推动"南南"合作。4. 确定把对外开放作为中国社会主义现代化建设的一项基本国策。邓小平认为,"现在的世界是开放的世界","任何一个国家要发展,孤立起来,闭关自守是不可能的","如果说在20世纪内我们需要实行开放政策,那么在下个世纪的前50年内中国要接近发达国家的水平,也不能离开这个政策"。5. 提出冷静观察、有所作为的战略方针。20世纪80年代末90年代初,东欧剧变,苏联解体,两极格局瓦解,世界进入一个新旧格局交替的过渡时期,对此,邓小平提出要冷静观察、稳住阵脚、沉着应付、韬光养晦、善于守拙、决不当头、有所作为的战略方针。6. 宣示独立自主、不参加任何集团、不同任何大国结盟的鲜明立场。7. 指出社会主义的光明前景。在苏联解体,世界社会主义运动处于低潮的时候,邓小平旗帜鲜明地指出社会主义前途依然一片光明。8. 提出妥善解决港澳台问题的"一国两制"伟大构想。9. 提出"主权属我,搁置争议,共同开发"的处理国家间领土争端新思路。

独立自主的和平外交政策

独立自主的和平外交政策是中国外交政策的精髓，是中国外交活动遵循的基本准则，是中华人民共和国成立后党和国家领导人在长期的外交实践中探索出来的处理对外关系的根本政策。

1982年8月，邓小平在会见联合国秘书长德奎利亚尔时，对新时期中国基本的外交政策作了阐述。他明确强调，中国的对外政策有三句话："第一句话是反对霸权主义，第二句话是维护世界和平，第三句话是加强同第三世界的团结和合作，或者叫联合和合作。"党的十二大报告中强调，中国坚持独立自主的对外政策，中国同各国发展关系原则是"互相尊重主权和领土完整、互不侵犯、互不干涉内政、平等互利、和平共处"。同时，根据以往处理同外国政党关系方面的经验教训，提出了不计较意识形态和社会制度差异的四项原则，即"独立自主、完全平等、互相尊重、互不干涉内部事务"。1986年3月，第六届全国人大四次会议第一次把中国外交政策概括为"独立自主的和平外交政策"，并阐述了这一政策的主要内容和基本原则，这表明中国已基本完成了外交方针的调整，中国的对外关系格局已显示出向全方位发展的新特点。

独立自主的和平外交政策包含以下基本内容：独立自主是中国外交政策的基本立场；维护中国的独立的主权，促进世界和平与发展，是中国外交政策的基本目标；和平共处五项原则是中国对外关系的基本准则；加强同第三世界国家的团结与合作，是中国对外关系的基本立足点；坚持对外开放，加强国际交往，是中国的基本国策。独立自主和平外交政策的基本原则是：坚持独立自主地处理一切国际事务的原则；坚持和平共处五项原则为指导国家关系的基本准则；坚持同发展中国家加强团结与合作；坚持爱国主义与履行国际义务相统一的原则。

中华人民共和国成立以来的外交实践表明，独立自主的和平外交政策是中国顺应历史潮流和维护国家利益做出的必然选择，有效维护了国家的独立、主权、领土完整和尊严，发展了同世界绝大多数国家的友好合作关系，提高了中国的国际地位，也为维护世界和平、促进世界经济的繁荣和发展、维护全人类的共同利益做出了巨大贡献。

一个中国原则

指大陆和台湾同属一个中国的原则。

一个中国原则是在中国人民捍卫中国主权和领土完整的正义斗争中形成的，具有不可动摇的事实和法理基础。不论是有关台湾的全部事实和法律证明，还是《马关条约》《开罗宣言》《波茨坦公告》，都足以证明台湾是中国领土不可分割的一部分。

1949年中华人民共和国成立后，中国政府将外国承认中华人民共和国是代表中国的唯一合法政府作为建交原则。而以美国为首的西方国家为了孤立、遏制中国，提出"台湾问题未定论"等说法，企图否认"一个中国"的事实。1971年中国恢复联合国合法席位后，在中国掀起的一波与西方国家建交高潮中，中国政府与包括日本、美国在内的西方国家建交谈判时都坚定不移地要求将承认一个中国原则作为建交的基本原则之一。

在1949年中华人民共和国成立后的三四十年间，台湾当局虽然不承认中华人民共和国的合法地位，但也坚持台湾是中国的一部分、只有一个中国的立场，反对制造"两个中国"和"台湾独立"。这也构成了"九二共识"的基础。1992年，海峡两岸关系协会与台湾海峡交流基金会各自以口头方式表述了"海峡两岸均坚持一个中国原则"的共识，即"九二共识"。在此基础上，1993年4月举行汪辜会谈，有力促进了两岸关系的发展。一个中国的原则有利于维护亚太地区的和平与稳定，也有利于中国同各国发展友好关系，符合亚太地区乃至世界各国的利益。

从20世纪90年代初开始，李登辉逐步背离一个中国原则，相继鼓吹"两个政府""两个对等政治实体""台湾已经是个主权独立的国家”，1999 年更是提出“两国论”，纵容“台独”势力的发展。李登辉等“台独”势力的倒行逆施违背了“九二共识”中强调的两岸同属一个中国的原则，对此，中国政府和人民一直保持着高度的警惕，并进行了坚决的斗争。

“和谐世界”理念

和谐世界是基于中国文化传统的系统观、整体观而提出的全球政治伦理、法律与国际关系建设的理念。2005 年 4 月，中共中央总书记、中国国家主席的胡锦涛参加亚非峰会时第一次提出了“和谐世界”的理念。

“和谐世界”理念的提出有三个层次的渊源。第一个层次是中国的传统文化层面，第二个层次是中国共产党几代领导集体和平外交思想在新的国际形势下的发展，第三个层次是直接来源于和谐社会理念的深化。和谐世界理念有着丰富的内涵：政治上，强调不同社会制度和发展模式应相互借鉴，建设各国和谐共处、公正、民主的世界；经济上，提倡进行互利合作，实现全球经济和谐发展；文明上，提倡不同文明开展对话、取长补短，倡导开放、包容的精神；安全上，提出实行全球新安全观，建立和平、稳定的世界。要建立和谐世界，需要各国和各种政治力量在政治、经济、文化方面付出共同努力，同时也要对联合国等国际组织进行改革。

“和谐世界”理念是中国应对 21 世纪初国际战略格局的新变化、新特点提出的国际战略新思维和新理念。这一理念是中国在国际力量对比发生重大变化和中国的国际地位提升的背景下提出的，它继承和发扬了中国自古以来处理对外关系的优良传统，传承和发展了马克思主义的相关理论和思想。和谐世界理念的提出标志着中国共产党的外交理论更加成熟，标志着中国共产党对如何推动人类社会共同进步的认识更加丰富、更加深刻，具有重大的理论意义和实践意义。和谐世界理念丰富了中国对外政策的宗旨，深化了中国对外战略的基本主张，表明中国将在国际社会中发挥更大的作用，体现了中国传统文化和现代民主法制、制度化建设的结合，有利于提高中国的软实力。

“人类命运共同体”理念

习近平新时代中国特色社会主义外交思想的核心和精髓，它伴随着“一带一路”倡议等全球合作理念与实践而不断丰富，逐渐为国际社会所认同，成为推动全球治理体系变革、构建新型国际关系和国际新秩序的共同价值规范。

习近平指出，人类命运共同体，“顾名思义，就是每个民族、每个国家的前途命运都紧紧联系在一起，应该风雨同舟，荣辱与共，努力把我们生于斯、长于斯的这个星球建成一个和睦的大家庭，把世界各国人民对美好生活的向往变成现实”。人类命运共同体既是秩序观，也是价值观；既是利益共同体，也是价值共同体；既是责任共同体，也是行动共同体。

“人类命运共同体”理念的形成过程可以分为三个阶段。第一阶段，理念的提出。2013 年 3 月，习近平在莫斯科国际关系学院发表演讲，正式提出了“人类命运共同体”理念，2015 年 9 月他在第七十届联合国大会一般性辩论的讲话中再次提出打造“人类命运共同体”总方略。第二阶段，理念的扩展与深化。从 2015 年 11 月出席巴黎气候变化大会到 2016 年 12 月出席秘鲁 APEC 峰会，习近平多次发表有关打造“人类命运共同体”理念的讲话。第三阶段，理念的成熟和落实。以中共十九大报告第十二部分中围绕“坚持和平发展道路，推动构建人类命运共同体”专门阐述人类命运共同体思想的丰富而深刻的内涵及其时代价值为标志，该理念逐渐走向成熟。

“人类命运共同体”理念是中国国际关系理论的伟大创新，大大提升了中国的国际话语权，是科学社会主义理论在新时代的发展。“人类命运共同体”思想将开创中国的外交实践新局面，为中国梦的实现指明前进方向，为构建共赢共享的世界秩序绘制宏伟蓝图。

“一带一路”倡议

“一带一路”是“丝绸之路经济带”和“21世纪海上丝绸之路”的简称，2013年9月和10月由中国国家主席习近平分别提出建设“新丝绸之路经济带”和“21世纪海上丝绸之路”的合作倡议。“一带一路”倡议既是对传统外交思想的延续，又是立足于当今新的国际环境、着眼于未来发展之道的中国国家行动。

2015年3月28日，中国国家发展改革委、外交部、商务部联合发布了《推动共建丝绸之路经济带和21世纪海上丝绸之路的愿景与行动》，其中详细阐述了“一带一路”倡议的丰富内涵，主要包括：1.“一带一路”是一种建设性合作倡议，提倡通过多边合作和共商、共建、共享，实现互利共赢、共同发展的建设目标。2.“一带一路”建设始终坚持开放包容原则，不搞“替代方案”或“集团联盟”。3.中国明确表示在“一带一路”建设中不谋求主导地位，不经营势力范围，不干涉别国内政，并履行道义为先、义利并举、多予少取、先予后取的新型义利观，带动沿途国家和地区共同繁荣发展。4.“一带一路”的主体是经济合作、互联互通和人文交流，基本方式是平等协商、循序渐进，陆续推出基建、交通的互联互通及贸易投资的便利化。5.为了促进“一带一路”建设，中国提出共同推进“政策沟通、道路联通、贸易畅通、货币流通、民心相通”的五通合作，坚持讲信修睦、合作共赢、守望相助、心心相印、开放包容的合作方针和“诚、惠、容”的外交理念，着力打造“利益共同体”和“命运共同体”。

“一带一路”倡议推动了全球治理理论的多重创新，丰富和发展了国际合作理论和全球价值链理论，“丝路精神”是对中华人民共和国外交核心价值理念的继承与创新，共商共建共享原则是对全球治理理论的重要贡献。“一带一路”倡议兼具区域合作、国际协议等特点，开创了中国外交的新实践和国际合作的新模式，具有发展、和平、文化、合作等方面的典范价值，为新型国际关系的构建提供了新的解决方案。

熊猫外交

中国向境外赠送或租借大熊猫以增进友好关系的外交方式。

熊猫是中国的国宝，一直被称为中国的“友好大使”。1936年至1945年，中国国民政府向西方国家赠送了14只熊猫，在近代，熊猫在促进中国与外国的友谊和相互了解中发挥了积极的作用。

中华人民共和国成立后，熊猫曾经多次出国担任友好使者，为发展中国对外友好关系做出了重要的贡献。最出名的“熊猫外交”发生在1972年，美国总统尼克松访问中国，周恩来总理赠送给美国人民一件隆重的国礼——来自四川省宝兴县的大熊猫“玲玲”和“兴兴”。据统计，从1957年到1982年的26年间，中国政府一共赠送给9个国家23只大熊猫。1982年，为了响应保护濒危动物的全球性号召，中国政府宣布从1982年开始停止赠送大熊猫出国。这标志着传统的政治性赠送模式下的熊猫外交宣告结束。此后，中国实行了“熊猫租借”方案。根据这个方案，中国短期内向外国动物园租借大熊猫，对方支付租金。1994年，中国停止了商业目的租借大熊猫的做法，代之以“大熊猫合作繁殖”研究，这也开启了输送大熊猫出国合作研究的新模式。

熊猫外交的过程是中国外交逐步走向自信和成熟的一个缩影，也是中国行使软实力的一种方式。如今熊猫已经逐渐成为西方媒体比喻中国的动物。熊猫作为外交亲善大使，起到了人类外交使节起不到的作用，极大地改善了中国和世界各国之间的关系。

外交事件

日内瓦会议

1954年4月至7月，日内瓦会议在瑞士日内瓦国际大厦举行，主要讨论朝鲜问题的和平解决及恢复印度支那的和平。周恩来总理率中国代表团参加了会议。日内瓦会议前后共计51天，重点讨论了朝鲜问题、印度支那两大主要问题，取得了诸多积极的成果：

1. 通过中国外交人员的努力,中南半岛基本实现了和平。奠边府战役胜利后,越方代表对南北划界产生了动摇,但中、苏领导人最终说服越南代表接受了中方意见。而通过中国与英法在会外的频繁沟通,中英就中南半岛问题达成谅解,中印关系也有所缓和。与此同时,绝大部分各国代表在周恩来总理提出的《解决老挝和柬埔寨问题的建议》基础上,集体通过了《关于老挝和柬埔寨停止敌对行动的协议》,并且促成了法越双方关于军事分界线、柬埔寨停火和政治解决的协议。

2. 中国代表抓住机遇,通过日内瓦会议极大地推动了中英关系的发展。英国是最早承认中华人民共和国的西方大国,但由于种种原因中英停止了建交谈判。在日内瓦会议期间,中方及时准确地抓住了英国代表团发出的友好讯号,与英方进行了频繁的接触,并组织代表团对英国进行了贸易访问,极大地提升了中英关系。

3. 日内瓦会议初步搭建了中美沟通的桥梁。在日内瓦会议的第一阶段,中美代表团一直处在相互冷漠的氛围中。但随后通过英国代表的牵线,双方进行多次正式会谈,并就中国侨民和留学生等问题达成了一些建设性意见,也为后来中美大使级会谈打下基础。

日内瓦会议是中国首次以五大国之一的地位和身份参加和讨论重大国际问题的会议,以周恩来为首的中国代表团提出了和平共处五项原则,为会议做出了巨大贡献。这次会议确保了中南半岛的相对稳定,对中国与西方国家的关系,以及中国的对外政策都产生了深远影响。

万隆会议(亚非会议)

1955 年 4 月 18 日至 24 日 29 个亚非新独立国家的政府首脑在印尼万隆召开的国际会议。

万隆会议是在世界人民反对殖民主义取得重大胜利,但殖民主义仍然猖獗,美国为首的西方国家向社会主义国家发动冷战,东西方严重对峙的背景下召开的。会议的宗旨是反对殖民主义和帝国主义,保障新兴国家的独立和主权及平等国际地位,促进亚非国家的团结合作,维护世界和平。

经过与会国首脑的共同努力,会议通过了《亚非会议最后公报》《关于促进世界和平与合作的宣言》,提出了万隆会议十项原则。会议倡导的反帝反殖、维护独立、国家平等、促进和平以及各国互相尊重、团结合作、求同存异、协商一致的“万隆精神”成为指引建立新型国际关系的灯塔。万隆会议是摆脱殖民主义压迫的民族国家第一次在国际舞台上集体亮相,揭开了国际关系史上新的篇章。万隆会议是亚非人民反对殖民主义、争取民族独立斗争的胜利成果,并掀起了亚非拉人民反殖斗争和民族解放运动的新高潮,加速了世界殖民体系的瓦解与终结。

中国代表团在周恩来率领下参加了万隆会议,并在会议内外展开活跃的外交活动。中国提出的和平共处五项原则也因此为广大参会国所接受,对促进亚非国家之间的团结发挥了重要影响。以周恩来为团长的中国代表团坚持求同存异的方针,及时化解矛盾,对会议的成功起了积极的推动作用。会议期间,中国代表团同许多国家的代表团进行广泛交往,增进了彼此的了解和互信,为进一步开展中国和亚非各国间的友好合作打下了良好基础。

乒乓外交

1971 年中美两国通过乒乓球队之间的交流寻求改善两国关系的外交方式。

中美关系的解冻始于 20 世纪 60 年代后期。迫于国际形势的压力,美国政府寻求改善中美关系,这对中国扩大对外影响、打开外交新局面是十分有利的。在这种情况下,中美两国为改善关系进行了初步试探。1971 年 3 月 28 日,中国乒乓球队在阔别世界乒坛 6 年之后,首次参加了在日本名古屋举行的第 31 届世界乒乓球锦标赛。比赛期间,与世界体育界隔绝多年的中国运动员遵照毛泽东、周恩来倡导的“友谊第一,比赛第二”的方针，开始了乒乓外交。蝉联三届乒乓球男子单打世界冠军的庄则栋等球员，与美国运动员进行了一系列的友好接触。4月6日，比赛接近尾声之时，毛泽东嘱告外交部以电话通知在日中国乒乓球代表团负责人，正式邀请美国乒乓球代表团访问中国。4月10日，美国乒乓球代表团和一小批美国新闻记者抵达北京，成为自1949年以来第一批获准进入中国境内的美国人。4月14日，周恩来总理在人民大会堂会见了美国、加拿大、哥伦比亚等国乒乓球代表团，并同美国代表团进行了长时间谈话。中美两国乒乓球队还举行了友谊比赛。

乒乓外交传递了中美两国领导人战略决策的重要信息，打破了两国之间远隔太平洋的外交坚冰，从而获得了"小球转动大球"的效果。中美两国乒乓球队的友好往来，推动了中美两国关系正常化的进程。乒乓外交实际上推动了20世纪70年代的中美两国恢复外交。

中国恢复联合国合法席位

1971年10月25日，联大通过决议恢复了中国的合法席位。

中华人民共和国成立后，中美两国围绕中国在联合国代表权问题进行了长期的对抗与较量。在冷战的大背景下，美国从反共的意识形态出发，在国际上孤立遏制中国，设置重重障碍阻挠中国重返联合国。

中国为恢复联合国的合法席位进行了坚持不懈的努力。朝鲜战争后中国改变策略，在联合国外拓展外交空间，极大地提高了中国的国际地位。随着国际局势的变化，中美共同的地缘战略利益凸显出来，最终促使中美双方结束彼此长期对峙的局面，实现两国关系的缓和。此外，在联合国成员国中，亚非拉会员国逐年增加，与中国建交的国家不断增多，赞成恢复中国在联合国合法席位的国家也越来越多，美国操纵联合国阻挠中国重返联合国的局面已无法维持。

1971年10月25日，第二十六届联合国大会以76票赞成、35票反对、17票弃权的压倒多数的票数通过了阿尔巴尼亚、阿尔及利亚等23国提出的要求恢复中华人民共和国在联合国的一切合法权利和立即把台湾当局的代表从联合国一切机构中驱逐出去的提案。

恢复联合国合法席位对中国来说，是中国外交战线上的重大胜利，宣告了美国孤立中国的政策破产，标志着中国国际地位的提高，有利于中国在国际事务中发挥重要的作用。从国际上来说，这大大增强了第三世界国家在联合国的力量，使联合国的作用发生重大变化，由原来帝国主义控制下称霸的工具变成为第三世界伸张正义的舞台。

中美建交

中美两国于20世纪70年代末建立大使级外交关系的历史事件。

卡特就任美国总统后，美国政府接受了中国提出的建交三原则，即在台湾问题上"断交、撤军、废约"三原则，中美建交的障碍得以排除。1978年12月16日，中美两国分别在北京和华盛顿同时宣布了中美建交的联合公报。1979年1月1日，中美正式建立大使级外交关系。

中美建交与20世纪70年代的时代背景密不可分。1972年《上海公报》发表后，中美双方就开始展开建交谈判，但由于各种因素的阻碍，谈判一直未能取得重大进展。1977年1月，卡特入主白宫后中美建交步伐开始加快。当时美国正经历二战以来最为严重的"帝国休克症"，面临"内忧外患"，卡特政府急需打开外交新局面。在中国国内，尽管1977年7月邓小平复出之后，中国政局开始趋于稳定，但当时中国面临的内外部形势依然严峻。因此，从长远和大局看，中美建交是在特定的历史背景下，双方共同做出的重大战略决策，具有不可低估的时代意义。

中美建交使中美两国结束了长期的对峙，掀开了两国关系的新篇章，有利于两国的经济、贸易、科技、文化、金融等各方面的交流与发展，改变了国际战略格局，有利于亚太地区乃至全球的和平与稳定。同时,中国开始处于美苏之间的关键性制衡位置,中国的战略地位得以提升。

香港回归(恢复对香港行使主权)

1997年7月1日,中华人民共和国政府对香港恢复行使主权。

香港(包括香港岛、九龙和新界)自古以来就是中国领土。据1898年《展拓香港界址专条》约定,英国对新界的租期为99年,1997年6月30日期满。20世纪80年代初,根据邓小平提出的"一国两制"的构想,中国开始与英国就香港问题开始谈判。1984年12月19日,中英两国于北京签署了《中华人民共和国政府和大不列颠及北爱尔兰联合王国政府关于香港问题的联合声明》,简称《中英联合声明》。声明指出:收回香港地区(包括香港岛、九龙和新界)是全中国人民的共同愿望,中华人民共和国政府决定于1997年7月1日对香港恢复行使主权。

1997年7月1日,英国政府将香港交还给中华人民共和国政府。1997年6月30日午夜至7月1日凌晨,中英两国政府香港政权交接仪式在香港会议展览中心新翼五楼大会堂隆重举行。1997年7月1日零时,中华人民共和国国旗和中华人民共和国香港特别行政区区旗在香港升起。零时4分,中华人民共和国主席江泽民庄严宣告:根据中英关于香港问题的联合声明,两国政府如期举行了香港交接仪式,宣告中国对香港恢复行使主权。

中国对香港恢复行使主权,是用"一国两制"方式解决祖国统一问题的首次成功实践。

澳门回归(恢复对澳门行使主权)

1999年12月20日,中华人民共和国政府对澳门恢复行使主权。

澳门自古以来就是中国的领土。早在明嘉靖三十二年(1553),葡萄牙开始了对澳门的殖民统治。1557年,葡萄牙人正式在澳门定居。明万历十年(1582),中葡签订澳门借地协约,澳葡每年向明朝香山县缴纳地租500两白银。鸦片战争之后,自清道光二十三年至清光绪十四年(1843—1888)46年间,葡萄牙逐步占领澳门,骗取了"永驻管理澳门"的管理权。但是葡萄牙对澳门的管理权并非主权,葡萄牙并不拥有澳门主权。自清光绪十五年(1889)以来,中国历届政府从未在澳门主权问题上做过让步,也从未在法律上将澳门主权让于葡萄牙。

1979年,中华人民共和国和葡萄牙共和国正式建立了外交关系,葡萄牙方面宣布承认澳门属于中国的领土,承认中国对澳门拥有主权。1987年4月13日,中葡两国政府签订了《中华人民共和国政府和葡萄牙共和国政府关于澳门问题的联合声明》,宣布澳门地区(包括澳门半岛、氹仔岛和路环岛)是中国的领土,中华人民共和国将于1999年12月20日对澳门恢复行使主权。

1999年12月20日零时,中葡两国政府在澳门文化中心举行政权交接仪式,中国政府对澳门恢复行使主权,澳门回归祖国。这是继1997年7月1日香港回归祖国之后,中华民族在实现祖国统一大业中的又一盛事。

澳门回归祖国具有划时代的意义。从1553年葡萄牙人居澳门,到葡萄牙人获得管理权,再到澳门回归祖国时已近500年。中国恢复行使主权,洗雪了中华民族耻辱的一页,不仅意味着西方在中国的殖民主义的结束,而且最终结束了白人在亚洲统治的历史。另外,澳门回归祖国不仅奠定了中葡两国关系发展的新基础,而且也证明了"一国两制"方针的正确性。

协议

《尼布楚条约》

即《中俄尼布楚议界条约》,是清朝和沙俄之间签订的第一个边界条约,也是中国历史上第一次以"中国"作为主权国家的国际条约。

自16世纪伊凡四世开始,沙俄就对远东地区进行殖民。到17世纪中叶,沙俄殖民者侵入中国黑龙江流域达数十年之久,他们煽动居民归顺俄国,并在当地村庄实施烧杀抢掠等暴行,这在清顺治九年(1652)引发了清朝与沙俄的第一场冲突。此后,中俄在尼布楚河与石勒喀河交汇处的雅克萨城和尼布楚城爆发了多次冲突。康熙二十四年(1685),为了保境安民,康熙在平定"三藩之乱"后,采取了一系列加强中国东北边防的措施。时年5月,清军攻入雅克萨城,但清军撤军后俄军卷土重来。次年,清军第二次围攻雅克萨城,取得大捷,这样沙俄不得不与中国举行边界谈判。

康熙二十八年,以清朝大臣索额图为首的中方代表与以俄方大使戈洛文为首的俄方代表在尼布楚进行谈判。9月7日,双方签订了《尼布楚条约》。条约内容以满、俄和拉丁文三种文字签订。条约划分了中俄两国东部边界,从法律上确立黑龙江和乌苏里江流域包括库页岛在内的广大地区属于中国。

《尼布楚条约》是中俄两国在平等谈判基础上所签订的第一个条约,其内容对俄国更有利,沙俄不仅因此得以牢固占有西伯利亚,而且获得了同中国通商的权利。不过条约从法律上肯定了中国对黑龙江与乌苏里江流域的主权,对遏制沙俄侵略企图也具有重要的作用。

《南京条约》

即《江宁条约》,是近代中国于1842年8月与外国签订的第一个不平等条约。

第一次工业革命后,英国成为资本主义世界的头号经济强国,对海外原料、市场的需求愈加强烈。在鸦片战争前近200年的中英贸易中,英国长期处于巨大贸易逆差的困境中。为了扭转这一局面,进而打开中国市场,英国采取了鸦片贸易的手段,开始向中国大量倾销鸦片。鸦片的输入给中华民族带来了巨大灾难。林则徐在呈给道光皇帝的奏折中称,如果长此以往,中华"几无可以御敌之兵,且无可以充饷之银"。鸦片在中国为患日甚,引起了清朝统治者的不安,道光皇帝于1839年初委任钦差大臣林则徐前往广州查禁鸦片,6月,林则徐在虎门集中销毁鸦片,史称"虎门销烟"。林则徐的禁烟行为引起英国侵略者的愤怒和抗议。1840年6月,英国以林则徐"虎门销烟"等为借口,发动侵华战争,史称"鸦片战争"。结果中国战败,道光皇帝被迫选择与英国议和。1842年8月,中英签订《南京条约》。

中英《南京条约》共13款,主要内容有:1. 清朝开放广州、厦门、福州、宁波、上海等五处为通商口岸,准许英国派驻领事,准许英商及其家属自由居住。2. 赔款,清政府向英国赔款2 100万银元。3. 清朝割让香港岛给英国,英军撤出南京、定海等处江面和岛屿。4. 废除清政府原有的公行自主贸易制度,准许英商与华商自由贸易。5. 英商进出口货物缴纳的税款,中国须与英国商定,中国的关税自主权开始丧失。

《南京条约》为中国近代历史上第一个不平等条约,对中国历史进程产生了重要的影响。条约的签订使得中国开始沦为半殖民地半封建社会,随着社会性质的改变,阶级斗争的形势也发生了变化,社会的主要矛盾由地主阶级和农民阶级的矛盾,开始转变为外国殖民主义和中华民族的矛盾。从此,中国人民开始肩负起反对外国殖民主义侵略和反对本国封建统治的双重革命任务。

《马关条约》

原名《马关新约》,是1895年4月清政府和日本明治政府签订的不平等条约。

日本明治维新后,确立了以侵略中国为中心的"大陆政策"。1894年朝鲜东学党起义,应朝鲜政府的求援,清政府派出军队赴朝,进入牙山。而日本也因此乘机派兵进入朝鲜,并蓄意挑起战争。1894年7月25日,丰岛海战爆发,甲午战争开始,由于日本蓄谋已久,而清朝仓皇迎战,这场战争以中国战败、北洋水师全军覆没告终。清朝政府迫于日本军国主义的军事压力,同意派员赴日谈判。

1895年3月19日,李鸿章抵达日本马关,与日本首相伊藤博文、外务大臣陆奥宗光正式开始谈判。日本人开出的条件极为苛刻,而随后因李鸿章被刺使得日本担心其他西方国家的干涉而加快了谈判进程。1895年4月17日,李鸿章代表清政府与日本在马关春帆楼签订丧权辱国的《马关条约》,主要内容有:1. 承认朝鲜独立。2. 赔款2亿两白银。3. 割让辽东半岛(后因三国干涉还辽而未能得逞)、台湾岛及其附属岛屿、澎湖列岛与日本。4. 开放沙市、重庆、苏州、杭州为通商口岸。5. 允许日本人在通商口岸开设工厂。

《马关条约》使日本获得巨大利益,刺激了它的侵略野心,使中华民族危机空前严重,半殖民地化程度大大加深。条约还适应了帝国主义列强对华资本输出的需要,随后列强掀起了瓜分中国的狂潮。

《辛丑条约》

1901年俄罗斯、英国、美国、德国、法国、日本、意大利、奥地利、西班牙、比利时和荷兰等11国在义和团运动失败、八国联军攻入北京后逼迫清政府签订的一个不平等条约。

1900年5月,八国联军以镇压义和团运动为由攻占北京。12月22日,列强(除出兵的8国外,另外又加上3个国家——比利时、荷兰、西班牙)向清政府提出所谓的"议和大纲"12条。后因又订立详细条款,致使最终条约延至1901年9月7日由清政府全权代表奕劻、李鸿章与11国代表在北京正式签字。

《辛丑和约》共12款,附件19件。主要内容包括:1. 清政府向各国共赔款4.5亿两白银,以关税、盐税和常关税作担保,分39年还清,年息4厘,本息共9.8亿两白银。2. 划定北京东交民巷为使馆界,允许各国驻兵保护,不准中国人在界内居住。3. 拆除大沽炮台和北京至海通道的各炮台,在天津周围20里内不得驻扎中国军队,列强可以在北京驻扎防守使馆的卫队,并在京榆铁路沿线包括山海关在内的12个要地驻扎军队,至少两年内禁止中国进口军火和制造军火的材料。4. 永远禁止中国人成立或参加"与诸国仇敌"组织,违者处死,各省官吏必须保护外国人的安全,否则即行革职,永不叙用,惩办赞助过义和团运动的"首祸诸臣",在外国人"遇害被虐"的地方,停止文武各等考试五年。5. 对德、日"谢罪",清政府分派亲王、大臣赴德、日两国表示"惋惜之意",在德国公使克林德被杀之处建立石牌坊。6. 中国将总理各国事务衙门改为外务部,"班列六部之前",并指定皇族亲贵担任外务大臣。

《辛丑条约》签订后,中国完全沦为半殖民地半封建社会,清政府完全成为"西方列强"维护在华利益的工具,变成了"洋人的朝廷"。

《中苏友好同盟互助条约》

1950年中华人民共和国与苏联签订的带有同盟性质的条约。

中华人民共和国成立后,面临着国内外各种严峻挑战。面对极为复杂的形势,中国政府提出了"一边倒"的外交基本原则并加入了以苏联为首的社会主义阵营。1950年2月14日,中苏两国签订《中苏友好同盟互助条约》,同年4月11日起生效,有效期为30年。

条约共六条,主要内容包括:1. 双方保证尽力采取一切必要的措施制止任何国家的侵略与破坏和平。2. 当一方受到日本或日本盟国进攻时,另一方即尽全力给予军事及其他援助。3. 双方均不缔结,也不参加任何反对对方的同盟、集团或行动。4. 双方对有关两国共同利益的一切重大国际问题,将进行彼此协商。5. 双方遵照平等、互利、互相尊重主权及领土完整、不干涉对方内政的原则发展经济文化关系等。同日,中苏双方还签订了《中苏关于中国长春铁路、旅顺口及大连的协定》。

《中苏友好同盟互助条约》和有关协定的签订,是中华人民共和国外交取得的重大成果。对中国而言,它打破了帝国主义对中国的孤立和封锁,加速了中国的经济恢复和发展；对国际关系而言，它妥善地处理了中苏两国存在的历史遗留问题，取代了1945年8月中华民国政府和苏联签订的《中苏友好同盟条约》，促进了两国间的平等合作，壮大了社会主义阵营的力量，推动了世界人民反帝反殖民斗争。1979年4月3日，中华人民共和国第五届全国人民代表大会常务委员会第七次会议通过决议，鉴于国际形势已发生重大变化，决定条约期满后不再延长。

《中俄睦邻友好合作条约》

2001年7月16日，中国和俄罗斯在莫斯科签署了《中俄睦邻友好合作条约》。该条约共25条，有效期为20年，到期后可自动延长5年并顺延。

条约的主要内容包括：1. 双方根据公认的国际法准则、和平共处五项原则，长期全面发展两国睦邻、友好、合作和平等信任的战略协作伙伴关系。2. 双方彼此没有领土要求，致力于将两国边界建设成为永久和平、世代友好的边界，遵循领土不可侵犯的国际法原则，严格遵守两国间的国界；根据现行协定，双方应加强边境地区军事领域信任和相互裁减军事力量，以加强各自的安全，巩固地区及国际稳定。3. 缔约双方不参加任何损害缔约另一方主权、安全和领土完整的联盟或集团（或此类行动）；不得允许本国领土上成立损害缔约另一方主权、安全和领土完整的组织和团伙，并禁止其活动；如出现缔约一方会威胁和平、破坏和平或涉及其安全利益和针对缔约一方的侵略威胁的情况，缔约双方为消除所出现的威胁，将立即进行接触和磋商。4. 促进加强两国周边地区的稳定，确立相互理解、信任和合作的气氛，推动建立地区安全和合作问题多边协作机制；在打击"三股势力"，以及打击有组织犯罪和非法贩运毒品、武器等犯罪活动方面进行积极合作。

该条约为中俄两国长期睦邻友好、互利合作奠定了坚实的法律基础，是21世纪发展中俄关系的纲领性文件。该条约摒弃了冷战时的旧思维，为中俄关系确立了不结盟、不对抗、不针对第三国的性质，为国际社会树立了一个以互信求安全、以互利促合作的良好范例，成为中国倡导的"新安全观"的一次成功实践。

中美三个联合公报

（一）**《上海公报》**

1972年中美双方在上海签订的《中华人民共和国和美利坚合众国联合公报》，简称《上海公报》，是指导现今中美关系的三个根本性文件之一。

20世纪70年代初，越南战争的沉重负担，国内政治、经济以及社会危机的加深，使美国在同苏联的争霸中日益处于不利地位，尼克松政府决定调整外交政策，改善与中国的关系。此时中国因受到苏联威胁，也希望打破中美关系的坚冰，缓和自身处境。

1972年2月21日，尼克松实现访华。期间，中美双方经过反复磋商，于28日在上海签署公报。《上海公报》列举了中美双方对一系列重大国际问题的不同看法，承认中美两国的社会制度和对外政策有着本质的区别。具体包括：1. 双方同意，各国不论社会制度如何，都应根据和平共处五项原则来处理国与国之间的关系。2. 双方都不在亚太地区谋求霸权，也不准备同对方达成针对第三国的协议。3. 在台湾问题上，中国声明这是中国内政，台湾是中国的一个省，美国对中国和平解决台湾问题表示关心。4. 双方同意开展民间交流和保持高层联系。

尼克松访华和《上海公报》的签署，标志着中美两国关系进入了一个新时期，中美关系正常化拉开大幕，这对亚洲及世界的和平与稳定发挥了重大作用，并对世界形势的发展产生了深远的影响。

（二）**《中美建交公报》**

1978年12月，中美两国分别在北京和华盛顿发表了《中华人民共和国和美利坚合众国关于建立外交关系的联合公报》，即《中美建交公报》。这是尼克松访华后，中美关系发展取得的最重要成就。

《中美建交公报》的主要内容有：1. 1979年1月1

日，中美正式建立外交关系。2. 美国承认中华人民共和国政府是代表中国的唯一合法政府，台湾是中国一部分，美国人民同台湾人民保持非官方关系。3. 美国与中国建交后，立即断绝同台湾的外交关系，并承诺撤军、废约。4. 双方不在亚太地区和世界谋求霸权，也反对其他国家谋求霸权的努力。

《中美建交公报》的发表实现了两国关系的正常化，中国迎来了与西方国家建交的高潮，安全和外交环境也得到了相应改善。中美建交结束了两国长期对抗，双边关系进入新阶段；提高了两国的战略地位，改变了国际战略格局，对亚太地区的和平与稳定有重大的意义；有利于两国的经济、贸易、科技、文化、金融等各方面的交流与发展；中国处于美苏之间的关键性制衡地位，使中国战略地位空前提高。但此后美国却以国内立法方式通过了《与台湾关系法》，违反了中美建交公报的原则，为中美关系的发展蒙上了阴影。

（三）中美“八一七公报”

指的是1982年中美双方就解决美国对台军售问题而发表的联合公报。

中美正式建交后，美国重新调整对台关系，于1979年4月制定《与台湾关系法》，试图变相恢复美台《共同防御条约》。中国政府立即对此提出强烈抗议并多次与美国就对台军售问题进行交涉。经过近10个月的艰苦谈判，中美双方终于达成协议，于1982年8月17日发表了“八一七公报”。

主要内容包括：1. 重申《上海公报》和《中美建交公报》中所确立的互相尊重主权和领土完整、互不干涉内政原则仍然是指导双方关系所有方面的原则。2. 中国政府重申台湾问题是中国内政，中国致力于解决台湾问题。3. 美国政府声明不寻求一项长期向台出售武器的政策，准备逐步减少对台军售，并经过一段时间最后解决此问题。

该公报使中美双方在解决建交时遗留下的对台军售问题上迈出了重要一步，确定了解决这一问题的原则和方向。但是后来的事实证明，美国并没有严格履行公报的各项规定，对台军售问题仍是影响中美关系发展及两岸统一进程的重要影响因素。

外交人物

顾维钧（1888—1985）

字少川，江苏嘉定（今属上海市）人。近现代外交家。

顾维钧早年入上海光华书院、圣约翰书院等教会学校学习。曾赴美入哥伦比亚大学学习国际法和外交学，获博士学位回国，任民国总统英文秘书、内阁秘书、外务部顾问和宪法起草委员等职。1915年出任驻墨西哥公使，后兼驻美国公使。1919年，顾维钧作为出席巴黎和会的中国代表团成员，力主归还山东权利，拒绝在《凡尔赛和约》上签字。1920年担任驻英国公使，兼驻国际联盟首席代表，国际行政院委员。1922年回国，后任北洋政府外交总长、财政总长、代理国务总理等职。1924年代表中国政府与苏俄代表签订中俄协定。1931年加入南京国民党政府。1932年任国民党政府驻法公使兼驻国联理事会代表。多次任中国出席国联大会首席代表，任代表出席在布鲁塞尔召开的远东问题会议。1941年调任驻英国大使，先后任1944年召开的顿巴敦橡胶园会议中国首席代表和1945年旧金山会议中国代表团代团长。参与起草联合国宪章，并代表中国在宪章上签字，后作为中国代表团团长出席联合国第一届、第二届大会。1946年任驻美大使，并任联合国善后救济总署会议中国代表和联合国粮农组织会议中国代表团团长。1956年到台湾，任“总统府”资政。1947—1968年任海牙国际法院法官，1964年任副院长。1968年退休后寓居美国，撰写了《顾维钧回忆录》，1985年在纽约逝世。

顾维钧是近代中国伟大的国务活动家和外交家之一，被誉为“民国第一外交家”。顾维钧一生中坚毅果敢地为中国人民服务，也因此赢得了国人和世界其他国家人民的尊敬。

陈毅(1901—1972)

四川乐至人,无产阶级革命家、军事家、外交家,中国人民解放军创始人和领导人之一。

1919年赴法国勤工俭学,1921年回国,1923年加入中国共产党。参加过八一南昌起义,参加领导湘南起义。在抗日战争、解放战争中做出突出贡献。1955年被授予元帅军衔。1958年2月起兼任外交部部长。在担任外长期间,领导或参与了一系列重要的外交活动,包括:与印尼商谈解决在印尼的华侨问题;与缅甸、尼泊尔、巴基斯坦等国签订边界协定和互助友好条约;随同周恩来访问或率团访问了缅甸、巴基斯坦等亚非国家;参与接待或负责接待了欧、亚、非、拉美等国国家元首、政府首脑、外交部长30余位;1960年随周恩来在瑞士驻华大使的国庆招待会上提出亚洲和太平洋沿岸各国签订互不侵犯和平公约的主张;1961年率领代表团出席日内瓦会议,提出和平解决老挝问题5项原则。

陈毅为了民族的解放事业,为了中华人民共和国的建立出生入死、转战南北,建立了不朽功勋。中华人民共和国成立后,任外交部部长14年间,直接参与重大外交决策,为中国赢得了广大亚非拉国家的支持,顶住了来自美苏的高压,维护了中国主权独立和领土完整,改善了中国的安全环境,提高了中国的国际地位,开创了中华人民共和国外交工作的新局面。陈毅通过长期大量的外交实践,形成了独特的外交思想和外交风格,为当代中国留下了丰富和宝贵的外交资产。

钱其琛(1928—2017)

1928年生于天津,中华人民共和国外交家。

钱其琛1955年开始从事外交工作,1982年至1988年任外交部副部长。1988年至1991年任外交部部长、党委书记。1991年至1992年任国务委员兼外交部部长、党委书记。钱其琛是一位卓越的外交家,在与外国的谈判中充分展示了原则的坚定性与策略的灵活性相结合的外交艺术。1982年至1987年,他作为中国政府特使先后主持了11轮中苏副外长级磋商,推动中苏关系实现正常化及中苏边界协定的签署。20世纪80年代末,面对西方国家的联合“制裁”,他坚决维护国家主权和尊严,捍卫国家利益,冲破了西方“制裁”,推动中国加入亚太经合组织,实现中国印尼复交、中韩建交,打开对外工作新局面。东欧剧变、苏联解体后,他坚决贯彻中央决策,本着不干涉别国内政的原则,尊重各国人民的选择,推动中国继续同这些国家保持和发展友好合作关系;同时坚持超越社会制度和意识形态,按照和平共处五项原则处理国家间关系,推动中国与俄罗斯及其他独联体国家的关系的发展,为中俄建立战略协作伙伴关系奠定了坚实基础。

在港澳台问题上,他对台坚持中央对台大政方针,正确把握台湾问题总体形势,为促进两岸关系的发展、巩固国际社会承认一个中国、推进祖国统一大业做出了重要贡献。对港澳问题,他坚决贯彻中央的决策和部署,为香港、澳门回归祖国,政权的平稳过渡、顺利交接,以及“一国两制”在港澳的成功实践做了大量卓有成效的工作,为港澳的繁荣与发展做出了重要贡献。

其他

孔子学院

中外合作建立的非营利性教育机构,旨在促进中文传播,加深世界人民对中国语言文化的了解,推动中外人文交流,增进国际理解。

为推动汉语加快走向世界,提升中国语言文化影响力,从2004年开始,中国借鉴英、法、德、西等国推广本民族语言的经验,探索在海外设立孔子学院。2007年4月在北京成立了孔子学院总部,负责管理和指导全球孔子学院。总部设理事会,有理事15名,其中10名由海外孔子学院的理事长担任。编有多语种系列期刊《孔子学院》。办学宗旨是通过教授汉语和传播中国文化,增进世界人民对中国语言和文化的了解,发展友好关系,促进多元文化发展,构建和谐世界。主要职能是:面向社会各界人士，开展汉语教学；开展当代中国研究。办学坚持中外合作形式。截至 2018 年 12 月，中国已在 154 个国家和地区建立 548 所孔子学院和 1 193 个中小学孔子课堂，注册学员 210 万人，中外专兼职教师 4.6 万人。各学院开展丰富多彩的教学和文化活动，逐步形成了各具特色的办学模式，成为了解当代中国的园地和文化交流的平台。

孔子学院为全世界汉语学习者提供了方便、优良的学习条件，有利于推动中外文化的交流与融合，发展中国与各国的友好关系，促进世界多元文化发展，建设一个持久和平、共同繁荣的和谐世界。

上海合作组织

简称上合组织，是中华人民共和国、哈萨克斯坦共和国、吉尔吉斯斯坦共和国、俄罗斯联邦、塔吉克斯坦共和国、乌兹别克斯坦共和国于 2001 年 6 月 15 日在中国上海宣布成立的永久性政府间地区性国际组织。

2017 年 6 月，印度和巴基斯坦在阿斯塔纳（今努尔苏丹）上合组织峰会上成为正式成员。至此，上合组织自成立以来实现了首次扩大，其成员国增至 8 个。

上海合作组织始于 1989 年中苏裁减边境地区军事力量和保持边境安定的谈判。其前身为“上海五国”机制。1996 年 4 月，中国、俄罗斯、哈萨克斯坦、吉尔吉斯斯坦和塔吉克斯坦五国元首在上海举行会晤，创建了“上海五国”会晤机制。1998 年，上海五国开始地区安全合作，五国就打击“三股势力”及发展经济合作的基本原则达成一致。

2001 年 1 月，乌兹别克斯坦提出作为正式成员加入“上海五国”会晤机制。2001 年 6 月 15 日，在上海举行的峰会上，六国元首签署了《上海合作组织成立宣言》，《打击恐怖主义、分裂主义和极端主义上海公约》，“上海五国”会晤机制成为上海合作组织。2002 年 6 月《上海合作组织宪章》签署，规定了宗旨原则、组织结构、运作形式及对外交往等原则。主要宗旨是：1. 加强成员国之间的相互信任与睦邻友好。2. 发展成员国在政治、经贸、科技、文化、教育、能源、交通、环保等领域的有效合作。3. 共同维护地区和平、安全与稳定，推动建立民主、公正、合理的国际政治经济新秩序。上合组织积极倡导并实践以相互信任、裁军与合作安全为内涵的新型安全观，以结伴而不结盟为核心的新型国家关系，以大小国家共同倡导、互利协作为特征的新型区域合作模式，并形成以“互信、互利、平等、协作、尊重多样文明、谋求共同发展”为基本内容的“上海精神”。

上合组织自成立以来，机制建设日趋完善，安全合作取得实质进展，经济文化合作步入正轨，有效维护了地区乃至世界的和平与稳定。

⊙ 法律 ⊙

法律思想与文化

神权法律观

从“天命”“天罚”到“以德配天”，神权观念产生于原始社会时期对自然神的崇拜。进入阶级社会（国家）时期以后，王权利用神权维护其统治，与法律联系起来，便形成了神权法思想。

神权法思想通常有如下特征：其一，宣扬王权来源于神权，王按照神意进行统治。其二，王的法律和命令是神意的体现，违法犯罪行为是对神意的亵渎而要受到严厉的制裁。其三，立法活动的支配者是神祇，法律的制定、修改和废止须经过神祇的决定（通过特殊的求神仪式）。其四，司法审判也要通过特定的仪式祈求神助。

据文献记载，中国神权法思想形成发展于夏、商时期。在夏朝，奴隶主已经开始利用“天命”“天罚”的神权思想来统治平民和镇压其他不服从其统治的贵族。到了商朝，为了把人君的行为和神的意志联系起来，历代商王都豢养了一批向上天请示的人：巫祝，国王通过他们的占卜来决定国家事务，服从王命就是服从神命。夏商神权法思想的形成主要有两方面原因：其一，由于当时生产力水平和科学知识水平低下，人们面对自然界灾异现象产生了敬畏之情，祈求神灵的保佑，为神权思想的产生提供了基础；其二，强化王权需要，“代天行罚”的神权法思想是经济压迫的最好伪装，夏商两代，奴隶主贵族极力宣扬神的观念，神化其统治权力，增强权力合法性。

周灭商后，西周统治者一面继承了夏、商时期的神权思想，创建“天命”学说，用“君权神（天）授”的说教为王权披上了神圣的外衣，还提出了“以德配天”的概念，认为天命会转移，只有真正的有德之人才配承受天命，“德不配位，必有灾殃”。商王声称“帝立天”，事事请示上天，结果仍然走向灭亡，说明了神权法理论的不可靠，如果周王继续把自己的统治说成是天命所归，自然很难让人民信服。周王目睹了商纣王失德而众叛亲离走向灭亡，因此意识到单靠神权不足以维系其统治，必须重视人心的向背。

夏、商的神权法思想对中国古代法制的影响深远，形成了诸如法必须为少数统治阶级所垄断，法律是对被统治者的制裁手段和镇压工具等观念；而周提出“以德配天，明德慎罚”，即以刑罚镇压人民的反抗、以德教消除人民反抗意识来维护统治的思想，具有历史性的进步意义。

灋、刑、礼

灋：“法”的繁体字。相传中国舜帝时代掌管刑狱的官员皋陶，身边有一只独角神兽獬豸（“獬廌”），它能够判断识别出谁有罪，每当皋陶遇到疑难案件无法解决之时，就请出獬豸，獬豸常常用自己的独角去触碰有罪的人，从而使案情大白。后来，獬豸作为公正、正直的化身，成为中国传统法律的象征。秦汉时期，执法御史常常头戴獬豸形状的头冠，直至清代，监察司法官员仍延续此习俗。东汉时期古文经学家许慎所著的《说文解字》解释说：“灋，刑也。平之如水，从水；廌所以触不直者，去之，从去。”从“水”，表示法律、法度公平如水；从“廌”，即獬廌（獬豸），表示法律公正，能辨是非曲直。

刑：“刑”字的初形是水井之“井”，西周金文中有大量的“井”，读作“刑”时，即表诛杀、征伐、惩罚之意。汉代的隶书将其写作荆或刑，后来规范文字时便渐渐写成“刑”。《国语·鲁语上》说：“大刑用甲兵，其次用斧钺；中刑用刀锯，其次用钻笮；薄刑用鞭扑，以威民也。故大者陈之原野，小者致之市朝。”这段话从军队征战敌人的角度谈到法律的起源，反映了古人对法律（主要是刑法）

的暴力特征的认识。军法是中国最早的部门法之一,早在夏商时就出现了军法以求胜战。随着由部落联盟向国家转变,国家强制性普遍增强,原先用于对外征战所采取的惩罚方法越来越多地为对内施罚时所采用,真正体现了兵刑合一、刑起于兵的法律起源特点。

礼:“礼”字出现得比较早。商代甲骨文中已有“礼”字的初文“豊”字。战国以后加上“示”旁成为“禮”,现在简化作“礼”。“礼”观念最初源于祭祀,至迟在商代已经正式形成了礼制。商代的“礼”寓于祭祀和其他礼仪之中,通过人们的敬畏之心来实施。《礼记·礼运》中记录:在祭祀过程中,要严格遵守礼所规定的仪式程序才能表达出人们对天地鬼神的感激和敬畏,只有举止按照礼的约束,神明才会接受贡品,人的行为若不符合礼所规定要遭受神的惩罚。因此,礼具有强制性和神秘性,在当时无疑具备法的性质。从法文化的角度来讲,商代大量的祭祀中存在着“礼”的观念及礼制,西周以后被理论化、规范化,战国时期儒家将之发展成“礼治”思想,一直贯穿于后世中国法律发展史中。

综上可见,中国古人早期的法律观念,包括:法律即刑罚、兵刑不分、法出于礼、权即法等等,是中国法律思想的源泉。同时,通过对“灋”“刑”“礼”等文字的分析,勾勒出中国古代法律思想产生的基本线索和路径:由祭祀活动产生神权、宗法观念,后来发展成宗法制;从祭祀礼仪中产生礼的观念,形成一套礼的规范,最后系统化为“礼治”思想;由战争征伐活动产生“刑”的观念,产生刑罚、刑法。

理、情、法

中国古代官员判案时权衡的基准并不止于法律文本,还得权衡考虑天理、人情等因素,历代大都主张“理情法”(天理、人情、国法)并用的司法思想。很长一段时间以来人们认为,天至高无上,具有神圣性和正当性,天化生泽被万物,也广泛代表民意。天子虽是万民的最高统治者,但其统治权力源自天,受命于天,代天治民,遵从天意,以子事天。天子又是民众的父母,万民之主,民应以子事君,做天子的子民,忠于君。在儒家思想看来,“天—天子—民”之间是一种服从与被服从的关系,是民从君、君从天、天从民。从“天理、人情、国法”的理、情、法排序不难看出,中国古代法的实施兼顾法律效果和社会效果。在老百姓看来,法律不过是统治者(君王)的旨意、命令。这些王法即国法,或由皇帝本人确立,或由皇帝的大臣拟订,或者由皇帝承继自先朝先代圣君明主,其立法过程很少征求被管束者的意见。

中国古代民众认为,法律就是天理。1. 刑罚为天罚。有许多日常用语如“天网恢恢,疏而不漏”“天理难容”“伤天害理”“无法无天”,等等。“天网”即法网,法条严密编织组成天理天法巨网。人的行为不能有悖于天理,“无法无天”意指“无法无天理”,即藐视天理。司法活动连接着天理,当刑罚适当,恶人遭受惩处时,人们多以“天网”“天罚”“天报”比喻。2. 因果报应观念。俗语说“善有善报,恶有恶报,不怕不报,时候未到”,这反映了民众的一般观念或愿望:作恶者必有恶报。3. 求神裁判。古书记载,或借助有灵性的物辨认良恶,或借助鬼神背书、捞油锅、“蹚火海”等方式认识真假罪犯,或者求神问卜,以决断疑案,这些记述表明了人们对国法与天理关系的认识:天理昭昭、法网恢恢,只有神不会弄错,不会冤枉好人。

中国古代民间社会盛行“法不外乎人情”的法律意识。很多场合,“讲人情”被认为就是“私情”,拉关系,走后门,这时候说“人情大于王法”是贬义的。但在“天理”“人情”“国法”这一组关系中的“人情”,主要的含义是“民情”“民心”,这种情况下所说“法顺人情”,是褒义的。民众认为,法律与人之常情应无矛盾,法律一般是人情文化,当僵硬的法条与道德舆论发生矛盾时,应规避法律以顾全人情、情理、民心民俗。

在民间传统法律观念中,立法是一个总结整理并尊崇升华“人情”的过程;司法是“人情”在争讼事件中的操作过程;守法即是以法律化的“人情”约束个人私欲的过程。传统社会中许多刑法原则也体现了“理情法”的统一,例如“同居相容隐”“存留养亲”等刑法思想与实践。“同居相容隐”来源于孔子所提出的“父子相为隐”原则,历经汉唐得以日渐完善,指一定范围内的亲属犯罪,按照情理,法律容许亲属为其隐匿,不追究刑事责任。“存留养亲”由北魏律法首先规定,指对犯死罪的人,家有直系亲属年老应留家奉养,而家里又没有其他成年人,允许犯人按程序申请从宽处罚或者缓刑。这种“人情”“天理”,实际上体现了人道精神。“天理”和“人情”介入了司法,既软化了“国法”,使其植根于民心,同时也“韧化”了国法,只有顺应民意的法律才能有长久生命力。

铸刑鼎

春秋以前,虽然已经出现了成文法律,但为了维护贵族等级特权,利用“刑不可知,则威不可测”的神秘性和威慑力,这些法律不向社会公布。公元前536年,郑国的执政者子产为使全国上下都有法度章程可以遵循,将其所定成文刑书铸于鼎器之上,公布于众,史称“铸刑书”。

铸刑书对罪与非罪及对犯罪的处罚都有了比较明确而固定的标准,并为人们所周知,使得奴隶主贵族任意刑杀的特权受到一定的限制,打破了“先王议事以制,不为刑辟”的传统。刑书的公布触动了贵族特权,遭到保守势力的反对。但子产坚持把新法律铸在鼎上公布于众,一则为郑国推行以变更土地制、赋税制度、军事制度为主要内容的社会改革提供了法律保证;二则将法律昭示天下,使百姓能够了解刑事处罚的规则,明确知道刑法的可畏,不敢轻易触犯,以达到预防犯罪的目的。“铸刑鼎”事件使得法律从秘密转变为公开,这不只是法律形式上的变化,还意味着从此开启了封建制法律时代,宣告了“刑不可知,则威不可测”的中国奴隶制法律形态的结束,也宣告了成文法时代的诞生。

金石铭法

中国法制史有一个较为悠久的传统,就是官方(偶尔包括民间)常将重要禁令、规范、公文、契约以及部分有影响的讼案铭刻于青铜器或石碑上,予以公布周知,冀望永久流传。青铜器和碑刻因此也成为中国法律文化的重要载体之一。以坚实恒久的材料铭刻记载,以示法律的庄严、公开、权威。“金石铭法”传统分为“铭金”与“刻石”两类。

“铭金”是秦汉以前法制(礼制)表达的主要方式,“器以藏礼”(西周)、“器以布法”(春秋)、“刻诏行法”(秦汉)等,大都将法律铭刻于金属物体内外表面。“器以藏礼”中的“器”指青铜器,即“金石铭法”中的“金”。“刻石”则是对“铭金”法的发展。“刻石”历经秦汉“铭功纪法”和“碑以明礼”、唐宋金元“碑以载政”、明清“碑以示禁”等数个重要发展阶段。铭刻的载体从青铜到碑石,从早期偶见的与法律相关的刻石,到体系化、规范化的公文碑、私约碑、禁令碑、规章碑、讼案碑等,已有两千余年历史,以此强调法律约束与道德教化。

“金石铭法”是中国历代官方面向社会公布法律的重要途径之一,同时也给后世留下丰富的文献史料。对国家与社会而言,“金石铭法”既是典章制度的隆重公布,也往往警醒法律制度的落实、政令的执行;对社会公众而言,法律器皿与碑刻也可起到宣示权利、保障权益的客观功能。

从各类法律史料分析,“金石铭法”的内容主要包括以下几个方面:一是禁贼盗,保障人身和财产安全,维护正常的社会秩序。二是正风俗,除弊害,维护社会治安。三是护商、恤商,保障互市交易与贸易秩序。四是重视农耕,防止污染,保护环境。五是以典型案例止争定分,规范民心与行为,宣扬法律效力。六是处理“化外人”案件,积极维护中国司法主权。另外,关于家法族规、乡规民约、会馆公所行规、田地房屋买卖等方面的民事法律史料也为数不少。

自西周秦汉以来,法律表现方式已生变化,但对法制权威的追求始终不改。“金石铭法”具有的明礼宣法、载功促行、申禁示威等功能,以其道器兼备、官民互动等特点,在中国古代法律传承和地方法律秩序的构建中影响深远。

无讼

指人们在发生纠纷时不主张利用诉讼来解决问题,而是利用传统的伦理道德等观念来调解协调。

“无讼”语出孔子“听讼,吾犹人也,必也使无讼乎”。“无讼说”是孔子德主刑辅思想在司法领域的体现,孔子强调教化,主张尽量少用刑杀,少打官司。孔子主张“和为贵”,提倡人与人之间要和而不争,最理想的社会就是“无讼”的社会。因此,孔子主张人们在发生纠纷时不是通过官府利用诉讼来强制解决问题,而是利用传统的伦理道德等在协商的基础上解决。“无讼”观念在古代中国很有影响,以至于现今中国广大乡村社会普遍存在着诉讼淡漠现象。

“无讼”成为中国传统法律文化的价值取向绝非偶然,它与传统中国特有的自然农业经济与社会结构相契合。从经济上来说,传统小农经济自给自足,除征兵纳税之外,官府对百姓生活的干预较少。同时由于商品经济不发达,社会关系相对简单,即使民众之间出现纠纷,也往往求助于家长或宗族中年长者进行调解或仲裁,而不是选择去官衙里打官司。从社会结构上来说,宗法社会家国一体,奉行血缘伦理规范。国家如温暖和谐的大家庭,君君臣臣父父子子,人人相亲相爱,个个安居乐业。家靠感情维系,家不判断是非。所以,孔子理想中的大同世界,陶渊明笔下的桃花源,无一不排拒法律的存在。在他们眼里,单纯的法治是“乱世”的征兆,“礼治”才是国泰民安的标志。

法家法律思想

法家是中国先秦汉初主张“变法”“以法治国”的一个激进的学派。它起源于春秋时期,形成于战国年代,发展于秦王朝的鼎盛时期,西汉后,法治思想与儒家思想逐渐融合,成为统治阶级的统治工具,独立的法家逐渐消失了。

法家的起源很早。春秋时期的管仲、子产都有法家的倾向和特征。公元前536年,子产在郑国铸刑书,这是中国历史上最早公布成文的法规。后来,邓析又在郑国修订法律,刻在竹简之上,史称“竹刑”。战国时期魏国的李悝(前455—前395)在魏文侯支持下进行改革,强调“以法治国”,著有《法经》。之后商鞅(约前390—前338)在秦国的变法,与李悝在魏国的变法有些相似,显然受到《法经》的影响。

法家中比较有名的是商鞅、申不害、慎到、韩非等人。他们的特点是:商鞅重“法”,申不害重“术”,慎到重“势”,韩非集法家法、术、势理论之大成,丰富和发展了法家理论。商鞅推崇“法”,也就是以法治国。他在秦孝公的支持下进行了一系列比较成功的立法、行法的改革,为秦国的强大奠定了基础。申不害(约前385—前337)强调“术”。申不害是郑国人,曾在韩国为官多年。所谓“术”,就是君主要善于操纵臣下,用各种手段监督他们,把他们的升降甚至生死都牢牢地掌握着,这样,君主的统治就得心应手了。申不害认为统治之术是一种君主统治民众的特殊技术(艺术)。慎到(约前395—约前315)强调“势”。慎到是赵国人,曾在齐国稷下学宫讲学,别号“稷下先生”。慎到主张治理国家必须实行法治,要尊法尚法,君主持国要有权有势,否则法律就不能得以推行;推行法令只能靠“势”,而不能靠“德”,反对儒家的“德治”。他还主张,国君不做具体工作,具体工作在“事断于法”的前提下应按其所能让臣下去做,以充分调动臣下的积极性。慎到的尚势思想对后代产生了深远影响:严格的等级制度,巍峨的宫殿,高置的龙座,威严的仪仗,跪迎的圣旨,无不是“势”的具体化。

韩非(约前280—前233)集法家之大成,形成了法、术、势相统一的理论体系。秦王嬴政接受韩非的法治思想并予以践行,秦国由此开始强大起来,最终统一了中国,其政制影响一直延续到近代。可见,韩非法治思想在中国历史上具有深远的影响。

中国化马克思主义法律观

马克思主义法律观是马克思、恩格斯等对法律的总体看法,亦即马克思主义关于法的起源、本质、特征、发展规律等重大问题形成的基本理论观点。马克思主义法律观在中国得到了长足发展,形成了毛泽东思想法律观、邓小平理论法律观、依法治国法律观、科学发展观法律观和全面依法治国法律观。

毛泽东思想法律观是马克思主义法律观和中国实际相结合实现的第一次飞跃。这一法律观有几大特征：1. 提出人民民主专政学说。1949 年 6 月,毛泽东撰写了《论人民民主专政》,为中华人民共和国的政权建设和法制建设指明了根本方向。2. 提出中国社会主义立法原则。毛泽东在总结中国长期的立法实践工作经验时,提出立法要实事求是,从中国实际出发;要走群众路线;原则性和灵活性相结合;要总结中国自己的经验,同时参考和借鉴外国经验。3. 依法办事是社会主义法制建设的中心环节。1956 年党的八大会议期间,董必武以“进一步加强人民民主法制,保障社会主义建设”为题作了长篇发言,明确使用了“人民民主法制”这个提法。他特别强调指出,依法办事是进一步加强人民民主法制的中心环节,而依法办事有两个方面的意义：其一,有法可依;其二,有法必依。

邓小平理论法律观是马克思主义法律观和中国实际相结合实现的第二次飞跃。这一法律观主要有以下几点内容：1. 宪法和法律必须体现四项基本原则。十一届三中全会以后,邓小平就提出必须坚持四项基本原则,即必须坚持社会主义道路,坚持人民民主专政,坚持共产党的领导,坚持马列主义、毛泽东思想。1982 年宪法旗帜鲜明地体现了四项基本原则。2. 社会主义民主和社会主义法制不可分。社会主义法制建设很重要,民主的发展与法制的保障互相离不开。3. 有法可依、有法必依、执法必严、违法必究。有法可依,是对立法工作提出的要求。有法必依,是普遍守法的原则。邓小平认为,法律一经颁布就必须不折不扣地严格执行。执法必严,违法必究,是对执法活动提出的基本要求。4. 党必须在宪法和法律范围内活动。邓小平强调党组织、党员和党的干部必须模范地遵纪守法,自觉地服从党纪国法约束。任何人都不能违法,都不许干扰法律的实施。

以江泽民为核心的第三代领导集体继承和发展邓小平理论法律观,提出了“依法治国,建设社会主义法治国家”的动员令。依法治国是实现人民当家作主的基本保证,是发展社会主义市场经济的客观需要,是社会文明进步的重要标志,是国家长治久安的重要保障。依法治国与党的领导密不可分;市场经济与法治建设内在关联。根据“三个代表”重要思想的要求,必须把握先进生产力的发展趋势,切实做好法律创制和实施,促进生产力;必须发挥法律的教育示范引领功能,弘扬先进文化;必须严格执法、公正司法,维护最广大人民群众的根本利益。江泽民还阐述了依法治国与以德治国之间的互动机理。

科学发展观是马克思主义发展理论的升华。胡锦涛提出了“依法执政”这一重大命题,提出了和谐法治观,认为社会主义和谐社会应该是民主法治、公平正义、诚信友爱、充满活力、安定有序、人与自然和谐相处的社会。为了总结中华人民共和国民主法制建设的历史经验教训,批判地继承发展中国传统法治文化和现代西方法治理念,以胡锦涛为总书记的党中央提出了“社会主义法治理念”概念。包含五个方面内容,即依法治国、执法为民、公平正义、服务大局、党的领导。其中,依法治国是社会主义法治的核心内容,执法为民是本质要求,公平正义是重要使命,党的领导是根本保证。这五个方面相辅相成,体现了党的领导、人民当家作主和依法治国的有机统一。

2012 年以后,中国特色社会主义进入新时代,习近平主席把全面推进依法治国、加快建设法治中国放置于中国特色社会主义“五位一体”总体布局和“四个全面”战略布局中来把握。2013 年 11 月中共十八届三中全会提出“推进法治中国建设”的重大战略任务。2014 年 10

月中共十八届四中全会首次专题研究全面推进依法治国，做出《关于全面推进依法治国若干重大问题的决定》，提出“坚定不移走中国特色社会主义法治道路”，全面依法治国的总目标是“建设中国特色社会主义法治体系，建设社会主义法治国家”。习近平新时代中国特色社会主义法治思想的风格特点是：1. 深入阐述全面依法治国战略，坚持在推进国家治理体系和治理能力现代化的进程中思考谋划全面依法治国。2. 科学指明了全面依法治国的根本遵循，就是必须坚持中国共产党的领导，坚定不移走中国特色社会主义法治道路。3. 深刻阐明全面依法治国的基本方略，建设中国特色社会主义法治体系。4. 着力构架全面依法治国的战略安排，中国法治建设也分“三步走”，2020 年、2035 年和 2050 年是三个重要年份，随着国家治理现代化的实现，中国法治现代化也将全面实现。5. 辩证揭示全面依法治国的动力机制，要求坚定不移推进法治领域改革，有效破除法治实践中存在的各种障碍和难题。6. 坚持统筹国内法治和国际法治两个大局，推进全球治理体制变革。马克思主义法律观的中国化在当代取得了重大成果，但是还远未结束。

依法治国“十六字方针”

中华人民共和国法治建设的历程，可用两个“十六字方针”来概括，第一个“十六字方针”为“有法可依、有法必依、执法必严、违法必究”（简称“十六字方针”），第二个“十六字方针”为“科学立法、严格执法、公正司法、全民守法”（简称“新十六字方针”）。改革开放以来法治建设的成就就是落实两个“十六字方针”的结果。

在立法领域，从“有法可依”到“科学立法”，表明中国特色社会主义法律体系已经形成，良法是善治的基本前提，科学立法的要求则标志着中国特色社会主义法律体系建设进入了一个要求更高的阶段。在执法领域，从“执法必严”到“严格执法”，并没有本质上的变化。“严格执法”不仅仅是指对违法行为的追究要严格，对行政执法行为自身亦应当严格要求。正如十九大报告强调“建设法治政府，推进依法行政，严格规范公正文明执法”。在司法领域，“违法必究”强调司法的主要功能重在对违法者进行追究和制裁，而“公正司法”则是重在对司法行为本身提出要求。司法是维护公平正义的最后一道防线。如果司法背离了公平正义，司法就失去了生命和价值。在守法领域，从“有法必依”到“全民守法”这一转变中我们可以看出，有法必依是要求严格依法办事，其主体是广泛的，包括任何社会主体、一切组织和个人，也包括国家机关；而“全民守法”的主体是“全民”，突出了法治的本义要求：人人守法，在法律面前人人平等。

“十六字方针”实现了由人治向依法治理的转变，“新十六字方针”则实现了由立法导向的法治建设向体系化法治建设的转变，“新十六字方针”包括了对立法、执法、司法、普法等法治建设各方面工作的基本要求，因而具有很强的针对性和深远的指导意义。

法律机构

中国古代司法机构

中国古代司法机构设置，大致呈现出“因时变革，不断发展完善”的同质继承关系。夏商时期没有形成和设置专门的司法机构。夏王和商王拥有国家最高司法权、立法权和行政权。国王的裁断具有最高法律效力。西周时期周王及各诸侯国开始设有专职的司法官员。中央为司寇，地方有乡士、遂士、县士等专职司法官员，但周王掌握国家最高司法权。

封建社会从秦代开始，一套从中央到地方的司法机构的设置逐渐建立并不断完善。秦朝初步确立皇权控制下的统一集权司法体系。中央司法机构由廷尉和御史大夫组成；地方实行郡、县两级制，郡守、县令或县长兼理司法，行政机关与司法职能合一。皇帝直接控制司法机关。汉朝的中央司法机构由尚书、廷尉和御史大夫三个机构组成。地方司法机构类同于秦朝，设郡、县两级,司法与行政不分。重大案件的最后裁决由皇帝独揽。尚书、廷尉、御史大夫三大司法机构的出现,为后来的审判、复审、监察的"三权分立"格局打下了雏形。三国两晋南北朝时的司法制度基本沿袭汉制。中央司法机构日趋扩大,主要有廷尉、尚书和御史大夫。其中廷尉在北周时曾改为"大司寇",北齐时曾改为"大理寺",为最高司法机关。东汉后三省制渐成,使尚书台脱离少府成为中央最高行政机构。

唐代设置了大理寺、刑部、御史台的"三权分立"式的司法机关设置体系。刑部不但是中央司法行政的最高机构,同时负责复核大理寺所判流刑以上的案件。大理寺是最高司法审判机关。御史台掌管监察文武百官,但也可参与冤案大案的审理。刑部的中央司法机构命名一直延续到清末。

宋朝在唐三司的基础上增加了审刑院,是宋朝初期的审判复核机关,同时也拥有审判权和复核权,审刑院是皇权加强的产物。刑部和大理寺的权力由此有所削弱。另外,宋朝还设立了登闻鼓院、登闻检院、理检院三个法定机关,专门受理直接向朝廷投诉的案件,以及上诉的冤案。宋代京畿地区设开封府,州县之上设立中央派驻各路的提点刑狱司,旨在强化皇帝对各级司法机构的控制权。

元代蒙古贵族垄断司法体系,司法机关各领其事"不相统摄"。中央司法机构设立大宗正府、刑部、宣政院等。元朝设刑部取代宋朝的大理寺;设大宗正府审理蒙古贵族案件;设枢密院,兼掌军法审判;设宣政院,专理宗教审判;设道教所,主理道教案件;设中政院,兼理宫内案件。地方有行省、路、府、州、县地方行政机构,兼领司法职能。

明清两代中央司法机构的设置发生较大变化,司法权更趋集中完善,主要体现在司法机关职掌的变化和名称的改异。明朝的中央司法机构统称"三法司",指刑部、大理寺与都察院,将元朝废除的大理寺重新设置起来,但是其职责改为法律复核机关。刑部作为中央审判机关,刑部的所有案件都必须由大理寺复核,可见刑部与大理寺的职能正好与唐宋时期的相反。御史台改为都察院,其职责不变,仍是监察百官,参与审理大案,平反冤案。明代的司法机构设置的突出特点是出现了"法外"特务司法机构。主要是"厂""卫"司法,内廷的东厂、西厂,外廷的锦衣卫。厂卫制司法机构成为加强皇权专制和实行高压政治的工具。其主要特点是法外用刑,三法司无权干涉,不受普通司法机构和法律约束,拥有监督司法机关的权力,非法逮捕不受限制。特务政治加剧了明代社会矛盾,削弱了司法机构的权威。清王朝中央司法机构维持明朝的三法司制度设置,但刑部审判权力更大,在三大司法机关中,以刑部为首,刑部不受大理寺和都察院的制约。此外,新设专门处理少数民族事务的司法机关理藩院。为维护满族人利益,特设理事厅、理事通判、理事同知等特殊司法机构。京城步兵统领衙门也是京师地区满族司法机构。皇族内部的案件由宗人府和内务府中的慎刑司处理。

总体来看,中国古代的司法机构设置的基本特点是中央专设司法机构,并保持三大司法机构格局,地方则是司法与行政合一的体制。

中国现代立法机关

《宪法》第五十八条和《立法法》第七条都规定:"全国人民代表大会和全国人民代表大会常务委员会行使国家立法权。"由此可见,全国人大和全国人大常委会是中国的立法机关。除此之外,其他任何国家机关都不是立法机关。

广义上,享有立法权的机关还包括其他一些主体。《立法法》第五十六条规定:"国务院根据宪法和法律,制定行政法规。"第六十三条规定:"省、自治区、直辖市的人民代表大会及其常务委员会……可以制定地方性法规。较大的市的人民代表大会及其常务委员会……可以制定地方性法规。"第六十六条规定:"民族自治地方的人民代表大会有权……制定自治条例和单行条例。"

第七十一条规定："国务院各部、委员会、中国人民银行、审计署和具有行政管理职能的直属机构，可以根据法律和国务院的行政法规、决定、命令，在本部门的权限范围内制定规章。"第七十三条规定："省、自治区、直辖市和较大的市的人民政府，可以根据法律、行政法规和本省、自治区、直辖市的地方性法规，制定规章。"附则第一百零三条规定："中央军事委员会根据宪法和法律，制定军事法规。中央军事委员会各总部、军兵种、军区、中国人民武装警察部队，可以根据法律和中央军事委员会的军事法规、决定、命令，在其权限范围内，制定军事规章。军事法规、军事规章在武装力量内部实施。"

凡是立法机关都有立法权，享有立法权的机关不一定都是立法机关。这些享有立法权的机关，享有的权限大小不同，所立法律法规名称不同，法律法规的效力也不同。

人民法院

人民法院是国家的审判机关。

根据中国宪法和相关法律，设立最高人民法院、地方各级人民法院和军事法院等专门人民法院。最高人民法院是最高审判机关。最高人民法院监督地方各级人民法院和专门人民法院的审判工作，上级人民法院监督下级人民法院的审判工作。最高人民法院对全国人民代表大会和全国人民代表大会常务委员会负责。地方各级人民法院对产生它的国家权力机关负责。人民法院承担刑事审判工作，依法惩处危害国家安全和严重危害社会治安的犯罪；承担民事审判工作，依法审理民事案件，保护公民、法人和其他组织的民事权利，制裁民事违法行为；还承担行政审判和国家赔偿审判工作，依法保障公民、法人和其他组织的合法权益，监督和支持行政机关和司法机关依法行使职权。人民法院通过审判职能保护公民权利，维护社会和谐稳定，促进经济社会发展。

中国最高人民法院于 1949 年 10 月 22 日在北京成立，它负责审理各类案件，制定司法解释，监督地方各级人民法院和专门人民法院的审判工作，并依照法律确定的职责范围，管理全国法院的司法行政工作。目前，每年中国法院受理大量申请强制执行案件，这些案件主要由地方人民法院执行。最高人民法院设立执行局，负责这项工作的管理、监督、协调。

高级人民法院、中级人民法院、基层人民法院大体按照各个省、自治区、直辖市行政区划分别设置，各有不同的受案和案件管辖范围。与上下级人民检察院之间是领导与被领导关系不同，上下级人民法院之间是监督与被监督的关系。

根据《人民法院组织法》规定，中国设立军事法院和其他专门人民法院。根据实践需要，现已设立了铁路运输法院、海事法院、知识产权法院等专门人民法院。专门人民法院的组织和职权由全国人民代表大会常务委员会规定。

人民检察院

人民检察院是中国国家法律监督机关。

1951 年 9 月，中央人民政府委员会通过《最高人民检察署暂行组织条例》和《各级地方人民检察署组织通则》。1954 年 9 月，第一届全国人民代表大会第一次会议通过《人民检察院组织法》，将人民检察署改名为人民检察院，并对人民检察院的职权、组织、活动原则和行使职权的程序做了明确的规定。1975 年后，人民检察院一度取消，由各级公安机关代行其职权。1978 年 3 月，人民检察院系统恢复重建。

根据《人民检察院组织法》，国家设立最高人民检察院、地方各级人民检察院和军事检察院等专门人民检察院。各级人民检察院依照法律独立行使检察权，不受任何行政机关、社会团体和个人的干涉。而对于任何公民，在适用法律上一律平等。最高人民检察院是中国最高法律监督机关，领导地方各级人民检察院和专门人民检察院的工作，上级人民检察院领导下级人民检察院的工作。最高人民检察院对全国人民代表大会及其常务委员会负责。地方各级人民检察院对产生它的国家权力机关和上级人民检察院负责。

人民检察院的法律监督,既不限于单纯的诉讼活动,又不同于行政机关的一般监督。根据法律规定,各级人民检察院行使下列职权:依照法律规定对有关刑事案件行使侦查权;对刑事案件进行审查,批准或者决定是否逮捕犯罪嫌疑人;对刑事案件进行审查,决定是否提起公诉,对决定提起公诉的案件支持公诉;依照法律规定提起公益诉讼;对诉讼活动实行法律监督;对判决、裁定等生效法律文书的执行工作实行法律监督;对监狱、看守所的执法活动实行法律监督;法律规定的其他职权。

司法行政机关

中华人民共和国成立后,根据《中央人民政府组织法》,于1949年10月30日设立中央人民政府司法部。1954年宪法改称中华人民共和国司法部。2018年3月,根据第十三届全国人民代表大会第一次会议批准的国务院机构改革方案,将司法部和国务院法制办公室的职责整合。新组建的司法部作为中央和国家机关,首先是政治机关。中央全面依法治国委员会办公室(简称中央依法治国办)设在司法部,司法部又是国务院组成部门,需要承担中央依法治国办相关工作,接受中央依法治国办的统筹协调,体现党政机关合并设立和职能优化。实现了立法、执法、司法、守法、普法各环节职责一体、全面贯通。在依法治国、依法执政、依法行政共同推进,法治国家、法治政府、法治社会一体建设,政治、经济、文化、社会和生态文明建设统筹推进等各个方面,作用更大、任务更重。

司法行政机关"四大职能":就是在全面履职基础上,发挥好行政立法、行政执法、刑事执行、公共法律服务四个方面职能作用。1. 行政立法。加强重点领域立法;提高立法质量;加强立法协调;确保立法与改革相衔接;加大备案审查工作力度。2. 行政执法。全面推进行政执法规范化建设;加强行政执法协调;推进行政执法体制改革;加强行政执法监督。3. 刑事执行。刑事执行是刑事司法活动的最后环节,事关法律和司法权威,事关国家安全和公共安全。负责做好监狱管理工作和社区矫正工作,以及强制隔离戒毒工作(不属于刑事执行范畴,但具有强制执行性质)。4. 公共法律服务。完善顶层设计,统筹推进各项业务,大力推动公共法律服务实体、热线、网络"三大平台"建设。

其他法律纠纷解决机构

人民调解委员会:指村民委员会和居民委员会下设的调解民间纠纷的群众组织,在基层人民政府和人民法院指导下进行工作。

调解,是指双方当事人以外的第三者,以国家法律、法规和政策以及社会公德为依据,对纠纷双方进行疏导、劝说,促使他们相互谅解,进行协商,自愿达成协议、解决纠纷的活动。在中国,根据调解的主体不同,有人民调解、法院调解、行政调解、仲裁调解以及律师调解等。人民调解是人民调解委员会主持进行的调解;法院调解是人民法院主持下进行的调解;行政调解是基层人民政府或者国家行政机关主持下进行的调解;仲裁调解是在仲裁机构主持下进行的调解。在这几种调解中,法院调解属于诉内调解,其他都属于诉外调解。

中国的人民调解活动具有历史传统。调解民间纠纷和轻微刑事案件,有利于调处社会矛盾,减少人民讼累,增强社会团结,维护社会稳定,促进社会和谐,同时也极大地节约了司法资源。1954年政务院颁布《人民调解委员会暂行组织通则》。1982年宪法进一步确定了人民调解委员会的宪法法律地位。1989年国务院颁布《人民调解委员会组织条例》。2010年《中华人民共和国人民调解法》颁布,自2011年1月1日起施行。人民调解委员会由委员三至九人组成,设主任一人,必要时,可以设副主任若干人。人民调解委员会应当有妇女成员,多民族居住的地区应当有人数较少民族的成员。

根据司法部《人民调解工作若干规定》，人民调解委员会可以调解的民间纠纷主要包括：1. 家庭关系纠纷：婚姻纠纷、抚养、赡养纠纷、继承纠纷等。2. 邻里关系纠纷：通行、通风、采光、排水、截水等纠纷。3. 山林、土地的使用、经营权纠纷，宅基地纠纷、责任田（山）经营纠纷，林木、果树地经营纠纷等。4. 经济纠纷、承包合同纠纷、借贷纠纷、欠款纠纷等。5. 损害赔偿纠纷：财物损害赔偿纠纷、轻微人身伤害赔偿纠纷、精神损害赔偿纠纷等。

仲裁委员会：常设性仲裁机构，是独立、公正、高效地解决平等主体的公民、法人和其他组织之间发生的合同纠纷和其他财产权益纠纷的常设仲裁机构。仲裁制度是指民（商）事争议的双方当事人达成协议，自愿将争议提交选定的第三者根据一定程序规则和公正原则做出裁决，并有义务履行裁决的一种法律制度。仲裁通常为行业性的民间活动，是一种私行为，即私人裁判行为，而非国家裁判行为，它与和解、调解、诉讼并列为解决民（商）事争议的方式。仲裁依法受国家监督，国家通过法院对仲裁协议的效力、仲裁程序的制定以及仲裁裁决的执行和遇有当事人不自愿执行的情况时可按照审判地法律所规定的范围进行干预。因此，仲裁活动具有司法性。《中华人民共和国仲裁法》已于 1994 年 8 月 31 日通过，自 1995 年 9 月 1 日起施行。

仲裁委员会一般在省、自治区、直辖市人民政府所在地的市设立，也可以根据需要在其他设区的市设立，不按行政区划层层设立。仲裁委员会由市的人民政府组织有关部门和商会统一组建，并应经省、自治区、直辖市的司法行政部门登记，未经设立登记的，其仲裁裁决不具有法律效力。

主要法律文件

《法经》

《法经》是中国历史上第一部内容比较完整系统的成文法典。周贞定王二十四年（前 445），李悝总结各诸侯国的立法经验，编纂了《法经》。

《法经》共有六篇，也称“六法”，即“盗法、贼法、囚法、捕法、杂法、具法”。《法经》以惩治盗、贼为中心，全律其他各篇也是围绕这个中心而编制和排列。盗主要指对私有财产的侵犯；贼指破坏政治秩序及危害人身的犯罪，包括杀、伤之类；有了盗贼要捕捉、办罪，所以第三、四篇是囚法和捕法；在这四篇之外，把其他破坏社会秩序的行为合为一篇杂法；最后一篇具法规定了定罪量刑的原则，如刑罚加重或减轻方面的内容。这六篇法律规定了有关犯罪、刑罚及刑罚的适用等，还包括了类似现代刑事诉讼的一些内容，形成了一个较完整的法典体系。

《法经》改刑为法，将刑与法分开，确立了法的客观规定性，适应了当时经济社会发展的需要，对于魏国的“富国强兵”都起了重大的作用。在编撰体例上，打破了以往以颁发单行法规为主的立法形式，创立了全新的法典编纂形式，代表了当时最高的立法水平，标志着中国古代的立法开始走向成熟。

《法经》所确立的封建法制的基本原则和体系，对后世法制的发展影响尤为巨大。公元前 361 年，商鞅就是带着《法经》到秦国进行变法的，只是改法为律。所以，《法经》是秦律的渊源，而秦律又是汉律的基本构成部分。可以说，整个封建社会的法律都是在《法经》六篇的基础上发展起来的。

秦律

秦代法律的总称。

商鞅在秦国实行变法时，以李悝的《法经》为蓝本，改法为律，制定了施行于全国的《六律》。秦王朝统一诸国后，嬴政命李斯重新厘定法律、修订法典，使法度一统，新秦律诞生。秦律作为中国历史上第一部封建统一时代的成文法典，继承《法经》以刑法为主体的封建立法传统，又包括大量民事、经济、行政、诉讼方面的法规。

秦律内容丰富，据20世纪90年代出土的《睡虎地秦墓竹简》所述，它包含《法经》六篇、《田律》《仓律》等30多种涉及行政法、刑法、诉讼法和民事经济法律的内容，其中以行政法和刑法为主要成分。它的主要内容包括官吏任免、军事、经济、司法、社会治安、徭役戍边等秦朝国家生活的各个层面，并且每项法律都有具体而详尽完备的实施办法，使各行各业各个领域皆有法可依。秦律对此后历代法律的制定都有巨大的影响。

秦律保护封建经济基础，保护官僚地主特权，维护专制主义中央集权。秦律也保护私人所有权，秦私人所有权的客体包括土地、奴隶及房屋、车辆、工具等；且对盗窃、司法官员滥用职权等行为均有严重处罚。对于逃避赋税、徭役等国家义务的人，秦律规定了相当严厉的处罚措施。秦律刑罚原则颇具特色：1. 以一定的身高为标准确定刑事责任年龄。规定男性身高六尺五寸、女性身高六尺二寸视为已成年，低于这个身高的为未成年，可不负刑事责任。2. 区分有无犯罪意识、故意与过失的界限。秦律将有无犯罪意识作为是否构成犯罪的前提条件，同时主张区分故意与过失的界限，凡故意犯罪者从重处罚，反之从轻。3. 共同犯罪、集团性犯罪、累犯、教唆未成年人犯罪从重处罚。凡五人以上共同犯罪，或者属集团盗窃犯罪性质的，虽然赃不足一文钱，也要从重处罚。相反，不足五人的盗窃犯罪，尽管赃过六百六十钱，处罚较轻。如一人同时犯有二罪，其处罚原则是二罪从重者判罚，而不是二罪俱罚。4. 诬告反坐、自首减刑原则。故意捏造事实陷害他人者，对诬告者处以被诬告人所受处罚；自首者从轻处罚。

秦律强调轻罪重罚。其刑罚种类大致如下：1. 死刑，秦朝执行死刑的形式多样，执行方式较为残酷。2. 肉刑，包括在面部刺字、斩左趾等。3. 徒刑，是限制罪犯人身自由并强制其服劳役的刑罚。4. 耻辱刑，多为剃去犯人的毛发，常作为附加刑使用。5. 身份刑，包括收刑和废刑。收刑是将一般平民籍没为官奴婢，废刑是剥夺为官吏资格的刑罚。秦代的这些法律过于严苛，因此触犯法律的情况多见。据记载，秦代的囚徒占当时全国人口的比例较高。

秦律在中国历史上影响深远，它使秦朝初步建立了中国封建社会的司法制度，并得以依靠法律维护地域辽阔、人口众多的大帝国的完整和统一，尽管其处刑残酷，但其仍具有历史积极作用。

《唐六典》

唐代以《周礼》六典为模式，编修的一部有关唐朝中央和地方官制的行政性法典，于唐玄宗开元年间（713—741）经过十余年的反复修订编成。

《唐六典》的篇目以唐代官制为主，分正文30卷，记述了中央行政机构和地方行政机构，以及唐代官员的编制、品级、待遇及其职权范围；在注文部分叙述了唐代各行政机关之间的关系和各个官署、官职的历史沿革。《唐六典》是一部由官方修订的行政法规汇编，开启了中国传统社会修订行政法典性质的官修政书的先河，在中国古代的行政立法史上占据着十分重要的地位，此后明清时期的行政立法都以此为蓝本。

《唐律疏议》

书名，唐代《永徽律》的全文解释。长孙无忌奉命主撰，有法律效力。

《唐律疏议》共12篇，502条。其中第一篇《名例律》具有法典总则的性质，主要叙述了当朝的刑罚制度、律文之中有关专门术语的界定以及定罪、量刑的一般原则，集中体现了唐律的精神实质。其余11篇相当于法典的分则，规定了具体的法律关系。

唐承隋制，在隋朝五刑的基础上，调整了刑罚的排列顺序，从轻到重，分为笞、杖、徒、流、死五种刑罚20个等级，刑罚的设置更加合理科学。同时《名例律》还规定了“十恶”罪名，即十种直接危及国家统治与专制皇权的重大犯罪，“十恶”为最严重的犯罪，其中尤以谋反（图谋推翻统治王权的行为）、谋大逆（谋划毁坏帝王的宗庙、祖墓或宫室的行为)、谋叛(背叛本朝、投降外国的行为)最为严重,古语常说“十恶不赦”意思就是犯了十恶罪的人,不在一般的赦免范围内。

《唐律疏议》中定罪量刑的原则也较为丰富,除了前文所说“十恶不赦”,还划分了法定等级特权,规定凡亲(皇室一定范围内的亲属)、故(君王的旧友)、贤(品德高尚者)、能(有大才能者)、功(有大功劳者)、贵(爵位高者)、勤(尽忠国事者)、宾(先朝的元老被当朝尊为国宾者)八种人除犯“十恶”外,流罪以下,不必奏请皇帝决断,依律减一等处置;依据行为人的年龄和身体状况,唐律减免了老幼废疾的刑罚,自首者也可减免刑罚;同时,唐律对“公罪”、“私罪”、共同犯罪的首从犯也作了区分,因为与自己无关的公事而犯罪的从轻处罚,因为私事或虽为公事但因个人私心而犯罪的从重处罚,共同故意犯罪中首犯从重处罚;此外,还规定了数罪并罚、累犯加重等量刑原则。

唐代对外往来频繁,为了调整涉外案件纠纷,唐律规定:凡属于同一国家的外国人直接的诉讼,按照其本国法律处理;不同国家的外国人之间或者外国人与中国人的诉讼,根据唐律处理。这一管辖原则,既尊重了外国人所属国的法律,又维护了唐代的司法主权,被认为是中国历史上最早的国家司法原则。

《唐律疏议》是一部诸法合体的综合性法典,是中华法系的代表作。唐律中严谨的结构,简明的文字,精确的注疏,完备的内容,标志着中华法系走向成熟,并影响了东南亚等国,成为东南亚诸国封建立法的主要范本。如果说罗马法是奴隶制法典的典型,法国民法典是资本主义法典的典型,那么唐律就是封建制法典的典型,是具有世界意义的成文法典。

《宋刑统》

宋朝建立之后,在加强中央集权思想的指导下,积极着手统一的立法,在这一历史背景下,《宋刑统》正式颁行,它是宋朝最基本的法典,终宋之世,《宋刑统》均具有法律效力,并且是国家立法的主体部分,在宋朝的法制史上占有重要的地位。

相较于《唐律疏议》,在名称上,《宋刑统》改变了之前重要法典以“律”作为名称的传统,将法典改称为“刑统”,意即以类统编本朝所用的刑事法规,这使得中国传统法典的名称发生了重大的变化。另外,《唐律疏议》篇下不设门类,而《宋刑统》分门类编,将同一性质的法律条文归结为一个单元,称为“门”,同时将具有类推适用性质的条文逐条照录,编辑时集中附载,而不是散列各条中,这种编排方式使律文眉目清晰,便于司法人员检索。

就内容来说,《宋刑统》的变化也非常明显。首先,在刑罚制度上,创设“折杖法”,即将犯人所判处应承受的笞杖徒流等刑罚折算成相应的杖刑,“折杖法”是一种减刑性质的新刑制,这一替代刑罚的应用,体现了宋朝立法缓解社会矛盾,宽减刑罚的精神。其次,宋朝的民商事和经济立法较之前更加完善,使得宋朝法律制度的特点尤为突出:一是土地私有制迅速确立。宋初减少官田在全国土地总数中的占比。立法重在保护土地私有权,巩固新的土地关系,促进农业发展。二是新增了关于普通民众、商户及外国商户的财产继承法,明确了财产继承人的范围和遗产的分配、处理原则。三是规定了地方官府受理田宅、婚姻和债负等民事诉讼的期限。此外,由于商品经济发展,宋朝典卖盛行,《宋刑统》第一次明确规定了典卖制度。典卖是一种让渡钱物的使用权而收取物的部分价值的交易活动,因为保留回赎的权利,故典价低于常规价值。《宋刑统》规定:典卖土地必须订立书面契约;只有家长才有权签订典卖田宅的契约;典卖田宅的具体程序;回赎的期限;严禁一物两典。

《大明律》

《大明律》是明朝的根本大法,其制定颁布历经30年,经过反复删修补充,具有相当高的水准。

明太祖朱元璋在《大明律》颁行后,特下令“令子孙守之，群臣有稍议更改，即坐以变乱祖制之罪”。因此，《大明律》自颁行之日直至明末通行不改，始终是明朝的基本法典。

《大明律》分为《名例律》《吏律》《户律》《礼律》《兵律》《刑律》《工律》七篇，共30卷，460条。《名例律》是统率其余六律的总纲，其余六律的主要内容分别是关于对官吏公务方面、民事和经济方面、维护礼制方面、军事方面、诉讼和处罚方面、工程兴造和水利交通等方面的法律规定。《大明律》简明扼要，内容严谨，按照国家机关吏、户、礼、兵、刑、工六部分门别类。

《大明律》具有以下特点：第一，加强了对危害国家统治行为的镇压。与唐律相比，对于不直接威胁国家统治的有关礼仪及风俗习惯等方面的犯罪，明律大多比唐律处罚得轻或等同于唐律，而对于直接威胁到国家统治的犯罪如贼盗等，明律均比唐律处罚得重。特别是对于谋反、谋大逆罪，一律采取重罪加重的原则，而且实施广泛的株连。第二，设立奸党专条，严禁臣下结党及内外官交结。明律规定在朝官员交结朋党、扰乱朝政者皆斩，妻子为奴，财产没收；凡内（宦官）外（各衙门官吏）官交结、大臣专擅选官、巧言谏免，均属奸党罪，处斩刑，这是历代法律中所没有的。第三，严惩贪官污吏。从维护国家的根本利益出发，大力提倡严惩贪官污吏。第四，加强经济立法。明初为了保证劳动力的需要，法律严禁卖良民为奴隶，还颁发了一系列有关鼓励流民垦荒、兴修水利、实行屯田和匠户轮班等方面的法令。此外，在明律中专门列了“钞法”，以适应货币关系的发展。凡是伪造宝钞，首从犯及窝主和知情使用者皆斩。明律中还详列盐法、茶法、税法，严禁卖私盐、私茶和客商匿税。为了加强对手工业生产的管理和控制，《大明律》将唐宋律中有关手工业生产管理的条款加以扩充，专设《工律》一篇。对仓库管理的规定，内容比唐宋律更为广泛，处刑也比唐宋律更重。

《大清律例》

中国封建社会最后一部法典。

《大清律例》之前，清朝首部综合性法典《大清律集解附例》完成并颁行于顺治四年（1647）。其篇目体例依照《大明律》，分《名例律》《吏律》《户律》《礼律》《兵律》《刑律》《工律》7篇，共30门，律文459条。虽然顺治皇帝对于此《大清律集解附例》十分重视，在颁行时要求“子孙臣民世世守之”，但由于照搬《大明律》的痕迹过重，许多地方与清朝的实际距离太远，所以在当时出现了“律例久颁，未见遵行”的情况。乾隆时期，皇帝又命专人逐条进行考证，以适应新情况，乾隆五年（1740）《大清律例》修订工作基本完成。其篇目结构不变，律文稍加缩减至436条，分47卷30门，附例1 049条。《大清律例》一直被作为“祖宗成宪”而代代遵行，成为清一代的代表性法典。乾隆时定制“定限三年一次编辑”条例，设修订律例馆于刑部，到期开馆编修，后改为“五年编辑一次”。所以，清朝的条例呈愈来愈多之势，到同治年间，已经发展到1 892条的规模，因此，清律例是一部规模宏大的法典。

《大清律例》有其特点：1. 律例并行。2. 进一步加强皇权。首先，它维护封建三纲五常伦理道德，主要表现在以法律的强制力维护忠君孝亲的道德规范和家族主义统治，如法律规定家长享有对子女的惩罚权，子女无独立的财产权，也无婚姻自主权等；其次，加强思想统治，表现为严刑惩罚异端思想；同时，清律对强盗的惩罚也十分严厉，尤其严惩白天抢夺财物的盗贼；最后，它还限制资本主义的萌芽，以维护封建政权的经济基础。3. 民族不平等。清朝是满族贵族建立的满汉地主阶级联合专政的封建政权，但清朝统治者在法律上给予满族贵族不同于其他民族享有的特权。

清律以“参照明律，参考国情”为立法指导思想，在全面参照和继承历代法律制度的基础上，也有所创新和发展。在法律内容上，清律的刑事镇压职能有所加强，以重法遏制资本主义经济因素的发展，对少数民族地区实行有效的法律控制，保护满人政治、经济特权。在司法领域，清朝仿效明朝，建立了一套从中央到地方的完整的司法体系，并在总结前朝经验教训的基础上，进一步完善了会审制度。

中国宪法

指《中华人民共和国宪法》，中国最高效力的根本法。

从1954年到1982年，中国先后颁布了四部宪法。1949年9月，中华人民共和国政治协商会议第一届全体会议通过了《中国人民政治协商会议共同纲领》，这是中华人民共和国的临时宪法。1954年9月，第一届全国人民代表大会第一次会议通过了《中华人民共和国宪法》，这是中国的第一部社会主义性质宪法。第二部《中华人民共和国宪法》于1975年1月17日在第四届全国人民代表大会第一次会议上通过，被称为“七五实法”，当时仍处于“文革”时期，带有浓重的“文革”色彩，是一部有严重缺点、错误的宪法。第三部《中华人民共和国宪法》于1978年3月5日在第五届全国人民代表大会第一次会议上通过，被称为“七八宪法”。中国当前现行宪法于1982年12月4日在第五届全国人民代表大会第五次会议上通过并颁布。此后经1988年第七届全国人民代表大会第一次会议、1993年第八届全国人民代表大会第一次会议、1999年第九届全国人民代表大会第二次会议、2004年第十届全国人民代表大会第二次会议多次通过“宪法修正案”进行了修正。2018年3月11日第十三届全国人民代表大会一次会议第三次全体会议投票表决通过了《中华人民共和国宪法修正案》，即当前的现行宪法。

现行宪法除去序言设有4章143条，分别是总纲，公民的基本权利和义务，国家机构，国旗、国歌、国徽、首都。序言简述了国家的斗争历史，归纳了20世纪以来中国发生的四件大事，明确了国家的根本任务是沿着中国特色社会主义道路，集中力量进行社会主义现代化建设。强调了四项基本原则即坚持中国共产党的领导，在马克思列宁主义、毛泽东思想、邓小平理论、“三个代表”重要思想、科学发展观、习近平新时代中国特色社会主义思想的指引下，坚持人民民主专政，坚持社会主义道路，坚持改革开放。

宪法的第一章是《总纲》，共32条，其中第一条规定了国家性质是“工人阶级领导的、以工农联盟为基础的人民民主专政的社会主义国家”，社会主义制度是国家的根本制度，中国共产党领导是中国特色社会主义最本质的特征。第二条规定了人民主权原则。其他条款确立了人权保障原则、法治原则和权力监督制约原则。第五条明确规定“一切法律、行政法规和地方性法规都不得同宪法相抵触”。和序言相一致，这项条款重申了宪法在整个国家法律体系中的最高地位。

宪法的第二章规定了“公民的基本权利和义务”，包括“公民在法律面前一律平等”“公民有言论、出版集会、结社、游行、示威的自由”“公民有宗教信仰自由”“公民的人身自由、人格尊严不受侵犯”“保护公民的住宅权和通信自由与秘密”“国家尊重和保障人权”等等。

第三章国家机构主要包括全国人大(国家最高权力机构)、国家主席(国家元首)、国务院(国家最高权力机关的执行机关、最高行政机关)、中央军事委员会(国家最高军事决策和指挥机关)、地方各级人民代表大会和地方各级人民政府、国家监察委员会(监察机关)、人民法院和人民检察院(司法机关)，此外，还包括国家机构任职人员的任期以及换届选举规则。

《中华人民共和国宪法》健全和促进了民主政治的发展，推动了中国治理体系和治理能力优化提升，为改革开放和现代化建设提供了良好的制度保障。《宪法》是中国的根本大法，是治国安邦的总章程，是党和人民意志的集中体现，具有最高的法律效力。

中国刑法

指《中华人民共和国刑法》，由1979年7月1日第五届全国人民代表大会第二次会议通过，自1980年1月1日起施行。

刑法分为总则、分则、附则三个部分，其中总则、分则各为一编，在“编”之下，再根据法律规范的性质和内容有次序地划分为章、节、条、款、项、目层次。刑法第一编为总则，是关于刑法的任务、犯罪、刑事责任和刑罚的一般原理、原则的规范体系，这些规范是认定犯罪、确定责任和适用刑罚所必须遵守的共同规则。刑法第二编为分则，解决的是哪些行为构成犯罪、犯什么罪、应承担何种刑事责任的问题，是定罪量刑的具体标准。刑法总则与分则的关系是一般与特殊、抽象与具体的关系。总则指导分则，总则所规定的基本原则和基本精神适用分则的每一个条文，而分则条文又是总则所确定的基本原理的具体体现，两者相辅相成。只有将总则和分则紧密结合起来加以研读，才能正确地认定犯罪、确定责任和适用刑罚。刑法除总则和分则外，第三部分为附则。附则部分仅一个条文，该条内容一是规定修订后的刑法开始施行的日期，二是规定修订后的刑法与以往单行刑法的关系，宣布在修订刑法生效后某些单行刑法的废止及某些单行刑法中有关刑事责任的内容失效。

刑法“编”下设“章”，有些“章”下设“节”。刑法第一编总则分设五章，即刑法的任务、基本原则和适用范围，犯罪，刑罚，刑罚的具体运用，其他规定。刑法分则设十章，按犯罪所侵害客体的不同设置十大类罪名，即危害国家安全罪，危害公共安全罪，破坏社会主义市场经济秩序罪，侵犯公民人身权利、民主权利罪，侵犯财产罪，妨害社会管理秩序罪，危害国防利益罪，贪污贿赂罪，渎职罪，军人违反职责罪。

中国刑法的任务可分为惩罚任务和保护任务两个方面。惩罚犯罪是手段，保护人民是目的。

中国民法典

民法是社会生活的百科全书，是市场经济的基本法，是市民生活基本行为规范，是法官裁判民商事案件的基本依据，在一国的法律体系中占据举足轻重的地位。一个国家民法的发展水平直接反映了该国的法治水平和社会文明程度。中国共产党曾于1954年、1962年、1979年和2001年先后4次启动民法制定工作。2014年10月，中国共产党十八届四中全会通过《中共中央关于全面推进依法治国若干重大问题的决定》，明确提出“编纂民法典”。此次是中华人民共和国历史上第五次民法典的起草工作。编纂民法典采取“两步走”的工作思路：第一步，制定民法总则，作为民法典的总则编；第二步，编纂民法典各分编，经全国人大常委会审议和修改完善后，再与民法总则合并为一部完整的民法典草案。2017年3月15日，《中华人民共和国民法总则》如期获得通过，完成了民法典编纂的“第一步”；2020年5月28日，十三届全国人大三次会议高票表决通过《中华人民共和国民法典》，至此中国进入民法典新时代。这是中华人民共和国历史上首次以“法典”命名的法律。在推进国家治理体系和治理能力现代化背景下，民法典的颁布以及实施对促进法治中国建设具有重要的历史和实践意义。

具体而言，民法典共7编，1 260条，各编依次为总则、物权、合同、人格权、婚姻家庭、继承、侵权责任，以及附则。立法机关在“编纂式立法”理念指导下，科学编纂民法典。第一，民法典编纂并不是制定全新的民事法律，而是在大体结构框架下对现行的民事法律规范进行科学整理；第二，这种规范整理工作并不是简单的法律规范条文的汇编，而是对中国现行的民法通则、物权法、合同法、担保法、婚姻法、收养法、继承法、侵权责任法和人格权等方面的民事法律规范进行全面系统的编订纂修。民法典的具体规范内容，从中国社会发展实际出发，具有鲜明的中国特色。

首先，民法典充分彰显中国特色社会主义法律制度成果和制度自信。第一，民法典总则编第一条规定：“为了保护民事主体的合法权益，调整民事关系，维护社会和经济秩序，适应中国特色社会主义发展要求，弘扬社会主义核心价值观，根据宪法，制定本法。”将“弘扬社会主义核心价值观”作为一项重要立法目的写入民法典，体现了坚持依法治国与以德治国相结合的中国特色；与此同时，社会主义核心价值观在各个分编中都有所体现，比如人格权编和婚姻家庭编等。第二，法治是中国特色社会主义市场经济的运行保障。民法典的颁布对于维护社会主义市场经济制度，促进中国特色社会主义市场经济制度良好运行具有重要意义。具体而言，在民法典的具体规范内容上，物权编以及合同编等对物权归属以及具体的市场交易规则进行了明确规定，为市场主体提供了明确的规范指引。

其次，民法典的具体规范内容不是简单地对现行民事法律规范的汇编，而是在此基础之上进行了一定的法律制度创新，以此适应中国社会实践的发展。第一，民法典编纂过程中删减了现行民事法律制度中的重复规定，此外对不适应中国社会实践需要的现行法律规定进行必要的修改完善；更为重要的是面对社会实践的发展作出具有针对性和前瞻性的新规定。第二，民法典的规范内容充分吸收了现行民事法律制度的立法成果以及司法实践积累的经验，同时坚持科学立法、民主立法以及依法立法。全国人大法工委先后十次通过中国人大网公开征求社会公众意见，每一环节都凝聚着社会生活规则的最大共识。第三，民法典总则编规定：“民事主体从事民事活动，应当有利于节约资源、保护生态环境。”这是秉持绿色发展原则的具体体现。民法典新增了很多制度。比如，新增有关居住权的规定，规定了农村土地“三权分置”，强化污染环境和破坏生态侵权责任，强化网络侵权责任，规定了离婚冷静期，还规定了遗产管理人制度等。

最后，全方位保护人民权利，掀开中国人权保护新篇章。民法是社会生活的百科全书，每个人都离不开民法。坚持以人民为中心，切实回应人民需求，满足人民日益增长的美好生活需要，对人民权利进行全方位保护，有利促进中国人权事业的发展是民法典的鲜明特点。第一，中国民法典是维护人民权益的保障书，对人民权利的保护贯穿民法典始终。民法典总则编规定：“民事主体的人身权利、财产权利以及其他合法权益受法律保护，任何组织或者个人不得侵犯。”在各个分编中对人身权、财产权、人格权等各项权利进行全方面的保护。诸如，新增加的性骚扰的防治问题、个人信息保护等问题。第二，民法典对人格权进行独立编纂，是民法典的重大制度创新，民法典对坚持以人民为中心的发展思想、依法维护人民权益、推动中国人权事业发展具有重大意义。维护和发展人民权益，是创新发展中国民法权利理论的重要方向。民法典总则编关于一般民事权利的规定中，前四条都是关于人身权、人格权的宣示，突出了人权保护。

中国商法

中国目前没有商法典，除了宪法、刑法、行政法中涉及商法的内容外，商法的法律渊源还具体包括：

1. 民事法律。如民法通则确立的一些私法基本原则，如平等自愿、诚实信用、公平等原则，对商法也是完全适用的；再如《中华人民共和国合同法》分则部分规定的融资租赁合同、仓储合同、行纪合同等都是仅在商事领域存在的合同类型。

2. 商事单行法。商事单行法是中国目前最主要和典型的商法渊源，如《中华人民共和国公司法》《中华人民共和国合伙企业法》《中华人民共和国企业破产法》《中华人民共和国票据法》《中华人民共和国证券法》《中华人民共和国保险法》《中华人民共和国海商法》《中华人民共和国信托法》等。

3. 商事法规。商事法规是国务院制定的、在全国范围内实施的、具有商事内容的行政法规，如《中华人民共和国公司登记管理条例》。

4. 商事规章。商事规章是国务院各部门和省级人民政府制定的规范性法律文件，如中国证券监督管理委员会(中国证监会)发布的各项证券事务的管理办法、准则指引等。

5. 交易习惯。在中国,交易习惯也是一种重要的商法渊源,特别是在相关商事立法还有待完善的情况下,交易习惯事实上发挥着确定交易模式和内容的作用。

6. 其他商法渊源。在商事领域,中国缔结或批准了很多国际条约,如1993年的《船舶优先权和抵押权国际公约》等。此外,最高人民法院做出的有关商事案件审理的司法解释也是中国商法的渊源;其所发布的商事案件的判例对于商事司法实践也有重要的指导意义。

合同法

《中华人民共和国合同法》于1999年3月15日第九届全国人民代表大会第二次会议通过,自1999年10月1日起施行,共计23章428条,分为总论与分论两个部分。

合同法规定,合同是平等主体的自然人、法人、其他组织之间设立、变更、终止民事权利义务关系的协议。婚姻、收养、监护等有关身份关系的协议,适用其他法律的规定。合同的订立需遵循以下几个原则:1. 合同当事人的法律地位平等,一方不得将自己的意志强加给另一方。2. 当事人依法享有自愿订立合同的权利,任何单位和个人不得非法干预。3. 当事人应当遵循公平原则确定各方的权利和义务。4. 当事人行使权利、履行义务应当遵循诚实守信的原则。5. 当事人订立、履行合同,应当遵循法律、行政法规,尊重社会公德,不得干扰社会经济秩序,损害社会公共利益。6. 依法成立的合同,对当事人具有法律约束力。当事人应当按照约定履行自己的义务,不得擅自变更或者解除合同。依法成立的合同,受法律保护。

合同法是调整平等主体之间的交易关系的法律,它主要规定合同的订立、合同的效力及合同的履行、变更、解除、保全、违约责任等问题。

对外贸易法

《中华人民共和国对外贸易法》于1994年5月12日第八届全国人民代表大会常务委员会第七次会议通过,新对外贸易法自2004年7月1日起施行。包括总则、经营者、进出口、服务贸易、保护、秩序、调查、救济、促进、法律责任、附则共11章计70条。其主要内容如下:

1. 中国对外贸易的基本法律制度与原则。对外贸易法第一条宣告该法的立法目的是为了发展对外贸易,维护对外贸易秩序,促进社会主义市场经济的健康发展。

2. 对外贸易经营者。对外贸易经营者是指依照本法规定从事对外贸易经营活动的法人和其他组织。从事货物进出口与技术进出口的对外贸易经营,必须具备法律规定的条件,并获经国务院对外经济贸易主管部门许可。

3. 货物进出口与技术进出口管理制度。国家准许货物与技术的自由进出口。但是,法律、行政法规另有规定的除外。

4. 国际服务贸易管理制度。国家促进国际服务贸易的逐步开展。中国在国际服务贸易方面根据所缔结或者参加的国际条约、协定中所作的承诺,给予其他缔约方、参加方市场准入和国民待遇。但是,国家可以基于法定原因之一,限制或者禁止国际服务贸易。

5. 关于对外贸易秩序的制度。对外贸易经营者在对外贸易经营活动中,应当依法经营,公平贸易。此外,对外贸易法还明确对保障措施制度、反倾销制度和反补贴制度作了原则规定,如《中华人民共和国保障措施条例》《中华人民共和国反倾销条例》《中华人民共和国反补贴条例》。

6. 关于对外贸易促进的制度。对外贸易法规定国家可根据需要,建立和完善为对外贸易服务的金融机构,设立对外贸易发展基金、风险基金。

7. 法律责任。为了维护正常的外贸秩序,保证良好、稳定的外贸交易条件，促进外贸事业的发展，对外贸易法规定了一系列关于对外贸易行为中法律责任条款。

外商投资法

《中华人民共和国外商投资法》于 2019 年 3 月 15 日经十三届全国人大二次会议表决通过，自 2020 年 1 月 1 日起施行，共 6 章 42 条，包括总则、投资促进、投资保护、投资管理、法律责任、附则。

为积极促进外商投资，外商投资法主要从五个方面建立和完善外商投资促进机制，营造稳定、透明、可预期的投资环境：一是明确对外商投资实行准入前国民待遇加负面清单管理制度。二是明确国家支持企业发展的各项政策同等适用于外商投资企业。三是明确外商投资企业平等参与标准化工作和政府采购活动，标准制定应当强化信息公开和社会监督。四是明确外商投资企业可以依法通过公开发行股票、公司债券等证券以及其他方式进行融资。五是明确地方各级人民政府可以在法定权限内制定外商投资促进政策，各级人民政府及其有关部门应当进一步提高外商投资服务水平。

外商投资法还对外商投资的定义和情形、投资管理等问题作了规定。该法生效后，原《中华人民共和国中外合资经营企业法》《中华人民共和国外资企业法》《中华人民共和国中外合作经营企业法》同时废止。

法律人物

皋陶（约前 2275—前 2170）

是一位廉洁奉公的判官，俗称作“皋”。他是中国古代传说中东夷族的首领，尧时负责执掌刑狱之官，历经尧舜禹三世，呕心沥血辅佐尧舜禹，功高德厚，据说享年 106 岁。

他主张“法治”与“德政”，帮助尧舜禹推行“五刑”“五教”。尧为炎黄夷联盟首领时，皋陶担任理官一职，掌管刑法，他的后代就因袭他的官职命族为理氏。皋陶以正直著称，舜继尧位后，继续受到重用，被舜任为掌管刑法的官，传说他判案有秘诀，王充《论衡·是应篇》记载：“儒者说云：觟𧣾者，一角之羊也，性知有罪。皋陶治狱，其罪疑者令羊触之，有罪则触，无罪则不触。斯盖天生一角圣兽，助狱为验，故皋陶敬羊，起坐事之。此则神奇瑞应之类也。”也就是靠这种独角羊的神性来推断。《说文解字》：“觟，牝羊角者也，从角，圭声。”而觟𧣾作为汉代所推崇的符瑞，又附会成独角兽獬豸，以此神兽治狱，坚持公正，刑教兼施，使社会和谐，天下大治。由于皋陶公正廉洁，后人誉其为中国古代的司法公正之神，被推崇为华夏史上的第一位法官。后人理征在商朝为官，敢于直谏，得罪了商纣王，受罚而死，他的妻子契和氏带着儿子利贞逃往伊侯之墟（今河南省西部伊河流域），隐藏在那里，靠采食李子（李树果实）得以活命，于是从利贞起，改理氏为李氏，以此纪念使理姓保全下来的李子，但本来是以官职为氏的。

管仲（？—前 645）

姬姓，管氏，名夷吾，字仲，谥敬，世人尊称管子，春秋时期法家代表人物，是中国古代经济学家、哲学家、政治家、军事家，被誉为“法家先驱”。

管仲受西周以来的传统思想——重礼思想影响很大，他在辅佐齐桓公建立霸业的过程中，就是打着“尊王攘夷”的旗号，维护周礼。在攻打楚国时，管仲责备楚王的行为有悖于周礼：“尔贡包茅不入，王祭不共，无以缩酒，寡人是徵；昭王南征而不复，寡人是问。”（《左传·齐桓公伐楚》）

管仲重视宗法伦理道德的作用，但他反对空谈礼义法度。礼义法度与发展生产、解决人民的衣食问题相比，他把后者置于首要地位。《管子·牧民》：“凡有地牧民者，务在四时，守在仓廪。国多财，则远者来；地辟举，则民留处。”意思是，统治者只有注意农时，发展生产，使国家财物充足，人民生活有着落，才能使远方的人民愿意迁来，本国人民愿意留住。他认为，发展生产是使国家富强的前提，也是使人们遵守礼义法度和稳定社会秩序的物质基础。如果不注意发展生产,不解决人民的衣食问题,仅空谈礼义法度,国家永远也治理不好。因此,他明确提出了“仓廪实而知礼节,衣食足而知荣辱”的论点。

管仲执政期间,齐国正经历着一场深刻的社会变革。西周以来所形成的宗法等级秩序已开始紊乱,奴隶逃亡已成为齐国社会的普遍现象,新旧势力之间的斗争也很激烈。要想使国家富强、社会安定,必须进行一番改革。管仲认为,改革必须着眼于争取民心,“政之所兴,在顺民心;政之所废,在逆民心”。因此,他要求齐桓公“修旧法,择其善者而业用之”(《管子·牧民》),要“令顺民心”,“俗之所欲,因而予之;俗之所否,因而去之”(《史记·管晏列传》)。他明确提出“修旧法”和“令顺民心”的主张,这不仅表达了他顺应历史潮流进行改革的决心,也反映了他对“法”的重视。

首先,在农业方面,管仲改革赋税制度,采取“相地而衰征”的办法。即按照土地的好坏,分等征税,以提高土地利用率,使劳动者能得温饱而不致离乡背井。鼓励人民开垦荒地,兴修水利,种植五谷桑麻,饲养六畜,努力耕织。为了鼓励耕织,管仲提出了“与民分货”的主张,使人民能够分享一部分生产成果和经济权益。这些主张都有利于封建经济的发展。

其次,改革行政组织。管仲把齐国划为21个乡,其中工商6乡,士农15乡。地方行政组织由国君和上卿直接管辖。居民按士农工商划定住处,用户籍法严格控制,四民分居定业,不准随便迁徙、杂处与转业。这样做一方面是为了整顿已经被破坏的统治秩序,以加强对人民的控制,另一方面是为了扩大与加强国君的权力。

在改革内政的基础上,管仲又进一步改革军制,把军事组织和行政组织结合起来,寓兵于农,兵民合一。具体办法是:士农之乡五家为轨,十轨为里,四里为连,十连为乡,五乡为军。每家抽一人,五人为伍,五十人为小戎,二百人为卒,二千人为旅,一万人为军。这样,十五个士农之乡,就可组成三军,共三万人。管仲认为,这样做有利于扩大兵源,增强士兵的战斗力。

管仲主张“轻过而移诸甲兵”,使犯罪者以兵器和铜铁赎其罪。具体办法是“制重罪赎以犀甲一戟,轻罪赎以鞼盾一戟,小罪谪以金分,宥间罪”(《国语·齐语》),即重罪、轻罪和小罪分别以犀甲、盾、戟和铜铁赎罪,罪疑者赦免。这种办法有利于储积甲兵,扩充军备。

管仲的法律思想对后世也有较大影响。他重视礼治、重视道德和尊王攘夷的主张得到儒家的称赞。而他提倡改革、奖励耕织、富国强兵和重法的思想则为法家所继承。“仓廪实而知礼节,衣食足而知荣辱”的名言,一直为后人所传诵。

董仲舒(前179—前104)

中国西汉政治思想家、哲学家、今文经学家。

汉武帝时期,西汉政治经济形势较汉初发生了很大变化。采纳黄老思想实行“无为而治”的政策虽然曾对恢复和发展生产、安定社会秩序起了重要作用,但同时在对内对外政策中软弱性的一面也日益暴露出来。

于是,统治思想的变革势在必行,董仲舒的新儒学也应运而生。董仲舒在继承先秦孔孟儒家思想的基础上,吸收了阴阳五行、墨家、法家以及汉初黄老等思想主张中一切有利于巩固封建中央集权统治的因素,建立了一个新的儒家神学理论体系。在法律思想方面,董仲舒建立的“德主刑辅”理论与“三纲五常”原则,构成了封建正统法律思想的基本内容,对汉以后近两千年的封建社会的法律思想具有极其重要的影响。

在统治方法上,董仲舒吸取秦亡的教训,继承孔孟“重德轻刑”的思想,提出了“德主刑辅”“大德小刑”的统治方法。认为道德教化是为政之根本方法,刑狱处罚是为政之辅助手段。二者虽有方法形式上之不同,但维护封建政权的作用则是一致的。董仲舒的人性论既不同于孟子的性善论,也异于荀子的性恶论,而是主张“性三品”说。他认为人既是天创造的,人性也得之于天。天有阳有阴,人性也分为性与情,性是善,情是恶。但善、恶的表现是因人而异的，按其善质之不同大致可分为“圣人之性”“中民之性”“斗筲之性”三类，也即上、中、下三品。“圣人之性”纯是仁善，“斗筲之性”全是贪恶，这两者是不可改变的。“中民之性”是“仁贪之气两在于身”，“有善质而未能善”（《如天之为》）。“中民之性”是绝大多数，经过教化才能为善，不经教化也可能为恶。因此最好的统治方法就是既以道德教化使之为善，又用刑罚防止与惩罚其为恶，但应以德教为主。“斗筲之性”当然只能用刑罚了。施行道德教化的对象是极少数的“斗筲之性”及“中民之性”中的个别堕落者，所以仅从人群数量上而言，也应是“德主刑辅”。经董仲舒在先秦儒家思想基础上发展的“德主刑辅”的统治理论，成为儒家法律思想的核心，对后世法律思想影响极为深远。

孔子曾提出“君君、臣臣、父父、子子”（《论语·颜渊》）的等级名分说，孟子也曾提倡“父子有亲，君臣有义，夫妇有别，长幼有序，朋友有信”（《孟子·滕文公上》）的“五伦”原则。集先秦法家思想之大成的韩非也认为：“臣事君，子事父，妻事夫。三者顺则天下治，三者逆则天下乱，此天下之常道也。”（《韩非子·忠孝》）董仲舒融合儒法两家的等级名分说，提出了一套维护封建等级制度的“三纲五常”的原则。“三纲”即“君为臣纲、父为子纲、夫为妻纲”，其中最重要的是“君为臣纲”。父权、夫权就是为了君权服务，伦理等级是为政治等级服务的。所谓“五常”，即“仁、义、礼、智、信，五常之道”（《汉书·董仲舒传》）。五常是处理君臣、上下关系的准绳，是调整统治者与被统治者关系的基本原则。只要统治者努力用仁义礼智信去教化人民，就能得到天和鬼神的佑护，恩德波及众生。人民受五常的化育，无欲无争，心舒气和，安贫乐道。董仲舒“三纲五常”的等级原则，成为封建立法的重要指导思想。

包拯（999—1062）

字希仁，北宋中期有名的政治家，中国历史上清官之一。戏曲舞台上铁面无私的“包青天”在中国家喻户晓、妇孺皆知。

包拯十分重视法律在国家的政治生活中的作用，他说：“法令者，人主之大柄，而国家治乱安危之所系焉。”（《包拯集·上殿札子》）法律是统治者治理国家的有效工具，要保证这个工具能够最大限度地发挥作用，需要看它在民众中的威信如何。法律要取信于民，不仅要靠国家强制力，还要保持法令的稳定和统一，不能轻易更改。包拯一再强调，法令颁布后，必须坚决执行，要依法办事。包拯是中国历史上最严格的执法者之一。他执法如山，不避权贵，不讲情面的事迹在民间广为流传。京城里当时流行这样一句谚语：“关节不到，有阎罗包老。”（《宋史·包拯传》）指包拯像阎王一样，不讲情面，铁面无私。对皇帝破坏法制的行为，他也经常谏诤。如包拯激烈反对皇帝直接下诏赦免罪犯，认为由皇帝直接下诏赦罪的，都是依靠关系、求人情走后门的结果，这种做法严重败坏了法律威信，也损害了朝廷的声誉，对国家有害无利。所以，在司法实践中，包拯坚决杜绝宦官、外戚以及权贵的弄权干预，审案一律依法公断。他自己的亲戚犯了法，包拯知道后，立即让人把他逮到公堂依法重重笞杖一顿，从此以后，他的亲友们再也不敢任意妄为。

为方便民众诉讼，包拯在开封知府任上改革了诉讼受理制度。按照旧制，诉讼人只能先将状纸交给守门的吏役，由吏役转递，吏役往往从中故意刁难，勒索钱财，使百姓无钱无处申冤。包拯上任后下令，敞开大门，允许告状的人直接击鼓进入公堂，当面向他陈述案情，既方便了民众诉讼，又有利于查明案情，从而减少冤案的发生。

包拯一生清廉俭朴，不谋私利，严于律己，刚正不阿。尽管他的法律主张及其实践都是为巩固封建统治阶级的根本利益服务，但是他的许多言行在客观上符合当时社会的要求，有益于人民，因而为历代人民所传颂。

沈家本(1840—1913)

清末光绪年间的大理院正卿,兼任修订法律的大臣,并兼法部右侍郎。辛亥革命后,出任袁世凯内阁法部大臣,并担任北京法学会会长。他主持清末修律十年,使中国的法制建设向近代化迈出了坚实的一步,为中国近代法学的兴起做出重要贡献。

沈家本受儒家仁政思想的影响,认为自唐虞时代起便"以钦恤为风,以明允为用",形成德化传统。尽管法律起源于"争",但解决纷争的主要方法是教化。沈家本痛恨严刑峻法的统治,把古代的一切重刑重法斥之为"非法之法",他赞赏德主刑辅、先德后刑、宽平治国的思想主张,推崇汉初的文景之治。

沈家本也相当重视法治,指出"法者,天下之程式也,万事之仪表也""国不可无法,有法而不善与无法等",认为治国必须有法可依。他还非常重视律条中法理的透彻:"欲法之审,法之明,不可不穷其理。"认为只有重视和精通法理,才能制定出善法。有善法的同时,还必须由熟悉法律的"仁人"执法。沈家本多次提到"法贵得人""用法在人":"法之善者,仍在有用法之人,苟非其人,徒法而已""用法者得其人,法即严厉亦能施其仁于法之中;用法者失其人,法即宽平亦能逞其暴于法之外"(《历代刑法考·刑制总考》卷四)。他还要求大力培养法学专门人才。在沈家本的奏请下,清光绪三十二年(1906),京师法律学堂正式成立,开创了中国近代设立专门法律学校的先河。

尤其值得注意的是,沈家本反对不把奴婢当"人",反对把人当作畜产的法律。如在《禁革买卖人口变通旧例议》中说:"官员打死奴婢,仅予罚俸;旗人故杀奴婢,仅予枷号。较之宰杀牛马,拟罪反轻,亦殊非重视人命之义。"尊重"人格"的观念油然而生。沈家本的这些思想已经颇为接近资产阶级人道主义立场,乃至反对因身份之异而"急黎庶而缓权贵"之类等级森严的法律条款,"以人之品类强为轩轾,殊乖协中之意,而于立宪国保护权利之说尤属背驰"(《秋审条款按语·奏疏》)。最终接受西方平等权利学说,成为其法律思想之人文基础,这从他后来主持制定的《大清现行刑律》禁革买卖人口、删除奴婢律例的新规范中有较为充分的体现。

沈家本的法律思想有质的飞跃,完成了由儒家"仁政"到西方资产阶级"人道主义"的过渡。

司法制度和举措

"八议"

中国封建王朝为庇护统治阶级成员的罪行(十恶除外),规定对八种人给予减免刑罚特权的特别审议。

"八议"制度最早源于西周时的"八辟",至三国魏明帝时期制定"新律",被正式写入法律之中。此后,两晋南北朝以及后世的历代封建王朝均把这一制度列入法典之中。可以说,"八议"制度自曹魏时入律直至明清,历经1600年而相沿不改。

以下八种具有贵族官僚特殊身份的人依法享有减免刑罚的特权,这八种人是:议亲(皇帝的宗室亲戚)、议故(皇帝的故旧)、议贤(按封建标准德高望重的人)、议能(统治才能出众的人)、议功(对封建国家有大功勋的人)、议贵(上层官僚贵族)、议勤(为封建国家服务勤劳,有大贡献的人)、议宾(前朝的贵族及其后代)。这八种人犯罪,轻者可以减免,犯了死罪必须奏议裁定,皆取决宸衷,曹司不敢与夺,即一般司法机关无权决断,必须奏请皇帝裁决,一般都会减轻处罚或予以赦免。这是封建国家赋予贵族官僚公开的司法特权,是封建等级特权原则在刑罚适用上的具体体现。

在"八议"之中,实际上适用最多的是"议亲"和"议贵","亲贵犯罪,大者必议,小者必赦",适用的结果是,贵族官僚地主全面获得了凌驾于法律之上的特权,他们即使犯了重罪,也可以依法获得宽赦,这更使他们为非作歹而肆无忌惮,而百姓犯罪则依法惩处,这样,封建法制的统一遭到了破坏,社会秩序混乱不安。由于统治者逐步认识到这样做不甚合理,因而设置了一些"八议"适用的除外条件,规定犯重罪者不得适用。

“官当”

除“八议”以外，北魏和南陈还创建了“官当”制度，即法律允许官僚贵族用官品和爵位折抵徒刑的制度。

“官当”正式形成于北魏和南陈。西晋虽无“官当”之名，但晋律规定可以官职折当劳役刑，如晋律中就曾有“免官比三岁刑”的规定。至北魏首次规定“至官阶九品，得以官爵除刑”，首创以爵位抵罪并折当劳役刑的制度。后来，官当制度进一步具体明确。从“八议”到“官当”，享受减免刑罚特权的范围进一步扩大，级别越高的贵族官僚受益越多，而“官当”后的损失则被控制在最低限度内。“官当”之制规定得明确细致，便于在司法实践中掌握，是继“八议”之后对一般官吏的优待，是“八议”制的延伸和扩大。它维护整个地主官僚阶级利益的法定特权，集中反映了统治阶级维护自身利益的意志和要求。“官当”之制不仅为隋唐所沿用，而且发展得日臻完备。明清时期，为加强官吏控制而被取消，但代以罚俸、革职等制度。

五听

《周礼·秋官·小司寇》：“以五声听狱讼，求民情，一曰辞听，二曰色听，三曰气听，四曰耳听，五曰目听。”“五听”是指中国古代司法官吏在审理案件时观察当事人心理活动的五种方法，是辞听、色听、气听、耳听、目听的简称。

“五听”制度在中国源远流长，早在奴隶社会即已存在。《尚书·吕刑》：“听狱之两辞”，“两造具备，师听五辞，五辞简孚，正于五刑”，意思是说当时的司法官“断狱息讼”时，在要求原告和被告双方当事人都到齐后，应当认真听取诉讼双方的陈述，通过察看“五辞”的方法，审查判断其陈述是否确实，并据以对案件事实做出判断，进行定罪量刑。五听正式施行于西周，要求司法官在审理案件时，应当注意当事人的陈述是否有道理，陈述时的神情是否从容，气息是否平和，精神是否恍惚，眼睛是否有神，并据此综合判断其陈述是否真实，从而对案情做出判断。具体内容是：“一曰辞听”，即观察受审者说话的态度，理亏者则言语烦乱或自相矛盾。“二曰色听”，即观察受审者的面色，心虚者则惊慌失色。“三曰气听”，即观察受审的气息，理屈者则喘息不定。“四曰耳听”，即注意受审者的听觉，心中有鬼则听觉迟钝。五曰“目听”，即观察受审者的眼神，不直者则眼睛失神，不敢正视。这种审讯方法与原始的神明裁判相比，具有历史进步意义，被后世审判实践长期应用。

送法下乡

为了加强农村基层法治宣传教育，深入田间地头开展的普法宣传教育工作。

长期以来，中国农民法治意识比较淡薄，很多农民缺乏规则意识、契约意识和诉讼意识。部分农村地区法治工作主要依靠基层司法部门推动，社会力量参与程度低。农村法律服务人才偏少，法治宣传也不够。农村法治建设薄弱，不利于推进农业现代化和保障农民合法权益。从农村实际出发，提高农村法治建设水平有赖于农村群众尊法、学法、守法、用法意识的增强，有赖于法律信仰和法律权威的形成。20 世纪 80 年代以来，“普法运动”和“送法下乡”活动在中国乡村蓬勃展开。“送法下乡”活动，就是推动普法工作向纵深方向发展，扩大受教育者的覆盖面；宣传法律知识，提升居民法律意识，普及法律并不断提高农民群众依法维权能力，为社会弱势群体提供法律帮助。

“送法下乡”活动形式多种多样，主要包括司法调解、法律公证、法律援助、律师服务进村入户、开办普法讲座、发放法律知识手册、设立定点法律咨询处、举办法律文艺表演、播放法治剧等。通过“送法下乡”，法官不再局限于坐堂审案，而是经常下乡办案、上门调解；基层司法所聘用律师下乡做法律顾问，为农村居民答疑解惑、调解纠纷；公证处组织公证人员下乡面对面地为村民解答公证法律问题，方便百姓就近咨询，高效办理公证；政府组织邀请专家学者对农村常见纠纷（如土地承包、婚姻、民间借贷等)所涉及的法律知识进行讲解;街道举办法治文艺演出,用群众喜闻乐见的方式演绎法律内涵,让法律知识走进千家万户。“送法下乡”不仅向农民群众普及了基本的法律知识,帮助他们依法解决实际问题,还使司法行政工作者和法律服务者及时掌握农村的矛盾纠纷,接受实践锻炼,增强服务本领。

认罪认罚从宽

认罪认罚从宽是指犯罪嫌疑人、被告人自愿如实供述自己的犯罪,对于指控犯罪事实没有异议,同意检察机关的量刑意见并签署具结书的案件,可以依法从宽处理,是一项具有原则性指导意义的规则,在所有刑事诉讼活动中都可以依法适用。

从宽分为实体上从宽和程序上从简两方面。对认罪认罚案件,属于基层法院所管辖的可能判处三年以下有期徒刑的案件,被告人认罪认罚可以适用速裁程序进行审判。对于基层法院管辖可能判处三年以上有期徒刑刑罚的案件,可以适用简易程序。在审理当中,被告人对程序适用提出异议的,或者有其他不宜简化审理情形的,人民法院依法转为普通程序进行审理。这是程序上的从宽。

为了确保宽严有据、罚当其罪,避免片面地从严和一味地从宽这两种错误的倾向,从保障人权和确保司法公正角度,以下几类案件不适用:一是犯罪嫌疑人、被告人是属于尚未完全丧失辨认或者控制自己行为能力的精神病人;二是未成年人的犯罪嫌疑人和被告人,他们的代理人和辩护人对未成年人认罪认罚有异议的;三是犯罪嫌疑人、被告人可能不构成犯罪,以及有其他不宜适用的情形。对犯罪性质恶劣、犯罪手段残忍、社会危害严重的犯罪分子,其坦白认罪不足以从轻处罚的,也必须依法严惩。

认罪认罚从宽制度鼓励犯罪嫌疑人和侦查机关及司法机关合作,以节省司法资源。一般而言,被追诉人越早认罪认罚,产生的司法效益越大。比如犯罪嫌疑人在侦查阶段认罪,将节省大量投入破案的资源,审查起诉程序和审判程序也会相应减少司法资源,但是犯罪嫌疑人如果仅仅在审判阶段认罪,能节省的司法资源却极其有限,因而对于被追诉人在侦查阶段、审查起诉阶段、刑事审判阶段的认罪认罚行为,结合其他情节予以不同的量刑从宽幅度。

社区矫正

社区矫正是指将符合法定条件的罪犯置于社区内,由司法行政机关(司法局)及其派出机构(司法所)在相关部门和社会力量的协助下,在判决、裁定或决定确定的期限内,矫正其犯罪心理和行为恶习,通过思想改造和劳动改造,促进其顺利回归社会的非监禁刑罚执行活动。

社区矫正适用于罪行较轻、主观恶性较小、社会危害性不大的罪犯,或者经过监管改造、确有悔改表现、不致再危害社会的罪犯。主要内容包括:对矫正对象的管理、教育、参加公益劳动等。

司法所是社区矫正工作的主体,组织矫正对象参加政治思想教育、文化和职业技术教育、心理健康教育和公益劳动教育等,使矫正对象提高对所犯罪行的认识,认罪服法,接受矫正组织的教育矫正,矫正他们的不良心理和行为,逐步养成良好的行为习惯,使他们在思想上、素质上、行为习惯和道德习惯上都能适应社会的需要,实现人格的重新社会化,顺利回归社会。

中国的社区矫正制度改革试点源于21世纪初。2003年7月10日,最高人民法院、最高人民检察院、公安部和司法部联合下发了《关于开展社区矫正试点工作的通知》。通知中对社区矫正的概念进行了界定,并对这项工作试点进行了部署。2012年1月,最高人民法院、最高人民检察院、公安部、司法部联合印发《社区矫正实施办法》(共40条)。该办法认真梳理总结了两批试点工作经验,强调根据中国刑法、刑事诉讼法等有关法律规定,结合社区矫正工作实际,具有较强可操作性,要求全国各相关单位依法规范实施社区矫正工作，将社区矫正人员改造成为守法公民。

巡回法庭

巡回法庭制度是指法院为方便群众诉讼，在辖区设置巡回地点，定期或不定期到巡回地点受理并审判案件的制度。

根据《最高人民法院关于巡回法庭审理案件若干问题的规定》(2015)，巡回法庭是最高人民法院派出的常设审判机构。巡回法庭作出的判决、裁定和决定，是最高人民法院的判决、裁定和决定。其受案范围包括：全国范围内重大、复杂的第一审行政案件；在全国有重大影响的第一审民商事案件；不服高级人民法院做出的第一审行政或者民商事判决、裁定提起上诉的案件等。

在中国实践中，最高人民法院已经设立六个巡回法庭，受理巡回区内相关案件。第一巡回法庭设在广东省深圳市，巡回区为广东、广西、海南、湖南四省区。第二巡回法庭设在辽宁省沈阳市，巡回区为辽宁、吉林、黑龙江三省。第三巡回法庭设在江苏省南京市，巡回区为江苏、上海、浙江、福建、江西五省市。第四巡回法庭设在河南省郑州市，巡回区为河南、山西、湖北、安徽四省。第五巡回法庭设在重庆市，巡回区为重庆、四川、贵州、云南、西藏五省区市。第六巡回法庭设在陕西省西安市，巡回区为陕西、甘肃、青海、宁夏、新疆五省区。最高人民法院本部直接受理北京、天津、河北、山东、内蒙古五省区市有关案件。

设置巡回法庭制度的现实意义主要有：1. 巡回法庭的法官不固定且不常驻法庭，法官的流动性较强，临时随机编组，有利于审理的公正性。2. 与普通地方法庭相比，法官办案受地方党政制约少。3. 可以充分调配审判资源，集中审判力量，对各类案件根据统筹学原理，在时间、人力、物力方面进行合理投入。4. 可以有效促进法官编制员额管理，提高法官的精英意识和职业意识。5. 可以节约大量的法院经费，也方便群众诉讼。

⊙ 社会 ⊙

社会制度

户籍

户籍是指国家主管户政的行政机关所制作的,用以记载和留存住户人口基本信息的法律文书。中国古代亦称为“丁籍(册)”“黄籍(册)”“籍帐”。

户籍制是中国实行最长的一项制度,从商朝形成历经各朝代发展、演变,至今仍在实行。据甲骨文记载,商朝(约前1600—约前1046)为记录征集的兵员,开始实行人口登记制度,被视为中国户籍登记制度的萌芽。西周时创建原始的人口登记办法,被视为中国户籍登记制度的雏形。战国时期,从秦国开始,户籍制逐步发展。秦献公十年(前375)实行“户籍相伍”制度,秦始皇十六年(前231)规定男子不论成丁与否,一律登记年龄。户籍制度直至唐代渐臻完备,由户部掌管。历代相沿,定期分类申编,用以稽查人口、征集赋税、调派劳役。清雍正时将丁税摊入田赋,户籍失去征调赋税的作用。清光绪三十四年(1908),内务部设立统计司,制订了人口普查六年计划,但未及六年,辛亥革命爆发,清朝灭亡。国民党统治时期的户籍属于保甲制度的一部分,作为抽征壮丁、管制人口和镇压人民的一种手段。中华人民共和国成立以后的户籍记录包括自然人的姓名、出生日期、亲属、婚姻状况等,为统计人口资料、编制国民经济和社会发展计划、保障公民合法权益、维护社会长治久安服务。

婚姻制度

婚姻制度是特定社会通过习俗或法律规定,要求其成员在婚姻方面必须遵循的基本原则。

婚姻制度由社会经济基础所决定,由调整婚姻关系的各种行为规范所组成,是社会制度的重要组成部分。在阶级社会里,婚姻制度反映的是统治阶级的意志和利益。人类社会早期的婚姻形态产生于原始社会蒙昧期,叫群婚制或集团婚姻制,这是原始社会中一定范围的一群男子与一群女子互为夫妻的婚姻形式。原始社会晚期出现对偶婚制,指不同氏族的成年男女双方在或长或短的时期内相对稳定的同居,以女子为中心,婚姻关系不稳固的一种婚姻形式。对偶婚制是从群婚制向单偶婚过渡的一种形式。一夫多妻制是在父系制下生产资料私有制的结果,是一个男子同时与几个女子保持夫妻关系的婚姻形式。中国古代是一夫一妻多妾制,通常只是富贵人物的特权,妾地位低于妻,妾只能算奴婢,绝大多数平民阶层为一夫一妻制。直到1912年孙中山创立中华民国,《中华民国临时约法》中明文规定实行一夫一妻制,一夫一妻多妾制度在中国才得以废除。中华人民共和国成立以后,1950年5月1日颁行的《中华人民共和国婚姻法》中规定“实行婚姻自由、一夫一妻、男女平等的婚姻制度”。

里坊制

里坊又被称为“闾里”“里”“坊”。中国古代城市用地的划分单位。

里坊制是中国古代城市最为普遍和长久的居民聚居规划形态和城市管理制度,不仅将城市划分出若干方形的空间,而且对每个空间都作了适当的安置与有效的管辖。里坊制的最初形态在汉朝,用纵横的街道将城市划分为大大小小不同的方格,居住的坊和市相分离,规格也不统一。“里坊”在汉朝称为“闾里”。据记载,汉朝长安城有166个闾里。封建社会商业繁荣、人口数量增多,统治阶级需要有效的措施确保城市的有序运行,里坊制城市便于管理统治,因而被多个朝代沿用。里坊由城市干道划分而成,大小不尽相同,四周筑坊墙,开有坊门，定时启闭。里坊以规整的区划、严密的管制为基本特征，其形成和发展表现了传统中国封建统治者试图从时空布局上严密控制城市居民及其城市生活的意图。里坊制在中国发展的高峰时期是从三国时期到唐朝，以曹魏的邺城、北魏的洛阳城和隋朝的大兴城（唐称长安城）为代表。据记载，汉魏的洛阳城有326个里，唐朝的长安城有108个坊。从宋到明清时期，由于城市商业更具活力，市民生活更加自由丰富，城市以更加开放的坊厢制取代了里坊制。北宋后期拆除坊墙，居民区由原来坊内小街逐步发展成横列的巷（胡同），商业沿着城市大街布置，这种城市布局一直延续到了清代，以元朝大都和明清的北京城为典型代表。里坊的划分对中国古代城市用地布局和方格道路系统形成有很大关系，至今在一些城市仍有里坊制痕迹。

街居制

街居制是中国城市社会基层管理体制的一种模式，其功能主要是维护稳定和提供社区服务。

中华人民共和国成立后，中国基层社会管理体制经历了逐渐从单位制、街居制走向社区制的过程。街居制是在计划经济时代辅助“单位制”而设立的，其核心思想是对社会管理用单位制度为主，以基层地区管理为辅，也就是用单位制度管理有工作单位的员工及其家属，在地区中用街居制度也就是通过街道办事处和居民委员会这两个行政建构的组织来管理城市中没有工作的居民。1954年全国人大通过《城市街道办事处组织条例》和《城市居委会组织条例》，从而在城市基层管理中形成了具有很强行政管理性的由街道办事处和居委会构成的街居体制。通过街居制实现了对在政府、企业和事业单位之外的无工作的家庭妇女、老人和未成年的青少年的有效管理，从而维持社会总体稳定。由于管理工作的性质相对简单、管理对象相对单一，街道、居委会的管理队伍具有年龄相对较大、文化水平较低、管理人员相对较少的特点，它是一种国家对整个社会包括社区统一管理的模式。随着改革开放之后，中国经历了经济转轨和社会转型，单位制度逐步解体，单位管理模式趋于失效，这一情况给作为单位制辅助角色的街居制带来了更大的现实管理难题和管理困境。加之单位制解体背景下，中国大陆快速城市化、城市流动人口快速增长、住房制度改革、原有的街道办事处及居委会管理组织老化，原有的街居制承担的城市社会管理和控制模式面临日益严峻的挑战，对这一情况，中国借鉴国际经验，在20世纪90年代提出社区建设概念，逐步将基层社会从街居制度转变为社区制度。近年来，中国城市的社区制已完全取代了街居制，并且形成了社区内多种组织并存的局面，各类社区组织开始初步形成了合作共治的机制。

社会组织

祭祀

指祭神和祀祖。

祭祀是敬天地、不忘先祖的重要表现，是伴随着人类文明诞生而出现的信仰活动，源于天地和谐共生的信仰理念。根据人类学、考古学的研究成果表明，天地信仰和祖先信仰是人类最原始的两种信仰，而这两种信仰产生于人类初期对自然界及祖先的崇拜，继而产生各种祭祀崇拜活动。百姓通过祭祀崇拜活动达到同现实世界以外的未知事物沟通，在心理思维的终极意义上去感悟人神交流、上下交感的灵性沟通，实现人神天地和谐共生的信仰理念。随着人类文明的发展，祭祀从最初的简单行为演化为具有丰富文化内涵和多层次性的制度体系。《左传·文公·文公二年》：“祀，国之大事也。”《礼记·祭统》：“礼有五经，莫重于祭。”祭祀是中国礼仪的重要组成部分，旧俗常备贡品和行叩拜礼节向神灵或祖先表示崇敬并祈求保佑。中国传统祭祀大致分为三类，即祭天神、祭地祇、祭人鬼。祭天神是中国古代重大祭祀活动，仪式由称为天子的皇帝主持，通过祭天表达对天神滋养哺育万物的敬畏，并祈求天神保佑国泰民安。据文献记载，早在汉武帝元鼎五年（前112）冬至祭天习俗便存在，后盛行于唐宋，明清期间更为隆重尊崇，并且逐渐流传至民间，演变为冬至祭祖的传统习俗，称为“祭冬”或“拜冬”。祭地祇是表达对土地的崇拜，以祈求农作物的丰收。祭人鬼是祭祀鬼神，超度亡灵。清明节是中华民族最隆重的春祭节日，扫墓祭祀、缅怀祖先，弘扬孝道亲情。《左传·僖公十年》记载“神不歆非类，民不祀非族”，说明古代中国祭祀有严格等级制度规定，达官贵族与普通百姓祭祀的对象不同，天神地祇由君主祭，诸侯大夫祭土地，士庶祭祖先和灶神。儒家吸收民俗百神，按照人世间官僚系统体系对神进行排位，每个神按照等级设计品级、爵位，并载入国家祀典。

祠堂

祠堂又称宗庙、家庙、祠庙、墓祠、家祠、宗祠等，主要是祭祀的场所。祠堂是指在中国封建宗法制度下古人为祭祀祖宗或者先贤的庙堂。

祠堂除了祭祖、正化、教化，还被作为商讨家族重大事情的“公共场所”，族人进行礼制、礼法、礼教宣传教育的活动场所，甚至还有乡村道德法庭的作用，是处理家庭内部事务、赏勤罚懒、化解纠纷、处理矛盾的地方。传统的祠堂具有四大功能，即：教化功能，指以祠堂为核心的传统文化对族众进行教育、感化的活动；规范功能，指祠堂文化对族众中每个成员的行为方式所起的约束作用；维系功能，指祠堂文化起着统一族众的行为与思想的作用，使社会生活保持稳定，使族众群体内所有成员保持向心力与凝聚力；调节功能，通过祠堂文化活动中的娱乐、宣泄、补偿等方式，使人类社会生活和心理本能得到调剂的功能。祠堂起源于原始社会的自然崇拜和祖先崇拜，产生于周朝的宗庙。“祠堂”一词最早出现于汉代。汉代王逸《楚辞章句·天问序》：“屈原见楚王之庙及公卿祠堂。”这是历史文献中关于“祠堂”一词的最早记载。到了唐朝，规定五品以上兼爵位者可立“家庙”。在宋朝以前，立庙祭祖一般都是上层贵族的特权，到了宋朝，民间立庙祭祖的越礼现象时有发生。随着封建礼制的不断强化，“宗庙”一词专指帝王祭祀的场所，“祠堂”成为庶民祭祖的场所。因此，一般认为民间建祠始于宋代。明朝嘉靖时期，明世宗采纳了礼部尚书夏言的建议，允许臣民在家设立家庙祭祀祖先。至此，民间祭祖得以合法化，也标志着真正意义上的宗族祭祀祠堂正式诞生。民间掀起了建立祠堂高潮，福建、广东、江西、浙江、安徽等地涌现出大量宗祠建筑，宗祠在中国开始普遍化。中华人民共和国建立后，在土地改革、人民公社化运动以及“文化大革命”等政治运动中，祠堂成为重灾区，尤其是祠堂在“文化大革命”“破四旧”运动中被大量拆除。改革开放至今，祠堂作为乡土村落的精神广场正扮演着新的时代角色，祠堂已有村史展馆、农家书屋、曲艺社、专题展览室、老人活动中心和健身娱乐区等多种身份，成为村民娱乐健身、学习知识、聊天休闲的重要场所，成为农村公共文化服务体系建设的重要依托。

宗族

宗族又称“家族”，是指同宗同族之人。

《尔雅·释亲》：“父之党为宗族。”“族”是指父系单系亲属集团，即以一成年男性为中心（称“宗子”或“族长”），按照父系继嗣原则上溯下延，并通过族谱、谱碑等集体表征以及祭祀祖先等仪式活动，使得父系继嗣的秩序原则得以确认和保障，这是宗族的主线。主线旁有若干支线，支线的排列顺序以与主线之间血缘关系的远近为依据而决定。宗族由祠堂、族谱、籍田三大基本要素组成，仪式活动主要包括婚礼、葬礼、拜年、祭祀四种。宗族作为一种有血缘和地缘关系的社会群体或社会组织，是以实行族长制和长幼尊卑有序的族人关系制度。宗族最初是人们为了生存、安全、社交的需要，由几个核心家庭松散地组成，或者在发展中主动或者被动地并入更大的部落社区，也可以由于部落性庆典、狩猎活动或战争而偶尔结合起来。一个宗族通常表现为一个姓氏，如春秋时期晋国六卿中的赵氏、韩氏、魏氏、智氏、范氏、中行氏六家。中国的封建统治者非常重视宗族制，宗族是仅次于社会行政组织的社会集团，是维护封建秩序的细胞和基础，发挥着组织和控制地方的社会功能。1949年中华人民共和国成立，宗法制度作为封建旧制度的统治基础被彻底推翻，后经过土地改革和人民公社运动，宗族势力遭受沉重打击。

九族

指本身以上的父、祖、曾祖、高祖和以下的子、孙、曾孙、玄孙。九族泛指亲属。

中国古代立宗法、定丧服，皆以此为准。《三字经》："高曾祖，父而身。身而子，子而孙。自子孙，至玄曾。乃九族，人之伦。""九族"主要包括高祖、曾祖、祖父、父亲、己身、子、孙、曾孙、玄孙。也有说法认为"九族"范畴还包括异姓亲属，即父族四、母族三、妻族二。父族四是指姑之子（姑姑的子女），姊妹之子（外甥），女儿之子（外孙），己之同族（父母、兄弟、姐妹、儿女）；母族三是指母之父（外祖父）、母之母（外祖母）、从母子（娘舅）；妻族二是指岳父、岳母。在中国封建社会实行严酷的株连亲属的刑法制度，如一人犯大法，往往被灭"九族"，即"株连九族"。这种族刑连坐的极端重刑主义是封建集权专制政治镇压百姓维护统治的手段。商鞅曾说："重刑连其罪，则民不敢试。民不敢试，故无刑也。"（《商君书·赏刑》）中国春秋时期，就丌始有"三族"的记载。除秦国外，其他诸侯国也不缺乏族刑的案例。在秦国商鞅当政之后，族刑连坐的重刑制度得到推广和实施。从秦始皇开始，"族诛"的酷法愈演愈烈，大凡"以古非今""挟书""妄言""诽谤"皆施以族刑。随后的历朝历代，族刑连坐的酷法继续延续甚至加重，由诛三族、五族到九族，株连最广的是明成祖朱棣杀方孝孺，诛其"十族"。

家谱

又称族谱、家乘、祖谱、谱牒、宗谱等，是记载某个姓氏家族子孙世系传承之书，具有区分家族成员血缘关系亲疏远近的作用，是中国封建宗法制度的产物。

在历史上，家谱是影响人数最多、影响时间最长、影响面最广的历史书籍之一。家谱是以记载一个父系血缘家族世系与人物世系为中心的历史文献，最初是由记载古代帝王诸侯世系、事迹而逐渐演变来。先秦时，社会上流传有《周官》《世本》等谱学通书；秦汉以后，又出现了《帝王年谱》《潜夫论·志氏姓》《风俗通·姓氏篇》等谱学著作。到魏晋南北朝时，门阀制度盛行，家谱成了世族间婚姻和仕宦的主要依据，于是便迅速发展起来。唐朝政府设立了官方专门机构修订家谱。隋唐五代后，修谱之风从官方流行于民间，由官修变为私修，遍及各个家族，家谱所录内容不断丰富，其作用也不断增加和变化。家谱记录着一个家族的生命史，包括该家族的来源、迁徙的轨迹，也包罗了该家族生息、繁衍、婚姻、文化、族规、家约、组织系统、财产管理等历史文化的全过程，为研究家族在古代社会中的地位、作用、组织形式、管理方法等提供了丰富的资料。改革开放以后，中国大陆部分地区零星开始了新修家谱，在经济发达、与海外交往密切的地区，在经济交流的同时，修谱行为有利于唤起境外同胞和海外华人的家国情怀，对促进中华民族的凝聚力有积极作用。

家庭关系

基于婚姻关系、血缘关系或收养关系而形成的家庭成员之间的人际互动或联系。

家庭关系是家庭成员在家庭中的不同地位，扮演的不同角色，相互间的不同关系，以及由于这种关系所产生的家庭成员相互之间的权利和义务，是一种特殊的社会关系。家庭人数、家庭类型、家庭中的血亲和姻亲、家庭中已婚夫妇的对数、家庭中的代际层次、家庭成员间的区位距离和居住条件、家庭成员的生理心理道德文化修养等因素，在家庭内部对家庭关系有着重要影响。同时，社会生产方式、政治、法律、伦理道德、风俗习惯、文化传统、宗教因素也对家庭关系产生直接影响。家庭是以婚姻、血缘、法律为纽带的基本社会单位，包括父母、子女及生活在一起的其他亲属，是儿童社会化、供养老人、满足经济合作的人类亲密关系的基本单位，家庭关系的亲疏好坏，直接关系家庭内部的社会功能的发挥和家庭成员在家庭中权利义务的获得与履行。

在封建社会时期，中国家庭成员较多，亲属种类也较多，形成了家庭、家族、宗族等概念，当时的家庭关系也较为复杂，产生了父权制、长幼有序、重孝悌等观念。在现代中国，家庭关系通常包括夫妻关系、亲子关系、兄弟姐妹关系、婆媳关系、妯娌关系、祖孙关系、姑嫂关系、叔侄关系等。

嫡庶之分

嫡主要指封建宗法社会中的正妻，正妻所生子女为嫡生、嫡出。庶主要指平民百姓或姬妾及其所生子女。嫡庶关系是中国传统社会中重要的家族关系。

传统中国社会实行“一夫一妻多妾”的家庭组成形式，各个妻子之间地位不平等，这种差别就是嫡庶之分。嫡庶差别在唐宋以前比较盛行，经元明清之后而逐代减弱。传统中国社会中，一个男子只能有一位正妻，称为嫡妻。正妻与丈夫地位平等，在服制、车制等礼仪制度方面享受同等待遇，比如皇后的袆衣和皇帝的十二章衣，其襌、纽、约、佩、绶等配件是完全相同的。在宋元之前多数朝代，无特殊许可而有两位正妻的行为，会被处以一年以上徒刑和相应的杖刑处分，并被强制离婚，但后世渐趋宽松，明清时期有不少男性都有平妻。除正妻以外的其他配偶就是庶妻，但通常称作姬妾，按地位从高到低有媵（正妻的同族陪嫁女子）、妾的区别，另外亦会有一些没有经过正式婚姻仪式的女性，多为婢女或妓女等贱民女子，被称为妾或侍妾。此外，子女地位也因嫡庶之分表现出明显差距。按照生母地位不同，一般将子女划分为嫡出与庶出。传统中国大部分王朝均选择以“嫡长子继承制”作为皇位、爵位继承的第一选择。明代朱元璋在册封朱标为皇太子的册文中称：“国家建储，礼从长嫡，天下之本在焉。”可见，当时重嫡子轻庶子的思想盛行。

亲属称谓

对血亲、姻亲的称呼，或具有血亲关系、姻亲关系者的互称。

它是建立在亲属关系，即以血缘联系基础上的亲属之间相互称呼的名称、叫法，是以本人为轴心的确定亲属与本人的关系的标志，是由历代婚姻关系所构成的男女双方亲族关系的排列次序结构而成的。亲属称谓是语言中不可缺少的、十分常用的基本词汇，也是维系家庭和社会生活的重要纽带。它所标记的是人类社会普遍存在的亲属关系，是不同国家、不同民族文化传统、社会心理的反映。中国汉语亲属称谓受到宗法制度、儒家文化、传统农耕经济、婚姻制度、社会文化心理等多重因素的影响，具有划分精细、繁复庞杂、使用灵活等特点。中国古代有数千年的封建宗法传统，其结构是建立在无数个家庭组织之上，而这些家庭组织则是建立在内部成员系统化的关系的基础之上，可以说，整个社会结构的协调运作需要以家庭内部亲属制度的调整作为前提，这种亲属称谓制度不仅规定了家庭内部成员之间血亲和姻亲、直系和旁系之间的不同称谓，而且区分亲属成员之间的亲疏关系、辈分等级，具有强化家族成员之间复杂的亲缘关系和规范家族成员各自的权利和义务的作用。每个家庭成员根据自身的位置，被编定在某一种秩序当中，这如同一种无形的边界，限制规约着人的生存。中国传统文化中使用称谓时，遵从等级界限、长幼辈分，秩序井然。传统上，对长辈直呼其名是不可接受的，所以根据各种亲属关系，就形成了各种传统习俗的称谓。亲属称谓体现了各个亲属成员之间的关系及其身份所属的角色。例如，爷爷、奶奶、伯父、伯母、爸爸、妈妈、叔叔、婶婶、舅父、舅母、侄子、外甥等都是日常生活中常见亲属关系的反映。

分家

分家,又称"分开""分居""分吃"。因汉语方言的原因,全国各地称法不尽相同。分家主要是随着家庭人口发展,作为家长的父母为便于管理,或更好处理子辈、兄弟姐妹、妯娌关系而采取的办法。分家主要指把一个大家庭分开,分成若干个家。

分家是对大家庭财产的分配。财产中,主要是分配固定资产和资金,即父母的积蓄、父母的私产。分家的过程实际也是父母将财产传递给下一代的最重要步骤之一。通过这一个过程,年轻一代获得了对原属于其父母的部分财产的法定权利,对这一部分财产享有了专有权和处置权。通过分家,也实现了父母的财产在兄弟姐妹之间的相对平均分配。历史上在分家时,往往是父母在世时听从父母安排;若父亲离世,则常常立遗嘱或指定与大家庭较为亲近的长者来主持。一般来说,分家也就是已婚兄弟之间通过财产分割,从原有的大家庭中分离出去的状态和过程。在中国历史上,农民的家业和家产关键各有侧重,家业体现在分家过程中父辈与子辈之间的纵向传递,家产体现在兄弟之间的横向分割,对家业和家产的处置分配,也就是分家的过程。通过分家,一个完整的家庭解体,几个新的家庭成立、诞生。传统中国,分家时如果分家的儿子中尚有人未婚娶,则要从原总家产中分出一份未来婚娶的费用留给未婚娶的儿子,再由其余已婚的儿子对剩余家产进行均分。子辈分家后,父母尚在的,一般由父母选择轮流寄附到各个儿子家中吃饭,享受其赡养;或选择寄附在某一个儿子家中,由其他儿子共同给予赡养费用;也有父母独立生活,由各个儿子定期定量给予赡养费用的。因为中国多子多福的传统,家中子女众多,分家的情况在中华人民共和国成立初期较为常见。改革开放以后,中国在20世纪80年代到21世纪初长期实施独生子女政策,分家的情况在中国已越来越少见。21世纪初生育政策放宽后,随着物权和遗产相关法律法规的完善,相较于历史上的分家,遗嘱分配将是中国家庭向子代传承家业更为常见的形式。

邻里关系

指邻居或者同乡之间因居住地缘相邻而构成的互动关系。

邻里关系自古有之,而且是中国历史上一种十分重要的社会关系。特别是在普通百姓之间,比如互相借用生产生活用具,农忙时互助合作,闲时互相串门,逢年过节相互走访,遇到困难时相互支援,等等。在古时,邻里关系非常重要,谁破坏了这种关系,谁就有可能失去生存的外在环境和条件,谁就可能被动。在古人心目中,邻里关系的地位与价值是仅次于血缘宗族关系的较为重要的地缘关系。而对政治家来说,邻里关系的好坏是社会文明进步的重要标志,融洽的邻里关系不仅有利于社会的稳定,而且可以促进社会的进步发展。在历史上,"邻"是中国古代最小的居民行政组织,《说文》:"五家为邻。"《周礼》:"五家为邻,五邻为里。"即每五家组成一个"邻",每五个邻(即二十五家)组成一个里。因为同在一邻的人都居住得很近,所以"邻"后来引申为"邻近"的意思。《小尔雅》:"邻,近也。"因此,居住在一起的人们所形成的一种特殊的社会关系,最后被定称为"邻",是以地缘为基础而形成的社会关系。中国自古就有一句俗话叫作:"远亲不如近邻。"反映了邻里之间互相帮助依靠的社会现象。唐代诗人王勃也留下诗句:"海内存知己,天涯若比邻。"用"知己"和"比邻"来相对,反映出当时邻里关系在人们心目中的地位。

社区

是最小的社会单位,是由若干社会群体或社会组织聚集在某一个地域里所形成的一个生活上相互关联的大集体,是社会有机体最基本的内容,是宏观社会的缩影。

在国际上,目前社会学家给社区的定义有140多种。滕尼斯于1887年在《社区与社会》(*Community and*

Society，又译《共同体与社会》《礼俗社会与法理社会》）一书里首次提出“社区”的概念。1933 年，以中国学者费孝通为首的燕京大学学者在翻译美国社会学家帕克的论文集时，将 community 第一次译为“社区”，认为社区是若干社会群体（家族、氏族）或社会组织（机关、团体）聚集在某一地域所形成的一个生活相互关联的大集体。民政部在《关于在全国推进城市社区建设的意见》中指出，社区是聚居在一定地域范围内的人们所组成的社会生活共同体。目前中国大陆城市社区的范围，一般是指经过社区体制改革后做了规模调整的居民委员会所辖区域。现今中国大陆地区的社区，绝大部分是由城镇的居民委员会改名而来，少部分由并入城镇的村委会改名而来。中国大陆在社区设立了社区党组织和社区居民委员会，作为党和政府传递、落实政策和了解民情的最基层组织，指导和组织社区居民通过民主选举、民主监督、民主决策、民主管理等手段开展自我管理、自我教育、自我监督、自我服务。社区居民委员会在行政上接受街道办事处领导，由街道办事处接收并传达县级政府和县级部门部署的任务和指示。社区没有行政级别，社区居委会既不属于行政编制，也不是事业编制，社区居委会设置主任、副主任和委员 5—9 人，每 5 年一次换届选举，由社区全体年满 18 岁的居民投票产生。因此，大部分社区居委会的人员存在一定的变动性。目前，中国大陆社区的管辖规模大小各异，小的社区有 700—1 500 户，大的社区也有管辖 2 万—3 万户的情况。

街道办事处

简称街道办、街办等，属于地方行政机关，是中华人民共和国的市辖区和不设区的市人民政府的派出机关。

相关法律规定，市辖区、不设区的市的人民政府，经上一级人民政府批准，可以设立若干个街道，其管理机构为街道办事处，作为市辖区、不设区的市的派出机关。街道办事处行政级别一般相当于乡、镇一级行政区。街道办事处位于基层行政机关末端和基层社会建设顶端之间，是连接政府与居民之间的桥梁，是国家行政权力与基层社会互动的枢纽平台，处于城市基层管理第一线。街道办事处作为区（市）人民政府的派出机关，为城市的建设和发展发挥了历史性积极作用，随着城市经济飞速发展和社会主义市场经济体制的逐步建立，街道办事处的作用更显重要，其主要职责是：办理市、市辖区的人民委员会有关居民工作的交办事项，指导居民委员会的工作，反映居民的意见和要求。街道办事处是城市基层社会治理的主体，而乡镇政府是农村基层社会治理的主体，这是二者的主要差异。镇改街道办事处有着与城市街道办事处和农村乡镇政府相似的特征，但是又有别于城市街道办事处和农村乡镇政府。随着中国大陆地区城市化进程的加快，国内有很多县开始撤销镇，设立街道，将街道作为县以下行政区划单位，在县内设立街道办事处，作为县人民政府的派出机关。也有一些地方，一些发展较快的郊区乡镇，在仍旧保留原来的乡镇建制的同时，在乡镇政府加挂“地区办事处”牌子。街道往下多划分为社区，街道办事处在社区治理工作中的地位日益重要。在镇改街道进程中，原农村地区的基层社会转变为城市街道基层社会，治理主体也由政府性质转变为派出机关性质。

居民委员会

居民自我管理、自我教育、自我服务的基层群众性自治组织。

在中国大陆的城市地区，居民通过居民委员会制度直接行使宪法赋予的自治权和民主管理经济、文化和社会事务的权利。中华人民共和国成立初期，城市居民委员会一般在城市街道办事处管辖范围内设立，之后逐步扩展到县城和乡镇人民政府所在地进行设立。居民委员会的设立、撤销、规模调整由县（市、区）人民政府决定，其管辖范围一般根据居民居住状况、便于居民自治原则进行划分，居民委员会管辖户数一般在数百户到数千户不等。居民委员会一般由主任、副主任和委员共

5—9 人组成，由本居住区全体年满 18 岁的居民或每户派户代表民主选举产生，也可根据居民意愿由每个居民小组民主选举的 2—3 名居民代表召开居民会议选举产生，每届任期五年，可连选连任。居民委员会的基本职责是：宣传法律法规和国家政策，维护居民合法权益，教育居民履行法律义务，办理本居住地区的公共事务和公益事业，调解民间纠纷，向本居住区的居民会议报告工作并执行居民会议的决定，协助维护社会治安，协助基层人民政府或其派出机构做好与居民利益密切相关的公共卫生、社会救助等工作，向基层人民政府反映人民群众的意见、要求和提出建议。中华人民共和国第一个居民委员会是 1949 年 10 月 23 日诞生的杭州市城区紫阳街道上羊市街居民委员会。

乡镇

指乡和镇。乡级区划是中国大陆地区现行的最基层的行政区划。

乡镇一头连接城市、区县，一头连接农村、社区，在中国农村乃至整个国家经济社会发展中发挥着基础性作用，它是国家联系人民群众的纽带。乡镇作为国家设置的一种地方行政建制，通常具有行政名称固定、行政地域完整、人口规模适度、机构设置合理、职能定位科学、管理层级有序、组织制度规范等特征。“乡制”始于西周，已有 3 000 多年的历史。几千年间，中国乡镇设置不断演变。中华人民共和国成立后，在 1954 年宪法中，明确了乡镇作为最基础的政权组织地位。在“文化大革命”期间，乡镇调整为人民公社，实行政社合一体制，兼有国家行政管理和集体经济经营双重职能。改革开放以后，随着农村家庭承包制的普遍施行，人民公社制度逐步解体，1982 年宪法规定“乡、民族乡、镇设立人民代表大会和人民政府”，“乡、民族乡、镇的人民政府执行本级人民代表大会的决议和上级国家行政机关的决定和命令，治理本行政区域内的行政工作”，“农村按居住地设立的村民委员会是基层群众性自治组织”，从此确立起“乡政村治”体制模式。当时的乡镇一般为原有的人民公社改建，其管辖范围一般为原有的人民公社的管辖范围。1986 年以后，为适应社会经济发展和基层管理的实际需要，全国各地对部分规模较小的乡镇进行了一定程度的撤并。21 世纪初，随着县域经济的快速发展和全国城市化建设的不断推进，部分发展较快的县城驻地乡镇及县城周边乡镇开始逐步撤镇，改设街道办事处或者在镇的基础上加挂街道办事处牌子，增加了城市基层管理职能。

村民委员会

中国大陆地区乡镇人民政府所辖行政村的村民选举产生的农村基层群众性自治组织，其管辖范围、人口规模的调整由县一级人民政府决定。

根据《中华人民共和国宪法》规定，在农村建立基层群众性自治组织，实行农村基层群众直接行使民主权利，是社会主义民主政治的一项重要制度，是人民当家作主的一个重要方面。村民委员会是村民自我管理、自我教育、自我服务的基层群众性自治组织，实行民主选举、民主决策、民主管理、民主监督。村民委员会一般由主任、副主任和委员共 3—7 人组成，村民委员会的领导成员由本村全体年满 18 岁以上的村民民主选举产生，每届任期五年，届满时实施换届选举，可连选连任。为扩展基层民主，《中华人民共和国村民委员会组织法》等相关法律法规规定了村民委员会的民主选举程序，并规定村委会实行民主决策制度，涉及村民利益的事项，村民委员会必须提请村民会议讨论决定，乡、民族乡、镇的人民政府不得干预依法属于村民自治范围内的事项；为加强群众对村民委员会干部的民主监督，村民委员会实施村务公开制度。村民委员会的主要职责是：宣传国家法律法规和政策，负责办理本村的公共服务和公益事业，调解本村民间纠纷，协助维护社会治安，并向基层人民政府反映村民的意见、要求和提出建议，依法管理属于本村村民集体所有的土地和其他财产，支持村民依法发展各种形式的合作经济和其他经济，保障集体经济组织和村民的合法财产权益等，向村民会议和村民代表会议报告工作，执行村民会议和村民代表会议的决定。

单位

一般指机关、团体、法人、企业等非自然人的实体或其下属部门等工薪阶层工作的地方，一般分为政府单位、事业单位、企业单位。单位是中国大陆特有的说法。按国家统计局最权威的指标解释规定："单位是指能以自己的名义拥有资产、发生负债、从事经济活动并与其他实体进行交易的经济实体。"

1949年中华人民共和国成立后，政府为了动员一切资源，实现军事、工业赶超目标的国防优先和重工业优先的战略，并为了确保这一战略的实现，对社会生活实行了全面干预与控制，在全国将单位制度作为联结国家与社会关系的最基本的制度形式。单位制度最突出的特征是国家与社会的合二为一。在中华人民共和国逐步形成的政治结构中，单位组织有其强大的体制功能：单位一方面是国家权威的底层结构，是政治体系的有机构成者，另一方面又是唯一的社会组织形式，是社会体系的基本单元，负责生产资料和生活资料的分配。单位一头依附国家，一头联结个人，构成了一张巨型的社会组织网络。中华人民共和国建国初期，单位制度承担了几乎所有的社会职能，是民众满足其大部分需求的基本制度安排。在当时，每一个单位都投入大量的成本为单位成员提供基本的生活需要，典型的单位组织一般都有房管科、招待所、职工医院、幼儿园、离退休办公室、服务公司等部门，单位不仅作为个人就业的机会与场所，也作为个人生活方方面面的坚实依托。对于单位中的个人而言，个人的社会性需求只有在单位中才可能得到满足，离开了单位，个人寸步难行。1978年改革开放以后，个体私营、合伙等社会实体逐步涌现，在单位之外就业生活的人口逐步增多。1991年以后，随着中国大陆的经济改革、社会转型，为应对群众日益多元的需求，原先由单位制度所提供的住房、招待所、职工医院、幼儿园、服务公司等部门逐步从法人单位剥离，作为社会经营主体成为独立法人为社会全体群众服务。目前，在中国大陆，只有具备法人资格的机关、团体、企业、事业单位，才能称为单位。

社会团体

在中国大陆，社会团体是由一定数量的公民或企事业法人单位自愿组成的、依法登记取得法人资格、按照章程开展活动的非营利性社会组织。社会团体主要包括行业性社团、学术性社团、专业性社团和联合性社团，常见的社会团体一般活跃在政治、宗教、科技、文化、艺术、慈善事业等某一社会领域，国家机关以外的组织可以作为单位会员加入社会团体。根据《社会团体登记管理条例》，中国大陆对社会团体实行业务主管单位和登记管理机关双重管理和监督。业务主管单位是指对社会团体活跃的特定领域所负责的县级以上各级人民政府有关部门及其授权的组织，登记管理机关是县级以上各级人民政府民政部门。根据被批准活动的范围不同，社会团体分为全国性社会团体和地方性社会团体。社会团体申请登记时，需在获得业务主管单位批准文件的同时，具备6个基本条件：一是有50个以上的个人会员或者30个以上的单位会员，或者个人会员、单位会员总数不少于50个；二是有规范的名称和相应的组织机构；三是有合法、固定的住所；四是有与其业务活动相适应的专职工作人员；五是有合法的资产和经费来源；六是有独立承担民事责任的能力。截至2017年年底，中国大陆社会团体登记总数373 194个，社会组织总量突破80万个。

敬老院

又称养老院，是为老年人提供养老服务的非营利性组织。

敬老院通常由地方政府、慈善机构或企业等开办，能接收有各种各样需求的老人。中国大陆的敬老院是在农村“五保户”的基础上发展起来的。1956年农业合作化时期,农业生产合作社对缺乏劳动能力且生活没有依靠的人,实行保吃、保穿、保烧、保医、保葬(儿童则为保教),简称“五保”。1958年中国人民公社化时期,对五保户实行集中供养,在全国各地兴办了一批敬老院。1978年以来,随着农村实行联产承包责任制和集体经济的发展,敬老院得到进一步的巩固和发展。当前,中国正逐步进入老龄化社会。据统计,到2020年,中国的老年人口达到2.48亿人,老龄化水平达到17.17%。到2050年,中国的老年人口总量将超过4亿人,老龄化水平将超过30%。“银发时代”的到来推动着中国养老事业的发展,以养老院为主的机构养老方式成为中国老人重要的养老选择。养老院主要划分为三种模式:政府福利型,即主要由政府组织开发和经营管理的社会福利性老年机构,这种类型属于传统的养老院与福利院;政府收益型,即主要是由政府相关部门联合组织开发和经营,以出租的形式收取一定费用的老年住宅形式;企业盈利型,即由企业投资开发建设及运营的初级大型老年综合社区,拥有基本的老年社区设计配套设施。

幼儿园

旧称蒙养院、幼稚园,是一种学前教育机构,用于对幼儿集中进行保育和教育,通常接纳3—6岁的幼儿。

英国的实业家、慈善家罗伯特·欧文于1816年创办了世界上第一所幼儿学校,欧文也成为历史上第一个创立学前教育机构(托儿所、幼儿园)的教育理论家和实践者。可见,最早的幼儿园是具有慈善性质的社会福利机构。

中国关于幼儿园的最早思想出现在维新运动领导人康有为的代表作《大同书》中,书中康有为首次提出了系统的儿童公育思想,设想了从胎教到幼教完整的学前公共教育体系,该思想主张消灭家庭,由公立政府公养儿童。虽然这一思想具有空想性,幼教主张也欠缺科学儿童观的指导,在当时条件下不可能实现,但却具有深刻的启蒙价值,对中国近代儿童公育思想的发展以及公共学前教育机构的产生都起到了奠基和促进作用。后来,清朝政府颁布了带有资产阶级性质的中国第一个系统学制,该制度规定了对2—6岁儿童进行教育的蒙养院。中国最早出现的蒙养院是1903年的武昌模范小学蒙养院。幼儿园是解除家庭在培养儿童时所受时间、空间、环境的制约,让幼儿身体、智力和心情得以健康发展的场域。幼儿园教育作为整个教育体系基础的基础,是对儿童进行预备教育(性格完整健康、行为习惯良好、初步的自然与社会常识),其教育课程没有明显的区分,主要以语言、科学、艺术、健康和社会等五个领域的课程及各种活动构成。游戏是幼儿园里幼儿教育与生活的最主要内容。

中华人民共和国成立后,尤其是改革开放以来,中国的幼教事业获得突飞猛进的发展,幼儿园遍布城乡各地,办园水平和幼教质量不断提升。幼教事业不仅是关系千家万户的民生工程,而且从娃娃抓起,在提高全民族文化素养方面也发挥了重要作用。

社会文化

中华民族

中华民族是生活在中华大地上所有民族及海外华人的统称。

自1902年梁启超(1873—1929)在其著作《论中国学术思想变迁之大势》中首次提出“中华民族”一词以后,沿用至今。中华各民族分布广泛、人口众多,共有13.9亿多人口(据2017年统计),包括汉族和55个少数民族。随着中华民族概念在内涵和外延上的不断引申和发展,中华民族不仅是中国各民族所组成的共同体的代称,更是与中国的国家、民族、地域、历史、文化紧密相连的整体的代称,也是民族精神、民族情感的凝聚和象征。中华各族虽在经济、文化、科技等方面发展程度不同,分布区域有别,但相互融合、相互影响,已形成“多元一体”格局，对于推动中华民族大发展、大繁荣都贡献了积极力量。中华民族有近 4 000 年有文字可考的历史，各族人民在长期的历史发展中，共同创造了统一的国家和悠久的文化。

先秦时期的华夏族在中原地区繁衍生息，公元前 221 年，秦始皇建立了中国历史上第一个统一的多民族的中央集权制封建国家，汉代通过文化交融，使汉族正式成形，奠定了中国主体民族的基础。两千多年来，各族虽存在过冲突摩擦，甚至以战争推动王朝更迭，但赞成平等的联合、反对压迫剥削，是各族人民创造中华历史的主流。

1840 年鸦片战争以后，近代中国逐渐沦为半殖民地半封建社会，各族人民表现出不甘屈服于内外压迫的顽强反抗精神和革命意志。1919 年“五四运动”以后，各族人民在中国共产党领导下共同进行反对帝国主义、封建主义和官僚资本主义的斗争，取得了新民主主义革命的伟大胜利，建立了中华人民共和国，废除了民族压迫制度，实现了民族平等。中华人民共和国成立以后，各少数民族聚居的地方实行民族区域自治，进一步巩固国家民族关系的健康稳定。2018 年，“中华民族”首次写入《中华人民共和国宪法修正案》，为巩固和发展中华民族多元一体格局、实现中华民族伟大复兴提供了更加坚实的法理依据和宪法保障。

移民

人口在不同地区之间的迁移活动的总称，可指迁往国外某一地区长久居住的人，也可指较大数量且有组织的人口迁移。

古往今来，移民都是重要的人口地理和社会现象。移民活动既能扩大人类生存空间场域，加速人类文明发展进步，提升不同种族的融合互通，又可能导致族群冲突、社会排斥分裂、次生贫困、生存环境恶化等。移民按照自身意愿可划分为自愿移民和非自愿移民。自愿移民是指为寻求更好的发展机会或更好的生活方式而主动选择的迁移；非自愿移民是由于各种外力因素，如战争、灾害、国家建设而被动导致的人口迁移。中国历史上，黄河古道中下游地区是古代中国人口分布重心，至秦汉之际占全国人口比重的 80%左右。西晋“永嘉之乱”时期是中国古代人口大迁徙的第一次高峰，百姓逐渐开始向南方迁移。唐朝的“安史之乱”，约有 100 万人南迁，从根本上改变了中国人口分布以黄河流域为重心的格局，中国南北人口分布比例第一次达到均衡。北宋末年“靖康之乱”，山东、河南等地的汉族人大规模南迁到长江中下游地区。清朝初期，清廷采取鼓励政策，吸引外省移民入川垦荒，湖北、湖南、江西、广东、广西等 10 余个省的百姓来四川定居，这就是中国历史上的“湖广填四川”。近代中国发生了几次大规模的人口迁移，包括向东北移民的“闯关东”、向内蒙古地区移民的“走西口”和向南洋区域移民的“下南洋”。中华人民共和国成立以来，中国的三峡移民工程在世界水利史上亘古未有。三峡移民工程自 1993 年到 2010 年共 18 年，涉及重庆、湖北两省市的 130 多万群众，三峡百万移民“舍小家为大家”的精神成为新时期中华民族精神和时代精神的集中体现。

北京胡同

“胡同”原是蒙古语的译音。“胡同”也叫“里弄”“巷弄”“巷”，是指城镇或乡村里主要街道之间比较小的街道，一直通向居民区的内部。

胡同是北京特有的一种古老的城市小巷。北京胡同是北京千年古都的精髓、百姓生活的缩影、风土人情的凝结和生命记忆的空间，承载着京味历史，传承着老北京文化。北京胡同大多围绕在紫禁城周围，大部分形成于中国历史上的元、明、清三个朝代。北京胡同的走向多为正东正西，宽度一般不过 9 米。胡同里的建筑几乎都是四合院，是一种由东西南北四座房屋，以四四方方的对称形式围在一起的建筑物。大大小小的四合院一个紧挨一个排列起来，它们之间的通道就是胡同。北京胡同数量繁多，按照老北京的民谚说："大胡同就有三千六，小胡同多如牛毛数。"其实是指胡同太多，数也数不清。在元朝时期，据《析津志辑佚》记载："三百八十四火巷，二十九通。"意思是共有街巷413条，其中有29条胡同，而那384条火巷，其实也就是广义上的胡同。到了清朝，内城的街巷胡同发展到了1 400多条，外城的街巷胡同也有600多条，共计2 000多条，其中直接称为胡同的就有970多条。到1944年，北京胡同又增加了不少，当时的日本人多田贞一著的《北京地名志》一书中记载，当时的北京胡同共有3 300多条。1982年中国展望出版社出版的《古今北京》一书中记载："至今，北京城区的胡同约有4 550条。"北京胡同的命名五花八门，各有特色：有的以人物命名，如文丞相胡同；有的以市场、商品命名，如金鱼胡同；有的以北京土语命名，如闷葫芦罐胡同等。北京最长的胡同是东西交民巷，全长6.5千米；最短的一尺大街，长不过十几米；最窄的胡同要数前门大栅栏地区的钱市胡同，宽仅0.7米。

四大民居

指中国传统的民居中最有特点的四种，分别是北京四合院、陕西的窑洞、广西"干栏式"房屋和客家围龙屋。

北京四合院是位于中国北京的四合院建筑。由于北京是四合院最常见也最有特色的一个城市，因此人们提起四合院常常就是指北京四合院。北京城保持了中国元朝大都时期的很多街道和建筑，其中就包括了四合院。可以说，四合院积淀了几百年来深厚的北京文化，成为老北京城的一张名片。陕西窑洞，是中国北方黄土高原上特有的汉族民居形式，分土窑洞、石窑洞、砖窑洞、土基子窑洞、柳椽柳巴子窑洞和接口子窑洞等多种类型。追溯到4 000多年前，由于黄土高原上的黄土粘、硬，不易塌陷，生活在此处的汉族先民就有了挖穴而居的习俗。窑洞依山而建，在天然土壁上水平向里凿土挖洞，施工简便，便于自建，造价低廉，而且住在里面冬暖夏凉，成为当地百姓的主要居住形式。干栏式建筑是南方少数民族的建筑风格，最早的干栏式建筑大概产生在河姆渡时期。干栏式建筑古时流行于南方百越民族的居住区，这种建筑以竹木为主要建筑材料，主要是两层建筑，下层放养动物和堆放杂物，上层住人。现在这种建筑主要流行于壮族居住的比较偏远的地区，包括广西中西部、云南东南部、贵州西南部。客家土楼围龙屋是客家人最典型、最成熟、最具特质的民居建筑。现存的福建土楼就是其典型代表。它承袭并发展了华夏民居建筑的人文精神和营造艺术传统，其方、圆式围楼结构和堂、横屋纵横交织的综合性大型建筑形制，具有极强的中国传统伦理观念及风水意识。围龙屋的客家文化内涵十分丰富，从建筑风格到民风民俗，处处展示了客家的人文历史，是客家文化的重要象征，被众多国内外专家誉为东方璀璨明珠、民居建筑奇葩。

草市

中国旧时乡村的定期集市。宋朝开始民间在各城市城墙范围之外发展起来的商业区，因为市场房舍主要是用草盖成或一开始是买卖草料的市集，所以命名为草市。

草市最初是民间乡下自发的商贩聚集地，没有正规的规划，是城市外不受法律保护的商业区，里面的摊位不交或很少交税。历史上各地对草市也有不同俗称，如广东、广西、福建等地称"墟"，四川、贵州等地称"场"，北方称"集"。草市的起源很早，东晋时建康（今江苏省南京市）城外就有草市，草市大都位于水陆交通要道或津渡及驿站所在地。相对于城市城墙内由政府规划固定做买卖的地方的市场，草市的自由度更高。到北宋时期，部分草市逐渐发展成为繁荣的居民点，甚至发展成为城市在城墙外新的商业区，与城墙以内的原有市区并无区别甚至超过城墙以内的市区。针对这一情况，北宋在王安石变法期间，开始逐步将草市视为城市的一部分加以管理，同乡村地区加以区别。此后，草市逐渐融入附近城市，发展成为城外的镇。时至今日，中国很多城市也还保留以“草市”命名的地名，如四川省成都市有草市街，湖南省衡东县有草市镇。

赶集

一种自古就有的民间生活习俗，是中国劳动人民在物质经济不发达时期必不可少的一项活动。这种习俗在中国北方叫“赶集”，云贵川一带称之为“赶场”或“赶街”，湘赣地区则称为“赶墟”，湘桂粤一带称为“赶闹子”，意指到集市上去做买卖交易或者闲逛玩耍。集市是定期聚集在固定地点进行商品交易活动的形式，指曾在商品经济不发达时期或地区遗留下来的一种货物贸易的组织形式，也称市集。因为集市的组织有一定的周期性，赶集也具有一定周期性。中国农村自古以来就有赶集的习俗。在古代，人们进行物资交换时，由于没有固定的日子和地点，又没有统一的标准，往往有一方容易吃亏。因此，人们都有希望有一个定期的公平合理的交换场所。西汉初期，中央通过各地官府明令规定：各村镇每旬逢“三、六、九”日或“一、四、七”日或“二、五、八”日为上集市进行物资交换的日期，集市上设有公证人叫价评议。这样，就形成了原始贸易市场。后来，人们就把上集进行物资交换称作“赶集”。随着社会物质资源的逐步丰富，人们对货物交易的频度需求越来越高，各地集市的组织时间也就越来越密集，从间隔数日到间隔一日到每日赶集，规模也越来越盛大，伴随社会的不断进步，集市的形态和功能也在发生变化，从最初商品交流的功能扩展成为民众聚会的重要场所，如今的广场空间也是从集市的形态逐步演变而来。

早市

早晨的时候买卖东西的人集中到了同一个地方，渐渐形成的聚集地。

早市进行交易，卖的东西一般都比较便宜。早市起源于宋朝。隋唐时期城市发展空前繁荣，政府将城市中特定区域单独规划为市，与居民区分离开，城中的市还受政府的严格控制，每日运营时间也受政府时间限制。到宋朝时，因海内外贸易更为发达，商品物资更为丰富，物资交易更为频繁，政府放松了对商业活动的监管，城市内作为商业区的市和作为居住区的坊的界限逐步被打破，政府对商品交易的地域和时间限制都也逐步放松，在这种情况下，宋朝时期开始出现了名为“晓市”的早市，主要用来缓解当时夜市较大的人流。时至今日，因为早市的货物价格更为便宜，各地民众和商贩也仍有赶早市的习惯。

夜市

夜间的集市，中国的夜市最早出现在唐朝。

由于唐朝城市规模的扩大和城市经济的发展，政府将城中市集运营的时间逐步延长到了晚上，全国的大中城镇都有一定规模的夜市活动。北宋时期商业更为繁荣，政府放松了对市场交易时间的限制，明令允许夜市，城市氛围更为热闹。南宋时期中国南方城市夜市更为空前，临安城（今浙江省杭州市）的夜市尤其有名，夜市接早市，通宵达旦，一年四季天天如此。到今天，夜市发展为部分城市主要于夜间做买卖的市场，主要有贩售杂货、饮食小吃、提供游戏活动等，在中国大陆及台湾地区、香港地区更是平民生活文化的重要代表之一。部分地区政府还针对商圈夜市进行设计规划，配合当地特色，以吸引游客而发展成为观光夜市，如今较为知名的夜市有开封鼓楼观光夜市、南京夫子庙夜市、台北士林观光夜市、西安钟鼓楼夜市等。

酒肆

又称酒家、酒馆、酒楼，是指贩卖、制造及销售酒的场所或区域。

《周礼·天官·内宰》：“凡建国，佐后立市，设其次，置其叙，正其肆，陈其货贿。”周朝人在筑城后即划出块地方设“市”（市场），市有“肆”，即专门陈列出卖货物的场地或店铺和作坊，酒肆就是其中的一种，是专门经营酒类的。据文献记载,早在春秋战国时期就已经有了酒肆。《诗经》:“有酒湑我,无酒酤我。”意思就是家中有酒赶快倒给我,要是没有酒就赶快去买。可见,当时市场应该比较繁华,酒可以随时买到。中国唐朝时期,酒肆文化勃兴。诗酒大唐赫赫盛名,酒肆成为唐代社会经济文化兴盛的剪影。唐朝时期的大小酒肆遍及全国城乡,高楼百尺酒旗招展。在京都长安和东都洛阳还有很多西域胡人开设的酒肆,金樽蕃酿、胡姬侍酒是吸引酒客的一种手段。宵禁始于唐朝,到了宋朝就已松弛,宋代有专门的酒务官员负责征收酒税,鼓励经商。明朝时期生产力进一步提升,酒肆生意更加繁盛,饮酒的场所也不断分化出各种等级,有平民百姓流连的小酒肆,也有达官贵人出入的高级酒楼。明代是中国资本主义萌芽的一个重要历史阶段,酒肆不仅供人饮酒买乐,也成为社交的重要场所。酒肆内八方客人云集,五行八作汇聚,三教九流出入,在当时也是传递社会新闻、交流商业信息的重要场所。清朝建立之后,酒肆得到更大发展,北京的各种酒楼、小酒肆不计其数。到了清末民初,很多西式酒楼餐馆也在沿海城市设立。

茶馆

人们以喝茶为形式进行约会、娱乐、议事、交换信息的空间。

茶馆作为在中国诞生已久的空间形态,已经形成各具特色的茶馆文化:巴蜀文化与四川茶馆,吴越文化与杭州茶室,京都文化与北京茶馆,海派文化与上海茶馆等,斑斓多姿,风格各异。中国茶馆文化的发展大致经历了四个阶段。第一阶段:唐代是茶馆形成期。唐代封演的《封氏闻见记》曾记载:“开元中……自邹、齐、沧、棣,渐至京邑,城市多开店铺,煮茶卖之,不问道俗,投钱取饮。”当时茶馆名称繁多,茶肆、茶坊、茶楼、茶园、茶室等,而且都与旅舍、饭馆结合在一起,尚未完全形成独立经营。第二阶段:宋代至清代是茶馆的发展时期。宋以后城市集镇兴起,且一些大城市三鼓后仍夜市不禁,商贸地点不再受划定的市场局限。在热闹的街市,交易往来通宵不断,这为茶馆发展提供了良好契机,并且开始独立经营。《水浒传》《清明上河图》都形象生动地再现了当时茶馆的真实情景,宋代的茶馆文化成为市民茶文化的一个突出标志。第三阶段:20 世纪上半叶是茶馆的陡增期。由于社会动荡、战乱不断,茶馆成为人们了解时局、预测形势发展和获取各种信息的主要场所。仅以四川成都来说,茶馆超过 1 000 家。浙江绍兴光沿河桥头就有上百家茶馆。第四阶段:中华人民共和国成立后是茶馆新发展期。中华人民共和国成立后,政府对茶馆进行了整顿、改造,茶馆成为人们健康向上的文化活动场所。“文革”期间,茶馆被取消。改革开放后,消失的茶馆重又复苏,新型的茶园和茶艺馆也如雨后春笋般涌现。茶馆是中国文学作品中反映社会时代的缩影,写茶馆最多的当推《儒林外史》,茶馆成为吴敬梓观察明清社会人情世态的窗口,他以客观而精到的笔墨实录了当时文人名士的茶文化生活。老舍的话剧《茶馆》通过裕泰茶馆中人物的遭遇,反映了戊戌变法、军阀混战和抗战胜利后国民党统治下的市情百态,小小的裕泰茶馆成为大社会的缩影。

乡贤

指品德、才学、为人为乡人所推崇和敬重的人,或是国家对有作为的地方或退休官员,或有崇高威望、为社会做出重大贡献的社会贤达去世后予以表彰的荣誉称号。乡贤一词始于东汉。

乡贤是属于社会学范畴的称谓,是对乡村精英群体的概括性描述。乡贤是封建中国乡绅中的良绅,以士大夫精神影响乡土社会,上利国家,下益乡民。乡贤群体具有双重身份:一是乡村的实际领导者。乡贤具有对故土的强烈认同感、责任感和归属感,以维护乡亲权益和谋求乡亲福祉为己任,再加上乡贤是本乡本土人,容易得到百姓的认同。同时,乡贤是经过科举制、捐纳制等选拔产生的,被封建统治者赋予各种政治、经济特权以负责乡村具体事务的管理。正是基于乡贤特有的地缘优越性、贤能贤德和政府赋权,乡贤成为封建社会中国乡村的实际领导者。二是封建政府的基层代理人。乡贤既在地方具有名誉声望,又熟悉政府法令政策,甚至可以对封建政府官员建言献策。因此乡贤能实现基层乡村社会愿望的上达,也能有效落实封建政府政令在乡村的实施。乡贤成为封建政府和基层乡民之间建立上传下达有效联系的桥梁,对实现乡村社会稳定具有重要作用。近现代以来,中国基层乡村发生巨大变化,传统农耕社会逐渐向城乡二元结构方向转型,农村不断凋敝,传统的乡贤文化逐渐暗淡。2017 年党的十九大召开,明确提出实施乡村振兴战略。2018 年《中共中央国务院关于实施乡村振兴战略的意见》中提出要积极发挥新乡贤作用。乡村振兴关键在人,新乡贤是乡村振兴的重要力量,需要通过涵养文明乡风,培育新乡贤文化,建立健全人才机制,培养新乡贤队伍,实现中国新时代的乡村振兴。

士绅

中国封建社会阶级结构的重要组成。具体而言,士绅主要包括:在政府组织的科举考试中取得生员以上功名的人;因向政府捐纳而获得虚名实衔的人;曾为官,年老还乡的人;曾经获得军功的退职人员;在政府组织的考试中考取武科功名的人。

士绅阶层的产生发展与士阶层紧密相连。士阶层是中国古代一个特殊的社会阶层。士的起源较早,相传舜时就曾经任命主管刑法的皋陶为“士”。到西周时期出现“天子、诸侯、卿大夫、士”的等级制度。春秋战国时期,因社会急剧变革,士阶层受到统治阶级特别的重视和礼遇,养士之风盛行。隋唐时期,科举制度加速士阶层与统治管理阶层的合流,士绅阶层由此产生。士绅阶层的来源主要包括以下方面:一是获得科举功名。中国自隋唐开科取士以来,官僚大多数都是科举出身,到明清尤甚。退休的官僚基本都具备科举背景。当然,并非所有的士绅都是退休官员,也可以是通过科举考试但并没有做官的秀才、贡生。二是捐纳制。封建政府在财政拮据时期,为缓解经济方面危机,便颁令允许官民捐银换得功名职位。捐纳之制为富家子弟获取官职提供渠道,从而提高社会地位、跻身士绅阶层的行列。三是军功制。这是封建政府对战功赫赫的将士授予军功头衔,以鼓励后继者为政府效命的手段。四是荫袭制。这是封建政府对显赫官吏的一种奖励优待政策,通过爵位或职位的世袭,保证官吏的后代拥有较高的社会地位。在封建中国为了实现有效治理,统治者采取县以下的基层事务由士绅为代表的地方有威望的人士进行管理的方式,就是社会学家费孝通先生所称的“双轨制”,他认为从中央到县的各级政府代表了自上而下的行政权,然而“皇权不下县”,县以下基层事务主要由以士绅为代表的地方权威负责,国家政权很少干涉。

士农工商

传统中国社会主体被划分为士、农、工、商四大社会集团。

春秋时期齐国的国相管仲主张把国民分成士、农、工、商四大阶层,即所谓“四民”,并要求“四民”按各自专业聚居在固定的区域,被称为“四民分业”。管仲是中国历史上最早提出士、农、工、商“四民”分业定居和肯定其地位作用的政治家。传统中国士、农、工、商四民虽然分业、别居,但并不是按照社会等级划分,而是根据他们对社会的贡献度的主次来进行顺序排位,这种社会形态被称为“四民社会”。“四民社会”是传统中国经济体制和国家管理体制的重大改革,对促进当时的社会安定和生产力发展发挥了巨大作用。士、农、工、商的“四民”排序在封建宗法社会的中国有其合理性。“士”专指学道艺和习武勇的男子,《唐·六典》:“凡习学文武者为士。”因此“士”包括文士和武士。同时“士”参与国家管理,因此排在第一位。农民在中国传统农耕社会是国家基石,农业发展对国家建设至关重要,因此农被排在第二的重要位置。齐国地处海滨,渔盐行业发达,具有周边诸侯国无法比拟的优势，且常常用经济手段与他国博弈较量。因此，管仲时期重视工的重要性，将其排列第三位。商人被放在最末位，是因为古代认为商人是不从事生产的寄生虫，专干投机取巧、舞弊钻营的事，他们唯利是图、道德败坏，代表的是贪婪和欲望，所以必须打压。《管子·轻重甲》篇对商人的界定是："万乘之国，必有万金之贾……非君所赖也，君之所与。"富商巨贾不是君王可以依赖的，如果放任自流，任其发展，必将操纵国家经济命脉，甚至干预政治，因此在发展商业的同时必须打击富商巨贾。

五行八作

古代中国对各行各业的传统俗称。

在不同的时代，五行八作有不同的具体指代。南宋吴自牧《梦粱录·团行》："有名为'团'者，如城西花团、泥路青果团、后市街柑子团、浑水闸鲞团，又有名为'行'者，如官巷方梳行、销金行、冠子行、城北鱼行、城东蟹行、姜行、菱行、北猪行、候潮门外南猪行、南土北土门菜行、坝子桥鲜鱼行、横河头布行、鸡鹅行，更有名为'市'者，如炭桥药市、官巷花市、融和市南坊珠子市、修义坊肉市、城北米市。""其他工役之人，或名为'作分'者，如碾玉作、钻卷作、篦刀作、腰带作、金银打钑作、裹贴作、铺翠作、裱褙作、装銮作、油作、木作、砖瓦作、泥水作、石作、竹作、漆作、钉铰作、箍桶作、裁缝作、修香浇烛作、打纸作、冥器等作分。"可见，南宋时期将各种行业分别称为"团""行""市""作分"（作坊）等。团、行、市多为商业，"作分"则是小手工业。从元、明、清直至民国，仍然沿用。其中，"五行"指车行、船行、店铺行、脚行、衙役行（或牙行）。这"五行"民间认为多有打劫、敲竹杠的行径，评价并不好。"八作"分别指金匠、银匠、铜匠、铁匠、锡匠、木匠、瓦匠、石匠等八种作坊。这些行当的从业者以走街串巷为生，吆喝叫卖是他们谋生的主要手段。经过数代人的不断改进，"五行八作"的吆喝成为民间艺术。

三教九流

泛指江湖上各种各样的人，也泛指宗教、学术中各种流派或者社会上的各种行业。

受到明清白话小说或现在的影视剧的影响，人们说到三教九流，常常理解为在中国旧时代闯荡江湖、从事各种不正当或者低等行当的人，有时伴有贬低意味，但其实此词本无褒贬。"三教九流"出自宋代赵彦卫《云麓漫钞》卷六："（梁武）帝问三教九流及汉朝旧事，了如目前。""三教"的说法起源于三国时期，指的是儒、释、道三种教派。儒，本非宗教，汉儒为了抬高孔子的地位，把它渲染得如宗教一般，并在祭祀孔子的典礼中掺入了宗教的仪式。自汉朝至"五四运动"前，儒教一直在中国文化界及思想界占重要地位，其中孟子、董仲舒等是代表人物。释，指东汉时期传入中国的佛教，因其为印度释迦牟尼所创而简称为释。道，以先秦老子"道"的学说为中心的学术流派。庄子继承和发展了老子的思想，被称为"道德家"，老子哲学思想具有朴素辩证法的思想。到东汉时期，道教被创立成一种宗教，尊奉老子为道教的始祖，讲究炼丹修道，寻求长生不老之法。"九流"的说法最早见于《汉书·艺文志》，其中收录诸子 189 家，但最重要的是九家，即儒家、道家、阴阳家、法家、名家、墨家、纵横家、杂家和农家。所以，"三教九流"实际上是泛指汉代之后中国的主要宗教和各种学术流派。

青楼

原意为"青漆粉饰之楼"，是指豪华精致的雅舍，有时又作为豪门高户的代称，后被偏指为妓院。

唐代之后，青楼的偏指之意则成了专指，专指烟花之地。与平康、北里、章台等词比较，青楼多了一些形象感，多了一丝风雅之气。因此，青楼成为烟花女子专营场所的总称。青楼产生于春秋时期，由管仲在齐国创立，后世记载"管子治齐，曾置'女闾七百'，以佐军需"。青楼在唐宋期间得到极大发展。据统计，在四万多首《全唐诗》中，每二十五首就有一首关于青楼的诗作；其中收录了二十多位青楼名妓的百十首诗，这仅是所有青楼女子诗作的十分之一左右。青楼在唐宋期间得以迅速发展，除了名士名妓曲折故事的传颂以及文人的诗词追捧之外，还有诸多因素。如：青楼主要面向的是士大夫阶层，封建社会的父母包办婚姻让该阶层更有在爱情与自由方面的渴望，青楼提供了这样的机会；士大夫阶层的知识分子是介于统治者和被统治者之间的群体，命运的不确定性和多变性使他们与同样命运无常的青楼女子之间达成了心灵的默契。中国历史上有不少才貌俱佳的青楼名妓，诸如苏小小、李师师、柳如是、董小宛、陈圆圆、李香君、小凤仙等，这些青楼名妓的才情和曲折故事成为中国封建时期青楼文化的重要组成。

丧葬

指办理丧事和埋葬死者。它是举行丧事，让死者有归宿、生者有悼念等相关事宜的仪式。

中国丧葬礼仪成熟完备于商周时期，至魏晋南北朝定型，儒释道三家之礼融会贯通于丧葬礼仪中。殷周时期对丧祭之事非常重视，把丧祭之礼作为礼的核心对待，并设有专门管理丧葬祭祀事宜的官职。王公贵族乃至普通百姓从始死、葬时、葬讫及日中而虞等事都有严格的礼仪规范，若有违背者，便被视为不孝。伴随社会历史变迁，各民族文化习俗共生共享，丧葬习俗作为其中一种重要的宗教信仰仪式也逐渐融合。现在中国绝大部分地区民间的丧葬礼仪基本上都以儒家推崇的周礼为主，道教礼仪、佛教礼仪为辅，三种仪礼融合混同，形成终别、安尸、报丧、入殓、守灵、祭奠、择吉、出殡、下葬、守孝、扫祭为基本程序的民间丧葬礼仪。丧葬作为一种文化现象，与传统的孝道祭祖、死者为大的思想感情有关，目的是前传后教而约定俗成。随着社会的发展，文明不断进步，殡葬制度的改革，长期形成的丧葬形式也在不断注入新的内容。

社会治理

宵禁

又称“禁夜”，是禁止一般人夜间在外活动的制度。“宵”即夜晚，“禁”即禁止。

封建社会时期，统治者对臣民作息时间做了大致规定，基本遵循“明而动，晦而休”的原则，目的是为了防盗，维持治安，以维护其统治，正所谓：“夜禁之设，所以弥盗也。”中国宵禁制度早在周朝（前 1046—前 256）便施行，周朝设置“司寤氏”一职专门负责夜禁事宜，到秦汉时期安排郎官守卫门户并警戒，之后中国各朝代均沿袭宵禁制度，并不断强化和完善。在唐朝前中期，宵禁制度更趋于法制化和系统化，达到顶峰。唐朝的《宫卫令》中有规定：每天晚上衙门的漏刻“昼刻”已尽，就擂响六百下“闭门鼓”；每天早上五更三点后，就擂响四百下“开门鼓”。凡是在“闭门鼓”后、“开门鼓”前在城里大街上无故行走的，就触犯“犯夜”罪名，要鞭打二十下。如果是为官府送信之类的公事，或是为了婚丧吉凶以及疾病买药看医的私事，才可以在得到街道巡逻者的同意后行走，但不可以出城。宵禁制度不仅是对人们作息时间的规定，更是官方防范和打击违法犯罪以保障城市安全而采取的制度措施。到唐朝中后期，再到宋朝年间，随着商业经济的繁荣，夜市等新业态的出现，宵禁制度逐渐取消。宵禁制度的松弛，进一步刺激了消费品市场的发展，满足市民需求的民间娱乐业得以兴起，推动了市民文化繁荣。

赈济

指用财物对灾民进行救济。

古代的中国是一个灾荒频繁的国家。据邓云特的《中国救荒史》统计：从公元前 18 世纪到清末，中国的各类灾荒数共计 5 187 次。经济史学家傅筑夫先生指出，一部二十四史，几乎就是一部中国灾荒史。大约从宋代开始，一批有识之士就系统地总结和整理源自官方和民间的诸多救荒经验和赈济措施，并著录成书，直到清末民初，此类赈济书籍有250余种之多，其中如《救荒活民书》《康济录》《筹济编》《荒政辑要》等书被当时的统治者奉为赈灾指南。为在抗灾救灾中做到未雨绸缪，实现有效赈济，传统中国统治者特别重视仓储制度的建设。国家在先秦平籴理论的基础上通过常平仓来稳定粮食价格，保证粮食供应。常平仓的主要作用除了稳定物价之外，就是赈济和借贷。在封建社会后期，社仓、义仓等仓储形式的发展成为仓储制度的重要组成部分。义仓的基本职能是赈济和借贷。社仓的主要功能也是赈贷，由于社仓立于本乡，遇到灾害可随时开仓，方便民众，因此赈济的及时性和效果俱佳。古代赈济发展中逐渐形成了比较完备的赈济制度，其中包括了灾情奏报制度、灾情勘验制度、以赈谷为主的赈济方式以及其他如移民就粟、赦免租赋减轻负担等等措施。

义仓

中国古代政府在地方设置的储存粮食以备荒年同济公众的粮仓。

义仓起源于隋朝，隋文帝在隋开皇五年（585）开始设义仓，规定民间百姓在每年粮食收获时要向义仓缴纳一定数量的粮食，存储在附近地方的义仓，用以在灾荒和战争年代发放粮食救济灾民。隋朝时，义仓最初设在里社，由当地人管理，也被称为社仓。在唐朝，义仓和社仓的概念逐步区分开，义仓由州县级的地方政府设立和管理，社仓则由每25户百姓组成的“社”一级来管理。清代规定，州、县设常平仓，市镇设立义仓，乡村设立社仓，互相区别。到清朝晚期，义仓制度名存实亡。至现代，2010年，“青原色井冈山大学人文纪录中心”发起和组织了现代意义上的义仓探索。2011年，成都爱有戏社区文化发展中心将义仓项目引入四川省成都市水井坊街道，对现代义仓进行了发展创新，其主要做法是：以“义仓文化”为核心，尝试在社区中建立以义仓文化为核心的社区参与式互助体系，为社区中的困境家庭募集米面油等食品、日用品、衣物等基础生活物资，每位社区居民（包括困难家庭）都可以通过捐赠的方式参与社区建设。义仓运行完全公开透明，让每位生活在社区的居民都能感受到义仓带给大家的爱和温暖，感受到浓浓的邻里深情。项目促进了社区居民邻里互助和社区融合。目前，中国大陆已有20多个城市的近200个社区实施了此类义仓项目，覆盖超过100万社区居民。通过对义仓文化的探索，建立了社区居民的邻里互助长效机制，促进了社区居民参与和社区融合，有效实现了社区内居民民间互助的可持续发展。

乡村建设

乡村建设运动（1926—1937）兴起于20世纪二三十年代的中国，是由城市知识精英倡导并进行实验的，以乡村教育为起点，以复兴农村社会为宗旨的大规模乡村社会建设运动。

20世纪初的中国，在经历了辛亥革命和国民革命的洗礼后，工业化和城市化获得较大发展，但传统中国自给自足的农村社会，却因天灾人祸、苛捐杂税和列强入侵濒临破产。为复兴日益衰败的农村经济，实现“民族自救”或“民族再造”，以平民教育促进会、中华职业教育社、山东乡村建设研究院、江苏省立教育学院、南京大学等为代表的一些教育学术研究机构以及社会团体，积极奔赴农村建立实验区，通过开展识字教育、普及科学知识、引进农业技术、改进农村旧习俗等活动，积极推进农村社会的改造。1932年，中华民国国民政府第二次内政会议召开，梁漱溟、晏阳初等乡村建设倡导者应邀参加，并对开展乡村建设和地方自治的相关问题展开专门讨论。1933年，国民政府行政院组建“农村复兴委员会”，提出“复兴农村”的口号，政府开始以官方姿态直接支持乡村建设。社会各界的广泛参与，使得乡村建设运动在全国开展起来。据统计，20世纪30年代全国从事乡村建设工作的团体和机构有600多个，先后设立的各种实验区有1 000多处。历时数十年的乡村建设运动关注中国底层的农村社会，促进中国农村现代化进程的发展，为推动中国社会变迁产生了深远影响。1937 年，由于中国全面抗日战争的爆发，乡村建设运动被迫终止。

费孝通和《乡土中国》

费孝通，江苏吴江（今江苏省苏州市吴江区）人，社会学家、人类学家、民族学家、社会活动家，中国社会学的总设计师。

费孝通于 1928 年考入东吴大学医预科，1938 年获得伦敦大学经济政治学院博士学位，1942 年加入中国民主政团同盟，1982 年被选为伦敦大学经济政治学院院士，1988 年获联合国大英百科全书奖。费孝通主要从事社会学、人类学研究，写下了数百万字的著作。1938 年费孝通在其导师马林诺夫斯基指导下完成了博士论文《江村经济》。《江村经济》是费孝通通过对中国东部太湖东南岸开弦弓村的实地考察而写成的，文章对开弦弓村的地理环境、村民的家庭结构、经济生产方式、财产分配与继承等进行了详细的描述，旨在通过一种人类学的描绘展现中国传统农村社会的深层结构和功能。《江村经济》被誉为“人类学实地调查和理论工作发展中的一个里程碑”，成为国际人类学界的经典之作。费孝通先后对中国黄河三角洲、长江三角洲、珠江三角洲等进行实地调查，提出既符合当地实际，又具有全局意义的重要发展思路与具体策略。费孝通一生论著甚丰，主要著作有：《江村经济》（英文版，1939）、《禄村农田》（1943）、《生育制度》（1947）、《乡土中国》（1948）、《乡土重建》（1948）、《从事社会学五十年》（1983）、《费孝通社会学文集》（1985）、《记小城镇及其他》（1986）、《边区开发与社会调查》（1987）、《费孝通民族研究文集》（1988）、《行行重行行——乡镇发展论述》（1992）、《费孝通文集》（1999）等。1980 年 3 月，国际应用人类学会授予他该年度马林诺夫斯基名誉奖；1981 年 11 月，英国皇家人类学会向他颁发了该年度赫胥黎奖章。费孝通被誉为中国社会学和人类学的奠基人之一。

民政

广义指国家除对军事以外的一切社会事务的管理，狭义指国家对户籍、兵役、救荒等社会事务的行政管理。

根据《中华人民共和国宪法》规定，中国在国务院下设民政部，负责管理全国的民政事务；在省、市、县三级地方政府下设民政部门，负责管理区域内的民政事务。在中国，凡属人民的政事，没有设立单独专业部门管辖的，就属于民政部门。1949 年中华人民共和国成立初期设立了中央人民政府内务部，1954 年改称中华人民共和国内务部，负责主管全国民政事务。1969 年撤销内务部，其主管的民政事务分归公安部、财政部、卫生部、国家计委劳动局、国务院政工小组办公室等部门管辖。1978 年，国务院恢复设立中华人民共和国民政部，作为主管有关社会行政事务的国务院组成部门，主管全国社会行政事务。此后，民政部门职能经历多次调整，2018 年年底到 2019 年年初新一轮政府机构改革后，民政部门在中央和地方各级人民政府分工承担的主要职能是：制定和实施民政领域事业发展法规政策、民间组织登记管理和执法、实施社会救助、指导基层政权和社区建设、实施行政区划和行政区域界线管理、负责地名管理、实施婚姻登记管理、实施殡葬管理、保障残疾人和儿童权益、促进慈善事业发展、推进社会工作人才建设和志愿者服务队伍建设等。

拥军优属

指拥护中国人民解放军，优待革命军人烈士家属。它是以巩固和加强军政军民团结为主旨，组织发动全国军民为中国革命、建设和改革事业团结奋斗的一项社会活动。

拥军优属是中国对军人的社会保障体系的重要组成部分，其主要内容为热爱人民军队；关心和支持军队的战备和建设；学习军队的优良传统和作风；安置好复员、退伍转业人员；做好烈属的抚恤和军属的优待工作等。拥军优属在中国大陆有很长的历史渊源，在中国革命和建设的各个历史时期均发挥了重大作用。在红军初创时期,中国共产党已经提出工农红军离不开工农群众的思想,要求军队爱护人民群众,苏区政府和人民支援红军、优待军属。抗日战争时期,陕甘宁边区政府组织开展了“拥护军队、优待抗日军人家属”活动,八路军留守兵团开展了“拥护政府、爱护人民”活动,改善和密切了边区的军政军民关系,形成了军民团结、共御外侮的生动局面。中华人民共和国成立后,特别是改革开放以来,拥军优属理论不断完善,内容不断拓展,形式不断创新,以军民共建社会主义精神文明为载体,广大军民参与拥军优属的热情空前高涨,在维护国家安全、统一和稳定中密切配合,在抗御严重自然灾害和重大疫病中并肩战斗,军政、军民团结显示了强大力量。

社会救助

也称社会救济,是指国家和社会对由于各种原因而陷入生存困境的公民给予财物接济和生活扶助,以保障其最低生活需要的制度。

社会救助是一项托底线、救急难、保民生的基础性制度性公益性安排,具体说来是国家或其他社会主体、组织机构对于因自然灾害、突发事故、疾病等原因失去劳动能力和生活来源,以及其他低收入公民给予的物质资助或精神帮助。它对于保障公民的基本生活需求,实现生活资源合理配置和社会公平、维护社会稳定与和谐发展,具有十分重要的作用和意义。中国政府历来重视社会救助工作,从以前实施的“五保户”政策到现在的城乡“低保”政策,以及养老院、福利院等养老助残机构等,都是这些政策举措的具体体现。

近些年来,随着经济社会的发展,社会救助的财力投入和救助力度不断提升,相关政策法规和机构设施不断完善。2014 年,国务院发布《社会救助暂行办法》,从制度到财政、救助对象、救助办法、救助范围以及社会力量参与等方面做了明确规定,是中国第一部统筹各项社会救助制度的行政法规,标志着中国社会救助工作的制度化、法规化建设和实施水平都达到了一个前所未有的新高度。

慈善机构

又称慈善组织或称公益组织。根据《中华人民共和国慈善法》的规定:慈善组织(慈善机构)是指依法成立、符合本法规定,以面向社会开展慈善活动为宗旨的非营利性组织。

慈善组织可以采取基金会、社会团体、社会服务机构等组织形式。设立慈善组织必须符合的条件包括:以开展慈善活动为宗旨;不以营利为目的;有自己的名称和住所;有组织章程;有必要的财产;有符合条件的组织机构和负责人等。可见,慈善机构是一种合法的、非政府的、非营利的、非党派性质的、非成员组织的、实行自主管理的、带有志愿性质的社会组织,其主要活动是致力于社会公益事业和解决各种社会性问题。西方学者常将慈善机构统归于非政府组织,中国学者则把它称作第三部门或非营利机构,以区别于政府组织和企业组织等。中国的慈善机构按照其组织形式可以分为事业单位、公益基金会与非营利性的人道救援组织三种。事业单位是指国家以社会公益为目的,由国家机关举办或者其他组织利用国有资产举办的,从事教育、科技、文化、卫生等活动的社会服务组织。公益基金会在中国主要分为公募与非公募两种,二者的区别在于可否面向公众募捐。非营利人道救援组织在中国门类较多,其中以中国红十字会最为知名。当前中国规模较大、业绩较好的十大慈善机构是中华慈善总会、中国残疾人联合会、中国青少年发展基金会、中国扶贫基金会、中国妇女发展基金会、中国红十字会、中国宋庆龄基金会、中华环保基金会、中华见义勇为基金会、中国光彩事业促进会等。

志愿者

指在不为任何物质报酬的情况下,为改进社会而提供服务、贡献个人的时间及精力的人。志愿者(有些地方称为义工)是一个没有国界限制的名称。

志愿者是不受私人利益的驱使、不受法律或政府的强制,是基于道义、信念、良知、同情心和责任感而从事公益事业的人或人群。志愿者精神是指一种自愿的、促进社会进步和完善社区工作的精神,是公众参与社会生活的一种重要方式,是公民社会和公民社会组织的精髓。志愿者精神表现为人与人之间的援助,因为它强调的是社会上个人对周围有需要的人的扶助责任,在于人和人相互之间的责任。1997 年 11 月 20 日,第 52 届联合国代表大会通过了包括中国在内的 123 个国家提交的 52/17 号提案,决定把 2001 年确定为国际志愿者年。志愿服务已成为现代文明社会不可或缺的重要内容,是人道主义援助、技术合作、改善人权、促进民主与和平的重要组成部分,志愿服务也成为许多非政府组织、专业性团体、商贸机构、民间组织及越来越多的个体组织开展活动的基础,在许多社会运动如消除文盲、免疫和环境保护等领域中,志愿者的作用不容忽视。时代在发展,志愿服务的需求在不断增加,今天比以往任何时候都需要志愿服务,如对由环境恶化、吸毒、艾滋病等全球性问题导致社会更趋脆弱的反叛潮流,对国际社会解决诸如发展中国家减轻贫困等问题的关注。从历史上看,中华民族自古便有团结友爱、助人为乐的传统美德。从“仁者爱人”“老吾老以及人之老,幼吾幼以及人之幼”的先哲古训,到“助人为乐”的雷锋精神、抗震救灾精神等,志愿精神一直释放着仁爱的光芒。

居家养老

指老年人以自己的家庭为主要养老场所,由政府和社会力量以社区为依托,为居家老年人提供生活照料、家政服务、康复护理以及精神慰藉等多方面服务的一种养老服务模式。

目前中国的城市养老方式主要有三种形式,即家庭养老、机构养老以及社区居家养老。居家养老服务内容主要包括生活照料与医疗服务以及精神关爱服务,主要形式包括由经过专业培训的服务人员上门为老年人开展照料服务以及在社区创办老年人日间服务中心,为老年人提供日托服务。中国的居家养老由大连市首创,它的最大特点是解决了机构养老不足的问题,将大龄下岗女职工和缺乏生活照顾、需要居家看护的老年人这两个困难群体相结合,调动社会和企业的力量出资建立家庭养老院,形成老人、养护员、政府等多方受益的良好模式。居家养老是介于传统家庭养老和机构养老之间的新型养老服务模式。随着中国经济社会的不断推进,传统家庭结构转型,家庭日趋小型化,家庭养老功能逐步弱化。居家养老以家庭为基础,社区、街道及政府共同承担养老产生的经济、时间以及人力问题,能够有效解决家庭结构小型化带来的老人照顾难题。此外,目前中国的经济发展水平尚无法全面发展以机构养老为主的老年人福利事业,居家养老节省了养老成本,适合于目前中国的经济发展水平。

社区营造

以居民需求为导向、社会组织为载体、社会工作人才为支撑,引导居民组织化参与社区公共事务。近几年在中国社区建设中已有诸多实践和发展,通过以居民为主体的集体行动,促进社区公共利益,解决社区问题,弘扬社区文化,培育社区社会资本,把社区建设成为出入相友、守望相助、疾病相扶、邻里相亲的社会生活共同体。

社区营造最早出现在英国,七橡树小镇以自然课堂和运动教育重塑自然文化环境,成为社区文化营造的典型代表。日本的社区营造又称为“造町运动”,产生于20 世纪 60 至 70 年代。日本千叶大学教授宫崎清将其划分为“人”“文”“地”“产”“景”五大类:“人”指的是社区居民需求的满足、人际关系的经营和生活福祉的创造;“文”指的是社区共同历史文化的延续,艺文活动的经营以及终身学习等;“地”指的是地理环境的保育与特色发扬,在地性的延续;“产”指的是在地经济与产业活动的集体经营等;“景”指的是社区公共空间的营造、生活环境的永续经营、独特景观的创造等。20世纪90年代,中国台湾地区引入日本社区营造的概念,目标是振兴本土文化,对乡村社区提出本土化的建设方针,进行社区总体营造。近年来,中国大陆开展了诸多社区营造实践,例如北京的“清河实验”,北京大栅栏地区对老旧街区的社区建设研究实践,四川成都形成的“还权”“赋能”“归位”为核心理念促进居民社区参与和社区融合的社区可持续总体营造行动等,均取得了良好效果。

⊙ 教育 ⊙

教育思想

有教无类

儒家的教育思想，出自《论语·卫灵公》，指教育学生不分高低贵贱，都一视同仁。

有教无类有两种含义，一是不管什么人都可以受到教育，不因为贫富、贵贱、智愚、善恶等原因把一些人排除在教育对象之外，二是指人原本是“有类”的，比如有的智，有的愚，有的孝顺，有的不孝，但通过教育，却可以消除这些差别。

孔子以前，学在官府，只有贵族子弟有权受教育。到了孔子的时代，社会的政治经济和文化教育都在下移，为私人办学提供了机会。孔子正是抓住了这一机会，开始了其创办私学的职业生涯，希望通过兴办教育来培养贤才和官吏，以实现其政治思想。在教育对象问题上，孔子明确提出了有教无类的思想，不分贵族与平民，不分国界与种族，只要有心向学，都可以入学受教。孔子的三千弟子来自不同地域的贵族阶层和平民家庭，充分体现孔子有教无类的精神实质。

有教无类思想的实施，扩大了教育的社会基础和人才来源，对于全体社会成员素质的提高起到了积极的推动作用。因此，孔子“有教无类”的思想在教育发展史上具有划时代的意义。现代社会尤其是进入 21 世纪，教育越来越多地成为全体公民的需要和共享的权利，教育的全民性和普及性显得更为鲜明充分。

因材施教

儒家的教育思想，出自《论语·先进篇》，指教师根据每个学生的特点，从实际情况、个别差异出发，有的放矢，采取不同的途径、措施和方法进行教育和教学，使每个学生都能扬长避短，获得最佳发展。

孔子的因材施教建立在对学生充分了解的基础上。据史料载，孔子在教学过程中十分注意观察、了解弟子的智力、特长、年龄、性格、能力差异情况，能够用比较精练的语言准确地概括出弟子的特征，以有血有肉的活生生的人为出发点，牢牢把握人这个主体，着眼于富有思想和情感的人，构建起因材施教的理论基础。

因材施教是教师教学中一项重要的教学方法和教学原则。根据不同学生的认知水平、学习能力以及自身素质，教师对症下药，进行有针对性的教学，发挥学生的长处，弥补学生的不足，激发学习兴趣，树立学习信心，从而促进学生全面发展。

因材施教具有丰富的现代内涵，它的实施对于教师、家长、学校以及教育公平的实现都具有重要意义，有助于我们更加科学、深入地认识教育均衡发展，有助于我们通过因材施教让每一个学生接受适合的教育，获得最大限度的发展，真正体现人的和谐发展。

要培养创新型人才，实现真正的教育公平，这就要求每个教师充分了解和尊重每个学生的实际情况，充分发挥他们的潜能，真正实现因材施教，人尽其才。

教学相长

出自《礼记·学记》，指教和学两方面互相影响和促进，教别人的同时也能增长自己的学问。一方面教师的教导使学生得到发展；另一方面学生提出问题和要求，又促使教师继续学习，不断进步。所以无论学的人还是教的人，都能通过教学过程得到提高。现指教和学两方面互相促进、共同提高。

教学相长是中国古代教育史上非常有价值的教育经验、教育思想。好的道理不去学，就不知道它的好处，所以学习之后才知道自己有所不足，教人之后才知道自己也有不通之处。知道自己有所不足，然后才能严格要求自己;知道自己有不通之处,然后才能勉励自己奋发上进。所以教人和学习是相互促进的。

教学相长在当前对教学工作仍有着重要的指导意义。一是可建立民主和谐的师生关系。开展教学互动,有利于师生关系的平等。教师是学生学习的启发者、指导者和合作者,学生是教学的积极参与者、促进者,师生在人格上真正平等,有利于促进师生角色的转换。二是能促进师生对话教学。教与学是一个互补互助的双边活动过程,教学相长,就是让双方共同交流、互相沟通和启发。此外,教学相长还能促进教学创新,促使教学水平的提高。教师完全可以从学生的讨论与回答问题中收集信息,受到启发,从而有效地促进教育活动的深化和拓展,使教与学不断相互影响、相互促进。

孔门四科

有两种解释:一种是孔子教导弟子的"文、行、忠、信"(《论语·述而》);另外一种是儒家所倡导的德行、言语、政事、文学。

孔子门下弟子众多,身份各异。据《论语》记载,孔子教育学生的内容主要包括四个方面:文、行、忠、信。文主要指各种文献知识。孔子教育学生的主要文献有诗、书、礼、乐、易、春秋等,内容包括了哲学、政治、历史、文艺等方面。行主要指道德实践。在孔子看来,文化知识只有落实于道德实践,才真正起到作用。忠是对待别人真诚、忠心。只有以忠心待人,以忠心事人,才能问心无愧,心安理得。信指与人交往的诚信。它主要是对言而说的,即言而有信的信,指说话信实没有虚伪。这也是与人交往的一个基本原则,孔子说:"人而无信,不知其可也。"

孔子的教育还有四科之说,表示孔子的学生按其不同的特长或专长分成四类,类似今天大学里的分系。德行、言语、政事、文学即是四科的内容。四科就其内容性质而言,相当于今日大学的伦理、语言、政治、文学等科目。当然,孔子四科主要是强调孔子学生在这四个方面有优长表现,并不是指教学内容只限于这四类。

孔门四科对现代中国知识分子的道德引导与人格精神仍有重大影响。

六艺

中国古代儒家要求学生掌握的六种基本才能,也泛指中国古代高等教育的学科总称。六艺之说有二:一是指《周礼》中的六艺,是西周之前贵族教育的六个学科——礼、乐、射、御、书、数;二指春秋以后的六艺,即儒学六经,就是诗、书、礼、乐、易、春秋的学说。

礼:礼节,包括吉礼、凶礼、军礼、宾礼、嘉礼等五礼;乐:音乐,有《云门大卷》《咸池》《大韶》《大夏》《大濩》《大武》六套乐舞;射:射箭技术,有白矢、参连、剡注、襄尺、井仪等五射;御:驾驭马车的技术,主要指五御,即鸣和鸾、逐水曲、过君表、舞交衢、逐禽左;书:书法(书写,识字,文字);数:算法(计数),是计算、数学的技术,有《九章算术》。

易:《易经》;书:《尚书》;诗:《诗经》;礼:《礼记》;乐:《乐经》;春秋:泛指历史书籍,也有人认为是《春秋》。

"六艺"作为西周教育的特征和标志,既重视思想道德,又重文化知识;既重传统文化,又重实用技能;既重军事,又重戒备;既重礼仪规范,又重内心情感修养。"六艺"教育体现了文武兼备、诸育兼顾的特点,反映了中华文明早期的辉煌。

六艺对规范社会、教化子民具有重要的影响,包含了中华文化的基础内容。

师道

出自《汉书·匡衡传》,指尊师重道之理、从师问学之道。"师道"是一个有着多重含义的概念。一是指老师的学问或技艺体系,二是指为师之道,三是指师之地位、作用以及尊师之风尚。

师道对教师的期待与要求主要包括四个方面:德行

完美、学识丰博、尽心敬业、善教有方。这是由教师的职业特点所决定的。对于一个教师来说,教育教学、读书学习,首先要以立德树人为目标。其次要拥有丰博的学识。此外,尽心敬业和善教有方作为师道的核心内容,体现在教师生涯的全过程之中,从而成为教师的重要品质。一个称职的教师,不仅应该能教、可以教,而且必须会教、善于教。所以中国传统文化一直以来高度尊重教师,礼敬教师,与这种尊崇相适应,全社会普遍对教师有着极高的期待,对教师有着很高的要求。

师道作为一种社会意识,是一种教育思想和为师理念,也是教师对自己所从事的教育事业社会价值的充分肯定。师道在不断的传承中发展,逐步积累和丰富了中华民族的师者风范要求。重温师道的含义,对于继承和发扬传统师道,从传统中汲取营养,让教师在今天依然能够成为学生的榜样,成为文化传承的精神使者,具有重要意义。

德智体美劳

指德育、智育、体育、美育及劳育。“五育”是对人的素质定位的基本准则,也是人类社会教育的趋向目标。

德育是培养学生正确的人生观、价值观,培养学生具有良好的道德品质和正确的政治观念,培养学生形成正确的思想方法的教育。智育是授予学生系统的科学文化知识、技能,发展他们的智力和与学习有关的非智力因素的教育。体育是授予学生健康的知识、技能,发展他们的体力,增强他们的体质,培养他们的意志力的教育。美育是培养学生的审美观,发展他们鉴赏美、创造美的能力,培养他们的高尚情操和文明素质的教育。劳育是培养学生劳动观念和劳动技能的教育。五育的相互关系是辩证的,它们之间相互渗透构成一个整体。

在中国100多年来的现代学校教育发展过程中,民国初年大教育家蔡元培首次完整提出“德智体美劳”全面发展的教育方针。2018年9月10日,中共中央总书记习近平首次提出“德智体美劳”五育并重的教育方针,即“培养德智体美劳全面发展的社会主义建设者和接班人”,并写入国家法规文件,而且得到全面贯彻落实,付诸行动。

德智体美劳对当前新时期重塑全面育人的教育观、全面发展的质量观、德才兼备的人才观有着重要现实意义。

教育制度和政策

官学

中国古代最主要的官办教育制度,包括中央官学和地方官学,是中国封建朝廷直接举办和管辖,以及历代官府按照行政区划在地方所办的学校系统,跟“私学”相对,如太学、国子监、社学等。官学可分为以下几类:

第一类:中央官学。国家的中央官学在汉朝正式创办。魏晋南北朝时期政局纷乱,官学时兴时废,及至唐朝,中央官学繁盛,制度完备,南宋以后逐渐走下坡路。到了封建社会后期,中央官学逐步衰败,成为科举制度的附庸,名存实亡。清朝末年,完全被学堂和学校所代替。根据中央官学各自所定的文化程度、教育对象和教学内容的不同,可将整个中国封建社会的中央官学分为最高学府、专科学校和贵族学校三大类。

中央官学的特点:不仅具有阶级性,而且具有明显的等级性。办学宗旨是培养各种封建统治人才,以供朝廷之用。设置了专门的教育行政机关和教育长官来管辖中央官学。教育内容以儒家经籍为主,以四书五经为主要教材。中央官学在培育各种优秀人才、继承中国古代文化遗产、繁荣科学学术事业等方面曾经起过十分重要的作用,在促进中国与亚欧诸国的文化交流和增进中国人民与各国人民友谊方面也起了积极的作用。

第二类:地方官学。自汉代开始设立,又称乡学、学宫。由国家制定地方官学制度,由地方官吏在其治所设置学校,学校经费皆来源于官府。地方官学主要担负传承孔儒文化、施行礼乐教化的职能,也是地方官学师生祭孔、奏乐、习礼之处。学习内容以礼、乐、射、御、书、数设科分教。

私学

中国古代私人办理的学校，与官学相对而言。私学产生于春秋时期，历时2 000余年，在中国教育史上占有重要地位。

私学产生的原因，除社会需求外，还有赖于两个基本条件，即有可教学的内容和有从事教学的人。私学作为教育事业的重要组成部分，对中华文明的发展做出了巨大的贡献。首先，它打破了西周以来“学在官府”，即学校教育为官府垄断的局面，扩大了教育对象。其次，私学是专门的教育场所，这就打破了政教合一、官师合一的旧官学教育体制，使教育成为一种独立的活动。私学使教育内容与教育方式得到新的发展。最后，私学的发展积累了丰富的教育经验，促进了先秦教育理论的发展。

私学是由私人（或民间团体）办理的学校，从而表现出许多与官学迥然而异的特点。一是私立教育经费基本为自筹。私学师资主要来源于平民学者或科举落第者。二是私学的“有教无类”冲破了种族、地域和阶级界限，平民布衣受教育的机会显著增加。三是私学教育无论是在内容上还是方式上都具有多样化的特征。四是注重对学生进行体罚式的严格管束，这是私人蒙学管理的最大特点。

汉代私学教育对古代教育理论和教育实践做出了重要贡献。第一，它承担了几乎全部的教育任务，成为官学教育的重要补充。第二，它促进了不同学派的发展。第三，它积累了丰富的教育教学经验，许多经验在官学中应用、推广。第四，它重视学风和气节的训练和培养。在近现代，私学称为民办教育，已成为整个教育事业的重要补充和组成部分，在国民教育体系中发挥了重要作用。

蒙学

中国传统的幼儿启蒙教育的统称。与小学、大学并列，是中国传统教育中的一个重要阶段。

蒙学广义上讲泛指古代启蒙教育，包括其教育体制、教学方法、教材等内容；狭义上讲专指启蒙教材，即童蒙读本，相当于现在的小学教材及其内容。

蒙学是中国古代关于儿童启蒙教育的学问。在汉语中，“蒙”有蒙昧、幼稚的意思。对儿童的启蒙教育则称之为“蒙养”。另外蒙学也指蒙馆、启蒙的学塾，相当于现在的幼儿园或小学。民间举办的蒙学可统称为私塾。

蒙学教育的基本目标是培养儿童认字和书写的能力，养成良好的日常生活习惯，能够具备基本的道德伦理规范，并且掌握一些中国基本文化的常识及日常生活的一些常识。

蒙学在中国存在上千年的历史，有其固定的教学体系和模式。蒙学的教学内容主要包括识字、写字、读书、作对和习文等几个阶段。古代蒙养教材渗透着浓厚的封建伦理纲常说教色彩，但在编写上注意适应儿童的兴趣和心理特点，文字简明，句式整齐，注意韵律，多用故事，常配有插图，使儿童学习兴趣提高，并容易记诵。目的是使儿童在识字读书中懂得许多常识和做人做事的道理。这些蒙学读物不仅在中国广泛应用，而且在东南亚的一些国家中至今仍很受儿童教育工作者的重视。

蒙学是封建教育的基础所在，对教育事业做出了不可替代的重要贡献，也创造了不少适合儿童特点的教学方法，对于少儿的启迪和影响是极为深远的。

义学

也称“义塾”，是指中国旧时靠官款、地方公益捐助或地租设立的蒙学。义学的招生对象多为贫寒子弟，为其免费提供上学的机会。

义学产生于北宋时期，始于名相范仲淹，是一种专为民间孤寒子弟所设立的学校。这类学校，有的是一些官员、地主出资在家乡开办，也有以祠堂地租或私人捐款而设。长沙地区自宋代开始已有了义学的记载。宋真宗天禧年间（1017—1021），湘阴人邓咸“创义学于县南，以训族子弟及四方游学”。

义学为地方的基础教育，由所在地官民义捐创立，或由官司创建，或单属个人私设。学生都是15岁以下的少年儿童，教育内容主要是识字写字、读书、作文、学算等，并兼有伦理教化的功能，不会有太高深的内容，常用的课本有《三字经》《百家姓》《千字文》《千家诗》《昔时贤文》等，学校老师又称蒙师。这类学校除了少数由官僚、地主、商人等富贵人家开设以外，大多十分简陋，没有专门的教舍，教师束脩微薄，仅能糊口，就学子弟也多出自贫苦人家，大多只求粗识文字而已。

义学一般都免收学费，有的还提供学习用品，因而为家境贫寒的学子提供了就学的机会，对于普及民间教育和从社会下层培养人才是有一定作用的。

乡学

与国学相对，泛指地方所设立的学校，是招收国人子弟入学的地方学校，相当于国学中的小学。

西周学校分国学和乡学两类。国学是中央官学，乡学则是地方的官学。乡学的名称有庠、序、校、塾。乡学是地方学校，按地方行政区划设立。由于地方区域的大小不等，设学也有不同名称，如闾塾、党庠、州序、乡校等。

根据《周礼》六乡六遂的建制，周代王城和诸侯国都的近郊为乡，设比、闾、族、党、州、乡等六乡；远郊为野，设邻、里、酂、鄙、县、遂等六遂。居住在六乡的平民叫作国人，他们多为庶人，他们的子弟有进入乡学受教育的权利。居住在六遂的都是奴隶，叫作野人。六遂不设学校，因此，奴隶的子弟被剥夺了受教育权。

在乡学学习的国人子弟学成后，如果德行道艺都很优秀，经过乡里大夫的考察，可以向负责六乡教化的民政官员司徒荐举，称为“选士”。司徒再从选士中考定更为优秀者荐举给天子或诸侯，经过认可以后，便能升入大学（辟雍或泮宫），称为“俊士”。西周虽然建立了荐举制度，但是，经过层层筛选，真正能进入大学的国人子弟毕竟是少数。

乡学的教学内容同国学一样，乡学里面也设有六艺（礼、乐、射、御、书、数）学科。乡学学成的学生，经过地方官员的考查，成绩优秀的，可以担任地方政府的低级官吏。

宗学

指根据贵族特权专为贵族服务的教育。其目的是培养贵族子弟成为世袭的统治者。贵族阶级内部为了区分贵贱，往往按官秩门第高低、规定进入相应级别的学校，等级性十分明显。

汉平帝时始置宗师，掌教育宗室子弟。北魏设有皇宗学。唐初于秘书省外别置小学，令宗室子弟就读。宋代的宗学分为小学与大学。北宋元丰六年（1083）始设宗室小学，8至14岁宗室子弟入学。崇宁元年（1102），诸王宫设大、小二学，10岁以上入小学，20岁以上入大学。南宋时，宗学招收大、小学生100人。凡有籍宗室子弟三年一补试。明制，凡宗室子弟未满20岁均入学。万历时重定，10岁以上皆入学，衣冠同生员，每年由提学官考试。后令与生员同乡试。清初，八旗各设宗学，凡未封宗室子弟10岁以上者俱入学，习满文。雍正二年（1724），改设左、右翼满、汉宗学各一，王、公、将军及闲散宗室子弟18岁以下者入学分习满、汉文，兼习骑射。乾隆时，定左、右翼宗学学额各百人，入学年龄改为10至30岁，学制5年。学满可参加科举考试。

寺学

寺学一指寺院里办的学校，二指寺院教育。

寺院教育出现的原因，一是官学衰微，私学大盛；二是士人“隐逸”风尚盛行；三是佛教的传播与发展。最初一些士人为躲避战乱寄居佛寺，习业授徒；后来出现了由寺院管理的寺学，最为典型的即敦煌寺学。

唐代之前的寺院教育主要有两种：一是士僧交游、以僧为师。二是士人寄寺修讲。唐代私学可分为家学教育、私塾教育和寺院教育等，其中寺学最为独特。由于和佛教的结合，使得寺院教育无论在教学内容还是教学形式上都不同于传统的教育。

吐蕃统治时期，敦煌寺学的教学内容主要可以分为四大部分：蒙学、儒学、汉蕃语言和医学。童蒙教育是唐代寺院教育的重要内容。此外，寺学还教授吐蕃的文字、文法和辞法，对吐蕃文化传播起了重要作用。寺学在敦煌地区存在时间很长，寺学的发展水平也是不容忽视的，并不是仅仅在吐蕃统治的特殊时期为了弥补世俗学校的不足而产生的"应急"教育。

唐代寺院教育具有功利性浓厚、内容丰富、形式多样、参与广泛、分布有区域性的特点。来学习的人不分贵贱等级，不论平民子弟还是公子王孙均可。名山大川寺院尤多。唐代士子就读山林寺院大多以名山为中心。

唐代寺院教育的影响有：一是唐代教育的重要组成部分，扩大了官吏的来源，巩固了唐王朝的统治基础，推动了教育的发展。二是促进了佛教的传播与发展，对唐代佛教的繁荣兴盛起到了重要作用。三是在教学内容与教学方法上影响了宋代书院。

太学

古代官立学校。

太学，在中国古代的西周时期亦称大学，天子和诸侯均设之。唐、宋两代太学与国子学并存。元、明、清时期则不设太学，只设国子学或国子监。

太学的教师主要是博士。战国、秦朝已有博士之官，用来管书籍，备顾问。向弟子授业传道作为博士的主要职责是从西汉开始的。作为教官的博士除了讲学授徒外，还要奉使议政，试贤举能。各朝对博士的要求很高。

太学的学生历代称谓不一，或称"博士弟子"，或唤"太学生"等，太学生入学的身份资格历代不尽相同，唐比宋要求高些严些。唐宋时期太学生都可在学居住。汉代学生还有统一的学服。

太学的主要教材是经史，授"孔子之术、六艺之文"，以儒家五经作为基本教材。教授方法则多为自修、讲授、讨论、解惑等，比较注重师法家法和记忆。

太学修业年限无统一规定，各朝学制亦不相同。但各都有一套考试制度、放假制度和管理制度。历代统治者都很注意在政治上、组织上、思想上和行动上加强对太学的管理和统制。有些朝代的天子还定期省视太学。为了进一步钳制和束缚学生的思想行为，历代太学都制定施行各种规章制度，宋代太学颁行"学规"，规定了博士、助教、正录、学谕的职责，严禁各种"离经叛道"的思想行为。

太学在设置专门博士、实行大班上课和"高足弟子传授"的教学组织形式、注重自修、通过考试选士、培养各种杰出人才、繁荣学术文化等方面，都创造和积累了宝贵的经验。

女学

女学有三种含义，一是旧时指以妇德、妇言、妇功、妇容四项内容教育妇女，二是泛指女子教育，三是指女子学校。

女学泛指女性教育，旧时女学大多集中在培育女性的妇德、妇言、妇功、妇容和闺门礼仪等，自成一套教育体系。

中国古代统治阶级对女学高度重视，帝王后妃、重臣名儒亲自撰写教材。这些都集中体现了统治者对女学教材的直接控制和指导，更加权威、准确地反映了统治阶级的意图。

古代女子教育所使用的教材，既不同于男子所使用的成人教材，又有别于蒙学读物，自成一套体系，显示出其为"女学"的特点。其最大特点是内容全部集中于妇德、妇职和闺门礼仪，其中影响较大的教材有四类：纪传类、阐明义理类、论传综合类，另外还有仪则规范类，语言浅显通俗，对推广普及正统女教产生了深远的影响。形式多样、通俗易懂也是古代女学教材的特点。在成百上千种女教读本中，既有面向宫闱后妃、官宦闺秀的，也有面向乡姑村妇的。形式上，或纪传，或论说，或图像，或格言，不拘一体，灵活多样，满足了向不同社会阶层和不同文化层次妇女施教的需要。为普及女教，增强吸引力和感染力，著者还尝试为女学教材插图配画。这些图文并茂的读本，使空洞的说教变得形象生动起来。古代女学教材独特之处还包括大部分女教读本出自女子手笔。

中国近代历史时期是女学由传统走向现代的时期。女学对中国女子教育思想、办学模式及教育方法产生了重要的影响。

书院教育

中国教育史上与官学平行交叉发展的一种教育制度，萌芽于唐末，鼎盛于宋元，普及于明清，改制于清末，也是集教育、学术、藏书为一体的文化教育机构。

书院起源有官民两途。民间书院源自于读书人个人的书斋。与书斋不同的是，书院向社会开放，是公众活动的场所，儒生、道士、和尚等皆可出入其间。

书院制度的形成标志着中国教育事业进入了官学、书院、私学三轨并行的时代。需要指出的是，书院制度是一种文化教育制度，它是儒道释三家文化融合的结果，又为这种新文化的发展服务，其教书育人功能为这种服务所派生，属于传播文化的功能之一。

书院教育是介于私学与官学之间的一种特殊的教学组织形式，它具有“非官非私”“既官既私”的特征：官方的认可、扶助；注重藏书、读书；自由讲学，研讨学术；坚守儒理，与佛、道争胜。主要的教学方式是讲演辩论、自修问难、研究探讨。在组织管理上，书院也与普遍学校有所不同：管理机构精简化、管理原则民主化、管理方式学规化。书院的学规大体包括三方面的基本内容：一是指出为学的方向；二是为学、修养和待人处事的准则、方法；三是规定犯过的惩治。

自书院教育出现以后，古代教育便出现了官学、书院和私学相平行发展的格局，三者呈鼎立之势，直到清朝末年，它们之间具有排斥倾向，但更多的是互相渗透与融合，这也促进了中国古代文化教育的发展和繁荣。

科举

指通过考试选拔官吏。由于采用分科取士的办法，所以叫作科举，具有分科考试、取士权归中央所有、允许自由报考和主要以成绩定取舍四个显著的特点。

科举考试是隋唐到清末1 300多年间分科考选文武官吏及后备人员的制度。隋朝以前采用九品中正制选拔官员，导致出身寒门的普通人无法步入仕途。隋朝开始改为科举制，使得所有应试者都有成为官吏的机会。明清时期科举考试逐渐僵化，被称为八股取士，后于20世纪初废除。

宋代科举在形式和内容上都进行了重大的改革：放宽了录取和使用的范围，确立了三级考试制度；科举开始实行糊名和誊录，并建立防止徇私的新制度；在考试内容上也做了较大的改革。明朝时科举制进入鼎盛时期。到了清代，统治者对科场舞弊的处分虽然特别严厉，但由于科举制本身的弊病，舞弊越演越烈，科举制最终消亡。

古代的科举分为四个等级：一是最普通的院试，考中后就是秀才；二是三年一次的乡试，这个考试在8月份进行，也被称为“秋闱”；三是乡试的次年春天在京城举行的会试；四是皇帝担任主考官的殿试，能参加殿试的考生都是非常优秀的人才。

科举制改善了用人制度，促进了教育事业、文化艺术的发展，促进了唐诗创作的繁荣。然而，科举制也使儒学在一定程度上沦为统治者奴化臣民的工具。官僚队伍的壮大，也导致从事科学技术研究的人才力量相对薄弱。

高考

普通高等学校招生全国统一考试，简称“高考”，是中华人民共和国（不包括香港特别行政区、澳门特别行政区和台湾地区）合格的高中毕业生或具有同等学力的考生参加的选拔性考试。

高考自古有之，在中国古代，科举相当于高考，是朝廷选拔人才和官员的一种方式，最早起源于隋朝。科举一直沿用了1 300多年，直到清朝才被废除。科举制被废除后，西方高考制度被引入。因此，中国现代高考制度的建立有这样两个重要来源：一是科举考试制度所形成的传统考试思维和价值，二是西方现代考试制度的模式和手段。

现今的高考由普通高等学校根据考生成绩，按已确定的招生计划，德、智、体全面衡量，择优录取。高考由教育部统一组织调度，教育部考试中心或实行自主命题的省级教育考试院出题。考试日期一般为每年6月7日、8日，各省（区、市）考试科目名称与全国统考科目名称相同的必须与全国统考时间安排一致。

高考并非中国公民获得文凭学历的唯一途径，还有成人高等学校招生全国统一考试、高等教育自学考试、电大和远程学历教育等途径，所取得学历都是国家认可的学历。

高考是高等学校选拔新生的制度，显示出选拔人才的优越性，也是中国社会各界关注的重大焦点问题之一。当前中国社会的变迁与教育事业的发展对高考提出了新的挑战与要求。

学校教育

学校教育是在学校中实施的教育，是与社会教育相对的概念。专指受教育者在各类学校内所接受的各种教育活动，是教育制度的重要组成部分。学校按水平可分为初等学校、中等学校、高等学校；按性质可分为普通学校、职业学校和各种专门学校。

学校是在社会生产力发展到一定程度，出现了社会分工和剩余产品，文字发展比较成熟之后产生的。早期的学校由非专门教育机构逐渐演变为培养人的主要场所。最早诞生的学校有宫廷学校、职官学校、寺庙学校和文士学校。中国古代社会的学校教育是脱离生产劳动的。随着社会的进步和发展，学校教育得以逐步完善。自然科学教育是从生产实践中分离出来的，学校教育的内容在数学和天文学领域发展较快。随着职业技术教育从物质生产过程中分化出来，学校教育促进了教育与生产劳动的结合，展示了现代教育向多层次和复杂结构发展的趋势。这一变化促进了学校教育与社会教育的有机结合，大大提高了学校教育的效率。

学校教育是社会稳定、有序、协调、发展的基础工程，是社会发展程度的衡量性标志；学校教育不断提高人类自身的能力，促进人类的发展和优化；学校教育是体现“自然人——社会人——回归自然——实现人的生命意义”的过程。

家庭教育

指家庭中的父母及其他成年人对未成年孩子进行教育的过程。

其教育目标应是：在孩子进入社会接受集体教育（幼儿园、学校教育）之前保证孩子身心健康发展，为接受幼儿园、学校的教育打好基础。在孩子入园、入校后，配合幼儿园、学校使其德、智、体、美、劳诸方面得到全面发展。教育的重点是以品德教育为主，学好文化知识，同时培养孩子养成良好的行为习惯。

随着社会发展变化，家庭的形态、结构和性质在不断变化，家庭教育也在不断发展变化。古代社会的家庭教育：一是贯穿着人身依附和宗法等级关系；二是以道德教育尤其是家庭伦理道德教育为首要内容；三是注重早期教育。现代社会的家庭教育则呈现出新的特点：家庭教育与社会需求相适应，与学校教育相配合，受教育科学的指导，成为全社会共同关心的事业。当今中国社会经济持续发展，城市化进程加速，人口结构、家庭结构、婚姻形态、婚姻关系都在发生着变化,既为家庭教育提供了有利条件,也带来许多负面影响。

家庭教育是教育人的起点和基点,具有早期性、连续性、权威性、感染性、及时性。良好的家庭教育是造就21世纪人才的必要条件,也是优化孩子心灵的催化剂。

社会教育

广义指与学校教育、家庭教育并行的影响个人身心发展的社会教育活动;狭义指社会文化教育机构对青少年和人民群众开展的各种文化、科技、道德情操和生活知识的教育活动。

教育史上最早的教育职能就是通过社会教育来实现的。在原始社会,家庭尚未形成之前,年轻一代的教育就是在全氏族成员的共同劳动中开展的。后随着家庭及家庭教育的出现,直至学校教育的产生,广义的社会教育开始逐步分化为三种独立的教育形态,即学校教育、家庭教育和狭义的社会教育。

中华人民共和国成立后,中国教育部设社会教育司主管社会教育工作。社会教育的任务是宣传马克思列宁主义、毛泽东思想,宣传中国共产党的方针、政策,普及科学文化知识,开展群众性的文艺、体育活动,以提高广大青少年和人民群众的思想觉悟和科学文化水平。实施机构有文化馆(宫)、少年宫、图书馆、博物馆、纪念馆、电影院、剧院、广播电台、电视台、业余体校等。

社会教育是一种灵活的教育,它的深刻性、丰富性、独立性、形象性远非学校教育可比。协调社会教育力量可培养学生积极参加社会活动的能力,能将分散的、自发的社会影响纳入正轨。良好的社会教育有利于对学生进行思想品德教育,有利于学生增长知识、发展能力,有助于丰富学生的精神生活,发展学生的兴趣、爱好和特长。

普通教育

是指以升学为目标,以基础科学知识为主要教学内容的学校教育。由义务教育延续并由国家统一招生录取的中、高等教育系列,主要进行“全日制”学习的学历教育。

普通教育是和成人教育相对应的概念,两者都属于学历教育,两者的区别主要在于教育对象和学习形式不同。普通教育的对象主要是处于成长阶段的青少年,采取全日制教学形式;成人教育的对象顾名思义是成年人,一般实行非全日制教学。

普通教育的任务通常由实施普通教育的学校(称为普教性学校)承担,普通教育学校分为普通基础教育学校、职业教育学校和普通高等(中等专业)学校,均实行全日制教学。

普通基础教育分为幼儿教育、小学教育、初中教育和高中教育,其中包括对残疾儿童、少年、青年的特殊教育和非常生的工读教育;职业教育包括普通职业中学、职业高中教育、技工教育和高等职业教育(高职有时也被列入普通高等教育);普通高等(中等专业)教育指主要招收高中(初中)毕业生进行全日制学习的专业教育,是与招收在职职工边工作边学习的函授、夜大、开放大学等成人高等教育形式相对而言的。

专业教育

专业教育要求执业人员具有从业必备的专业学习背景,所在学校及所学专业的办学条件、课程设计、教学过程、教育质量都要达到一定的标准,才能培养出接受过专业教育的人才。

中国实施专业教育的机构为高等学校(含高等专科学校和大学本科)、中等专业学校等。专业教育一般在基础教育的基础上进行。

专业教育是知识型和技术应用型人才的培养。通过对社会人力资源和人才需求的调研,了解各职业岗位所需要掌握的核心技能,根据核心技能开设相关的专业核心课程,使学生学会本专业的某个岗位的技术技能,毕业后能顺利融入相应岗位。专业教育的核心内容是构建良好的教育机制、规范的教学管理、与时俱进的专业开发、以人为本的教学管理。

专业教育的重要性就在于它是直接为就业服务的。它需要解决学生对口就业的问题,根据社会的人才需求来制定人才培养方案,是以就业为导向的求职者的培养。

业余教育

指对在职人员在工作之余时间进行的各种形式、各种内容的教育与培训。中国共产党成立后,开办夜校、冬学、俱乐部、识字班,各级各类成人学校利用业余时间对工农群众进行文化教育、政治教育、技术教育和军事教育。

业余教育是对工人、农民、士兵、干部、教师以及其他社会成员利用生产和工作的剩余时间学习知识所进行的教育。实施机构有业余初等学校、业余中学、业余中等专业学校和业余高等学校(夜大学、函授大学、广播电视大学等)。修业年限从几周至几年不等。1981年起实行高等教育自学考试办法,教学形式有面授、函授、广播、电视、自学考试等,其实施机构为各种业余学校和补习学校等。

业余教育明确了对业余初等学校和业余中学的各项要求。中国广大城乡地区因地制宜,按照不同对象的不同要求,对工人、农民和各种在职人员进行业余教育或培训,举办了从小学、中学、中专到大专的各级各类业余学校,创立了较完整的业余教育制度。

业余教育是中国学制的组成部分之一,它的存在有利于加强劳动者的业余教育和在职培训教育。它对普及教育、提高全民族的文化科学知识水平具有重要意义。

民族教育

广义指对本民族文化的传承,以及对外来文化引进、消化和吸收的过程;狭义则专指对少数民族文化知识的教育。

民族教育说到底是“普及全民教育”的问题,即所有人不分民族地域平等享受教育的权利问题。同时,民族教育也是一个社会问题,从更深的层次来说是一个政治问题。中国有56个民族,民族的教育同国家稳定密不可分。民族教育的目的不仅仅是让少数民族的孩子进入主流社会,而是要通过教育培养大批民族知识群体,通过他们来贯彻党的路线方针,传播科学技术知识,传承民族文化,从而促进民族地区经济社会发展和文化繁荣,保持稳定和民族团结。

由于历史的和现实的种种原因,当前中国的少数民族教育主要有这样几个特点:各民族的教育发展还很不平衡;学校布点较少,课程设置和学制管理不完全统一;办学形式和教学使用的语言文字有差异。

民族教育发展目标:逐步实现基本公共教育服务均等化;坚持教育与宗教相分离;建立民族团结教育常态化机制;保留并进一步完善少数民族考生高考加分政策;培养高素质民族人才。

民族教育是中国教育事业的重要组成部分,是中国民族工作的重要内容。搞好民族教育,对于巩固和发展中国平等、团结、互助、和谐的社会主义民族关系,实现各民族共同繁荣,保持国家的长治久安,具有重要战略意义。

特殊教育

使用一般的或经过特别设计的课程、教材、教法和教学组织形式及教学设备,对有特殊需要的儿童进行旨在达到一般和特殊培养目标的教育。特殊教育的目标是帮助特殊儿童逐步适应最少限制的环境,使他们可以尽最大的可能与正常儿童一同参与普通学校的学习活动,以达到能适应正常生活的目标。

在中国,对不同种类特殊儿童的教育又可分为盲童教育、聋童教育、智力落后儿童教育、超常儿童教育、言语障碍儿童教育、情绪和行为障碍儿童教育、多重残疾儿童教育等。特殊教育的主要精神是考虑到每个孩子个体内在及个体之间的个别差异，特殊教育相对于普通教育来说，更重视个别教育，更强调在教育中因材施教，满足不同学生的特殊需要。

整个特殊教育的发展史就是一部特殊儿童教育与普通教育逐渐融合的历史，特殊教育不同的历史发展阶段有着不同的价值取向，同时也孕育着不同的特殊教育效能观。由于自身文化的独特性，中国的特殊教育有着自己独特的发展历程与价值取向。

中国发展特殊教育是推进教育公平、实现教育现代化的重要内容，是坚持以人为本理念、弘扬人道主义精神的重要举措，是保障和改善民生、构建社会主义和谐社会的重要任务。

基础教育

中国的基础教育包括幼儿教育、小学教育、普通中学教育（包括初中、高中）。

1949年以前，中国的基础教育十分薄弱，1949年中华人民共和国成立后，中央和地方各级政府非常重视发展基础教育，投入大量的人力和财力普及教育。中国的基础教育事业取得了巨大成就。

在国家宏观指导下，基础教育实施主要由地方负责，进行分级管理。教育部负责制定有关基础教育的法规、方针、政策及总体发展规划和基本学制，设立用于补助贫困地区、民族地区、师范教育的专项基金，对地方教育部门工作进行监督指导等。中国幼儿教育是中国教育事业的重要组成部分，其形式在城市以幼儿园为主，有3年制的，也有1年或2年制的；有全日制的，也有半日制、寄宿制、计时制的。小学、初中、高中3个阶段共12年。小学有5年制和6年制两种，前者约占小学总数的35%，后者约占65%。初中多数为3年制，极少数为4年制（约有98%的初中生在3年制学校），小学和初中属义务教育阶段。普通高中学制3年。

基础教育作为造就人才和提高国民素质的奠基工程，在面向21世纪的教育改革中占有重要地位。

义务教育

国家依照法律规定对适龄儿童和青少年实施的一定年限的国民教育。义务教育是国家统一实施的所有适龄儿童、少年必须接受的教育，是国家必须予以保障的公益性事业。小学和初中一共9年，属义务教育阶段。

凡具有中华人民共和国国籍的适龄儿童、少年，不分性别、民族、种族、家庭财产状况、宗教信仰等，依法享有平等接受义务教育的权利，并履行接受义务教育的义务。国家建立义务教育经费保障机制，实施义务教育，不收学费、杂费，保证义务教育制度实施。

旧中国是一个教育普及程度极低，文盲人口较多的国度，1949年文盲占人口总数的80%以上，小学入学率仅有20%左右，初中入学率仅有6%，农村人几乎都不识字，简单的读写都要请人帮忙。中华人民共和国建立以来，义务教育取得长足发展，但“文革”期间，义务教育事业受到严重摧残，学校办学条件十分简陋，教育质量得不到基本保证。改革开放以后，中国把普及九年义务教育作为教育工作的重中之重，大力发展农村教育。2000年总体上实现了“普九”的目标，义务教育的普及程度排在发展中人口大国的前列。截至2007年年底，全国普及九年义务教育人口覆盖率达到99.3%，实现“普九”的县数已占全国总县数的98.5%。农村义务教育的跨越式发展，为国家义务教育的普及和中华民族素质的提高做出了巨大贡献。

义务教育发展，是为了保障适龄儿童、少年接受义务教育的权利，关乎整个民族素质的提高和民族的复兴，对整个教育的发展具有奠基性意义和深远的历史作用。

继续教育

指已经脱离正规教育，已参加工作和负有成人责任的人所接受的各种各样的教育。是对专业技术人员进行知识更新、补充、拓展和能力提高的一种高层次的追加教育。

"继续教育"包括三种含义：第一，继续教育是一种成人学历教育和非学历教育；第二，继续教育的内容是新知识、新技术、新理论、新方法、新信息、新技能；第三，学习的目的是为了更新补充知识、扩大视野、改善知识结构、提高创新能力，以适应科技发展、社会进步和本职工作的需要。中国继续教育的教育形式主要有成人高考、远程网络教育、自学考试、电视大学等。

继续教育产生于现代工业社会，在终身教育背景下迅速发展起来。中国的继续教育是面向已结束了初始的学校教育之后走上社会的所有社会成员的教育活动，包括学历教育和非学历教育、职业导向的教育和非职业导向即以丰富精神生活和提高生活质量为目的的教育。

改革开放以来，中国继续教育的发展情况如下：为广大社会成员的发展提供了适应他们各种需要的学习机会；提供方式更加多样和灵活，特别是以信息技术为基础的现代远程教育有了长足进展，为广大社会成员的继续教育提供了更多的选择和更为便捷的学习方式；初步形成政府和社会广泛参与的多元化办学格局；社区教育和学习型组织建设有了很大发展。

继续教育有利于国家经济建设中的技术改造，有利于社会成员掌握新知识、接受新技术、进行新的技术改造，有利于构建终身教育体系和学习型社会。

职业教育

指对受教育者实施可从事某种职业或生产劳动所必需的职业知识、技能和职业道德的教育，包括职业学校教育和职业培训。职业学校教育是学历性的教育，分为初等、中等和高等职业学校教育。对职工的就业前培训、对下岗职工的再就业培训等各种职业培训，以及各种职业高中、中专、技校等职业学校教育等都属于职业教育。

职业教育的目的是培养应用人才，以及具有一定文化水平和专业知识技能的劳动者。与普通教育和成人教育相比较，职业教育侧重于实践技能和实际工作能力的培养。职业教育是社会发展的产物，是人类文明发展的产物，也可以说是人自身发展的产物，而且是发展到某个特殊时期的产物。职业教育受益于社会，社会也可受益于职业教育，促进社会发展是职业教育的应有之义和神圣职责。职业教育能满足个人的就业需求和工作岗位的客观需要，进而推动社会生产力的发展，加快国家产业结构的调整与转型。

中国职业教育有以下发展趋势：是发展地区经济和文化的生力军；对于高等教育走向大众化起着不可替代的重要作用；正经历从工业社会到信息与服务型社会的深刻转变；学历（学位）正逐步规范化。

职业教育的发展有利于提高劳动者的思想道德和科学文化素质，促进社会主义现代化建设。通过教育、再教育提高就业者素质，增强劳动者就业竞争能力，拓宽其就业渠道，促进就业和再就业，从而有利于构建和谐社会，保持社会稳定。

成人教育

指有别于普通全日制教学形式的教育形式。成人教育不限年龄、性别。通过这个教育过程，使社会成员中被视为成年的人增长能力、丰富知识、提高技术和专业资格，或使他们转向新的方向，在人的全面发展和参与社会经济、文化的均衡而独立发展两个方面，使他们的能力和行为得到改变。

成人教育是终身教育体系的有机组成部分。它与普通教育是一种相互依存、相互完善的关系。它们共同组成一个有机的教育体系，即终身教育的体系。成人教育的本质特征是由其教育的对象——成人决定的。成人教育可以被理解为一个以成人的方式指导和接受教育的过程。国民教育系列指五大教育：成人教育、电大教育、自考教育、业余教育、函授教育。

中华人民共和国成立后，中国的成人教育经历萌芽、停滞和发展三个阶段。1949—1966 年，成人教育主要是干部教育和高等函授、夜大学教育；1966—1976 年，成人教育的成就被全盘否定，机构、师资、设施均遭到破坏；1978 年以来，中国的成人教育得到恢复和发展，步入理性化发展轨道。21 世纪初，中国成人教育以岗位培训、继续教育和社区教育为重点，采取灵活多样的办学形式，使各类下岗和转岗人员都能接受不同层次和年限的职业培训或正规教育，为再就业工程服务。

成人教育是中国国民教育系列的重要组成部分，是广大在职职工学习深造的重要渠道；大大提高了国民的整体学历水平；大大减轻了普通高考的压力。

幼儿教育

主要指对 3—6 岁年龄阶段的幼儿所实施的教育。

幼儿教育是学前教育或说早期教育的后半阶段，前面与 0—3 岁的婴儿教育衔接，后面与初等教育衔接，是一个人受教育与发展成长的重要而特殊的阶段。“重要”指的是它是一个人发展的奠基时期，许多重要能力、个性品质在这个时期形成基本特点；“特殊”指的是这个阶段是儿童身心发展从最初的不定型到基本定型，转而可以开始按社会需求来学习并获得发展的过渡时期。

幼儿教育从广义上说，凡是能够影响幼儿身体成长和认知、情感、性格等方面发展的有目的的活动，都可说是幼儿教育，如幼儿在成人的指导下看电视、做家务、参加社会活动，等等。而狭义的幼儿教育则特指幼儿园和其他专门开设的幼儿教育机构的教育。

中国近代幼儿教育机构始创于 1903 年，名为蒙养院，1922 年定名为幼稚园。在中国，宋庆龄、陶行知、陈鹤琴、张雪门等对幼儿教育事业都做出了较大的贡献。幼儿教育的主要任务是使儿童身心获得正常发展，为进入小学学习做好准备。

幼儿教育属于非义务教育，“教养并重”，除了对儿童进行全面、和谐发展的启蒙教育外，还要给儿童以生活照料和养育等。幼儿教育以游戏为主，注重让孩子在游戏中学习，在活动中体验，所开设课程都是以综合课程为主。

幼儿教育有利于塑造幼儿良好的品德和习惯，有利于培养幼儿的求知欲。这不仅是幼儿个人生存发展的需要，也是社会发展的需要。

教育改革

改变教育方针和制度或革除旧有教育内容、方法的社会活动。旨在使教育适应社会发展和人的发展的需要，以提高教育质量。可以是整体的改革，也可以是单项的改革。教育改革就是教育现状所发生的任何有意义的转变，也就是说教育改革有着显见的具体效应或结果，意味着教育的最初状态与以后状态的明显不同。

19 世纪末，中国引进西学，推广新式学校。中华人民共和国成立初期，中国就确立了“教育为工农服务”的教育方针。“文革”期间一度提出了“上山下乡，向工农学习”以及从工农兵中选拔优秀人才进入高校学习的教育改革方式。“文革”后恢复了高考制度，1985 年提出“调整中等教育结构”的政策措施。随着九年义务教育普及，中国对于片面追求升学率的应试教育进行改革，使得素质教育成为中国教育界倡导的新目标，试图改变中国传统教育体制带有的明显的“功利性”。

中共十九大之后，中国教育改革进入新阶段：进一步促进教育均衡发展，解决好不平衡不充分的问题，满足民众日益增长的享受更公平更高质量教育的需求。新高考制度就是要建立中国特色现代教育考试招生制度，形成分类考试、综合评价、多元录取的考试招生模式，增加公众在教育上的获得感和预期。

中国的教育改革是实现新时期培养高学历、高素质人才的必经之路，对推进教育事业科学发展、落实立德树人根本任务、办好人民满意教育具有深远意义。

院系调整

指 1952 年中国中央人民政府对全国旧有高等学校进行全盘调整的战略举措。全国理、工科教授有 3/4 被调离原校,之前已经存在的综合性大学均有大规模调整。此举是为了打破民国遗留下来的英美高等教育体系,为中华人民共和国确立对高校的实际领导扫清道路。20世纪后半叶中国高等教育系统的基本格局正是由此发端。

1952年秋,教育部在高等学校教师思想改造的基础上,根据以"培养工业建设人才和师资为重点,发展专门学院,整顿和加强综合大学的方针",在全国范围内进行了高等学校的院系调整工作,调整于1953年基本结束。院系调整后,全国高校数量由1952年之前的211所下降到1953年的183所。

院系调整呈现以下特点:私立高校退出,仿照苏联模式,人文社科被限制,高校部分教学权利被收归教育部,拆散民国大学体系,进行思想改造。

院系调整加强了工程、师范和农林等方面的专业人才的培养,使专门学院尤其是工科类专门学院有了相当可观的发展,为中国培养了一大批经济建设所急需的专门人才,对中华人民共和国的工业化建设有巨大的推动作用,改变了旧中国工程技术教育过于薄弱的状况。

招生制度改革

指关于国家各级各类学校考试招生制度的改革。

招生制度是国家基本教育制度,是人才培养的枢纽环节。深化考试招生制度改革,要全面贯彻党的教育方针,坚持立德树人,适应经济社会发展对多样化高素质人才的需要,认真总结经验,突出问题导向,回应社会关切,进一步促进教育公平、提高选拔水平,培养德智体美全面发展的社会主义建设者和接班人。

改革开放以来,中国考试招生制度不断改进完善,初步形成了相对完整的考试招生体系。这一制度总体上符合国情,社会认可权威性、公平性,但也存在一些社会反映强烈的问题,主要是唯分数论影响学生全面发展,一考定终身使学生学习负担过重,区域、城乡入学机会存在差距,中小学择校现象较为突出,违规招生现象时有发生。

招生制度改革的内容和任务,主要是通过深化改革,形成分类考试、综合评价、多元录取的考试招生模式,健全促进公平、科学选才、监督有力的体制机制,构建衔接沟通各级各类教育、认可多种学习成果的终身学习"立交桥"。招生制度改革实行"五大任务":一是改进招生计划分配方式;二是改革考试形式和内容;三是改革招生录取机制;四是改革监督管理机制;五是启动高考综合改革试点。

招生制度改革关系国家发展大计,关系每一个家庭的切身利益,关系亿万青少年学生的前途命运。深化改革,使其更加科学、合理,势在必行。

学历

指人们在教育机构中接受科学、文化知识训练的学习经历。一个人在什么层次的教育机构中学习,接受了何种层次的训练,便具有相应层次的学历。

从广义上讲,任何一段学习经历都可以成为学习者的"学历"。而在社会中人们通常所说的"学历"具有特定的含义和特定的价值。一个人具有什么学历,是指一个人最后也是最高层次的一段学习经历,并以经教育行政部门批准、实施学历教育、由国家认可的具有文凭发放权力的学校及其他教育机构所颁发的学历证书为凭证。

中国的学历教育类别按阶段可以划分为:小学教育,初中教育(属义务教育、基础教育阶段),高中教育,高等教育。技工学校、职业技术学校、职业中学、职业高中、高等职业学校、技师学院,属于职业教育。中等专业学校、中等师范学校、高等专科学校(大学专科)、大学本科,属于专业教育。研究生包括硕士研究生和博士研究生。

学历证书分为毕业证书、结业证书、肄业证书三种。学历证书按阶段由低到高依次为:小学,初中,技工学校、职业高中、普通高中、中等专业学校,大学专科,大学本科,硕士研究生,博士研究生等阶段的毕业证书或上述相关学历的结业证书。

市场竞争本质是人才的竞争。拥有高学历、高技术的人才是用人单位的核心资源。学历在找工作、工资定级、人事改革、考研、考证、考公务员、留学、职称评定等方面起到重要作用。

学位

标志一个人学历的头衔,即一个人通过学习取得学识及相应学习能力程度的标志,由国家授权的高等学校颁发,一般包括学士、硕士、博士三种。

学位和学历有所区别:学位是学历的标志,不和学校学习经历或学历挂钩;而学历则必须是学校学习的经历。所以有学历不一定有学位,没有学历不一定没有学位。

学位是授予个人的一种学力称号或学术性荣誉称号,表示其受教育的程度或在某一学科领域里已经达到的学力水平,或是表彰其在某一领域中所做出的杰出贡献(荣誉学位)。由具备授予资格的高等学校、科学研究机构或国家授权的其他学术机构、审定机构授予。学位称号终身享有。专业技术人员拥有何种学位,表明他具有何种学力水平或专业知识学习资历,象征着一定的身份。

现代中国的学士学位由国务院授权的高等学校授予,硕士学位、博士学位由国务院授予的高等学校和科研机构授予。高等学校本科毕业生,成绩优良,达到规定的学术水平者,授予学士学位;高等学校和科研机构的研究生,或具有研究生毕业同等学力的人员,通过硕士(博士)学位的课程考试和论文答辩,成绩合格,达到规定的学术水平者,授予硕士(博士)学位。

学制

学制有两个含义,一是指对学校制定的制度。学制具体规定了学校的性质、学校的任务、入学条件、修业年限和它们之间的关系。学制在中国有几千年的历史。二是指国家对各级各类学校的组织系统和课程、学习年限的规定。

学制有三种基本类型,即双轨制(一轨是学术教育,另一轨是职业教育)、单轨制、分支式学制。

学制演进:中国近代学制始于清末,1902年公布“壬寅”学制。1904—1912年,清政府颁布“癸卯”学制。辛亥革命后,1912—1913年公布“壬子·癸丑”学制。1922年施行“壬戌”学制,或称“六三三”学制(小学六年、初中三年、高中三年)、“新学制”,一直沿用到中华人民共和国成立。“文革”到20世纪80年代中期,大部分地区在新的形势下恢复了“六三三”学制。中国现行学制的形态有学前教育、初等教育、中等教育和高等教育四个层次。随着现代教育的发展,学制已经不只是学校教育制度的简称,而是各种施教机构系统的总称,指一个国家各级各类学校的系统,它规定各级各类学校的性质、任务、入学条件、学习年限以及它们之间的纵向和横向关系。

中国现在的学制改革亮点:学制区域弹性和灵活;规定了“九年一贯,六三分段”的基本学制;正在逐步完善高中阶段的教育结构;高等学校的类型趋于多样化;正在健全和完善职业教育体系。

学制是现代教育制度的核心部分,直接影响学校培养的人才类型、数量和质量,也关联着社会多方面的人才需求。

扫盲

指扫除文盲,是对文盲、半文盲进行的一种最为初步的基础教育。

不识字或识字数不超过500字称为文盲。能认识500字,但识字数不超过1 500字称半文盲。扫盲教育是指对不识字和识字少的人进行识字教育,使其具有初步的读、写、算能力。

中华人民共和国成立前,文化教育非常落后。1949

年全国文盲人数占全国人口的80%。中国共产党和人民政府历来重视扫盲工作，在新民主主义革命时期，中国共产党就在其领导的革命根据地开展了群众性的识字运动，取得了很好的效果。中华人民共和国成立后，人民政府把扫盲作为一项重要的工作。中央人民政府于1952年成立了扫除文盲工作委员会。

扫除文盲的标准是：干部和工人识2 000常用字，能阅读通俗书报，能写200—300字的应用短文；农民识1 000常用字，大体上能阅读通俗的书报，能写农村中常用的便条、收据等；城市其他劳动人民识1 500常用字，阅读、写作能力分别参照工人、农民的标准。

在中国，扫除文盲曾经是一项群众性工作。中国共产党和人民政府广泛动员社会各方面的力量，包括工矿企业、城市街道、农村基层组织、工会、共青团、民兵、妇联等群众团体和全日制学校广大师生等参加扫盲工作。

扫盲是中国社会发展中的一个阶段性的工作。随着九年制义务教育的普及，扫盲正在成为中国的一段历史和往事。

产教融合

指中国职业学校根据所设专业，积极开办专业产业，把产业与教学密切结合，相互支持、相互促进，把学校办成集人才培养、科学研究、科技服务为一体的产业性经营实体，形成学校与企业浑然一体的办学模式。

职业教育与产业都是社会再生产链条中的一个部门，各自承担不同的社会职责和功能，又相互协作，共同推动社会再生产协调有序发展。产教融合就是职业教育与产业深度合作，是职业院校为提高其人才培养质量而与行业企业开展的深度合作，其具体内容包括专业与产业对接、学校与企业对接、课程内容与职业标准对接、教学过程与生产过程对接。产教融合不同于一般的产业融合，它不会让职业教育与其他产业融为一体，也不会产生新的产业，它只是职业教育与产业相互渗透、相互支持，是一种深度合作。这种合作从理论上有两条实现途径，一是要素整合，二是契约合作。

产教融合的基础是“产”，即必须以真实的产品生产为前提，在这样的基础和氛围中进行专业实践教学，学生才能学到真本领，教师才能教出真水平。这样的“产”必须与教学紧密结合，其目的是为了“教”，在产教融合比较成熟的情况下，再逐步向“产、学、研”发展。

产教融合有利于激发学生的创造力、创新力，并为学生工读结合、勤工俭学创造条件。产教融合的发展也有利于提高教师的业务水平，促进地方经济的繁荣发展，促进职业教育的健康发展。

教育组织

崇文馆与弘文馆

崇文馆，中国古代中央官学，旧时的政府机关名。唐太宗贞观十三年(639)，于东宫设崇贤馆，至唐高宗上元二年(675)避太子李贤讳，改名崇文馆。设学士，掌经籍图书，教授生徒；设校书郎，掌校理典籍。“崇文”意思是崇尚文治或指古代掌管文化的官职。“馆”是招待宾客或旅客食宿的房舍、宾馆、旅馆、馆舍。崇文馆本为皇太子读书之处。唐代在此设“崇文馆学士”，以侍讲宫中。崇文馆又是唐代的贵族学校。唐制规定：“崇文馆生二十人，以皇族中缌麻以上亲，皇太后、皇后大功以上亲，宰相及散官一品功臣，身食实封者，京官职事从三品中书黄门侍郎之子为之。”另外，崇文馆也是宫内秘籍图书校理之处，是一个大型的皇家图书馆。

弘文馆，中国古代中央官学。唐武德四年(621)置修文馆于门下省。武德九年，太宗即位，改名弘文馆。聚书二十余万卷。置学士，掌校正图籍，教授生徒；遇朝有制度沿革、礼仪轻重时，得与参议。置校书郎，掌校理典籍，刊正错谬。设馆主一人，总领馆务。学生数十名，皆选皇族贵戚及高级京官子弟，师事学士授经史书法。唐代文化繁荣与唐太宗李世民的重文思想有密切关系。李世民和弘文馆的这些文人共商朝政，重视文化，自己也努力创作。他的宫廷诗气势浩大，他的山水诗韵味悠长，他的咏怀诗慷慨激昂。他开创的不仅是三百年的唐朝政经大业，还有三百年的唐代灿烂文化。当年的弘文馆是唐代文化的熔炉，尽管规模不太大，但在这里集聚和造就了一批人才。

国子监

亦称作“国学”“国子学”，中国封建社会的教育管理机构和最高学府。

明清国子监兼具国家教育管理机构和最高学府两重性质。在监读书的生徒称监生、太学生或国子生。历代对生徒入学的资格、来源和名额都有不同的规定。总管监务的头领称国子祭酒或判监事。教官名称和编制数量历代不同。

为了培养封建社会的“文武之材”，俾“能出入将相，安定社稷”，历代统治者规定五经或四书为国子监的主要教材。

历代统治者对国子监的管理都很严格，颁行各种管理制度，包括考试升降制度和放假制度。唐朝对博士、助教的职责都有明确的规定，国子生的考试制度和放假办法都有严格规定。明朝依文化程度高低，把国子监分为正义、崇志、广业、修道、诚心、率性等六斋，以率性程度最高。每季试 3 次，一年内积满 8 分为合格；一年半后分别升斋；肄业期满即分派到各衙门实习；勤谨的送吏部附选，仍令历事，遇有缺官，依次取用；平常的再令历练；才力不及的，送还国子监读书；奸懒的发充下吏。监生坐堂期间，管理极严。明朝政府订颁了 56 条监规，严禁各种越轨言行，违者“定将犯人杖一百，发云南地面充军”。清政府于顺治初颁布了监规 18 条，这是封建专制政治在教育上的反映。

国子监在加强学校管理、培养文武官吏、造就各种高级专门人才、繁荣中国古代学术文化、教育各国留学生、促进中外友好文化交流等方面都起了积极的作用。

白鹿洞书院

宋初四大书院之一，位于江西庐山五老峰南麓，与湖南长沙的岳麓书院、河南商丘的应天书院、河南登封的嵩阳书院合称为“中国四大书院”。

宋朝书院讲学之风盛行。因朱熹和陆九渊等曾在此讲学或辩论，这里成为理学传播的中心。

白鹿洞书院学规，是朱熹为了培养人才而制定的教育方针和学生守则。它集儒家经典语句而成，便于记诵。首先，它提出了教育的根本任务，是让学生明确“义理”，并见之于身心修养，以达到自觉遵守的最终目的。其次，它要求学生按学、问、思、辨的“为学之序”去“穷理”“笃行”。再次，它指明了修身、处事、接物之要，作为实际生活与思想教育的准绳。朱熹讲学或教人为学的目的，不是要人们学到杂乱的知识，写出华丽的文章，借以沽名钓誉、谋取利禄，而是为了要人们按儒家经典读书穷理、修己治人，成为对社会有用的人才。

中华人民共和国成立后，白鹿洞书院得到很好的保护和利用，各级政府先后拨巨款进行三次大的维修，再度兴盛。1959 年被列为省级文物保护单位，1988 年被列为全国重点文物保护单位。截至 2012 年，白鹿洞书院已形成集文物管理、教学、学术研究、旅游接待、园林建设五位一体的综合管理体制。

白鹿洞书院以其悠久的办学历史、深远的文化影响而被誉为“天下书院之首”，在中国教育和文化发展史上具有极为重要的意义。

岳麓书院

中国历史四大书院之一，位于湖南岳麓山下。

岳麓书院古建筑群分为教学、藏书、祭祀、园林、纪念五大建筑格局，以保存大量的碑匾文物闻名于世。

岳麓书院的学规在历史上影响较大，最早源于朱熹的《书院教条》，清代乾隆年间欧阳正焕任书院院长时，提出“整、齐、严、肃”四字并撰诗，刻在碑上嵌于书院讲堂右壁。清代国学大师王文清曾两次出任岳麓书院山长，于清乾隆十三年（1748）手定《岳麓书院学规》，后由门人曹盛朝等47人刻成碑刻，嵌于讲堂左壁上。其拓本流传海内外，为学者所重视。其18条规章大致分成德行修养、学目内容和态度方法三方面内容。通篇以人文思想关怀为核心，语言柔和，更多体现出劝慰与期望之意，很少用责罚之词，通读下来，犹如同长者交流，并无压迫、严厉之意。从学生的日常生活伦理观念入手，教育学生首先要尊敬自己的父母，对古今圣贤要有恭敬之意；没有明确提出惩罚措施，以劝导为主；文字对仗工整，语言条理清晰，有很强的文学性；介绍了具体的读书方法和治学思想。

岳麓书院学规体现了中国传统人文关怀，对当今的教育有着很大的参考作用。

今天的岳麓书院正致力于建设成为培养国学研究、教学方面高级专门人才的基地，建设成为既有深厚历史文化背景又具现代学术研究条件的高端学术平台，建设成为国际上有重大影响力的中外学术文化交流中心和国内一流的国学重镇。

东林书院

亦名龟山书院，是中国古代书院之一，位于江苏省无锡市。

东林书院创建于北宋政和元年（1111），是当时知名学者杨时长期讲学的地方，是宋代理学在中国东南地区主要的传播活动中心。

明万历三十二年（1604），东林书院由东林学者顾宪成等人重新修复并在此聚众讲学，以后每年一大会，每月一小会，定期举行。先后担任书院主讲者的有顾宪成、高攀龙等人。东林讲学有几个明显特点：一是举贤育才，强调德性修养，立志做人；二是提倡兼听，博采众长，不执门户之见；三是反对空疏议论，提倡实际有用学问；四是主张关心国事，志在社会民生。

书院重修后主要建筑有：书院大门、石坊、泮池、仪门、丽泽堂、依庸堂、典籍室、祭器室、左右长廊等。整个书院环境幽美静寂，是讲学的理想场所。

顾宪成倡导"读书、讲学、爱国"的精神，为书院讲学确立了总体原则与接纳学人的思想宗旨。顾宪成撰写的名联"风声雨声读书声声声入耳，家事国事天下事事事关心"更是家喻户晓，曾激励过无数知识分子，极大地促进了中国传统文化思想发展。

明末东林学派是中国理学思想发展史上一个有重大影响的学派，其学术思想对当时社会思想起到拨乱反正的重要推动和指导作用，并对后代产生广泛深远的影响。

近10多年来，无锡市对东林学院又进行了不断的修复，使之成为国学传统教育和陶冶家国情怀的基地。

万木草堂

中国近代书院之一，是近代维新运动领袖康有为于19世纪末在广州创办的一所重要学堂，是康有为宣传维新思想、培养变法人才的重要场所，在中国近现代史上占有重要地位。万木草堂是一所旧式学堂向新式学堂过渡的学校，现位于广东省中山市。

万木草堂原为邱氏书室，建于清嘉庆九年（1804），为三间三进、两天井、硬山顶的祠堂式建筑。

万木草堂是为培养维新骨干、传播维新思想而设立的学堂，它继承了传统书院的办学方式和教学方法，但注入了新内容。教学内容沿袭了义理、考据、经世和文字等传统提法，但包括了西方哲学、地理学、数学等学科内容，成为酝酿维新变法理论的场所，造就了一大批维新人才。

万木草堂主要讲授中国数千年来学术源流、历史政治沿革得失，旁及西方国家历史、政治，也注重体育和音乐。清光绪十七年（1891）三月，康有为撰写了《长兴学记》作为万木草堂学规，以《论语》为纲，对学生施以德、智、体教育。在德育方面，康有为提倡传统道德修养，目的则专在激励气节，发扬精神，从而发愤图强。在智育方面，开设四种课程：义理之学、经世之学、考据之学和词章之学。在体育方面,康有为将体育与习礼结合起来,寓体育于礼仪音乐之中,并举行兵操和射击练习。

由于万木草堂明确提出中体西用为办学宗旨,而且采用中西并重的教育内容,对当时的书院教学影响很大。

天津水师学堂

晚清继福建船政学堂后创办的第二所培养海军军官的新式海军军官学校。

1840—1842年,清政府屡战屡败,咸丰皇帝被迫北狩热河,这让清政府认识到自己的军队也必须用西方的坚船利炮武装起来,而培养能够驾驶新式军舰作战对于急切筹建近代海军的晚清政府来说就显得尤为重要。1866年,清政府第一所近代水师学堂是左宗棠在福建马尾创设的福建船政学堂,1880年,李鸿章为了建立北洋水师,又设立天津水师学堂。

学堂规章多仿福建船政学堂,略有变通。内设驾驶、管轮两个专业。前者主学气象、地理、微积分、驾驶、测量、演放鱼雷等科,后者主学算学、物理、行船、汽机、机器绘图、修定鱼雷等科。英语、数学(几何、代数、三角)为共同课程。此外还教习步兵操练、枪炮法理等。学生凡年在14—17岁均可报考。录取者初为试习生,学英文3个月。学制5年(后延至7年),其中课堂教学4年,实习1年,返学堂再学习3个月,复上枪炮练船实习3个月,后练船实习。学堂课业繁重,考核严格,每年春、夏、冬三次小考,秋季北洋大臣亲临校阅。择其优者以千总候补,次者以把总候补,毕业后归兵船差遣,尽先补用。清光绪二十六年(1900),校舍被八国联军炮火击毁,学生散失,遂停办。

学堂曾培养出毕业生黎元洪、谢葆璋、张伯苓、刘传绶、伍光鉴,为中国的海军建设提供了浓厚的思想底蕴,打下了坚实的基础。

京师同文馆

清末第一所官办外语专门学校。

初以培养外语翻译、洋务人才为目的,于清咸丰十一年(1861)开办,清同治元年(1862)六月正式开课,直属总理各国事务衙门。初创时只有英文馆,清同治五年(1866)增加天文算学馆,清光绪二十八年(1902)并入京师大学堂。

其特点为:在培养目标上不再是为封建统治阶级培养后备力量,而是培养懂翻译、外事的洋务人才;在课程设置上以“西方”“西艺”为主,汉文经学贯穿始终;在教学组织上采用分年课程和班级授课制;在教育方面,它最初专教外语,数年后变为多学科教学。教师来自国内外,主要采用西式教学方式,实行分年课程和班级授课制,学生毕业后主要任职于外交界;译书方面,同文馆师生翻译了多种西书,可分国际知识、科学知识、外文工具书等数类。其中美国人丁韪良作用较大,他翻译《万国公法》并讲授相应课程,引入西式教学,推动多学科及设施建设等。

其意义在于:同文馆既有封建性又有殖民性,是清政府在教育上和外国资本主义结合的产物,是中国半殖民地半封建社会教育的开端,具有新的办学形式,而且使科学教育正式列入中国教育之中,使教育向前迈了一步。在近代教育史上,它被视为中国政府自行创建的第一新式学堂,标志着中国近代学堂的诞生。

方言学堂

武汉大学前身,也称自强学堂,清光绪十九年(1893),张之洞为培养“精晓洋文”的外交人员,奏请清政府创办的第一所真正由中国人自行创办和管理的新式高等外语专门学堂。光绪二十八年(1902)六月,自强学堂改名方言学堂。

方言学堂相较于自强学堂,规模有所扩大。明确规定英、俄、日、德、法五科,光绪三十一年二月增开课程达16门之多,人伦道德、经学、中国文学、外语、地理、历史、算术、博物、物理化学、教育、理财、公法、交涉、绘图、体操、兵操。学生毕业后,主要分布在各省的教育、工业、商业方面，从事教学、翻译及商务诸事。

在办学方面，方言学堂设立方言、算学、格致、商务四班。实行奖学金制、分科教学制。英文、法文教习由华人充当。聘请俄员、德员为教习教俄文、德文，并以华员为助教。办学方针是务求实用、切忌空谈。教学规定不习八股时文。凡在诵堂时须听教习约束，在班级宿舍时须听提调约束。进堂以后，须专心致志，诵习本课，不准在堂兼作时文试帖，不准应各书院课试及岁科小试，但得请假应乡试。清宣统三年（1911）二月被迫停办，前后历经22年。

自强学堂从一开办起便一改中国传统书院“学不分专门”的旧习，仿照西方高等教育模式，在中国各学堂中率先实行分门（科）教学、按斋（班）授课的体制，开风气之先，在全国范围内起到了良好的示范带头作用。

方言学堂当时在社会上引起强烈反响。张之洞还撰写了一首《学堂歌》，用以描述他在荆楚大地大力兴办新式教育的累累硕果。

南洋公学

由盛宣怀于清光绪二十二年（1896）创建于上海，与北洋大学堂同为中国近代历史上中国人自己最早创办的大学。

南洋泛指华东沿海一带。清末民初，称江苏、浙江、福建、广东等沿海各省为南洋，称江苏以北沿海各省为北洋。盛宣怀首立师范院、外院、中院和上院四院，分层设学。他十分重视基础，把师范和小学放在学堂的首要地位。教学内容以中国经史为主。于清光绪二十三年首先招收师范生，设立师范院，这是中国近代最早的新型师范学校，标志着中国师范教育的开始。盛宣怀后又仿照日本师范学校有附属小学校的做法，挑选了120名10—18岁的学生建立了外院。外院就是小学堂，由师范生分班教学。南洋公学外院是中国最早的公立新式小学。接着于清光绪二十四年开办二等学堂中院，等待条件成熟再开设头等学堂大学。

南洋公学是中国最早兼有师范、小学、中学、大学的完整教育体制的学校。它加速了延续1 300多年的科举制度对学校教育统治的灭亡，同时也为清廷二次学制的颁布提供了成功实例。

通艺学堂

初名西学堂，清光绪二十二年（1896）由张元济在严复的帮助下创办于北京，校址在北京宣武门。课程有英文、数学，学生四五十名。光绪二十四年，戊戌变法失败，被迫停办。

学堂学生多系京员及官绅子弟。聘请教习两人，一人为常驻教习，一人为帮教习，分别执教。所设课程，先习英文及天算地舆，待学生英文精熟以后，再各就性质所近，分门专习兵、农、商、矿、格致、制造等学。张元济主办通艺学堂卓有成效，得到清廷支持变法大臣的保荐，受到光绪皇帝的召见和赞扬，成为维新教育改革的先行者之一。戊戌变法运动期间，维新派的教育主张侧重于废科举，兴学堂，注重时务，造就新人。张元济积极拥护并亲自参加教育改革的实践。他认为办学堂虽然收效迟，但效益大。只有兴学校，讲求学术，开创新风，造就新人，风气大开，变法才能成功。张元济把教育改革同政治改革联系在一起，并为政治改革服务。戊戌变法失败后，张元济被革职，通艺学堂也被迫停办。张元济把通艺学堂的全部校产造册移交给京师大学堂。

通艺学堂的历史意义是巨大的：一是开创了私人集资办新学堂的先例。主张废除科举制度，实行教育改革，打破洋务运动以来官办学校的局面。二是树立了一面教育改革旗帜。自强之道，兴学为先，这是张元济教育改革思想的核心内容。三是借鉴了西方学校的一些模式，是中国旧学校向新学校过渡的探索与尝试。

洋务学堂

洋务学堂名为“西学”，是19世纪中后期的洋务大臣们为培养新型的实用人才而创办的以学习西方科技文化为主的新式学堂。大致分为三类：方言学堂、技术学堂、军事学堂，均为专科学校性质。

方言学堂，即外国语学堂，主要培养翻译人员；技术学堂，如左宗棠设立的福建船政学堂，李鸿章开设的机器学堂；军事学堂，如李鸿章在天津建立的天津水师学堂，堪称中国最早的军事专科学校，北洋军系就脱胎于这所学校的毕业生。

与传统官学、书院不同，洋务学堂具有这样的几个新特点：1. 培养目标是造就各项洋务事业需要的专门人才。2. 办学性质方面，有部门办学的性质，是洋务机构的组成部分或附属单位，直接针对本部门和机构的需要培养人才。3. 教学内容方面，以学习“西文”“西艺”为主，注意学以致用。4. 教学方法方面，按照知识的接受规律由浅入深、循序渐进地安排教学内容，重视理解，注意教学中的理论与实践结合，很多学校都安排有实践性课程，建立了实习制度。5. 教学组织形式方面，普遍制订有分年课程计划，确定了学制年限，采用班级授课制。

然而，洋务学堂缺乏全国性的整体规划和学制系统，管理上具有封建官僚习气。尽管如此，洋务学堂在40年的发展历程中做出了相当大的历史贡献，更新了陈旧的教育思想，培养了中国最早的科技和外语人才，对清末的戊戌维新和科举制的废除等重要变革产生了积极的影响。它的出现，标志着中国完成了中国近代教育价值观念的转变。

时务学堂

中国近代资产阶级维新派创办的新式学堂。创办时间为清光绪二十三年（1897）至清光绪二十四年。时务学堂的旧址位于湖南省长沙市。

教学内容分中学与西学。中学指的是经、史、诸子书；西学以外国语言文字为主，兼及西方社会政治学说与自然科学。入学前六个月，读普通学；六个月以后，则各认专门，但普通学仍须兼习。学生所读之书，有涉猎之书，有专精之书。学习时学生须先反复钻研《春秋公羊传》和《孟子》中的微言大义以及民权思想，然后择取中外政治法律比较参证，使之明了维新变法的旨意。

梁启超的十条学约：以立志、养心、治身、读书、穷理、学文、乐群和摄生等八条为堂中每日功课所当有事；以经世和传教等二条为学成以后所当有事。

时务学堂从创办到停办，历时不到一年，只招考过三次，录取学生总数只有200名左右，却培养出了一批杰出的人才。其办学思想抨击了封建专制主义的传统观念，宣传民权平等学说和变法主张，为维新运动酝酿了思想、准备了干部。

时务学堂的创办，标志着湖南教育由旧式书院制度向新式学堂制度的转变，也是湖南近代化教育的开端。

京师大学堂

是北京大学和北京师范大学在清光绪二十四年（1898）至清宣统三年（1911）间的曾用名，是当时国家最高学府，最初也是国家最高教育行政机关，行使教育部职能，统管全国教育。它在实质上仍然是一所封建主义并带有近代资本主义性质的旧式书院。

在课程设置上，其最大特色是在继承中国古代文明的基础上引进西方资本主义文明和近代科学文化。其办学方针遵循“中学为体，西学为用”原则，强调“中西并重”，务使二者“会通”，缺一不可。对于西学，又强调西文仅为“学堂之一门”，而非“学堂之全体”；仅以西文为“西学之发凡”，而不为“西学之究竟”。课程设置分普通学科和专门学科两类：普通学科为全体学生必修课，包括经学、理学、掌故、诸子、初等算学、格致、政治、地理、文学、体操10科。专门学科由学生任选其中一或两门，包括高等算学、格致、政治、地理、农矿、工程、商学、兵学、卫生学等科。另设英、法、俄、德、日五种外语，学生凡年在30岁以下者必须修一门外语，30岁以上者可免修。

京师大学堂是中国近代第一所国立大学，其成立标志着中国近代国立高等教育的开端。

教会学校

指天主教或基督教(新教)教会所设立和控制的学校。

教会学校最早出现于中世纪的欧洲。鸦片战争以后,英美等国通过教会曾在中国设立大、中、小学。中华人民共和国成立后,于1951年接管了外资津贴学校,收回了教育主权。

早期教会学校集中在五个开放通商的沿海城市和香港;大多附设于教堂,规模小;招生对象以贫苦人家的孩子为主;为吸引学生,早期教会学校多免收学费和膳食费,甚至还提供衣服和路费等。后来学校办学层次提高,开始介绍西方学术。

教会办学的形式,从幼稚园开始,小学、中学、大学一应俱全。除普通教育外,还兴办了职业教育、特殊教育、社会教育等,应有尽有。另外成立有教育会、青年会、书局、印刷机构等,并发行报纸。教会中学教育主要面向社会的中层阶级,所收学生大多是富家子女,学校的发展也主要依靠这些人资助。

教会学校的教育目的、制度,学校的一切措施,全由教会订立施行。教会学校校规非常严格,不仅对学生有成绩要求,还对学生有很高的礼仪要求。教会学校中,女子学院居多,而且要求女生都穿校服,剪短发,不化妆,不涂口红,不染指甲。

教会学校的兴办,对中华民族摆脱封建社会的影响,学习知识,增广见闻,从而唤醒人民崇尚科学、民主,追求国家独立与富强之思想,是有积极意义的。

国立西南联合大学

中国抗日战争期间设于昆明的一所综合性大学。1938年4月,由国立北京大学、国立清华大学和私立南开大学组成的国立长沙临时大学西迁至昆明,改称国立西南联合大学,简称西南联大。

1937年,为保存中华民族教育精华免遭毁灭,华北及沿海许多大城市的高等学校纷纷内迁。从国立长沙临时大学的建立(1937年8月),到国立西南联大停止办学(1946年7月),西南联大共存在了8年零11个月。

学校设有两个行政机构,校务委员会和教授会。校务委员会是权力管理机构,校长担任校务委员会主席,校务委员会委员由教授会民主推荐,校长批准任命。校务委员会通过民主讨论和决议,全面主管全校重大事务。教授会是校务咨询机构,虽不是权力机构,但有很高威望,成员包括全校教授,日常工作由全校教授推选常委会主办。教授会是校长的得力参谋,也是办学校务得力骨干的资源库。

专业设置上,西南联大共设文、理、法商、工、师范5个学院,共26系,另有先修班和体育部。

西南联大保存了抗战时期的重要科研力量并培养了一大批优秀学生,为中国以至世界的发展做出了贡献。联大师生担任中央研究院首届院士(1949)27人、中国科学院院士154人(学生80人)、中国工程院院士12人(全是学生)。因其成就显著,有"内树学术自由,外筑民主堡垒"之美誉。

"211"院校("211工程")

"211"院校是中国教育部计划的21世纪重点建设的100所大学。这项发展高等教育的重要措施一开始简称为"211计划",后来确定为"211工程",重点建设100所左右的高等学校和一批重点学科,于1995年11月经国务院批准后正式启动。

"211工程"建设的主要内容包括学校整体条件、重点学科和高等教育公共服务体系建设三大部分。建设项目均实行项目法人责任制、招投标制和工程监理制;各"211工程"学校成立项目法人组织和落实项目法人代表,有关省(区)主管部门成立"211工程"建设领导小组,形成中央、省(区)和学校三级管理体制。

为了迎接世界新技术革命的挑战,面向21世纪,要集中中央和地方各方面的力量,分期分批地重点建设100所左右的高等学校和一批重点学科、专业,使其到

2000年左右在教育质量、科学研究、管理水平及办学效益等方面有较大提高，在教育改革方面有明显进展，力争在21世纪初有一批高等学校和学科、专业接近或达到国际一流大学的水平。

“211”院校对提高中国高等教育水平，加快国家经济建设，促进科学技术和文化发展，增强综合国力和国际竞争能力，实现高层次人才的培养，都具有极为重要的意义。

“985”院校（“985工程”）

“985”院校，是中国政府计划建设的若干所世界一流大学和一批国际知名的高水平研究型大学，为此而实施的建设工程称为“985工程”。

1998年5月4日，时任国家主席江泽民在庆祝北京大学建校100周年大会上宣告：“为了实现现代化，中国要有若干所具有世界先进水平的一流大学。”1999年，国务院批转教育部《面向21世纪教育振兴行动计划》，重点支持北京大学、清华大学等部分高等学校创建世界一流大学和高水平大学，并以江泽民在北京大学100周年校庆的讲话时间（1998年5月）命名为“985工程”。

“985工程”的建设任务体现在机制创新、队伍建设、平台建设、条件支撑和国际交流与合作等五个方面；采取国家、共建部门和高等学校三级管理方式，以高等学校自我管理为主；建设实行项目管理和绩效考评。

“985工程”建设的总体思路是以建设若干所世界一流大学和一批国际知名的高水平研究型大学为目标，建立高等学校新的管理体制和运行机制，牢牢抓住21世纪头20年的重要战略机遇期，集中资源、突出重点、体现特色、发挥优势，坚持跨越式发展，走有中国特色的建设世界一流大学之路。

双一流院校

指参与国务院“世界一流大学和一流学科（简称‘双一流’）”建设，通过评选后得到正式确认的高校。

2015年8月18日，中央全面深化改革领导小组第15次会议审议通过《统筹推进世界一流大学和一流学科建设总体方案》。同年10月，国务院印发《统筹推进世界一流大学和一流学科建设总体方案》。2017年1月，教育部、财政部、国家发展改革委联合印发《统筹推进世界一流大学和一流学科建设实施办法（暂行）》。同年9月，教育部、财政部、国家发展改革委印发《关于公布世界一流大学和一流学科建设高校及建设学科名单的通知》，公布世界一流大学和一流学科（简称“双一流”）建设高校及建设学科名单。

“双一流”建设高校通过竞争优选、专家评选、政府比选、动态筛选产生。在广泛听取意见的基础上，以增量方式统筹推动建设，以存量改革激发建设活力。“双一流”建设管理举措包括：分类建设引导特色发展；开放竞争激发建设活力；动态管理打破身份固化；统筹建设深化综合改革。“双一流”建设10项重点任务包括：建设一流师资队伍；培养拔尖创新人才；提升科学研究水平；传承创新优秀文化；着力推进成果转化；加强和改进党对高校的领导；完善内部治理结构；实现关键环节突破；构建社会参与机制；推进国际交流合作。

实施建设双一流院校，有利于提升中国高等教育综合实力和国际竞争力，为实现“两个一百年”奋斗目标和中华民族的伟大复兴提供有力人才支撑。

少年宫

中国在学校以外对少年儿童进行政治教育和开展集体文化活动的机构。

简单地说，少年宫是孩子们在闲暇时间学习人文、艺术和科学，认知朋友、家庭和社会，培养兴趣、爱好和情感，进行表演、游戏和锻炼，以及享受青少年相关公共服务的校外教育和活动场所，同时也是各地少先队组织管理、培训和开展活动的主要场地。

中华人民共和国成立初期至20世纪90年代，少年宫是儿童精英荟萃的地方，品学兼优和有文学、艺术、科技、体育特长的学生才有机会享受少年宫准专业化的教育和培训，少年宫同时也是少先队骨干的培训基地。

20世纪90年代开始，少年宫逐渐从精英教育迈向了社会教育，以收费的模式对孩子们进行校外培训，由于长期的品牌熏陶、相对低价而优质的教育资源、稳定的教师队伍和殷实的专业化基础，加上家长们“不要输在起跑线上”的潜意识，以及当时社会上极其缺乏适合孩子们成长的各类教育资源，少年宫一度成了兴趣培训班的代名词：舞蹈、美术、书法、语言、科技、器乐、合唱、武术、体育、舞蹈等等一应俱全，应有尽有。

少年宫是一项中国特色的市民福利和民生工程，在整个大素质教育中有着不可低估的作用。少年宫是实施教育改革，推行新的教学理念，满足学生兴趣，展现其个性才华，帮助其寻找自信心，培养社交能力、健康人格、想象力、创造力的大舞台。

工人文化宫

吸引和组织职工开展文化活动和学习教育活动的重要阵地，是职工及其家属进行文化学习活动的园地。

文化宫建成初期，就已经成为当地干部职工及其子弟开展文娱活动和文化学习、职能培训的中心场所。文化宫还设有溜冰场、乒乓球馆、图书馆、舞厅、电视室、象棋室、儿童乐园、茶座等服务及活动项目。

中华人民共和国成立以后，为了宣传马列主义毛泽东思想，活跃地区职工的文化娱乐生活，开展文化学习，中国各地相继建起了一大批工人文化宫。文化宫通过阵地宣传、电影放映、图书阅览、棋牌活动、文化会演、文图展览、知识讲座等等无偿的服务，丰富活跃了当时地区职工的业余文化活动。在教育和引导职工，宣传国家的大政方针政策及文化学习、技术培训等方面做出了不可磨灭的贡献，真正成了职工的“学校和乐园”，造就了文化宫一段辉煌的历史。

随着20世纪80年代改革开放的发展，社会主义市场经济运行机制的确立，作为公益性事业单位的文化宫开始逐步转轨，大多数文化宫的娱乐项目竞争不过私人娱乐行业。如今文化宫在市场经济条件下重新确立“坚持工人文化宫性质不动摇”指导思想，加强管理，确保文化宫“学校、乐园”宗旨的充分发挥，逐渐扩大服务领域，以满足职工群众不断增长的精神需求。

工人文化宫具有组织开展文化活动的场地优势和人才优势，它的存在对群众文化工作有很强的带动作用。

老年大学

在中国，老年大学是退休老人更新知识的课堂、健身养心的场所、开心娱乐的园地、广交朋友的平台和智力开发的基地。

当今的老年群体相当一部分人是“空巢”老人，即一代户或独居户老人。随着市场经济的快速发展，人口结构的明显变化，家庭规模的小型化以及年轻一代价值观念的改变，中国“空巢”家庭骤增。资料显示，到2005年，“空巢”家庭已超过老年家庭的一半。而老年大学的学员中，大多数均为“空巢”老人或准老人。“空巢”老人从出现到快速增长，引起了社会各方面的极大关注。

在人口老龄化成为世界趋向的时代背景和终身教育思潮的影响下，老年大学于20世纪80年代诞生兴起，推动了中国老年学养教育的发展完善，为终身教育的实现和学习型社会的构建打下了坚实的基础。

老年大学的办学方式非常灵活，既有固定场所集中授课，也能远程授课。老年大学的授课内容非常丰富，主要包括健康、烹饪、艺术等方面。

中国老年大学的办学宗旨为：“增长知识，丰富生活，陶冶情操，促进健康，服务社会。”“老有所学”的生活是丰富的、有积极意义的，更是高雅的。读老年大学，可提升老年人的精神文明与心理健康水平，也自然有助于身体健康，老有所养。老年大学也可以帮助老年人更新观念、更新知识、丰富生活、适应时代。在老年大学通过学习理论，可以跟上时代步伐；可以经受文化熏陶，体会文化真谛,增强爱国情感;通过与社会及人群的接触交往,可以活跃思想和汲取精神力量。

教育人物

容闳(1828—1912)

广东香山县南屏镇(今属广东省珠海市)人,中国近代教育家、外交家和社会活动家。容闳是第一个毕业于美国耶鲁大学的中国留学生,是中国留学生事业的先驱。

容闳所处的时代,清政府实行闭关锁国政策,正是中国封建社会危机四伏、日趋没落的时期。而此时的西方,资本主义迅速发展。历史的风云际会,使出身寒微的容闳自幼年开始与西方资本主义教育结下不解之缘。八年留学的经历赋予了他与传统文人迥然不同的视野和眼光,自此,容闳的名字便与西学东渐紧密相连。

容闳一生大力倡导"教育救国","以西方之学术灌输于中国",是晚清思想界、文化界主张从制度层、精神核心层变革的最早倡导者,深刻地影响了近百年中国现代化的进程。他建议太平天国"设立工业学校体制",向曾国藩提出创办江南制造总局兵工学校,这是伴随着大机器生产的中国最早的技术教育,对职业教育的产生有重要的意义。他还促成中国近代第一座完整的机器厂——上海江南机器制造局的建立,组织了第一批幼童官费赴美留学。在中国近代西学东渐、戊戌变法和辛亥革命中有着不可磨灭的贡献。个人著作有《西学东渐记》《容闳回忆录》等。

张元济(1867—1959)

字筱斋,号菊生,浙江海盐人。中国近代杰出的出版家、教育家与爱国实业家。

张元济出生于名门望族、书香世家。清末中进士,入翰林院任庶吉士,后在总理事务衙门任章京。1902年,张元济进入商务印书馆,历任编译所所长、经理、监理、董事长等职。中华人民共和国成立后,担任上海文史馆馆长,继任商务印书馆董事长。1959年8月14日在上海逝世,享年92岁。

张元济一生为中国文化出版事业的发展和优秀民族文化遗产的整理、出版做出了卓越的贡献。在他主持商务印书馆时期,商务印书馆从一个印书作坊发展成为中国近代史上最具影响力的出版企业。他组织编写的新式教科书风行全国,在中国近现代教育史上具有开创性的意义;他推出严复翻译的《天演论》、林纾翻译的《茶花女》等大批外国学术、文学名著,产生了广泛深远的影响;他主持影印《四部丛刊》、校印《百衲本二十四史》以及创建东方图书馆,对保存民族文化都有很大的贡献。著有《校史随笔》《中华民族的人格》等。

蔡元培(1868—1940)

浙江山阴县(今浙江省绍兴市)人,革命家、教育家、政治家,民主进步人士,国民党中央执委,国民政府委员兼监察院院长,中华民国首任教育总长。

随着辛亥革命的胜利,在中国实行了几千年的封建统治被推翻,但是教育领域中对封建教育的改革才刚刚起步,只是颁布了一些具体的暂行规定,还缺乏明确的教育指导思想,缺乏新的教育宗旨。在这样的形势下,蔡元培比较系统地提出了一系列教育改革的思想:

第一,他主张"思想自由,兼容并包";贯彻教授治校、民主管理的办学原则;提出沟通文理、废科设系,改变"轻学而重术"的思想。

第二,他第一个提出"军国民教育、实利主义教育、公民道德教育、世界观教育、美感教育皆近日之教育所不可偏废"的五育并举思想。

他的主要著作有:《蔡元培自述》《中国伦理学史》《中学修身教科书》《欧洲美学小史》《学堂教科论》,编有《蔡元培选集》《蔡元培教育文选》,他先后发表《说民族学》《民族学与社会学》《民族学上之进化观》《对于新教育之意见》《教育独立议》等有影响的文章。

他为发展中国新文化教育事业,建立中国资产阶级民主制度做出了重大贡献,堪称"学界泰斗""人世楷模”。他是中国近现代美育的倡导者，主张从家庭教育、学校教育、社会教育三方面实施美育，为中国教育、文化、科学事业的发展做出了富有开创性的贡献。

张伯苓（1876—1951）

天津人，职业教育家，私立南开系列学校创办者。西方戏剧以及奥运会的最早倡导者，被誉为“中国奥运第一人”。

张伯苓早年毕业于天津北洋水师学堂，曾受教于美国教育家、哲学家杜威、桑代克等人。1948 年，曾出任南京国民政府考试院院长，1949 年，留守中国大陆。

甲午战败，年轻的海军军官张伯苓痛感中国虽然地广民众，但国民身体、精神贫弱不振，非从根本上改造不可。从那时起，他弃武学文，决心办教育。张伯苓的教育生涯从受聘于严范孙的家馆开始。主张教育救国、培育新人，在天津与严范孙共同创办“私立中学堂”，即南开学校的前身。1919 年 9 月 25 日，私立南开大学正式诞生。

张伯苓的大学理念一是践行“公能教育”。“公”，就是为公不为私；“能”，就是知识、技能、本领。二是美育思想。三是重体育、重道德教育、重科学实验。四是重视开展课外活动，锻炼学生的组织能力。

主要著作有《我们要振作起来：张伯苓西南联大时期文选》《民国演讲典藏文库·张伯苓卷：舞台》《张伯苓谈教育》《张伯苓自述》等。

张伯苓从饱经沧桑的办学经历中，逐步看清了中国的前途，在历史转折的关键时刻，以国家民族利益为重，表现出一个真正教育家的高风亮节。他的一生，是进步的爱国的一生。他创业南开，功在国家，为发展中国近代教育做出了重要贡献。

徐特立（1877—1968）

湖南善化（今湖南省长沙县江背镇）人，中国革命家和教育家。

徐特立是毛泽东和田汉等人士的老师，1927 年加入中国共产党，1928 年到苏联莫斯科中山大学学习，1930 年回国后任中央苏区临时中央政府教育部长。长征后到延安，任边区政府教育厅厅长，后任中共中央宣传部副部长。中华人民共和国成立后历任中央人民政府委员，全国人大常委会委员等职，被尊为“延安五老”之一。

他从小就体会到农民所受的残酷剥削。读了六年私塾后，又跟随一个和尚学习禅宗。后来他在家劳动，又教私塾。1905 年，他考入长沙师范学校读速成班，学习教育学、自然科学等新知识和西洋史、东洋史等讲授资产阶级革命的课程，开始接受资产阶级民主思想。毕业后当高小（五、六年级的小学）教员。辛亥革命爆发后，任长沙师范学校校长。1919 年赴法国勤工俭学。回国后，他任长沙第一女师校长。他精通俄语，又系统研究了马列主义，中华人民共和国成立后投身于中华人民共和国的文化教育事业。

其教育思想集中体现在五个方面：一是三位一体。他以经济发展、社会进步和群众需要为价值取向，提出了教育、科技和经济“三位一体”的教育思想。二是德育为首。他特别强调德育是主线和灵魂，教育首先就是要塑造人。三是实践创新。即崇尚创新、崇尚实践二者之统一。四是学术互动。五是民主治校。

其著作大多收集在《徐特立教育文集》和《徐特立文集》中。

黄炎培（1878—1965）

江苏川沙县（今属上海市浦东新区）人，教育家、实业家、政治家，中国民主同盟主要发起人之一。

早年在家乡任塾师，后中举人。先后创办多所小学、中学、大学，并执教。1913 年 6 月为教育部课程标准起草委员会委员。1915 年赴美考察教育，回国后发起成立了中华职业教育社，次年创办中华职业学校。曾创办图书馆，收藏以社会科学、历史及关于近代史料图书为主。中华人民共和国成立后，历任中央人民政府多个重要领导职务。

教育思想是采取实用主义，发展职业教育。其职业教育理论要点是：职业教育目的在于使无业者有业，有业者乐业，为个人谋生之预备，为个人服务社会之预备，为世界及国家增进生产能力之预备；办学方针是社会化、科学化；职业教育的教学原则是手脑并用，做学合一；职业道德教育的基本规范是敬业乐群，对自己的事业很尽职，和朋友相处很融洽。他的职业教育思想经历了一个从提倡实用主义教育到提倡职业教育再到大职业教育主义的过程。

主要教育著作有：《中国教育史要》《黄炎培教育考察日记》《新大陆之教育》《东南洋之新教育》《中国教育史要》《学校教育采用实用主义之商榷》《黄炎培教育考察日记》《中华职业教育社宣言书》《南洋华侨教育商榷书》《我之人生观与吾人从事职业教育之基本理论》等。

黄炎培将毕生精力奉献给了中国的职业教育事业，为改革脱离社会生活和生产的传统教育，建设中国的职业教育做出了重要贡献。

吴玉章（1878—1966）

四川荣县人，无产阶级革命家、教育家，马克思主义历史学家和语言文字学家，中华人民共和国教育的开拓者，中国人民大学的创始人。

早年在成都、自贡、威远、泸州等地读书，1903年留学日本，1906年加入中国同盟会，1911年回国参加辛亥革命。1922年到1924年任成都高等师范学校（四川大学前身）校长。1948年任华北大学（中国人民大学前身）校长，1950年至1966年任中国人民大学校长。

吴玉章历经戊戌变法、辛亥革命、讨袁战争、北伐战争、抗日战争、解放战争、中华人民共和国建设而成为跨世纪的革命老人，与董必武、徐特立、谢觉哉、林伯渠一起被尊称为“延安五老”。他领导的荣县起义成为资产阶级革命最早的成功典范。他在四川发起了留法勤工俭学运动，为中国和四川造就了一大批人才。

他在教育方面主张高等教育要坚持理论联系实际；建立多种学制、多种规格、多种形式的办学体制；不断提高教师的政治素质和业务水平；提倡青年独立思考，发挥创造性，少年儿童要培养和发展才能；致力于文字改革，积极推进汉语拼音。

其主要著作有《辛亥革命》《历史文集》《吴玉章回忆录》。代表作品有《中国文字的源流及其改革的方案》。

梅贻琦（1889—1962）

江苏武进人，历任清华学校教员、物理系教授、教务长等职，1931—1948年，在北京任清华大学校长。1955年，在台湾地区新竹市创建“清华大学”并任校长。

20世纪初期，现代大学在中国刚刚兴起。中国的大学当中，北京大学和清华大学据京师要地，成为思潮传播中心，尤为瞩目。而奠定这两所大学的气量和风格的，在北京大学是蔡元培，在清华大学就是梅贻琦。他是第一批庚款留美学生，1914年由美国学成归国。

其教育思想体现在他所提倡的“五育”（即德、智、体、美、群）。他首次提出“通才教育”这一核心观念，即以培养全面发展、具有健全和自由人格的人才为培养目标，“诸育并进”，重视“大师”的作用。其次，他指出大学应该着眼于对学生“人格”的全面培养。在清华大学任校长时，一是对师资人才进行严格遴选和延聘，二是推行一种集体领导的制度。他被列为清华百年历史上四大哲人之一。

主要著作有《中国的大学》《大学与大师》《梅贻琦西南联大日记》《大学的意义/民国大家谈学养》《梅贻琦自述》《抗战前后之清华》。

梅贻琦的“大师论”“通才教育”“学术自由”“教授治校”等教育思想和办学理念，“忠诚无私”“寡言沉稳”“刚毅仁爱”的人格精神，促进了清华大学的发展，也培养了一批杰出的人才。

竺可桢（1890—1974）

浙江绍兴人，中国科学院院士，中国近代气象学家、地理学家、教育家。中国近代地理学和气象学的奠基者。

1909年，竺可桢考入唐山路矿学堂学习土木工程。1910年，竺可桢公费留美学习，1918年获得哈佛大学博士学位，1920年秋应聘任职于南京高等师范学校，1936年4月担任浙江大学校长。

哈佛大学在19世纪末20世纪初进行了一系列改革，对竺可桢教育理念的形成和教育改革的推行起到了关键的作用。

其教育思想主要体现在：倡导报国、强校、通才、为民的教育理念；彰扬求是学风；依靠教授，实行导师制；追求综合型、研究型、创新型一流大学的办学目标。

主要论著有《台风中心的若干新事实》《远东台风的新分类》《中国气流之运行》《东南季风与中国雨量》《气候与人生及其他生物之关系》《论我国气候的几个特点及其与粮食作物生产的关系》《物候学》《中国近五千年来气候变迁的初步研究》《中国的亚热带》《东亚天气类型的初步研究》等，已辑有《竺可桢文集》《竺可桢日记》。

竺可桢学识渊博，治学严谨，在气候变迁、物候、农业气候、自然区划和科学史等方面皆有卓越见解和杰出贡献。

陶行知（1891—1946）

安徽歙县人，毕业于金陵大学（1952年并入南京大学）文学系，教育家、思想家，伟大的民主主义战士，爱国者，中国人民救国会和中国民主同盟的主要领导人之一。

陶行知曾任南京高等师范学校教务主任、中华教育改进社总干事。先后创办晓庄学校、生活教育社、山海工学团、育才学校和社会大学。

19世纪末至20世纪初，随着西方思想文化的大量涌入，中国传统的封建教育发生了重大变革，教学内容以格致之学取代了经学，培养方向由封建官吏转变为实用人才。这个历史背景对于创立生活教育理论的陶行知来说，必然产生重大的影响。他幼年接受中国式启蒙教育，青少年接受西学，成年后把教育同社会生活、人民生活相结合，所以其视野大大开阔。

他提出了“生活即教育”“社会即学校”“教学做合一”三大主张，生活教育理论是其教育思想的理论核心。他认为教育和生活是同一过程，教育含于生活之中，教育必须和生活结合才能发生作用。他主张把教育与生活完全熔于一炉。他的主要著作有：《中国教育改造》《古庙敲钟录》《斋夫自由谈》《行知书信》《行知诗歌集》。

陶行知先生在20世纪上半叶中国社会变革和教育改革的实践中，借鉴了西方现代教育思想的理论和方法并结合中华民族的优秀传统文化，创造了中国化的现代生活教育学说。其中的“小先生”思想更是对学校教育有着重要的指导意义。

陈鹤琴（1892—1982）

浙江绍兴人，儿童教育家、心理学家、教授，中国现代幼儿教育的奠基人。

早年毕业于清华大学，留学美国，专心研究教育学和心理学。1918年获得硕士学位。回国的时候，正值“五四”新文化教育运动时期，新观念正得以广泛传播。在西方教育思潮的影响下，陈鹤琴十分重视教育本身的实践与研究，积极践行实用主义主张，把教育的重心从成人转向儿童。他先后在多所高等师范院校讲学，1949年8月担任中央大学师范学院院长，后任南京师范学院校长。

陈鹤琴提出了“活教育”理论，重视科学实验，主张中国儿童教育的发展要适合国情，符合儿童身心发展规律；呼吁建立儿童教育师资培训体系。

主要著作有《智力测验法》（与人合编）、《语体文应用字汇》《玩具与教育》《家庭教育——怎样教小孩》《儿童心理之研究》《家庭教育》等。

陈鹤琴创立了中国化的幼儿教育和幼儿师范教育的完整体系。他从事的幼教事业是全面的、整体的，在师资培养方面他创办了中等幼师和高等幼师专校。他创办了儿童玩具、教具厂，根据儿童心理的发展程序，制作了多种形式的玩具与教具。他还编辑出版了不少儿童课外读物，创办与领导了中国幼稚教育社、中华儿童教育社。

陈鹤琴是中国第一位引进西方教育的先驱者，民国时期的儿童教育家，被誉为“儿童教育的圣人”。

邹韬奋（1895—1944）

本名恩润，乳名荫书，曾用名李晋卿，江西余江人，记者、出版家。

1922 年在黄炎培等创办的中华职业教育社任编辑部主任，开始从事教育和编辑工作。1926 年接任《生活》周刊主编，以犀利之笔，力主正义舆论，抨击黑暗势力。“九一八事变”后，邹韬奋在上海全身心投入抗日救亡运动。1936 年 11 月 22 日，国民党为了扑灭国内的抗日烈火，逮捕了正在领导抗日救亡运动的救国会领导人沈钧儒、邹韬奋等 7 人，酿成“七君子”事件，遭到全国人民包括宋庆龄、何香凝等社会名流的强烈反对。在 8 个月的牢狱生活中，邹韬奋等人坚贞不屈，与法官展开了面对面的斗争。在全国人民的坚决斗争下，国民党政府被迫于 7 月 31 日释放了“七君子”。

邹韬奋出狱后辗转重庆、汉口、香港继续开展爱国救亡工作。1943 年因患耳癌秘密返沪就医，第二年不幸逝世于上海医院（今上海市第二人民医院），终年 48 岁。1956 年，上海市政府出资修复邹韬奋的故居，并在隔壁建立了韬奋纪念馆。2009 年，邹韬奋被评为 100 位为中华人民共和国成立做出突出贡献的英雄模范之一。

三　文学历史

⊙ 语言文字 ⊙

古代汉语

古代汉族的群众语言，与现代汉语相对。广义的古代汉语的书面语有文言和古代白话两个系统：文言系统是上古汉语书面语和用这种书面语写成的作品，如《诗经》《老子》《论语》《孟子》等。此外还有历代作者仿古的诗、词、文章，如两汉诗文歌赋、唐宋散文等使用的语言；古代白话是六朝以后在北方方言的基础上形成的口语实录，其词汇、语法与现代汉语接近。狭义的古代汉语书面语仅指文言。

文言原本于先秦口语，经过长时期发展，发生了很大的变化，主要体现在语音、词汇和语法上。然而书面语却没有发生太大变化，模仿经典文献的语言，一直保持着文言的形态，因此出现了中国文化上的一个特殊现象：在日常生活领域，使用的语言是与时俱进的语言，但在政治领域和传统教育中，凡提笔属文，仍保持先秦文献语言的语法和词汇。这叫“言文脱节”。

古代中国的文化高度发达，对周边国家，包括日本、朝鲜、越南等，都产生过巨大而深远的影响。在这些东亚国家的语言文字系统中，还保留有很多中国古代汉语的读音和词汇。

现代汉语

有广义和狭义两种概念。广义的现代汉语指现代汉民族使用的语言，不仅包括现代汉民族的共同语，而且包括方言研究和语言使用的其他方面。现代汉语作为一门学科，是普通高等院校汉语言文学、新闻学等专业的基础学科，涉及现代汉语的语音、词汇、语法、修辞等基础知识。

狭义的现代汉语指汉民族共同语，也就是普通话。每个国家都有民族共同语，以便于文化传播和交流。共同语是在一种方言的基础上形成的，这种方言叫作基础方言。一种方言能成为基础方言，取决于很多因素，如政治因素、经济因素、文化因素、人口因素。现代汉语的存在形式分为口语和书面语两种，用文字记录下来的语言叫书面语，口语指的是日常口头应用语。

现代汉语的特点有：

1. 语音方面

（1）没有复辅音；（2）元音占优势；（3）音节整齐简洁；（4）有声调。

2. 词汇方面

（1）单音节语素多，双音节词占优势；（2）构词广泛运用词根复合法；（3）同音语素多。

3. 语法方面

（1）汉语表示语法意义的手段不大用形态；（2）词、短语和句子的结构原则基本一致；（3）词类和句法成分关系复杂；（4）量词和语气词十分丰富。

普通话

以北京语音为标准音、北方方言为基础方言、典范的现代白话文著作为语法规范的现代汉民族共同语。

普通话的语音特点是：声母除舌尖后擦音、鼻音、边音外，无浊音；韵母多复元音，鼻韵母有前后之分；没有声母的清浊对立，没有入声韵，尖团合流，声调较少，调式简单，有轻声和儿化韵。

方言

汉语的地方变体。中国幅员辽阔，在社会的发展过程中，语言也出现了不同的发展、分化和演变，从而产生了方言。“方言”在不同的人群中指代不同，中国人一般说的方言指的是地方语言，即某一地区的语言，与标准语相区别，实质上是有一定的政治学意义的说法。这种说法不考虑语言和语言之间的亲属关系。

现代汉语方言差异显著。中国语言学界对现代汉语方言划分的意见并不一致，有些人认为分七大方言，有些人认为应当分为十大方言（如有学者指出“晋方言”应当独立，而不应该归属于北方方言）。大多数学者认为现代汉语有七大方言：北方方言（官话方言）、吴方言、湘方言、客家方言、闽方言、粤方言、赣方言。同时，在复杂的方言区内，有的还可以再分列成为次方言，甚至再分为方言小片，某市、某县、某镇、某村的方言，就叫作地方方言。如福州话、南昌话、广州话、长沙话等。

北方方言是现代汉民族共同语的基础方言。在汉语各方言中，它的分布地域最广，使用人口最多，大约占中国总人口的四分之三。北方方言内部按其语言特点一般可以分为 8 个次方言：东北官话、北京官话、冀鲁官话、胶辽官话、中原官话、兰银官话、西南官话和江淮官话。

中国使用人数较多、影响也较大的 3 种方言是吴方言、闽方言和粤方言。

吴方言，古又称江东话、江南话、吴越语。分布于浙江、江苏南部、上海、安徽南部、江西东北部、福建北一角，使用人口 9 000 多万。吴语有清浊声母的分别，有短促的入声，声调一般有 7 个或 8 个，保留较多古汉语用字用语。

闽方言分布于福建省、广东省、海南岛、雷州半岛等地区，使用人口约 8 000 万。闽方言中使用人口较多的次方言是闽南方言，福建省以外说闽方言的很多都是闽南语，如台湾地区、广东东部、海南岛等。

粤语

又称广东话、广府话，俗称白话。分布于广东中部和西南部、广西东南部。中国汉语七大方言之一。广东使用粤语的人口大约有 6 700 万，加上广西粤语使用人数大约为 2 500 万、香港 700 万、澳门 55 万、泰国 500 万、新加坡和马来西亚 500 万、美国和加拿大 200 万，全球有将近 1.2 亿人口使用粤语。

粤语是保留古汉语成分较多的一种方言，不仅保留了大量的古汉语词汇和语法，还保留了古汉语的语音和声调，尤其是入声。粤语有 9 个声调，用粤语来读中国古诗词特别有韵味。

声律

中国古代对诗和骈文在声调、音韵、格律等方面的要求。

三国时期，李登《声类》提出“宫、商、角、徵、羽分韵，五声配字音”的说法。刘勰《文心雕龙 · 声律》中提到“声有飞沉”，指声调的平清和仄浊，有了平仄协调说法的雏形。

齐梁时期，沈约等人提出“四声八病”之说。四声是声律论提出的前提和基础。周颙发现汉字有平上去入四种声调，创作《四声切韵》，但这本韵书已经散佚。沈约《四声谱》研究诗句中声、韵、调的配合，指出五言诗应该避免的 8 种弊病，即平头、上尾、蜂腰、鹤膝、大韵、小韵、旁纽、正纽，是为“八病”。遵循“四声八病”之说而创作的新诗体叫作“永明体”。它强调声韵格律，对“近体诗”的形成产生了重大影响。

到了唐朝，以上去入为仄，平仄相配，逐渐形成了平仄协调的格律。这种格律运用到五言诗七言诗，就成为律诗；运用到四六文，就成为格律文。初唐之后，形成了新的诗歌体裁：近体诗。在近体诗篇中句数、字数、平仄、押韵都有严格的限制。

汉语拼音

一种辅助汉字读音的工具。《汉语拼音方案》是中国人名、地名和中文文献罗马字母拼写法的统一规范，并用于汉字不便或不能使用的领域。根据这套规范写出的符号叫作汉语拼音。

汉语拼音也是国际普遍承认的现代汉语拉丁转写

标准。国际标准 ISO 7098(中文罗马字母拼写法):"中华人民共和国全国人民代表大会(1958 年)正式通过的汉语拼音方案,被用来拼写中文。撰写者按中文字的普通话读法记录其读音。"

汉语拼音是拼写汉语普通话的音标,不是字母文字。中华人民共和国官方已经完全放弃拉丁化字母文字方案,汉语拼音仅仅用于语音教学。

汉语拼音有 23 个声母,分别是:b p m f d t n l g k h j q x zh ch sh r z c s y w

有 24 个韵母,分别是:

单韵母 6 个:ɑ o e i u ü

复韵母 8 个:ɑi ei ui ɑo ou iu ie üe

特殊元音韵母 1 个:er

鼻韵母 9 个:ɑn en in un ün ɑng eng ing ong

外国人在学习汉语拼音时,要注意结合国际音标进行教学,还应该尽量采用整体认读的方法,因为拼读常常会造成错误,有些可以整体认读的拼音就可以不分声母韵母,作为整体记忆并给汉字注音。

如:zhi chi shi ri 翘舌音　zi ci si 平舌音

yi wu yu ye yue yin ying yun yuan

特别要注意以 y、w 开头的音节,除了上面的 9 个音节外,其他以 y、w 开头的音节,都不属于整体认读音节。如:yɑ、yɑo、yɑn、yong、wɑ、wo、wɑng、weng 只能看作是由声母 y、w 与韵母相拼的音节。

汉字

又称中国字,是汉语的记录符号。汉字是表意文字,一个汉字通常表示汉语里的一个词或一个语素,这就形成了音、形、义统一的特点。汉字是由笔画构成的方块状字,所以也叫方块字。

汉字是世界上最古老的文字之一,已有 6 000 年左右的历史。现存最早可识的是 3 000 多年前殷商的甲骨文。在演变过程中形成了"汉字七体",即:甲骨文、金文、篆书、隶书、草书、楷书、行书。秦朝时小篆成为官方统一字体,而后因为记录速度的要求产生了隶书。至汉魏隶书发展起来又慢慢变化,到了汉末隶书转化为正楷,盛行于魏晋南北朝,至今中国书写文字普遍使用楷书。收入《康熙字典》中的汉字有 40 000 多,收入《汉语大字典》中的汉字有 56 000 左右,通用的有 5 000 到 8 000。

日本、朝鲜、越南等国文字深受汉字的影响,形成了"汉字文化圈"。

汉字改革(简体、繁体)

文字改革是一个国家或民族对于其通用文字的改革,在中国主要指对于汉字的改革(有些少数民族也有文字改革问题)。

汉字从甲骨文、金文变为篆书,再变为隶书、楷书,其总趋势就是从繁到简。现在使用的很多简化字,在隋唐时候就已经出现,当时被称为"俗体字"。

近代的汉字简化运动,源于太平天国。太平天国约使用过 100 多个简体字,其中 80%为后来所采用。最著名的是将"國(国)"中的"或"改成"王"。

1935 年,钱玄同主持编成《简体字谱》草稿,收简体字 2 400 多个。同年 8 月,国民政府教育部公布"第一批简体字表",收字 324 个,是中国历史上由政府公布的第一个简体字表。

1954 年,周恩来总理提议设立"中国文字改革委员会"。1955 年,《汉字简化方案草案》经全国文字改革会议讨论通过,会后中国文字改革委员会根据讨论的结果做了修改,修改后的草案经国务院汉字简化方案申请委员会审定。1986 年重新发表《简化字总表》,对原表中的个别字,做了调整。如"叠""覆""像"不再作"迭""复""象"的繁体字处理。

六书

古人分析出汉字有 6 种造字方法:象形、指事、形声、会意、转注、假借。今人认为象形、指事、会意、形声是"造字法",转注、假借是"用字法"。

东汉许慎《说文解字》:"周礼八岁入小学,保氏教国子,先以六书。一曰指事:指事者,视而可识,察而见意,'上''下'是也。二曰象形:象形者,画成其物,随体诘诎,'日''月'是也。三曰形声:形声者,以事为名,取譬相成,'江''河'是也。四曰会意:会意者,比类合谊,以见指㧑,'武''信'是也。五曰转注:转注者,建类一首,同意相受,'考''老'是也。六曰假借:假借者,本无其字,依声托事,'令''长'是也。"许慎对六书的定义和解释,是文字学史上第一次对六书进行整体阐释。后世对六书的研究,主要参照许慎的说法,以许慎的研究结果为核心。

六书并非出现在造字之前。汉字在殷商之后就已经发展出自己的系统。六书系统是在漫长的汉字发展过程中逐渐总结出来的。有了六书以后,人们再造新字时,都以此为依据。

小学

又称中国传统语文学,包括分析字形的文字学、研究字音的音韵学、解释字义的训诂学,围绕阐释和解读先秦典籍来展开研究,因此常常被视为经学研究的基础。

小学最初是指为贵族子弟设置的初级学校。《大戴礼记·保傅篇》:"及太子少长,知妃色,则入于小学,小者所学之宫也。……古者八岁而出就外舍,学小艺焉,履小节焉。"周朝儿童入学,首先学六甲(指儿童练字用的笔画较简单的六组以甲起头的干支)、六书。

西汉时称文字学为小学,唐宋以后又称小学为字学,小学之名即由此而得。后来小学指研究文字音韵训诂的学问。

训诂

用通行的话解释古代语言文字或方言的字义(或词义),也叫"训故""诂训""故训""古训"。一般认为,用通俗的语言解释词义叫"训",用当代的话解释古代的语言叫"诂"。后用以泛指解释古书中的字、词、句的意义。

解释的内容一般包括以下四种:

一、解释词义

1. 解释本义与引申义:在词的若干互相关联的义项中,其中能够体现当初造字意图的、而且又能在古代书面语言材料中找到引证意义的,就是词的本义。由这个本义派生出来的其他意义,就是词的引申义。2. 解释古语:古语,一是指某个时代通行的词语,后世不用了,因而难以理解;二是某个词语的某个意义后世不用了,因而容易致误。3. 解释方言:以通语释方言同以方言证古语,二者虽然出发点不同,但方式上是相似的。

二、解释文意

1. 串讲大意。2. 分析句读:今人所谓标点,古人称作"句读"。《礼记·学记》:"一年视离经辨志。"所谓"离经",即点断文章的句读;所谓"辨志",即审明文章的思想内容。3. 阐述语法:包括解释虚词、说明语序、指点语气。4. 显示修辞:包括标明写作手法、说明比喻或者借代等。5. 申述章旨。6. 考证名物、典章制度。7. 引证史实、故事。

三、注音

1. 直音:就是用同音字注音。2. 读若:训诂术语,用来注音,亦可用来破通假字。有的完全同音,有的读音相近。3. 譬况:多用"急气言""缓气言"等术语。4. 反切:训诂注音术语,简称"反"或"切",就是用两个字拼合成另一个字的读音,上字取其声母,下字取其韵母和声调,声母和韵母合在一起,得出被切字的读音。5. 如字:训诂注音术语,指在特定的上下文中,仍按原先的一般读音来读。

四、校勘

狭义的校勘是指对文字的订正和考异,诸如校订错字,乙正错简,删削衍文,补缀脱文,比较异同等。广义的则包括对古书的辨伪和辑佚。校勘的方法:1. 对校:是用同书的版本或者别本互相对勘;2. 本校:是用本书的前后文字互证，断定其中的错误；3. 他校：是用他书勘定本书；4. 理校：根据文字、音韵、语法、文理等规律来推测其讹误。

石鼓文

先秦时期的刻石文字，因其刻石外形似鼓而得名。石鼓共 10 只，高约 3 尺，直径约 2 尺。铭文的内容大部分是游猎之事，所以石鼓文又称为“猎碣”。它是一组四言诗，共十首，分开雕刻而成。其字多有因磨损而消失者。

石鼓文是现存最早的石刻文字之一，发现于唐代陕西凤翔（今宝鸡）的田野。自发现以来，对石鼓文的研究就没有停止，其价值不限于文学，还有书法、金石学、社会学等。

石鼓文集大篆之成，开小篆之先河，在书法史上起着承前启后的作用，是由大篆向小篆衍变而又尚未定型的过渡性字体。石鼓文被历代书家视为学习篆书的重要范本，故有“书家第一法则”的称号。它的文字方正、大方，横竖折笔之处，圆润中又有刚劲的感觉，转折处竖画内收，下行时逐步向下舒展。其势风骨嶙峋又楚楚风致，确有秦朝那股强悍的霸主气势。然而更趋于方正丰厚，用笔起止均为藏锋，圆融浑劲，结体促长伸短，匀称适中，冠绝古今。石鼓文对书坛的影响以清代最盛，如著名篆书家杨沂孙、吴昌硕就是主要得益于石鼓文而形成自家风格的。流传石鼓文最著名的拓本，有明代安国藏的《先锋》《中权》《后劲》等北宋拓本。

女书

湖南江永县、道县一带瑶族妇女使用的文字符号。女书靠母亲传给女儿、老人传给少年的自然方式，一代代传下来。女书作品书写在精制布面手写本（婚嫁礼物）、扇面、布帕、纸片上，分别叫作“三朝书”“歌扇”“帕书”“纸文”。有的绣在帕子上，叫“绣字”。当地妇女有唱歌堂的习惯，常常聚在一起，一边做女红，一边唱读、传授女书。妇女们唱习女书的活动被称作“读纸”“读扇”“读帕”，形成一种别具特色的女书文化。

女书诞生在汉朝，它的形态对汉字也有一定的影响，是中国文化的瑰宝。

女书是目前世界上唯一一种特为女人存在的文字，是人类历史上一个独特而神奇的文化现象，也是中国语言生活中的一个奇特现象。女书具有很高的学术价值，国内外学者称赞这个发现是“一个惊人的发现”，也是“中国汉语文字历史上的奇迹”。女书的发现对文字学、语言学、社会学、民族学、人类学、历史学等有多方面的意义。

东巴文

纳西族的文字。纳西族生活在西藏东部及云南省北部，大部分在丽江地区。东巴文是一种图画象形文字，兼备表意和表音成分，与汉字造字法一样，同样包括象形、会意、指事、形声等。其文字形态十分原始，属于文字起源的早期形态。这种象形文字，纳西话叫“司究鲁究”，意为“木迹石迹”，见木画木，见石画石。

东巴文源于《东巴经》，这是纳西族的宗教典籍兼百科全书。“东巴”在纳西族的语言中意思是智者，因为只有东巴掌握文字，因此这种文字被称为东巴文。东巴文主要为东巴教徒传授使用，用以书写东巴经文。用东巴象形文字书写的经书，主要在作道场时用以朗诵。

东巴文中的每一图像符号都有它约定俗成的线条和笔法，形成有固定所指的概念，并具备了表示某字、某词的符号。目前东巴文有 1 400 多个符号，是纳西族珍贵的文化遗产，至今仍在使用，因此被称为“目前世界上唯一活着的象形文字”。

成语典故

关于成语产生、形成、流传的故事或者传说。成语有很大一部分是从古代相承沿用至今，它既代表了一个故事典故，又是一种现成的话，很多又有比喻引申意义而被广泛引用。

如三字成语：

莫须有：南宋时，岳飞英勇抗击金军，金军指使秦桧离间皇帝和岳飞的关系，使岳飞不受信任，还制造罪名使岳飞下狱。韩世忠为岳飞鸣不平，秦桧说："飞子云与张宪书虽不明，其事体莫须有。"意思是：也许有。现在一般指过错、罪过没有事实依据，只是编造的罪名。

再如四字成语：

指鹿为马：秦二世时，丞相赵高想要篡位，但不知道臣子中谁是支持他的，谁是反对他的。他给秦二世献了一只鹿，并故意说："这是马。"皇帝笑说："丞相弄错了，把鹿说成马了。"赵高问其他大臣，有的不说话，有的附和说是马，也有的说是鹿。赵高认为说是鹿的都是不服从他的人，就把说是鹿的人杀死了。

歇后语

中国劳动人民在生活实践中创造的一种特殊语言形式，是一种短小、风趣、形象的语句。它由前后两部分组成：前一部分起"引子"作用，像谜面，后一部分起"后衬"的作用，像谜底，十分自然贴切。在一定的语言环境中，通常说出前半截，"歇"去后半截，就可以领会和猜想出它的本意，所以就称为歇后语。

歇后语在生活中的应用很多，经常表现出说话人一种幽默风趣的语言特色。在民间曲艺，比如相声、小品当中的应用也很多，作用相似。很多歇后语是在长期的历史沉淀中积累完成的，由于口口相传，达到了只说前半句，其他人就可以猜到后半句的效果（有些也需要解释）。歇后语是中国语言文化中一个有趣的现象，外国人学习歇后语，可以更好地理解中国语言。

最初的歇后语与现今的歇后语的表现形式并不相同，陈望道在《修辞学发凡》中称之为"藏词"。例如用"礼义廉"指代"无耻"；"忠孝信"指代"无义"，但这种用法对人的文化水准要求比较高。后来的歇后语在结构上是"比喻——说明"式的俏皮话。使用的人往往只说出比喻部分，后面的解释部分则让对方自己领悟。

歇后语可以分成两种类型：

一种是逻辑推理式的，说明部分是从前面比喻部分推理的结果。例如：

水仙不开花——装蒜

哑巴吃黄连——有苦说不出

还有一种是谐音的歇后语，它在前面一种类型的基础上加入了谐音的要素。例如：

外甥打灯笼——照旧（舅）

孔夫子搬家——净是输（书）

《尔雅》

中国最早的解释词义的专著，也是第一部按照词义系统和事物分类来编纂的词典。关于它的名字，清代王念孙认为，"尔"是"近"的意思，"雅"是"雅言""正言"的意思，即官方规定的规范语言。"尔雅"的意思是接近、符合雅言，即以雅正之言解释古语词、方言词，使之近于规范。《尔雅》是中国辞书之祖，收集了比较丰富的古汉语词汇。它语言优美，还是儒家经典"十三经"的一种，是汉族传统文化的核心组成部分，对后世的类书、词典都产生了深远的影响。

《尔雅》收词语 4 300 多个，现存 19 篇。从内容来看，可以分为 6 类：1. 专门解释字义词义的：《释诂》《释言》《释训》；2. 有关人事和生活用器名称的：《释亲》《释宫》《释器》《释乐》；3. 有关天文的：《释天》；4. 有关地理的：《释地》《释丘》《释山》《释水》；5. 有关动物的：《释鸟》《释兽》《释畜》《释虫》《释鱼》；6. 有关植物的：《释草》《释木》。

《说文解字》

中国第一部系统分析汉字字形和考究字源的字书，简称《说文》。东汉许慎著。全书共 14 卷，并有叙目 1 卷。

它是首部按部首编排的汉语字典,全书共分540个部首,收字9 353个,另有"重文"(即异体字)1 163个,共10 516字。《说文解字》是中国语言学史上第一部分析字形、说解字义、辨识音读的字典。原文以小篆书写,逐字解释字的来源。该书首次对"六书"给予具体的解释,是研究中国文字学的重要著作。《说文解字》创立了汉民族风格的语言学——文献语言学,其本身也形成了一个专门的学科。

《说文解字》原成书于汉和帝永元十二年(100)到安帝建光元年(121),后失传。宋太宗命徐铉、句中正、葛湍、王惟恭等同校《说文解字》,分上下共30卷,后代研究《说文》一般采用这个版本,如清代的段玉裁注释本。

历代都有许多学者研究《说文解字》,清代研究最为兴盛。段玉裁的《说文解字注》、朱骏声的《说文通训定声》、桂馥的《说文解字义证》以及王筠的《说文释例》《说文句读》尤受推崇,四人被称为"说文四大家"。

《说文》完整而系统地保存了小篆和部分籀文,是认识上古文字——甲骨文和金文的桥梁;《说文》的训解更是注释古书、整理古籍的重要依据,是从事语文工作和经常阅读古代文献者必备的一部工具书。《说文》对变化了的一些汉字形体的解释也有一定误差,并且由于文献资料难以获得,一些说法仅是许慎个人的猜测,科学性上有 定局限性,难以自圆其说。

《马氏文通》

中国第一部较全面系统的古汉语语法专著,为中国现代语法奠定了基础。作者马建忠。该书引用西方语法学对古汉语进行研究,创立了第一个完整的汉语语法体系。

马建忠称这部书是"仿葛朗玛而作",但葛朗玛也并不是唯一的创作源头。它同时还融合了中国传统语文学,借鉴了中国古人的很多研究成果。写作的思路主要按照"西文之规矩":马建忠参照拉丁语法体系,同时参照中国关于虚字的研究成果。

《马氏文通》全书分10卷。卷一讲正名,介绍主要的术语,相当于该书的语法大纲。卷二至卷九依次论述各类实词和虚词。卷十论句读,是句法的总论。书中将汉语的词类分为9种,分别是名词、代词、动词、形容词、副词、介词、连词、助词、叹词。又将句子成分定为7种,分别是主语、谓语、宾语、表词、外动词、加词。但对词类的划分并不是完全按照西方文字的划分标准,常常在书中点出某些属于"华文所独"(汉语独有的语言现象)。西方语言重视词形变化,汉语没有什么词形变化,因此《马氏文通》在编纂时,更注重句法结构。

《马氏文通》有章锡琛校注本和吕叔湘、王海棻的《马氏文通读本》。

《辞源》

中国第一部大型综合性词典。始编于1908年,续编于1931年,原有自然科学、社会科学和应用技术相关条目,第二版后删去,成为专门的语文工具书。1915年商务印书馆初版。

《辞源》的收录内容一般止于1840年以前的古代汉语、一般词语、常用词语、成语、典故,兼收各种术语、人名、地名、书名、文物、典章制度。单字12 890个,复词84 134条(1979年版)。全书排列次序按照12集(子、丑、寅、卯、辰、巳、午、未、申、酉、戌、亥)和214部首的顺序,同部首的按笔画的多少排序。单字条由字头、汉语拼音、注音字母、广韵反切、声钮、释义、书证等组成。

《辞源》全书使用繁体字,重点在探求词义的源头。解释词义用语简单明了,使用比较容易理解的文言。书的最前面是字、词的部首索引和检字表,书的最后面是字、词的"四角号码索引",第四册之后还有"单字汉语拼音索引"。《辞源》主要用于阅读古籍、查找成语典故和解决古代文物典章制度一类的古代知识问题。书的最后面还有《繁体字对照表》《新旧字形对照表》和《历代建元表》。

《辞源》最近修订后基本上保持了原有的特点，基础是古代的字书、韵书、类书，但同时也吸收现代辞书的特点，以语词为主，重点说明词的来源，指出每个字、词最初出现于什么古书，如何解释。

《辞海》

经由几代学人千锤百炼，兼有字典、语文词典和百科词典功能的综合性大辞典。

《辞海》自1915年启动，时作时辍。1928年舒新城担任主编，1936年正式出版。1957年开始计划重新修订，陈望道担任主编。1961年，按学科分类编排的16分册试行本在内部出版发行。1963年《辞海》(未定稿)在内部发行。1979年三卷本《辞海》正式出版。此后10年一修，1989年、1999年版《辞海》由夏征农担任主编；2009年版主编陈至立，该版收词条近13万条，总字数约1 950万。

《辞海》附录有《中国历史纪年表》《中华人民共和国行政区划简表》《常见组织机构名简表》《中国少数民族分布简表》《世界国家和地区简表》《世界货币名称一览表》等。

《新华字典》

小型汉语规范字典。1953年人民教育出版社初版，1957年商务印书馆出版新1版，此后至今60多年，商务印书馆出版了12版，是迄今为止世界出版史上发行量最大的字典。2017年，《新华字典》推出App版本。

《新华字典》的主要特点：

1. 全书按音序排列，另附《部首检字表》。2. 所收单字有一万多个，复音词3 500多个，兼有简单词典之用。3. 在释义中分别标出引申义、比喻义和转义，使读者能进一步理解多义词不同语义之间的关系，对研究词义的发展颇为有用。

《现代汉语词典》

中型汉语规范词典。中国社会科学院语言研究所编，著名语言学家吕叔湘、丁声树等先后担任主编，商务印书馆出版。

《现代汉语词典》1978年初版，后经多次修订再版。收录字、词、词组、成语、熟语等，共6.5万余条。基本反映现代汉语面貌。在字形、词形、注音、释义等方面大多遵从通行标准或通用原则，力求规范化。释义简明扼要，标明词类及修辞色彩，解释注重现代义，古义简略。对词语的语法功能有说明。全书条目按音序排列，并附有《部首检字表》。

赵元任(1892—1982)

字宣仲，又字宜重，原籍江苏武进(今常州市武进区)，生于天津。中国现代语言学先驱，被誉为“中国现代语言学之父”。同时也是中国现代音乐学先驱，“中国科学社”的创始人之一。与梁启超、王国维、陈寅恪一起被称为清华国学“四大导师”。

赵元任博学多才，是数学家、物理学家、心理学家、哲学家、语言学家、音乐家，以语言学研究蜚声于世。从1920年执教清华至1972年在美国加州大学退休，前后从事教育事业52年。中国著名语言学家王力、朱德熙、吕叔湘等都是他的学生，“给中国语言学的研究事业培养了一支庞大的队伍”。

赵元任会说33种汉语方言，精通英、德、法、日等多门外语，甚至会说很多国家的方言。在中国大部分地区能用当地方言和当地人交流，在世界很多地区和国家可以用地道的当地语言同人们交流，因此绰号“赵八哥”。

赵元任在语言学方面的代表作有：《现代吴语的研究》《中国话的文法》《国语留声片课本》等。赵元任在音乐方面的代表作有：《教我如何不想她》《海韵》《厦门大学校歌》等。赵元任翻译的代表作有《阿丽思漫游奇境记》等。

王力（1900—1986）

语言学家、教育家，中国现代语言学奠基人之一。字了一。广西博白县人。1926年考入清华大学国学院，在梁启超、赵元任的影响下以语言学为专业。毕业后赴法国留学，1931年取得巴黎大学文学博士学位。回国后先后在清华大学、广西大学、西南联大、中山大学、岭南大学、北京大学任教。在北大任教期间，先后兼任中国文字改革委员会委员，参与制订《汉语拼音方案》。50多年的学术活动中，他对汉语语言、语法、词汇的历史和现状，进行了精深的研究，尤其是音韵学用力最勤，在传统语言学到现代语言学发展的过程中做出了卓越的贡献，并培养了大量语言学人才。

王力所著《中国文法学初探》《中国现代语法》《汉语诗律学》《汉语史稿》《中国语言学史》《同源字典》，以及主编的《古代汉语》在国内外都产生了深远的影响。他一边写学术论著，一边写普及文章和散文，留下《诗词格律》《龙虫并雕斋琐语》等作品。他的语言学方面专著40余种，论文近200篇，汇编为《王力文集》20卷。他在法国留学期间还翻译、出版法国纪德、小仲马、左拉、都德、波德莱尔等作家的小说、剧本、诗歌以及《莫里哀全集》共43种，今人汇有《王力译文集》。今人编纂的《王力全集》全面、完整地收录了王力先生的论文、学术专著、文学作品和译文等，共25卷37册，约1 400万字。

⊙中国文学⊙

古典文学

《诗经》

中国第一部诗歌总集。原称"诗"或"诗三百",西汉时被尊为经典,与《尚书》《礼记》《周易》《春秋》合称"五经"。《诗经》共305篇,产生于西周初期至春秋中叶,是后人了解中国早期社会形态及文学面貌的重要材料。

《诗经》可分为《风》《雅》《颂》三个部分。《风》指《国风》,包括《周南》《召南》《邶风》《鄘风》《卫风》《王风》《郑风》《齐风》《魏风》《唐风》《秦风》《陈风》《桧风》《曹风》《豳风》,共15个地区和诸侯国的诗歌。《国风》多来自民间,是百姓之间相与咏唱、各言情志的歌谣,也有部分作品出自知名的卿士或女性。这部分诗歌贴近生活、富有真情实感,能够灵活使用各种修辞手法,是《诗经》中占比最重、内容最为丰富、艺术价值最高的部分。其创作时期主要集中在春秋中叶,也有小部分在西周晚期。

《风》之后是《雅》。"雅者,正也",指出自王室、曲调端庄的歌诗。作者多为当时的贵族阶层,在演奏时具有讽谏朝廷之效。其中又可分为《小雅》(74篇)和《大雅》(31篇)。《大雅》主要是西周前期的作品,《小雅》的作品最晚可至春秋。

最后为《颂》,包括《周颂》(31篇)、《鲁颂》(4篇)和《商颂》(5篇)。这部分都是郊庙乐歌之词,是祭祀人员在祭祀中赞美王的"盛德",以告神明,用来祈福的诗歌。其中《周颂》的时间最早,大多产自周初。

《雅》《颂》部分总体来说艺术价值逊于《风》,但其存史的价值更高。中国自古以来就有诗史不分的说法。

《诗经》以内容的多样性与表达方式的艺术性,常被用在祭祀、朝聘、婚嫁、宴请等场合,作为典礼仪式的一部分。同时,它也常出现在上层贵族的外交与政治对话中。正所谓"不学《诗》,无以言"。《诗经》在春秋时期是官学和私学教育中必修的科目。学《诗》和用《诗》的热潮使古人确立了"赋诗言志"的传统,从而也奠定了中国"诗言志,歌咏言"的抒情模式。《诗经》也因其重要的文学、史学价值,受到了古往今来中外学者们的重视。

赋比兴

《诗经》中的主要修辞手法,与"风、雅、颂"合称为"六义"。唐孔颖达《毛诗正义》:"风、雅、颂者,《诗》篇之异体;赋、比、兴者,《诗》文之异辞耳。赋、比、兴是《诗》之所用,风、雅、颂是《诗》之成形。用彼三事,成此三事,是故同称为义。"

赋,铺陈其事而直接描述的修辞手法。这种手法在《诗经》中最为常见,是诗歌的基础写法。它可以用于写景、叙事,或者抒情,有些诗歌会通篇使用。如《周南·芣苢》《豳风·七月》用赋的方式来描写农事;《邶风·式微》用赋畅叙情怀。赋的用法往往伴随着重章叠唱,对称的格式和反复的歌咏会增强赋的艺术效果。《诗经》中的《大雅》和《颂》,因为多是歌功颂德,大篇幅地使用赋的手法。

比,以其他事物来比喻的修辞手法。有在诗句中穿插比喻,有把整首诗作为一个比喻。如《魏风·硕鼠》,诗人反复唾骂偷吃粮食的大老鼠,从而影射剥削者的贪得无厌。这样的写法生动有趣,非常传神。

兴,以别物来引出主题的修辞手法。这种表现手法比较含蓄,诗人常从远处写起,不会直接点题,所以有时会使人难以理解。《周南·关雎》中的"关关雎鸠"、《周南·桃夭》中的"桃之夭夭"等都是兴——雎鸠是与爱情相关的鸟儿，桃花用来象征嫁女。还有一些“兴”则只是单纯地渲染气氛或者调节音律，如《小雅·鹿鸣》中的“呦呦鹿鸣”、《小雅·鸳鸯》中的“鸳鸯在梁”等等。

比和兴的区分一直是中国古代诗歌理论的一个焦点，后来《文心雕龙》提出了“比显兴隐”的概念。

赋、比、兴这三种修辞手法常在一首诗中交互出现。诗人会根据自己的所见所想，夹叙夹议，融情于景，写成诗篇。《诗经》中不乏一些将赋、比、兴运用得水乳交融、生动和谐的佳作，这些作品也直接影响了后代文人的创作。可以说，对于赋、比、兴的纯熟运用，标志着中国古典诗歌的表现形式已经形成。

古体诗

或称“古诗”“古风”，是与唐代“近体诗”相对而言的一种诗体。古体诗的形式比较自由，没有固定的格式与声律限制。具体说来，唐以后的近体诗多以五言、七言为主，四句一首的为绝句，八句或以上的为律诗。古体诗字数不限，四言、五言、六言、七言皆可，句数亦不限，没有平仄的要求。广义上的古体诗可以包括上古歌谣、《诗经》楚辞与乐府诗等等。但是这些诗歌的写作过程特殊，形式特征明显，在文学史上的地位突出，所以现在基本将它们分门别说。当下所说的古体诗，其实指的就是与格律诗相对的这一类诗歌。

早期比较有代表性的古体诗作品当推东汉时期的文人五言诗。诗歌进入东汉以后，逐渐由《诗经》的四言体和楚辞的骚体发展成五言和七言诗。这些诗歌多由文人创作，用以抒怀咏志，作品均有题目，是比较自觉的文学创作活动。班固《咏史》、张衡《四愁诗》就是在前代诗歌体式的基础上发展而来的古体诗。

《古诗十九首》也是汉代比较著名的古体诗作品，诗作的作者不详，作品见于南朝萧统的《文选》卷29。这19首诗没有题目，均围绕游子与思妇而写。诗篇语言委婉朴素，意境和谐自然，感觉敏锐，思想深邃，表现了时人对于生命的认识，对人生的反思。钟嵘在《诗品》中对其盛赞：“惊心动魄，可谓几乎一字千金。”

古体诗在唐代格律诗出现以后依旧流行，当时的文人常会借助乐府旧题进行古体诗创作，比如李白作《蜀道难》《将进酒》等。后来古体诗又逐渐发展成“歌行体”，文人们开始进行歌行体的创作，如白居易的《长恨歌》《琵琶行》等，其实都属于古体诗的范畴。

楚辞

产生于楚国的歌辞，是楚国诗人“书楚语，作楚声，纪楚地，名楚物”的一种诗歌体裁。它的兴起大约晚于《诗经》300余年，因战国时楚国诗人屈原的创作而流行于世，而后被宋玉、唐勒、景差等人继承和延续。最早关于楚辞的记载可见于《史记·酷吏列传》之张汤传：“长史朱买臣，会稽人也，读《春秋》。庄助使人言买臣，买臣以楚辞与助俱幸。”这里的“楚辞”就是指屈原等人的作品。可见汉时的文人除学习《诗经》《尚书》等儒家经典外，已有人开始诵读楚辞。

楚辞与《诗经》在题材与体裁上都有很大不同。在题材上，《诗经》的内容更为写实。楚辞的内容相较之下更为浪漫缥缈，往往来源于诗人个人的幻想与情感。楚辞作品大部分是有标题的，这代表它们是文人主动进行的文学写作。这些作品洋洋洒洒，词采曼丽，有着强大的艺术张力与感染力。加之楚国巫风盛行，有些作品本身就是在祭祀歌谣的基础上发展而来的，所以风格更为缱绻旖旎，与《诗经》质朴的文学风格形成了鲜明的对照。

从体裁上看，楚辞与《诗经》的差别也十分明显。《诗经》多为四言诗，间有三言或五言，整体篇幅也比较有限。而楚辞不仅单句更长，篇幅也更长。比如，屈原的《离骚》和《九章》基本以六言为主，《九歌》多见五言、七言句式，《天问》和《橘颂》用四言写成，可见楚辞的句式自由散漫，本身没有严格的要求。这些句子通常以上下两句为一节，句间带有标志性的语助词“兮”，颇有地方特色。另外，楚辞中还有一种组诗形式的创作，比如

《九歌》和《九章》，都是将一部分主题相近的诗作组成一个整体，这也是《诗经》所没有的。

还需一提的是楚辞“香草美人”的表现传统。这种艺术手法类似于《诗经》的“比兴”，但是指代更为具体。香草比君子，男女喻君臣。诗人正是通过描绘香草与美人的意象，来表现自己的高尚品格，与至死不渝的忠君爱国之心。

汉代刘向辑录、编成《楚辞》。该书共16卷，收录自战国至汉代，屈原、景差、贾谊、淮南小山、东方朔、严忌、王褒等人的作品，以及刘向自己的一篇作品。

屈原（约前340—约前278）

中国历史上第一位伟大的诗人。名平，字原。

屈原与楚王同姓，是其远房宗亲。饱读诗书，“博闻强志，明于治乱，娴于辞令”（《史记·屈原贾生列传》）。曾仕于楚怀王与顷襄王两朝，官至三闾大夫和左徒，参与国家重要事务，得到楚怀王的信任。任职后期饱受谗言毁谤之苦，劝谏不成反遭疏远，两次被放逐到远方。最终在郢都被秦国攻破之时，自沉汨罗江殉国。屈原仕途落魄，结局凄惨，可悲可叹，但正是这种人生中不可调和的矛盾促成了他在文学上大放异彩。先后创作了《离骚》《九歌》《九章》《天问》等经典作品，奠定了楚辞能与《诗经》比肩的历史地位。不仅极大丰富了先秦文学的创作形式，也对后代诗赋的形成产生了深远的影响。

屈原的传世作品主要有《离骚》《九歌》《天问》《招魂》与《九章》，其中最为著名的是《离骚》。这是一首带有自传性质的长篇抒情诗，作于被放逐的途中。全诗从自叙身世起笔，运用香草美人的表现手法，表达理想。诗中的屈原上下求索却不可得，表达了对君臣相知的迫切愿望。全诗共373句，2 490字，堪称中国文学史上史诗级的诗歌著作。

《九歌》是一组以神话为题材的祭祀歌谣。一般认为，《九歌》不是屈原直接的创作，而是在民间祭歌的基础上加以改良而成。这组诗歌共11篇，首尾分别为迎神曲与送神曲，结构完整，可以歌舞表演。其中《湘君》《湘夫人》《山鬼》诸篇，对爱情的描写真挚细腻，感人肺腑，具有极高的文学价值。

《天问》是屈原代表作中最为奇特的，它以发问的形式写成，通过172个问题对天地人伦、历史与现实展开了玄妙而又深刻的思考。这些问题涉及宇宙的起源、自然的变化、历史的兴衰、国家的存亡，反映了屈原的思想高度。

《九章》与《招魂》也是屈原的重要作品。《九章》共有9篇作品，但并非一时写成，其中既有屈原在任时比较积极乐观的作品，如《橘颂》；也有放逐期间的失意悲怆之作，如《抽思》《怀沙》《惜往日》。关于《招魂》一诗的主旨，一般有屈原招怀王之魂与屈原自招魂魄这两种说法。

乐府诗

汉魏六朝时期代表性的诗歌体裁。最初由汉惠帝设置乐府机构搜集、编制诗歌，在武帝时得到发展。乐府负责编制各种仪式、宴会的乐曲供朝廷使用，同时，也训练乐工，采集歌诗。乐府采风的习俗类似于《诗经》的采诗，从民间收集诗歌，这就使得乐府诗中既有贵族的作品，也有平民的作品。这种制度到魏晋南北朝时期也一直沿用。宋代郭茂倩所编《乐府诗集》是现存收录乐府诗最多的一部。他在书中将乐府诗分为12类：郊庙歌辞、燕射歌辞、鼓吹曲辞、横吹曲辞、相和歌辞、清商曲辞、舞曲歌辞、琴曲歌辞、杂曲歌辞、近代曲辞、杂歌谣辞、新乐府辞。汉乐府诗主要保存在郊庙歌辞、鼓吹曲辞、相和歌辞和杂歌谣辞之中。

乐府诗的题材多种多样，从写景、叙事到抒情，其中既有描写富贵生活的华丽篇章，也有反映残酷社会的现实作品。如《东门行》反映的是贫苦人民穷途末路，奋起反抗的呐喊；《孤儿行》反映的是孤儿备受欺凌，痛不欲生的惨状。《十五从军征》和《饮马长城窟行》反映征夫的厌战与思乡，《薤露》和《蒿里》表达了对死亡的抗拒和忧惧。《相逢行》的作者则把家中宴请宾客的各种享乐娓娓道来,一派富贵闲散之景。这种情绪之间的巨大落差反映了乐府诗取材的真实性与丰富性,带给人强烈的现实感受,因而也更彰显出它的艺术魅力。

从表达方式上来看,乐府诗长于叙事,亦有非常精彩的抒情诗。以《上邪》和《有所思》为例,这两首诗皆是作者对爱情的坦率表白。诗中的主人公对袒露心境毫不掩饰,大胆唱出自己的心声,坚定而决绝,十分动人。

最为著名的叙事类乐府诗则当推乐府双璧:《孔雀东南飞》与《木兰诗》。《孔雀东南飞》作于东汉,讲述了女主人公刘兰芝在婆家与娘家的逼迫下与其夫焦仲卿双双殉情的悲剧故事。作为一首长篇叙事诗,诗中不仅将主要情节叙述得十分流畅,人物对白也被自然融入,还在重点处对刘兰芝的外貌衣着进行了细节描写,渲染了当时的气氛。另一首《木兰诗》作于南北朝时期,记述了花木兰女扮男装代父从军的传奇故事。同样,这首诗也具有叙事流畅、详略得当、善于铺陈场面的优点。

乐府诗的体裁变化多样,既有像《孔雀东南飞》和《木兰诗》这样整齐的五言诗,也有许多三言、四言、五言、七言句式不等的杂言诗。而且可能正是因为这些杂言诗的形式灵活自由,有利于表达作者的情绪变化,所以才能给读者带来更为切身的阅读体验。

南北朝民歌

南北朝时期的民歌。南朝民歌清丽缠绵,北朝民歌粗犷豪放。

南朝时期的民歌大部分保存在郭茂倩所编的《乐府诗集·清商曲辞》中。主要有两类:吴声歌、西曲歌。另,就其产生时代之先后与作者的不同,大致分为两个时期:(一)前期民间歌谣,相当于宋、齐;(二)后期文人拟作,相当于梁、陈。前期之民歌,尤占有重要地位。其不同于汉民间乐府有三点:其一,体裁简短,多是五言四句小诗;其二,风格巧艳,缠绵悱恻,摇荡心魄,对恋情多大胆白描,与汉乐府民歌之质朴文雅有异;其三,内容单调,汉乐府普及社会各个方面,南朝民歌则纯为一种以女性描写为中心的情歌。

吴声歌中,有一大特点为从来诗歌所未有,即隐字谐声之双关语:“莲”与“怜”,“丝”与“思”,“藕”与“偶”。这种双关语,机趣横生,又音响流丽,是南朝民歌中极为重要的一种表现手法,对南朝之后的诗词皆有影响。现存的西曲歌,凡35种,产生于长江中游和汉水两岸的城市,以江陵为中心。江陵,古荆州之域,春秋时楚之郢地,东晋、宋齐以为重镇,故西曲多描写大城市生活,情调上与吴歌的闺阁气息有所不同,风格也较为开朗明快。

南朝民歌,前期以民歌为主,后期以文人拟作为多。南北之分,是从永嘉南渡后开始的,但具体到“北”,又可分为两段:晋室南渡,北方即在匈奴、鲜卑、羯、羌、氐各族的争乱中,史称五胡十六国,这是第一段。鲜卑拓跋氏于439年统一北方,国号魏,中经东西魏分裂,北齐、北周对峙,直至被隋所灭,此为第二期。北朝第一期没有什么文学,北魏统一北方后,推行汉化,北朝乃有文学可述。北魏的汉化,也为它制造了危机,平城旧势力及六镇军人之反动,导致北魏土崩瓦解。东魏、北齐排斥汉文化,西魏、北周则因宇文泰需要士族的支持,胡汉关系比较缓和,此期汉语歌曲较为发达。

“横吹曲”本为胡乐,于军中马上演奏,因演奏的乐器有鼓有号角,所以称作“鼓角横吹曲”,随着南北文化的交流,北方的歌曲陆续传到南方,并由梁的乐府机构保留下来,所以称作“梁鼓角横吹曲”。北朝民歌原来大多是北方少数民歌的歌唱,其中又以鲜卑语的歌辞居多,这些歌辞后被翻译成汉语,如《敕勒歌》。北朝民歌的数量不多,远不及南朝,但在文学价值上则可并驾齐驱。中国文学,从先秦以来即已有南北两派的差异,这种区别在南北两朝民间乐府中,尤为显著。

北朝战争频仍,所以描写战争、羁旅的诗较多,如《企喻歌》:“男儿可怜虫,出门怀死忧。尸丧狭谷口,白骨无人收！”悲壮如《战城南》《紫骝马歌辞》《陇头歌辞》等。北方的风景与民俗也不同于南方，如反映游牧生活的《敕勒川》：“敕勒川，阴山下。天似穹庐，笼盖四野。天苍苍，野茫茫，风吹草低见牛羊。”此歌虽经翻译，然浑朴苍莽，雄浑阔大的气象仍不可掩。北朝妇女，亦犹男子，别具豪爽刚健之性，如《李波小妹歌》：“李波小妹字雍容，褰裙逐马如卷蓬。左射右射必叠双。妇女尚如此，男子安可逢？”与南朝娇羞柔媚大有不同。及至“老女不嫁，踏地呼天”“月明光光星欲堕，欲来不来早语我”“门前一株枣，岁岁不知老。阿婆不嫁女，那得孙儿抱”等皆快人快语，泼辣无比。北朝民歌，虽数量不及南朝，内容反较南朝充实，举凡北朝生活状况、生活形态、民俗风情，皆约略可见，不似南朝全是艳曲，而且其民族性格鲜明，读其歌如见其人。

北朝民歌中最为杰出的代表是《木兰诗》，此诗也属《梁鼓角横吹曲》，关于此诗的作者和产生年代，自北宋以来就众说纷纭，目前学界认为，此诗陈释智匠《古今乐录》已记载，不会晚于陈代。此诗当最早在北朝民间传唱，后经隋唐文人润色，然其松爽流丽，却自朴厚，正是民歌“明转出天然”的本色。

赋体文

或称赋，是一种辞句对仗、句尾有韵的文体。这种文体介于诗歌与散文之间，是一种散文诗化的表现。关于赋的起源，有以下几种说法：起源于《诗经》说，起源于楚辞说，起源于先秦散文说。事实上，赋的形成并非来源一端，而是在汲取了《诗经》、楚辞、先秦散文的文体特点和写作手法之后，兼容并蓄，创新而成的一种综合型的文学样式。

汉代是赋体文创作的鼎盛时期，以西汉和东汉为界，写赋的风格也各有不同。

西汉初年首先流行的是骚体赋。顾名思义，这是赋体文从楚辞变化而来的一个中间阶段。这一时期的代表文人是贾谊。他的《鹏鸟赋》《吊屈原赋》既可以称为“赋”，也可以划为楚辞。赋体文真正走向兴盛是从汉大赋的形成开始。汉大赋篇幅较长，以主客问答作为主要结构，以歌功颂德、包装盛世为主要内容，讲究铺张排场与夸饰的文风，追求辞藻的华美与气势的恢弘。枚乘的《七发》标志着汉大赋的形成，赋中一共赋写七事，一事一转，层层推进，构成“七体”，最终劝百而讽一。这种体式深得后人的推崇，被屡屡效仿。司马相如也是汉大赋的代表作家，他的《子虚赋》《上林赋》以天子游猎为背景，均是献给皇帝的润色鸿业之作。司马相如在赋中所表现出的帝国气象与巨丽之美，标志着汉大赋从内容到功用都在这一时期达到了顶峰。此后的文人，写赋的基调逐渐向个体抒情、以悲为美的方向转化。

两汉过渡时期，文坛比较流行的是京都赋。京都赋是以京城作为书写对象的赋体文，以班固的《两都赋》和张衡的《二京赋》为代表。这时候的赋还有前朝大赋的影子，形式上也仍旧沿用主客问答的模板。进入东汉之后，文人之间开始流行抒情小赋。大家不再关注朝廷宫苑之事，而以自我的纪行和抒情作为主要内容。这一时期的赋文篇幅短小，也不再使用主客问答的形式。内容多以悲叹乱世、批判现实为主，反映出了深陷汉末乱世的孱弱文人对于现世的极端厌弃及对自我命运的积极反思。

骈文

中国古代注重句式两两相对的一种文章样式。“骈”的本义是两马并驾一车，引申到文学创作，最初指对偶修辞手法，逐渐发展为通篇采用两句一组、句式整饬、句尾押韵、讲究平仄的韵文体式。早在先秦时期，除《诗经》中屡见不鲜以外，《道德经》就有“天得一以清，地得一以宁，神得一以灵，谷得一以盈”等诸多既对仗又押韵的精美语句，这一特点对上古文化的口头记诵与广泛传播起过积极的促进作用。随后在楚辞、汉赋追求辞采华丽、句式骈偶的语言审美化趋势下，六朝文人悉心探求词句声律，提出了“若前有浮声，则后须切响”的创作要求，从而兴起一股音韵相协、平仄相间、典故相联的骈文热潮，特别是以徐陵、庾信为代表的“徐庾体”成为当时文坛竞相效仿的对象。刘勰《文心雕龙》专设《声律》《章句》《丽辞》《事类》等篇，反映并揭示了以语言自觉为标志的时文风尚。唐代律诗、绝句的繁荣，与此具有审美追求上的一致性；这种骈俪化的雕镂文风持续盛行，后来即使受到韩愈倡导散行单句的古文运动、以欧阳修为代表的诗文革新运动的冲击，依然在文坛盛行不衰。唐宋时期的骈文比较而言更加规整，出现通篇四、六字句的典型作品，如柳宗元所云“骈四俪六，锦心绣口”。此后人们将这种逐渐定型化的文章体式直接称为“四六文”，至近代称作“骈文”。

史传文学

中国起源最早的散文文学，指的是以记录史实为主要内容的散文。它的出现可追溯至殷商时期。在商朝以前，中国就有史官出现。他们的职责非常重要，包括日常记录、宣读命书、整理典籍等等。《汉书·艺文志》：“左史记言，右史记事，事为《春秋》，言为《尚书》，帝王靡不同之。”所以从文体形式来看，早期的史传文学基本上可以分为以记事为主和以记言为主的两个种类。

《尚书》是以记言为主的代表作品，汇编了商周时期记言的史料，体例可分为典、谟、训、诰、誓、命6种，代表了中国最早的史书样态。

《春秋》和《左传》是以记事为主的最具代表性的史传文学作品。《春秋》本是先秦时期各国史书的通名（但是也有例外，如晋国史书称为“乘”，楚国史书称为“梼杌”），也是鲁国史书的名称。现在所称的“春秋”，一般指经过孔子之手整理编订的《春秋》。这部书以编年体为体例，记载了自鲁隐公元年（前722）至鲁哀公十四年（前481）的历史。全书一字含褒贬，十分简洁，后世称为“春秋笔法”。《左传》，或称《春秋左氏传》《左氏春秋》，相传是春秋时期左丘明为传述补释孔子的《春秋》而作。其记载年代与《春秋》基本重合，内容更为丰富和具体，在情节的描写和人物的刻画上都已经比较成熟。它的语言古朴流畅，在叙事之余还常伴有道德方面的评判。

除此之外，《国语》与《战国策》也是先秦时期史传文学的代表作品，这两部著作基本以记言为主、记事为辅，是以国别为单位进行编写的国别体史书。其中《战国策》成书相对较晚，所以它的文学性也更明显。一方面它在塑造人物形象和叙述情节上显得更为生动和丰满，一方面它在记录纵横之士的游说之辞时“辩丽横肆”，语言都比前人更为铺张扬厉。

汉代司马迁的《史记》是在秦以后崛起的另一座文学高峰，鲁迅誉之为“史家之绝唱，无韵之离骚”。它继承了先秦时期各类史传散文的书写传统，在编年体和国别体的基础上新创出纪传体作为史书的体例。这部书从著书立意、篇章设置到文辞句读都展现了作者渊博的学识、深邃的思想和丰富的才情，代表了中国古代史传文学的最高成就。

总的来说，史传文学对于中国后世文学的影响可谓深远。一方面，编撰史书是中国历朝历代不曾改变的制度，史传文学的发展提高了史书的可读性。另一方面，除诗歌系统外，史传文学可以说是后代小说、戏剧等俗文学产生的源头。

“文”的观念

中国古代用“文”指称图纹、文字、文章、文学、文化、文明等。从“文”的甲骨文字形来看，一般认为其初始含义即美好的纹饰。古人用表示图案纹饰的“文”来指称汉字以及文字组成的文章典籍。孔子称赞周代“郁郁乎文”，有比前朝更为繁复的礼法文章；又称赞君子“文质彬彬”，倡导人的文化修养与质朴禀性协调统一、相辅相成；同时将文学与德行、言语、政事并列，后世称为“孔门四科”。孔子所谓“文学”指文章博学，与当今理解为具有审美属性的文学作品的创作和欣赏的含义有所不同。随着人们认识观念的深化，汉代将文与学、文章与文学区别开来，其中文或文章指文学类作品，学或文学主要指学术著作。魏晋时期,汉代所谓的文或文章进一步细分为文、笔,称押韵之文为“文”,无韵之文为“笔”,以诗歌为代表的作品语言的声韵美得到了空前的强调和重视。在诗文创作日益走向自觉的时代背景中,南朝宋文帝设立儒学、玄学、史学和文学四大学馆,标志着现代学科意义上的“文”的观念业已成型。唐代以降,“文”的观念仍在广义和狭义之间自由移动,但大体不出此前范围。直到 20 世纪初,人文社科领域更多地在文、史、哲这个中观层面上来表达“文”的基本语义。

文以载道

中国古代文论的一种观念,主张文章写作应以传承和弘扬道德为宗旨。先秦圣哲逐渐形成体道与察道并重的优良传统,既能做到身体力行、潜心默会,又能做到知道明德、立言著述。刘勰《文心雕龙·原道》对此给予高度概括,“道沿圣以垂文,圣因文而明道”。随着魏晋文学日益自觉,追求辞藻华美、语句对偶、声律精工逐渐成为一种写作时尚,以致整个文坛出现过犹不及的浮靡流弊而波及唐代。作为唐宋散文八大家先驱的韩愈、柳宗元,在主张语言形式应以散行单句为主的同时,还从写作意义上倡导修辞作文以明道,即大力显扬儒家仁义之道,甚至研习经典“务求诸道而遗其辞”。北宋散文家以欧阳修、苏轼等人为代表,一方面继续坚持文章功用在于传道明心,另一方面则主张道胜文至,文道并重,丰富完善了文以明道的文论思想。与此同时,北宋理学家周敦颐在《通书·文辞》中提出“文所以载道也”,“文辞,艺也;道德,实也。笃其实而艺者书之。美则爱,爱则传焉”。可见文以明道与文以载道只是异名同谓,重点在于对道及道与文之关系的理解和把握。这里的“道”,通常着眼于文章的社会政教功用与儒家仁义道德;而对语言文采的态度,一般以道德宗旨的实现为前提予以基本肯定,否则予以蔑视和否定。

缘情绮靡

中国古代文论术语,指诗歌创作追求情思细密、辞采华丽的一种审美倾向。陆机在《文赋》中提出,“诗缘情而绮靡,赋体物而浏亮”。李善《文选》注为:“诗以言志,故曰缘情;赋以陈事,故曰体物。绮靡,精妙之言;浏亮,清明之称。”即主张诗歌贵在因情造文,修饰润色,以致精妙完美。陆机将情思与辞采二要素相统一,符合文学日益自觉的时代趋势。此后的文论与创作顺风而行,既产生了刘勰“《骚经》《九章》,朗丽以哀志;《九歌》《九辩》,绮靡以伤情”的赞美态度,也产生了谢朓“好诗圆美流转如弹丸”的审美经验。

对文章华美的褒贬态度由来已久。先秦儒家相对主文,而墨家极端主质。自战国始,辩雕万物,辞采赋丽,扬雄认为:“诗人之赋丽以则,辞人之赋丽以淫。”六朝是诗歌体式及语言特质急遽完备的时期,诗人多热衷于精细、华美、艳丽的绮靡风尚,但其中确实存在着舍本逐末、华而不实、“重形式轻内容”的不良倾向。包括陆机在内的六朝以及后世文论家多予以批驳和矫正。明清时期将浮华诗风归咎于陆机,认定“诗缘情而绮靡”之论使诗歌创作误入歧途,这种观点其实悖于诗歌理论与实践而有失偏颇。

《文心雕龙》

南朝刘勰撰写的一部体大思精的文学理论著作,约成书于齐和帝中兴元年至二年(501—502)间。全书共 50 篇,可分为四个部分:第一部分是总论,有《原道》《征圣》《宗经》《正纬》《辨骚》5 篇。刘勰首先追溯文章产生的渊源,认为天地之间日月山川、花草鸟兽皆有形象色彩,人作为高级生命更应有心性灵动而焕发的文采,因而由语言文字组织而成的文章与天地万物多姿多彩一样,都是自然合道、天经地义之文。只是人文典籍需经圣人的智慧创造而成,所谓“道沿圣以垂文,圣因文而明道”。在具体确立圣人和经典的问题上,刘勰遵循汉代以来的文化正统观念,以周公、孔子为圣人,以《易》

《书》《诗》《礼》《春秋》为经典。第二部分是文体论，包括《明诗》《乐府》《诠赋》等韵文（或韵散相间）类文体10篇和《史传》《诸子》《论说》等非韵文（即广义的散文）类文体10篇，分别对诗、乐府、赋、颂、赞、史、传、论、说等各种文体的源流演变及其具有代表性的作家、作品予以梳理和阐述。第三部分是作家作品论，包括自《神思》《体性》《风骨》至《物色》等20篇，主要探讨作家创作过程中的精神、情感、构思、表达等活动的特点以及文学作品的主旨内涵与语言修辞之关系等问题。第四部分是综论，其中《时序》《才略》《知音》《程器》4篇与总论有一定的对应关系，分别从时世、人格、文品、功德予以立论，末篇《序志》叙述刘勰自己写作此书的缘起因由、意图目标、结构安排等。

《文心雕龙》是一部唯务折衷而融会贯通的旷世之作。刘勰主要受到儒家思想和佛教的影响，不过在最具纲领性的《原道》《神思》篇中，仍然凭借通天达地、虚静纯白的道家思想获得理论高度，并在文论领域继承曹丕、陆机等人的成就，从而构建起自己不偏不倚、独树一帜的完整体系。

体性说

中国古代文论术语，由刘勰在《文心雕龙·体性》篇提出和界定。目前对"体"与"性"的理解尚有分歧，其中"体"译为体裁、体貌、体式、风格等，"性"译为才性、情性、个性、内在实质等。从篇旨来看，刘勰论述的"体性"内涵是基本明确的。体，首先指文章本身，如同万物皆有自体，黄侃认为"体斥文章形状"。进一步讲，即文章自身在文与质、风与骨、正与奇、隐与显、简与繁、因与革等维度上具有的某种综合的、突出的特征。性，指作家身上的特质，包括先天的禀性、资质和后天的学习、修养。刘勰的"体性"论就是要揭示作家主体的基本素质决定着作品的整体特色与风貌。

陆机《文赋》曾将十种文体概括为十种风格，刘勰则摆脱了文体因素，直接着重阐述一个作家的作品一定带着这个作家的气息。文章写作的前提是修辞立其诚，写作活动就是作家自身生命的组成部分，因此作家的样态决定着自己作品的样态，作家的禀性、素养的多样化带来了作品语言体式、风貌的多样化。刘勰将作家自身的内在因素分为四种："才有庸俊，气有刚柔，学有浅深，习有雅郑。"将作品本身的体貌类型分为八种："一曰典雅，二曰远奥，三曰精约，四曰显附，五曰繁缛，六曰壮丽，七曰新奇，八曰轻靡。"而且"雅与奇反，奥与显殊，繁与约舛，壮与轻乖"；又结合作家、作品论述相互关系，"辞理庸俊，莫能翻其才；风趣刚柔，宁或改其气；事义浅深，未闻乖其学；体式雅郑，鲜有反其习"。从刘勰对"八体"的阐述来看，其中新奇、轻靡二体的确受到了贬责。因而在现实关怀的意义上，刘勰"体性"论旨在针砭时弊，诫谕后学。面对"笔区云谲，文苑波诡"的文坛现状，作为初学者首先应当审慎鉴别，取法典雅纯正之作，即"童子雕琢，必先雅制，沿根讨叶，思转自圆"，"故宜摹体以定习，因性以练才，文之司南，用此道也"。可见为文正道，始于识得正体，然后才能因循天资，陶染人文，含英咀华，熔铸情性，形成作者自身良好而稳定的个人素质和创作才能。

文气论

中国古代文论的基础理论，最初由曹丕《典论·论文》提出并予以倡导。曹丕认为，文章中的"气"是作家与生俱来的禀赋气质贯注于作品中所形成的、基本稳定不变的个性化风貌特色。

刘勰完全赞同作家气质对作品风貌的决定性影响，概括为"各师成心，其异如面"。具体就作家气质而言，才学的修养与提升需顺从先天的气质禀赋；就作品气韵而言，内在流动的情感意绪显示着文章的生气和活力。由此可见，刘勰将文气论与才性论、风骨论贯通起来，借以形成更为宏大的文论范畴体系。为突出作家精气与神志的重要性，《文心雕龙》还专设《养气》篇，主张"吐纳文艺，务在节宣，清和其心，调畅其气"。因而只有调养身心，意气和畅，作家才能驾驭文思，顺利完成创作活动。

此后唐宋古文运动的倡导者韩愈对文与气的关系作过一个形象的比喻:“气,水也;言,浮物也。水大而物之浮者大小毕浮。气之与言犹是也,气盛则言之短长与声之高下者皆宜。”苏辙更重视亲身交游、开阔胸襟对养气的重要性,认为“文者气之所形,然文不可以学而能,气可以养而致”,“其气充乎其中而溢乎其貌,动乎其言而见乎其文,而不自知也”。

在复古与反复古的文学思潮背景中,明清时期的文气论正本清源,对摆脱定法、矫正时弊起到积极作用。散文家归有光认为:“文章,天地之元气。得之者,其气直与天地同流。”戏曲家汤显祖认为:“文章之妙,不在步趋形似之间。自然灵气,恍惚而来,不思而至。”这些基于不同文体创作的观念主张皆一代文学大家真实心得,有感而发。文气论也偶遭异议,如屈大均认为散文应以理为主,理实而气虚,除非“能以理而主其气则气实”;至于诗歌仍主张“为诗贵养其气”。

建安诗人

汉献帝建安(196—220)年间涌现的一批杰出诗人,以“三曹”(曹操、曹丕、曹植)、“七子”(孔融、陈琳、王粲、徐幹、阮瑀、应玚、刘桢)和蔡琰为代表。

这一时期正值群雄逐鹿、南北混战,曹操迎献帝、败袁绍、据邺城,延揽一大批文臣武将,形成邺下政治集团与文人集团。曹氏父子及周围文士虽生逢乱世,却都雅好慷慨,为文情深意长而个性鲜明。曹操横槊赋诗,写下渴望贤才、共图大业的《短歌行》,行军艰难、悲悯将士的《苦寒行》和壮志未酬、情感豪迈的《步出夏门行》等名篇。曹丕的《燕歌行》代思妇抒怀,感情细腻,文笔流畅,是中国诗歌史上较早出现的完整而成熟的七言诗。曹植有非凡的文学禀赋,被视作“建安之杰”。他的《白马篇》塑造了一位武艺超群、赴汤蹈火、殉国就义的游侠形象;《吁嗟篇》以飘蓬为喻,抒发自己孤独无依、颠沛流离、身世无常的悲苦心境;《赠白马王彪》全诗7章,首尾蝉联,面对谗言迫害、生离死别之遭遇,倾吐满腔的郁结、愤恨之情。诗论家钟嵘赞其“骨气奇高,词采华茂”。建安七子的诗作,或感时伤怀,或酬和赠答,尤以王粲《七哀诗》、陈琳《饮马长城窟行》、刘桢《赠徐幹》等为代表。蔡琰是汉末文学家蔡邕之女,一首长达108句的《悲愤诗》叙述了自己身逢“董卓乱天常”、被俘“西入关”、迫嫁与匈奴、赎身别离子、“托命于新人”等一系列动荡事件,抒发内心不可遏制的悲痛怛悼、惶恐凄惨之情。

刘勰《文心雕龙·时序》篇将建安时期的诗人创作概括为“观其时文,雅好慷慨,良由世积乱离,风衰俗怨,并志深而笔长,故梗概而多气也”。这种风格特色后世称之为“建安风骨”。

正始之音

正始是三国曹魏废帝齐王曹芳的年号(240—249)。魏晋玄谈风气浓厚,以何晏、王弼为首,以老庄思想糅合儒家经义,谈玄析理,放达不羁;他们的诗歌普遍表达了一种强烈的危机和幻灭感,史称这段时间的诗歌为正始之音,其最主要的代表人物是嵇康和阮籍。

曹芳8岁登基,由大将军曹爽、太尉司马懿辅政,曹魏后期,王权衰微,政局混乱,曹芳、曹髦当政期间,司马氏擅权,人心丕变。这时“三曹”“七子”俱亡,建安风骨不存。何晏、阮籍、嵇康、王弼等人成长起来,独领风骚。严羽《沧浪诗话·诗体》称:“以时而论,则有……正始体。”注云:“魏年号,嵇、阮诸公之诗。”正始年间,曹爽集团里的何晏等人,清谈相高,而皆侈泰堪惊。史称曹爽“饮食车服,拟于乘舆。……作窟室,绮疏四周,数与晏等会其中,饮酒作乐。”此时文人作诗撰文,多流于靡丽,难以动人。《文心雕龙·明诗篇》云:“正始明道,诗杂仙心,何晏之徒,率多浮浅。惟嵇志清峻,阮旨遥深,故能标矣。”也就是说,正始尚言辩之美,诗歌缺乏实际内容,仅为追求丽辞,偶以清谈入诗,了无生气,所以说它浮浅。而阮籍、嵇康二人有所不同,他们处于复杂政治环境里，身居危疑之地，激发出忧世的慨叹，嵇康的《幽愤诗》、阮籍的 82 首《咏怀诗》皆是其代表。《文选》李善注评阮籍：“身仕乱朝，常恐罹谤遇祸。因兹发咏，每有忧生之嗟。”如《咏怀诗》其一：“夜中不能寐，起坐弹鸣琴。薄帷鉴明月，清风吹我襟。孤鸿号外野，翔鸟鸣北林。徘徊将何见，忧思独伤心。”凄怆愤懑之情，倾写人生之悲哀。因其忧生，故兴发了对生命的慨叹，不期然与建安文风反又有了呼应。故严羽《沧浪诗话·诗评》说：“黄初之后，惟阮籍《咏怀》之作，极为高古，有建安风骨。”

陶渊明（约 365—427）

东晋诗人。字元亮，一说名潜，字渊明。浔阳柴桑（今江西九江西南）人。

陶渊明的祖父和父亲都任过太守一类官职。但到陶渊明时，家境已经很穷困。他早年曾应征任江州祭酒，不久辞职。后又任镇军参军、建威参军、彭泽令等职。最后在 41 岁那年弃官归隐，此后一直过着隐居的生活。他在当时名望已很高，刘裕建立宋朝后曾诏征他为著作郎，他坚辞不出。卒后被尊称为“靖节先生”。

陶渊明是躬耕于陇亩的隐士，“力耕不吾欺”，和以往的文人不同，他更多的是写一般人的日常生活：“坐止高荫下，步止荜门里。好味止园葵，大欢止稚子。”（《止酒》）。陶渊明的伟大更在于由“我的表达”到了“人的发现”。

陶渊明是透过山水生活来表达人生感悟的伟大诗人，虽然他的山水只是小小的田园。钟嵘曾形容他的诗是“文体省净，殆无长语”。他弃文就朴，摒弃了一切多余的装饰和无聊的废话，文体自然省净，此种捐华就实的态度，令人联想作者品德之高。从美学上讲，言又从美回到了信。如此省净的文字，初读如不经意，细细玩味却殊有兴味，这种美不是语言性的美感，而是诗中所展现出来的人生观、人生体会，特别能有感发。陶诗的好，是“不求工而自工”，是“豪华落尽见真淳”，其返朴归真的中和之美，一如其人生。

隐逸文学

“隐逸”一词可释为隐居、远遁，或隐士、逸民。隐逸文学包括歌咏以及向往隐逸生活的文学作品。

隐逸文学的产生与中国古人仕隐的人生道路选择密切相关。儒、道两家都为隐逸提供了必要的思想理论基础，明确了隐逸行为的正当性。隐逸文学的源头大致可以追溯到《诗经》，如《卫风·考槃》《陈风·衡门》等。汉魏六朝时期，社会的动乱、玄学的盛行，进一步激发了隐逸行为，隐逸文学的创作也随之繁盛。隐逸文学往往以山林、田园为彼岸世界，于是就与山水之美、田园之乐密切结合起来。隐逸者追求宅心玄远、主张超乎世俗，必然重视自然，并在山水自然中表达隐逸之怀抱。山水进入文学，标志着人与自然的沟通与和谐，预示着一种新的自然审美观念和审美趣味的产生。

陶渊明是“古今隐逸诗人之宗”。他的作品，从另一角度视之，为隐逸文学（主要是诗）开辟了新的艺术境界。一般隐逸文学所突出表现的超世绝俗的情调，在陶渊明的作品中，变得人间化、生活化了。陶渊明的作品不仅拓展了隐逸文学的艺术境界，同时亦为后世心怀隐逸者，指出了一种富有人间情味的隐逸方式，一种并不“反社会”的人生理想。人世间的田园生活，取代了荒野处的岩穴山林，成为歌咏隐逸生活、抒发隐逸情怀的主要内容。

《世说新语》

主要记述魏晋人物言谈轶事的笔记体小说，又称《世说》（刘宋时）、《世说新书》（齐梁时）。南朝宋刘义庆编撰。

《世说新语》分 3 卷，共 36 门，体例为由儒而道。上卷按照孔子的 4 科说来分：德行、言语、政事、文学；中卷 9 门，分别是：方正、雅量、识鉴、赏誉、品藻、规箴、捷悟、夙慧、豪爽；下卷 23 门，多谈玄论佛，由此可见儒道相互的转变与影响，实际上也与人生的得意与否有关。

该书从汉末写起，到魏晋，其间思想骤变，有周孔转老庄的趋势，其中党锢事件是东汉转向魏晋的一个分水岭，使人的心态发生彻底转变。在周孔之学转老庄之学中颍人起了很大作用。颍川为韩都，士有申子、韩非，皆为刑名法家，严而少恩。天人合一之学，在西汉占有重要地位，而颍人直接冲击天人之学，无法无天，也就无君。“德行”篇之陈仲举、陈太行，“言行”“政事”之陈仲弓等皆是颍人。在天人合一的框架中，抒情和审美不具有独立性，而天人合一摧毁之后，抒情的特点发生了变化，可以尽情抒情，同时审美成了独立之物，不需要道德的批判。

此书反映了士人与政治的解纽。汉儒都指向人是政治、道德、礼节的动物；放旷之风，魏文实倡之，世风使然，一个很重要的表现就是轻“忠”而重“孝”。士人选择了亲情，不仅意味着与国家政治的解纽，同时反映在文学上就是抒情的放纵。“情”在经学的统摄下，不允许它波涛汹涌，要“发乎情，止乎礼仪”，而情放松之后，慷慨磊落、使才任气就凸显出来。《世说新语》中很多人信仰天师道，郗氏、琅琊王氏皆是，而信奉此教之人，都很重情。

《世说新语》中的玄学值得注意。清谈之前期，也就是汉末西晋时代，借清谈为自己的立场辩护，以表达本人态度；而后期（东晋），清谈不过是口中或纸上之玄言，为谈而谈，已失去了政治意义，只是作为名士身份的装饰而已。《世说新语》的体例表达了编纂者的这层意思，“文学”开篇就写马（融）、郑（玄），研究马郑的经学，就会发现已经发生了重大的变化，特别是马融，他遇到困难时，就会借助老庄，所以经学和玄学的区分不再是那么分明，而且，玄学也不仅仅是老庄玄学，玄学中很重要的一种是“易”，不过这个“易”，也被玄学化了。

《世说新语》的可贵之处还在于保留了原生态，通过对它的分析、比较，我们可以进一步了解东晋政治。郗氏家族是一把打开东晋政治的钥匙，其在整个东晋时掌握兵权，高门对其很畏惧，而高门之间就是靠玄谈以自保，如果都认真做事，平衡就打破了。假名教在真名士眼中自然一钱不值，故而，有了“越名教而任自然”的口号，如此，便引导出士人将山水转化为描写对象。士人在政治中感受到的压力越深，转向自然的程度也越深，山水成了可以安顿身心、逃避现实之所在。

宫体诗

宫体之名，起于南朝梁简文帝萧纲。他在东宫做太子时，作诗“伤于轻艳，当时号曰宫体”。事实上，宫体的流行，并不仅局限于东宫，玉台、春坊（泛指皇家贵族文学圈子）皆是，其后影响渐大，“宫体所传，且变朝野”。《隋书·经籍志》：“清辞巧制，止乎衽席之间；雕琢蔓藻，思极闺闱之内。后生好事，递相仿习；朝野纷纷，号为宫体。”

宫体的特点：第一，题材常常为女子或与女子相关的事；第二，声调柔婉轻靡；第三，选词用字特重绮艳；第四，形式不拘旧体，但总体趋向于小巧，五言四句居多。

宫体诗由晋到齐梁，越来越多，题材是美人以及美人周遭之物，可谓声色大开。历来文学史对宫体诗无甚好评，然美人在古代本就是歌咏的对象，至此则发展成一个香奁闺情的体系，这个体系一直影响并延伸到五代两宋词、明清戏曲，乃至《红楼梦》，亦是不可忽视的传统。

近体诗

古代汉语诗歌的一种类型。这里所谓的“近”是与“古体诗”的“古”相对而言，是以唐人的眼光来看的。近体诗主要分为律诗和绝句。按照每句的字数，可分为五言和七言。近体诗的篇式、句式有一定之规格，音韵有一定之规律，变化使用亦须遵守一定之规则，因此也称格律诗。

律诗，因其格律严密而得名，属于近体诗的一种，起源于南北朝，成型于唐朝初年。律诗一般分为五言和七言两种,分别称为五律、七律。律诗通常每首8句,超过8句的,则称排律或长律。以8句完篇的律诗,每2句成1联,共计4联,习惯上称首联、颔联、颈联和尾联。每联的上句称为出句,下句称为对句,两句构成对句关系,这是律诗最基本的结构。律诗的颔联和颈联必须对仗,各联对句须押韵,首联出句可押可不押。

绝句,又称截句、断句、短句、绝诗,是近体诗的一种形式。绝句虽然是从唐代流行起来的,但它产生更早。对于这种诗体的产生及来源,历来说法不一。一种观点认为,绝句先于律诗,来源于汉代乐府民歌。另一种观点则认为绝句产生于刘宋时期,源于多人合作的"联句"。绝句分为古体和律体两种。古体指唐以前的那种不入律的绝句,律体则指唐代形成的受格律限制的绝句。绝句有五绝和七绝。

唐诗

唐朝的诗歌。唐代是中国诗歌最为繁荣的时代,唐诗也被很多学者视为中国文学中最为精华的部分。

唐诗可以分两部分来讲,唐的前半,是与六朝相连接的,后半与宋分不开。唐初是南北朝文学的延续性发展,但其中有反思,有批判,在批判中孕育出革新,这是唐诗的前半部分;后半部分,这种革新又一直延续到北宋中叶才逐步定型。就社会文化变迁而言,南北朝到唐中叶以前,士与门第相结合,整个社会是锁闭式阶层化体系。经济上,隋唐延续着北朝的坊市制,唐中叶以后逐渐破坏,出现了宋代那样的商业都市。唐中叶以后,寒士可由科举致仕,社会就变成一个相对开放的阶层化体系。

晋宋以后,诗体、诗法的研究,以及南朝齐永明年间诗人对于声律的追求,是文学发展中极为重要的动向。沈约"四声八病"之说,影响深远。其后刘善经著《四声指归》,本之沈约,又有所发展。刘氏由北朝入隋,其书中说,北朝士子在太和之后,皆注重声韵抑扬,"动合宫商",可见诗法的讲求也影响了北朝。隋时讲文章法度者,有杜正伦《文笔要诀》,杜正伦入唐曾为兵部员外郎,其书流行于唐初。稍后则又有上官仪的《笔札华梁》,流传颇广。上官仪是太宗、高宗朝的重要文学家,《新唐书》本传说"其词绮错婉媚……谓为上官体"。他于对偶的精密讲求,对律诗的发展起了一定的推动作用。

初唐,在唐太宗、高宗、武后朝,在朝廷文人集团之外,还有另外一批作者,就是沉沦下僚的中下阶官员以及隐逸山林之士,他们是构成文学革新的主要力量,这批人中最有影响的是"初唐四杰"(王勃、卢照邻、骆宾王、杨炯),以及张若虚和陈子昂。他们与过去文学史上朝士集团迥然异趣。其意义在于,由于文士身份的改变,文学的内容和风格自然发生转变,朝士以外的广阔生活开始进入文学领域。

宫廷文学自汉代勃兴以来,千里来龙,自此结穴,可以说开元、天宝时期是它最典型、最灿烂的阶段。比之六朝,要壮丽得多,恢阔豪壮。"润色王道"是开元、天宝间文人自觉从事的方向,李白《大猎赋并序》:"欲辞壮丽,义归博远。不然,何以光赞盛美,感天动神。"高適"喜言王霸大略,务功名、尚节义"。然而,它毕竟不再是宫廷文学的时代,唐诗的视野已由宫廷内扩大到宫廷外的辽阔世界。中宗朝及玄宗朝的宫廷文学光焰逐渐消歇之后,正如同晚霞之绮,其中也蕴含着不少新的因素。此时文学史上似乎就该叙述所谓的盛唐了,但盛唐,是宋以后人的文学批评史中形成的概念,盛唐诗人渐被标签化。

最严重的标签化,莫过于浪漫诗人李白,写实诗人杜甫,田园诗派王孟,边塞诗派高岑……盛唐的确产生了很多重要的诗人,但风格多样。如田园诗人王维信佛,精于禅理,但同时也信道,可以说是佛道兼宗,"好读高僧传,时看辟谷方"。王维作品中,山水田园诗仅占四分之一,其述豪侠、咏边塞等诸作,都不逊于山水田园诗。其廊庙诗"九天阊阖开宫殿,万国衣冠拜冕旒","云里帝城双凤阙,雨中春树万人家"也足称唐诗压卷之作。

王昌龄是开元、天宝年间另一位重要诗人,可谓盛唐气象的代表人物，著有《诗格》。由沈约“四声八病”说发展下来的论诗之法，都偏于方法技术层面，此书以意说格，认为论诗当以意为格，以立意为宗，声律就是配合意的，极端处，甚至可以不要技巧：“自古文章，起于无作，兴于自然，感激而成，都无饰练，发言以当，应物便是。”“夫作文章，但多立意，令左穿右穴，苦心竭智，必须忘身，不可拘束。思若不来，即须放情却宽之，令境生，然后以境造之。”这些言论，涉及境界说和庄子所讲的凝神坐忘之类，对后来宋人论诗有很大影响。

安史之乱后，文人由飞仙、英雄、帝王师转而为越来越世俗化，越来越关心生活，也越来越多地着墨于现实。杜甫的诗作之所以被称为“诗史”，是因为记录了社会现实。韦应物早期诗歌颇以情怀高远见称，此时作诗也云“聊租二顷田，方课子弟耕”“出入与民伍，作事靡不同”。诗人的着眼点不再是朝廷，而是民间疾苦，杜甫及稍晚之白居易、元稹等都是如此，元稹《乐府古题序》说风雅皆“兴讽当时之事，以贻后代之人”。

唐代中期以后，儒学、道学、佛学都有内转的倾向，对内心越来越重视。后人论唐宋诗之分，其肇机即在于此。开元、天宝之后，渐由象到象外，到意，由杜甫到韩愈再到宋诗，说理、重意越来越重要了。唐末张为《诗人主客图》，其意义足以接武钟嵘《诗品》。整个《诗人主客图》以元和为中心，运用主客以及主客间亲疏关系，如及门、升堂、入室来区分、评骘诗人。元和以来诗风极为复杂，元白、韩孟、郊岛都有独张一军的实力和声势，这是唐诗乃至整个文学真正的盛世，诸峰并峙，风格颇为多样。陈衍“三元说”将元白为代表的元和视为与开元、元祐并列的诗坛高峰。《旧唐书·元稹白居易传》：“文章新体，建安永明、沈谢既往，元白挺生。”合起来论，汉魏南北朝文风发展至元白之前，渐变至尽；元白之后，则开宋元明清之新局。

就思想层面而言，元和时期，类似于先秦诸子百家争鸣的时代，韩愈论道，李翱论性，柳宗元、刘禹锡论天，孟郊论命，白居易论分，元稹论人道。思想环境大呈新异。就社会结构而言，社会流动几率大增，平民通过读书作文，即可以垂直上升至知识阶层，由科举关系相援汲为座主门生，从而形成集团关系。后乃渐成为知识阶层内部之朋党关系，宋代的党争，亦与此大有关切。知识阶层中人多来自市井陇亩，生活贴近平民，但又不等同于氓庶，他们有知识，有理想，有道义的担当，故而将平凡的世界往上提，此即宋人的化俗为雅。

元和后，即是诗史上的晚唐了，一般以李商隐、温庭筠为主。李商隐，字义山，诗以晦涩著称，元遗山曾说：“诗家总爱西昆好，独恨无人作郑笺。”义山集中亦多戏谑之作，肇引风气，晚唐及宋代诗家，遂多此体。此等诗艺术价值另论，但友朋谐谑，嘲讽世俗，正可申表文人阶层的意识，未可小觑。温庭筠，诗与李商隐齐名，风格亦相近，但温诗色泽更鲜明，文采更绮靡。其词更开晚唐五代之风。对于晚唐诗，历来有两派相反的意见，批评者认为晚唐诗“无风骚气味”“气韵甚卑”；尊之者认为“诗至唐而盛，至晚唐而工”。由此也可见，“唐人之精”的晚唐诗追求的是工巧，为其专注于诗，故有苦吟一说，郊寒岛瘦，在晚唐风靡甚广。除此之外，白居易的诗在晚唐也有极大的声势，白诗的一大特点是和韵、次韵诗甚多，皮日休、陆龟蒙即沿此而发扬光大者；白诗的另一个特点是通俗浅白，晚唐通俗诗大作，用语平淡，如杜荀鹤《唐风集》10卷大抵皆如此。皮、陆之杂言诗，造语奇特，在形式上刻意求新求变，不能不说是受李贺的影响。总之，晚唐是极为复杂的，白居易、贾岛、李商隐、李贺的影响均不容忽视，作家辈出，各擅胜场。

李白（约701—762）

唐代浪漫主义诗人。字太白，号青莲居士，又号“谪仙人”。其出生地有多种说法，一说是今四川省江油市；一说是西域的碎叶（今吉尔吉斯斯坦托克马克附近）。被后人誉为“诗仙”，与杜甫合称“李杜”。他的诗既豪迈奔放又清新飘逸，既想象丰富又意境奇妙。杜甫赞美他的创作“笔落惊风雨，诗成泣鬼神”。

李白的乐府淋漓酣畅、处处有“我”;歌行随情所任、变幻莫测;绝句明快晓畅、情韵深远,均臻于绝妙。李白的创作具有典型的浪漫主义精神。洒脱不羁的气质、傲世独立的人格形成了李白诗歌抒情的鲜明特点。他的作品带有强烈的自我表现色彩,侧重抒写自己的豪迈气概和激昂情怀。李白笔下的现实事物、自然景观亦非客观现实的直接反映,而是其内心世界的外化与折射。他喜欢采用雄奇的形象毫不掩饰、不加节制地表现自我、抒发感情。李白的创作醉心于吞吐山河、包孕日月的雄奇意象,如大鹏、长鲸、沧海、雪山等,都是他喜欢书写的对象。

李白对后世的影响十分巨大。他那“天生我材必有用”的天真烂漫、“安能摧眉折腰事权贵”的独立不屈,在个体人格意识受到正统思想压抑的封建文化传统中,有着巨大的魅力。李白诗歌豪放飘逸的风格、变化莫测的想象,对苏轼、陆游等大诗人都产生了深刻的影响。

杜甫(712—770)

唐代现实主义诗人。字子美,自号少陵野老。祖籍湖北襄阳,生于今河南省巩县。被后人称为“诗圣”,与李白合称“李杜”。杜甫具有儒家的仁爱精神和强烈的忧患意识。杜诗兼备众体而又自铸伟辞,积累了极其丰富的艺术经验,是唐诗发展的一个转折。

杜甫生活在唐朝由盛转衰的历史时期,其诗多涉笔社会动荡、政治黑暗、人民疾苦,栩栩如生地反映了“安史之乱”前后唐王朝的重大历史事件和广阔社会面貌,被誉为“诗史”。杜诗的“诗史”性质,不仅在于再现了历史事件的原貌,更在于描绘了比事件更为广阔、具体、生动的生活画面。杜诗的“诗史”性质,决定了它的叙事写作方法。杜诗大量使用叙述手法,以五、七言古体写时事,把诗歌的叙事手法发展到一个新的高峰。杜诗叙事,既叙写事件过程,亦用力于细部描写,并融入了强烈的抒情,实现了真实客观叙述与强烈主观抒情的完美融合。

杜诗最具特征性的风格是“沉郁顿挫”。所谓“沉郁”主要是指诗意与感情的深沉苍凉;所谓“顿挫”则表现为语言和韵律的抑扬曲折。杜甫是中国诗歌的集大成者,一生写诗 1 500 多首,其中很多是传颂千古的名篇,比如“三吏”(《石壕吏》《新安吏》《潼关吏》)和“三别”(《新婚别》《无家别》《垂老别》)等。

王维(701—761,一说 699—761)

唐代诗人、画家。字摩诘,号摩诘居士,有“诗佛”之称,与孟浩然合称“王孟”。后人还推其为南宗山水画之祖。苏轼评价:“味摩诘之诗,诗中有画;观摩诘之画,画中有诗。”

在整个盛唐的文艺中,王维可以说是发展得最全面的。他是盛唐边塞诗的奠基者之一。王维边塞诗不少以描写人物活动为主体,景物描写因是这些人物活动的场景而处于从属地位。王维写人物侧重表现人物的精神世界,常常用最省净的语言,抓住人物的某一典型活动,寥寥数笔就勾勒出来。奠定王维文学史地位的是其抒写隐逸情怀的山水田园诗。在山水田园诗中,他既注重对景物的精确描绘,又善于抒发主人公的思想感情。王维的“诗中有画”是因为他虽以语言为媒介,却突破了这种媒介的局限,最大限度地发挥了语言的间接想象性特征,在读者头脑中唤起了对自然景物之声、光、色、态的丰富联想。王维善于从纷繁变幻的景物中,摄取最鲜明的一段和最引人入胜的刹那,加以突出表现,并且总是突出自己最鲜明的印象和感受,以唤起读者类似的体验,使人产生身临其境之感。同时,他还把绘画的“经营位置”运用到了诗歌中,特别注意所描写的景物之间的关联,善于处理画面虚实的布置,这样才达到了“诗中有画”的艺术效果。

山水田园诗

主要以自然山水和田园生活为表现对象的诗歌。山水诗与田园诗往往合称,但二者并非同一题材。山水诗主要写自然风光,往往与行旅漫游相联系;田园诗主要写农村风光,往往与农耕和隐居生活相联系。

这一诗派起源于六朝时期的陶渊明与谢灵运。陶渊明是田园诗风的开创者。他的诗以纯朴自然的语言、高远拔俗的意境,直接影响到了唐代田园诗派。谢灵运是山水诗的鼻祖。在他之前,自然山水往往只是作为文学作品的媒介、点缀或背景存在。谢灵运对山水景物做了精心细致的刻画,体现了"极貌写物""穷力追新"的艺术风格,对盛唐诗风的形成,有着十分积极的意义。

有唐一代的社会安定、国力强盛、经济繁荣,给当时文人的漫游行旅、充分接触、深入把握自然之美提供了条件。道家返璞归真的追求、佛家净心明性的思想,则为山水田园诗提供了审美心理基础。王维和孟浩然是唐代山水田园诗派的代表,因此这一诗派又被称为王孟诗派。王孟诗派以自然山水或田园生活为吟咏对象,把细腻的笔触投向静谧的山林、悠闲的田野,或描写自然景物的清幽秀美,或表现田园生活的恬静闲逸。王维继承和发扬了谢灵运开创的艺术传统,并使山水诗成就达到高峰,在中国诗歌史上具有重要的地位。孟浩然的诗生活气息浓郁,富有超妙自得之逸趣。

唐传奇

唐代流行的文言小说。传奇,即传述奇事奇遇之义。传奇源于六朝志怪小说,但与六朝志怪的粗陈梗概相比,唐传奇作者"始有意为小说",所以传奇作家除对各种传说见闻进行一般性的艺术加工之外,还在其基础上进行虚构、想象,从而使其"奇"成为"有意为之"之"奇"。即使以历史事件和现实生活为题材的作品,如《长恨歌传》等,作者也未拘泥于史实,而是根据艺术创作和审美效果的需要有目的地进行虚构和想象。

唐传奇标志着文言短篇小说创作的完全独立与成熟。白行简、元稹、蒋防是唐传奇的三位大家,他们创作的《李娃传》《莺莺传》《霍小玉传》完全摆脱了神怪之事,而以曲折的情节表现人世间的男女之情,取得了极大的成功。元稹的《莺莺传》(《会真记》)在唐传奇发展历程中具有里程碑意义。《莺莺传》叙述了张生对崔莺莺始乱终弃的爱情悲剧,文笔优美,刻画细致。《莺莺传》写的是现实世界的爱情、婚姻,与《柳毅传》等还带有某些志怪色彩的作品明显不同。《莺莺传》是唐人传奇中流传最广、影响最大的作品之一,为后世作家提供了生动的情节模式、丰富的创作素材。金代董解元《西厢记诸宫调》、元代王实甫《西厢记》杂剧、明代李日华《南调西厢记》等都受到了《莺莺传》的影响。

唐宋古文运动

唐代中叶及北宋时期以提倡古文、反对形式主义为主要内容的文学改革运动,并兼有思想运动和社会运动的性质。自内容言,是明道载道、复兴儒学,把散文引向政教之用;从形式看,名言复古而实为创新,它不仅学习秦汉散文之成就,而且吸收了六朝文学的某些优点,体现了散文自身发展的某种历史要求和必然规律。

古文运动的"古文"概念由唐代韩愈提出。所谓"古文",主要相对骈文而言。韩愈反对六朝以来过度讲求辞藻、声律、排偶的骈文,主张学习秦汉时期质朴自由,没有过度格式拘束,有利于反映现实生活、表达思想感情的散文。晚唐时期,古文运动趋于衰落,出现了雕章琢句的不良文风。进入北宋,以欧阳修为代表的一些文人,极力推崇韩柳(韩愈、柳宗元),掀起一次新的古文运动。他们一面反对晚唐以来以西昆体为代表的浮靡文风,一面提倡继承韩愈的道统和文统,强调文道统一、道先于文的主张。

北宋古文运动直接继承了唐代古文运动的传统,吸取了唐代古文运动的经验与教训,同时对诗、文进行革新,使古文更加健康地发展,最终成就超越了唐代,影响也更为深远。在文学史上,通常把唐代和宋代的两次古文运动合称为"唐宋古文运动",把倡导者及主要参与者韩愈、柳宗元、欧阳修、曾巩、王安石、苏洵、苏轼、苏辙合称为"唐宋八大家"。

韩愈(768—824)

唐代文学家、哲学家。字退之,河阳(今河南孟县)人。自称“郡望昌黎”,世称“韩昌黎”“昌黎先生”。曾任吏部侍郎,人称韩吏部。长庆四年(824)卒,追赠礼部尚书,谥号曰“文”,故又称“韩文公”。

文人和鸿儒,简称“文儒”。韩愈以文儒自居,自谓能探周孔之意又妙能为辞章者。把文儒当成一种人生的目标和期许,是这些人物的风气,所以韩愈等人所倡导的古文运动,既是文人辞章家采用儒家思想来创造的一种新的文学样式,更是儒者约六经之旨意成文,是他们表达周孔之意的一种方式。文儒的特点是既看不起只会记诵、毫无自己见解的儒生,又看不起只能妙为文章的文人。他们的自我期许是既要讲圣人之道,又要贵圣人之文。韩愈曾为国子博士,他在未任博士教授前说:“及来京师,见有举进士者,人多贵之,仆诚乐之……仆以为可无学而能……”可见他极轻视当时的文人才艺,而追求“作唐一经,垂之于无穷”的“作者”,此后宋元明理学、文学,于此多所继武,构成以后文学史的一大脉络。

韩愈之文为元和代表,在宋代就被认为是孔孟而下,能接续文统的唯一人选。韩愈在文章上的地位,犹如诗中的杜甫。韩愈论文,要求复古,尊儒排佛,反骈重散,强调“言必己出”“不平则鸣”。《荆潭唱和诗序》:“大和平之音淡薄,而愁思之声要妙,欢愉之辞难工,而穷苦之言易好也。”韩愈认为文学创作就是要把内在的积郁不平发泄出来,和平之音太过寡淡,文儒之文,不限于论说,还包括了诗歌,而他的诗不甚显于当代。真正推崇韩愈之诗,且将其视为宗主般存在的是宋人。

唐代中期以后,儒学、道学、佛学都有内转的倾向,表现在诗上,便是越来越重意而不重象,且认为象皆可由意出,后人论唐宋诗之分,常说唐诗多写景,宋诗不用色香声味,而独以命意深刻见长,其契机即在于此。韩愈自述作诗之甘苦:“我愿生两翅,捕逐出八荒。精诚忽交通,百怪入我肠。”由于重意,诗歌主要在表达意见,所以对文采的重视就降低了,不太讲究文采,诗语言的“诗功能”降低了,不再精雕细琢,原有的文采丽辞格套也不必再绳准规矩,所以可以任意、随兴地“玩文字”,这就是韩愈以文为戏一面的来由。韩愈不仅作诗如此,作文也有以文为戏处,如其《送穷文》《毛颖传》一类作品。诗文的俳谐化,看似违背了文学的神圣化,可是,对文学修辞不再那么重视,同时也解放了诗创作,也就是说,却也吊诡地强化了文的发展。

后人常说诗分唐宋,实则韩愈诗是宋诗的先导之一,陈衍《宋诗精华录》中说杜韩而下,“苏、王、黄、陈、杨、陆诸家沿其波而参互错综”。苏轼尝言:“诗之美者,莫如韩退之,然诗格之变自退之始。”后山曾说韩愈“于诗本无解处,特以才高而好耳”,沈括批评韩诗“格不近诗”,都是说明了韩愈代表了中唐以后诗风转变的一种典型。正如钱钟书所说,唐之杜甫、韩愈、李商隐等人,“实唐人之开宋调者”。

柳宗元(773—819)

唐代文学家、哲学家。字子厚,河东(今山西运城西)人。贞元九年(793)进士及第,授校书郎,累迁监察御史。贞元二十一年初,参加王叔文革新集团,任礼部员外郎。柳宗元和刘禹锡在这个集团中是颇受瞩目的人物,与王叔文等人被称为“二王刘柳”。

柳宗元的诗今存4卷,很大一部分是遭贬谪后十余年的作品。在谪居柳州的10年中,他“闷即出游……时到幽树好石,暂得一笑”,但紧随其后的却是百忧攻心的“已复不乐”。苏轼评柳诗:“忧中有乐,乐中有忧,盖妙绝古今矣。”这种忧乐交替的心态,使得柳宗元的大量纪游诗染上了一层幽清色彩。柳宗元的诗淡朴到几乎没有特征,在唐代无人称道,直到宋代苏东坡才将他和韦应物并举,东坡称柳诗:“李杜之后,诗人继作,虽间有远韵,而才不逮意。独韦应物、柳子厚发纤秾于简古,寄至味于淡泊,非余子所及也。”又说:“所贵乎枯淡者,谓其外枯而中膏，似淡而实美，渊明、子厚之流是也。若中边皆枯淡，亦何足道?”

柳宗元的散文与韩愈齐名，并称“韩柳”，但由于政治见解和个人经历的原因，柳宗元并不属于韩愈周围的作家集团，而且他长期谪居在南方，离文学中心很远，所以他在古文运动中的影响并没有韩愈大，他对唐宋之际散文创作的意义主要在于拓宽了散体古文的表现力。柳宗元的散文在气势上不如韩愈，却胜在隽永、含蓄。尤其是他的山水游记，以诗一样的笔调写出了一个凄清、幽雅的境界，突破了过去散体古文主要囿于政治与历史的范围，使散文体有了更文学化、抒情化的表现领域。

在永州10年之后，柳宗元升任柳州刺史，诗风明显有了转变，写了较多的七言，思想情绪也活跃起来，但他只在柳州生活了4年，于元和十四年(819)病故于柳州，不似刘禹锡那样长寿，没能有更多的诗篇传于后世。

新乐府

唐代中期出现的新诗体及同名文学运动。新乐府即“新题乐府”，是一种用新题写时事的乐府诗。所谓新乐府，是相对古乐府而言的。郭茂倩指出：“新乐府者，皆唐世之新歌也；以其辞实乐府，而未尝被于声，故曰新乐府也。”新乐府前有杜甫开创的传统，后以元结、顾况等人为先导，到了元白(元稹、白居易)时期，白居易明确提出了“文章合为时而著，歌诗合为事而作”的创作主张。

白居易曾把自己所创作的以“美刺比兴”“因事立题”为主题的50多首诗编为《新乐府》，这就是新乐府诗体名称的由来。新乐府主张发扬《诗经》和汉魏乐府讽喻时事的传统，追求诗歌“补察时政”“泄导人情”的社会作用。白居易的《新乐府》《秦中吟》，元稹的《田家词》《织妇词》《和李校书新题乐府》等，是新乐府的主要代表作。

新乐府有三个基本特点。一是用新题。不同于古代作家的因袭古题以歌写时事，新乐府是以新题写时事，故名“新题乐府”。二是写时事。既用新题，又写时事，始于杜甫。白居易继其传统，以新乐府专门美刺现实。三是不以入乐与否为标准。从音乐角度看，新乐府多为“未尝被于声”的徒诗，但在内容上，新乐府直接继承、发扬了汉乐府“缘事而发”的现实主义精神。

白居易(772—846)

唐代诗人。字乐天，号香山居士。祖籍山西太原，生于河南新郑。一生共创作了三千多首诗，有《白氏文集》《白氏长庆集》传世，是诗歌存世最多的唐代诗人。

贞元十六年(800)进士及第，元和年间任左拾遗，后曾任江州(今江西九江)司马、杭州刺史、苏州刺史等职。白居易晚年大多在洛阳度过，与刘禹锡唱和。他笃信佛教，去世后葬于洛阳香山。

白居易是唐诗风格转折的一个关键人物，和韩愈并称韩白。韩愈将唐诗引向险怪和议论一途，而白居易对通俗性、写实性的突出强调和全力表现，在中国诗史上占有重要的地位。《与元九书》：“仆志在兼济，行在独善。奉而始终之则为道，言而发明之则为诗。谓之讽谕诗，兼济之志也；谓之闲适诗，独善之义也。”白居易的讽喻诗，代表作就是新乐府的写作，包括《卖炭翁》《长恨歌》《琵琶行》等。白居易的闲适诗和他倾心佛教有关，诗风淡泊平和、闲逸悠然，如组诗《效陶潜体诗十六首》。他自己说：“诗成淡无味，多被众人嗤。上怪落声韵，下怪拙言词。”(《自吟拙什因有所怀》)其闲适诗和元稹齐名，所以招致“元轻白俗”之讥。

李商隐(约813—约858)

唐代诗人。字义山，号玉谿生。怀州河内(今河南沁阳)人。李商隐流传下来约有600首诗歌，包括政治诗、咏史诗、咏物诗等众多类型。其艺术成就最为杰出、风貌最为独特的是以无题为中心或风格接近无题诗的作品。这些“无题”诗歌，包括以《无题》为题的15首，和以句首2字为题的“准无题”诗近30首。

李商隐一生坎坷，其求学干禄、宦海浮沉几乎都纠缠于“牛李党争”的相互挟持、倾轧之中。这对其作品的意象营造和风格形成都有非常直接的影响。李商隐的抒情诗善于创造恍惚迷离的非现实意象，如珠泪、玉烟、青鸟、彩凤、灵犀、瑶台、灵风等。表达上往往又采取幽微隐约、迂回曲折的方式，这就形成了如同雾里看花的艺术境界。如《锦瑟》中的庄生梦蝶、杜鹃啼血、良玉生烟、沧海珠泪，都是一些似有而无法准确把握，似无而清晰可见的意象。真与幻、古与今、心与物仿佛纠缠在一起。非写实的艺术表现手法极大地拓展、深化了诗的意涵，创造了一种难以确解又令人神往的境界，为读者的欣赏与理解提供了广阔的空间和多样的可能。

在唐代文学史上，李商隐独树一帜，将诗歌创作推向了一个新的高峰，是继李白、杜甫等人之后，为中国诗歌开辟新的艺术类型、新的艺术风格的大家。

《二十四诗品》

论述诗歌风格的专文，共24则，故名。作者据传为晚唐的诗人司空图。每品以二字标名，以形象的语言揭示、刻画诗歌的艺术风格。

《二十四诗品》每则都是4言12句的韵文，形式极其整饬。在归纳诗歌的风格特征时，很少进行较为抽象的理论概括，而是运用比喻、象征的手法来具体描述诗歌的风格类型。如“清奇”是“晴雪满汀，隔溪渔舟”；“典雅”是“落花无言，人淡如菊”；“沉着”是“鸿雁不来，之子远行”。司空图只是描绘了诗歌风格的意境而全不说破，更不做理论化的逻辑分析。前人称这种方法为“比物取象，目击道存”。司空图受道家、玄学超尘脱俗思想影响较深，又甚喜爱王维等人闲雅、冲淡的作品，故其论诗最为推重冲淡、自然一类的风格，包括“冲淡”“高古”“典雅”“自然”“疏野”“清奇”“超诣”“飘逸”“旷远”等，比“奇丽”“豪放”之类的分量要重很多。

司空图《诗品》与六朝钟嵘《诗品》，虽然同属诗歌品评的著作，但二者所品的对象和具体内涵均有不同。钟嵘《诗品》着重品第（五言）诗人创作成就的高低优劣，并将其分别列入上中下三品。司空图《诗品》则着重描述各种不同类型的诗歌艺术特征，旨在分析诗歌的风格、品貌。

词

又称曲子词、长短句、诗余等，是诗的别体，最初是配乐歌唱的音乐文学，其产生、发展与音乐有直接关系。词与近体诗的区别较为明显。诗只供吟咏，词则可以入乐歌唱。词是长短句，句式参差不齐。每首词都有一个表示音乐性的词调（词牌）。不同的词牌在句数、每句字数、平仄上都有特定的要求。词一般都分两段（称为上下片或上下阕），不分段或分段较多者极少。依词的字数可以将词调大致分为小令、中调、长调3类。58字以内为小令，自59字始至90字为中调，91字以上者为长调。

词成形于唐而极盛于宋，最初主要流行于民间。《敦煌曲子词集》收录的作品，大多是从盛唐到唐末、五代的民间歌曲。进入宋代，词的创作蔚为大观，总体成就十分突出。无论是小令还是长调，最常用的词调都定型于宋代。词的题材内容和风格倾向，被开拓出更为广阔的领域：婉约与豪放并存，清新与秾丽相竞。婉约词多写儿女情长、离愁别绪，崇尚含蓄婉转，充分发挥了“专主情致”的特点。豪放词视野广阔、气象恢弘，展现了男性化豪情，既可以抒发浩然之正气，也可以倾吐凌云之壮志。

婉约派

宋词的一个主要流派。“婉约”一词析而言之：“婉”为柔美、婉曲，“约”为隐约、微妙。婉约词“专主情致”，多写儿女情长、离愁别绪，风格含蓄婉转，以柔媚婉丽为特点。婉约与豪放共为宋词两大流派。宋代的婉约派词人主要有晏殊、欧阳修、柳永、秦观、周邦彦、李清照、姜夔、吴文英等。

柳永是两宋词坛创用词调最多的词人。他的词现存200多首,用了100多种词调。在宋代所用数百个词调中,有100多个词调是柳永首创或首次使用。词至柳永,体制始备。令、引、近、慢、单调、双调、三叠、四叠等长调短令,日益丰富。形式体制的完备,为宋词的发展和后继者在内容上的开拓提供了前提条件。柳永不仅从音乐体制上改变和发展了词的声腔体式,而且变“雅”为“俗”,着意运用世俗化的语言表现世俗生活情调,从而扩大了词的审美内涵和审美趣味。巾帼词人李清照提出了词“别是一家”的主张,在理论上确立了词体的独特地位。李清照的词以女性身份进行自然生动的自我情感抒写,不仅比“男子作闺音”更为真切,更在一定程度上改变了男性一统文坛的传统格局。

豪放派

宋词的一大流派,所谓“豪放”主要是指词体风格的豪迈纵逸。豪放与婉约共为宋词两大流派。婉约与豪放的区分并不能完全概括宋词格调的多样性,但却可以说明宋词具有偏于“阴柔”或“阳刚”的两种基本审美类型。“自是一家”的豪放词,既可以抒发浩然之正气,也可以倾吐凌云之壮志。豪放词在宋代主要是指苏辛词派。苏指北宋苏轼,辛指南宋辛弃疾。

豪放词的第一个主要代表是苏轼,他对词体进行了全面的改革。“以诗为词”突破了音乐对词体的制约和束缚,使词从音乐的附属品转变成为一种独立的抒情诗体,最终突破了词为“艳科”的传统格局。豪放词在表现女性化的柔情美传统之外扩展了表现气象恢弘的男性化豪情。

苏轼的词体解放主张及其创作成就为辛弃疾所继承。辛弃疾被誉为“词中老杜”,他将词视为抒怀言志的“陶写之具”,用词来表现自己的精神世界和对民族命运的深沉忧患,将其表现功能发挥到了最大的限度——词与社会现实生活、作家的人格更加紧密地联系在一起,词不仅可以抒情言志,甚至可以和诗文一样议论说理。

苏轼(1037—1101)

北宋文学家。字子瞻,号东坡居士,谥文忠。眉州眉山(今属四川)人。曾任翰林学士,官至礼部尚书,有《东坡全集》110卷。苏轼在书香浓郁、气氛宽和的家庭中长大,其一生纵多经坎坷,也能很好地消弭苦痛,获得内心的宁静。

苏轼26岁参加由欧阳修等特荐、仁宗皇帝主考的“制举”试,入三等,有宋300余年,入三等的只有4人。治平二年(1065),30岁的东坡入值馆阁,遂有苏学士之称。

苏轼与欧阳修、王安石、曾巩等同为古文家,与他们不同,他不完全秉持儒家孔孟思想,也接受了道家庄子的思想和佛家禅宗的哲学思想。苏轼说文应当“有道有艺”,“以华采为末,而以体用为本”。苏轼前后《赤壁赋》,骈语而竟与散文无异,可知苏轼复古,不惟在散体上复古,作古文,在骈体上也一样有上追古赋的写法。在论文上,苏轼强调文并不以文字华巧为美,而说:“我所谓文,必与道俱。”欧阳修之后,文人进一步分化,一种仍如古文家那样,主张文以载道,文章当然必须讲究,如苏轼;一种则认为重者在道不在文,自许为传道之儒而非文人,成为道学家,比如程颐。这二人的区别也就是鸢飞鱼跃的诗性生命和壁立千仞的哲学生命的区别。

东坡诗始学刘禹锡,晚学李太白,波澜浩大,而归趋于陶柳。苏轼因“乌台诗案”被贬黄州之后,对社会及人生的态度都发生了重大转变,对陶渊明倾慕不已。谪居惠州、儋州后,更以渊明为作诗圭臬。在苏轼看来,陶渊明是“知道”之人,还说陶渊明“欲仕则仕,不以求之为嫌;欲隐则隐,不以去之为高。饥则扣门而乞食,饱则鸡黍以迎客。古今贤之,贵其真也”。此一“真”字,是对自己的真诚,没有人世间巧伪酬酢的机心。苏轼晚年进道日深,作《自书陶渊明结庐在人境诗并跋》云:“陶公此诗,日诵一过,去道不远矣。”于陶诗所含之道体味愈深。他说:“韦应物、柳子厚,发纤秾于简古,寄至味于淡泊,非余子所及也……柳子厚诗在陶渊明下,韦苏州上……

所贵乎枯淡者,谓其外枯而中膏,似淡而实美,渊明、子厚之流也。"

宋人对文学,可谓上下从风,宋文学的一个整体动向,就是化俗为雅。在词的方面,化俗为雅的方法,就是改造诗。东坡词,被李清照批评说是"句读不葺之诗",这不仅是说他不协音律,也是说他作诗和作词的方法和态度根本相同。但正因为东坡用此种以词言志,以词显示士大夫胸襟的做法,所以词到他手里才能化俗为雅。

苏轼诗词文赋俱佳,乃当时文坛之全才,又能书能画能禅能茶,能得酒趣,逸事风流播诸人口,是文人生活的典范。

李清照(约 1084—1155)

南宋女词人。号易安居士。济南章丘(今属山东)人。父李格非,字文叔,是北宋著名文士,与苏门诸人关系密切。李清照 18 岁嫁给吏部侍郎赵挺之的季子、太学生赵明诚。婚后夫妻生活美满,常诗词唱和,共研金石,以葛天氏之民自乐。但徽宗朝赵挺之做了宰相,一力打压旧党,李格非名列党籍,两家虽是姻亲,也未能幸免。易安给公公献诗几谏,有"炙手可热心可寒"之句,但终未能打动热衷权势的赵挺之。靖康之难后,金人的兵火改变了易安的后半生及创作倾向。

李清照词名藉甚,但这是宋以后的事情。在宋代,对她的褒扬都是基于她的诗文,而非曲子词。如胡仔云:"近时妇人,能文词如李易安者,颇多佳句。"这里的"文词",是"诗古文辞",指古文、骈文、赋。又《诗说隽永》:"今代妇人能诗者,前有曾夫人魏,后有易安李。"易安身经离乱,其时宋室宗亲因靖康之难被掳北上。她流传下来的诗不多,却颇多慷慨雄健之作。如:"生当作人杰,死亦为鬼雄。至今思项羽,不肯过江东。"(《夏日绝句》)此诗作于易安 45 岁时,或为讽刺赵诚明的胆怯。陈衍《宋诗精华录》中甚至说她的诗"雄浑悲壮,虽起杜韩为之,无以过也"。

李清照早期的词情感直露,甚至有些疏狂。晚年,因战乱流寓杭州、越州、台州、金华之间。据传与张汝舟有过一段短暂的婚姻,因二人思想境界差别很远,惨遭对方家暴。晚年的易安饱经忧患,词境也为之一变,不徒以婉丽为宗,更多了一些沉郁。

诸宫调

宋金元时期的一种说唱文学形式。由韵文和散文两部分组成,说唱相间。所谓诸宫调,是相对于限用一个宫调的说唱形式而言的——如宋代的唱赚、鼓子词等即限用一个宫调。诸宫调唱的部分用多种宫调串接而成,其间插入一定的说白,与唱词配合,叙述有人物、情节的长篇故事。

诸宫调始于北宋年间,其首创者为泽州(今山西晋城)孔三传。大约在宋金对峙期间,诸宫调已经成熟,并达到较高的水平。据载,诸宫调曲目的故事题材较为广泛,可惜绝大多数已散佚失传。金中叶的《西厢记诸宫调》是现存唯一完整的诸宫调作品,这就是所谓的《董西厢》。作者董解元,名字已佚,"解元"是金、元时期对读书人的敬称。《西厢记诸宫调》以唐代元稹的传奇小说《莺莺传》为基础,并从唐代李绅《莺莺歌》等作品中汲取营养创作而成。《董西厢》扩充了故事内容,重新确立了矛盾冲突,改变了原来的故事结局,丰富了人物的语言,比较完整地塑造了性格鲜明的人物形象,对后世王实甫的《西厢记》产生了非常重要的影响。

散曲

金、元时期北方兴起的可合乐歌唱的一种新型抒情诗体,在元代又被称为乐府或今乐府。散曲之所以为"散",是与元杂剧的整套剧曲相对而言的。散曲是继诗、词之后兴起的新诗体。元散曲代表了元代诗歌创作的最高成就。散曲兴于何时已难以确考,一般认为它产生于民间的俚俗歌谣。

散曲的体制包括小令、套数和介于二者之间的带过曲等几种。小令与套数是散曲两种最基本的体制。一短小精练，一富赡雍容。小令又称叶儿，是散曲体制的基本单位，得名源于唐代的酒令。其基本特征是单片只曲、短调字少。套数又称套曲、大令，是从唐宋大曲、宋金诸宫调发展来的。套数的基本体式特征有三点：它由同一宫调的若干首曲牌联缀而成，各曲通押一部韵，通常在结尾部分还有“尾声”。带过曲是介于小令与套数之间的一种特殊体式。

散曲句式具有灵活多变的特征。散曲与词一样，采用长短句句式，但更加灵活多变，它可以根据内容的需要增句，这样就突破了特定曲牌句数的限制。另外，散曲有特殊的“衬字”方式，句式短的只有一两个字，长的可达数十字，伸缩变化很大。散曲语言虽不乏典雅一面，但“方言常语，沓而成章”，具有口语化和散文化格调，总体倾向于以俗为美。

元代最为著名的散曲作家关汉卿、马致远、乔吉、张可久，合称关马乔张。关汉卿的作品本色豪放，马致远清丽旷远；乔吉和张可久则代表后期散曲不断雅化、词曲合流的倾向。

元杂剧

又称元曲、北曲、北杂剧，是元代用北曲演唱的传统戏曲形式，分布于以大都为中心包括长江以北的大部分地区。中国戏剧艺术在元代走向成熟，主要戏剧类型包括杂剧和南戏，其剧本创作代表了当时叙事文学的最高成就。

元杂剧具有完整、严密的结构体制。“四折一楔子”是最常见的剧本结构形式，也有少数剧本由五折或六折构成。“折”相当于现在的“幕”，是故事情节和戏剧冲突的自然段落，也是音乐组织的单元。一折还可分为几场，场是小段落。杂剧的曲调多由北方民间歌曲、少数民族乐曲和中原传统曲调结合而成。一折只采用一个宫调，不相重复。杂剧都有完整的故事情节，人物形象在故事情节和戏剧冲突中得以表现。演剧脚色（角色）可分末、旦、净三类。末分正末、小末；旦分贴旦、搽旦、小旦。全剧只能由正末或正旦一人主唱，正末主唱的称“末本”，正旦主唱的称“旦本”。杂剧唱词具有强烈的抒情性，主要用于表现剧中人物在特定环境中的思想情绪，甚至直接透露作者的心声，也可以起到渲染场景、贯穿情节的作用。

元曲为“一代之文学”。关汉卿、马致远、白朴、郑光祖四人，被合称为“元曲四大家”，他们和王实甫代表了元代不同时期不同流派杂剧创作的最高成就。关汉卿的《窦娥冤》、马致远的《汉宫秋》、白朴的《梧桐雨》、纪君祥的《赵氏孤儿》则被赞为元曲四大悲剧。

关汉卿（约 1225—约 1300）

元代戏曲、散曲作家。字汉卿，号已斋叟。大都（今北京）人。一生创作以杂剧的成就最大，有 60 多种，今存 18 种。其中最著名的是《窦娥冤》。关汉卿写了不少历史剧，《单刀会》《单鞭夺槊》《西蜀梦》等，还有小令 40 多首、套数 10 多首。

关汉卿的剧作风格泼辣沉雄，其《单刀会》是众多“关公戏”中最具特色、成就最高的一个。该剧敷演三国时关羽应鲁肃邀请到江东赴宴的故事，剧情并不复杂，但却以单纯的结构、精炼的手法、少数的角色，写出了雄奇纵横的场面，将关羽傲睨一世的盖世豪雄形象，浓墨重彩地予以歌颂。可以说其中倾注了作者对这个人物的万斛热情。

关汉卿对现实生活有着清醒的认识，他的喜剧包蕴着悲剧意味，如讽刺喜剧《救风尘》中的赵盼儿，虽颇有英豪之气，救自己的姐妹于水火，然沉沦下层的民间妇女，其精神上深沉的悲苦和被人任意践踏的哀情贯穿在这类作品中。关汉卿的悲剧创作，更多揭示了元代惊心动魄的人间惨象。如他的名作《窦娥冤》中的窦娥，性格是“幼习儒业，饱有文章”的父亲所教诲的孝顺，与被抵债卖掉后，接踵而来的苦难中磨练出来的抗争之间的矛盾所造成的悲剧。张驴儿父子的蛮横行径、官府的黑白颠倒，一步步逼迫她走向深渊，最终她满腔的怒火和怨气，喷薄而出，她骂天骂地："地也，你不分好歹何为地？天也，你错勘贤愚枉做天！"并发下三桩奇誓：血飞白练、六月降雪、亢旱三年。关汉卿写窦娥发誓后，阴云蔽日、狂风怒号、白雪纷飞，这浓重的悲剧气氛，把窦娥含冤负屈、悲愤莫名的情绪推到极点。王国维《宋元戏曲史》中称，关汉卿的悲剧《窦娥冤》"列之于世界大悲剧中亦无愧色"。

《录鬼簿》卷首称："载其前辈玉京书会、燕赵才人、四方名公士夫，编撰当代时行传奇、乐章……"名公士夫，是文人向上流动而成的阶层，书会才人则是文人向下"沦落"而成的群体，白朴、关汉卿、马致远等都曾隶身书会。关汉卿是玉京书会里著名的书会才人。据《录鬼簿》《青楼集》《南村辍耕录》记载，他和杂剧作家杨显之、梁进之、费君祥，散曲作家王和卿以及著名女演员朱帘秀等均有交往，和杨显之、王和卿更见亲密。所以他的作品更能"曲尽人情，字字本色"。在关汉卿的散曲和杂剧里，遗民故国之思，或是文人失意的愤慨，更多地用他的狂傲倔强表现出来。正如他那首著名的散曲《南吕一枝花·不伏老》中所道："我是个蒸不烂煮不熟捶不扁炒不爆响当当一粒铜豌豆，恁子弟每谁教你钻入他锄不断斫不下解不开顿不脱慢腾腾千层锦套头。"其倔强豪爽的英锐之气溢于言表。

《西厢记》

元杂剧，全名《崔莺莺待月西厢记》，又称《王西厢》《北西厢》（相对于明代李日华《南西厢》）。作者王实甫，名德信，元代著名杂剧作家。

《西厢记》有5本20折，类似由几个杂剧连接起来演出的连台本（元杂剧一般以"四折一楔子"来表现一个完整的故事）。王实甫吸取、借鉴了其他艺术形式的成功经验，突破了杂剧的一般规矩，为更完美地安排戏剧冲突，更细腻地塑造人物形象，提供了更为有效的艺术手段。《西厢记》剧本因其生动性、丰富性、完整性的表现，成为元代戏曲文学最有代表性的作品之一。

西厢故事源于唐代元稹的传奇小说《莺莺传》（又名《会真记》），主要写的是张生"始乱终弃"崔莺莺的悲剧故事，其中弥漫着红颜祸水的色彩。《西厢记》直接取材于董解元的《西厢记诸宫调》（《董西厢》）。王实甫把董解元笔下的故事进行了重新调整和再度创作。其中最重要的，是对故事的题旨做了改造。《董西厢》把莺莺对张生的爱与"报德"联系在一起，竭力表明他们虽然越轨但又有"合礼"的一面。在王实甫笔下，张生、莺莺虽然还是才子佳人，但才貌不是他们婚恋的唯一纽带。王实甫对真挚的爱情给予了充分的肯定，男女之间的结合只需彼此"有情"，完全不必以"合礼""报恩"等非感情因素为托辞。

明清传奇

中国古代的一种戏曲样式，亦指此类戏曲文学剧本的总称。比元杂剧和南戏篇幅更长，一个传奇剧本分为若干"出"，每一出都有标题。传奇角色分为正生、小生、正旦、贴旦、老旦、小旦、外、末、净、丑、小丑等。在演出中，各类角色都可演唱。南北曲子可以合套运用，建立了南九宫或十三调的音乐体系。明传奇是在宋元南戏基础上，兼取北曲杂剧的成果发展形成的。

在演唱的声腔上，元末明初之际逐渐形成种类繁多的地方性声腔系统，其中最流行的有"四大声腔"——海盐腔、余姚腔、弋阳腔和昆山腔。昆山腔自明代梁辰鱼的《浣纱记》以昆腔演出而大获成功之后，成为最为流行的唱腔。明清传奇许多著名的剧本都是以昆腔演唱的，比如《牡丹亭》《桃花扇》等。

传奇在明中叶开始兴盛，最负盛名的有三大传奇：梁辰鱼的《浣纱记》、李开先的《宝剑记》、无名氏的《鸣凤记》。其中《鸣凤记》已经超越传统的传奇题材，也不再局限于写以前时代的事，开始以明代的重大政治事件作为题材，有重大的创新，被称为时事剧的先声。明代末年最为有名的传奇是汤显祖所作的"临川四梦"，尤以《牡丹亭》影响最为深远。

明末清初社会和政局的大动荡,使传奇创作又有新的发展。以李玉为代表的苏州派作家,写出了《清忠谱》《万民安》《千钟禄》等富有现实和时代气息的传奇作品。

清代康熙时期出现了传奇的高峰之作:洪昇的《长生殿》和孔尚任的《桃花扇》。这两部传奇都是历史题材,前者写唐明皇和杨贵妃的爱情,历经生死,最终升至忉利天;后者写明末清初著名文人侯方域与秦淮歌女李香君的爱情故事,两人历经明末清初的战乱和纷争,最终看破红尘出家为道士。这两部剧总结了国家兴亡的历史教训,既写了爱情故事,又寓深意,成为清代传奇的压卷之作。清代的传奇作家还有李渔、万树、蒋士铨等。

乾隆朝及以后,清朝统治者进一步加强了对士大夫的思想控制,文字狱盛行,传奇创作由是步入衰微,而各种地方戏曲即"花部"蓬勃兴起,中国戏曲文学又跨入另一个崭新的阶段。

汤显祖(1550—1616)

明代戏剧家。字义仍,号海若,别号若士,晚年自号茧翁,自署清远道人。江西临川人。汤显祖出生在读书世家,5岁时就能属对联,10岁学古文词,对《文选》颇为喜好,14岁补诸生,少年时即显现才华。但蹭蹬科举,万历十一年(1583)才中进士,后又因不肯趋炎附势,只做过几任小官。汤显祖一生历经的嘉靖、隆庆、万历三朝,正是明朝政治极端腐化的时代,帝王昏聩,宰相专权。《明史》本传说他"意气慷慨""蹭蹬穷老"。长期屈沉下僚的他因爱女、娇儿的先后夭亡而备受打击,于万历二十六年毅然辞官,归隐于临川玉茗堂。先后创作了《牡丹亭》《南柯记》《邯郸记》,连同之前所写的《紫钗记》,合称"临川四梦",尤以《牡丹亭》影响最为深远。

嘉靖、万历间王学流行,汤显祖的老师罗汝芳是王学代表人物王艮的三传弟子。王学的核心是讲良知。良知是什么?就是不被情欲所役、所染、所溺的善性本心。王阳明并不是反对去人欲,只是说去人欲不需要克欲灭欲,只要致良知就好。汤氏乃阳明后学,学脉如此,自然不会把情看成正面价值而宣扬之。汤显祖是制义大家,惯于讲说性理,其戏曲不过是换一种方式说理罢了。他以情讲学,其剧本乃是为大众说法,自然也就是以情入而以理出。故他在《牡丹亭》之后又作《南柯记》,讲富贵爱憎皆如一梦,题词自谓"梦了为觉,情了为佛",为"临川四梦"的结穴点睛之笔。

《牡丹亭》

也称《还魂梦》或《牡丹亭梦》,是明代剧作家汤显祖的代表作,也是中国戏曲史上的浪漫主义杰作,与《西厢记》《窦娥冤》《长生殿》合称中国四大古典戏剧。《牡丹亭》一经问世,"家传户诵,几令《西厢》减价"。作品通过杜丽娘和柳梦梅生死离合的爱情故事,热情歌颂了反对封建礼教、追求自由幸福和要求个性解放的精神。汤显祖通过描绘杜丽娘为"情"而不顾生死的追求历程,鲜明地表达了"情不知所起,一往而深。生者可以死,死者可以生。生而不可与死,死而不可与生,皆非情之至"的主题。

《牡丹亭》在艺术上的最大特色是浪漫主义。作品通过"梦而死""死而生"的幻想情节表现了理想和现实的矛盾冲突。杜丽娘经历的现实、梦幻与幽冥三个境界,显然是幻想的产物。作者借用三种境界来表达理想和情感,用梦幻和幽冥反衬出现实的残酷。杜丽娘的理想在当时的社会环境里几乎不可能实现,但在魂游、梦想的境界里,她终于摆脱了封建礼教的束缚,实现了梦寐以求的美好愿望。杜丽娘殒命于对爱情的陡然觉醒与渴望,而非死于爱情遭到外力的阻挠与破坏,正是《牡丹亭》的思想光彩、艺术魅力之所在。

《牡丹亭》在16世纪末的中国具有极其特殊的文化意义,它以情反理,崇尚个性解放,突破禁欲主义,洋溢着思想解放和生命自由的人性主义光辉。

冯梦龙(1574—1646)

明代小说家、戏曲作家。字犹龙,别署子犹、墨憨斋主人、顾曲散人等。长洲(今苏州)人。出身书香门第,崇祯时,官寿宁知县。清兵渡江,曾参加抗清之举,后忧愤而亡。

明代中叶以后,随着话本的流行,一些文人在润色、加工宋元旧篇的同时,开始有意识模仿“话本小说”的样式而独立创作一些新的小说,这些白话短篇小说被鲁迅称为“拟话本”。其作者皆为江浙文人。冯梦龙编《喻世明言》《警世通言》《醒世恒言》,凌濛初作《拍案惊奇》《二刻拍案惊奇》,最为重要,被称为“三言二拍”。

冯梦龙将毕生的精力献于通俗文学的搜集整理,研究、改作等工作。《今古奇观》序:“墨憨斋增补《平妖》,穷工极变,不失本末,其技在《水浒》《三国》之间。至所纂《喻世》《警世》《醒世》三言,极摹人情世态之歧,备写悲欢离合之致。”可知在明末,他已经是介绍和创作通俗文学的权威。

“三言”共收宋、元、明人话本120篇,是中国古代话本和拟话本的汇总,书中前人之作,可能都经过冯梦龙的润色和修改,如改定题目和删去赘语、修饰文字,有的是只保留故事情节,加以改写。

“三言”的内容非常广泛,主要来自民间传说,涉及社会各方面。通过作品,反映出宋元以来商业经济发达,城市生活的繁荣,市民阶层对理想、美满生活的追求和渴望。作品中的主要形象大都是城市中下层社会人物。其中追求婚姻自由和爱情幸福的作品比较多,有悲剧也有喜剧,如《杜十娘怒沉百宝箱》《卖油郎独占花魁》《乔太守乱点鸳鸯谱》等。其中的杜十娘就是用生命来维护自己的爱情理想和生命尊严。另外值得注意的一点是,冯梦龙在语言的通俗性上做了很多的努力,如《清平山堂话本·西湖三塔记》中对白娘子容貌的描写完全是陈词滥调:“宣赞着眼看那妇人,真个生得:绿云堆发,白雪凝肤。眼横秋水之波,眉插春山之黛。桃萼淡妆红脸,樱珠轻点绛唇。布鞋衬小小金莲,玉指露纤纤春笋。”而冯梦龙《白娘子永镇雷峰塔》则改用口语口吻:“许宣看时,是一个妇人,头戴孝头髻,乌云畔插着些素钗梳,穿一领白绢衫儿,下穿一条细麻布裙。”可以说正是他大幅度的删减和改写,扫除了阅读时的障碍,这是为了稳定和招徕听众,也起到了通俗文学的普及作用。

章回小说

中国古典小说的主要形式,分章回叙事,每回都有工整的偶句(少量也有单句)题目概括本回的主要内容,首尾完整。初期的章回小说回目有些用单行且对仗并不整齐,到明代中叶,逐渐向对偶的双句回目演变。明末清初,章回小说的回目采用工整的偶句成为较为固定的形式。代表性的章回小说有《三国演义》《水浒传》《西游记》《红楼梦》等。章回小说是明清至近代中国中长篇小说普遍采用的形式,对后世的小说创作有深远的影响。

章回小说与讲史话本及民间说唱艺术有较深的渊源。小说中还保留了一些说话艺术的痕迹。

一般而言,按小说所写题材可将章回小说分为四大类,即历史演义小说(以《三国演义》为代表)、英雄传奇小说(以《水浒传》为代表)、神魔小说(以《西游记》为代表)、世情小说(也称人情小说,以《红楼梦》为代表)。

章回小说一般是用白话或者流行的官话写成,但也有用方言写就的,比如清代韩子云的《海上花列传》是用吴方言写成的,陶贞怀的《天雨花》是弹词体的章回小说。

章回小说的体例一般是:开头通过神话、故事、诗词等来叙述写作的缘起,交代创作的起因,引起正文。在每一回的叙述中,大都会在写景、叙事时插入一些韵文如诗词类,或描摹风景,或点明主题,或概括全文大意,或烘托气氛,或抒发感慨及进行劝诫等等。部分写景、写容貌、写装扮的诗词成为章回小说的套话,在不同小说中以类似形式出现。在每回的结尾,大都有“欲知后事如何,且听下回分解”等固定的套话。

章回小说大的叙事框架往往会借用一些神话故事

等，比如《红楼梦》的开头即是写女娲补天所余之一块顽石在人世间的经历，等顽石回到仙境，这段故事被传抄。书中两位主人公贾宝玉和林黛玉即是神瑛侍者和绛珠仙草。《水浒传》也是以洪太尉误走妖魔开头。这种叙事架构与正文的思想内容有着紧密的联系，往往起着表达主旨和寓意的功能，体现了作者对作品思想内容的深层思考。

元末明初出现了一批章回小说，如《三国志通俗演义》《残唐五代史演义》等。这些章回小说比起讲史话本有很大发展，人物更鲜明生动，篇幅更长，明确分为若干卷，每卷又分为若干节，每节前面有目录。至明中叶，章回小说的发展更加成熟，出现了《西游记》《金瓶梅》等，小说结构以及表现生活的层面更为复杂。此时章回小说已不分节，基本都明确地分成多少回，回目也由单句发展成不太工整的双句，最后变成工整的对句。至毛宗岗修改《三国志演义》时，回目已经极其精致。清代章回小说继续发展，出现了数量众多的长篇章回小说，如《儒林外史》《镜花缘》《歧路灯》等，其中《红楼梦》是其艺术高峰。

章回体小说从内容到形式都有很强的中国民族特色，对于中国小说艺术的发展有着重要的贡献。

《三国演义》

元末明初的一部长篇章回小说，也是最为优秀的历史演义小说之一。一般认为作者是元末明初的罗贯中。罗贯中生卒年不详，据现有资料可知他既是小说家，同时也是戏曲家。

在中国古典小说史上，《三国演义》是较早出现的长篇章回小说，对小说的题材及长篇小说的体制都有深远的影响，具有非同寻常的意义。《三国演义》的全称是《三国志通俗演义》，取材于陈寿《三国志》和裴松之注等，在此基础上，汲取了同题材的民间传说、话本、戏曲的营养，“据正史，采小说，证文辞，通好尚”，以高超的艺术手法融汇创作出来的。

《三国演义》的版本较早的有明代嘉靖本《三国志通俗演义》，共 24 卷 240 则，每则前有七言单题，为现存最早版本。流传最广的版本是毛本，即清康熙年间毛纶、毛宗岗父子刊本，在回目、正文方面多有修改、增删，且加以评点，评点多有精辟见解。

《三国演义》共 120 回。描写了从东汉末年到西晋初年之间约百年的历史风云变幻。以东汉的衰落、西晋的统一为起始和结束，中间以曹操集团、刘备集团、孙权集团的崛起和纷争为线索来结构全书。以蜀国的刘备、关羽、张飞和诸葛亮为中心人物，将蜀汉当作三国的主导而展开叙事，描写了三国时代各集团之间政治、军事、外交诸方面的纷争和联合。全书的思想倾向是拥刘反曹，通过对仁君贤臣的描写，揭示、批判了当时社会的腐朽和黑暗，谴责了残暴的统治和不仁之举，渴望清明的“仁政”，反对战争和割据，希望天下和平。

《三国演义》中有许多著名的战争描写，如“官渡之战”“赤壁之战”等，也有许多精彩的被广为传诵的情节，如“桃园三结义”“三顾茅庐”“群英会蒋干中计”“诸葛亮舌战群儒”等。

《三国演义》按“七分实事，三分虚构”的原则处理史料与小说想象，大体按照历史真实来写，但又虚构了大量细节和情节，使小说更生动、人物形象更丰满。在人物塑造方面，采用类型化的写法，专门突出人物的某一个特点，并通过夸张、对比、烘托等手法，把这一特点发展到极端。如智慧而忠诚的诸葛亮、奸诈多疑的曹操、忠义无双的关羽、英勇直爽的张飞等，成为古典小说史上很典型的人物。

《三国演义》的语言简洁朴素、雅俗共赏，颇具特色。具有“文不甚深，言不甚俗”的特色。

《三国演义》通过描写一段丰富跌宕的历史，塑造了一系列栩栩如生的人物，表达了对于仁政与和平的渴望。它在结构、思想、人物塑造、语言等诸方面的成功，不但影响此后历史小说的创作，催生了一系列历史演义小说，而且对整个长篇章回小说的影响也是巨大而深远的。

《水浒传》

明代长篇白话章回小说的代表作之一，是一部英雄传奇小说。它产生于明初。一般认为作者是施耐庵（生平不详）。《水浒传》较早的版本有万历年间天都外臣序刻《忠义水浒传》和容与堂刊《李卓吾先生批评水浒传》，这两个版本均无宋江等平定田虎、王庆的内容。而明代袁无涯刊120回本《李卓吾先生批评忠义水浒全传》，增有平定田虎、王庆的故事。目前较为通行的版本是“金本”，是据明末《金人瑞删定水浒传七十回》改成。

《水浒传》的核心事件是宋江等众好汉被迫上山起义，最终受政府招安，去平定其他农民起义，众英雄渐渐星散的故事。《水浒传》吸收了正史的资料和戏曲、说话以及其他民间水浒故事的营养，由作者以高超的艺术手法加工创作而成的一部小说。

《水浒传》是一部以描写古代农民起义为题材的长篇小说，描绘了农民起义从发生、发展直至失败的全过程，在这个过程中，揭露了社会的腐败和黑暗，歌颂了宋江等英雄人物的“忠义”之举，对他们最后的结局进行了深刻的思考，流露出惋惜和同情。因其材料来源不一，在成书过程中，加入了市民的思想，也渗透着文人道德伦理观。作品歌颂、美化宋江，强调其“忠义”和“替天行道”，有一定的思想局限性。

这部书塑造了许多独具特色的人物形象，善于通过事件中人物自己的语言和行动来刻画其性格，能紧紧抓住人物的不同出身、不同经历、不同气质写出不同的性格。如鲁智深的豪侠仗义、李逵的粗鲁直爽、武松的精细威猛、林冲前期的隐忍与后期的果决、燕青的机智灵活等等，都令人印象深刻，展示了一个仗义勇为、豪气干云、血肉丰满的英雄群体。即便出身相似的人，也因其性格、社会地位、生活阅历不同而表现各异。比如同为军官，林冲、杨志、王进、花荣等的性格和处事大有差异。《水浒传》写了许多引人入胜的情节，比如智取生辰纲、鲁智深倒拔垂杨柳、武松景阳冈打虎、林冲风雪山神庙、武松醉打蒋门神等，成为脍炙人口的故事。《水浒传》在结构上采用了珠串式结构，将不同人物的故事串联起来。语言简洁明快，通俗易懂，富有口语色彩。

《水浒传》的反抗意识、豪侠精神以及塑造的一批英雄人物一直为人津津乐道，具有广泛的影响力，自它诞生后，产生了一个又一个系列的英雄传奇，如“说岳”“说杨”等系列。

《西游记》

明代第一部长篇白话章回体神魔小说，也是中国神魔小说的经典之作。一般认为该书作者是明代的吴承恩。最早刻本是明万历二十年（1592）金陵世德堂20卷刻本，较早刻本还有万历三十一年书林杨闽斋刊本、明崇祯100回刊本《李卓吾先生批评西游记》，均无作者署名。

这部小说以历史上实有的“唐僧取经”事件为蓝本，展开想象，写了唐僧和其三位弟子孙悟空、猪悟能、沙悟净一路降妖伏魔，历经九九八十一难，终达西天取得真经的故事。历史上，唐太宗贞观元年（627），25岁的和尚玄奘前往天竺取经。他自长安出发后，途经中亚地区，辗转抵达印度，并于贞观十九年回到长安，带回大量佛经。玄奘口述、弟子辩机辑录其西行见闻，写成《大唐西域记》12卷。之后其弟子慧立、彦悰撰写的《大唐大慈恩寺三藏法师传》，就增添了许多神话色彩。唐代末年在一些笔记小说中出现了敷演三藏取经故事的片段，如《独异志》《大唐新语》。张鷟《朝野佥载》、敦煌变文中也有唐太宗入冥的故事。南宋有《大唐三藏取经诗话》，金代院本有《唐三藏》《蟠桃会》等，元杂剧有吴昌龄的《唐三藏西天取经》、无名氏的《二郎神锁齐天大圣》等。《西游记》的作者在正史记载、民间传说、话本、戏曲的基础上，经过提炼和艺术加工，写成了这部文学巨著。

《西游记》通过大胆的想象，引人入胜的故事情节，创造了一个神奇瑰丽的浪漫世界。所塑造的孙悟空的"美猴王"形象从此成为经典,在"大闹天宫""三打白骨精""智取芭蕉扇""真假美猴王"等故事中,展现了孙悟空一往无前的斗争精神、不屈不挠的反抗性以及富有洞察力且忠诚勇敢的形象。猪八戒则更多带有普通人或多或少都有的缺点,如贪吃、畏难、好财、好色等,富有生活气息。师徒四人在一路西行的过程中,与艰苦的环境作斗争,与各种妖魔鬼怪作斗争,在克服困难的同时,唐僧的软弱、孙悟空的顽劣及猪八戒的贪惰、沙僧的不勇于承担等弱点,也被一一克服。师徒四人从心存怀疑、斗争到相互信任、精诚团结。这个过程既惊险曲折,又丰富多彩,既充满了浪漫的幻想,也时刻让人看到其源自于真实的生活。表面看来上天入地,写了天庭、地狱及妖魔鬼怪的世界,实际通过作者的艺术加工,写出了当时的社会世态人情和世俗情怀,具有丰富的现实寓意。

《西游记》产生了巨大的影响。此后,明代出现了写作神魔小说的高潮。邓志谟的《铁树记》《飞剑记》《咒枣记》、许仲琳的《封神演义》等小说相继出现。《西游记》的续作、仿作也不断涌现。《西游记》在中国长篇古典小说中译本可谓繁多,先后被译为英、法、德、意大利、西班牙、俄、捷克、波兰、日、朝鲜、越南等语言。

《金瓶梅》

明末长篇白话章回体世情小说。中国第一部由文人独立创作的长篇小说。成书大约在明朝隆庆至万历年间,作者署名兰陵笑笑生。兰陵笑笑生究竟是谁,学者有许多推论,谢颐提出作者应是王世贞之后,研究者还提出了几十位可能的人选,比如贾三近、屠隆、李开先、李渔、汤显祖、沈德符、李贽等。

《金瓶梅》较早的版本有词话本(明万历年间刻本《金瓶梅词话》),也有绣像本(《新镌绣像批评金瓶梅》),前者文字更为朴实,有说唱色彩,后者文字较为规范,文学性更强,以《张竹坡批评第一奇书金瓶梅》即张评本较为流行。

《金瓶梅》书名从小说三位女主人公潘金莲、李瓶儿、庞春梅的名字中各取一字合成,是一部以描写家庭生活为题材的现实主义巨著。全书共100回,通过对官商身份的西门庆的一生生活及其家庭从发迹到败落的兴衰史的描绘,辐射到市井社会、官场社会,展现了一个时代的广阔生活画面。描绘了上至朝廷高官,下至地方官僚、市井恶霸、街头地痞帮闲等所构成的一个黑暗世界。它虽假托宋朝旧事,实际上揭露的是晚明政治和社会的各种现象。《金瓶梅》同时也通过描写西门庆及其妻妾的家庭活动,写出了这个家庭中正常人性的扭曲和异化。以西门庆、潘金莲、李瓶儿、庞春梅等为代表,他们都在人性的扭曲中走向堕落,终至灭亡。

《金瓶梅》在中国古代小说发展史上有其独特的地位。它是第一部细致地描述家庭琐事的长篇白话小说,选取崭新的小说题材,从描述历史纷争、英雄豪杰、神仙妖魔转向家庭生活和世态人情。而在创作主旨上,也由歌颂美好转向暴露黑暗,极写世情之恶、生活之丑,使小说具备了"审丑"功能。《金瓶梅》书中的人物形象,较以往长篇白话章回小说中的人物形象更为丰富、复杂和深刻。人物渐渐从平面化转向立体化、多样化,写出了人物性格的丰富性、复杂性和变化性。其叙事结构也从线性发展转向网状交织,以便展开多维度对社会的描写。语言上更多采用市井语言,人物对话生动活泼,富有市井气息。

《金瓶梅》的诞生,也开启了文人直接取材于现实社会生活而进行独立创作长篇小说的先河,对之后《红楼梦》等小说产生了深远影响。

《红楼梦》

清代章回体长篇白话小说,又名《石头记》《情僧录》《风月宝鉴》《金陵十二钗》等。约成书于清代乾隆年间。前80回作者是曹雪芹,一般认为后40回作者是高鹗。《红楼梦》版本可分为120回"程本"和80回"脂砚斋批本”（脂本）两大系统。“程本”指程伟元排印的印刷本，“脂本”指脂砚斋在不同时期抄评的早期手抄本。

曹雪芹（？—约1763），名霑，字梦阮，号雪芹，又号芹溪、芹圃。出身清代内务府正白旗包衣世家，先祖曾任江宁织造，后家庭败落，晚年困顿，富有才华而一世落拓。《红楼梦》开篇以神话形式介绍写作缘由。当年女娲补天所剩一石被弃在大荒山无稽崖青埂峰下，被茫茫大士、渺渺真人携带下凡，历经几世几劫，后来空空道人路过时，阅读了石上刻录的一段石头历凡的故事，受石之托，抄写下来传之于世，这书辗转传到曹雪芹手中，经他批阅十载、增删五次而成《红楼梦》。

《红楼梦》以贾、史、王、薛四大家族的兴衰为背景，以贾宝玉与林黛玉的爱情萌生、发展、被毁灭为线索，写了一对富有人文精神的男女青年的爱情在家族和社会重压之下夭折的悲剧。贾宝玉和薛宝钗因家族利益而缔结的婚姻，也最终走向失败，以贾宝玉出家为僧而告终。小说以贾府作为故事发生的主要场景，创造了大观园这个诗意所在，作为青年男女成长中的精神家园，也描绘了大观园受到摧残最终鲜花凋零的局面。书中描绘了一批美好而富于悲剧性的女性，展示了社会人生的百态。写出了康乾盛世的太平景象之下，各种社会矛盾正在加剧发展，整个王朝已到了盛极而衰的时刻。批判了腐朽的封建统治阶级和行将崩溃的封建制度，预示了它们终将走向灭亡的结局。

《红楼梦》最突出的艺术成就，就是它把生活写得逼真而富有深意。通过看似寻常的生活描写，展示了丰富的社会内容，挖掘出人性的光辉和光辉被毁灭的悲剧性。小说塑造了众多栩栩如生的人物形象，如身体病弱但是却极富反抗精神的诗意女子林黛玉，处事妥帖周全的富家女子薛宝钗，身为贵公子而不愿走家族规定的道路、追求精神自由的贾宝玉，泼辣能干、精于弄权的王熙凤等上层社会的人物形象，也塑造了一批出身卑微却心地高洁的女性形象，如晴雯、鸳鸯、平儿等。通过贾宝玉、林黛玉等形象的塑造，表达了对贵族叛逆者的歌颂，同时也揭示了这种叛逆的不彻底和难以有出路，流露出深刻的悲悯之情。

《红楼梦》的情节结构，继续发展了《金瓶梅》的网状结构，宏大完整而又浑然天成。《红楼梦》语言简洁而纯净，准确而传神，富有诗意，人物语言极其符合各自身份，达到了炉火纯青的境界。《红楼梦》无论是在思想内容上或是艺术技巧上都具有极高的成就。

《红楼梦》对后世的文学创作产生了巨大的影响，以《红楼梦》题材创作的诗、词、戏曲、小说、电影更不胜枚举。两百多年来对《红楼梦》的研究工作一直没有间断，有大量的研究著作产生，成为一种专门的学问——“红学”，这在中国文学史上是罕有的现象。

《聊斋志异》

中国文言短篇小说的高峰。清代蒲松龄的短篇文言小说集，又名《鬼狐传》。蒲松龄（1640—1715），字留仙，一字剑臣，别号柳泉居士，世称聊斋先生，自称异史氏。山东淄川（今淄博西南）人。生于一个逐渐败落的中小地主兼商人家庭，富有才学，但屡试不第，直至71岁时才援例成为岁贡生。蒲松龄除了曾短暂做过宝应知县孙蕙的幕宾之外，壮年至晚年主要在本县大户人家毕家做塾师。

康熙十八年（1679）左右，蒲松龄初次将手稿集结成书，名为《聊斋志异》，之后不断删改增补，整个写作历时40余年。《聊斋志异》现存的版本主要有：蒲松龄手稿本，残存半部，是研究《聊斋志异》的第一手材料，还有康熙抄本（残）、铸雪斋抄本、24卷抄本、黄炎熙选抄本、清初抄本《异史》、青柯亭刻本、乾隆乙卯重刻本等。清代的王士禛、冯镇峦、何守奇、但明伦等为之作评，吕湛恩、何垠为之作注释。

《聊斋志异》全书近500篇，按内容可以分为几种类型：一是对社会问题的揭露和批判，如《席方平》《促织》等；二是抨击科举不公及科举制度对读书人的摧残，如

《叶生》《司文郎》等；三是爱情婚姻故事，塑造了许多勇敢追求爱情、不受封建礼教束缚的女性形象，如《鸦头》《香玉》等，也提倡新的爱情观婚姻观，强调男女之间不以财富门第为基础，而以"情"为主，如《瑞云》《连城》等；四是寓言故事，通过寓言揭示深刻的哲理，如《崂山道士》《种桃》等。

《聊斋志异》中既有简约记述奇闻异事如同六朝志怪小说的短章，也有故事委婉、记述曲微如同唐传奇的篇章。而在结构上，情节委曲，许多篇章是以情节曲折有起伏跌宕之致取胜，比如《嫦娥》《王桂庵》等。故事情节虽然奇幻，却非常符合人物的个性和情境。在人物形象的塑造方面，既写出了花妖鬼狐"物"的性质，比如绿衣女是蜂精，其声音便非常细而小，苗生是老虎精，个性豪爽鲁猛，同时也写出了人的丰富和复杂性。

《聊斋志异》语言精练、词汇丰富，既有文言的雅致又有口语的通俗活泼，写景叙事富有诗意。

《聊斋志异》将中国古代文言短篇小说发展到了一个新高度，陈廷机《聊斋志异》序："亦以空前绝后之作，使唐人见之，自当把臂入林，后来作者，宜其搁笔耳。"文言小说的创作因之出现了一个高潮。纪昀的《阅微草堂笔记》、沈起凤的《谐铎》、和邦额的《夜谭随录》、长白浩歌子的《萤窗异草》等很多作品都受《聊斋志异》的影响。

《儒林外史》

作者吴敬梓（1701—1754），字敏轩，号粒民。安徽全椒人。《儒林外史》虽假托明代故事，其实小说所描写的，正是作者所闻见之儒林。吴敬梓出生于一个"科第家声从来美"的科举世家，曾祖父吴国对是顺治十五年（1658）殿试第三名，官至翰林院侍读，提督顺天学政。伯叔祖吴昺是康熙三十年（1691）榜眼。吴敬梓说他自己的家门是"一门三鼎甲，四代六尚书"。吴敬梓父亲吴霖起，拔贡，为人方正规矩，曾"捐资破产兴学宫"，是个对儒学有真诚信仰的人。吴敬梓亦以读书治经为职事。友人程晋芳为他写传记，说他："好治经，曰：'此人生立命处也。'"可见，他和父亲一样，是以儒家安身立命的。然而，他所面临的儒林是这样的现状：科举不过是谋仕禄富贵的桥梁，谋取的过程丑态百出，替考、行贿、冒籍，不一而足。《儒林外史》俯仰百年，写尽了儒林士人在科举制度中为追逐功名富贵而不顾"文行出处"，丧失独立人格的丑态。可怜亦可恨（文中交织着秀才、贡生、举人、翰林、斗方名士、八股选家、扬州盐商、官吏乡绅等各种丑态百出的人物）。

鲁迅评《儒林外史》："作者生清初，又束身名教之中，而能心有依违，托稗史以寄慨，殆亦深有会于此矣。"鲁迅所说的名教其实正是吴敬梓不遗余力批评的当世儒林。吴敬梓对当世文人之世俗化极度不满，程晋芳说他"嫉时文士如仇，其尤工者，则尤嫉之"。所以他平生不应举、不受荐，与那已经完全世俗化的儒林完全合不来。然而《儒林外史》中还有一批真儒名贤，如杜少卿，他淡泊功名，讲究"文行出处"，在父亲去世之后"平居豪举"，借病不参加博学鸿词的廷试、祭泰伯祠等，这些基本是按照吴敬梓生活中原有的时间顺序安排的，可以说是作者的自况。从中可以看出，吴敬梓所坚持的文行出处，才是真正的儒家学者所应有的情怀。闲斋老人在序文里说："其书以功名富贵为一篇之骨。有心艳功名富贵而媚人下人者，有倚仗功名富贵而骄人傲人者，有假托无意功名富贵自以为高、被人看破耻笑者，终乃以辞却功名富贵、品地最上一层为中流砥柱。"吴敬梓以中流砥柱自居，这样的人，讽刺挖苦"文士情状"，再合理不过。

清末四大谴责小说

与近代前期小说的状况不同，伴随着资产阶级改良运动和革命运动的兴起和发展，晚清文学因与西方文化接触而激生一些新变。作为抉发时弊、开启民智的利器，出现了被鲁迅称为"谴责小说"的四大名著：《官场现形记》《二十年目睹之怪现状》《老残游记》《孽海花》。

在当时充斥着大众通俗性的文化氛围中，这样的小说虽然并不是主流，但却在五四运动之后，被以启蒙翳而抗强权、揭露现实之黑暗的晚清改革者热烈讴颂。光绪二十八年(1902)，梁启超在《新小说》创刊号上发表《论小说与群治之关系》，文章疾呼“欲新一国之民，不可不先新一国之小说”，并响亮提出“小说是文学之最上乘”，成为小说界革命的纲领。在这股浪潮中最具影响的小说，就是被鲁迅称为“谴责小说”的这四部作品。

李宝嘉(1867—1906)，字伯元，别署南亭亭长。江苏武进人。因科举不利，仅得生员，一生遂从事新闻事业，先后办过《指南录》《游戏报》《海上繁花报》及《绣像小说》，有大量创作和发表小说的机会，其中《官场现形记》和《文明小说》为其代表作。全书预定120回，只成60回，连缀许多官场中的笑话趣闻及种种贪污丑恶的事情而成，是中国第一部在报刊上连载、直面社会而取得轰动效应的长篇章回小说。他在书前序言中说：“南亭亭长有东方之谐谑，与淳于之滑稽，又熟知官场之龌龊卑鄙之要凡，昏聩糊涂之大旨。”故此书“像部《封神传》《西游记》，妖魔鬼怪，一起都有”。笔触所及，上至军机大臣，下至佐杂胥吏，全方位摄入笔底，故事多以真人真事为蓝本，如周中堂影射翁同龢，黑大叔影射李莲英，又用贾筱芝谐音假孝子、区奉人谐趋奉人等，皆使人感到似曾相识，默会于心。可以说是一部清末官场百丑图，从中我们可以看出清末政治的腐败程度。李伯元虽不满当时的官僚政治，希望能有所改革，但他却不赞成民主革命，所以序言中又说：“以含蓄蕴酿存其忠厚，以酣畅淋漓阐其隐微”，主张“潜移默化”。他在书中借姚老先生的口说：“我们有所兴造，有所革除，第一须用上些水磨工夫，叫他们潜移默化，断不可操切从事，以致打草惊蛇，反而不美。”其改良的态度可见。

吴沃尧(1866—1910)，字趼人，广东南海人。因居住佛山，故别署我佛山人。他二十几岁到上海，以卖文为生，曾编《月月小说》及许多报纸、杂志。所作小说很多，有《痛史》《电术奇谈》《新石头记》《两晋演义》等书，以《二十年目睹之怪现状》和《九命奇冤》较有名。《二十年目睹之怪现状》共108回，连载于梁启超主办的《新小说》。全书以主人公“九死一生”奔父丧始，至其经商失败止，描写了此人20年来在社会上所闻见的种种怪现状。其描写的人物范围比《官场现形记》更为广泛，上自部堂督抚，下至三教九流，举凡贪官污吏、奸商钱房、洋奴买办、娼妓娈童等，狼奔豕突，无奇不有，其对于社会、政治的暴露与谴责，与李伯元的态度相同。作者经验丰富，闻见广阔，以犀利畅达之文笔，直抉那些道貌岸然伪君子的丑恶灵魂。他说自己20年来闻见的只有3种东西：蛇虫鼠蚁、豺狼虎豹、魑魅魍魉。书中所描写的怪现象，就是这些东西的面目。“九死一生”的伯父子仁堂而皇之将亡弟万金遗产据为己有，夺孤侄寡娣的养命钱，令“九死一生”流落街头。其人不苟言笑，是典型的凉薄无行的伪君子。贯穿全书的反面人物苟才是“行止龌龊，无耻之尤”的代表人物。这里除了对荒淫腐化、贪官污僚的描写，同时作者对唯利是图、奴颜媚骨、附庸风雅、吟风弄月的买办洋奴也予以辛辣的讽刺。但作品也有一定的局限，正如鲁迅所说的：“惜描写失之张皇，时或伤于溢恶，言违真实，则感人之力顿微，终不过连篇话柄，仅足供闲散者谈笑之资而已矣。”

刘鹗(1857—1909)，字铁云，别署洪都百炼生。江苏丹徒人。曾官候补知府，后弃官经商。刘鹗留心欧美的科学，提倡修铁路、开矿产，主张利用外资，开发富源。八国联军入侵北京的时候，他低价向联军购买太仓粟赈济贫民，事后以私售仓粟罪戍新疆，病死戍所。他的学问博而杂，理学、佛道、金石、小学以及医算占卜等，都有造诣，一生著作颇丰，诗文也写得不错，小说仅《老残游记》一部，而竟以此得名。在游士号寒、国步艰虞、社会衰乱的时代，在现实中如何富国强兵、经世济民，作者对此有更深邃的探索。和前两本书着重描写贪官不同，《老残游记》的一大特色是首揭“清官”之恶。他说：“赃官可恨，人人知之；清官尤可恨，人多不知。盖赃官自知其病，不敢公然为非，清官则自以为不要钱，何所不可，刚愎自用。小则杀人，大则误国。”小说塑造了两个“清廉得格登登的”酷吏形象：玉贤、刚弼。他们表面上是打造“路不拾遗”世界的清廉官员，实际上是以血腥手段，残民以逞，从而得以沽名钓誉、升官发财的酷吏。正所谓“冤埋城阙暗，血染顶珠红”。除了对酷吏的批判之外，作者塑造了两个反禁欲色彩的女性：《初集》中的玙姑和《二集》中的逸云。桃花山一夕夜话，作者借她们之口道出自己的哲学思想和政治理想。《老残游记》文字简洁流利，在描写人物个性、山光水色时能一扫陈词滥调，非清末一般小说所能及。该书初编20回，先发表于《绣像小说》，续登于《天津日日新闻》。坊间刊行的40回本，后20回是伪造的。

曾朴（1872—1935），字孟朴，别署东亚病夫。江苏常熟人。光绪年间举人，曾入两江总督端方之幕。清末创办小说林书店，编辑新学书籍。辛亥革命后曾入政界，并与军阀合流。曾氏精通法文，著作和翻译小说甚多，其中以《孽海花》较为著名。该书以傅彩云和金雯青的故事为主要线索，描写了同治初年至甲午战争30年间官僚、名士和文人的生活状态以及当时社会的风俗习尚。这些人表面上都很“高雅斯文”，实际上其灵魂无不腐朽卑鄙。文中对清末政治的腐败有所揭露和讽刺，尤其对李鸿章对外屈膝求和的行为做了猛烈的抨击。此书和其他小说不同的地方在于书中人物大都有所影射。如金雯青为洪钧、傅彩云为赛金花、丁雨汀为丁汝昌、何太真为吴大澂、唐常肃为康有为、梁超如为梁启超等等。鲁迅称赞《孽海花》“结构工巧，文采斐然”。该书文笔娟好，辞采明丽，作家对小说结构尤为用心经营，提出“珠花”式的艺术结构。在国际汉学界，该书影响较大。

《人间词话》

近代中国文学理论著作。王国维著。1908年发表于《国粹学报》，共64则。它将中国古典文论和西方哲学、美学结合起来，而以发挥前者为主，建立起自己的一套文艺理论体系，在探求历代词人创作得失的基础上，结合作者自己艺术欣赏和创作的切身经验，提出了“境界说”，这是王氏艺术论的核心与精髓。它还进一步提出、论述了写境与造境、有我之境与无我之境、景语与情语、隔与不隔，以及对宇宙人生的“入乎其内”与“出乎其外”等内容，广泛接触到写实与理想化的关系、创作中主观与客观的关系、景与情的关系，以及作家观察事物与表现事物的关系等文艺创作中带有规律性的问题。在作家修养、创作方法、写作技巧等方面也有精辟见解。

《人间词话》是中国近代极负盛名的一部词话著作，在理论上达到了很高的水平。

八股文

明清科举考试的一种文体，也称制义、制艺、时文、八比文。八股文指文章的8个部分，即：破题、承题、起讲、入题、起股、中股、后股、束股。题目一律取自四书五经中的原文。后四部分每部分有两股排比对偶的文字，合为八股。内容须用孔子、孟子语气，绝不允许自由发挥，而句子的长短、字的繁简、声调高低等也都有规范要求，字数也有限制。

明代八股，其直接源头是宋元经义。宋神宗熙宁四年（1071），罢诗赋和明经科，以经义论策试进士，命中书撰《大义式》颁行。《四库提要》说宋经义“破题、接题、小讲、大讲、入题、原题之诸式，实后来八比之滥觞”。其渊源如此，体制则骈文。

八股文具体写法如下：

破题：基本上用单句点破题旨，引出全文主旨。对圣贤不能直呼其名，须用代字；句尾明朝没有规定，清则大抵用焉、矣、已、也等语气词。

承题：顺着破题继续阐述，大抵三五句。一般开头用夫、盖、而等虚字，末尾用耳、矣、焉等虚字。对圣贤，如尧、舜、孔子可直接称呼。写法有正破反承、反破正承、顺破逆承、逆破顺承等。

起讲：是代圣贤立言，所以要转成古人口吻说话，用

"吾"为第一人称来写，一般七八句，常用且夫、盖谓、以为等开端。

入讲：以上三者主要是提出问题，入讲则是分析。若题旨已经讲清楚了，入讲就可略去。

四比八股：四比分别是：起比、中比、后比、束比，类似于起承转合。最后就是收，明代作"大结"之法，可在代圣立言的基础上自抒己见，数十字或百余字。清则认为这样容易出现批评朝政之语，或暗藏作弊关节，故予取消，改为只是收束，而非大结。

八股总体上来说是前后散、中间骈；前后表现自己意见，中间代圣立言；结构亦分两层，大的一个起承转合，中间四比又是一个起承转合。

明清两代，士人疲精力于此，主要精神都耗在钻研写法上，作诗论文不免与之结合，对明清古文发展具有关键意义。

小品文

"小品"一词来自佛教，指的是佛经的节选本。刘孝标注释《世说新语》时说："释氏《辨空经》，经有详者焉，有略者焉，详者为大品，略者为小品。""小品"相对于"大品"而言，是篇幅上的区分。小品一词后来运用到文学领域里，指短篇杂记一类的文章，如序、跋、碑、传、铭、赞、游记、日记、尺牍等等，并非指专用的某一类文体，这些文章体制较为短小，与高文大册相较而言，内容上较为轻松，体裁上不拘一格，风格上更为率性自然，富有个性色彩。

小品文作为文体可以追溯到先秦时期，兴盛于明清时期，尤其是晚明至清初。"小品"作为文学方面的称呼，一般认为始见于明万历三十九年（1611）刊行的《苏长公小品》。明代小品文作品众多，小品文观念较为成熟，在小品文的写作动机上，强调抒发一时的感受和情感，而非抒写军国大事。在创作目的上，强调不是明道化人，而是娱乐自己和他人。晚明有许多文集直接冠之以"小品"的名称，如陈继儒的《眉公先生晚香堂小品》、王思任的《文饭小品》等等，许多选本也名为"小品"，如《闲情小品》《皇明十六家小品》等等。有许多作家都写了风格独特的小品文，如李贽、袁宏道、张岱、陈继儒、王思任、祁彪佳等。清代有《尺牍新钞》《昭代丛书》等。

明清时期小品文在中国文学史、散文史上都占有十分重要的地位。

小品文的特点可以概括为以下几点：一是富有个性。小品文的内容是写作家较为生活化的事件、游历、爱好和个人心情之类的，其抒写的内容是作家真实的个人生活，从中表达作家的情感和品味，极富个性。二是写得生动活泼，富有趣味。小品文不是八股文，也非抒写经国大业之文，不必庄重严肃，需要富有趣味，破除高文大册的刻板和规矩，而出之以生动活泼之笔墨。三是讲究新，不要陈言俗语，对事件的看法及生活的趣味，都有尖新之处，不拘套路。在语言方面，小品文写得畅达明净、质朴自然、雅俗共赏。小品文篇幅短小，却因其内容及表达方式都率性自然、独具个性，令人读之深感真诚自然之美。典型的小品文有张岱的《西湖七月半》《湖心亭看雪》等。

明清小品文，尤其是晚明小品文，与当时流行的心学有相当关系，在思想上打破束缚，追求个性的张扬，对于人的正常天性的重视，弘扬主体意识，向传统的理学和道学挑战。小品文透露出生机勃勃的美感，有着率性自由的形式，表达的内容富有个性而真实，在文化史上也有其独特的意义。

五四之后，小品文被林语堂、周作人等作家提倡，再度兴起。许多小品文集被编选整理出版，如《晚明二十家小品》《明人小品集》《晚清二十家小品》等。

现当代文学

新文化运动

由陈独秀、胡适、鲁迅等文化旗手发起的旨在推翻旧文化、建设新文化的思想文化革新、文学革命运动。1917 年，胡适在《新青年》上发表《文学改良刍议》，提出改革旧文学的“八不主义”，即“不模仿古人、须讲求文法、不作无病之呻吟、务去滥调套语、不用典、不讲仗、不避俗字俗语、须言之有物”。同年，陈独秀发表了《文学革命论》，提出新文学的目标是：“推倒雕琢的、阿谀的贵族文学，建设平易的、抒情的平民文学；推倒陈腐的、铺张的古典文学，建设新鲜的、立诚的写实文学；推倒迂晦的、艰涩的山林文学，建设明了的、通俗的社会文学。”两篇文章勾勒了新的文学标准，为文学创作和文学批评指明了方向。

创作观念上，新文化运动抨击旧的“文以载道”“代圣贤立言”“游戏消遣”的传统，倡导严肃的文学观念和文学的独立品格。提出要创造“人的文学”，肯定人的主体地位，号召文学要注重表现现实人生，主张创造“写实文学”，认为“今日的贫民社会，如工厂之男女工人，人力车夫，内地农家，各处大小贩及小店铺”都可作为创作的材料，文学要和现实生活紧密结合并承担改良人生和社会的责任。

新文化运动实绩卓著，多种文体形式大放异彩：小说的叙事视角和叙事结构从单一走向多元；不拘格律的白话新诗取代了讲究平仄、对仗、用典的旧诗；追求形散而神不散的现代散文取代了讲究起承转合的骈文；话剧日趋成熟。

此外，新文化运动引进了多种外国文学思潮，翻译了大量外国文学作品，在碰撞交汇中，中国文学开始了与世界文学的“对话”，融入了世界文学发展的大潮。新文化运动是对晚清文学改良运动的延伸和超越，颠覆了中国一些传统的文学观念，为中国文学的发展打开了一片新天地。

鲁迅（1881—1936）

中国现代文学家、思想家、革命家，其创作代表着中国新文学的最高成就。原名周樟寿，后改名周树人，字豫才，“鲁迅”是他发表《狂人日记》时所用的笔名。浙江绍兴人。《狂人日记》发表于1918年，是中国第一部现代白话小说。鲁迅一共出版了《呐喊》《彷徨》《故事新编》三部小说集。《呐喊》是他的第一部小说集，收录了1918—1922年间所作的短篇小说14篇，1923年由北京新潮社初版。《彷徨》是鲁迅的第二部小说集，收录了1924—1925年间所作的短篇小说11篇，1926年8月由北京北新书局初版。两部小说集围绕农民和知识分子两类题材展开，思想深刻、技法高超，描绘了封建宗法制度下的中国社会现实，揭露了封建礼教的虚伪和其吃人的本质，批判了中国国民的劣根性，饱含了鲁迅“哀其不幸，怒其不争”的人文关怀。《故事新编》是鲁迅的第三部小说集，收录了1922—1935年间创作的短篇小说8篇，1936年由上海文化生活出版社初版，以神话人物或历史人物为题材，采取“古今杂糅”的手法，把对现实生命的复杂体验熔铸于神话或历史人物身上，赋史实以新意，既“庄严”又“荒诞”。鲁迅说，《故事新编》是一部“神话、传说及史实的演义”的总集。

小说之外，鲁迅进行了大量的杂文创作，出版了《热风》《坟》《华盖集》《华盖集续编》《而已集》《南腔北调集》《三闲集》《二心集》《准风月谈》等16部杂文集，鲁迅的杂文针砭时弊，对于当下中国仍有现实意义。鲁迅说：“我早就很希望中国的青年站出来，对于中国的社会、文明，都毫无忌惮地加以批评。”鲁迅认为对于有害的事物，应该“立刻给以反响或抗争”。

《朝花夕拾》是鲁迅的回忆性散文集，1928年北京未名社初版。1927年7月，北京北新书局出版了鲁迅的散文诗集《野草》。《野草》共23篇，想象奇崛，意境深远，语言优美。

鲁迅翻译过14个国家近百位作家的200多部作品，为外国文学作品和文艺理论“引进来”做出了卓越贡献，鲁迅提出的翻译理论对近百年来中国翻译家的翻译实践都有巨大的指导作用。鲁迅还著有《中国小说史略》《汉文学史纲要》等学术论著，整理了《嵇康集》，辑录了《会稽郡故书杂录》《古小说钩沉》《唐宋传奇集》《小说旧闻钞》，对中国古代文学文献的整理贡献卓著。

鲁迅是中国的文化巨人，在中国文学史、文化史、思想史上都产生了巨大而深远的影响。

鸳鸯蝴蝶派

清末民初专写才子佳人题材的文学派别，所谓“卅六鸳鸯同命鸟，一双蝴蝶可怜虫”是他们常用的词语，因此而得名。鸳鸯蝴蝶派是清末民初特别是辛亥革命以后逐渐兴起的，虽然有人将鸳鸯蝴蝶派的外延扩至言情小说、社会小说、历史小说以及武侠、侦探小说等多个小说门类，但在文学史通常意义上，这一派小说主要指当时的言情小说。这股文学思潮存在时间较长，到 1949 年才基本消失。

鸳鸯蝴蝶派主要作家有包天笑、徐枕亚、张恨水、周瘦鹃、李涵秋等。主要刊物有《礼拜六》《小说时报》《眉语》等。代表作有徐枕亚的《玉梨魂》、李涵秋的《广陵潮》。

鸳鸯蝴蝶派的形成有文学内外多重原因，其中当时报刊业的发展与文学传播过程中市场因素的逐渐凸显是重要因素。在形式上，鸳鸯蝴蝶派以长篇章回体小说为特色，他们的短篇也承袭了古代白话小说的传统。他们的文学主张，是把文学作为游戏、消遣的工具，以言情小说为骨干，情调和风格偏于世俗。

鸳鸯蝴蝶派因其市场意识、两性视野、感性语体、才子情怀、佳人心绪，在中国现代文学发展史上有一定的局限性。因此，文学史对这一文学流派评价不高，但他们中有一些作品，比如张恨水的《啼笑因缘》、包天笑的《沧州道中》，抨击了当时社会的黑暗面，讽刺了当时社会的种种弊端，有一定进步意义。

20 世纪 80 年代以来，随着俗文学研究的深入，鸳鸯蝴蝶派的创作受到了越来越高的评价。尤其是张恨水的小说，对保存其所处时代的民俗尤有帮助。

现代新诗

出现于“五四”前后，不同于旧格律体诗歌，现代诗歌以白话作为基本语言，形式自由。

戊戌变法前后，梁启超曾发起“诗界革命”，对诗歌变革进行探索，要求诗歌反映新的时代和思想，贴近现实；黄遵宪进行了诗歌的自由化、散文化尝试，但囿于古典诗歌体制限制，诗歌领域的革命性突破一直没有实现。

1920 年胡适出版了中国第一部白话诗集《尝试集》，用其创作实绩证明：用白话文可以创作诗歌。胡适在《尝试集》的序言中提出“诗体大解放”主张。尽管《尝试集》中佳作不多，但打破了中国古代诗歌旧体格律的束缚，开了中国现代新诗的先河。郭沫若的诗集《女神》收入了他 1919—1921 年的 57 篇诗作，诗歌的体式自由，情感奔放，是中国现代新诗的奠基之作。

1925 年，新月诗派成立。徐志摩、闻一多等新月派诗人主张理性节制情感的美学原则和诗歌的格律化，认为新诗应该“戴着镣铐跳舞”，以“和谐”“均齐”作为重要审美特征，闻一多提出诗歌的“三美”主张，即“音乐的美”“绘画的美”“建筑的美”。

受法国象征主义启发，20 世纪二三十年代，中国诗坛先后出现了象征派诗歌和现代派诗歌。1925 年李金发《微雨》的出版是象征诗派的诞生标志。象征诗派认为象征是沟通现实世界和想象世界的桥梁，美在象征之中。戴望舒是 30 年代现代诗派的代表性诗人之一，现代诗派追求观念的奇特和诗歌意象的繁复，书写边缘和残缺，以此表达现代人的思想情绪。象征诗派和现代诗派拓展了新诗的创作视野，提高了新诗的表现技巧，为新诗的发展开辟了新的道路。

40 年代的九叶诗派，延续了 30 年代现代诗派的实验，用现代的诗歌表达现代人的情绪和思想，他们的诗歌在形式语言和技法上都与之前有所不同，用思想知觉化的抽象抒情方式，把生活经验化为内在的生命体验，将心灵的活动转化为身体的感受，把客观主观化，使思想审美化，体现出了鲜明的反叛性与异质性。

新诗在形成发展过程中大致经历了自由体—新格律体—自由体的交替转变，和现实主义、浪漫主义、象征主义、现代主义的诗潮的绵延更替,形成了新月诗派、象征派、现代派、七月诗派、九叶诗派、朦胧诗派等多个有影响的诗歌流派,出现了郭沫若、徐志摩、戴望舒、冯至、卞之琳、艾青、穆旦等著名诗人。

新月派

中国现代文学史上的一个重要的诗歌流派,因受印度诗人泰戈尔的诗歌影响而得名。泰戈尔著有《新月集》,正在筹建社团的徐志摩、梁实秋、陈西滢等文友,经时任清华大学教务长张彭春推荐提议,将文学社取名为“新月社”,这就是“新月派”这一名称的由来。

“新月派”的文学活动自1923年前后开始,至1933年宣告解散,存续了10年。以1927年为界可以分为前后两个时期,前期以北京《晨报副刊》“诗镌”为阵地,主要成员有徐志摩、闻一多、朱湘、饶孟侃、孙大雨、刘梦苇等。前期新月派不满足于早期白话诗的滥情主义、不加节制的抒情方式和过度散文化的诗歌形式,他们主张理性节制情感的美学原则和诗歌形式的格律化,以“和谐”“均齐”为诗歌的美学标准。闻一多提出诗歌需具有“音乐美、绘画美、建筑美”的“三美”主张。所谓音乐美是要求诗歌有音尺、有平仄、有韵脚;绘画美则取法于中国诗画相通的传统;而建筑美则是要求诗歌在形式上要有节的匀称,有句的均齐。这一主张不仅奠定了新月诗派的理论基础,也对新诗发展做出了一定贡献,新月派也因此被称为新格律诗派。

新月派前期的主要代表诗人是徐志摩和闻一多。徐志摩诗歌的主要特点是诗中有画,灵动飘逸,追求美的内容与美的形式的统一,其代表作是《再别康桥》。闻一多在创作上严格践行“三美”主张,《死水》是诗人自认为“第一次在音节上最满意的试验”的力作,他的《口供》也体现了理性节制情感的美学原则,诗歌抒发的是诗人的爱国激情和苦闷彷徨的焦灼情绪,但诗中并没有赤裸的情感倾泻,沉郁的情感经过艺术想象,最终化为具体可感的客观形象。

后期新月派以1928年创刊的《新月》月刊为主要阵地,在前期基础上又加入了以陈梦家、方玮德等为代表的南京中央大学学生诗人群。相比前期新月派,后期新月派不再恪守格律至上的原则。诗人们意识到标榜格律可能会落入形式主义的流弊,他们虽讲求“本质的醇正、技巧的周密和格律的谨严”,但其侧重点已经转至对诗歌情绪、意义、精神世界的表现和挖掘,自觉地实践一种重新修正过的绘画美、音乐美和建筑美,走出了对诗形过分迷恋的偏颇。

总的来说,新月诗派的出现纠正了早期新诗创作过程中过于散漫自由的弊害,使新诗内容更加凝练、形式更加规范,巩固了新诗在现代文学史上的地位。

“为人生”的文学与“为艺术”的文学

五四时期两个重要的文学社团(文学研究会和创造社)各自的核心主张。

文学研究会1921年成立于北京,发起人有周作人、沈雁冰、郑振铎、叶绍钧、郭绍虞、朱希祖、瞿世瑛、蒋百里、耿济之、王统照、许地山、孙伏园,共12人,以《文学旬刊》和《小说月报》为阵地,以“研究介绍世界文学、整理中国旧文学,创造新文学”为宗旨。文学研究会强调文学的社会功用,推崇文学要反映时代、批判现实和改造社会人生的现实主义精神,是“新文化运动”提倡的“人的文学”和“不做无病之呻吟,需言之有物”的具体化表现。在创作方法上,文学研究会提倡写实主义,认为文学要“反映社会现象,表现并且讨论人生的一般问题”。

创造社1921年成立于日本东京,主要成员有郭沫若、郁达夫、成仿吾、张资平、郑伯奇、田汉等。创造社强调文学应该忠实于作者的“内心要求”,主张“为艺术而艺术”,强调直觉和灵感在艺术创造中的作用,追求文学的美感。郭沫若在给陈建雷的信中说:“我于诗学排斥功利主义,创作家创作时功利思想不准丝毫夹杂入心坎。创作家所常讲究事,只在修养自己的精神人格,艺术便是最高底表现物。”郁达夫更是强调艺术是“自我的表现”，在小说创作中极力回避功利主义，郁达夫在谈到《沉沦》等小说的创作时说：“也有几处说及日本的国家主义对于我们中国留学生的压迫的地方，但是怕被人看作了宣传的小说，所以描写的时候，不敢用力，不过烘云托月的点缀了几笔。”

文学研究会与创造社之间的对立，准确地说不能归结为“为人生”与“为艺术”的问题，因为对立的两派都曾试图超越这两个概念。叶圣陶一再要求跳出“为人生”“为艺术”的框架自由写作，郁达夫对这两个概念更是恨之入骨，他认为“表面上似与人生直接最没有关系的新旧浪漫派的艺术家，实际上对人世社会的疾愤，反而最深。不过他们的战斗力不足，不能战胜这万恶贯盈的社会”，“到了最后，这些艺术家对现实社会绝了望，觉得他们的理想是不能行了，只好逃到艺术的共和国里”，“谁知没出息的后起者，不能看破前人的苦衷，反造了些什么‘为艺术的艺术’和‘为人生的艺术’的名词出来，痛诋他们，以为他们是于人生无补的。依我看来，始创这两个名词的文艺批评家，就罪该万死。因为艺术就是人生，人生就是艺术，又何必把两者分开来瞎闹呢？试问无艺术的人生可以算得人生么？又试问古今来那一种艺术品是和人生没有关系的？”郭沫若“更是不承认艺术中会划分出甚么人生派与艺术派的人”。

所以，对立双方的矛盾所在并不是要艺术还是要人生的问题，而是“艺术与人生”谁先谁后的问题。实际上，鲁迅、周作人与创造社对于文学艺术的理解本没有太大的差距，就从双方的小说创作来看，双方也没有走得太远。

郭沫若（1892—1978）

中国现代作家、诗人、学者、书法家。原名郭开贞，字鼎堂，笔名沫若。四川乐山人。1914 年春赴日本留学，先学医，后从文。毕业于日本九州帝国大学医科。五四运动后投身于新文化运动。1921 年出版诗集《女神》，拉开了与中国古典诗歌的距离，反映了五四的时代精神，在中国文学史上开拓了新一代诗风。1921 年，他和成仿吾、郁达夫等人组织创造社，编辑《创造季刊》。1923 年，在日本大学毕业后回国。1926 年参加北伐，任国民革命军政治部副主任。1927 年参加“八一”南昌起义，随后在周恩来和李一氓的介绍下加入中国共产党。1928 年受通缉，旅居日本，从事中国古代史和古文字学的研究工作，著有《中国古代社会研究》《甲骨文字研究》等著作。《中国古代社会研究》是最早运用唯物史观深入研究中国历史的史学名著。他的甲骨文研究与王国维（观堂）、罗振玉（雪堂）、董作宾（彦堂）并称“甲骨四堂”。抗日战争爆发后回国，任军事委员会政治部第三厅厅长，投入到抗日救亡运动中，先后发表了《屈原》《孔雀胆》等历史剧和杂文《甲申三百年祭》。1948 年当选南京国民政府中央研究院第一届院士。

中华人民共和国成立后，历任中央人民政府委员、政务院副总理兼文化教育委员会主任、全国人民代表大会常务委员会副委员长、中国科学院院长、中国科学院哲学社会科学部主任、历史研究所第一所所长、中国科学技术大学校长、中国文联主席等职。他坚持写作，发表了历史剧《蔡文姬》《武则天》等作品，所著《奴隶制时代》等书，提出中国奴隶制和封建制的分期在春秋、战国之际的见解，奠定了中国马克思主义史学的基本框架。《郭沫若全集》有《文学编》《历史编》《考古编》共 38 卷。郭沫若还是一位很有成就的翻译家，出版了《雪莱诗选》《浮士德》《政治经济学批判》等译作。

茅盾（1896—1981）

原名沈德鸿，字雁冰，浙江嘉兴桐乡人。中国现代作家、文学评论家。他是中国革命文艺的奠基人之一。代表作有小说《子夜》《春蚕》《霜叶红于二月花》和文学评论《夜读偶记》等。

茅盾从小接受新式教育，1913 年考入北京大学预科。三年毕业后，入商务印书馆编译所工作。这期间结识陈独秀,加入了上海共产主义小组,中国共产党成立后转为正式党员。1921年参与发起“文学研究会”。1927年,任中央军事政治学校武汉分校教官。大革命失败后以茅盾为笔名发表小说《幻灭》《动摇》《追求》,即《蚀》三部曲。1930年加入中国左翼作家联盟。出版了《林家铺子》《子夜》,以及“农村三部曲”《春蚕》《秋收》《残冬》。茅盾是中国现代长篇小说的奠基人之一,其《子夜》与巴金《家》、老舍《骆驼祥子》三部小说的出版,标志着中国现代长篇小说的成熟。

1938年底去新疆学院任教。1939年新疆各族文协联合会成立,被推举为文协会长。1940年赴延安、重庆、香港等地。1949年7月,中华全国文学工作者协会成立(1953年10月,更名为中国作家协会),茅盾连续当选为第一、二、三届理事会主席,中华人民共和国成立后曾任文化部部长。

茅盾的小说早年受法国作家左拉自然主义的影响,后来强调“为人生”的现实主义,开创了社会剖析小说流派,通过生活横断面再现社会,后期又逐渐演变成革命现实主义。特别注重心理描写,追求对人物的心理剖析与社会的剖析相统一。其小说常常有着宏大而严谨的结构布局,具有与现代社会同步共进的全景化史诗性品格。

茅盾的早期文学生涯是从译介外国文学作品开始的,他翻译了很多来自弱小国家和民族的文学作品。其中包括他对北欧神话的译介,茅盾的神话研究也自成一家。

巴金(1904—2005)

中国现代作家、翻译家。原名李尧棠,字芾甘,笔名巴金。四川成都人。

巴金生于一个封建官僚家庭,五四运动后,深受新潮思想的影响。1923年赴上海、南京等地求学。1927年赴法国巴黎求学。1928年回上海,从事文学编辑与创作。其名著《家》,1931年开始在《时报》上连载,原名《激流》。这部反映大家庭生活和家中男女青年不幸遭遇的小说,1933年单行出版后,影响了几代青年人的成长。巴金晚年说:“我自己喜欢这本小说,因为它至少告诉我一件事情:青春是美丽的东西。”这部表达正在崩溃中的地主阶级的封建大家庭悲欢离合的作品,还有两个续篇:《春》和《秋》,合称《激流三部曲》。1934—1935年间,他在日本写了短篇小说《神》《鬼》《人》等作品。1935年主持上海文化生活出版社编务,主编《文化生活丛刊》《文学丛刊》《文学生活小丛刊》等。抗战期间辗转昆明、重庆、成都、桂林、贵阳等地,从事抗日文化宣传活动。40年代先后出版了《憩园》《第四病室》和《寒夜》。1950年后任平明出版社总编辑。1957年,任《收获》主编。1966年遭批判,被关进“牛棚”,后来又到“五七干校”劳动。

1978年巴金重新回到生活和工作中,开始写作他晚年最为重要的作品《随想录》。这部作品是归来一代中最有分量的一本,开时代之先,不是诉苦,而是忏悔。巴金通过《随想录》来忏悔,主张个人思考,反复强调讲真话。《随想录》被陈思和等学者视为一部百科全书式的历史文献,是20世纪80年代的中国思想解放过程的全记录。继茅盾之后,巴金任中国作家协会第四届理事会主席,第五届、第六届全国委员会主席。2003年被授予“人民作家”称号。

巴金是一位理想主义者,他自称是五四运动的产儿,对理想的追求,几乎贯穿了一个世纪的漫长人生。巴金不是一位很克制的作家,他的作品是因为巨大的热情和无比的真诚而感染人。他事隔多年为《家》写跋:“我不是为了要做作家才写小说:是过去的生活逼着我拿起笔来。《家》里面不一定就有我自己,可是书中那些人物却都是我所爱过的和我所恨过的。许多场面都是我亲眼见过或者亲身经历过的。我写《家》的时候我仿佛在跟一些人一块儿受苦,跟一些人一块儿在魔爪下面挣扎。我陪着那些可爱的年轻的生命欢笑,也陪着他们哀哭。”曹禺高度评价巴金:“你是光,你是热,你是二十世纪的良心。”

老舍（1899—1966）

原名舒庆春。满族正红旗人。在短篇小说、长篇小说、戏曲、散文、通俗文学方面均成绩斐然。

老舍出身于北京下层穷苦市民家庭，毕业于北京师范学校，1918年任京师公立第十七小学校长，1920年任郊外北区劝学员。1922年辞职，加入基督教。1924年被推荐为英国伦敦大学东方学院教习中文的老师。他在英国写作《老张的哲学》，连载于1926年《小说月报》；随后又发表《赵子曰》《二马》等作品。1930年，老舍回国，受邀赴美国基督教会创办的齐鲁大学执教。1934年秋赴山东大学任中国文学系教授。在山东期间，他写作了长篇小说《骆驼祥子》《猫城记》和中篇小说《我这一辈子》等，有短篇小说《蛤藻集》、文艺论文《老牛破车》出版。抗日战争爆发，老舍辗转武汉、重庆等地，作为中华全国文艺界抗敌协会总务组组长，创作了曲艺、通俗京剧等民间文艺样式鼓动民众的抗战热情。1944年老舍开始写作《四世同堂》，全面展现抗战时期民族历史图像。1946年，老舍与曹禺受邀赴美讲学，在美国完成了《四世同堂》第三部，以及长篇小说《鼓书艺人》。1949年，老舍回到北京。1950年，北京市文学艺术工作者联合会成立，老舍当选为主席。他身兼数职，投入到火热的社会主义运动中。1966年老舍含冤自杀。

1956至1957年间老舍主笔完成三幕话剧《茶馆》，这部“中国戏剧史上空前的范例”，整部剧作在场景、环境和情节描绘上，达到了高度的风俗化。其未完成的长篇小说《正红旗下》也是书写满族文化的奇珍。

老舍自学成才，受翻译文学的影响，同时也从中国传统经典中汲取养分。他还借助满洲文学传统自身的强大推力。自清中期以降，中国的长篇白话小说创作领域，连续出现过北京出身的满洲旗人曹雪芹《红楼梦》、文康《儿女英雄传》、顾太清《红楼梦影》、冷佛《春阿氏》、儒丐《北京》等作品。

老舍在作品中成功地运用富有生命力的北京口语，反映北京地方风物、民情风俗，本土本色，质朴自然。幽默风趣，是老舍语言的风格特色。他认为：“文字要生动有趣，必须利用幽默。”老舍因此也被称为“幽默小说家”。朱光潜曾说：“据我接触到的世界文学情报，全世界得到公认的中国新文学家也只有沈从文与老舍。”

曹禺（1910—1996）

中国现代剧作家。原名万家宝，字小石。天津人。

曹禺出身于没落的封建官僚家庭。自幼年即接触各种地方戏，入读南开中学后，参加过很多话剧演出。1928年，被保送进入南开大学政治经济系，1930年转入清华大学西洋文学系，广泛阅读从古希腊悲剧到莎士比亚、莫里哀、契诃夫、易卜生、奥尼尔等西方戏剧作家的作品。1934年发表处女作《雷雨》。《雷雨》被一些学者视为中国话剧成熟的标志，曹禺也因此被誉为“东方的莎士比亚”。1935年，曹禺有感于著名演员阮玲玉之死，创作《日出》。1936年到南京国立戏剧专科学校任教，同年写作《原野》。抗战爆发后，随校南迁宜宾江安。曹禺在江安创作了《蜕变》和《北京人》。1942年辞去国立剧专职务赴重庆。在复旦大学兼课，教授英语和外国戏剧。在重庆，他把巴金的《家》改编为四幕话剧，并翻译了莎士比亚名剧《罗密欧与朱丽叶》。

曹禺善于人物的内心独白和心理冲突的描写，以及诗意化布景。其作品中影响最大的是《雷雨》。这部作品像一首长篇叙事诗，激情四射，完全符合西方古典戏曲的“三一律”，多有巧合，因此有着明显的为戏而戏的缺点。很多专家认为《北京人》的艺术成就更高，它也是曹禺自己最满意的作品。该剧以一个士大夫家庭的没落为矛盾冲突的主体线索，以曾家三代人为主人公，展开这个家庭中善良与丑恶、新生与腐朽、光明与黑暗的冲突。曹禺谈到写作动机时说：“当时我有一种愿望，人应当像人一样活着，不能像当时许多人一样活着，必须在黑暗中找出一条路子来。”

中华人民共和国成立后，曹禺先后出任中央戏剧学院副院长、北京人民艺术剧院院长、中国戏剧家协会主席、全国文联主席等职务。

京派与海派

京派是20世纪三四十年代活跃在北京的文学流派，代表作家有周作人、废名、沈从文、朱光潜、萧乾、李健吾等，他们提倡自由主义文艺观，发表作品的主要刊物包括《骆驼草》《大公报·文艺副刊》《文学季刊》《水星》和《文学杂志》。沈从文的《边城》、废名的《桃园》、萧乾的《篱下》等作品是这一流派的代表作。

京派作家多为处于浓厚学院氛围中的知识分子，其小说创作规避政治，追求道德与艺术的"健康""纯正"。创作上，京派作家多着眼于"农村或少受教育分子或劳动者的生活"和淳朴原始的人性美、人情美，并且在此基础上构建了各自的乡村叙事，城市更多的是作为乡村世界的对照物而存在，以衬托乡村世界的牧歌意境，并表达作家对于现代都市文明的质疑和批判。在艺术形式上，京派在散文化小说和诗化小说上做出了探索，注重情绪的流淌、意境的营造，作品带有浓郁的文化气息。总的来说，京派是一个学院派的文学群体。汪曾祺在20世纪80年代的复出是京派传统的延续。

海派的兴起得益于现代消费文化环境在大都市上海的形成，其创作更贴近市民生活，接续了鸳鸯蝴蝶派的文学传统，同时又兼具一定的商业性质。初期海派的代表作家是张资平和叶灵凤，在创作中，以"都市男女"为中心，题材世俗化，形式上追求大胆的创新。第二代海派则以新感觉派为代表，创作强调对直觉和感受的把握，擅长将主观感受、印象渗透融合到客体的描写之中，借鉴现代主义的创作方法，表现高速发展裂变的现代大都市的灯红酒绿的生活，揭露都市人精神的萎靡，充满颓废悲观的色彩。主要代表作有穆时英《上海的狐步舞》、刘呐鸥《都市风景线》、施蛰存《将军底头》等。新感觉派拓展了文学表现的内容，使"都市"首次成为中国文学作品中独立的审美对象。

京派与海派是中国现代文学史上两个风格迥异的文学流派，1933—1934年，文坛上发生了一场有关"京派"与"海派"的论争，虽然两派在地域文化、审美观、文化观等方面存在着诸多不同，但两派作者都对转型期都市人的心理状态和精神状况进行描摹，提供了两种不同的都市文本与批判都市的眼光。

"左联"和左翼小说

"左联"是中国左翼作家联盟的简称，它并不是一个纯文学流派，而是兼具文学与政治的双重属性。在中国共产党组织的领导下，1930年"左联"在上海成立。"左联"以鲁迅为旗帜，最初的盟员有50余人，常务委员7人，分别是：沈端先、冯乃超、钱杏邨、鲁迅、田汉、郑伯奇、洪灵菲，周全平、蒋光慈两人为候补委员。"左联"成立的目的是与中国国民党争夺舆论话语权。鲁迅在成立大会上发表了题为《对于左翼作家联盟的意见》的演讲，提出了左翼文艺家要接触实际的社会斗争。"左联"的主要刊物包括创刊于"左联"成立前的《创造月刊》《文化批判》《太阳月刊》和"左联"成立后的《拓荒者》《萌芽》《十字街头》等。"左联"确立了马克思主义文艺理论为其文学运动的宗旨，对马克思主义文艺理论进行了译介和系统的阐述，倡导无产阶级革命文学。为了响应"抗日民族统一战线"的号召，1936年，"左联"宣布解散。尽管只存续了6年时间，但是"左联"推动了左翼文艺运动的迅猛发展，粉碎了国民党的文化"围剿"，是中国共产党革命文学史上的一座丰碑。

左翼小说是20世纪20年代后期出现并延续到30年代后期的一个重要小说流派。早期左翼小说多为革命呐喊，发挥文学的社会功能，多是"思想大于艺术"的具有社会效果和政治意义的作品，带有公式化、概念化的倾向。"革命加恋爱"是早期左翼小说的流行模式，对于革命的罗曼蒂克式的天真想象暴露出作家对生活的片面理解，但也反映出大革命时期知识分子面临的个人情感与革命冲突的普遍问题，尽管大量左翼小说的叙事技法并不高明，甚至带有浓重的理念宣传痕迹，但是许多青年在这类小说的影响和感召下走上了革命的道路。

前期浪漫化、公式化的革命小说风行一时后，取而代之的是关注火热现实斗争、复杂社会变迁的写实小说。社会剖析小说是左翼文学由浪漫转向写实后的产物，以茅盾的《子夜》《林家铺子》《春蚕》等作品为代表。另外，丁玲《水》、张天翼《二十一个》和沙汀《法律外的航线》等作品，也是这类小说的代表作，作家们用革命现实主义的创作方法，在自己最为熟悉的生活领域挖掘创作题材，利用生动的语言塑造出真实可感的人物形象，把政治倾向性与艺术真实性结合起来，避免了单调沉闷的概念化表达。在严峻残酷的现实生活面前，早期盲目的革命乐观主义情绪逐渐被深刻的思考所替代，大众身上的落后性和阴暗面在左翼现实主义创作中得到了正视，推进了左翼小说风格的多样化。

延安文艺座谈会

为了解决中国无产阶级文艺发展道路上遇到的各种理论和实践问题，1942 年 5 月，中共中央宣传部在延安召开文艺座谈会，毛泽东主持会议并作了讲话，该讲话即后来影响深远的《在延安文艺座谈会上的讲话》。毛泽东在讲话中，总结了五四运动以来文艺运动的历史经验，指出：文艺“为（无产阶级）政治服务”与“为工农兵服务”的“二为”思想。此后中国共产党领导的各抗日根据地遵照这次座谈会制定的文艺方针，全面展开了文艺整风运动。

《在延安文艺座谈会上的讲话》的发表标志着延安文艺主流意识形态的确立。毛泽东在讲话中明确提出文艺工作者必须到群众中去、到火热的斗争中去，熟悉工农兵，转变立足点，为革命事业做出积极贡献。与此同时要求文学作品反映的生活要“比普通的实际生活更高，更强烈，更有集中性，更典型，更理想，因此就更带普遍性”。要求作家要使自身的根系深深扎在本民族文化的土壤里，不断汲取民间文化中的精华，在与大众的结合中，创作出大量为中国老百姓所喜闻乐见的文学作品。延安文艺座谈会在理论和实践上探索了文学和大众的关系，推动了新文学的大众化和民族化。

《讲话》运用马克思主义的立场、观点和方法，创造性地阐释了文艺与人民、文艺与生活、文艺与时代、内容与形式、继承与创新、歌颂与暴露、普及与提高、世界观与文艺等一系列重大问题。从而奠定了革命文艺发展的理论基础，确定了中国共产党的文艺工作的基本方针，指导和推动了党领导的文艺事业蓬勃发展。

讲话发表之后，共产党的各抗日根据地以及左翼文学与政治的结合更为紧密，延安文艺所代表的路线逐渐取代了“五四”以来的新文学传统，成为中华人民共和国成立后文艺创作的价值取向。把政治标准作为文艺创作批评的一个重要尺度。

《讲话》还指出：“我们知识分子出身的文艺工作者，要使自己的作品为群众所欢迎，就得把自己的思想感情来一个变化，来一番改造。没有这个变化，没有这个改造，什么事情都是做不好的，都是格格不入的。”延安文艺界认真学习毛泽东的讲话，并据此检查了自己的思想和工作，展开了整风运动。

解放区文学

抗日战争与解放战争中在共产党领导下，在抗日根据地与解放区展开的文艺运动。解放区文学以 1942 年延安文艺座谈会上毛泽东发表的《在延安文艺座谈会上的讲话》为指导方针，展现出与同时期的国统区文学、沦陷区文学不同的风貌，文学被纳入了政治轨道，肩负着联系和动员群众的使命，呈现出了政治化和大众化的双重趋向。

解放区文学的宗旨是为人民群众服务，尤其是为工农兵服务。在题材上，解放区文学不再描写新文学中常见的知识分子个人的情感生活，不再暴露社会矛盾和社会问题，取而代之的是讴歌新社会和新制度，书写工人、农民、士兵的幸福新生活，作家加强了对文学民族化和大众化的探索，出现了新评书体小说、新章回体小说、民歌体叙事诗、新歌剧等新的文体形式。

解放区文学整体的创作基调素朴、明朗，代表作家有赵树理、马烽、丁玲、周立波、贺敬之、孙犁、柳青等，这些作家以解放区的革命新貌和新社会出现的新人物形象为书写对象，以革命乐观主义精神创作了大量为民众喜闻乐见的作品。赵树理的《小二黑结婚》《李有才板话》等小说反映了抗战期间中国农村的巨大变化，写出了社会变革时期农民的心路历程。

新时期文学

概指1976年“文化大革命”结束以后的中国文学家的创作活动，是中国当代文学的重要组成部分。大体可分为四个阶段：1. 粉碎“四人帮”之后至1978年的“拨乱反正”阶段；2. 1979年至1984年的全面复苏阶段；3. 1985年至1989年的多样化探索阶段；4. 1989年至今。

新时期文学的发端可追溯到1976年4月清明节期间的天安门诗歌创作。为了缅怀周恩来总理，表达对“文化大革命”及其错误路线的不满，人们写了成千上万首革命诗词，张贴在人民英雄纪念碑前，或在天安门广场上朗诵。粉碎“四人帮”以后，首都群众曾搜集、整理、编印过多种天安门诗集。1978年《天安门诗抄》正式出版，它是北京第二外国语学院汉语教研室16位老师以“童怀周”为笔名，将有关的抄本加以编辑整理的。

1979年第四次中国文学艺术工作者代表大会召开，总结了中国30年社会主义文艺发展的基本经验教训，提出了“文艺为人民、为社会主义服务”的总口号，重申“百花齐放、百家争鸣”的方针，充分肯定和调动了文艺工作者的积极性和创造性。由于政治或其他原因而被迫辍笔的一批诗人重返诗坛，形成“归来诗人”这一重要的创作群体。这个命名来源于艾青《归来的歌》。这个群体主要包括：1. 受“胡风事件”牵连的“七月派”诗人，包括曾卓、绿原、牛汉等；2. 1957年被划成右派的诗人，包括艾青、公木、公刘、邵燕祥等；3. 以20世纪40年代后期在西南联大从事创作的诗人为主体的“九叶”诗人：辛笛、陈敬容、穆旦、杜运燮、唐祈、唐湜、袁可嘉、郑敏等。新时期的诗歌创作在20世纪80年代出现了北岛、顾城为代表的“朦胧诗派”，“朦胧诗派”之后繁花似锦，具有反传统倾向的诗潮在南京、云南、四川展开，各种诗派、诗社空前繁荣，形成了新生代诗人群体。新生代群体喧嚣之后，逐渐演变为两大阵营，一派是自称站在民间立场的“民间派”，或“口语派”，激烈地反传统，主要诗人有韩东、于坚、李亚伟等。另一派“知识分子写作”，主要诗人有海子、骆一禾、西川、王家新、欧阳江河等。西川《倾向》“编者前记”：“《倾向》的作者们事实上是把他们的知识分子精神上升为一种诗歌精神。”

1977年开始出现以“文革”时期社会生活为题材的小说，反个人崇拜，展示极左思潮对中国人身心所造成的巨大伤害，复归现实主义的伤痕文学。这一小说现象的命名源于卢新华的短篇小说《伤痕》，刘心武的《班主任》则是这一小说现象的开山之作。

继伤痕文学之后，一批作家不再满足于展示过去的苦难与创伤，带着更强的理性，以冷静、严肃的态度去审视历史和生活，力图追寻造成这一苦难的历史动因。反思文学应运而生，其主要焦点在于对“人”的反思上，代表作品包括茹志鹃《剪辑错了的故事》、张一弓《犯人李铜钟的故事》、史铁生《我的遥远的清平湾》、叶辛《蹉跎岁月》、古华《芙蓉镇》、王蒙《蝴蝶》等，作家主体、文体意识更为自觉，艺术上也进行了一些新的变革与探索。

1978年12月中国共产党十一届三中全会召开，开始全面纠正“文化大革命”及以前的左倾错误，进而作出把工作重点转移到社会主义现代化建设上来的战略决策，中国的社会主义建设进入新的历史时期。这反映在文艺上，中国文学发生了历史性的转折变化，新时期文学也被称为“社会主义新时期文学”。一些反映1978年以来中国社会政治经济改革的文学创作，被称之为改革文学,改革文学可大致划分为农村题材和城市题材。其开篇之作是蒋子龙发表于1979年的《乔厂长上任记》。高晓声《陈奂生上城》、李国文《花园街五号》、张洁《沉重的翅膀》、贾平凹《鸡窝洼人家》《浮躁》、路遥《人生》《平凡的世界》、陈忠实《白鹿原》都极负盛名。

新时期文学,除了上述主题上的诸多变化,随着西方各种社会思潮传入以及大量外国文学的引进,尤其是卡夫卡、普鲁斯特、福克纳,以及法国荒诞派和新小说派、拉美爆炸文学的启示,在文学的技法上主要有两种倾向,一派是努力借鉴中国传统文学的审美表现手法,追寻中国传统文化之根的寻根文学,1985年韩少功在《文学的"根"》中声明:"文学有根,文学之根应深植于民族传统的文化土壤中。"寻根文学的代表作有汪曾祺《受戒》《大淖记事》、韩少功《爸爸爸》、阿城《棋王》、王安忆《小鲍庄》等。另一派则是更为年轻的一波,他们进行了大量的实验性创作,被称为先锋文学。北岛等人的朦胧诗派以及魏明伦等人的戏剧均属于先锋文学,而狭义的先锋小说则特指20世纪80年代中期出现的以形式探索为主要特征的小说创作潮流。他们重视"文体的自觉"和小说叙述方法的意义和变化。例如马原、莫言、残雪、格非、孙甘露、余华、苏童等人,他们的创作同时在叙事革命、语言实验、生存探索三个层面上进行。代表作包括马原《冈底斯的诱惑》、莫言《红高粱》、余华《活着》《许三观卖血记》、苏童《妻妾成群》等。

朦胧诗派

诞生于20世纪70年代末80年代初,代表诗人有北岛、顾城、舒婷、芒克、多多、江河、杨炼等,代表作有北岛《回答》《宣告》,顾城《一代人》《弧线》,舒婷《致橡树》《双桅船》等。

他们的诗歌书写当时知识青年的真情实感,在"文化大革命"后期地下文学中就崭露头角。1979年,北岛发表了短诗《回答》,朦胧诗派进入公开状态,并创办了自己的民间诗歌刊物《今天》。与五六十年代诗歌铿锵、昂扬的调子相比,"朦胧诗"情调低沉、语言含蓄,主题多义、意象朦胧,在诞生之初,曾受到一些老诗人和批评家的诟病。面对批评和质疑,谢冕发表了《在新的崛起面前》,孙绍振发表了《新的美学原则在崛起》,徐敬亚发表了《崛起的诗群》,肯定朦胧诗的价值。他们将朦胧诗的出现看作是诗界的一次划时代的变革,代表着中国诗人以个人的声音表达思想和情感,表达对社会历史的独立思考,使诗歌不再是时代精神的传声筒,不再是为政治服务的工具,这3篇文章被称作"朦胧诗的三崛起"。

"文革"和知识青年的"上山下乡"运动使很多青年因为看不清前途而产生了迷茫、沮丧、愤怒、怀疑、不解等复杂的情绪,他们开始反思过去以及自己所处的时代,通过诗歌表达对人性回归的呼唤、对自我价值的重新确定的渴望。他们打破了延安文艺时期技巧单一、指向浅显的诗歌表达方式,用象征、暗示、通感等手法,通过自我的心理感受来折射现实,创造出个性化、心灵化的艺术世界。朦胧诗所展现的主体世界是复杂多变的,情感的多向性代替了过去的单一性,丰富了诗歌的内涵。朦胧派在1984年以后,逐渐被新的实验诗歌所取代。

当代话剧

中国当代文学的重要一翼。话剧艺术团体在中华人民共和国成立以后, 方面继承了五四以来形成的与现实斗争、与人民生活紧密联系的优良传统,另一方面在新的时代又创造了新的成就,呈现出新的特点:由过去民间的团体转变为正规的政府统辖的艺术团体,由自发的存在转向为有组织有规划的总体建设。

当代话剧的发展历程大体可以分为以下几个阶段:

1949年至1952年,是当代话剧的起步阶段,反映新社会的巨大变化、歌颂中国共产党及其领导下的中国人民的伟大事业成了这一时期话剧创作最为突出的特点,代表作有老舍《龙须沟》、胡可《战斗里成长》等。

1953年到1966年,是当代话剧的发展阶段,这一时期的话剧数量多、题材广泛、形式多样。在1956年和1962年前后，曾经出现两次话剧创作高潮。现代戏成为当时意识形态最重要的宣传工具，如《霓虹灯下的哨兵》《千万不要忘记》等。50年代末至60年代初众多剧作家将目光投向历史领域，借历史事件与历史人物来表达自己的现实抱负，代表作有老舍《茶馆》、郭沫若《蔡文姬》、田汉《关汉卿》等。1956年夏到1957年上半年，还出现了以杨履方《布谷鸟又叫了》为代表的突破了清一色“工农兵剧本”的“第四种剧本”。

1966年到1976年，是当代话剧的停滞阶段。1976年粉碎“四人帮”以来，是当代话剧的复苏探索阶段，并在1979年前后出现了以《枫叶红了的时候》为开端、以《丹心谱》《西安事变》为标志的第三次话剧创作高潮。新时期的话剧在短短的几年时间内，不仅恢复了现实主义传统，而且在主题的开拓、人物形象的创新或是艺术手法的探索等方面，都较过去有了明显的飞跃。

进入80年代以后，话剧一度呈现低落趋势，但与此同时出现了一批令人耳目一新、带有探索性和开拓性的剧作，话剧困境的出现与大量探索剧的出现一同构成80年代中国剧坛的重要特点。代表作有沙叶新《寻找男子汉》、刘锦云《狗儿爷涅槃》、朱晓平《桑树坪纪事》等。

90年代以来多元的价值观念为话剧创作提供了更多的话题，突破传统、尝试多种创作方法、话剧发展的商业化等成为趋势，小剧场话剧进一步拓展，已显现出其独立的艺术品格和特点，话剧创作进入了一个反思和调整的阶段。孟京辉、林兆华、田沁鑫以及魏明伦、过士行、黄纪苏等是这一时期活跃的话剧导演及剧作家。

当代少数民族文学

中华人民共和国成立伊始，茅盾在1949年为新创刊的《人民文学》写的发刊词里，第一次提出“少数民族文学”，并公开倡导开展国内各少数民族的文学运动。在1960年召开的中国作家协会第三次理事会（扩大）会议上，老舍作《关于少数民族文学工作的报告》，当代少数民族文学的概念被正式确立。

中华人民共和国成立初期到“文革”前的17年，是少数民族文学的第一个繁荣时期。在这一时期，多民族的作家队伍首次形成，如满族的老舍、彝族的李乔、蒙古族的玛拉沁夫、壮族的韦其麟、白族的杨苏等。这一时期的作品歌颂民族团结，维护祖国统一，极具鲜明民族特色，反映了民族地区的生活和斗争。

十一届三中全会召开，少数民族文学迎来第二个黄金时期。1979年中国社会科学院少数民族文学研究所成立；1981年“全国少数民族文学创作奖”即“骏马奖”正式创立，同年《民族文学》创刊；1983年《民族文学研究》创刊。这些都极大促进了少数民族文学事业在新时期的开展。

新时期初期的作品，从“文革”的伤痕中走来，呈现出对历史曲折道路的回顾和反省，以及对新生活的歌颂和新矛盾的揭露等。20世纪90年代之后，随着全球化和现代化进程的加剧，以及中国社会的转型，少数民族作家主体性得到越来越充分的彰显，体现在作者对民间文化的本源追寻，并在异民族文化以及外来西方文化中吸收、借鉴，创作手法和内容都有了更新。这一时期的作品体裁也大大丰富，除了少数民族中心文体诗歌外，小说、散文、报告文学、电影文学等也都迅速走向成熟。

新时期之后，青年作家崛起，每个民族几乎都有了本民族的代表作家。如回族张承志、霍达，满族柯岩、赵玫，鄂温克族乌热尔图，藏族扎西达娃、阿来，朝鲜族金成辉等。一些脍炙人口的作品如张承志《黑骏马》、玛拉沁夫《活佛的故事》、孙建忠（土家族）《甜甜的刺莓》等，在全国纷纷获奖，其中《穆斯林的葬礼》（霍达）和《尘埃落定》（阿来），都先后荣获“全国少数民族创作奖”和“茅盾文学奖”。

《民族文学》杂志从1991年第4期开始有了翻译专栏，鼓励少数民族作家用本民族语言创作，更多表现各民族在历史传统、审美趣味、民风民俗等方面独特又多彩的作品通过族际互译的方式走向大众。

中国当代少数民族文学的发展极大地丰富了中国文学，使中国当代文学具备了多民族性而且凸显了多语种特色，是中国当代文学不可分割的组成部分。

儿童文学

专为儿童提供和创作且适合他们阅读的具有独特艺术性和丰富价值的各类文学作品的总称。

周作人首先提出“儿童文学”命题。五四时期，鲁迅等将安徒生、格林兄弟、王尔德等外国作家的儿童文学作品译介到中国。1923 年，叶圣陶童话集《稻草人》为中国童话的创作首开先河。20 世纪 30 年代，张天翼《大林和小林》奠定中国长篇童话基础。三四十年代，儿童文学多以揭露社会的黑暗现实为内容，如茅盾《大鼻子的故事》等。在解放区和抗日根据地儿童文学作品中，华山《鸡毛信》和管桦《雨来没有死》最有影响。

1949 至 1966 年是中国儿童文学第一个黄金时期。这一时期理论的发展促进创作的收获，主题和题材均有深度和广度，艺术表现手段多样，强调儿童文学的教育功能。代表作有张天翼《罗文应的故事》《宝葫芦的秘密》、冰心《小橘灯》、徐光耀《小兵张嘎》、严文井《唐小西在下一次开船港》、陈伯吹《一只想飞的猫》、金近《狐狸打猎人的故事》、洪汛涛《神笔马良》等。“文革”10 年，儿童文学园地呈一片凋零景象，较好的作品有李心田《闪闪的红星》。

1976 年后，中国儿童文学进入又一黄金时期，这一时期各种体裁儿童文学佳作大量涌现。较有代表性的是孙幼军、周锐的童话，曹文轩、张之路、沈石溪的儿童小说，金波、圣野的儿童诗，郭风、吴然的儿童散文，郑文光、叶永烈的儿童科学文艺作品等。20 世纪 80 年代少年心理小说创作中较著名的有陈丹燕、秦文君、程玮等。20 世纪 90 年代以来，环保成为社会关注课题，动物小说代表人物有沈石溪、乌热尔图、金曾豪等。

21 世纪以来，幻想文学和成长小说兴起，以杨红樱的“淘气包马小跳”为代表的系列小说丰富了小学生文学阅读。但儿童文学创作中仍存在问题，如部分作者潜意识中未摆脱“教育工具论”影响，或追求离奇的故事情节，或过分追求内容的晦涩朦胧，令小读者不知所云。

《儿童文学》于 1963 年创刊，有“中国儿童文学的一面旗帜”之称，对扩大儿童文学创作队伍、繁荣创作起到促进作用。

科幻文学

以科幻为题材的作品，以科幻小说为主，描述科学或想象中的科学对人类的影响，是描绘对象处于未知范畴中的作品。

梁启超于 20 世纪初叶用文言文翻译了凡尔纳的《十五小豪杰》，打响了中国科幻的第一枪。五四时期宣扬“德先生”与“赛先生”的文化思潮，客观上为科幻文学在中国的发展、普及做出了贡献。很多著名的文学名家如鲁迅等都曾翻译或写作科幻小说。

中国最早的原创科幻小说是荒江钓叟 1904 年发表的《月球殖民地小说》。《小说林》创办人徐念慈不仅翻译国外科幻小说，还创作科幻小说《新法螺先生谭》。

中华人民共和国成立后，科幻文学的文学体裁更接近科普小说，大多是向低年龄段读者普及科学知识。1978 年，全国科学大会在京召开，宣告中国“科学的春天”来临。随之而来的“科学热”和“科普热”推动了中国科幻文学的发展。叶永烈的儿童科幻作品《小灵通漫游未来》的出版标志着中国科幻文学的复兴。郑文光被称为“中国科幻小说之父”，他在 20 世纪 50 年代就致力于科幻创作，70 年代重新投入创作，发表了多部重要科幻作品，如《飞向人马座》。童恩正《珊瑚岛上的死光》曾被改编为中国内地第一部具有科幻色彩的电影。

1978 年创办的《科学文艺》是科幻文学最主要的期刊。该杂志后改名为《科幻世界》，在 20 世纪 90 年代初成长为全球发行量最大的科幻杂志。在《科幻世界》的推动下，诞生了一大批优秀的中国新生代科幻作家，如刘慈欣、王晋康、星河、钱莉芳、何夕等。新生代科幻作家革新了既有的科幻观念，无论是科技硬度还是人文关怀，都展开了更为深刻的探索。

刘慈欣是中国当代科幻小说的标志性人物，他的代表作《三体》系列斩获国内外无数大奖。2016 年，郝景芳的小说《北京折叠》获得第 74 届最佳中短篇“雨果奖”，这是刘慈欣《三体》之后中国作家第二次获得该奖。

台湾文学

中国整体文学格局中的一部分，肇始于明郑时期，明郑之前主要以口传文学形式存在。以沈光文为代表的来台诗人，使得中国传统文学在台湾落地生根。日据前期，传统文学是反抗文化同化的有力武器。

20 世纪 20 年代初在五四新文化运动影响下，台湾白话文运动和新文化运动拉开序幕，台湾新文学就此催生，并在新旧文化论战中确立主导地位。赖和、张我军等是新文学初创期的重要作家，作品具有爱国的民族主义精神，富含台湾社会的乡土色彩，并开创了台湾现实主义与乡土文学的传统。1937 年日本在台实行“皇民化运动”，在“皇民文学”的高压下，仍有吕赫若、杨逵、吴浊流等众多作家坚守台湾文学的精神家园。

1945 年台湾光复，文学进入重建期。由于国民党当局加强管制，台湾本土的现实主义文学传统再次遭到重创，但这一时期两岸文艺界交流频繁，台湾文学活动呈现出活跃且积极的一面。

1949 年后，台湾文学历经 50 年代“反共—怀乡”时期、60 年代“现代主义思潮”时期、70 年代“回归乡土的写实主义”时期。其中现代派文学关注自我表现、关注现代人心灵的普遍焦虑和困境，富于实验精神，代表作家有纪弦、洛夫、余光中、白先勇、王文兴、七等生等；乡土文学则坚持现实主义的创作传统，关注现实，具有强烈使命感和忧患意识，代表作家有陈映真、黄春明、王祯和等。

台湾文学从 20 世纪 80 年代至 90 年代逐渐呈现出多流派、多风格、多题材的多元化格局。如表现尖锐复杂政治问题的政治小说；剖析都市人生活情状的都市文学；逐步摆脱早期软性题材，从思想到艺术表现手法都在深化的新女性主义文学；以不确定性、多元性、语言实验为主要特征的后设小说，以及自然写作、原住民文学、眷村文学、马华旅台文学、酷儿书写、新乡土文学、网络文学等。

散文等非虚构写作发展至 80 年代后，也呈现繁荣面貌。其中包括杂文、知性散文、都市散文、乡土与写实散文、生态散文以及关注社会问题探索、注重乡土田野调查的报导文学等，代表作家如李敖、柏杨、龙应台等。

台湾文学在中华文化的逻辑发展上，呈现出与大陆文学不同的运动轨迹与存在形态，形成台湾文学现代性的独特性格。在鼓励文学创作和培养作家方面，台湾的众多文学奖项起到重要推动作用，如“联合报文学奖”“时报文学奖”等。

香港文学

中国整体文学格局中的一部分，由于香港特殊的历史环境和文化背景，香港文学又有着自己的独特性。

20 世纪 20 年代至 40 年代中国新文学运动对香港文坛产生了重要影响，是香港文学的现代阶段。1928 年第一本新文学刊物《伴侣》创刊和 1929 年“岛上社”的成立是香港新文学兴起的标志。

30 年代到 40 年代的香港文学进入了抗战时期阶段，茅盾等大批作家南下，此时期文学创作以现实主义为主流，基本上围绕着“抗战”主题。1945 年日本投降，国共内战爆发，大批左翼作家再次南下，掀起了香港文学的第二次勃兴。此时期文坛创作仍以南下作家为主，内容多是揭露帝国主义、回忆抗战生活。香港本土作家也得到了较大的发展，如黄谷柳(《虾球传》)等。

50 年代以后香港文学进入了与内地文学的分流与整合时期，是香港文学的当代阶段。

50 年代到 70 年代，经济的发展使香港迅速成为一个高度商业化的现代化都市。此时期文学创作仍以现实主义为主流,同时现代主义的文学思潮也逐渐兴起,代表作家有徐讦、刘以鬯等。与严肃文学相比,通俗文学以极快的速度发展并迅速占领市场,形成了以新武侠小说为首,言情、科幻、历史等共同发展的格局,代表作家有金庸、梁羽生等。

八九十年代的香港文学进入了一个崭新的发展时期,面临时代巨变,香港与内地联系增强,自身特色得到凸显。尤其是"九七"回归,对香港文学产生了重要的影响,极大地冲击了港人的政治心态,许多作家纷纷转而思考香港自身文化与文学命运。整体而言,此时期的香港文学呈现出多元化的繁荣兴盛的状态,全球化、现实主义、现代与后现代主义、消费主义等深刻影响着文学的创作。此外,散文创作盛况空前,几乎所有的香港作家都涉及散文创作且独具特色。文艺活动也明显增多,各种文学奖项如"香港青年文学奖""香港文学双年奖""庄重文文学奖"等也不断设立,极大地促进了香港文学的发展。

香港是一个国际化的商业和金融都市,文化的开放和多元使得香港文学走向自由和多元的发展道路,文学在发展中也形成了自己独特的都市化的形态。但同时香港文学的发展也存在着一些不可忽视的问题,如文化归属感的缺失、过度"商业化"、如何在时代的洪流中维持住自身特色又能得到进一步发展等,都值得关注、思考。

海外华文文学

指中国以外其他国家、地区用汉语写作的文学,是中华文化外传之后,与世界各民族文化相遇、交融所取得的文学成果。

1981 年,中国当代文学学会成立"台港文学研究会",研究会年会最终扩展为"台港澳暨海外华文文学国际学术研讨会"。2002 年,"中国世界华文文学学会"在暨南大学成立。

华文文学在海外的分布大致包括东南亚、东北亚板块、北美板块、欧洲板块和澳洲板块。东南亚华文文学以新加坡、马来西亚、泰国、印度尼西亚 4 国为主,亦包含其他东南亚国家。经历抗日救亡、侨民文学向华文文学转变、冷战等一系列历史时期的东南亚华文文学,呈现出母国传统文化与所在国民族文化交汇的独特南洋特色。东北亚华文文学主要指日本、韩国华文文学。纷繁复杂的政治、文化事件使东北亚华文文学存在同中有异的文化碰撞。北美华文文学主要由美国华文文学与加拿大华文文学构成。20 世纪 50 年代以前,创作者多为知识分子及华工,作品反映华人走向北美之初的悲惨境遇;20 世纪 50 年代至 70 年代,台港留学生成为创作主力,作品主题多集中表现中国人因漂泊导致的文化冲突,代表作家有白先勇、陈若曦、聂华苓、於梨华等;20 世纪 80 年代以来,大陆新移民作家成为主体,创作内容在包含移民遭遇的同时,带有明显的大陆背景与特征,代表作家有美国严歌苓、加拿大张翎等。欧洲华文文学自 20 世纪 60 年代进入创作旺盛时期,受冷战意识形态影响,欧洲华文作家大都"各自为战";20 世纪 80 年代,新移民作家成为创作主体,并成立众多文学组织。"散聚"是欧洲华文文学的基本格局。澳洲华文文学兴盛于 20 世纪后期。华裔移民的增加、中文报刊的兴盛、作家组织及评奖制度的不断完善为澳华文学快速发展创造了良好环境。抗凝、欧阳昱等是澳洲华文文学的代表作家。

海外华人是当今世界人数最为众多的散居共同体之一,海外华人作家身负"他者"身份,习惯于借边缘、含混与杂糅书写表现漂泊母题与离散心态,作品中充满着异质文化的碰撞与融合,对故国家园的深切怀念与自我反省。海外华文文学的兴起展现了一个特别的汉语文学世界,丰富并拓展了中国文学研究,并为其发展提供了一系列新视角。

当代文学奖项

中华人民共和国成立以来,由官方或民间举办,旨在奖励当代小说、诗歌、散文、戏剧等各类文学体裁作品的文学奖项。

1978年之前，中国大陆只进行过一次文学评奖。中国人民保卫儿童全国委员会为促进儿童文艺创作，在1954年举办了全国少年儿童文艺创作评奖。1962年，在周恩来总理倡议下，《大众电影》设立"百花奖"，此外不再有其他文艺评奖。

1978年，由中国作家协会授权，《人民文学》编辑部举办1978年全国优秀短篇小说奖评选发奖大会，首开"文革"后文学评奖先河。这是中华人民共和国成立以来短篇小说的首次评奖，也是首次以制度化的形式确立了文学奖项。在此基础上，中国作家协会进一步扩大文学评奖范围，陆续增设了全国优秀中篇小说奖、全国优秀新诗（诗集）奖、全国优秀报告文学奖等奖项。

20世纪80年代，随着各类文学创作的"崛起"与评奖制度的日益完善，中国作协相继设立了一批影响深远的大奖："茅盾文学奖"（1981）、"全国少数民族文学创作骏马奖"（1981）和"全国优秀儿童文学奖"（1986）；中国戏剧家协会也于1982年评选"全国优秀剧本奖"（1994年更名为"曹禺戏剧文学奖"）。其中，根据茅盾先生遗愿于1981年设立的"茅盾文学奖"保持了评奖的连续性，影响最为深远，是中国长篇小说的最高奖项之一。"鲁迅文学奖"（1997）、"老舍文学奖"（1999）因其各自巨大的影响力，与"茅盾文学奖""曹禺戏剧文学奖"并称为中国四大文学奖项，是中国具有最高荣誉的文学奖项。

90年代之后，文学奖项越来越多，新设的具有官方色彩的全国性奖项有"鲁迅文学奖""冰心散文奖"（2000）；各省市作家协会设立的地方文学大奖有"老舍文学奖"（北京市文联主办）、"郁达夫小说奖"（2009浙江省作协主办）；报刊与出版机构也纷纷设立文学奖，有《大家》杂志社主办的"大家·红河文学奖"（1995）、人民文学出版社主办的"春天文学奖"（2001）等。民间机构举办的文学奖、商业性文学奖更是遍地开花。这些由官方和民间举办的文学奖项，覆盖了长篇小说、中篇小说、短篇小说、诗歌、散文、杂文、报告文学、文学评论、文学翻译、儿童文学和少数民族文学等文体和文类，使得全国性文学评奖的拼图在90年代之后开始变得完整起来。

中国作家协会

中国共产党领导的、中国各民族作家自愿结合的专业性人民团体，是党和政府联系广大作家、文学工作者的桥梁和纽带，是繁荣文学事业、加强社会主义精神文明建设的重要社会力量。其前身是1949年在北平（今北京）成立的中华全国文学工作者协会（简称全国文协），1953年，改组为中国作家协会。

中国作家协会是一个独立的、中央一级的全国性人民团体，最高权力机构为中国作家协会全国代表大会。作协历任全国委员会主席：茅盾（1949—1953）；茅盾（1953—1981）；巴金（1981—2005）；铁凝（2006年至今）。

中国作家协会设有5个直属单位、16个主管社团、11个专门委员会。

直属单位：中国作家出版集团、鲁迅文学院、中国现代文学馆、中华文学基金会、作家活动中心。

主管社团：中国国际报告文学研究会、中国茅盾研究会、中国散文学会、中国寓言文学研究会、中国少数民族作家学会、中国小说学会、中华诗词学会、中国纪实文学研究会、中国丁玲研究会、中国赵树理研究会、中国微型小说学会、中国报告文学学会、中国武侠文学学会、中国诗歌学会、中国萧军研究会、中国笔会中心。

专门委员会：小说委员会、诗歌委员会、散文委员会、报告文学委员会、儿童文学委员会、军事文学委员会、影视文学委员会、文学理论批评委员会、少数民族文学委员会、作家权益保障委员会、网络文学委员会。

中国作协由个人会员和团体会员组成。按照协会章程，个人会员须发表或出版过具有一定水平的文学作品或为理论批评、研究著作者，从事外国文学翻译或者研究工作者，或在文学编辑、教学、组织工作上有显著成绩者，由本人申请经正式会员两人介绍或由地方分会推荐，经作协书记处会议审议批准，即为个人会员。团体会员则是有一定数量个人会员和健全办事机构的省、自治区、直辖市作家协会和全国性行业作家协会等，向本会提出申请，经主席团审议批准，即为团体会员。

中国作协主管和主办的报刊有《文艺报》《人民文学》《诗刊》《民族文学》《中国作家》《小说选刊》《作家文摘》《长篇小说选刊》等。

为推动和繁荣当代中国文学创作，中国作协设有“鲁迅文学奖”、“茅盾文学奖”、“全国优秀儿童文学奖”、“全国少数民族文学创作骏马奖”四项中国具有最高荣誉的文学大奖，用以鼓励优秀文学创作，推动社会主义文学事业的繁荣与发展，奖励已经取得相当文学成就的文学新秀。

中国文学艺术界联合会

简称中国文联，是中国共产党领导的由全国性的文艺家协会，省、自治区、直辖市文学艺术界联合会和全国性的各行各业文学艺术联合会组成的人民团体，是党和政府联系文艺界的桥梁和纽带，是繁荣发展社会主义文艺事业、建设社会主义先进文化的重要力量。

1949 年，第一次中华全国文学艺术工作者代表大会召开，中华全国文学艺术界联合会成立。1953 年，中国文学艺术工作者第二次代表大会召开，决定将“中华全国文学艺术界联合会”更名为“中国文学艺术界联合会”。

中国文学艺术界联合会及各级各类文学艺术界联合会实行分级管理。地方和基层文学艺术界联合会按行政区划、依托基层单位、根据专业特点建立组织、开展工作。上级文学艺术界联合会依法依章程指导下级文学艺术界联合会的工作。

中国文学艺术界联合会的主要任务是对各团体会员、文艺工作者和新的文艺组织、新的文艺群体履行团结引导、联络协调、服务管理、自律维权基本职能，发挥在行业建设中的主导作用。通过组织学习、深入生活、文艺创作、文艺评奖、成果展示、志愿服务、文艺理论和评论、学术讨论、调查研究、人才培养、对外交流和权益保护等项工作，充分发挥对文艺工作者的组织、引导、服务、维权作用。

神话典故

阴阳创世

阴阳是中国思想体系中相反相成的一对基本概念。从字面上来看，最初阴阳是根据太阳光照射的情况而确定的一组位置关系，阳是指山的南麓，河流湖泊的北岸；阴则与其相反，指水之南、山之北。在早期思想体系中，阴阳被认为是从混沌状态中分化出来的两种气，是形成天地、四时和世间万物的基本要素，也是创世之初的两种基本力量。

20 世纪末，在出土的战国时代的帛书上发现了这样一则神话：世界处于初始混沌状态之时，伏羲、女娲二神结为夫妇，生出代表四时的四神，四神掌握阴阳的法则，开辟天地造出万物。这则完整的创世神话虽然在后世流传并不广泛，释读也有争议，但却无疑反映出混沌生阴阳、阴阳生四季而万物衍生的基本模式，从这里可以看出，阴阳创世奠定了贯穿中国神话和哲学的基本结构。

《淮南子》更详细地讲述这个故事：天地还未形成的时候，世界处于混沌的状态，最初产生了道，从道中生出虚廓，虚廓生出宇宙，宇宙中开始出现气。气分为两种，清阳之气和重浊之气，这两种气分别上升和下降，变成了天空和大地。因为阴阳两种气的性质不同，所以先有天，后有地，天地的精华分别就是阴阳，阴阳变幻产生四季，由四季又产生出世间万物。阳气的热量聚集就产生火，火的精华变成太阳，太阳就是阳气之极的意思；寒冷的阴气聚集产生了水，水的精华变成了月亮，所以月亮又称太阴。比起战国帛书，这看起来更像是初级版的宇宙演化论。

同样在《淮南子》这部书中，创世过程也被表述为：最初混沌生了阴阳二神，或者泰古二皇，他们凭借着道的力量，造出了天地四时和人间万物，这里的二神就是阴阳两种力量的拟人化表达，后世通常认为他们就是伏羲、女娲。汉墓壁画、画像砖石中，伏羲、女娲创世的图案很常见，画面中伏羲手捧太阳或规，女娲手捧月亮或矩，表现出典型的阴阳创世观念。在此类画面上，伏羲、女娲左右相对，伏羲头戴高冕，一手持规，胸悬日轮，内绘十字纹；女娲头束鬟髻，一手持矩，胸悬月轮，内绘蟾蜍纹。十字纹代表太阳，是伏羲之象征，蟾蜍纹则代表月亮，为女娲之象征。手持日月是主宰宇宙的象征，手持规矩则是创世之象征，这是对二神创世的形象化表达。阴阳创世神话在后世浓缩为一套哲学观念，即所谓"一阴一阳之谓道"。阴阳既是创造世界的两种力量，也是解释世界的基本法则，成了贯穿中国文化的核心概念，其本源就来自于创世神话。

盘古开辟

三国时代的汉语文献中最早可见关于盘古创世的记载，这是一则完整的创世神话：最初世界一片混沌，天地没有分开，没有时间也没有万物。盘古就生于这一片混沌之中。过了一万八千年，天地分开，阳清之气飞升而上凝成了天，阴重之气下沉成了大地，盘古就在天地之间，不断变幻形态。每过一天，天升高一丈，地变厚一丈，盘古也长高一丈。就这样又过了一万八千年，天升得极高，地变得极厚，盘古也长得极高。天地之间相距九万里，就是这样形成的。在这之后才出现了三皇。在另一则稍晚的材料中，盘古死后化为了世间万物：头化为五岳，两只眼睛分别化为太阳和月亮，脂肪化为江海，毛发变成了草木。根据这则资料，秦汉时民间还有更为精确的传说认为盘古死后头化为东岳泰山，腹部化为中岳嵩山，左臂化为南岳衡山，右臂化为北岳恒山，脚化为西岳华山。还有一种说法认为，盘古氏的眼泪化为江河，呼吸化为风，眼睛化为闪电。民间又有传说认为盘古的喜怒就决定了天气晴好或是阴霾。后世关于盘古死后化生万物的传说发展得越来越细致，在明代的文献中可以看到，盘古死后气息化为风云，声音化为雷霆，左眼变成太阳，右眼变成月亮，四肢五体分别变成四极和五岳。血液化为江河，筋脉化为地理，肌肉化为田土，头发和胡子化为星辰，皮肤和汗毛化为草木，牙齿和骨骼化为金属，骨髓化为宝石，流下来的汗液化成雨，身上的寄生虫被风一吹，变成了天下的黎民百姓。至此，盘古完成了开辟天地、化生万物和创造人类的全部工作，成为一个完整的创世之神。在道教的典籍中，盘古被奉为"盘古真人"，也称"元始天王"，地位远在"三皇""五帝"之上。

有一种观点认为盘古是受佛教影响而出现的创世神，也有人认为盘古本来是西南少数民族的创世神，后来流传到中原与佛教的化生神话和阴阳创世的观念结合而逐渐丰富发展。现在中国南方地区，特别是广西等地有盘古氏墓、盘古祠，是民间盘古信仰的遗存。

女娲补天

女娲是上古的女神，是唯一进入上古史"三皇五帝"正统序列的女神。在早期的记载中，她人面蛇身，擅长变化，能变化万物，在《山海经》和《楚辞》中就能看到具有神异色彩的女娲神创造万物的故事。后世影响更大的是关于女娲补天和造人。在很久以前的一场神王争霸战中，凶神共工用头撞不周山，导致天地崩坏，原本撑着天的四根柱子折断，天塌了下来，大地也裂开，山火和洪水四处肆虐，各种猛兽为害人间，连凶恶的大鸟都出来捕食老弱病残，人间一片末日景象。女娲采集熔炼五色石修补天的破损处，后来天空呈现的色彩变化就是五色石带来的。随后，女娲又杀死一只巨大的海龟，用它的四肢作支撑重新把天地分开。天地安定之后，她又杀死了为祸冀州的黑龙，用草木灰吸收大地上的洪水。经过一番整顿之后，天补好了，四个方向也重新确立，洪水退去，九州安康，猛兽被除，人民得以安居乐业。接下来，女娲成了天地之间秩序的维护者，她使得天地各归其位，春夏温暖和煦，秋冬萧瑟肃杀，并为世间订立规矩，遇到有阴阳不调的事情就加以疏通，遇到有悖天理、影响人民生活的事情，就加以制止，这样天下终于归于太平。

古籍中记载的女娲除了补天之外，还有一个非常重要的功劳就是造人。相传在天地初开的时候，并没有人类，女娲就用黄土和泥，捏成人的样子，大地上就这样有了人类。但是造人的任务持久而辛苦，后来女娲就用绳子沾泥，甩出来的泥点也变成了人。后来人们认为，那些富贵和聪明贤达的人，都是女娲用手捏出来的，而那些平庸的凡人都是绳子上甩出的泥点变的。这个文献记录的神话将人类不平等的现状渗透到了造人故事之中。在中国南方和中原地区民间口头流传的故事中，女娲和伏羲是一对兄妹，在最初的人类遭受大洪水灭绝之后，兄妹成婚繁衍出现今的人类，所以被视为人类的祖先。这表明随着社会发展，女娲独自拯救世界和创造人类的观念已经发生了较大的变化。女娲还被认为是婚姻制度和乐器的发明者，在某些地区，还被视为妇女的保护神，从她身上可以看到远古大母神的原型。

五行四象

四象是指中国古代所称的四种神奇动物，分别是青龙、白虎、朱雀、玄武，它们作为一个组合，广泛出现在城市规划、建筑部件、墓葬营造和各种装饰图样中。这四种动物并非指现实中的动物，而是源于中国古人的天文观测的象征符号。中国古人将星空划分为 28 个星宿，按照方位将每组七个星宿划分为一宫，按照不同季节每个星宿在所观测星野中的运行位置，这四种动物分别与东南西北四个地平方位、四种颜色、四个季节相匹配。青龙，字面意思是指青绿色的龙，包括东方七宿：角、亢、氐、房、心、尾、箕，与东方、春季相配；朱雀，朱红色的大鸟，包括南方七宿：井、鬼、柳、星、张、翼、轸，与南方、夏季相配；白虎，白色的老虎，包括西方七宿：奎、娄、胃、昴、毕、觜、参，与西方、秋季相配；玄武，乌龟和蛇组合而成的合体动物，包括北方七宿：斗、牛、女、虚、危、室、壁，玄指黑色，与北方、冬季相配。这套动物象征符号体系被称为四象，这四种动物也被认为是天之四灵。在与阴阳观念结合之后，形成最初的四象理论。

中国古人把宇宙万物的性质划分为五类，分别为水、火、木、金、土。按照《尚书》的说法，水代表滋润下行的元素，火代表炽热上行的力量，木代表弯曲舒张，金表示成分致密坚硬，土代表生长收获。由此可见，金木水火土不仅是指五种自然元素，而且指五种性质和五种力量，可以用来分类描述世间万物，包括方位、季节等自然要素都被整合在五行体系之中，比如古人将一年分为五季：春天属木，夏天属火，长夏属土，秋天属金，冬天属水。东方属木，南方属火，西方属金，北方属水，中央属土。五行学说是从最初的阴阳观念和四行理论发展而来的，早期的四行是指木：少阳；火：太阳；金：少阴；水：太阴。在此基础上后来加入了代表中央方位的土，变成了五行。后来人们不断发展丰富五行体系，又总结出木、火、土、金、水为序，五行相生相克的理论，以五者之间的相互滋生、相互制约来论述和推演事物或现象之间的相互关系及运动变化规律。汉代之后这种观念与中医的体系结合，五行与五脏为主的人体运行体系结合，成为中医理论的基础结构。四象和五行都是早期中国用具体意象来表达抽象思想的特有体系，是具有神话色彩的哲学观念。

后羿射日

相传羿是尧帝时期一位擅长射箭的英雄。在中国神话体系中，太阳是天帝的儿子，原本一共有 10 个，他们每天轮流东升西落，为人间带来光明和温暖。尧帝的时候，天上同时出现了 10 个太阳，给人间带来了巨大的灾难。草木在高温中枯萎，庄稼都烧焦了，天下人没有吃的东西。这时候，猰貐、凿齿、九婴、大风、封豨、修蛇等各种怪兽也趁机出来为害人间。其中猰貐是一种人面龙身的怪物；凿齿是一种长着长牙的怪兽；九婴能吐水火，外形像九头蛇，叫声如婴儿啼哭；大风是一种狗身人脸的怪物，见人就笑，行动非常迅捷；封豨是一种大野猪，传说会引发大雨和洪水；修蛇是一条长度和胃口惊人的巨蛇，吞食人和牲畜。这几种怪兽有的吃人，有的会引发灾难，它们生活在不同的地方，给人间带来疾苦。于是，尧派羿在南方的泽地荒野杀死凿齿，在北方的凶水杀灭九婴，在东方的大湖青丘射死大风，接着又杀死猰貐，在洞庭湖砍断修蛇，在中原一带桑林擒获封豨，又从天上射下多余的 9 个太阳，只剩下一个东升西落照亮人间。这些关于怪兽的传说在《山海经》中几乎都有记载，《淮南子》一书把后羿射日和诛杀怪兽的故事做了总结。在一些其他的传说中，后羿因为射死了天帝的儿子们而获罪，从一个具有神性的英雄变成了凡人，成了中国神话中一个充满悲壮感的英雄。

夸父逐日

远古时代有一个部落首领叫夸父，他是后土神的孙子，身高力大，勇气过人，耳朵上戴着两条黄蛇，手执两条黄蛇，生活在大荒之中。有一次夸父想要与太阳赛跑，就追着太阳投下的影子一直跑，直到在禺谷这个地方追上了日影。在中国早期的地理想象中，禺谷通常被认为是西方日落之处。这场持久而艰难的竞赛令他无比疲惫，口渴的时候他喝干了黄河和渭河两条大河，但还是不够，于是赶往北边的一个大湖去喝水，还没有喝到湖水就口渴而死。他死后所持的手杖落地生根化为一片绵延不绝的桃林，身躯则化为一座大山，被后人称为夸父山。

这则追逐太阳的神话非常简短，后人对其理解也各不相同。有一种观点认为这则神话记载了早期人类通过测量日影制定历法的艰难历程，也有人认为这是对一次失败的部落迁徙活动的记载。先秦典籍《山海经》和《列子》中都有对这个神话故事的记载。在《山海经》的记载中，夸父和蚩尤都在与应龙的争斗中失败被杀，与夸父逐日的神话看似矛盾，但应龙是水神，所以这则神话可能记载了上古一次失败的求雨巫术，或者一次寻找水源而未能成功的部落迁徙。也有人认为这则神话体现了人类的时间焦虑与生命意识，是人与自然力量之间终极抗衡的隐喻性表达。虽然解读不一，但这则神话所体现出的抗争精神和不屈不挠的斗争勇气却使得夸父成为中国文化中一个代表勇气和力量的文化符号。

嫦娥奔月

嫦娥被视为中国的月亮女神，她身居月亮的广寒宫中，与一只玉兔为伴，她的美丽和孤独千百年来一直吸引着人们的丰富想象和咏叹赞美。嫦娥是一个美丽的女子，帝俊之女，曾经是射日英雄后羿的妻子。后羿因为得罪天帝被罚，失去了永生的能力，所以就前往西方寻找不死之药。后羿如愿得到了两个人服用的不死之药，并带回家交给嫦娥保管。但嫦娥独自吞下了所有的不死之药，所以就飞升到了月亮上，并且在月亮上定居下来。汉代之后散佚的文献中记载了一些细节，嫦娥在得到灵药之后曾经找人算命，这个人通过卜筮告诉嫦娥应该大胆离开，嫦娥这才服药飞升。也有一种说法认为嫦娥之所以独自飞升，是因为受到了后羿的徒弟寒浞的骚扰和迫害，这种说法出现的时间较晚，应该是对神话中空白情节的想象性补充。

关于嫦娥的身份，有一种说法认为，嫦娥源自上古月神常羲的讹变，在战国时代的文献《山海经》中，常羲被认为是月亮的母亲，是帝俊的妻子，生了 12 个月亮，也是制定历法的人。这一早期的月亮神话或许与中国上古阴阳历的制定有关。另一种观点认为，嫦娥即姮娥，早在商代就曾经出现，汉代因避皇帝刘恒的名讳，改称为嫦娥。东汉之后道家将嫦娥与道教神话中的月神太阴星君合并，尊称为太阴元君。嫦娥神话初始于春秋战国时期，基本形成并开始广泛流传于秦汉，之后千余年间不断演化发展，魏晋至唐宋，嫦娥形象在文人笔下不断美化；元至明清，伴随着道教的发展，嫦娥地位不断提高，成为月宫神话系统的枢纽，同时又融入以玉帝、佛祖、道尊组成的天宫神话系统之中。虽然后世文人对嫦娥的想象中有一种负面色彩，认为她毫无缘由地背叛了家庭和丈夫，只能以凄清孤冷的余生作为代价，但中国民间还是将嫦娥奉为月神，并在每年农历八月十五中秋节用月饼和各种时令水果进行祭祀。

精卫填海

《山海经》记载，北方的发鸠之山生长着茂密的柘树，山上还有一种鸟，花头、白喙、红爪，叫声就像在叫自己的名字，这就是精卫鸟。精卫原本是炎帝的小女儿，名叫女娃。有一天女娃去东海游玩的时候，淹死了。死后化作精卫鸟，每天从西山上衔来石头和草木，投入东海，同时发出悲鸣，声音很像在叫自己的名字。虽然与浩瀚的东海比起来，一只小鸟能衔来的草木石块微不足道，但精卫仍然坚持不懈，以一种不屈抗争的精神对抗着不平的遭遇。可见精卫已经化身为一种与逆境抗争的精神。茅盾认为，填海的精卫与死后仍然坚持战斗的刑天相似，都蕴含着百折不回的毅力和意志，是上古中国人最推崇的坚韧品质之凝结与表达。精卫也被称为鸟誓，或者冤禽，又名志鸟，俗呼帝女雀。后人根据精卫的故事演绎出很多民间故事和传说，汉代时就有记载东海精卫溺水的地点，甚至在东海边上立碑标明“精卫誓水处”，今天在很多地方还可以看到精卫填海的雕塑。这个死后不平而鸣，坚持抗争的精卫在中国文化中已经成为了抗争与坚持的象征。

玄鸟生商

相传在上古时期，有一个部落叫有娀氏，有娀氏的首领有一个女儿叫简狄，是帝喾的妃子。有一天简狄外出沐浴，看到玄鸟落下了一枚卵，因为好奇，吞了下去，回去之后就怀孕生下了契。契长大后因为辅佐大禹治水有功，获得了人民的拥护。舜帝任命他为司徒，封在商地，赐姓子。从《史记》中的记载可以看出，契在唐尧、虞舜、夏禹的时代兴起，为百姓做了许多事，功业昭著，百姓们因而得以安定，殷商王朝就是由此兴起的。

这个感生神话证明了殷商的兴起是天意，也强调了商王血缘的神圣起源。在这个神话结构中，玄鸟是带着天帝之命的神奇动物，玄是黑色的意思，所以人们通常认为这种神奇的鸟就是燕子。在后来的很多记载中，对鸟有一种类似图腾的崇拜：《史记》中记载，有一次商王武丁祭祀成汤，仪式进行到第二天，一只野鸡飞到了祭祀用的鼎上，大声鸣叫着迟迟不肯离开，武丁感到很害怕。由此可见殷人对从天而降的禽类有一种畏惧和崇拜的心理，认为它们代表着天意，这或许与玄鸟生商的观念有关。考古学家通常认为，从鸟降生和卵生神话印证了商人源自东夷，以鸟为图腾。《诗经·商颂》中就有“天命玄鸟，降而生商”的诗句交待民族起源，后世诗文中也常见玄鸟生商的典故。考古发现的商代古玉中有大量鸟类造型，可见殷人对鸟的崇拜。

《史记·秦本纪》中还记载了一个与此非常类似的故事，讲的是秦人的先祖源于颛顼帝的后代女修：有一天女修在纺织时忽然看到玄鸟从空中降下一枚卵，女修吞下这枚卵，生下了儿子大业，这就是秦人的祖先。从玄鸟生商，到女修吞卵，能看到一个祖先神话的变形，其中包含了神异感生、卵生神话等固定元素，核心是将一个族群，特别是早期帝王的血缘追溯到神异的动物，以此来论证民族和政权的神圣性。

大禹治水

禹，又称大禹，是“尧舜禹”黄金时代的最后一代，被儒家奉为上古圣王之一，也是治水的英雄。《史记·夏本纪》中将禹追溯为黄帝之玄孙，确立了他在上古帝王神圣谱系中的地位。

禹的父亲鲧是第一代治水者，是一个失败者的形象。相传尧帝的时代爆发了大洪水，洪水包围了高山，漫上了丘陵，天下颇受其苦。尧帝向四岳征求意见，四岳推荐了鲧。鲧窃取了天帝的息壤，这是一种能够自行生长的土壤，他试图用堵塞的方法控制洪水。因为方法不对，鲧治水九年，没有取得成效，获罪被诛杀，死后化为黄熊。舜帝上任之后，又继续任用禹治理洪水，并派了伯益和后稷两位贤臣协助他。大禹为治水工程全身心投入，甚至留下了“三过家门而不入”的故事。殚精竭虑加上营养不良，以至于他腿上都不生汗毛，这种忘我工作的精神后来备受人们推崇。禹治水成功的关键在于方法的创新，他吸取了鲧失败的教训，用疏导的方式代替了堵。由于方法得当加之全力投入，努力了 13 年之后，水患终于得以控制。在治水的过程中，禹还在实际测量的基础上对当时中国人所认知的天下进行了划分，并为其中重要的山川河流命名。治水成功之后的禹接受了舜帝的禅让，开创了夏王朝。

除了治水，禹的威望更多来自于文化方面的创制。相传禹最早对上古中国领土进行了划分和命名，分别是：冀、青、徐、兖、扬、梁、豫、雍、荆，也就是九州。后来无论中国的行政区划如何变化，九州的名字或稍有变化，这个基本格局都延续了下来。因此九州也成为中国的代称，一直沿用至今。相传禹的妻子叫涂山氏，禹将王位传给了自己的儿子启，打破了禅让制的神话，开启了王位世袭制的制度。

⊙中国历史⊙

《二十四史》

中国古代24种权威史书的合称。

过去中国有为前朝修史的传统，以史为镜鉴。清朝顺治二年（1645）设立明史馆，康熙十八年（1679）开始纂修《明史》，乾隆四年（1739）定稿并刊行，加先前各史，总名“二十二史”。后来又增加《旧唐书》，成“二十三史”；从《永乐大典》中辑录出《旧五代史》，经乾隆皇帝“钦定”，合称“二十四史”。它们包括：《史记》《汉书》《后汉书》《三国志》《晋书》《宋书》《南齐书》《梁书》《陈书》《魏书》《北齐书》《周书》《隋书》《南史》《北史》《旧唐书》《新唐书》《旧五代史》《新五代史》《宋史》《辽史》《金史》《元史》和《明史》等24部史书。在古代，这“二十四史”被称为“正史”。“二十四史”之中，除第一部《史记》是通史外，其余皆为断代史。

“二十四史”的名称是随着时间的推移，逐渐形成的。《史记》成于汉武帝时代。三国吴国吕蒙提出“三史”，指《史记》《汉书》和东汉班固、刘珍等写的《东观汉记》。《后汉书》流传后，取代了《东观汉记》，列为“三史”之一，加上《三国志》，就是常说的“前四史”。历史上还有人把记载三国、晋、宋、齐、梁、陈、魏、齐、周、隋十个王朝的史书的合称“十史”；“十史”加《史记》《汉书》《后汉书》成为“十三史”。文天祥曾提出“十七史”的概念，也就是“十三史”加上《南史》《北史》《新唐书》《新五代史》。明代又增《宋史》《辽史》《金史》《元史》4种，合称“二十一史”。“二十四史”中，《元史》猥杂不精，很多学者表示不满，所以柯劭忞又撰《新元史》，1920年脱稿。民国十年（1921）大总统徐世昌以《新元史》为“正史”，加“二十四史”为“二十五史”。但也有很多人不将《新元史》列入，而改将赵尔巽主持的《清史稿》列为“二十五史”之一；或者，将两书都列入正史，则形成“二十六史”。还有学者将近人钱海岳《南明史》列入成为“二十七史”。不过，我们最常说的还是“二十四史”。从“二十四史”到“二十七史”，这样从传说时代的三皇五帝、夏商周，直到1911年辛亥革命结束清王朝统治，中华文明的朝代更迭和历史发展便有了不间断的记载。

中国古代史书体例主要有编年体、纪事本末体和纪传体三种。编年体是以时间为纲，按年月先后记述史事，如《春秋左传》《资治通鉴》；纪事本末体是以事件为中心，记述它的始末，如袁枢《通鉴纪事本末》，陈邦瞻《宋史纪事本末》和《元史纪事本末》，谷应泰《明史纪事本末》等；纪传体主要以人物为中心，记载人物的生平和有关的历史事件的发展、演变。“二十四史”主要是纪传体。

各书的体例有不少差别。像《史记》除了“本纪”“世家”“列传”之外，还有“表”和“书”。“表”采用表格的形式，按一定的顺序，谱列人物和事件。“书”专门记载典章制度。班固《汉书》开始改“书”曰“志”。这些志，是现代人研究各类专题史的必备资料。“二十四史”，个人著述是少数，多数是官修，质量和价值不一，被奉为中国历史写作典范的还是“前四史”，尤其是《史记》《汉书》，并称“史汉”。

三皇五帝

夏朝以前，中国上古时代传说中的帝王。至于他们究竟指的是哪些帝王，在过去说法不一。

三皇，通常指伏羲、燧人和神农。伏羲，古代传说中的中华民族人文始祖，也是中国文献记载最早的创世大神。关于他最有名的传说是伏羲画八卦，《易·系辞下》：“古者包牺氏之王天下也，仰则观象于天，俯则观法于地，观鸟兽之文与地之宜，近取诸身，远取诸物，于是始作八卦，以通神明之德，以类万物之情。”1942 年出土的长沙子弹库楚帛书，记载了伏羲居于雷泽，耕种和捕鱼，和女娲生了 4 个孩子，掌守春夏秋冬四时的故事，还记载了炎帝与祝融绝地天通的故事。该帛书还将“太一”和“伏羲”结合在一起。《楚辞·九歌》中的“东皇太一”，是至上神，是上帝。闻一多曾推断东皇太一和伏羲同为一人。燧人氏，传说他钻木取火，教人熟食，结束了远古人类茹毛饮血的历史，被后世奉为“火祖”。神农氏，最著名的传说是神农尝百草，东汉人结集整理的《神农本草经》是中医四大经典著作之一，也是现存最早的中药学著作。一般认为神农氏，又号连山氏、列山氏，即炎帝，他发明翻土农具，教民垦荒种植粮食作物；制造出饮食用的陶器和炊具。他和黄帝一起联合打败蚩尤，合称炎黄，被奉为华夏文明的始祖。《史记·秦始皇本纪》：“古有天皇、地皇、泰皇。”三皇的称号由来已久。

五帝，通常指黄帝、颛顼、帝喾、唐尧、虞舜。《史记》开篇就是《五帝本纪》。黄帝，居轩辕之丘（今河南开封新郑市），号轩辕氏，建都于有熊，亦称有熊氏。他和炎帝一起统一华夏部落，并征服东夷、九黎族。黄帝奠定天下后，制定国家的职官制度，封祭山川鬼神。制定了历法，教民艺五谷（黍、稷、菽、麦、稻）。黄帝对后世的影响一个是“黄老之学”，主张无为而治，始于战国而盛行于西汉。1973 年长沙马王堆汉墓出土帛书《老子》乙本卷前，有《经法》《十六经》《称经》《道原经》四篇古佚书，被认为是《黄帝四经》，这四经反映了黄帝对于法律的重视和推行。所以有的学者指出黄老之学其实是道家和法家的结合体。黄帝的第二个影响是假托他和岐伯关于医学的对话录《黄帝内经》，分《灵枢》《素问》两部分，是中国最早的医学典籍，和《神农本草经》《难经》《伤寒杂病论》并称中医四大经典著作。

颛顼，黄帝之孙，号高阳氏，传说他改进历法，秦到西汉中期使用的历法即称“颛顼历”。颛顼死后，侄子高辛即位，是为帝喾，传说他是二十四节气的奠定者。有学者认为帝喾和帝俊同为一人。帝喾有 4 个儿子：长曰挚，次曰弃，三曰契，四曰尧。帝喾死后，挚作为长子即位，但他并不称职，所以禅位给弟弟尧。弃，被奉为稷神或农神，是后来周部落的始祖；契，被奉为火神，是后来商部落的始祖。范文澜《中国通史简编》：“汉以前人相信黄帝、颛顼、帝喾三人为华族祖先，当是事实。”

唐尧，在中国儒家经典中是文治武功俱臻美备的圣王。儒家奉为圣书的五经之一《尚书》首篇《尧典》，标榜尧、舜选贤禅让、任德使能、教化天下的德政故事。一般认为尧的都城在平阳，治所在今山西省临汾市。在临汾市襄汾县发现了陶寺遗址，发掘出墓葬 1 000 余座，出土了陶龙盘、陶鼓等精美文物，尤其是这里发现了中国最早的红铜铸造铜铃与疑似朱书文字，震惊海内外。考古学家确定陶寺文化大致年代为公元前 2500 年至前 1900 年。

和尧密切相关的三大传说：羿射十日，命鲧治水和传位于舜。羿射十日，命鲧治水，说明尧治理期间曾经出现了很重的旱灾和水灾。尧晚年和手下几个大臣一起商议传位的事，大臣推荐了舜，尧经过实际考察，觉得舜果然贤能，就把帝位传给了舜。

舜，中国最为著名的大孝子，影响巨大的《二十四孝》首篇就是“孝感动天”，说舜的父亲很无知，母亲不讲道理，弟弟蒙昧，多次要害他，但他对父母和弟弟都很好。他的孝行感动了天帝，处处帮他摆脱困境。尧把两个女儿都嫁给了他，试探他齐家治国的本领，看到他把交给他的任务都打理得有条不紊，才放心地把帝位传给了他。舜在位期间，选贤任能，任命皋陶掌管刑法，伯夷掌管礼仪，禹掌管水利，垂掌管工程，益掌管林牧，弃掌管农事，契掌管人事等等，其中禹因为治水成功，梳理九州风土，功劳最高，所以舜将帝位传给了禹。这种传贤不传子的权位交接史称“禅让”。

尧舜禅让，是儒家津津乐道的故事。但这个故事引起了后来很多人的怀疑，《韩非子》《淮南子》《竹书纪年》等书有些只言片语透露出他们的这种政权交接是经过很多政治较量的。所以这个禅让未必实有，司马迁

《史记》的本纪、世家、列传开头都是以让国开篇，所以禅让制无疑是司马迁和很多儒家反对以暴易暴、渴望权力和平交接的反映。

三皇五帝，可能只是过去华夏民族某核心部落的首领，史书说法不一，实情难以考证，但他们的故事被不断改编和书写，构成了中国历史的一部分，这就是中国古史的传说时代。

汤武革命

商汤灭夏和武王伐纣，以有道伐无道，合称汤武革命。《周易·革·彖辞》："汤武革命，顺乎天而应乎人。"革命，就是变革天命的意思。

启建立夏王朝以后，抛弃了禹的节俭传统，追求酒色享受，传说他创作了大型乐舞《九韶》。他的晚年出现了诸子争立的局面。夏朝的历史比较动荡，具体事件很模糊，夹杂着很多神话传说。夏朝最后一个帝王桀，生活奢侈，荒淫无度，又听不得别人的劝说，所以国中的百姓诅咒他，说："太阳啊，你什么时候灭亡？我们宁愿和你同归于尽！"

汤是契的后裔，号武王。他崛起于夏的东部，黄河下游商丘一带，他任命贤臣伊尹和仲虺，一步步积聚力量，最后下动员令（就是《尚书·汤誓》），历数桀的罪过，和夏进行了鸣条之战，最终获得胜利，建立了商朝。

商朝有比较成熟的法律，商业非常发达，青铜器制作技术精湛，文字圆美而有系统，留下了灿烂的文明。河南安阳殷墟文化遗址发现了商代晚期的宫殿群、王陵大墓、宗祠、手工业作坊、车马坑等众多古迹，出土了数以万计的甲骨文、青铜器、玉器等弥足珍贵的历史文物。

商代的最后一个国君是帝辛，史称纣、纣王。传统的历史书上说帝辛穷兵黩武、重刑厚敛、沉湎酒色、拒谏饰非。"酒池肉林""炮烙之刑""牝鸡司晨"这些贬义的成语典故都出自他，他和夏朝末年的桀，并称桀纣，是中国历史上最坏的帝王的代名词，孟子认为不该称他们是王，应称独夫，他们亡国都是罪有应得。

纣胡作非为的时候，商西部的周部落越来越强大。周部落的始祖是弃，封地原在豳地（今陕西彬县、旬邑县一带），到古公亶父的时候南迁岐山南面的周原，因此这个部落叫周。古公亶父改变了游牧的旧俗，着重开垦荒地，发展农业，并建筑城邑房屋，任命官吏，周部落开始立国。大约这时候，他开始有了取代商的打算。《诗经》的雅、颂里有一些周朝立国的史诗故事。古公亶父死后，小儿子季历即位。季历治下的周部落蓬勃发展，商王便用通婚来笼络他，并封他为西部部落之长。季历能征善战，陆续剪除周边的一些部落，引起商王忌惮，索性借故囚禁季历并杀害了他。季历的儿子姬昌继承西伯侯之位，故称西伯昌。姬昌勤于政事，广罗人才，实行仁政，奉行德治，发展经济，注重外交。周部落发展更快了，他开始称王（史称周文王），并将周部落由岐山周原东迁渭水平原，称丰京（今西安附近）。接着他又向南扩展势力到长江、汉江、汝水流域，形成了"三分天下有其二"的形势。纣王如法炮制，又借故囚禁姬昌。传说姬昌在狱中研究和整理《周易》，演八卦为六十四卦。后来周人通过贿赂，使其获释。但姬昌没来得及灭商就去世了。他儿子姬发（周武王）继承父亲遗志，在太公望、周公旦、召公奭等人辅佐下，联合其他各部族，开始向商纣王进攻。经过牧野之战，纣王战败自焚。1976 年出土的利簋（又名"武王征商簋"）铭文：一夜之间就灭了商，在岁星当空的甲子日早晨，占领了朝歌。根据这个铭义结合其他文献推算，牧野之战发生于公元前 1046 年 1 月 20 日。

殷周鼎革是中国古代历史的一个关键，王国维认为周朝立嫡立长、庙数之制、同姓不婚等制度深远影响了中国后来的制度文化。

春秋五霸

春秋时期齐桓公、晋文公等可以左右东周王权号令其他诸侯的五位霸主。

公元前 771 年，犬戎攻入周都城镐京，杀死周幽王。

诸侯共同拥立其子姬宜臼继位，是为周平王，他把周的都城向东迁到洛邑（今河南洛阳），史称东周。平王东迁后，周王朝实力大不如前，朝政经常被强劲的诸侯所控制，因为这时间段和孔子所著《春秋》的起止时间大致相合，史称春秋（前770—前476）。

春秋五霸，究竟指的是哪五位，不同学者有不同的看法。《史记索隐》说是齐桓公、宋襄公、晋文公、秦穆公、楚庄王；《荀子·王霸》说是齐桓公、晋文公、楚庄王、吴王阖闾和越王勾践。其实完成诸侯会盟这一重大称霸标志的包括齐桓公、晋文公、晋襄公、楚庄王、晋悼公、吴王夫差、越王勾践等多个诸侯。

齐桓、晋文向无争议。齐桓公，名小白，姜太公吕尚的后裔，齐国国君，前685—前643在位。在位期间任用管仲为相，实行军政合一和兵民合一的制度，国势强盛。于是打出“尊王攘夷”的口号来九合诸侯，一匡天下。齐桓公五年（前681），以帮助宋国平乱为号召，拉几个小国的国君在齐国举行“北杏会盟”，提高自己的威望，首开以诸侯身份主持天下会盟的先河。此前遂国国君拒绝入盟，“会盟”结束后，齐桓公便吞灭遂国。后来宋国不愿遵守盟约与齐一起伐鲁，齐桓公约请曾参加“北杏会盟”的陈、蔡二国一起伐宋。齐桓公先派人带厚礼去朝拜周釐王，说宋国随便废立国君，不尊重周王朝制度，请釐王兴师问罪。周釐王答应齐桓公要求，派兵会同齐、陈、蔡合兵伐宋。宋国屈服求和。齐桓公便于次年冬天，拉着周天子的代表，约集卫、郑、宋三国国君在鄄地会盟，各国看到周天子支持齐国，遂共推齐桓公为盟主，齐桓公的霸主地位由此确立。他后来救燕存卫，北击山戎，南伐楚国，西征白狄，成为一代霸主。《春秋》明载他主持的较大会盟就有16次之多。

齐桓公死后，五子争立，爆发内乱，宋襄公学着早年齐桓公的样子，率领卫、曹和邾等四国人马与齐人里应外合，拥立齐孝公。他因此声名鹊起。宋襄公想继承齐桓公的霸业，周襄王十三年（前639）春，他在鹿地首次会合诸侯，以盟主之位自居，引起齐君和楚王的不满。他没有经过齐楚的同意就约定当年秋天再次举行盂地会盟。会盟时他和楚王争盟主之位，被楚王拘押。经鲁国国君调停，宋襄公才被释放。他回国后又讨伐支持楚王做盟主的郑国，最后宋襄公与救郑的楚兵战于泓水。结果大败受伤，次年伤重而死。

宋襄公曾经善待过的晋国流亡公子重耳，在秦穆公的帮助下成为晋国国君，是为晋文公。晋文公元年（前636），周襄王的弟弟王子带作乱，周襄王逃到郑国，并告难诸侯。次年，晋军赶在秦穆公之前护送周襄王返回周都洛邑，并杀死王子带。

晋文公曾长期流亡，懂得民间疾苦，践位以后任用贤能，救济贫困，奖励生产，又进行一系列军事改革，所以晋国的国势迅速强大起来。晋文公四年，一直想争霸中原的楚王和同盟诸侯攻打宋国。宋国向晋文公求援，晋文公因为宋襄公曾善待他，所以决定打着报恩救患的旗号援助宋国。他先结盟秦国和齐国，南攻强楚。经过城濮之战，楚王称霸的图谋受挫，晋文公的霸权得以确立。楚国的盟友郑国向晋国求和，两国在衡雍订立了盟约，晋军到达衡雍，在践土（今河南原阳）为周襄王造了一座行宫，要把楚国的俘虏献给周襄王。周襄王赏赐给晋文公很多贵重的礼物，还策命晋文公为“侯伯”，为众诸侯之长。晋文公五年，晋文公以周天子之命大会诸侯于践土，晋被推为盟主。周天子也派出代表参加。晋文公一跃成为春秋时代的第二位霸主。晋文公死后，儿子姬驩继位，是为晋襄公。他垂拱而治，西征秦国，北伐狄人，南略楚国，东征卫国，将晋国霸权再次推向高峰。晋襄公死后，弟晋成公、侄晋景公、侄孙晋厉公、孙晋悼公世系相继，晋国凭着雄厚国力在中原地区仍保持着很强的威慑力。尤其是晋悼公文治武功，挟天子而令诸侯，和戎狄以征四方，复霸中原。

晋襄公虽贤，但有些学者更愿意把他的宿敌秦穆公列为春秋霸主，因为他特别注意搜罗贤士，大胆任用他国人才，开秦国任用客卿制度之先河。他被周襄王任命为西方诸侯之伯，西抗戎狄，南攻蜀国，为日后秦统一中国奠定了基础。

晋楚争霸过程中，长时间的战争，双方互有胜负。晋国最为著名的一个对手就是楚庄王熊旅。楚庄王重用孙叔敖，宽刑缓政，兴修水利，发展经济，充实国力，治军严明。楚庄王十七年（前597），他趁晋景公年少，即位不久，将帅不和，挑起了楚晋之间的邲之战，又称“两棠之役”。楚国大获全胜，一雪城濮之战的耻辱。楚庄王为进一步控制中原，跨过黄河，出师伐宋。宋降楚后，鲁国也开始依附楚国。楚庄王又联齐制晋，晋景公忙于和齐国周旋，楚庄王如愿以偿地取得了中原霸主的地位。楚庄王死后第二年，楚邀齐、秦、鲁、宋、蔡、许、陈、卫、郑、曹、邾、薛和鄫等诸侯在蜀（山东泰安东南）会盟。蜀之盟，规模大，与国多，是楚王争霸的巅峰。晋景公为与之抗衡，便向天子献上齐国俘虏，并联吴抗楚。随后吴国的崛起给楚国造成了极大的麻烦。

楚庄王的孙子楚平王昏聩无能，囚杀了大臣伍奢。伍奢之子伍子胥逃亡吴国，得到吴王阖闾的重用。伍子胥又给阖闾推荐孙武。孙武向阖闾献出《孙子兵法》13篇。吴王阖闾九年（前506），阖闾听从伍子胥和孙武的计策，出动全部军队，与唐国、蔡国一道西进伐楚，五战五捷，一直打入郢都，创造了春秋时期攻占大国都城的先例。楚国向秦国求救，秦国派军队救楚击吴，阖闾才率军返回吴国。吴王阖闾十一年，他再派太子夫差讨伐楚国，迫使楚国迁都，从此吴国威震华夏。

吴王阖闾攻打楚国，造成国内空虚，它南面的越国慢慢崛起。吴王阖闾十九年夏，阖闾亲自兴师伐越，受伤而死，其子夫差继位。吴王夫差二年（前494），吴国攻入越国都城会稽。此后夫差连年征战，经过艾陵之战打败齐国。夫差十四年，他亲率大军，举全国之力赴黄池之会（今河南新乡封丘县南），与晋定公争夺霸主地位。

当夫差北上争夺霸主时，卧薪尝胆、励精图治的越王勾践抓住机会攻打吴国。夫差仓促而返，与勾践连战惨败。越王勾践二十四年（前473），勾践攻破吴国国都姑苏，夫差自杀身亡。灭吴之后，越王勾践以兵渡淮，会齐、宋、晋、鲁等诸侯于徐州，并向周元王纳贡。周元王使人赐勾践胙肉，承认越是华夏诸侯之伯，越王勾践因此成为春秋时期最后一位霸主。

战国七雄

包括秦、楚、齐、燕、韩、赵、魏等，战国时代最强的七个诸侯国。

春秋时期，各国争霸，相互吞并，周朝的诸侯国数量大大减少，晋、越、齐、楚四强并立。历史上把春秋之后、周朝灭亡之前，少数几个大国争雄的这段历史时期称为战国（前475—前221）。其名源自《战国策》，该著作所记载的历史，上起公元前490年智伯灭范氏，下至公元前221年高渐离以筑击秦始皇。

晋定公在和吴王夫差黄池之会争夺霸主之后7年，也就是公元前475年去世。他的儿子晋出公继位，但不过是一个傀儡君王，正卿智伯执掌着晋国的实际权力。智伯出兵伐齐、攻郑。为了振兴晋国，重建霸业，智伯对三家大夫韩氏、赵氏、魏氏说：“晋国本是中原霸主，后来风头被吴越夺去了。为了使晋国强大起来，我主张每家拿出一百里土地和户口归公，我智家先拿出一个万户邑献给晋公，你们呢？”赵氏拒绝这个提案。智伯向晋侯请命，率领韩氏、魏氏共同出兵讨伐赵氏，晋国内战爆发。晋阳之战中，赵氏串通韩氏、魏氏造反，最后他们合伙灭了智伯，瓜分智氏封邑，进而赶走晋出公，立晋哀公，继续瓜分晋国的一些领地。公元前403年，周威烈王承认韩、赵、魏三国正式成为诸侯国。

战国初期，魏国开国君主魏文侯（前472—前396）礼贤下士，师事儒门子弟子夏、田子方、段干木等，任用李悝、西门豹、乐羊、吴起等人，首先实行变法，改革政治，兴修水利，奖励耕战。李悝变法，反对儒家的“礼”制，主张废止世袭贵族特权，提出“食有劳而禄有功，使有能而赏必行、罚必当”，用法律来“定分止争”“兴功惧暴”。农业上，提倡精耕细作，增加生产；在丰收时国家平价收购粮食储存，发生饥荒时又平价卖给农民，取有余以补不足。李悝为了进一步实行变法，巩固变法成果，汇集各国刑典，著成《法经》一书。李悝变法，富国强兵，使得魏国一举成为率先强盛而称雄的大国。这在各国引起震动，后来著名的商鞅变法、吴起变法无不受他的影响。在外交和军事上，魏文侯联合韩、赵，主张三家同盟抗秦，领土大大扩张。魏文侯沿洛水西岸构筑防御工事，在洛水东岸修筑长城，使得魏国将秦国压制在洛水以西长达80年。魏文侯去世后，儿子魏武侯即位，他在父亲强盛的基业上南征北战，持续着魏国的霸业。但他破坏了父亲的一些既成国策，树敌太多，又用人失当，疑忌吴起。吴起被迫出走楚国，促进了楚国的崛起，秦国也终于有了一些喘息的机会。

对于楚悼王来说，连年受三晋的威胁，正要访贤任能，突然天降吴起，于是任命他为令尹，实行变法。吴起感恩图报，大刀阔斧地开始改革，削减贵族爵禄，进而废除贵族世卿世禄制的特权；整顿吏治，削弱大臣威权；裁减冗官，选贤任能；积极开发边远地区；耕战并重，亦兵亦农。但吴起变法触动了权贵集团的利益。公元前381年，楚悼王病死，楚国贵族发动叛乱，包围王宫，用乱箭射死了吴起。楚肃王立，在位11年，之后他的弟弟楚宣王立。楚宣王统治楚国30年间，休兵息民，为他的儿子楚威王雄霸天下奠定了基础。

此时魏国经过桂陵之战和马陵之战，已经完全不具备单独挑战齐国的实力。魏惠侯看到楚国强大，便希望挑动齐楚相争，来削弱齐国，在楚威王六年（前334），与齐威侯在徐州会盟，承认其王位，尊之为齐威王。此前各诸侯国之中仅有楚国、吴国、越国僭越称王，中原腹地诸国鉴于周天子权威仅称公或侯。齐威王也不敢独自称王，于是也承认魏的王号。这就是历史上的徐州相王。公元前325年，秦惠文君继魏、齐之后自称王。公元前323年魏国发起“五国相王”，请魏、韩、赵、燕、中山称王，试图以此联合五国的力量与秦、齐、楚等大国对抗。从这年起，赵、燕、中山三国君主开始称王。周天子的权威已经荡然无存。

魏齐徐州会盟相约合力对付楚国，果然引起楚威王的极大愤怒，于是他决定出兵讨伐齐国。公元前333年楚齐两国徐州之战，楚威王大胜，楚国疆域达到顶峰。楚威王死后，他的儿子楚怀王就开始受到秦国威逼，楚国一蹶不振。

楚威王的对手齐威王也是一个励精图治的人，是田氏代齐之后齐国最有作为的国君。他任用邹忌进行改革，使齐国国力渐强；任用田忌、孙膑等人为将，围魏救赵，挫败魏国。魏惠王无可奈何，他策划的齐楚相争，给秦国一个绝好的发展机会。魏惠王给秦国输出了一个后来影响了整个战国格局的人才——公孙鞅。

公孙鞅，本来是卫国人，所以也称卫鞅，他年轻的时候在魏国相国公叔痤门下做事。公叔痤是一个很有能力的人，但他为了保全自己的相位，陷害吴起，直到临死才向魏惠王推荐公孙鞅，他劝谏魏王要重用公孙鞅，否则就杀掉他，如果让他为别国效劳则后患无穷。魏惠王没有听劝，既不启用公孙鞅也没有杀了他。公孙鞅看不到出路，碰上秦孝公发布求贤令，便带着李悝的《法经》离开魏国去了秦国。

秦孝公于公元前359年命公孙鞅颁布《垦草令》，主要宗旨是刺激农业生产，不仅禁止农民迁徙，令其专心务农，还削弱贵族特权，让他们也从事生产。随后改革户籍制度，实行什伍连坐法，废除世卿世禄制度，建立二十等爵制，奖励军功，并制定秦律。秦国日益强大，它的邻居魏国忙于东线和各国争胜，根据公孙鞅的建议，秦孝公乘魏军在桂陵之战大败于齐军之机，于公元前352年命秦军东渡黄河，收回了一部分失地。公元前351年魏国陆续与东方各国结盟讲和后，调集军队向秦国反击，秦孝公被迫和魏惠王相会修好，归还了此前所得的魏地。

秦孝公返回秦国积聚力量，为便于向函谷关以东发展，在公元前350年命公孙鞅征调士卒，营造新都，并于次年将国都从栎阳（今陕西渭南富平县东南）迁至咸阳，同时命公孙鞅在秦国国内进行第二次变法。这次变法主要内容有：废井田，制辕田，开阡陌，允许土地私有及买卖，统一度量衡，燔诗书而明法令，执行分户令禁止百姓父子兄弟同居一室，普遍推行县制。通过变法，大大削弱了亲贵和民间的力量，加强君主权力，秦国越来越强大。公元前341年，10万魏军在马陵之战被齐全歼，秦乘机于次年再次进攻河西，大败魏军，诱俘了魏主将公子卬。公孙鞅此役功不可没，秦孝公将商地15城邑封给他，之后他被称为商鞅、商君，他在秦孝公支持下的变法被称为商鞅变法。

因为商鞅变法，尊爵必赏，有罪必罚，即使太子违法，太子的老师也要被治罪，得罪了很多宗室权贵。所以秦孝公死后，他们强烈反弹，借太子即位之机杀死了商鞅。秦惠文王即位后族灭商鞅，但不废其法，又用张仪连横之术，东进攻魏，灭蜀败楚，为后来扫灭六国创造了有利条件。

秦国东进的第一个对手是魏国，接着就是赵和韩。

赵国，西有秦，南有魏，东有齐，北有燕和东胡，很受威胁。五国相王后，赵武灵王说自己有名无实，马上就去了王号，让国人称自己为君。赵武灵王这个称号是后人给予的。他务实隐忍，趁各国争战之机，向全国发布实行胡服骑射的法令，抛弃长袍宽袖改着胡服；淘汰战车，改习骑马射箭，建立起一支能为自己所用的骑兵。他还重用那些有戎狄背景的外族大臣。这样，赵国迅速强大起来。赵武灵王收服楼烦、灭中山国，战功赫赫，正值盛年退位，把赵国的治理交给幼子，即赵惠文王。赵惠文王从谏如流，任用乐毅、平原君、蔺相如、廉颇、赵奢等名将名相，伐齐击楚，延续了赵国的威望。赵国成为战国七雄中不可忽视的力量，燕昭王和秦昭襄王即位，都有赵武灵王的功劳。

赵武灵王的时候，燕国内乱，又遭到东邻齐国的攻伐，一时无主。赵、韩、秦、楚四国联合干预，齐国才退兵。赵武灵王于是把正在韩国做人质的公子职护送到燕即位，成为燕昭王。燕昭王决心兴复燕国，报仇雪耻。他谦恭下士，广纳贤才，用人不疑，罗致了郭隗、乐毅、邹衍、剧辛等一时俊杰。他们同甘共苦，改革国政，吊死问孤，使得国势蒸蒸日上。公元前284年，燕昭王拜乐毅为上将军，率举国之兵联合秦、韩、赵、魏五国伐齐，获得大胜，一举攻占齐都临淄，5年内连下齐国70余城，使得齐国从此失去了强国的资格。燕昭王随后又大破东胡，将领土向东北扩展到辽东一带，还向南进军，攻占中山国许多地方，燕国一时跻身于雄强之列。燕昭王死后，新即位的燕惠王与乐毅不合，乐毅被迫逃亡赵国。齐国趁此复国。燕国也不再强盛，荆轲刺秦王后亡国。

韩国被魏、秦、楚三个大国包围，在魏国强大的时候经常依附魏国，赵国强大的时候听从赵国，其都城一再东迁就是因为惧怕秦国。其国力在韩昭侯的时候最盛。韩昭侯与秦孝公、魏惠王约略同时，他用申不害为相，以术治国，内政修明，国成小康之治。但申不害、韩昭侯相继死后，韩国又衰落了，一直是七雄中最小而弱的。所以当秦昭襄王用白起伐韩的时候，韩国几乎没有多大抵抗力。白起攻占韩国野王（今河南沁阳）的时候，上党通往韩国都城的道路断绝，韩国国君命上党郡守冯亭把上党郡献给秦国，以求息兵。冯亭不愿降秦，认为不如将上党归附赵国，赵国若接受，韩、赵联合，就可以抵御秦国了。赵国接受了上党，这也成为秦赵两国长平之战的导火索。长平之战后，赵国一蹶不振。

秦并六国

魏、楚、赵、齐、燕、韩等春秋后半期的各个诸侯国相互征战，最后都被秦国统一了，史称秦并六国，其实也就是秦的统一之战。

造父为周穆王驾车，帮助他平定了徐国之乱，受封于赵城，成为赵国的始祖。后来造父的侄孙秦非子，又因功被封在秦地，于是秦成了他们的正式族称，所以秦赵一家。秦日益强大，后来成为周朝对抗戎狄的西方屏障。公元前770年，秦襄公派兵护送周平王东迁，被封为诸侯。秦穆公曾协助晋文公夺取君位，实现秦晋之好。晋文公死后，秦晋联盟瓦解，走向对抗。因为晋国的强势，秦穆公掉头向西发展，对戎人取得了一系列胜利，又向南出攻蜀国，开辟国土千余里，因而被周襄王任命为西方诸侯之伯，秦国开始有了大国模样。

秦孝公任命商鞅变法，奖励耕战，开阡陌，建立县制行政，加强君主集权，并向西迁都咸阳。他和楚联齐，与韩赵结盟，连续攻打魏国。他的儿子嬴驷开始称王，是为秦惠文王。秦惠文王奉行张仪连横破合纵的计策，压迫魏国，不仅把魏国黄河以西的地盘全部吞并，而且在黄河东岸建立了进一步向东拓展的根据地。然后灭蜀败楚，为后来灭六国创造了有利条件。秦惠文王死后，儿子秦武王仅仅在位两年就意外死亡，他的另一个儿子嬴稷在赵武灵王的帮助下登上帝位，是为秦昭襄王。他任命范雎为相，白起为将，和齐湣王结好，分别称为西帝、东帝，远交近攻，对周边国家鲸吞蚕食，先后把韩国、魏国变为属国，还劫持楚怀王，攻占郢都，使得楚国也一蹶不振；尤其是他经过一系列战役几乎摧垮了拥有精兵良将的赵国。这时候，其他诸侯国已经丧失单独挑战秦国的实力。压力之下，西周与东方各诸侯联合抗秦，秦昭襄王大怒，公元前256年派军攻陷西周洛邑，周赧王郁愤而终，周王朝终结。

秦昭襄王事实上拥有了周天子的权力，所以他的曾孙嬴政在李斯、尉缭等人的协助下制定了“灭诸侯，成帝业，为天下一统”的策略，任用蒙骜（子蒙武，孙蒙恬、蒙毅）、王翦（子王贲）等大将，秋风扫落叶一般，仅仅花10年时间就完成了统一大业。公元前230年灭韩，前228年灭赵，前225年灭魏，前223年灭楚，前222年灭燕，前221年灭齐，结束了春秋战国以来长达500多年的诸侯割据局面，建立了中国历史上第一个统一的多民族中央集权国家——秦。

嬴政自称“始皇帝”，在中央实行三公九卿制，在地方废除分封制，代以郡县制；同时书同文，车同轨，统一度量衡。他还北击匈奴，修筑万里长城；南征百越，修灵渠，疏通河道，秦朝因而成为一个幅员辽阔的强大国家。秦朝虽然二世而亡，但它留下了大一统、多民族的中央集权体制，被誉为古代政治文明的典范，奠定了中国两千余年政治制度的基本格局，后来汉承秦制，创造了灿烂的文明。

百家争鸣

春秋战国时期，中国正处于从封邦建国的分封制度向大一统的中央集权制度过渡的大变革时期，因为经济生产已经取得了长足发展，社会上产生了一个特殊的有闲阶层——士，他们有时间和精力从事精神劳动；因为动荡时期，礼崩乐坏，促进了各个阶层的流动，很多人开始思考作为个体，或者一个诸侯国如何应对这个局面，所以产生了各种思想流派；因为各诸侯国特别重视人才，经常是得一人得天下，失一人而亡天下，例如管仲、吴起、商鞅、乐毅等。这种养士的风气给那些有独立见解的人提供了展示才华的舞台。他们讲学著书，相互辩论，甚至游走各国寻求支持，中国出现了一个思想上异常开放而繁荣的时代。这种局面和风气被后世称为百家争鸣。

很多学者认为春秋战国是中国古代思想的黄金时代，产生的诸子百家灿若星辰。据《汉书·艺文志》记载，数得上名字的近200家，4 000余篇著作。《隋书·经籍志》《四库全书总目》等书则记载“诸子百家”实有上千家。不过流传广、影响大的，归纳起来不过数家。司马谈《论六家要旨》首举六家，说：“夫阴阳、儒、墨、名、法、道德，此务为治者也。”西汉末年学者刘歆在《论六家要旨》的基础上，作《诸子略》，补充了纵横、杂、农、小说四家，成为“十家”。吕思勉《先秦学术概论》基于刘歆“十家”再增兵、医，形成今天的“十二家”。其代表人物分别是：阴阳家邹衍，儒家孔子、孟子、荀子，墨家墨子、随巢子，名家惠施、公孙龙，法家商鞅、韩非、李斯，道家老子、庄子、杨朱、计然，纵横家公孙衍、苏秦、张仪，杂家尸佼、吕不韦，农家许行，小说家鬻熊，兵家孙武、吴起、尉缭，医家扁鹊等等。

不单单在学术思想和政治领域，阴阳家对于中国古代的天文历法，墨家对于中国古代逻辑学、物理学和机械制造，名家对于逻辑学，道家对于古代医学和化学等等各类学科的发展都做出了独特的贡献。这一时期思想和科学的发达，和古希腊罗马文明、古印度文明大致同时，交相辉映，德国思想家卡尔·雅斯贝尔斯在《历史的起源与目标》中称为"轴心时代"。

陈胜吴广起义

秦朝末年，陈胜吴广领导了大泽乡起义，又称陈胜吴广起义，这是中国历史上第一次大规模的农民起义，从根本上动摇了秦王朝统治，为后来项羽、刘邦灭秦创造了有利条件。

秦始皇突然病死后，宦官赵高串通李斯，矫诏杀死公子扶苏，扶立胡亥，是为秦二世。赵高大权独揽，指鹿为马，结党营私，残害异己，酷法治民，横征暴敛，引起百姓强烈的不满。公元前209年，900名民夫被送往渔阳（今北京密云西南）去戍边，在大泽乡遇到大雨，道路不通，将要耽误规定的到达渔阳的期限。过了规定的期限，将要被处死。陈胜、吴广商量：如今逃走是死，起义干一番大事业也是死。同样都是死，为国事而死，好不好？他们率领民夫"斩木为兵，揭竿为旗"，号大楚，史称大泽乡起义。陈胜、吴广还冒用公子扶苏和项燕的名义，向天下发出号召。起义接连大捷，不到三个月，魏、赵、齐、燕、韩等地方都有人打着恢复六国的旗号，自立为王。在响应大泽乡起义的诸多队伍中最有实力的是在会稽起兵的项梁、项羽，及在沛县起兵的刘邦。

原来的六国贵族各自占据自己的地盘，不能形成合力。虽然起义军很快攻进关中（指函谷关以西地区），逼近秦朝都城咸阳，但因为孤军奋战，被秦军打败。吴广、陈胜先后战死。

楚汉之争

秦朝末年，经过陈胜吴广起义，最后产生西楚霸王项羽和汉王刘邦两大势力集团，自公元前206年至公元前202年，两大集团为争夺政权而进行了一场大规模的战争，史称楚汉之争，或楚汉争霸。

公元前208年，陈胜被杀后，项梁听从范增的意见，在民间找到楚怀王之孙熊心，仍立为楚怀王，以号召群雄联合抗秦。项梁连破秦军，后来兵败被杀。楚怀王震恐，迁都彭城。后来楚怀王分兵两路，一路以宋义为上将军、项羽为次将、范增为末将北上救赵；一路由刘邦率领，收项梁、陈胜散军西进伐秦。怀王与诸将约定："先入关中者为王。"宋义一路行至安阳停留了46天，逡巡不进。项羽大怒，斩杀宋义，率领兵马渡过黄河，与秦军大战9次，经过巨鹿之战彻底消灭了秦军主力。当他行军到函谷关的时候，刘邦一路没有经过大的战争就已经占领了关中。这个时候刘邦的势力还远不能和项羽相比。项羽入驻咸阳，征得楚怀王的同意，自封西楚霸王，同时分封刘邦为汉王、章邯为雍王、张耳为常山王、英布为九江王、吴芮为衡山王、臧荼为燕王等18位诸侯王。后来项羽派英布等弑杀楚怀王，还都彭城。刘邦则再定三秦，以汉中为根据地，中国历史上开始了4年相持的楚汉争霸战。

公元前206年，刘邦以接取滞留沛县的亲眷为名，遣军出关，试探着向楚进攻。公元前205年，刘邦以项羽杀楚怀王为口实，指责项羽大逆不道，倡议各诸侯共击项羽，为楚怀王报仇，立即得到了不满项羽压制的一些诸侯的响应。但彭城一战，项羽仅仅调动少量精兵采取突袭的方式奋勇反击，便几乎摧毁了汉军主力，刘邦仅带10余名骑兵突围逃走，最后退守荥阳。

刘邦固守关中，先后策动英布、彭越、韩信、臧荼等人叛楚，他们不断骚扰楚国的核心地带，使得项羽腹背受敌，疲于奔命。刘邦继而采纳韩信"北举燕、赵，东击齐，南绝楚之粮道，西与大王会于荥阳"的建议，分兵韩信开辟北方战场，经过井陉之战，有效剪灭楚的羽翼，孤立项羽，实现了对楚的战略包围。公元前202年，项羽被汉军包围于垓下。楚军兵少食尽，屡战不胜，项羽自杀身亡。楚汉战争时间久、战地辽阔、规模巨大，用兵韬略丰富，在中国古代战争史上具有典范意义。

经过楚汉之争，刘邦陆续完成了中国的统一，公元前202年，在山东定陶汜水之阳（今山东曹县北）举行登基大典，定国号为汉，是为汉高帝。定都长安（今陕西西安），取长治久安之意，史称西汉。

汉武盛世

汉武帝在位期间（前141—前87），文治武功，人才众多，在正面战场上战胜了强大的匈奴；外交上，派张骞出使西域，开辟丝绸之路。一时间汉朝声威远播，史称汉武盛世。

汉武帝在政治上，创设中外朝制削弱丞相权力；颁行推恩令，大大削弱诸侯王势力；将冶铁、煮盐、酿酒等生意由中央统一管理；文化上"罢黜百家，独尊儒术"，空前加强了君主专制与中央集权。在文化上还创建太学，设立乐府，用人方面采取察举制，形成了中国独特的文官制度。在军事上，汉武帝先向南平定闽越国之乱，平定交趾，在海南岛置郡；向北派名将卫青、霍去病三次大规模出击匈奴，把汉朝的北部疆域从长城沿线推至漠北。

汉武盛世也受到一些学者的质疑，因为汉武帝好大喜功，穷兵黩武，花光了父祖辈积累的财产，造成国库空竭，万民罢弊。幸好他晚年悔悟，下"罪己诏"（即《轮台诏》）进行自我批评，政策上开始向息兵富民方向偏转，为随后的"昭宣中兴"创造基础。从刘邦开国到"文景之治""汉武盛世""昭宣中兴"，汉朝保持了150年的持续繁荣。汉宣帝死后，继位的汉元帝宠信宦官，皇权式微，从此汉朝开始了宦官和外戚交替乱政的局面。

张骞出使西域

张骞（约前164—前114），字子文。汉中城固（今陕西省城固县）人。西汉杰出的外交家、旅行家、探险家。

建元二年（前139），张骞奉汉武帝之命，由匈奴人甘父做向导，率领100多人出使西域。在这次首使西域行程中，张骞一行人经历了极大的困难，穿越河西走廊时为匈奴所扣，期间匈奴单于对其威逼利诱，但张骞持汉节不失，在匈奴留居10年之久后，带随从逃出。归途中，又被匈奴骑兵扣留一年多。返回长安后，汉武帝以军功封其为博望侯。张骞此次出使西域，虽然未能达到同大月氏建立联盟，以夹攻匈奴的目的，但初步打通了汉朝通往西域的南北道路，将中原文明传播至西域，并从西域诸国引进了汗血马、葡萄、苜蓿、石榴、胡麻等物种到中原，促进了东西方文明的交流。

元狩四年（前119），张骞第二次出使西域，主要目的是宣扬国威，劝说西域诸国与汉联合，成为汉王朝之外臣。此次出行促进了双方贸易的发展，沟通了中国同西亚和欧洲的通商关系。中国的丝和丝织品，从长安往西，经河西走廊运到安息（今伊朗高原和两河流域），再从安息转运到西亚和大秦（罗马），正式开辟了历史上的"丝绸之路"。西汉史学家司马迁称赞张骞出使西域为"凿空"，意思是"开通大道"。

张骞开拓了汉与西方诸国贸易的"丝绸之路"，成为了中国历史上第一个走出国门的使者，通过他的外交实践，宣扬了国与国之间平等、诚信交往的外交理念，为中国汉代昌盛和后世的对外开放奠定了坚实的基础。

王莽改制

西汉末年朝政混乱，矛盾突出，初始元年（8）王莽称帝，建立新朝，实行了一系列改革，史称"王莽改制"。

汉朝后期，皇帝自小多长于宫帏妇人与宦官之手，又缺乏汉文帝和汉宣帝的隐忍和才略，所以朝廷政权多被宦官或外戚掌握。汉元帝死后，汉成帝继位，荒于酒色，后宫秽乱，没有子嗣，所以他的生母王政君以太后身份，引自己的兄弟们把持朝政，一时王氏权势大炽。汉成帝死后，18岁的侄子汉哀帝继位，他雅好男宠，7年而崩。9岁的汉平帝当了傀儡皇帝，王政君的侄子王莽操持国政。汉平帝14岁就死了，王莽又立年仅2岁的孺子婴。次年王莽仿周公故事，称“假皇帝”，代天子朝政，并改元居摄。居摄三年，也就是初始元年，王莽导演了禅让大戏，孺子婴被废为“定安公”，他改国号为“新”，把本年改元为始建国，随后开始了一系列的改革。

王莽信奉儒家思想，希望恢复孔子所宣称的“礼崩乐坏”前的礼治时代，于是仿照周朝的制度开始推行新政。他改革官制，恢复了一些旧名称，例如大司农更名羲和之类；更名天下田为“王田”，奴婢为“私属”，皆不得买卖，力图恢复井田制，废除土地私有，冻结奴隶制；建立贷款制度，政府控制物价，限制商人囤积居奇；盐、铁、酒及山林川泽收归国有等等。王莽看到了社会问题，他是当时难得的力图解决社会问题的人，但他性情躁扰，刚愎自用，尤其是币制改革，一改再改，加速了经济崩溃。他又盲目自大，轻起边衅，更要命的是遭遇了连年灾荒，所以他的改革不仅没有缓和社会矛盾，还加剧了社会冲突，激起很多地方的武装起义。起义势力最大的是赤眉军和绿林军。更始元年(23)，绿林军攻入长安，王莽被杀死。

历史上，王莽是一个极有争议的人，因为古代史学家把他列为野心家和篡权者，进而认为他称帝之前的谦躬下士和朴素刚正都是大伪。但进入近代社会，开始有很多人对王莽给予不少正面评价。例如胡适就认为：“王莽是中国第一位社会主义者，他的魄力和手腕远在王安石之上。”

光武中兴

光武帝刘秀(前6—57)在位33年，才兼文武，豁达大度，勤于政事，采取一系列措施恢复、发展社会生产，还大兴儒学，缓和了西汉末年以来的社会危机，使得东汉初年社会安定、经济恢复、人口增长、民风淳厚。因刘秀谥号为光武，史称光武中兴。

王莽代汉，激起了很多地方武装起义，包括一些刘姓宗室也纷纷加入起义队伍。南阳(今湖北枣阳)起兵的刘縯、刘秀兄弟加入了绿林军。纵横在湖北一代的绿林军是王匡、王凤等领导下以绿林山(今湖北京山市大洪山)作为根据地的一支队伍，另一支势力盛大的起义军是在青州和徐州一带樊崇领导的，因为作战时都在自己的眉毛上涂上红颜色，作为识别的记号，所以叫“赤眉军”。为了号召天下，绿林军在公元23年拥立刘玄做皇帝，年号更始，当年进战长安，诛杀王莽。更始帝上位不久就杀害威胁自己皇位的刘縯。刘秀隐忍等待时机，25年，和更始政权公开决裂，在河北鄗县南千秋亭称帝，建元建武，仍用“汉”的国号，是为后汉；因为定都洛阳，洛阳在前汉都城长安之东，所以又称东汉，前汉被称为西汉。在刘秀和王莽的夹击下，更始政权投向赤眉军。建武三年，刘秀经过崤底之战，剪灭赤眉军。随后他又陆续削平陇右和巴蜀等地区的割据政权。刘秀用12年的时间终于克定天下，从新莽末期大乱开始，20年战火频仍的中国再次归于一统。

刘秀“知天下疲耗，思乐息肩。自陇、蜀平后，非儆急，未尝复言军旅”。他躬行节俭，勤于政事，澄清吏治，法律严明，加强中央集权，同时，大力精简机构，减轻了人民的负担。他来自下层，了解民间疾苦，控制土地兼并，多次发布诏书释放奴婢并禁止残害奴婢，补充战后人口的严重不足。同时，兴修水利，轻徭薄税。一系列政策使得汉朝迅速恢复了繁荣。一时间东汉国势昌隆，史称“光武中兴”或“建武盛世”。

党锢之祸

东汉末年宦官乱政，很多崇尚气节的士大夫与宦官发生严重冲突。宦官以“党人”罪名禁锢这些士人，史称党锢之祸。前后共发生过两次大规模的党锢之祸，士大夫集团受到了严重的打击，这为黄巾之乱和汉朝的最终灭亡埋下伏笔。

光武帝、汉明帝、汉章帝三代均重儒学，风俗醇美，朝廷用人又采取察举制，所以天下士流崇尚节气。但东汉自汉章帝的儿子汉和帝又开始了外戚专权，汉和帝想当权，于是联结宦官谋诛外戚。所以结党营私的宦官的权势越来越显赫。士人陈蕃、李膺、太学生郭泰等人时称君子,有“三君”“八俊”“八顾”“八及”“八厨”之美誉,他们与外戚联合,对宦官集团进行激烈的抨击。因此引起了宦官的嫉恨,宦官借助汉桓帝的力量,将士流纷纷免官,或诬陷入狱,加以酷刑。延熹十年(167),桓帝窦皇后的父亲槐里侯窦武同情士人,上书求情。同年,改元永康,汉桓帝大赦天下,党人等获释,放归田里,史称“第一次党锢之祸”。

建宁元年(168)汉灵帝即位,窦武、陈蕃要求革除宦官参政,商量处死一些擅权的宦官。这个计划很快被宦官侦悉,他们率先发动政变,窦武、陈蕃反为所害,他们的亲属、学生和很多士人都被连坐入狱。有些人不停上书为窦武、陈蕃等人鸣冤,宦官们鉴于他们名望仍在,再次诬陷党人“欲图社稷”,再兴大狱。士人一党在各地陆续被逮捕、杀害、流徙、囚禁的达到六七百名。是为“第二次党锢之祸”。

熹平五年(176),永昌太守曹鸾上书为“党人”鸣冤,要求解除禁锢,却被灵帝收捕并处死。灵帝进而下令,凡是党人门生、故吏、父子、兄弟中任官的,一律罢免,禁锢终身,并牵连五族。党锢的范围进一步扩大。直到光和七年(184),黄巾兴起,汉灵帝怕党人与黄巾一同作乱,再次大赦天下。

中平六年(189),汉灵帝死后长子刘辩继位,是为少帝,外戚何进执掌大权,图谋诛除擅权的宦官张让等人,召董卓带兵入京。董卓还没有到,何进已为宦官诱杀,官僚世族袁绍等又大杀宦官。持续百年的外戚与宦官的斗争最终结束,东汉政权也名存实亡了。

三国鼎立

东汉末年几经征战,慢慢形成了曹操、刘备、孙权三大势力集团。曹操死后,220年,曹丕称帝,定都洛阳,国号魏,史称曹魏;次年,刘备称帝,定都成都,国号汉,史称蜀或蜀汉;229年孙权称帝,定都建邺,国号吴,史称东吴,至此三国鼎立局面正式形成。三国之间战事时常发生,但力量大体平衡,鼎足之势维持了40余年之久。

董卓入京作乱,随后董卓的部将李傕、郭汜持续作乱。在诛乱和镇压黄巾军起义的过程中,袁绍、曹操、刘备、孙权等人走上了历史舞台。曹操挟天子以令诸侯,占据优势。经过官渡之战,他击溃袁绍,而后又远征乌桓,平定凉州,稳定了北方。但在赤壁之战中,孙权和刘备联手,挫败曹操。刘备乘势占据荆州五郡,进而夺得益州和汉中;孙权稳固东南沿海,并经略江东,从而奠定了三国鼎立的基础。

荆州,一直是三国争夺的焦点之一。220年孙权派吕蒙袭杀关羽。221年,刘备以为关羽报仇的名义,发兵讨伐东吴,结果被陆逊打败,223年,刘备病死,托孤诸葛亮,刘禅即位。诸葛亮连年北伐,劳而无功。曹丕执政7年,使得北方地区重现安定繁荣局面,曹丕死后,长子曹叡即位,是为魏明帝。魏明帝也励精图治,但是英年早逝。养子曹芳即位,大权旁落,司马懿逐渐掌握了曹魏政权。

司马懿死后,两个儿子司马师、司马昭步步为营,将曹魏朝政越来越紧地控制在司马家族手中。“司马昭之心,路人皆知”后来成为一个成语。263年司马昭派钟会、邓艾等三路伐蜀,蜀汉亡。265年,司马昭死后,他的儿子司马炎仿曹丕故事,建立晋,史称西晋,改元泰始。279年,司马炎伐东吴,连续发动了交州之战、西陵之战。太康元年(280),王濬统率水陆两军,攻占建业,东吴灭亡,三国鼎立的分裂局面也随之结束。

三国时代,是战国最后的余光,是中国历史上波澜壮阔、群星璀璨的时代之一,无论政治军事、思想文化都涌现了一大批杰出人物。曹操、刘备、孙权、司马懿都是卓越的政治战略家,诸葛亮、关羽死后被中国民间封神,文化上有三曹、建安七子、何晏、王弼,随后有竹林七贤。

十六国

西晋末年,中国历史上再度出现了一段大分裂时期。该时期自304年李雄和刘渊分别在汉地巴蜀建立成国(成汉)、在中原建立汉赵(后称前赵)时起,至439年北魏拓跋焘(太武帝)灭北凉统一北方为止,史称十六国,随后中国历史进入南北朝时期。该时期中国各民族大融合异常活跃,一直持续到南北朝时期,直到隋朝完成统一。

晋武帝司马炎鉴于曹魏严格防控宗室权力,皇帝孤立无援而亡国的教训,登基后大肆分封自己的兄弟子侄等为王。而他死后,又将权力交给了一个非常平庸的儿子——晋惠帝。晋惠帝无能,甚至被很多史书形容为愚蠢,而他的皇后贾南风很能干,所以形成贾后专权。贾后为了巩固权力,不得不借助同姓王来做靠山,皇权的空虚引来了司马家族的八个王互相残杀,史称"八王之乱"。

从汉武直到曹魏,经常把降服的外族势力迁移到塞内和汉人杂居,几代繁衍,他们慢慢在中国北方形成了很大的势力,例如关中"率其户口,戎狄居半"。这些兄弟民族有时受到一些汉族官僚的欺压,所以当他们经历"八王之乱"的时候,目睹朝廷的无能和虚弱,纷纷起了独立的念头。八王之乱中,诸王还要借重这些兄弟民族的力量来帮忙,这更加剧了少数民族的离心力,一些汉族割据势力也乘势而起。中华大地一时间狼烟四起,中国进入了一个大分裂时期。十六国的命名源自北魏史官崔鸿的《十六国春秋》。

这十六国主要分布在华北地区和四川地区,共有成汉(氐族,李雄,304—347)、前赵(匈奴,刘渊,304—329)、后赵(羯族,石勒,319—351)、前凉(汉族,张轨,317—376)、前燕(鲜卑,慕容廆、慕容皝,337—370)、前秦(氐族,苻健,350—394)、后燕(鲜卑,慕容皝之子慕容垂,384—407)、后秦(羌族,姚苌,384—417)、西秦(鲜卑,乞伏国仁,385—431)、后凉(氐族,吕光,386—403)、南凉(鲜卑,秃发乌孤,397—414)、西凉(汉族,李暠,400—421)、北凉(匈奴,沮渠蒙逊,397—460)、南燕(鲜卑,慕容垂之弟慕容德,398—410)、北燕(高句丽,高云,407—436)及夏(匈奴,赫连勃勃,407—431)等国。其实十六国之外,还有鲜卑慕容氏建立的西燕、汉人谯纵在蜀地所建的谯蜀、汉人冉闵建立的冉魏、鲜卑拓跋氏建立的代及北魏等等政权。其中最为重要的兄弟民族包括匈奴、鲜卑、羯、氐、羌。

八王之乱期间,又逢连年自然灾害,301年,氐族人李特在益州率先发动流民暴动。李特死后,他的儿子李雄于304年在成都建立大成政权,后来李寿改国号为汉,因此史称成汉。成汉政权拉开了十六国的序幕。匈奴族刘渊是匈奴首领冒顿单于后代,文武兼修,本在晋朝为官,趁八王之乱,304年在山西称王,国号为汉,追认并尊奉后主刘禅,因为后来刘曜又改之为赵,所以史称前赵、汉赵。309年刘渊派儿子刘聪两次进攻洛阳;311年刘聪、石勒等再次进攻洛阳,俘虏了晋怀帝。晋人又立愍帝于长安,316年,刘聪派刘曜进攻长安。愍帝出降,晋朝在北方的政权仅仅维持50年就灭亡了。317年,西晋宗室司马睿在建康称帝,史称东晋。

刘渊、刘聪死后,成汉政权内部大乱,刘渊的养子刘曜据长安,改国号为赵,成汉大将石勒则在黄河中下游另立政权,其疆域基本上是战国时代的赵国地盘,所以国号也是赵,由于建立在刘曜的赵政权之后,所以史称后赵。石勒幼年贫困,曾被卖为奴隶,了解民间疾苦,能够善待不同民族的部众,他是十六国中最有眼光和才干的一位,能够求贤纳谏、减租宽刑、重视教育。他亲履行阵,战胜攻克,吞并冀幽,南拒祖逖,329年灭前赵,北击代国,基本统一了除前凉以及辽东、辽西之外的中国北方。

石勒死后,他的大将石虎夺取帝位,石虎淫暴嗜杀,死后大乱,他的养孙、汉人冉闵建立了大魏政权,报复性地大杀羯人。据有辽东、辽西的鲜卑慕容氏前燕政权进兵中原,灭了冉魏政权。氐族苻健也趁后赵之乱在关中地区建立秦王国,定都长安,史称前秦。后来苻坚统治下的前秦政权,励精图治,重用汉人王猛,推行"休养生息,加强生产"的政策,国力强盛。他向西吞并前燕,向东灭了十六国中的前凉,北取鲜卑慕容的代国,南据东晋,统一了北方。为了实现全国的统一,苻坚于公元383

年倾全国之力向江南进攻。这时候东晋谢安当国,命谢石为征讨大都督、谢玄为前锋都督,率水陆军8万迎敌,两军会战于淝水(今安徽寿县瓦埠湖一带)。淝水之战,以东晋的胜利告终。前秦政权严重削弱,羌族姚苌仍据关中,都长安,建立后秦;慕容皝之子慕容垂占据东方复国,建立后燕;鲜卑族拓跋珪复代国,不久改称魏王,398年,确定国号为魏,并迁都平城(今山西大同市)。西秦、后凉、南凉、西凉、北凉、南燕、北燕、夏等小国林立。在这个极其混乱的年代,拓跋珪经过和后燕、后秦争霸,后来统一了北方。

偏安南方的东晋也一直不够稳定,政权被士族大家把持,建国不久就有王敦之乱,淝水之战后又有桓玄之乱,数次北伐均虎头蛇尾,直到420年,政权被大将刘裕篡取,基业150年的司马氏政权被消灭,从此中国进入了长期对峙的南北朝时代。

拓跋兴魏

拓跋氏经过几代努力,最后结束了十六国的混乱局面,统一了中国北方,建立北魏政权。尤其是北魏孝文帝时期进行了一系列的汉化改革,大大推动了中国各民族的大融合,也为后来隋朝的统一奠定了基础。

征服后燕、雄踞华北的拓跋珪,晚期猜疑多忌,409年被次子弑杀,时年39岁。长子拓跋嗣带兵入宫,夺位登基,年号永兴,是为明元帝。明元帝体察民情,内修庶政,选贤任能,外拓疆土,北伐柔然,南征刘宋,后积劳成疾,在亲征过程中,旧病复发,于423年病逝,时年32岁。明元帝长子拓跋焘即位,是为魏太武帝。魏太武帝也和父亲一样带兵征战,因为身先士卒,赏罚分明,善用骑兵,先后攻灭夏、北燕、北凉,征伐山胡,降伏鄯善、粟特等西域诸国,到439年结束了十六国纷争的混乱局面,将柔然、吐谷浑以外的北方统一于魏朝大旗之下。

拓跋珪、拓跋嗣、拓跋焘北魏三代君主,均善于征战,作为草原民族的马上皇帝,很注意吸取汉族官僚士大夫的意见,促进农业生产。尤其是拓跋焘清俭率素、爱惜民力、尊孔修文,所以北魏能够廓定四表,混一戎华。拓跋焘死后,经过文成帝拓跋濬、献文帝拓跋弘的逐步改革,稳定发展,北魏的社会经济由游牧经济转变为农业经济。献文帝拓跋弘崇信佛教,登基6年便有出世之想,471年下诏传位皇太子拓跋宏,是为孝文帝。

476年拓跋弘突然去世时年仅23岁,孝文帝拓跋宏也才9岁,冯太后摄政。冯太后(441—490)本是北燕皇族,被文成帝册封为皇后,文成帝死后即临朝听政,定策诛杀作乱权臣后归政献文帝。献文帝的离奇死亡可能和冯太后争权有关。不足两岁的拓跋弘被立为太子时,按照北魏宫廷旧例,其生母被赐死。拓跋弘失去母亲以后,养育之责一直由冯太后承担。冯太后于拓跋弘死后再度临朝执政,对鲜卑化的朝廷进行了一系列中央集权的改革。490年,冯太后病死,年满23岁的孝文帝亲政,进一步摧抑豪强,推行三长制和均田制,加强改革。494年,以"南伐"为名,迁都洛阳,全面改革鲜卑旧俗。规定以汉服代替鲜卑服,以汉语代替鲜卑语,改鲜卑姓为汉姓,自己以身作则改姓"元"。此举大大推动了北魏经济、文化、社会的发展,同时缓解了民族隔阂,促进北方各民族人民的融合,史称"太和改革"或"北魏孝文帝改革"。

498年,孝文帝趁南朝宋齐易代之际大举南伐。和南齐政权互有胜负,胶着不下。499年得知齐明帝死讯,孝文帝下诏说"礼不伐丧",引兵而还。不久又抱病南征,途中病死。

十六国的杀戮征伐以及北魏孝文帝改革,使得北方汉族不再是一个单纯的血统概念,充分体现了中华文明的多民族特征。而强盛的北魏经过孝文帝改革后,三十余年走向终结,关于太和改革也留有诸多争议。

南北朝

中国历史上的一段大分裂时期,也是中国历史上的一段民族大融合时期,上承东晋十六国下接隋朝,由420年刘裕代东晋建立刘宋始,至589年隋灭陈而终。

南朝（420—589）包含刘宋、南齐、南梁、南陈四朝；北朝（439—581）包含北魏、东魏—北齐、西魏—北周政权。南北两方虽各有朝代更迭，但长期维持对峙形势，故称为南北朝。

南北朝前期仍是士族政治，社会阶层分为士族、齐民编户、依附户及奴婢，对外交流也很兴旺，东到日本和朝鲜半岛，西到西域、中亚、西亚，南到东南亚与南亚。

此时也出现民族大融合的趋势，比如北魏孝文帝改革，进一步加速少数民族封建化（汉化）的步伐。

581年杨坚代周为帝，即隋文帝，改国号大隋，北周亡。587年隋文帝废西梁后主萧琮，西梁亡。588年隋文帝发动灭陈之战，以杨广、杨素为行军元帅，派贺若弼和韩擒虎等发兵攻陈。次年隋军攻陷建康，南朝陈亡，中国再度统一。自永嘉之乱以来，中国分裂近300年之久的“南北朝时代”结束。

六朝

通常指从三国到隋之间的六个南方政权，包括东吴、东晋、南朝宋、南朝齐、南朝梁、南朝陈。因为这六个朝代上承秦汉、下启隋唐，均以建康（东吴时名建业。今江苏南京）为首都，故合称“六朝”。

东吴（222—280），国祚不足60年，但已经是三国中历时最久的政权。孙权当政期间特别重视农田水利建设，努力开发江南，江南的纺织、青瓷、造船、铜铁冶铸等方面获得长足进展，对外开拓海上丝绸之路。后来三国归晋。东晋政权的建立是因为西晋政权遭受了八王之乱后不久又遭逢永嘉之变，洛阳、长安先后陷落，北方士人衣冠南渡，这些士人和南方大族合流支持司马睿建立东晋政权（317—420）。东晋政权依门阀制度维持百年，王、庾、桓、谢诸大姓先后掌握朝政，先有王敦之乱，后有孙恩、卢循起义，其间数次北伐均未成功，军事和政治方面乏善可陈，不过它为中国文化贡献了几个杰出的人物：道教大学者葛洪、书圣王羲之、大画家顾恺之、大诗人陶渊明等。

420年，刘裕代晋，建国号“宋”，史称刘宋。刘裕是六朝中最有作为、最有生气的一个皇帝，他两次北伐，灭南燕、后秦，又南灭谯蜀，统一了中国南方，向北相继收复淮北、山东、河南、关中等地，并光复洛阳、长安两都。424年，他的儿子刘义隆继位，是为宋文帝，在位30年，年号“元嘉”。刘义隆继续实行刘裕的治国方略，实行劝学、兴农、招贤等一系列措施，使得刘宋王朝大致拥有黄河以南的广大地区，成为东晋以来南朝时期疆域最大、实力最强、经济最发达、文化最繁荣的一个王朝，史称“元嘉之治”。元嘉文坛活跃着三位诗人：鲍照、谢灵运、颜延之，史称“元嘉三大家”。刘义隆继父亲遗志，几次北伐，但均以惨败告终。刘义隆猜忌而寡断，内部形成了宗室之乱。宗室之乱的结果是皇权旁落。公元479年，权臣萧道成受禅称帝，国号齐。为区别于北朝高洋建立的北齐，史学界常称之为萧齐，又因居于江南，而有南齐之称。

南朝齐萧道成启用寒族人士，推行检籍法，严令整顿户籍，提倡节俭。临终前，嘱咐太子萧赜：警惕晋、宋朝皇室手足相残的教训，善待同室兄弟。萧赜继位，是为齐武帝，年号永明。他遵从父亲教导，政事修明，社会较为安定，史称“永明之治”。武帝死后，宗室发生立储之乱，后来萧道成的侄子萧鸾登基，是为齐明帝。齐明帝对宗室子侄残酷杀戮，在位5年便将萧家子孙二三十人几乎全部诛灭。齐国祚刚逾20年，502年萧衍代齐，改国号为梁，是为梁武帝。梁武帝艺术修养很高，很勤俭，崇奉佛教，在位近50年，有小康之治。晚年遭遇反复无常的侯景之乱。后来继立的儿子萧纲、萧绎均雅好文学，但治国能力不足。557年陈霸先代梁，建立陈。这时北朝已经越来越强大，陈国享祚30年，589年被已经统一了北方的隋朝攻灭。从西晋以来分裂300年，承接北魏—北周的隋朝再次实现了全国的统一。

贞观之治

唐太宗李世民在位期间（627—649），上下群策群力，实现了政治清明、经济复苏、文化繁荣的治世局面。因为当时年号贞观，所以这段时间的政治局面被称为贞观之治。

三国两晋南北朝之后，隋短暂统一，二世而亡。唐统一后，626年，李世民发动“玄武门之变”，随后登上帝位。他知道“水能载舟，亦能覆舟”的道理，即位不久就开始改革政治体制，特别是对中央政府组织系统中最为核心、政治机制中最为关键的宰相制度进行调整，力图精简机构，提高效率，减少失误。面对满目疮痍、百废待兴的社会现状，魏徵提出：治理国家最重要的是安静。意思是，清净无为不骚扰民，轻徭薄赋不盘剥民，与民休息不糟蹋民。李世民认为若想防止政治腐败，长治久安地开创出太平盛世来，作为君主，要做好两件事情：其一是受诤谏，就是君主既有能力让人们说真话，也要有雅量听得进去真话；其二则是任用贤良，就是让德才兼备的人有用武之地。所以他接纳了魏徵的建议，并打出两面大旗——“以诚信御天下”和“为政莫若至公”。李世民当政期间大体上没有离开过这两面旗帜。贞观一朝朝野上下节俭成风；李世民亲自选拔地方官员，对官员的考核、奖惩、任免等等抓得极严，对贪赃枉法者惩治严厉。因此，唐王朝很快就出现了道不拾遗、夜不闭户的景象，商贾走在路上可以放心地露宿野外。到贞观四年（630），李世民不但迎来了农业生产上的大丰收，还迎来了军事上、政治上的大丰收。

贞观年间，唐王朝社会安定、经济繁荣，武功显赫，李世民先后平定突厥、高昌、焉耆、龟兹、吐谷浑等，由是唐朝声威远播。贞观二十一年（647），唐太宗被回纥等族拥戴为“天可汗”，成为各族的共主和最高首领。唐朝疆域辽阔，在西域设立了安西四镇，西部边界直达中亚的石国（今属乌兹别克斯坦），为东西方的商业交流提供了安定的社会秩序和有效的安全保障，丝绸之路上的商旅不绝于途，品种繁多的大宗货物在东西方世界往来传递，丝绸之路成了整个世界的黄金走廊。

开元盛世

武则天病逝后，唐王朝的皇权出现了短暂的混乱，公元712年李隆基登基，是为唐玄宗，他于次年削平了太平公主之乱，决定励精图治，改元开元。他在长于吏务的姚崇、宋璟的帮助下，巩固皇权，澄清吏治，裁撤冗员，恢复谏官制度，提倡节俭，减少政府开支；严格户口制度和土地制度，开垦荒地，手工业、商业迅猛发展，同时打击逃税者，增加财政收入。随后又提倡文治，以张说、张九龄等为相，重用科举人才，唐朝一时间大诗人群星璀璨：贺知章、王昌龄、王之涣、王维、孟浩然、高适、岑参、李白、杜甫。开元初期君臣一心，全国经济迅速繁荣，迎来了“忆昔开元全盛日，小邑犹藏万家室。稻米流脂粟米白，公私仓廪俱丰实”的盛世，使得唐王朝达到最为繁荣的时期，也是中国古代封建社会最为强盛的时代。一时间人口大幅度增长，国家财政收入稳定。国内交通四通八达，对外贸易不断增长，各国商人、访学者和游客纷至沓来，大城市繁华昌盛，长安、洛阳等城市成为了国际交流文化中心。因当时年号为“开元”，史称“开元盛世”。

唐朝国土辽阔、国威远播也是国力强盛的开元之治的重要标志。唐玄宗早期开始了若干军事改革，改府兵制为募兵制，节约开支，提高战斗力。为安定边陲，大量扩充防戍军镇，设制军镇，立节度使，通称“藩镇”。藩镇强大，使得唐朝疆域南至罗伏州（今越南河静）、北括玄阙州（今俄罗斯安加拉河流域）、西及安息州（今乌兹别克斯坦布哈拉）、东临哥勿州（今吉林通化），在中国历史上是空前的。

但各藩镇掌管一个地区的军政，后来权力逐渐扩大，兼管民政、财政，掌握全部军政大权，客观上造成中央空虚，这埋下了随后“安史之乱”的祸根。加之唐玄宗享国已久，渐趋奢靡，重用外戚和善于奉迎的官员。口蜜腹剑的李林甫担任宰相19年，是玄宗朝在位时间最长的宰相。他大权独握，蔽塞言路，排除异己，他和外戚杨国忠争权，最后导致纲纪紊乱，唐朝也因此由盛转衰。

安史之乱

唐玄宗统治后期，安禄山、史思明相继叛乱，给唐王朝造成了深重的灾难，史称安史之乱。安史之乱是唐王朝由盛转衰的一个转折点，也是盛唐与中唐的分水岭。

天宝元年(742)，机敏骁勇的粟特人安禄山升任平卢节度使(治所营州，今辽宁朝阳)，从此有了与皇帝直接打交道的机会。他善察人意，贿赂玄宗身边的人，特别受到唐玄宗的赏识。天宝三年，安禄山被任命为范阳节度使(治所幽州，今北京)，并得到杨贵妃和李林甫的喜欢和推荐。天宝六年，玄宗加封安禄山兼御史大夫的朝衔；天宝十年，朝廷又任命安禄山为河东节度使(治所太原府，今山西太原西南)。天宝年间沿边十大藩镇，安禄山一人掌管着东北部三大藩镇军政大权，他开始了反叛的准备，以加强边防的名义储藏兵器、马匹和粮食。天宝十二年，安禄山素所忌惮的李林甫病死，杨贵妃的族兄杨国忠拜相，他结党营私，好大喜功，穷兵黩武，动辄对边境兄弟民族用兵。天宝十四年，安禄山从范阳起兵，诈称奉唐玄宗旨意率部讨伐逆臣杨国忠。叛军严厉整肃，以一当十，浩浩荡荡，一路打到洛阳。天宝十五年，安禄山僭越称帝，国号大燕。接着潼关不守，唐玄宗仓皇逃往西蜀避难，长安陷落。

唐玄宗一行到马嵬坡(今陕西兴平市西北)时，将士饥疲，六军愤怒，杨国忠、杨贵妃被杀死，史称“马嵬坡之变”。此后，玄宗入蜀。太子李亨等北上灵武，被朔方诸将所推而自行登基，是为唐肃宗，改元至德。他遥奉玄宗为太上皇；封郭子仪为兵部尚书、李光弼为户部尚书。这时候的安禄山因为身体肥胖，长年长疮疖，双目失明，被病痛折磨得暴躁烦乱，动辄对身边人使用刑罚，肃宗至德二年(757)被儿子安庆绪弑杀。乾元二年(759)突厥人史思明杀安庆绪自立，两年后，残暴的史思明又被儿子史朝义杀死。宝应元年(762)，唐朝军队借回纥兵之助开始反攻，攻破叛军盘踞的洛阳。广德元年(763)，逃往范阳的史朝义自缢，其余叛将陆续投降，持续7年多的安史之乱至此结束。战乱使唐王朝遭到一次空前浩劫。

藩镇割据

通常指唐朝中后期某些地方势力拥兵自重，在军事、财政、人事方面摆脱中央政府控制而自立的局面。

为平定安史之乱，唐王朝将军镇制度由边地扩展到了内地，最重要的州设立节度使，指挥几个州的军事；较次要的州设立防御使或团练使，以扼守军事要地。战乱戡平之后，如果罢去内地诸镇、尽销其兵，势必使得外强内弱，有重蹈安史之乱的危险；而如果中原诸镇继续保持足够的兵力，那么内外互相牵制，就可以维持一种均势。因此唐王朝将军镇制度推向全国：东南藩镇从财力上支撑朝廷，边疆藩镇对外作战，中原藩镇则镇遏河朔、屏障关中，在武力和财力的相互依赖关系上，构成了一个既密切联系又互相制约的整体结构，这样又延续了唐王朝一百多年的统治。

唐肃宗四传到唐宪宗李纯元和年间，中央军力和财力又有了一定基础，他开始执行削藩政策。宪宗死后，唐穆宗仍然主张“销兵”，被裁撤的士兵无以为生，因此埋下了动乱的根源。不久河朔三镇(范阳节度使、成德节度使、魏博节度使)再度反叛。朝廷没有足够的军费削平叛乱，只能承认现实。唐僖宗年间，关东大旱引起王仙芝起义，王仙芝死后，黄巢成为起义领袖。880年，起义军攻下东都洛阳，随后攻下潼关(今陕西潼关东北)，唐僖宗仓皇逃往四川；881年，起义军进入长安。许多军镇利用战乱扩充自己的实力，全国逐渐出现了许多割据势力，有的原是唐朝的节度使，有的则是自己形成一个武装集团之后，被唐朝授予节度使。割据的藩镇空前增多。884年黄巢起义失败，这些藩镇随即陷入互相兼并的战争中，数十年不断，直到907年唐朝灭亡，中国进入了五代十国的又一个大分裂时期。

遣唐使

从7世纪初至9世纪末约264年的时间里，日本为了学习中国典章制度和文化，向唐朝派出的使臣。

7世纪前半叶(唐初)，中国封建经济发达，社会稳定，文化繁荣，东邻日本处于大化革新前后，封建制度刚刚开始兴起。日本朝廷为了建立和发展封建制度，积极与唐朝开展外交活动，热心吸收唐朝的典章制度和文化，曾多次派遣国使渡海赴唐，史称遣唐使。

唐贞观四年（630），日本第一次派出遣唐使，此后200多年间，先后派遣唐使共19次。遣唐使中除有正使、副使外，还有大批随员，少时百余人，多时达六七百人，其中大都是有学识的文人、名士以及留学生、学问僧。日本使臣和众多随员到中国后，都受到了唐朝皇帝的盛情款待和赏赐，结束出使后他们中的留学生和学问僧多数留下来学习，学习短则十几年，多则二三十年。其中的代表人物阿倍仲麻吕（中国名晁衡）毕业于长安太学，后中进士，出任秘书省，任秘书兼卫尉卿，名列公卿之位，在中国居住54年，为中日两国友谊和文化交流做出了卓越贡献。其他人归国后在改革日本政治、发展日本科学文化以及加强中日文化交流方面也都取得巨大成绩。

895年遣唐使被废止，其主要原因除了唐朝政局动荡不安以外，还有经过200多年的学习移植唐代文化，日本已经基本上完成改革，并在此基础上开始萌生具有日本特色的国风文化，因此对中国文化学习的需求已不那么迫切。

遣唐使是中日文化交流史上的空前盛举，日本派遣遣唐使的次数之多、规模之大、时间之久、学习内容之丰富，可谓绝无仅有。遣唐使对推动日本社会的发展和促进中日友好交流做出了巨大贡献，结出了丰硕的果实，成为中日文化交流的第一次高潮。

五代十国

907年唐朝灭亡后，中原地区依次经过五个朝代的更迭：即后梁、后唐、后晋、后汉和后周，欧阳修《新五代史》谓之为五代。中原地区之外，还存在过其他十余个割据政权，包括前蜀、后蜀、南吴、南唐、吴越、闽、楚、南汉、南平（荆南）、北汉等，这10个割据政权被《新五代史》及后世史学家统称十国。五代和十国并称五代十国。960年，后周大将赵匡胤发动陈桥兵变，黄袍加身，建立宋朝，五代结束。北宋建立后开始统一战争，赵匡胤采取先南后北的策略，先取四川，次取荆广、江南，然后再回头向北打。979年，北汉降宋后，十国结束，宋基本统一了中原地区和南方各分裂势力，中国历史上形成了辽宋南北对立的局面。

唐朝剿灭黄巢起义中，有两个人战功赫赫，一个是沙陀贵族李克用，一个是从黄巢部投诚过来的大将朱温。朱温于882年投降唐朝，被唐僖宗赐名“全忠”，883年，被任命为宣武军节度使，此后他的官位随着他的战功一路飙升。唐僖宗晚年被宦官控制，唐昭宗立，仍被宦官或地方军阀控制。900年，宦官们禁闭昭宗，谋划另立傀儡。朱温派人杀死政变的宦官，901年拥立昭宗复位，昭宗加封朱温为梁王。从此，唐昭宗完全被朱温掌握。朱温担心昭宗被自己的对手利用，904年表请迁都洛阳，随后杀死昭宗，另立年仅13岁的李柷，是为唐哀宗。907年，在朱温的逼迫下，皇帝禅位给朱温。唐朝灭亡后，朱温登基后更名为朱晃，改元开平，国号大梁，升汴州为开封府（今河南开封），建为东都，而以唐东都洛阳为西都。史称后梁，五代十国于此开始。

李克用一直是朱温的老对手，长期割据河东，与占据汴州的朱温对峙。朱温篡唐后，李克用仍用唐年号，以复兴唐朝为名与后梁争雄。李克用病死后，其子李存勖继任河东节度使，袭封晋王，虎虎有生气，北挫辽国，南抗后梁。923年，李存勖在魏州称帝，改元同光，他仍然沿用“唐”为国号，史称后唐。李存勖对后梁用兵十战九胜，于称帝当年灭后梁。925年，李存勖派军进抵成都，灭前蜀，让南方诸国惊惧不已。后唐是五代十国时期统治疆域最广的朝代。李存勖死后，继立的唐明宗李嗣源是五代少有的开明皇帝，后唐政治相对清明，人民休养生息。

李嗣源死后三年，936年，他的女婿石敬瑭以割让燕云十六州为代价，借辽兵攻入洛阳，夺取后唐政权，改国号为晋，于辽国以儿国自称，史称后晋。自此辽国轻易占领了长城一带的险要地区，长驱直入黄河流域而不再有任何天然屏障。石敬瑭死后，继承人石重贵力图脱离对契丹的依附，947年，后晋政权被辽国灭掉，后晋大将刘知远在太原称帝，国号汉，史称后汉，后攻克并定都于汴州。

刘知远称帝仅一年便病死，后汉内部矛盾重重，又苟延残喘2年多，951年，后汉大将郭威登上皇帝宝座，改元广顺，国号周，史称后周，定都东京开封府（今河南开封）。郭威针对唐末以来的积弊，进行了一些有效的改革以达到统一中国的目的。但他在位4年就病死了，其养子柴荣即位，是为周世宗。周世宗整军练卒、裁汰冗弱、招抚流亡、减少赋税，使得中原经济开始复苏。军事上，周世宗西败后蜀，三征南唐，北伐辽国，并希图收复当年被石敬瑭割让给契丹的燕云十六州。但在大好形势下，他却突然在军中得病，959年英年早逝，享年39岁；次年后周大将赵匡胤发动陈桥驿兵变，建立宋朝，后周政权覆灭，五代结束。

和五代对应的十国，大都是唐末藩镇割据形成的地方政权，其中最强大的是南吴，建立者是唐昭宗景福元年（892）册封的淮南节度使杨行密，902年加封吴王讨伐朱温，强力遏止了朱温南进步伐，为江淮一带的发展提供了一个相对和平的环境。顺义七年（927），杨行密第四子杨溥称帝，这时候朝政大权已经落在权臣徐知诰手里。937年，徐知诰自称是唐宪宗之子建王李恪的四世孙，恢复李姓，改名为昪，又改国号为唐，史称南唐。李昪死后，长子李璟即位。李璟在位吞灭了楚、闽二国，南唐疆土最为广大。但他作风奢靡，政治趋于腐败。李璟好读书，多才艺，常与宠臣韩熙载、冯延巳等饮宴赋诗。961年李璟去世，子李煜继立，是为李后主。李璟、李煜、冯延巳等均为晚唐五代重要词人，为中国诗词的发展做出了卓越贡献。971年，宋太祖灭南汉，屯兵汉阳，李煜非常恐惧，去“唐”国号，后降宋，978年，李煜被宋太宗鸩杀。

五代词人中，能媲美李煜、冯延巳的是韦庄（约836—约910）。与温庭筠并称温韦，曾任前蜀宰相。前蜀是唐末的四川节度使王建（847—918）所建。王建在903年被唐昭宗封为蜀王，成为当时最大的割据势力。唐亡后，不服后梁而自立为帝，国号大蜀，史称“前蜀”。王建在位12年，蜀中大治。传二世被后唐灭国。后唐乱后，孟知祥窃取蜀中兵权，934年在成都建都称帝，国号蜀，史称后蜀。孟知祥称帝次年病逝，其子孟昶颇能振作，使后蜀成为五代时期经济文化较发达的地区。后蜀维持近30年，964年降宋。

十国中，国祚最长的是吴越，唐末镇东节度使钱镠于907年所建，以杭州为都，盛时疆域约为今浙江全省、江苏南部、福建东北部。第五代君主钱弘俶帮宋伐南唐。公元978年，降宋，吴越政权存在72年。

五代十国期间，中国的绘画艺术取得了突破性进展，南唐董源、巨然师徒的山水画，南唐徐熙、后蜀黄筌的花鸟画，南唐顾闳中、周文矩的人物画均享有盛名。

辽金夏

与宋代并立的几个兄弟民族政权。

辽朝（907—1125），中国历史上由契丹族建立的朝代，共传九帝，享国219年。907年，辽太祖耶律阿保机成为契丹部落联盟首领，916年始建年号，国号“契丹”，定都上京临潢府（今内蒙古赤峰市巴林左旗南波罗城）。947年，辽太宗率军南下中原，攻占汴京（今河南开封），耶律德光于汴京登基称帝，改国号为“辽”，改年号为“大同”。983年更名“大契丹”。1007年辽圣宗迁都中京大定府（今内蒙古赤峰市宁城县）。1066年辽道宗耶律洪基复国号“辽”。1125年被金国所灭。

金朝（1115—1234），正式国号是“大金”，中国历史上由女真族建立的封建王朝，共传十帝，享国120年。

女真原为辽朝臣属，天庆四年（1114），金太祖完颜旻统一女真诸部后起兵反辽，于翌年在上京会宁府（今黑龙江哈尔滨市）建都立国，国号“大金”，建元“收国”。

并于1125年灭辽朝，两年后再灭北宋。贞元元年(1153)，海陵王完颜亮迁都中都大兴府(今北京)。金世宗、金章宗统治时期，金朝政治文化达到巅峰，金章宗在位后期由盛转衰。金宣宗继位后，内部政治腐败、民不聊生，外受大蒙古国南侵，被迫迁都汴京开封府(今河南开封)。女真贵族大肆占领华北田地，使得双方的冲突加剧，汉族纷纷揭竿而起。1234年，金朝在南宋和蒙古南北夹击下覆亡。

夏(1038—1227)，中国历史上由党项人在中国西北部建立的一个朝代，历经十帝，享国190年。

夏的祖先党项族原居四川松潘高原，唐朝时迁居陕北。因平乱有功被唐帝封为夏州节度使，先后臣服于唐朝、五代诸朝与宋朝。夏州政权被北宋并吞后，由于李继迁不愿投降而再次立国，并且取得辽帝的册封。李继迁采取联辽抵宋的方式，陆续占领兰州与河西走廊地区。宋景祐五年(1038)李元昊称帝建国，即夏景宗，西夏正式建国，国号“大夏”，简称夏，又自称邦泥定国或白高大夏国、西朝。因其在西方，宋人称之为西夏。

杯酒释兵权

北宋建隆年间，宋太祖赵匡胤为了避免下属将领篡夺政权，通过酒宴方式，威胁利诱，要求高级将领交出兵权。后来演变为一个成语，引申为轻而易举解除了下属的实权。

周世宗柴荣病死，继位的小皇帝只有7岁。960年，辽国南侵，禁卫军的统帅殿前都点检赵匡胤获得最高军权，可以调动全国兵马。大军出了东京城(今河南开封市)，行军至陈桥驿(今河南封丘东南陈桥镇)。一天夜里，将士将一件事先准备好的黄袍披在刚刚醒来的赵匡胤身上，拥立其为皇帝，大家列拜庭下，呼喊万岁。赵匡胤随后率军回师都城开封，兵不血刃取得了后周政权，建立宋朝。赵匡胤陆续剪除了那些反对自己的势力，然后开始进行长治久安的制度安排，他要改变唐末以来数十年间帝王频繁更换、争战无休无止的状态。

建隆二年(961)一天晚朝结束，赵匡胤把石守信等禁军高级将领留下喝酒，这些人都是大功臣。酒兴正浓时，宋太祖突然屏退侍从。他长叹一声，告诉大家：“若没有诸位襄助，我到不了今天这个位子，所以我一直感念诸位功业。但是做皇帝太难了，还不如做节度使快乐，一夜夜都睡不好！”石守信等人惊问其原因，赵匡胤回答说：“这个皇位谁不想坐呢？你们虽然忠心耿耿，然而你们部下如果贪图荣华富贵，把黄袍加在你们身上，你们恐怕不想当皇帝也身不由己了。”这些人知道自己受到猜忌，请求赵匡胤来解决。赵匡胤说：“人生如白驹过隙，所追求的富贵也不过是多积攒些金钱，自己快乐一生，子孙也摆脱贫乏罢了。你们不如放弃禁卫军兵权，到地方去做节度使，买些好的田地，造福子孙，多罗致歌儿舞女，美酒相伴，享受享受自己的余生！我和你们互相通婚，君臣之间，两无猜疑，上下相安，这样不是很好吗？”于是，第二天这些大臣都自称身体不好，纷纷请求罢官。赵匡胤一一批准，并且给他们很丰厚的赏赐。石守信、高怀德、王审琦等禁卫军的兵权都被解除，到各地方任节度使去了。

这个事件因为故事性太强，引起了近世一些学者的怀疑。综合各方研究来看，这个事件的实际过程也许是有美化的，但赵匡胤确实没有像刘邦、朱元璋一样血腥地诛戮功臣，而是以相对平和的姿态解决了五代顽疾，这背后肯定有着实力的对比和战略的较量。

宋代设立枢密院，与三衙统领各有所司。三衙掌握禁军，但没有调兵和发兵的权力；枢密院有发兵、调兵之权，而不能直接掌握军队。这样调兵权与领兵权分离，各自独立，相互制约。全部军队一分为二，一半屯驻京城，一半戍守外地，内外军队互相制约。驻屯京城的禁军与驻在外地的禁军都定期调动，这种轮流驻防的办法称为“更戍法”。士兵的经常换防，造成兵不识将，将不识兵，兵无常帅，帅无常师，将官再也不能同朝廷对抗了。

为了加强中央集权，宋代还采取了军、财、民三权分立的制度，建立完善的文官制度，由中央派遣文官出任知州、知县等地方官，三年一更换，直接对中央负责，以削弱节度使的行政权力。

这一系列的制度保证了宋朝的稳定性，但也客观上削弱了宋朝对外作战的实力，埋下了外患的种子，并且杯酒释兵权，也刺激了更大规模的土地兼并和官员腐败。

澶渊之盟

北宋和辽国于1005年在澶州订立的和约：辽宋为兄弟之国；宋辽以白沟河为国界，双方撤兵；宋方每年向辽提供“助军旅之费”银十万两，绢二十万匹；双方于边境设置榷场，开展互市贸易。澶州（今河南濮阳）又名澶渊，因此史称“澶渊之盟”。

1004年秋，辽国萧太后与辽圣宗亲率20万辽军南下，深入宋境，直逼澶州，与澶州仅隔一河的都城汴京也暴露在辽国骑兵的威胁之下。

北宋朝野上下震动，是战是和，一时莫衷一是，有人甚至提出了迁都南方的方案。这当口，宰相寇准反对南迁，力主宋真宗御驾亲征。宋真宗出现在澶州北城，大大鼓舞了前线将士的势气，辽军先锋官被射杀，辽国军队节节失利。因辽国深入中原，补给困难，继续进攻已很难获得大的进展，因此提出议和。议和条件是要宋“归还”后周世宗北伐夺得的“关南之地”；宋方的条件是，辽国退兵，可以每年给辽国一些经济补偿，但不答应领土要求。最后基本按照宋方的方案议和。

辽国体面退兵，宋朝拿钱换和平。澶渊之盟后，宋、辽之间百余年间不再有大规模的战事。宋朝了却了最大的边患，为仁宗朝的文治巅峰创造了前提条件，中国向内转型，创造了灿烂的文明，此其利。其弊端是：论和之后，一些士大夫多以讳不言兵为贤，宋朝武备松弛，这埋下后来“靖康之耻”的亡国之患，宋朝也因此一直给后人一个“文盛武弱”的印象。

王安石变法

宋朝立国后，赵匡胤为了防止武将专权和地方割据，决定分化军事权，使得军事体系庞大，兵将不相习；又要应对辽夏崛起等外患，实行“养兵”政策，形成了大量冗兵。在政治上重文抑武，为了维护中央集权，增加官员之间的相互制衡，削弱官员的权力，宋朝实行一职多官，导致官僚机构庞大而臃肿，形成大量冗员。这些都大大加重了政府的财政负担，再加上大兴土木、修建寺观等，形成了“冗费”。冗兵、冗员和冗费，三者紧密联系，最终形成北宋积贫积弱的局面。为了缓解危机，改变这种局面，宋仁宗启用范仲淹、欧阳修等改革旧制，史称“庆历新政”，但仅历经一年即告失败。宋神宗时又启用王安石，变法图强，史称“熙宁变法”。

熙宁二年（1069），王安石被任命为参知政事，他提出当务之急在于改变风俗、确立法度，提议变法。他提出“天变不足畏、人言不足恤、祖宗之法不足守”的“三不足”精神，并设“制置三司条例司”，作为变法机构。

王安石遣人察诸路农田、水利、赋役；立淮浙江湖六路均输法和青苗法；颁农田水利条约、募役法、保甲法、方田均税法、市易法；改革科举制度。

王安石变法的核心是理财，方针是“民不加赋而国用饶”，“因天下之力以生天下之财，取天下之财以供天下之费”。最能体现其理财精神的是农田水利法，鼓励农田水利建设，推动疏浚黄河等，采用“淤田”的办法，决放河流，使河流内的淤泥流入农田，改造贫瘠的土地为良田，把潜藏在自然界的财富尽可能地发掘出来。“方田均税法”，规定每年九月丈量土地，按土地肥瘠定为五等，然后以“方田”丈量的结果为依据，制定税数，清点豪强地主隐瞒的土地，增加了国家财政收入，也同时在一定程度上起到了“抑豪强”的作用。“均输法”设发运使总管东南六路的赋税收入，掌握供需情况，凡籴买、税收、上供物品，都可以“徙贵就贱，用近易远”。对于京都库藏支存定数，以及需要供办的物品，发运使有权了解核实，使能“从便变易蓄买”，存储备用。一改过去固定不变地向各地征敛实物赋税，而主要是在灾荒歉收物价高涨的地区折征钱币，用钱币到丰收的地区贱价购买上供物资，此即“徙贵就贱”。“青苗法”则改变旧有常平仓制度的“遇贵量减市价粜，遇贱量增市价籴”的呆板做法，灵活地将常平仓、广惠仓的储粮折算为本钱，以 20% 的利率贷给农民、城市手工业者，以缓和民间高利贷盘剥的现象，同时增加政府的财政收入。“募役法”规定原本百姓按户等轮流到州县当差役的方法，改为由州县官府出钱雇人应役。募役费用由当地主户按户等分担，称“免役钱”，原本免役的官户、僧道户等，也缴纳同样的钱，称“助役钱”。“市易法”在边境和重要城市设市易司或市易务，平价收购市上滞销的货物，并允许商贾贷款或赊货，按规定收取息金。

王安石变法的理财是非常成功的，使得中央和地方政府垄断了货物流通所产生的利润，蓄积了巨额的钱币和谷物，北宋积贫的局面因此大大改观。但“青苗法”“均输法”“募役法”“市易法”都是为了减轻纳税人负担，打击商人和地方豪强“擅轻重敛散之权”，触动了一些当权者的利益，加之新法推行过程中也难免出现新的政绩工程和盘剥现象，所以王安石变法受到保守派的抵死反对。

王安石变法加强了中央集权，其理想是富国强兵，在军事上制服西陲、吞灭西夏、征讨契丹，“恢复汉唐旧境”。他的“保甲法”规定各地农村住户，不论主户或客户，每十家（后改为五家）组成一保，五保为一大保，十大保为一都保。凡家有两丁以上的，出一人为保丁。农闲时集合保丁，进行军训；夜间轮差巡查，维持治安。寓兵于农，力图实现军事上的雇佣兵制向征兵制过渡。王安石当政时支持王韶对西夏用兵，取得了空前的军事胜利，北宋积弱的局面也有所改观。

赵宋王朝的家法是“异论相搅”，官僚之间相互制衡，所以宋神宗虽然重用王安石，但一直把保守派留在朝廷中。等到宋神宗去世，以司马光为首的保守派卷土重来，最后王安石颁行的新法被一一废除。

王安石变法在历史上争议很大，因为他加剧了北宋的党争，而党争则是北宋灭亡的主要内因之一。

岳飞抗金

辽衰落以后，金成为北方最大的政权，与南宋南北对峙。宋金对抗中，宋代将领以张俊、韩世忠、刘光世、岳飞战功最为卓著，被誉为“中兴四将”，四人中又以岳飞最年轻，最有韬略，所以岳飞抗金最有名。岳飞抗金故事广泛流传于民间，成为后来中国诗歌、戏曲、小说、评书的素材，钱彩《说岳全传》尤其著名。

1125 年辽亡后，金军南下发起对宋战争。宋徽宗见情势危急，就让位给太子赵桓，是为宋钦宗。1126 年金太宗兵分二路攻破开封，1127 年俘虏宋徽宗、宋钦宗等宋朝皇室北归，史称靖康之变，北宋灭亡。此时，宋徽宗赵佶第九子、宋钦宗赵桓的弟弟康王赵构在南京应天府（今河南商丘市）即位，国号仍然是宋，改元建炎。因为应天府在开封以南，为了区分，历史上称之为南宋。在金人的追击下，赵构狼狈地一路南逃，绍兴元年（1131）逃至越州，改元为绍兴，越州也就成了绍兴城。绍兴二年，高宗迁都杭州，南宋朝廷初步在东南站稳了脚跟。是该议和，还是战斗到底，这是南宋立国早期的根本问题。

岳飞（1103—1142），字鹏举，相州汤阴（今河南汤阴县）人，年轻时好学，尤其喜欢《左氏春秋》《孙子兵法》。北宋末入行伍，经过大大小小的战役，深得主战派将领宗泽的赏识，逐渐成为独当一面的大将。建炎四年（1130）在建康南面的牛头山大破金军，与韩世忠合作收复了建康（今南京）。绍兴四年，岳飞收复襄阳 6 郡等大片失地，因功获封清远军节度使，成为有宋一代最年轻的建节者。然后奉诏移屯鄂州，平钟相杨么起义，以功加检校少保。绍兴六年率师北伐。收复商州全境和虢州部分地区后，终因“孤军无援”等原因，不得不退师鄂州。这时候江淮防线吃紧，岳飞又奉召向九江进发。他赶到九江时，淮西战事已告结束。

金兵看到岳飞移军东下，趁虚再度向襄汉地区发动猛烈进攻。岳飞不得不调集精锐再次北伐。商州转危为安，襄汉战线的敌军不战而退。岳飞又以战功拜太尉。他告诉宋高宗“文臣不爱钱，武臣不惜死，天下太平矣”。

正因为岳飞和韩世忠等人智勇善战，赵构和战两把抓，绍兴八年派秦桧以宰相身份与金媾和，答应取消国号宋，臣属于金，每年纳贡，金朝归还宋黄河以南的土地。和议已成，岳飞仍认为金人不守信誉，未可当真。绍兴十年，金兵果然南下，刘锜顺昌保卫战获胜，迫使金兵由攻转守，随后东线韩世忠、西线吴璘等捷报不断，中线岳飞、张俊面对的是金军主力，他再败金大将完颜兀术于郾城、颍昌，张俊克亳州。岳飞加封少保。绍兴十一年，金兵透出求和的意愿，秦桧派员出使金国，商议以淮水—大散关为界，宋割从前岳飞收复的唐州、邓州以及商州、秦州的大半，史称绍兴和议。秦桧指使谏官弹劾岳飞，又唆使张俊诬告岳飞部将谋反，岳飞被押送大理寺处死，时年39岁。其子岳云也被一同处死，时年23岁，岳家家产被全部没收，家属流放岭南，其幕属6人被连坐。韩世忠非常不平，曾质问秦桧，秦桧回答说：“……虽不明，其事体莫须有。”

岳飞之死是中国千古冤案，真正杀害岳飞的元凶是宋高宗，秦桧只是执行者。因为宋高宗谨遵赵宋家法一直提防武将势力。岳飞不仅善战，在军队享有很高的威望，还自律极严，仁孝忠勇，不像刘光世、张俊等具有明显的道德缺陷容易控制；岳飞还曾经建议宋高宗尽早立储，这个敏感话题无疑触犯了赵宋朝武将不问内政的大忌。

岳飞被害后，狱卒隗顺冒险将岳飞遗体埋在钱塘门外九曲丛祠旁。绍兴三十二年，宋孝宗即位，为岳飞冤狱平反，将其改葬在西湖栖霞岭，淳熙五(1178)追赠谥号“武穆”，宋宁宗时又追封为鄂王。

马可·波罗和《马可·波罗游记》

马克·波罗，1254年生于威尼斯一个商人家庭。1271年，15岁的马可·波罗跟随父亲和叔叔，从威尼斯向南，通过地中海到小亚细亚半岛，经过两河流域到巴格达。随后，他们从霍尔木兹向东越过伊朗到阿富汗，再越过帕米尔高原到达新疆西北部的喀什，穿越塔克拉玛干沙漠，途经古城敦煌，后经玉门关进入河西走廊，最终到达元朝行宫上都。

元朝皇帝忽必烈很赏识马克·波罗的才能并给他封官加爵。马克·波罗在中国期间，学会了汉语和蒙古语，并以中国官员的身份出使了印度、越南、苏门答腊等国家。1292年马可·波罗从中国带走无数奇珍异宝后回到威尼斯，一夜之间成为巨富。1298年，马可·波罗在威尼斯与热那亚的战争中被俘，在狱中将他在东方游历的见闻口述成书，即《马可·波罗游记》。

《马可·波罗游记》记录了大元帝国最为辉煌的黄金时代的政治、经济、文化和风土人情等，向世人展示出一个地大物博和文教昌明的中国，也记述了马可·波罗旅居中国和途经中亚、西亚和东南亚许多国家的所见所闻。它在中世纪欧洲人面前，展示了一个崭新的东方世界，激起了欧洲人对东方世界的好奇心，许多人开始涌向东方、学习东方。同时，《马可·波罗游记》对15世纪欧洲的航海事业起到了巨大的推动作用，哥伦布、达伽马等众多航海家纷纷东来，寻访中国，对后来航海家的世界地理大发现起到了极大的激励作用。

永乐迁都

明成祖朱棣取得明朝的政权后，决定把明朝的首都从南京迁到北京，史称永乐迁都。

朱元璋称帝，国号大明，建元洪武，以应天府为南京，建开封府为北京。洪武十一年(1378)，罢北京为开封府，改南京称为京师。明太祖为御虏防患，曾两次分封诸子为藩王。他在位30年，死后传位嫡孙朱允炆，年号建文。建文帝开始增强文官在国政中的作用，并考虑削弱诸同姓诸王的权力。这引起了朱元璋第四子燕王朱棣的不满，建文元年(1399)，朱棣发起靖难之役，誓师南征。双方在山东境内战事胶着，后有密探告知南京空虚可图，建文四年朱棣率军绕道攻陷南京，宫中火起，朱允炆不知所终，朱棣即位，废除建文年号，表示自己不是继承朱允炆的帝位，而是继承父亲朱元璋的，1403 年改元永乐。

朱棣势力主要在北方，加之抵制北元也是明朝是否长治久安的一个关键问题，所以他十分重视经营北方。永乐元年，即下诏以北平为北京，改北平府为顺天府，开始准备迁都。永乐四年，征调工匠、民夫上百万人，以南京皇宫为蓝本，兴建北平皇宫和城垣。永乐九年，命工部尚书宋礼等修会通河，打通南北漕运。永乐十三年，开凿淮安附近之清江浦，使久废的运河重新畅通。永乐十四年开始修建北京宫殿也就是紫禁城，永乐十九年正式迁都，改金陵应天府为南京，改北平顺天府为京师。

从永乐八年至二十二年，朱棣亲自率兵 5 次北征蒙古，巩固了北部边防，永乐二十二年，朱棣死于北征回师途中，庙号太宗，明世宗嘉靖时改称明成祖。

永乐迁都的积极意义是使全国的政治中心再度回到北方，便于对中国北部以及东北部的控制，对北方的经济发展起到了举足轻重的作用。但这次迁都也给明朝财政造成了巨大的压力，尤其是长城以外明军没有据点，北平暴露在战争一线，整个国势失去了战略纵深，这埋伏了后来土木之变的种子。

郑和下西洋

明代永乐、宣德年间的一系列海上远航活动，首次航行始于永乐三年(1405)，末次航行结束于宣德八年(1433)，共计 7 次。关于郑和下西洋的原因众说纷纭。大致有“寻建文帝”说、“宣扬威德”说和“防帖木儿”说等。

郑和下西洋可大致分为前后两个阶段。第一阶段为永乐三年至永乐九年，航行共 3 次，主要出使东南亚和南亚地区，途经苏门答腊、阿鲁、满剌加(今马六甲)、印度古里等。其目的不仅是为明朝打造区域和平的局势，也为下一步向更远的西方航行建立中途候风转航的据点。郑和下西洋的第二阶段为永乐十一年至宣德八年，从第四次下西洋开始，船队先后远航至阿拉伯及东非遥远之国，如忽鲁谟斯(今伊朗霍尔木兹岛)、卜剌哇(今索马里)等。这些远方国家也纷纷随郑和使团来中国朝贡。

郑和下西洋是中国古代规模最大、船只和海员最多、时间跨度最长的海上航行，也是在 15 世纪末欧洲地理大发现的航行之前世界历史上规模最大的一系列海上探险活动。郑和下西洋促进了亚非国家间的和平相处，发展了亚非诸国间的国际贸易，向亚非各国宣扬中国的教化。明成祖病逝后，即位的明仁宗下令停止下西洋，明朝对西洋各国的政治经济影响也随之减弱。

土木之变

明正统十四年(1449)，瓦剌南侵，明英宗带兵御驾亲征，结果明军队全线溃败，明英宗本人在土木堡被俘，史称土木之变，亦称“土木堡之变”“土木之祸”。

正统十四年，瓦剌大举南下。东路，攻辽东；西路，攻甘州(今甘肃张掖)；中路是主力，又分两支，一支攻宣府(今河北宣化)，另一支也先亲自率领攻大同。亲政不久的明英宗年轻气盛，在所宠信的太监王振怂恿下，不察敌情，率 20 万大军仓促御驾亲征，英国公张辅、成国公朱勇、兵部尚书邝埜、户部尚书王佐、吏部左侍郎兼翰林院学士曹鼐等 100 名文武官员护驾从征。英宗先立太子监国，命异母兄弟郕王朱祁钰据守北京。师至大同才了解到事情的严重性，因为天气糟糕和粮草不继等原因，又仓促回师。指挥失措，在距离怀来城(今属河北张家口)不到 10 千米的土木堡，这个三面环山一面环水的地方，被瓦剌军队包围，全军覆没。“官军人等死伤者数十万”，王振、张辅、朱勇、邝埜、王佐、曹鼐等从征官员皆死，明英宗本人被俘。这就是“土木之变”。土木之变使得明王朝的文臣武将等大量精锐损失殆尽。随后开始了京师保卫战。

战报传到京城，举朝大震，上下惶惧，一时不知何去何从，有大臣主张首都南迁，兵部侍郎于谦斥责说：“主张南迁的人，该杀！京师是天下根本，一旦动摇天下就完了，难道看不到宋室南迁的前车之鉴吗?”至于英宗被俘，国中无主，于谦提出“社稷为重，君为轻”，奏请皇太后立郕王朱祁钰即位，是为景泰帝。于谦为兵部尚书，全权主持京师防守大计。他请景泰帝诏令各地武装至京勤王；调通州仓库的粮食入京。然后分派官兵，严守九门；缮备器械，简兵补卒；并严明军纪，振奋士气。十月，也先带着俘虏的英宗，兵临北京城下。于谦晓喻各守城官兵要坚决拒绝他们的诱降，自己则身先士卒，以死自誓，亲自列阵于德胜门外。官兵感奋，奋力御守。明军在德胜门、西直门、彰义门先后击败瓦剌军，也先的弟弟战死。随后各路勤王军陆续赶到京城，也先看到明军防备森严，又生怕被切断后路，于是由良乡引兵西去。明朝取得了京师保卫战的胜利，于谦因功被擢少保，总督军务。土木之变和京师保卫战，主要的意义不在军事，而是政治。这是明王朝的边防政策从主动出击到战略防御的一个标志。东起鸭绿江，西抵嘉峪关，绵亘万里的北部边防线上设立了九大军事重镇，最终形成了著名的九边防御体系。军事制度上则重新开始募兵制，同时加强皇都卫戍，改革京营旧体制，加强京师的军队建设。

明英宗在瓦剌手里没有了用处，后被放回。景泰帝将英宗安置于南宫。景泰八年(1457)，朱祁钰病重，一部分对景泰帝和于谦心怀不满的官员趁机拥英宗复辟，改年号为天顺。当天，明英宗传旨逮捕兵部尚书于谦、吏部尚书王文，以谋逆罪杀死于谦、王文，并籍没全部家产。

明清倭患与抗倭

明朝边患不已，北虏南倭。倭寇给东南沿海带来深重灾难。在抗倭中涌现出来最为杰出的将领是戚继光，戚继光和俞大猷等携起手来使得有明一代近 200 年的倭患得以解除。

明朝崛起，正当日本南北朝分裂时期，那些在日本国内混乱的杀伐中失意的封建主和武士们，便到中国与朝鲜的沿海地区大肆劫掠，这是倭寇的起源。明朝在击败陈友谅、张士诚、方国珍等势力而后建立起来，三者的残余势力以及靖难之役中支持建文帝的残部不愿意臣服明朝廷，与日本海贼通力合作，大大加强了倭寇的势力。明朝早期国势较强，兵力足，倭寇还相对收敛，到明朝中期国力下降，卫所的战斗力大大减弱；为了缓解倭患，甚至关闭了市舶司，断绝对外贸易，这反而更刺激了走私利润的提高，使得铤而走险的商人和一些地方官员勾结起来，倭寇更加难以抑制。而 1467—1573 年是日本的战国时期，有更多的流民加入到倭寇队伍中，他们对于明朝沿海的侵略更加严重，骚扰中国沿海各地，自辽东半岛、山东半岛，到江苏、浙江、福建、广东都深受其害。倭寇极其猖獗，甚至直逼南京城下，打到苏州、扬州一带。这种局面直到杰出的军事家戚继光受命抗倭才得以改变。

戚继光(1528—1588)，字元敬，号南塘，山东蓬莱人。嘉靖三十二年(1553)，戚继光受张居正的推荐，出任都指挥佥事，备倭山东。嘉靖三十四年，调任浙江都司佥事，又很快升任参将，防守宁波、绍兴、台州三郡。嘉靖三十六年，汪直余党作乱于岑港，戚继光与俞大猷两军会合，前往围攻。但很长时间都没有攻下来。戚继光发现卫所的将士作战能力一般，而金华、义乌的人比较彪悍，于是戚继光在浙江巡按监察御史胡宗宪的支持下亲自招募三千人，亲自指导训练，将他们练成一支精锐的作战队伍，这就是著名的“戚家军”。戚继光还是一位杰出的兵器专家和军事工程家，他改造各种火攻武器，修造大小战船、战车；根据南方多沼泽、地形狭窄等具体特点制定阵法，嘉靖三十九年，戚继光创“鸳鸯阵”，又给他的部队配备精良的武器，长短武器相结合，戚家军自此名闻天下。

戚继光平定汪直之乱后，改守浙江台州、金华、严州三郡。嘉靖四十年，倭寇大举进攻桃渚、圻头等地，戚继光率军大破倭寇于龙山，随后又取得台州大捷，戚家军基本肃清了浙江的倭患，次年协助胡宗宪肃清江西倭患，援助福建抗倭。这一年，倭寇又伺机攻陷兴化城、平海卫（今福建莆田县平海）等地。嘉靖四十二年，戚家军再次进入福建为中军，担任正面进攻；俞大猷为右军，刘显为左军，从两翼配合攻击。三军协同作战收复兴化城、平海卫，又相继大败倭寇于仙游城下、同安王仓坪和漳浦蔡丕岭，乘胜追击又取得福宁大捷，这样福建倭患基本平定，余倭逃往广东。广东抗倭，主要是俞大猷组织的，俞大猷督广东兵擒杀海贼曾一本后，东南沿海的倭患最终被平定。

明清鼎革

万历四十四年（1616），努尔哈赤统一了东北地区的女真各部后建立大金政权，史称后金。泰昌元年（1620），明神宗死后，光宗朱常洛即位十来天就病了，后来因为服用一粒并非御医进呈的红丸，猝然死去。皇帝即位不到一个月就死了，究竟是什么原因，各种议论甚嚣尘上，朝廷各派党同伐异，交相弹劾，史称“红丸案”。之后的明熹宗时期，党争更为激烈，直接形成了以魏忠贤为首的阉宦系统和东林党的清议系统你死我活的斗争。努尔哈赤趁明朝党争激烈、防务松弛的时机，对明用兵，先后取得了萨尔浒之战、广宁之战的重大胜利。而他在天启六年（1626）攻打宁远的时候，碰到了一个真正的对手袁崇焕。努尔哈赤死后，皇太极继位，不到10年，皇太极统一中国东北，并南下朝鲜，西征蒙古，屡挫大明官兵。崇祯二年（1629），皇太极绕开袁崇焕把守的宁远锦州防线，直趋北京城下。袁崇焕千里勤王，带领骑兵赶回北京指挥京师保卫战。皇太极围攻北京，最后无利可图，便回师关外。不久袁崇焕被捕入狱。崇祯三年，袁崇焕被凌迟处死。崇祯帝自毁长城。

明政府对付后金的时候，内地因为天灾人祸民不聊生，各地起义军如火如荼地发展着。袁崇焕冤死的当年，陕晋各路义军，高迎祥为领袖之一，推称“闯王”。李自成、张献忠等部亦东渡与会，义军号称20万。崇祯九年，高迎祥挥师直驱西安，途中遭伏击被俘身死，起义军复推李自成为“闯王”（这一年皇太极在沈阳称帝，定国号“大清”）。崇祯十四年义军攻下洛阳，福王朱常洵被处死。占领洛阳后，李自成渐将过去的流动作战改为每得一城，分兵据守的军事战略（是年清军经过松锦大战已经全部占领了明朝的关外城镇）。崇祯十七年（1644），起义军攻克西安，李自成在西安称帝，国号“大顺”。随后李自成率军经大同、宣府（今河北宣化）南下，攻入北京。明思宗朱由检自缢于煤山（今北京景山）。

李自成苛刻地对待明朝旧官僚，致使摇摆中的山海关守将吴三桂投向清军。这时候，皇太极刚刚去世，仅6岁的九子福临登基，是为清世祖，年号顺治，由叔父多尔衮辅政。清军和吴三桂联手大败李自成于山海关。随后李自成一败再败，放弃北京向西安撤退。清军进占京师，多尔衮奏请福临迁都于此。这时候清军控制着辽东、畿辅、山西、山东等地区，大顺政权控制着整个西北和山西、河南、湖广的部分地区，张献忠的大西政权正在收取四川的进程中，南明则统治着整个南部中国。对此，清政府制定了自己的统一方案：先“举大兵以收晋豫”，“次第定东南之局”。1644年清军占领太原，而后分兵两路进攻陕西。1645年清军用大炮打开了潼关，李自成被迫放弃西安，退入湖北襄阳，他计划东下夺取东南作为抗清基地。但转移途中，李自成被杀死，大顺政权失败。其余部有不少汇入了南明政权的抗清队伍。

1644年流落南京的福王朱由崧在南京被立为帝，国号仍是大明，史称南明，以次年为弘光元年。实权掌握在马士英与阉党阮大铖等人手中。左良玉不服马士英，起兵武昌。弘光政权内讧的时候，清军南下，重兵围困扬州城。史可法孤军守城8天，被清军以红衣大炮攻破，史可法被害，清军纵兵屠杀10余天，史称“扬州十日”。1645年，清军进入南京。朱由崧在向南逃亡途中被杀。郑芝龙、黄道周等人扶立朱聿键即位于福州，改元隆武，宣布从七月初一起改弘光年号为隆武元年。稍晚于隆武政权，张煌言、张国维等在浙江迎立朱以海于绍兴，改明年为鲁监国元年。隆武政权得悉后，派使者来绍兴，要求朱以海退位归藩。朱以海并不甘心，两个政权相互挖墙脚、杀来使。1646 年夏天，清军从杭州对鲁王军队发起进攻。绍兴失陷后鲁王逃往海上避难。清朝接着向南攻福建。郑芝龙降清，郑成功与其父决裂，率部南下；隆武帝被俘，绝食而死。隆武帝的弟弟唐王朱聿𨮁随后在广州被拥立为帝，年号绍武；朱由榔在广东肇庆被拥立为帝，改第二年为永历元年。南明政权，两帝并立，再次发生内讧，此时清军伪装成明朝军队，出其不意地攻占广州。绍武帝自杀殉国；永历帝离开肇庆逃入广西。在清军的清剿中，永历帝由云南逃入缅甸，1662 年被吴三桂俘获杀死，明朝皇统彻底灭亡。在东南沿海抗清的郑成功，是南明后期主要军事力量之一，一直奉永历为正朔，以海澄、厦门、金门等处为基地，几次大败清军，拒绝清军招降。1658 年、1659 年郑成功两次会同张煌言，大举北伐，一时江南震动。北伐进攻南京先胜后败，郑成功元气大伤，1661 年率军横渡台湾海峡，一举收复台湾。1662 年郑成功病死，郑氏在台湾统治 20 余年，康熙二十三年（1684），台湾正式纳入大清帝国版图，隶属福建省。

明清鼎革中发生了很多可歌可泣的故事，不仅在军事和政治方面，文化上也大放异彩。黄宗周、顾炎武、王夫之、黄宗羲等思想大家都是明清鼎革时期的人物，抗清英雄张煌言、陈子龙、夏允彝、夏完淳均是优秀的诗人，石涛、八大山人、髡残、弘仁、吴伟业、钱谦益也都是中国文化史上的著名人物。

康乾盛世

清朝早期，在康熙、雍正、乾隆三代皇帝的治理下，社会稳定，经济繁荣，人口增长迅速，疆域辽阔，出现持续时间长达 130 余年的清明政治，史称康乾盛世。

顺治十八年（1661），年仅 8 岁的爱新觉罗・玄烨即位，改元康熙，是为清圣祖。

康熙六年，玄烨亲政，他果断地执行削藩政策，引起平西王吴三桂、平南王尚可喜、靖南王耿精忠三个藩王联合反清，史称“三藩之乱”。自康熙十二年至康熙二十年，清军进入昆明，平定三藩之乱。康熙二十二年灭亡了据守台湾的明郑政权。统一中国南方之后，康熙着手解决北部边疆之患，抗击沙俄侵略军。康熙二十四年，清军攻克雅克萨城，加强黑龙江一带防务。秋天，沙俄卷土重来，再次占领雅克萨城。康熙二十五年，清军围攻雅克萨城，俄将托尔布津被击毙。雅克萨城旦夕可下，俄国请求撤围，遣使议定边界。康熙二十八年双方缔结了《尼布楚条约》，规定以额尔古纳河—格尔必齐河—外兴安岭为中俄两国东段边界，黑龙江以北，外兴安岭以南和乌苏里江以东地区均为中国的领土。康熙还亲自西征漠北，讨伐准噶尔部叛乱，完成了中国的统一和边境的安定，使中国的版图非常辽阔。

康熙帝是一位有文韬武略又富有世界眼光的帝王。他非常重视学习，注意西方数学、天文、医学、测绘等方面的知识，委任专员绘制成《康熙皇舆全览图》，改革历法编纂《康熙历法》，他制定了开明的民族政策，重用汉族知识分子，与民休息，轻徭薄赋，奖励垦荒，致力治河。康熙是中华帝国历史上最伟大的统治者之一，他的统治时间不仅仅是最长的，而且也是最具有活力的。

康熙死后，胤禛继位，是为清世宗，年号“雍正”。雍正在位 13 年，严厉明察、循名责实、整饬吏治、清理财政，大大矫正了康熙以来宽纵的弊端，雍正一朝吏治清明，臣下莫不奉公守法，吏治之隆是清代之最，历代罕见。

雍正死后，弘历即位，是为清高宗，年号“乾隆”。乾隆在位期间，国力强盛，四海升平，经济文化大大发展。清代的文治武功，臻于极盛。乾隆在位 60 年，是中国历史上实际执掌国家最高权力时间最长的皇帝，也是最长寿的皇帝。

文字狱

统治者为迫害知识分子,从其作品中摘取字句,任意引申,罗织成罪。

文字狱以及禁书、焚书的事件在历朝时有发生,优柔士大夫的宋代就有很多起,高宗朝比较集中。明朝文字狱更加严苛,充满了血雨腥风。清朝则变本加厉,最为严重,乾隆年间尤烈。清代大兴文字狱,目的是压制汉族的民族反抗意识,加强中央专制集权,这种文化专制政策,禁锢思想,摧残人才,严重阻碍了中国社会和文化的发展。

明史案是康熙朝的一个著名案例。浙江湖州富户庄廷铣出钱,买来一本明朱国祯所写的未刊史稿《皇明史概》,并延揽一些知识分子补写崇祯朝和南明史事。在叙及南明史事时,仍尊奉明朝年号,还直写努尔哈赤的名字,写清军入关用了"夷寇"等清廷很忌讳的字眼。庄廷铣死后多年,被敲诈者告发。明史案犯70余人,包括写序、校对,甚至卖书、买书、刻字印刷的,或凌迟、或杖毙、或绞死,"主犯"庄廷铣被剖棺戮尸,另有数百人受牵连发配充军。雍正朝著名的"吕留良案""屈大均案",则是因为吕留良、屈大均作品中有故国之思,虽然他们都已经去世,但祸及子孙和学生,牵连甚众,他们的书也都被查禁。据统计,康熙朝较大"文字狱"11起;雍正生性刻忌,虽在位只有13年,残酷而大规模的"文字狱"逾20起;乾隆在60年的帝王生涯中,竟创造了130多起"文字狱"。乾隆朝修《四库全书》查缴销毁书籍总数近3 000余种,六七万卷,种数几与四库现收书相埒。在校订《四库全书》过程中,还删改了很多清政府认为对自己不利的文字,或可说纂修《四库全书》是中国文字狱的最高峰。

正是因为严酷的文字狱使得学者们战战兢兢,清代思想界很微弱,很多学者转向了考据学。清代考据学的发展,使服务于经学的辅助学科文字学、音韵学、训诂学、目录学、版本学、校勘学、辨伪学等传统学术得到了空前的发展,其卓越代表人物包括惠栋、戴震、段玉裁、王引之、王念孙、章学诚等。

第一次鸦片战争

英国在1840年至1842年发动的对中国的一场侵略战争,这是中国近代史的开端。

英政府为了打破中国对外贸易的长期优势,向中国大量输出鸦片。鸦片不仅让清政府的财政受损,还大大摧残了中国人的身体健康和精神面貌。面对这种严重危害,道光十八年(1838),道光皇帝命林则徐为钦差大臣,前往广东禁烟。

林则徐抵达广州后,勒令外国烟贩交出所有鸦片,并保证"嗣后来船永不敢夹带鸦片,如有带来,一经查出,货尽没官,人即正法,情甘服罪",并于6月3日—25日将缴获的鸦片在虎门海滩当众全部销毁。英国烟商难以在广州从事鸦片贸易,所以英国商船聚泊在香港九龙尖沙咀一带。道光十九年,英国商船一水手上岸酗酒,和村民发生冲突,造成村民林维喜重伤不治。林则徐经过调查后,要求英方交出凶手,被英国代表拒绝。林则徐下令停止供应英人柴米食物,并于次年正式封锁港口。英国舰船40余艘及士兵4 000人的机动舰队从印度出发到达中国海面,标志着第一次鸦片战争正式开始。因为广东在林则徐督饬下已做战备,所以英国舰队沿海北上,7月攻占定海(今浙江舟山市),作为前进据点;8月,抵达天津大沽口外。8月20日,道光帝令琦善转告英人,允许通商和惩办林则徐,换取英舰撤至广州,并派琦善南下广州谈判。

道光二十一年,英军突然攻占虎门的大角、沙角炮台,清守军死伤700余人。琦善被迫与义律签订《穿鼻草约》,将香港岛割与英国。道光帝嫌英国提出的条件过于苛刻以及琦善擅自签订,便把琦善抄家革职,派奕山等赴广东指挥作战。5月,英军炮击广州城。奕山等被迫接受英方条件,签订《广州和约》。英国政府认为义律谈判所获权益太少,改派璞鼎查来华为全权代表,扩大侵略。8月,英军再次北上,攻陷厦门、定海、镇海(今浙江宁波市）、吴淞等地。其中定海总兵葛云飞、江南提督陈化成战死。吴淞的失利，使英军军舰开入长江。在英军坚船利炮的威慑之下，道光二十二年，清朝钦差大臣耆英与璞鼎查签订不平等的中英《南京条约》。该条约明确割香港岛给英国，并开放广州、厦门、福州、宁波、上海为通商口岸，允许英国人在通商口岸设驻领事馆，还赔款2 100万银元等等。次年英国政府又强迫清政府订立了《五口通商章程》和《虎门条约》作为《南京条约》的附约，增加了领事裁判权、片面最惠国待遇等条款。

西方列强不想英国独大，纷纷强迫清政府签订更多的不平等条约：道光二十四年，中美签订《中美望厦条约》；法国与中国签订《黄埔条约》。经过第一次鸦片战争，中国的领土主权遭到破坏，自给自足的自然经济解体，逐渐成为世界资本主义的商品市场和原料供给地，中国开始沦为半殖民地半封建社会。

太平天国运动

清咸丰元年（1851），洪秀全在广西金田村宣布起义，建号“太平天国”。9月太平军攻占永安（今广西蒙山县），建立了一系列军事制度，以及官轿、蓄发等日常典仪都建立起来。洪秀全又分封诸王，东王杨秀清、西王萧朝贵、南王冯云山、北王韦昌辉、翼王石达开，诸王均受东王节制，天官丞相秦日纲。咸丰三年，太平军占领南京，改称天京，定都于此，并开始进一步的制度建设，颁布了《天朝田亩制度》等等。

太平天国后来爆发严重的内讧。首先是洪秀全指使韦昌辉杀害了擅权的东王杨秀清，韦昌辉滥杀无辜，不仅杀了杨秀清及其家小，还血腥杀害东王的部属。这就是骇人听闻的“天京之变”。石达开闻变后，斥责韦昌辉杀戮太甚，韦昌辉又残忍杀害了石达开的妻儿老小。石达开侥幸逃至安庆后，起兵靖难，上奏请杀韦昌辉。洪秀全见事态扩大，捕杀了韦昌辉及秦日纲。石达开回天京后声望日隆，又惹洪秀全忌惮，被迫出走，太平军开始分裂。后期太平军主要依靠李秀成和陈玉成等人支撑。曾国藩、胡林翼、左宗棠、李鸿章等地方士绅团练势力于同治三年（1864）攻陷了南京，太平天国灭亡。

太平天国运动历时14年，先后发展到广西、湖南、湖北、江西、安徽、江苏、浙江、福建等地，攻克过600余座城市，是中国近代史上规模巨大、波澜壮阔的农民运动。

洋务运动

在中英鸦片战争以及镇压太平天国的战争中，曾国藩、胡林翼、左宗棠、李鸿章等为代表的一部分官僚亲身体验到西方坚船利炮的威力，意识到中国面临着“数千年未有之变局”，认识到要富国强兵解除内忧外患，必须学习西方文化及先进的技术，这样一部分开明官僚被称为洋务派。他们在朝廷执掌中枢的恭亲王奕䜣以及体仁阁大学士文祥等人的支持下开始了洋务运动。

咸丰十一年（1861），奕䜣及文祥聘请外国军官训练新军于天津，设立同文馆于北京，是为中国新学之始；托总税司赫德购买炮舰，聘请英国海军人员来华创设新水师。同治元年（1862）曾国藩在安庆设军械所；同治四年曾国藩支持李鸿章在上海建立江南制造局，并附设译书局；同年，李鸿章在南京设立江南制造局；同治五年，左宗棠在福州设立马尾造船厂，附设船政学校……光绪元年（1875），奕䜣与文祥奏请朝廷办理海防六事，即“练兵、简器、造船、筹饷、用人、持久”。5月，清廷下令由沈葆祯、李鸿章分任南北洋大臣，从速建设南北洋水师。光绪七年（1881），李鸿章经过多次勘察，为了保持京津安全，扩大海防纵深，先后选定在旅顺和威海两地修建海军基地。光绪十一年中法战争结束，中国不败而败，法国不胜而胜，福建水师全军覆没。清政府痛定思痛，正式设立海军衙门，任命醇亲王奕譞总理海军事务，庆郡王和李鸿章协办。这个命令再次加快了北洋水师的建军速度。光绪十四年（1888），北洋水师正式宣告成立，中国人终于拥有了一支属于自己的海军。

光绪二十四年（1898），中日甲午战争爆发，中国官兵们作战不可谓不勇敢，但因为舰船速度远不如日本舰队，无法挽回覆灭的命运，北洋水师全军覆没，洋务运动归于破产。

戊戌变法

甲午完败，中国空前耻辱地签订了《马关条约》，割让辽东半岛、台湾以及澎湖列岛，又要赔偿巨款。这也极大刺激了锐意于为国家寻出路的仁人志士们。当时的清政府内不足以平乱，外不足以御侮，甲午警钟长鸣。光绪二十一年(1895)爆发了以"公车上书"为代表的抗议活动。

康有为在北京发动各省应试考生1 300余人上书光绪帝，反对签订《马关条约》，要求变法强国。在康有为、梁启超奔走推动下，由翰林院侍读学士文廷式出面组织了维新派的第一个政治团体——强学会。

光绪二十四年(1898，戊戌年)，光绪皇帝发布《明定国是诏》，宣布实行新政。6月，徐致靖奏保康有为、张元济、黄遵宪、谭嗣同、梁启超为"通达时务人材"。光绪皇帝在颐和园勤政殿召见康有为，并赏给六品衔，任命他为总理衙门章京，准其专折奏事，筹备变法事宜，史称戊戌变法。

9月，光绪皇帝据陈宝箴等举荐，下诏授谭嗣同、杨锐、林旭、刘光弟四品卿衔军机章京上行走，参预新政。戊戌新政主要措施包括：1. 改革科举制度，废除八股，改试策论；改书院为学堂，鼓励地方和私人办学，创设京师大学堂，各省府厅州县设立高等中小学堂，各级学堂一律兼习中学和西学；准许民间创立报馆、学会；设立译书局，翻译外国新书；派人出国留学。2. 武科停试弓箭骑剑，改试枪炮，奖励新机器新军器的制造，筹设武备大学堂；裁减绿营，采用新法编练陆海军。3. 设铁路矿务总局、农工商总局，在各省设商务局、商会，保护商务，鼓励私人开办工矿企业，倡办实业。4. 在政治方面，广开言路，裁撤詹事府、通政司、光禄寺、鸿胪寺、太仆寺、大理寺六衙门，归并到内阁及礼、兵、刑各部办公，外省裁撤湖北、广东、云南三省巡抚，以总督兼巡抚事，各省不办运务之粮道，向无盐场仅管疏销之盐道及佐贰之无地方责者，均着裁汰。

戊戌维新和洋务运动的最大差别就是，洋务运动布新，但并不除旧；而戊戌维新则除旧布新并行，这大大触动了很多当权者的利益，他们到慈禧太后那里求助。新政之初，慈禧太后并不反对，但看到光绪皇帝越走越远超过了自己的控制，开始反对新政。

9月21日，慈禧太后从颐和园回宫临朝，宣布戒严；并幽禁光绪帝，废除新政，搜捕维新党人。当她知道维新派曾策划用袁世凯兵变围园的密谋时，进一步加大了对维新派的打击。9月28日，谭嗣同、林旭、杨深秀、刘光第、杨锐、康广仁等六位志士一起就义于北京宣武门外菜市口，史称"戊戌六君子"。康有为、梁启超、章太炎等流亡海外。历时103天的戊戌变法宣告失败。慈禧训政以后迅速废除了所有维新措施，京师大学堂因为议立在戊戌前，得以幸存。

晚清新政

经过义和团运动、八国联军侵华，慈禧携光绪皇帝仓皇逃往西安，留下庆亲王奕劻及李鸿章为全权特使，与各国和谈。逃亡的慈禧亲身体味了中国内地的贫窘和凋敝，被迫接受了难得的国情教育。痛定之余，不能不有点振作。这促成了晚清最后十年的"变法自救"，史称清末新政，或晚清新政。

光绪二十七年(1901)，慈禧太后以光绪皇帝的名义，在西安颁布"预约变法"的上谕，明令大臣们破除积习，就朝章、吏治、民生、学校、军政、财政等问题参酌中西政要，各抒己见，提出改进措施。两江总督刘坤一、湖广总督张之洞联衔发出三折，史称"江楚会奏三疏"，第一疏论育才兴学，奖励游学，尤其提倡赴日本留学；第二疏论崇俭去奢，简省虚文等富强之道；第三疏论练兵、译书等向西方强国学习。自上而下，清政府的自救措施主要包括：

一、国防建设方面，裁撤绿营，停止刀枪剑戟的武试,改革军制。成立练兵处,奕劻任练兵大臣,袁世凯为会办大臣,各省设督练处并派员到天津(袁世凯操练的北洋新军驻地)和湖北(张之洞操练的自强军,又称南洋新军,从南京移此)观摩学习新军的操练,在一些重要城市设立军事学堂,选派陆军学生出洋到日本以及英、法、德、奥学习军事。

二、法制建设方面,改革法律体系,建立现代的独立的司法制度。光绪二十八年,下谕派沈家本、伍廷芳将一切现行律例,按照交涉情形,参酌各国法律,悉心考订,妥为拟议,相继制定了《大清刑事民事诉讼法》《大清新刑律》《民律草案》等总结性大法,废除了凌迟、枭首、戮尸、刺字等酷刑。

三、人才建设方面,废除科举制度,创办新式学堂,鼓励出国留学。

四、经济建设方面,清理财政,振兴商务,奖励实业。清政府为了集中财政管理,专门设立了财政处和国际汇兑处,统一货币,促进中国商品的进出口。

五、最棘手也是最核心的政治改革。光绪二十七年清政府下令撤销总理各国事务衙门,改设外务部。以后相继裁撤合并一些官署,中央政府的机构便由六部变成十一部。而旧式的吏、户、礼、兵、刑、工六部的名称除吏部和礼部保存旧有名称,其余名称已不复存在。

"新政"期间,清政府的政治改革具有实质性意义的是预备立宪。朝廷指派载泽、戴鸿慈、徐世昌、端方、绍英五大臣"分赴东西洋各国考求一切政治,以期择善而从",考察宪政。光绪三十四年,清朝统治集团经过反复讨论后颁布《钦定宪法大纲》,声明决定仿照日本,宣布以9年为宪政筹备期。

光绪三十四年光绪皇帝和慈禧太后相继病逝。摄政王载沣积极推进预备立宪。宣统三年(1911),清政府成立了责任内阁,该内阁由一个总理大臣和两个副大臣,以及民政部、度支部、学部、陆军部、海军部、法部、农工商部、邮传部、理藩院和外务部各部大臣组成,总数为13个成员。其中汉族4人,满族9人,皇族占7人,被称为"皇族内阁"。从戊戌变法以来维新和革命两派一直在赛跑竞争,皇族内阁的推出彻底消耗了维新派的耐心,其中很多维新派后来转而支持革命,为辛亥革命埋下了胜利的种子。

总体来说,清末新政的动机和方向是好的,但没有摆平各种利益关系又缺乏章法的清末新政既刺激了孙中山等人的革命活动,让后者试图抢在君主立宪制确立之前推翻清朝;同时,编练新军、废除科举、派遣留学生,还为革命阵营准备了可资发动的基本力量,仓促立宪还为革命者准备了自己的合作者与同盟军——咨议局和立宪党人。

辛亥革命

1911年10月9日,共进会孙武在汉口制造炸弹,不小心发生爆炸。俄国巡捕随即赶来搜查,搜走起义用的旗帜、袖章、名册、信印及文告等。这时候湖广总督瑞澂也已经侦知了革命党人的机关所在地和准备起义的活动情况,他急令紧闭城门,大肆搜捕革命党人。彭楚藩、刘尧澂、杨洪胜等三人被捕。10月10日晨,三位革命者英勇就义。湖北新军内部人心惶惶,10月10日晚,革命派士兵仓促哗变,瑞澂闻变出逃。11日上午革命军即光复武昌。随后革命党人、咨议局议员和绅商代表,齐集咨议局开会,讨论组织革命军政府。因为对湖北革命影响巨大的吴禄祯、黄兴、宋教仁、蒋翊武等都不在革命现场,孙武受伤在医院住院,所以新军中素有声望的黎元洪被推举为大都督。武昌首义之后,汉口、汉阳相继光复。

清政府派荫昌南下平乱,后来改用袁世凯。袁世凯让冯国璋南下督战。冯国璋领导的清军和革命军在汉口、汉阳展开战斗,战斗持续了41天,虽然以革命军失败告终,但这段日子里湖南、陕西、江西、山西、云南、浙江、贵州、江苏、安徽、广西、福建、广东、四川等13个省先后独立,关内18省中只剩下甘肃、河南、直隶、山东四省效忠清朝。11月4日上午,同盟会和光复会合作,上海宣告光复，这是辛亥革命的转折点。它不但直接阻止了清廷海军西援，阻止了江南制造局军火运往湖北，而且使这些军火为革命军所用，这对于正在与清军作战的武昌革命军和各地纷起的起义，都是巨大的鼓舞，还引起江浙一带的连锁起义。12月3日，江浙沪联军光复南京。

袁世凯对革命军和战两把抓。张謇、赵凤昌等立宪党人一直属意袁世凯。同盟会内部矛盾重重，革命党的领导人不能全面掌握革命，也把袁世凯视为可以争取的第三种势力，甘愿推举他为共和国总统，以换取革命早日“胜利”。袁世凯12月7日奏派唐绍仪为全权代表南下议和。谈判一直处于胶着状态，进展缓慢。12月25日海外流亡的孙中山回到上海，随后被选举为临时大总统，“虚位待袁”。1912年元旦，孙中山从上海到南京，在曾经的太平天国天王府中宣誓就职临时大总统，成立了中华民国临时政府，发表宣言，誓要“尽扫专制制度之流毒，确定共和，以达革命宗旨，完国民之志愿”。同时宣布改用公历纪年，以1912年为民国元年。

1912年1月，彭家珍刺杀良弼。良弼之死，让大清宗室的主战派因此丧胆，袁世凯唆使40余名北洋将领联名通电，转倡共和。辛亥年腊月二十五（1912年2月12日），清帝下诏退位。2月13日，孙中山向参议院辞职；2月15日，南京参议院举行总统选举会，全票补选袁世凯为临时大总统。

清政府的高压之下，革命党人的呼号与组织促成了武昌首义的成功，立宪党人提供合法舞台巩固并扩大了这个成果，加之袁世凯、黎元洪等为代表的晚清汉族官僚起而响应，最后形成了辛亥革命在全国范围内的成功。这也是世界史上流血最少的改朝换代之一。辛亥革命推翻了统治中国几千年的君主专制制度，建立起共和政体的中华民国。

民国北京政府

辛亥革命成功之后，孙中山辞去临时大总统，袁世凯在清帝逊位后，被选为临时大总统，在北京建立了民国北京政府。袁世凯去世后，段祺瑞、冯国璋、徐世昌、张作霖相继掌握着民国北京政府的实际权力，直到1928年6月国民党军队进入北京。这段时间的北京政府也被称为北洋政府。

1912年袁世凯被推举为中华民国临时大总统，1913年当选正式大总统，仍以北京为都城。袁世凯是北洋新军的创建者，所以他主政的政府，被称为北洋政府。北洋政府大致可分为袁世凯统治时期、皖系军阀统治时期、直系军阀统治时期、奉系军阀统治时期四个阶段。

袁世凯统治早期，国会中小派林立，在宋教仁的主持下，国民党取得国会的多数选票。宋教仁在有望即将组阁之际，于1913年被暗杀。孙中山因此发起了二次革命，但迅速归于失败。1914年，袁世凯废除《中华民国临时约法》，公布《中华民国约法》，改行总统制，大权独揽。1915年12月12日袁世凯宣布恢复帝制，改1916年为洪宪元年，建立“中华帝国”，废除民国纪元。这引起了梁启超、蔡锷以及段祺瑞、冯国璋等很多势力的反对，蔡锷在云南领导了护国运动，武力讨袁。袁世凯被迫取消帝制，后于1916年6月6日病亡。黎元洪继任大总统，宣布恢复《临时约法》和国会，但皖系军阀段祺瑞以国务总理身份把持着北京政府的实权。

就第一次世界大战中国是否向德国宣战问题，黎元洪与段祺瑞发生府院之争。张勋以入京调停的名义，于1917年7月1日拥溥仪复辟，国会亦被解散，是为“张勋复辟”。“张勋复辟”上演了12天，被段祺瑞镇压。黎元洪引咎辞职，冯国璋任代总统，这加剧了北洋集团的分裂。段祺瑞以“再造共和”功臣自命，拒绝恢复《临时约法》和召开国会；孙中山以维护《临时约法》为号召，1917年9月在广州建立与北京政府对峙的护法军政府。怎样对待南方护法军政府，段祺瑞主张“武力统一”，但冯国璋坚持“和平统一”，再次爆发府院之争。所以冯国璋任期完成后，段祺瑞操纵成立新的安福系国会，选举徐世昌继任大总统。

徐世昌力主南北和平统一，不甘心做皖系军阀的傀儡。1919年爆发五四运动，他借助直系军阀打压皖系军阀。1920年7月直皖战争爆发，直、奉两系结成反段联盟，段祺瑞发表通电，自请免职。直、奉两系军阀遂控制了北京政府。他们抬出黎元洪和旧国会，抨击安福系国会和徐世昌为非法，逼退了徐世昌，而后又威逼黎元洪。直系军阀首领曹锟通过贿选手段，取得大总统职位，并通过了一部《中华民国宪法》，人称“曹锟宪法”，这部宪法是中国第一部正式颁行的宪法。曹锟掌政期间，还让顾维钧和苏联谈判签署了《中俄解决悬案大纲协定》及其附件。条约确认帝俄时代有关中国的一切不平等条约概为无效，承认外蒙古为中国的一部分。中苏两国正式建立外交关系。

曹锟任大总统，直系的实权由吴佩孚操控，引发了冯玉祥的不满，1924年，第二次直奉战争爆发，冯玉祥等人突然发动北京政变，软禁曹锟，驱逐清废帝溥仪。他先邀请孙中山北上，后与奉系妥协，请段祺瑞再次出山任“中华民国临时总执政”；北京政府的主导权改归奉系。1924年12月末孙中山到达北京，准备和张作霖、冯玉祥、段祺瑞商讨南北统一大计，却于1925年3月12日因患肝癌在北京逝世。1926年，冯玉祥与张作霖发生冲突，冯玉祥封锁了大沽口，引起了英、美、法、日等列强联合援引《辛丑和约》海口不得设防之条款，向北京政府提出“最后通牒”。这引起学生们集会游行，抗议“最后通牒”，执政府军警以武力驱散游行队伍，导致47人当场死亡，200多人受伤，这就是著名的“三一八惨案”。惨案发生一个月后，段祺瑞政府垮台，奉军占领北京。1927年，张作霖在北京就任北洋军政府陆海军大元帅，代表中华民国行使统治权，成为国家最高统治者。他在位期间多次抵制日本人的拉拢。1928年6月4日，张作霖由北京返回奉天，在皇姑屯被日本人炸死，这就是轰动中外的“皇姑屯炸车案”。同年12月，张作霖的儿子张学良发表通电，宣布东三省及热河省服从南京国民政府，史称“东北易帜”。北洋政府覆灭，蒋介石领导的国民政府名义上统一了中国。

北洋政府掌政17年间，你争我夺，国事混乱，但因为各派山头林立，在文化方面，有了较大程度的言论和结社自由，促进了新文化运动的发展，诞生了一批西学影响下的文化巨匠，如章太炎、梁启超、蔡元培、王国维以及鲁迅、陈独秀、胡适、陈垣、陈寅恪、赵元任等。

五四运动

1919年巴黎和会召开，尽管中国代表团工作很努力，顾维钧做了非常出色的演说，但日本在巴黎和会的主要目标之一就是攫取德国在中国山东的租借地和太平洋上的重要岛屿，以确立日本在东亚地区的优势。日本借口此前和北洋政府曾经有过密约，英法与日本都曾有过约定，因此支持日本的要求。在4月的3次4国首脑会议上，美英法做出决定，同意将德国在山东的所有权益转让给日本。这个消息被梁启超迅速传给汪大燮、林长民等人，汪、林等找到北大校长蔡元培，蔡元培将巴黎和会中国外交失败的消息告诉了北大的学生们。这引起了学生们的极大愤怒，他们紧急联络北京高等师范学校、法政专门学校、高等工业学校等其他院校的学生一起协调行动，傅斯年、罗家伦等人担任起学生领袖的责任，许德珩草就了宣言书。5月4日，学生们云集天安门举行了声势浩大的示威游行，提出“外争国权，内惩国贼”等口号，要求北洋政府拒绝在合约上签字，并惩办和日本比较亲善的交通总长曹汝霖、币制局总裁陆宗舆、驻日公使章宗祥。学生们赶到曹汝霖住所时，曹家大门紧闭，一时群情激愤，匡互生等人从临街的窗户进入了曹家，打开了曹家的大门，曹汝霖闻声离开住所，学生们找不到曹汝霖，抓到了章宗祥，将他打了一顿，并在曹家宅子里纵火。场面濒临失控，警察们开始驱赶和抓捕学生。蔡元培等人紧急营救学生。5月7日中午，许德珩等32人被全部释放。一时风传要抓捕蔡元培，蔡元培主动提出辞呈，避走杭州。

五四运动中的学生们还到天津、南京、上海等地和外地学生串联，组织宣讲队，到处宣传抵制日货，鼓动学生罢课，工人罢工，商人罢市，后来工人、商人都加入，形成了全国性的运动。一些军政要员，尤其是直系军阀吴佩孚等均通电支持学生。这样迫使北洋政府不得不罢免了曹汝霖、陆宗舆、章宗祥的职务。

这次运动因为以北大学生为主体，所以在北大开风气之先的陈独秀、胡适、李大钊被学生们奉为导师。陈独秀亲自撒传单，被抓捕。为了营救陈独秀，挽回蔡元培，学生们不屈不饶，五四运动不断扩大，成为一场文化启蒙运动。所以后来毛泽东说陈独秀是五四运动的“总司令”。

如何对待这场浩大的学生运动，北洋政府内部意见是非常不一致的。徐世昌因为不甘心被皖系军阀左右，所以对学生表现了一定程度的善意来抵制皖系，直系军阀借学生运动来抨击皖系军阀，皖系内部也意见不一，徐树铮等强硬派不敢公开与民为敌，上层权力的真空促成了五四运动的成功。五四运动在政治上的成功，使北洋政府坚定了不在巴黎和约上签字的决心，随后也导致皖系军阀的倒台。

五四运动是中国工人阶级第一次走上公共舞台，灵魂人物陈独秀、李大钊是后来中国共产党的缔造者，五四运动中活跃的张国焘、罗章龙、邓中夏、刘仁静等人后来成为早期的中国共产党党员，可以说五四运动为中国共产党做了干部和组织上的准备。

国共合作

由于辛亥革命及以后历次斗争的失败，孙中山在共产国际和中国共产党的帮助下，认真总结了中国民主革命的经验教训，决定学习俄国革命的经验和方法，改组国民党。1924 年 1 月国民党第一次全国代表大会在广州召开，对党进行全面改组、实现国共合作的决议，改组后的国民党成为工人、农民、城市小资产阶级和民族资产阶级四个阶级的民主革命联盟。这次大会标志着第一次国共合作正式形成。

第一次国共合作以打倒列强、除军阀、实现国家统一为宗旨，其最为重要的成果是北伐战争的胜利，民国南京政府取代了北京政府。

1924 年至 1927 年，革命运动席卷全国，通常被称为“大革命”或“国民革命”。这场革命是中国人民反对帝国主义和封建军阀统治长期以来愤怒和仇恨的集中爆发。但当时的革命力量远不如帝国主义和封建军阀的势力强大，中国共产党认识到结成最广泛的统一战线的重要性。

抗日战争时期，中国共产党同中国国民党第二次合作，即抗日民族统一战线。1937 年 8 月中旬蒋介石被迫同意将在陕北的中央红军改编为国民革命军第八路军(简称八路军)，9 月 22 日国民党中央通讯社发表了《中国共产党为公布国共合作宣言》。23 日，蒋介石发表谈话承认共产党的合法地位。10 月，又将在南方 13 个地区的红军游击队改编为国民革命军新编第四军(简称新四军)，至此抗日民族统一战线正式形成，开始了第二次国共合作。

重庆谈判

抗日战争胜利之际，中国共产党和国民党两党就中国未来的发展前途、建设大计在重庆进行的一次和平谈判。1945 年 8 月 28 日，毛泽东偕同周恩来、王若飞，在国民党政府代表张治中、美国驻华大使赫尔利陪同下，从延安乘专机赴重庆同国民党当局进行谈判。毛泽东亲赴重庆，充分显示出中国共产党谋求和平的真诚愿望，受到中国人民和国际社会的热烈赞誉。

经过 43 天艰难而复杂的谈判，在 10 月 10 日，国共双方达成《政府与中共代表会谈纪要》，即双十协定。国民党当局表示承认“和平建国的基本方针”，同意“长期合作，坚决避免内战，建设独立、自主和富强的新中国”；同意“积极推行地方自治，实行由下而上的普选”；召开政治协商会议，承认人民的某些民主权利，等等。

谈判中，国共双方同意：召开有各党派代表和社会贤达出席、讨论和平建国方案的政治协商会。但双方在人民军队和解放区政权两个根本问题上并未达成协议。

重庆谈判的结果，是人民力量的胜利，给饱受战争苦难的中国人民带来了和平、民主、团结的希望和曙光。虽然在1946年国民党统治集团撕毁双十协定，发动内战，违背全国人民迫切要求休养生息、和平建国的意愿，但其历史意义和启示仍是非常重大的。

共同纲领

国民党反动政权被推翻，筹建中华人民共和国的条件已经成熟。1949年6月，在北平召开政治协商会议筹备会第一次全体会议，成立了以毛泽东为主任的筹备会常务委员会，负责起草共同纲领、拟定政府方案等，全面展开筹建中华人民共和国政权的工作。

1949年9月21日，中国人民政治协商会议第一届全体会议在北平隆重开幕。毛泽东在开幕词中庄严宣告："占人类总数四分之一的中国人从此站立起来了。"会议通过了《中国人民政治协商会议共同纲领》，即《共同纲领》。

人民政协是共产党领导的以工农联盟为基础的人民民主统一战线的组织形式。参加这次政协的，有中国共产党、各民主党派、无党派人士、各人民团体、人民解放军和各地区、各民族以及国外华侨的代表。

《共同纲领》规定："中华人民共和国为新民主主义即人民民主主义国家，实行工人阶级领导的、以工农联盟为基础的、团结各民主阶级和国内各民族的人民民主专政。""人民行使国家政权的机关为各级人民代表大会和各级人民政府。""各级政权机关一律实行民主集中制。"此外，《共同纲领》在经济、外交等方面也都有规定。

《共同纲领》展示了中华人民共和国的宏伟建设蓝图，是中华人民共和国的建国纲领，它在一个时期内起着临时宪法的作用。《共同纲领》对团结一切力量，彻底完成民主革命和过渡到社会主义革命的转变，起了重大的作用。

中华人民共和国成立

1949年10月1日中华人民共和国成立，是中国有史以来最伟大的事件，也是20世纪最伟大的事件之一。

这一天下午3时，北京30万群众齐集天安门广场，举行隆重的开国大典。毛泽东主席在天安门城楼上向全世界庄严宣告："中华人民共和国中央人民政府今天成立了！"

中华人民共和国成立之前，中国人民政治协商会议第一届全体会议选举产生的中央人民政府委员会召开第一次会议。会议一致决议，宣布中华人民共和国中央人民政府成立，接受《中国人民政治协商会议共同纲领》为施政方针；中华人民共和国成立后，领导和组织这场革命取得胜利的中国共产党成为全国范围的执政党。

中华人民共和国的成立，开辟了中国历史的新篇章，从此，中国结束了100多年来被侵略被奴役的屈辱历史，真正成为独立自主的国家。

西藏和平解放

面对中华人民共和国成立初期的复杂局势和种种困难，中共中央根据七届二中全会制定的各项基本方针，采取一系列措施，为巩固新生的人民共和国进行了卓有成效的斗争。

中国人民解放军肃清国民党残余军队进展顺利，继续向华南、西南进军，于1950年4月取得渡海作战解放海南岛的胜利，随后又解放了云南、四川等地，截至6月，共歼灭国民党正规军约130万人，实现了除西藏、台湾和少数岛屿外的全部中国领土的解放。在新解放区，人民解放军进行大规模的剿匪作战，歼灭土匪和武装特务近百万人，根绝了旧中国历史上遗留下来的匪患。

1951年5月中央人民政府和西藏地方政府达成关于和平解放西藏办法的协议。10月人民解放军进驻拉萨，西藏获得和平解放。

西藏和平解放是中国现代史和中国革命史上的一

个重大历史事件，也是西藏地方历史上一个划时代的转折点。

文化大革命

全称“无产阶级文化大革命”（简称“文革”，又称“十年动乱”“十年浩劫”“文化浩劫”）。指 1966 年 5 月至 1976 年 10 月由于毛泽东对当时阶级形势以及党和国家政治状况的错误估计，发动和领导的使党、国家和人民遭到建国以来最严重的挫折和损失的政治运动。

毛泽东认为苏联的党和国家的领导权被以赫鲁晓夫为首的修正主义者篡夺了，据此毛泽东提出的所谓“四个存在”理论——即“社会主义社会是一个相当长的历史阶段，在这个历史阶段中始终存在着阶级、阶级矛盾和阶级斗争，存在着社会主义同资本主义两条道路的斗争，存在着资本主义复辟的危险性，存在着帝国主义和社会帝国主义进行颠覆和侵略的威胁”。

在此基础上毛泽东发展出在“无产阶级专政下继续革命的理论”。“文革”自 1966 年 5 月 16 日开始，结束于 1976 年 9 月 9 日毛泽东逝世和“四人帮”垮台后。这场重大政治运动被广泛认为是自 1949 年建国以来最动荡不安的灾难性阶段。

“文化大革命”的指导思想和性质在由中国共产党第十一届六中全会 1981 年 6 月 27 日一致通过的《关于建国以来党的若干历史问题的决议》中被正式否定。决议认为：“‘文化大革命’是一场由领导者错误发动，被反革命集团利用，给党、国家和各族人民带来严重灾难的内乱。”

改革开放

中国共产党在社会主义初级阶段基本路线的两个基本点之一，中国特色社会主义现代化建设的一项根本方针。1978 年 12 月 18 日—22 日，党的十一届三中全会召开，决定中国开始实行对内改革、对外开放的政策。改革，就要从根本上变革束缚生产力发展的经济体制，建立和完善社会主义市场经济体制。与此相适应，进行政治体制改革和其他领域的体制改革。开放，主要是对外开放，就是积极参与国际经济合作和竞争。

中国特色社会主义

既符合马克思主义基本原理和时代特征，又具有中国特色的社会主义。由中国特色社会主义政治、经济、文化所构成。

中国特色社会主义理论体系，包括邓小平理论、“三个代表”重要思想、科学发展观以及习近平新时代中国特色社会主义思想。

四　艺术美学

⊙ 音乐 ⊙

贾湖骨笛

中国新石器时代骨制乐器，是世界上最早的可吹奏乐器。20世纪80年代出土于河南省舞阳县贾湖村东部遗址的墓葬中。骨笛均由鹤的尺骨所制，笛上所钻音孔以七孔居多，可以演奏六声音阶和七声音阶的乐曲。孔位根据骨管之长短和吹奏之经验，一般都经过设计，且和人们对音律的理解、要求相关。考古测定和研究表明，贾湖骨笛可分为早、中、晚三期，在距今9000—7800年前，先民们不断传承着这些形制比较固定、设计相对规范的骨制器物。贾湖骨笛的发现说明先民们对音律已有较高的认识，对于中国远古时代音乐发展有着重要价值。

八音

中国古代乐器的统称，依制成乐器的不同材料来区分，共有金、石、土、革、丝、木、匏、竹八类，所以叫“八音”。《书·舜典》：“三载，四海遏密八音。”周代已出现“八音”的名称，《周礼·春官·大师》：“皆播之以八音——金、石、土、革、丝、木、匏、竹”。金类有钟、铙等；石类有玉磬、笙磬等；土类有埙、缶等；革类有土鼓、麻等；丝类有琴、瑟、筝等；木类有柷、敔等；匏类有笙、竽等；竹类有箫等。上述八类乐器中，革类和竹类数量最多，声音洪亮、气势磅礴，体现了上古时期人们的音乐追求。金类乐器制作技术复杂，音律需精密计算，表明科技及音乐文化已高度发展。丝类乐器富于歌唱性，感情色彩更加细腻，反映了乐器的成熟与发展。“八音”是目前所知世界上最早的一种乐器分类法，从中国的上古时期一直使用，时间跨越近三千年，在世界音乐史上十分罕见。

编钟

中国古代上层社会专用的击奏体鸣乐器，也是中国传统社会等级和权力的象征。多用于西周至秦汉宫廷演奏如征战、朝见或祭祀等活动，由多个大小不同的青铜钟按音调高低次序排列，悬挂于钟架上，用丁字形的木锤和长形的棒分别敲击。铸造时的尺寸和形状对编钟有重要的影响，钟体小，音调就高，音量也小；钟体大，音调就低，音量也大。1978年在湖北随县擂鼓墩一号墓出土的战国时期的曾侯乙编钟，是迄今所见规模最大、音乐性能最优、保存最为完整的一套编钟。曾侯乙编钟分三层八组悬挂，共65件，由45件甬钟、19件钮钟和1件镈钟三种不同形制的青铜钟组成。这套编钟的总音域跨五个半八度，中心音域十二律齐备，可以在三个八度内构成完整的半音阶，也可以在旋宫转调情况下演奏七声音阶的乐曲，在世界音乐史中具有重大意义。

燕乐

亦作“宴乐”“讌乐”，中国古代宫廷音乐中的一个类别。燕乐起源于周代，指天子及诸侯宴饮宾客时所用的歌舞音乐。后世的燕乐分广义与狭义两种。广义的燕乐在周代燕乐基础上进行发展，不仅用于宫廷宴会、群臣朝贺、使臣来朝，而且用于游乐、欣赏活动，是一种兼及仪式性、欣赏性与艺术性的歌舞音乐。后逐渐演变成宫廷俗乐的代名词，成为与雅乐相对的 种音乐类别。隋唐时期的燕乐发展最为繁盛，以九部乐、十部乐和坐部伎、立部伎为代表。唐之后的历代宫廷中均有燕乐存在，但燕乐成就与隋唐时期已有天壤之别。唐代时，燕乐曾传入日本，被称为“大唐雅乐”，曲目流传到日本的多达上百首，有二十多首曲谱一直保存至今，如《秦王破阵乐》《平调越天乐》《兰陵王》等。宋代宫廷燕乐分为大曲部、法曲部、龟兹部、鼓笛部，内容较唐代有所削减。唐宋两代以外的各代燕乐，均根据民间俗乐的流变情况而有异同，但一般仍为宫廷俗乐的总称。狭义的燕乐指唐代九部乐、十部乐中的第一个乐部名称，为唐贞观十四年(640)协律郎张文收所创作的《景云河清歌》,亦名为《谯乐》,之后此曲也用于坐部伎当中。

雅乐

俗乐的对称,最初指中国古代在祭祀和朝会等场合中所演奏的音乐和表演的乐舞。起源于周代的礼乐制度,具有典雅纯正的风格。儒家认为其音乐“中正平和”,歌词“纯正典雅”,故称之为雅乐。《诗经》中的《大雅》《小雅》均是当时的雅乐曲目。周代雅乐是一种有一定程式的乐舞形式,以平和中正为原则,以庄重肃穆为标准。后世的各个朝代,皆模仿周代来制定自己的雅乐。但是雅乐逐渐形式化,完全失去了周代雅乐的教育价值。后世雅乐创作方式主要有:沿用前代旧乐并改名、填词;吸取、改编民间音乐进行创作;新创作歌词与曲调。其歌词大都保存在官修史书的乐志(或礼乐志、音乐志)当中。

古琴

拨奏弦鸣乐器,又称“瑶琴”“七弦琴”,中国民族乐器中弹拨类乐器的代表,具有悠久的历史和文化内涵。音域宽广、音色深沉,以“清微淡远”的风格著称,有“散音”“泛音”“按音”三种基本音色。常见样式有“伏羲式”“仲尼式”“连珠式”“落霞式”。古琴最早以文字记谱,称为“文字谱”,直至唐代产生了“减字谱”并沿用至今,为一种记写徽位与左右手演奏指法的乐谱。经典曲目有《高山流水》《酒狂》《广陵散》《平沙落雁》《梅花三弄》《阳关三叠》《胡笳十八拍》等。中国古代古琴主要以口传心授的方式进行传承,当代则通过雅集、琴社等方式进行传承。流派主要有“京师派”“江西派”“浙派”“虞山派”“绍兴派”“金陵派”“广陵派”“浦城派”“泛川派”“诸城派”“九嶷派”“梅庵派”“岭南派”等。中国古代有伯牙、师旷、嵇康、阮籍等人擅弹古琴。近现代演奏名家主要有管平湖、吴景略、张子谦、龚一、李祥霆、李凤云、吴钊等。

二胡

擦奏弦鸣乐器,中国民族乐器中弓弦类乐器的代表。又称“奚琴”“南胡”“胡琴”等。最初常用在民间戏曲、曲艺的伴奏中,现今演奏方式有独奏、小型合奏、乐队合奏等。二胡拥有独特的音色,演奏时以右手持琴弓,左手按弦,对音准有很高的要求。二胡的演奏技法丰富,善于塑造线条优美的旋律,受到大众的喜爱。二胡的基本构造分琴筒、琴皮、琴杆、琴轴、琴弦、琴弓、千斤、琴码、琴托等。1949年以来,中国二胡艺术步入了一个崭新的阶段,无论是题材还是演奏技巧、演奏风格等方面都获得迅速发展。经典曲目有《二泉映月》《光明行》《病中吟》《良宵》《独弦操》《赛马》等。此外,近现代涌现出大批自民间整理、改编、移植的传统乐曲,如黄海怀移植的《江河水》、项祖英改编的《梆子风》等。优秀的二胡协奏曲代表作有《新婚别》《第一二胡协奏曲》《阿曼尼莎》《楚颂》等。近现代演奏名家主要有刘天华、华彦钧、黄海怀、闵慧芬、宋飞、邓建栋等。

筝

拨奏弦鸣乐器,中国民族乐器中弹拨类乐器的代表。“筝”一词最早见于司马迁《史记》中《谏逐客书》的记载:“夫击瓮叩缶,弹筝搏髀,而歌呼呜呜快耳者,真秦之声也。”可见春秋战国之际,筝已在秦地广泛流传,故素有“真秦之声”“秦筝”之称。筝音色优美,音域宽广,演奏技巧丰富,具有相当强的表现力,深受广大人民群众的喜爱。筝的基本构造分面板、雁柱(一些地方也称之为筝马)、琴弦、前岳山、后岳山、背板、底足、穿弦孔等。形制为长方形木质音箱,弦架雁柱可以自由移动,一弦一音,按五声音阶排列。筝的种类主要以体积的大小以及弦数的多少加以区分,大体分为十二弦筝、十三弦筝等,现代有二十一弦筝、二十三弦筝、二十五弦筝或更多弦的筝,其中以二十一弦筝的运用最为普遍。传统的筝乐早期被分成南北两派,即“南筝”(潮州筝)和“北筝”(河南筝和山东筝),随着时代的发展,分别衍生出其他几大筝派，现一般分为九派。各派的筝曲及演奏方法各具特色。传统的筝演奏手法以右手四指拨弦，左手按、滑、揉、颤等。筝因音域宽广，音色优美动听，常用于独奏、重奏、器乐合奏和歌舞、戏曲、曲艺的伴奏。近现代演奏名家主要有张念胜、曹正、黄辉远等。

竹笛

边棱音气鸣乐器，中国民族乐器中吹奏类乐器的代表，因用天然竹材制成而得名。采用横吹的方法，音色明亮独特，具有较强的穿透力。表现力非常丰富，既能吹奏出欢快、高亢的旋律，又能吹奏出婉转、悠扬的曲调，同时还能够模仿自然界中的鸟鸣等声音，善于塑造各类音乐形象。竹笛品种繁多，常见的有曲笛和梆笛。曲笛常被用于昆曲伴奏和南方民间曲艺的合奏；梆笛主要被用于梆子腔的伴奏以及北方民间曲艺的合奏。近代竹笛可分为南北两派。南派竹笛主要流行于江南地区，多用曲笛，注重采用颤音、打音、叠音等技巧，吹奏风格典雅清丽，经典曲目有《早晨》《姑苏行》《鹧鸪飞》等。北派竹笛主要流行于北方地区，多用梆笛，注重采用吐音、花舌、剁音等技巧，吹奏风格刚劲粗犷，经典曲目有《五梆子》《喜相逢》《挂红灯》等。南派竹笛的代表人物主要有陆春龄、赵松庭等；北派竹笛的代表人物主要有冯子存、刘管乐等。现今演奏形式主要有独奏、小型合奏、与交响乐队合奏等。

鼓

击奏膜鸣乐器，中国民族乐器中打击类乐器的代表。因其在击打的过程中能够产生良好的共鸣，声音响亮并且能够传声至远方，故在古代常被用于为军队助威。民族乐器中的鼓类众多，主要有“腰鼓”“渔鼓”“花盆鼓”“大鼓”“书鼓”“板鼓”等。腰鼓无固定音高，声音较为清亮，既能用于民间歌舞的伴奏，又能作为舞蹈道具使用。渔鼓又称“竹琴”或“道筒”，是民间曲艺“道情”“竹琴”的主要伴奏乐器。花盆鼓的音色较为低沉、柔和，并且能够演奏不同的音调。大鼓的中部发音较为雄厚，边缘发音较为清脆，演奏技法有单击、双击、顿击和滚奏等，具有较高的表现力，能够很好地渲染情绪。书鼓常用于曲艺演唱和鼓书伴奏中。板鼓构造独特，发音清亮，被广泛地应用于各地戏曲艺术的伴奏和器乐合奏中，能够较好地渲染舞台气氛，衬托人物形象。中国的一些少数民族经常将鼓类与曲艺、民间歌舞相结合，在节日与重要场合中使用。经典曲目有《牛斗虎》《老虎磨牙》《龙腾虎跃》等。

扬琴

击奏弦鸣乐器，又称“洋琴”“打琴”“蝴蝶琴”“铜丝琴”。本为外来乐器，明末传入中国，经融合、创新和发展后逐渐形成自己的流派。具有较强的表现力，声音极具颗粒性并且有广阔的音域。扬琴的基本构造分共鸣箱、山口、弦钉、弦轴、琴码、琴弦和琴竹等。扬琴分为高中低三个音区，高音区音色明亮、清脆；中音区音色柔和；低音区音色浑厚、深沉。起初常用于民间戏曲、曲艺的伴奏中，现今有独奏、小型合奏、扬琴乐队演奏等形式，并且在民族器乐合奏和民族乐队中充当着“钢琴伴奏”的角色。演奏者在演奏过程中需双手各持琴竹，基本竹法为双手交替，传统竹法有“左竹法”和“右竹法”两种。在发展的过程中演奏家们积极借鉴其他民族乐器和国外乐器的演奏技法，逐渐产生了新颖多样的技法，增强了艺术感染力。其常见技法有单音、双音、轮音和弹轮等。传统扬琴四大流派为“广东音乐扬琴”“江南丝竹扬琴”“四川扬琴”和“东北扬琴”，经典曲目有《旱天雷》《弹词三六》《将军令》《苏武牧羊》《映山红》《海燕》《黄土情》《瑶山夜画》等。

江南丝竹

亦称“丝竹”，一种民间器乐合奏形式，因主奏乐器以丝弦类和吹管类乐器为主而得名。流行于中国江南各地（江苏南部、浙江北部及上海地区）。江南丝竹乐队有“丝竹班”和“清客串”两种。“丝竹班”是专业性质的，为风俗节日或婚丧喜事演奏；“清客串”是自娱性质的，多在茶馆、私人住宅等地演奏。乐队人数可多可少，二至八人不等。音乐风格轻巧明朗、优美抒情、委婉细腻。其演奏曲目大多来自民间器乐曲牌，不仅有小曲，也有曲牌连缀的大型套曲。经典曲目有著名的“八大曲”，包括《中花六板》（又名《熏风曲》）、《慢六板》《三六》《慢三六》（又名《花三六》）、《行街》《欢乐歌》《云庆》和《四合如意》。此外，较流行的还有《老六板》《快六板》《快花六》等。江南丝竹是江南水乡文化的杰出代表之一，以精细的演奏风格与演奏技法，成为影响全国的著名民间乐种。近年来，江南丝竹还流传到南亚诸国，被誉为中国式的轻音乐。2006 年，入选第一批国家级非物质文化遗产名录。

广东音乐

流传于珠江三角洲一带的民间器乐乐种。它的前身主要是粤剧过场音乐和烘托表演用的小曲，如《一锭金》《柳青娘》等。约在 20 世纪初期，发展成为独立演奏的器乐曲，被称为广东音乐。在 20 世纪 20 年代之前，合奏时多用二弦、提琴（近似板胡的中国民间乐器）、三弦、月琴、笛，俗称“五架头”，又称“硬弓组合”。之后，“五架头”变为高胡、秦琴、扬琴三件，号称“三件头”。在此基础上添加洞箫、椰胡，变为“五件头”，又称“软弓组合”。表演极富特色，曲调流畅、自然、活跃，多以各种装饰音群构成一定的惯用音型，如“冒头”和“迭尾”。“冒头”也称“先锋指”，是在一句之前起引导和连接作用的装饰音群；“迭尾”是把句尾长音加以变化，不使单音拖得太长。经典曲目有《旱天雷》《连环扣》《雨打芭蕉》《平湖秋月》等。广东音乐是岭南民间文化的杰出代表之一，以其清新流畅、悠扬动听的岭南特色备受喜爱和欢迎。目前广东音乐在海外华侨中有较大的影响，它像一条连接海外华人与祖国家乡的情感纽带，对海外华人了解中国文化传统和历史起到重要作用。2006 年，入选第一批国家级非物质文化遗产名录。

京韵大鼓

流行于华北、东北各地的民间说唱音乐，也称“京音大鼓”。由清代流传于河北乡间的“木板大鼓”与“清音子弟书”相结合，并不断吸收京剧、梆子及其他艺术发展而成。表演形式为一人站唱，自击鼓、板掌握节奏。伴奏一般为三人，乐器为大三弦、四胡、琵琶。京韵大鼓属于板腔体，板式主要分为慢板、紧板两种。慢板唱腔用于叙述故事情节、介绍人物、描绘景物等。紧板又称快板，有板无眼，速度较快，音节短促，近似朗诵，唱中夹白，白中带唱，用于故事进入高潮时。京韵大鼓具有半说半唱的特色，唱腔常运用大幅度音程跳进，以旋律的起伏跌宕、刚劲挺拔为特点。在长期历史发展中，相继出现了不同的流派。主要有刘宝全、白云鹏、张小轩、白凤鸣、骆玉笙所分别开创的刘派、白派、张派、少白派和骆派。表演曲目多为写景抒情的小段和短篇的故事说唱，如《丑末寅初》《风雨归舟》《林冲发配》《李逵夺鱼》《子期听琴》《单刀会》《借东风》等。京韵大鼓在中国北方曲艺中成就最高，在全国曲艺中也占有相当重要的地位。2008 年，入选第二批国家级非物质文化遗产名录。

西河大鼓

起源于河北中部并流传于华北、西北及东北地区的说唱音乐，由清乾隆年间（1736—1795）流行于冀中的“弦子书”和“木板大鼓”衍变发展而成。在流传过程中曾有“大鼓书”“梅花调”“西河调”等名称，20 世纪 20 年代被定名为西河大鼓。西河大鼓有说有唱，中长篇书以说为主，以唱为辅；短段以唱为主。表演时，演员左手敲击两块月牙形铜片，右手击书鼓说唱，弦师以大三弦伴奏，有时加用四胡、扬琴、琵琶。唱词基本为七字句和十字句。唱腔依凭冀中语音的自然声韵，吸取民歌小调等的音乐语汇。西河大鼓属于板腔体结构，约有三十种唱腔，分别归纳在头板、二板、三板三种板式中。传统曲目丰富，内容大部分是历代战争故事、历史演义、民间故事、通俗小说、神话故事和寓言笑话等。中长篇鼓书有《杨家将》《呼家将》《响马传》等；短篇鼓书有《小姑贤》《打黄狼》《闹天宫》《岳飞墓》等。2006年，入选第一批国家级非物质文化遗产名录。

苏州评弹

苏州评话和苏州弹词两种曲艺的合称。用吴语表演，流传于江苏南部、上海和浙江的杭嘉湖地区。清代已经颇为流行。评话只说不唱，俗称“大书”，通常是一人登台，偶有两人合作，以醒木、扇子和手帕等为道具演说故事。内容多为历史演义、侠义公案等，有《三国》《隋唐》《金枪传》《济公传》等作品。弹词有说有唱，俗称“小书”，用弹拨乐器伴奏而得名。弹词的表演形式较为多样，有一人(单档)、二人(双档)和二人以上等表演形式。单档表演时，唱腔、弹奏乐器及扮演各种角色都由一人担任，所用乐器为三弦。双档表演时，二人分坐两边，一般以坐台右者为主，手持三弦；坐台左者为副，弹奏琵琶，分别扮演说书中的人物。多人合档时，一主二副，或四五人一齐说唱，乐器除三弦、琵琶外，还有月琴、二胡等。表演灵活简便，善用叙事、代言相结合的手法和说、噱、弹、唱的艺术手段描绘故事情节，刻画人物性格。弹词唱腔丰富多彩、异彩纷呈，总体风格轻柔细腻。其中有三个流派最为著名，即陈遇乾开创的陈调、俞秀山开创的俞调和马如飞开创的马调。传统曲目均为长篇，多为才子佳人和儿女私情的民间故事。经典曲目有《杜十娘》《珍珠塔》《黛玉葬花》《林冲踏雪》《新木兰辞》等。2006年，入选第一批国家级非物质文化遗产扩展项目名录。

道情

一种传统曲艺，源于唐代道士布道、化缘时唱的道歌，后来逐渐发展为一种民间说唱，用渔鼓、简板伴奏。明清时期，同各地民间音乐相结合或吸收戏曲的唱调，形成了同源异流的多种形式，如陕北道情、江西道情、湖北渔鼓、四川竹琴等。多以唱为主、以说为辅，也有只唱不说的。表演形式有坐唱、站唱、单口、对口等。表演者有道士和社会各色人等，创作者主要是道士和文人。唱词多以道经为依据，具有亦雅亦俗的艺术特征。唐代，道教被尊为国家宗教之一，开始渗入国家礼乐文化。《承天》《九真》等宫廷道乐的产生对道情的孕育和发展有着积极的促进作用。宋元时期道情的创作者和曲目数量大增，以歌诗形式为主，五、七言形式不拘，并有了向“道情剧”“道情叙事体”转移的趋向。从内容上可分为两类：超脱凡尘类和警醒世顽类。明清时期，道情逐渐脱离了宋元以来的宗教气息而走向世俗情态，韵式的结构形式基本以七字为主，穿插三、六、九、十言句，出现了“道情叙事体”，如《庄子叹骷髅》《雪拥蓝关》等，同时结合舞台表演从而向“道情剧”转化。道情是道教民间化的产物，是对道教教义思想的通俗演绎，在民俗信仰体系中占有一定位置。

民歌

人民群众集体创作，通过听觉记忆和口头流传的歌曲。中国民歌有着悠久的传统，远在原始社会里，祖先便在狩猎、搬运、祭祀、娱神、求偶等仪式、活动中开始了他们的歌唱。中国最早的一部诗歌总集《诗经》中的《国风》即为各诸侯国民歌。中国民歌体裁一般分为劳动歌曲、山歌、小调、风俗歌、多声部歌曲等类。劳动歌曲又分为劳动号子、田歌、渔歌、牧歌、猎歌等多种。中国民歌的词曲结合形式及结构形态非常多样，歌词有讲究对称的规整体，也有不拘一格的自由体。各种格式的歌词都以语言简洁、生动和注重诗韵为特色。与此相应，民歌的曲式结构可分为上下句、四句头、五句子、赶五句、穿号子、急板山歌等多种类型。中国民歌与人民的生活有着密切的关系，覆盖了生活的不同层面，成为人民生活中不可缺少的组成部分。除了娱乐作用外，它在社会生活中还具有教育与传承、祭祀与交际等功用。

新歌剧

“五四”运动以后，中国音乐家尝试借鉴西方歌剧的创作手法，以中国民族音乐为基础来表现中国题材的戏剧形式。新歌剧从表现民族现实出发，融汇民族传统戏曲、音乐和西方歌剧艺术的精华进行新的创造。新歌剧最早的探索者是黎锦晖，他创作的儿童歌舞剧为新歌剧的发轫。随后田汉、聂耳创作的《扬子江暴风雨》为新歌剧的发展开辟了道路。1945年创作出的《白毛女》表现了现代中国的革命斗争和思想情感，标志着新歌剧创作达到了一个新水平，真正确立了新歌剧在中国戏剧舞台上的地位。

秧歌剧

秧歌本泛指中国农村田间劳动时所唱歌曲，亦为北方地区十分流行的民间歌舞形式，可分为大场和小场。传统秧歌剧主要是指小场的秧歌，一般只有两三个角色，表演一些带有简单故事情节的歌舞，伴奏多为当地民歌、地方戏曲、民间音乐等。1942年延安文艺座谈会以后，陕甘宁边区的文艺工作者掀起了向民间文艺学习的热潮，从而开展了热火朝天的“新秧歌运动”。新秧歌剧在传统秧歌剧的表演基础上，加入了反映新时代思想精神的内容，特别是反映边区农民在大生产运动中真实感人的生活场景。在艺术上，新秧歌剧广泛地吸收了陕北民歌、地方戏曲、民间歌舞以及话剧、舞蹈等艺术形式的创作表演经验；在作品类型上，新秧歌剧大致可分为两类：一类形式和剧情都比较简单，只有两三个角色，用叙述式的演唱来表达剧情发展，如《兄妹开荒》《货郎担》等；另一类形式较复杂、角色较多、情节较曲折、戏剧性较强，如《牛永贵负伤》《周子山》等。

民族管弦乐

在民族乐队基础上借鉴西方乐队编制、编配观念、技法等形成的具有中国特色的管弦乐。“管弦”一词源于中国，而非舶来。在民族管弦乐队形成之前，中国民间就根据地域和用途的不同，组成了不同的乐队组合。比如在民间流行的锣鼓乐队，主要是以锣与鼓等打击乐器，搭配唢呐等吹奏乐器构成，如山西的威风锣鼓。另外，民间还形成了丝竹乐队、戏曲乐队、武场乐队、曲艺乐队等。各少数民族中逐渐形成了少数民族乐队。中国现代民族管弦乐队组成包括：拉弦乐器组、弹拨乐器组、吹管乐器组、打击乐器组。中国民族乐器中缺少低音乐器，所以比较常见的做法是使用西洋乐器中的低音提琴作为补偿，也有使用大提琴的。

中国交响音乐

在借鉴西方交响音乐创作的基础上，创作出的具有中国民族特征的交响音乐作品。西方交响乐于清末传入中国。1920年萧友梅从德国留学回国后，在北京大学音乐传习所组建了一个小型管弦乐队，演奏其创作的《哀悼进行曲》(1916)、《霓裳羽衣舞》(1923)等交响乐作品。1929年黄自在耶鲁大学毕业音乐会上公演了其毕业作品管弦乐《怀旧》，这是第一次在国外舞台上演奏中国管弦乐作品。归国后其又创作了《都市风光幻想曲》(1935)。1949年以前，又有冼星海、贺绿汀、马思聪等诸多作曲家创作了近50首内容形式各异的交响音乐作品。1949年以后，中国的现代作曲家们在继承传统、借鉴与学习西方现代音乐作曲技术理论的基础上，将交响音乐创作与民族特性、时代特征联系在一起，在不同时期创作了许多多元化的交响音乐作品，将中国交响音乐的创作推进一个比较繁荣的阶段。交响诗《黄鹤的故事》(1955，施永康作曲)、交响诗《嘎达梅林》(1956，辛沪光作曲)和小提琴协奏曲《梁山泊与祝英台》(1958—1959，何占豪、陈钢作曲)等作品的出现，受到社会的广泛赞誉，也标志着中国交响音乐创作的成熟。

中国摇滚

中国大陆独立发展的摇滚音乐，于20世纪80年代出现。通常情况下，中国摇滚被描述为一种反传统的工具，反抗主流意识形态、商业建制以及文化霸权的音乐。1980年中国出现了第一支摇滚乐队“万李马王”，1986年崔健的《一无所有》第一次作为摇滚歌曲在正式出版物上出版，1989年《新长征路上的摇滚》则是中国第一张真正意义上的摇滚专辑。自中国摇滚诞生以来，摇滚乐人就不断地探索摇滚民族化、本土化的道路。在歌词创作方面，一些优秀作品具有明显的民族情结，在不同层面折射中国文化、时代变迁及社会经济发展后中国人的思想变化，具有一定的民族性和时代性。在和声上，有许多作品以大小调体系为基础加入色彩性中国民族调式、和声，同时在编曲和配器上更为民族化。部分摇滚乐队或个人直接改编中国民歌，用摇滚语言重新演绎，从编曲、配器上给予其全新的面貌。

少数民族音乐

生活在中国不同地区的55个少数民族的人民，在历史传统、社会状况和宗教信仰等诸多条件的影响下，创造出的各种富有民族特色的音乐。大多数少数民族存在丰富的民间音乐和宗教音乐，有些民族如藏族、满族、蒙古族、朝鲜族还存在宫廷音乐与古典艺术音乐。中国音乐界通常使用的民间音乐的分类方式，是根据音乐演唱、演奏的表现形式划分为民间歌曲、歌舞音乐、说唱音乐、戏剧音乐以及民间器乐等五类。各少数民族的民间音乐包含的类别情况不一，大部分少数民族的民间音乐只包括民间歌曲、歌舞音乐和少量较简单的民间器乐。各民族具有鲜明民族风格的音乐文化，是民族文化宝库中的重要组成部分。它由各族人民自己创造，表达了各族人民的思想感情，在艺术上反映出鲜明的民族性。

《乐律全书》

乐舞律历专著，明朱载堉撰。该书涉及律学、乐学、舞学、历学、算学等多种相关学科，共47卷，由15种著作汇刊而成，包括《律学新说》《乐学新说》《算学新说》《历学新说》《律吕精义》《操缦古乐谱》《旋宫合乐谱》《乡饮诗乐谱》《六代小舞谱》《小舞乡乐谱》《二佾缀兆图》《灵星小舞谱》《圣寿万年历》《万年历备考》《律历融通》等。其中《律学新说》和《律吕精义》在音乐史上贡献尤大。尤其是《律吕精义》内、外两篇，提出了“新法密率”（即“十二平均律”），按传统方法取振动物体长度的数据，总结弦准定律和律管误差的经验教训，借鉴民间旋宫实践，精密计算，说明了“密率”的基本原理。“新法密率”的提出，在理论上解决了历代在旋宫问题上存在的矛盾，在音乐史上最早用等级比数音律系统阐明了十二平均律原理。《乐律全书》还收录了不少乐谱，例如用工尺记谱的《豆叶黄》《金字经》等曲，对研究明代民间音乐有一定参考价值。

《广陵散》

古琴曲，最晚出现于汉末。该曲与《琴操》中记载的《聂政刺韩王曲》有关，描写的是战国时期铸剑工匠的儿子聂政为报杀父之仇，刺死韩王然后自杀的悲壮故事。现存曲谱最早见于明朱权编印的《神奇秘谱》，从其解题可以推断此曲辗转宫廷和民间，至明时已历千年。谱中主要部分有“刺韩”“冲冠”“发怒”“投剑”等45个分段小标题，旋律慷慨激昂，音调气贯长虹，表达出对社会现实不满、反抗和斗争的激动愤懑之情。《广陵散》在唐代以前是33段的大曲，有“大序”“正声”和“乱声”三个部分，这种结构可能保留了早期传统大曲艳、曲、趋的形式规范，保存了汉唐音乐的古老气息。它所体现出的高度的思想价值和艺术价值是这首琴曲最为宝贵之处。《广陵散》与魏晋名士嵇康有密切的关系。嵇康在临刑前悲壮地弹奏《广陵散》使这首琴曲名声大噪。《广陵散》在近代历史上曾绝响一时，中华人民共和国成立以后古琴家管平湖先生根据《神奇秘谱》所载曲谱进行整理、打谱，使这首奇妙绝伦的琴曲又成为闻之有声的中国古典音乐名作。

《高山流水》

古琴曲。此曲有三个不同流派，分别为：河南曲子板头曲（曹东扶订谱）、山东“碰八板”筝曲（黎连俊传谱、赵玉斋整理、曹正记谱）和浙江筝曲。河南曲子板头曲从句式结构到旋律音调，都与中原地区民间器乐曲一脉相承，具有浓郁的地域风情。从音响效果上，河南曲与其他流派相距甚远，但这并不排除此版对“高山”“流水”意象的表现，乐曲首尾部的平稳、开阔，与中部的奔放、激荡形成对比，尤其是左手连续上下行“拂”“划”技巧的运用，与“高山”“流水”的标题含义十分贴近。山东筝曲流行于菏泽地区，为套曲，包括《琴韵》《风摆翠竹》《夜静銮铃》《书韵》等四首小曲。每首小曲具有独立性，但更多为串联演奏。浙江筝曲是武林筝派的代表性曲目，是浙江筝人传授传统筝艺的必选之曲。此版筝曲曲调平和、雅致，透出江南民间音乐细腻、委婉的韵律。

《梅花三弄》

古琴曲，又称《梅花引》。《神奇秘谱》记载此曲最早是东晋桓伊为王羲之所奏的笛曲，后由唐颜师古移植为琴曲。此曲结构上采用循环再现的手法，重复整段主题三次，每次重复都采用泛音奏法，故称为“三弄”。乐曲通过歌颂梅花不畏寒霜、迎风斗雪的顽强性格，来赞誉具有高尚情操之人。《梅花三弄》有12个不同的打谱版本，每个版本都有一小标题。以《神奇秘谱》为例：一、溪山夜月；二、一弄叫月，声入太霞；三、二弄穿云，声入云中；四、青鸟啼魂；五、三弄横江，隔江长叹声；六、玉箫声；七、凌风戛玉；八、铁笛声；九、风荡梅花；十、欲罢不能。今人演奏用谱主要以今虞琴社吴景略和广陵派张子谦两位的谱本最具特色。虞山派《琴谱谐声》（清周显祖编，1820年刻本）的琴箫合谱，其节奏较为规整，宜于合奏，有“清、微、淡、远”的文人趣味，以“黜俗还雅”为宗旨；广陵派晚期的《蕉庵琴谱》（清秦淮瀚辑，1868年刊本），其节奏较自由，音色飘逸，对比强烈，曲终前的转调令人耳目一新。1972年王建中将《梅花三弄》改编成钢琴曲。

《胡笳十八拍》

古琴曲。据传为东汉末年蔡琰所作。蔡琰，字文姬，东汉文学家、音乐家。她生逢乱世，命运坎坷，被掳入胡，别子归汉。十八拍即为十八首的意思。相传《胡笳十八拍》诉说了她一生的悲惨遭遇，反映了战乱给人民带来的深重灾难，是一部具有高度艺术价值的古代音乐作品。作品第一拍是全曲的核心音调，后面段落由此衍生展开。随着歌词中情节的发展，旋律跌宕起伏，极具抒情气息。乐曲结构分为两大部分，前九段主要倾诉作者身在异乡的屈辱和对故乡的思念，后九段抒发了作者惜别稚子的痛苦与悲怨。代表外来音乐的胡笳与代表中国传统音乐的古琴融为一体，音乐和歌词也珠联璧合。目前较为流行的谱本是当代琴家陈长龄根据明代《琴适》中的琴歌《胡笳十八拍》所打谱。

《十面埋伏》

琵琶大曲，乐谱最早见于清嘉庆二十三年（1818）华文彬编印的《琵琶谱》。此曲描写公元前202年楚汉相争的最后一战“垓下之战”的决战场景。汉军用十面埋伏的阵法击败楚军，迫使项羽自刎于乌江，取得了最终的胜利。全曲分为13个段落，标题分别为列营、吹打、点将、排阵、走队、埋伏、鸡鸣山小战、九里山大战、项王败阵、乌江自刎、众军奏凯、诸将争功、得胜回营。早在16世纪之前，此曲已在民间流传。明王猷定的《汤琵琶传》中，记有被时人称为“汤琵琶”的汤应曾弹奏《楚汉》时的情景：“当其两军决战时，声动天地，瓦屋若飞坠。徐而察之，有金声、鼓声、剑弩声、人马辟易声，俄而无声，久之，有怨而难明者，为楚歌声；凄而壮者，为项王悲歌慷慨之声、别姬声。陷大泽有追骑声，至乌江有项王自刎声，余骑蹂践争项王声。使闻者始而奋，既而恐，终而涕泣之无从也。”从这段描述可看出，汤应曾弹奏的

《楚汉》与《十面埋伏》在情节及主题上一致。演奏技巧上,此曲几乎涵盖了传统琵琶的所有技法,充分运用了琵琶的各种技巧、表现汉军威武的军阵以及战阵中千军万马的厮杀和刀光剑影的决战,具有强烈的艺术感染力,用单个乐器的独奏形式表现波澜壮阔的史诗场面,把琵琶表演艺术发挥到登峰造极的地步。

《渔舟唱晚》

20 世纪 30 年代以来,在中国流传最广、影响最大的一首筝曲。此曲是在中国民间传统乐曲基础上加以创作改编而成的。其来源有两说:一是娄树华先生根据古琴琴歌《归去来辞》为素材改编而成,一是金灼南先生根据传统筝曲《双板》改编而成。在乐曲结构上,全曲分为两大部分。第一部分生动地描绘了夕阳西下,渔人在碧波荡漾的湖面上,迎着晚霞演唱渔歌的动人景象。第二部分描写了风雨欲来,湖面狂风骤雨,与第一部分有着鲜明的对比。在急速的节奏中,左手上滑音加之右手大指"连劈"的演奏技巧,刻画出浪花飞溅的激烈景象。尾声处描绘了风雨之后渔舟靠岸,歌声四起的恬静优雅的意境。此曲在保持着中国传统古雅的审美情趣的同时,展现了难以言传的诗情画意。

《夜深沉》

京胡曲,也是京剧曲牌。以昆曲《思凡》折中《风吹荷叶煞》一曲中的四句歌腔为基础,经过历代京剧琴师们的加工改编发展而成,曲名出自首句唱词的前三字。《风吹荷叶煞》的唱词内容是小尼姑哀叹自己身入空门,过着寂寞凄苦的无聊生活。改编者们运用民间音乐创作中常用的加花、删减、紧缩、句末填充和变新等手法,将原来悲哀怨恨的曲调改成一支刚劲有力、充满激情的新乐曲。在京剧《击鼓骂曹》和《霸王别姬》中,用此曲来配合祢衡击鼓和虞姬舞剑等场面。音乐工作者们在原曲基础上进行改编,将其结构扩展成有引子后接慢板、中板、快板的板式铺排,成为一支以鼓与京胡竞奏的民族器乐曲。引子部分铺垫渲染气氛,以京胡为主,后进入大鼓的华彩部分;快板部分鼓与京胡一起演奏,之后京胡进入大段华丽炫技段落,在京胡结束后乐队齐奏华彩主题,最后进入尾声。除此之外,京胡独奏曲《夜深沉》是作曲家吴华创作的京胡组曲《虞美人》其中一个乐章,已成为音乐会上最受欢迎的曲目之一。作曲家把原本单一的板式发展为融合行板、小快板、快板、垛板、急板等多种板式的大型乐曲,表现了虞姬舞剑时的飒爽英姿和情深意切。此曲为京胡演奏开拓出更广阔的空间,焕发了京剧音乐的勃勃生机。

《喜相逢》

演奏家冯子存于 20 世纪 50 年代创作的一首笛子独奏曲。结构为民间器乐曲中常见的变奏曲式,表现一对情人惜别和重逢时的心情。原为内蒙古的一首民间乐曲,后流传到张家口一带,成为河北梆子和二人台等地方戏曲的过场音乐,常用于戏中角色入洞房、拂拭灰尘时的伴奏。该曲共四段,开始采用散拍引子,前六小节速度慢,节奏较自由,流畅舒展,优美如歌,表现出了亲人之间互相诉说、亲切委婉的场景。第一次变奏在乐曲的第二段,速度由较慢的加快到中板,表现了久别重逢时的喜悦心情。第二次变奏,速度再一次提升。第三次变奏在最后一段,速度更快,气氛更为热烈,花舌音的再次使用使得整个乐曲到达情感的顶峰。整个乐曲通过传统而夸张的演奏技法,变化丰富的节奏与速度,"吐音""滑音""垛音""花舌音"等技巧的运用,充分表现出了浓郁的北方民间音乐风格。

《二泉映月》

二胡曲。作者华彦钧(1893—1950),又称阿炳,江苏无锡人,民间音乐家。此曲最初无标题,阿炳在行街串巷途中信手拉奏时曾称之为"自来腔"。后来音乐人杨荫浏为阿炳的演奏录音时建议阿炳将这首曲子定名为"二泉映月"。结构为传统的变奏曲,全曲分为六段,主题变奏出现五次，变奏手法主要为乐句的扩充和减缩，并且结合旋律的走向展开。音乐跌宕起伏，扣人心弦，揭示出作者内心的感受和顽强的意志。音乐中倾诉了阿炳辛酸坎坷的一生，是他灵魂深处的呼喊，是对命运的挣扎与反抗，也是对美好生活的向往和追求。这首作品之所以动人，是因为其创作元素来自江南一带人们亲切熟悉的民间音乐，同时深沉、悠扬又激昂，流露出底层人民质朴的气息。此曲渗透着中国民间音乐的精髓，先后被改编成小提琴曲、民乐合奏、弦乐合奏、二胡与乐队合奏等多种演奏形式，是人们了解中国传统音乐的一扇窗户。

《彩云追月》

民乐合奏曲，由任光于 1935 年整理重编，由彭修文配器。此曲最早见于清代，系著名的粤音曲谱。任光在上海百代唱片公司任节目部主任时，同聂耳一起为百代国乐队定了一批民族管弦乐曲并灌制唱片，《彩云追月》就是其中的一首以管弦乐重新编曲的优秀作品。1960 年，彭修文根据中央广播民族管弦乐团的乐队编制重新配器。曲名“彩云追月”的寓意是仙人驾五彩祥云奔向月宫，形象地描绘了浩瀚夜空的迷人景色，描写了人们心目中的月宫仙境，烘托了平凡生活的轻松写意。乐曲风格轻快独特，彰显了典型的广东民间音乐特色。

《花好月圆》

民族管弦乐作品。原曲是黄贻钧即兴创作而成的管弦作品。中华人民共和国成立后，彭修文将这部作品改编为民族管弦乐作品，经中央广播民族乐团演奏，广为流传。该曲为带再现的单三部曲式结构，曲调欢快热烈、通俗易懂，是脍炙人口的名篇佳作，引子部分就将听众引入欢乐热烈的节日气氛之中。首段以笛子为主奏乐器，音色高亢明亮。中间段是扬琴和弹拨乐器的结合，赋予音乐更多动力。再现段曲速加快，是对首段旋律的加花变奏。曲子最后在欢快热烈的情绪中结束。如今，此曲被广泛应用于中国重大节日、庆典、晚会之中。

《义勇军进行曲》

中华人民共和国国歌，聂耳作曲，田汉作词。最初是电影《风云儿女》的主题歌，1935 年 5 月 10 日，歌谱在《中华日报》上正式发表。《义勇军进行曲》创作的年代正值中国抗日战争时期，音乐界发起了“抗日救亡歌咏运动”。作曲家聂耳创作的歌曲也主要围绕着“抗日救亡”的主题展开。《义勇军进行曲》就是在这一题材下创作的群众歌曲。在乐曲创作技巧上，使用了非方整性的歌曲结构，巧妙地使用附点节奏、切分节奏和休止音符穿插其中，造成一种音乐的推动力量，具有强大的冲击力和振奋人心的效果。1949 年中国人民政治协商会议第一届全体会议召开，规定在中华人民共和国国歌未正式制定以前，以《义勇军进行曲》为国歌。2004 年第十届全国人大第二次会议正式将《义勇军进行曲》作为国歌，写入宪法。

《黄河大合唱》

大型声乐套曲，由冼星海作曲，光未然作词。创作于 1939 年 3 月抗日战争时期。该曲以黄河为描述对象，歌颂了中国人民坚强不屈的抗争精神，痛诉了侵略者的暴行与罪恶。乐曲展现了悲烈壮阔的抗战情景，彰显出中国人民为争取民族独立与解放的壮志豪情。全曲由 8 个乐章组成，第一乐章是合唱《黄河船夫曲》，第二乐章是男声独唱《黄河颂》，第三乐章是配乐诗朗诵《黄河之水天上来》，第四乐章是女声合唱《黄水谣》，第五乐章是双人对唱《河边对口曲》，第六乐章是女声独唱《黄河怨》，第七乐章是合唱《保卫黄河》，第八乐章是《怒吼吧！黄河》。该乐曲创作于战争年代，是具有革命情怀的艺术作品。其展现出的磅礴气势、人文精神和集体主义、爱国主义精神，至今都深受欢迎。

《东方红》

为庆祝中华人民共和国成立15周年而创作的大型音乐舞蹈史诗。创作缘起于1964年，周恩来总理在观看《革命历史歌曲表演唱》和《在毛泽东的旗帜下高歌猛进》两场演出后，产生了要创作一部以歌舞为主的大型文艺节目，向中华人民共和国成立15周年献礼的构想。在这部音乐舞蹈作品中，集结了3 000多名专业和业余的音乐舞蹈工作者，把宏伟的历史革命事件演绎成波澜壮阔的舞台形象。作品集中概括了中国人民在中国共产党的领导下，经历秋收起义、井冈山革命、二万五千里长征、延安大生产运动、抗日游击战、直到解放战争的伟大胜利。深刻表达了中国人民对革命至死不渝、无怨无悔的决心。《东方红》的开场曲目歌曲《东方红》根据陕北民歌改编而成，由李焕之编曲，李有源、公木作词，唱出了人民群众对毛泽东主席及其领导的中国共产党的深情，歌词质朴，情感真实，旋律动人，因此流传极广。《东方红》创造性地开拓了中国音乐舞蹈的艺术表现形式，是一部雄伟的人民革命史诗，也是精湛的舞台表演艺术作品。

《茉莉花》

民歌。其起源的说法不一，主要有江苏扬州说、山西五台山说、安徽凤阳花鼓说3种。其中，江苏扬州说被广泛认可：此曲起源于江苏一带，是在扬剧曲牌《鲜花调》的基础上发展而来。中国其他地区也有《茉莉花》曲，如河北、河南等地。各地流传的歌词基本相同，但曲调则各有差异，其中以江苏扬州流传的最为著名。歌曲结构为四句体，旋律曲折舒展，风格明朗。其主题音调已成为被广泛征引的创作源泉。意大利作曲家普契尼将该曲重新编曲成女声合唱，作为音乐主题用于其歌剧《图兰朵》。另有阎肃作词、孟庆云作曲的《亲亲的茉莉花》，刘麟作词、王志信作曲的《送给妈妈的茉莉花》等，都运用了该曲的主题。此曲曾经在香港回归祖国政权交接仪式、雅典奥运会闭幕式、北京奥运会开幕式等重大场合演出，展现出中国民族音乐巨大的魅力与旺盛的生命力。

《梁山伯与祝英台》

小提琴协奏曲，由陈钢与何占豪两位作曲家共同完成。该曲是两位音乐家就读于上海音乐学院本科时的作品，完成于1958年冬。该曲题材选自中国家喻户晓的民间故事——《梁山伯与祝英台》，以越剧中的曲调为素材，综合采用交响乐与中国民间戏曲音乐表现手法，依照剧情发展精心构思布局。作品从故事中择取“草桥结拜”“英台抗婚”和“坟前化蝶”三个主要情节，分别作为乐曲呈示部、展开部及再现部的内容。在这部作品中充分发挥民族音乐的特点，吸收中国戏剧中丰富的表现手法，如在呈示部结尾中，吸收戏曲中歌唱性的“对话”形式来表现梁、祝相爱的主题；展开部中的“哭灵投坟”，运用京剧中的导板和越剧中的嚣板等。该作品将交响音乐表现手法和民间戏曲音乐表现手法相结合，并借助民间故事《梁山伯与祝英台》的情节，深刻揭示了作品中的情感内涵和意境，成功塑造了鲜明的艺术形象，是探索小提琴艺术“民族化”道路上的一次大胆而卓有成效的尝试。

中国主要音乐学院

中国现有11所独立设置的专门从事音乐艺术类教育和研究的高等院校，分别是上海音乐学院、中央音乐学院、中国音乐学院、沈阳音乐学院、天津音乐学院、西安音乐学院、武汉音乐学院、四川音乐学院、星海音乐学院、哈尔滨音乐学院、浙江音乐学院。其主要的专业和院系有音乐学系、作曲系、声乐系、钢琴系、管弦系、民乐系和音乐教育系等。其设立对专业音乐人才的培养尤为重要，极大地促进了中国音乐学科的建设，是音乐人才的发展基地，是培养继承音乐专业技能的技术人才的摇篮。

中国国家交响乐团

中华人民共和国文化和旅游部直属文艺演出单位，中国最优秀的职业交响乐团之一。其前身是成立于1956年的中央乐团，1996年重组后更名为中国国家交响乐团。乐团由国内一流演奏家组成，训练有素、技艺精湛。其中著名音乐家李凌、李德伦、韩中杰、严良堃、陈佐湟、汤沐海等为乐团建设作出了重要贡献。半个世纪以来，乐团成功地演奏、演唱了大量中外经典的古典主义、浪漫主义和近现代交响乐及合唱作品，其中许多作品在中国及世界为首演；许多在世界享有最高知名度的音乐大师同乐团进行了合作演出或艺术交流，其中指挥家包括奥曼迪、卡拉扬、小泽征尔等，演奏家包括大卫·奥依斯特拉赫、梅纽因、斯特恩、穆特、阿格里奇、马友友、麦斯基、沙汉姆、郎朗、李云迪等。乐团在世界性巡演中出访了亚、欧、美许多国家，以令人叹服的艺术表现和独具特色的中国神韵赢得了各国听众的高度赞誉。

⊙ 舞蹈 ⊙

“六代舞”与“六小舞”

“六代舞”又称“六舞”“六乐”“六代大舞”，是中国古代6种传统祭祀乐舞。黄帝的乐舞叫《云门大卷》，与云图腾崇拜有关；尧的乐舞叫《大章》，歌颂尧的仁德；舜的乐舞叫《大韶》，歌颂舜帝继承尧帝；禹的乐舞叫《大夏》，再现大禹治水的场景，体现先民战天斗地的精神；汤的乐舞叫《大濩》，表达成汤救护万民之意；西周的乐舞叫《大武》，歌颂武王灭商。“六代舞”又被称作“先王之乐”，主要用于宫廷祭祀礼仪，表演的场合隆重，人数众多，成了神圣的“雅乐”，影响后世数千年。

“六小舞”是西周用于教育贵族子弟的6种舞蹈，主要用于培养文化修养和强健身体，也是用于规范礼仪的舞蹈。“六小舞”根据不同年龄设定学习内容，循序渐进地提高贵族子弟各方面的才能。其中《帗舞》是手执五彩绸而舞，用于祭祀后稷；《羽舞》是手执白色羽毛而舞，用于祭大山大川；《皇舞》是手执五彩鸟羽而舞，用于求雨；《旄舞》是手执牛尾而舞，用于祭礼于大学；《干舞》是于执干戚而舞，用于兵事或祭山川；《人舞》是以手袖为容，用于宗庙祭祀。

“六代舞”和“六小舞”的出现代表着中国古代宫廷舞蹈的正式建立，既用于祭祀，又用于教育，共同担负着“制礼作乐”的政治使命，成为中国礼乐文化的重要组成部分。

汉代舞蹈

汉代舞蹈在继承前代舞蹈艺术的基础上，通过对西域乐舞的兼容并蓄，把中国古代舞蹈提高到一个新的水平。民间俗乐舞取得了合法地位，成为宫廷娱乐的主要内容，推动了舞蹈的发展。汉代舞蹈的代表“百戏”是流传最广的表演艺术形式，融合了杂技、武术、幻术、滑稽表演、音乐演奏、演唱、舞蹈等多种技艺，广泛在民间和宫廷中演出。舞蹈活动的频繁增加，促使新的舞蹈形式和优秀作品不断涌现。自娱舞蹈成为汉代社会生活的一个缩影，宾客间相邀起舞的“以舞相属”是当时风靡的礼仪。起舞助兴的“即兴舞蹈”也是发生在酒席间的常事。

汉代舞蹈在思想上执着于神仙幻想的同时兼顾现实人间，反映了当时的社会意识和丰富多彩的社会生活，如反映神仙境界的《总会仙倡》和反映情感生活的《灵星舞》《猕猴与狗斗》等；在形式上继承了春秋战国以来的轻盈之美和“楚舞”风格，如折腰和舞袖，又吸收了其他姊妹艺术和边疆外域舞蹈，如《盘鼓舞》《刀舞》《东海黄公》等。汉代舞蹈在厚重的气势和内在的张力中体现了豪放、质朴的艺术特质，成为“泱泱汉风”的标志。

唐代舞蹈

唐代是古代舞蹈的一个集大成的时代。唐代舞蹈集合周、秦、汉、魏、晋、南北朝等前代舞蹈，且对后世的宋、元、明、清乃至近、现、当代都有深远的影响，是中国古代舞蹈发展史上的一个高峰。一方面，唐代的表演性舞蹈空前发展，有规模宏大、绚丽壮观的部伎诸乐九部乐、十部乐、坐部伎、立部伎等，有体现王朝强盛、四方归服、一统天下的“四方之乐”，有形成强烈反差的劲健矫捷的“健舞”和柔曼舒缓的“软舞”，有歌舞兼备、技艺高超的“歌舞大曲”和“歌舞戏”；另一方面，群众性舞蹈活动极为普遍，渗透在社会生活的各个方面，有皇室贵族祭祀天地祖先、朝会大典、宴请域外使臣的舞蹈活动，有佛寺神庙中礼佛敬神的舞蹈活动，有民间巫术的通神娱神的舞蹈活动，有酒肆、街头、广场上献艺谋生的舞蹈活动。唐代社会各阶层人民都喜欢用舞蹈的方式自娱自乐，展示才艺。皇室、将军、重臣、贵族、文人、百姓起舞作乐、自舞成风的事例很多，见于记载的就有善舞《霓裳羽衣》的杨玉环、《惊鸿舞》的梅妃、《胡旋舞》的安禄山、《剑器舞》的公孙大娘、《凌波舞》的谢阿蛮等。唐代处于中国封建社会的鼎盛时期，社会安定，国力强盛，开明的人文思想、开放的对外政策、频繁的中外交流，都促进了舞蹈艺术的广采博收和创新发展。

健舞与软舞

唐代广泛流行于宫廷饮宴、贵族士大夫家宴及民间的小型表演性舞蹈，分成两个类别，也是唐教坊乐舞中的两大类。据史料分析，按照舞蹈的风格特点划分，“健舞”劲健矫捷、热情洒脱、节奏明快；“软舞”柔曼优美、温馨雅致、节奏舒缓，也有快节奏的舞段。它们是对某类舞蹈的泛称，其中的节目不是固定不变的，而是随着舞蹈的创作不断增加。“健舞”的作品有《剑器》《胡腾》《胡旋》《柘枝》《阿辽》《阿连》等，“软舞”的作品有《凉州》《绿腰》《春莺啭》《屈柘》《兰陵王》等。“健舞”可溯源于原始社会末期的“刑天舞干戚”、周代“武舞”和南北朝时期的“胡舞”；“软舞”可溯源于夏商的宫廷女乐和魏晋的“清商乐舞”。“健舞”与“软舞”分别展现了中国传统舞蹈的阳刚和阴柔之美，两者的共同特征是刚中有柔，柔中有刚。

“坐部伎”与“立部伎”

“坐部伎”与“立部伎”相对，均为唐代宫廷宴乐。堂上坐奏叫“坐部伎”，在室内厅堂演出，规模小，表演人数少，少则 3 人，多则 12 人。表演内容是歌颂帝王圣迹，祝愿统治者千秋万代的“象天之意”。舞蹈精巧细致、形式华美、文静雅致，代表着唐代宫廷宴乐的最高水准。代表作品有《燕乐》《长寿乐》《天授乐》《鸟歌万岁乐》《龙池乐》《小破阵乐》。堂下立奏叫“立部伎”，在庭院广场的室外演出，规模大，表演人数多，少则 64 人，多则 180 人。表演内容是歌颂皇帝武功文德的“象君之功”，气势雄伟、发扬蹈厉，具有较高的审美价值。代表作品有《安乐》《太平乐》《破阵乐》《庆善乐》《大定乐》《上元乐》《圣寿乐》《光圣乐》。

“坐部伎”与“立部伎”都是在唐代“九部乐”和“十部乐”的第一部《燕乐》的基础上发展出来的，一方面有鲜明的政治内容，歌颂皇帝的文德和武功，配合当时朝廷的政治需求；另一方面又有较高的审美价值，表现手法比较丰富，艺术形式比较多样，广泛吸收了许多民族和民间的艺术形式，是政治性和艺术性都很高的乐舞。

大曲与《霓裳羽衣舞》

大曲是古代宫廷庆典燕乐的重要组成部分，是融器乐演奏、歌唱、舞蹈于一体的多段体乐舞套曲。大曲的音乐结构严谨，分“散序”“中序”“破”三大段，每段中又有若干小段组成，内容丰富。“散序”由节奏自由的器乐演奏；“中序”是入拍，节奏较缓，歌声起，有时舞随入；“破”的节奏多变，最后逐渐加快，以热烈的舞蹈将表演推向高潮。唐代大曲很多，涉及内容较广，仅《教坊记》就列有 46 曲，其中以《霓裳羽衣舞》最为著名。

《霓裳羽衣舞》是唐代的著名舞蹈，也代表着唐代舞蹈的最高水平。它遵循“大曲”的结构，是唐代最具代表性的乐舞之一，产生于唐玄宗时代。杨玉环善跳此舞。“千歌百舞不可数，就中最爱霓裳舞”。《霓裳羽衣舞》在一定程度上表达了唐玄宗的人生理想，展现了佛曲在空际回荡，仙子在瑶台起舞的一种神幻境界。《霓裳羽衣舞》通过曲、歌、舞的递进表演和共同演绎，展现了刚柔、强弱、急缓、动静的形式美，唤起了无限的想象。

飞天与《飞天》

飞天原意为飞舞的天人，多画在佛教石窟壁画中，原是古印度神话中的歌舞神和娱乐神。飞天是佛教中的“香音神”“音乐天”，能奏乐，善飞舞。据说在佛说法的庄严时刻，飞天手执莲花或各种乐器，奏乐、歌舞表示礼赞，故又称“散花天”“伎乐天”。飞天是甘肃敦煌莫高窟的壁画艺术中最具代表性的形象之一。莫高窟 492

个洞窟中的270多个,有总计达4 500多身的飞天,是全世界保存飞天最多的石窟。

舞蹈《飞天》是舞蹈家戴爱莲于1954年根据敦煌壁画中飞天的形象创作的作品,开创了从敦煌壁画挖掘古代舞蹈形象和复兴中国古典舞蹈的先河。舞者在S形体态的基础上,通过拧、倾、俯、仰的不同变换展现出飞天的丰腴体态,透过曼妙舞姿表现出飞天妩媚、轻柔的审美特质,达到了形象与精神、舞蹈与壁画的完美融合。舞蹈由宁静之美转变为飘逸之美,由含蓄的"舞"逐渐转向流动的"飞",充分体现了壁画中绸带的线条和"绸花"的变化。《飞天》的一大特色就是借鉴了戏曲舞蹈中的长绸舞,通过对长绸舞技法的加工、整理和创造,神形并茂地将飞天的飘逸浪漫、高雅秀丽的形象再现于舞台上,塑造了一对向往自由与幸福的仙女形象。曾荣获1994年"中华民族20世纪舞蹈经典评比"经典作品奖。

踏歌与《踏歌》

踏歌又名跳歌、打歌,中国古代歌舞。古人多于节日集会时在郊外街头成群结队,手拉手,以脚踏地,边歌边舞。《资治通鉴》注:"蹋歌者,连手而歌,踏地以为节。"踏歌的历史渊源可追溯到距今约5000—5800年前的新石器时代。从青海大通县孙家寨出土的新石器时代舞蹈纹形陶盆内壁的绘图可以推测出,这些舞人选择在环境清幽的柳树下、溪水边,连臂踏歌,婆娑起舞。这些原始歌舞可以确定为踏歌最早的形式。

舞蹈《踏歌》是学者孙颖于1997年将踏歌这种古朴艺术形式作为创作的基础,参考文物中的舞蹈形象资料编创而成的作品。《踏歌》勾勒了古代丽人携手游春的生活场景,以各种踏足为主,还加入了踩、走、跳等流动性极强的步伐,在一顿一挫、一动一静中形成视觉上的反差,表现了"桑间濮上之乐"的淳朴气息与深邃内涵。舞蹈体现了"踏歌"的四个特点,第一是"踏",和着歌声以足踏地,踏出鲜明的节奏,踏出内心的情感;第二是"歌",其"音调"不断反复,但"词"却要求不断变化,如诗句中"新词宛转递相传";第三是"连臂",相互拉手,可以有"拉手而扶肩""侧身拉手""连臂挥舞手巾"等;第四是"舞袖",虽是"联袂而行",但并非自始至终都手拉着手,踏节过程中也不乏有分手而做的舞袖动作。曾获得首届中国舞蹈"荷花奖"比赛作品金奖。

巫舞

巫术祭祀活动中的舞蹈,是原始宗教信仰的产物。原始人相信通过祈祷、祭献等巫术活动可以求得神灵的赐福和保护。巫舞正是巫术祭祀活动中人与神灵沟通的一种手段。巫舞中有高难度的技巧,需要经过专门的训练才能够掌握。比如巫舞中特有的步伐"禹步",相传是来自治水英雄大禹的形象。他因积劳成疾,走起路来迈不开步子,只能一点点挪动。又如高难度的旋转技巧,需要连续多圈旋转,持续很长时间,必须经过专门的训练才能够掌握。因为商代是神权至上的时代,巫舞在殷商时代有很大的发展,在甲骨文中也保存了较为丰富的商代巫舞的印记。

傩舞

傩是以驱鬼除疫为目的的祭祀仪式。在祭祀时,因嘴中发出"nuó"的声音而得此名。傩的起源与原始狩猎、图腾崇拜、巫术意识有关,实质是对祖先的崇拜。傩祭的舞蹈特点很鲜明,也称"跳傩",其"跳"的部分叫傩舞。由于傩是驱鬼之祭,所以傩舞经常跳跃呼号震慑心魄。傩在西周纳入国家礼制。西周每年要举行三次傩祭:第一次是暮春三月,谓"国傩";第二次是仲秋八月,谓"天子傩";第三次是季冬十二月,谓"大傩"。春秋时期已有比较明确的傩舞记载,傩祭的风俗一直流传下来,发展到汉代和唐代,宫廷还会举行"大傩"之礼,规模壮大。至宋代,宫中举行"大傩仪",舞者戴面具,穿不同的服饰,把疫鬼不祥都赶出宫外,叫作"驱祟"。至明清时代,傩舞逐渐发展为傩戏,成了戴着面具表演的戏曲形式。由于傩舞流传地区不同,表演风格也各异,既有表演细致严谨、生活气息浓厚、舞姿优美动人的“文傩”流派，又有气势威武磅礴、情绪奔放开朗、动作刚劲有力的“武傩”流派。2006年，列入第一批国家级非物质文化遗产名录。

腰鼓舞

起源于中国古代的战鼓，是目前广泛流行和传播的传统民间舞蹈。1949年前盛行于山西、陕北一带，后遍及全国城镇农村，又被称作“打腰鼓”。腰鼓舞属集体舞蹈，用于欢庆、热烈的场面，表达人们欢欣鼓舞的心情和身为劳动人民的自豪。男女鼓手身穿彩服，腰间挂一只椭圆形小鼓，双手各持一根鼓槌，鼓槌上扎有红绸。在大镲大钹的伴奏下，鼓手手执鼓槌，左右开弓，时而击边，时而击面，表演着跑、跳、蹦、丢单叉、丢双叉等腰鼓动作。腰鼓舞的特点是边打边舞，鼓点和动作紧密结合，音乐和舞蹈相互协调。鼓点变化丰富、节奏强烈，给人一种朝气蓬勃、激昂奋进的感觉。随着鼓点的无穷变化，动作也可以相应配合，如“踢腿”“转身”“骑马式”“飞脚”等。鼓手踩着清脆的鼓点，挥着飘动的鼓槌，变换出各种队形和舞蹈动作。腰鼓队形富于变化，有“卷白菜”“九连环”“十枝梅”“丹凤展翅”等。腰鼓队少则4至8人，多至10人甚至上百人，表演时情绪热烈，动作有力，队列整齐，气势浩大。

花鼓舞

中国民间歌舞的一种形式，又称地花鼓、花鼓小锣等，主要流行于湖南、湖北、山东、山西、陕西等省。其表演的内容包括祭祀类、喜庆娱乐类、模拟劳动类和模仿动物类的鼓舞。按照表演人数来划分，分单人、双人、三人、四人和群体鼓舞。其表演具高度程式化的特点，大部分遵循起鼓、主题动作（或主体动作）和结尾的模式，即称为三段式。花鼓舞的队形称为鼓阵：单人鼓舞和双人鼓舞使用的是双面的传统花鼓，一般是将鼓放置于演出场地的正中央或者中后方，形成阵势；三人鼓舞，如果一人一面鼓，常成一字形阵，如果三人四面鼓，常会使用三角形鼓阵；四人鼓舞的鼓阵有几种情况，或每人各占一个方向，或一字排开，或前后错开，或呈弧形排列；群体鼓舞队形是最为丰富的，根据鼓的多少可以排列出很多的鼓阵。圆形鼓阵是最为传统的花鼓舞队形，被广泛使用，也有大圆套小圆的同心圆鼓阵，可以照顾到四面八方的观众。

芦笙舞

苗族的代表性舞蹈。通常由男子吹芦笙在前面引导，众人踏节而舞在后跟随，不分男女老幼均可随意加入。每逢节日，数以千计的村民围圈而舞，场面壮观。芦笙舞不仅喜庆的日子跳，超度亡灵时也跳，世代相传，已有约两千年的历史。

芦笙舞简单易学，容易掌握，动作要求整齐划一，有“三步一踏”“五步一踏”“磨步转身”等步法。芦笙舞的形式多样，有自娱性圈舞、竞技性表演和礼仪性表演。竞技性表演分单人、双人和芦笙队之间的比赛，一般由男子参与，动作有连续的旋转、矮步、倒立和翻滚等难度较高的技巧。竞技性表演还有表现狩猎、劳动、日常生活及模拟各种动物形态的动作和“犁田步”“爬坡步”“鱼摆尾”“牛打架”等上百种步法。礼仪性表演用于男女社交，一般是未婚青年男女参与，以男吹芦笙在前领舞，众男女绕圈踏节而舞，舞蹈过程中男女互赠礼物。芦笙舞不仅盛行于苗族地区，而且流传于侗族、壮族、瑶族、水族、布依族、仡佬族等其他少数民族地区，具有广泛的群众基础。

中国芭蕾舞

融合中国传统文化，讲述中国故事，展现民族化动作语言的芭蕾舞。芭蕾舞传入中国约在20世纪20年代。在接受了俄罗斯学派芭蕾舞剧艺术的熏陶之后，中国芭蕾舞逐渐形成了自己的风格特点。1956年北京舞蹈学校上演了第一部外国舞剧《无益的谨慎》。1958 年第一次演出了《天鹅湖》，白淑湘成功地扮演了女主角“奥杰塔”，被誉为中国的第一只“白天鹅”。1964、1965 年相继创作并演出了现代革命题材的《红色娘子军》和《白毛女》。1978 年以来，中国芭蕾舞创作和演出空前活跃，题材广泛、风格多样，并在民族化方面作了大胆有益的尝试，涌现出《祝福》《雷雨》《林黛玉》《梁祝》《魂》《蓝花花》等一批作品。21 世纪以来，中国芭蕾舞的作品受到世界各国人民的欢迎，比如中央芭蕾舞团的《牡丹亭》《大红灯笼高高挂》《敦煌》《鹤魂》，广州芭蕾舞团的《梅兰芳》，辽宁芭蕾舞团的《二泉映月》《花木兰》《八女投江》，上海芭蕾舞团的《闪闪红星》等。

中国古典舞

由欧阳予倩于 1950 年首次提出，是中国民族舞蹈学科始建时舞界专家和学者给予立项的一个舞蹈种类。因为中国历史上并没有完整保留下具有传统意义的古典舞蹈，北京舞蹈学院及时响应国家的倡议和民族发展的需要，应时创建了一种具有本民族传统意义的代表性舞蹈种类。当前的中国古典舞继承了戏曲、武术等中国优秀传统文化的精髓，提炼了东方文化神韵的整体审美特质，借鉴了西方舞蹈体系化建构的经验，是中国传统文化人文精神的高度体现，具有中国舞蹈的“复兴意义”。

舞蹈家李正一、唐满城等遵循欧阳予倩所阐发的从戏曲中继承和创建当代中国古典舞的构想，创立了身韵学派的中国古典舞；舞蹈家高金荣凭借敦煌绚丽多彩、五光十色的壁画和彩塑为依据，用独特的视角解读“敦煌壁画”中的舞蹈形象，向世人展现了另一种富有西域特色的敦煌学派的中国古典舞；舞蹈家孙颖从古代舞蹈的漫长历史脉络中选取了汉、唐两个时期作为创建汉唐古典舞学派的基础，从大量的考古文物资料中寻找舞蹈塑形，包括壁画、岩画、崖画、舞俑、画像砖石等相关资料，探讨动作最合乎情理的来势和去势；昆舞生发于昆曲，舞蹈家马家钦挖掘昆曲表演艺术的优质基因，并进行提炼、升华和系统化整合，用昆曲近 600 年的肢体动态方式培植出了一个全新的舞蹈品种，开辟了一条新的古典之路。

中国当代舞

中国舞蹈的重要舞种之一，反映了中国的现实生活和意义。在“荷花奖”舞蹈比赛上第一次提出并确立，在中国舞蹈分类和发展史上具有极为重大的意义，涉及中国舞蹈发展的全局性问题。“当代舞”的理论依据来自于“新舞蹈”，吴晓邦率先提出“新舞蹈”运动，坚持“为人生而舞”“为人民而舞”的艺术追求，把新舞蹈与时代相连，与革命相连。军队文艺团体基于中国舞蹈的格局分布和发展方向，经历了近半个世纪的积累，创作了大量的反映部队文化生活以及时代风貌的作品。早期有表现红军时期的舞蹈《红军舞》，抗日战争时期的《红色机器舞》《保卫黄河舞》，解放战争时期的《投弹舞》《进军舞》等。新时期有表现科技时代的《键上奏鸣》，有表现灾难实况的《生死不离》，有表现政治时局的《箭在弦上》，还有《走跑跳》《穿越》《突击、突击》《军中蛟龙》《跨越》《步调一致》等经典作品。

吴晓邦与“新舞蹈艺术”

吴晓邦（1906—1995），20 世纪中国新舞蹈艺术的拓荒者和奠基者，舞蹈艺术家、舞蹈教育家、舞蹈理论家，被誉为“中国现代舞蹈之父”，是中国创办专业舞蹈学校的第一人，提出舞蹈学科建设的第一人。主要舞目有《丑表功》《思凡》《饥火》《罂粟花》《虎爷》等。历任中央民族歌舞团团长、中国艺术研究院舞蹈研究所所长、中国舞蹈家协会主席。吴晓邦作为“新舞蹈”的先驱者，主张用舞蹈反映现实人生的苦难与希望，为时代发声，为人生而舞。

伟大的时代赋予了“新舞蹈艺术”生命，在抗日战争时期得到了较大的发展，在党和进步文艺的支持下得到了更广阔的传播，形成了一种强大的战斗力量。所谓

“新”的意义就是站在劳苦大众的一边，反对帝国主义、殖民主义、封建主义和旧文化的禁锢。“新舞蹈艺术”伴随着当时中国社会的发展孕育而生，是中国革命战争时期中国舞蹈的主流。它反映中国现实，鼓舞人民群众奋起抗战，同时在革命战争年代为中国近现代舞蹈的发展起到了积极的作用。

戴爱莲与《荷花舞》

戴爱莲（1916—2006），中国当代舞蹈艺术先驱者和奠基人之一，舞蹈艺术家、舞蹈教育家、中国舞蹈家协会名誉主席，被誉为“中国舞蹈之母”。主要舞目有《思乡曲》《卖》《拾穗女》等。中华人民共和国成立后，戴爱莲出任第一任全国舞协主席、第一任北京舞蹈学校校长、第一任中央芭蕾舞团团长等。

《荷花舞》由周恩来总理提议策划，戴爱莲创作编排，在1952年召开的亚洲太平洋区域和平会议上作为主题舞蹈演出，抒发了对祖国无限热爱的感情，描绘了中华人民共和国一派生机的美好景象。舞蹈素材采用的是流传在陇东、陕北一带的秧歌舞中的小场子“莲花灯”，主要动作采用古典舞中的圆场、顺风旗等。作品共分为五部分：一是群荷在舞台上川流不息，表现自然环境的优美，抒发了自由舒畅的心情；二是群荷排成两行，展现荷花在碧波涟漪中荡漾的情景；三是领舞白荷出场，象征着纯洁和崇高、理想和幸福；四是白荷与群荷一起抒发情感，使舞蹈达到高潮；五是洁白的荷花带领群荷在夕阳的霞光中缓缓地漂向了远方。1994年荣获“中华民族20世纪舞蹈经典评比”经典作品奖。

贾作光与《鄂尔多斯》

贾作光（1923—2017），中国现代民族民间舞的奠基人之一，舞蹈艺术家、舞蹈教育家、中国舞蹈家协会名誉主席，被誉为“东方舞神”。对草原的热爱是贾作光舞蹈创作的主要特点。他曾先后编创出几十个反映草原生活和牧民生活的舞蹈作品，建立了一套蒙古族舞蹈的动作训练体系，对当代蒙古族舞蹈的发展做出了杰出贡献。主要舞目有《鄂尔多斯》《挤奶员》《盅碗》《灯》《嘎巴》《鸿雁高飞》《海浪》等，出版了《贾作光艺术人生》《鸿雁——献给人民舞蹈家贾作光“鸿雁”晚会》《翱翔——贾作光经典舞蹈作品》等。

《鄂尔多斯》是贾作光编创的代表性作品之一，1953年由内蒙古自治区歌舞团首演，整个作品表达了蒙古族人民对生活的热爱，共分为两段。第一段为舒缓的中板，男子以舒展有力的动作出场，衬托出蒙古族人民坚韧豪放的性格特征；第二段为活泼的快板，女子的舞蹈显示了蒙古族妇女的美丽和智慧。男女合舞表现出对生活的热情和喜悦的心情。舞蹈素材来源于喇嘛舞、蒙古族民间舞和日常生活中的动作，舞台调度采用直线、圆形以及对称的画面，体现了当地人民热爱生活、热爱劳动的场景。曾在1955年荣获第五届世界青年学生和平与友谊联欢会舞蹈比赛一等奖，1994年荣获“中华民族20世纪舞蹈经典评比”经典作品奖。

《红色娘子军》

中国芭蕾舞剧，首演于1964年。作品运用西方芭蕾舞剧的形式，塑造了吴琼花和洪常青两个革命英雄人物，破天荒地创造了“穿足尖鞋”的中国娘子军形象。本剧根据梁信的同名电影改编而成，1963年由周恩来总理提议创作，1964年由北京舞蹈学校实验芭蕾舞团（中央芭蕾舞团前身）首演成功。从采用芭蕾舞剧的艺术形式，到舞剧的选材和彩排过程，都是在周恩来总理的直接关怀下进行的。本剧主要以中国革命历史为背景，讲述了20世纪30年代的海南岛，丫鬟琼花从恶霸南霸天的府中逃出来，在红军党代表洪常青的帮助下，从一名苦大仇深的下层劳动妇女逐渐转变为一名有着坚定共产主义信念的娘子军的故事。本剧由序和三幕六场组成，被称为“革命现代芭蕾舞剧”，其中“革命”是最先界定的称谓，既体现舞剧表现的内容，又体现题材设定的核心。舞剧中设计了大量的“革命”红色舞段，如洪常青的大刀舞、娘子军的操练舞、进军舞、射击舞、打靶舞和刺杀舞等,用大量的篇幅展现了音乐舞蹈的"革命化"和红军战士的革命气概。本剧的时代意义,不仅在于中国芭蕾舞剧的民族化探索,而且更在于用西方的艺术形式来表达中国革命的政治话语。

《白毛女》

中国芭蕾舞剧,首演于1965年,与《红色娘子军》合称为"一红一白"。本剧根据同名歌剧改编而成,由上海舞蹈学校创作演出,由胡蓉蓉、傅艾棣、程代辉、林泱泱编导。1994年荣获"中华民族20世纪舞蹈经典评比"经典作品奖。这是一部反映阶级压迫和人民解放题材的作品,讲述了抗日战争时期的中国北方农村发生的"旧社会把人逼成鬼,新社会把鬼变成人"的真实故事。剧中主要人物有三位,天真的喜儿变成了白毛女;朴实敦厚的大春参军当兵;阴险毒辣的黄世仁被公审枪毙。故事充满了戏剧性,具有相当典型的教育意义,感动了中国千千万万的老百姓。本剧根据芭蕾艺术的特点进行加工和创作,吸收了中国古典舞、民间舞、武术的素材,以写实和浪漫的手法将中国的现实内容和西方的芭蕾表现形式完美结合,在中国芭蕾舞剧发展史上具有里程碑的意义。

《黄河》

以《黄河》钢琴协奏曲创作的古典舞,首演于1988年。由张羽军、姚勇编导,首演演员有张羽军、李恒达、沈培艺等。1994年荣获"中华民族20世纪舞蹈经典评比"经典作品奖。《黄河》抽象化地展现了黄河儿女拼搏斗争的历史画面:第一乐章《黄河船夫曲》,以磅礴气势展现黄河上船夫与猛浪搏斗的情景;第二乐章《黄河颂》,展现黄河与中原大地的壮丽河山景色;第三乐章《黄河愤》,以《黄水谣》的曲调为核心,间隙插入《黄河怨》的素材,展现了浑厚深情的民族精神;第四乐章《保卫黄河》,极力烘托出黄河儿女的誓师之态,也象征着怒吼的黄河之水势不可挡。以中国古典舞的传统动作语汇为主,运用典型的造型和动作再现了黄河气势磅礴、奔流不息的壮阔场景,体现了新时期学院派舞蹈创作风格。昂头挺胸的直立体态以及双手提肘摊掌的基本形态,表现了黄河儿女不屈不挠的精神;身体蜷缩前行像船夫佝偻的身躯,手臂前后摆动像大河中激起的浪花,身体匍匐卧地与双腿曲直配合像船桨向远方划动;用古典舞的拧、倾、仰的身体形态和平圆、立圆、八字圆的运动走势来表现水波、船夫、大浪;用云手、风火轮、穿手、大跳和翻身等动作来表现冲破激流、勇闯险滩、登岸远眺的形象。舞蹈的结构明显地对应着钢琴协奏曲的结构,形象鲜明、流动感强,用古典舞身韵的语汇演绎了黄河波涛汹涌的磅礴场面以及黄河儿女不屈不挠、奋斗拼搏的精神。

《丝路花雨》

舞剧,1979年由甘肃歌舞团首次创作演出,由赵之洵、刘少雄、张强等编导,首演演员为贺燕云、仲明华、李为民等。作为中华人民共和国成立30周年献礼作品,本剧在人民大会堂一经上演即轰动全国,荣获当年献礼演出活动的创作、演出一等奖。1994年荣获"中华民族20世纪舞蹈经典评比"经典作品提名奖。本剧以闻名中外的丝绸之路和敦煌壁画为素材,创造了一个情节曲折、矛盾尖锐、形象鲜明的民族故事。以盛唐时期为背景,讲述了画工神笔张和歌伎英娘之间感人的亲情故事,以及他们与波斯商人伊努斯建立的深厚友情,颂扬了中外人民之间源远流长的友谊。《丝路花雨》集中展示了敦煌壁画中精美的造型和千变万化的舞姿,其中英娘"反弹琵琶"的舞蹈造型最为精彩,成为舞剧的标志性动作。"伎乐天舞""荷花童子舞""凭栏仙女舞"等舞蹈段落新颖别致,让观众领略到"敦煌舞"的无穷魅力。本剧掀起了继承传统文化的浪潮,被称为"中国舞剧发展史上的里程碑",为中国舞剧开辟了新的道路。

中国歌剧舞剧院

中央直属院团中规模最大、艺术门类最多、历史最悠久的国家级艺术剧院，内设歌剧团、舞剧团、交响乐团、民族乐团、舞美部、剧目部及演出部等。剧院前身可追溯到延安鲁迅艺术学院，第一任院长为周巍峙。半个多世纪以来，剧院创作演出了百余部歌剧舞剧作品，其中，中华人民共和国第一部民族歌剧《白毛女》、第一部民族舞剧《宝莲灯》以及歌剧《小二黑结婚》《伤逝》《原野》，舞剧《红楼梦》《铜雀伎》《文成公主》等剧目已成为中国歌剧舞剧史上具有划时代意义的典范之作。党和国家领导人以及诸多外国首脑曾多次观看剧院演出并给予高度评价。中国歌剧舞剧院秉承继承与创新的理念，近年来创排了歌剧《红河谷》《星海》《号角》《林徽因》《刘三姐》，舞剧《孔子》《恰同学少年》《赵氏孤儿》《昭君出塞》《李白》，情景歌舞《四季情韵》，歌舞晚会《天边的祝福》，交响音乐会《丝路交响》，民族管弦乐音乐会《国之瑰宝》等一批舞台艺术精品力作。剧院多次应邀赴欧、美、亚、非、大洋洲的许多国家出访演出，促进了国际文化交流，增进了中国与世界各国人民之间的了解和友谊。

北京舞蹈学院

一所以高素质舞蹈人才培养、高水平舞蹈理论研究和作品创作为主要任务的全日制普通高等学校。前身为北京舞蹈学校，始建于1954年，是中华人民共和国第一所专业舞蹈学校。1978年经国务院批准正式成立北京舞蹈学院，隶属于原文化部，2000年划转北京市人民政府管理。学校具有学士和硕士学位授予权，是中国唯一一所专门化的舞蹈教育高等学府，也是当今世界规模最大、专业设置全面的知名舞蹈院校，被誉为“舞蹈家摇篮”。学校不断深化舞蹈教育教学改革，现设有中国古典舞系、中国民族民间舞系、芭蕾舞系、国际标准舞系、音乐剧系、创意学院（下设编导系、现代舞系、艺术设计系）、人文学院（下设舞蹈学系、艺术传播系、公共基础部）、教育学院，与研究生部、思想政治理论课教研部、继续教育学院、舞蹈考级院、青年舞团、附属中等舞蹈学校等教学机构，共同形成具有中国特色的舞蹈教育体系。

荷花奖

由中国文学艺术界联合会、中国舞蹈家协会主办，1996年经中宣部立项、中央两办批准的全国性专业舞蹈评奖活动。旨在奖励优秀的舞蹈艺术作品，表彰成绩突出的舞蹈创作与表演人员，活跃舞蹈理论与舞蹈评论，推动中国舞蹈艺术事业健康发展。自1997年创建以来已成为标志着中国专业舞蹈艺术最高成就的专家奖。坚持先进文化的前进方向，鼓励创作贴近实际、贴近生活、贴近群众且思想性、艺术性、观赏性和谐统一的艺术精品，提倡题材、形式多样化和艺术上的创新精神，全力推出德艺双馨的舞蹈人才，以不断提高中国古典舞、民间舞、芭蕾舞、现代舞、当代舞及舞剧和舞蹈诗的创作与表演水平。“荷花奖”舞蹈比赛原则上每两年举办一次，舞剧、舞蹈诗比赛每三年举办一次。自举办首届评奖以来，“荷花奖”成功推出了大批优秀作品和舞坛新人。“荷花奖”以其评奖的导向性、公正性和权威性在国内外产生了广泛的影响。

广场舞

起源于社会生活，是人民群众创造的舞蹈。因多在广场聚集活动而得名，有着舞蹈艺术中最庞大的参与人数，融自娱性与表演性为一体，以集体舞为主要表演形式，以娱乐身心为主要目的。中老年群众常常自发地在广场、院坝等公共场所进行富有韵律的舞蹈，通常伴有高分贝、节奏感强的音乐伴奏。广场舞的类型因民族、地域和群体的不同而有所不同，包括健身舞、民族舞、现代舞、街舞、拉丁舞等。21世纪的广场舞，已经被越来越多的不同年龄段的群众所接受。作为现代城市发展的产物，广场舞不仅是一种文化现象，而且是一种值得关注的社会现象。它一方面反映着城市社区的完善程度，另一方面体现着社会主义制度下人民的生活满意度，是精神文明建设的一个重要指标和参照。

⊙ 杂技 ⊙

中国杂技

杂技是一种以动作技巧作为主要表现手段的表演艺术。一般采用人体技巧、魔术、驯兽、滑稽等基本样式,集中表现人体特殊技能、人驾驭物、人与动物和谐的艺术特性和审美关系,在技术技巧方面具有高难、惊险、精巧、奇特、梦幻等基本特点。

中国杂技历史悠久,源远流长。它萌芽于中国的商周时期,形成于西汉,繁兴于唐代,宋代走向民间。在经历了近现代的充分发展后,中国杂技进入了一个崭新的、全面发展全面繁荣的时期。

古代中外杂技交流初盛于汉,后见于南北朝,最盛在隋唐。汉唐时期,杂技是朝廷招待外国使者的必备项目,外国来华杂技魔术艺人也多以文化使者身份参加宫廷演出。参与交流的主要是西域、东亚和南亚地区。清代的中外杂技交流,多以民间艺人流浪卖艺的方式进行,较前代更加频繁、更加深入,杂技艺人的足迹遍及50多个国家和地区。近代大规模的杂技交流则出现在鸦片战争后的近百年间。第一次鸦片战争以后,欧美和东亚的马戏团、魔术团也常来华演出。

当代中国杂技很好地传承发展了中华优秀传统文化,并向世界现代马戏艺术学习,创作精品节目、开拓演出市场、兴办杂技教育、开展理论研究。当代中国杂技已经成为在国际上获得奖牌最多、创汇最多、影响最大的一个艺术门类。

百戏

中国古代民间表演艺术的总称,包括杂技、角抵、歌舞、幻术、游戏等民间诸技。

汉武帝时百戏已极为盛行,出现了各种杂技幻术,如扛鼎、寻幢、吞刀、吐火等。《汉书·武帝纪》《西京赋》和出土的汉画石、汉画砖均有所载。在汉墓陶俑、汉壁画中也分别发现杂技俑、杂技图像。1954年出土于山东沂南北寨村的东汉百戏石刻,画上54人,其中乐工27人,表演着跳剑、立马、鱼戏、走索等十余个节目。百戏已成为汉代民间乃至宫廷朝典中的必备项目。外国使团前来,也多有杂技幻术家在内。

至南北朝时,“散乐”与“百戏”合称“散乐百戏”,涵盖更加广泛。杂技仍是散乐百戏的主要内容。隋代百戏复盛。唐和北宋百戏均甚流行。至宋元时期杂剧兴起,“散乐”逐渐成为戏剧歌舞一类的专称,而百戏在宋代多专指杂技及竞技表演。元代以后,百戏内容更加丰富,一般习用乐舞杂技的专名,百戏一词逐渐少用。元初马瑞临《文献通考》记录了汉以来百戏节目及其发展经过。

北京天桥杂耍

民国初年中国最有名的民间艺术的聚集地,位于现今北京市天桥南大街北口的十字路口处。各地表演杂技、曲艺、民间小戏等的民间艺人聚集于此,最多时达五六万人。北京天桥杂耍后来逐渐固定成为一个词汇,专指在此地区表演的民间艺术。北京天桥培育了一大批身怀绝技的民间艺人乃至著名的艺术家。

北京天桥杂耍包括转碟、顶碗、竿技、走索、杠子、抖空竹、舞流星、耍坛子、走钢丝、口技、钻火圈、飞刀、吞刀、吐火、武术、耍中幡、椅子顶、驯熊、驯猴等等。较早来天桥表演杂技的有金麻子的小戏法,王小辫的“耍中幡”,“狗熊程”的“耍狗熊”和“顶宝塔碗”,傻孟的“武术”,王学勤的“车技”,潘德林的“腥棚”,还有庚子年间的“八大怪”等,为同行所津津乐道。

1949年前,像北京天桥这样颇有名气的民间杂技演出场所,还有天津的三不管、南京的夫子庙、上海的城隍庙、唐山的小山、保定的马号、济南的南岗子、镇江的鲇鱼套等。

杂技剧《天鹅湖》

广州军区政治部战士杂技团创作演出的杂技剧，2005年在上海大剧院首演，由艺术家宁根福策划、出品，赵明任总编导，吴正丹、魏葆华领衔主演。本剧完整地保留了柴可夫斯基的舞剧音乐，以杂技艺术为本体，结合芭蕾舞剧的表现形式，演绎出一部融入了中国风情的唯美的爱情故事，被称为“东方的天鹅”。

本剧首创了白天鹅与王子双人舞的“肩上芭蕾”和“顶上芭蕾”的高难技巧，并巧妙地融入了《钻桶》《大球飞杆》《青春的旋律——滚环》《平网立式蹦床》《现代男女软功》《生命之灵——倒立技巧》等6个曾获得国内外金奖的杂技节目。

剧中以手代脚蹦跳的“四小青蛙”代替了原版《天鹅湖》中的“四小天鹅”；以惊险的“高空摇杆”技巧来表现古帆船向东方远航；“草帽—灯笼群舞”营造了气势恢宏的中国紫禁城气派；“溜冰天鹅群舞”构成天鹅湖畔美丽的画面。“流星球”风韵别致，“高跷飞人”新颖脱俗，“足尖过钢条”优美典雅，“轱辘车空翻落地”灵巧迅疾，“独轮车双人西班牙舞”热情奔放……该剧杂技技巧精彩纷呈，堪称杂技与芭蕾完美结合的成功范例。

本剧在北京、上海公演后，又赴俄罗斯、日本、乌克兰、瑞士、德国、奥地利、英国等国家演出，获得了一致赞誉，夺得了国际国内各类杂技大赛的最高奖项。截至2017年底，已在世界各地公演了300余场。

抖空竹

中国大部分地区流行的一种传统杂技、游戏娱乐和体育健身活动。关于空竹的记载最早见于北宋宣和年间，至今已有近千年的历史。空竹，古称“胡敲”“空钟”，也叫“地铃”“空钟”“风葫芦”，亦称“抖嗡”“抖地铃”“扯铃”。多为圆盘状，中有木轴，以竹棍系线绳缠绕木轴拽拉抖动。空竹发展至今，种类繁多。按照外部结构来分有单轮空竹、双轮空竹、双轴空竹；按制作的原材料来分有竹木结构空竹，塑钢、塑木结构空竹，玻璃钢与木材结构空竹，塑胶加金属结构空竹等。空竹的轴是中空的，舞动空竹时可产生旋转和嗡鸣。经常用的空竹长度一般在10—13厘米，也有用壶盖、酒瓶等器具代替空竹的。

抖空竹主要有“抖”“捞月”“盘丝”三大基础技术。通过串绕、抡高、对扔、过桥等动作，表演出“鸡上架”“仙人跳”“满天飞”“放捻转”“蚂蚁上树”等技巧。目前已有的单人技法有100多种，此外，还有双人、多人等众多集体花样。

北京杂技团的《玩空竹的小妞妞》、南京杂技团的《裙钗嬉春·抖空竹》、中国杂技团的《花旦抖空竹》、广东杂技团的《抖空竹》等均为中国杂技的精品节目。2006年，被列入第一批国家级非物质文化遗产名录。

幻术

中国传统表演艺术品类，主要通过技巧、道具、造型等手段，利用观众的常规心理过程和观赏习惯制造幻象，来完成反常规的艺术构思。作为表演艺术的中国幻术，在其性质上基本等同于西方的魔术。

中国幻术源于远古巫术，汉代之前就已流行。汉代的幻术已经有相当成就，并开始与国外进行文化交流。中国传统幻术与本土流行的神仙思想、方士、神仙家有着密切的关系，表演的节目常有神仙境界、神仙人物、仙禽神兽等，与国外传入的幻术有所区别。汉代幻术表演节目繁多，有“鱼龙曼衍”“东海黄公”“画地成川”，还有国外传入的“吞刀吐火”“自支解”“易牛马头”等。隋唐以后，继承传统的幻术、国外引进的幻术、宗教家们自创的幻术长期并存。明清时期，传统的幻术技艺也被称为“戏法”。明代《神仙戏术》记载了中国古代幻术20多种。清末唐再丰著《鹅幻汇编》记述了当时流行的戏法320套。

19世纪70年代，西方魔术不断传入中国，在演出形式、道具、服装及舞台效果等方面都对中国幻术向现代化发展产生了重要影响。“魔术”取代幻术渐成主流称谓。当代中国魔术呈现出丰富多彩的表现形式。按照不同方法分类,有近景魔术、舞台魔术、圆场魔术,手彩魔术、逃脱魔术、枪托魔术、滑稽魔术、器械魔术、心理魔术、灵冥术,巨型魔术、大魔术、小魔术和自然物品变幻术、人造魔术、光效魔术、摄像技术魔术等等。

剑、丹、豆、环

中国古典手彩幻术的代表作,反映了中国传统文化和古人认识世界的特殊思维方式,特别是与中国本土宗教——道教的修身养性、炼丹炼剑的特点关系密切。

“剑”即“吞宝剑”,表演者当众将剑这种利器通过口腔、食道置入体内而不受伤。吞一把剑叫“青龙下海”,吞两把叫“二龙戏珠”,吞三把叫“三龙探海”。现仍有“吞七剑”表演。

“丹”即“月下传丹”,演绎修道者施展吐纳术的神奇现象,即将“金丹”(铁球)在体内外传递、隐遁或现形,并运气将其吞入、喷出。

“豆”即“仙人摘豆”,从古代的“藏珠戏”“棉包儿”“泥丸”等节目发展而成,以“豆”和“碗”做主要道具,专练手部的藏夹功夫。按照幻术家的说法,“丹”和“豆”两者都是道家修炼的灵丹妙药,只是大小不同,大者称“丹”,小者称“豆”。“传丹”多用掌上功夫,“载豆”多用指上功夫。

“环”即“九连环”,也被称作“中国九连环”,即将一些封闭的铁环相互击打,使其套连或分开,巧妙地搭合出各种造型。其实在九连环技法中,还包括了单环、双环、三环、四环直到九环的表演技法,既可以作为一个整体节目,也可以各自独立表演。

剑、丹、豆、环都是中国手彩幻术中的基本功。表演者讲究“手、眼、身、法、步”的全面修养,辅之以演词“说口”,创造出神奇的效果。

吴桥杂技

河北省吴桥是中国著名的杂技之乡之一。吴桥杂技传统深厚,影响广泛,逐渐固定成为一个词汇。当地流传着这样一首民谣:“上至九十九,下至刚会走,吴桥耍杂技,人人有一手。”

清末民初,吴桥杂技走出国门。据不完全统计,吴桥杂技艺人所到达的国家有 50 多个,人数达千余人。有被尊为“一代宗师”、创建中华国术马戏团而蜚声海内外的孙福有;有曾先后在柏林的冬季花园、丹麦的皇家剧院、挪威的皇家戏院等 18 个一流的国家级剧院献艺的孙凤山“北京班”;有曾到过 20 多个国家演出的戚福山“北平童子团”;有获得苏维埃劳动勋章和列宁奖章、成为俄罗斯家喻户晓的马戏大师的王汝利;有被埃塞俄比亚皇帝授予金质奖章的姚振奎;有在日本献艺 28 年之久的“大运动”(大力士)田仕合;有被称为“东方卓别林”的赵凤岐等等。20 世纪 50 年代,周恩来总理访问欧洲 14 国的时候,每到一处,总能见到吴桥杂技艺人。中华人民共和国成立后,各地杂技团相继建立,有 70 多个县级以上的杂技团体里有吴桥人。因此,中国杂技界有一句话:“没有吴桥人,不成杂技班”。

1987 年,中国政府创办了国际杂技赛场“中国吴桥国际杂技艺术节”,至 2017 年已成功举办 16 届,有力推动了世界杂技艺术的交流。2006 年,被列入第一批国家级非物质文化遗产名录。

舞狮

一种集杂技、舞蹈、武术等因素于一体的表演艺术。狮子与佛教文化有着密切的联系,后与中国传统文化有机地结合,被视作避凶纳吉的瑞兽,古称“辟邪”。中国舞狮发端于汉魏时期,至唐代已成为乔装动物戏的主流。著名的唐代宫廷燕乐舞蹈“五方狮子”,已发展成上百人的庞大表演队伍。表演时鼓乐雷动,由人装扮的青、赤、黄、白、黑五色狮子,分别在两个“驯狮人”的引领下,从东西南北中五个方向舞动,做出各种姿态。“五方狮子舞”流传至今。

当代中国的舞狮有北狮和南狮两大派别。两派狮子在造型上各异，舞狮技法也不尽相同。北方的舞狮以河北的双狮和北京的太狮最为有名，着重于狮子动作和神态的惟妙惟肖；南狮则以广东狮子为代表，着意表现狮子的英勇和威武，并有较严格的规律和阵法。

杂技舞狮子还重在高难技巧，如引狮郎“前空翻过狮子”“后空翻上高桌”“云里翻下梅花桩”，还有“滚绣球”“踩球过桥”“翻山过涧”“走跳梅花桩”等高难技巧。流传到海外的舞狮也推动了中国舞狮的创新发展，向动作惊险、更具观赏性的竞技舞狮方向迈进。现今的各种舞狮竞技大赛上，常见在 2.5—3 米的高桩上惊心动魄的舞狮表演。

戏法

中国近代对魔术类表演的俗称。“戏”有虚幻模拟之意，“法”有方法原理之意。戏法一词出现于清代，专指魔术表演。近代“戏法”所指范围与幻术相通，当代多指中国传统魔术，技法特点多属手彩和小型机关道具，可以四面围观，富有中国民族特色。主要节目有《仙人摘豆》《土遁金杯》《大变金钱》《口吐百丈》《罗圈献彩》《古彩戏法》等。

舞中幡

承力型要弄技艺，传统杂技节目。中幡是一根约 9 米长的大竹竿，顶上做有多层五彩宝盖，装有各色小旗、飘带、铃铛等物，杆身套有上书“万寿无疆”等吉祥祝语的锦幅。表演者可以用手举、旋转、抛高、承接等方式舞弄中幡，而始终保持不倒。这一节目在中国有悠久的历史，原本为佛会中仗，常在行香走会中表演，称幡会，又称大执事，多由一位孔武有力的表演者，手托着它作为整个队伍的标志。据称，过去的表演者在经过牌楼时，也不绕道而行，而是将沉重的中幡抛过牌坊，人从牌楼下快速穿过接住后继续要弄。舞中幡的主要动作是直立、抛接和舞动。直立用手托、肩扛、头顶；抛接是在幡垂直落下时以头额、后脑、手肘、膝盖、脚面等各部承接，或在两人、多人之间相互抛接，甚至以鼻梁承接；舞动是使中幡直立式旋转，使其旌旗招展，响声一片，威武壮观。当代不仅杂技舞台，在游园会、武术、游行等群众文艺活动中也常有舞中幡表演，引人注目。

车技

驾驭型技艺，近代杂技节目。自行车于 19 世纪传入中国，民间称为“洋马儿”。20 世纪初，北京出现专门研习车技的团体“万里云程踏车老会”，将车技爱好者组织起来，在皇家走会等表演中大出风头，受到观众欢迎。当今杂技舞台上车技已发展出多种表演形式。“活车”类似民用自行车，多用于花式行车表演，由单人、双人、三人在行进的车上表演形体技巧，有“钻三角”“探海”“大站”“站肩”“小牌楼”等技巧。最惊人的“活车”技巧是集体车技，一辆车能站上十多人，演出“花篮开花”“孔雀开屏”等集体造型。“死车”是经过改装能倒行的自行车，能够表演转前轮骑行、提前把骑行、上前脸、旋转、拆把、扶前把腾空旋转、左右骗马等技巧。独轮车是只有一个轱辘的自行车，分高、中、低三种制式，表演技巧有集体队列行进、高车踢碗等。“高台定车”将普通自行车放于高台，人站于车上调整其静态平衡，并进行多人形体技巧表演。

柔术与滚杯

柔术是一种形体柔韧技艺，传统杂技节目，又称柔术造型，古称嗔面戏或软功。以腰、腿的柔韧功夫为基础进行形体造型和承重、平衡表演，展示各种体态的人体美，基本动作有别元宝、花式探海、金鸡独立、倒立三道弯、劈叉翻身、折体咬花等。20 世纪 60 年代以来，参照传统神话人物形象，创造出一批别具一格的柔术造型节目，如“敦煌飞天”“珍珠姑娘”“荷花仙子”“和合童仙”“敦煌造型”等。

滚杯为柔术的一种，又称翻杯，以柔术的腰腿功夫和技巧为基础，表演托顶玻璃杯、鱼缸塔翻身造型。演员以额置、嘴支和手脚托举起6叠垒置的水杯和鱼缸，克服巨大羁绊和重压做连续转体动作，而不使其中任何一叠倾倒。常见技巧动作有顶杯下腰、平腰子、别元宝、左右翻身360度等。由此节目还派生出的“滚灯”“五塔造型”“对手滚杯”等表演。

手技

以双手抛接道具的技艺，传统杂技节目，又称杂拌子。道具多为生活中常见的刀叉剑戟、锅碗瓢盆、球弹花束、酒瓶、草帽、臼杵等。手技在中国有悠久的历史，先秦已有“兰子跳剑，宜僚弄丸”等著名的手技表演；汉代百戏画像石中，跳丸、跳剑是最常见的题材；此后历朝历代相传，直至当代。手技技巧分为两种。一是抛接同一种物品，比如球、棒、圈、羽毛球拍等，抛接同一物品要不断增加数量，一般从3件开始逐步增加，每增加一件物品，起落过程就会出现不同的视觉性花样，当今舞台抛接7个网球拍、8个圈、9个球为高水平表演。二是抛接不同物品，比如同时抛接帽子、雨伞和雪茄，因重量不同，抛接不同物品时，需要不断调整力度，保持均衡，很考验演员的反应能力，因此一般不做数量上的增加。手技有单人、对手、集体等不同形式的表演。常见节目有“巧耍萨巴依”“对传马鞭”“炊事员”“抛飞机板”“草帽舞”等。

转碟

耍弄道具技艺，传统杂技节目，又称耍花盘，古称衡碟子。这一表演在汉代画像石上已见雏形。道具为瓷盘和细竹竿。在盘底的边沿处打一小孔，将细竹竿尖插于孔内，甩动盘子转起后，用手抖动竹竿，不断加以微小的力量，使盘子保持转动，凌空不坠。演员一般都双手表演，每只手转3到5只盘子，双手加起来有6到10只，用每个指缝固定不同的竹竿，保持其间距，不至碰撞。高难技巧有旋转5碟旱水单手顶、旋转8碟拧腕脑踺子、旋转8碟小顶滚背翻、旋转14碟扛花架上尖子叼花以及双尖双层叼花等。转碟的难度表演是将竹竿放低至平，而碟子依旧旋转，有“推车”“钓鱼”“旋涡”等表演技巧。还会加上形体技艺，如骗马、背剑、前后轱辘毛等，高难技巧有以头顶倒立空心跟头翻下、叠椅高空软腰叼花等。当代主要以节目形式表演，有“荷塘蝶舞”“仿唐转碟”等作品。

舞流星

耍弄道具技艺，传统杂技节目。道具为一条较长的绳索，两端坠上重物，演员拿住绳索中段将其舞动，做花式旋转、抛接等动作。有三种不同的形式：一是在长绳两端系铁丝笼子，内装烧红的火炭，在手中舞弄后流光溢彩、火花四溅，称为火流星，多在广场表演，尤其在节庆之夜，与鞭炮、烟花相配，气氛热烈。二是在长绳两端系细绳络子，络里各放一只碗，碗内各盛半碗水，舞弄时绳索带着水碗时而平面飞旋，时而上下摆动，以滴水不溢为能，称为水流星。三是在长绳两端系彩绸，因绸带甚长，回旋舞动时极易缠身绕腿，技法最难，称为帛流星。有学者认为这种形式的表演即是唐代“舞剑器”。本体技法有顶头、口咬、挂肩、托掌、围腰、架背、翻滚、骑胯等，还会加上形体技艺和对手配合。当代表演中水火流星比较常见，帛流星几近失传。道具上的新品种有装有电路的“流星盘”，在圆形支架上装8到10个彩碗，绳上、碗内、架上都装有电珠，暗场舞动时，如无数彩灯闪耀跃动。

蹬技

踢弄道具技艺，传统杂技节目。依靠双足蹬承各种器物，表现其灵巧和伟力。在中国起源很早，宋代曾用“踢弄”来代表整个杂技，有成就的演员被称为“百戏踢弄家”。历史上有“踢磬”“踢瓶”“踢缸”“踢笔墨”“蹬人”“蹬桌子”“蹬木槌”“蹬散梯”等表演，其中部分流传至今。当代蹬技有“蹬伞”“蹬毯子”“蹬鼓”“蹬画板”“蹬木盆”“蹬水缸”“蹬云梯”“蹬板凳”“蹬球”等表演。表演时，演员仰卧在台座上，双足向上，将各种轻重器皿、家具置于脚上，靠脚的推动使其旋转、腾翻、改变角度乃至作出多种细微的动作，比如开合雨伞等操作。除蹬物之外，还可以直接蹬人，或让人在所蹬的物件上表演。蹬弄布伞、毯子、扇子、鼓、桶、板、积木等轻型物品称“轻蹬技”，蹬弄大缸、瓷坛、八仙桌、大木盆等重型物品称“重蹬技”。“蹬板凳”是重蹬技中最引人注目的表演，底座演员仰卧于垫座上，双脚举起高耸云天的叠椅，椅上有多个演员作形体表演，底座演员不光要蹬住叠椅和人，还要改变其角度，蹬中加摆、蹬中加转，直到收起一脚单腿蹬住等。蹬技与其他技艺结合的复合型节目有“跳板蹬人”“蹦床蹬人”等。

马戏

表演艺术。国际通用的“马戏”与“杂技”范围相近，指以驯马、马上技艺、大中型动物戏、高空节目为主，包括部分杂技、魔术、口技和滑稽的综合演出，多在大型场地（马戏院、大棚、体育馆或广场）的马圈中表演。中国的“马戏”含义较窄，一般指驯化动物的表演。马戏表演在中国历史悠久，东汉张衡《西京赋》就有“百马同辔，骋足并驰”的描写。现代中国马戏借鉴西方表演形式，常见节目有“驯熊猫”“驯狮虎”“驯马”“驯骆驼”“驯熊”“驯猴”“驯象”“驯狗”等，近年来流行的主题公园演出模式，新增驯鲸、驯海豚、驯海豹、驯海狮等海洋馆马戏表演。有《马颂》等聚焦马文化的剧目。

口技

拟声技艺表演，传统杂技节目。宋明称象声，又称相声、象生，清代有称口戏的。用口或借助“叫子”道具，模拟和表现各种飞禽走兽的鸣叫以及生活中和自然界的各种音响，给听众以丰富的联想和美感。口技起源甚早，春秋战国有孟尝君门客学鸡鸣出函谷关故事，晋《啸谱》载孙登长啸“发鸾凤之音，振撼林木”。口技的表演可分为三类：一“口技”，指在舞台、厅堂或广场上，直接面对听众表演（明春）；二“隔壁戏”，在帷幕内表演（暗春）；三“腹言术”，口不动而出声，可一人表演两人对话。历史上著名的口技段子有“百鸟鸣”“叫果子”“学乡谈”“吟叫”“五子闹学”“醉鬼归家”“旺相”等。近代部分技艺归入曲艺。新增的“口技”表演有与麦克风结合的“火车、飞机、轮船的启动、行进与到站”“枪、炮、炸弹的发射、飞行与爆炸”“大型游行集会欢呼声”“海浪声”“马蹄声”等。

魔术

杂技四大门类之一。古称幻术，俗称戏法。是运用手法技巧或道具机关，制造出的违背生活常态的表演。魔术一词是随着近代外国舞台魔术来华演出而传入的外来语，随着舞台魔术成为中国魔术演出的主流，魔术也替代“幻术”与“戏法”，成为通用名词。中国魔术历史悠久，早期多与宗教迷信混杂，经过长久的历史发展，大量吸收外来魔术的影响，兼收并蓄，形成蔚为大观的节目体系和独特的表演风格。当代中国魔术有传统戏法和现代魔术两个组成部分。传统戏法包括大戏法和小戏法，大戏法常见节目有“古彩戏法”“罗圈献彩”等，小戏法常见节目有“仙人栽豆”“土遁金杯”等。现代魔术包括舞台大魔术、舞台小魔术、近景魔术。舞台大魔术主要依靠道具进行表演，演出场面大，演职人员多，物象变化鲜明，可供大量观众同时观看，常见节目有人的隐现、分割、逃脱、搬运等。舞台小魔术指用手法和小型道具配合的表演，表演现象繁多，技巧性强，适合中等范围观众观看，常见节目有变绸巾、变花、烧钞票、遁表、钓鱼、更衣等。近景魔术指需要观众近距离观看的表演，演出环境、服装、道具、语言都接近生活，常见节目有“杯与球术”“找牌”“变钱币”等，演出现象小巧，表演风格亲切，于平易中见奇崛。

⊙ 戏剧 ⊙

戏曲

中国传统戏剧的通称，包括南戏、金元杂剧、明清传奇以及各个地方剧种。概言之，凡是演员通过角色扮演，以歌唱、说白、舞蹈、杂技等综合技艺来表现故事的戏剧形态都可以被归纳于戏曲的范畴。戏曲是中国古老的传统艺术之一，具有独特的表演体制和审美特征，凝聚着中国传统文化艺术的美学精髓，也是中国文化的传承载体。

戏曲融合了古代的祭祀歌舞、滑稽小戏、武术杂技、说唱舞蹈等各种艺术元素，在12世纪前后逐渐形成以“唱、念、做、打”为中心的综合艺术。戏曲最主要的特征是虚拟性和程式性。虚拟性是指从舞台装置到演员服装、化妆、动作和唱腔，以及舞台上的时空处理，都采用高度虚拟化的手法，通过建立和观众在舞台认知上的高度默契来传神达意：一张桌子，根据剧情可以假定为山头或者城门，也可以成为墙壁或者眠床；演员走一个圆场，算是跨越了万水千山；手中一根马鞭或一支船桨，可以当作马匹舟船……程式性是指演员的表演身段、音乐唱腔、服装行头都有一定的规制，不同行当的穿戴打扮、出场、行路、关门推窗等都有规范的动作，不能随意改变。戏曲的虚拟性和程式性并非脱离真实，而是建立在对现实生活进行细致观察基础之上，经过无数戏曲艺人不断开创琢磨、改良扬弃才逐步完善定型的。戏曲的虚拟性和程式性也并非丝毫不可更易的，而是跟随演员在继承传统的基础上根据自身条件和观众反馈进行着不断地调整和发展。

梨园行

对戏曲行业的习惯称谓。梨园本是唐长安（今陕西西安）的一处宫廷园林，唐玄宗李隆基曾经在梨园设立专门机构，选派300名宫廷乐舞人员进行器乐演奏的培训。具有深厚音乐素养的唐玄宗曾经亲自对这些乐工进行指导，这些乐工号称是“皇帝梨园弟子”。梨园被认为是中国历史有记载的最早成规模培养歌舞器乐演习人员的机构。

中国民间社会向有“祖师爷”崇拜的习俗，各行各业都会尊奉一位本行业的创始人或对行业有突出贡献的人为“祖师爷”，将其视为行业保护神，并形成一定的供奉祭祀仪式，增强行业内部凝聚力，规范行业规矩。在戏曲成熟之后，处于社会底层的艺人援用“梨园”这一典故，奉唐玄宗为戏曲界的“祖师爷”，也有借助“祖师爷”的身份增加行业荣耀感、提升行业整体社会地位的愿望。于是戏曲行业就被叫作“梨园界”或“梨园行”，戏曲从业人员称为“梨园子弟”，几代人都从事戏曲演出的家庭被誉为“梨园世家”。

南戏

又称“戏文”，是中国戏曲史上对宋元时期流行于长江中下游和东南沿海一带、以南方曲调演唱的戏曲的通称。南戏剧本《张协状元》是中国戏曲现存最早的剧本，大约作于南宋后期，从剧本中可以看出说唱艺术向戏曲艺术过渡的明显痕迹。元末明初文人高明（字则诚）创作的《琵琶记》，改变了南戏原有的粗糙与简陋，提高了文学品味，为戏曲步入明清传奇的辉煌奠定了基础。

南戏起源于宋代的浙江温州，温州古称“永嘉”，南戏又被称为“温州杂剧”或“永嘉杂剧”。最初只是流传乡间的村坊小戏，曲调和结构都简单粗糙，出场人物也只有两三个。最早被记载的南戏剧目为《赵贞女》和《王魁》，皆是表现男主人公中状元后抛弃妻子，最终被神灵惩罚的故事。金元时期，当杂剧在北方中原盛行之时，南戏也在南方慢慢发展。根据现有资料统计，南戏剧目大概有230余种，以展现男女恋情、悲欢离合的题材居多，剧目占南戏总数的三分之一以上。南戏剧本流存很少。1920年，学者叶恭绰在伦敦发现散失的明《永乐大典》辑录的三种宋元时期的戏文，分别为《张协状元》《宦门弟子错立身》《小孙屠》（残本），是现在仅见的早期南戏。元代的《荆钗记》《白兔记》《拜月记》《杀狗记》四部南戏最为流行，史称“四大南戏”。“四大南戏”都是家庭爱情题材，在流传过程中几经修改，至今仍活跃在各大剧种的舞台上。

元杂剧

对在金元时期成熟并在元代形成创作高峰的戏剧形式的习称，因为用北曲演唱，所以又被称为“北杂剧”。元杂剧的盛行标志着中国戏曲全面繁荣时代的到来，当时的剧作家和演员以群体的姿态创造了中国戏曲的第一座高峰。

13世纪前后，元杂剧在宋杂剧和金院本的基础上发展起来。元杂剧遵从严谨的创作和演出体制，除少数特例之外，一般采用“四折一楔子”的结构。“四折”大致相当于四场，每一折中的曲牌均属于同一宫调；戏曲开头或两折之间穿插一小段曲白交代剧情或串联前后情节，称为“楔子”。每部戏通常为一个角色主唱，其余人物皆为说白。女性主唱的称为“旦本”，男性主唱的称为“末本”。这些严格的规范并没有束缚住当时的杂剧作家，元杂剧作家作品题材涉及历史、神话、爱情、婚姻、公案、归隐等各个方面，其中以关汉卿最具代表性：关汉卿一生作剧60余部，现存近20部，《窦娥冤》《单刀会》《救风尘》《望江亭》等剧至今依然具有强劲的舞台生命力。此外，马致远的《汉宫秋》、白朴的《梧桐雨》、郑光祖的《倩女离魂》、王实甫的《西厢记》、纪君祥的《赵氏孤儿》皆为元杂剧中的传世经典，为后人的戏曲创作提供了源源不绝的灵感源泉。

早期元杂剧以文辞平朴、直白本色为美，后期则逐渐追求辞藻雅丽，加上政治文化中心的南移，南方的观众听不惯北方的音律，杂剧随着元朝的灭亡逐渐衰退。到明代中期，杂剧逐渐退出了演出的舞台。虽然之后还有文人将自己的戏曲文本定名为“杂剧”，但是从音乐曲牌和结构体制上已经和盛行舞台近百年的元杂剧不属于相同范畴了。

明清传奇

对明清时期在南戏基础上发展起来的各种声腔剧本的统称，包括当时影响广泛的海盐、余姚、弋阳、昆山“四大声腔”，以及由它们流变派生出的声腔剧种所演出的剧本。在魏良辅改良昆山腔，成为全国流行的声腔之后，明清传奇多依照昆曲的音律规范创作。

明清传奇以改良后的南北方曲调演唱，篇幅灵活，剧本容量较大，一般有十几出或几十出，设置生、旦两个行当主角各一人，根据剧情设置次要角色人数，每个角色都可以演唱。题材多为男女情爱主题，后世用“十部传奇九相思”说明传奇中婚恋情爱题材所占比重之大。明代前期的作品主要宣扬忠孝节义或因果报应，中叶以后，出现《宝剑记》《鸣凤记》《浣纱记》等揭露宫廷政治、扬忠抑奸的优秀作品。明清两代参与戏曲创作的文人数量庞大，优秀作品不可计数，有很多剧目被作为传世文学作品保留下来，有些剧目在戏曲舞台上以折子戏和改编成地方剧种的方式被传唱至今。其中，明代汤显祖的《牡丹亭》以优美的文辞、奇丽的情节塑造了一段有情人经历生生死死、终成眷属的爱情故事，讴歌了“爱情的伟大”，被古今众多读者、观众奉为曲中绝唱；洪昇的《长生殿》、孔尚任的《桃花扇》均以历史寄托现实中的兴亡感慨，可以看作清代传奇的巅峰之作。

剧种

戏曲的种类。剧种是约定俗成的概念，是对不同舞台表现形态的戏曲种类的概括说法。有各种不同的分类方式，一般是指各式各样的中国地方戏曲种类。

中国是幅员辽阔、人口众多的多民族国家，因为地理环境、历史传承、方言音乐和文化习俗的差异，不同民族、不同地域的戏曲艺术呈现异彩纷呈的态势。声腔音乐是区分剧种的主要标志,完整的音乐体制和与之相适应的故事结构和舞台表现是剧种是否成熟的衡量标准。剧种的命名方式有的以声腔命名,如秦腔、昆曲;也有以地域和主要乐器结合命名,如河北梆子、河南梆子、湖南花鼓戏等;也有直接以地域名称命名的,如川剧、越剧、晋剧、黄梅戏等。多样化的剧种形态,反映了中国不同区域人民的历史文化记忆和审美趣味偏好。剧种在发展过程中,也会经历长期的优胜劣汰,不能适应社会发展和观众审美的剧种逐渐绝迹,同时一些具有生命力的新剧种又会应运而生。根据原文化部发布的地方戏曲剧种普查数据,截至2017年,中国共有348个剧种。其中京剧、越剧、黄梅戏、评剧、豫剧、川剧、粤剧等剧种都具有广泛的群众基础和较高的国内国际影响力。

昆曲

又称"昆山腔""昆腔"(以昆山腔演唱的戏曲称为"昆曲",当代更倾向称为"昆剧"),中国最古老的戏曲剧种之一。昆曲曲调悠扬清丽,节奏舒缓缠绵,唱词典雅优美,表演细腻传神,蕴含着东方民族古典的艺术精神和审美情趣。昆曲在几百年的流传过程中积淀下丰富的剧目和唱段,形成系统完整的音乐声腔和创作演出理论,对中国许多地方剧种都产生过直接且深远的影响,所以昆曲又被称为"百戏之祖"。

昆曲起源于元末明初流行在苏州昆山一代的民间小唱,魏良辅(1489—1566)等戏曲音乐家经过反复琢磨整理,将昆山腔加工成为行腔婉转、曲调清新的"水磨调",魏良辅因此被后人称为"曲圣"。其后,昆山戏曲家梁辰鱼(约1521—1594)依照昆山腔曲律创作了表现吴越争霸故事的《浣纱记》,高雅优美的文辞与清丽悠远的声腔相配合,使昆曲在众多剧种中脱颖而出,也奠定了昆曲的"雅文化"基调。昆曲在明末清初时达到鼎盛,被称作"雅乐""正音"。文人们纷纷参与创作演出,不仅涌现了汤显祖《牡丹亭》、沈璟《水浒记》、李玉《一捧雪》、洪昇《长生殿》、孔尚任《桃花扇》等数量可观的传世佳作,还有沈璟、李渔、王骥德等戏曲理论家对音乐和演出效果进行规范和推广。1956年,浙江昆剧团进京演出了昆曲《十五贯》,得到国家的重视和扶持,昆曲这一古老而丰富的艺术重现辉煌。2001年入选首批联合国教科文组织《人类非物质文化遗产代表作名录》。

京剧

中国最具代表性的戏曲剧种。京剧集中国优秀剧种之大成,其经典剧目和名家名段、风格流派的数量,在全国乃至全世界的知名度和影响力,均代表了中国戏曲的最高水平。

1800年前后,为给乾隆祝寿,活跃在江南一带的"四大徽班"陆续进京。徽班以演出二簧调(也作"二黄调")、昆曲为主,到北京后吸收北方盛行的京腔、秦腔等剧种的精华,后来又融合了来自湖北的"楚调",将北京字音与湖广语音相结合,逐渐形成了以西皮、二簧声腔为主体的综合声腔,被称为"皮簧戏",后来统一称为"京戏"或"京剧"。经过早期演员程长庚、余三胜、张二奎、谭鑫培、王瑶卿等人的奠基、开创,梅兰芳、程砚秋、尚小云、荀慧生、杨月楼、马连良等名伶巨匠在唱念做打、舞台砌末、器乐伴奏、脸谱化妆等各个方面的改良和创新,京剧逐渐流行全国,并最终成为剧坛的主流。京剧演出中的伴奏,"文场"以胡琴、京二胡、月琴、小三弦(过去称为"京剧四大件")为主,"武场"主要有鼓板、大锣、小锣、铙钹等。京剧在演出发展过程中,积累下丰富的剧目和舞台经验,在行当程式、脸谱化妆、行头规制等方面也形成系统完备的体制。《霸王别姬》《锁麟囊》《四郎探母》《龙凤呈祥》《穆桂英挂帅》等数以千百计的经典剧目在国内国际舞台上焕发着不竭的艺术魅力。2010年入选联合国教科文组织《人类非物质文化遗产代表作名录》。

豫剧

又称河南梆子,中国地方剧种之一。豫剧历史悠久,文化积淀丰厚,以唱功见长,腔调挺拔明快,文辞通俗易懂,剧情引人入胜,具有浓郁的乡土气息和生活气息,是中原文化的优秀代表之一。

因为各地语音差异,豫剧最初有祥符调、豫东调、豫西调、沙河调(又叫"本地梆")等四种腔调韵味各具特色的流派。这些以流行区域命名的声腔流派在后来的演出发展中相互借鉴融合,到20世纪30年代,出现了常香玉、陈素真、阎立品、马金凤、崔兰田、唐喜成等优秀豫剧演员。他们以独特的表演风格和舞台作风开创了各自的艺术流派。其中,以常香玉为代表的常派在豫剧史上拥有独特地位。常香玉将豫西调和豫东调有机化合、巧妙创新,把豫剧唱腔推进到一个新阶段。戏曲改革家、豫剧作家樊粹庭则通过成立剧院、广纳贤才、改革戏班体制、编写剧本等一系列举措,提升了豫剧的整体风貌,被尊称为"现代豫剧之父"。豫剧传统剧目有近千种,早期以"生、净、丑"三个行当为主,剧目多是歌颂沙场征战、除暴安良、济世扶危的英雄志士和清官廉吏。在旦角行当发展丰富之后,剧目内容向女性主角为中心转移,经典剧目有《春秋配》《对花枪》《穆桂英挂帅》《天地配》《南阳关》《贺后骂殿》《秦雪梅》等。20世纪50年代以来,豫剧舞台上还涌现出许多高质量的现代戏,《朝阳沟》《李双双》《小二黑结婚》《罗汉钱》《倒霉大叔的婚事》等剧目为全国观众所喜闻乐见。

越剧

中国流传最广泛的地方性戏曲剧种之一,影响遍及全国大部分地区,声名远播东南亚及海外华人地区。起源地浙江绍兴在古代属于古越国,所以剧种成熟之后被定名为"越剧"。越剧腔调婉转悠扬,唱词典雅清丽,剧目多是婚恋情爱题材,极具江南水乡的诗情画意。

1906年,浙江绍兴嵊县农村的几位说唱艺人登台表演剧目,并成立了职业戏班"小歌班",标志着一个新的剧种开始载入戏曲史。当时全国以京剧为代表的各地方剧种都已经成熟勃兴,"小歌班"积极借鉴这些剧种的艺术元素,改良声腔音乐,引进管弦乐器,以"绍兴文戏"的名字风靡上海。20世纪30年代,女子戏班兴起。女性演员扮相俊美,唱腔清丽,更适合表现"才子佳人"的题材内容,所以很快取代了男性戏班,进入越剧史上独具特色的"女子越剧时期"。此时期出现了"越剧皇后"姚水娟、"新越剧"倡导者和奠基者袁雪芬以及尹桂芳、范瑞娟、竺水招、徐玉兰等一大批各成流派的越剧明星。经典剧目有《红楼梦》《梁山伯与祝英台》《西厢记》《碧玉簪》《祥林嫂》《白蛇传》等。其中,由袁雪芬、范瑞娟主演的《梁山伯与祝英台》在1953年被拍摄成电影,成为中华人民共和国成立后第一部彩色电影。20世纪50年代之后,越剧开始男女合演的革新试验,培养了一批男性演员,然而直到现在,由于观众的观演审美习惯和越剧的表演风格使然,越剧依然以女演员居多。

秦腔

中国现存最古老的剧种之一,起源于陕西、甘肃等西北地区,因为使用梆子击节,所以又叫"梆子腔"。秦腔在明万历年间开始向外地流布,清初已然足迹遍及全国各地。它所创制的板腔体音乐体制,为各地剧种的形成发展提供了丰厚的滋养。现在流行的河北梆子、晋剧、豫剧等梆子声腔剧种,都和秦腔有极深的渊源关系。一般认为,秦腔是各类梆子腔的"鼻祖"。

秦腔的发源地处于黄土高原地区,地广人稀,草台旷野,铸就了秦腔音调高亢激越、文辞通俗质朴的豪放风格。秦腔擅长展现英雄侠义、慷慨情怀,经典剧目题材多以历史剧为主,其中最有影响力的剧目有《春秋笔》《和氏璧》《八义图》《玉虎坠》《铡美案》等等。上溯至18世纪70年代,著名秦腔艺人魏长生带领戏班几次到北京演出,以精湛的技艺轰动京师,使当时流行于北京的京腔为之失色,京腔艺人和在京的各剧种艺人纷纷学习梆子腔。后魏长生又经河北、天津、山东,南下扬州演出,从此秦腔在全国范围内声名鹊起。1912年,李桐轩、孙仁玉等在西安创办了著名的秦腔科班——陕西伶学社，后更名为“陕西易俗社”，将文化教育、戏曲训练、演出实践相结合，培养了大批优秀秦腔艺人，创作改编了《夺锦楼》《三滴血》《柜中缘》《游龟山》等秦腔剧本500余部，其中范紫东创作的《三滴血》被戏剧大师曹禺赞为“可以与莎士比亚的剧作媲美”，至今依旧在秦腔舞台上久演不衰。

晋剧

原名中路梆子，也叫中路戏，是流行于晋南地区的蒲州梆子传到山西中部汾阳、孝义、祁县、太谷及太原地区，结合当地歌舞艺术和方言语音演变而来的戏曲剧种。山西省有中路梆子、北路梆子、蒲州梆子、上党梆子四大梆子声腔剧种，中路梆子在清代随着晋商的往来贸易向全国各地流布，被称为“山西梆子”，1954年定名为晋剧。

晋剧注重唱功。唱功戏在演出中占很大比重，特别以两个以上角色的大段对唱、轮唱为特色。相比山西省其他梆子腔的铿锵激越，晋剧声腔更加柔婉悠扬，曲调也更加优美圆润，唱念以晋中方言字音为主。晋剧在演出发展过程中名家辈出，先后有被誉为“晋剧须生大王”的丁果仙、创立了独特晋剧旦角艺术和脍炙人口的“嗨嗨腔”的程玉英、被称为“晋剧皇后”的王爱爱和夺得中国戏剧梅花奖的田桂兰、高翠英、王万梅、郭彩萍等一大批晋剧表演艺术家，形成须生、青衣、花脸、小生、小旦等行当的各种流派。晋剧传统剧目有500余部，以表现忠奸斗争、英雄侠义、清官断案的历史题材故事居多。现在经常上演的有200余部，经典剧目有《打金枝》《金沙滩》《法门寺》《明公断》《忠报国》《蝴蝶杯》等。

粤剧

又称为“广东大戏”，是流行于广东、广西、香港、澳门以及世界各地华人聚居区域的广东地方剧种。粤剧唱念皆用粤语，在声腔、表演、剧目方面都具有浓郁的岭南文化特色。早在19世纪中期，粤剧就流传到东南亚各国和美国、加拿大等国家地区，并在海外持续稳定地发展，具有广泛的国际影响。

粤剧的故乡广东地处沿海，广州自古以来就是商贸往来的重要港口，来自各地的官绅士贾把中原地区的昆山腔、海盐腔、弋阳腔、梆子腔、徽调、汉调带到广东，这些声腔与广东语音和民歌粤讴相结合，在20世纪初，定型为以粤语唱念的戏曲形式。粤剧形成时期的剧目与其他剧种大同小异。在1920年前后，粤剧戏班吸收了话剧、歌剧、电影等艺术的剧目和表现技巧，形成自由灵活偏重写实的表演风格。粤剧对其他艺术的接纳移植能力极强，现有名目可考的粤剧剧目达上万种。除了薛觉先、马师曾、桂名扬、新马师曾、红线女等开创了声腔门派的著名粤剧艺人之外，南海十三郎、唐涤生等著名编剧还为粤剧创作了大量传世剧目，作出了卓越的贡献。其中唐涤生一生创作了粤剧剧本400多部，有90多部被拍成粤剧电影，几乎所有的粤剧名伶都演出过他的剧本。《帝女花》《蝶影红梨记》《紫钗记》《再世红梅记》等至今依然是粤剧舞台上的经典保留剧目。2009年入选联合国教科文组织《人类口头与非物质文化遗产代表作名录》。

花鼓戏

来源于民间歌舞“打花鼓”，广泛流行于湖北、湖南、江西、浙江、安徽、四川、贵州等省，因为表演时以花鼓伴奏而得名。在流布过程中，“打花鼓”汲取民间小调和其他剧种的声腔剧目，形成湖南花鼓戏、湖北花鼓戏、安徽花鼓戏等几十种以地域命名的各具风格的“花鼓戏”，其中以湖南花鼓戏最具代表性，因而前面不加地名界定的“花鼓戏”一般特指湖南花鼓戏。此外在这些省份流布的“采茶戏”“花灯戏”也与花鼓戏有很近的血缘关系，有的虽然名称不同，声腔、程式则是同根同源的形态。

湖南境内有50多个花鼓戏剧团，传统剧目400多个。大致可分为长沙花鼓戏、岳阳花鼓戏、衡州花鼓戏、邵阳花鼓戏、常德花鼓戏、永州花鼓戏等6个流派，长沙花鼓戏因为流布范围广、风格流派多而最具影响力。花鼓戏是在“二小”戏（小丑、小旦）和“三小”戏（小生、小丑、小旦）基础上发展起来的，表演风格朴实明快，内容多是以表现男女爱情和家庭生活为主，风格多诙谐风趣。经典剧目有《打鸟》《盘花》《雪梅教子》《刘海砍樵》《卢林会》等。《刘海砍樵》中“比古调”的唱段几乎可以称得上花鼓戏中的“流行歌曲”，为全国观众所熟悉和喜爱。

川剧

中国西南地区影响最大的地方剧种。四川省地处中国西南部，北通中原，东接荆楚，四通八达的河道水路带来各具特色的文化艺术，造就了以高腔为主体，昆腔、胡琴、弹戏、四川灯戏融汇并存的川剧。川剧渗透着丰厚的四川地域文化和民俗风情，也是中国戏曲和巴蜀文化相互影响、相互融合下的艺术结晶。

川剧以四川方言演出，尤其擅长喜剧的创作和表现。“帮腔”、打击乐、“绝活”（独特的特技表演）在川剧表演中具有举足轻重的地位和作用，从而也成为川剧的重要特色。“帮腔”类似古希腊戏剧中的歌队，具有解释场景、烘托氛围、代表观众与剧中人对话的作用；川剧中的打击乐不仅有定调、伴奏的作用，还常用来营造真实生动的音响效果；川剧中的“绝活”异常丰富，有“变脸”“耍火”“贴墙壁”“开慧眼”等等，其中“变脸”（随着剧情发展，演员在舞蹈动作掩饰下变化脸谱的特技）令海内外观众叹为观止，几乎成为川剧的代名词。川剧剧目丰富浩繁，传统剧目几乎囊括了所有南戏、元杂剧、明清传奇等古代戏曲。另有川剧艺人和川剧作家根据民间传说、历史演义、各地方剧种经典剧目进行改编移植的剧目，使川剧题材涵盖古今，包罗南北。具有代表性的经典剧目有《白蛇传》《彩楼记》《玉簪记》《绣襦记》等，现代戏有《易胆大》《中国公主杜兰朵》《山杠爷》等。

歌仔戏（芗剧）

流行于台湾全省、福建南部和东南亚华侨聚居地区，是台湾省重要的戏曲剧种，也是福建省五大剧种之一。歌仔戏唱腔和念白采用闽南方言，特点是曲多白少，格律自由，唱词通俗。歌仔戏在发展过程中有过各种称谓，在台湾一般称为“歌仔戏”，在福建则“芗剧”和“歌仔戏”并用。歌仔戏是闽南文化精神的集中体现，也是闽台文化交流融合的见证。

歌仔戏形成于中国台湾的宜兰地区。台湾和福建一水之隔，舟楫便利，人员往来频繁。数百年来，政府派来的官员军士和垦荒拓土的闽粤移民，也带来内陆的戏曲、曲艺和民歌俗曲。20世纪初，台湾艺人在福建漳州“锦歌”（闽南语为“歌仔”）的基础上，结合台湾民歌小调和闽南车鼓、采茶等曲调，演唱一些简单的民间传说和现实趣闻，形成了早期的“歌仔戏”。歌仔戏吸收、融合了弋阳腔、四平戏、京剧、昆曲等剧种的艺术养分，以方言优势迅速得到台湾观众的青睐，1925年之后成为台湾最受欢迎的剧种之一，并回传到福建的厦门、漳州、泉州一带。1936年，福建艺人邵江海着手改良歌仔戏音乐，创作出一种叫作“杂碎调”（后称“改良调”）的新曲调，并创造出《六月雪》《安安寻母》《陈三五娘》《白蛇传》《孟姜女》等大量适合以“杂碎调”演出的剧目。抗战胜利后，“杂碎调”经由闽南歌仔戏剧团“都马班”传入台湾，对台湾歌仔戏的发展产生了深远意义。

黄梅戏

旧称“黄梅调”，因声腔来源于湖北省黄梅县一带的采茶调而得名。黄梅调传入安徽省安庆地区之后，与当地的民间曲艺、歌舞小调相结合，在20世纪初形成质朴明快、生活气息浓郁的黄梅戏。黄梅戏以安庆地区方言为基础，注重唱功，很少武打杂技动作，在声腔和表演程式上一直处于有一定规则却无严格规范的状态，这一特点使黄梅戏在博采众长方面具有很大优势。1955年，由石挥导演、严凤英和王少舫主演的黄梅戏电影《天仙配》，为黄梅戏在全国范围内的普及和推广做出了不可磨灭的贡献。

早期黄梅戏的演出剧目，号称“大戏三十六本，小戏七十二折”，大戏主要是指情节完整、故事性强的连台本戏，如《天仙配》《女驸马》《牛郎织女》等，小戏则是由两三个演员表演的民歌色彩浓郁的现实生活小片段，如《打猪草》《卖斗箩》《夫妻观灯》等等。1949 年之后，黄梅戏的大戏和小戏剧目都得到丰富和扩展，在继承改编传统剧目的同时，还创作演出了《牛郎织女》《红楼梦》《啼笑因缘》《无事生非》《徽州女人》等大量优秀剧目。其代表剧目《天仙配》中“树上的鸟儿成双对，绿水青山带笑颜”、《女驸马》中“为救李郎离家园，谁知皇榜中状元”、《打猪草》中“郎对花姐对花，一对对到田埂下”等经典唱段流行于国内外华人聚居区，几乎可以称得上家喻户晓。

河北梆子

山陕梆子传入京津冀区域之后，与当地的风土人情和方言声调相结合，逐渐形成的极具燕赵风韵的地方剧种。在形成流布过程中曾有“京梆子”“卫梆子”“直隶梆子”等称谓，1952 年定名为“河北梆子”。作为北方梆子声腔系统的一个重要支脉，河北梆子唱腔高亢苍劲，曲调质朴激越，对京津冀地区其他剧种产生过重大影响，在评剧、老调、丝弦腔、哈哈腔等声腔剧种的音乐、剧目、扮相、服装方面，均可以看到或多或少的河北梆子痕迹。

河北梆子形成于清道光年间，曾出现过三大艺术流派：直隶老派、山陕派和直隶新派。直隶老派唱念以直隶方言为基础，演员文戏武戏兼备；山陕派多为山陕梆子艺人改唱河北梆子，念白中带有浓重的山陕味道，唱腔更加悲壮苍凉，崇尚特技表演；直隶新派在直隶老派的基础上形成，以女演员为重心，丰富了唱腔板式，增强了表演美感，改造了念白中的山陕余音，以文戏为主，上演的剧目多以唱功著称，唱腔极具震撼力，很快成为河北梆子的主流。现在流行的河北梆子就是直隶新派的延续。河北梆子名家辈出，具有代表性的传统剧目有《春秋配》《南北和》《蝴蝶杯》《杜十娘》《秦香莲》《喜荣归》《打金枝》等，现代戏则有《惠兴女士》《兄妹开荒》《红灯记》等。由古希腊悲剧改编而成的河北梆子《美狄亚》自 1989 年问世以来，在希腊、法国等国家演出，获得强烈反响。

评剧

产生于河北省东部的滦县、迁安、玉田一代农村，1910 年左右在北方民间说唱艺术基础上发展起来，前期被称为“蹦蹦戏”或“落子戏”，后又称为“平腔梆子戏”，1935 年在上海演出时正式使用“评剧”这一名称。以唱功见长，吐字清晰流畅，曲调质朴爽朗，形式活泼自由，唱腔和内容都具有浓郁亲切的北方生活气息。在 20 世纪 30 年代流布全国，尤其为华北、东北地区的观众所喜闻乐见。

早期评剧是在“对口戏”基础上发展起来的，只有男女角色之分，以旦行唱工为主，说白占极少比重。后来受河北梆子和京剧的影响，增添了青衣、花旦、老旦、小生、老生等各种行当，创造、丰富了各个行当的唱腔，并形成独具特色的众多表演流派。第一代评剧艺人成兆才、月明珠、李春盛、倪俊生等人对评剧有开创奠基之功。其后的白玉霜、刘翠霞、喜彩莲、爱莲君、小白玉霜、新凤霞等相继以精湛而独特的表演风格，推动了评剧的成熟创新和普及流行。成兆才是一位天才剧作家，被称为评剧艺术的“祖师爷”。他一生改编创作了《杜十娘》《安安送米》《花为媒》《王少安赶船》《杨三姐告状》等百余部经典评剧剧本。评剧在表演上程式化动作较少，易于结合现实塑造人物，在创作搬演现代戏方面具有很大的优势，尤其在 20 世纪 50 年代之后，《小女婿》《刘巧儿》《祥林嫂》《小二黑结婚》等一大批贴近现实生活的剧目被搬上舞台，成为新的评剧经典。

沪剧

上海地方戏曲剧种，以淞沪地区的方言和音乐为基础，流传于上海和江浙一带。音乐清新优美，语言生动活泼，剧目以现代戏为主。可以说，沪剧是中国最具现代都市色彩的戏曲剧种。

沪剧起源于吴淞江、黄浦江两岸的山歌小曲，最初只是两三个演员在锣鼓点的伴奏下对唱的小戏，剧情简单，进入城市后随着上海都市化的进程发展丰富，在20世纪初改名为“上海本地滩簧”，简称“本滩”。“本滩”在保持乡土气息的同时，吸收融汇外来剧种和民间艺术的营养，丰富了唱腔和剧目，成为上海市民喜闻乐见的戏曲形式。20世纪20年代本地滩簧更名为“申曲”，邵文滨、施兰亭两位艺人创立了生行唱腔的两大流派，编演了很多与时代相呼应的“西装旗袍戏”，形成沪剧“说口语，穿时装”的时装戏传统。1941年，由被誉为“申曲皇后”的王雅琴提议，将“申曲”改称为“沪剧”，吸收借鉴话剧、电影的艺术手法和审美特质，建立了编导制度，移植了大批西方戏剧名著和中国话剧经典剧目，使沪剧成为一个更为开放的剧种。1949年之后，沪剧排演的宣传婚姻自由的《罗汉钱》、描写抗战期间地下党为保护伤员和敌人斗智斗勇事迹的《芦荡火种》都对中国剧坛产生过重大的影响。沪剧保留着每个发展时期的大部分剧目，综观这些剧目，可以看到一幅描绘上海发展历程和市民审美情趣变迁的社会文化风俗长卷。2006年，被列入第一批国家级非物质文化遗产名录。

傩戏

在民间祭祀仪式基础上吸取民间歌舞、戏剧而形成的一种戏剧形式，素有“中国戏剧活化石”的称号，是中国戏曲的源头之一。中国很多地方剧种都和傩戏有直接或间接的渊源关系，傩戏和傩文化也是研究中国戏曲和中国文化乃至中华民族文化心理的重要依据。

傩戏具有悠久的历史，遍布包括汉族在内的很多民族，因为流行地域、表现形式和演出剧目不同，傩戏在各地有不同的称谓，现在依然演出、影响较为广泛的傩戏主要有流传于湖北、湖南、重庆、云南、广西等地的傩坛正戏和傩坛小戏，贵州安顺的安顺地戏，贵州彝族的“撮泰吉”，安徽的贵池傩戏，云南境内的关索戏和端公戏等等。贵州德江、安徽池州因为傩戏戏班众多、演出形态丰富，分别被原文化部和中国民间文艺家协会命名为“傩戏之乡”。傩戏演出程式丰富多彩，剧目种类繁多，最主要的特征是角色都戴面具，面具由木、竹、兽皮或硬纸等各种材质做成，一般有生、旦、丑、净、神、圣、鬼、怪等分类，傩戏面具和傩戏演出形态共同构建了博大精深、古朴神秘的傩戏文化。

南昆北弋东柳西梆

“南昆北弋东柳西梆”是对清朝前期活跃于戏曲舞台上的四种主要声腔剧种的一种约定俗成的说法。“东南西北”是指四种声腔发源地在中国版图上的大致方位。这四种声腔流布广泛，孕育或滋养了中国绝大部分声腔剧种。

“南昆”，指起源于江苏昆山的昆山腔，以声腔清丽悠远为特色，自明中叶至清前期流布全国，被朝廷法令和精英阶层视为“雅乐正声”。昆山腔因为明清两代文人的积极参与，积累下数量丰厚的戏曲文本和系统完整的声腔、表演体系，在传播过程中影响了许多地方剧种，被誉为“百戏之祖”。

“北弋”指的是起源于江西的弋阳腔。弋阳腔是戏曲中流布最广泛的一种声腔，在流播过程中，经过“音随地改”的发展演变，生成各种不同的新剧种。弋阳腔在明末流传到北京，与北京当地语音相结合形成“京腔”，“京腔”在当时依旧叫作“弋阳腔”或“弋腔”，弋阳腔向外流传时被认为出自北方，所以称为“北弋”。

“东柳”是指起源于山东的“柳子腔”，也叫“柳枝腔”。柳子腔以明代的山歌小曲为基础，经过清代艺人们的串联整合，形成和当时流行的昆腔、弋腔不同的声腔系统，在乾隆年间已经流传相当广泛，影响遍布全国许多地区。

“西梆”是指起源于陕西、山西的秦腔，因为演唱时以木梆击打拍节又名“梆子腔”。“秦腔”被认为是中国所有梆子声腔的鼻祖，不仅影响了河北、河南、山东、陕西、安徽等地，形成了各种梆子腔剧种，也影响了湖北、湖南、四川等地的部分剧种。

花部与雅部

“花部”“雅部”的说法最早见于清乾隆年间（18世纪末）。“雅部”专指昆曲，昆曲以其婉转典雅的风格为文人雅士所推崇，从明中后期到清前期一直被奉为雅乐正声；“花部”则是指当时流行的高腔、弋阳腔、柳子腔、梆子腔等地方戏曲。地方戏曲起源于民间，在表演身段、曲调剧目上没有昆曲的严格规范，所以被统称为“乱弹”或者“花部”，最初有“花里胡哨”之意，后来逐渐成为中性词。

明末清初是中国商业繁荣、手工业发展迅速、市民阶层不断壮大的时期，因为言辞典雅、曲调柔婉而受到文人士大夫追捧的昆曲，并不符合市井小民的审美情趣和观赏习惯。而“花部”剧种起源于民间，用乡音演唱，剧情通俗易懂，唱腔豪迈激昂，自然而然地吸引了普通民众的注意力。19世纪末，京腔、秦腔、徽调等剧种纷纷在北京演出，在不同的阶段盛行京城，极大地冲击了昆曲的独尊地位和演出市场，以至于清朝政府多次以政令法规的形式对花部进行抵制排抑，这就是中国戏曲史上有名的“花雅之争”。花部和雅部经过长达几十年的争奇斗艳，相互融合，相互渗透，最终各地方剧种在全国范围内蓬勃发展，昆曲则因为观众和艺人的大量流失，进入了近一个世纪的低潮期。

四大徽班

18世纪末到19世纪初陆续进京的四个著名戏班“三庆”“四喜”“和春”“春台”的合称。徽班以安徽籍演员居多，主要演出流行于湖北、安徽等地的二簧调剧目，也兼唱昆曲、秦腔、梆子等声腔剧目，开始多活动于安徽、湖北、江苏、浙江等省份。四大徽班进京并迅速盛行于京城，被视为京剧诞生的前奏，在京剧发展史上有重要意义。

清乾隆五十五年（1790），为给乾隆庆祝八十大寿，以著名戏曲艺人高朗亭为台柱的三庆班进京演出。此后又有四喜、启秀、霓翠、和春、春台等徽班相继进京，几经流动整合，最终以三庆、四喜、春台、和春最具盛名，被称为“四大徽班”。由于徽班日益受到观众欢迎，吸引了其他剧种的演员加入徽班演出，四大徽班在原来兼唱多种声腔的基础上，又吸收合并了京腔、秦腔等声腔剧种的卓越艺人和优秀剧目，结合观众需求和演员构成，逐渐形成了各擅其长的戏班特色，表现为“三庆的轴子”——整本大戏；“四喜的曲子”——昆曲戏；“和春的把子”——武打动作戏；“春台的孩子”——科班的童伶。嘉庆道光年间，流行于湖北地区的汉调艺人进京，在搭班演出过程中徽班又融汇汉调的声腔，形成了独具特色的“皮簧”腔。四大徽班代表人物有程长庚、余三胜、张二奎等。

四大名旦

指梅兰芳、程砚秋、尚小云、荀慧生四位以旦行表演艺术著称于世的京剧艺术家。1927年北京《顺天时报》发起由观众投票选举“名旦”的活动，梅兰芳、程砚秋、尚小云、荀慧生名列前四位，遂称“四大名旦”。四大名旦不仅演出技艺精湛，还在继承传统的基础上致力于京剧的改良创新，创立了京剧旦行四大流派，为京剧的发展和传承做出了不可磨灭的贡献。

梅兰芳（1894—1961），字畹华，出身于梨园世家。梅兰芳不仅是一位卓越的表演艺术家，也是一位勇于创新的戏曲改革家。他结合自己的舞台经验和心得，融汇各家所长，对京剧艺术进行了全方位的改良。梅兰芳还是第一位将京剧带出国门并获得国际盛誉的表演艺术家。“梅派”代表剧目有《贵妃醉酒》《天女散花》《宇宙锋》《打渔杀家》《霸王别姬》《穆桂英挂帅》等等。

程砚秋（1904—1958），早年艺名程菊农，后改名程艳秋,1932年起改“艳秋”为“砚秋”。程砚秋根据自己的嗓音特点,创造出绵延婉转、幽咽跌宕的“程派”唱腔。程砚秋擅演悲剧,代表剧目有《鸳鸯冢》《荒山泪》《青霜剑》《春闺梦》《锁麟囊》《英台抗婚》等等。

尚小云(1900—1976),名德泉,字绮霞。尚小云最初入班学习的是武生行当,后改习正旦,兼演刀马旦,因为有武生的功底,他以嗓音宽亮、唱腔刚劲、做功身段爽健明快著称,善于塑造巾帼英雄和侠女烈妇,代表作有《梁红玉》《双阳公主》《昭君出塞》《失子惊疯》等等。

荀慧生(1900—1968),号留香,曾用艺名白牡丹。荀慧生幼年在河北梆子戏班学艺,后改习京剧,他将梆子戏旦行的表演精华融汇到京剧的表演中,又兼收京剧各行当的技艺,创立了风格新颖、个性鲜明的“荀派”艺术。“荀派”善于塑造娇憨活泼、爽直明快的青少年女性形象,以《红娘》《金玉奴》《红楼二尤》《荀灌娘》《十三妹》等剧著称于世。

现代戏

指题材内容以1919年新文化运动之后的现当代社会为背景、反映现实生活和当代人思想情感的戏曲剧目。

现代戏的尝试早在20世纪初期就已开始,京剧名家梅兰芳、程砚秋、周信芳等都曾经探索尝试过用戏曲的形式反映现实生活。一些根植于乡土文化的地方剧种如沪剧、评剧、河北梆子等一直保持着演出内容贴近群众生活的传统。评剧作家成兆才根据1918年滦县发生的真实事件编写的《杨三姐告状》轰动全国。沪剧则在形成伊始就以表演现实生活题材的剧目为主,“西装旗袍剧”曾经是沪剧的标志性舞台形态。1949年之后,这种反映现实生活的戏曲被统称为“现代戏”,包括革命历史、城乡建设、现代婚恋观念和家庭生活等表现时代风貌的各种题材。全国各剧种都掀起现代戏的创作热潮,排演出《芦荡火种》《智取威虎山》《红灯记》《罗汉钱》《小女婿》《刘巧儿》《李二嫂改嫁》《向阳商店》《海港》《朝阳沟》等优秀现代戏剧目。20世纪80年代之后,现代戏创作者们开始致力于探求从内容上拓宽表现领域、提升戏曲的思想性和现代性,从表演方面将戏曲美学原则与当代生活方式相结合,开创符合剧中人物身份和性格的程式动作。这一时期,川剧《四姑娘》《变脸》、京剧《骆驼祥子》《膏药章》、沪剧《挑山女人》等,都是现代戏舞台上的佳作。

少数民族戏曲

中国各少数民族不同的生态环境、不同的历史文化背景和不同的风俗习惯,造就了各具本民族风情的少数民族戏曲。少数民族戏曲和汉族各地方剧种一样,都是以载歌载舞的形式搬演故事,但同时又承载着本民族悠远的历史记忆和深厚的文化底蕴。少数民族戏曲和汉族戏曲一起共同谱写了完整的中华戏曲史。

少数民族戏曲主要分布在西藏、广西、贵州、云南、青海、甘肃等少数民族聚居区域。大多以本民族语言演唱,也有以本民族语言和汉语混合使用或者只用汉语演出的。和汉族各地方剧种形成时间、发展经历不一的状态相同,有一些少数民族戏曲具有悠远的历史,如在明清时期就已经成熟的藏戏、壮剧、侗剧、布依剧、傣剧等,也有中华人民共和国成立之后新兴的戏曲剧种,如20世纪50年代在蒙古民歌基础上发展而来的辽宁阜新蒙古剧;1960年开始摸索创立,20世纪80年代定型的以满族八角鼓为曲牌基础、唱腔舞蹈充满满族文化风貌的吉林松原新城戏等等。少数民族戏曲在发展演出过程中与汉族戏曲互相融合相互吸收,共同促进了中国戏曲艺术的繁荣发展。

藏戏

又叫藏剧,是藏族戏剧的统称。藏戏历史悠久,流布广泛,除西藏之外,在四川、青海、甘肃等省的藏族地区以及印度、不丹等国家的藏族聚居地都有流布。因为各藏族聚居区不同的文化艺术传统,形成不同的演出形态，如西藏的白面具藏戏、蓝面具藏戏、四川的康巴藏戏、青海的黄南安多藏戏等等，这些剧种又被细化为不同的流派。藏戏唱腔高亢宽厚，音色响亮雄浑，体现了雪域高原的独特风情。2009年，入选联合国教科文组织《人类口头和非物质遗产代表作名录》。

藏戏脱胎于宗教宣讲和祭祀仪式，早期剧目题材都源自佛经和佛教故事，大多数藏戏至今依然保留着浓郁的神话和宗教色彩。一般每台藏戏演出分为三部分："温巴顿"，即开场戏，主要演出祭神歌舞；"雄"，即有情节有内容的正戏部分；最后是"扎西"，祈福迎祥的歌舞。早期藏戏的伴奏乐器只有一面鼓，一个钹，表演者头戴夸张古朴的面具，在鼓钹的节奏中起舞。面具有特定的规制，大致分为开场戏面具、正戏主要角色面具和动物面具。藏戏的剧目素材主要来自古时候的"故事本"，题材多为神话或历史传说、宗教故事、民间世俗人情故事等，现在依然被保留演出的经典剧目主要有《文成公主》《朗萨雯波》《诺桑法王》《苏吉尼玛》《卓娃桑姆》《白玛文巴》《顿月顿珠》《智美更登》等八部，被称为"八大藏戏"。

壮剧

流行于壮族生活区域的戏曲剧种，以壮语演唱为主，也有的流行区域根据剧情需要和观众需求采用壮语、粤语和本地官话兼用的演唱方式。壮剧剧目一部分来自汉族剧目和通俗小说唱本，一部分改编自本民族的民间传说，尤以歌颂壮族英雄依智高的系列剧目最具代表性。2006年，被列入第一批国家级非物质文化遗产名录。

壮剧按照地域分为广西壮剧和云南壮剧。广西壮剧根据艺术特点、伴奏乐器、音乐唱腔的差异分为北路壮剧、南路壮剧和壮族师公戏（也叫"壮师剧"）。北路壮剧流行于广西田林、百色等壮语北部方言区域，南路壮剧流行于靖西、德保等壮语南部方言区域。广西壮剧脱胎于先民祭祀祈福仪式的歌舞说唱，至今在开戏前和闭幕后依然保留着"开台闭台"的传统程序。南路和北路壮剧在开台闭台程式上各自不同，但均为祈求平安、请神降福的祈祷仪式。

云南壮剧包括富宁土戏、广南沙戏、文山乐西土戏。富宁土戏是在流行于富宁本地的壮族民歌基础上，受到乱弹、昆曲、粤剧、邕剧等汉族剧种的影响，逐步发展并成熟起来的，演出时采用壮语、粤语和当地官话混合使用的方式。广南沙戏分别受广西北路壮剧和富宁土戏影响，结合本地音乐舞蹈，形成北路沙戏和南路沙戏两个分支。文山乐西土戏则是以本地说唱音乐为唱腔基础，改编汉族的小说唱本为剧本，逐渐形成自己的戏曲形式。

傣剧

傣族的戏曲剧种，主要流传于云南省德宏傣族景颇族自治州境内。傣剧以本民族的语言和曲调演唱，舞蹈动作和舞台服饰都带有鲜明的民族特色。傣剧是傣族文化艺术的代表，是中华民族戏曲园林的一株绚丽之花，2006年，被列入第一批国家级非物质文化遗产名录。

清咸丰道光年间，傣族文人刀如安将皮影戏剧目《封神演义》由汉语翻译成傣文，成立了傣剧班，用本地说唱艺术"转转唱"的曲调进行演出，被视为本民族的"整傣"（即汉语"傣剧"的意思）。《封神演义》的演出标志着傣剧的形成。傣剧形成之后得到当地土司的大力支持，第二十四任宣抚使刀安仁（1872—1913）袭职后，曾经组建女子傣剧班和傣剧写作班，聘请滇剧老艺人教授技艺，鼓励在移植改编汉族戏曲、小说的同时，以本民族叙事诗、民间传说和佛经故事为题材编创新剧目，推动了傣剧在行当、唱腔、化妆、行头等各方面的发展。20世纪50年代以后，专业剧团对傣剧进行了全面的改革提高，在表演中引入大量傣族舞蹈、武术和宗教仪式等艺术元素，使傣剧更具傣族特色。傣剧现有剧目300余种，其中最有代表性的有：根据傣族民间唱本改编的《相勐》，历经一个世纪而久演不衰；根据傣族叙事长诗改编的《娥并与桑洛》，先后被移植为川剧、滇剧，受到广大观众喜爱。此外，经典剧目《汉光武》《牡丹》和反映边防战士生活的傣剧现代戏《竹楼情深》等也是傣剧中的优秀作品。

戏台

戏台是中国戏曲的主要表演场所。除了乡村演出临时搭建的简陋戏台之外，固定戏台无论几层，一般都建有楼阁式屋顶，既能够遮风挡雨，又美观悦目，所以又被称为“戏楼”。戏台伴随着戏曲发展的整个历史，不仅是戏曲传播的载体，也是戏曲文化和审美的一部分。随着社会的发展和艺术传播形式的变迁，戏台逐渐被淘汰。戏台的兴废变迁见证着中国戏曲的演出史，也折射出中国民众的生活信仰和风俗观念的变迁。

在中国的村落市镇，依然留存着从元代至今的几千座古戏台，以明清时期建造的居多。根据形制和作用不同，戏台大致可分为：神庙戏台，建筑在神庙正殿对面或山门之上，戏曲演出具有祭祀神祇和娱乐大众的双重意义；会馆戏台，搭建在特定人群（同乡或者同学、同志）的集会、社交或者临时住宿场所，在娱乐的同时增进团体内部凝聚力；宫廷戏台和私家园林戏台，王孙贵族或豪绅巨贾在庭院中建造的私家戏台，更加追求建筑的精致、装饰的精美。此外，在一些古村落中还保留有宗祠戏台，作用和神庙戏台类似。戏台并没有随着现代剧场的建立而完全成为只供凭吊的文物，有些戏台至今依旧发挥着剧场的作用。

一桌二椅、门帘台帐、砌末

一桌二椅是戏曲舞台上最常见的演出道具，也是中国戏曲最具代表性的舞台装置形式。一张桌子、两把椅子（有时候视演出需要也可能增加桌椅的数量），通过不同摆放方式和桌围椅披的不同色彩和纹样，配合演员的动作，可以假定成山岗、楼宇、花园、城墙、睡床等各种不同的场景。戏曲演出中的一桌二椅形式充分体现了戏曲的虚拟写意风格。

门帘则挂在台帐两侧，是前后台的通道。右边称为“上场门”，是演员登场的通道，上方一般写有“出将”字样；左边称为“下场门”，演员下场由此门回到后台，一般写有“入相”字样。台帐类似现代剧场的幕布，挂在舞台后方，从视觉上将舞台分隔为前台和后台。门帘台帐上往往绘有各种吉祥装饰图案，大多与剧情无关。

一桌二椅、门帘台帐，都属于戏曲的砌末。砌末即现代所说的道具，是戏曲舞台上大小用具和简单布景的统称，用来表现舞台时空、辅助舞蹈动作、刻画人物形象。传统戏曲的砌末包括烛台、灯笼、扇子、手绢、文房四宝、茶具、酒具、刀枪剑斧等有实指意义的小砌末和桌椅、马鞭、船桨等具有虚拟指代作用的大砌末。大砌末在演出时结合演员的身段动作，可以被假定成各种时空场景。大小砌末都是以生活中的实物原型为基础加以装饰、夸张或美化的。

文武场与锣鼓经

文场和武场合称文武场，也叫场面。戏曲是一种综合艺术，唱、念、做、打都具有音乐的节奏感和韵律感，器乐伴奏是戏曲演出的重要组成部分。戏曲伴奏乐器分为弦管乐器和打击乐器。京胡、板胡、月琴、琵琶、笙、管、笛、箫等管弦乐器称为文场，一般用于为演唱伴奏，也用来烘托气氛、渲染环境；鼓、板、梆、锣、铙钹等打击乐器称为武场，主要作用是配合演员的身段动作、念白、演唱、舞蹈和开打。演出时通常都在舞台侧面观众可见的方位，各剧种文武场的安排略有不同，近年来也有根据舞台场地形制将文武场安排在舞台下方乐池之内的。

打击乐器的板眼谱式叫作锣鼓经。不同剧种所选用的文武场主奏乐器不尽相同，主奏乐器也是区分不同剧种的重要依据之一，但是各剧种皆用打击乐器控制戏曲的总体节奏。鼓师通过鼓板指挥乐队，连接歌唱与伴奏，配合不同人物的身段动作、唱腔念白，划分戏曲段落，也提示环境和人物心情。一般来说，戏曲文武场演奏人员和演员都要熟悉掌握锣鼓经，才能在演出中配合默契，确保演出的节奏和效果。

角色行当与生旦净丑

角色行当是中国戏曲特有的表演体制，指的是戏曲演出中演员的分工和人物的分类。生旦净丑是中国戏曲中基本的角色行当。四大行当各有若干分支，不同剧种在分支的层次和名目上又各有差异，每个行当有自己独特的表演程式和表演技巧。

生，是戏曲行当中除净、丑之外的男性角色。基本行当有老生、小生、武生和娃娃生等。老生是指中年以上、性格正直刚毅的正面人物，因多戴胡须，故又称须生，俗称胡子生；小生扮演青年男性；武生扮演擅长武打的男性；娃娃生扮演少年儿童。

旦，是女性角色的统称。一般分为性格娴熟、举止端庄的正旦（有的剧种因为这类角色常穿黑色衣服，故称青衣），性格活泼或泼辣的花旦，中年以上的老旦和扮演喜剧或闹剧人物的彩旦（又叫丑旦、丑婆子）。此外常见的还有擅长武打的武旦或刀马旦，未婚大家闺秀或小家碧玉闺门旦，次要旦角贴旦等等。

净，俗称花脸，主要用来表现性格鲜明、嗓音洪亮的男性形象，突出标志是人物面部用油彩勾勒出脸谱图案。花脸中又大致分为注重唱功的大花脸，注重身段做功的二花脸，以插科打诨为主的三花脸（有的剧种将其归为丑行）等。

丑，俗称小花脸或三花脸。一般分为文丑和武丑，以念白和动作为主，主要负责戏曲中的喜剧因素，可以是幽默机智的正面人物，也可以是丑陋、阴险或品性恶劣的反面人物。

脸谱

指戏曲演员在表演时脸上用色彩和构图勾勒成的图案。以一定的颜色、线条和图案来寓意人物的脾气性情、忠奸善恶或命运走向。经过历代艺人的不断实践和积累，特定角色的脸部图案已经渐趋规范，形成一定的谱式，所以叫作脸谱。脸谱是中国戏曲特有的化妆造型手段，是中国戏曲文化的一部分，既凝聚了戏曲艺人们丰富的想象力和创造力，也反映出中国民众的价值观和审美观。

脸谱一般用于净行和丑行，生旦行当很少采用，所以又把生旦行当的化妆称为“素面”“洁面”或“俊扮”，把脸谱化妆称为“花面”。中国拥有300多个剧种，不同的剧种对相同人物的脸谱勾勒方式存在很大差异，即使同一剧种同一人物，不同的演员也会在谱式的基础上，根据自己的脸型特征和对所扮演角色的理解和想象，在脸谱的勾勒手法和线条层次上有所调整。一般情况下，每个脸谱都有一种主色调，主色是人物特征的直观表现：红色代表忠勇仁义，如关羽、赵匡胤；白色多为奸诈阴险，如曹操、严嵩；黑脸代表耿直无私或粗鲁莽撞，如包拯、张飞、李逵；蓝脸绿脸一般是桀骜不驯、暴躁蛮横的草莽英雄；金银脸则多为神佛灵怪等等。在主色基础上再配以富有表现力或象征意义的图案或线条，完成对特定人物的脸谱塑造。成熟的戏曲观众只需通过脸谱就能准确辨识出剧中人物。

行头

一般指戏曲人物所穿的服装，包括各种裙袄、盔甲、巾帻、靴鞋以及各种形制的髯口（胡须）等。泛指戏曲演出过程中的一切用具，包括戏衣、乐器、舞台上所用的刀枪器械和仪仗等等。旧时戏班一般把行头分为“衣”“盔”“杂”“把”四部分，分别装在四个大箱子里。“衣箱”盛放各类戏衣；“盔箱”盛放冠帽盔头；“杂箱”包括髯口（胡须）、靴鞋、面具、乐器以及部分砌末；“把箱”中是刀枪器械和銮舆仪仗等。

传统戏曲中行头的穿戴有严格的规制。剧中人物的性别、年龄、身份、地位不同，穿戴配饰的行头式样、图案、色彩都有差别，名称也各自不同。比如帝王将相、王妃贵妇正式场合穿的服装叫“蟒”；男女武将所穿的戎装叫“靠”;男性角色所戴的胡须统称为“髯口”;女性角色所戴点翠、水钻、首饰等称为“头面”……在这些类别名称之下,又有更加精细严谨的划分。旧时戏曲界有“宁穿破,不穿错”的俗语,说明穿戴规制的稳定性。当然行头的规制也并非完全一成不变,而是随着社会审美情趣的变迁,在遵循原有美学原则的基础上,不断加以调整和改进,或者根据剧目题材的拓展创造出新的行头。

“唱念做打”与“四功五法”

“唱念做打”是戏曲表演的四种艺术手段,也是戏曲有别于其他舞台艺术的重要标志,更是对戏曲演员的基本要求和衡量标准。

唱,指戏曲中的歌唱部分,是戏曲区别于别的戏剧形式的最鲜明特征,中国人习惯把表演戏曲称为唱戏,把观赏戏曲称为听戏,说明“唱”在戏曲中的重要地位。

念,也叫“念白”,是剧中人不唱时的说话方式。念白分为韵白和散白:韵白带有音乐韵律,字音声调起伏有致;散白则用地方方言说话,更倾向于生活口语。一般是剧中有身份地位的人说韵白,下层人物说散白。

做,特指演员的形体动作,包括手势、眼睛、身体、脚步等的形态和动作,以及头发、胡须、翎子、水袖、扇子、手绢等道具的运用技法。

打,是指舞蹈化了的武术杂技动作,用于表现战争、争斗、追逃等场景。

“唱念做打”在戏曲演出中有机结合,融为一体,共同塑造人物、推进剧情,合称戏曲中的“四功”。“五法”是指演员在“唱念做打”表演中需要掌握和呈现的具体技法。戏曲的“五法”在表述上略有歧义。通常的说法是指“手、眼、身、法、步”:“手”指手势;“眼”指眼神;“身”指舞台上的身形动作(“身段”);“步”指演员在台上走路或站立时的步形步法(“台步”);“法”则是指表演的规范法度。因为“手、眼、身、步”和“法”不在一个逻辑范畴,所以有人认为“五法”应该为“手、眼、身、发、步”或者“口、手、眼、身、步”,“发”指在演出中头发的运用,“口”是指发声的口法。

折子戏

指选取剧本中精彩的一折或者几折进行演出。折子戏是中国戏曲演出中特有的舞台形态,从17世纪初期(明万历年间)开始盛行,至今依旧是戏曲舞台上重要的演出形态。

折子戏的提法是相对于全本戏而言的。将一个剧本从头到尾全部搬上舞台演出,叫作“全本戏”或“本戏”。一场能够演完的全本戏叫作“单本戏”。有的剧目故事很长或者情节连续,如由《三国演义》《西游记》《封神榜》等小说改编的戏曲,必须连续几天甚至十几天才能完成,这样的全本戏叫作“连台本戏”。全本戏的优势是结构完整,剧情连贯,角色众多,能够带给观众完整的审美感受。但是全本戏演出时间长,对戏班的演职人员的要求高,容易使已经熟悉剧情的观众产生厌倦,于是折子戏应运而生。折子戏的选取或以文学性、或以情节性、或以演员技艺的表现为衡量标准,由于体量短小适合演出,给不同审美需求的观众以选择空间,逐渐成为戏曲舞台的主要演出形式。由于折子戏经常上演,艺人们随时随地根据演出需要和观众需求加以改良加工,折子戏在情节和表演技巧方面都能得以大幅度提高和完善,并逐渐形成剧情相对完整的独立演出单位,同时也推动了各角色行当的风格技艺拓展。

科班

指成批次地招收一定规模的少年学员,以“学徒制”的形式集中学艺并兼顾演出的机构。是现代戏曲学校成立之前主要的戏曲教育机构。

在戏曲形成之后,民间的戏曲教习活动一般采取师徒相承口传心授的个体培训方式。随着戏曲市场的不断繁荣扩大,一两名老演员培养少数徒弟的状态无法满足戏曲市场的需求,于是在清末民初,出现了招录相当人数的童伶集中培训的科班教育形式,科班仍然属于师徒传授性质,只是规模和作用都有所扩大。科班一般是私人出资设办,需要先安排好房舍场地、聘请舞台造诣深厚的教习、置备相应的服装道具,然后招收学员入科学习。童伶入班学戏叫“坐科”。学员按照规定坐科若干年(一般为6到10年),期间科班包管吃住训练一切费用,学员坐科期间根据班社安排参与演出,演出收入归戏班所有。学员期满毕业称为“出科”,出科之后可以自由搭班演出。一些规模较大的科班,如1904年创办于北京的“喜连成”(后改名“富连成”)、1912年创办于西安的“陕西伶学社”(后改名“易俗社”)、1921年创办于苏州的昆剧传习社,培养了大批技艺精湛的戏曲人才,为戏曲的传承做出巨大贡献。但是科班制的师徒教学关系和教学制度存在很大缺陷,1949年之后,戏曲人才培养被纳入国民教育序列,政府统一管理,科班逐渐退出历史舞台。

话剧

舞台上以对话、形体动作为主要表现手段的戏剧形式,相当于英文中的drama。话剧的出现打破了几百年来戏曲在中国戏剧舞台上一枝独秀的局面,从此,中国戏剧的历史和现状都将由以写实化、生活化为特征的话剧和以写意化、程式化为特征的戏曲共同谱写。

20世纪初,西方戏剧的演出形式和戏剧理论陆续传入中国。1907年,在日本的春柳社、上海的春阳社等社团以一系列口语演剧的尝试,揭开了中国话剧的序幕。由曾孝谷改编、春柳社在日本公演的《黑奴吁天录》,被认为是中国话剧第一个剧本。话剧发展过程中有过“文明戏”“爱美剧”等各种名字,1928年由戏剧家洪深提议以“话剧”这一名称来定义这种“新型”的戏剧形态,来和以“歌舞”形式演剧的戏曲相区分。20世纪20年代以来,田汉、郭沫若、夏衍、丁西林、曹禺、老舍等优秀剧作家,创作出《名优之死》《关汉卿》《雷雨》《上海屋檐下》《日出》《茶馆》等经典作品,将话剧文学推向成熟。20世纪50年代,焦菊隐提出“话剧民族化”的戏剧理论,同时期黄佐临提出“写意的戏剧观”,话剧开始探索创作具有中华民族美学特质的民族化戏剧。这种对民族化、现代化的追寻和尝试一直延续至今,创作出《桑树坪纪事》《天下第一楼》等优秀作品。同时,各种实验性质的话剧从20世纪80年代开始蓬勃发展,中国话剧文化生态呈现多元化态势。

北京人民艺术剧院

北京人民艺术剧院(简称“北京人艺”)是中华人民共和国成立后第一所艺术院团,也是中国最负盛名的国家级话剧演出团体。

北京人民艺术剧院成立于1952年,当时曹禺任院长,欧阳山尊、焦菊隐任副院长,焦菊隐任总导演,第一批演员有朱旭、苏民、于是之、英若诚、林连昆、黄宗洛等。他们都对中国话剧艺术的发展做出了不可磨灭的贡献。人艺的首场演出剧目为老舍创作的《春华秋实》,随后,又排演了郭沫若的《虎符》《蔡文姬》,曹禺的《雷雨》《日出》《北京人》,老舍的《龙须沟》《茶馆》,田汉的《名优之死》《关汉卿》等中国话剧史上最优秀的剧目。在排演过程中,焦菊隐等北京人艺的工作者有意识地以现实主义为基础,吸收融汇中国传统戏曲的表演形式和表现方法,逐渐摸索创立了有系统理论和独特风格的“北京人艺演剧学派”。从20世纪80年代起,北京人艺在保留继承经典剧目的同时,对中国话剧的现实主义传统进行了深化和拓展,先后排演了《贵妇还乡》《绝对信号》《推销员之死》《小井胡同》《狗儿爷涅槃》《天下第一楼》等一大批在艺术探索上有突出成就的好戏。北京人艺的建立和随之开展的话剧演出活动,标志着中国话剧已经从全面吸收西方戏剧营养阶段走向开创民族话剧之路的崭新时代。

《茶馆》

《茶馆》是中国著名作家老舍(1899—1966)创作的一部话剧。剧本创作于1957年,1958年首演于北京人民艺术剧院首都剧场。著名艺术家焦菊隐、夏淳任导演，于是之、郑榕、蓝天野、黄宗洛等表演艺术家主演。

《茶馆》共三幕，场景一直是北京城的一个名叫“裕泰”的茶馆。第一幕是1898年“戊戌政变”后，清政府镇压了谭嗣同等维新党人，清朝走向没落；第二幕设置在民国初年，军阀混战，人心惶惶；第三幕是抗战胜利初期，北平城特务横行。《茶馆》没有真正意义上的主角，而是以来往于茶馆的众多人物的生活片段，展现了五十多年的政权更迭和社会动荡，以不同时代不同个体的命运变迁，揭示出不同时代的历史特征和社会心理。焦菊隐在排练时，有意识地将中国戏曲的意象元素和写意手法运用到舞台人物动作设置和舞台场面布局之中，打造了现实主义精神和民族艺术传统有机结合的戏剧典范。

1980年，北京人艺《茶馆》剧组在法国、德国、瑞士3个国家15个城市进行巡回演出，经典的戏剧文学与精湛的表导演艺术相结合，被誉为“东方舞台上的奇迹”。此后，《茶馆》又到日本、新加坡、美国、英国等国家多次巡演，赢得了广泛的国际声誉，成为中国戏剧史上的一座丰碑。

《雷雨》

《雷雨》是中国著名剧作家曹禺（1910—1996）的一部家庭悲剧，创作于1933年。1935年4月由中国留学生组织的“中华同学新剧公演会”在日本首次公演；同年8月天津市立师范学校孤松剧团在国内首次演出；1954年北京人艺首次排演了《雷雨》（夏淳任导演），其后又在1959、1979年两次重排。

《雷雨》全剧分为四幕，以20世纪20年代的中国社会为背景，讲述了周家、鲁家在30年间两代人的恩怨纠葛。矿业董事长周朴园年轻时和府内女佣侍萍相爱，周朴园的母亲将侍萍赶出家门，侍萍带着未满月的小儿子嫁给鲁贵，生下女儿四凤，大儿子周萍则留在周府。30年后，四凤来到周公馆做女佣，和周萍产生恋情，这段感情遭到曾和周萍有过私情的继母蘩漪的嫉恨。蘩漪一系列的阻挠和报复行为揭开了前尘往事。得知真相之后的四凤冲出周公馆，在雷雨中触电身亡，蘩漪和周朴园的儿子周冲因为要救四凤而死，周萍自杀。

《雷雨》结构精巧，从第一幕的早晨到第四幕的当天半夜，用一天时间层层揭开30年间两代人的恩怨，并以悲剧结局。其人物形象的生动自然、语言的洗练传神和内涵的丰富复杂结合在一起。《雷雨》被认为是中国现代话剧成熟的标志，是中国话剧最受欢迎的保留剧目之一，在中国话剧史上具有里程碑的意义。

⊙ 书画与雕塑 ⊙

书法

甲骨文

又称殷契卜辞文字、龟甲兽骨文和龟甲文。主要载体是乌龟的背甲、腹甲和牛的肩胛骨等,因而得名。甲骨文是古文明的符号,是现行汉字的早期形式。甲骨文书法是以线造型的视觉艺术。甲骨文书法从字的结构、用笔、用线中体现出自身的特征。在造字结构中,或长或短,或曲或直;有大有小,有方有圆,诸多变化。甲骨文大部分是象形字,字型形象逼真,一望而知,形成了甲骨文的突出特点。在用笔方面,以直笔、方笔为主,字形特殊,笔法的托笔、出锋、长点等都有异于秦汉以来的文字相貌。在用线上,线势横竖刚劲,重深有度,圆曲有骨,充满节奏感与美感。这种线条的节奏感是依靠用笔速度的快慢而构成,依靠按、顿、提、挫、转、方、圆等笔法表现出活力。

甲骨文线条力度的美感给观者一种在静止的字形中领略到生命风采的感受,进而构成书法的运动特征。甲骨文的构造已具备汉字书法审美的基本因素,从书法的意义上看,甲骨文是具有审美价值的文字,且对文字的发展做出重大贡献。

金文

又称"钟鼎文",是铸刻在商周青铜器上的铭文。包括中商蝌蚪书体铭文、后商早期金文、春秋金文和秦小篆等。金文行于商周两代,在中国书法史上具有重要地位。秦以前的文字称为"大篆",甲骨文和金文都属于此类。商代的金文书法是在甲骨文的基础上发展的,它的字体瘦长,行笔疏密有致,情势凝重,结构严谨。商代晚期,随着冶金技术的迅速进步,青铜铭文的铸造逐渐兴盛起来,当时铭文字数不多,内容简单,出现过几例数十字的金文,从未超过50字。周以金文为主体,战国以前的铭文大多是铸造在青铜器上,战国以后的铭文是在青铜器上加刻而成。西周时期,青铜器大为增加,鸿篇巨制的金文每有所见,已达四五百字,书体雄浑典丽而壮观,行款章法自如,大小得体,形态生动,金文成为周代书体的主流。春秋时期,诸侯历战,王室衰微,具有明显地域特色的金文随之发展起来。战国时期,金文发展走向衰败,铭刻主要起"物勤工名,以考其诚"的作用。

篆书

主要包括大篆、小篆。大篆指殷墟甲骨文、两周金文、先秦石鼓文等,从夏、商、周到春秋战国,历经近两千年。小篆指秦统一六国后的规范书体,即秦篆。

石鼓文又称"猎碣",是中国现存最早的石刻篆书,由金文向秦小篆过渡的书体,用笔以线走文,笔法刚劲挺拔、粗细匀称、圆润饱满,字形大小一致,结体趋于方正,字势静中带动,被称为篆书之正宗,在中国书法发展史中起到承前启后的作用,并受到历代书家的高度重视。

秦统一后,推行书同文政策,形成秦代篆书,即小篆,是石鼓文之后最为成熟的篆体。秦小篆的代表人物李斯,为小篆的发展立下汗马功劳,被誉为"古今高匠",他的小篆用笔凝含圆匀,结构对称均衡,字形修长,章法严谨有序。两汉时篆书失去实用价值,书写篆书成为纯艺术创作,字体更为方折,接近隶书。

清朝研究青铜器铭文成为时尚,临写金文之风随之发展,篆书又达到一个新的高潮,清代金石学家和篆书大家人才辈出，如邓石如、桂馥等，他们的成就对中国书法艺术的发展起到重要作用。

隶书

起于秦，盛于汉，在中国的书法发展史中占据了重要的地位。秦代的隶书是继承小篆之后通行的汉字字体，把篆书的结构由繁变简，笔画由圆曲变方折，书写起来简单易懂。两汉是隶书成熟期，西汉隶书留存至今的作品不多，只有石刻、铜器、木简、竹简等，纯朴自然，有荒疏简约之气。东汉隶书是最完美和成熟的隶书字体，成为官方所推行的规范性书体，称为“今隶”。当时碑刻盛行，书家大量涌现，优秀作品很多，使中国书法艺术达到新的高峰。东汉隶书对后世影响较大的代表作有《曹全碑》《乙瑛碑》《礼器碑》《石门颂》等。汉以后的隶书受楷书影响，平板刻画，无汉隶的高古自然。魏时隶书用笔方法继承汉隶，但结字有很大变化。晋代隶书已参入楷法。唐代隶书也称“唐隶”“唐分”，唐人称“真书”为“隶书”，多以“唐八分”称之。唐隶受楷书笔法影响，法度森严，笔法浑厚。宋、元、明时期重视行书、楷书，隶书荒废，偶有人写隶书，多融楷法，显得刻板，没有古朴生动之美。宋米芾有隶书碑刻，显得故意作态，与他的行书有天壤之别。清代是隶书兴盛的又一高峰，书家学习汉碑、魏碑，擅长隶书的书家很多，他们的作品功力精深，师古出新，取法高远，为清代隶书的发展做出重大贡献。

楷书

又称正书、真书，由隶书逐渐演变而来，更趋简化。楷书就种类而言有大楷、中楷、小楷和榜书大楷等，就风格而言有欧体、褚体、颜体、柳体和赵体等，就楷书的演变而言可分为北碑和唐碑两种。古人以楷书施之于碑，刻之以石，意在纪功颂德、流传于后。故凡人死后常竖碑立传，以冀传祀千古。唐以前的楷书以碑居多，“碑”包括墓碑、庙碑、墓志、造像及摩崖石刻等。刻碑之风始于秦，盛于东汉，北朝时已蔚然成风，南北朝碑版以魏为主，故北碑又称“魏碑”，是中国楷书艺术中的瑰宝。

楷书始于汉末魏初（3 世纪初），通行至今，长盛不衰。早期的楷书具有浓重的隶意。号称“楷书鼻祖”的书家钟繇其小楷体势较扁，点画厚重而古质，代表作有《宣示表》等。晋代时沿袭汉魏余风，楷法渐趋完美，东晋时的王羲之与王献之两人大胆革新，为后人创立了典范和法则。南北朝是中国楷书发展、蜕变、演变、盛行的时期，北派长于碑版，南派重于简牍，书体以雄强峻厚、意态奇逸为主。隋唐楷书经过魏晋南北朝三百年的演变已成熟，出现了南北融合的趋势，可谓“熔南北于一炉，开唐书之先声”。著名书家颜真卿、柳公权等对后世书家产生重大影响。唐代为楷书发展至鼎盛、成熟、完美的时期，唐人楷书法度严谨，体势端庄，笔意精致，为后人树立起楷书的典范和法则。唐以后的书家有善楷法者但未跳出唐人的藩篱，因而将重点投放到灵变动感的行书领域中去。

草书

为书写便捷而产生的一种字体。始于汉，盛于唐，流传至今。由初期的章草发展到现在的今草、章草、狂草、标准草书四种体势不同的草书。草书与隶书、篆书、行书、楷书有很大区别，是独具体势的一种书体，结构更为简约。

章草随汉隶的盛行而产生，是带有浓重隶味的草书，结构比隶书更为简约，横画上挑，捺画如隶，字字独立，一字万同。章草的代表人物有史游、赵孟頫等，代表作有皇象的《急就章》等。

今草是在行书和楷书盛行之后，人们用章草的符号、行书的体势，创造出新的草书体。今草的笔画变化增多，脱离隶意，打破了章草“一字万同”的特点，注重笔画之间和字与字之间的连带关系。今草的代表人物有王羲之、王献之、孙过庭等，代表作有王羲之的《十七帖》、孙过庭的《书谱》等。

狂草是在今草的基础上发展而来的，比今草更狂放、潦草。

标准草书以艺术性与实用性相结合，以“易写、易识、美丽、准确”为原则，最大限度地去体现文字的作用。代表人物有于右任等，代表作有于右任《标准草书千字文》等。

狂草

极富表现性、在书写上最为放纵的一种草书。笔势相连而圆转，字形自由多变，书写时，书写者往往充满激情，处在一种亢奋的状态下，笔迹中透露出强烈的情绪，因此与“狂”“癫”等概念相联系。

现存最早的成熟狂草作品出现在唐代，其中以张旭、怀素的作品最具代表性。《旧唐书》记张旭：“每醉后号呼狂走，索笔挥洒，时称张颠”。唐贯休《观怀素草书歌》则对比张旭，评价怀素说：“张颠颠后颠非颠，直至怀素之颠始是颠。师不谭经不说禅，筋力唯于草书妙。颠狂却恐是神仙，有神助兮人莫及，铁石画兮墨须入。金尊竹叶数斗余，半饮半倾山衲湿。醉来把笔猛如虎，粉壁素屏不问主。”可见，这时张旭、怀素草书作品中所表现出“狂”“癫”“神”“醉”等特征已经进入美学批评范畴，为人们所接受赞赏。后世将张旭、怀素合称为“颠张狂素”，他们的作品也被视为狂草的典范。虽然唐后历代书家中，精于狂草的不乏人才，但直到清代，史论文献才明确将张旭、怀素的书风总结为“狂草”，冯班《钝吟书要》记：“虽狂如旭素，咸臻神妙。古人醉时作狂草，细看无一失笔，平日工夫细也。”高士奇《〈藏真自叙帖〉跋》：“唐怀素书，奇纵变化，超迈前古。其自叙一卷，尤为生平狂草。”“狂草”的概念就此盛行于书坛。

张旭、怀素形成了唐代狂草书法双峰并峙的局面。张旭的作品主要有《饮中八仙歌》《古诗四帖》《肚痛帖》等；怀素的作品主要有《自叙帖》《苦笋帖》《圣母帖》《论书帖》《小草千文》诸帖。这些作品成为后世书家学习的典范，明代祝允明、徐渭、王铎，清代傅山，现代林散之等诸家都有成功的狂草作品。

行书

东汉时期开始流传的书体，较之以往的书体更加简便易懂，具有极强的可变性和延伸性。晋代是行书发展的重要阶段，行书成为独立而成熟的书体，代表人物有王羲之、王献之，为晋代书法的典范。王羲之代表作《兰亭序》被称为“天下第一行书”，对后世产生深远影响。唐代是行书发展的昌盛时期，代表人物有虞世南、欧阳询。欧阳询行书秀健刻厉、骨气劲峭，代表作有《卜商》《梦奠》等。宋人行书主推“宋四家”，代表作有苏轼《黄州寒食诗帖》、米芾《蜀素帖》、黄庭坚《松风阁诗帖》、蔡襄《扈从帖》等，“宋四家”把行书推到历史的又一个高峰，为行书的发展做出重大贡献。元朝是行书衰落时期，唯有赵孟頫的行书娴熟而秀丽，代表作有《湖州妙严寺记》。明代书家众多，有影响力的有唐寅、文徵明、徐渭、祝枝山、董其昌等，以文徵明和董其昌为代表的书家崇尚古典，以徐渭和祝枝山为代表的书家强调抒情，两派行书各具特色。行书发展过程曲折，有过辉煌，有过低谷，但在历史沿革中，每次经历曲折都有一次大的突破。在近现代的行书发展中涌现出许多有影响力的书家，代表人物有黄宾虹、吴昌硕、齐白石等。

石刻

先民用刀在石头上刻字、写文章的历史与汉字的产生、发展同行。在汉字出现之前，人们就在石头或器物上刻写。殷商时期，广泛使用甲骨文。周代，石刻文字有了进步，此时石鼓文的出现引起了世人的重视。秦统一后，铁质工具的广泛使用，对石刻发展起到很大的推动作用，石刻文字出现许多新形式：(1) 一脉相承的不拘格式、不拘形状的刻石形式。(2) 道教、儒家、佛教刻经的兴起，出现了很多石书形式。(3) 各种书法、题名、题跋等刻石文字的大量涌现，石刻文字出现百花齐放的局面。

魏晋南北朝是中国石刻发展的重要阶段，原因一是石刻的种类基本完备，石刻文献数量巨大；二是这个时期的石刻文字处于汉字字体转型阶段，楷书趋于成熟，上承汉隶楷化，下为隋唐楷书奠定基础，具有鲜明的时代特征。隋唐五代时，国家经济发展，文化交流频繁，唐代文化走在世界前列，石刻形式多样化，有刻石、刻碑、墓志、造像、画像、题字、题名等。辽、宋、金、元、明、清时期石刻并无大发展和突破，但石刻数量剧增。

简牍

中国古人常用的书写材料。魏晋以前的许多文字都是写在简牍上。简牍是由“简”和“牍”两种不同的材质组成，“简”是指竹子，“牍”是指从木头上削下来的木片，从本意上看，古代的简牍根据取材不同，应分别称为“竹简”和“木牍”。但是，不论是木还是竹，只是一种材质，与人们书写的内容无关，在使用者和书写者眼中两者无大区别，因此古人把“简”和“牍”视为一体。

中国古代简牍、帛书资料，主要分属于先秦（战国）、秦代、汉代与魏晋等几个历史时期。根据文字的形体特点，将书写的文字分为战国古书、秦代小篆与隶书、汉代隶书与草书以及魏晋八分书等多种文字书体类型。从“云梦睡虎地秦简”等文字材料中可以看出，这一期间的文字偶尔会出现一些原楚国的字形，但以秦隶为主，其文字形体相对比较规整。汉代简牍、帛书中主要使用隶书、章草和部分小篆书体，在敦煌、居延等地出土的汉代简牍中很多是用草书书写的。

篆刻

中国传统的文字艺术形式之一，具有深厚的文化底蕴和悠久的历史。古代篆刻，从先秦到汉唐，多以实用为主。宋元以后，篆刻集绘画、雕刻、书法于一体，具有很强的欣赏性。篆刻与书法都属于艺术的范畴，篆刻是书法艺术通过刀刻以后的再现，因此书法是篆刻艺术的基础，篆刻与书法一样，兼具实用性与艺术性。二者的相同之处在于它们都是以汉字为表现对象的造型艺术，都借用汉字造型来抒发作者的情感。不同之处在于篆刻是用刀在印面上刻字，而书法是用笔进行书写。篆刻艺术的生命个性是刀与石结合而生成的美，就像书法艺术在纸上创作一样，篆刻以刀为笔，以玉、铜、牙骨、木、竹、石为纸，执刀刻之，形成别具一格的“金石味”。元代以后，文人篆刻多以石质为主。篆刻上的书法，既讲求每一个字的艺术性，还要将全部文字组合在方寸大的“小天地”里，构成一个完美和谐的整体。既要表现出笔法，还要表现出刀法，带给人独特的审美感受。所采用的书体以篆书为主，因篆书结构变化较多，具有装饰趣味，并饶有浓厚、古朴等特色，用这种书体刻印，可产生图画般的效果。

魏碑

南北朝时期（420—589）北朝文字刻石的通称。北朝时期，魏碑书法兴旺发达，独树一帜。其书体朴拙奇肆，风格多样，各具特色，流传甚广，是中国民族艺术中的一大宝藏。魏碑以北魏为最精，除了碑刻以外，还有墓志、摩崖刻石文字及造像题记共四种。魏碑是一种承前启后、继往开来的过渡性书体，上承汉隶传统，下启唐楷新风，是由隶书向楷书发展过程中的过渡因素，其用笔、体势多变，非隶非楷，给人一种“虚而不空，丰而不满，雄奇角出”的印象和“雄浑厚实，劲健泼辣”的感受。同时，魏碑对隋唐楷书的发展起到重要的推动作用，也为现代汉字的笔法、结体奠定了基础。魏碑用笔的特点多为大起大落，不重视点画的均衡，下笔时居高临下，行笔时迅起急收，转折处以侧锋取势，形成内圆外方，撇捺垂顿的特点。魏碑的结体在符合重心位置的要求下，疏密自然，任意摆布，错落有致，纵横倚斜，朴素峻美。代表作品有《高庆碑》《张猛龙碑》等。

拓印

又称“传拓”“墨拓”“捶拓”；拓印的作品称“拓本”

"拓片"。拓印的渊源最早见于碑刻、画像石、画像砖、青铜器、陶器、瓦当的拓片。在中国现代印刷术尚未发明之前,拓印是作为一种复制手段出现的,由于它本身的艺术魅力,继而成为艺术品问世。据史料记载,拓印早于雕版印刷,晚于碑刻,在隋代之前的魏晋南北朝时期就已经出现。拓印的材料并不复杂,主要是纸、墨和白芨水。拓印的常用工具主要为扑子和刷子,扑子有大小之分,刷子也有打刷和棕刷之分。拓印的方法是将纸张覆盖在作品之上,用彩色或黑色材料进行拓印。千百年来,拓印技术的传承方式主要靠师徒之间的口传手教。早在公元前3世纪的汉代,人们把陵墓、祠堂中留下大量的画像石、画像砖拓印下来,这些拓片成为中国具有代表性的复制拓印版画。唐宋之时,人们为了方便使用碑刻拓片,将碑文拓片剪开,重新排列托裱,装订成册,称作"帖",因为当作学习的范本,又称作"法帖"。宋代"金石学"的兴起,与传拓术的精进流传大有关系。现存最早的拓印品是在敦煌石室中保存的6世纪的遗物《温泉铭》,但这绝不是最早的拓印品。

宋体字

又称明朝体,起源于宋代,成形于明代,是基于楷书的基础,适用于印刷技术的一种字体形式。宋体字的创始人是南宋秦桧。秦桧博学多才,他综合前人之长,并自成一派,在书法上很有成就,可由于其人品卑劣,后人便把其字体命名为宋体。

宋体字的形成与雕版印刷技术的发展密切相关,宋代的雕版印刷中,出现了笔画工整、非欧非颜、便于刻写和书写的印刷专用字体,这便是宋体字的萌芽。元代的刻书字体继承了宋代书体的遗风,此时宋体字的发展较为缓慢。明代是宋体字名称确立的时期,此时的宋体字具有字形方正、横细直粗、便于雕刻、阅读醒目的特点。

宋体字的笔画中,保持了中国书法的本质特征,起落笔时有棱有角,笔画硬挺,刚劲有力,变化得当。起落笔时的棱角,是宋体字最大的特征,具有独特的装饰作用,并常用于报纸、杂志、书籍的正文排版,是16世纪以来汉字的主要印刷字体。宋体字的结构对称均衡,方正平稳,舒展大气,端庄典雅,其书面效果工整清晰。宋体字追求精致的精神内涵,传承了中国书法的精神,并影响提升了人们的审美趣味。

永字八法

中国人历经千余年总结出来的楷书用笔法则。因为"永"字笔画结构特殊,涵盖了汉字楷书八种基本笔画,因此在楷书用笔法则的总结过程中,逐渐以"永"字概说楷书的八种基本笔画,把楷书的用笔法则凝结在"永"字的书写上,称为"永字八法"。如清冯武《书法正传》中《书法三昧》中就强调:"凡学必有要,若网在纲,有条而不紊。'永'字者,众字之纲领也,识乎此,则千万字在矣。"

具体的"永"字的八种笔画包括:点(也称侧)、横(也称勒)、直(也称努)、钩(也称趯)、仰横(也称策)、长撇(也称掠)、短撇(也称啄)、捺(也称磔)。对于这八种楷书笔画究竟要遵从怎样的法则,历代书家其实也论法不一,但大致要求是:点为侧,侧锋峻落,铺毫行笔,势足收锋;横为勒,逆锋落纸,缓去急回,不可顺锋平过;直笔为努,不宜过直,太挺直则木僵无力,而须直中见曲势;钩为趯,驻锋提笔,使力集于笔尖;仰横为策,起笔同直划,得力在划;长撇为掠,起笔同直划,出锋稍肥,力要送到;短撇为啄,落笔左出,快而峻利;捺笔为磔,逆锋轻落,折锋铺毫缓行,收锋重在含蓄。

"永字八法"反映了古人学习书法时对法度的追求与崇尚,而"永"字所能代表与体现的楷书之法,其实是有限的。在实际的书法学习中,还应灵活对待。

王羲之

中国书法最著名的代表人物之一,被称为"书圣",对中国书法艺术的传承与发展做出了重大贡献。王羲之擅长的书体有楷书、行书、章草、今草、八分等。他将楷、行、草书推到一个全新的境界。王羲之将楷书体引入生动而端庄的“今体”阶段，在楷书的发展过程中，起到巨大的推进作用，代表作有《黄庭经》《乐毅论》等。王羲之的行书运笔速度迅疾，由于笔势连贯，笔画之间呼应关系更加紧密，点画态势也随之发生变化。将草书笔画引入行书，从而使行书体势具有新的品格。他的行书代表作《兰亭序》，笔法变化丰富，速度匀畅，笔力劲健，形态自然含蓄，结体冲和安详，不激不厉。今草代表作有《十七帖》。王羲之建树的不只是一种风格，而是一个影响深远的艺术体系。

文房四宝——笔

毛笔早在新石器时代就已产生。秦朝以前，毛笔的称谓很多。吴国时称“不律”，楚国时称“聿”，燕国时称“弗”，秦国时称“笔”。秦国统一后，“笔”就成了定名，沿用至今。根据笔毫的性能，毛笔分为硬毫、软毫、兼毫。硬毫主要有狼毫、獾毫、紫毫等。用黄鼠狼毛制成的叫狼毫，用猪獾、熊獾制成的叫獾毫，用野兔毛制成的叫紫毫。硬毫笔写出的字精劲挺峭，点画刚健挺拔。软毫主要有羊毫、胎毫、鸡毫等。羊毫是用山羊毛制成，是软毫中使用最普遍的一种。胎毫是用刚出生婴儿的胎毛制成，非常柔软。鸡毫使用鸡的绒毛制成，是笔中最软的一种。软毫性柔，蓄墨多，弹性大，挥洒方便，所创作的书法作品笔画圆润丰满，内涵风韵。兼毫是用软硬两种动物的毛组合而成，主要有狼羊毫和紫羊毫两种。常见的兼毫有“三紫七羊”“五紫五羊”“七紫三羊”等。兼毫弹性适中，笔刚柔相济，适合初学书法者使用。

根据笔锋的长短，毛笔分为短锋、长锋、中锋。短锋的笔锋较短，所书点画浑厚粗壮，适合表现深厚古拙的风格，多用来创作篆、隶、楷书。长锋锋腹柔软，蓄墨多，弹性大，所书笔画节奏感强，提案幅度大，适合创作行书。中锋兼有长、短锋的特点，实用性强，易为初学者掌控。

文房四宝——墨

墨的历史悠久，新石器时期，彩陶上花纹所使用的矿物质颜料便是最早出现的墨。商朝时有将木炭磨细当墨使用的例子。西周时期，有了正式的墨。汉代以后，制墨技术成熟，出现了较大规模的制墨作坊。汉魏以后，制墨技术日臻发达。魏晋时期有了松烟、漆烟混合做成的墨丸。宋代，徽州发展为制墨中心，所产“徽墨”名冠天下。历代制墨专家辈出，最具有代表的是三国韦诞，唐李廷珪、李超，清谢松粱、谢松岱等。“二谢”发明出的瓶装墨，当时称为“云头艳”，为现代瓶装墨汁的制造开辟了先河。

墨可分为松烟墨、油烟墨、松油烟墨、选烟墨。松烟墨是用松枝烧烟，配以香料、药材和皮胶制成。松烟墨易书写，墨色乌黑，入水易化，但缺少光泽。油烟墨是上等墨，墨色乌黑，质地坚硬细腻，耐磨，有光泽，用桐油、菜油或麻油烧烟，加入香料、麝香、皮胶、冰片制成。油烟墨又可分为顶烟墨、贡烟墨、超贡烟墨、五石漆烟墨 4 种，其中五石漆烟墨品质最好。松油烟墨是由松烟墨和油烟墨按比例混合制成。松油烟墨墨色乌黑，有光泽，是书法中使用最普遍的一种。选烟墨是用工业积灰加入香料和胶制成。选烟墨是一种普通的墨，适宜练字时使用。

文房四宝——纸

中国古代四大发明之一。上古无纸，将文字记录在甲骨、木牍、竹简和锦绫布帛上，造价昂贵且不方便。西汉时期出现了纸，东汉时制纸方法得到改进，有蔡伦造纸之说。明代年间，造纸术有了重大进步，开始制造宣纸。就纸的性质而言，可分为硬性纸和软性纸两种。硬性纸的质地坚韧，易显墨色，书写时光润，但因为太光滑，不吸墨，只适合写硬笔字。胶版纸、道林纸、油光纸等都属于硬性纸。软性纸的质地柔软，化墨效果好，吸水性强。皮纸、宣纸、元书纸、毛边纸等都属于软性纸，其中宣纸效果最佳。宣纸是中国传统书画材料的上品，具有拉力强、纤维长、纹理美观、吸水性好、墨韵层次清晰、便于长期保存的特点。

宣纸种类繁多,按配料分,有"棉料""净皮"等;按颜色花纹分,有"蝉翼宣""虎皮宣"等;按制造层次分,有夹宣、单宣等;按纸性分,有生宣、熟宣、半熟宣等。生宣的质地软,吸水性强,适用于写意画和大幅行草书的创作。熟宣是将生宣用胶、明矾经煮加工而成。熟宣受墨不易渗化,适用于工笔画和中、小楷书的创作。半熟宣是在生宣造好后,用淡明矾水处理一下,或清水蒸一次,使其兼有生宣和熟宣的特性,具有一定的吸水性,是理想的书画用纸。

文房四宝——砚

砚台,既是盛墨、磨墨的工具,又是受收藏家青睐的古董。砚台历史悠久,上古无砚,曾用蚌壳盛墨,新石器时期出现了磨墨工具。汉代时有了陶砚,唐代时有了端砚,唐代以后开始制造石砚。至此,制砚技术有了很大提高,采石选材也有了更高标准,造型趋于工艺美术化,砚台上出现了浮雕和刻花。中国的砚台种类很多,产地颇广。就砚台所用原料来分,有陶砚、石砚、玉砚、瓷砚、铜砚等。砚台的产地,有青州、苏州、温州、北京等地。砚台的质地以发墨、细腻为最佳。发墨是指砚台细而不滑,磨墨时具有轻微的滞涩感。石质细腻是指磨出墨来颗粒小,墨细不伤笔,且便于书写。

众多砚台中,最著名的要数端砚、洮砚和歙砚。端砚产于广东肇庆的端溪,质地坚硬,颜色以紫色为主。端砚上磨好的墨不易干,被柳公权推为第一。洮砚产于甘肃临洮境内的洮河洮砚乡,多为绿色,石质细腻、坚硬。雕镌好的洮砚色泽晶莹,光彩异常,为历代书画家所珍藏。歙砚产于安徽歙县歙溪,质地比端砚嫩,颜色多为青灰色。歙砚上磨出的墨较易干,但发墨效果和端砚一样都为最佳。

少数民族书法

中国少数民族人士所作书法作品的统称。中国古代,金代和元代的少数民族书法最具有代表性。金代书法创作在一定程度上超越了南宋时期的书法水平。金代约120年间,书家辈出,善写楷书、隶书、篆书、草书,并创造了自己的女真文字。金代的书法家任询,善写楷书、行楷、草书,是金代前期最具声望的天才书法家,其书法在大定年间被称为"天下第一"。任询楷书主要取法唐代书法家颜真卿和柳公权,其楷书疏密有致,章法自然茂密,用笔多有变化。代表作有《壮义王完颜公碑》《奉国上将军郭建碑》《香严禅寺碑》等。元代书法受赵孟頫的复古思想影响,提倡复古,推崇"二王"(唐代书法家王羲之、王献之)。少数民族中涌现出许多汉文化高层知识分子,这些人因其特定的社会背景和士人的特殊地位,长期生活在中原,与汉族文人接触而受感染,康里巎巎便是其中最出色的一位,他的出现,使元代后期的书风发生了明显的变化。康里巎巎的书法笔致遒丽,外柔内刚,出手自然,结构朴茂,形成了由隶入楷的新貌,点划之间多有异风,可谓是既深入传统,又于古法中创出新意。他的书法对促进各民族文化交融起到了积极作用。

绘画

岩画

指刻制或涂绘在洞窟石壁或田野石头上的古代绘画艺术,是迄今为止发现的最早的原始艺术之一,是古代先民的物质生产和精神世界的表述。中国是世界上发现岩画最早且岩画内容最丰富的国家之一。就目前统计,中国已有12个省(自治区)的40个以上的县(旗)发现了岩画。从其地域分布来看,主要集中在南北方的少数民族地区,可分为南北两大系统。

北系岩画大多都是镌刻而成,又包括磨制、敲凿与线刻。制作时间的跨度很大,最早的可能在新石器时代,最晚的在元代。由于北方少数民族是以游牧狩猎的方式生活,所以在岩画上所表现的内容多是游牧、狩猎、战争、舞蹈等场景。黑龙江、内蒙古阴山山脉和贺兰山北部乌兰察布高原等地是北系岩画集中的地区,其中最为出名的就是贺兰山岩画,描绘原始宗教崇拜的神灵图像,形象古怪,面目各异。

南系岩画大都以红色涂绘,颜料是以赤铁矿粉调合牛血等制成的。制作年代在战国至东汉期间。南系岩画集中在广西左江流域,还有四川、云南、贵州、福建等地。南系岩画在表现题材上与北方岩画不大相同,其中规模最大的是在云南沧源 10 个地点发现的岩画,共有图形 1 000 多个,其内容丰富,表现出当时人们耕种、狩猎等生产生活的活动场面。

壁画

人类历史上最早的绘画形式之一,是在天然或人工壁面上制作的画。中国壁画是中华文化艺术的重要组成部分,在长期的发展和传播过程中形成了各时代、各民族的鲜明艺术特征。按其所依附的建筑物种类,可分成墓室壁画、殿堂壁画、石窟壁画和寺院壁画。壁画的内容多是神话传说、生活场景以及历史故事。

汉代是中国壁画发展极其重要的时期,以寺庙壁画和墓室壁画为主,内容多反映汉代统治阶级提倡孝道、盛行厚葬的历史场面。其中河南洛阳的卜千秋墓室壁画最为出名,壁画内容描绘墓主人生前的生活以及对其死后升天行乐的美好愿望。

敦煌壁画是中国石窟壁画的代表,是中国壁画艺术的一大瑰宝,包括敦煌莫高窟、西千佛洞、安西榆林窟共 522 个石窟,有历代壁画 5 万多平方米,规模巨大,是中国同时也是世界壁画最多的石窟群。敦煌壁画是敦煌艺术的重要组成部分,内容丰富多彩,多是描写神的形象、神的活动、神与神的关系、神与人的关系以寄托人们善良的愿望,安抚人们心灵的艺术。其中最精彩的是《萨埵太子舍身饲虎》《九色鹿救人》等著名的壁画故事。

帛画

中国古代出现的一个画种,因画在帛上而得名。帛是一种白色的丝织品,在帛上用笔墨和色彩描绘人物、走兽、飞鸟、异兽及神灵等形象的图画,就是帛画。

从现有文献看,帛画应该是从章服上"画绘之事"发展而来的。《礼记·丧服大记》有"画帷"(郑玄注:"在旁曰帷,在上曰幕")和"画荒"的记载。可见古人服装上的一些礼饰是绘画出来的,这也使独立帛画最后得以产生。

帛画是目前已知的中国最早的具有独立意义的绘画作品,其中现存最早的帛画是 1949 年湖南长沙陈家大山战国楚墓出土的《人物龙凤》及 1973 年在长沙子弹库战国楚墓出土的《人物御龙》。距今已有 2 300 多年。这两件作品主要用线条描绘,造型简练明快,线条虽显稚拙,但已经体现出中国绘画以线造型的特质。尤其是时代稍晚的《人物御龙》,其艺术表现技巧更为丰富,人物神情刻画生动,线条匀细挺劲,流利飞舞,较之前者丰富而有韵律感。设色也渐趋复杂,在单线勾勒后,平涂与渲染并用,其中一些地方还加用了金、白粉,是迄今发现用这种画法作画的一件最早的作品。其他重要的早期作品则有马王堆 1 号与 3 号墓 T 形帛画及马山 1 号墓帛画。从内容看,它们似与为死者招魂有关,而它们也正产生于楚地盛行招魂习俗的时代,可见它们的功能是招魂。

漆画

狭义的漆画指以天然大漆为主要材料的绘画,广义的漆画是指一切运用漆性物质的绘画。漆画的材料多种多样,除了漆之外,还有金、银、铅、锡以及蛋壳、贝壳、石片、木片等。入漆颜料除银朱之外,还有石黄、钛白、钛青蓝、钛青绿等。漆画技法丰富,依据其技法不同,漆画又可分成变涂、堆塑、磨绘、刻填、镶嵌、描绘、罩染和髹涂 8 种。

漆画源于漆器等实用器具上的装饰性漆绘,在中国有非常悠久的历史。夏代的木胎漆器使用朱、黑二色来髹涂。殷商时代已有"石器雕琢,觞酌刻镂"的漆艺。

1973年河北省藁城县台西村商代遗址中出土的漆器残片，在木胎上雕饰饕餮纹，并涂上朱、黑两色漆。秦汉以后，漆器生产不断丰富，漆绘也得到长足发展。汉代是漆器盛行的时代，长沙等地出土的汉墓漆器十分丰富，其漆绘既有装饰性、抽象化的动植物纹样，也有写实性的情景绘画。主要采取线条画与平涂画相结合的画法，显示出中国传统绘画的特有气质。此后，历代匠人对装饰性漆绘不断探索，为独立漆画的发展奠定了美学与技术基础。

最早的独立漆画可以上溯到汉代漆座屏和北魏木板画。此外，历代也都出现过相对独立的漆绘作品，但是直到20世纪60年代，有独立意识的漆画创作才真正大规模出现，漆画作品开始进入展览馆展览。

目前，漆画作为当代画坛上的一个新生画种，已得到广泛关注，一批优秀的漆画家悄然成长，佳作频出。漆画还曾代表国家文化项目到苏联、日本、韩国、越南等地展览，受到广泛赞誉。同时，很多教育机构包括高校，都开办了专门的漆画专业。这说明，漆画已如油画、国画等其他画种一样，逐渐走向成熟。

版画

视觉艺术的一个重要门类。广义的版画包括印刷工业化以前普遍印制的图像。狭义的版画指由艺术家构思创作并且通过制版和印刷程序而产生的艺术作品，具体说是以刀或化学药品等在木、石、麻胶、铜、锌等版面上雕刻或蚀刻后印刷出来的图画。版画艺术在技术上是一直伴随着印刷术的发明与发展的。古代版画主要是指木刻，也有少数铜版刻和套色漏印。独特的刀法与木味使它在中国文化艺术史上具有独立的艺术价值与地位。

中国现存最早的有年月款刻的版画作品是咸通本《金刚般若波罗密经》卷首图。根据题记，它作于868年，距今已有近1 200年的历史。在此后相当长的时间里，木板版画作为印刷品插图的重要媒体，结合木板雕版印刷得以不断发展。同时，伴随着生产技术的提高和对材料的不断探索，中古时期，中国在与西域交流中出现了羊皮、金、银、铜等材料的刻版，它们多为实用器具上的装饰，并非版画母版，但随着文人收藏辑史活动的深入，它们也渐渐成为被独立欣赏的版画母版。明末以后，随着天主教、基督教的传入，铜版版画也悄然出现。清代时期，铜版画已为皇家御用，乾隆皇帝就曾经下令为征战有功的将领和有名的战役制作铜版画，其中有些作品已为海内外各大博物馆所珍藏。

民间熟悉的版画创作是年画。东汉《独断》记载，汉代民间已有门上贴的年画“神荼”“郁垒”神像。现存最早的年画是宋版的《随朝窈窕呈倾国之芳容》，画的是著名历史人物王昭君、赵飞燕、班姬、绿珠，习称《四美图》。另一说认为年画始于唐代的门神传统。宋代以后，年画逐渐被发展固定为节庆时期驱邪纳祥、祈福禳灾和装饰喜庆气氛的风俗画种，因其通俗普及而拥有大量的读者；在题材内容、刻印技术，艺术风格上也逐渐形成了诸多流派，不仅对民间美术的其他门类产生了深远的影响，而且与其他绘画相互融合成为一种成熟的画种，具有雅俗共赏的特点。

现代版画创作则兴盛于20世纪30年代。由鲁迅倡导的新木刻运动，从诞生那天起，便和中华民族的解放事业紧密相关，是中国革命文艺的一个重要组成部分，培养了一大批优秀版画家，如胡一川、江丰、古元、彦涵、李桦、力群、朱宣咸、王式廓、夏风、郭钧、石鲁、罗工柳等。

当代版画名家辈出，已经成为中国艺术的重要组成部分，形成了高校、研究机构与民间相结合的版画人才培养机制。

花鸟画

中国绘画艺术中的专有名词。按照画中题材分为花鸟画、山水画、人物画，共同构成了中国绘画的三大画科，呈现了中国画的基本面貌。花鸟画的出现和成熟都晚于山水画和人物画，但到后来成为最为丰富的一大画科。就题材来说，花鸟画是以花卉、花鸟、鱼虫等为描绘对象的画，早期还包括畜兽、鱼藻和蜂蝶等，以及一些树木、蔬果等。画法有“工笔”“写意”“兼工带写”三种。

花鸟画最早出现在原始的陶器、岩画以及商、周、秦的青铜器上，这些带有图腾性质的花鸟充满了神秘的色彩。唐代时期，花鸟画成为独立画科，著录中计有花鸟画家 80 多人。这一时期的花鸟、禽兽、鞍马等题材的花鸟画，更加注重动植物的形体结构，使其看起来栩栩如生，其画法也影响了后世的画家，如薛稷画鹤、韩幹画马、韦偃画牛、李泓画虎等等。

五代是中国花鸟画发展的重要时期，此时创立的宫廷画院对花鸟画有着极大的推动作用。以著名画家徐熙、黄筌为代表的两大流派，确立了花鸟画发展史上的两种风格流派。“黄筌富贵，徐熙野逸”，黄筌的富贵不仅表现在所画对象的珍奇，在画法上也十分精细，设色秾丽，显出富贵之气；徐熙则开创“没骨”画法，落墨为格，略施色彩，形成“野逸”的风格。

宋代是中国花鸟画发展的高峰期，继承了五代花鸟画的传统，工笔花鸟画尤盛，开始出现专攻写意画法的画家，如文同、苏轼、释仁等。他们将审美中的寓意、移情等功能融入花鸟画，为后来的文人画打下了基础，使花鸟画有了更深刻的内涵。这种风格一直延续到元明清，花鸟画题材渐渐成为文人自我标榜高洁的一种形式。如以元代的著名画家倪瓒、吴镇、王冕为代表的一批专画水墨梅竹的画家，以及明代的“青藤白阳”（著名画家徐渭、陈淳）的大写意花鸟画。

清代画家中值得一提的是清初的恽寿平，他开创了没骨画法的花鸟画风格，直接用色彩或墨点染和描绘。

直至今日，花鸟画作为最有影响的画种，近现代花鸟画发展创造了别具特色的风格，出现了以著名画家吴昌硕为首的海派和以著名画家齐白石为代表的京派等地区性风格代表，不仅在题材上更为开阔，审美意趣更是别开生面。中国花鸟画的发展历程，体现了中华民族悠久的历史和文化传统，是中华民族智慧的结晶。

山水画

中国绘画艺术中的专有名词，中国画三大画种之一，是中国特有的绘画门类。与西方的风景画不同，山水画不是单纯地以描绘真实的自然山水为目的，而是把自然景色融合自身感情通过艺术手法表现出来。

山水画的发展早于花鸟画晚于人物画。在秦汉以前就有了类似于山水的图案，但处于早期阶段。魏晋南北朝逐渐发展，但还是依附于人物画，多是起陪衬效果，作为背景的居多。但在这一时期，出现了一系列重要山水美学理论。实践和理论的结合使得山水画的发展在不脱离自然山水的基础上，又保持了形而上的审美艺术观，为山水画以后的发展奠定了良好的基础。

隋唐时期，山水画成为独立画科，产生了以著名画家李思训与其子李昭道为代表的青绿山水画和著名画家吴道子为代表的水墨为主的山水画，青绿画法和水墨画法共同构成了中国山水画的基本面貌。据传，吴道子曾作《嘉陵江三千里江山图卷》一日而毕，可见其气势之大。王维继承和发展了吴道子水墨一路的新画法，代表作有《辋川图》与《雪溪图》。

五代、北宋山水画大兴，从此山水画成为中国画中的一大画科。这一时期山水画家纷起，沿袭唐代两大山水风格，如著名画家王希孟、赵伯驹、赵伯骕的青绿山水，还有荆浩、关仝、董源、巨然、李成、范宽、王诜、米芾、米友仁的水墨山水，南北竞辉，山水画法达到了几乎完美的境界。宋代山水画倾向于自然本来的面貌，提倡山水画的写实风格，而且这个时期画的题材、风格都层出不穷，展现了前所未有的细腻、丰富、写实的画风。宋代很多皇室贵族对山水画格外喜爱，这在他们所用的屏风上就有明显的体现。

到了元朝，出现以士大夫为主的文人画，使得元代的山水画也趋向写意，以虚带实，侧重笔墨神韵，开创了新的山水画风格。元代的著名画家赵孟頫越宋而习唐，他的山水画受到董、巨的影响较多。后来的“元四家”（黄公望、倪瓒、王蒙、吴镇）几乎都受到赵的影响，其中以黄公望和倪瓒的风格面貌最为典型，成就较大，对后世绘画的影响尤为深远。

明清山水续有发展，著名画家董其昌及清初“四王”（王时敏、王鉴、王原祁、王翚）为山水画走向绘画理论及绘画手法的程式化完备作出了重大贡献。

直到近代，山水画又开始有了新的突破，吸收西方绘画影响的新一代著名画家如黄宾虹、李可染、傅抱石、关山月等人深入观察自然，创作独具特色的山水画风格，使山水画重新注入生气，进入新的发展阶段。现代还出现许多非传统的题材，比如用国画技法描绘黄土高原、西北大漠、西藏雪山、热带雨林，甚至还有外国风光。中国山水画艺术源远流长，画家通过艺术的手法，将自身感情融入对自然美景的描绘中，体现了中国人的审美意识。

人物画

以人物形象为主体的绘画的通称。人物画是中国三大画科中出现最早的。在原始岩画、彩陶、砖石上就出现了描绘稚拙的人物形象，反映人的生活、狩猎、繁衍等。如中国青海孙家寨出土的舞蹈纹彩陶和西安半坡出土的人面鱼纹彩陶盆，都表明了早在原始社会的新石器时代，中国人物画就已经开始萌芽。

到战国、秦汉时期，出现了大量的以历史或神话故事中的人物作为题材的作品。发现于湖南长沙的战国楚墓中用于陪葬的《人物龙凤》和《人物御龙》帛画是已知最早的独幅人物画作品。《人物龙凤》描绘了一位侧身直立合手祈祷的女性形象，袖子宽大，腰身纤细，神态虔诚；《人物御龙》则描绘了一位侧身直立佩剑御龙的男子，体态修长，服饰随风舞动。两幅帛画描绘的人物形象都为正侧面，均位于画面的中心位置，面部描绘详细，具有肖像画特征。

魏晋时期，思想的解放，佛教的传入，玄学的风行，使得艺术、文化发展空前繁荣，人物画也快速发展。如东晋顾恺之的代表作《洛神赋图》，以连环画的形式描绘了曹植与洛水女神之间的爱情故事，因人神有别不得已而分离的场面，画面中主人公反复出现，组成了完整的故事情节，十分精彩，通过对人物面部神态的细致描绘，表现出依依不舍、流连忘返的矛盾心理。这一时期也出现了以《论画》《魏晋胜流画赞》为代表的第一批人物画论，奠立了中国人物画的重要传统。

到了隋唐时代，随着社会安定，经济高度发达，中国绘画艺术繁荣昌盛，人物画也逐渐进入鼎盛时期。隋代承前启后，以人物画和道释人物画为主流，唐代逐渐形成自己的风格。画坛涌现出许多名家，各有特色。例如，唐代宫廷画家阎立本的绘画作品《步辇图》，描绘了唐太宗和吐蕃使者禄东赞见面的场景。画作中，唐太宗身材壮大，超出于四周的人物，遵从“主大从小、尊大卑小”的原则，体现了唐代人物画的水平和风格。画作线条刚劲有力，人物神态刻画生动，设色典雅稳重，是非常珍贵的历史资料。张萱的《捣练图》、周昉的《簪花仕女图》等描写日常生活题材，造型更加准确生动，在心理刻画与细节的描写上超过了前代的画家。人物画在这一时期取得了令人叹服的成就。

五代两宋是中国人物画深入发展的时期。宫廷画院的兴办对宋代绘画的发展起到了一定的推动作用，培养了大批的绘画人才。北宋时期，城市的繁荣、市民阶层的扩大，绘画题材逐渐由宫廷转向民间，张择端的杰作《清明上河图》便产生于这一时期。自南宋受禅宗思想影响，中国人物画开始朝另一方向发展，打破了工笔的单一化格局，形成人物画发展史上的工笔与写意共存的新格局。梁楷的泼墨、简笔写意人物画，标志着写意人物画兴起，仕女画、高士画大量出现。

宋代以后的画家大多把描绘对象转向那些花鸟竹石，人物画基本停滞不前，仅是宋以前风格的延伸。明末的陈洪绶、清末的任颐都创作了不少人物画的优秀作品，给平静的人物画画坛增添了活力。现代的中国人物画，深入研究传统，广泛吸收外来技巧，表现新的时代生活，做出了前无古人的贡献，代表画家有徐悲鸿、林风眠等。

白描

中国绘画中，以线描勾勒物象，不设色、不做渲染或只有少量的淡墨渲染的画种，也称白画。

白描起源于中国传统绘画对线描的把握。早在石器时期，先民们就以线条勾画岩画，此后的陶器装饰纹样、帛画、壁画等都离不开线条的运用。可以说线描是中国画标志性基因，随着绘画艺术的独立，中国画越来越注重线描的运用。这为白描成为独立画种奠定了基础。

虽然最初的白描稿都是作为绘画底本、底稿使用的，但由于白描本身素朴典雅，不失造型之真，同时不同的线描还有不同的表现力，具有彩稿不能代替的独特的美感，其艺术价值渐渐得到关注，也就渐渐成为独立的中国画画种。

根据文献记载，北宋著名画家李公麟已经开始有意识地创作白描作品了。他的《免胄图》《五马图》就是最著名的古代白描作品之一。

随着绘画技术与美术观念的不断演进，白描也得到长足的发展。明清之际，民间画坛开始出现了对线描模式式样的总结，人物花鸟白描出现了十八描，山水白描出现了十八皴，以毛笔为工具、以墨纸为材料的线描技术得到了近乎极致的发挥，白描画种也进入繁荣期，许多富有文人色彩的画家也加入白描创作中来。

自唐宋以来，白描画种名家辈出，如北宋仲仁，南宋扬无咎；元代赵孟頫、赵孟坚、张守正；明代陈老莲、丁云鹏、仇英等。

现当代白描进一步突破传统白描以实写照的传统，更加强调线条本身的表现力，使得白描这个古老的画种也显示出不同程度的现代气息。

水墨

“水墨画”的简称，中国画独有的表现形式。中国水墨画的作画工具是“笔墨纸砚”，基本的作画步骤是以墨为主要原料，加以清水，再用毛笔蘸取绘于宣纸之上，以笔法为主导，充分发挥墨法的功能，形成浓墨、淡墨、干墨、湿墨、焦墨这 5 种墨色。由墨色的焦、浓、重、淡、清产生丰富的变化，表现出具体物象，画出不同浓淡的黑、白、灰层次，具有独到的艺术效果。以题材可分为水墨山水、水墨花鸟、水墨人物等。

水墨画在中国具有悠久的历史，于唐代开始发展，五代时期逐渐成熟，鼎盛于宋元，明清及近代以来持续发展。不同时期的画家有不同的笔法和墨法，展现的效果也有不同，如宋人画山水多湿笔，元人始用干笔，墨色更多变化，有“如兼五彩”的效果。水墨画在中国绘画史上占据重要地位，基本的水墨画，仅有水与墨，黑与白色，但进阶的水墨画，也有使用彩色国画颜料调色，画面效果色彩缤纷，后人又称“彩墨画”。

线条

绘画艺术的基本媒介。用“线”造型是中西绘画共同的起步，但在西方画和中国画中对线条的理解截然不同。西方画中线条的运用更多地是为了表达物体形体轮廓，是作画中的一个形式工具。中国画中线条的作用，远远超出了塑造形体的目的，而是成为作者表达理念、思想和感情的形式与手段。

中国画在作画过程中非常注重线条的使用，常常借助一些简单的线条设计来完成对一个事物的描摹，甚至是一个意境的营造。线条作为中国特定绘画语言的符号，具有独特的审美要求。中国自古讲究“书画同源”，即绘画艺术与书法艺术关系密切。书法是线条的艺术，对线条的驾驭和利用已达到登峰造极之境，为中国画的发展提供了巨大便利。中国画运用的线条，及时有效地从书法中吸取营养，尤其是书法中的波折撇捺等形态各异的线条入画，改变了原来线条一样粗细的“春蚕吐丝”

的绘画模式,增加了粗细有变的绘画方法。中国用线绘画集大成的时期是在魏晋六朝,其杰出的代表人物是东晋的顾恺之,作品有《洛神赋图》《女史箴图》。他用中锋行笔,用力均匀,力量含蓄,线条如春蚕吐丝,匀细、圆润、挺拔,与楚汉帛画有承继的关系,这种线描史称“高古游丝描”,他的画法对后代产生了深远的影响。

写意画

用简练的笔法描绘景物。写意画多画在生宣上,纵笔挥洒,墨彩飞扬。写意画是融诗、书、画、印为一体的艺术形式,是在长期的艺术实践中逐步形成的。其中文人参与绘画,对写意画的形成和发展起了积极的作用。唐代王维因其诗、画俱佳,故后人称他的画为“画中有诗,诗中有画”,他“一变勾斫之法”,创造了“水墨淡,笔意清润”的泼墨山水。五代徐熙先用墨色写花的枝叶蕊萼,然后略施淡彩,开创了徐体“落墨法”。之后宋代文同兴“四君子”画风,明代林良开“院体”写意之新格,明代著名画家沈周善用浓墨浅色,陈淳重写实的水墨淡彩,徐渭更是奇恣狂放求生韵。经过长期的艺术实践,写意画已进入全盛时期。经著名画家八大山人、石涛、李鱓、吴昌硕、齐白石、张大千、潘天寿、李苦禅、朱宣咸、李可染、范曾等发扬光大,如今写意画已是影响最大、流传最广的画法。

工笔画

亦称“细笔画”,中国绘画的重要类别。在技法上,要求工整细致,所谓“有巧密而精细者”(北宋韩拙《山水纯全集》),故称“工笔画”。有水墨、浅绛、青绿、金碧、界画等多种形式体裁。工笔画发端于写实、写真,崇尚写实,求形似,是以工整者多,在这个意义上,它与“写意画”对称,亦可称“写真画”。

中国工笔画历史悠久,从战国到两宋,工笔画的创作从幼稚走向了成熟。工笔画使用“尽其精微”的手段,通过“取神得形,以线立形,以形达意”达到神态与形体的完美统一。在工笔画中,不论是人物画,还是花鸟画,都力求于形似,“形”在工笔画中占有重要的地位。与水墨写意画不同,工笔画更多地关注“细节”,注重写实,如唐代周昉的人物画、北宋的全景山水等。明末以后,随着西洋绘画技法传入中国,中西绘画开始相互借鉴,从而使工笔画的创作在造型上更加准确。

工笔画在长期的历史发展中建立了一套严整的技法体系,从而形成这一画体的独特风格面貌:

首先,工笔画以线造型,要求线腰工整、细腻、严谨,一般用中锋笔较多。明清以来,坊间出现十八描、十八皴等线描范式,是对工笔画人物画、山水画线描形式的体系整理。

其次,用色以固有色为主,一般设色艳丽、沉着、明快、高雅,有统一的色调,具有浓郁的中国民族色彩审美意趣。明清以后,也出现了所谓十八染等对工笔画染色法的总结。

再次,工笔画一般使用渗水力稍弱的熟宣纸或是熟绢绘制,以保证其线条、色彩的精细刻画。

中国传统工笔画追求用笔生动、渲染层次丰富、形象细腻逼真。20世纪初,欧洲绘画东传,对传统绘画艺术产生了很大的影响,工笔画在造型上,逐渐融汇了西画的写生方法,进一步拓宽了技术手段。

中国当代工笔画无论从技术上还是在表现内容方面,都得到了空前发展,突破了山水、花鸟和人物界限分明的做法,将三者恰到好处地融合在一起,使传统的工笔画在表现内容上有了广阔的空间。

木刻画

广义的木刻画的含义很广泛,它不仅指木雕画、木刻画、木雕版画的木版母版,在相当长的一段时间里,一些美术史家还以木刻画来指称木版版画。狭义的木刻画则特指在木材上利用刀、斧等工具通过刻、凿、划、画等技术绘制图像生产出来的艺术品。与木版版画不同的是,木刻画是木材本身呈现的艺术图像,而木版版画的雕版只是最后艺术品的母版，印刷后才成为独立艺术品；与木雕画不同的是，木刻画主要注重的是刻画技术，以刻画而不以雕琢成像，而木雕画重视雕刻技术，常常在木材版底上形成浮雕的效果。

木刻画在中国有悠久的历史。从文献看，秦汉时代的建筑已经充满雕梁画栋，木刻装饰已经非常丰富。在长期社会生活和生产实践中，匠人们将木刻装饰用于家具、园林、建筑等方方面面。明清之际出现了独立的木刻画，陕西、洛阳、苏州等全国各地博物馆都存有明清时期的木雕挂件、木刻画或挂件。

当代的木刻画已经形成独立的艺术品类，技术手段日益丰富，不仅有手工刻画，还有机器刻画，甚至结合电脑技术。不仅有艺术家的独立创作，还可以利用电脑，改编复制其他画种的作品。同时，优秀的木刻画家和木刻画作品不断涌现，木刻画不仅有了独立的展览，还进入批评领域，成为独立艺术批评对象，显示其作为古老又新生的艺术品种的蓬勃生命力。

传统绘画题材

中国画创作有别于西方绘画，在绘画题材的选择时，会根据表现题材的自然属性，赋予对象以象征含义，最后采用艺术夸张的方式来表现作者所思所想，渴望通过这些题材的美好形象和丰富的寓意反映出自己对生活的憧憬。中国画这类具有象征意义的绘画题材，被称为传统绘画题材。

中国画在发展的过程中积累了许多经久不衰的题材，无论是人物画还是花鸟画，多是表现吉祥如意的题材。中国绘画中最常见的题材就是鱼，因为“鱼”的谐音是“余”，意味着富足的象征，所以人们往往借此求得吉祥、富裕。传统年画中经常出现一个大胖娃娃怀抱大红鲤鱼，意指“年年有余”。鱼作为吉祥物，除了一般的意义外，又常特指金鱼和鲤鱼。中国传统图案“金玉满堂”就是数尾金鱼嬉戏的图像。在中国人眼中，生儿育女是与婚姻的美满幸福紧密地联系在一起的，所以鱼到后来又发展成为婚姻爱情的象征，传达出一种家庭和睦、骨肉相亲的幸福生活观念。除此之外，牡丹、荷花、紫藤、水仙、灵芝、佛手、柿子、荔枝、羊、猴子、小猫、蝴蝶等生活中常见之物都是中国传统的绘画题材，都具有不同的意义，并且画家们给这些作品都题上好听的名字，以体现对于生活许多方面吉祥美好的祝愿。比如，花鸟画有《金玉满堂图》《吉祥如意图》《富贵大吉图》《百事如意图》等等。

书画装裱

在宣纸和绢素上所作的书画，因其墨色的胶质作用，画面多皱褶不平，因此非常容易破碎、撕裂。为了方便书画的观赏、流传和收藏，古人渐渐发展出一套托裱画心，使之平贴，再依其色彩的浓淡、构图的繁简和画幅的狭阔、长短等情况，配以相应的绫锦纸绢，装裱成各种形式的画幅，使笔墨、色彩更加丰富突出，以增添作品艺术性的流程。这种书画美化保护的技术，就叫书画装裱，也叫“装潢”“装池”“裱背”。

书画装裱在中国有悠久的历史。早在战国时期就有帛画、缯书，至西汉即有装裱的绘画出现。如湖南长沙马王堆汉墓出土的帛画上端，装有扁形木条，系有丝绳，木条两端还系有飘带。南北朝时书画装裱多赤轴青纸，著名裱工有范晔、徐爱、巢尚之等人。唐人开始用织锦装书画，格调堂皇，高手辈出。张彦远在《历代名画记》中设“论装背裱轴”一章专门论述有关装裱事项。

宋代因书画繁荣，装裱亦获空前发展，多用绫绢作裱料，装裱样式丰富多彩。北宋宣和年间，装裱多是画心上下镶隔界，不镶绫边，周以古绸绢边栏之，称宣和裱。此时画家米芾兼善装裱，著《论鉴赏装裱古画》一文，颇有建树。元代宫廷设置专门机构，管理装裱书画。

明清以来，随着文人画大兴，以素绢或浅色绢作裱料的装裱逐渐增多。出现了地区性的装裱中心，所裱书画因绫绢色彩、操作技法及裱幅形式的不同而形成地方流派，如京裱、苏裱等。明周嘉胄撰《装潢志》一书，论述精微，人多重之。

经过装裱的书画牢固、美观，便于收藏和布置观赏，古画经过重新装裱，更是延长了生命。俗话说，“三分画七分裱”，可见装裱之重要。书画作品一经装裱，便觉神采墨妙，使人感到赏心悦目。

在漫长的书画装裱历史中，匠人们逐渐形成了多种装裱模式，如“宣和装”“吴装”等。不仅如此，中国的书画装裱技术还传至日本、朝鲜，形成各具当地特色的独特装裱风格流派。

汉画像砖

中国古代建筑使用的一种表面有模印、彩绘或雕刻图像的画像砖。这种画像砖始于战国，盛于两汉，三国两晋南北朝时期继续流行，隋唐之后逐渐衰落。它的使用广泛分布于今天的河南、四川、江苏、陕西、山东等省。因其最盛行时期在汉代，所以被称为汉画像砖。汉画像砖存世量丰富，从 20 世纪 60 年代开始，中原一代的许多地方陆续出土了形制不一的汉画像砖，汉画像砖的文物与艺术价值也逐渐被人们所认识。学术界将汉画像砖与画像石并誉为“敦煌前的敦煌”。

从文物价值来看，汉画像砖的造像题材广阔，内容丰富，包括阙楼桥梁、车骑仪仗、舞乐百戏、祥瑞异兽、神话典故、奇葩异卉等，全方面展示了汉代的社会生活，是研究汉代政治、经济、文化、民俗的宝贵文物，有着独特的历史地位和极高的收藏价值。

从艺术价值看，汉画像砖蕴藏着很多古老而新鲜的艺术元素，具有广阔的视觉艺术开发和拓展空间。其造像风格古朴、雄厚，形式简洁、明快，有一种与生俱来的朝气蓬勃的生命力。其表现手法极富创新精神，可谓是中国美术发展史上的一座里程碑。

年画

中国特有的绘画题材，中国民间美术形式之一。每值岁末，中国各地区都有张贴年画、门神以及对联的习俗，以增添节日的喜庆气氛，成为中国民间最普及的艺术品之一。

年画起源于汉代，在当时与驱凶避邪、祈福迎祥这两个母题有着密切关系。宋代是年画艺术的形成期，此时反映世俗生活的绘画题材初见端倪，年画从宗教崇拜物演化为世俗商品。直至清代年画发展鼎盛，题材更加广泛，刻工精湛，套色彩印技法不断更新。

作为年节装饰绘画，年画在题材上则包罗一切具有喜庆色彩的风俗生活、新闻轶事、传统戏曲小说、民间故事等，形式上则是红火活泼，单纯明快，色彩亦鲜艳明亮，多用单色平涂。其创作与群众生活密切相关，地区特色显著。以山东潍坊杨家埠、天津杨柳青、四川绵竹、江苏苏州桃花坞的木版年画在全国最为著名，被誉为中国“四大年画”。天津的杨柳青年画是中国北方地区年画的代表，使用“半印半画”的制作方法，既有版画的韵味，又不失绘画的笔触和色调，色彩明快和谐，构成与其他年画艺术不同的艺术风格。中国南方地区年画以苏州桃花坞为代表，受传统版画插图和西洋铜版画的影响较大，手法多以阳刻为主，刻绘俱佳，画风精丽，有浓厚的江南地方特色。

19 世纪后，年画艺术不仅反映传统的民俗生活，还反映了社会的新风气新时尚，如民国时期出现的“月份牌”年画。

敦煌壁画

泛指敦煌石窟中的壁画。中国壁画发展在唐朝时期发展鼎盛，其绘画的技术与审美已经到达一种无以复加的地步。从现存唐代壁画作品来看，石窟壁画是尤为重要的形式。其中最具代表性的当属敦煌壁画了。

敦煌壁画绘制时间跨度较大，自魏晋到明清时期，先后开凿了 1 000 多个洞窟。现存的包括敦煌莫高窟、西千佛洞、安西榆林窟共 522 个石窟，有历代壁画 5 万多平方米，是中国乃至世界壁画最多的石窟群，内容非常丰富。

“西方净土变”是唐代的敦煌壁画表现较多的主题

之一。这一场面是依据佛教经典《无量寿经》的内容,发挥自身的想象力结合现实生活所创作出来的。构想出来的"西方净土变",也就是人们常说的西方极乐世界。有关这一题材壁画的画面布局大体相似,主尊端坐在中间的莲花宝座上,两大菩萨各在左右,四周围绕罗汉、金刚等侍从,上有飞天曼舞,前面还有一部伎乐,重重的殿堂楼阁满布画面。画风庄严、热烈、富丽、璀璨。如 172 窟南壁和 217 窟南壁的盛唐《观无量寿经变》、220 窟南壁和 321 窟北壁初唐《无量寿经变》、329 窟南壁初唐《阿弥陀经变》,均画幅巨大,画艺精湛,是莫高窟西方净土变壁画的代表作品。

顾恺之

东晋著名画家、美学理论家。顾恺之在解决绘画创作一系列技巧问题上,取得了划时代的成就。所涉及的绘画题材丰富,不仅擅长道释、人物、肖像,而且山水、花卉、走兽等,无不兼长。在当时以"画绝、才绝、痴绝"而驰名于世,与曹不兴、陆探微、张僧繇并称"六朝四大家"。

顾恺之是最早系统地提出"传神论"的绘画美学理论家。魏晋以后,以道释儒实为道家观念的玄学之风兴起,"玄学"就其本质来说是根源于对人生价值的追求,旨在追求人的精神的洒脱自如,要求人超越世俗之物,超越客观真实。这样一来,在玄学影响下的中国绘画艺术也出现了对超脱物象求其神的发展趋势。玄学对"形""神"的探讨,直接孕育了顾恺之"传神论"的美学思想。

"传神"是顾恺之绘画美学思想的核心,是他通过人物画创作实践所得出的心得。可以从流传下来的据文学作品而创作的《洛神赋图》《女史箴图》等作品的摹本看出他这一艺术主张。顾恺之主张画人物要有传神之妙,而其关键在于阿睹(眼睛),强调在描摹外形的同时,更要追求刻画出人的神情以及精神特点。因此他一反汉魏古拙的画风,专注传神,点睛最妙,使中国绘画从此出现了高层次的美学追求,后代常常把"传神"作为绘画艺术的最高目标和境界。宋代的苏轼是中国文人画理论的奠基人,他继承了顾恺之的形神观并加以发扬光大,直接影响了中国文人画整体上的审美趣味。此后形神观一路沿袭这一源远流长的传统。

曹衣出水

中国书画艺术专有名词。南北朝时期文化艺术空前繁盛,佛教艺术的传入为中国本土艺术注入了异域文化的色彩。这一时期,来自西域曹国的画师曹仲达尤擅画人物、肖像、佛教图像。他所绘制的人物画都具有一个典型的特征即人物衣服的褶纹多用细笔紧束,像披了一件薄纱,又如刚从水中捞出之感,故被称为"曹衣出水"。唐代将其风格称为"曹家样",与著名画家张僧繇的"张家样"、著名画家吴道子的"吴家样"、著名画家周昉的"周家样"并称为中国佛教美术的四大样式。

"曹衣出水"原本是一种雕塑造型艺术风格,这种雕塑风格随着佛像的传入来到了中国,充分影响了中国的古代佛像雕塑,同时影响了中国人物绘画的发展,形成了"曹衣出水"的佛画风格,对中国绘画艺术中线条的发展也具有重要的推动作用。

吴道子

唐著名画家,又名道玄,被称为"画圣"。少孤贫,年轻时即有画名。曾任兖州瑕丘(今山东滋阳)县尉,不久即辞职。后流落洛阳,从事壁画创作。开元年间以善画被召入宫廷,历任供奉、内教博士、宁王友。曾随张旭、贺知章学习书法,通过观赏公孙大娘舞剑,体会用笔之道。擅佛道、神鬼、人物、山水、鸟兽、草木、楼阁等,尤精于佛道、人物,长于壁画创作。

历代文献对吴道子的评价极高。他是古代民间职业画家的典范,他的作品,服务于民间社会生活,符合当时社会的主流审美需求。他创造了影响民间画坛 1 000 多年的画派——民间传统画派,同时也开创了民间美术教育的传承体系。据《图绘宝鉴》和《历代名画记》记载，他的弟子很多，其中较知名的有卢稜伽、李生、张藏、韩虬、朱繇、翟琰等。吴道子对弟子言传身教，不是让弟子们背诵口诀、研色等，就是让弟子们临摹他的画稿，或者依照他的吩咐去填染色彩。《历代名画记》便有这样的记载："吴生（道子）每画，落笔便去，多使琰（翟琰）与张藏布色。"有时，吴道子作壁画时只描一个大概，其余便让弟子来完成，在洛阳敬爱寺中，吴道子所描的"日藏月藏经变"即由翟琰完成。这种师徒口手相授的技艺传授模式，历来为民间美术所推崇，并延续千余年，至今依然影响不绝。

正是因为有创作和教育两方面的成就，吴道子成为中国古代美术不朽的标志。吴道子的作品很多，但到今天，人们已经很难看到这些作品了，即使如此，人们仍然能在后代的民间绘画中，比如《朝元仙仗图》《八十七神仙卷》及晋祠壁画等，看到吴道子画风的影子及其影响力。

外师造化，中得心源

唐代画家张璪所提出的艺术创作理论。这一理论成为中国画学的不朽名言，是中国美学理论的代表性言论之一。"外师造化，中得心源"解释为画家在艺术创作过程中，要对实际生活中进行观察，触发创作欲望，再对创作作品投入自身内心情感，将两者结合。总体来说是指画家在绘画创作中要先对自己想要表现的物象进行深入观察，然后在创作时不能原封不动照搬，而是要把自己的理解与情感处理融入作品当中。

"外师造化，中得心源"是相辅相成，缺一不可的。强调艺术家在进行艺术创作时不是一味地再现和模仿，而是需要经过艺术家的审美意识和审美创造，是主体与客体，再现与表现的高度统一。这一艺术创作理论对后世许多画家的艺术创作产生了影响，比如清代画家郑板桥提出了"眼中之竹""胸中之竹""手中之竹"的美学思想："眼中之竹"是客观物象在艺术家心目中的直接印象，而"胸中之竹"则是经过了艺术家审美意识的加工而得到的形象，最后"手中之竹"才成为艺术作品，实现画家最终目的。从"眼中之竹"到"手中之竹"这个过程就吸收了"外师造化，中得心源"的精髓，既有外在客观景物的造型，也有艺术家主观情感的处理，同时还有作为艺术作品自身规律性的体现和意外的艺术效果。"外师造化，中得心源"作为中国绘画理论中的一个重要命题，也是中国绘画美学思想的一条主线，一直深刻影响着中国画的发展。

唐卡

藏族文化中一种独具特色的艺术形式，至今已有1 000多年的历史，具有浓郁的宗教色彩和独特的艺术风格，是中国璀璨民间艺术中的奇葩。"唐卡"一词是藏语的译音，具有"平坦开阔"的意思，翻译成汉语是"卷轴画"的意思。唐卡根据材料和工艺，可以分为在纸上绘画的止唐和用绸缎织绣的国唐，其中止唐也就是纸本或绢本彩绘，在表现技法上就是绘画，国唐则运用刺绣工艺制成，制作相对精细。

唐卡艺术在题材和内容上包括了许多方面，早期从宗教题材开始，后来随着佛教的发展，各教派的产生以及社会的需求，还出现了历史人物、传记故事及与命运相关的祈福、祭祀活动，还有表现藏族地区的生活习俗、人义历史、藏医藏药等方面的作品。可以说，唐卡是一部充满象征意义的浓缩了藏地文化的百科全书。

文人画

又称文人士大夫画，泛指中国封建社会中文人、士大夫所作之画，是中国传统绘画的重要风格流派之一。文人画作为正式的概念名称，是由明代画家、理论家董其昌提出的，但早在魏晋南北朝时期，其创作思想和艺术实践就已经出现了，发展到宋代和元代则为文人画的黄金时代，尤其是以"元四家"为典型的代表，后到清代涌现了诸多顶级文人画家，最突出的是"四僧"，其中以八大山人、石涛最为突出。

文人画是画中带有文人情趣,画外流露着文人思想的绘画。文人画的绘画风格区别于民间画匠和宫廷画院职业画家的绘画,在题材内容、思想情趣、笔墨技巧等方面各有不同的追求,强调画家本身的个性表现,并和文学、书法、篆刻艺术结合,是艺术家多方面文化素养的集中体现。题材多是山水、花鸟、梅兰竹菊和木石等,画家借描绘自然景物抒发自身的心灵感受,比如文人画传统绘画题材的梅、兰、竹、菊,在画家看来不再是单纯的自然景物而是君子的化身。借此,文人抒发他们心中或豪迈、或抑郁的情绪。这些在绘画作品中表现出的特有的强烈的主观意识,都是文人画的精髓。在绘画技法上,文人画重墨趣,运用水墨干湿浓淡、浑厚苍润的微妙变化,以单纯的墨彩概括绚丽的自然。

《清明上河图》

中国绘画历史上具有代表性的一幅作品。宋代时期,中国传统绘画艺术达到一个高峰,出现了反映世俗生活的绘画题材,被称为“风俗画”。宋代是“风俗画”发展的黄金时期,《清明上河图》就是这一时期风俗画的代表作品。《清明上河图》宽25厘米,长528厘米,绢本设色,是北宋画家张择端仅有的存世精品,属国宝级文物,现藏于北京故宫博物院。

《清明上河图》是中国绘画史上罕见的风俗画长卷,作者以长卷的形式,采用散点透视的全景式构图,以现实主义的表现手法真实描绘了东京汴梁清明时节的动人景象,是一幅中国封建社会的社会生活写实图。《清明上河图》的画面内容分为三个部分,右端开始是描绘汴京郊外的田野风光,中间是以“虹桥”为中心的城市景象,是整幅作品中最精彩丰富的部分,后段则是城门内外的景象。全卷共计绘制人物达550多个,牲畜50余头,动物13种,船只、车轿各20余只。作者巧妙地将繁杂的景物纳入统一而富于变化的图画中,整幅画作规模宏大、构图严谨、笔法细致,充分表现了画家对社会生活的深刻洞察力和高超的艺术表现能力。

在现在看来,《清明上河图》的价值不仅仅是作为一件伟大的现实主义绘画艺术珍品,更重要的是整幅画卷清晰而真实地再现了北宋大都市的商业、手工业、民俗、建筑、交通工具等翔实面貌,对当代研究具有重要的历史文献价值,使其在中国乃至世界绘画史上被奉为经典之作。

绣像

明清通俗小说读本中,为了增强阅读兴趣,出版者精心制版,用线条勾描、绘制精细的人物画插图。

附有“绣像”的读本也就被称为绣像本,如《绣像三国演义》。这种绣像的特点是独立的、线描的人物插画,最初的绣像不表现人物背景和故事情节,但随着读者对书籍插图要求的不断提高,单纯的人物绣像已经不能满足阅读需求,人物绣像逐渐有了背景,并开始展示故事情节,如《绘图精忠说岳全传》。后来甚至发展出画有每回故事内容的“全图”,如《全图儒林外史》。这种“全图”差不多是木版连环画,已经和最初的绣像概念不同了。但出于传统,这种插图一般还被称为绣像。到了清末民国时期,甚至出现了套版彩色的绣像插图,绣像的概念也就更为宽泛了。

现代美术史学家依从这种传统,进一步拓宽了绣像的概念,习惯性地把只有人物题材的绘画称作绣像,这样,绣像就不仅仅指书籍的木版插图了,画家创作的绢、纸、帛上的独立人物绘画,也被称为绣像。明清以来,许多画家都创作有优秀的绣像作品,最典型的如明代的陈洪绶,他在《水浒叶子》中绘制了很多人物绣像。这种绣像不同于古代的写像传统,写像是写真,绣像则是画家创作的,体现画家对所绘人物的理解以及画家的美学观念。

但无论是民间出版物的雕版绣像插图,还是画家创作的绣像绘画,都是中国传统人物画的重要组成部分,特别是明清绣像,作品存量多,形式内容丰富,不仅是学习、研究传统绘画的蓝本,也是梳理美术史的重要资源,更是研究明清社会风俗风物、历史、文化的宝贵资料。随着中外文化交流的深入,清末民国时期,不少绣像作品,特别是雕版绣像插图流入西方,并和浮世绘等东方艺术一起,为现代艺术注入了新的活力,甚至直接影响了诸种现代绘画流派的产生。

南北画宗

又称南北宗论,是明代画家、书法家董其昌在《画旨》一书中所提出的艺术思想和理论,用来比喻中国山水绘画的两大风格。

南北画宗分别指的是用水墨渲染画法的文人画家的“南宗”和用青绿勾填画法的职业画家的“北宗”。董其昌将王维和李思训分别定为南北两派的祖师,并从此提倡中国山水画分“南北宗”之说,以五代画家荆浩、关仝、董源、巨然、米氏父子至元四家(黄公望、吴镇、倪瓒、王蒙)为南宗,以赵伯驹、赵伯骕和南宋四家(李唐、刘松年、马远、夏圭)为北宗。“披麻皴”与“斧披皴”山水画创作技法的两大体系,是南宗与北宗的两大重要标志。董其昌认为南宗是文人之画,而北宗是行家画,提倡文人画的南宗,贬低行家画的北宗。虽然他对绘画历史的概括并不完全符合历史的实际,但提倡的美学观念对中国后来的绘画产生了深远的影响。南北画宗的崇南贬北的倾向,推动了中国文人画的发展,使文人画风格更加完善多样化,但限制了中国绘画的多样性发展,使得青绿勾填山水画日趋衰落。

明代宫廷画

特指明代围绕着封建帝王生活、行政而进行的绘画创作,以宫廷画家的创作为主体,亦包括帝王、后妃的画作,以及朝臣和地方官员向宫廷进献的画作。

明代宫廷画在继承宋代画院画法的同时,形成了自己的风格,被史评家称为院体或院派。与风格相近的浙派画家们同时并行,又被合称为院体浙派,成为当时画坛的主流。

其最早发端于明朝建国之初,朱元璋出于政治教育等需要,征召天下善画之士,入内廷供奉,长期供事于内府,有的画家因画御容称旨,甚至被授官职,供奉于翰林,如著名画家沈希远被授以中书舍人,陈远被授予文渊阁待诏。明成祖朱棣迁都北平后,更大规模遍征天下知名画士至宫廷服务,外朝华盖、谨身、文华、武英、文渊几处殿阁中,各有因艺事称旨而挂职者。

明宣宗宣德年间,以恢复两宋画院盛况为目标,除永乐时入宫的画家边文进、谢环、郭纯等人继续留任外,还从江浙一带广泛征召民间高手,如周文靖、李在、马轼、倪端、商喜、孙隆、石锐等人,一时名家云集。

明代成化朝朱见深、弘治朝朱祐樘,均擅长绘画,“宪庙、孝庙御笔,皆神像,上识以年月及宝”。当时画院内名家也很多,主要有著名画家林良、吕纪、吕文英、殷善、郭诩、王谔等人。院画创作题材丰富,风格多样,并形成明“院体”的时代特色,宫廷绘画遂进入鼎盛时期。

弘治以后,随着明代国力日益衰败,宫廷绘画也逐渐衰落,至明亡而绝。终明一代,凡见于文献和从传世作品中得知为宫廷服务的画家,共计有100余人。

明代宫廷画带有明显的政教功能。在明朝特定的政治、经济、思想、文化背景制约下,“院画”的题材内容和“院体”的风格样式,也呈现出不同于前朝的时代特色。概括而言,题材比较广泛;画法主宗两宋院体,呈融合或多元风貌;审美意趣则在皇家气息中掺入世俗格调,有一定的故事性、趣味性和装饰性。

清代宫廷画

清代宫廷画家创作的作品及由此形成的流派和风格。在中国历代宫廷中都设有画院,容纳许多画家供职,而且这部分画家都有不同的等级地位,以区别他们的资历和待遇。清代也不例外,清代宫廷机构中设置画院处,专门负责管理宫廷中的艺术创作,对于画家的工作、奖罚制度都有着严格的要求。在宫廷中供职的画家,大多都是来自民间的职业画家,另外还有欧洲来华的传教士画家,因此清代宫廷画风格纷繁多样。

清代宫廷画类型主要分为四种:纪实绘画、装饰绘画、历史题材绘画和宗教绘画。绘画形式丰富,尤以人物画的成就最为突出。内容多是描绘帝后及皇家、大臣等上层人物的肖像画,表现宫内生活场面的宫廷画和记录重大历史事件的纪实画等。这些作品在风格上与过去各代宫廷画院绘画作品一样,风格富贵,色彩艳丽,格式严整少有变化。在这一阶段,欧洲传教士画家带来的西方绘画技法与中国传统绘画技法相结合的绘画表现方法,在传统画风之外尤其突出,极大地影响了清代宫廷绘画和审美趣味。其中最具代表的是来自意大利的传教士画家郎世宁,他运用中国传统的作画工具,利用欧洲西洋画独有的明暗画法,绘制出来的作品具有中西合璧的画风,在传统画风之外,别具风格。他受到了清代皇帝的重用,在清朝担任宫廷画师50年之久,并参加了圆明园西洋楼的设计工作。他是一位艺术上的全面手,绘画题材基本上没有限制,人物、肖像、走兽、花鸟、山水无所不涉,无所不精,作品有《百骏图》《十骏犬图》《乾隆大阅图》《瑞谷图》《百子图》等。

现当代中国画

世界绘画艺术体系的一个独立绘画分支,来源于中华民族,区别于西方绘画,反映了中国的文化内容,凝聚着中华民族的智慧、性格、心理和气质。中国画的发展经历了几千年的历程,迄今为止,现当代中国画呈现出巨大的转变和创新,但基本内容以及基本特征并没有产生颠覆性变化。综观当代中国画现状,大体上可归纳为“新传统”“新古典”“新水墨”这三种形态。

“新传统”主要表现在人物画上,是既借鉴了西方写实传统,有着严谨的造型,同时追求中国传统文人画笔墨,经过几代画家的探索,建立起以徐悲鸿、蒋兆和为代表的新水墨人物画创作方法。

“新古典”是中国传统文人画的当代延续,笔墨形态和精神形态与传统文人画一脉相连,作品主要是山水画与花鸟画,坚持文人画的自律原则,严格遵守文人画的语言规范,保持传统文人画的正宗血脉,体现出中国传统文化的强盛生命力。

“新水墨”是现当代中国画中最为活跃、最具探索精神的,其特点为一切从画面效果出发,不受传统绘画工具和表达方法的束缚,使当代中国画多了一份灵动的魅力。

中国绘画呈现出多元并存、异彩纷呈的风格面貌和发展趋势,既继承传统,又创造性地借鉴各种现代画技法的典型代表。中国现当代画家的创造意识和个性特点得到了进一步的张扬,造型功能也从单一向多元化拓展。

现代民间绘画

又称素人画,包含了农民画、渔民画及多种原生态民族民间绘画。

现代民间绘画的画家们受到织绣、剪纸、木雕等工艺的启发,传承了原生态民族民间艺术,以自由夸张、色彩艳丽的形式和大胆泼辣的手法,表现出纯朴、自然、率真和坦诚的风格,在美术领域独树一帜,具有重大的历史文化价值,是中华文化的“活化石”。

随着非物质文化遗产传承保护力度的加大,很多现代民间绘画已经被列入国家级、地方级的非物质文化名录中,如东丰农民画、内黄农民画、舟山渔民画等。同时,国内诸多权威机构,如国家博物馆、中国美术馆等也开始收藏大量现代民间绘画作品。

农民画

中华人民共和国成立后,随着社会生活水平,特别是农村物质和文化生活水平的不断提高而发展起来的一种通俗画种。也有论者将其称为中国现代民间绘画。其作者多为农民,种类包括农民自印的纸马、门画、神像以及在炕头、灶头、房屋山墙和檐角绘制的吉祥图画。

最初，农民画家们绘画只是为了自娱及生活装饰，随着农民画的发展繁荣，农民画已经成为越来越被关注的、独立创作并被广泛欣赏的画种。

农民画作为民间美术的一个门类，其创作方法独特，社会背景及内涵丰富，造型变化纷呈、风格多样。它来源于中国农村特定的社会结构和文化结构形成的审美意识，以及民间艺术家独特的思维方式和造型观念。它大量吸收了剪纸、皮影、炕围画、面花、蜡染、织锦、刺绣、壁画、服饰、地毯等民间美术的艺术营养，构图大胆、线条流畅、色彩明快，既保留了传统民间美术的特点，也突破了一些传统的对称、均衡的程式，使夸张的造型极具现代气息，显示出光彩照人的无穷魅力。

自20世纪50年代以来，农民画逐渐在铜川宜君、南京六合、宿州萧县、西安鄠邑（原户县）、吉安永丰、延安安塞、徐州邳州、上海金山等地形成农民画乡，随之产生的还有带有地域色彩的不同流派。

国立艺专

中国第一所国立艺术学院，后来几经更名，成为今中国美术学院。国立艺专起初名为“国立艺术院”，由教育家蔡元培于1928年选址创办，在杭州成立，校址为孤山南麓罗苑，林风眠出任第一任院长。作为民国政府设立的最高美术学院，设立了图画系、西画系、雕塑系、图案系、预科和研究院，以介绍西洋艺术，整理中国艺术，调和中西艺术，创造时代艺术为学术目标，对当时中国新艺术运动起了先驱作用，促进了东方新艺术的诞生。

1929年“国立艺术院”更名为“国立杭州艺术专科学校”。1937年抗日战争爆发后，学校迁诸暨、贵溪等地。抗战期间，国民政府教育部将杭州、北平艺专合并，改名为“国立艺术专科学校”，迁贵阳、昆明。1945年抗战胜利后迁回杭州原址。1946年撤销国立艺术专科学校，恢复国立杭州艺术专科学校。1950年改称“中央美术学院华东分院”，1958年改称“浙江美术学院”，1993年改成“中国美术学院”。自国立艺专成立以来，培养了一大批艺术专门人才，许多人在今天早已成为各个领域的大师，像潘天寿、吴冠中、赵无极、沈福文、艾青、李可染、胡一川等人。

雕塑

木雕

中国古代的木雕历史远可追溯到原始社会新石器时代，虽说那时的木雕造型简洁、制作粗糙，但却是人类在工艺史上迈出的第一步。古时有“六工”之说，这“六工”中就有木工的名称，古代的木工同时也兼作木雕。中国木雕发展较快的有三个时期：春秋战国到东汉、魏晋南北朝到隋唐宋元、明清到民国早期，这是中国木雕艺术得到空前发展的辉煌时期。

中国的木雕因用途不同有不同的表现方法、不同的艺术风格。依形式而言可以分为“独立式”和“依附式”两种。木雕作品大体可分为三大类：一为明器，如木佣、镇墓兽、棺椁之类的陪葬品；二为建筑，如宫殿寺庙、木塔园林和民居等；三是家具和陈设。木雕作品的表现内容主要以吉祥图案为主，比如福寿吉庆（孩童执扇配蝙蝠桔子）、喜庆三多（喜鹊、佛手、桃、石榴）等，吉祥图案在木雕艺术中广泛应用，为木雕艺术添注了取之不尽、用之不竭的生命活力。经艺匠们长期的实践、探索、传授和总结，创造了圆雕、浅浮雕、高浮雕等几种技法。木雕作品雕刻结束经打磨修光，最后进行髹漆贴金。因为木材较易腐烂，经过最后两道工序的处理，防蛀防潮，经久耐用。选用合适的木材是木雕作品优劣成败的关键之一。中国木雕常用的木材大致有紫檀、黄花梨、红木、楠木、樟木、黄杨、杉木、银杏、檀香。经过数百年的发展演变，浙江东阳、浙江乐清、福建、广东、中原等五大地区逐渐形成各自独特的工艺特色，中国最著名的四大木雕有东阳木雕、黄杨木雕、潮州木雕、龙眼木雕，出现了很多优秀的木雕作品。

宗庙造像

宗，指宗祠、宗庙，是供奉祖先和祭祀的场所庙，指祠庙、寺庙、祖庙，是民间信仰的宗教表现形式之一。

中国宗庙造像的表现对象主要分为4种。第一，自然神信仰，其中包括全国各地普遍存在的天地之神与山水之神的信仰，以及对自然现象，如火、冰雹、风等的信仰。民众对自然的崇拜具有浓厚的社会属性，祈求的目的是愿神明能保佑风调雨顺，家国平安。但是因各地山川、民间信仰的不同出现了不同的宗庙造像，主要分为两种类型，一是天地之神，二是山水之神，比如泰山岱庙、东岳庙、陇西的雪山庙、风神庙等。第二，是仙灵信仰，因为在中国神仙与灵物的信仰中，人们认为鬼神与人是密切联系的。在民间仙灵信仰中，神明往往都带有浓重的佛教与道教的宗教色彩。在仙灵信仰中，城隍庙作为神祠的作用几乎包含了中华民族所有的神明，比如观音庙、土地庙、龙王庙等。第三，是始祖神信仰，比如伏羲庙、黄帝庙、炎帝庙等。第四，人格神信仰，人们除了奉祀历代传说人物及先贤之外，也信奉本朝能臣武将、前代先贤，比如大禹庙、关帝庙、武乡侯（诸葛亮）庙、三军庙等。

中国的宗庙制度是儒家传统文化中崇拜祖先的产物，宗庙文化作为中华民族悠久历史和儒家文化的象征及标志，具有无与伦比的影响力和历史价值。

建筑造像

中国古代建筑造像历史悠久，艺术风格与技法手法独特，不仅具有丰富的外在形式美，而且蕴含更深邃的思想内涵和文化意义，

中国建筑中的梁、枋、檩、椽、柱、斗拱、门楣、天花、柱础、山墙、屋脊等部位的建筑造像装饰，形式各异、绚丽多彩、含义深刻。中国古代建筑造像装饰题材非常丰富，包括云气星象类、祥瑞神兽类、几何类、文字类、动物类、植物类、纹样类、器物类、历史故事类、神话传说类、祈福吉祥类、历史典故类、宗教类、戏曲类、建筑构件类。其中，建筑构件包括如意斗拱、天花、盘龙柱、栏杆、脊兽、上马石、拴马桩、景窗等。此外，建筑构件不仅以自身形态为装饰题材，并针对造型进行恰当的艺术处理，展现其优美的装饰性效果，如江南地区园亭建筑翼角起翘等。中国古代建筑造像装饰与建筑形制等级相一致，也是社会等级制度的一种重要标志。另外，中国古代建筑造像装饰题材的另一个社会功能就是“成教化，助人伦”，并且饱含了古人祈福求吉的意愿，人们通过美好的题材表达自己对幸福生活、功名前程的希冀。中国古代建筑造像装饰不只是简单地追求装饰的视觉审美愉悦，单纯地表现装饰外在的形式美，而是通过装饰“题材”进一步陈述和宣示建筑自身内在的、深刻的社会人文精神内涵、审美价值观和生活哲学。

民间雕塑

中国民间雕塑是时代、民族、思想、情感、审美观念共同结晶的产物，是社会发展过程的记录。

民间雕塑经过长期的历史发展，逐渐形成了自身独特的一种文化形态。首先，民间雕塑的与众不同体现在民俗性上。民间雕塑产生于民间，同时也在民间传播流传。民间雕塑的制作往往是根据某种地区礼仪或习俗、民间信仰或风土人情为蓝本的雕塑艺术。其次，民间雕塑作品的创作主体和服务对象主要集中在民间。民间雕塑的创作人员除了专业的工匠和手工艺人之外，还包括平民和劳动群众。再次，民间雕塑很好地将艺术的审美和实用性结合起来，很多作品本身就是人们日常所需所用的生活用品和民俗用品等实用物。最后，民间雕塑具有鲜明的地域性和民族特征。民间雕塑艺术风格的形成受到地域文化特色和民族特色的影响，因此不同地区的民间雕塑呈现出不同的艺术特征。比如：西北地区的民间雕塑作品反映出西北人民豪迈、粗犷的性格特征，而江浙一带的民间雕塑作品更偏向华美、细腻的风格。

民间雕塑继承并发扬了中国传统雕塑的精华，呈现出蓬勃的生命力，并得到持续发展。

泥塑

中国民间传统的一种古老常见的民间艺术,俗称“彩塑”“泥玩”。泥塑是一种立体造型艺术,是雕塑艺术的方法之一,既可以作为独立的艺术形式存在,也可以作为其他雕塑形式的辅助方法。

泥塑的制作方法简便易行,大致分为两大步骤:一是制泥胎,二是上颜色。泥塑的装饰纹样以花鸟鱼虫、祥鸟瑞兽为主的意向造型是中国古代图腾崇拜、生殖崇拜、神灵崇拜的遗存,反映出图腾时代的文化特点,也有人物、动物、植物、戏剧脸谱、吉祥图案、民间传说、历史故事、乡俗生活等,取材立意极为广泛。泥塑的色彩别具一格,鲜明艳丽,对比强烈。它用色不多,以红、绿、黄色为主,给人以明快醒目的感觉。

泥塑艺术品流传不衰,尤其是小型泥塑,既可观赏陈设,又可玩耍,其中著名的产地有无锡、天津、陕西、河北、山东、河南以及北京等。著名泥塑作品有甘肃敦煌莫高窟的菩萨、山西太原晋祠的宫女等。泥塑形成南北两大著名流派:北方有天津“泥人张”,南方有无锡惠山泥人。“泥人张”指天津张氏,是捏塑世家,作品以写实为特色,人物造型,音容笑貌,色彩装饰,无不强调一个“像”字。惠山泥人又可分两类:一类“泥耍货”供儿童玩耍,《大阿福》是最典型的作品。其造型丰满活泼、浑厚简练,色彩明朗热烈,富有浓厚的乡土气息。另一类为“手捏戏文”,主要塑造戏曲人物。这类泥人很注意神态刻画,造型适当夸张,表现技法精练,色彩纯朴深厚,具有江南地方特色。

雕刻纹路

在中国珍贵的文化宝库中,传统雕刻纹路丰富多彩,璀璨夺目。它既代表着中华民族的悠久历史、社会的发展进步,也是世界文化艺术宝库中的巨大财富。

中国古人把生活中和自然界的可视物象,按照自己的理解,巧妙地组织运用到各种器皿器物上,形成了庄重大方、自然协调的装饰花纹。植物纹中常见的装饰有各种花卉果实图案,如莲花纹、忍冬草、宝相花、梅兰竹菊等。装饰手法多样,构图巧妙、气韵生动、敷彩绚丽。这些图案表达了人们美好的理想,象征美德,表达吉祥、事事顺遂之意。动物纹中最常见的图案有四神纹、饕餮纹、夔龙纹、夔凤纹、鹿纹、麒麟纹等。四神纹也称为四灵纹,由青龙、白虎、朱雀、玄武四种动物形象作为标志,玉鸟纹、鹿纹以及麒麟纹象征祥瑞,寓意着对美好生活的向往和憧憬。此外,由器物形象构成的图案也甚为流行,如古玩、金石文字、钟、鼎等,具有典雅之风,称为“博古纹”,还有由八种佛教供器组成的“八吉祥”,道教持物组成的“道八宝”等。

中国古代传统纹样变化无穷,形式多样,主要来源可以分为三类。其一来自民间工艺,这是劳动人民按照自己的意愿发挥创造,朴实粗犷,乡土气息浓郁。其二来自宗教仪式,如宗教和神话传说。这些图案纹样构图严谨,富有吉祥的寓意。其三来源于封建帝王、王公贵族、富豪商贾等贵族阶级使用的日用品、陈设品和服饰、建筑等,这些图案纹样雕作精细,色彩富丽豪华。

秦汉铜雕

随着时代的变迁,盛行于商周时的铜雕工艺从礼器中脱离出来,至秦汉时已出现了对现实生活进行真实塑造的作品。铜雕的制作工艺复杂且考究,一般要经过金属冶炼、锻造、雕刻、镀金、磨光、上红等几个重要的工序。铜雕主要的铸造方法有失蜡法、磨法、熔铜法、铸造法 4 种。

在秦汉铜雕的发展过程中,铜雕纹饰的发展最为突出。战国晚期,封建贵族把灯具视为重要的雕塑品种,以河北出土的长信宫灯最为著名,构造精美,集实用性与装饰性于一体。西汉前期的铜雕主要以铜镜为主,继承了战国铜镜的蟠螭纹继续流行,并且还出现了规矩纹及四叶纹;汉中叶,铜镜的形制及花纹发生了显著的变化,地纹逐渐消失,出现了半球状圆钮,铭文增多;西汉后期,以铭文作为主要装饰,并且出现了四乳四螭镜。王莽当政前后,流行规矩四神镜和铭文装饰;东汉初期,出现了连弧云雷纹镜;东汉中后期,最流行的是蝙蝠形柿蒂纹镜、夔凤镜、兽首镜及直行铭文双兽镜;东汉后期的铜镜纹饰主要以东王公、西王母等神像和龙、虎等兽形为主纹,此外,还有车马、歌舞、历史人物及传说故事等浮雕图像。中国历史上著名的铜雕艺术作品还有西周的伯矩鬲、晚商的司母戊鼎以及汉代的马踏飞燕等。

秦始皇兵马俑

以秦代军事为题材的群雕陶俑艺术,发现于1974年,被誉为"世界第八大奇迹""20世纪考古史上的伟大发现之一"。三个兵马俑坑成品字形排列,总面积2万多平方米,坑内陶俑、陶马7 000余件。

秦始皇陵兵马俑象征着强大的秦国军队,反映了秦军的雄壮气势和大国风范。秦始皇兵马俑形体高大、神态逼真,以写实的方法塑造了秦代军人的不同形象。秦俑以泥土为材料,采用陶冶烧制的方法制成,大体经过胚胎制作、覆泥修饰、组合拼装三个制作步骤。制成的陶俑主要分为士兵与军吏两种,包含车士俑、立射俑、跪射俑、骑兵俑、武将俑、彩绘俑。兵马俑的制作以秦代生活为创作原本,手法细腻,每个陶俑的装束、神态、表情各不相同。兵马俑采用绘塑结合的方式,在手法上注重传神,技法灵活。

秦始皇兵马俑丰富而生动地塑造了多种具有一定性格的人物形象。其风格浑厚、洗练,富于感人的艺术魅力,是中国古代陶俑塑造艺术臻于成熟的标志。它继承了战国以来中国的陶塑传统,又为唐代塑造艺术的繁荣奠定了基础。

佛教造像艺术

公元1世纪,佛教传入中国后,佛教造像不断吸收、融汇中国古代艺术精华,逐渐形成了具有中国文化内涵的佛教造像艺术。南北朝以后,汉传佛教造像逐渐脱离了古印度及中亚佛教造像风格的影响,融入了中华民族的艺术特点。北魏的"佛骨清像"、唐代的"雍容华贵"、宋代的"典雅秀丽"等风格迥异的佛教造像,充分反映了中华民族无与伦比的创造力与融合力,是中国古代雕塑艺术史上灿烂的篇章。

中国佛教造像可分为泥塑佛教造像、石雕佛教造像、木雕佛教造像、铜铸佛教造像4种。中国泥塑佛教造像采用了在印度造像中少见的将泥塑与彩绘相结合的雕塑方法,为中国古代佛像雕塑注入了新的活力。受到大型石窟佛像的影响,石雕佛教造像成为佛教造像的主流,其中山东青州、山西太原和河北定州的石雕佛像造像完全脱离了对印度式佛教造像的模仿,创造出全新的中国式佛教造像。宋代以后,木雕佛教造像流行,注重形象塑造,工艺精巧。特别是宋代木雕菩萨像突破了典籍仪轨的限制,追求美而不娇、端庄含蓄、朴素无华的自然之美,呈现出高雅和飘逸的艺术风格。明代以后的铜铸佛教造像内容丰富,形式多样,铸造工艺精细,装饰繁缛。

藏传佛教造像是中国古代佛教造像艺术的重要组成部分。在独特的地理环境中,藏传佛教造像融会了克什米尔地区、印度东北、尼泊尔等外来文化,将汉传佛教造像艺术的精华融入其中,形成具有多元文化因素的造像风格,具有较高的艺术水平。

佛教造像种类

公元前6世纪初,佛教发源于印度,而后在印度各地不断完善,并传向东南亚各国和中国,再从中国传入朝鲜半岛,最后传至日本。中国的佛教造像主要有弥勒佛像、观世音像等。

弥勒佛像

弥勒,意为"慈氏",即佛教大乘菩萨,为庄重威严的未来佛。中国的弥勒信仰始于南北朝,随着佛教的中国化,佛装的弥勒逐渐被大肚笑口的弥勒佛型所取代,成为中国化"弥勒像"的主流。另外还有一种是较为传统的天冠弥勒，即在兜率内院讲法，现天人像，头戴天冠的弥勒菩萨。

大肚弥勒佛像有两个显著特征，其一是“大肚”，弥勒的大肚包罗万象，大肚能容，容的是天下难以容忍的事情。但弥勒的“大肚包容”并不意味着盲目包容万事万物，遇到不平非法的事情则予以劝诫，从而点化、教化、感化俗人使其向善行善。其二是“开口笑”，弥勒的笑首先是一种乐观的笑，面对人生的种种磨难和愁苦，要乐观豁达，笑对人生。弥勒的笑意在告诫世人，要笑对一切，知足常乐足以化解古今所有艰难、愁苦。此外，弥勒的笑还有一种揶揄的含义。世上俗人总有可笑的一面，而弥勒的笑是一种善意的讽刺，以一种温和的方式来警醒世人，要努力向善，改正人性中的缺点，尽力弥补人性中的不足。

弥勒的形象被广泛地运用于美术的各个领域，如中国画、工艺美术、木雕、铜雕、石雕、壁画等，比较著名的弥勒形象有莫高窟第 257 窟交脚弥勒、四川乐山大佛、福建瑞岩弥勒尊佛石像等。

观世音像

两汉之际，随着佛教传入中土，观世音菩萨也被介绍到中国来。随着佛教的普及，主张“随类化度”，对一切人都救苦救难、不分贵贱贤愚的观世音菩萨脱颖而出，由于中国特殊的社会环境和思想、文化环境而迅速得到普及。到了唐代，僧俗朝野形成了对佛教偶像的多元崇拜，其中以崇拜观世音菩萨最为突出。观世音逐渐以女性形象出现，所以以观世音为主尊的造像逐渐增多。

观世音是大乘佛教信奉的菩萨之一，与大势至菩萨同为阿弥陀佛的左右胁侍，合称“西方三圣”。观世音在佛教中的形象各异，神通也各不相同，各种宗派都有自己的观世音形象。观音有六观音、七观音及三十三观音、十一面观音、千手观音、准提观音、如意轮观音。天台宗有所谓的“六观音”：大悲观音、大慈观音、狮子无畏观音、大光普照观音、天人丈夫观音、大梵深远观音。密宗也有自己的六观音。密宗系统的六观音，是观音度六道众生出轮回的六种化身形。观世音塑像的第一个特点是菩萨姿势的变化，观音雕塑的姿势一般分坐立两种，坐姿主要有跏趺式、游戏坐式、安逸式等，立式姿态时一般手持净水瓶或莲花，另一只手施无畏印或做兰花指。第二个特点体现在服饰上的世俗性倾向。历代观世音造像，有的极尽简洁之风，有的雍容华贵。第三个特点是神情温和，细眉长眼，双唇紧闭。

石窟艺术

石窟，是佛教建筑的一种类型，即在山坡崖壁上开凿出洞窟形的佛教寺庙。在中国到处都可以寻到石窟建筑的踪迹。中国石窟建筑的艺术价值，主要是指石窟的建筑、雕像、彩塑、壁画和碑刻。其中，莫高窟、云冈、龙门和麦积山石窟，并称中国四大石窟。

莫高窟俗称千佛洞，坐落在河西走廊的西段敦煌，以精美的壁画和塑像闻名于世。莫高窟南北全长 1 680 米，至今拥有 492 窟，有 2 415 座精美的塑像和数以万计的影塑小千佛，以及琳琅满目的丹青壁画 45 000 多平方米，是一处由建筑、绘画、雕塑组成的综合艺术宫殿。

云冈石窟开凿于北魏时期，位于山西省大同市武周山，现存主要洞窟 53 个，1 100 余小窟。云冈石窟按开凿的早晚，可分为早中晚三期，其中以昙曜五窟最具代表，布局严谨，气势雄浑。

龙门石窟，又称伊阙，共有佛洞 1 352 个，佛龛 750 个，佛像约 10 万尊，佛塔 39 座，造像题记 3 680 品，以古阳洞、宾阳洞、莲花洞、魏字洞、奉先寺为其代表窟。

麦积山石窟存有 221 座洞窟，10 632 座泥塑石雕，1 300 余平方米壁画，以涅槃窟、千佛窟、七佛阁、牛儿堂为代表窟。麦积山石窟以其精美的泥塑艺术闻名世界。

唐三彩

唐代三彩釉陶器。其上的釉色，是在汉代低温铅釉的基础上发展起来的，经历了由单色釉到三彩釉的演变过程。釉色有黄、绿、褐、蓝、黑、白等，其中黄、绿、褐三种釉色彩为基本釉色，因而人们习惯地称有这种釉色的陶器为三彩。唐三彩的制作成功，是唐代陶瓷工艺的杰出成就之一。

唐三彩以细腻的白色黏土作为胎料，制作工艺极为复杂精细，前后需要经过三个主要步骤：胎骨制作、成型和上釉。唐三彩的形制大致分为器皿和俑两大类，三彩器皿包括用具或明器、器物模型和建筑装饰，三彩俑可分为人物、动物和神怪三类。唐三彩的品类很多，包括了社会生活的各个方面。种类繁多的三彩器，有着较高的艺术价值，其中最有代表性的还是人物俑、动物俑，它们的造型生动，形式多样，既是对现实生活的真实写照，又有艺术的概括处理，形成了独特的风格。唐代制作的三彩人俑内容丰富，题材广阔，富丽活泼，情趣横生；唐三彩中的动物俑也很引人入胜，各种动物的个性特征塑造得栩栩如生，有的凝重奔放，有的简练概括，极富浪漫色彩，个个塑造得生动逼真，活泼劲健。

唐三彩艺术作为唐代这个特定时期文化、艺术、科学的结晶，它体现了唐代整个时期的民族风格和人们的审美要求。从三彩器物中，我们不仅看到了先人们高超的技术水平和表现能力，也看到了古代工匠们关注生活，以生活为源的优良传统。

城市雕塑

随着中国经济的飞速发展，城市雕塑也逐渐兴起。城市雕塑艺术与变化多元的社会文化背景息息相关，呈现出深刻的复杂性和特征性。

第一，城市雕塑的公共性体现在城市雕塑表现或传达社会公共领域的各种意向、价值及观念等。城市雕塑是面向公众的，是为了反映公众的生活和思考而产生的。第二，城市雕塑的独特性体现在它与城市环境的有机联系。城市雕塑是艺术家创意与公众需求和城市文化相互契合的产物。城市雕塑是为公众反映和诉诸其自身社会的、物质的、历史的和政治的需求而创造的。城市雕塑必须与其所在的环境形成一种共生关系，它不是一种孤立存在的形式，而是城市环境中的一个组成部分和要素，因此不同地区的城市雕塑是一具拥有独特灵魂的雕塑艺术作品。第三，城市雕塑的文化性主要体现在物质文化和非物质文化对城市雕塑的影响上。物质文化对城市雕塑的影响表现为城市环境、城市雕塑创作的材料和城市雕塑制作的技术；非物质文化对城市雕塑的影响表现为城市环境、居民的生活理念、居民的审美观念、城市的精神文明和居民的文化素质等。

城市雕塑有三大类，纪念性城市雕塑、象征性城市雕塑和风俗性城市雕塑。比较著名的城市雕塑有北京人民英雄纪念碑、广州五羊雕塑、深圳开荒牛雕塑、厦门郑成功像、武汉东湖的屈原像、上海虹口公园的鲁迅像等。

⊙ 影视 ⊙

《定军山》

中国拍摄的第一部电影。在北京丰泰照相馆拍摄并在前门大观楼放映，该片由任庆泰执导，谭鑫培主演。影片于1905年12月28日上映，标志着中国电影的诞生。

1905年，适逢著名京剧老生表演艺术家谭鑫培60寿辰。北京丰泰照相馆老板任庆泰获得了拍摄中国人自己的电影的灵感。在电影中，谭鑫培在镜头前表演了“请缨”“舞刀”和“交锋”几个拿手片断。拍摄完成后，片子被拿到前门大观楼放映，万人空巷。

《定军山》代表着丰富多彩的中国电影业的开始。

中国无声电影

中国无声电影诞生于20世纪初，发展繁荣于20世纪20年代，仅有30多年的历史。早期无声电影是中国文化与西方文化碰撞交融的结果。

中国曾拍摄过近千部无声电影，如今尚存的不足百部。代表作有《劳工之爱情》等。

无声电影是中国电影发展的萌芽期。这个时期的电影尽管在今天看来有些粗疏稚嫩，但背后蕴含着前辈艺术家们的艰苦付出。在传统文化和欧美电影的双重影响下，早期无声电影不断实验、摸索，完成了从纪录片到故事片的转变。无声电影的早期萌芽与发展，为日后电影的繁荣奠定了必要的基础，为中国电影展示了美好的前景。

中国早期电影公司

幻仙影片公司：1916年由张石川、管海峰集资创办于上海徐家汇，租用意大利侨民阿·劳罗（A.E. Lauros）的器材和摄影场拍片，是中国第一家在经济上摆脱外国商人的自主影片公司。摄制的影片《黑籍冤魂》，以同名文明戏为蓝本，由张石川、管海峰任导演，抨击鸦片流毒，具有警世作用，是中国故事片创作短片到长片的过渡性作品。该片摄制完成后，公司终因资金短绌而歇业。

中国影戏研究社：1920年由陈寿芝、邵鹏、施彬元等集资创办，系电影爱好者团体。社址在上海南京路西藏路口的一条弄堂内。当时沪上将洋行买办阎瑞生谋财害命、勒毙名妓王莲英一案搬上舞台，颇为轰动，久演不衰。陈寿芝等有鉴于此，遂邀杨小仲改编、任彭年导演，拍成影片《阎瑞生》，于1921年7月1日公映，是中国第一部长故事片。公映后，获利颇丰。由于影片具体描写阎瑞生的犯罪行为，受到舆论的抨击，该社于1922年冬停业。

南国电影剧社：1926年由田汉创办于上海。在发起启事中郑重宣称：“将群策群力，以纯真之态度，借胶片以宣泄吾民深切之苦闷，努力不懈，斯于大成。”同年，借徐家汇路新少年影片公司原址开拍影片《到民间去》，由田汉编剧兼导演，唐槐秋、唐琳、易素、叶鼎铭、蒋光赤、李金发等参加演出。拍摄近一年，终因资金告竭而夭折。翌年，田汉又编导影片《断笛余音》，上海艺术大学文科、画科、音乐科的学生均投入摄制，可以视为南国电影剧社的继续，但仍因资金短绌而未竟。1928年，南国电影剧社改组，扩大范围，设立文学、绘画、音乐、戏剧、电影等5部。确定其宗旨为：“团结能为时代共痛痒之有为青年，作艺术上之革命运动。”1930年被国民党当局查封。

启明影业公司：1948年创办于上海。系创作态度比较严肃认真的小型制片机构。仅摄制故事片《鸡鸣早看天》和戏曲片《祥林嫂》（越剧）两部。1949年春停止拍摄影片。

上海实验电影工场：简称“上实”。1946年国民党上海市党部接管日伪电影制片机构中华电影联合股份有限公司（简称“华影”）部分财产后经营的电影机构。董事会由吴绍澍、沈春晖、费穆、吴承镛、裴冲等组成，场长由费穆兼任，主持创作。先后摄制故事片《铁骨冰心》《大地回春》（与益华影片公司合作摄制）《浮生六记》等3部。“上实”除自行摄制影片外，还承担代制业务。代制的影片有《小城之春》等数部。1948年底停止制片活动。

早期电影院线

中国最早出现的电影院线，是20世纪初至20年代中期，由西班牙电影商人雷玛斯在上海建立的，由虹口、夏令配克、维多利亚等7家电影院组成的电影院线；其后中国影戏院公司在平、津、沪等地也建成相当规模的电影院线；20世纪20年代初中国电影资本家罗明佑在华北、东北建立电影院线；30年代，天一影片公司企业家邵氏兄弟在新加坡、马来西亚等地组建南洋电影院线。现在港台等地仍有些电影发行放映商采用电影院线体制。

2001年，国家广播电影电视总局、文化部发布《关于改革电影发行放映机制的实施细则》，明确要求各电影院线要以影片为纽带，打破行政地域界限，实现一个发行主体和若干影院的有机组合，实施“统一品牌，统一排片，统一经营，统一管理”的运营模式，使中国的电影行业真正实施欧美发达国家电影行业的现代院线制。中国的电影院线制正式出台，但是，由于当时国内整个电影行业对于院线制都较为陌生，国内首批的30条电影院线几乎全为各省市原电影公司的翻牌公司，仅世纪环球院线和中影星美院线两条院线可以认定为真正意义上的电影院线。

左翼电影

一般是指1932年到1937年“七七事变”爆发前这五六年当中所产生的电影。早在1931年，左翼剧联就提出了电影要揭露帝国主义的侵略、资产阶级和地主阶级的剥削以及国民党政权的压迫，描写工农群众的反抗斗争并指出知识分子的出路。文艺工作者阳翰笙、王莹、沈西苓等一批左翼文化人，陆续以编剧、演员、美工师等身份加盟各个电影公司。他们抱持热切的社会主义和革命的理想，努力表现新的人物、新的内容。作为一支队伍庞大的新生力量，这些年轻的怀有马列主义信仰的左翼文化人很快便对整个电影创作界产生了深刻的影响。20世纪30年代初中期的这股新兴电影大潮，呈现出现实主义的新鲜与耀目的光彩。这一时期的作品主要有：《三个摩登女性》《狂流》《天明》《城市之夜》《都会的早晨》《脂粉市场》《前程》《压迫》《母性之光》《飞絮》《春蚕》《铁板红泪录》《香草美人》《神女》《大路》等。

抗战时期电影

1937年7月7日夜，卢沟桥事变爆发，日军大举侵华，拉开了抗日战争的大幕。7月15日，上海剧作者协会召开全体会议。文艺工作者夏衍在会上建议：为适应抗日救亡形势的要求，将上海剧作者协会扩大为全国性的中国剧作者协会。上海剧作者决定创作三幕剧《保卫卢沟桥》。7月28日，上海市文化界救亡协会宣告成立。接着，中国电影界救亡协会、上海电影编剧导演人协会也相继成立。抗日爆发后费穆创办震华电影社，率摄影队赴新乡前线，拍摄融战时新闻素材和抗日故事片段于一体的影片《北战场精忠录》。剧作家田汉为明星公司创作了描写南京秦淮河畔一个打浆卖笑的姑娘走上国防前线故事的《船娘曲》。阳翰笙为新华公司创作了剧本《塞上风云》。当时，上海电影人邵醉翁、张慧冲、洪深、徐琴芳、苏怡等，都曾先后南下粤港重新开展自己的电影事业。同时，上海戏剧界、电影界人士还曾组成了10多个救亡演剧队，在周恩来的亲自部署下，撤离上海，分散到内地继续宣传抗日，后陆续参加电影制作活动。抗日时期的电影人的理性与感性、艺术世界与真实世界、内心深处搅翻着的市场意识与他们所渴望的电影创作,都得以热切表露和清晰起来。在敌我分明、国难当头的时代,战时中国电影的四种格局和趋势,即国民党统治区"大后方"的"抗战电影"、共产党领导下的"革命根据地"的"人民电影"、上海的"孤岛电影"(此后为"沦陷区电影")和香港电影,保土为民、同仇敌忾、同声相求,构成较为清晰的趋势。这一时期的影像活动、电影放映不再是单向意义上的大众文化传播,而是党领导下的政治性的宣传活动,电影配合抗战立竿见影,成为群众了解革命的有力工具,电影的放映在实质上成为更直观、更形象的思想教育途径。

延安电影团

1938年,在八路军总政治部的组织和领导下,"八路军总政治部电影团"在延安成立,由此开创了人民新闻记录电影事业。

延安电影团是中国共产党建立的第一个电影机构,是党性和宣传与电影的结合。它从成立之时,就始终坚持党的文艺方向,紧密结合现实斗争,把团结人民,鼓舞人民,打击敌人作为制片的主要目的。在极其艰难的条件下,为新闻纪录电影事业做出了巨大贡献。从此以后,真正意义上党领导下的中国电影得以诞生。

抗战时期的延安电影团,适时地用胶片记录战争生活,淡定、理智、努力地说明真相,把延安和八路军介绍给外界和人民大众,开创了反映新意识形态与宣传政策的政治电影的先河。延安电影团以1938年第一部纪录片《延安与八路军》为起点,相继摄制出《南泥湾》等新闻纪录片和《白求恩大夫》等新闻素材,拍摄出了数以万计的反映陕甘宁边区和延安的政治、军事、经济、社会等各方面活动的照片,巡回放映了十几部苏联早期优秀故事片,为积累重要的革命史料和开拓发展人民电影事业作出了贡献。1945年8月,随着抗战结束,延安电影团成员被派往东北参加东北电影制片厂的接收和筹建工作。

三大国营制片厂

1949年10月以后,中华人民共和国的电影成为国家按"计划"领导的事业,三大国营制片厂——东北电影制片厂、北京电影制片厂和上海电影制片厂陆续成立。

1946年,中国共产党领导的第一个电影制片基地——东北电影制片厂正式成立。东北电影制片厂的前身东北电影公司,是在日本侵占东北三省期间成立的"株式会社满洲映画协会"的基础上改建起来的。在艰苦的环境中,电影工作者们冒着枪林弹雨,摄制了大量的战争新闻片,如《民主东北》,这在今天都成了宝贵的史料。特别值得一提的是,1949年,东北电影制片厂完成了故事影片《桥》的拍摄,被电影史学家称为"中华人民共和国"电影的第一部故事片。

北京电影制片厂于1949年成立,是中国电影故事片生产基地之一。建厂初期主要以拍摄纪录片为主。1956年北影厂改为故事片专业厂后,在影片创作和生产管理上开始大胆探索,逐渐形成自己的风格,在导演、表演、摄影、美术各方面都有创新。北京电影制片厂集中了一大批优秀的艺术家和技术专家,其摄制作品有百余部在国内外电影节获奖。有将中国文学名著搬上银幕的优势和传统,并且有与国际合作拍片的雄厚力量和经验。先后拍摄了《祝福》《林家铺子》等经典文学名著。1958年,与法国加朗斯艺术制片公司合拍的电影《风筝》是中外合拍的第一部彩色儿童故事片,也是中华人民共和国第一部中外合拍片。

上海电影制片厂是中国电影的发祥地。1953年,上海电影制片厂合并了上海联合电影制片厂,正式成立。建厂后,上影创作了一批题材广泛、内容丰富、具有强烈时代气息的优秀影片,如《南征北战》《渡江侦察记》等,为中华人民共和国电影奠定了最初的基石。60多年来,上影的多部优秀作品享誉国内外,获得了200多项知名电影奖项。

译制片

最早叫"翻版片",又叫"翻译片"。广义的译制片就是指将原版影片的对白或解说翻译成另一种语言后，以该种语言配音混录或叠加字幕后的影片。狭义的译制片单纯指的是配音混录后的影片。配音译制片制作时，先将原版影片的对白译成另一种需要的语言；再由配音演员按照原版片画面中人物的思想感情，用逼真的语调、口型，录成一条对白声带；然后与原版片的音乐、音响效果声带混录成为一条完整的译制声带，用以印制供放映用的拷贝。将本国影片从一种民族语言（或方言）译成另一种民族语言（或方言）的影片，也称译制片。

1948 年 1 月 8 日，大上海大戏院公映了由 20 多个华侨译配的意大利影片《一舞难忘》。这是第一部在中国公映的"外国人说中国话"的电影。1948 年 9 月，长春电影制片厂的前身"东北电影制片厂"正式成立翻版组，开创了中国电影译制事业的先河。1949 年 5 月，一部反映苏联近卫军战士马索特洛夫英勇事迹的影片《普通一兵》译制完成，标志着中国第一部真正意义上的译制片的出现。该片的译制导演袁乃晨被称为"中国译制片之父"。译制片在中国走过了漫长曲折的路程。从最初的默片到配幻灯小字幕和"译意风"在现场讲剧情，再到真正的译制片出现，观众逐渐习惯外国明星嘴里讲着流利的中国话。

戏曲电影

在中国电影史上，电影与传统戏曲有着颇为深刻的渊源。正如西部片之于美国电影，戏曲片是最有中国特色的片种，其舞台布景、音乐类型和表演风格都带有中国传统色彩。京剧等戏曲剧种的加入，使中国电影有了一个特殊的方向。从早起发展之始，京剧电影即立足民间，亲和观众，注意作为影像受众主体的市民口味与兴趣。从 1953 年到 1965 年，中国共拍摄了 117 部戏曲电影，戏曲电影为戏曲传承作出了独特的贡献。1964 年，戏曲电影形式问题，受到理论创作界的关注。关于京剧艺术的传承与发展的讨论成为重点。讨论形成的比较一致的认识是：京剧作为传统艺术形式，需要积极表演现代戏；京剧表演现代戏既要保留剧种特色，又要有所创新，在传统的基础上进行创作，在传统程式、唱腔的基础上创造新的形式。理论怎样体现独特探索，将包括戏曲片在内的电影艺术和创作放在专业范围内思考，进而呼唤独立的艺术和理论，尽管发挥的实际作用有限，但是必要的、有意义的。这一讨论为戏曲电影创作打下了一定的理论基础。生长在民间、发展在民间的戏曲电影通俗化，透示着电影的本质，技术和艺术结合的探索本色。中国电影从无声到有声，从黑白片到彩色片，从短片到长片，都和戏曲发生了交集和碰撞。

"样板戏"电影

1966 年到 1976 年的十年中出现的一种专有名词，即戏剧艺术的"样板""典型"拍成的电影。当时，戏剧艺术的"样板"典型，共有 8 个曲目。"样板戏"电影是在"样板戏"成形的基础上被搬上银幕的，但拍摄时并不是原样照搬舞台剧，而是力求"源于舞台，高于舞台"。在拍摄的过程中，电影的艺术形式和"样板戏"舞台剧的形式、电影原有的创作观念和贯穿于"样板戏"中的"三突出"原则相互融合，进行再创作。

毛泽东关于"大力普及样板戏"的指示是"样板戏"电影拍摄最终得以提上议事日程的直接动因。把"样板戏"拍成电影正是普及样板戏的客观需要。1970 年 7 月 7 日的《人民日报》开设了"大力普及样板戏"的专栏，当时这个专栏恰巧被用来宣传屏幕复制片，因为屏幕复制片第一次让全国各地的观众都能看到"样板戏"，所以引起了很大的反响。然而，"样板戏"的屏幕复制片所具有的种种局限——比如黑白画面、全景镜头等，仍然大大地削弱了"样板戏"传播的效果。真正的普及仍然需要一个更恰当也更有效的艺术形式。在这种情况下，"样板戏"电影终于应运而生。

仅在 1974 年全国各地革命样板戏汇映的一个多月里，上海各电影院共放映"样板戏"电影 15 840 多场，数量惊人。而 8 部"样板戏"电影不间断地整整放映了 6

年,以每个地区每个月 50 场来论,一个月全国就上映 1 500场,一年也有 30 万场,6 年放映期间放映场数也达到 180 万场。当时全国 8 亿人民几乎都是“样板戏”电影的受众,以每人看过 3 部“样板戏”电影来推算,“样板戏”电影的受众人数可达 24 亿人次。“样板戏”电影把“样板戏”推向了高潮。不管是从中国电影史还是世界电影史上看,“样板戏”电影的传播都是一次前所未有的电影事件。

美术片

一种特殊形式的电影。美术片是中国的名词,国际上统称 animation,是动画片、木偶片、剪纸片的总称。美术片主要运用绘画或其他造型艺术的形象(人、动物或其他物体)来表现艺术家的创作意图,是一门综合艺术。美术电影有短片、长片和系列片多种,题材和形式广泛多样,在世界影坛上占有重要地位。在电视领域中更受重视,为少年儿童和成年观众所喜闻乐见。

“美术片”这一概念最早为时任东北电影制片厂(简称“东影”)厂长袁牧之于 1947 年初提出:“所谓七片就是艺术片、新闻纪录片、科教片、美术片、翻译片、幻灯片和新闻照片。”这时候,东影制作“美术片”的部门还叫“卡通组”,1948 年 6 月扩大成立“卡通股”,1949 年 7 月才在“卡通股”的基础上成立了“美术片组”,1950 年 3 月东影“美术片组”的 20 多人整体调入新成立的上海电影制片厂,1957 年 4 月上海电影制片厂“美术片组”改组扩建为上海美术电影制片厂(简称“美影厂”),成为中国最重要的美术电影生产基地。

中国美术片具有鲜明的民族特点,反映了中华民族优秀的文化传统和创作者高度的人文精神。中国美术片选取的题材十分广泛,并且有十分深厚的艺术功力和广泛的人文基础。由于题材大多取材于文学名著、艺术名作、脍炙人口的成语、谚语,或具有广泛群众基础的民间传说题材,以中国各民族特有的民族传统和风俗习惯、审美趣味以及传情达意的特殊的方式为蓝本,并通过美术片的夸张、强化,被凸现出来。最为著名的中国美术片为上海电影厂制作的《三打白骨精》等。

水墨动画片

一种没有轮廓线,由水墨在宣纸上自然渲染而制作的动画。中国水墨画已有 1 000 多年的历史,远在“五代”的石恪,就开始画水墨人物画。到明、清时期又有更大的发展,经诸家各派的不断演变而独具一格。在此基础上发展起来的水墨动画片,继承了这种优异的艺术传统,笔墨豪放、意境优美、格调抒情、气韵生动。擅于用“写意”和“神似”等手法,使影片意蕴深邃,耐人寻味。

水墨动画片是中国美术电影中民族风格的杰出作品,诞生于 1960 年,它把中国传统水墨画的表现技法和风格运用于动画电影,创造了一种罕见的动画形式。由于要表现水和墨的渲染效果,使活动的人物没有边缘线,这就突破了动画片通常使用的“单线条平涂”的制作方法,在技术上也是一个创举。蜚声世界的水墨动画片有《小蝌蚪找妈妈》和《牧笛》,这两部水墨动画片问世之后,受到国内外一致赞美。水墨动画片可以称得上是中国动画的一大创举,它将传统的中国水墨画引入动画制作中,那种虚虚实实的意境和轻灵优雅的画面使动画片的艺术格调有了重大的突破,体现了中国传统的美学思想和民族风格。

武侠片与功夫片

武侠片与功夫片起源于 20 世纪 20 年代末期的上海,是植根于传统文化的东方类型片,这二者虽常常混用,但其实界限较清晰。

武侠片中,武即中国武术,侠即中国伦理,武术动作是外在娱乐形式,精神内核上以“侠义”为中心,以“自由”与“为民”为宗旨,表现侠之大者的精神和中国传统武学、伦理文化是真实主题指向。以古代为限定历史背景,这类影片常常通过赏心悦目的打斗场面配以快意恩仇的江湖故事俘获人心,动作设计偏向于飘逸、夸张、虚幻，以相对自由的形式表现出武侠美学。武侠片多以虚构的方式呈现出英雄侠义、爱恨情仇、复仇恩怨、争霸武林等内容，以金庸、古龙、梁羽生等武侠小说改编的电影为代表，另外，奥斯卡获奖影片，李安的《卧虎藏龙》也是武侠片代表作之一。

功夫片是从武侠片发展而来的一个新片种，时代背景往往限定为清末或民初之后。这类以爱国主义、民族精神或儆恶惩奸为内容，以徒手徒脚搏击为特征的近代题材功夫电影，它的一招一式都是真功夫，拍摄采用真打实拍。以《精武门》《猛龙过江》为代表的李小龙电影在20世纪70年代风靡一时，功夫片为世人所熟悉，中国的"功夫"在世界上也产生了相当大的影响。到70年代中期，拳脚功夫与喜剧结合，形成了一种新的诙谐功夫片，它采用了武术真功夫与杂技相结合的打法，插科打诨，妙趣横生，电影演员成龙主演的《蛇形刁手》与《醉拳》是最具代表性的两部影片。此外，电影演员李连杰、甄子丹系列等也是中国功夫片的代表。

如今，武侠片和功夫片的发展方向是融会贯通，以他者的元素和类型来杂糅这两个已经被香港电影人发展到极致的类型，融合的效果决定了成就大小。

贺岁片

指在元旦、春节期间上映的电影。寻求欢乐和放松，是观众在逢年过节尤其是春节期间普遍的心理需求，这就决定了贺岁片的风格：轻松，幽默，具有强烈的观赏性和娱乐性。因此其题材多与百姓节日期间喜庆、祝福的生活与习俗相关，形式多是娱乐性、消遣性较强的喜剧片和动作片。

贺岁片真正在中国内地大张旗鼓地制作并吸引众多的注意力，是从1997年末导演冯小刚和紫禁城影业公司合作推出《甲方乙方》开始的，此后，贺岁片市场越来越红火。如今，贺岁片越来越多，科幻、战争、古装等题材也更加多样了，不少贺岁片也取得了不俗的票房成绩，例如2019年春节贺岁档的科幻题材电影《流浪地球》收获了高达38.01亿人民币的总票房。

香港电影

香港电影被誉为华语电影的先驱，香港也有"东方好莱坞"之称。1909年至二战爆发，是香港电影的萌芽期。早期的香港电影多源自戏曲。1913年香港出品了有女演员参演、运用特技的第一部故事片《庄子试妻》。

二战爆发后，中国人民同仇敌忾，投入反侵略的战争中。有声片《白金龙》上映后，香港电影公司开始集体效仿。这一时期，反战反侵略的"国防片"成了主流，粤语片产量递增。

20世纪40年代至70年代，是香港电影的成熟和转型期。粤方言电影复兴，并诞生了嘉禾和邵氏等电影公司。功夫巨星李小龙开始崭露头角，拍摄了《唐山大兄》(1971)、《猛龙过江》(1972)等片，香港电影一度到达巅峰。1978年，袁和平的《醉拳》开功夫喜剧先河。

20世纪80年代末至90年代初，香港电影开始流派分立，各放异彩。导演徐克的功夫片、导演麦嘉和许冠杰的喜剧片、导演吴宇森的黑帮片以及导演林正英和黄百鸣的僵尸片、鬼片都愈见成熟。

20世纪90年代以来，演员周星驰缔造了香港电影的神话，多次打破票房纪录，并拍摄了个性鲜明的《赌圣》《功夫》等电影。王家卫、陈嘉上等导演和周润发、张曼玉、成龙、杨紫琼等演员也蜚声国际，名声大噪，成为整个华语电影圈的中坚力量。

香港电影以功夫武侠片、黑帮片、警匪片、文艺片和恐怖片为主要类型。1988年开始出现分级制度。香港电影金像奖也与台湾电影金马奖和中国电影金鸡奖并称"华语三大电影奖"。

台湾电影

台湾电影总体上表现出明显的政治化、本土化、导演个人特色化特点，以艺术片、纪录片、青春片类型电影为主。

早期台湾由于被日本占领，曾自制日语电影。李香兰因其特殊的身世，一时名噪。但该阶段的多数影片都具有政治宣传作用。

抗战后初期，闽南语电影迅速占据台湾电影主流，风靡20余年。20世纪60年代，健康写实主义盛行，作为编剧的琼瑶声名鹊起。同一时期，受李小龙功夫片的影响，武打片也成为台湾电影主流之一，直到20世纪80年代方显没落。

20世纪80年代末90年代初，台湾电影掀起新浪潮运动。导演杨德昌的《青梅竹马》(1985)、侯孝贤的《悲情城市》(1989)以及《牯岭街少年杀人事件》(1991)取得商业和口碑的双收。

20世纪90年代到21世纪初，导演蔡明亮凭借《爱情万岁》拿下1994年威尼斯电影节金狮奖，再掀第二波新浪潮运动。导演李安的电影生涯也自此开始，拍摄了《推拿》《喜宴》等堪称经典的作品。2000年，李安进军好莱坞，凭借《卧虎藏龙》拿下奥斯卡金像奖最佳外语片，也是迄今唯一一部获得该奖的武侠片和华语电影。2008年欧美影视企业在台业务受经济危机影响，台湾自制电影迎来机遇。魏德圣执导《海角七号》，以大规模国际化商业路线，糅合本土特色成为台湾影史的票房奇迹。

2008年至2018年，台湾青春电影在两岸刮起风潮，一批青年演员进入大众视角，并多次获奖，台海两岸的电影艺术交流也逐渐频繁。

台湾电影金马奖与香港电影金像奖、中国电影金鸡奖并称“华语三大电影奖”。

《劳工之爱情》

又名《掷果缘》，是明星影片公司于1922年出品的第一部爱情喜剧片，张石川导演，郑正秋编剧，郑鹧鸪、余瑛、郑正秋等主演，是中国电影资料馆的片库里现存最早的一部影片。影片具有生活气息与平民色彩，基调爽朗，编导富于创新和尝试，在显示特定的喜剧手法之外，还反映出对电影时空转换和以视觉效果为主的一种敏感性，运用了较多的电影化手段，赋予影像语言以趣味。《劳工之爱情》摄制于新文化运动之后，一定程度上受到了五四运动的影响，在影片中出现了郑木匠向祝小姐求婚的场面，并且有“你可以和我结婚吗?”的字幕台词出现，这些场景在当时的中国颇为前卫，与父母之命、媒妁之言、门当户对等传统婚恋观念格格不入，是开中国爱情电影先河之作。

《劳工之爱情》于1922年10月在上海夏令配克影戏院首映，引起轰动。该片后来被学者誉为尝试时期中国短故事片创作的压卷之作，也是中国短故事艺术片经验的集大成者。

院线制

国际电影发行业的通用模式，由一个发行主体和若干影院组合形成，实行统一的品牌经营和管理。院线制在1949年前的中国有过实践与探索，首次见于上海永乐股份有限公司。从2002年3月至2004年12月，中国院线建设全面启动，到2006年，全国有8条院线全年票房过亿。到目前为止，全国已有48条跨区域的院线，将近千家影院收入麾下，控制全国90%左右的票房。

中国电影发行放映体制曾经是统购统销。有制片资格的是全国十多家电影制片厂，而发行则由中影公司独家垄断，统购包销。无论同期每部影片的制作成本是多少，中影收购价都保持一致。1993年，经过中央指示，中影公司的独家经营权被终止，制片厂获得了自主权。

21世纪初，中国电影市场难掩颓势，中央在2002年进行院线制改革，在原有的各省级市级电影公司的基础之上，创办了电影放映院线，旨在打破地域垄断的市场化运作。多条跨省院线的陆续建立，不仅让门可罗雀的旧式礼堂型单厅影院恢复了生气，也直接推动了中国大中城市商业中心区多厅化影院的快速建立，在不到10年的时间里，中国银幕数由1 000多块增加到了4 000多块。由于银幕数量的激增、都市人群观影习惯的养成，最终保证了票房的递增。

《五朵金花》

由长春电影制片厂制作，王家乙导演，赵季康和王公浦联合编剧的彩色音乐爱情电影。该片以白族青年寻找心上人的故事为主线，侧面反映了中华人民共和国边疆地区的社会主义建设事业和少数民族的幸福生活，是一部难得的中华人民共和国少数民族、爱情题材影片。由杨丽坤、莫梓江、王苏娅等主演，1959年开始公映。该片讲述了来参加赛马会的白族青年阿鹏在大理"三月街"盛会上与人民公社副社长金花一见钟情，二人在蝴蝶泉边互赠信物，相约明年3月山茶花开时再会。次年阿鹏依约前来，却不见金花身影，于是阿鹏在前来采风的音乐家和画家朋友的帮助下，走遍苍山洱海，寻找自己的意中人。在寻找过程中，阿鹏遇见了4位同名的女孩，分别是炼钢厂金花、拖拉机手金花、畜牧场金花和积肥模范金花，均错认成自己的真命天女，闹出不少笑话，经过种种误会后，阿鹏与金花迎来了感动的再会，有情人终成眷属，在蝴蝶泉边互诉衷情。

影片公映后，立刻引起轰动，先后在46个国家公映，创下20世纪60年代中国电影在国外发行的最高记录，荣获1960年第二届埃及亚非电影节导演银鹰奖、最佳女演员银鹰奖，2000年入选中华人民共和国"百年最佳影片"十佳。片中根据白族传统民歌改编的《蝴蝶泉边》成为脍炙人口的中国民歌经典之一，影响深远。

《刘三姐》

长春电影制片厂于1960年摄制的故事片，根据广西壮族民间传说改编。由苏里执导，是中国大陆第一部风光音乐故事片。片中悦耳动听的歌声与美丽的桂林山水完美地融为一体，增添了别样的艺术魅力。

刘三姐为唐代壮族农家女，自幼聪颖过人，被视为"神女"。她12岁能通经传，指物索歌，开口立就。自编自唱，歌如泉涌，优美动人，不失音律，故在当地有"歌仙"的美誉。刘三姐爱唱山歌，并且总唱出穷人的心里话，因而遭到地主的陷害，她无处安身，在漓江上漂泊，被老渔夫和儿子阿牛收留。经过各种艰险，刘三姐深爱上了阿牛，当彩霞映在碧树下时，阿牛憨厚地将拾到的绣球还予了三姐，三姐以歌传情，使阿牛明白了她的心意，二人对着江面倒映的白云，互表深情，歌声四溢。为了躲避莫怀仁的迫害，在乡亲们目送下，二人消失在了江天之间。

《刘三姐》的音乐具有浓郁的壮族民歌特色，经过适当的改编和加工，保留了生动、讽刺、幽默、质朴等特点。1963年获第二届大众电影百花奖最佳美术、最佳音乐奖。

《红高粱》

由西安电影制片厂于1987年摄制，由陈剑雨、朱伟、莫言根据莫言小说《红高粱》和《高粱酒》改编。导演张艺谋，摄影顾长卫，音乐赵季平，主演巩俐、姜文。1988年，该片获得第38届柏林国际电影节金熊奖，成为首部获得此奖的亚洲电影。

影片讲述"我奶奶""我爷爷"和罗汉大叔等人的传奇故事，塑造了敢爱、敢恨、粗犷豪放的抗战百姓的群像。

张艺谋认为，《红高粱》是他将电影观赏性和艺术性相结合的一次尝试。"小说的传奇色彩，以及事件、人物和情节的强烈戏剧性因素，为这一尝试提供了可能性。"但《红高粱》一片的突出成就与特点，还是在艺术风格和创新精神上。影片剧力澎湃，视觉风格凌厉，敢于标新立异，大胆表现对生活、生命、历史的见解，充分发掘造型、情绪、场面、氛围、色彩、音响、镜头运动与组接等叙事表现功能。

《霸王别姬》

由李碧华同名作品改编，陈凯歌导演，北京电影制片厂和香港汤臣电影事业有限公司合作出品的影片。1993年荣获法国戛纳国际电影节最高奖项金棕榈大奖，成为首部获此殊荣的中国影片。此外这部电影还获得了美国金球奖最佳外语片奖、国际影评人联盟大奖等多项国际大奖，并且是唯一一部同时获得戛纳国际电影节金棕榈大奖、美国金球奖最佳外语片的华语电影。1994年张国荣凭借此片获得第4届中国电影表演艺术学会特别贡献奖。2005年《霸王别姬》入选美国《时代周刊》评出的“全球史上百部最佳电影”。

《霸王别姬》由张国荣、巩俐、张丰毅、英达、葛优主演，叙述自小在一起长大的师兄弟——演生角的段小楼与演旦角的程蝶衣的故事。

作品涉及表现传统文化，但它并没有传统的酬唱，有的是刻骨的爱恨、历史的悲凉与人生的挚爱和真诚。在2个小时左右的时间里，《霸王别姬》将历史的许多现象、人生的点染，全作为它叙述与抒发的对象，这是很不容易的。张国荣饰演的蝶衣的委屈与痴缠，张丰毅饰演的小楼对戏的几近疯魔与随波逐流的无奈，葛优饰演的袁四爷的佳人难得与刻骨相守，以及菊仙的恋情……影片的创作者们充分投入历史，投入人与事，所表现的是剧中人物漫长曲折的人生，所探寻的是美和艺术的内在真实。

《卧虎藏龙》

基于王度庐的武侠小说系列“鹤铁五部”中的第四部《卧虎藏龙》改编而来的中美合拍的华语武侠电影，由李安执导，周润发、杨紫琼、章子怡、张震等联袂主演，于2000年7月8日在中国内地上映。电影讲述了宝剑青冥剑所牵扯出的江湖恩怨，除了贯彻中国传统中的侠义精神，还穿插着江湖儿女的爱情纠葛。一代大侠李慕白有归隐江湖之意，托付自己的红颜知己俞秀莲将自己的宝剑青冥带到京城，由贝勒爷代为保管。当夜，玉府小姐玉娇龙潜入王府盗取青冥剑，被俞秀莲追至阻拦。俞秀莲动之以情，希望她归还宝剑，但玉娇龙意气用事，旁生诸多麻烦误会。俞秀莲与玉娇龙惺惺相惜，李慕白却发现害死自己师父的碧眼狐狸的踪迹，原来她隐匿于玉府并收玉娇龙为徒，玉娇龙则欲以青冥剑斩断自己的爱人——大盗罗小虎的枷锁，情况因此变得纷繁复杂。李俞二人爱惜玉娇龙天资聪颖，苦心引导，但玉娇龙却任性妄为、不听劝阻，在碧眼狐狸的影响下，一步步踏上不归路。

该片在国际上引起了极大的轰动，先后获得40多项奖项及2001年奥斯卡最佳外语片、最佳艺术指导、最佳原创配乐、最佳摄影4项大奖，以及同年美国金球奖的最佳导演、最佳外语片等，是美国历史上由海外制作的票房最高的外语片，被誉为最伟大、最有影响力的武侠电影之一，也引起了西方世界对中国武侠电影的关注。李安借助这部电影一举奠定了自己在国际影坛的地位。

第五代导演

主要是指20世纪80年代从北京电影学院毕业的年轻导演，他们的作品特点是主观性、象征性、寓意性十分强烈，代表人物有张艺谋、陈凯歌、田壮壮等。这批导演在改革开放的年代接受专业训练，带着创新的激情走上影坛。他们的思想敏锐，接触到人民大众，强烈渴望通过影片探索民族文化的历史和民族心理的结构，在选材、叙事、塑造人物、镜头语言、画面处理等方面，既遵从传统，又有所创新。张军钊1983年执导的《一个和八个》揭开了第五代导演的序幕，而后陈凯歌拍出《黄土地》、田壮壮拍出《猎场札撒》，第五代导演经历了第一个重要时期。1988年张艺谋处女作《红高粱》问世，获得柏林电影节金熊奖，成为第一部获得世界三大国际电影节最高奖的华语电影，标志着第五代导演正式进入创作的巅峰时期，之后张艺谋执导的《秋菊打官司》和《一个都不能少》两度荣获威尼斯电影节金狮奖，陈凯歌执导的《霸王别姬》荣获戛纳电影节金棕榈奖。第五代导演包揽了世界三大国际电影节最高奖，是华语影坛的一大壮举。此外，田壮壮也凭借《蓝风筝》获得东京电影节金麒麟奖。第五代导演宣告了一个与世界电影文化发展同步的中国电影新时代的开始。

《渴望》

中国第一部长篇室内电视剧，该剧由李晓明编剧，鲁晓威导演，张凯丽、李雪健等主演。此剧一经播出便得到了社会的广泛关注，各人物形象深入人心，直到现在还被很多人津津乐道。在20世纪中期，中国社会经历了一段动荡的时期。在随后拨乱反正、改革开放的岁月里，人们的价值观、人生观发生了巨大的变化。该剧开创性地以写实的视角直面那个社会动荡、是非颠倒的年代，讲述了几个年轻人复杂的爱情经历，揭示了当时人们对爱情、亲情、友情以及美好生活的渴望。该剧从小人物的视角切入，将人生、人性的一切有机地融入社会大时代的背景中，展现了改革开放初期的淳朴价值观，再加上演员们的出色表演，具有较高的社会审美价值。《渴望》是一部轰动全中国、感动千万人的电视剧，它创下的90%以上的收视率成为一个时代的神话，更是被称为中国电视剧发展中历史性转折的里程碑。该剧获得1991年第九届大众电视金鹰奖（优秀电视剧，最佳男女主角、配角）、第十一届飞天奖等众多奖项。

金鸡奖

于1981年创办，是中国大陆电影界权威、专业的电影奖，由中国电影家协会和中国文学艺术界联合会联合主办。在取名时，周恩来总理当年为电影界的题词触发了主办者的灵感，这幅题词嵌有"闻鸡起舞"四个字，金鸡啼鸣，概括了当年人们励精图治振兴中国电影的意向。此外，1981年正值鸡年，这样，电影的专家奖就被定名为中国电影"金鸡奖"。金鸡奖评奖委员会是由中国最具权威的导演艺术家、表演艺术家、电影剧作家、摄影家、音乐家、美术家，以及电影理论家、教育家、事业家共同组成，因此又被称为"专家奖"。金鸡奖奖杯为铜质镀金金鸡。

此奖于1981年起，每年举行一次，评选出上一年度生产影片的各种奖项，设有最佳影片、最佳导演、最佳男女主角、最佳男女配角、最佳摄影等多个奖项，时有增减，必要时增设特别奖或荣誉奖。2005年起，金鸡奖将申报范围扩大到港澳台地区。2011年，金鸡奖全新开放政策，凡是在大陆取得龙标（上映许可证）的华语电影都可以参加金鸡奖评选。

自创办以来，金鸡奖发扬并始终保持了"学术、争鸣、民主"的好风气，奖掖优秀影片，表彰成绩卓著的电影艺术家，促进了中国社会主义电影创作的繁荣。

百花奖

一般指"大众电影百花奖"，创办于1962年，由周恩来总理发起，由中国电影家协会和中国文联联合主办。百花奖代表观众对电影的看法和评价，并由观众投票产生奖项，因此又被称为"观众奖"。

之所以用"百花"命名是为了体现"百花齐放、百家争鸣"的文艺方针，其奖杯为铜质镀金花神，表示电影是文艺百花园中的一朵鲜花，这是中国历史最为悠久和最有群众基础的电影大奖。

百花奖曾在1962年、1963年连续举办两届之后就停办了。后于1980年恢复，每年举办一次。在1981年第4届和1982年第5届的百花奖评奖只保留了最佳影片和最佳男女主角奖的奖项，从1983年的第6届开始，奖项固定为最佳影片奖、最佳男女主角奖和最佳男女配角奖。2014年，百花奖改革政策：不再限制演员国籍，只要在大陆取得龙标（上映许可证）、票房过500万、电视播放次数3 000万以上的华语电影都可以参加百花奖评选，不再有地域限制。

大众电影百花奖与中国电影华表奖、中国电影金鸡奖并称中国电影三大奖。自2005年起，金鸡奖与百花奖隔年评选一次，合称金鸡百花电影节，专业评审制的金鸡奖与观众投票制的百花奖轮流举办，前者在单数年举办，后者为双数年举办。

春晚

中国中央电视台（现中央广播电视总台）春节联欢

晚会，通常简称为央视春晚，或直接称为“春晚”，是中国中央电视台在每年农历除夕晚上为庆祝农历新年举办的综艺性文艺晚会。广义上的春节联欢晚会可以追溯到1956年，当时由张骏祥任总执导，谢晋、林农、岑范、王映东任导演，由中央新闻纪录电影制片厂出品的《春节大联欢》。影片内容显示，当时的中央人民广播电台向全国现场直播了当时的演出。央视具有春晚性质的“迎新春文艺晚会”是自1979年除夕开始播出。1983年，首届现场直播形式的春节联欢晚会在央视正式播出。从2008年至今，高清频道也进行彩排的录像转播，央视网、中国网络电视台等网络新媒体也会同时进行转播。每年农历除夕北京时间晚8时（早期曾经在8点之前开始播出），春节联欢晚会都会在中国中央电视台播出，节目时间持续4小时10分至4小时40分左右，直到凌晨1时，节目最后以《难忘今宵》合唱结束。首届春节联欢晚会就开创了很多先例，比如设立节目主持人、实况直播、开设热线电话等，这些创新先例成为日后春晚一直沿用的规矩。时至今日，“春晚”已经成为全球华人在世界各地迎接春节时的一个固定内容。

五 人文地理

礼仪与节庆

五礼

指中国古代社会生活中五种重大事件的礼仪和制度,以祭祀之事为吉礼,丧葬之事为凶礼,军旅之事为军礼,宾客之事为宾礼,冠婚之事为嘉礼。五礼在古代具有非常严格的执行范围和规定。其中,吉礼作为封建统治者祭祀天神、地祇、人鬼的礼仪活动,包含了郊天、大雩、大享明堂、祭日月、大蜡、祭社稷、祭山川、籍田、先蚕、祭天子宗庙、功臣配享、上陵、释奠、祀先代帝王、孔子、巡狩、封禅等具体内容。凶礼主要用于吊慰家国忧患方面的礼仪活动,包括了丧礼、荒礼、吊礼、恤礼、襘礼等具体礼仪内容,后多用于特指丧葬、持服、谥号等礼仪。军礼作为国家军事方面的礼仪活动,在召集和整顿军队、检阅车马人众、征集徒役等方面做出了非常详细的规定。宾礼主要指用于邦国间的外交往来及日常接待宾客的礼仪活动,具体则包含了天子受诸侯朝觐、天子受诸侯使者来聘、天子遣使者迎劳诸侯、天子受诸侯使者表币贡物、宴诸侯或诸侯使者等内容。嘉礼主要指国家层面上具有喜庆意义的典礼活动,具体包括了君王登基,册立太子,策拜王侯,节日受朝贺,天子纳后妃,太子纳妃,公侯、大夫、士婚礼,冠礼,宴飨,乡饮等。

三礼

指《周礼》《仪礼》和《礼记》,是中国古代记载和解释礼法、礼仪和礼义的三部典籍,其中《周礼》和《仪礼》相传为周公所作,《礼记》为西汉礼学家戴圣所编。

在这三部典籍中,《周礼》又名《周官》,该书搜集了周王朝及诸侯国的官制和制度,以儒家的政治理想统贯全书,保存了不少西周和春秋战国时期的重要史料,是三礼之首。

《仪礼》又称《礼经》或《士礼》,详细记载了冠、昏、丧、朝、祭、聘、燕等典礼的详细形式,对中国封建时代的社会组织、文化观念等具有非常重要的影响。

《礼记》通篇以孔子和弟子的问答形式,记载和论述了先秦的礼制、礼仪,对《仪礼》当中的一些重要礼仪条款做出了明确的解释,记述了儒家礼制社会的基本原则。

五服

中国古代重要的丧服制度。在中国古代封建社会里,以父为宗,自高祖以下至玄孙九个世代的男系后裔及其配偶通常称为本宗九族。在本宗九族的范围内,所有的直系亲属和旁系亲属都是有服亲属,可以服斩衰、齐衰、大功、小功、缌麻五种丧服。亲者服重,疏者服轻,情感关系依次递减,服戴的丧服规制也有所不同。其中斩衰是五服中最重的丧服,用最粗的生麻布制作而成,断边外露不缉边,因为丧服的上衣叫“衰”,故称“斩衰”,表示毫不修饰以尽哀痛。斩衰服期三年。诸侯为天子,臣为君,男子及未嫁女为父,承重孙(长房长孙)为祖父,妻妾为夫等均服斩衰。齐衰是次于斩衰的丧服,用粗麻布制成,衣裳分制,断处缉边,因边缘部分缝缉整齐,故名齐衰。根据丧服者与死者的关系亲疏,服期可分为三年、一年、九月、五月、三月。其中,服齐衰一年,用丧杖,称“杖期”,不用丧杖,称为“不杖期”。大功,亦称“大红”,是次于齐衰的丧服,用粗熟麻布制成,服期为九个月,凡为堂兄弟、未嫁堂姊妹、已嫁姑及姊妹,以及已嫁女为伯叔父、兄弟,均服大功。小功,亦称“上红”,是次于“大功”的丧服,用稍粗熟麻布制成,服期五个月,凡为伯叔祖父母、堂伯叔父母、未嫁祖姑及堂姑、已嫁堂姊妹、兄弟妻,再从兄弟、未嫁再从姊妹,又外亲为外祖父母、母舅、母姨等均服小功。缌麻是次于“小功”的丧服,也是五服中最轻的一种,用较细熟麻布制成,做工也较“小功”为细。凡男子为本宗之族曾祖父母、族祖父母、族父母、族兄弟,以及为外孙、外甥、婿、妻之父母、表兄弟等均服缌麻,服期为三个月。这五种丧服制度在《仪礼·丧服》中有非常详细的记载,被中国古代封建家庭奉为权威性的准则,历代遵行,不同的朝代也会略有变通。

冠礼和笄礼

冠礼是古代的男子成人礼,属于五礼中嘉礼的一种。《礼记·内则》记载“二十而冠,始学礼”,《礼记·曲礼》说“男子二十冠而字”,明确指出从二十岁开始,一个男子正式进入成人社会的礼仪语境,接受成人社会的思想引导和行为规约。接受了冠礼,就意味着一个人开始由家庭中毫无责任的“孺子”转变为正式跨入社会的成年人,开始履践成人社会孝、悌、忠、顺的德行,承担起各种合格的社会角色。《礼记·士冠礼》篇详细记载了周代士冠礼的仪式。

笄礼俗称“上头”“上头礼”,是古代女子的成人礼。“笄”即簪子。自周代起,女子年过十五,便要举行笄礼,将头发盘至头顶,用簪子插住,用以表示成年及身有所属。作为古代表示成人的一种仪式,笄礼在举行礼的程序等方面大体和冠礼相同。《仪礼·士婚礼》中称“女子许嫁,笄而礼之,称字”,《礼记·内则》则指出“女子……十有五年而笄”。因此女子年十五岁,称已达“及笄”之年。

春节

俗称“年节”,传统名称有“新年”“大年”“新岁”,口头上又称度岁、庆新岁、过年。自汉武帝太初元年(前104)始,以夏历(农历)正月初一为“首”(即“年”),年节的日期由此固定下来,延续至今。古称“元旦”。1911年辛亥革命以后,开始采用公历计年,遂称公历1月1日为“元旦”,称农历正月初一为“春节”。古时春节也曾专指节气中的立春,被视为一年的开始。

春节起源于殷商时期年头岁尾的祭神祭祖活动,是中华民族最盛大、最热闹、最重要的传统节日。在中国民间,传统意义上的春节是指从腊月初八的腊祭或腊月二十三、二十四的祭灶为起始,一直到正月十五(上元节),其中以除夕和正月初一为高潮。

春节期间,中华民族要举行各种活动以示庆祝。这些活动以祭祀祖神、祭奠祖先、除旧布新、迎禧接福、祈求丰年为主要内容。春节的活动丰富多彩,带有浓郁的各民族特色。随着中华文化的传播,其他国家和民族也有庆祝春节的习俗。

清明节

又叫踏青节,在仲春与暮春之交,是二十四节气之一,是祭祖和扫墓的日子,是最重要的传统祭祀节日之一。

清明节原指春分后十五天,1935年中华民国政府将4月5日定为清明节,也称“民族扫墓节”。

2006年5月20日,中华人民共和国国务院将清明节列入第一批国家级非物质文化遗产名录。

清明节始于周代,《淮南子·天文训》中已有关于“清明”的记载。清明习俗因地域不同存在差异,但扫墓祭祖、踏青郊游是共同的基本礼俗主题。每逢清明时节,人们无论身处何方,都会回乡参加祭祖活动,缅怀祖先。清明节在历史发展中承载了丰富的文化内涵,在祖先祭祀仪式中慎终追远,在踏青郊游中享受春天乐趣,文化传承与身心调适是清明礼俗文化的重要功能。

中秋节

中国重要的传统节日,时间为农历八月十五,正值仲秋满月时节,故又称仲秋节、团圆节、月亮节等。也有些地方将中秋节定在八月十六。中秋节始于唐朝初年,盛行于宋朝，至明清时，已与元旦齐名，成为中国的主要节日之一。中秋节的起源有三种观点：古代对月的崇拜；月下歌舞觅偶的习俗；古代秋报拜土地神的习俗。

此夜，人们仰望天空如玉盘的朗朗明月，自然会期盼家人团聚。远在他乡的游子，也借此寄托自己对故乡和亲人的思念之情。所以，中秋又称“团圆节”。受中华文化的影响，中秋节也是亚洲部分国家以及各国华人华侨的传统节日。2006 年 5 月 20 日，中华人民共和国国务院将中秋节列入首批国家级非物质文化遗产名录。

中秋节自古便有祭月、赏月、拜月、吃月饼、赏桂花、饮桂花酒等习俗，流传至今，经久不息。中秋节以月之团圆兆人之团圆，寄托思念故乡、思念亲人之情，祈盼丰收、幸福，产生了丰富多彩、弥足珍贵的节日文化。

端午节

中国传统节日之一，时间为每年农历五月初五。据《荆楚岁时记》记载，因仲夏登高，顺阳在上，五月是仲夏，它的第一个午日正是登高顺阳的好日子，故五月初五亦称为“端阳节”，又称午日节、五月节、龙舟节、浴兰节等。

端午节起源于古代百越地区（长江中下游及以南一带）崇拜龙图腾的部族举行图腾祭祀的节日，春秋之前当地就有在农历五月初五以龙舟竞渡形式举行部落图腾祭祀的习俗。战国时代楚国诗人屈原（约前 340—约前 278）在楚国都城被秦国攻占后，于公元前 278 年农历五月五日投汨罗江（湘江支流）自尽。因此传说端午划龙舟是为打捞屈原遗体；包煮粽子投入江中是想喂饱鱼虾，使屈原遗体免遭伤害。部分地区也有纪念伍子胥、曹娥等说法。2006 年 5 月 20 日，中华人民共和国国务院将端午节列入首批国家级非物质文化遗产名录。2009 年 9 月，联合国教科文组织正式审议并批准将中国端午节列入世界非物质文化遗产，成为中国首个入选世界非遗的节日。端午节与春节、清明节、中秋节并称为中国汉族的四大传统节日。

重阳节

中国民间传统节日之一，时间为农历九月初九，二九相重，称为“重九”。中国古代称奇数为阳数，称偶数为阴数。九是阳数，因此称“重阳”。重阳节早在战国时期就已经形成，到了唐代，重阳被正式定为民间节日，此后历朝历代沿袭至今。

重阳节活动杂糅多种民俗为一体，包括出游赏景、登高远眺、观赏菊花、遍插茱萸、吃重阳糕、饮菊花酒等活动。因有登高的风俗，所以又称“登高节”。九九重阳，因为与“久久”同音，九在奇数数字中又是最大数，有长久长寿的含义，所以常在此日祭祖与推行敬老活动。重阳节与除夕、清明、中元（农历七月十五）三节是中国传统节日里祭祖的四大节日。

秋季是一年收获的黄金季节，重阳佳节，寓意深远，唐诗宋词中有不少贺重阳、咏菊花的诗词佳作。2012 年 12 月 28 日，中国立法正式明确每年农历九月初九为老年节。

⊙ 饮食 ⊙

民以食为天

源自记录春秋时期齐国思想家管仲言行的《管子》一书，后被司马迁的《史记》和班固的《汉书》所引用。

《管子》原文为："王者以民为天，民以食为天，能知天之天者，斯可矣。"意思是：对于君王来讲最重大的事是民众，而民众把粮食作为生命的根本，因此，君王必须高度重视民众的粮食问题，也就是现在说的民生问题。

《史记·郦生陆贾列传》里记载了发生在汉王三年（前 204）的一个典故。刘邦在成皋被项羽围困，正想放弃成皋之时，谋士郦食其进言道："我听说懂得天命的人可以称王道，不懂得天命的人是做不了君王的。君王把老百姓当成天大的事，而老百姓把粮食当成天大的事。敖仓这个地方素来是屯粮之地，贮藏着很多的粮食。项羽却不派重兵坚守这个大粮仓，这是上天要把这些粮食资助给我们汉军呀！如果我们放弃了，把这样重要的粮仓拱手让给敌人，这对当前的局面非常不利。希望您迅速组织兵力，固守敖仓，一定会转败为胜。"刘邦大加赞赏，于是派兵攻取敖仓，战局得到了扭转。《史记》里的表述是"王者以民人为天，而民人以食为天"。《汉书》里讲述了同一个典故，文字变成了"王者以民为天，而民以食为天"。

"民以食为天"这句话在中国家喻户晓、妇孺皆知，但并不能简单地理解成"老百姓把吃饭作为天大的事"。这里的"食"的本意并不是指平时直接入口的饭菜饮食，而是指民众赖以生存的粮食。中华文明是农业文明，中国历来以农业立国，粮食生产自古就是稳定民心的头等大事。"民以食为天"的思想是中国传统文化中极其重要的组成部分。

食不厌精，脍不厌细

出自《论语·乡党》，现在通常解释为："米粮舂得越精白越好，肉切得越纤细越好。"用于体现对食物烹调过程的讲究，表达了一种追求精致的生活态度。胡适先生说："'食不厌精，脍不厌细'这两句话是圣人最近人情的话。"讲究不同于奢侈，是追求即便最寻常的食材，也要精细加工，做出不同寻常的滋味。若不讲究，即使是山珍海味，加工得不细致，也是暴殄天物。民间有所谓"粗菜细做，细菜精做"的说法。

这种解释未必符合孔子的本意。《论语》里有多处关于孔子饮食观的记述，比如《学而》篇里有"君子食无求饱，居无求安"。在《雍也》篇中孔子赞扬弟子颜回时说："贤哉！回也。一箪食，一瓢饮，在陋巷，人不堪其忧，回也不改其乐！贤哉，回也！"而在《述而》篇里，孔子认为："饭疏食饮水，曲肱而枕之，乐亦在其中矣。"意思是：吃简朴粗陋的饭食，能有瓢生水喝，枕着自己的胳膊入睡，就已经是人生最快乐的事了。这些观点更倾向于粗茶淡饭，似乎与"食不厌精，脍不厌细"有些矛盾。其实不然，《论语·乡党》篇所说的并非日常饮食，而是指祭祀活动中敬献食物的礼仪。在孔子时代"乡饮酒礼"是一场祭祀，更是一种民风教化活动。斋祭时用的食物用料加工要特别讲究。强调对食物加工的精细用心，目的是体现对祭祀的高度重视。而对祭祀的诚敬之心，正是为了强调孔子所倡导的"礼"。

关于"食不厌精，脍不厌细"还有另一种解释，认为这里"厌"当"满足"讲更合适，也就是说食不因精而厌，脍不因细而厌，就是说吃东西不能因为食品精细就贪多求饱，强调的是饮食要有节制。这种解释恐怕更符合孔子的本意。

药食同源

中医学认为，药物和食物并没有绝对的分界线，药物与食物之间是同根同源的关系，饮食养生与运用药物治疗的基本原理是一致的，即所谓"药食同源"。成书于隋唐的《黄帝内经太素》中有“空腹食之为食物,患者食之为药物”的说法,正是这一理念的生动体现。

“药食同源”的观点可追溯到中国上古传说神农尝百草。《淮南子》上说:“神农乃始教民,尝百草之滋味,当时一日而遇七十毒,由此医方兴焉。”古代先民正是在寻找食物的过程中发现了各种药物的性味和功效,经过不断总结和实践才有了中医药学。这也就是后人尊神农氏为本草(药物)发现者的原因。

中药材大多属于天然药物,包括植物、动物和矿物,在古代这些天然药物与食物没有本质不同。中医理论认为,药物和食物的关系是相对的、辩证的。药物也是食物,而食物也是药物。食物的毒副作用小,而药物的毒副作用大。中医学里“药”的概念非常宽泛,凡是药都可以食,只不过是量的差异而已。也可以认为毒性大的食用量小,而毒性小的食用量大。用药治病只不过是以毒攻毒。这也是对“药食同源”的一种理解。

在中医典籍里关于药膳、食疗的例子比比皆是。比如张仲景的《伤寒杂病论》记载了大量的饮食调养方法,来配合治疗。孙思邈在《千金要方》中专门有“食治”一项。《本草纲目》里有谷部、果部、菜部。大米、小麦、葱、蒜、桃、杏这些日常食物在《本草纲目》里都是作为药物出现的。

现在,中国相关主管部门公布了既是食品又是药品的中药名单、可以用于保健食品的中药名单和保健品禁用的中药名单,对“药食同源”有了进一步明确的规定。

五味

分别是:酸、苦、甘、辛、咸,对应五行的木、火、土、金、水。源自中医根据中国传统哲学思想的五行学说归纳总结出的中药材属性。中药典籍里标明了每一种药材的“味”。这里的“味”是由口尝而得,却不限于舌头感知的真实滋味,更反映出药材的性能作用。比如酸味能收、能涩,有收敛固涩作用。苦味能泄、能燥、能坚,有清泄火热、泄降逆气等作用。甘味能补、能和、能缓,有滋补和中、调和药性及缓急止痛的作用。辛味能散、能行,有发散解表、行气行血的作用。咸味能下、能软,有泻下、软坚、散结的作用。五味之外,还有淡味及涩味。根据中医的药食同源学说,每一种食材也各具其味。后来约定俗成,也就演变成了苦、辛、酸、甘、咸五种口味。北京民间还有五味神之说,现在普遍认为人的基本味觉有四种:甜、咸、酸、苦。辣不是味觉,而属于痛觉。后来科学家又发现了第五种味觉——鲜味,最近又有了肥味、水味、淀粉味之说。

中国烹饪里的所谓“七滋八味”之说来源于川菜,主要是指成菜时味型的变化,并不是基本味觉。其中“七滋”为酸、甜、苦、辣、麻、香、咸。在此基础上依照主次、浓淡、多寡,调配出八种复合味型“八味”:鱼香、麻辣、酸辣、干烧、辣子、红油、怪味、椒麻。后来演变成形容味道极其丰富的成语。

宴席

参加人数较多,隆重正式的聚餐形式。最早出现于记述唐代开元、天宝年间逸闻遗事的《开元天宝遗事》。与普通聚餐不同的是宴席通常有主题,或为纪念某一事件,或为宴请某一人物。按形式又可以分成大席、便席、乡社席、流水席等等。宴席通常备有酒水,也可称为酒席。

宴席注重仪式性和社交性,入席的人、就座的位置、上菜的内容、上菜的顺序、席间的活动等等都有一套章法,而且是一方水土一方人,一方人做一方席,同样主题的宴席各地的规矩也不尽相同。

宴席上的菜通常品种丰富。安排出一席菜堪比系统工程,比做好一两道菜要复杂而有内涵。按照北京的规矩,一般是从凉菜、冷荤,到热炒、大肉、整鱼,最后上汤。宴席上的鱼一定要有头有尾,寓意圆满,俗话说“无鱼不成席”。

古代比较有名的宴席有文人雅士饮宴赋诗的文会宴,有为庆贺士子登科或官位升迁而举行的烧尾宴等。

影响力最大的要属清代康乾盛世时期举行过四次的千叟宴。千叟宴由宫廷主办，目的是彰显太平盛世、笼络臣民、践行孝德。第一次千叟宴是在康熙五十二年（1713）农历三月康熙帝六十寿诞时举办的，当时康熙帝布告天下耆老，年六十五岁以上者，官民不论，均可按时赶到京城参加畅春园的聚宴。据记载，这次参加宴会者不下七千人，足见其规模之盛大。

中国乡村的流水席至今盛行。农村在办红白喜事或重要庆典时，在自家院子里搭棚垒灶，请乡厨用柴灶大锅做上几道大鱼大肉的主菜，来了客人随时入席，换人不换菜，吃完一道上一道，如行云流水，故而称作“流水席”。

灶王爷

据《礼记》记载，早在先秦，祀灶礼仪就作为国家礼制存在。战国时代出现了灶君的称谓。汉代以前认为灶神是火神祝融氏或炎帝，也有说是发明了灶台的黄帝，还有说是烧火做饭的老妇。唐代之后，灶神逐渐世俗化、人格化，有了“灶王爷”的称谓。

到了明清时代，出现了比较统一的灶王爷形象——黑面长须，身着朝服，头顶礼冠。由于饮食与百姓生活息息相关，家家户户都要生火做饭，灶王爷也就被认为是掌管居家饮食的“一家之主”，兼具向玉皇大帝汇报一家人是非善恶的职责。民间祭灶的习俗逐渐形成，北方祭灶在腊月二十三，南方祭灶在腊月二十四，俗称“灶王节”。祭灶要在灶王爷像前供奉用麦芽糖做的糖瓜，吃起来又甜又黏，表示希望把灶王爷的嘴用糖粘住，让他上天之后嘴甜，多多美言，别说这家人坏话。童谣里有“二十三，糖瓜粘”的说法，表达了老百姓乐观的生活态度和对未来的美好憧憬。祭灶这天也叫过“小年”。

关于灶王爷的身世有很多版本。其中北京市顺义区的张镇灶王爷传说入选北京市级非物质文化遗产。

四大菜系

指鲁菜、苏菜、粤菜和川菜。中国历史悠久、地大物博，各地的地理、物产、风俗不同，也就形成了饮食文化和烹饪技法的差异。在物产相对丰富、文化底蕴深厚、商业物流发达，特别是城市繁荣、酒肆众多的地区逐渐形成了一系列饮食传统，包括食材、调料、技法、名菜乃至宴席菜品搭配、上菜顺序等等，逐渐形成了菜系。菜系不同于地方风味，而是指一整套体系，不仅服务于当地的食客，而且辐射到周边，影响到一个地区的烹调风格。

中国最具影响力的菜系大都形成于经济发达的地区。黄河三角洲形成了鲁菜，长江三角洲形成了苏菜，珠江三角洲形成了粤菜，号称天府之国的四川形成了川菜，这些地区无不是天上飞的、山上长的、草里蹦的、水里游的各种物产一应俱全，四川盆地虽远离大海，但那里自古就是极其富饶的所在。

鲁菜起源于孔子的故乡山东，影响到整个北方，曾是明清宫廷御膳的基础。北京历史上著名的“八大楼”“八大居”几乎全是鲁菜。鲁菜技法扎实，可分为以烹饪海味见长的胶东菜，浓重浑厚以吊汤见长的济南菜和堪称“阳春白雪”的孔府菜。

苏菜产生于中国最富饶的江南地区，以苏州、淮扬、南京、镇江四派为代表。苏菜取材丰富新鲜，烹调精致细腻，影响整个长江中下游地区，是中国雅致文人菜的典范。其中的淮扬菜因精美甜淡、调和众口而成为现代国宴的首选。

粤菜以广府菜、潮汕菜、汕尾菜和客家菜为代表，选料广博奇杂，烹调复杂灵活，还借鉴了很多西餐技艺，近年来远传海外，在商贸往来中发挥了重要作用。

川菜主要包括以成都、乐山为中心的蓉派川菜，以自贡为中心的盐帮菜，以重庆为中心的江湖菜等。川菜调味多变，号称百菜百味，深受大众欢迎。

家常菜

指居家过日子吃的饭菜，不论手艺高低、菜品贵贱，都是由家里的主厨做了给自家人吃的，不用于售卖。一般家庭的主厨多为家庭主妇，这就是为什么很多人回忆起童年，想起家乡的时候首先想到的是妈妈的味道。当然也有些人家的主厨是喜欢烹饪的男主人。过去的大户人家甚至专门聘请家厨为一家老小做饭，这也属于家常饭、家常菜。

家常菜的菜式随意，主要为了适应自家人的口味。食材多为普通食材，同时兼顾到主人家乡的地方特产。由于用量较小，不必考虑调换菜单和定价等因素，相对餐厅的菜而言，家常菜更强调顺应四季变化采用应季时蔬。有些应季菜肴最佳口感只有半个月左右，餐厅里很难吃得到，家里的餐桌上当令菜却必不可少。如果是自家庭院里栽种的菜蔬，那更是家常菜的上品。过去北京很多人家种香椿树，到了春天香椿长出嫩芽的时候，就可以做出香椿炒鸡蛋、香椿拌豆腐、香椿鱼儿等家常菜。

家常菜的一大特征是亦菜亦饭，随做随吃，尽管食材便宜，做法也不复杂，却可以品尝到最佳的口感和独特的味道。比如北方人吃的饺子、炸酱面，虽说餐厅也有卖的，但很多人认为还是自己家的好吃。

家常菜本应去人家里吃。不过现在家庭结构变化了，很多人在家不做饭了，一些餐厅也推出了所谓家常菜。餐厅的家常菜多是模仿一些普通人家的日常饭菜，但由于炊具和烹饪技法的不同，与真正的家常菜还是有区别的。

斋菜

本意是祭祀之前或举行重要典礼之前要清心洁身、改变饮食。《论语》上说："斋必变食，居必迁坐。"意思是说斋戒期间一定要改变饮食，吃素，不饮酒，不吃荤，夫妻要分床。后来主要指佛教、道教等教徒吃的素食，比如小说《西游记》中多次提到的斋饭。

古印度僧侣托钵乞食，并无素食之规定。佛教传入中国，南朝梁武帝大力提倡素食，禁止僧侣食肉，这种规矩深刻影响了在家修行的居士并扩散到普通百姓生活。名刹古寺由于财力雄厚，对斋菜的精致化起到了重要推动作用，使其得以完善发展。清代斋菜的烹饪水准已经到达顶峰，形成了一整套体系。清宫御膳房专门设有"素局"负责皇帝后妃的斋戒素食。清王朝灭亡后，宫廷斋菜流传到民间，成为独特的饮食流派，其中极具代表性的当属全素斋。

斋菜不同于普通的素食，不仅不能用动物性食材，某些味道浓重、辛臭刺激的蔬菜也不可以用，比如葱、蒜、韭、薤、芫荽等。斋菜食材除普通蔬果、豆类、粮食外，还经常会用到三菇六耳，即香菇、蘑菇、草菇，石耳、黄耳、桂花耳、白背耳、银耳、榆耳。豆腐等豆制品和面筋的发明使斋菜的食材得以丰富。面筋是小麦粉提取出的植物蛋白，具有延展性和弹性，不溶于水，可塑性强，其口感接近于肉质，可以加工成各种形状，成为斋菜的主要食材。素食本身味道寡淡，但运用黄豆芽、竹笋、蘑菇熬煮出汁可以调出鲜美的味道，因此这三者被称为"素食三霸"。

斋菜中许多食材为中国所特有，不仅有益于身心健康，更具有独特的中国味道。

粥与饭

黄河流域最初种的粮食是粟，脱粒后就是金黄的小米。长江流域最初种的粮食是水稻，脱粒后就是雪白的大米。无论是大米还是小米，把米放进容器里加水烧开、烧熟，就是粥。

新石器时期出现了叫"鬲"的陶器，其上部为口径方形或圆形的容器，下部为三个中空的足，这就是古人最早煮粥用的炊具。把米放进鬲里，加上水，底下点燃枯枝，只见水汽缭绕，颗颗米粒膨胀起来，涨得像弓一样张开，这就是"粥"字的由来。

粥虽然简单，却是饮食之根本，熬好了并不容易。熬粥讲究用砂锅，一份米兑十份水，大火煮开，小火慢熬，中间不能停顿，也不能再加水，直熬得水米融洽，柔腻如一，粥面上浮起一层油亮的米油才算熬到家。这样的粥盛在碗里透亮如脂，散发着醇厚的米香。宋代诗人陆游写过《食粥》诗："世人个个学长年，不悟长年在目前。我得宛丘平易法，只将食粥致神仙。”

如果单说“粥”，一般特指纯米粥。若是加上豆子就成了豆粥。在农历腊月初八，人们讲究把大米、江米、黄米、小米、红豆等等一起熬煮，再加上栗子、小枣、莲子、瓜子、花生等等果料，这就成了腊八粥。腊八粥可称是最丰盛的粥。

煮米的时候若是加水不多，渐渐熬干，就成了饭。也可以把米加上少许水蒸熟，就成了蒸饭。粥和饭的区别只在水多水少，也就有了把粥叫作稀饭，把饭叫作干饭的说法。三国时代谯周的《古史考》上说“黄帝始蒸谷为饭，烹谷为粥”，可见，粥和饭是中国非常古老的饮食。

饼与面条

两者都是以小麦为原料做成的食品。

小麦是五六千年前从遥远的西亚自西向东一路传到中国西域的。西亚最初处理小麦的方式是用石棒在石板上把麦粒碾碎磨面，加水和团，擀成扁片，底下生火烤炙。后来才用羊毛混上黏土在地上砌一个肚大口小的坑，中间燃火，然后把湿面团贴在内壁上烤，这种做法类似于今天新疆的馕。馕的叫法源自波斯语。因为是当时称作“胡人”的西亚人传来的，所以也叫“胡饼”。《续汉书》上说，汉灵帝特别爱吃胡饼，带动当时吃胡饼在京城成为时尚。到了唐代，长安城到处都是卖胡饼的。胡饼后来演变成了烧饼或麻饼。由此引申，人们把凡是用小麦粉做的食物都叫饼，比如烙饼、蒸饼、汤饼等。

面条是东汉末年发明于黄河上游的小麦磨粉做法，起初是把小麦粉加水和成团，捻成小薄片下进沸水里煮，所以叫作汤饼。小麦粉富含植物性蛋白，它赋予了面团独特的延展性和弹性，面可以做得又长又细又筋道，也就成了后来的面条。唐代以前，煮着吃的面条还是叫汤饼。到了宋代才逐渐分开，把煮着吃的叫作面条。

面条的做法沿着黄河自西向东一路传播，成为整个黄河流域的主食，后来又沿着大运河传到了南方，进而传到了全国各地。面条的加工方法主要可分为拉面、切面、漏面三大类，形状可粗可细，可扁可圆，原料除了用纯小麦粉，还可以用小麦粉加入荞麦面、莜麦面、豆面等杂粮，也可以是用大米粉做的米粉、米线。面条的调料极为丰富，传到一个地方，浇上当地的作料，就变成当地的特色美食。可以说面条是中国主食里花样最丰富的一大类。

馒头与包子

两者都是中国传统面食。传说馒头的发明者是三国时蜀国丞相诸葛亮。宋代高承所著的《事物纪原》里说：诸葛亮南征孟获途中渡泸水，按照当地人习俗本应杀人取头祭河。诸葛亮怜惜生命，让士兵用面皮包上剁碎的牛肉、猪肉、羊肉，蒸熟了取代人头祭河，从此便有了“蛮头”，后来被传成了“馒头”。值得注意的是，这里的馒头是有馅的，更像今天的包子。

介绍南宋都城临安城市风貌的著作《梦粱录》里记载着糖肉馒头、羊肉馒头、菜肉馒头、笋丝馒头、菠菜果子馒头等等十几种馒头，这些都是有馅的馒头。直到今天，长江中下游一带还保留着把包子叫馒头的古称。如上海的老字号“南翔小笼馒头铺”。肉馅的叫作肉馒头，菜馅的叫作菜馒头，通常所说的没有馅的馒头，被称为“白馒头”或“实心馒头”。至于大部分地区从什么时候开始把有馅的馒头叫成包子，已经无据可考了。

包子传遍大江南北，渐渐成为各地人们都爱吃的美食。广东有叉烧包，四川有龙眼包，江苏有灌汤包，山东有胶东大肉丁包子，天津有狗不理包子，不胜枚举。

今天一般说的白面馒头原本不叫馒头，而是叫蒸饼。东汉《释名·释饮食》中所举的品种就有蒸饼，可见东汉中期中国的北方就有了小麦粉做的蒸馒头了。《水浒传》里武大郎卖的炊饼，原本就叫蒸饼。后来因为宋代第四位皇帝宋仁宗名赵祯，祯与蒸谐音，为了避讳才改成了炊饼。

饺子与馄饨

前者是一种有馅的半圆形面食。饺子形似偃月，亦菜亦饭，煮蒸煎炸皆可，吃法五花八门。饺子馅可繁可简，可荤可素，像猪肉大葱、猪肉茴香、韭菜虾仁、青椒鸡蛋、牛肉胡萝卜、羊肉西葫芦、笋干黄花木耳等常见的馅不下几百种，还有一汪水似的鲜汤馅饺子。俗话说："好吃不过饺子。"尤其是在北方，饺子不仅是美味的主食，更是最常见的节令食品。三伏天讲究是"头伏饺子二伏面"；七月初七乞巧节要吃"七巧饺子"；朔风乍起的立冬有俗话"立冬不端饺子碗，冻掉耳朵没人管"。山东人除夕要吃肉丸饺子，代表着丰腴；北京人大年初一天刚亮讲究吃全素饺子，期盼一年平安素净；到了正月初五，家家户户还是要包饺子，最好是茴香馅的，寓意出外谋生的家人平安回乡。某种程度上讲，饺子的味道就是家的味道。

传说饺子来源于东汉张仲景的"祛寒娇耳汤"。现存最古老的饺子标本是在新疆吐鲁番阿斯塔那村发掘出土的唐代墓葬中发现的，已经干枯如石头，但仍旧保持着完好的月牙形。

饺子通常是用开水煮熟，捞出来控干了蘸醋、酱油或其他调料吃。馄饨则不同，馄饨虽然也是用面皮包上馅心煮着吃，但馄饨皮相对更薄，形似燕尾，馅心强调少而精，比如鸡肉、虾肉、蟹肉、荠菜等等。文献记载唐代就有精致的所谓"二十四气馄饨"了，就是二十四种不同花样的馅心。煮馄饨一般是下在鸡汤、肉汤、菜汤里，吃时连汤一起喝，讲究是馅鲜、汤鲜。北方民间冬至节气有吃馄饨习俗，寓意着咬破混沌，打开新天地。

羹与汤

指用肉或菜调和五味做成的带汁的食物。中国人制作羹的历史可追溯到先秦时期，最初的羹是不加调料的肉汁，叫作"大羹"，体现的是食物的原始味道，所以《礼记》上说大羹是饮食之本。后来人们发明了调味品，首先把它用于制羹，所以又叫"调羹"。《尚书》上说"若做和羹，尔惟盐梅"，意思是做羹要用咸的盐和酸的梅子来调味。羹也逐渐发展成用水把小块食材加米屑一起熬煮成的浓汁，可以是肉，也可以是菜蔬。

羹在汉代以前的饮食中具有与主食不相上下的地位，人们吃饭离不开羹。进餐时，羹和饭总是摆放在离就餐者最近的位置。调羹是非常讲究的事，既要与火候配合好使食材软硬适口，又要去腥提味激发食欲，还得保持食材的本味。吃羹也有许多的讲究，比如作为客人吃羹要细嚼慢咽，以体现对主人的尊重。尽管主人预备了调味品，最好也不要再加，因为主人在调羹时已调好五味了。如果主人上的是大羹，那是为了体现古朴的风格和对"食物之本"的追念，也就更没有必要添加调料画蛇添足了。

成书于北魏末年（533—544）的《齐民要术》中记载了28种羹，食材包括鱼、鸡、鸭、鹅、羊、猪、鹿、牛等等。其中专门介绍了从西域传入的胡羹，是用羊肋和羊肉加葱、芫荽、石榴汁制成的。

随着烹饪手段日益丰富，羹的地位也逐渐降低，日久天长，与作为辅助性菜肴的汤类似了。现在说的汤是用菜或肉、鱼等食材加水添加调料熬煮而成，通常比羹要稀一些。南方通常作为餐前开胃菜，北方通常作为餐尾饮用的辅助性菜肴。

点心与小吃

指正餐以外充饥的零食，或者逛街时随意解馋的趣味食品，从前也叫"碰头食"，意思是在哪儿碰见就在哪儿吃。原本小吃的经营方式只有两种：或挑担推车沿街叫卖，或在闹市摆摊搭棚卖。综合性小吃店是1956年后才出现的。

传统上小吃都是一家只制作一两个品种，往往一传就是几代人。制作小吃的原料大多比较便宜但也都精工细作，追求口味独特诱人，一种小吃往往凝聚了几代人的心思，也就能留住几辈子的回头客。

小吃品种繁多的地区必是商业繁荣客流不断的地

区。典型的有北京小吃、南京小吃、成都小吃、西安小吃、长沙小吃、广东小吃……都是食材丰富多样，品种五花八门，仅北京就有所谓“京城三千碰头食”之说。小吃的制作工艺更是复杂得令人瞠目，蒸、煮、熬、炖、煎、炒、烙、爆、涮、冲、炸等等，几乎涉及中国所有烹饪方式，口味或绵软或酥脆，或咸鲜或香甜，可以说是千滋百味，各展风姿。

至于点心，不同地方人的理解不同。有些地方人认为小吃就是点心。比如清代袁枚的《随园食单》里专设点心单，品种包括面条、饼、馄饨、糕团、藕粉、面茶等等。而这些在北京传统里只能算作小吃，不能称为点心。北京传统意义上的点心最初不是给人充饥或解馋的，而是祭祀、上供、岁时年节、婚丧嫁娶乃至亲朋好友间礼尚往来时表示“点点心意”的礼品，所以点心制作格外精致。也正是为了满足摆放和送礼的功用，点心需要能保存较长时间，工艺多采用易于储存的油炸、烤炙和蜜制，形状也是一块一块的。

豆腐

一种大豆制品，中国所创。色白，持水性好，组织细腻、柔嫩、紧密，富有弹性，口感滑爽。由大豆经浸泡、磨细、滤净、煮浆后，加入少量凝结剂，使豆浆中蛋白质凝结，再除去过剩水分而成。可作烹饪原料，制成多种菜肴。

豆腐是中国在饮食领域的一大发明，后来传到韩国、日本及东南亚诸国。

据说西汉时，汉高祖刘邦的孙子淮南王刘安迷恋道术，在炼长生不老丹药的时候偶然把豆浆和石膏勾兑到了一起，不曾想发生了化学变化凝成固体，机缘巧合发明出了白嫩可口的豆腐。

中国北方人喜欢吃面，南方人喜欢吃米，可豆腐却可以南北通吃，不管哪儿的人都喜欢。大豆富含蛋白质，豆腐是中国食品中重要的蛋白质来源。

豆腐可以和各种菜肴同烹，也可以自成一味。还可以再加工成各种豆制品，如豆皮、腐乳、豆腐干等，豆腐发酵后又成了地方特色霉豆腐、臭豆腐。在中国的文学作品里有很多描写豆腐的内容。《水浒传》里戴宗爱吃加料麻辣燫豆腐；《红楼梦》里宝玉觉得豆腐皮包子是极好的，于是特意留给晴雯；鲁迅的《故乡》里有个人物叫豆腐西施；写过《城南旧事》的林海音还曾专门主编过一本叫《中国豆腐》的书。可以说，豆腐已经成为中国文化的符号之一。

香菇

是一种优良食用菌，味鲜而香。香菇最早的栽培者是生于宋代的浙江庆元人吴三公（1130—1208）。

传说吴三公年轻时在深山砍柴，偶然发现在砍倒的树木糙皮上总是能沿着刀疤滋生出一簇簇棕红色蘑菇，而且刀疤越密，蘑菇越多。更不可思议的是，他用斧头在枯木上敲敲打打，之后枯木上长出的蘑菇竟然密如鱼鳞。用这些在朽木上滋长出的蘑菇烧菜吃，味香赛肉。经过长时间摸索，他总结出一套栽培、采集香菇的独门手艺，号称“剁花法”和“惊蕈法”。日久天长，不仅吴三公以此为业，还带动着他的家乡庆元、龙泉、景宁三个县的乡亲们纷纷仿效，从此有了菇农这一行业，吴三公也被尊为祖师。明朝洪武年间（1368—1398），香菇成了皇宫贡品。皇帝尝到了这化腐朽为神奇的人间美味，一时高兴封了吴三公“羹食公侯”的爵位，万历年间（1573—1620）又封其为“判府相公”。由于当时没有人能说清无根、无花、看不到种子的香菇是怎么长出来的，吴三公被神化为“菇神”，人们在他家乡特意为他修庙祭拜。

菇农组织严密，每年秋冬时节身背砍刀成群结队远赴深山栽培香菇，直到第二年清明香菇上市才能回家。香菇味美价高，从前是富贵人家素食斋菜的首选。传统的香菇栽培技法一直沿用至 20 世纪 70 年代。现代菇农们懂得了利用香菇孢子传播原理直接把菌种钉在树上，发明了段木香菇，香菇开始便宜起来。到了 20 世纪 80 年代末，木屑代料香菇产生了，香菇得以大批量生产，彻底变成了大众菜。

800多年前吴三公的发明使庆元成为世界香菇之源。2014年,庆元香菇文化系统被列为第二批中国重要农业文化遗产。

豆芽

泛指用各种豆类或谷类的种子发芽培育出的嫩苗。比较常见的是黄豆芽和绿豆芽,其他如黑豆、红豆、芝麻、瓜子、荞麦、小麦等等都可以培育出豆芽。有人把豆芽与豆腐、面筋和酱并列为中国饮食的四大发明,足见其在中餐中的重要地位。

成书于东汉的《神农本草经》称豆芽为"大豆黄卷",并详细记载了制作方法。最初人们吃豆芽是作为食疗,后来渐渐豆芽成为日常蔬菜。到了宋代,已有人专门培育豆芽当菜出售。《东京梦华录》里说:把绿豆、红豆、小麦放在瓷器里,用水浸泡,生出几寸长的芽,用红蓝草捆成束,就可以上市了。明清时代,豆芽做菜已相当普遍。清代末年李鸿章出访欧美,豆芽随之传入西方。

豆芽清脆鲜美,可以焯熟凉拌,也可热炒。比较精细的吃法是在炒菜之前掐去根须和豆胚,又叫作掐菜。若是配以鸡丝爆炒就成了鸡丝掐菜。豆芽很便宜,但也能做出极贵的菜。有道著名的宫廷菜叫镶银芽,是用绣花针穿着潮润的细线把调好味的鸡蓉拉进豆芽里,用炸得滚烫的花椒油浇淋而成。此菜根根豆芽银亮透明,其间的鸡蓉清晰可见,脆嫩鲜香。只可惜享过这等口福的人极少。

豆芽的价值不仅在于食用。中国古代之所以能把大量的瓷器从海路运往欧洲而破损率极低,也是仰仗豆芽的妙用。当时船员们把瓷器装在竹篓里,撒上豆子浸泡在水中,长出的豆芽柔韧而密实,把瓷器缠绕得不露缝隙,大风大浪也不容易摔碎,从而保障了中国外销瓷的贸易。这种说法已被对沉船的水下考古发现所证实。

元宵和汤圆

农历正月十五,是新年的第一个月圆之夜,叫作元宵。"元"是开始的意思,"宵"是指夜晚。古人认为从这天起一元复始、大地萌春,必须张灯结彩祭祀祈福,后来逐渐演变为节日,就成了元宵节。

元宵节讲究吃一种象征阖家团圆的节令食品,是用糯米粉包裹上各种馅料用沸水煮成雪白的小球,和汤一起食用,最早叫"圆子"或"浮圆子",后来逐渐叫成了"元宵"。

北方元宵的传统做法是把切成小方块形状的馅料放在装满糯米粉的大笸箩里均匀地摇,并适度喷水,做成生元宵,之后下开水锅煮熟。元宵馅多为素的、甜的,如山楂白糖、玫瑰白糖等等,讲究甘爽甜香。

南方吃的是汤圆,与北方的元宵类似,但做法和馅料都有所不同。汤圆是把磨得极细的糯米粉加水和成面,包上调好的馅料再团成小圆球下锅水煮。汤圆的馅料可荤可素,可甜可咸。宁波的猪油汤圆油润香甜;上海肉馅汤圆汁液鲜美;还有著名的成都赖汤圆,是清末一个叫赖源鑫的小贩发明的,有黑芝麻、白芝麻、花生仁、核桃仁等等馅料,和馅时加入鸡油,皮薄细滑腻,馅浓香入髓,可谓汤圆中的佼佼者。

春饼与春卷

一种手掌大小、薄如宣纸的面饼。立春是中国二十四节气的第一个节气。"立"是开始的意思,立春意味着一个崭新的春天就要开始了。北方立春这天讲究吃春饼。烙春饼的时候两张一对,吃的时候一揭两张,裹上用早春的特产时蔬烹炒成的菜肴卷起来咬着吃,称为"咬春"。这种传统古已有之,唐《四时宝镜》里记载:"立春日,食芦菔、春饼、生菜,号春盘。"杜甫的《立春》诗里也有"春日春盘细生菜,忽忆两京梅发时"的诗句,说的都是这个习俗。

春饼里裹的菜通常是炒合菜,也就是一荤一素两盘炒菜。荤的是蒜黄肉丝炒粉丝,素菜是青韭和火焰菠菜。青韭是在冬天的暖房里培育出来的，只要切上几根就能满屋香气。火焰菠菜碧绿的叶子短粗而肥嫩，中央是一簇娇嫩的黄芯，菜根处火红得艳丽夺目。吃春饼的精华全体现在这两样属于初春的时鲜上了。若是再摊个鸡蛋饼盖在上头，就叫作“炒合菜盖帽儿”。

春饼的吃法丰俭由人，除了炒合菜，还可以配上不同的冷荤。通常是松仁小肚儿和酱肘子。若想再丰盛些，可添加叉烧肉丝、火腿丝、口条丝、酱鸡丝、熏鸡丝、腊鸭丝、烧鸭丝、咸肉丝、香肠丝等等，全切成丝，寓意一年顺顺当当。

南方立春这天大多吃的是春卷。与自己动手裹菜的吃法不同，春卷是裹好了馅料之后用油炸熟了吃，个头也比春饼小巧。经典的春卷是把肉丝和新鲜的荠菜、韭黄、冬笋丝加上调料用半透明的面皮包裹成拇指粗的直筒，下油锅炸得焦黄酥香，吃起来皮脆馅嫩，丰腴利口。

青团

江浙一带清明时节民间吃的一种食物，俗称青圆子。清明是重要的中国传统节日，在江浙一带，人们在扫墓时用青团祭祖，但更多的是应令尝新，因此青团又名“清明果”。能吃青团的日子就那么十几天，所以江南人格外珍惜，仿佛只有吃过几颗青团，才能真正走进春天。

青团大致有两种：一种绿得明澈，绿得透亮。这青翠的绿是用冬小麦的嫩芽经石灰水处理而成的。麦青汁做的青团看着漂亮，不过细细品味会隐约有股淡淡的石灰味。

相比之下，另一种用艾草做的青团显得更醇正，也更自然，虽然看上去未必漂亮。江南的艾草甚是清香，清得透彻，香得浓烈，江南人新婚洞房前夜有用艾草沐浴的习俗。把艾草洗净、焯水、剁烂，然后和上糯米粉，可以做出清香筋道的艾草青团，黏稠里包裹着香甜。

做青团的艾草还分两种，一种是艾蒿，叶如丛丛鸟羽，做出的青团绿得深沉，闻起来有股特殊的艾香。另一种是黄花艾，长长的叶子上有嫩白的绒毛，做出的青团绿得淡雅，闻起来有着菊花叶般淡淡的气息。艾青团不仅有甜味的，还可以有咸味的，那是用雪菜、笋和肉做成的馅料，清香裹着肥润，正如江南的乡土。

青团的味道，是四月的味道，是江南的味道。

粽子

古称“角黍”，原本是夏至时的祭祀之物。夏至这天白昼最长，黑夜最短，寒气趋于消尽，热气日渐饱和。西周时代每逢夏至要祭祀百物之神，并仿效上古以牛角祭祀的风俗，把生于山谷之中的黍米用生于河湖之中的菰叶包裹成牛角的形状，以体现“阴阳相裹”的哲学思想。“角黍”由此而得名。

端午原为干支记日法中的午月午日，后来数字记日法取代了干支，这一天也就搬到了五月初五。魏晋以前，端午和夏至是两个不同的节日，由于离得很近渐渐合二为一，夏至的许多风俗也就赋予了端午。“角黍”也就演化为端午的节令食品。

把端午节和屈原紧密联系起来是六朝以后才有的。战国时代爱国诗人屈原在五月初五投汨罗江，楚国人思念他，在每年这一天把屈原当作水神祭拜。到了六朝时期，文人士大夫们有感于政事衰败，把一腔孤愤寄托到忠君爱国的先贤屈原身上，就诞生了“因为怕放在竹筒里扔在江中祭屈原的米被蛟龙偷吃而用楝叶裹上、彩丝缠上，由此发明出粽子”的故事。这么一来，粽子这种美食也就和屈原产生了联系，被赋予博大深厚的文化内涵。日久天长，端午节吃粽子纪念屈原也就演变成了习俗。

中国南方和北方的粽子是有区别的。南方的粽子花样繁多，有牛角形、秤锤形、斧头形、枕头形等等，而北方大多是锥形和斜四棱形。南方粽子大多是咸鲜的，需要用酱油浸泡糯米包上鲜肉、火腿、鸭肉等等馅料。北方的粽子大多是甜的，以江米小枣和大黄米最为经典。南方粽子要热吃，北方粽子则讲究冷食。

月饼

中秋节的节令食品。农历八月十五是中国传统节日中秋节，在民间也叫月饼节。中秋节的风俗除了赏月、拜月，买月饼、送月饼、吃月饼也是很重要的组成部分。

中秋节吃月饼的风俗是明代才出现的。最初是作为拜月时摆放在供桌上的供品。根据传统，上供的食物不能扔掉的，所谓“心到神知，上供人吃”。撤了供之后的月饼自然是给人吃了，而且不光自己家人吃，还要送给亲戚朋友们分享，为的是都沾沾灵气。中秋节互相赠送月饼的风俗也就逐渐形成了。后来拜月的风俗逐渐淡化，但月饼却脱离拜月仪式独立存在，而且成了中秋节的文化符号，寄托着人们对阖家团圆的美好希望。

月饼的品种很多。有以北京为代表的京式，又分成自来红、自来白、提浆月饼、翻毛月饼、酥皮月饼等等。有以苏州为代表的苏式，如趁热吃的鲜肉月饼。有以广州为代表的广式，如五仁、莲蓉、蛋黄、叉烧等等，油光闪闪，绵软浓香。还有以昆明为代表的滇式，最有名的是加了火腿的酥皮四两托，按旧制一斤十六两计，每块重四两，一斤正好四块。

不管哪里的月饼，模样基本像个小粮仓，外表是小麦粉做成的圆柱体或半球形的皮，中间包裹着象征五谷杂粮的各种馅料。中秋时节正是秋收的季节，新粮进仓，瓜果上市。从传统上讲，中秋节 个很重要的功能就是庆丰收。中华文明从本质上说是农业文明，是春种秋收的仓储文明。中秋的月饼寓意着粮食满仓，正是这一文明的缩影。

火锅

指在金属或陶制的锅具里加水或汤烧开，涮煮肉或菜的吃法，通常是人在锅旁自己动手，边煮边吃。

宋代林洪的《山家清供》里说：某年冬天下大雪，他去武夷山拜访隐士止止师，碰巧逮到只兔子，止止师按山里人的吃法把兔肉切成薄片，用酒、酱、花椒腌入味，然后把风炉放在桌子上加水烧开，大家用筷子夹着肉片在开水锅里来回摆动烫熟了，再依个人口味蘸不同的佐料吃。这大概是关于涮肉的最早记载。

现在中国各地流行的火锅吃法不尽相同，其中有代表性的是北京涮羊肉、重庆毛肚火锅、苏式暖锅和粤式打甂炉。

北京涮羊肉源于清朝康熙皇帝的千叟宴。当初办千叟宴是在寒冬，每人一个涮肉锅保证了参与的长者们能吃得暖和。后来逐渐演变成十人共用中间带烟筒的大铜锅。千叟宴涮的肉除了羊肉片还有鹿肉片、猪肉片。清代末年北京清真餐厅东来顺的涮羊肉出了大名，涮羊肉和配菜蘸调料的吃法渐渐成为主流。

重庆火锅讲究在夏天吃。重庆的夏夜闷热难当，潮雾黏糊糊粘在皮肤上让人觉得憋闷。人们摇着蒲扇“气吞山河”地吃上一顿香浓热辣的火锅，汗一下子出透了，人也觉得凉快通透。重庆火锅的主菜是毛肚，也就是裁切整齐的水牛胃，连同牛杂、牛舌、牛血等等先后放进用辣椒和花椒等调配好的赤红浓辣的滚汤里烫食，就是所谓的毛肚火锅。

苏式暖锅是春节的年菜，讲究用高汤入味的粉丝和白菜为锅底，上面是码放整齐的蛋饺、熏鱼、肉圆、腊鸭、咸肉、冬笋、青菜……象征着家有元宝、年年有余、团团圆圆等等美意。

广东打甂炉用的锅具是瓦罉，吃的时候要在炭火泥炉边拿长长的筷子在用海鲜和药材煲的滚汤里涮食鱼片、鸡片、鱿鱼片、虾片、蛇肉片等等食材，别有一番情趣。

烤鸭

有人说，外国朋友来北京必做的两件事是“逛故宫、吃烤鸭”。这两件事都是六百年前随着明朝永乐皇帝迁都到北京后形成的。只是当初烤鸭并不叫烤鸭，而是叫炙鸭子。

炙鸭子是用一柄钢叉把一只腌制入味的鸭子穿起

来举在明火上不停地翻转烤炙，直到焦香酥嫩之后夹在烧饼里吃。这种做法味道很好，只是效率太低。后来发明了焖炉烧鸭，是用点燃的秫秸放入青砖砌成的地炉里烘热炉膛，将十几只鸭子排放在铁篦子上关紧炉门，全靠炉壁的热力将鸭子烘熟。现在北京的便宜坊烤鸭店还是这种焖炉。

当下流行的烤鸭大部分并非焖炉烤鸭，而是把十几只鸭子一并排挂在果木点燃的明火上烤炙的挂炉烤鸭。掌炉师傅要手握挑杆不断调换炉膛里鸭子的位置。鸭子出炉时，只见师傅用杆挑起鸭钩，后手抽杆，前手一扭，再用力一拉，那枣红通亮的鸭子就凭借着惯性荡出了炉门。

挂炉烤鸭的流行得益于大名鼎鼎的全聚德。据说清末北京前门外有家卖生熟鸡鸭的小店，掌柜杨全仁见到烤鸭生意好，于是另辟蹊径，请到了御膳房厨师孙小辫儿改良了烤鸭方法，发明出了这道享誉世界的名菜——挂炉烤鸭。起初这道菜并不叫烤鸭，而是叫烧鸭子。烤鸭的叫法是从20世纪30年代才有的，由于受到各地食客的追捧，也被称为北京烤鸭。

烤鸭的通常吃法是用荷叶饼裹上切成薄片的鸭肉，夹上甜面酱、葱丝、黄瓜丝，这种吃法来源于吃春饼。不过烤鸭还可以有其他吃法。比如可以把鸭肉蘸上用酱油泡的蒜泥配上爽辣的萝卜条，还可以用焦酥的鸭皮蘸细白糖等等，各有各的味道，各有各的情趣。

宫保鸡丁

一道经典的川菜，也是一道有故事的菜，更是一道广受世界各地食客喜爱的中国菜。

这道菜的发明者是晚清名臣丁宝桢。他在任职山东巡抚期间因智杀太监安德海而震惊朝野，后调任四川总督。丁宝桢在山东的时候就酷爱吃当地名菜酱爆鸡丁，入川之后也把这个癖好带到进了巴蜀。吃辣椒之风在四川刚刚盛行，辣椒酱更是新鲜，但酱爆鸡丁的主要调料是山东盛产的大葱，运输过去并不容易。于是丁大人入乡随俗，把酱爆鸡丁的调料改成了豆瓣辣酱，而且放进了当地产的辣椒、花椒，还点缀了喷香的小花生米。没想到，鲜辣的辣椒和香脆的花生夹杂在鲜嫩的鸡丁里产生了一种全新的口味，让食客为之惊艳，成了丁大人宴请宾朋的看家菜。因为丁宝桢曾被加封为太子少保，尊称丁宫保，不知哪位食客把这种改良的酱爆鸡丁叫成了宫保鸡丁，日久天长就这么传开了。20世纪中叶，这道菜逐渐传遍中国，后来又走向世界，成为世界各地广受欢迎的中国菜。

在传播过程中，宫保鸡丁的烹饪手法和口味都发生了许多变化。其中比较典型的是北京的宫保鸡丁，口味甜酸，只是微微有些麻辣，号称“小荔枝口”。这个改变源自著名京剧表演艺术家梅兰芳先生1950年到峨嵋酒家吃饭时，厨师根据他的特殊需求和口味调整而成，后来保留下来竟然自成一派。

至于有些餐厅把“宫保鸡丁”写成“宫爆鸡丁”，本是以讹传讹，竟也有约定俗成的趋势，以至于把这种烹调技法统称为“宫爆”，衍生出了宫爆肉丁、宫爆虾仁、宫爆茄子等菜品。

扬州炒饭

扬州有着中国运河第一城的美誉，扬州的饮食也素以精致、丰富著称，就连家常便饭也能做出各种不同的花样来。

在扬州，炒米饭可以分成三大类。除了普通的鸡蛋炒饭，还有一类是各种青菜加米饭烩炒，叫作“菜搨饭”；另有一类是用油、盐、葱花加米饭干炒，谓之“油炒饭”。或许扬州人认为炒饭太过于寻常，以至于请客没有上炒饭的。

扬州原本并没有一种叫“扬州炒饭”的炒饭。据说让扬州的炒饭上档次的是清代嘉庆年间的书法家伊秉绶。他在扬州当知府的时候，常聚集一群文化人到他府上吟诗作画，自然要准备些既简单又雅致的饭食。伊家的厨师就把普通的蛋炒饭进行了改良，加进虾仁、瘦肉丁、火腿、笋丁等等配料，创造出精致的什锦蛋炒饭，这也就是现在通常说的扬州炒饭。

清代通过京杭大运河把江南的大米运进了北京，扬州炒饭的做法也就传进了京城里的官宦人家，当时官宦人家请厨师试手艺就是试“炒米饭”，饭炒得好才能录用。据说有厨师能炒出每粒米上都沾满金黄色的蛋浆、号称“金裹银”的碎金饭。这么一来，炒饭也就成了区别社会阶层的标志。直到今天，有些上了岁数的满族人见面还问：“府上还吃炒饭吗？”

伊秉绶告老回到福建老家之后也把炒饭传了过去，当地人根据自己的理解又发展出了福建炒饭。扬州炒饭和福建炒饭略有区别，扬州炒饭是干的，福建炒饭是湿的，类似于烩饭。

清末民初，很多福建人漂洋过海下南洋，炒饭也就传到了东南亚，慢慢加进当地的作料，又演化出了印尼炒饭。

松鼠鳜鱼

鳜鱼是中国特产的名贵淡水鱼，也叫鳜花鱼、花鲫鱼。鳜鱼分布在中国各大水系河流及淡水湖中，以小鱼小虾为食，肉厚刺少、鲜美细嫩。吃鳜鱼的最佳时节是在桃花盛开的春天。唐代诗人张志和在《渔歌子》词中写道：“西塞山前白鹭飞，桃花流水鳜鱼肥。青箬笠，绿蓑衣，斜风细雨不须归。”

中国的各大菜系中几乎都有鳜鱼，比如鲁菜的醋椒鳜鱼、川菜的干烧鳜鱼、徽菜的臭鳜鱼等等，其中以苏菜的松鼠鳜鱼最为著名。苏菜以甜见长，是“南甜、北咸、东辣、西酸”中“南甜”的代表。松鼠鳜鱼不仅刀工精湛炫目，形态生动活泼，色彩红红火火，而且每一丝鱼肉都浸透着浓甜蜜意，可谓是苏菜的典范。

善于烹饪这道菜的餐厅首推苏州的松鹤楼。传说这道菜与乾隆皇帝下江南有关，苏州评弹里至今也还保留着“乾隆大闹松鹤楼”的段子。据说当年乾隆来到松鹤楼，店里厨师将鱼头雕刻成松鼠头的形状，剔除鱼骨，把肉翻过来用精湛的刀工割划得错落有致，过油炸得色泽金黄油亮，宛如松鼠的毛皮。鱼装在盘里，口微张，身轻翘，肉挓挲，活脱一只缓步昂首的翻毛大松鼠。菜端上来，趁热浇盖上调制好的糖醋芡汁，那吱吱的响声，就像松鼠的欢叫。鱼肴入口，外面定型的焦壳迎齿而散，中间的鱼肉酸甜鲜韧，那微妙的触感让人轻松愉悦。乾隆吃得高兴，对这道外脆里嫩、鲜甜适口的珍馔大加赞赏。从此松鼠鳜鱼就成为松鹤楼的看家菜，而且还暗合了餐厅招牌里的“松”字，真是妙不可言。

蒸与炒

“蒸”是指依靠水蒸气的热量把食物做熟的烹饪方式，为中餐所特有。早在公元前6000年，生活在中原地区的先民就发明了专门用于蒸食的炊具陶甑，并向关中和长江流域传播。到了公元前2500年，蒸食已遍布黄河和长江中下游地区。河南殷墟妇好墓挖掘出的青铜炊具三联甗类似于今天的蒸锅，那应该是公元前1200年左右制造的。

蒸既节约燃料又能保持食物的原汁原味，千百年来深受中国人喜爱，不仅可以做出中餐的主食馒头、米饭，还可以同时烹调出各种荤素菜肴。著名的蒸菜“沔阳三蒸”就是同时把鱼、肉、菜分层一起蒸熟的。直到今天，“蒸”仍然是中餐最基本、最重要的烹饪方式之一。

“炒”是指在金属锅具里加入少量油脂，短时间加热并不断翻动切碎的肉类、蔬菜等食材使之成熟的烹饪方式。炒同样是中国特有的烹饪手段，大约发明于汉代。这种烹饪方式讲求搭配，特别适合中国人以粮为主、以菜为辅、以肉为益的饮食原则，而且省时、省火、省料，一经发明就迅速传遍中国，受到上至王公贵族下至平民百姓各个社会阶层的普遍喜爱。

炒主要用于烹饪荤素菜蔬，也可加工主食，食材广泛，配伍众多。无论是根、茎、叶、花、果，还是肉、鱼、贝类、菌类等食材以及它们的搭配组合，甚至烙饼、米饭等主食都可以炒，可荤可素，可淡可浓，可贵可贱。炒菜的手法又分为清炒、爆炒、抓炒、熬炒、熘炒等等不下十几种,可以充分展现不同食材的口感特质。炒菜的味道极其丰富,往往由多种主料、辅料、调料搭配烹调而成,可以调和出咸鲜、甜酸、麻辣、酸甜等等各种复合滋味。炒菜的刀工和火候变化多端,使得成菜的品相千变万化,可以适应各个地域、各种经济状况人们的饮食需求。炒菜从汉代一直到今天都是中餐的主流。

葱与姜

传统的中国调理香料,用其入味可以烹饪出经典的中国味道。中国人的口味往往被概括为"南甜北咸,东辣西酸"。这里的东辣指的就是古代山东产的葱和姜。从两千多年前的春秋时代直到今天,中国北方不管怎么做菜,几乎都要用到葱和姜。

据《管子》记载,公元前681年齐桓公北伐山戎,把大葱引进齐国,山东开始广泛种植大葱,大葱具有独特的辛辣芳香,不仅能去腥膻,还能调和诸味,深受当地人喜爱,被广泛用于烹饪。于是有了一种说法:"如言山东菜,菜菜不离葱。"无论是葱烧海参这样的名贵菜,还是葱炒鸡蛋、葱花油饼这样的家常菜,都离不开葱。吃煎饼直接卷上根大葱就叫煎饼卷大葱。发展到后来,这种嗜葱的口味影响到整个黄河中下游地区和东北地区,人们炒菜的第一道工序基本都是用葱爆锅提香。

葱的种类很多,可分为大葱、胡葱、香葱、韭葱等等。传统北方人爱吃的大葱葱叶浓绿,葱白脆甜,一青二白,圆而中空,植株粗壮而高大,味道浓郁。长江中下游一带爱吃的是香葱。香葱纤细,清秀,上端是青绿的翠叶,下面是娇嫩的葱白,看上去水灵灵的,散发出一股清甜的辛辣味。南方人形容女孩子好看就说"水葱似的"。香葱不仅可以吃馄饨熬汤当配料撒上,还可以做成葱油面,或撒在生煎包上。

中国是生姜的发源地之一,是世界上最早栽培生姜的国家。《论语》上记载孔子"不撤姜食,不多食",就是说他每次吃饭都要吃些姜,但都不多吃。可见在春秋时代,姜已经是非常重要的调理香料了。在湖北江陵的战国墓和长沙马王堆汉墓里都发现了姜块。可见中国食姜历史之悠久,地域之广阔。

酱与酱油

这里说的"酱"指食材粉碎加盐经发酵制成的糊状食物,中国是这种发酵酱的起源地,最早叫作"醢"。"醢"诞生于新石器时期,起初是把新鲜的肉或鱼研碎用盐渍,调入酒,盛放在陶罐里缓慢发酵制成。这么做既可以保存食物,又可以满足人生存所必须摄取的盐分,吃起来还有滋有味,可谓一举三得。《周礼》上记载周天子每顿正餐都要摆满六十种"醢",醢的食材非常丰富,包括麋鹿、獐子、兔、大蛤蜊、鱼、猪、大雁等等,想来三千年前的酱味道很不错。那时的酱是主菜,不作为调味品。

后来,人们发现凡是草木之属皆可做酱。大约到了西汉,以研磨的大豆或小麦粉为主要原料,加盐发酵经多道工艺酿成的谷物酱成为主流,它不仅作为重要调味品逐渐进入百姓生活,而且几乎是庶民最经济实惠的食盐摄取源。从某种意义上说,酱也是古人的生活必需品。有句民谚叫"百家酱,百家味",这既反映出传统民间工艺制酱时风味口感的微妙差别,也体现了平民百姓对酱的依赖。

大豆酿的酱是醇香的,小麦粉酿的酱是鲜甜的。自汉代以来,以大豆酿的黄酱和以小麦粉酿的面酱一直是中国酱的两大主流,而其中又以黄酱为重。肉和鱼酿成的酱越来越少,但也并非绝迹。现在沿海地区制作的虾酱、偏远地区做的鱼酱还可以体会到上古的遗风。

"酱油"一词宋代就出现了,又可称为"清酱"或"酱清"。酱油原本是黄酱的副产品,其做法是把黄酱挤压出汁液,加盐、花椒、姜片、糖等调料,兑入适量水熬煮后过滤出清汁,味道咸鲜微甘,可以作为蘸食和烹调的调味品。明代以后有了专门酿造酱油的工艺,并逐渐成为一种具有浓郁酱香味的液体调料。

醋

食物中最基本的味道是咸和酸,咸味来源自于盐,而酸味最早来自于梅子,在先秦的文献里常可见到“盐咸梅酸”。后来,人们发现粮食和水果发酵后得到的浆液味酸甘而且刺激食欲,于是发明了“醋”,渐渐取代了梅子。

醋原本不叫醋,而是叫“醯”。直到今天,山西人被称作“老醯儿”,意思是山西人善于酿醋,喜欢吃醋,甚至嗜醋如命。这一方面是由于山西的水质偏碱性,吃醋能起到中和作用,另一方面是由于山西酿醋的历史悠久。《周礼》上说“醯人掌共醯物”,公元前一千年左右的山西就已经有了醋,晋阳附近就是中国醋的发祥地。到了北魏时代,酿醋的方法已达二十余种之多。

与欧洲人通常用水果酿醋不同,中国人酿醋通常用的是各种粮食,比如大米、小麦、麦芽、高粱、小米、麸皮等。根据原料、原产地和酿制工艺的不同,醋又分为不同的种类,其中最具代表性的是山西老陈醋、镇江香醋、保宁醋和永春醋。

山西老陈醋历史最为悠久,采用高粱、大麦、豌豆为原料,依古法自然发酵,经过蒸、酵、熏、淋、晒等多道工艺,还需要几年乃至十几年“冬捞冰、夏伏晒”的岁月积淀,使其色泽黑红,口味绵长醇厚,在北方被视为正酸。

镇江香醋原产于江苏镇江,以当地特产糯米为原料,经过固体分层发酵及酿酒、制醅、淋醋三大过程,酸中透鲜,香里带甜,在苏菜体系中被视为正酸。

保宁醋原产于四川阆中,以麸皮、小麦、大米、糯米为原料,以砂仁、肉桂、当归、乌梅、杏仁等多种中草药制曲,以甘洌的泉水酿制而成,酸味柔和,是川菜的重要元素,也是中国名醋中唯一的“药醋”。

永春醋又称乌醋、红曲醋,原产于福建永春县,系选用优质糯米、红曲、芝麻、白糖为原料酿制而成,醋色棕黑,酸而微甘,醇香爽口,风味独特,是当地的地理标志产品。

“吃醋”在中国文化中还有另一种引申含义:因为嫉妒而感到心酸不悦。

筷子

夹取食物的用具,用竹、木、金属等制成。在明代以前,筷子不叫筷子,而称为“箸”。究竟是谁发明的,无据可考。《史记》上说:“纣始为象箸,箕子叹曰‘彼为象箸,必为玉杯’。”如果属实,殷商时代应该已经有了象牙做的筷子。

把“箸”称为“筷子”已经是明朝末年。那时京杭大运河里的船民觉得“箸”与“住”谐音,让船停住听起来不够吉利,船民总希望船快点到达京城。就有人为讨个口彩反其道而用之,称其为“快”。不想这种趣称沿着大运河传到了北京城之后逐渐在民间传播开来,于是有了“筷子”一词。所以《康熙字典》中有“箸”而无“筷”,到了《红楼梦》里,则是“箸”与“筷子”混用。

最初的筷子只是单支。后来捞热汤里的食物不够顺手,逐渐演变成了一双。不成想这一变竟然包含了中华文明特有的哲理:拿在手里是合二为一,用的时候要一分为二。动的那根为阳,不动的那根属阴。一阴一阳谓之道,千变万化尽在其间。

中国人喜欢围着大圆桌一起吃,这种用餐方式无疑用筷子最省地方,也最合适。筷子也可作为礼品赠送。朱漆筷子是各类庆典少不了的礼器。以竹枝做成的筷子象征着节节高升。十双一套的筷子则代表着十全十美。若是哪个女孩子筷子拿得高,会被打趣说以后会远嫁他乡。结婚送两双筷子是喜庆的吉祥物,寓意着“筷子筷子,早生贵子”。

用筷子也有许多讲究,比如筷子不能放在嘴里吸吮,那样看着不雅观也不卫生。不能用筷子敲盘子打碗,那会让人联想成乞食。一桌人吃饭,不能用筷子翻来找去,更不能用筷子指点别人,那都是没有教养的表现。上饭时筷子不能插在饭菜上,那种“立箸”仅限用于祭祀。

白酒

指一类以粮食为主要原料经蒸煮、糖化、发酵、蒸馏等工艺制成的蒸馏酒，无色或微黄透明，入口绵爽，酒精含量较高，因其引火可燃烧又称为烧酒。中国白酒与其他国家蒸馏酒的区别在于特有的主动加入酒曲发酵的工艺。

气味芳香是白酒的一大特色，根据原料和工艺不同又可分为不同香型。主要有酱香型：酱香突出、幽雅细腻、酒体醇厚、回味悠长，以贵州茅台为代表；浓香型：窖香浓郁、绵甜甘洌、香味协调、尾净香长，以泸州老窖特曲为代表；清香型：清香纯正、诸味协调、醇甜柔口、余味爽净，以山西汾酒为代表；米香型：蜜香清雅、入口绵柔、落口爽净、回味怡畅，以桂林三花酒为代表。此外还有以陕西西凤酒为代表的凤香型，以贵州董酒为代表的董香型等。

一般认为从元代开始才有白酒，其依据为《本草纲目》上有："烧酒非古法也。自元时始创其法，用浓酒和糟入甑，蒸令气上，用器凡酸坏之酒，皆可蒸烧。近时惟以糯米或粳米或黍或秫或大麦蒸熟，和曲酿瓮中七日，以甑蒸取。其清如水，味极浓烈，盖酒露也。"近年来有学者认为白酒的历史可以追溯到汉代甚至更久远。有专家用上海博物馆收藏的汉代青铜蒸馏器造出了20多度的白酒。也有学者根据唐代诗人白居易诗中有"荔枝新熟鸡冠色，烧酒初开琥珀香"和唐代诗人雍陶诗中有"自到成都烧酒熟，不思身更入长安"的诗句认为唐代就有白酒了。更多学者则主张白酒发明于宋代，成熟于元代。北宋《曲本草》中就记载了一种需要经过二至三次蒸馏，度数极高，少饮便醉的烧酒。敦煌壁画中也发现了西夏时代的酿酒蒸馏酒图。

白酒大批量生产应该是清代的事，20世纪中叶以后白酒逐渐成为标志性中国酒得到普及，出现在从家宴到国宴的各种聚餐场合，酒以成欢，酒以成礼。

茶

世界上最早发现茶树并以茶为饮的是中国人，中国也因此被称作茶的故乡。《神农本草经》上说："神农尝百草，日遇七十二毒，得荼而解之。"这里的荼就是我们今天说的茶。茶可以生津醒神，在非常久远的年代中国人就已经以茶为药了，后来逐渐成为饮料，"开门七件事，柴、米、油、盐、酱、醋、茶"说明茶已经成为生活必需品。有确切记载，最迟在西汉时，四川的茶已经走入人们日常生活，并且出现了相对成规模的茶叶集散地，有了专门用于烹茶的器具。

到了唐代，茶的制备工艺已非常完善，品饮过程也相当讲究，饮茶之风遍布社会各个阶层，而且成为人与人之间交往的纽带，以茶为题材的诗词歌赋层出不穷，形成了完整的茶文化体系。世界上第一部关于茶的专著《茶经》就诞生在这个时期。《茶经》从茶的起源、品质、采摘工具、工艺、器具、水质、饮用风俗及典故等方面详细论述了此前关于茶的几乎所有知识，成为古代茶学百科全书，其作者陆羽也因此被誉为"茶圣"。

唐宋时期的茶主要是蒸青团饼，饮用时需碾成粉末用沸水冲泡连粉带水一起饮用，品饮过程技巧性强，从而产生出专门比试茶叶色相、茶汤香醇度、茶具优劣以及煮水火候的斗茶活动，成为盛行一时的文化艺能。饮茶之风东传日本后，形成了著名的"茶道"。

到了明代，朱元璋下诏废团兴散，使得蒸青散茶开始盛行，后来出现了利用干热发挥茶叶浓郁香气的炒青工艺，十分接近于今天的炒青绿茶。之后，通过不同工艺和发酵程度使茶叶从不发酵、半发酵到全发酵，形成了色、香、味、形等品质特色各不相同的绿茶、白茶、黄茶、青茶、红茶、黑茶六大茶类。饮茶方式也以开水直接冲泡为主了。以茶为载体，形成了内涵丰富、极具中国特色的茶文化。

服饰

服饰形制

上衣下裳

上体之衣和下体之裳的合称。中国历代服装形制繁复,然就式样而言,大体可以分为两种基本形制:一为上衣下裳制,一为衣裳连属的深衣制。上古时期,衣裳大多分为两截,上体所着称为“衣”,下体所着称为“裳”,故有上衣下裳之名。春秋战国后,又出现一种服装,将上衣下裳相连,制成为一件服装,名为“深衣”。此后,两种服装并行不悖,沿用至今。

上衣下裳的具体形制为:上衣多为交领、右衽,领口及袖口皆施缘边,衣长及膝,腰系大带,身份尊贵者在腰带之下系一上锐下广的蔽膝,以其色彩、花纹区分身份等级;下裳着裙、裤皆可,如袴褶、襦裙等均属上衣下裳制。

因上衣下裳是上古时期的服制,所以历代帝王百官的祭祀之服都采用此制。后世出现上衣下裳连属于一体的服装款式,有时也要在腰际施加一横襕,以示下裳之意,以此尊古。又因上衣下裳可任意搭配,变化多样,脱卸换洗较为方便,穿着时行动亦较为自由,故亦多用于民间妇女及从事体力劳动的男子,如袄裤、袄裙等。

深衣

由上衣下裳相连属而成。《礼记·深衣》载:“此深衣衣裳相连,被体深邃。”深衣起源于春秋战国之际,盛行于战国、两汉时期,是士大夫阶层居家之服,又是庶民百姓之礼服。无论男女、文武、贵贱皆可穿。东汉以后多用于妇女。魏晋以降,则为袍、衫等服饰所代替。

深衣形制在《礼记》的《深衣》和《玉藻》两篇中皆有所记载,后世学者也有较多考证。大概有如下特点:一是衣裳相连。制作时上下分裁,然后在腰间缝为一体。腰缝以上谓衣,腰缝以下谓裳。下裳制有十二幅,对应一年有十二个月。因而上身合体,下裳宽广,行动时不觉拘谨。二是续衽钩边。深衣根据衣裾绕襟与否可分为曲裾和直裾,以马王堆汉墓出土实物最为精美。“续衽”为衣襟加长的一段,曲裾为三角形斜襟式,穿着时由前绕至背后,以免露出里衣;直裾为方形直襟式,衣裾在身侧或侧后方,以丝带系扎。三是圆袂方领。即衣袖为圆形样式,领式为方折样式。《礼记·深衣》载:“袂圆以应规,曲袷如矩以应方。”四是长至踝间。《礼记·深衣》载:“短毋见肤,长毋被土。”

深衣的质料最初多以白麻布为之,领、袖、襟、裾另施彩缘。战国以后,则多用彩帛制作。缘边花色亦深刻反映着装者的身份信息,若父母、祖父母皆健在,镶带花纹的边;若父母健在,镶青边;若为孤子,镶白边。

服饰体系

冕服

是帝王及公侯参加祭祀、朝会时最隆重的礼服形式,其组成包括冕冠、玄衣、纁裳、蔽膝、革带、大带、佩绶、舄以及佩饰附件,以旒珠和章纹的数量区别等级。

冕服制度始于商周,秦时废除,汉明帝时恢复此制。其具体特点:凡冕服都是上玄衣、下纁裳,冕即是头上戴的冠类首服。冕板是设在冠顶的长方形木板,前圆后方,象征天圆地方,称作“綖”。冕綖用细布帛包裹,上用玄色喻天,下用朱色喻地。冕板前后垂旒,冕旒长度齐于肩,所服冕旒之数、之色根据冕服类别、身份职位有所不同,以此昭明其制度、尊卑等差之别。冕服上有十二种纹样,依次为日、月、星、山、龙、华虫、宗彝、藻、火、粉米、黼、黻,用五彩色施于衣裳上,上衣用绘,下裳用绣。

冕服的种类有六,分别穿用于不同场合:大裘冕、衮冕、鷩冕、毳冕、絺冕、玄冕。除大裘冕外,后五种冕的形式基本近似，所以又统称“五冕”，它们只是在装饰内容、数量上依次有一定的等级区别。天子以典礼轻重来分别应所服的冕服类别，如《周礼·春官·司服》载：“王之吉服，祀昊天上帝，则服大裘而冕，祀五帝亦如之；享先王则衮冕，享先公、乡射，则鷩冕；祀四望、山川，则毳冕；祭社稷五祀，则絺冕；祭群小祀，则玄冕。”按礼群臣必降天子一等之服，即天子之外各官以职位高下来区分其所服的冕服。

朝服

又称“具服”，是君臣举行重要朝会时所穿的礼服。其组成包括梁冠、上衣、下裳、中单、蔽膝、大带、革带、佩、绶、袜、履，以冠梁数及大绶装饰图案辨别等级。

朝服制度在殷商之世已初具形态，最早的朝服是玄端，即“朝玄端，夕深衣”。玄端为上衣下裳制，身着端衣，即黑色礼服，头戴玄冠。制作玄端的布幅皆为正方形，端直方正，无裁剪，无章彩纹饰，故称“玄端”。秦代的朝服是袀玄，其形制为深衣制，即一套上下皆黑的礼服。汉代以袍为朝服，服“五时衣”，即春、夏、季夏（指农历六月）、秋、冬五时各用青、朱、黄、白、黑五种不同颜色，如季夏尚黄。东汉永平二年（59），规定朝服冠使用进贤冠，自此沿用。至唐宋时朝服制已发展得相当完备，明朝又进一步完善、制度化。

明代朝服具着梁冠，外穿赤罗衣裳，内穿白纱中单，缘用青色，赤罗蔽膝，大带为绢制赤白二色，革带佩绶，白袜，黑履。采用梁冠、佩绶、革带、笏板、簪笔等装饰手段区分官员序列等级。明代梁冠制度：公八梁，侯、驸马、伯七梁，只有这些身份的人才有资格使用笼巾貂蝉、立笔、香草等。一品七梁，二品六梁，三品五梁，四品四梁，五品三梁，六品、七品二梁，八品、九品一梁。执法者梁冠上加獬豸，象征秉公执法。品官革带的使用如下：公、侯、驸马、伯及一品官革带用玉，二品犀，三、四品金，五品银，六、七品素银，八、九品角。再次，佩绶花纹、笏板材质均按照制度穿用，品官身份等级分明。

公服又称“从省服”，是百官朝见和办理公务时所穿用的“工作服”。多用于重大朝会，可以理解为公共议会等所着服装。其组成包括展脚幞头、盘领袍、革带、靴，以袍服颜色及所绣花样大小、革带材质来区别等级。

一般认为规范的公服制度始于北魏。南朝齐武帝始将服色定为五等以区别官阶，即朱、紫、绯、绿、青五色，其后世制度繁多。唐代公服与朝服制度同，但要去其蔽膝、剑、绶，“一品已下，五品已上，朔望、朝谒及见东宫则服之”。宋代公服则与常服混为一体，与朝服体系脱离，其形制与常服区别不大，没有独立的形制。而明代作为服饰制度的集大成者，则彻底区分开公服、常服。明代公服形制完备，冠履配套，等级分明，为前朝所不能比拟。明代朝服用途与唐代有所差异，用于每天早晚朝奏事、侍班、谢恩、见辞时穿着，在外文武官每日公座之上也需要穿着公服。

公服幞头用漆纱二等，展脚左右各长一尺二寸。公、侯、驸马以下至四品服色为绯色；五品至七品为青色；八品至杂职官为绿色。公服上织有大小不同的暗纹花样，《明史·舆服志》载：“（公服）一品，大独科花，径五寸；二品，小独科花，径三寸；三品，散答花，无枝叶，径二寸；四品、五品，小碎花纹，径一寸五分；六品、七品，小杂花，径一寸；八品以下，无纹。”公服革带，公、侯、驸马、伯及一品官革带用玉，二品犀，三、四品金，五品以下用角。以此区分官员品秩。

常服

为文武百官常朝视事时穿着的轻礼服。其组成包括幞头、圆领袍、补子、革带、乌皮六合靴，以服色、补子纹样及革带材质区分等级。隋朝始定职官常服形制为袍衫。唐宋时，黄色成为帝王的专用服色，品官依次服紫、绯、绿、青，并附以腰间佩饰的鱼袋来区别官阶。唐时鱼袋中配有鱼符。至明朝，常服制度臻于完善，不仅以服色分等级，而且还发明了补子定官品，其标示身份等级的作用是品色衣和鱼符所不能代替的。

明代常服服色“一品至四品，绯袍；五品至七品，青袍；八品九品，绿袍；未入流杂职官袍、笏、带与八品以下同”。有时也用杂色，如灰色、浅绿色、月白色等，但多数情况仍按照定制颜色穿用。常服补子图案形象生动，“洪武二十四年定，公、侯、驸马、伯服，绣麒麟、白泽。文官：一品仙鹤，二品锦鸡，三品孔雀，四品云雁，五品白鹇，六品鹭鸶，七品鸂鶒，八品黄鹂，九品鹌鹑；杂职练鹊；风宪官獬豸。武官：一品、二品狮子，三品、四品虎豹，五品熊罴，六品、七品彪，八品犀牛，九品海马”。常服革带按品级定制，一品玉，二品花犀，三品金钑花，四品素金，五品银钑花，六品、七品素银，八品、九品乌角。

皇帝的常服多用于日常穿着，明代永乐三年（1405）确定其式样：头戴乌纱折上巾，即“翼善冠”，身着盘领窄袖黄袍，腰束玉带，足穿皮靴。黄袍前后及两肩各织金盘龙一，即所谓四团龙袍，体现了帝王服饰的特殊性与权力性。

燕服

为日常闲居时所穿用的服装。唐朝时，百官可穿着这种衣服相互礼见、拜会，但不得用于重要的祭祀场合。至明代，燕服也称“忠静服”，并确立了正式的燕服制度。其组成包括忠静冠、忠静服、带、履。

嘉靖七年（1528），鉴于品官燕居之服未有明制，再加明朝中晚期服饰僭越、制度混乱，明世宗接受阁臣建议，根据古代玄端服法古制作燕居之服，更名“忠静”，以勉励百官进思尽忠、退思补过。据此可知，明代后期百官服饰制度更趋严密，即使在休闲之时，也提醒人们不要忘记“贵贱分等、上下有别”。

燕服之冠为“忠静冠”，仿照古玄冠制成。冠顶呈方形，乌纱为之，两山列后，冠前饰梁，压以金线，四品以下官员不用金，改用浅色丝线缘边。忠静服仿古玄端服，色用深青，以纻丝纱罗为之，三品以上饰云纹，四品以下素服。衣身前后饰本等级的补子。内衬深衣为玉色。腰系素带。素履，内穿白袜。

赐服

亦称“赐衣”，朝廷向有功之士或藩属国家赏赐冠服、衣料，以示恩宠。许多朝代都存在赐服，只是内容形式、所赐等级范围不尽相同，其制复杂多样。

唐代开始赐时服，五代、两宋沿袭此制。朝廷按季节向诸臣将官或有功之士颁赐服装、衣料、鱼袋等，所赐之服视职位而异。宋初仅赐于将相、学士及禁军大校。建隆三年（962）起遍赐百官，以慰劳勉励之。宋代皇帝还常在喜庆、出行等礼节性场合，向近侍臣僚赏赐花朵。所赐花朵形制不一，多寡有别。有鲜花，亦有帛花。明代有关赐服的记载颇多，虽不属于国家正式服饰制度范围，但赐服现象广泛存在于明代的政治生活之中。从赏赐的对象来看，主要有功臣及名人后裔、侍奉皇帝身侧的宦官以及外藩之王和出访的使臣。赐衣或因战功、归顺，或因封袭、及第，不一而足。从赏赐的服式来看，有的饰有补子，有的不饰补子，并且存在等级区分，内容大致分为蟒服、飞鱼服、斗牛服、麒麟服、白泽等补子，以及玉带、犀带等。根据官职位置、贡献大小，所赐之服通常高于受赐者品级。

出土和传世实物资料中不乏各种实例。如《明史·舆服志》记载：“文臣有未至一品而赐玉带者，自洪武中自学士罗复仁始。衍圣公秩正二品，服织金麒麟袍、玉带。”赐服作为一种奖励形式，既标示了赐者的赏识与恩荫，又凸显了服者的荣耀与效忠。

五次服饰变革

胡服骑射

中国服装发展史上有五次重要变革，服饰变革与朝代更迭、军事战争、民族交融、文化传播等社会变革息息相关。

周代末年，处在西北地区的诸侯国赵国为发展军事需要进行了服饰改革。赵国与东胡、楼兰接界，这两个少数民族都善于骑马矢射。赵国军队武器精良，但士兵多为步兵与车兵，且身着长袍，不便在崎岖山路作战，而灵活迅速的骑兵更加适合山地作战。为适应军事发展的需要，赵武灵王提出进行服饰变革，推行胡服骑射。

胡服，指当时北方及西北少数民族的衣冠服饰。基于地理环境、气候及游牧骑射的生活方式，这些少数民族服装形制较为紧窄，与中原地区宽衣博带的服装形制有较大差异。胡服骑射其具体特征是改去下裳而着裤，衣长仅及膝，腰束革带，用带钩，穿靴，头戴北方民族的貂皮冠。以弓箭为主要武器，全军上下学习骑射。

这种装束起初只在军中流行，后因这种款式方便利落，便逐渐从军中将士推广到劳动阶层。自此，胡服渐为汉族所接受。至东汉末，因灵帝喜好，贵族亦着胡服。这种服饰上的交流融合对中华民族的文化融合意义源远流长。

胡汉服饰交融

魏晋南北朝时期，由于战乱频繁，北方少数民族入主中原，民族错居杂处，加强了各民族之间文化的交流与渗透。服饰也因民族交往而改易发展。初期各族服饰自承旧制，后期因相互接触而逐渐融合。

这一时期最具典型意义的服装为裤褶和裲裆，随胡人入居中原，先是在军队中流行，后来推广至民间，对汉族服装产生了明显影响。裤褶，是一种上衣长裤的服式。一般样式多是圆领对襟，上衣为短身大袖或小袖；下身穿喇叭裤，有的在裤管膝盖部位用长带系扎，名为缚裤，以便行动。外面还可以服裲裆。《释名·释衣服》称："裲裆，其一当胸，其一当背也。"其形制为无领无袖，形制为前后两片，腋下与肩上用皮质的搭襻连缀，腰部用皮带系扎。男女均可穿用。裲裆形式也被运用于军服之中，制成裲裆铠，套在衬袍之外。裲裆也可贴身穿用，这种服式一直沿用至今，南方称马甲，北方称背心或坎肩。

北方民族与中原汉族之间在服饰上互相取长补短，日益交融，不仅兼有广、狭两种形式，还演变出一些新的服饰风格。如上衣紧身、窄袖，下裳宽大博广，即被东晋学者干宝在《晋记》中称其为"上俭下丰"。另外，如北齐妇女戴用的羃、穿着的皮靴、系扎的革带等，都为汉族人民所吸收，并流传至后代。

胡服风尚

隋唐时期，中国南北统一，疆域辽阔，经济文化繁荣，很多地区、民族的服饰都在不同程度上因互相影响而有所发展，穿胡服成为一时风尚，从而产生了一些新颖的时世装束。有些风行一时，有些自此沿用下去。这些样式在男子服装及女子装束上皆有体现，尤其是女性的服装、发式、妆容和穿着方式。

唐代女装流行风尚变化多端。最时兴的女子衣着襦裙，外穿半臂。半臂从魏晋发展而来，其形制略同于裲裆，其身长于裲裆而有短袖，领式有对襟、翻领或无领样式，对襟则胸前系带。另外，唐前期还流行穿翻领小袖长袍，领、袖、襟缘用彩色锦绣边饰，腰系带，下穿紧身小口裤，足穿靴。

唐代妇女发饰新奇，千姿百态。早期流行高耸轻俊，如半翻髻、惊鸿髻、反绾髻等；后期流行用假发做义髻，如堕马髻、闹扫妆髻等。此外，唐代还流行头戴花髻，即将各种鲜花插之于发髻上作髻饰。出门时，可带帷帽、羃。

唐代妇女好面妆，奇特华贵，变幻无穷。如面部施粉，唇涂胭脂；各种眉式流行周期很短，眉式有长眉、短眉、阔眉、倒八字眉等。眉宇之间以金、银、羽翠制成"花钿"，温庭筠诗云"脸上金霞细，眉间翠钿深"。太阳穴处以胭脂抹出两道"斜红"。面颊两旁以丹青朱砂点出圆点、月形、花朵等，谓之"妆靥"。唐代女着男装成为当时风尚，上行下效。女着男装，较早在宫廷中流行，到开元天宝年间尤盛，如"太平公主紫衫玉带，皂罗折上巾"为武官装束；另有女子"着丈夫靴、衫、鞭帽"。时至今日，人们仍感大唐风尚令人耳目一新。

剃发易服

清王朝建立后，统治者为巩固自身权力，以强制手段迫使汉族剃发易服，按满族习俗统一男子服饰。

剃发，即把前颅头发剃光，仅留颅顶发，编成辫子，垂在脑后。“留头不留发，留发不留头”成为清初统治者强迫汉民臣服的严酷手段。

在服饰制度上，清代帝王以服饰为立国之经，因其民族善于骑射，“以马上得天下”，故坚持满族紧身易于骑射的装束，并令子孙不得轻易改变原有的服式。清代男子以袍、褂、袄、衫、裤为主，一律改宽衣大袖而为窄袖紧身。常服袍为上衣下裳连属制，其制圆领或立领，衣襟有对襟、大襟、一字襟、琵琶襟，衣襟以纽襻系扣，代替了汉族惯用的绸带。因游牧民族惯骑马，因此长袍多开衩，皇族宗室开四衩，官吏士庶开二衩。其中开衩之袍，袖口有突出于外的“箭袖”，因形似马蹄，俗称为“马蹄袖”。其翻卷自如，既有利于抵御北方冬天的恶劣天气，也不影响狩猎射箭。后来这一功能性配饰逐渐向装饰性转变，成为礼服中的特殊形制。

清代女子服装有满、汉两式。清初汉族妇女还保留明代样式，时兴小袖衣和长裙；清中期以后，衣服逐渐宽松肥大，搭配云肩；到晚清时，汉族女子以上衣下裳或下裤为主，衣上镶花边、滚牙子，装饰纹样愈加精致复杂。满族妇女身穿“旗装”，头梳“旗髻”，脚踩“旗鞋”。清代后期，满汉女子服饰相互影响，互相仿用。

中西服饰合璧

辛亥革命推翻清朝，结束帝制，与此同时西风东渐，中华民族的服装为之一变。辛亥革命结束了中国近300年辫发习俗，也废弃了烦琐的衣冠制度。20世纪20年代末，民国政府重新颁布《服饰条例》，其内容主要为男女礼服和公务人员制服。

这时期，男子服装主要为长袍、马褂、中山装及西装等，虽取消服饰禁例，但各阶层人士的装束仍有明显不同，主要取决于其经济水平和社交范围的差异。另外，由于年龄、性格、职务、文化爱好的不同，也在同一时代服饰风格之中求新求异，并效法西方国家，根据场合、时间分早装、晚装、礼服、便服等不同款式。长袍、马褂和西服、礼帽并行不悖。至20世纪三四十年代，长袍、西裤、礼帽、皮鞋成了较为时兴的一种装束，也是中西结合非常成功的一套服饰。既保持了民族风韵，又增添了几分俊逸洒脱之气，显得庄重而不失精干，是该时期很有代表性的男子服饰形象。

民国初年，女子所着长袍采用直线，胸、肩、腰、臀完全呈平直状态，没有曲线变化。20世纪20年代初，舶来面料和工艺形式大大增加，女子穿着的长袍逐渐收紧腰身，长度缩短，体现出女性的曲线之美。20世纪三四十年代，西方成衣风靡中国，尤其是以上海为代表的时尚中心，常见上流社会的名媛、小姐穿着旗袍，外搭西式斗篷、风衣之类。

民国时期，服饰正处在新旧交替、西风东渐的形式之中，服制打破了等级界限，中西合璧、摩登时髦成为这一时期的主旋律，从此开启了服饰历史上崭新的一页。

服装主要构成

衫

一种没有衬里的大袖单衣，多以轻薄的纱罗制成。其衣袖以宽博为主，呈直线形，袖口不收紧。一般多做成对襟，衫襟可用带子系缚相连，也可以不系带子，两襟敞开。

魏晋时期，士人喜其轻便，着衫者尤多，其中以竹林七贤为代表。他们多穿着对襟袒胸衫，具体形制为：对襟、大袖，衣长至膝下，腰间系有腰带，飘洒自如，随心所欲。他们不仅喜着此装，还以蔑视朝廷、不入仕途为潇洒超脱之举。王隐《晋书》曰：“魏末，阮籍有才而嗜酒荒放，露头散发，裸袒箕踞。作二千石不治官事，日与伶等共饮酒歌呼。”

南北朝时期，由于受胡服影响，穿衫的人逐渐减少。晚唐五代时则再度流行。唐代士人所穿为“襕衫”，庶人所穿的衫与士人不同，样式较短小，长不过膝，便于活动和劳作，称为“缺胯衫”。女子穿着纱罗制成的薄衫，通常制为对襟,两袖宽大,质料轻薄透明。宋代因袭五代遗制,衫的形制种类增加,出现了紫衫、凉衫、帽衫等名目,士庶和官吏皆可穿着。女子则穿大袖长衫,主要为直领对襟式,福建省福州市南宋黄昇墓中曾出土一件大袖长衫。到了明代,衫大多作为女子礼服,穿时和霞帔、褙子等服饰配用。随着后世的发展,衫即开始泛指衣服。

襦裙

上衣和下裙配套穿用,通常裙束襦外。这种穿着方式在河北省平山县战国时期中山国墓葬出土的文物中已经见到,几个小玉人穿的即是对襟窄袖、上襦下方格裙的服式。

其具体形制及变化特点如下:襦是一种长不过膝的短衣,东汉以前,男女皆服。东汉以降,多为女子穿用。汉魏时期,襦一般采用大襟,有长短之分,长者至膝部,短者至腰间;衣袖有宽窄两式。隋唐时期,襦的式样有所变化。更多采用对襟,不用纽带,以窄袖为主,袖长至手腕或超过手腕,多与裙配套穿用,下束于裙内。裙子的造型,唐初流行紧身窄小的款式,裙子的形式为高腰或束胸、贴臀,宽摆齐地的样式,盛唐以后,服饰以宽松肥大为风尚,上襦多以袒胸为时髦外披薄纱罗制作的披帛,上身肌肤隐隐显露。裙长多可曳地,以多幅为佳。襦裙在色彩及搭配上常常用两色绫罗拼合而形成褶裥效果,外束的裙腰上往往压上金银线作装饰,裙色有红绿、红黄、黄白等不同的颜色,裙腰提高至胸部。此外,襦裙常与披帛搭配穿用,更显端庄优雅、轻盈飘逸之态。

圆领袍

为官吏、士人所着之袍,当为常服或公服。目前学术界对圆领袍的来源考证不一,从传播路径来说,自汉末西北地区的胡人开始流行,后逐渐影响至中原地区。初见于北周,至唐形成制度,以后历代沿用。

圆领袍是一种圆领、右衽的袍服,领、袖及襟处有缘边。文官衣略长而至足踝或及地,武官衣稍短至膝下,因而行动较为方便。袖有宽袖和窄袖之分,多随时尚而改变。也有在膝盖部分施加一横襕,以示继承传统上衣下裳之旧制。

唐代,圆领袍在服色上有严格规定,据《唐音癸签》记:“唐百官服色,视阶官之品。”隋与唐初,尚黄但不禁黄,士庶均可服。至唐高祖武德初年,制定黄袍为皇帝专用服色,士庶禁黄自此开始,因而后人常用“黄袍”比喻帝位。百官服色之制:文武三品以上服紫;四品服深绯;五品服浅绯;六品服深绿;七品服浅绿;八品服深青;九品服浅青。自此,服色制度对职官身份等级高低起着相当强的制约作用。

唐代男子官服一般是头戴幞头,身着圆领袍,足蹬乌皮六合靴。自帝王至官员,服饰形制基本相同,差别在于用颜色、花纹、革带来区分等级。这种搭配不仅作为唐代常服的概貌,形成之后亦流行十分久远。两宋时期,男子的常服就主要以此为风尚,从皇帝到低级吏人皆可穿着。明代官服仍沿袭圆领袍形制,在此之上还缝缀补子,以区分等级。盘领右衽、袖宽三尺的袍上缝缀补子,再与乌纱帽、皂革靴相配套,成为典型明代官员服饰样式。

褙子

又名“背子”“绰子”,是宋代流行的女装样式,并逐渐成为后世女子的一种常服。上自皇后妃嫔、下至奴婢侍女及民间百姓,皆可穿着。女子所穿的褙子,是穿在襦、袄、衫之外的罩衣;男子所穿的褙子常衬于公服之内,很少外穿。

宋代女子所穿褙子的形制,大多为直领、对襟、窄袖,两裾分离,前后片不缝合,左右两侧开衩。领、袖、衣缘一般用不同的织物做出花边装饰。腋下或背后垂有带子,仅垂挂做装饰用,衣长大多在膝盖上下。明代褙子更为盛行,不仅用作皇帝、后妃的常服,也可用作命妇的礼服,而且在民间也非常流行。其样式基本和宋代相同，一般有合领和对襟两种款式。凡对襟、大袖，为贵族妇女礼服；凡对襟、小袖，通常为普通妇女的便服。

明代褙子在服色、纹样上皆有严格规定。如后妃所着者俱用红色，普通命妇则用深青。纹样方面的定制，与霞帔基本相同。洪武五年(1372)规定，一品、二品，褙子、霞帔皆用云霞翟纹，钑花金坠子；三品、四品霞帔图案用云霞孔雀纹，钑花金坠子；五品霞帔和褙子用云霞鸳鸯纹，镀金钑花银坠子；六品、七品霞帔、褙子用云霞练鹊纹，钑花银坠子；八品、九品霞帔用绣缠枝花，褙子绣摘枝团花，坠子与七品同。

补服

明清官员的一种重要官服。穿用场合很多，朝觐、谢恩、礼见、宴会均可穿着。因胸前及背后缀有一块不同图案的圆形或方形的补子而得名。

补服创始于明代初期，但以补子形式装饰服装并以此区分等秩的创意早已出现。最典型的即是先秦冕服上的十二章纹。到唐代，用飞禽走兽的“绣袍”形式赏赐文武三品以上官员，但并未形成制度。金、元两代大体延续了前代的模式，充分在服饰上利用动物、花卉图案区别等级。至明代，在总结借鉴以往各代服饰图案的基础上，建立了一套完整的补服系统。清代则在内容上大体承袭了明代补服风格，但具体形制仍有差异之处。

第一，服饰形制及服色不同。明代用大襟袍，清代用对襟褂，明代服色用绯、青、绿，清代则用石青、天青。

第二，补子的形制不同。明代补子通用方形，清代除方形外，亦有用圆形者，或用二团，或用四团(两肩及前后各用一团)。职官母妻亦可穿着，文武命妇受封者各从其夫或子之品以分等级。女补的尺寸小于男补。

第三，补子的规格不同。明代的补子一般在40厘米见方左右，织多于绣；清代则一般在30厘米左右，以绣为主。

第四，补子的图案内容不同。清代亲王、贝子等圆补上可分别饰龙、蟒，镇国公补服也可绣蟒，但只许用方补。品官及其他官员的补服内容则与明代相差无几，即文官绣禽，武官绣兽。明代补子图案详见“常服”词条。清承明制，与明代略有区别。文官八品、九品图案由明代的黄鹂、鹌鹑改为八品鹌鹑、九品及未入流练雀；武官一、二品由明代均为狮子，改为一品麒麟、二品狮子。除禽兽之外，补子上通常也绣有彩云、红日、八宝、海水江崖等图案。明代补子的四周一般不用边饰，而清代补子的周围多饰以花边。明代文官补子常绣一对禽鸟，而清代补子全部织绣单禽。以上规定并非绝对，但基本上符合这种定级方法。

第五，补子的大小不同。明朝的补子前后图案一致，而清朝的补子分前后两半。

长袍马褂

清代及民国时期男子的便服或礼服，二者多搭配穿用。内穿长袍，外罩马褂，头戴礼帽或瓜皮小帽，下身穿中式裤子，足蹬布鞋或棉靴，民国时期也有下穿西裤，脚穿皮鞋者。

长袍，为大襟右衽、平袖端、盘扣、左右开裾的直身式袍，既有马蹄式，也有平袖式，衣长及踝。没有马蹄袖端的袍服在清代原属便服，至民国时期则作为礼服。长袍以绸缎为之，纹饰均为暗花纹，不作彩色织绣图案。有棉、夹之分，单层为长衫，多用于春夏之季；双层并纳以棉絮者为长袍，多用于春秋及冬季。

马褂，为对襟、平袖端、身长至腰，前襟缀扣襻五枚。穿于长袍之外，因着之便于骑马而得名。马褂原为清代的“行装”之褂，后逐渐成为日常穿用的便服。清初马褂无立领，清末始加立领，至民国时期又升格为礼服。颜色一般有灰、石青、明黄等色。质料大多以绸缎为主，织团花、团寿、折枝花等暗花纹。冬季还有穿皮褂者，彰显自己的财富及地位。

辛亥革命以后，冠服制度多被废除，长袍、马褂却得以保存。至民国初年，长袍、马褂又被定为男子礼服，和礼帽、长裤等配用，凡出入重大的社交场合，一般均需着此装。形制与清代同,质料用丝、麻、棉、毛等。20世纪40年代之后,其制渐衰。

裤

一种下衣。早期的裤子雏形大多是以内衣形式存在的。商周时期,就已着“袴”。其形制是一种无腰、无裆的裤管,左右各一,穿时套在胫上,上达膝部,下及脚踝,用绳带结系,因此又名“胫衣”。男女皆可穿用。穿胫衣只能保护胫部,膝盖以上无遮护,所以外面需加覆裳遮盖。

战国时期,西北地区少数民族所穿裤子形制趋于完备。赵武灵王推行胡服骑射后,将传统胫衣裤管上连缀一裆,与腰部相连,可以起到遮蔽大腿,便于骑马的作用。最初仅用于军中。

秦汉之际,由于这种合裆裤可直接穿着在外,无须覆裳,便于百姓劳作,即在民间广泛流行。这种合裆裤在汉代称为“裈”。《史记·司马相如列传》记载司马相如身着一种用三尺布所作的内裤,形如犊鼻,又名“犊鼻裈”。

魏晋南北朝时期,受北方游牧民族的影响,裤褶传入中原,并在这一时期尤为盛行。最初裤褶多用作军服,后逐渐成为平民百姓的常服,无论男女都普遍穿着。裤褶有大口、小口两种形制,大口裤因裤管松散,不便于活动,常用布带将裤管在膝部缠绕系扎,名为“缚裤”。

隋唐时期,裤褶依然沿袭。因胡服盛行,又有女着男装现象,穿裤成为一种时尚。此时的裤管较为紧窄,裤脚也明显收束。

宋代,女子穿裤子有两式:一种是开裆裤,承袭秦汉之制,穿用时外罩长裙,裙长曳地,多为贵族妇女穿着;一种是合裆裤,可直接穿在外面,多为劳动妇女穿着。此外,还在胫衣的基础上形成了膝裤。穿着时加罩在长裤之外,为裤管造型,上端系带。明清时期仍普遍穿着。

至明清时期,裤子形制已相对完备,与袍衫、襦袄搭配穿着,女子还可将裤穿于裙内。清代还流行“套裤”,即在膝裤基础上进行改进,不同于膝裤长度仅覆盖小腿,其尺寸较长,可以遮住大腿。

裙

亦称“裳”,因其穿于下体,又称“下裳”。由多幅布帛连缀拼制而成,上连于腰。汉魏时期男女均用,南北朝以后多用于妇女。形制长短不一,短者下不及膝,一般用作衬里,也叫“衬裙”;长者下曳于地,多穿在外面。

汉代早期的裙子形制,可见于湖南省长沙马王堆汉墓出土的实物。该裙用四幅素绢拼接而成,上窄下宽,形似围裙;裙腰两端缝有系带,便于系扎。裙身不加纹饰,亦不施缘边。

魏晋以后,裙子种类更加丰富,花样繁多。男子穿裙也是很普遍的现象。南北朝以后,裙子逐渐成为女性的专属服装。上襦窄小合体、下裙宽广拖长是这一时期的服饰特色。

隋唐时期,裙子样式承袭南北朝风格。女性穿裙时,多将裙腰束在胸部,甚至到腋下,以使身材显得颀长秀美。此时还流行一种间色裙,即用两种颜色的布料相间隔排列而成的条纹裙子。盛唐以后,裙子以宽博为尚,裙摆长度也明显增加,奢靡之风日盛,以致朝廷下令加以限制,《新唐书·车服志》载:“妇人裙不过五幅,曳地不过三寸,襦袖不过一尺五寸。”

宋代承袭了唐、五代的裙式,但裙身较为狭窄,这一时期穿罗裙也相当流行。

明初裙子以颜色素雅为尚,质料也非常朴素。及至明中后期,纹样日益讲究,裙褶渐密,裙幅宽窄流行有所反复。

清代裙装主要为汉族妇女所穿着,并有一些新样式出现,主要有弹墨裙、鱼鳞百褶裙、马面裙、月华裙、凤尾裙等。

冠履佩饰

首服

用于头部的衣饰,包括冠、巾、帽等多种形式。最初以防护和装饰为主要目的，后来随着礼乐制度的发展，冠服制度成为辨别贵贱等级的标志之一。

冠，一般为贵族男子所着，主要表现身份和礼仪性。中国古代士以上阶层男子二十岁行“冠礼”，视为成人。冠起初只是加在发髻上的一枚发罩，用笄固定。秦代以后，在冠上加梁，制如覆杯。汉代服饰中，冠的种类最为丰富，依照不同身份、地位所用冠服亦不相同。如有通天冠、獬豸冠、远游冠、貂蝉冠、委貌冠、漆纱笼冠等名目。另有进贤冠，为汉代公侯、文官所用，并以冠梁的多寡来区别官阶高低，以三梁为贵。后世梁冠制度发展愈加完善，至明代最多为八梁冠，使各品级之间更加不可逾越。女子亦有戴冠者，但多用花冠，为装扮需要。唯有凤冠才被作为礼服的标志，表明后妃、命妇的身份。

巾，最初为庶民首服，用以束发，兼具保暖和防护的作用。百姓在劳动生产中用其包裹发髻，系结于颅后或额前。魏晋时期，也是巾帻发展的高峰期，尤为士人推崇。至北周武帝，对巾帻形制进行改进，裁出四角，两带系于脑后，两带反系于额前，又名“折上巾”，即后世的幞头。隋唐时期幞头极为盛行，已经成为百官常服的定制。根据巾顶部的式样和两脚的不同位置，形成各种不同式样，有平头小样、武家诸王样、前踣样，翘脚、交脚等。幞头发展到五代时期，用漆纱代替了巾子，称“漆纱幞头”，实际上已演变成一种巾帽。经过宋、明两代的不断演变，又出现了直角、局脚、朝天等样式。此时虽仍有“幞头”“东坡巾”“四方平定巾”等称呼，但实际上均属巾帽之类了。

帽，在巾的基础之上演变而成。早期帽子常见于北方少数民族地区，具有保暖和防御的作用。中原地区汉族的帽子一般是指由布帛制成的圆形软帽，自帝王百官至庶民百姓皆服。南朝宋、齐时，天子戴白纱帽，庶民戴杂色纱帽。唐代女子骑马出行时多戴帷帽，即一种高顶宽檐，檐下制有下垂的丝网或薄绢，其长到颈部，以作掩面的斗笠形帽子，能够较好地遮挡面部。宋代，戴帽者多为文人、隐士及劳动者。明代始将乌纱帽定为百官礼帽，民间则流行六合一统帽，即后世所谓“瓜皮帽”，直至清代、民国乃至中华人民共和国成立后仍然有人穿戴。

足衣

在不同时期有不同称谓，就名称而言，有屦、履、舄、屐、靴等；就质地而言，有草编、绳织、丝织、木头、皮革等；就形制而言，有歧头、圆头、方头、尖头等；就穿鞋的礼仪而言，按照身份、场合、时期均有不同要求。

屦是最初鞋子的通称，战国以前，人们习惯称各式足衣为屦。“屦”和“履”字义相通，许慎《说文解字》：“屦，履也。”在战国之后就已经出现履的称呼，而至汉魏则已经完全称履了。履根据质料的不同，分丝履、草履、木履和革履。丝履多为贵族穿用，其制为后世历代相承，沿用至近代。草履为麻葛制，多为劳动者穿着。木履则在丝履基础上再加一层木底，即穿冕服所用的“舄”。革履为皮制。

舄是复底的鞋子。以皮、葛为面，再装饰綦、纯等部件。鞋底多用双层，上层用布，下层用木。帝王、后妃及公卿百官在祭祀、朝会等重要场合穿着舄。其制始于商周，战国以后一度废弃，到汉代又重新恢复。舄的颜色与裳同，帝王、公卿所用的舄有赤、白、黑三色，以赤色为上。王后、命妇所用的舄有玄、青、赤三色，以玄色为上。

靴是高鞠皮质的鞋子。最初为北方或西北少数民族所服，以皮革为面，穿着时上达于胫。战国时，赵武灵王引进胡服时同时引进，便于行军、骑乘。隋唐时期在汉族地区广泛流行，并作为百官常服靴，列入官服。

屐是装有木齿的鞋子。相传始于春秋时期。屐以木、麻、布、皮为面，底部装有两木齿，前后各一，上宽下窄，呈竖直状。因其质为木料，故亦称木屐。魏晋南北朝时期深受士大夫喜爱，穿屐成为一时风尚。

佩饰

包括发饰、耳饰、颈饰、手饰、腰饰等。

发饰如笄、簪、钗、步摇、梳篦等。女子十五而笄，如同男子二十而冠，表示成人。笄和簪属不同时期的不同称谓。战国以后称其为发簪，男女皆可用。一般以质料区分身份等级，如帝后、诸侯用玉，士大夫用象牙等。笄、簪再经演变就是钗，制为双股用以固髻。簪的根部装饰垂缀的珠玉即为步摇，因其随走路摇动而得名。

耳饰如耳珰、耳珠、耳坠、耳环等。耳环为环形饰物，耳坠则垂缀于耳环之下。

颈饰如项链、瓔珞、方心曲领、朝珠等。瓔珞原为佛像颈部装饰，后演变为装饰品。用金属做成项圈，项圈周围垂下各式珠玉宝石。方心曲领是帝王、百官朝服上的领饰。朝珠是清代礼服上佩戴的珠串。挂在颈项，垂于胸前。朝珠共108颗，珠粒和绦色根据官职身份加以区别。

手饰如扳指、指环、义甲、手钏、手镯等。扳指和指环皆为套在手指上的环形装饰物。扳指一般套在拇指上，由射箭钩弦时用的玉韘演变而来，其材质有象牙、水晶、翡翠、玉石等。义甲是指甲的护套，女子套于指尖，用以保护较长的指甲。

腰饰如巾帨、香囊、荷包、容刀、玉佩等，皆挂系在革带上再连于大带。这些饰物有的具有实用价值，如巾帨、荷包、香囊等；有的为标示礼仪作用，显示君子的道德规范，如玉璧、玉璜等。因此有言："古之君子必佩玉……君子无故，玉去不身，君子于玉比德焉。"

服饰纹样

十二章纹

帝王及高级官员礼服上绘绣的十二种纹饰。其图案内容依次为日、月、星、山、龙、华虫、宗彝、藻、火、粉米、黼、黻。前六章在衣，后六章在裳（亦有上衣用八章，下裳用四章者）。

每一章纹皆有含义，象征君权神授、英明崇高。日、月、星辰是自然万物之首，为万物提供光明和能量，为上古先民之所依。龙是华夏民族的图腾，寓意应变之能力。华虫是雉属，取其有文章，寓意文采。宗彝是虎蜼二兽，虎取其猛，蜼取其智与孝，寓意忠勇。藻为洁净之意。火为明亮之意。粉米是若聚米形，寓意洁白滋养。黼是斧形，寓意果断行事。黻是两"已"或两"弓"相背的形式，寓意背恶向善。

皇帝在最隆重的祭祀场合，礼服用十二章，以下公卿逐级递减，有九章、七章、五章、三章之别。周代以章纹作为划分尊卑等级的标志，多用在冕服之上，秦汉以后沿用此制。天子和公之冕服，用除日、月、星以外，自山、龙以下的九章，因公次天子一等，故天子龙章用升降龙，公用降龙，以示等差；侯伯又次公一等，用自华虫以下的七章；子、男又次侯、伯一等，用自宗彝以下的后五章；孤又下子男一等，用自粉米以下的三章；卿、大夫居于用冕者的末尾，只能用黻纹一章。清代仍沿袭此制度。《清史稿》卷四十二载："皇帝御冬朝服，色用明黄，惟祀天用蓝，朝日用红，夕月用月白。……列十二章，日、月、星辰、山、龙、华、虫、黼、黻在衣，宗彝、藻、火、粉米在裳，间以五色云。"

近现代中式服装

旗袍

原指清代满族女性所穿的袍服，但这种常服袍一般称为"衬衣"或"氅衣"，极少被称为"旗袍"。后专指在1925年前后逐渐形成的、由清代旗人女子服装发展而来的一种袍服形式。

清代早期袍服形制，为圆领、大襟、窄袖，两腋部分明显收缩，由上至下，逐渐放宽，下摆肥大。从传世的《孝庄文皇后便服像》可见满装袍服并无过多装饰。经过康雍乾三朝盛世，国家日益富足，宽襟博袖的服饰应运而生。清代晚期袍服外形以平直为多，或为圆领，或为立领。领、袖及衣襟缘边装饰绦边镶滚，衣身图案有花卉、云纹、仙鹤、蝴蝶等，实物多见于故宫博物院藏传世的清代后妃服饰。

20世纪20年代初期，旗袍样式承袭清末之制，衣身肥阔，袖口呈喇叭形倒大袖设计，后来袖口逐渐缩短，滚边变窄。天气寒冷之际，另有披绒围巾加马褂背心、西式大衣套穿长裤者，或是直接在旗袍内加棉絮、皮草，这种搭配也成为时兴装扮。至20年代末，因受欧美服装影响，改良旗袍之风兴起，旗袍花样时时翻新，出现裙长缩短、收紧腰身等各种尝试。到30年代，旗袍式样变化更大。初期流行高领，后又风靡低领；袖长时而长过手腕，时而无袖；旗袍长者曳地，短者至小腿中上部。流行变幻无常，尽显摩登。进入40年代，旗袍形式趋于简单，整体偏向于低领、短袖、裙长及膝，省略了许多烦琐的装饰工艺，更加追求简约、舒适。

20世纪40年代末，旗袍开始在结构上运用西式裁剪，采用分片裁剪、施加省道等方式，使得穿着效果更加合体。至此，旗袍不再是清代女子袍服或民国期间无省过渡旗袍，而是脱胎换骨的"改良旗袍"。此后，旗袍仍然流行，其形制多有变化，成为近代中国女性最具代表性的服饰。

中山装

基于英国军列装和日本学生装而加以改革的中式礼服，据说因孙中山先生率先穿用而得名。在辛亥革命之后，孙中山先生领导推行服装改革，并在出席国务活动和外交活动等重要场合，穿着这种改制过的中式礼服。在其影响之下，中山装在全国各地广为流行，逐渐演变成为代表中国形象的"国服"。

其具体形制为：关闭式八字形领口，对襟，前襟五粒扣，袖口三粒扣。后片不破缝。胸前四个贴袋，左右对称，有盖，上袋盖呈倒山形。裤有三个口袋（两个侧裤袋和一个带盖的后口袋），挽裤脚。颜色一般有蓝色、灰色、驼色、米黄色、黑色、白色等。面料一般选用质地厚实、光泽柔和的呢、锦、卡其等织物。

由于中华人民共和国开国领袖毛泽东经常在公开场合穿中山装，西方也习惯称中山装为"毛式中山装"。20世纪80年代以后，随着改革开放的深入，西装和其他时装开始逐渐流行。新时代下，以中山装为主题的时装设计又成为设计师们的灵感来源。其设计造型和设计风格更加多元化和多样化，既呈现时尚潮流的走向，又显示相应的民族文化特质，至今仍然是中国男装一款标志性的服装。

唐装

以满族马褂为雏形，加入立领和西式立体裁剪所设计的现代中式服装。由于唐朝对海外影响巨大，外国习惯将中国或与中国有关的物事称之为"唐"，如海外华侨华人聚居的地方往往称为"唐人街"，"唐装"因此而得名。

唐装的结构特点有：立领、对襟、盘扣。立领，起源于明代竖领，起先用于女装，后男装也使用立领。对襟，因两襟对开，纽扣在胸前正中。唐装一般选择真丝、织锦缎等光泽型面料。唐装的色彩大多采用中国传统的喜庆色彩，如中国传统色彩里的红、青、白等。在图案上多采用中国传统的吉祥纹样，如福禄寿、仙鹤、龙凤、宝相花、云纹、团花等形象。

新唐装则是指2001年在上海举行的亚洲太平洋经济合作组织（Asia-Pacific Economic Cooperation，缩写APEC）会议20位中外领导人的服装。其服装是在唐装的基础上进行改良，融合了传统和现代的元素，在面料、款式、裁剪以及工艺上都有不同程度的创新，也融入了现代人的审美情趣。

汉服

存在两种定义，其一是对汉民族服饰的统称，其二是特指汉朝的服饰。前者强调民族属性，即汉民族上下五千年来自然演化而形成的，区别于其他民族的服装体系，具有一定的连续性；而后者则是汉代这一历史时期的代表性服饰，具有阶段性。此处主要介绍汉服在当代的应用与延续。

2004年、2005年，"汉服运动"被提出，部分人旨在通过复兴汉服进而推广与复兴中华民族的传统文化。

2008年开始，汉服爱好者们陆续在国内及海外成立汉服组织，如美国华人在纽约组织的汉服大赛、英伦汉风社在伦敦举办传统节日仪式等活动，既促进了中外文化交流，又弘扬了中华民族传统服饰之美。

汉服的结构特点有：交领、右衽、广袖、系带。交领，穿着时将左侧的衣襟与右侧的衣襟交叉于胸前，两襟交相叠压。右衽，衣襟由左向右掩，在右侧系结。广袖，袖宽且长，也有小袖、短袖的袖型。此外，还常在腰间系一条大带，既具实用性，又有装饰性。

汉服的裁剪方式一般采用平面剪裁，且用料一般大于覆盖人体的最小需要，不过分强调服装本身的合体，而是注重身体部位与服装的自然贴合。常见的形制主要有"深衣""襦裙"等类型。汉服的面料有棉、麻、纱、丝绸等。汉服的色彩以传统青、赤、黄、白、黑为主。当代设计中还经常融合刺绣、印染等装饰手法，柔美清新、儒雅飘逸，创造出丰富多样的服饰风格。

新中装

以2014年在北京举行的亚洲太平洋经济合作组织(APEC)会议领导人服装为蓝本的一系列适宜日常穿着并能展示中国人新形象的中式服装。其根为"中"，其魂为"礼"，其形为"新"，合此三者，谓之"新中装"。

新中装之"中"传承了中国的传统和文明。款式上，融合了中国历代经典款式，如立领对襟、开襟、连肩袖等。面料上，采用传统真丝面料，如宋锦、漳缎等。纹样上，展示传统纹样的精彩，如海水江崖纹、万字纹等。工艺上，采用中国特色传统工艺，如盘扣、镶滚等。色彩上，选用了故宫红、靛蓝、孔雀蓝、深紫红、金棕、黑棕等厚重大方的色调。

新中装之"新"是在传承基础上进行创新。如"立领""对开襟"的创新款式赋予传统正装意味；宋锦面料采用了电脑提花织机技术，大大提高了生产效率并降低了成本；海水江崖纹等传统纹样的创新设计，使其更便于传达21个经济体山水相依、守望相助的美好寓意；中西结合的剪裁方式更为合体、舒适。

新中装之"礼"代表了中国礼仪文化。2014年亚洲太平洋经济合作组织(APEC)会议是一个重要的多边外交场合，领导人服装传达了"多元美好、开放包容"的理念，整体上气势恢宏，仪式感强，表达了中国人"有朋自远方来，不亦乐乎"的好客之道。

新中装的设计不仅深度挖掘了中国传统服饰元素，同时传承、创新了多种世界级、国家级非物质文化遗产，形成了多个系列、多种风格的适合中国人体型、气质、意蕴的中式服装，代表了新时期中国服装工业的新动力，也体现了新时代中国正式场合外交服饰的新特色。

⊙ 体育与休闲 ⊙

骑射

一般指骑马和射箭。这两种不同的体育运动与休闲娱乐技能因人类生存、生活和军事等需要，既完美组合形成了独特的运动形式——骑射，也各自独立存在。

在中国历史上，骑射这项组合运动技能在军事作战、人才选拔、体育竞技、休闲娱乐等方面体现了鲜明的中国民族特色，发挥了重要作用。尤其在军事方面有突出体现，如“胡服骑射”“国语骑射”等。

“胡服骑射”是公元前307年赵国国君赵武灵王发布的命令，学习胡人身着短衣和长裤作战。这项改革使骑马奔跑、开弓射箭十分灵便，帮助军队提高作战能力，抵御了北方游牧部落的侵扰。随后他训练了一支强大的骑兵部队，不断开拓赵国疆土。赵武灵王推行的“胡服骑射”既是中国战争史上的一次革命，也是中国历史上第一次服饰改革。

“国语骑射”又称“清语骑射”或“清文骑射”。清代将“国语骑射”视为“满洲根本”加以提倡，以保持自身民族特性与尚武习俗，是满族实现自强立国传统技艺的代表。“国语骑射”作为“八旗科举”的重要科目，是八旗子弟的晋升途径，也是满族政治特权集团形成的制度保证。

跳绳

一人或多人在一根环摆的绳中做各种跳跃动作的运动游戏。在中国不同历史时代称谓不同，唐代称为“透索”，宋代称为“跳索”，明代称为“跳百索”，清代早期称为“绳飞”，清末及民国才称为“跳绳”。作为一种古老的汉族民俗运动，它具有较强的娱乐、休闲、健身功能。

跳绳产生的年代相当久远，从汉代石刻造像的跳绳图上可以推测，至少在汉代已经有了跳绳活动。根据绳的长短，跳绳运动可以分为短绳跳和长绳跳；根据摇绳方式，可以分为正摇跳、反摇跳、正反双摇跳；根据参加人数，可以分为单人跳、双人跳、多人跳；根据运动花样可分为速度跳绳、体力跳绳、行进跳绳、花样跳绳等形式。今天的跳绳运动融入现代舞蹈、音乐等众多元素，其式样不断翻新，流行于很多国家。

扭秧歌

中国北方一种喜闻乐见的民间舞蹈形式，常见于休闲健身、节庆娱乐、赛事庆典等活动中，在中国民族民间舞蹈中具有一定的代表性，是中国第一批进入国家级非物质文化遗产名录的项目。

秧歌起源于中国农民在插秧时的歌咏活动。每年春耕时节，农家儿女一起到田里插秧，其中一人敲起了大鼓，鼓声一响，“群歌竞作，弥日不绝”。这种把劳动期间的吟唱、奔跳、行走等动作结合起来，并巧妙地糅合了民间一些习俗、祭祀等因素的活动，就是最初的秧歌。秧歌主要流行于中国北方地区，但因地区不同，又可分为陕北秧歌、晋北秧歌、东北秧歌、河南秧歌、河北秧歌、山东胶州秧歌和鼓子秧歌等。

秧歌一般是由舞者所表演，他们扮成各种人物，手持扇子、手帕或彩绸等起舞。在表演形式上，开始和结束为大场，中间穿插小场。大场为变换队形的集体舞，小场是两三人表演的带有简单情节的舞蹈或歌舞、小戏。不同地域的秧歌因种类有别又呈现出不同的风格，如流行于晋北地区朔县、平鲁、神池、宁武等地的群众性民间舞蹈叫“踢鼓秧歌”，表演时男角动作以踢为主，动作粗犷有力，女角动作优美利落，因伴奏以鼓为主而得名。

斗蟋蟀

中国一项古老的民间博戏和休闲娱乐活动，亦称“秋兴”“斗促织”“斗蛐蛐”，始于唐代，盛行于宋代。清代时，斗蟋蟀活动益发讲究，选蟋蟀要求无“四病”（仰头、卷须、练牙、踢腿），外观颜色也有尊卑之分，“白不如黑，黑不如赤，赤不如黄”。蟋蟀的寿命仅为百日左右，所以斗蟋蟀的季节一般限定在秋季，且每年秋末举行。

斗蟋蟀流行于中国多数地区，主要发源于中国的长江流域与黄河中下游地区。中国蟋蟀名产地有山东齐鲁平原，其中的宁津县更负盛名，宁津的蟋蟀头大，项大，腿大，皮色好，同时还具有北方干旱区虫的体质，有顽强的斗性、耐力和咬死不败的烈性。

近些年来，宁津品种的蟋蟀在中国蟋蟀大赛中多次获冠军。历史上宁津县是进贡宫廷蟋蟀的名产地，流传着“宁津蟋蟀斗慈禧”的民间故事。相传清同治年间，慈禧寿辰，太监李莲英献媚慈禧，献一对蟋蟀打斗以祝寿。民间对慈禧专权早有怨言，为了捉弄慈禧，进贡的是一对个头硕大的雌蟋蟀，因为雌蟋蟀不打斗，很扫慈禧的兴。事实上，斗蟋蟀仅为雄性，它们为保卫自己的领地或争夺配偶权而相互撕咬。二虫鏖战，战败一方或是逃之夭夭或是退出争斗，鲜有“战死沙场”的情况。

打马球

又称马上曲棍球，在中国古代叫“击鞠”，其英文名Polo源于藏语Pulu的音译，意即“球”，是骑在马上用球杆击球入门的运动。对于打马球的起源，尚没有明确的说法，普遍认为打马球可追溯到公元前600年左右的波斯，之后传入吐蕃（现在的中国西藏地区）、中国中原和印度等国家和地区。

打马球所用的球小如拳头，其材质一般使用质轻而又坚韧的木材，中间镂空，外面涂上各种颜色，有的马球经过了雕饰，因此也被称为“彩毬”“七宝毬”等。马球的球杖长数尺，形状有点像今天的冰球杆，杖身往往有精美纹彩作为雕饰，被称为“画杖”“月杖”等。打马球运动对比赛场地要求并不严格，一般平整的草原和旷野皆可。游戏者乘马分两队，每队4人，手持球杆，共争抢一球，以打入对方球门为胜。

中国的打马球始于汉代，兴盛于唐宋，自唐太宗李世民提倡马球运动后，300年间马球运动长盛不衰。直至宋、辽、金时期，皇家还将马球运动列为隆重的“军礼”之一，甚至为此制定了详细的仪式与规则。清代北京天坛一带还有马球运动，直至清中叶之后，马球运动才逐渐消失。近年来，中国西安又出现了马球运动，这一古老的休闲运动得以重现。

中国式摔跤

中国古老的体育项目之一，古代称为角力、角抵、相扑、争跤等。早在四千年前的黄帝时代就有了古代摔跤活动，周朝时（前1046—前256），摔跤被列为正式体育项目。秦汉以后，摔跤从单一的军事训练逐渐走向了民间，成了供众人休闲娱乐的一种表演项目。唐代时期，摔跤比赛多在春、秋两季举行，并逐渐成为了一个宫廷休闲娱乐的项目。五代时期，摔跤技术强调轻便敏捷，名手辈出。宋代首次出现了女子摔跤，北宋调露子的《角力记》是中国第一部专门研究摔跤的专著，出现了“角抵社”这样的民间摔跤组织。元、明、清时期，摔跤融入了满族和蒙古族的技艺，逐渐形成现代中国式摔跤的雏形。

因民族语言文字的多样性，中国式摔跤的方式方法也有较大的差异，常用的技法有背、别、挑、缠、揣、踢、拧、搂、弹、觕、抱腿、跪腿、里勾腿、插闪、勾脚、里刀勾等。中国式摔跤与古典式摔跤（希腊罗马式摔跤）、自由式摔跤以及柔道、相扑在技法、规则、场地、服饰等方面有明显区别。

弹弓

冷兵器时代的产物，曾作为狩猎、军事的武器和偷袭的暗器，后逐渐演变成休闲娱乐的游戏器具。《吴越春秋》(卷九)所载《弹歌》"断竹,续竹,飞土,逐宍(古'肉'字)"以简洁的语言写出了砍伐竹子、制造弹弓、射出弹丸、射中鸟兽的狩猎过程。

弹弓一般使用树木的枝丫制作而成,呈"丫"字形,两"丫"头上系上皮筋,皮筋中段系上一个包裹弹丸的皮块。弹弓的弹射原理与弓箭的原理相同,都是利用弹射力来发射,只是弹弓用的是弹丸,而弓箭用的是箭。弹射力与皮筋的拉力有关,皮筋拉力越大,弹弓的弹射力也越大。皮筋式弹弓又可分为传统式弹弓和现代式弹弓,其划分原理应按照有无瞄具和腕托省力装置划分,不带瞄具的木丫弹弓和钢丝弹弓属于传统弹弓,线切割或铸造成形带有瞄具的弹弓属于现代弹弓。

随着科技发展,现代的弹弓采用了很多现代科技,使弹弓在瞄准精准度、弹射距离、样式、种类、美观度等方面有很大改观。传统弹弓特别讲究"人弓合一",当真正做到"人弓合一",其趣味性和射击精准度明显提高。或许,这才是弹弓休闲娱乐的魅力所在。

中国纸牌

一般指的是长条形的长牌,纸牌共 120 张,分为"万""条""饼"三门,另加"红堂"(红花)"子华"(白花)"老千"(又称"老妖")及"老鞑子",红花相当于麻将的红中,白花相当于麻将的白板,老千相当于麻将的发财,牌面的图案设计精细、古老、美观,纸牌的一端绘有万、条、饼的辨识图案和一至九的数字标记。纸牌的玩法和算法都跟麻将非常相似。

受地域文化等因素的影响,纸牌的各地玩法也不一样,主要可分为字牌和花牌。

中国纸牌的历史悠久,最早的中国博戏纸牌出现在汉代,叫"叶子(叶子戏)",类似于升官图,兼用骰子掷玩,被认为是扑克、字牌和麻将的鼻祖。叶子戏在中国有很长的历史,后逐步演变成"酒令叶子"。明初又演变成"数钱叶子",明末化繁为简并演变成有"文钱""十字""索字""万字"的马掉牌、马吊牌(俗称麻雀牌)。清初,人们根据马掉牌把"文钱"绘成"饼"(饼的图案均为古钱状),把"索字"绘成"条",保留了"万",把"十字"绘成"红花""白花""洋千",沿用至今。今江浙等地方把中国纸牌也称为小牌。

投壶

中国古代士大夫阶层宴饮时辅以礼仪性的一种游戏。游戏时设特制之壶,投者在一定距离之外,按先后顺序把箭投向壶中,并通过计"筹"来判定胜负,中多者为胜,负者饮。投壶礼源于射礼,春秋战国时期,射箭是诸侯宴请宾客的礼仪之一,以乐嘉宾,以习礼仪,后或因庭院不够开阔,不足以张侯置鹄;或因宾客人数较多,不足以备弓比耦;或因宾客不会射箭,射箭之礼逐渐被投壶替代。

战国时期,因符合文人出于内心修养和礼仪之礼的需要,投壶得到了很好发展。东汉以前投壶游戏带有浓厚的礼教意味,魏晋南北朝时期发展出了多样的技艺表演形式,娱乐性增强,出现士大夫阶层每逢宴饮,必有"雅歌投壶"节目助兴。北宋司马光对投壶逐渐丧失了其礼教意味而趋向娱乐颇为不满,对投法加以限制,实际阻碍了这项活动向技艺多样化、复杂化发展,某种程度上也影响了它的娱乐性。

投壶尽管从最初的礼仪演变成娱乐游戏,但它始终伴随着一整套烦琐的礼节,没有完全与"礼仪"割裂开来。因此,投壶的流传范围十分狭窄,只限于士大夫阶层。到了清末,随着西方现代体育项目传入中国,投壶逐渐退出了历史舞台。

麻将

古代中国人发明的博弈游戏,起源于江苏太仓护粮牌,用来记录对粮仓捕雀者的奖励,分为筒、索、万三种。筒的图案源于火药枪的横截面,几筒就代表几支火药枪;索是指用细绳串起来的雀鸟,表示消灭了多少雀患,因此一索的图案以鸟代表,几索就是几束鸟,奖金就按鸟的多少计算;万是赏钱的单位,几万就是最终领到赏钱的数目。因这种牌具有娱乐功能,渐渐发展成为今天的麻将。

北方麻将一般每副 136 张(有的地区 74 张),南方麻将比北方多八个花牌,分别是春、夏、秋、冬、梅、兰、竹、菊,共计 144 张。不同地区的游戏规则稍有不同,与其他骨牌形式相比,麻将的玩法更为有趣,它的基本打法包括抓牌、出牌、吃牌、碰牌、开杠(明杠、暗杠)、补牌直至和牌或荒牌等,玩法简单,容易上手,但玩法多变,搭配组合也因人而异,因此成为中国历史上一种最能吸引人的博戏形式之一。

1998 年 7 月,中国国家体育总局为传播到世界范围的麻将制定了通用的玩法规则,这种玩法的麻将被称为国际标准麻将。2017 年 4 月,国际智力运动联盟宣布,继桥牌、国际象棋、围棋、象棋和国际跳棋之后,麻将正式成为第六个世界智力运动项目。

踢毽子

中国民间传统的体育项目,深受欢迎。毽子种类可分为鸡毛毽、皮毛毽、纸条毽、绒线毽等,其基本踢法主要有盘、拐、绷、蹬、挑、磕,即用脚内侧踢为“盘”,用脚外侧踢为“拐”,用脚面踢为“绷”,用脚掌踢为“蹬”,用脚趾踢为“挑”,用脚后跟踢为“磕”等。

据史料记载,踢毽子起源于中国汉代,唐宋时期在民间十分流行,明代开始有了正式的踢毽比赛,清代达到鼎盛时期。20 世纪 30 年代后,踢毽运动曾一度衰落。中华人民共和国成立后,踢毽子运动得到重视,1963 年,踢毽子被编入小学体育教材加以推广。1984 年,中国国家体委正式将踢毽子列为全国比赛项目,并颁布了《毽球竞赛规则》,改称踢毽为“毽球”。1987 年中国毽球协会成立,此后每年都举办全国毽球锦标赛、全国职工毽球赛、全国中学生毽球赛三大赛事。在 1995 年的全国民族运动会和 1996 年的全国农民运动会上,毽球也被列为比赛项目。现在,毽球运动已成为风靡中国的热门体育健身项目。

踢毽子不需要专门的场地和设备,运动量可大可小,老幼皆宜。长期参加踢毽子运动能有效提高人的灵敏性、柔韧性和协调性,对促进身心健康具有重要作用。

七巧板

中国传统智力玩具,又称七巧图、智慧板,由宋朝的燕几图、明朝的蝶翅几演变而来。其历史至少可以追溯到公元前 1 世纪,到了明代基本定型,并在中国民间广泛流传,在 18 世纪末,七巧板流传到了国外。七巧板在国外被称为“唐图”,意思是“来自中国的拼图”。李约瑟说它是东方最古老的消遣游戏之一,至今英国剑桥大学的图书馆里还珍藏着一部《七巧新谱》。

七巧板,顾名思义是由七块板组成的,完整图案组成一个正方形:五块等腰直角三角形(两块小三角形、一块中三角形和两块大三角形)、一块正方形和一块平行四边形。这七块板可拼成 1 600 种以上的图形,如:三角形、平行四边形、不规则多边形,各种人物、动物、桥、房、塔以及字母等。这种智力拼图游戏可以一人玩,也可以多人进行比赛。其基本拼接原理来源于中国古算术中的“出入相补原理”。

九连环

中国传统民间智力玩具,形式多样,规格不一,典型的九连环是用金属丝制成圆形小环九枚,九环相连,套在条形横板或各式框架上,其框柄有剑形、如意形、蝴蝶形、梅花形等,各环均以铜杆与之相接。玩九连环要按一定的方法使九环全部串联于铜圈上,或将穿好的整套全部解下。其解法多样,可分可合,变化多端。得法者需经过 81 次才能将相连的九个环套入一柱,再用 341 次才能将九个环全部解下,因此,此过程不仅需要智慧,更需要毅力和耐心。

关于九连环的起源众说纷纭,莫衷一是,西汉、东汉起源说严格考究起来史料不够充足。北宋词人周邦彦

《商调·解连环·春景》词中:“信妙手,能解连环。”这表明至少从北宋开始九连环在民间就比较流行了。在元、明、清的文学作品中多有涉及九连环智力游戏、相互竞赛的记载。

在16世纪前,欧洲就有关于九连环的记载。1550年,巴黎刊行的数学文献清楚地讨论过九连环这个“中国难题”。著名意大利数学家卡当的著作中将之称为“中国九连环”。1685年,英国数学家瓦里斯对此作了详细的数学说明。19世纪,格罗斯用二进位数给了它一个十分优美的解答。英国现代科学技术史专家李约瑟博士指出,九连环与现代数学重要分支的拓扑学存在着一定联系。今天计算机科学中的格雷码也和九连环有着不解之缘。

拔河

是竞技双方在人数对等、势均力敌的情况下,各执绳一端进行角力,决定胜负的一种体育活动。拔河具有很强的健身效果和趣味性,可以培养团队协作能力和团队精神,现在流行于世界各地。

拔河在中国历史悠久,春秋战国时期,“拔河”称为“钩强”或“牵钩”,后演变为荆楚一带民间流行的“施钩之戏”。唐封演《封氏闻见记》记载:“拔河,古谓之牵钩,襄汉风俗,常以正月望日为之。”由此说明到了唐代,“拔河”一词正式使用,并且已经成为十分流行的“风俗”活动。拔河不仅在民间深受百姓喜爱,在上层社会也颇受青睐,据《唐语林》记载,唐开元年间,唐玄宗曾多次举行拔河比赛,其中一次参加者达上千人,特邀各国使节前来观看。

明清时,拔河运动在民间依然十分流行。清朝末年,西方的拔河运动传入中国,被列入学校体育课与课外体育活动的内容。1900年至1920年间,拔河作为田径项目曾五次被列入奥运项目,后因比赛条件、比赛用鞋、队员体重等多方面规则存在各种争议,拔河被排除出了奥运会。

秋千

指将长绳绑在架子上,下挂蹬板,人随蹬板来回摇摆的一种娱乐运动。起源于先秦时期,是中国古代北方少数民族创造的一种休闲娱乐运动形式。春秋时期传入中原地区,并在中国各地广泛流行。汉代以后,秋千逐渐成为清明、端午等节日进行的民间休闲体育活动并一直流传至今。

秋千形式多样,有水秋千、磨秋、风车秋千等。即使是同一种秋千,在不同地域的形式也各不相同,如磨秋又可分成两种,一种叫转磨秋,另一种叫磨担秋。秋千在演化过程中除了有娱乐性、健身性,还有其他一些功能和寓意。如《古今艺术图》记载:“此(荡秋千)北方山戎之戏,以习轻(敏捷)者。”就表明秋千曾有军事训练的功能;再如,唐人高无际《汉武帝后庭秋千赋》云:“秋千者,千秋也。汉武祈千秋之寿,故后宫多秋千之乐。”到唐代,宫廷把荡秋千称为“半仙戏”,这表明秋千还有祈寿延年的美好寓意。当然,也有一些民族或地域把“荡秋千”视为民俗的节日或祈求平安吉利。

中华人民共和国成立后,随着各种现代体育项目的兴起,秋千运动除在少数地区仍广为流行外,在中国大部分地区已成为少年儿童的专项活动。1986年2月,国家体育运动委员会制定了《秋千竞赛规则》(草案),同年,秋千被列为全国少数民族体育运动会正式比赛项目。到1999年第六届全国少数民族运动会,秋千已发展为包括6个单项的较大项目。

高跷

因表演时多双脚踩踏木跷而得名,是一种广泛流传于中国各地的民间舞蹈,也称“高跷秧歌”。高跷历史悠久,源于古代百戏之一。

高跷一般以舞队的形式表演,舞队人数十多人至数十人不等。舞者大多扮演某个古代神话或历史故事中的角色形象,服饰多模仿戏曲行头,常用道具有扇子、手绢、木棍、刀枪等。根据表演形式可分为“踩街”和“撂场”两种，踩街，即在节日里高跷者多人自发聚在一起，沿街载歌载舞相互庆贺；撂场，即高跷者在表演期间亮出高超的表演技术，以博得众人喝彩，撂场有舞队集体边舞边走各种队形图案的“大场”和两三人表演的“小场”，角色间多男女对舞，有时边舞边唱。各地高跷所使用的木跷从30厘米至300厘米，高低不等；根据表演风格可分为“文跷”和“武跷”，文跷重扭踩和情节表演；武跷重炫技功夫，不论是“文跷”还是“武跷”，一般都有锣鼓乐队的伴奏，锣鼓乐队演奏的节奏指挥着高跷的步伐快慢和表演的节奏。

目前，踩高跷在中国各地的节庆期间依然非常流行。

冰嬉

中国北方冰上的一项传统的体育运动，也称“冰戏”。中国北方民族冰上活动历史悠久，冰嬉最早起源时间现尚无确切考证，但最晚在宋代就有明确记载。据《宋史·礼志》记载“观花，作冰嬉”，描写的是当时皇帝在后苑里冰上的娱乐活动。

明朝时，冰嬉被列为宫廷体育活动。冰嬉在清朝时期发展极为兴盛，这与清朝满族统治者的风俗习惯有直接的关系。冰嬉是清代宫廷中流行的众多冰上活动的统称。它既是娱乐活动，也是军事操练项目。清代，由东北到关内，从宫廷到民间，冰嬉极为流行，故有“国俗”之称。其内容十分丰富，有抢等（类似速度滑冰）、抢球（类似冰球）、转龙射球（冰上射箭）、花样滑冰（动作有金鸡独立、哪吒闹海、双飞燕、千斤坠、大蝎子等）、冰上蹴鞠、高台滑冰等项目。

从清乾隆年间（1736—1795）起，溜冰器具从马的胫骨制成的初期冰刀逐渐改良成木制的冰鞋和木制镶铁冰鞋，到清代后期，已升级为铁制冰刀。同时也出现了单冰刀、双冰刀两种冰鞋。

斗鸡

一种供人赏玩的游戏，具有很强的博戏功能，又称咬鸡、打鸡和军鸡。斗鸡游戏起源于亚洲。中国是世界上驯养斗鸡时间最长的国家之一，有两千多年的斗鸡历史。斗鸡之风在春秋时期已盛行，历朝历代斗鸡皆时兴，这种时兴从宫廷延伸到民间，逐渐形成较大的斗鸡博彩娱乐业。

斗鸡以善打善斗而著称，当两雄相遇或为争食、或为夺偶相互打斗时，可置生死于度外，战斗到最后一口气，斗鸡的优劣要视其斗性和斗技。斗鸡选择斗性顽强，特别是打斗到最后仍有斗性并有良好遗传性的鸡作为种鸡，故特别重视斗鸡的血缘纯度，“外观其毛色，内审其窝份”（窝份即指斗鸡的血缘关系），至少查两三代。斗鸡的斗技关键在于打腿的准、重、快。准是指能否打到对方的头上；重是指出腿打击力的轻重；快是指单位时间内起腿打击的次数并能连续打几腿。能做到以上三点的就是非常不错的斗鸡。

中国斗鸡按地理分布主要有河南斗鸡、山东斗鸡等，尤以产于开封、郑州和洛阳等地的河南斗鸡血统较纯，也更著名。此外，还有安徽北部、新疆吐鲁番和伊犁、云南西双版纳和福建漳州所产的斗鸡等。民间有中原斗鸡、漳州斗鸡、吐鲁番斗鸡、西双版纳斗鸡等“中国四大斗鸡”之说。

斗牛

中国少数民族地区一种常见的民俗娱乐活动。与著名的西班牙斗牛不同，中国黔东南苗族、侗族的斗牛是牛与牛之间的争斗，而西班牙的斗牛是人与牛的智斗，中国回族的斗牛与西班牙斗牛比较相似。

斗牛，在中国黔东南苗、侗民族生活中已有上千年历史。当地许多村寨，每年择期或在重要节日举行斗牛比赛（俗称“牛打架”）。斗牛规模和影响大的是凯里（鸭塘镇镰刀湾和南花村）、雷山（西江千户苗寨）、台江（县城和施洞镇）、剑河等县市举行的苗族斗牛，以及黎平、从江、榕江等地举行的侗族斗牛。凯里国际芦笙节、黎平中国侗族鼓楼艺术节和榕江萨玛节期间，也都举行斗牛比赛。参与斗牛的牛，都是农民专门精心饲养的，一般不从事耕地、拉车、推磨等劳作，且均为雄性水牛，分为宽角、窄角两个级别。中国斗牛赛制，一般采用单淘汰赛，决斗时改为单循环赛，最后胜出者为年度牛王。斗牛场面十分惨烈，动人心魄，观众少则数百，多则数万。

中国的回族也有斗牛的传统。表演开始，斗牛者身着紫红色披风，上身着单肩坎肩，右侧胸臂裸露，下身穿黑色灯笼裤。当一头壮黄牛被牵进场来，斗牛者脱去披风，开始挑逗黄牛，用鞭抽打它，使它发怒。当黄牛被激怒冲向斗牛者，斗牛者挺身迎上，顺势抓住牛角，和它进行格斗，直到把牛的体力逐渐消耗殆尽，最终使出绝招，用力将牛摔倒在地。这一过程中，斗牛者每一次精彩表现，皆可博得观众热烈的掌声。

对歌

以一问一答歌唱的形式进行的娱乐活动，也是中国民间唱歌的一种形式，又叫斗歌，多流行于中国部分少数民族地区。对歌讲究歌词通俗、押韵，字字明白、声声入耳，唱起来易懂好听，能紧紧扣住听众的心弦，充分展示斗歌的优势和独特风格，对参与者的应变能力、音乐才华和文学素养等方面都有很高的要求。

对歌的起源无可考证，目前中国对歌较为流行的地区主要有乐清地区，布依族、壮族、傈僳族、苗族、侗族等少数民族聚集区。其中乐清地区对歌的形式和内容最为丰富，每逢元宵佳节，人们都要聘请艺人去演唱“对歌”。对歌形式设东西二台，相距四五米，两人对唱，西边的叫坐台，东边叫陪台。坐台一场（一个夜晚或一个下午）直唱到底，陪台约唱个把钟头，赵钱孙李轮唱。每场开头，先唱山歌，叫作“前有山歌来引路”；后唱传书，均由陪台先出题目，坐台奉陪。唱时以鼓声加强气氛，唱一句后敲五下鼓：“咚—咚—咚咚—咚”，好比戏曲的过门。山歌四句一段，每句七字为准，也可破格；传书不受唱句约束，可任意发挥。然而都要遵循“斗”的意向，往往唇枪舌剑斗得难解难分，一气斗到不知东方之既白。演唱内容来源于《三国演义》《水浒传》《西游记》《岳飞传》《杨家将》《千家诗》《说文解字》等。

跳皮筋

一种适宜于少年儿童的民间游戏，也称跳橡皮筋、跳橡皮绳、跳猴皮筋，流行于20世纪50至60年代。皮筋是用橡胶制成的有弹性的细绳，长3米左右。跳皮筋先由两人各持一端把皮筋抻长，其他人按规定动作，轮流跳，完成者为胜，中途跳错或没钩好皮筋时，换另一人或一方跳。跳皮筋可三人至五人一起玩，亦可分两组比赛，边跳边唱活泼欢快，对增强少年儿童的弹跳力、灵活性和柔韧性，促进身心健康具有重要作用。

跳皮筋的高度从脚踝处开始到膝盖、到腰、到胸、到肩头，再到耳朵头顶，然后举高“小举”“大举”，难度越来越大，跳者用脚不许用手钩皮筋。游戏者边舞边唱着约定俗成或自编的有一定节奏的歌谣。跳皮筋有挑、勾、踩、跨、摆、碰、绕、掏、压、踢等十余种腿部基本动作，同时还可组合跳出若干种花样来。

跳皮筋比赛要求选手必须在三个不同高度上做出三组不同的动作，每组动作不得少于两至三个。整套动作要求准确熟练、连贯协调、舒展活泼、自然大方。具体比赛要求：(1) 比赛时间因年龄而异。儿童组为一分半至两分半钟，少年组为两分半至三分半钟；(2) 正式比赛要配以健康活泼、节奏感强的音乐，跳皮筋的动作要和音乐节拍相协调；(3) 比赛满分成绩为10分，分配比例为高度占3分，动作数量占5分，动作质量与音乐配合占2分。

蹴鞠

中国古代足球运动，用以练武、娱乐、健身，又名“蹋鞠”。中国战国时期民间就流行娱乐性的蹴鞠游戏活动。《战国策·齐策》中记载齐国首都临淄人的生活时说:“临淄之中七万户……甚富而实,其民无不吹竽、鼓瑟、弹琴……蹋鞠者。”作为一项趣味性很强的健身娱乐运动,在不同的历史时代,蹴鞠的竞赛形式完全不同。

汉代蹴鞠形式与现代足球比赛极为相似,所以有现代足球起源于中国之说。汉代所蹴之鞠叫“毛丸”,即由皮革制成的实心“鞠”。场地是四周围有矮墙的“鞠城”,球门称作“鞠室”,每边六个球门,十二名队员上场比赛,正副裁判执法,兼有军事训练目的。汉刘向《别录》载:“蹴鞠,黄帝所造,本兵势也,或云起于战国,古人蹋蹴以为戏。”唐代,皮革实心的“鞠”改良成充气的空心“鞠”,具有较强的弹性。这个时期的蹴鞠运动也出现了“球门”,但与汉代蹴鞠球门不同。马端临在《文献通考·乐考二十》中说:“蹴毬盖始于唐,植两修竹,高数丈,络网于上为门,以度毬。毬工分左右朋,以角胜负。”这个球门叫“风流眼”,大小直径一尺左右。蹴鞠比赛设三局、五局不等,一局叫一筹,领先一局叫“略胜一筹”,先胜一局为“拔得头筹”,以射门“数多者胜”。宋代还非常盛行一种叫“白打”的蹴鞠形式,类似今天的踢毽子,即由唐代的射门比赛向灵巧和控制球技术方面发展,有所谓的“脚头十万踢,解数百千般”。就是指用头、肩、背、胸、膝、腿、脚等形成整套花样和动作,使“球终日不坠”。

晚清时期,西方足球传入中国,蹴鞠消失。

围棋

一种两人棋类策略性的智力游戏。属琴棋书画四艺之一,中国古代称为“弈”,西方称围棋为“Go”。围棋隋唐时就经朝鲜传入日本,主要流行于东亚国家,近现代传入到欧美各国。围棋蕴含着中华文化丰富的哲学内涵,是中华文明智慧的结晶。

围棋起源于中国,至今已有4 000多年的历史,1964年版的《大英百科全书》将围棋产生确切年代称为公元前2356年。因为历史之久远,围棋被公认为棋类鼻祖。围棋传为帝尧所作,据先秦典籍《世本》记载,“尧造围棋,丹朱善之”。

围棋使用方形格状棋盘及黑白二色圆形棋子进行对弈,棋盘上有纵横各19条线段将棋盘分成361个交叉点,棋子走在交叉点上,双方交替行棋,落子后不能移动,以围地多者为胜。中国古代围棋是黑白双方在对角星位处各摆放两子(对角星布局),为座子制,由白方先行。现代围棋取消了座子规则,黑先白后,使围棋的变化更加复杂多变。因为黑方先走占了便宜,所以人为规定黑方局终时要给白方贴子。围棋被认为是世界上最复杂的棋盘游戏。

中国象棋

中国传统棋类智力游戏,是两人对局先后下子的竞技活动。各子走法不同,双方先后交替走子,以把对方“将死”或对方认输为胜,不分胜负为和。

中国象棋起源于中国,是两人对抗性的游戏,在中国历史悠久,其起源说众多。相关史料表明,它是由春秋战国时期的六博棋戏,演变成三国、隋唐时期的象戏而逐渐发展成熟起来的。“象棋”一词最早出现于战国时期,《楚辞·招魂》对象棋形制以及玩乐方法有专门记载:“菎蔽象棋,有六簙些;分曹并进,道相迫些;成枭而牟,呼五白些。”

中国象棋使用方形格状棋盘及红黑二色圆形棋子进行对弈,棋盘上有10条横线、9条竖线共分成90个交叉点;中国象棋的棋子共有32个,每种颜色16个棋子,分为7个兵种,摆放和活动都在交叉点上。双方交替行棋,先把对方的将(帅)“将死”的一方获胜,所谓“擒贼先擒王”。

中国象棋蕴含古老的东方民族思辨哲理,是中国传统休闲文化的瑰宝。它简单易学,趣味性强,深受达官贵人和平民百姓的喜爱,千百年来久盛不衰。在海外,象棋文化过去主要在世界华人圈传播流行,但近几十年来,随着经济贸易和文化交流的不断发展,中国象棋在英、美、法、加等国家也吸引了不少爱好者。

⊙ 地理 ⊙

天圆地方

是中国古代科学对天地的一种认知。来源于先天八卦演化中推演出的天地运行图,也就是天圆地方图。其中外部环绕的卦象代表天的运转规律,而中间方形排列的卦象则代表地的运转规律。天是主,地是次;天为阳,地为阴。两者相互感应,生成了天地万物,其中人又正好是天地的精华物质所汇集,因此被视为天地万物之灵,能够感通万物,最灵者也。天圆地方是古人阴阳学说的一种体现。阴阳学说具有朴素的辩证法色彩,是古代先哲们认识世界的思维方式,"天圆地方"是这种学说的一种具体体现。

《尚书·虞书·尧典》一开头就讲尧待天下太平后:"乃命羲和,钦若昊天,历象日月星辰,敬授人时。"随后命羲和、羲仲、和仲、和叔分赴四方,具体实施文明推广的工作(即明教化的内容),这就是最早的天圆地方的理论和实践。

"天圆地方"思想逐渐发展并广泛发扬,成为影响中国各个思想领域的重要因素。汉代是这一思想得以确立的关键时期。中国的天文、历法、建筑、货币的形制等生活的方方面面都受到该学说很深的影响,最具代表性的建筑便是古代祭祀的场所天坛和地坛。在明清时期,随着传教士的进入,天圆地方这一曾被普遍认同的学说遭到质疑,但仍未退出历史舞台,直至西方的近代科学被人们所广泛接受,天圆地方才逐渐被人们所舍弃。

虽然天圆地方在现在看来是一种错误的宇宙观,但它在中国古代文化中所起的作用仍然是值得肯定的,它被认为是了解中国古代天文、历法,探究古代文化等方面的一个必要基础。现在其作为阴阳学说的一种具体表现形式,是中华文化的重要组成部分。

地理地貌

地球表面各种形态的总称,一般用地形和地貌对其进行描述。其中,地形是指一个地区地表形态的总特征;而地貌是在地形的基础上进一步按照形态差异、成因及地质特征等划分出的地表单元。

地球的地形分为陆地地形和海底地形两大单元。陆地地形主要有平原、高原、山地、丘陵和盆地五种基本类型。海底地形主要有大陆边缘(又称大陆架或大陆坡)、大洋盆地(包括海沟、海盆)和大洋中脊等三种基本类型。

中国陆地地形复杂多样,平原、高原、山地、丘陵、盆地五种地形齐备。地势西高东低,大致呈三级阶梯状分布。西南部的青藏高原,平均海拔在 4 000 米以上,为第一阶梯。大兴安岭—太行山—巫山—云贵高原东一线以西与第一阶梯之间为第二级阶梯,海拔在 1 000 米—2 000 米之间,主要为高原和盆地。第二阶梯以东,海平面以上的陆面为第三级阶梯,海拔多在 500 米以下,主要为丘陵和平原。

中国地形特点为:山地面积广大,约占全国面积的 2/3。

中国四大高原:青藏高原,其特点是高峻多山,雪山连绵,冰川广布,湖泊众多,草原辽阔,水源充足;内蒙古高原,特点是地面开阔平坦,地势起伏不大,多为草原和沙漠;黄土高原,水土流失严重,千沟万壑;云贵高原,岩溶地形广布,山岭起伏,崎岖不平。

中国四大盆地:四川盆地,广布紫色砂页岩,有"红色盆地"和"紫色盆地"之称;塔里木盆地呈环状分布,中部的塔克拉玛干沙漠是中国最大的沙漠;柴达木盆地,大部分为戈壁、沙漠,东部多沼泽、盐湖,是中国地势最高的典型的内陆高原盆地;准噶尔盆地位于阿尔泰山与天山之间,在地质构造上为古陆台,经勘探证明有可观的石油资源储藏。

中国三大平原：东北平原，地表以肥沃的黑土著称；华北平原，地势低平，千里沃野；长江中下游平原，地势低平，河网密布，湖泊众多。

中国的丘陵主要有辽东丘陵、山东丘陵和东南丘陵等。

岩溶地貌

一般指喀斯特地貌，是具有溶蚀力的水对可溶性岩石（大多为石灰岩）进行溶蚀作用等所形成的地表和地下形态的总称，又称岩溶地貌。除溶蚀作用以外，还包括流水的冲蚀、潜蚀，以及坍陷等机械侵蚀过程。

喀斯特一词源自斯洛文尼亚西部与意大利交界处石灰岩高原的名称，意为岩石裸露的地方，“喀斯特地貌”因近代喀斯特研究发轫于该地而得名。中国云贵高原、湖南郴州等地区属于典型的喀斯特地貌区。喀斯特地貌主要特征体现在溶洞、天坑等地理现象。

喀斯特地貌可分以下6种：

1. 地表水沿灰岩内的节理面或裂隙面等发生溶蚀，形成溶沟（或溶槽），原先成层分布的石灰岩被溶沟分开成石柱或石笋。

2. 地表水沿灰岩裂缝向下渗流和溶蚀，超过100米深后形成落水洞。

3. 从落水洞下落的地下水到含水层后发生横向流动，形成溶洞。

4. 随着地下洞穴的形成，地表发生塌陷，塌陷的深度大、面积小，称坍陷漏斗，深度小、面积大则称陷塘。

5. 地下水的溶蚀与塌陷作用长期相结合作用，形成坡立谷和天生桥。

6. 地面上升，原溶洞和地下河等被抬出地表成干谷和石林。

盐碱地

指所含的盐分影响到作物的正常生长的土壤。根据联合国教科文组织和粮农组织不完全统计，全世界盐碱地的面积为9.543 8亿公顷，其中中国为9 913万公顷。中国碱土和碱化土壤的形成，大部分与土壤中碳酸盐的累积有关，碱化度普遍较高，严重的盐碱土壤地区植物几乎不能生存。

中国盐碱土分布区是根据土壤类型和气候条件变化决定的，分为滨海盐渍区、黄淮海平原盐渍区、荒漠及荒漠草原盐渍区、草原盐渍区四个大类型。影响盐碱土形成的主要因素有：气候条件、地理条件、土壤质地与地下水、河流和海水的影响以及耕作管理不当。

盐碱地在利用过程当中，可以分为轻盐碱地、中度盐碱地和重盐碱地。由于盐碱土形成的根本原因在于水分状况不良，所以在改良初期，重点应放在改善土壤的水分状况上面。一般分几步进行，首先排盐、洗盐，降低土壤盐分含量；再种植耐盐碱的植物，培肥土壤；最后种植作物。具体的改良措施是：排水，灌溉洗盐，放淤改良，种植水稻，培肥改良，平整土地和化学改良。

在盐碱地上种植适应盐碱的树木，既可以改良土壤，又可以增加农民的收入。一般推荐在盐碱地上种植沙枣、滨柃、白榆、白柳、白蜡、紫穗槐、胡杨等植物。

中原

最早见于《诗经·小雅》，“瞻彼中原，其祁孔有”“中原有菽，庶民采之”。在诗经中“中原”还只是“中部原野”的本意。后来随着历史的发展，中原一词的含义逐步演变拓展为特定的地域概念，指黄河中下游一带地区，包括现今河南的大部分地区、山东的西部和河北、山西的南部。

中原地区的地理特点为：在其北、西、南三面有太行、伏牛、熊耳、外方、桐柏、大别等山，中部和东部是广袤的华北平原，中国的母亲河“黄河”自西向东穿越而过。淮河水系、海河水系的主流以及长江水系的支流丹江也流经此地，因其地理位置的特殊性，自古以来，中原被视为中国的咽喉要地，“天下之枢”。

中原是中华文明的重要发祥地。这里有大量的考古发现。“南召猿人”距今50万年。“许昌人”距今8万—10万年,会使用石器。裴李岗文化距今8000年左右,此时中原已经有了发达的农业、畜牧业、制陶业和酿酒业,并已制造出乐器,发展了音乐艺术。仰韶文化距今7000年左右,出土了大量的彩陶和磨光石器。龙山文化距今5000年左右,有丰富的陶器动物浮雕及鼎、罐、壶等文化遗存。中原有3 600余年的建都历史,在距今4000年左右的二里头文化时期,中原就进入了石器、铜器共用时代,私有制产生,并出现了有史记载的第一个奴隶制王朝夏朝,中原一带成为其建邦立国的重要腹地,夏朝在阳城(今河南登封)建都,此后20多个朝代,300多位皇帝都曾在中原建都或迁都于此。

江南

广义的“江南”包括了上海、江苏、浙江、安徽、江西、湖北、湖南六省一市长江以南地区,这一区域有著名的“三山”“三江”“三湖”:黄山、庐山、衡山;钱塘江、赣江、湘江;太湖、鄱阳湖、洞庭湖。在狭义上“江南”是指长江中下游以南的江苏、安徽两省的南部和浙江省的北部,也就是先秦时期吴越等诸侯国区域。

江南地处长江中下游平原,拥有长江和钱塘江两大水系,河道棋布、湖泊众多,水利工程也多,堪称“水乡泽国”。其自然地理与北方也有明显的不同,尤以狭义江南为其核心。一般所谓江南均是指狭义江南,又称“水乡江南”。

江南地处亚热带向暖温带过渡的地区,气候湿润,四季分明,很适合作物生长。据考证,水稻就是由古越人最先驯化的。在苏州草鞋山遗址发现的约6000年前的马家浜文化水稻田,是中国目前发现的最早有灌溉系统的古稻田。东晋南朝时期,江南农业和手工业发达,造船业也很兴旺。经济的繁荣带动了商业和城市发展,使都城建康(今江苏南京)成为南梁最大的城市。自唐宋以来,江南地区逐渐成为天下财赋重地。到了北宋中期,江南经济已经占据全国经济最重要的核心地位。时至今日,长江三角洲也是中国经济最发达的地区之一。

江南的园林以开池筑山为主,风景优美,自然风光独特,如江南四大名园:南京瞻园、苏州拙政园和留园、无锡寄畅园。其中苏州园林是江南园林的代表,被列入世界遗产名录。

此外江南还有重文崇文的传统。如南京有纪念孔子的夫子庙,以及供古代学子考生使用的江南贡院。江南秀美的山川铸造了江南人既灵秀颖慧又刚毅勇武的气质,堪称士大夫和才子佳人的渊薮。

横断山脉

四川、云南两省西部和西藏自治区东部南北向山脉的总称,位于青藏高原东南部,是中国最宽、最长、最典型的南北向山系群体,而不是普通意义的山脉,是唯一兼有印度洋和太平洋水系的地区。广义上讲,横断山脉东起邛崃山,西抵伯舒拉岭,北界位于昌都、甘孜至马尔康一线,南界抵达中缅边境的山区。山川南北纵贯,东西骈列,自东而西有邛崃山、大渡河、大雪山、雅砻江、沙鲁里山、金沙江、芒康山(宁静山)、澜沧江、怒山和伯舒拉岭—高黎贡山、察隅河、岗日嘎布山(及西支)、丹巴曲、米什米山等。与喜马拉雅山交会于南迦巴瓦峰;狭义的横断山脉指三江(怒江、澜沧江、金沙江)并流地区的四条山脉,即沙鲁里山、芒康山—云岭、他念他翁山—怒山及伯舒拉岭—高黎贡山。

由于横断山脉走向和地理位置特殊,在地理、地质、生物、水文等诸多科学领域有重要意义。印度洋的暖湿气流被喜马拉雅山脉和冈底斯山脉两条东西向的高大山脉所阻挡,从而沿南北走向的横断山脉进入中国,给青藏高原东南地区带来了丰沛的降水,进而对这里冰川发育、植物分布产生了重大影响。由于横断山脉的形成过程是逐渐由近东西走向变为近南北走向的,使这里的生物逐渐进化出非常特殊的适应性,成为动植物研究的热点地区。另外由于横断山脉交通不便,外来干扰少,保留了许多未被破坏的自然景观。

名山大川

泛指有名的高山和源远流长的大河。出自《尚书·武成》:“底商之罪,告于皇天后土,所过名山大川。”

中华民族自古崇尚自然。在中国古代,名山大川是人与自然精神关系的主要形式——祭祀活动的重要场所。《史记·封禅书》记载:“天子祭天下名山大川,五岳视三公,四渎视诸侯,诸侯祭其疆内名山大川。”孔子提出“仁者乐山,智者乐水”的山水观,认为山和水的形象与人的美德相类似,这在山水审美上称为“比德”。汉代,中国产生了道教,传入了佛教。信徒们把名山胜景当作超脱尘俗的“仙山佛国”,所以“天下名山僧占多”。到魏晋南北朝时期,产生了崭新的山水文化,有山水文学、山水美学、山水园林、山水音乐、风景建筑等。唐宋时期,经济发达,文化繁荣,宗教隆盛,不仅有寺庙、宫观等宗教建筑,而且有许多书馆、书院、亭阁及摩崖石刻等文化景观点缀在自然山水之间。盛唐时,佛寺遍及名山大川,宫观进入仙山洞天。宋代盛行在名山大川办书院,为名山大川增添了新的文化功能。著名的宋代“天下四大书院”——河南的应天书院、嵩阳书院,湖南的岳麓书院,江西的白鹿洞书院,成为今日著名的历史文化景观。明清时期还重修了许多名山大川的历史文化景观。

中国名山有很多:泰山、华山、衡山、恒山、嵩山等。大川也很多,有长江、黄河、珠江、黑龙江、淮河、钱塘江、澜沧江、雅鲁藏布江等。

五湖四海

泛指全国各地,有时也指世界各地,出自《周礼·夏官·职方氏》“其浸五湖”和《论语·颜渊》“四海之内,皆兄弟也”。

地理上五湖一般指洞庭湖、鄱阳湖、太湖、洪泽湖和青海湖,四海指渤海、黄海、东海和南海。

鄱阳湖位于江西省北部,是中国最大的淡水湖,也是世界上 7 个重要湿地之一,湖体面积约 3 283 平方千米。洞庭湖位于湘鄂两省之间,是中国第二大淡水湖,湖泊面积约 2 691 平方千米,起着蓄水和吞吐长江洪水的作用。太湖是中国第三大淡水湖,湖水面积约 2 338.1 平方千米。洪泽湖位于江苏省洪泽县西部,湖面面积约 2 069 平方千米,是中国第四大淡水湖,流注洪泽湖的河流主要有淮河、濉河、汴河和安河等。青海湖是中国第一大内陆湖泊,也是中国最大的咸水湖,面积约 4 456 平方千米,湖面海拔约 3 260 米。

渤海、黄海、东海和南海为中国的领海。渤海古称沧海,因地处北方,也称北海。位于北纬 37°07′—41°0′、东经 117°35′—121°10′,辽东半岛南端老铁山角与山东半岛北岸蓬莱角的连线是渤海与黄海的分界线。黄海在中国与朝鲜半岛之间,南以长江口北岸到韩国济州岛一线同东海分界,西以渤海海峡与渤海相连。东海南以广东省南澳岛到台湾省本岛南端一线同南海为界,东至日本琉球群岛。南海位于中国大陆的南方,北边是中国广东、广西、福建和台湾四省,东南边至菲律宾群岛,西南边至越南和马来半岛,最南边的曾母暗沙靠近加里曼丹岛。

三山五岳

三山有三种说法:一是指华夏远古神话传说中的三条龙脉,即喜马拉雅山脉、昆仑山脉、天山山脉;二是道教传说中的三座仙山,即蓬莱(蓬壶)、方丈(方壶)、瀛洲(瀛壶);三是今人所喜欢的三座旅游名山,即黄山、庐山、雁荡山。

五岳是华夏名山之首,以中原为中心,按东、西、南、北、中方位命名,分别是东岳泰山,西岳华山,南岳衡山,北岳恒山,中岳嵩山。中国名山无数,之所以只称泰山、华山、衡山、恒山、嵩山为五岳,是因为这五座山位于古代中原(九州)的范围中,中国古代有天子居天下之中的理念。《礼记》记载,帝王需五年进行一次巡狩,视察诸侯守御的各地，然后就要举行封禅仪式祭天祀地，而举行封禅的地点就是五岳，五岳在封禅仪式中是帮助帝王沟通天地的媒介。现在五岳已成为著名旅游景点：东岳泰山之雄，西岳华山之险，南岳衡山之秀，北岳恒山之奇，中岳嵩山之峻，已经闻名于世界，而古代帝王的封禅仪式也成为景区最具特色的表演节目。

长江

中国及亚洲第一长河，也是世界第三长河。长江位于中国境内，干流自西向东流经青海、西藏、四川、云南、重庆、湖北、湖南、江西、安徽、江苏、上海 11 个省、自治区、直辖市，于崇明岛以东注入东海，全长约 6 380 千米。

长江干流自西而东横贯中国中部。数百条支流辐辏南北，延伸至贵州、甘肃、陕西、河南、广西、广东、浙江、福建 8 个省、自治区的部分地区。流域面积达 180 余万平方千米，约占中国陆地总面积的 1/5。淮河大部分水量也通过大运河汇入长江。长江干流宜昌以上为上游，长 4 504 千米，流域面积 100 万平方千米，其中直门达至宜宾称金沙江，长 3 464 千米。宜宾至宜昌河段习称川江，长 1 040 千米。宜昌至湖口为中游，长 955 千米，流域面积 68 万平方千米。湖口以下为下游，长 938 千米，流域面积 12 万平方千米。

长江源区水系主要由北支楚玛尔河水系、西支沱沱河水系、南支当曲水系组成。南支当曲水系最长，流域面积最大，水量为长江各源头之最。因此长江的真正源头是青藏高原的唐古拉山脉。

长江和黄河一样是中华民族的摇篮和文化发祥地。长江上游流域在四五千年前就创造了三星堆古蜀国文明；下游流域在 4 500 万年前就生活着中华曙猿，中华曙猿是全世界迄今为止发现的最早的高等灵长类动物。

长江年径流量约 9 513 亿立方米，占全中国河流年径流量的 1/3，其支流众多，构成庞大的水系。长江也是中国重要的水道交通线，其支干流通航里程达 8 万余千米，享有“黄金水道”的美誉。

黄河

中国的第二大长河，干流全长约 5 464 余千米，发源于青海巴颜喀拉山北麓的各姿各雅山，流经青海、四川、甘肃、宁夏、内蒙古、陕西、山西、河南及山东 9 个省、自治区，呈“几”字形，最后向东注入渤海。

黄河上游为河源至内蒙古托克托县的河口镇，中游为河口镇至河南孟津，孟津以下为下游。流域面积 75 万多平方千米。其中，中游段流经黄土高原地区，许多支流夹带大量泥沙汇入，黄河因此成为世界上含沙量最多的河流。

黄河孕育了中华文明，自古就被誉为中华民族的母亲河。早在石器时代，黄河流域就形成了中国最早的新石器文明，比如蓝田文明、半坡文明出现在黄河支流渭河，龙山文明出现在山东半岛等等。6 000 多年前，黄河流域内已开始出现农事活动。4 000 多年前，黄河流域内形成了一些血缘氏族部落，其中以炎帝、黄帝两大部族最强大。后来，黄帝取得盟主地位，并融合其他部族，形成“华夏族”。世界各地的炎黄子孙，都把黄河流域当作中华民族的摇篮，称黄河为“母亲河”，为“四渎之宗”，视黄土地为自己的“根”。从公元前 21 世纪夏朝开始，历代王朝在黄河流域建都的时间累计 3 000 多年。中国古代的“四大发明”——造纸术、活字印刷术、指南针、火药，都产生于黄河流域。《诗经》、唐诗、宋词等大量文学经典，也大多产生在这里。

珠江

中国境内第三大河流，又称粤江。珠江发源于云贵高原乌蒙山系马雄山，流经中国滇、黔、粤、桂、赣和湘 6 个省、自治区，也流经越南北部，在下游从八个入海口注入南海。珠江原意特指广州到入海口 96 千米长的一段水道，因为它流经著名的海珠岛而得名，后来逐渐成为西江、东江、北江以及珠江三角洲上各条河流的总称，以西江作为珠江的干流。

珠江年径流量约 3 300 多亿立方米，居全国江河水系的第二位，仅次于长江，是黄河年径流量的7倍，淮河的10倍。全长约2 320千米，流域面积约453 690平方千米（其中44.2万多平方千米在中国境内，1.1万多平方千米在越南境内），是中国南方最大河系。

珠江水系共有大小河流774条，总长36 000多千米，丰盈的河水与众多的支流给珠江的航运事业带来了优越条件，航运价值仅次于长江，居全国第二位。珠江水系水能资源蕴藏丰富，著名的天生桥、大藤峡、鲁布革、新丰江等水电枢纽都属于珠江水系。珠江流域面积广阔，多为山地和丘陵，占总面积的94.5%，平原面积小而分散，仅占5.5%，比较大的是珠江三角洲平原。珠江流域旅游资源丰富，著名的黄果树瀑布、桂林山水都在珠江流域。

澜沧江

位于中国西南地区，发源于青藏高原的唐古拉山北麓，流域面积达16.5万平方千米，河流以窄、急、险而著称。澜沧江的上源扎曲、子曲流至西藏昌都与右岸支流昂曲汇合后，称澜沧江。澜沧江南流至云南省境内，先后汇集漾濞江、威远江、补远江等支流，在云南省西双版纳傣族自治州勐腊县出境成为老挝和缅甸的界河，后称湄公河。

澜沧江—湄公河全长4 880余千米，流域面积81万平方千米，河口多年平均年径流量4 750亿立方米。澜沧江—湄公河地跨纬度25°，源头至河门高差5 000多米，立体气候明显，流经寒带、亚热带、热带各气候带，可开发利用的土地资源丰富，特别是生物资源丰富，适宜旅游业的发展。下游有坝子和湖泊分布，因此对农业发展十分有利。尤其是西双版纳地区，不仅水稻一年三熟，还是中国动植物资源最丰富的地区，是中国动植物物种资源极为宝贵的遗传基因库。

澜沧江流域基本属中国境内，河长2 161千米，流域面积19万平方千米，中、缅、老国界处多年平均年径流量760亿立方米，其中中国境内为740亿立方米。澜沧江流域自北向南呈条带状，流域平均宽度约80千米。河道出青藏高原后，进入高山峡谷区，两岸高山对峙，山峰高出水面3 000多米，河谷窄狭坡陡，地势十分险峻。出中国境后，河道方开阔平缓。澜沧江是横断山脉地区的重要河流，也是中国最长的南北向河流，是水电重点开发河流。

南海

位于中国大陆的南方，是太平洋西部海域，中国三大边缘海之一，该海域自然海域面积约350万平方千米，其中中国领海总面积约210万平方千米，为中国近海中面积最大、水最深的海区，平均水深1 212米，最深深度5 559米。

南海位于北纬23°37′以南的低纬度地区，北抵北回归线，南跨赤道进入南半球，南北跨纬度26°47′，南海南北纵跨约2 000千米，东西横越约1 000千米，位于印度尼西亚的南苏门达腊和加里曼丹之间，北边至中国广东、广西、福建、香港和澳门，北起广东省南澳岛与台湾岛南端鹅銮鼻一线，南至加里曼丹岛、苏门答腊岛，西依中国大陆、中南半岛、马来半岛，东抵菲律宾，通过海峡或水道东与太平洋相连，西与印度洋相通，是一个东北—西南走向的半封闭海。

中国汉代、南北朝时称为涨海、沸海。清代逐渐改称南海。南海诸岛包括东沙群岛、西沙群岛、中沙群岛和南沙群岛。南海中国大陆海岸线长5 800多千米，沿海地区包括广东、广西和海南、台湾。

在秦末、西汉、三国、隋代、宋代、元代及明清的史书中都能看到南海的身影，1901年，因受到日本人觊觎，清政府竖碑确立主权。直至1930年，法国占领南海诸岛。近代中国收回南海诸岛。20世纪70年代始，越南、菲律宾、马来西亚等国相继侵占了南沙部分岛礁，引发南海争端。南海一度成为热点话题。

南海北部沿岸海域是传统经济鱼类的重要产卵场和索饵场。南海有丰富的海洋油气矿产资源、滨海和海岛旅游资源、海洋能资源、港口航运资源、热带和亚热带生物资源，是中国最重要的海岛和珊瑚礁、红树林、海草床等热带生态系统分布区。

万里石塘

一般指南沙群岛，古称万里石塘、万里长堤、万生石塘屿等，位于南海南部海域，北起雄南礁，南至立地暗沙，西到万安滩，东接海马滩，是南海最南端的一组群岛，岛屿滩礁最多、散布范围最广的一组群岛。它位于北纬3°35′—11°55′，东经109°30′—117°50′，东西长约905千米，南北宽约887千米，海域面积为88.6万平方千米。其西北与越南相对，东北与菲律宾隔海相望，南部水域与马来西亚、文莱、印度尼西亚等国沿海相接。

万里石塘在秦、汉、唐、元、明、清时期史书中都有记载，只是名称不同，但都属于中国。到民国二十二年（1933），万里石塘被法国侵占，民国二十八年（1939），日本侵占了南海诸岛，篡改南沙群岛为“新南群岛”。1946年，根据《开罗宣言》和《波茨坦公告》精神，中国内政部会同海军部和广东省政府委派肖次尹和麦蕴瑜分别为西沙群岛和南沙群岛专员，前往接管西沙群岛和南沙群岛，并在岛上立主权碑，还在岛上设立“南沙群岛管理处”。1947年，中国内政部重新命名包括南沙群岛在内的南海诸岛全部岛礁沙滩名称共159个，并公布施行。1949年，海南特别行政区成立，直属国民政府行政院，“包括该岛西南之诸群岛”。中华人民共和国成立以后，一段时间内，越南、菲律宾、马来西亚等国相继出兵侵占了南沙群岛部分岛礁，引发南海争端。

南沙群岛海域是中国海洋渔业最大的热带渔场，蕴藏着丰富的矿藏资源，油气资源尤为丰富，有“第二个波斯湾”之称。南沙群岛处于越南金兰湾和菲律宾苏比克湾两大海军基地之间，扼太平洋至印度洋海上交通要冲，为东亚通往南亚、中东、非洲、欧洲必经的国际重要航道，是中国对外开放的重要通道和南部疆域安全的重要屏障。

澎湖列屿

位于台湾本岛与福建省之间，台湾海峡中央偏东，因港外海涛澎湃、港内水静如湖而得名。由台湾海峡东南部64个岛屿组成，主要岛屿有澎湖本岛、渔翁岛和白沙岛，面积约为96.6平方千米，占总面积的76.1%。面积超过1平方千米的岛屿还有虎井、吉贝、望安等8个，其余53个岛屿的面积都在1平方千米以下，其中有44个岛屿无人居住。

澎湖列屿东距台湾本岛最近处嘉义县东石乡鳌鼓村45千米，西距福建省最近处晋江围头140千米，北回归线横跨列屿中部。整个列屿由大小64个岛屿组成（军队驻防16个），岛屿分布范围甚广，从北端的目斗屿（23°45.7′N）至南端的七美屿（23°09.7′N），长60余千米；从东边的查某屿（119°42.9′E）至西缘的花屿（119°18.1′E），宽约40千米，总面积126.9平方千米，居台湾海峡的中枢，扼亚洲东部的海运要冲，被称为“东南锁匙”。

澎湖的开发历史，可以追溯到秦汉以前。在文化的传播上，澎湖有着不可磨灭的重要作用。后来随着航海技术的发展，澎湖列屿逐渐成为台湾海峡两岸交通的跳板。它有良好的港湾，是台湾海峡中各种船只活动的集汇点。澎湖于宋代已正式收入中国版图，当时福建泉州已有人移居澎湖，台湾光复后，1946年设澎湖县。

澎湖列屿属亚热带海洋性气候，终年温和，是台湾省雨量最少、气候干燥区域。由于地势平坦，无河川山岳，且土壤层浅薄，肥力不足，水源缺乏，加上海风强劲，不利于农作物生长，岛上居民多以打渔为生。

淮河

淮河位于中国东部，干流全长1 000千米左右，流域面积 27 万平方千米，介于长江流域和黄河流域之间。淮河发源于河南省南部的桐柏山，西起桐柏山、伏牛山，东临黄海，南以大别山、江淮丘陵、通扬运河及如泰运河南堤与长江分界，北以黄河南堤、沂蒙山与黄河流域毗邻。

淮河水系以废黄河为界，分淮河及沂沭泗河两大水系，两大水系通过京杭大运河、淮沭新河与徐洪河贯通。主要支流有：白露河、史灌河、淠河等水系、沂河、沭河、泗河、东鱼河、洙赵新河、梁济运河。

沿淮河干流西接秦岭一线的南北两侧，无论是地质、地貌、气候、水文，还是土壤、生物等自然地理要素都有显著差别，素有中国南北方的“地理界线”之称。中国人常用来描述南北方差异的“南船北马”“南人吃米，北人吃麦”的现象，就发生在此线两侧，故而以此线划分南北。此线以北，最冷的月份平均气温低于 0℃，土壤与河流冻结，冬季不能生长作物，基本无常绿阔叶林，水分不足，农业以旱作为主。此线以南，最冷的月份平均气温高于 0℃，土壤与河流基本不冻结，全年可生长作物，有常绿阔叶树，水分较充足，以水田作物为主。因此，淮河在地理科学上是很有意义的。

秦岭—淮河分界线

中国地理分区北方地区和南方地区的地理分界线。在此线的北面和南面，自然条件、地理风貌、农业生产或是人民生活习俗均有明显不同。它是中国地理中的一个重要概念，目前已知的最早论述由著名地理学家张相文提出。

光绪三十四年(1908)张相文发表的《新撰地文学》中第 185 页有对中国北方的描绘。其中提到“南界”，就是南北分界线。这是目前已知的最早关于“秦岭—淮河一线”的论述。民国十三年(1924)张相文又对其进行进一步补充。民国元年(1912)出版的《新体中国地理学》一书中，秦岭—淮河这条线已经出现了。

气候方面，秦岭—淮河分界线被认为与 800 毫米等降水线和 1 月份 0℃ 等温线重合，是湿润和半湿润区的分界线、暖温带和亚热带分界线、亚热带季风和温带季风的分界线、南北地区分界线，以及冬季是否集中供暖的分界线。秦岭—淮河分界线的两侧植被的种类也有着明显的差异，秦岭—淮河以南为亚热带常绿阔叶林；秦岭—淮河以北为温带落叶阔叶林。河流水文方面，秦岭—淮河以南河流流量丰富，季节变化小，含沙量少，汛期长，冬季不结冰；秦岭—淮河以北则相反。秦岭—淮河还是黄河流域和长江流域的分水岭。地形方面，秦岭—淮河以南以丘陵为主，以北以平原、高原居多。秦岭—淮河分界线两侧的土壤也有很大差别，以南渐以红壤为主，以北以黄壤或棕壤为主，东北以黑土为主，西北多白色沙质土。农业方面，分界线两侧的耕地类型、粮食作物、作物熟制都有着明显差异。

大运河

又称京杭运河，是世界上里程最长、工程最大的古代运河，也是最古老的运河之一，与长城、坎儿井并称为中国古代的三项伟大工程。大运河使用至今，是中国古代劳动人民创造的一项伟大工程，是中国文化地位的象征之一。

大运河南起余杭(今杭州)，北到涿郡(今北京)，途经今浙江、江苏、山东、河北四省及天津、北京两直辖市，贯通海河、黄河、淮河、长江、钱塘江五大水系，全长约 1 797 千米。大运河对中国南北地区之间的经济、文化发展与交流，特别是对沿线地区工农业经济的发展起了巨大作用。在海运和现代陆路交通兴起以前，京杭大运河的货物运输量一般占到全国的 3/4 左右。

大运河从开凿到现在已有 2 500 多年的历史。最早由春秋吴国为伐齐国而开凿，隋朝大幅度扩修并贯通至都城洛阳且连涿郡，唐、元、明、清时期都有不同程度的延伸和扩宽。元朝翻修时弃洛阳而取直至北京。中华人民共和国成立后对京杭大运河进行了多次疏浚。2002 年，大运河被纳入了“南水北调”东线工程。2014

年6月22日，第38届世界遗产大会宣布中国大运河项目成功入选世界文化遗产名录，成为中国第46个世界遗产项目。

2014年9月，通州、武清、香河三地水务部门签订战略合作协议，京杭大运河通州—香河—武清段计划于2020年正式通航。

岭南

中国南方五岭以南地区的概称。所谓五岭是指越城岭、都庞岭、萌渚岭、骑田岭和大庾岭的合称，这五座山大体分布在广西东部至广东东部和湖南、江西等省、自治区的交界处。五岭之南的地区主要是汉族地区，自古以来，岭南地区属汉地九州中的扬州。

在行政区划上，岭南曾是唐代行政区岭南道之名，相当于现在广东、广西、海南全境及曾经属于中国皇朝统治的越南红河三角洲一带；后来分为岭南东道和岭南西道，是广东、广西分治的开始。宋代淳化四年(993)岭南道之名改为广南路。由于历代行政区划的变动，现在提到岭南一词，一般特指广东、广西、海南、香港、澳门这五个省、自治区和特别行政区，也即是当今华南区域范围。

先秦时期，岭南先民在南海及南太平洋沿岸开辟了以陶瓷为纽带的贸易圈，南越国时期(前204—前112)开始对外出口漆器、丝织品、陶器和青铜器，为中国海上丝绸之路的形成奠定了基础。汉代，广州成为中国与古罗马帝国的海上贸易中心和海上丝绸之路的起点。

岭南自汉朝开始逐渐形成广府、客家、闽南三大民系，并形成独特的岭南文化。岭南文化务实开放，多元兼容，对岭南地区乃至全国经济、社会的发展起着重要的推动作用。

昆仑山

是亚洲中部大山系，也是中国西部山系的主干。又称昆仑虚、中国第一神山、万祖之山、昆仑丘或玉山。昆仑山在中华民族的文化史上具有“万山之祖”的显赫地位，古人称昆仑山为中华“龙脉之祖”。

昆仑山地区以前震旦系为基底；古生代时为强烈下沉的海域并伴有火山活动，古生代末期经华力西运动褶皱上升，构成昆仑中轴和山脉的中脊；中生代产生凹陷，经燕山运动构成主脊两侧4 000米以上的山体。昆仑山脉西起帕米尔高原东部，横贯新疆、西藏间，伸延至青海境内，全长约2 500千米，平均海拔5 500—6 000米，宽130—200千米，西窄东宽，总面积达50多万平方千米。在中国境内地跨青海、四川、新疆和西藏四省、自治区，最高峰是位于新疆克孜勒苏柯尔克孜自治州阿克陶县的公格尔峰。昆仑山脉西高东低，按地势分西、中、东3段：位于西昆仑山海拔在7 000以上的山峰有3座，6 000米以上的山峰有7座，平均海拔5 500—6 000米；中昆仑山海拔6 000米以上的山峰有8座，平均海拔5 000—5 500米，北坡雪线5 100—5 800米；东昆仑山海拔6 000米以上的山峰有4座，5 000米以上的山峰有8座，平均海拔4 500—5 000米。该山脉几乎完全不受印度洋和太平洋季风的气候影响，受大陆气团的持续影响，年气温和日气温有着巨大的波动。山系中段最干燥，而西部和东部的气候较缓和一些。尽管气候和地形条件极端，昆仑山及毗邻地区还是养育着常住及流动人口。

松嫩平原

位于大、小兴安岭与长白山脉及松辽分水岭之间的松辽盆地的中部区域，主要由松花江和嫩江冲积而成。

松嫩平原西以景星—龙江朱家坎—甘南太平湖一线与大兴安岭相接，东部及东北部以科洛河—七星泡—小兴安—南北河西—铁力—巴彦龙泉镇与小兴安岭为界，东南以龙凤山—五常安家—阿城亚沟—滨西以东与东部山地为界，南达松辽分水岭，平原略成菱形。在黑龙江省境内的仅是松嫩平原的北半部，南北约540千米，东西约430千米。面积为10.32万平方千米。占全省总面积的21.61%。

在大地构造上,松嫩平原属新华夏构造体系第二沉降带北部,亦称松辽断陷。燕山运动以后,形成一地堑式盆地,四周为断裂所限,东西两侧为海西褶皱带,中部为地台构造,已具现代地貌的雏形。

松嫩平原全区可分为三个地貌单元:东部隆起区、西部台地区(统称山前冲积、洪积台地,又称高平原或漫岗)、冲积平原区。山前台地分布于东、北、西三面,海拔180—300米,地面波状起伏,岗凹相间,形态复杂,现代侵蚀严重,多冲沟,水土流失明显。冲积平原海拔110—180米,地形平坦开阔,但微地形复杂,沟谷稀少,排水不畅,多盐碱湖泡、沼泽凹地,且风积地貌发育,沙丘、沙岗分布广泛。

松嫩平原有耕地559万公顷,土质肥沃,黑土、黑钙土占60%以上,盛产大豆、小麦、玉米、甜菜、亚麻、马铃薯等,是重要的商品粮基地。此外,平原草场集中,畜牧业发达,地下石油资源丰富。松嫩平原中南部流域内有着草原湿地、江湖泥林、林海雪原等自然美景;有著名的扎龙自然保护区,栖息着国家重点保护的天鹅、丹顶鹤等野生动物;盛产闻名全国的黑木耳、榛蘑、鸡腿蘑、猴头蘑等菌类美食。

青藏高原

中国最大、世界海拔最高的高原,被称为“世界屋脊”“第三极”。

青藏高原东西长约2 800千米,南北宽约300—1 500千米,总面积约250万平方千米,南起喜马拉雅山脉南缘,北至昆仑山、阿尔金山和祁连山北缘,西部为帕米尔高原和喀喇昆仑山脉,东及东北部与秦岭山脉西段和黄土高原相接,介于北纬26°00′—39°47′,东经73°19′—104°47′之间。地形上可分为藏北高原、藏南谷地、柴达木盆地、祁连山地、青海高原和川藏高山峡谷区等6个部分,包括中国的西藏全部和青海、新疆、甘肃、四川、云南的部分以及不丹、尼泊尔、印度、巴基斯坦、阿富汗、塔吉克斯坦、吉尔吉斯斯坦等国家和地区的部分或全部。

青藏高原的自然历史发育极其年轻,受多种因素共同影响,形成了全世界最高、最年轻而水平地带性和垂直地带性紧密结合的自然地理单元。高原腹地年平均温度在0℃以下,大片地区最暖月平均温度也不足10℃。青藏高原海拔3 000—5 000米,平均海拔4 000米以上,是东亚、东南亚和南亚许多大河流的发源地。

青藏高原光照和地热资源充足,矿产资源主要有铬、铜、铅、锌、水晶等。高原上冻土广布,植被多为天然草原。青藏高原也是中华民族的源头地之一,是中华文明的发祥地之一。青藏高原上的居民以藏族为主,形成了以藏族文化为主的高原文化体系。

珠穆朗玛峰

喜马拉雅山脉的主峰,同时是世界海拔最高的山峰,位于中国与尼泊尔边境线上,北部在中国西藏定日县境内(西坡在定日县扎西宗乡,东坡在定日县曲当乡,有珠峰大本营),南部在尼泊尔境内,是世界最高峰,也是中国跨越四个县的珠穆朗玛峰自然保护区和尼泊尔国家公园的中心所在。

珠穆朗玛峰山体呈巨型金字塔状,威武雄壮,地形极端险峻,环境非常复杂。雪线高度:北坡为5 800—6 200米,南坡为5 500—6 100米。东北山脊、东南山脊和西山山脊中间夹着三大陡壁(北壁、东壁和西南壁),在这些山脊和峭壁之间又分布着548条大陆型冰川,总面积达1 457.07平方千米,平均厚度达7 260米。冰川的补给主要靠印度洋季风带两大降水带积雪变质形成。冰川上有千姿百态、瑰丽罕见的冰塔林,又有高达数十米的冰陡崖和步步陷阱的明暗冰裂隙,还有险象环生的冰崩雪崩区。

珠峰所在的喜马拉雅山地区原是一片海洋,在漫长的地质年代,从陆地上冲刷来大量的碎石和泥沙,堆积在喜马拉雅山地区,形成了这里厚达3万米以上的海相沉积岩层。之后,强烈的造山运动使喜马拉雅山地区受挤压而猛烈抬升,据测算,平均每一万年大约升高 20—30 米,直至现在,喜马拉雅山区仍处在不断上升之中,每 100 年上升 7 厘米。

随着时间的推移,珠穆朗玛峰的高度还会因为地理板块的运动而不断变化。有趣的是,珠穆朗玛峰虽然是世界第一高峰,但是它的峰顶却不是距离地心最远的一点。这个特殊的点属于南美洲的钦博拉索山。珠穆朗玛峰高大巍峨的形象,一直在当地以及全世界产生着巨大的影响。

塔克拉玛干沙漠

位于新疆南疆的塔里木盆地中心,是中国最大的沙漠,也是世界第十大沙漠,同时亦是世界第二大流动沙漠,被人称为“死亡之海”。

塔克拉玛干沙漠东西长约 1 000 千米,南北宽约 400 千米,总面积 337 600 平方千米,分布在新疆四个地区界内:巴音郭楞、阿克苏、喀什、和田,是中国境内最大的沙漠,故被称为“塔克拉玛干大沙漠”,也是全世界第二大的流动沙漠,流沙面积居世界第一。它是暖温带干旱沙漠,酷暑最高温度达 67.2℃,昼夜温差达 40℃以上;平均年降水不超过 100 毫米,最低只有四五毫米;而平均蒸发量高达 2 500—3 400 毫米。由于其中沙面温度有时高达 70—80℃,蒸发旺盛,光的折射和全反射频率更大,经常会出现“海市蜃楼”的景象。这里,金字塔形的沙丘屹立于平原以上 300 米,狂风能将沙墙吹起,高度可达其 3 倍。沙漠里沙丘绵延,受风的影响,沙丘时常移动。塔克拉玛干沙漠独特的气候条件也造就了沙漠中植物和动物分布极端稀少。其中动物约有 272 种,高等植物有 73 种,还有许多低等植物和微生物。沙漠艰难的生存环境造就了生存的少量植物根系异常发达,超过地上部分的几十倍乃至上百倍,以便汲取地下的水分,当地动物也有“夏眠”的现象。

九州与西域

根据《尚书·禹贡》记载:大禹的时候,天下分为“九州”,分别为豫州、青州、徐州、扬州、荆州、梁州、雍州、冀州、兖州,以豫州居中,九州就成了古代汉地的代名词。九州的范围,北有燕山山脉、渤海湾和辽东,南至南海,西至甘肃接西域,东至东海。其中冀州范围极大,因此舜从冀州分置并州;又因为燕、齐辽远,又分燕置幽州,分齐为营州。于是变成了十二州。所以九州有时又称为十二州。

西域,最早指周朝诸地。先秦《国语》有“西方之书”;《诗经》有“西方之人”等。自汉代以来,西域狭义上指玉门关、阳关以西,葱岭即今帕米尔高原以东,巴尔喀什湖东、南及新疆广大地区。而广义的西域则是指凡是通过狭义西域所能到达的地区,包括亚洲中、西部地区等。

西域从汉武帝刘彻时起即属于汉朝。唐代初年西域已设立了完备的行政体系,划归陇右道。安史之乱后,西域失控。1206 年,铁木真建立蒙古汗国,将新疆分封给次子察哈台,建立了附属国察哈台汗国。此时,当地“畏兀儿”人吸收了蒙古、汉、藏等民族成分,逐渐发展为近代维吾尔族。自 14 世纪初,今新疆绝大部分地区在东察哈台汗国统治之下。至明朝中叶,东察哈台汗国演变为叶尔羌汗国。清朝初年叶尔羌汗国被漠西蒙古所灭。乾隆时期,清朝政府平定了叛乱,恢复了对新疆的统治。清末,随着清朝实力的衰落与西方列强的兴起,新疆一度陷落于中亚的浩罕王国。光绪十年(1884),左宗棠率领湘军收复新疆,设立了新疆省。清代的“西域”范围东起敦煌以西,西至巴尔喀什湖及葱岭,南至拉萨界,北至俄罗斯及哈萨克斯坦界。后来西域演变为中国西部地区的含义,所以青海、西藏也属于西域的范围。

地理志

记述一个地区自然和人文方面的地理状况及其历史演变过程的专志。地理志一般列在各级地方志的卷首大事之后,其他各专志之前。记述的内容有自然地理和人文地理两大部分。自然地理研究自然条件及其相互之间的关系,一般包括地质、地貌、气候、水文、土壤、植物、动物及自然灾害等项目。人文地理研究人与地理的关系,包括行政区划、建制沿革、人口状况、城乡分布以及经济地理等项目。

传统史学中的"地理志"分为正史中的地理志和专门的地理志两大类。26部正史中有18部有地理志,其中12部称《地理志》,两部称《州郡志》,称《郡国志》《地形志》《郡县志》《职方考》的各一部。

《汉书·地理志》作为最早的正史地理志,"序"部分收录了上古地理文献《尚书·禹贡》和《周礼·职方》中有关大禹"更制九州"的记载,并对各州的山川形势、土壤类型、物产贡赋、水路交通、民风民俗等做了概括性描述,是将自然地理、人文地理融为一体的上古至汉代的地理学沿革史。

《汉书》之后的正史地理志,大部分通过"总序""序言"来记载地理沿革。它开创的以政区为纲、分别编撰的体例,为此后的《地理志》所效法。对特定朝代的政区沿革、户口变迁、自然地理、经济地理的记录成为《地理志》的撰写目标。《元和郡县志》在全面继承《汉书·地理志》传统的基础上,形成了当代人撰写全国地理总志这一新模式。北宋《太平寰宇记》《元丰九域志》《方舆览胜》等在延续《元和郡县志》体例的基础上,增加了各地艺文、人物、名胜古迹等内容,详细记载当代内容,地理志趋向于纪传化。元、明、清时期各代都撰写了《一统志》,形成"一统志"这一新形式"地理志"的编纂形式并趋于规范化。元明清《一统志》以存史、资政、教化为目标,扩大了"地理志"的功能。此外,人口地理、政区地理、区域风俗之类的研究,也可以归入"地理志"类型的研究成果。

地方志

即记载一地(省、府、州、县、镇、寺)历史的作品。地方志摆脱"地理志"而成为一种独立的史学门类,得力于清代学者章学诚的努力。章学诚有丰富的地方志撰写实践经验,他先后撰写了《和州志》《永清县志》《大名县志》《亳州志》《麻城县志》《石首县志》《常德府志》《荆州府志》《广济县志》《湖北通志》。在长期编纂地方志的实践基础上,章学诚撰写了《方志立三书议》《州县请立志科议》《修志十议》等有关地方志理论的文献,形成了完整的地方志理论。

章学诚确立了"志乃史体""方志乃国史之要删",明确《地方志》是一种史学体裁。他在《州县请立志科议》中说:"有天下之史,有一国之史,有一家之史,有一人之史。传状志述,一人之史也;家乘谱牒,一家之史也;部府县志,一国之史也;综纪一朝,天下之史也。"也就是说,地方志是针对相应空间的历史书写,并非简单的地理沿革或政区盈缩记载,也不是罗列风俗、名胜、交通人文,而是要承担"裨风教"的功能。

地方志是对地方历史的忠实记录,是修撰国史的基础和依据。梁启超在《清代学者整理旧学之总成绩》中评价方志学说:"实斋关于斯学之贡献,首在改造方志之概念。前此官方志者,为'图经'之概念所囿,以为仅一地理史而止。实斋则谓方志乃《周官》小史、外史之遗,其目的专以供国史取材,非深通史法不能从事。"通过章学诚的努力,系统的地方志理论在清代得以完成,全新的方志学得以形成。《地方志》成为历史学的一个门类,与传统的"地理志"只作为正史一部分的情形区分开来。

地方志作为一种史学体例的基本特征,章学诚在《方志立三书议》中有所论述,即在体例上要合于"史家法度",需立"三书""四体",即志、掌故、文征和纪、谱、考、传。

《大唐西域记》

由唐代玄奘口述、辩机撰文的地理史籍,成书于唐贞观二十年(646)。全书共12卷,是玄奘游历印度、西域旅途19年间之游历见闻录,又称《西域记》。

它大致以作者玄奘的游踪为序,对7世纪及以前南亚、中亚、西亚以及现中国新疆境内诸地区(其中亲历110国,得之传闻28国,另加附带述及的12国,共150国)的历史状况进行了相对系统的描述。本书综述了各国的地理形势、气候、物产、政治、经济、文化、风俗、宗教等概况。书中对多数国家的介绍都是从自然环境叙述到社会概况,尤为珍贵的是用17个专题对印度做了重点介绍,基本上囊括了印度的全貌。本书记载了一些重要的历史人物和历史事件,主要是由玄奘参谒名人故地、观看遗存文物而引发出来的。书中记载的历史事件尽管大多与佛教有关,但对考察当时当地的政治经济状况有重要的参考价值。该书记述了佛教各教派的演变与分布状况。书中对西域各国、各民族生活方式,建筑,婚姻,丧葬,宗教信仰,沐浴与治疗疾病,以及音乐舞蹈方面的记载,不同层面、不同角度、不同深度地反映了西域的风土民俗。

《大唐西域记》蕴含丰富,在文学、地理、宗教、民俗、文化交流诸领域都有着珍贵、独特的价值;它的记载涉及中国、中亚、南亚、西亚等地,与东方学、比较文学和丝绸之路研究有着天然、密切的联系。它是一部具有突出跨学科、跨文化特征的中古要籍,同时它也是研究印度、尼泊尔、巴基斯坦、孟加拉国、斯里兰卡等地古代历史地理的重要文献,为各国学者所重视。中国四大名著之一的《西游记》即是以《大唐西域记》为背景写作而成的。

《西域水道记》

清代徐松撰写的记载西域各条河流发源、流域、所入湖泊等详细地理资料的书。记载范围包括今嘉峪关以西至巴尔喀什湖以东以南广大西北地区。共五卷,仿《水经注》体例,自为注记,在详细记载各条河流情况的同时,对流域内的政区建置沿革、典章制度、厂矿牧场、卡伦军台、名胜古迹、重要史实、民族变迁等都有详细的考证。

从学术角度看,有三个显著特点:(1)重视实地调查、踏勘。作者足迹遍及天山南北,所到之处,详细调查记录、绘制地图。(2)根据内陆河流归宗湖泊的规律,创造性地将西域水道归为11个水系。(3)充分运用西方先进的投影测绘技术获得西域地理经纬度。此外,作为一部实用价值极大的学术著作,《西域水道记》文字简洁而不失优美生动,很多篇章段落甚至可以作为游记阅读。

书成后两广总督邓廷桢为《西域水道记》作序,称赞其有补缺、实用、利涉、多文、辨物等五大优点,并对在广东刊印这部著作,给予很高评价。《新疆图志》称赞此书"于诸水源流分合,考证评核,近世言西域者罕与伦比"。

《郑和航海图》

本名《自宝船厂开船从龙江关出水直抵外国诸番图》,是对郑和下西洋航路的记载,收录在明末学人茅元仪所编纂的《武备志》里。《郑和航海图》是近代学者为了方便给它取的名字。该图约成于洪熙元年(1425)至宣德五年(1430)间。原来的图应该是手展长卷式的,收录进《武备志》的时候,已经改成了22叶(44面)的书页。《武备志》是一部兵书集,总共240卷,这张图就是最后一卷《航海》里的主体内容。

明天启年间(1621—1627)木刻本《武备志》第240卷之附图,全图纵20厘米,横520厘米,为自右向左形式。该图以南京为起点,沿江向东,出长江口沿海岸向南,经淡马锡(今新加坡)、锡兰山(今斯里兰卡)等地到溜山国(今马尔代夫),而后航线分为两支:一支横越大洋到非洲东岸的木骨都束(今索马里的摩加迪沙);另一支穿过阿拉伯海,直抵忽鲁谟斯(位于今霍尔木兹海峡北)。

《郑和航海图》共有20页航海地图、109条针路(以指南针标明方向的航线)航线,以及2页4幅的过洋牵星图。其中的航海地图高20厘米左右,全长560厘米,包含500个地名。全图以南京为起点,最远至非洲东岸的慢八撒(今肯尼亚蒙巴萨)。图中标明了航线所经亚非各国的方位，航道远近、深度，以及航行的方向牵星高度；对何处有礁石或浅滩，也都一一注明。图中列举自太仓至忽鲁谟斯（今伊朗阿巴丹附近）的针路共56线，由忽鲁谟斯回太仓的针路共53线；往返针路全不相同，表明船队在远航中已灵活地采用多种针路，具有高超的航海技术和较高的海洋科学水平。在图中郑和船队所经之地，均有命名。

《郑和航海图》是中国古人航海经验的总结，它标注了岸线、浅滩、江河口、陆地标志物等，它有针路注记注明航线，它有过洋牵星作为天文导航。尽管它没有精密的地形测量，没有严密的数学基础，但作为500多年前的制图作品，已经相当难得。把原图航线转标到现代的世界地图上，跟现代中国到非洲的主要航海线做比较，两者非常相似。也就是说，《郑和航海图》所记载的航路是非常准确的，它就是当时水手们使用的航海图，它真真切切把明朝远航者从东亚领到了非洲东海岸。在500多年前，能绘出《郑和航海图》这样完备、科学、实用的航海地图，是中国乃至世界航海地图史上的一个奇迹。

地理区划及简称

国家地理区域划分的简称。把一个国家的全部国土区域按照地形、气候、自然环境和社会经济等因素划分成几个大块。中国现行地理区划主要分为以下七大块。

华北地区：简称华北，是中国的北部地区。行政单位包括北京市、天津市、河北省、山西省、内蒙古自治区中部（呼和浩特市、包头市、鄂尔多斯市、乌兰察布市、锡林郭勒盟）。

东北地区：简称东北，是中国的东北部地区。行政单位包括辽宁省、吉林省、黑龙江省、内蒙古自治区东部和北部（呼伦贝尔市、兴安盟、通辽市、赤峰市）。

华东地区：简称华东，是中国的东部地区。行政单位包括：上海市、江苏省、浙江省、安徽省、山东省、福建省和台湾省。

华中地区：简称华中，是中国的中部地区。行政单位包括：河南省、湖北省、湖南省、江西省。

华南地区：简称华南，是中国的南部地区。行政单位包括：广东省、广西壮族自治区、海南省、香港特别行政区和澳门特别行政区。

西南地区：简称西南，是中国西南部地区。地理上包括青藏高原东南部、四川盆地和云贵高原大部。行政单位包括：四川省、云南省、贵州省、西藏自治区和重庆市。

西北地区：简称西北，是中国西北内陆地区。地理上包括黄土高原西部、渭河平原、河西走廊、青藏高原北部、内蒙古高原西部、柴达木盆地，以及新疆大部。行政单位包括：陕西省、甘肃省、青海省、宁夏回族自治区、新疆维吾尔自治区、内蒙古自治区西部（阿拉善盟、巴彦淖尔市、乌海市）。

中国的行政区划

根据《中华人民共和国宪法》，中国现行行政区域划分如下：

1. 全国分为省、自治区、直辖市；

2. 省、自治区分为市、自治州、县、自治县；

3. 县、自治县分为乡、民族乡、镇。

直辖市和较大的市分为区、县。自治州分为市、县、自治县。

自治区、自治州、自治县都是民族自治地方。国家在必要时设立特别行政区。在特别行政区内实行的制度按照具体情况由全国人民代表大会以法律规定。

1949年以来，全国行政区划历经多次变动。目前，中华人民共和国有34个省级行政区，包括23个省、5个自治区、4个直辖市、2个特别行政区。

截至2018年1月1日，全国共有（省以下行政区划单位统计不包括港澳台）：

一级行政区（省级行政区）：34个（23个省、5个自治区、4个直辖市、2个特别行政区）；

二级行政区（地级行政区）：333 个（293 个地级市、7 个地区、30 个自治州、3 个盟）；

三级行政区（县级行政区）：2 851 个（970 个市辖区、375 个县级市、1 335 个县、117 个自治县、49 个旗、3 个自治旗、1 个特区、1 个林区）；

四级行政区（乡级行政区）：39 888 个（2 个区公所、21 116 个镇、9 392 个乡、152 个苏木、984 个民族乡、1 个民族苏木、8 241 个街道）。

按照行政区划代码用华北、华东、中南、东北、西南、西北、港澳台表示分布，具体如下：

华北：（北京、天津、河北、山西、内蒙古）；

东北：（辽宁、吉林、黑龙江）；

华东：（上海、江苏、浙江、江西、安徽、福建、山东）；

中南：（河南、湖北、湖南、广东、广西、海南）；

西南：（重庆、四川、贵州、云南、西藏）；

西北：（陕西、甘肃、青海、宁夏、新疆）；

港澳台：（香港、澳门、台湾）。

特别行政区

指根据宪法规定，在中华人民共和国行政区域范围内设立的，享有特殊法律地位、实行资本主义制度和资本主义生活方式的地方行政区域。特别行政区是中国为以和平方式解决历史遗留下来的香港问题、澳门问题以及将来解决台湾问题而设立的特殊的地方行政区域。从现有特别行政区来看，它有助于维持香港与澳门的繁荣和稳定。

特别行政区是国家中的一个行政单位，而不是一个独立的政治实体，也不是联邦制国家中的成员国。它和其他行政区一样，与中央人民政府之间存在从属关系。特别行政区建立的政府，只能是地方政府。作为一个地方行政单位，不能作出行使国家主权的行为，特别行政区的一切权力是中央人民政府授予的。

特别行政区实行特殊的社会制度。它也不同于经济特区，其高度自治权无论在权力的内容和行使权力的范围上，都超过省、直辖市、自治区，构成了特别行政区的主要特色。在立法权方面，特别行政区可以按照全国人民代表大会通过的特别行政区基本法制定法律，既不受国家法律和行政法规的限制，也不受刑法、民法范围的限制。在行政权方面，享有其他行政区所没有的财政、经济贸易、货币金融、海运、航空、文化教育和治安等方面的管理权；在司法权方面，享有司法终审权，无须上诉到国家最高法院解决；在涉外事务方面，中央人民政府负责管理与特别行政区有关的外交事务，同时又可授权特别行政区依法处理有关的对外事务。

特别行政区由当地人组成政府，中央人民政府不派人去担任特别行政区政府的职务。行政长官在当地通过选举或者协商产生，由中央人民政府任命。中央人民政府负责管理特别行政区的防务，但派驻的军队不干预特别行政区的地方性事务。特别行政区居民享有特别行政区基本法和法律规定的权利和自由。

省份简称

中国有 34 个省级行政区域，其名称及简称如下。

北京市 简称：京

天津市 简称：津

上海市 简称：沪

重庆市 简称：渝

河北省 简称：冀

河南省 简称：豫

湖北省 简称：鄂

湖南省 简称：湘

江苏省 简称：苏

江西省 简称：赣

辽宁省 简称：辽

吉林省 简称：吉

黑龙江省 简称：黑

陕西省 简称：陕/秦

山西省 简称：晋

山东省 简称：鲁

四川省 简称：川/蜀

青海省 简称：青

安徽省 简称：皖

海南省 简称：琼

广东省 简称：粤

贵州省 简称：贵/黔

浙江省 简称：浙

福建省 简称：闽

台湾省 简称：台

甘肃省 简称：甘/陇

云南省 简称：云/滇

西藏自治区 简称：藏

宁夏回族自治区 简称：宁

广西壮族自治区 简称：桂

新疆维吾尔自治区 简称：新

内蒙古自治区 简称：内蒙古

香港特别行政区 简称：港

澳门特别行政区 简称：澳

一线城市

一线城市是一种非学术范畴的经济概念，主要是媒体依据商业数据、互联网数据机构的城市大数据等，将城市划分为一线、二线、三线城市，为打造城市商业魅力排行榜所使用，并形成了一种大众认知习惯。

中国内地一线城市一般指北京、上海、广州和深圳，其特征是：超大城市，GDP 总值超 2 万亿元，是国际化城市。

按照城市影响力可将城市划分为以下几种：世界城市——城区人口在 1 000 万以上，城市及腹地 GDP 总值达世界 3%以上，能在全球配置资源的城市，也称“全球化城市”。国际化城市——城区人口在 500 万以上，城市及腹地 GDP 总值达 3 000 亿美元以上，能在国际上许多城市和地区配置资源的城市，也称“洲际化城市”。目前，中国的北京、上海、广州、深圳和香港等已建成国际化城市。国际性城市——能在国际上部分城市和地区配置资源的城市。区域中心城市——能在周边各城市和地区配置资源的城市。地方中心城市——主要在本城市、本地区配置资源的城市。

按照城区人口可将城市划分为：超大城市——城区常住人口在 1 000 万以上；特大城市——城区常住人口在 500 万以上 1 000 万以下；大城市——城区常住人口在 100 万以上 500 万以下；中等城市——城区常住人口在 50 万以上 100 万以下；小城市——城区常住人口在 50 万以下。

此外，媒体每年还会依据城市发展水平、综合经济实力、辐射带动能力、对人才吸引力、信息交流能力、国际竞争能力、科技创新能力、交通通达能力等指标评出准一线城市。

沿海开放城市

指中国沿海地区对外开放的、并在对外经济活动中实行经济特区的某些特殊政策的一系列港口城市，也是经济特区的延伸。

1978 年 12 月，中共十一届三中全会作出了实行改革开放的重大决策。1979 年，党中央、国务院批准广东、福建在对外经济活动中实行“特殊政策、灵活措施”，并决定在深圳、珠海、厦门、汕头试办经济特区。

1984 年 4 月，党中央和国务院决定进一步开放大连、秦皇岛、天津、烟台、青岛、连云港、南通、上海、宁波、温州、福州、广州、湛江、北海这 14 个港口城市，1985 年增加营口市，1988 年增加威海市，它们统称为沿海开放城市。

对外开放后这些城市实行下列政策和措施：

1. 放宽利用外资建设项目的审批权限。

2. 积极支持利用外资、引进先进技术改造老企业。在关税、进口工商统一税、企业所得税、上缴利润、生产计划等方面实行优惠政策。

3. 对中外合资、合作经营及外商独资企业给予优惠待遇。

4. 兴办经济技术开发区。大力引进中国急需的先进技术,集中举办三资企业和中外合作的科研机构。在开发区内,放宽利用外资项目的审批权限,产品出口、内销执行经济特区的政策,税收政策更加优惠。

5. 增加外汇使用额度和外汇贷款。

从1985年起,中国又相继在长江三角洲、珠江三角洲、闽东南地区和环渤海地区开辟经济开放区。1988年增辟海南经济特区。1990年设立上海浦东新区。2010年批准新疆霍尔果斯、喀什设立经济特区。如此中国就形成了经济特区—沿海开放城市—沿海经济开放区—内地这样一个全方位、多层次、宽领域的对外开放格局,从而产生对内对外的辐射作用,促进国民经济良性发展。

粤港澳大湾区

由香港、澳门特别行政区和广东省广州、深圳、珠海、佛山、惠州、东莞、中山、江门、肇庆(珠三角)9个地市组成,总面积5.6万平方千米,2018年末总人口已达7 000万人,是中国开放程度最高、经济活力最强的区域之一,在国家发展大局中具有重要战略地位。

2009年,粤港澳三地政府联合发布《大珠江三角洲城镇群协调发展规划研究》。2014年,深圳市政府工作报告提出"打造湾区经济"。2016年3月,中国国民经济和社会发展第十三个五年规划纲要明确提出"支持港澳在泛珠三角区域合作中发挥重要作用,推动粤港澳大湾区和跨省区重大合作平台建设";同月,国务院印发《关于深化泛珠三角区域合作的指导意见》,要求广州、深圳携手港澳,共同打造粤港澳大湾区,建设世界级城市群。

2017年7月1日,《深化粤港澳合作 推进大湾区建设框架协议》在香港签署,明确了合作目标,是强化广东作为全国改革开放先行区、经济发展重要引擎的作用,构建科技、产业创新中心和先进制造业、现代服务业基地;巩固和提升香港国际金融、航运、贸易三大中心地位,强化全球离岸人民币业务枢纽地位和国际资产管理中心功能,推动专业服务和创新及科技事业发展,建设亚太区国际法律及解决争议服务中心;推进澳门建设世界旅游休闲中心,打造中国与葡语国家商贸合作服务平台,建设以中华文化为主流、多元文化共存的交流合作基地,促进澳门经济适度多元可持续发展。努力将粤港澳大湾区建设成为更具活力的经济区、宜居宜业宜游的优质生活圈和内地与港澳深度合作的示范区,携手打造国际一流湾区和世界级城市群。

城市别名

指城市在正式名称以外还拥有其他的名称。在中国,受各种因素如历史、地理、神话传说等的影响,很多城市拥有别名,这些别名也构成了这些城市的印记。

例如三亚有一座叫鹿回头的山,山上有"鹿回头"的雕塑,是根据海南黎族爱情故事鹿回头的传说建造的:古代有一位英俊的黎族青年猎手,头束红巾,手持弓箭,从五指山翻越九十九座山,涉过九十九条河,紧紧追赶着一只鹿来到南海之滨。前面山崖之下便是无路可走的茫茫大海,那只鹿突然停步,站在山崖处回过头来,鹿的目光清澈动情,青年人不由得放下了正准备张弓搭箭的手。忽见火光一闪,烟雾腾空,鹿回过头变成一位美丽的黎族少女,两人遂相爱并结为夫妻定居下来,此山因此被称为"鹿回头",而三亚也有了"鹿城"的别名。

又如广州有"羊城"的别名,在广州市越秀公园内有五羊石像的雕塑,它来源于"五羊衔谷,萃于楚庭"的传说:大约在周朝时,广州连年灾荒,田野荒芜,农业失收,人民不得温饱。一天,南海的天空忽然传来悠扬的音乐,出现五朵彩色祥云,上有五位仙人,身穿五色彩衣,骑着口衔稻穗的仙羊,降临广州。仙人把优良的稻穗赠给广州人,并祝愿这一地区永无饥荒,祝罢,仙人腾空而去,五只仙羊则化为石羊留在了广州。从此,五羊石像成为广州的标志,羊城也成为广州的别名。

其他城市别名还有:济南——泉城;福州——榕城;成都——蓉城;重庆——山城;哈尔滨——冰城;昆明——春城;拉萨——日光城;南京——石头城;宜兴——陶都;景德镇——瓷都;等等。

胡焕庸线

中国黑龙江黑河和云南腾冲的连线,是划分人口密度差异的分界线。它于1935年由中国地理学家胡焕庸先生提出。它在地理学上有着重要的意义。

1935年,胡焕庸先生在《地理学报》发表《中国人口之分布》一文,首次提出"瑷珲—腾冲线"。其核心观点:该线两侧,以东地区用占全国约36%的国土面积承载了约96%的人口,以西地区用占全国约64%的国土面积仅承载了约4%的人口,被称为中国人口地理的分界线。

1945年,胡焕庸参加美国地理学家联合会年会时,以《"瑷珲—腾冲"人口分界线》为题演讲,获得国际同行的一致赞誉。1956年12月,国务院更改地名生僻字,瑷珲县改称爱辉县。因此又称为"爱辉—腾冲线"。1973年,美国俄亥俄州立大学的田心源教授称该线为"胡焕庸线","胡焕庸线"因此而得名,并一直为国内外学术界所沿用。1983年6月,爱辉县并入黑河市,"爱辉—腾冲线"又改名为"黑河—腾冲线"。

1953年,中华人民共和国进行第一次全国人口普查,"胡焕庸线"东西两侧人口占比分别为94.8%和5.2%。到1990年第四次人口普查,"胡焕庸线"东西两侧人口占比分别为94.2%和5.8%。经历半个世纪,"爱辉—腾冲线"东西两侧人口之比仅有很微小的变化。1987年,胡焕庸根据中国内地1982年的人口普查数据得出:中国东半部面积占目前全国的42.9%,西半部面积占全国的57.1%……在这条分界线以东的地区,居住着全国人口的94.4%;而西半部人口仅占全国人口的5.6%。2000年第5次人口普查发现,"胡焕庸线"两侧的人口分布比例,与70年前相差不到2%。证明胡焕庸线揭示的人口分布规律仍未被打破。

胡焕庸线是气候变化的产物,它与400毫米等降水量线重合,因此具有除人口分布密度以外更多的地理意义。它同时还与地貌区域分割线、文化转换的分割线以及民族界线均存在某种程度的重合。胡焕庸线可以作为中国人口、经济、产业的重要分界线,在地理学研究上具有重大意义,而且胡焕庸线在21世纪仍然适用。

八大古都

指八个在历史上曾被多个正统朝代作为都城的城市,它包括西安、洛阳、北京、南京、开封、安阳、杭州和郑州。

八大古都并不是开始就有的,八大古都这一概念的形成用了将近一个世纪的时间。在20世纪初,谭其骧认为中国历史上有两个并列的大古都,前期是长安,后期是北京。20世纪20年代,在"四大古都"(西安、洛阳、北京、南京)基础上再加上河南开封,就形成了"五大古都"。在1930年出版的《中国地理大纲》中,中国人文地理学开山大师张其昀先生将杭州与五大古都并列称为六大古都。1988年和2004年的中国古都学会年会分别将安阳和郑州认定为"大古都"。由此西安、洛阳、北京、南京、开封、安阳、杭州和郑州成为人们公认的八大古都。

西安,古称镐京、咸阳、长安,被称为十三朝古都。历史上曾有西周、秦、西汉、东汉、西晋、前赵、前秦、后秦、西魏、北周、隋和唐在此建都。

洛阳市有5 000多年文明史、4 000多年城市史、1 500多年建都史。历史上夏、商、西周、东周、韩、西汉、玄汉、曹魏、西晋、隋、郑、唐、燕、后梁和后唐都曾在洛阳定都。

北京是一座有着3 000多年历史的古都,历史上从商代到春秋中期的蓟国、燕国、辽、金、元、明、清都曾在此定都。

南京是首批国家历史文化名城,是中华文明的重要发祥地，长期是中国南方的政治、经济、文化中心，有着7 000多年文明史、近2600年的建城史和近500年的建都史。历史上东吴、东晋、南朝宋、南朝齐、南朝梁、南朝陈、五代的杨吴（西都）、五代的南唐、南宋（行都）、明、南明、太平天国都曾在此建都。

开封是首批国家历史文化名城、中国五大古都之一、著名的八朝古都。历史上曾有夏、魏、后梁、后晋、辽、后汉、后周、宋、伪齐、金、韩宋和明在此建都。

安阳历史上先后有夏、商、卫、曹魏、后赵、冉魏、前燕、翟魏、南燕、东魏、北齐等曾在安阳建都。

杭州自秦朝设县治以来已有2 200多年的历史，曾是吴越和南宋的都城。因风景秀丽，素有“人间天堂”的美誉。杭州得益于京杭运河和通商口岸的便利，以及自身发达的丝绸和粮食产业，历史上曾是重要的商业集散中心。

郑州是中国中部地区重要的中心城市，是华夏文明的重要发祥地，历史上，郑州五次为都，八代为州，夏代，商代，以及周朝的管、郑、韩都曾在此建都，隋、唐、五代、宋、元、明、清在此设州，历史悠久，人杰地灵，历史名胜和文化古迹众多。

八大古都可以说是中国5 000多年悠久文化的见证，它们不仅是伟大历史的见证，更是古代辉煌文化、经济、技术的体现。在八大古都游览观光，可以在当下通过古城所保存的建筑去追寻不同朝代文化遗留下的影子，去体会和了解古代生活和文化，在游览风光的同时更多地去体会它所蕴含的人文内涵，体会历史的厚重感。

丝绸之路

简称丝路，一般指陆上丝绸之路，广义上讲又分为陆上丝绸之路和海上丝绸之路。

陆上丝绸之路起源于西汉，是汉武帝派张骞出使西域开辟的以首都长安（今西安）为起点，经甘肃、新疆，到中亚、西亚，并连接地中海各国的陆上通道。它的最初作用是运输中国古代出产的丝绸。1877年，德国地质地理学家李希霍芬在其著作《中国》一书中，把“从公元前114年至公元127年间，中国与中亚、中国与印度间以丝绸贸易为媒介的这条西域交通道路”命名为“丝绸之路”，这一名词很快被学术界和大众所接受，并正式运用。

“海上丝绸之路”是古代中国与外国交通贸易和文化交往的海上通道，该路主要以南海为中心，所以又称南海丝绸之路。海上丝绸之路形成于秦汉时期，发展于三国至隋朝时期，繁荣于唐宋时期，转变于明清时期，是已知的最为古老的海上航线。

2014年6月22日，中国、哈萨克斯坦、吉尔吉斯斯坦三国联合申报的陆上丝绸之路的东段“丝绸之路：长安—天山廊道的路网”成功申报为世界文化遗产，成为首例跨国合作而成功申遗的项目。

2013年9月，中国国家主席习近平提出建设“新丝绸之路经济带”的合作倡议。2015年3月28日，国家发展改革委、外交部、商务部联合发布了《推动共建丝绸之路经济带和21世纪海上丝绸之路的愿景与行动》，此后将其简称为“一带一路”。

⊙ 文化遗址 ⊙

半坡遗址

位于陕西省西安市浐河东岸，是有6000—6700年历史、原始社会母系氏族繁荣时期遗留下的新石器时代仰韶文化聚落遗址，占地面积约5万平方米。

半坡遗址发现于1953年，此后，考古工作者对遗址进行了5次较大规模发掘，共发掘面积1万平方米，出土房屋遗迹45座、圈栏2座、窖穴200多个、陶窖遗址6座、墓葬250多座以及生产工具和生活用具约1万件，主要有石斧、石锛、石铲、石锄、矛头、箭头、鱼叉、鱼钩、纺轮、骨针、石制研磨器等，生活用具主要为彩陶器，种类有钵、碗、盆、盂、盘、杯、罐、缸、甑、釜、鼎、瓮等。

遗址中还发现了祭祀遗迹和石砚等遗物，说明这时期的先民们已经有了祭祀活动并开始进行有规则的记录书写。同时，出土彩陶器上多绘有各种图形，器物表面多饰有绳纹、线纹，还绘有人面、鱼、鹿、植物等花纹，红底黑纹，显示出先民们已开始有意识地进行与审美有关的创作实践活动，质朴地表达着他们率真的审美意趣。另一些陶钵的口沿上还刻有各种符号，达二三十种，这些符号可能是中国文字的起源。

半坡遗址的这些出土文物，不仅对研究仰韶时期的聚落形态、社会文化生活具有重要意义，也为中国史前文明研究提供了确切的一手材料。

1958年4月28日，半坡遗址博物馆建成开放，陈列展览面积约4 500平方米。1961年3月4日，半坡遗址被中华人民共和国国务院公布为第一批全国重点文物保护单位。2006年6月9日，半坡遗址新保护大厅落成并正式向游人开放，建筑面积4 600平方米。

河姆渡遗址

是长江下游地区的新石器时代文化遗址，年代约为公元前6000年，因在浙江省余姚县的河姆渡遗址首先发现，故于1976年命名为河姆渡文化。

该遗址被发现后，经历了两次大规模挖掘，最后发现遗址总面积达4万平方米，上下叠压着四个文化层。遗址出土陶片达几十万片，还有陶器、骨器、石器等大量珍贵文物。遗址还发现栽培稻谷和大面积的木建筑遗迹、捕猎的野生动物和家养动物的骨骸、采集的植物果实及少量的墓葬等遗存。

河姆渡遗址全面反映了中国原始社会母系氏族时期的繁荣景象。它的发掘为研究当时的农业、建筑、纺织、艺术等东方文明，提供了极其珍贵的实物佐证，是1949年以来最重要的考古发现之一，也为研究中国远古时代的农业、建筑、制陶、纺织、艺术和东方文明的起源以及古地理、古气候、古水文的演变提供了极其珍贵的实物资料。

随着遗址发掘范围的不断扩大，可以确定，河姆渡文化不仅分布在杭州湾南岸的宁（波）绍（兴）平原，还越海向东至舟山岛。河姆渡文化的发现与确立，扩大了中国新石器时代考古研究的领域，说明在长江流域同样存在着灿烂和古老的新石器文化。

1982年2月23日，河姆渡遗址被中华人民共和国国务院公布为第二批全国重点文物保护单位。1986年，浙江省人民政府启动河姆渡遗址的有序保护与博物馆建设。1994年5月，河姆渡遗址博物馆正式开馆。该馆占地面积16 000平方米，建筑面积为3 200平方米。2018年6月，河姆渡遗址被浙江省文物局公布为第二批省级考古遗址公园。

仰韶村遗址

5000—7000年前中国新石器时代的仰韶文化遗址，

位于河南省三门峡市渑池县仰韶镇仰韶村南部的缓坡台地上，北依韶山，东、西、南三面环水，距渑池县城10千米。

1921年，瑞典地质和考古学家安特生带领一支发掘队来到仰韶村，寻找中华远古文化的遗存。经过30多天的挖掘，获得了一大批珍贵文物及人骨标本，他撰写了《中华远古之文化》一文，详细报道了仰韶村遗址的发掘成果，并按照考古学的惯例，将这批以彩陶为主要标志的远古文化命名为“仰韶文化”，又称彩陶文化。仰韶文化的发现揭开了中国考古学研究和原始社会史研究的第一页。中国近代考古学由此开端，仰韶村也从此驰名中外，成为史学界、考古学界向往的古文化圣地。

中华人民共和国成立以后，仰韶遗址又先后进行了两次发掘，再次获得了大批文化遗存，澄清了遗址的文化内涵，同时修正了安特生的一些错误认识，为研究中国史前社会发展历史提供了丰富的实物资料。考古人员在仰韶村遗址发掘发现墓葬19座，房基4处，窖穴41个，出土一批陶器、石器、骨器、蚌器，其中有仰韶红底黑彩、深红彩的罐、碗，小口尖底红陶瓶，灰褐夹沙陶鼎等典型的仰韶时期器物，还发现有龙山式的磨光黑陶、压印方格纹灰陶、篮纹陶、灰绳纹鬲、带流陶杯等龙山文化时期的代表性器物。出土用于农业耕作的有石、铲、刀、锛、凿；用于狩猎的有石镞、骨镞、弹丸；用于纺织和缝纫的有纺轮、骨锥和骨针等。生活用具主要是陶器，以红陶为主，灰褐陶次之。器物种类有陶鼎、钵、盆、罐、壶、碗、瓮，以及汲水盛水工具小口尖底瓶等。在红陶器物表面或口沿，绘有精美花纹图案，故称“彩陶”。

仰韶村遗址为中国社会发展史、世界考古史的研究提供了丰富的实物资料。仰韶村遗址的考古发掘，揭开了中国现代考古学史上的新纪元，成为中国新石器时代考古篇章中第一个被正式命名的远古文化体系。为后来发现并被命名的其他新石器时代文化奠定了规范化基础，开了先河。

1961年3月4日，仰韶村遗址被中华人民共和国国务院公布为第一批全国重点文物保护单位。

良渚遗址

位于浙江省余杭县和德清县境内，为新石器时代晚期文化遗址群，年代为公元前3300年至公元前2000年。

良渚遗址发现于1936年，经过多年发掘，已经发现多处文化相关的史前遗址，形成遗址群，显示出这里存在着相对统一的史前文化，1959年以良渚遗址为命名地的良渚文化被确认。2007年良渚遗址群的核心——良渚古城出土，进一步证实了良渚文化的规模与文明机制。

良渚遗址出土器物包括玉器、陶器、石器、漆器、竹木器、骨角器等，总量达1万余件。其中，玉器主要作为随葬品出土于分等级墓地，总数不少于7 000件，材质以透闪石为主，器型包括玉琮、玉钺、玉璧、三叉形器、冠状饰、锥形器、玉璜、半圆形饰、柱形器、玉镯、玉织具、玉纺轮等，以及圆雕的鸟、龟、鱼、蝉等动物形玉器。遗址群中发现有分布密集的村落、墓地、祭坛等各种遗存，出土物中以大量精美的玉礼器最具特色。这些文物、遗迹、遗物的发现，证明良渚文化所代表的长江中下游文明和中原文明一样，拥有悠久的历史，是中华五千年文明重要的渊源与组成。

良渚遗址所反映的良渚文化以精美玉器石器所表征的礼制、连续作业的犁耕生产方式、大型工程营建、大规模社会生产组织系统、早期科学技术思想以及丝织、黑陶、髹漆、木器等手工业抑或商业的萌生而著称，是中国文明的前奏，是夏、商、周文明的主要构成因素，在学界素有“文明曙光”之誉。良渚文化以神人兽面纹为代表的纹饰和成组使用的固定形器、具有象形和表意功能的刻画符号所反映的文化形态，对后来中国社会意识和思维的发展影响深远。良渚文化规模农业和大型营建工程显示当时社会剩余劳动空前增多。社会财富的非平均分配导致社会分化日益加剧并成为普遍现象，使显贵者阶层、准国家制度形成，露出后来中国宗法政治之端倪。

良渚遗址的发现，对研究良渚文化及长江下游地区的文明起源具有重要的学术价值。1996 年 11 月，良渚遗址被中华人民共和国国务院列为第四批全国重点文物保护单位。2012 年 11 月中旬，国家文物局将良渚遗址列入更新后的《中国世界文化遗产预备名单》。2019 年 7 月，良渚古城遗址被联合国教科文组织列为“世界文化遗产”。

大汶口遗址

位于山东省泰安城南 30 千米处的大汶河畔，距今 4000—5000 年。

大汶口遗址于 1959 年被发现，经过多年的发掘，从其文化层堆积来看，大汶口文化历经了近 2000 年的历史，一般认为：其早期属于母系氏族社会末期向父系氏族社会过渡阶段，中、晚期已进入父系氏族社会，阶级社会的萌芽业已出现。

大汶口遗址总面积约 82 万平方米，已发掘面积 5 400 平方米。遗址内涵丰富，发现墓葬、房址、陶窑等遗迹 100 余处。出土了大量石器、陶器、玉器、骨器和牙角器等生产生活用具。陶器主要包括红陶、彩陶、灰陶、黑陶和白陶几种。大汶口遗址的墓葬中普遍盛行随葬獐牙的习俗，葬式以仰身直肢葬为主。许多墓葬中还随葬有数量不等的牲畜，表明当时社会已经出现了贫富分化，说明私有制已经出现。

大汶口遗址是大汶口文化的命名地。它的发现揭示了大汶口文化时期当地居民的埋葬形态，为山东地区的龙山文化找到了渊源，也为研究黄淮流域及山东、浙江沿海地区的原始文化提供了重要的线索。1982 年，大汶口遗址被公布为全国重点文物保护单位。

周口店北京人遗址

位于北京房山区周口店龙骨山，是中国旧石器时代的重要遗址。北京猿人为中国华北地区旧石器时代晚期的人类化石。1929 年，中国古人类学家裴文中先生在龙骨山发掘出第一颗完整的“北京猿人”头盖骨化石，震撼了全世界。

北京人洞穴堆积层厚 40 多米，根据对北京人骨骼化石、石器、用火遗迹等方面的研究，考古学家们认为北京人大约生活在距今 70 万年到 20 万年前。北京人的脑量平均达到 1 088 毫升，头部特征较原始，但已有明显的现代蒙古人种的特征，男性身高约 156 厘米，女性身高约 144 厘米，食物主要来源于狩猎和采集。北京人已经懂得用火和吃熟食，用火主要取于自然，知道保护火种，火的使用完备了人的特征。

北京人的发现，为人类进化理论提供了有利实证，是中国科学家为世界考古史做出的伟大贡献。北京人及其文化的发现与研究，解决了 19 世纪爪哇人发现以来的关于“直立人”是猿还是人的争论。事实证明，“直立人”是人类历史的最早期，处于从猿到人进化过程最重要的环节，他们是“南猿”的后代，后来“智人”的祖先。山顶洞人化石和文化遗物的发现，更充分表明了北京人的发展和延续。北京人遗址的发现，为中国古人类及其文化的研究奠定了基础，是当之无愧的人类远古文化宝库。

殷墟

中国商朝晚期都城遗址，位于河南省安阳市，古称“北蒙”，甲骨卜辞中又称为“商邑”“大邑商”。殷墟是中国历史上第一个有文献可考、并为考古学和甲骨文所证实的都城遗址，由殷墟王陵遗址、殷墟宫殿宗庙遗址、洹北商城遗址等构成。

20 世纪初，殷墟因发掘甲骨文而闻名于世。自 1928 年正式开始考古发掘以来，殷墟出土了大量都城建筑遗址和以甲骨文、青铜器为代表的丰富的文化遗存，系统展现了中国商代晚期辉煌灿烂的青铜文明，确立了殷商社会作为信史的科学地位，被评为 20 世纪中国“100 项重大考古发现”之首。

自殷墟发现以来，先后出土有字甲骨约 15 万片。

甲骨文中所记载的资料将中国有文字记载的可信历史提前到了商朝，也产生了一门新的学科——甲骨学。1961年3月，国务院将殷墟列入首批全国重点文物保护单位。2006年7月，殷墟被联合国教科文组织列入世界文化遗产名录。它也是AAAAA级旅游景区。

2017年3月，中国社科院考古研究所安阳考古站在殷墟宫殿区以东的大司空村进行考古发掘。18座保存完整的匈奴墓葬在殷墟大遗址保护区内的首次发现，丰富了殷墟文化的内涵。

三星堆遗址

迄今在西南地区发现的范围最大、延续时间最长、文化内涵最丰富的古城、古国、古蜀文化遗址。位于四川省广汉市西北的鸭子河南岸，分布面积12平方千米，距今已有3000—5000年历史。现有保存最完整的东、西、南城墙和月亮湾内城墙。三星堆遗址被称为20世纪人类最伟大的考古发现之一，昭示了长江流域与黄河流域一样，同属中华文明的母体，被誉为“长江文明之源”。

考古学家将该遗址群的文化遗存分为四期，其中一期为早期堆积，属于新石器时代晚期文化，二至四期则属于青铜文化。遗址群年代上起新石器时代晚期，下至商末周初，上下延续近2000年。

遗址出土的文物，与中原地区的文物遗存形制、风格明显不同，显示出上古蜀地的文化特异性，在这一批极具历史、科学、文化、艺术价值和最富观赏性的文物群体中，有高2.62米的青铜大立人，有宽1.38米的青铜面具，有高达3.95米的青铜神树等，均堪称独一无二的精品。以金杖为代表的金器，以满饰图案的边璋为代表的玉石器，亦多属前所未见的稀世之珍。这些文物填补了中国考古学、美学、历史学等诸领域的重要空白，使得世界对中国古代文明需重新评价。1988年1月，三星堆遗址被公布为全国重点文物保护单位。

秦都咸阳遗址

位于陕西省咸阳市以东约15千米处的咸阳塬上、渭河北岸。

据文献记载，该城于秦孝公十二年（前350）开始营建，十三年（前349）秦国由栎阳迁都于此。初都的咸阳城，大概只有咸阳宫和类似城门的“冀阙”建筑。惠文王时，继续扩建，城内已有南门、北门和西门。秦始皇统一六国后，新建“六国宫”。公元前206年，项羽入咸阳，烧宫室，咸阳城遂成废墟。咸阳作为秦都历经七世，共144年，是当时中国政治、经济、文化的中心，也是军事上统一六国的指挥中心。

1959年以来，陕西省考古研究所及省、地、市文博部门对咸阳城进行了多次勘探和发掘。探明秦咸阳中心位置在今窑店镇一带，城区大致北起窑店镇以北二道原下，南至渭河以南西安市三桥镇巨家庄，西起塔儿坡村，东到柏家嘴村。在这渭水两岸几十平方千米内分布着极为丰富的文化遗存。秦都咸阳的郭城遗址至今尚未发现。但城址中部偏北有东西长约870米、南北宽约500米、周长约2 747米的夯土墙基，似为秦咸阳城的宫城。宫城内外已探明大小夯土建筑基址20余处，其中有8处在宫城内。已发掘的3座，均建于战国时期，进一步显示这座宫城有可能就是当时的咸阳宫。宫墙以北有一条与宫墙平行的大道，已知长960米，最宽处为54.4米。路面呈鱼脊形，两旁有排水沟。宫殿区以东，与一号殿址相距约3 500米的轴线上为兰池宫遗址所在，经勘探，已发现夯土建筑遗址6处。在宫殿区以北约8千米的泾水畔，为望夷宫遗址所在，其北部已因泾水南移崩塌，现存夯基东西98米，南北34米。宫殿区西面附近有铸铁、冶铜和制砖瓦的遗址，城外西南部，距宫殿区约4千米的渭水旁有制陶和制骨遗址，发现有陶窑、水井、窖穴和排水道，同时还发现3个铜器和铁器的窖藏坑。墓葬区在城外西北隅塬上，东西延绵达4千米，均属中小型墓，已发掘128座，年代属战国中期至秦末。

2018年1月24日,考古人员在秦咸阳城遗址发现一组大型国家府库建筑遗迹,出土成批的编磬残片中数十件有刻文,展示了秦代乐府“金声玉振”的规模。

秦咸阳遗址的发掘与文物整理,直接为秦汉时期的历史、文化、风俗研究提供了重要史料。1988年中华人民共和国国务院公布其为全国重点文物保护单位。

汉长安城遗址

位于今西安市城区西北。1995年被发现并被陆续发掘。

汉长安城古称长安、长安古城、古长安城等,是汉长安、三国长安、西晋长安、十六国长安所在地。还是秦咸阳(部分)、唐长安禁苑部分所在地。汉长安城是经秦咸阳兴乐宫、章台、轵道等宫殿、道路改建而成的都城。据《史记》记载,公元前201年,“更名咸阳曰长安”。先后有西汉、新、玄汉、赤眉军、东汉末年、西晋(愍帝)、前赵、西燕、前秦、后秦、西魏、北周、隋(文帝)以此为帝都都城。三国时的魏国、大夏、后赵以汉长安城为陪都都城。隋建新城后汉长安城被规划于隋大兴城内苑(大兴苑)内。唐代沿用其作为唐长安城的禁苑。

汉长安城还是古丝绸之路起点、发源地、决策地,是与古罗马城并称的世界上最早的国际化大都市。

经过发掘,证实了文献对汉长安城的记载,遗址城内的主要建筑有长乐宫、未央宫、桂宫、北宫、明光宫、武库等。城西墙外有建章宫,城南有礼制建筑群。长乐宫位于城东南角,平面近方形,周围夯筑宫墙,墙基宽20米,周长1万米,面积约6平方千米。宫墙的四面有门。未央宫位于城的西南角,东西长2 250米,南北宽2 150米。桂宫位于未央宫的北边靠近城的西墙,平面呈南北向的长方形,四面有夯土宫墙,南北长1 800米,东西宽880米。现存于夹城堡村东的夯土高台,可能是桂宫的明光殿基址。西城外的建章宫遗址保存下来的遗迹甚多,如北阙、凤阙、太液池及其他一些殿阁的夯土台基仍清楚可见。

武库遗址位于长乐宫和未央宫之间。辟雍遗址平面外圆内方,中间为一座直径62米的圆形夯土台,台上有平面呈“亚”字形的主体建筑基址,包括主室和四隅的夹室,四边有四堂。王莽九庙遗址共发现12座建筑基址,其形制基本相同,中心是平面呈“亚”字形的主体建筑,外有近方形的围墙,墙的四面辟门。

汉长安城出土遗物非常丰富,以陶质砖瓦建材的数量最多,还有铁器、铜器、石器、金属货币等。各个建筑遗址内部都发现有大批的建筑材料,如绳纹板瓦、筒瓦、脊瓦,云纹瓦当,长乐未央、长生未央、长生无极与天无极、千秋万岁等文字瓦当,回纹方砖、方格纹方砖,素面长条砖以及圆筒形陶水道、陶井圈,石柱础等。铁兵器有刀、剑、矛、戟、镞、铠甲等;铁工具有斧、锛、凿、锤、釜等;铜器有、鼎、钫、钟、釜及戈、镞等。出土的货币有马蹄金、麟趾金和汉半两、五铢及王莽时的大泉五十、货布、货泉、布泉等铜币。未央宫西北边的一座工官官署遗址内出土3万多片刻字的骨签,内容大多是各地工官向中央政府“供进之器”的记录,是研究西汉经济、官制等方面最具权威性的档案资料。汉长安城及城内宫殿遗址还出土大量建筑材料、汉俑、简册、秦汉封泥等珍贵文物,更是研究汉代历史的重要实物资料。

2014年6月,汉长安城未央宫遗址作为“丝绸之路:长安—天山廊道的路网”的起点被成功列入世界遗产名录。

楼兰故城遗址

位于新疆罗布泊以西偏北岸边、孔雀河南岸7千米处,现隶属于新疆羌若县,距县城约300千米。

在1900年被发现以前,“楼兰”是一个历史的神秘存在,古诗里常以楼兰代称西域、匈奴等外族。从公元前176年始见记录,至公元前77年更名为“鄯善”盛极一时,再到4世纪左右突然消失,楼兰留在文献中的历史十分短暂,也留下了许多不解之谜。

1900年瑞典人斯文赫定在罗布泊考察时,向导艾尔得克偶然发现了这处遗址。斯文赫定在遗址中掘取了大量汉文木简、文书,少量佉卢文书、古钱、精美木器等文物。所获佉卢文书中有“Krorain”字样,与楼兰音通,推定该遗址就是汉文古籍中的“楼兰”城。此后,美国的E.亨廷顿,英国的A.斯坦因,日本人大谷光瑞、桔瑞超等先后多次进入楼兰,进行盗掘,取走汉书木简、文书570多件,佉卢文书50多件。所出汉文资料,最早的纪年文字为曹魏嘉平四年(252),最晚为前凉建兴十八年(330)。

1979至1989年,新疆文物考古研究所先后7次组队进入罗布泊调查楼兰故城。1980年,当地考古队对故城及城郊汉墓进行了发掘。现存的楼兰遗址大致呈正方形,每边城墙均大致在330米左右,城区面积大致为1.1平方千米,城内还存有残破的院落及高耸的佛塔。从楼兰古城中发现了不少古代文物,有各种器皿及钱币,最珍贵的当数晋代手抄本《战国策》。此外,还有著名的“楼兰女尸”。对楼兰故城及其出土文物的整理,为研究古代中西方文化交流、丝绸之路文化提供了真实可靠的材料,西方学者盛赞楼兰是一个湮没在“沙漠中的宝地”,是遗落在历史角落的“博物馆”,是“东方的庞贝城”。

1988年国务院批准其为全国重点文物保护单位。

中国的世界遗产

中国于1985年12月12日正式加入《保护世界文化与自然遗产公约》;1986年,中国开始向联合国教科文组织申报世界遗产项目。1999年10月29日,中国当选为世界遗产委员会成员。

截至2019年7月6日,中国世界遗产已达55项,其中世界文化遗产37项、世界文化与自然双重遗产4项、世界自然遗产14项,与意大利并列为拥有世界遗产最多的国家。

中国的世界文化遗产有:

长城(黑龙江、吉林、辽宁、河北、天津、北京、山东、河南、山西、陕西、甘肃、宁夏、青海、内蒙古、新疆)

莫高窟(甘肃)

明清故宫(北京故宫,北京;沈阳故宫,辽宁)

秦始皇陵及兵马俑坑(陕西)

周口店北京人遗址(北京)

拉萨布达拉宫历史建筑群(大昭寺、罗布林卡)(西藏)

承德避暑山庄及其周围寺庙(河北)

曲阜孔庙、孔林和孔府(山东)

武当山古建筑群(湖北)

庐山风景名胜区(江西)

丽江古城(云南)

平遥古城(山西)

苏州古典园林(江苏)

北京皇家祭坛—天坛(北京)

北京皇家园林—颐和园(北京)

大足石刻(重庆)

龙门石窟(河南)

明清皇家陵寝(明显陵,湖北;清东陵,河北;清西陵,河北;明孝陵,江苏;明十三陵,北京;盛京三陵,辽宁)

青城山—都江堰(四川)

皖南古村落—西递、宏村(安徽)

云冈石窟(山西)

高句丽王城、王陵及贵族墓葬(吉林、辽宁)

澳门历史城区(澳门)

安阳殷墟(河南)

开平碉楼与村落(广东)

福建土楼(福建)

五台山(山西)

登封“天地之中”历史古迹(河南)

杭州西湖文化景观(浙江)

元上都遗址（内蒙古）

红河哈尼梯田文化景观（云南）

大运河（北京、天津、河北、山东、河南、安徽、江苏、浙江）

丝绸之路：长安—天山廊道的路网（河南、陕西、甘肃、新疆）

土司遗址（湖南、湖北、贵州）

左江花山岩画文化景观（广西）

鼓浪屿：历史国际社区（福建）

良渚古城遗址（浙江）

中国的世界双重遗产有：

泰山（山东）

黄山（安徽）

峨眉山—乐山大佛（四川）

武夷山（福建）

中国的世界自然遗产有：

黄龙风景名胜区（四川）

九寨沟风景名胜区（四川）

武陵源风景名胜区（湖南）

云南三江并流保护区（云南）

四川大熊猫栖息地（四川）

中国南方喀斯特（云南、贵州、重庆、广西）

三清山世界地质公园（江西）

中国丹霞（贵州、福建、湖南、广东、江西、浙江）

澄江化石遗址（云南）

新疆天山（新疆）

湖北神农架（湖北）

青海可可西里（青海）

梵净山（贵州）

中国黄（渤）海候鸟栖息地（第一期）（江苏）

⊙ 武术 ⊙

中华武术

中国传统体育运动项目,是以技击为主要内容,注重内外兼修的竞技活动。“武术”作为一个专有名词,它的概念也是随着时代变迁而不断变化着的,其实使用“武术”这一概念是近代的事。中华武术,历史悠久、底蕴厚重,它起源于远古祖先的生产劳动和部落战争,后又在时间的推移及人类社会的进步中不断地发展、演变。古代文献记载中有许多不一样的名称,如商代称“拳勇”、春秋有“技击”、汉代有“武艺”等提法。“武艺”在《辞源》中的解释是指骑、射、击、刺等军事技术,可见古代武术的技击功能和军事武备的用途是十分显著的。明末清初是中国武术大发展、大繁荣的一个时期,形成了拳种流派林立,百花齐放、百家争鸣的局面,民国时期武术更是被称为“国术”。中华人民共和国成立后,正式确立了武术的体育属性,明确将其称为“武术”。成立于1990年的国际武术联合会也将武术的英文名称正式定名为“Wushu”。武术是以中华文化为理论基础,以技击方法为基本内容,以套路、格斗、功法为主要运动形式,注重内外兼修的民族传统体育。

武术既讲形体规范,又求精神传意。中华武术的一大特色,就是其内外合一的整体观。所谓内,指心、神、意等心志活动;所谓外,指手、眼、身、步等形体活动。内与外、形与神是相互联系统一的整体。中华武术不仅是一种技艺,更是一种身体的文化形态,蕴含了中华民族“自强不息、厚德载物”的民族精神。武者,止戈也。武的最高境界是不战,体现了中国人“尚中贵和”“处柔守慈”的精神境界。如果想要真正地去理解中华武术的内涵,就要亲身实践并用心去感悟,因为武术的习练并不拘泥于任何形式,但同时也可以是任何形式,因此武术没有强弱长短之分,只有功力深浅之别。而习武也正是为了强身健体,修身养性,所以中华武术讲究的是由外而内体会武者的精神,最终感悟武学的真意。

武德武礼

对习武之人的武德规范和礼仪要求。“未曾学艺先学礼,未曾习武先习德”,中国是礼仪之邦,深受中国传统文化影响的中国武术对于武德武礼的追求是放在首位的。

武术在商代被称为“拳勇”,“拳”字最早出现于《诗经·小雅·巧言》中,诗中提到“无拳无勇,职为乱阶”,“拳”也是武术早期的表现形式;而“勇”是指勇力、勇敢,是一种精神品质,内含相应的武德内容。武术大家孙禄堂先生曾经说过:“拳术中亦重中和,亦重仁义。若不明此理,即练至捷如飞鸟,力举千钧,不过匹夫之勇。若练至中和,善讲仁义,动作以礼,见义必为,其人虽无百斤之力,即可谓之内家。”所以说“无德者不如无拳”,拳和德是不可分离的。武德规范伴随着武术的发生发展同时产生,而武礼作为武术活动中颇具仪式感的动作也是在不断变化和发展的,从过去习武之人相互切磋较技时的“拱手礼”到现代“抱拳礼”的规范,也赋予了武礼以更多的含义,同时起着约束和规范习武之人行为举止的作用,是武术精神的外在阐释。

现代武术“抱拳礼”是由国家体育总局武术运动管理中心、中国武术协会、中国武术研究院组织相关专家集体讨论制定的武术礼仪基本规范:左手立掌表文,右手握拳示武,左掌掩右拳表示崇文尚武,以理服人,而不是以武欺人;大拇指弯曲表示谦虚有礼,两臂在胸前成圆形合拢表示我们来自五湖四海,天下武林是一家。这一礼仪在武术教学、训练、比赛、交流的各种活动中被推广使用,已成为中国武术的一个标志性符号。

内家拳

武术拳种。“内家、外家”之说首见于《王征南墓志铭》中:“少林以拳勇名天下,然主于搏人,人亦得以乘之;有所谓内家者,以静制动,犯者应手即仆。故别少林为外家……”在这里提出了“内家”“外家”的概念,并阐释了二者的基本特点。

内家拳大致可分为两大风格,一种是以张三丰、王征南为主要代表的武当内家拳和四明内家拳,偏重于丹道、养生,注重练气,以激发潜能、健身益心为目的,在技击上讲求技法和内力的培养,甚至注重培养内力高于技击。另一种是以太极拳、形意拳、八卦掌这三大内家拳为代表,偏重于实战。现在人们大多以太极拳、形意拳、八卦掌为内家拳的代表,有“形意如山、八卦如风、太极如水”的说法。山厚重、风飘忽、水绵柔,形象地比喻了形意拳的崩拳发力、拳刚势烈;八卦掌的身灵步活、变换无常;太极拳的周身松柔、吸化巧妙。内家拳综合这三大拳法的特点,具有贵柔尚意、沉着虚静、心壮魄强的典型特征。当然,从中华武术的总体特征来看,无论哪门哪派,也不论内家外家,都是强调厚德载物、内外兼修的功法体系和习练原则,而之所以有“内家”“外家”之分,则是人们根据拳种呈现的基本特点而做出的习惯性选择。

外家拳

武术拳种。明清时期是中国武术大发展和大繁荣的一个时期,许多著名的拳种流派也是在这一时期形成的。外家拳作为与内家拳相对应的传统武术流派,在演练风格、技术特点、训练方法等方面与内家拳都有所区别。人们根据这些特征人为地把拳种划分出了内家与外家。过去人们认为少林拳即外家拳,而今日人们普遍认为除太极、形意、八卦等内家拳以外的拳种统称为外家拳。

武术谚语中有“内练一口气,外练筋骨皮”之说,其实无论内家还是外家都需要内外兼修。相较于内家拳注重练气多于练筋骨皮来讲,外家拳在演练风格上更加舒展大方、快速有力;在技术特点上突出对筋骨皮的锻炼,以刚猛为主,技击上主张先发制人、放长击远,在训练方法上以增加肌肉力量、提高单个动作和组合动作的速度为主。此外,习练外家拳多呼吸急促、气力上浮,习练之人在外形上也会与内家拳习练者有所不同,肌肉线条更加明显,体型多健硕。习练外家拳对于提高人体的速度、力量、柔韧、灵敏等素质效果显著,技击功能的体现也更直接,但在养生方面却不及内家拳。随着时间推移,武术也在不断地发展变化,内家与外家的边界日趋模糊,其高低短长也很难区分。

形意拳

也叫“心意拳”“心意六合拳”或“六合拳”。关于形意拳的得名,说法不一:有人认为由于这种拳术要求“心意诚于中,肢体形于外”,需外形和内意高度统一,所以称为“形意拳”;也有人认为这种拳术象形思意,取法为拳,表现了许多动物的特长,如虎的勇猛、猴的灵敏,故名形意拳。关于形意拳术的起源也是众说纷坛,但据多数人考证是山西蒲州人姬际可所创。

形意拳、八卦掌与太极拳被认为是中国武术当中内家拳的代表,形意拳以“五行学说”为拳理,以“劈、崩、钻、炮、横”为基本拳法,在打法上多直进直行,与太极的中定及八卦之横走有明显差别。在古代“两军交战之时,乱军之中难能有闪转腾挪之地,只有直进直行,如黄河之绝地,打亦走、走亦打才是上上之策”。由此可以看出,形意拳的打法毫无花哨之处,它主张快速突然,以我为主,交手时先发制人,“乘其无备而攻之,出其不意而击之”“有意莫带形,带形必不赢”。形意拳的技击性常被人们津津乐道,形意拳大师郭云深“半步崩拳打遍天下”的故事也在武林中广为流传。

八卦掌

中华武术众多拳种流派中流传比较广泛的一个拳

种，因在技法上掌多拳少，故称八卦掌而非八卦拳。八卦掌以低裆下势、行步走转为技术特点，因此八卦掌又称转掌；又因行步走转中身如游龙而称游身八卦掌；行功之时如无端之环掌掌相连，还称八卦连环掌。至于其与"八卦学说"的关系，主要是因为在行拳时沿圆走转而暗合八卦中四正四隅八个方位而得以关联。

关于八卦掌的武术故事很多，传奇人物也很多。武侠小说《童林传》就描写了八卦掌创始人董海川在肃王府当差，而机缘巧合使八卦掌得以在北京成名光大的故事。武侠电影《武林志》《一代宗师》等都对八卦掌进行了浓墨重彩的描绘，对于八卦掌的传播弘扬起到了推波助澜的作用。习练八卦掌在身型上要求顶头竖项、立腰溜臀、松肩坠肘，在行拳走势中要求双脚起落平稳，转扣清晰，"行步如蹚泥，前行如坐轿"。八卦掌拳谚中"形如游龙，视若猿守，坐如虎踞，转似鹰盘"的描述是对八卦掌拳种特点的经典概括。

八卦掌身捷步灵，随走随变，长期习练对于增强腿部力量，提升关节灵活度和平衡能力、协调能力的培养效果显著，所以能达到健身养生的积极作用。

太极拳

中国武术著名拳种之一，其深邃的文化内涵，独特的健身、修身价值和以柔克刚、以弱胜强的技击原理被人们广泛接受和学习研究，成为目前中华武术在海内外习练人群最多、影响力最大的拳种。

关于太极拳的起源一直是众人热议的焦点，至今没有确切的结论。其中有两种说法成为主流：一为陈王廷说，即明朝初年，由河南温县陈家沟人陈王廷首创此拳。二为张三丰说，即元末明初武当派创始人张三丰集内家功夫之大成而创立太极拳。除此之外，还有一种关于太极拳之名由来的传说，是光绪帝师翁同龢大学士看到杨露禅（杨式太极拳创始人）精妙的武艺后大加赞赏，说到："杨进退神速、虚实莫测、身似猿猴、手如运球，犹太极浑圆一体也。"并书写了一副对联"手捧太极震寰宇，胸怀绝技压群英"相贺，自此杨露禅所练之绵拳（柔拳）才被称之为太极拳。太极拳的源流虽争论不休，但丝毫不会影响人们对它的喜爱，

太极拳被很多人称为"哲学拳"，是因为习练太极拳可以通过具体的肢体运动形式和意念活动的结合，让人们自然地体验和感受非常抽象的中国文化精髓。

太极拳动作轻柔缓慢、含蓄内敛、行云流水、急缓相间，习练过程中，意、气、形、神逐渐趋于混元一体。其技法讲究刚柔并济，但以柔克刚，讲究避实就虚、借力发力；主张随人则活，由己则滞，"后发先至""以退为进"，不主动进攻，靠听劲辨识来力方向和大小，化掉来力，再借力发力。太极拳在发展过程中形成了许多流派，目前流传比较广泛的有陈、杨、吴、武、孙五式。陈式太极拳刚柔相济、快慢相兼；杨式太极拳匀缓柔和、舒展大方；吴式太极拳柔和紧凑、斜中寓正；武式太极拳动作灵活、步法轻捷；孙式太极拳开合鼓荡、小巧紧凑、步活身灵。五大流派风格特点迥异，但拳理相通。

南派北派

以地域划分的武术派别。中国幅员辽阔、地大物博，根植于中华民族文化沃土的传统武术也有着鲜明的地域特点。"日出于泰山之巅，空旷间，大开大合，蹿纵跳跃，舒展大方"，这是北派武术的特点；"月悬于小桥之上，竹林间，短桥寸劲，阔幅沉马，迅疾紧凑"，此乃南派武术的风格。武术以地域划分可分为南北两大派别，其中南派以桩马为根，重防守；北派大开大合，偏攻击。

造成中国武术拳种之间差异的原因很多，地域文化的影响不容小觑。俗话讲"一方水土养一方人"，不同的生长环境也造就了南、北方人在身材、相貌、性格等方面的明显特征。而这些差异也导致了南北武者身体条件上的差距，从而产生南北武术技术风格上的迥异。南方人多体态瘦小，发展的拳术后发先至，先化再打，跌打结合，上惊下取，腿不过膝，以趁人力后，破坏平衡和发短拳寸劲为主。北派武术则以刚猛夺势著称，宜修抢攻的

战术。比如拳法上常用砸、崩、捶，出手也强调抡、冲、撞等。因为相比于南方人，北方人身高腿长，而且体格健壮，其所习练武术的技术方法也更多利用这些特点。这些技法的使用建立在力量占优的基础之上。至于腿法的运用及技巧上，北方武术则更胜一筹。宋太祖赵匡胤是太祖长拳的创始人，陆师通的《北拳汇编》谈道："匡胤挟其奇技秘不示人，醉后曾与群臣具言其奥蕴，寻悔之，又不欲食言，卒置其书于少林寺神坛中，其法以硬攻直进为上策。"此说从一个侧面反映了北派武术的特点。

武术在几千年的发展历程中，由于历代拳家的迁徙流动，也使得南北武术有机会切磋交流，相互取长补短，南北拳法各有优点，练到至处，刚柔相济，水火相融，才是上乘。

长拳短打

从拳法特点划分的武术分类。

事实上，大多数武术套路的技击性动作都是以长短兼备、可近可远为特点进行编排的，只是由于不同流派武术套路的风格特点不同而导致其动作特点展现的侧重点不同。如翻子拳讲究"双拳密如雨、脆快一挂鞭"，脆、快、硬、弹是其突出风格，其套路短小精悍，严密紧凑，直进硬逼，是典型的短打类拳术。其技法原理可以概括为：步无定形、身无定势，闪摆取势、翻生不息，直入直出、以快取胜，磨转脐不转、沉着有力。紧逼强攻、以功力取胜的技击方法突出了短打的特点。而通臂拳的动作原理侧重于"长拳"的特点。通臂拳为典型的北方长拳之一，以"两臂相通"的通臂劲而著称，要求臂由松肩发出，通过裹肘，以成通臂之势。通臂拳拳谱中对劲法的要求有20字诀，"冷弹脆快硬，沉长活柔巧，重猛轻灵抖，含虚粘连随"，为其技击的风格特点，也充分体现了长拳的特点。

长拳之"长"，是拳法不绝、变化连环、有始无终之意；短打之"短"，是弃兵下马、近身徒手格斗之意。拳法不变，则不能长胜，距离不短，拳脚够不上。用长拳必须短打，短打必须用长拳，长拳和短打相辅相成，不可分离。"长是法，短是用"，武者学习理解长拳短打的含义有利于更好地弘扬中华武术，对继承中国优秀传统文化具有深远的意义。

少林武术

中国传统武术中著名的拳种流派之一。提及"少林"，人们的脑海中就会闪现出千年的古刹、耸立的塔林和身着僧服的少林僧人。少林武术源于古代嵩山少林寺，尊达摩为祖师。据传达摩祖师在广传佛教禅宗的同时，为让疲惫的身心得以恢复而保持健康的状态，在修习禅定的过程中总结了调身、调息、调意、调心的方法和有强身健体祛病、延年益寿作用的"易筋""洗髓"二经与"五形拳"，成就了少林武术的雏形。少林武术"禅中有武、武中有禅、禅拳归一"的理念充分体现了禅宗文化与武术的有机结合。关于少林和少林武术的传说很多，"天下功夫出少林"已成为被大多数人认同的共识。由李连杰主演的电影《少林寺》在20世纪80年代创造了票房过亿的神话，电影中描述的"十三棍僧救唐王"的故事和演员们的精湛武艺让观众大饱眼福，也让少林武术走出古刹山门而享誉世界。

相较于其他拳种，少林武术之所以在世界范围内被广泛传播，与少林武术丰富的内容、深邃的文化内涵、凸显的健身价值和技击功能以及鲜明的文化标识不无关系。少林武术内容丰富，注重技击，立足实战，其拳势刚健有力、刚中有柔、朴实无华，招势非打即防，没有花架子。少林武术步法进退灵活敏捷，拳法快速有力，有"冲拳一条线"之说，眼法讲究以目视目，运气要气沉丹田。有拳谚云："身之收纵，步之存进，手之出入，或进或退，或起或落，皆当一气贯注。"习练少林武术不仅能够强身健体，培养磨炼意志品质，还能够深刻体会禅武的有机结合。少林武术"禅拳合一"的表现形式和具有鲜明特征的服饰文化，借助影视媒介和舞台功夫剧等宣传途径已经成为颇具影响力的中国武术知名拳种。

武当武术

在传统武术发展过程中，素有“北崇少林，南尊武当”之誉，和少林武术一样，武当武术在中国武术史上具有重要的地位。纵观武术发展的历史，武当武术是传统武术由“外家”向“内家”转变的一个重要“关节点”，它直接影响了中国传统武术的发展走向和逐步成熟。例如其“天人合一、内外合一、道法自然”的武术思想，其“以巧打拙、以小制大、以柔克刚、刚柔并济、后发制人”的技法特点，丰富与完善并最终形成了中华武术带有普遍性的、共同性的运动特征，而完全不同于其他国家和民族的武技。

武当武术是历史悠久、博大精深的中国武术中的重要流派之一，武当武术具有鲜明的道家文化特征，是武功和养生方法的天然结合体，既具有深厚的传统武术文化底蕴，又含有精深的科学道理。武当武术的起源与古代道教方术关系密切，可以认为道教的导引术和服气术是武当武术的直接源头。在“武当武术”的名称产生之前，也有人依照武术门派的定名方式将其称为“武当派”。将武术中“主静、主气”以延年益寿为宗，技法上以柔为主、以静制动、顺势借力、后发先至的各种门派统称为“内家拳”，并将武当武术冠之为内家拳的代表。

以武侠为主要题材的文学影视作品、流行于江湖又脍炙人口的人物与故事为武术蒙上了一层神秘的面纱。其中以“武当派”“张三丰”为主要描述对象，反映武当武术的武侠小说和影视作品数量惊人、影响深远。武侠文学与影视剧的传播，也为人们了解武当山、感知武当武术、了解武当功夫文化提供了多元化途径。

峨眉武术

中国武术的分支。中国武术源远流长，在发展过程中，由于种种原因而形成了众多的拳种流派，这些拳种流派的形成按照不同的分类方式也有着不同的称谓。其中就有因起源于名山大川，其形成、发展、演变的过程与其所处的特殊地理环境和人文背景相互依存而形成的拳种流派，武当武术、峨眉武术等都属此类。峨眉山是中国“四大佛教名山”之一，地势陡峭，风景秀丽，素有“峨眉天下秀”之称。峨眉山也是峨眉武术的发祥地，优美的自然环境、厚重的人文历史与特殊的地理位置是峨眉武术起源的重要土壤。明朝儒学大师、军事家唐顺之先生在《峨眉七道人拳歌》中云：“浮屠善幻多技能，峨嵋拳术天下奇。”有很多武侠小说曾浓墨重彩地描写过峨眉武术的神奇，其中最为人们津津乐道的是金庸先生所著的《倚天屠龙记》中记载的郭靖、黄蓉夫妇的二女儿郭襄遍寻天下而觅杨过未果，在四十岁时出家为尼，创立峨眉派的故事。

其实峨眉武术与武当武术、少林武术一样，除具有中华武术的普遍共性之外，还独具有手法细密、一法多变、掌指兼用、身灵步活、拳脚生风、刚柔相济、内外兼修等特点。在峨眉武术技艺的发展过程中，川渝一带的拳师们不断地吸取各拳种流派之技击精华，充分发挥巴蜀后人机智灵巧、顽强勇斗的精神，打法则突出偏侧滚进、单边攻防、以巧制化、以小制大等特点，从而使其技艺不断创新、不断发展。峨眉武术特别注意“武德”“仁术”“养气”，要求练武的人必须要有一颗正直善良的心，俗话说：“不讲武德就是武贼。”因而峨眉武术各种技艺皆以防御保身为主，作为抗暴图存的一种手段，武者以人道主义精神和浩然之气为其根本。

十八般武艺

中国武术的一个传统术语，也称“十八般兵器”“十八般武器”。“十八般武艺样样精通”是在评书和武侠小说中对一个武林高手的经典评价。因为年代、地区和流派的不同，对“十八般兵器”的解说也各异。

在历史上，“十八般武艺”始见于南宋华岳所撰《翠微北征录》。该书卷七记“武艺一十有八，而弓为第一”，但没有给出“十八般武艺”的具体内容。明代谢肇《五杂俎》和清代褚人获《坚瓠集》两书中也有“十八般武艺”之说。《五杂俎》中对“十八般武艺”的具体内容做了记述:“一弓、二弩、三枪、四刀、五剑、六矛、七盾、八斧、九钺、十戟、十一鞭、十二锏、十三挝、十四殳、十五叉、十六耙、十七绵绳套索、十八白打。”前十七种都是兵器的名称,第十八般名曰“白打”,就是“徒手拳术”。

关于“十八般武艺”的说法,在很大程度上反映了武艺发展的基本面貌。武术在人们不断的创造和传承发展中形成风格迥异、千变万化的各门各派的独特技法,概括为人们熟知的“十八般武艺”。如今理解“十八般武艺”,应理解为一个概数,而并非单单指十八这个具体的数字。“十八般武艺样样精通”被普遍理解为熟练掌握多种武艺或多种技能。

劲力

指练习者通过长期的、完整的、科学化的武术专业训练后,在武术的套路演练和技击中所表现出来的协调的整体性力量。

武术中的劲力是依靠人体肌肉力量与武术的招式、招法不断融合而成,从美学角度讲,武术劲力的充分发放就是武术美的体现,给人带来一种整体协调的运动美感。不同拳种在劲力上的表现特点也各不相同,太极拳轻灵绵柔,其劲力连绵不断,收放自如,给人以柔美舒畅圆润的视觉享受;八极拳崩撼突击,挨帮挤靠发力完整,使人的精神为之震撼;少林拳刚正威猛,充满着凛然正气;翻子拳脆快直进,富有勇往直前的大无畏气势;南拳劲力的阳刚之美,让人赏心悦目。按照现代科学的评价标准,武术中的劲力主要是力学中的“力”,而历代拳家们追求的却是“劲”。如武术大师孙禄堂先生在谈到内劲时曾说:“拳中之内劲,是将人散乱于外之神气,用拳中之规矩,手足身体动作,顺中用逆,缩回于丹田之内,与丹田之元气相交,自无而有,自微而著,自虚而实,皆是渐渐积蓄而成,此谓拳中之内劲也。”“劲”与“力”不能割裂,“力”是“劲”的源泉,“劲”则是“力”的表现形式。

劲力是武术运动中独特的概念,是人体通过一招一式的武术动作发出的一种意、气、力三者高度协调配合的整体性力量,充分调动和发挥人体潜能,是传统武术中最震撼人的地方。武术运动增强了人们发现美、感受美的能力,让传统武术在人们的精神世界中升华,在现实生活中形成一种贵和持中、刚健有为、自强不息、崇武尚德的武术精神。

四击八法十二型

是武术中长拳的基本技法,既是对武术套路动作的要求,也是对武术套路技艺的理解,是武术套路演练中遵循的法则和运动规律。表现出武术套路注重技击方法、内外兼修、动作节奏鲜明、动静结合的风格特点。

“四击”指的是“踢、打、摔、拿”四种技击法则。这四种法则各自有具体内容与运动方法。“踢”以下肢动作为主,包括“蹬、踹、弹、点、缠、摆、扫、挂”等;“打”则以拳打为主,包括“冲、劈、挑、砸、搂、砍、拦、採、勾、抄”等技法;“摔”多采用“捆、巩、揣、滑、倒、爬、拿、捣、勾”等传统摔跤技法;“拿”是以反关节动作为主的擒拿技法,包括“拿、锁、扣、封、闭、错、截”等技法。

“八法”是对手法、眼法、身法、步法、精神、气息、劲力、功夫八个方面的总结。具体要求是:“拳如流星眼似电,腰如蛇行脚如钻,精要充沛气宜沉,力要顺达功宜纯。”即练功要求做到:手捷快、眼明锐、身灵活、步稳固、精充沛、气下沉、力顺达、功纯青。中国武术十分重视内外兼修,八法由内而外组成整体,讲究身心整体的协调统一。

“十二型”是以型喻势,以自然景象和动物来比喻武术套路演练中的十二种动静起落之势,即“动如涛、静如岳、起如猿、落如鹊、站如松、立如鸡、转如轮、折如弓、轻如叶、重如铁、缓如鹰、快如风”,形象生动地反映出武术套路演练的力量之美、速度之美、节奏之美、结构布局之美以及形神之美。

散打

中国武术的一种格斗对抗形式。中国武术有两种表现形式，一种是套路演练形式，一种是格斗对抗形式。散打的前身称为散手，是两人按照一定的规则，并运用武术中的踢、打、摔等攻防技法制服对方的、徒手对抗的格斗项目，是中华武术的精华，是具有独特中华民族风格的体育项目。古时称之为相搏、手搏、技击等，散打没有套路，只有单招和组合，见招拆招。

武术散打作为一项现代竞技体育项目，近年来发展十分迅速，规则的不断完善使得散打这项运动的观赏性越来越强，商业赛事的不断举办也使散打运动的知名度得以提升。散打从规则上严格规定了不准向对方后脑、颈部、裆部进行攻击，也不允许使用反关节动作及肘、膝的技法，但可以运用各种流派传统武术当中的技法。武术散打的运动形式一方面突出地反映了武术的技击性，另一方面又明显区别于使人致伤致残的西方格斗术。

追根溯源，武术起源于古代人们为了生存而进行的狩猎活动和部落战争，后逐渐演化成为中华民族灿烂文化遗产中的瑰宝。散打其实就是中国传统武术中的“打擂台”形式，现代习武之人不仅要习练武术套路，还可以通过学习武术散打，更加深刻地感受到中国武术的魅力所在。

太极推手

是太极拳的双人徒手对抗练习，是以上肢、躯干为攻击部位，运用“掤、捋、挤、按、采、挒、肘、靠”等技法，按照“进、退、顾、盼、定”的步法、眼法及身法以达到借力、发力，使对方身体失去平衡的一项具有对抗性、娱乐性、健身性、传统性的富有东方哲理的运动形式。

中国武术的基本属性是技击性，“踢、打、摔、拿”是武术的各类拳种中共有的技击方法，但一味地进攻并不能代表自身技击水平的高低，并且在练习中通常以假想作为训练方式，无法真正提高本领，此时，推手的魅力大放异彩。推手中的“推”即是柔劲、推力、持续力的意思，“手”也代指全身各部位及其应用，故推手就是运用持续不断的推力，运用不同的拳术技法和周身适用的肌肉来达到以柔克刚的目的。

太极推手以“四两拨千斤、发人如弹丸、弹指一挥跌丈外、身体微动彼落空”的技艺为人所称道。习练太极推手时遵循“以静制动”“以柔克刚”“以小力胜大力”“粘连黏随”“不丢不定”的原则，充分体现了中国作为文明古国、礼仪之邦，自古以来讲究的仁义道德、和睦相处，但也坚持“人不犯我，我不犯人；人若犯我，我必犯人”的行为准则，坚持“以和为贵”的美德。

在很多太极拳习练者中流传一句话：“练太极拳而不练推手，等于不练。”太极推手的作用可见一斑。太极推手需要有“持之以恒，锲而不舍”的毅力来做保证，对于习练者意志品质的培养具有显著的效果，是一项集技击、健身、习德于一体的传统武术项目。

马王堆导引术

中国历史上有记载的最悠久的健身方法之一。1973年，湖南长沙马王堆三号汉墓出土了《导引图》。上海体育学院武术博士导师邱丕相教授经过数年悉心研究，将其归纳成三大系列三十二个动作。该套功法动作简单，易学易练，医疗健身的针对性很强。

“健身气功·马王堆导引术”是国家体育总局健身气功管理中心组织编创的新功法之一，由上海体育学院承担研究任务。新编功法依据湖南长沙马王堆汉墓出土的《导引图》，以循经导引、行意相随为主要特点，围绕肢体开合提落、旋转屈伸、抻筋拔骨进行动作设计，是一套古朴优美、内外兼修的功法，集修身、养性、娱乐、观赏于一体，动作优美，衔接流畅，简单易学，安全可靠，适合于不同人群习练，具有祛病强身、延年益寿的功效。

易筋经

源自中国古代导引术，历史悠久。“易”是变通、改换、脱换之意；“筋”就是筋骨、筋脉、肌肉；“经”则带有指南、方法之意，故“易筋经”三个字结合起来就是活动筋骨的权威著作。

目前已知最早的《易筋经》版本，是清朝道光年间的《少林易筋经》，相传为达摩祖师所作。但也有史料记载《易筋经》是明朝天台紫凝道人所作。以中国湖南长沙马王堆汉墓出土的帛画《导引图》作为参照，现今流传的易筋经基本动作都能从中找到原型。这些都表明，易筋经源自中国传统文化。

在易筋经的流传中，少林寺僧侣起到了重要作用。根据史料记载，达摩（南印度人，原为南天竺国）于526年来中国传教，最终到达嵩山少林寺。由于达摩所传禅宗的修持大多以静坐为主，坐久则气血淤滞，须以武术、导引术来活动筋骨。因此，六朝至隋唐年间，在河南嵩山一带盛传武术及导引术。少林寺僧侣也借此来活动筋骨，习武健身，并在这个过程中不断对其进行修改、完善、补充，使之成为一种独特的习武健身方式。最终定名为“易筋经”，并在习武僧侣中秘传。

习练易筋经，需要放松精神、平静意识、心无杂念，故此可以愉悦身心；要保持呼吸自然、意守丹田，故可以舒畅情绪；动作刚柔并济、虚实相兼，故可以强身健体。易筋经既简单又实用，既治病又益身，坚持习练，能加强自身稳定机制，从而达到祛病益寿的目的。

“健身气功·易筋经”继承了传统易筋经十二势的精要，融科学性与普及性于一体，其格调古朴，蕴含新意。各式动作是连贯的有机整体，动作注重抻筋拔骨，舒展连绵，刚柔相济；呼吸要求自然，动息相融；并以形导气，意随形走；易学易练，健身效果明显。

五禽戏

由东汉末年著名医学家华佗根据中医原理，以模仿虎、鹿、熊、猿、鸟等五种动物的动作和神态编创的一套导引术。“禽”指禽兽，古代泛指动物；“戏”在古代是指歌舞杂技之类的活动，在此指特殊的运动方式。

五禽戏是中国传统导引养生的一个重要功法。在中国历史发展的漫漫长河中，人们经历了漫长、曲折、艰辛的发展过程，产生了对健康长寿的极度渴求，因此模仿动物的特性，想以此激发出人体的潜能，达到强身健体的目标。

五禽戏的创编者为“神医”华佗，医术精明，尤其提倡养生。华佗继承和发展了前人“圣人不治已病，治未病”的预防理论，在《庄子》的“二禽戏”（“熊经鸟伸”）的基础上创编了“五禽戏”。其名称及功效据《三国志·华佗传》记载：“吾有一术，名五禽之戏：一曰虎，二曰鹿，三曰熊，四曰猿，五曰鸟。亦以除疾，兼利蹄足，以当导引。体有不快，起作一禽之戏，怡而汗出，因以著粉，身体轻便而欲食。普施行之，年九十余，耳目聪明，齿牙完坚。”

“健身气功·五禽戏”，其动作编排按照《三国志·华佗传》中的虎、鹿、熊、猿、鸟的顺序，动作数量按照陶弘景《养性延命录》的描述，分别仿效虎之威猛、鹿之安舒、熊之沉稳、猿之灵巧、鸟之轻捷，力求蕴含“五禽”的神韵和特长动作，锻炼原则为“任力为之，以汗出为度”。

现代医学研究证明，五禽戏作为一种医疗体操，不仅能够通过伸展的动作使人体的肌肉和关节得以舒展，而且有益于提高心肺功能，从而促进组织器官的正常发育，达到防病疗疾、强身养生的目的。作为中国最早的具有完整功法的仿生医疗健身体操，五禽戏也是历代宫廷重视的体育运动之一，为中国人民的身心健康做出了贡献。

六字诀

又称六字气诀，即六字诀养生法，是中国古代流传下来的一种养生方法——吐纳法。

现存最早的六字诀文献见于南北朝时期梁代陶弘景所著的《养性延命录》，他在书中说：“凡行气，以鼻纳气，以口吐气，微而行之名曰长息。纳气有一，吐气有六。纳气一者谓吸也，吐气六者谓吹、呼、嘻、呵、嘘、呬，皆为长息吐气之法。时寒可吹，时温可呼，委曲治病，吹以去风，呼以去热，嘻以去烦，呵以下气，嘘以散滞，呬以解极。”

六字诀的六字即“呬、呵、呼、嘘、吹、嘻”六个字，六个字发音与口型的不同，使得唇齿喉舌的用力不同，以牵动不同的脏腑经络气血的运行。六字的不同音功均有着不同的功效，主要关联五脏六腑：“嘘”字功平肝气，“呵”字功补心气，“呼”字功培脾气，“呬”字功补肺气，“吹”字功补肾气，“嘻”字功理三焦。再加上肢体动作的导引，兼顾意念的运用，六字诀的功法既锻炼了呼吸吐纳，排出浊气，吸入清气，又锻炼了五脏六腑，并且动作简单易学。

“健身气功·六字诀”是国家体育总局健身气功管理中心组织编创的健身气功功法之一，由中国中医研究院西苑医院、首都体育学院、北京中医药大学共同承担研究任务。“健身气功·六字诀”遵循六字诀吐纳法对人体内气的调整规律和节律，以健身为主，动作舒缓圆活，连绵不断，养练结合。可以运用逆腹式呼吸方法，配合以肚脐为中心的升降开合动作，使动作与内气的呼吸相应，进一步调动了人体内气的平衡，使功法更具有养生健身的特色。

八段锦

古代的一种健身体操，由八节动作组成。在练法上要求肢体运动与呼吸、意念活动配合进行。

在中国古老的导引养生术中，八段锦是流传最广、习练人群最多并且对导引养生术发展影响最大的一种。在魏晋许逊的《灵剑子引导子午记》中出现过关于八段锦锻炼方法的记载，但最早出现“八段锦”名字的是宋代洪迈所著的《夷坚志》一书，并称其为“长生安乐法”，尽管未记载八段锦的具体功法。大部分人认为八段锦创编于宋朝时期，但在正式记载中还未对八段锦的出现有所定论。

八段锦动作简单易行、功效显著，古人以“锦”命名，指此套功法珍贵、优秀，也意在形容其动作舒展优美，如锦缎般优美、柔顺。整段动作柔和缓慢，行云流水；有松有紧，动静相兼；形神合一，骨正筋柔。八段锦有坐八段锦、立八段锦，北八段锦与南八段锦，文八段锦与武八段锦，少林八段锦与太极八段锦之别，在中国深受练习者的喜爱。

八段锦的歌诀朗朗上口：两手托天理三焦，左右开弓似射雕。调理脾胃须单举，五劳七伤向后瞧。摇头摆尾去心火，两手盘足固肾腰。攥拳怒目增气力，背后七颠百病消。这八个动作简单完整，涉猎全面，动作大方中正，其运动量可大可小。经常习练八段锦，可滋阴助阳、培元补气、疏通经络、活血生津。这套功法老弱皆宜，既可防病，又能治病，特别是能缓解一些慢性病导致的病痛。

调息术(静功)

调息，即炼气、呼吸、吐纳等。“调”，有调和、调整、调理之意；“息”字的古义有三：一指精神，二指呼吸，三指呼吸间的停顿。故“调息”可理解为通过调整呼吸，使精神、呼吸相互融合统一。

调息是习练每一类健身气功时都需要注意的必要条件。其主要目的是通过控制呼吸来集中精神、吐故纳新，把意念活动和气息的出入紧密地结合起来，使呼吸达到深、细、匀、长、自然的境地。

传统的气功将呼吸分为自然呼吸、腹式呼吸和提肛呼吸，腹式呼吸又分为顺呼吸和逆呼吸，其中最常用的是顺腹式呼吸。在习练健身气功的过程中，人们通常通过调整呼吸方式，达到呼吸安宁、精神放松、肌肉放松的目的，以此更好地进入状态。

虽然调息的方式多种多样，但是所有的调息法都有相同的要求：细、柔、慢、长、匀。均匀的调息能在健身气功的练习中起到促进作用，当然在不同的功法中，每个人也要根据自己的实际情况选择适合自己的调息方式，使呼吸自然舒适，才能在实践中身体力行，达到预期的效果。

武状元

科举考试中武科殿试的第一名，亦称“武榜状元”。

中国古代选拔人才的制度称为“科举制”，是从隋朝开始实行的。自科举制实行以来，历经近1300年，跨越唐、宋、元、明、清各代。“状元”这个名字是科举制度中最为荣耀的称呼，曾经风靡过整个中国大地，令万千学子竞相追逐，期待通过金榜题名，获得升官晋级的机会。通过科举制选状元肇基于隋，确立于唐，完备于宋。在历代王朝更迭中选拔出的有姓名记载的文状元654名，武状元185名。

中国传统文化历来推崇文武双全，在国家治理中同样也需要文治武功，相得益彰。在中国科举史上，自唐以后分为文武两科，殊途并进。武则天创立了“武举制”，武科举是科举制中冠以“武”事的、旨在以武勇来选拔人才的一个特殊门类。唐代的武举主要考举重、骑射、步射、马枪等技术，“躯干雄伟、可以为将帅者”是对考生外形和相貌的要求。宋代时规定武举不能只有武力，要“副之策略”，考察兵法等。到了明朝时更改为“先之以谋略，次之以武艺”，如果在答策的笔试中不及格，不能参考武试。能够通过层层选拔最后进入殿试的多为文武双全之人。武状元就是在武科举考试的最高一级殿试中选拔出来的经皇帝认定的第一名，第二名称为“榜眼”，第三名则称为“探花”。

六 器物科技

⊙科技发明与工艺⊙

农业

刀耕火种

始于新石器时代的一种原始的农业生产方式，属于原始生荒耕作制。先以石斧或铁斧砍伐地面上的树木，将枯根朽茎先晒干后用火焚烧，经过火烧后的土地变得松软，利用燃烧后的草木灰作肥料，不用另外施肥。一般种一年后，土地失去肥力，只能易地而种。

刀耕火种最早出现在黄河中游的仰韶文化（前5000—前3000），当时的人们利用土地轮休的方式种植粟、黍。战国时期，云南土著民族广泛采用刀耕火种的耕作方式。公元前1世纪以后，随着移民屯田的深入，滇中、滇西地区刀耕火种逐渐减少，但边远山区仍保留此种耕作方式。随着生产工具由石刀、石凿、石斧、木棒进化到铁制刀、锄、犁，种植作物也由单一的稻谷演变为稻、玉米、豆、杂粮乃至甘蔗、油料作物等经济作物，耕作方式也随之由刀耕火种、撂荒发展到近现代轮耕、轮作复种和多熟农作制。1978年以来，由于增加农业投资，兴修农田水利，实行固定耕地，禁止毁林开荒，除有意识地进行烧荒土地轮作和展示传统生产方式的商业开发之外，中国边远山区已废除刀耕火种的原始生产方式。

精耕细作

指在有限的土地面积上，集中投入较多的生产资料、劳动和技术，进行细致的耕作，从而最大限度提高单位面积产量的一种农业生产模式，常见于包括中国在内的东亚地区。

铁农具的使用和牛耕的推广是精耕细作技术发展的基础。中国的精耕细作始于春秋战国至秦汉时期，春秋时期的垄作法有效地提高了土地利用率。西汉时期赵过推行代田法，能防风抗旱，后期出现区田法，强化了耕作技术。汉代农学著作《氾胜之书》反映了农作物从耕种到收获全过程的规律。东汉时期耧车的发明，标志着耕作工具的极大进步，耕作制度以连年种植制为主，有些地方实行休耕制，出现两年三熟制。

精耕细作在魏晋南北朝时期以黄河流域耕作为代表，技术日臻成熟，北魏时期成书《齐民要术》，同时，随着江南垦田面积扩大，南方耕作技术取得较大进步。隋唐时期，南方水田的精耕细作技术逐步成熟。水稻种植普遍采用育秧移栽等技术，江东地区出现安装了犁评的曲辕犁，适用于水田及其他土壤。

宋元时期精耕细作技术更加全面成熟。在北方旱地出现中耕农具耧锄，江南形成稻麦轮作的多熟制，经济中心南移。农作物品种的对外交流非常广泛，外来农作物物种引进增加。

明清时期精耕细作农业继续发展。北方地区形成了两年三熟制和三年四熟制，南方长江流域发展多种形式一年两熟制。这一时期培育出大量农作物新品种并从国外引进玉米、甘薯等高产农作物。经济作物种植面积扩大，形成专业生产区域。推广农业技术的《农政全书》和《天工开物》等农学著作出现。

精耕细作在中国古代北方形成耕耙耱技术，南方形成耕耙耖技术。为改变农业环境，提高土地生产率，中国古代重视农田灌溉，修建水利工程，改善土壤环境，使农业收成不再完全依赖天气条件。这都是精耕细作的具体体现。

灌溉技术

专指人为为田地补给水分的技术、设施。在自然条件下,农作物往往因降水量不足或降水分布不均匀影响生长导致减产或其他病害。为了保证农作物正常生长,获取高产稳产,灌溉技术应运而生。

为适应各地水文、地理等自然条件的复杂性,两千多年以来,中国古人创造了多种多样的灌溉工程类型,如引水渠道、陂塘堰坝、陂渠串联、圩垸、井泉、坎儿井、御咸蓄淡等工程类型,这些工程类型在现今都得到了继承。

引水渠道主要修建于北方平原地区。北方平原面积广大,干旱少雨,河流密度低,因此古代修建长距离的引用河水的灌溉工程。著名的灌溉工程有:战国初的智伯渠、漳水十二渠、都江堰等。又因北方含沙量大的河流多,中国很早就引多沙河流进行淤灌和放淤。如:漳水十二渠、郑国渠皆引浑水灌溉。

陂塘堰坝主要建于南方山丘区域。古代劳动人民因地制宜,创造了多种类型的陂塘堰坝蓄水工程,起到滞洪蓄水的目的。公元前600年左右楚国在淮南修建的芍陂是最早的大型陂塘工程,东汉时浙江绍兴的鉴湖工程、余杭的南湖工程规模都很大,还创造了陂渠串联工程类型,帮助对水资源更充分调节利用,增加灌溉面积,提高灌溉保证率。

圩垸水利工程主要分布在南方沿江平原、湖区、下游三角洲及滨海地区。唐代以来,大力开河筑圩,排水御洪,兴建独具一格的水网圩田工程,把卑湿的"涂泥"之地建成富饶的鱼米之乡。如唐后期至五代时太湖平原已建成规整的塘浦圩田水利系统;鄱阳湖区唐代已兴修较大规模的防洪堤防工程。

凿井提取地下水灌溉,对地表水缺乏的北方地区很重要。中国新石器时期已开始浚泉凿井,春秋战国时在园圃中凿井灌溉已较普遍,之后不断发展,到明清时期华北平原已形成大范围的井灌区,水井形式多样。

此外,中国古代的灌溉工程技术还有许多类型。陂渠串联工程多建于淮河、汉水流域,工程布置多样;新疆吐鲁番、哈密等地开凿独特的引取地下潜水的坎儿井;东南沿海防御海潮袭击的海塘工程;还有其他御咸蓄淡工程等。

传统灌溉工程技术至今仍在传承与发展,并与现代的高新水利工程技术结合,发挥了更大的作用。

钻井术

中国古代钻探技术始自钻凿井盐。井盐钻探按照生产技术发展水平,大体经历了3个阶段:

大口浅井阶段(3世纪—11世纪)。口径大到二三十丈(中国古代长度单位),井身浅,每挖一井投入几百人,凿挖工具为铲锄等农用工具。自秦汉至南北朝,凿挖的都是上土下石的裸眼井;南北朝至五代,始用木制井筒护壁。

钻探形成阶段(1041—1368),亦称卓筒井阶段。口径小,一般如碗大,为5—9寸,深度自几十丈到百余丈。北宋仁宗庆历年间已形成较完善的人力冲击式钻井技术。当时共有盐井728口,到南宋绍兴二年(1132)达到4 900余口。钻头为铁质圜刃铿,吸卤筒和卓筒(即套管)为凿通节隔的楠竹。这是中国古代钻探技术的形成阶段,也是中国古代深井冲击式钻井技术逐渐传入西方的时期(约11世纪)。

深井发展阶段(1369—1911)。明宋应星著《天工开物》对钻井工艺有详细的叙述,凿井、打捞、治井工具形式多样。钻井工序分为6道:选择井位和初开井口;下石圈(下石制导管);铿大口;制木竹(制套管);下木竹(下木或竹套管);钻小口和见功(钻小井眼和完井)。

古代主要钻凿工具有鱼尾铿、财神铿等;主要治井、打捞工具有提须子、柳穿鱼、霸王鞭等;传递动力和升降铿进工具用斑竹所制的篾索,堵漏和补腔(井)主要材料为桐油、石灰。钻一口三百丈左右的井一般要四五年。

深井钻凿工艺发展到明清时期已日趋完善,清道光十五年(1835),四川自贡著名的海井钻凿成功,井深

1 001.4 米，创造了当时中国以及世界盐井井深的最高纪录。就顿钻式钻井技术而言，中国曾领先世界数百年。

农具

农业生产中所使用的结构简单，由人工操作或畜力驱动的工具的总称。中国农具经历了一个不断丰富发展的过程：在材质上，由木石发展为青铜，再进而发展为铁制；在功能上，从原始的掘挖、脱粒发展为整地、播种、中耕、灌溉、收获、加工及收藏等；在动力上，由人力发展为畜力、水力，由简单发展为复杂。

夏、商、西周时期的农具所用材料以木、石、骨等为主，部分采用青铜。商代已有桔槔，西周出现戽桶和吊桶，用于农业汲水灌溉。

春秋、战国时期冶铁业兴起，铁制农具代替了木、石材料农具，从而使农业生产力得到了质的飞跃。秦汉以来，铁制农具进一步普及，农具的种类不断增加。随着牛耕的推广，耕犁也有所革新，除使用全铁犁铧外，还发明了犁壁。唐代出现的曲辕犁，构造更加复杂和完备，能根据需要进行深耕和浅耕，以及调节耕地的宽窄。汉代出现了耱、锄、铲、钩镰等。魏、晋、南北朝出现了耙和耖。其中播种耧车的出现，是提高农业生产效率的一个重大进步。耧车下端有 3 个耧脚，即 3 个开沟器，中间装有盛贮种子的漏斗，播种时用牛拉车，边开沟边播种，速度既快，质量又好。汉代创造的辘轳或称滑车，大大提高了汲水灌溉效率。翻车（即龙骨水车）经过东汉末年及三国时的革新，是灌溉工具的重大创造。它由车槽、刮板、链条和齿轮等组成，用人力、畜力或风力带动链条循环转动，由装在链条上的刮板将水刮入车槽，水沿车槽上升，流入田间。翻车用于提水灌溉和排涝时，效率远胜于过去的灌溉器具。东汉末年出现了渴乌，是最早的利用虹吸管原理制作的水利装置。唐、宋、五代时发明的立井水车主要用于深井取水。高转筒车，是用许多竹筒连接、借助水力转动轮轴汲水入筒提至高处的装置，主要应用于长江流域。此外，在农产品加工方面，如风车的利用，舂米工具由杵臼到脚踏碓到水力碓的进步，都大大提高了效率。

宋、元时期中国农具的发展都超过了前代。北魏《齐民要术》记载的农具只有 30 多种；而元代《王祯农书》的“农器图谱”所载农具达 105 种之多。这一时期出现了绳套和挂钩，利用绳套服牛，犁身可大大缩短，回转方便。平土用的刮板和中耕农具耘荡已大范围应用。砘与耧车结合可以在播种后压实土壤。宋代出现秧马，可减轻稻田生产中拔秧的劳动强度。这一时期较多地使用风力、水力来进行灌溉、排水和农产品加工。

明、清时期，由于钢铁冶铸技术的发展，农具仍有改进。如明末曾出现绳索牵引的代耕架，是将用于辘轳的绞关用于犁的牵引，可“坐而用力，往来自如”地进行垦耕。

中华人民共和国成立之后，中国的农具机械科学技术向更高的水平继续发展。

代田法

汉武帝时（前 156—前 87）搜粟都尉赵过根据西北地区的抗旱经验总结而所推广的一种耕作方法。“代田法”是在地上开沟培垄，作物种在沟内。随着作物的生长，在中耕的同时，将垄上的土培到苗的根部。最后，沟变成垄，垄变成沟，来年沟垄再互相轮换。这种耕作方法能有效保持地力，并且有利于抗旱保墒，防止庄稼倒伏，也节约了人力。

代田法的技术特点为：一是沟垄相间。种子播种在沟中，待出苗后，结合中耕除草将垄土壅苗。其作用是防风抗倒伏和保墒抗旱，实际上体现了甽亩法中“上田弃亩”的原则。二是沟垄互换。垄和沟的位置逐年轮换。今年的垄，明年变为沟；今年的沟，明年变为垄。这也就是代田法得名之由来。由于代田总是在沟里播种，垄沟互换就达到了土地轮番利用与休闲，体现了“劳者欲息，息者欲劳”的原则。三是耕耨结合。代田法每年都要整地开沟起垄，等到出苗以后，又要通过中耕除草来平垄，将垄上之土填回到垄沟，起到抗旱保墒抗倒伏的作用。

东北地区至今仍采用着以垄作轮耕，垄沟互换，轮番利用为特征的传统耕作方法。这是代田法留存至今的显著案例。

嫁接技术

利用植物受伤后具有愈伤的机能来进行的一种人工无性繁殖植物的方法技术。即把一种植物的枝或芽嫁接到另一种植物的茎或根上，使接在一起的两个部分长成一个完整的植株。其中接上去的枝或芽，叫作接穗；被接的植物体，叫作砧木或台木。嫁接的方式分为枝接和芽接。

人工嫁接是一种受自然嫁接的启发而创造的生产技术。中国古籍中对于嫁接技术有十分详尽的记载。西汉时期的《氾胜之书》，内有用10株瓠苗嫁接成一蔓而结大瓠的方法。北魏的《齐民要术》记载了果树嫁接中砧木、接穗的选择，嫁接的时期以及如何保证嫁接成活和嫁接的影响等内容。6—13世纪的几百年中，牡丹和菊花等观赏植物和果树方面的嫁接技术有很大发展。13世纪由于蚕桑的发展，桑树嫁接受到重视。17世纪王象晋在《群芳谱》中谈到嫁接和培养相结合可促进植物变异。到了清初，《花镜》等著作进一步肯定了嫁接在改变植物性状方面的效果。

在古代欧洲，亚里士多德和古罗马学者普林尼都先后提到过嫁接技术。5世纪，枝接和芽接技术在地中海地区的应用渐多。16世纪，英国已有劈接、冠接和舌接等枝接方法。芽接技术在欧洲普遍应用是在17世纪以后，当时主要用来繁殖桃、油桃、杏等核果类果树。

应用近代科学方法研究嫁接的历史还不足100年，但发展十分迅速。嫁接对植物品种的改良（抗寒抗旱等）以及经济价值的提高都有着非常重要的意义。

外来农作物

中国先民最早引进的外来农作物可能是起源于西亚的小麦，大约在距今4500年前传入中国黄河中下游地区。随着民族融合与对外交往的频繁，尤其是中外经济交流的发展，外来农作物包括大田作物、果品和蔬菜等不断地被引入到中国。

西汉张骞始开西域之途，沟通中西交通。丝绸之路开辟后，中原同西域乃至更远地区之间的经济文化联系日益密切。汉朝的使者、商人陆续西行，将西域的葡萄、石榴、苜蓿、胡桃（核桃）、胡蒜（大蒜）、胡麻（芝麻）、胡豆（豌豆及蚕豆）、胡瓜（黄瓜）等陆续引入中原地区，有人推测西瓜可能是西汉时由海上丝绸之路传入中国的，这大大丰富了中原百姓的生活。

隋唐时期，伴随着陆上丝绸之路达到鼎盛，海上丝绸之路畅通，波斯商人把胡椒、波斯枣输入中国，天竺国送来了郁金香、菩提树，新罗商人则带来了人参。此外，地中海的莴苣、印度的刀豆、尼泊尔的菠菜等品种的传入，使中国蔬菜品种变得多元化。

北宋时期，从越南引进占城稻，此后到了南宋时期大面积耕种，成为早籼稻的主要品种。从印度引进的棉花，在两宋时期大面积推广，成为主要的衣被原料，使纺织业发生了革命性变化。宋元时期，还引进了胡葱、南瓜、胡萝卜。

明朝中后期，随着新航路的开辟，大批原产于美洲的农作物经过东南亚传入中国，如玉米、甘薯、马铃薯、花生、西红柿、向日葵、辣椒、烟草等，尤其是玉米的引入，解决了明朝中后期因人口快速增长所面临的粮食压力。

新的农业品种的传入，不但丰富了中国各族人民的物质文化生活，还促进了古代中国的社会经济发展。

水稻栽培术

水稻是世界第一大粮食作物，世界上有一半以上的人口以稻米为主食，仅在亚洲，就有20亿人从大米及大米产品中摄取热量与蛋白质。中国是世界上最大的稻米生产国,占全世界总产量的30%左右。

研究表明,中国、印度和东南亚一带都有可能是水稻最早的驯化中心,但中国作为亚洲栽培稻的起源地的观点已获得越来越多的考古学证据的支持。

野生稻被驯化成为栽培稻由来已久。浙江余姚河姆渡新石器时代遗址和桐乡罗家角新石器时代遗址出土的炭化稻谷遗存已有7 000年左右的历史。这些遗址的先民已开始相对定居的农耕生活,由此推溯以迁徙为主的种稻业的产生当为时更早。公元1000年前后,稻米已养活了半数以上的中国人口。明末据宋应星的估计:“今天下育民人者,稻居什七。”随着时间的推移,水稻种植技术也在不断进步,由最初落后的象耕鸟耘、火耕水耨,逐渐发展成以耕、耙、耖为主体的水田整地技术,以育秧移栽为主体的播种技术和以耘田、烤田为主的田间管理技术。

中国的水稻栽培直接影响了周边国家稻作的发展。2 000余年前,生活在长江中下游地区的吴越人把水稻栽培引入今日本九州一带,日本开始稻作栽培。东汉时,九真(今越南北部)太守任延将内地的耕犁技术传到他所辖的地区,影响了邻近的交土(即交趾)、象林(越南中部)等地的水田耕作技术发展。

农业八字宪法

提高农作物产量的“土、肥、水、种、密、保、管、工”的农业“八字宪法”,影响当代中国农业20多年。它在相当程度上促进了农业生产的发展。

1954年9月,周恩来在第一届全国人民代表大会第一次会议上所做的《政府工作报告》中首次提出了建设“现代化的农业”这个概念。毛泽东深知科学技术对发展现代农业的重要性,极力提倡选种、改进耕作方式,并提出了“农业八字宪法”,对实现科学种田有积极的推动作用。

土——深耕、改良土壤、土壤普查和土地规划

肥——合理施肥

水——兴修水利和合理用水

种——培育和推广良种

密——合理密植

保——植物保护、防治病虫害

管——田间管理

工——工具改革

农业八字宪法是现代的农业科学理论和传统的农业实践经验的完美结合,作为中国农业科技的母法,它是农业综合技术的高度总结,准确地指明了中国农业生产力的着力点。

杂种优势利用

指利用两个遗传组成不同的生物体杂交后的杂种一代在生长势、生活力、抗逆性、产量和品质等方面优于亲本的表现,达到生产要求。它与培育纯品种为目的的杂交育种的不同之处在于选用亲本、配置组合时特别强调杂种一代的优势表现。

据《齐民要术》记载,中国早在1 400多年前就利用马和驴杂交产生了骡子,可以称为人类历史上有记录的利用杂交优势的先例。近现代以来,中国对农作物杂交优势的研究利用深入开展。20世纪50年代推广农作物品种间杂交种,60年代研究双交种,到70年代研究推广单交种。到50年代后期,成功培育推广高粱杂交种,并逐步推广普及到国外。关于杂交水稻方面的培育研究,也于上世纪70年代完成了籼型稻和粳型稻的三系配套,使自花授粉作物杂种优势的利用成功实现,在国际上处于领先地位。现在,高粱、水稻、甜菜、向日葵、番茄、萝卜、甘蓝、大白菜等作物都能大量生产杂交种子供生产利用;小麦也开始利用化学杀雄剂配制杂交种在市场上销售。利用杂种优势改良果树、林木、药用植物和观赏植物的品种,都取得重要成果。

利用杂种优势的方法可提高粮油作物子粒的产量和品质,增进蔬菜作物营养体的产量和品质,提早或延

迟熟期以满足市场需要及适应贮藏、保鲜、加工等收获后的要求，还可以提高对抗病虫害等的抗逆能力以保证其稳产性。

猪的驯化

中国是世界上最早的驯化野猪的国家之一，猪的驯化、饲养与选育技术在中国有着较为悠久的历史。另外家猪还是中国古代先民最主要的肉食来源，可见猪在当时的社会、经济和文化中扮演的重要角色，直至今天也依然如此。

家猪和现在的野猪有着共同的祖先，即原生野猪。野猪生活的范围相当广泛，在人类开始驯化它们之前，早已广泛分布在非洲和欧亚大陆。世界上发现驯化猪可确定最早的是在距今约 9 000 年的土耳其，不过在中国的广西桂林和河北徐水都发现了 9 000 年以上的可能是被驯化的猪骨骼。野猪经过长时间的人工圈养驯化与挑选，在生活习性、体态、结构和生理机能等方面逐渐发生变化。典型变化特征是体型方面的改变：自然界的野猪因为寻找食物的缘故，经常需要拱土，所以嘴长而有力、犬齿发达，头长与体长之比大约为 1∶3；而被人类圈养的野猪，并不需要费劲觅食，所以头部明显缩短，犬齿退化，头长与体长之比大约为 1∶6。

猪的驯化、饲养和选育技术是最伟大的创造发明之一，帮助人们稳定地获取肉食资源，由此增强人的体质，也为人口增长提供了保障。人口增多又是社会复杂化的前提。可见文化的发展、文明的起源、社会的进步等等，都可以从饲养家猪的起源和发展中找到动力。

粟的栽培

粟原产于中国北方黄河流域，是中国古代的主要粮食作物。俗称小米，颗粒很小，可用于蒸煮。中国最早种植粟的原始人是半坡人，生活在距今约五六千年陕西西安半坡村（黄河流域），半坡原始居民普遍使用磨制石器和木制的耒耜、骨器种植粟。因此，粟在中国有悠久的栽培历史，经过劳动人民的长期选择栽育，遍布中国北方各地。

粟是一年生草本植物，属禾本科。它性喜温暖，适应性强。农谚“只有青山干死竹，未见地里旱死粟”，说明小米的抗旱能力超群。它既耐干旱、贫瘠，又不怕酸碱，所以在中国南北干旱地区、贫瘠山区都有种植。按成熟迟早可分早、中、晚三熟；以籽粒黏性可分糯粟和粳粟。

今天世界各地栽培的粟都是由中国传出。全世界粟的栽培面积 10 多亿亩，中国最多，总产量最高，多分布在黄河中下游地区、东北、内蒙古等地。

大豆栽培

大豆是一年生草本植物，是世界上最重要的豆类植物，也是世界范围内最常见的粮食作物之一，也是中国传统的五谷之一，被称为“菽”。《诗经》中就有“中原有菽，庶民采之”等记载。对于中国人而言，它不仅是一种主要的食用油料作物，也是植物蛋白质的重要来源。

中国是国内外学术界公认的栽培大豆的起源地。距今 9 000—7 000 年前，分布在黄河中游和淮河流域的裴李岗文化时代的先民已经开始利用野生大豆属植物。春秋战国时期，大豆已经成为中国重要的农作物和主粮，与小米并称为“菽粟”。到了汉代，大豆的种植规模和产量有了大幅提升，从公元前 1 世纪成书的《氾胜之书》来看，当时大豆已经在中国广有栽培。洛阳等地汉墓出土的陶仓上还写有“大豆万石”的字样。豆制品的发明，是中国先民在大豆栽培和利用方面的又一重要创造。汉代以后稻麦替代了大豆的主粮地位，大豆向着应用更广泛的副食和调料方向发展。在西汉时期，人们已开始用大豆为原料做豆酱，并逐渐发展为制造酱油；而相传由西汉淮南王刘安发明的豆腐，更是成为经久不衰的食材。

大豆约于秦代自华北传入朝鲜，又传入日本，18 世纪后才逐渐传播到欧洲和美国。世界各国栽培的大豆都是直接或间接由中国传播出去的。由于它的营养价值很高,被称为“豆中之王”“田中之肉”“绿色的牛乳”等,是极受营养学家推崇的天然食物。

竹子栽培

竹子为常绿植物,茎圆柱形,有明显的节,节间中空,不常开花。中国是世界上研究、培育和利用竹子最早的国家。竹子在中国历史文化发展和精神文化形成中产生了巨大作用,与中国诗歌书画和园林建设具有源远流长的关系,竹子与中国人民生活息息相关。中国被誉为“竹子文明的国度”。

早在7 000年前的浙江余姚河姆渡遗址内就发现了竹子的实物;距今约6 000年的仰韶文化遗址,出土的陶器上可辨认出“竹”字符号;距今5 300—4 200年的浙江钱山漾遗址出土了200多件竹编日常器物。中国人用竹筷、食竹笋已有2 500多年的历史。竹简的使用使中国文字记载的历史可上溯到殷商时代。竹子在文化发展中始终占有重要地位,对保存人类知识,形成中华民族源远流长、光辉灿烂的历史文化起到了直接和间接的作用。

中国古代竹子的利用还有许多方面,比如春秋战国时期,我们的祖先已制造了利用杠杆提水的竹制工具“桔槔”以及用竹筒提水灌溉的“高转筒车”。竹子在武器发展史上也起到了重要作用,从原始的竹弓射箭到春秋时期的抛石机、宋代的火药箭和竹管火枪等都是古代竹制武器。

在中国,竹子象征着高洁、虚心、坚贞等品格,千百年来为人们所推崇。

柑橘栽培

柑橘为芸香科下属植物,是脐橙、椪柑、砂糖橘、冰糖橙、枸橘、枳、枳橙、酸橘、甜橙、沙田柚等的总称,原产于中国。公元前300多年前,诗人屈原写下中国历史上第一首咏物诗——《橘颂》。

古籍《禹贡》记载,4 000年前的夏朝,中国的江苏、安徽、江西、湖南、湖北等地生产的柑橘已列为贡税之物。到了秦汉,柑橘生产得到进一步发展。《史记·苏秦列传》记载“齐必致鱼盐之海,楚必致桔柚之园”,说明楚地(湖北、湖南等地)的柑橘与齐地(山东等地)的鱼盐生产并重。唐宋时代,随着经济的发展,柑橘的产区分布与现代中国柑橘区域分布范围大致相同。宋代欧阳修等撰著的《新唐书·地理志》中列举了现在的四川、湖南、广东、广西、福建、浙江、江苏等地向朝廷纳贡柑橘。当时,凡气候适宜栽培柑橘的地方,户户栽橘,人人喜食。宋孝宗淳熙五年(1178)成书的《橘录》,是中国也是世界上最早的一部有关柑橘的专著。此书反映出两广一带的柑橘栽培技术水平是相当高的。中国古代人民创造的柑橘栽培科学技术,在世界柑橘生产史上也一直处领先地位。

15世纪,葡萄牙人把柑橘带到地中海沿岸栽培,又传到拉丁美洲和美国,现在,柑橘栽培遍及五大洲。

分行栽培(垄作法)

战国时由古代人民创造的一种耕作方式,是西汉赵过代田法的前身。它是在高于地面的土垄上栽种作物的耕作方式,使土地肥力得以保持。

原始农业时期,人们采用点播和撒播的方式,将种子种在地里,这样长出来的庄稼就像是满天的星斗。垄作法是将土地开成一尺来宽的垄和沟,一般高地都比较旱,就将庄稼种在沟里,叫作“上田弃亩”;等雨季来时,再将别的庄稼种在“垄”上,叫作“下田弃甽”。这是一种因地制宜的耕作方法,比起原有的漫田撒播的方法是一大进步,这种耕作方法至今在旱地上仍然有很高的实用价值。公元前3世纪的《吕氏春秋·辨土》中提到:如果作物成行生长,就会很快成熟,因为它们不会影响彼此的生长。横行必定排列得很好,纵行安排得很有技巧,因为如果线条是直的,风就会顺利通过。公元前1世纪,多管条播机(耧车)的使用大大提高了行播的效率。

西欧直到17世纪在英国才出现此做法，比中国要晚两千多年。这种方法在中国华北、东北等地后来多用于栽培玉米、高粱、甜菜等旱地作物，其他地区后来主要用于栽培甘薯、马铃薯等薯芋类作物。

多熟种植

指一年内在同一块土地上先后种植两种或两种以上作物的种植制度。中国北方主要地形区有东北平原、华北平原、黄土高原。气候类型以温带季风气候为主，种植品种以小麦、花生、甜菜为主，所以农作制度一年一熟（东北）到两年三熟（华北）。南方主要地形区有长江中下游平原、四川盆地、云贵高原、东南丘陵。气候类型以亚热带季风气候、热带季风气候为主，种植品种以水稻、油菜、甘蔗为主，所以农作制度一年两熟到三熟。

常见的如：麦—稻，一年两熟；蚕豆—稻—稻，一年三熟；冬小麦—夏玉米或大豆—冬闲—棉花，二年三熟；等等。在中国，两千年前已有粟收种麦，麦收种粟、豆的多熟制记载。埃及和东南亚、南美及其他热带、亚热带地区也广泛采用。

多熟种植以高产、优质、高效、生态为目标，符合中国国情与需要，因而被大力推广，遍布南北，成为保障中国农业发展的中流砥柱。发展现代化多熟种植，用地与养地相结合，发展绿色循环农业生产，提高资源利用率，是中国乃至世界农业可持续发展的必要途径。

温室栽培

一种农业栽培技术，它利用能保暖、加温、透光的设备及相关技术措施，人为地创造适宜植物生长的小气候环境，以保护植物御寒、御冬或促使其生长和提前开花、结果。温室栽培打破了植物生长的地域和时空界限，满足了园艺作物周年连续供应的需求。

中国是世界上温室栽培历史最悠久的国家，温室栽培始于秦始皇时期，在温室增温技术方面有诸多创造。汉代利用温室栽培蔬菜已变得较为普遍。温室还被用于花果栽培，其中最著名的当属堂花术，一直沿用至今。与中国汉代同一时期的古罗马也出现了温室，是一种用云母片搭成的暖房，虽比中国用纸糊等方法透光性强，但没有与中国类似的生火等内部加热的措施，其技术也未能流传下来。温室在其他地区的出现则要晚得多。西欧的温室栽培出现在18世纪初；日本在1830—1840年才有温室，日本的温室称为“纸屋”，很可能受到中国堂花术的影响；美国则是在1880年开始有温室栽培。

现代温室包括种植温室、养殖温室、展览温室、实验温室、餐饮温室、娱乐温室等多种类型；温室系统的设计包括增温系统、保温系统、降温系统、通风系统、控制系统、灌溉系统等。

社会不断进步，传统的农业生产模式已经不能满足现代文明发展的需要，新型的农业设施受到业界人士的追捧。所谓的农业装备，其实主要就是温室设施，它不受时间和空间的限制，可以在高原、深山、沙漠等特殊环境下进行农业生产。

龙骨水车

灌溉农具，在中国大部分地区广泛使用，亦称“翻车”“踏车”“水车”，因为其形状犹如龙骨，故名“龙骨水车”，简称“龙骨”。其结构是以木板为槽，尾部浸入水流中，通过轮轴，固定于堤岸的木架上。用时踩动拐木，使大轮轴转动，带动槽内板叶刮水上行，倾灌于地势较高的田中。后世又有利用流水作动力的水转龙骨车，利用牛拉使齿轮转动的牛拉翻车，以及利用风力转动的风转翻车。广东等地用手摇的较轻便，施于田间水沟，称“手摇拔车”。

龙骨水车约始于东汉，三国时发明家马钧曾予以改进，此后一直在农业上发挥巨大的作用。龙骨水车的称呼来自民间，南宋陆游《春晚即事》写道：“龙骨车鸣水入塘，雨来犹可望丰穰。”目前见到的史料中，这是最早的出处。唐宋以来农田灌溉、排水及运河供水中，龙骨水车是使用最普遍的提水机械，特别是南方大兴围田之后，对低水头提水机械的需求更加普遍。

龙骨水车结构合理，可靠实用，所以能一代代流传下来。现在龙骨水车作为灌溉机具已被电动水泵取代了，然而这种水车链轮传动、翻板提升的工作原理，却仍旧出现在现代生产生活中。海岸、港口经常能见到的疏浚河道的斗式挖泥机上回转挖泥的泥斗，就是从水车的提水翻板脱胎而来的。

冶炼

块范法

一种在青铜时代中应用最广泛的青铜器铸造法，又称“土范法”。将金属溶液倾入预先制好的分块组合铸型中，经冷却凝固、清整处理后得到有预定几何形状和物理化学性能的工艺，可分为制模、制范、浇注、修整等四个步骤。

块范法是中国早期铸器的唯一方法，始于商周时期。最初的铸造技术是使用石范。由于石料不容易加工，又不耐高温，随着制陶业的发展，很快就改用泥范。在近代砂型铸造之前的3 000多年时间里，泥范铸造一直是最主要的铸造方法之一。商周时期中国人就已经摸索出一套方法，范芯的干燥、焙烧、装配，均匀壁厚达到同时凝固，预热铸型保证顺利浇注等均形成了一整套成熟的工艺，不但为后代的泥范铸造，也为金属铸型和熔模铸造奠定了技术基础。在长达1 000多年的时间里，泥范铸造基本上停留在一次型的阶段，到春秋时期才采用多次型（半永久性泥型）铸造铜工具（镢）。用泥范铸造大型和特大型铸件，从唐宋时期起有很大发展。沧州五代时期的铁狮，当阳北宋的铁塔，北京大钟寺明代的大钟，都是世界闻名的巨大铸件。宋应星《天工开物》卷八记述了两种浇注大件的方法，这在古代手工业生产的技术条件下，是一种需要熟练技巧和良好组织协同的巧妙的工艺措施。

块范法铸造业在中国古代的金属加工工艺中有突出的地位，并产生过巨大的社会影响。今天生活中还经常使用的“模范”“熔铸”等词汇，就来源于古代铸造业的术语。

叠铸法

指将多层铸型叠合，组装成套，从共用的浇口杯和直浇道中灌注金属液，一次得到多个铸件的铸造方法，又称“层叠铸造”。这种方法大大提高了劳动生产率，节省造型材料和金属，非常适用于小型铸件的大批量生产。

中国是最早发明了叠铸技术的国家，早在战国时期有著名的齐刀币铜质范盒，它翻制的范片组合起来即为叠铸范。而叠铸工艺在西汉时期已用于铸造榆荚半两、四株半两的铸钱工艺技术上。在王莽早期，叠铸法不仅仅用于铸钱，也大量用于车马器、环、链等器物的铸造。东汉时期的叠铸工艺已有较高的技术水平，所用工艺参数与现存传统叠铸工艺相当接近。

自唐宋时期，叠铸法不再用于铸钱业。叠铸技术仍一直存在，在现代仍用于活塞环、缝纫机零件及齿轮等大批量生产的小型铸件，20世纪70年代，传统叠铸工艺仍在使用，负有盛名的广东佛山铸造业使用这种技术已长达800多年。

青铜冶炼

距今6 700年前的陕西临潼姜寨仰韶文化早期遗址已发现原始黄铜片和黄铜管。在北方各省区出土了很多距今5 000年左右的铜片、铜刀、铜锥、炼炉、炼渣等。山西夏县、河南登封、河南偃师二里头等夏代遗址出土了爵、鼎等礼器，镞、戈、戚、锛、凿、刀等兵器和工具，当时青铜冶铸技术和产业规模已达到一定程度。商周时期是青铜技术的鼎盛时代，出土了大量精美的大型青铜器，表明当时各种青铜兵器、工具已普遍使用。

自然界中的天然铜的数量非常少，铜主要以各类氧化矿或硫化矿的形式存在，需要人工冶炼才能生产出来。古代炼铜有火法和水法两种工艺。

古代火法炼铜工艺可细分为三种：将氧化铜矿物(碱式碳酸铜矿石)还原冶炼成铜；高品位硫化铜矿石焙烧成氧化铜，再还原成铜；低品位硫化矿石炼成冰铜，再焙烧、冶炼提高品位，最后冶炼成铜。古人使用坩埚、地炉或竖炉来完成冶炼。前两者较为原始，将氧化铜矿石破碎、筛选后，与木炭一同放入，用吹管或皮囊鼓风，炉内温度一般不高于1 000℃。铜矿石逐渐被还原，铜凝结成块，沉降到底部，打开坩埚或地炉，将铜取出，精炼得到红铜。炼铜竖炉以湖北大冶铜绿山春秋竖炉为例，其高度2米左右，内部横截面呈椭圆形，从炉顶加入木炭、矿石和石灰石为主的助熔剂。从长轴两端向内鼓风，强化冶炼，炉温可达到1 200℃。底部风沟内点燃木柴辅助加热。铜矿石和矿渣都变成液态，定时从金门放出来。竖炉炼铜为后来的生铁冶炼提供了重要参考。

水法炼铜又称胆水炼铜，是用铁等较活泼的低值金属从胆水(天然硫酸铜溶液)中置换出铜。秦汉时的《神农本草经》及西汉《淮南万毕术》已有记载。北宋水法炼铜产铜量成倍增加。其方法分为浸铜法、淋铜法两种。前者使用天然胆水，将薄铁片浸入其中；数日后，刮取表面物质，入炉冶炼成铜。淋铜法是将硫化贫铜矿石堆积起来，风化、氧化而成硫酸铜与土质的混合物，称为胆土；用水淋得到硫酸铜溶液，再浸渍铁片得到铜。

纯铜柔软，不宜直接制作成器。古人在里面加入锡、铅制成锡青铜、锡铅青铜，被统称为青铜，青铜熔点显著降低，流动性更高，利于铸造，硬度和耐磨性等也有提高。春秋战国时期《考工记》中记载六种青铜器物的不同含锡量，称之为“六齐”。商周青铜器的合金配比已经很有讲究，不同时期、不同器物的合金比例有明显差别。

以青铜冶炼为起点的冶金术发明，极大提升了人类变革自然的能力。

生铁冶炼

生铁冶炼是中国发明的一种先进、高效的人工冶铁技术。

在古代的技术条件下有两种炼铁法。块炼法最早出现于小亚细亚地区，建立较低矮的竖炉，在1 000℃以下将氧化铁还原成海绵状渣铁混合物；再打开炉子，将其取出来，再经反复锻打、挤渣成为熟铁，但含碳量很低，较为柔软，需要渗碳再锻打制成钢。另一种是生铁法，建立高大竖炉，将矿石、木炭和助熔剂(石灰石、萤石等)从炉顶放入，在炉子下方强力鼓风，炉内温度可达到1 400℃，铁被还原出来后，强烈渗碳，熔点降低到1 200℃左右，熔化成液态；矿石中的二氧化硅等与助熔剂反应，生成硅酸钙或硅酸镁，熔点也显著降低，也成为液态。渣铁一起沉积到炉底，由于密度不同而自然分层，再从炉门放出来，将生铁铸造成器物或板材，供下一步加工。生铁法可以连续生产，高效运行；且渣非常少。其生产效率远高于块炼法。

中国最初使用的人工铁制品也是块炼铁产品，但很早就发明了生铁冶炼技术并随即占据了主流地位。中国最早的生铁制品是山西天马-曲村出土的春秋早期和中期(约前8世纪—前7世纪)的白口铸铁残片。已发现最早的冶炼生铁的竖炉是河南西平酒店发现的战国后期的竖炉。至迟在公元前6世纪生铁冶炼技术已有了规模发展，黄河中游的晋陕豫和长江中下游的吴楚地区发现了很多当时的生铁制品。到公元前5世纪，已有近一半的铁器系生铁制造。而欧洲直到14世纪才开始生产生铁并铸成铁器。

生铁比较脆硬，不宜直接制作工具来使用。中国古代以生铁为基础，发展出一整套独特而且先进的生铁制钢技术体系。至迟于战国时期，发明了将白口铁加热获得可锻铸铁的铸铁柔化技术、将白口铁退火脱碳获得铸铁脱碳钢的制钢技术。至战国时期开始使用铁范成批铸造铁器。至迟于西汉，中国出现了在半熔融状态下将生铁炒炼脱碳成熟铁或钢的炒铁、炒钢技术；至东汉已经掌握了将钢铁制品进行多次折叠锻打的百炼钢技术，还出现了将生铁和熟铁合炼成钢的制钢技术，之后发展成为灌钢技术。另外,还陆续出现了夹钢、贴钢、生铁淋口、擦生等多种制钢技术。

中国古代生铁冶铸技术以中原为中心,逐渐向周边地区扩散传播,促进了周边地区经济和文化的发展,为世界文明的发展做出了重要贡献。

铸造技术

一种快速金属器物铸造成型技术。即将青铜、生铁等金属熔化后倒入模具中,待其冷却即可成形。中国古代铸造技术出现较早、工艺先进,形成了范铸法、失蜡法、叠铸法等多种工艺。

古代范铸法是用范组合成铸型进行浇注。范是铸造金属器物的空腔器。古代的铸范按材料不同分为石范、泥范、金属范以及砂型。

块范法出现于新石器时代晚期,先制模,再用泥片翻制成块范;阴干后入炉焙烧;再将范、芯以及芯撑装配组合起来。将金属液从浇口倾入,冷却后,取出铸器,清理修整即可。山西襄汾陶寺遗址出土的前23世纪—前19世纪的铜铃就是最早使用复合范铸型制作的铜器。河南省偃师市二里头、安阳市殷墟、洛阳市北窑、新郑市郑韩故城,陕西省扶风等铸铜遗址均出土大量泥范、炉壁以及其他铸铜遗物。

石范多用片麻岩、滑石等较软的石料刻凿而成。甘肃玉门火烧沟遗址出土的铸镞石范是中国最早的石范,约为公元前16世纪。

金属范可以重复使用,适于批量生产,生产效率较高,但技术要求严格,工艺操作复杂。最早使用的金属范型是铜范,出现于春秋战国时期,主要用于铸造铜质钱币。铁范是古代最主要的金属范型,它是在铜范的基础上发展起来的。铁范最早出现在燕国和赵国。魏晋南北朝时期,铁范的使用继续发展和扩大,其品种增加到20种以上。河南渑池汉魏冶铁遗址中就有许多铁范出土。宋以后,由于铁农具、工具大多改为锻制,铁范的应用范围缩小,但犁铧、犁镜仍在使用铁范铸造。

失蜡法是用蜡料制成与铸件相同的模具,外敷造型材料,成为整体铸型,干燥后加热将蜡化掉,形成整体无分范面的空腔铸范,将金属液浇入。凝固后脱除外范(壳型),即得铸件。古人多用此法来铸造形制复杂、具有立体透雕效果的铸件。中国失蜡法至迟出现于春秋早、中期。目前已确认失蜡铸件年代最早的是河南淅川下寺出土的铜禁和铜盏。

叠铸法是将多层铸型叠合,组装成套,从共用的浇口杯和直浇道中灌注金属液,一次可以得到多个铸件,极大提高生产效率,节省造型材料和金属,特别适宜大批量铸造钱币等小型铸件。战国齐刀币即用叠铸制造。王莽时期用于铸造车马器、环、链等。西安郭家村烘窑出土了大量王莽时期的叠铸范,其中的大泉五十钱范一次可铸钱184枚。东汉的叠铸技术已经发展成熟。河南温县西招贤村汉代铸铁遗址出土了500多套叠铸范,可铸造轴套、轴承、车销、车辖、马衔、环、革带扣、权等。

隋唐以后,由于冶炼技术的提高、金属产量的增加和铸造技术的进步,出现了许多大型铸件。如铜铁大钟、佛像、铁塔、铁旗杆、大铁狮、铁人、铁牛等以及铁铳、铁炮等兵器。

铸造技术是人类冶金史的重要组成部分。中国古代能够使用多种铸造方法,选择不同铸造材料,制成农具、工具、兵器等实物器物,促进了生产工具的改进,并由此大大提高了生产力,促进了社会经济的发展。

水利

治理黄河

黄河是中国第二大河流,万里巨川,源远流长,历史悠久。黄河流域自然资源丰富,是中华民族繁衍生息的沃土,是中国古代文明的重要发祥地。黄河是世界上闻名的多泥沙河流,具有“善淤、善决、善徙”的特点。从西汉以来的2 000多年间,黄河下游有记载的决溢达1 000余次,其间还有多次大的改道。在华北平原上北至津沽、南达江淮纵横25万平方千米的广大地区,到处都有黄河改道和泛滥的痕迹,因而也有人称它为“中国之忧患”。

自大禹治水(约前21世纪)至东汉王景治河(69),这一时期黄河北流与海河水系相混。大禹治水以疏导为主,排洪入海,获得成功。此后期间的黄河治理多是以修筑堤防为主,但是也是由于有了堤防,河道迅速淤高,秦汉时黄河已成为地上河。又由于河滩地常被垦占,筑围堤防洪,形成堤中有堤、堤线曲折不合理的情况。西汉自公元前168年起,180年中大决口12次以上。而汉代的防洪措施首先是堵口修堤。西汉堵口最有名的是瓠子堵口,汉武帝亲率群臣参加施工。其次是建始四年(前29)大决馆陶及东郡金堤,淹4郡32县,次年河堤使者王延世用立堵法堵口,以竹笼装石合龙成功。此时,堤防已出现了石堤,主要在今河南北部。到西汉末年,政治混乱,长期决溢失修,黄河汴渠混流,之后黄河改道。直至东汉王景治河,才修堤千余里,固定了新道。这时期另一治理方案是维持多道分流。当时黄河由今郑州北,向东北分流为济水,向东有鸿沟运渠,由今河南北部向东有分支漯水。自瓠子决口后,相继有屯氏河、鸣犊河等决口分流,其余还有不少一两年的决口分流,直至西汉末东汉初的大片漫流。重要河工有在今河南北部的挑流石激(挑水坝),在贝丘(在今山东临清县南)附近曾裁弯取直。

西汉自武帝以后,有不少人提出治河方策,以贾让治河三策最著名。平帝时大司马史张戎指出黄河一石水而六斗泥,建议春夏枯水时集中水流冲刷淤积。东汉明帝时,王景在黄河新河道再次系统修筑堤防,使黄河下游河道获得相对稳定。

隋唐时期,因政治经济稳定,堤防渐次修筑,黄河水患越来越多,但是并不严重。北宋时期,治河除一般防堵之外,采取的策略有复筑古遥堤和开分水河两方面。实施时,以开分水河为多。这一时期治理黄河自西向东分布着大埽,上至孟州,下至棣州,共计45个,且都是有名的险工所在。宋代后期,黄河灾情最重,治河最频,用力亦勤,但是收效甚微,不过,埽工技术在宋朝发展得较为成熟,并且得到普遍运用。

元统一中国前,黄河泛滥成灾。元至正十一年(1351),时任水监的贾鲁在堵口技术上有所创新,采用疏、浚、塞的方法,治理黄河成效显著。元末明初,黄河治理放任自流,黄河下游荒芜残破。直至明建文元年(1399)方引黄治水,以保运河漕运。不过晚明万恭、潘季驯提出的以治沙为中心的治黄思想是划时代的,而且他们的治河实践表明,利用堤防工程达到局部河段淤滩和刷槽的目的是完全可行的。清康熙时期,靳辅大治黄河堤、运河堤,大修洪泽湖,清代整治河槽的工程,基本目的依旧是以护堤为主,但起到调整河槽的作用,并且注意到滩区的管理。

自古以来,黄河的治理与国家的政治安定和经济发展紧密相关。为了除害兴利,中国人民对黄河进行了长期的认识和治理。历代治河专家和广大人民在长期治河实践中积累了丰富的经验,提出了许多治理方略,留下了大量的治河典籍,为推动治河方略和治河技术的发展做出了重要贡献。以史为镜可以知成败,认真研究和总结历史上治河的经验、教训,对改进和完善今天的治河方略具有重要的借鉴意义。

治理长江

长江是中国第一大河,和黄河比较,长江河道稳定,水量大,含沙量小。虽然历史上仍有洪灾,但多灌溉、航运之利。流域内人口4.59亿,耕地4.62亿亩。自三国以后逐渐发展为中国主要的农业生产基地和经济区。《禹贡》中已载有大禹导岷江以至下游的江湖治理等传说。

春秋战国时期,长江因水运频繁而开凿人工运河,是这一时期长江水利的显著特点。吴国兴修贯通长江、淮河的邗沟,成为南北大运河的开端。秦昭王末期(约前256—前251)蜀郡守李冰在灌县修建了都江堰。汉水支流蛮河上(今宜城市境),后人利用白起引水灌鄢郢的渠堰，开为渠、塘结合的灌渠，灌田3 000顷。其他如太湖流域、沮漳河流域，都有灌溉之利。

秦汉时期，这一时期的特点是多方面发展水利。秦始皇开凿灵渠，沟通湘、漓二水，促进了南北方经济文化的交流。汉代襄阳附近已出现江汉堤防，此后长江荆江段和汉水中游以下就成了历代防洪重点。后汉时在汉江支流蛮河上扩建木里渠，可灌田700顷，到北宋时已扩大可灌田6 000顷。其他如汉中的山河堰、长江下游三角洲的陂湖、巢湖地区的渠堰，有不少相传是西汉时创建的；扬州一带的湖塘水利，东汉早期已经开发。上游如西汉景帝时文翁修湔堰，扩大了都江堰灌区；王莽时，文齐兴修滇池水利，灌田2 000余顷。

在航运方面，江南运河已经形成，东汉时整治过嘉陵江上游的水道，东汉自首都洛阳，经黄河、汴渠、邗沟通向江、淮的漕运已受到重视。

三国、两晋、南北朝时期，长江水运已成为主要交通形式，并出现局部的干支流堤防和海塘。东汉末期已兴修扬州的陈公塘和七门堰、吴塘等工程；曹魏与孙吴交兵多利用东淝河、南淝河水运，蜀汉则经营都江堰和汉中灌区；孙吴广泛屯兵垦殖，兴修的塘堰遍及长江中下游一带，开破冈渎以沟通太湖至南京的水运。

西晋早期，杜预修复南阳水利，在江汉平原开扬夏水，缩短了汉江、长江至洞庭湖的航线；东晋荆州刺史桓温修筑江陵金堤，是荆江大堤的肇始；江南沿海已有零星海塘；江苏丹阳的练湖是大型水利工程之一，类似的还有新丰塘。南北朝对峙时期，长江中下游堤圩塘堰继续发展，以句容的赤山湖规模最大。在水运方面，河渠上普遍修建堰埭，渠化航道；邗沟屡次改道，通长江已有扬州向西的仪征江口，并建堰埭和水门。

隋、唐、宋时期，这一时期长江流域水利事业兴旺，特别是太湖地区的塘浦水网和皖南一带的圩田，构成了江南农田水利的显著特点。隋代在历代开拓的基础上扩大改建了邗沟与江南运河，沟通了江、淮、河、海四大水系。北宋时邗沟上水工建筑物有80余座，首先出现了复闸，并推广到江南运河。唐后期到南宋时，长江以南的大小塘堰灌区普遍开发，如沅江下游常德地区的各灌区，又如唐元和三年（808）韦丹在江西筑堤、排涝，开陂塘598所，灌田1.2万顷。宋代在江西已出现梯田。南宋时汉水中游有宜城长渠、枣阳平虏堰等大型工程。唐中期以后，丹阳、石臼等湖一带广修圩田，及其他各湖的围湖造田，形成了太湖地区的主要水利。圩田和围田逐渐向巢湖、鄱阳湖、洞庭湖及洪湖等沿江滨湖地带发展，到南宋时已扩展到荆江两岸，叫作垸田，各湖区的围垦在之后朝代有增无减，水面缩小，蓄洪能力削弱，以致常闹水灾，于是产生了废田还湖和继续围垦的争议。太湖流域这一时期出现了以排泄为主的疏浚工程；荆江及汉江下游堤防也逐渐增多，往往和圩垸堤岸连成一片。

元、明、清及民国时期，长江干支流堤防逐渐完成，上起荆江下至江苏都有了系统的堤防，汉江、湘江、赣江等堤防也普遍兴修。上游以元代修建的云南滇池水系的松花坝和海口工程最为突出。都江堰也不断改建增修。京杭运河于元代修成后，明清时已整修成为南北运输的重要干道。19世纪后期西方水利科学技术传入中国，有关研究长江水利的专著增多。长江的治理以疏浚航道为主，畸形发展，堤防残缺不全，中下游水灾也越演越烈，以1931年和1935年最为严重。

炎黄子孙为征服长江洪水，兴修水利，留下了不少遗迹。长江流域数不清的丰碑，记录了中国人民治理长江的经验，铭刻了他们改造自然的功绩。

都江堰

位于四川省成都市都江堰市城西，坐落于成都平原西部的岷江出山口处，是蜀郡太守李冰父子在前人鳖灵开凿的基础上组织修建的大型水利工程。始建于秦昭王末年（约前256—前251）。

在都江堰建成之前，冲出山口的岷江水被玉垒山阻挡在成都平原的西侧，导致平原东西两侧旱涝两重天。都江堰工程主要由分水鱼嘴（分水工程）、飞沙堰（溢洪排沙工程)、宝瓶口(引水工程)三大主体工程组成,此外还有内外金刚堤、人字堤及其他附属建筑,以无坝引水的方式完美地解决了此地旱涝不均的问题,且两千多年来一直发挥着防洪灌溉的作用,使成都平原成为水旱从人、不知饥馑的“天府之国”。至今灌区已达30余县市、面积近千万亩,是全世界迄今为止,年代最久、唯一留存、仍在一直使用、以无坝引水为特征的宏大水利工程,凝聚着中国古代劳动人民勤劳、勇敢和智慧,是造福人民的伟大水利工程。

都江堰2000年被列入联合国教科文组织“世界文化遗产”名录,也是世界自然遗产(四川大熊猫栖息地)、全国重点文物保护单位、国家级风景名胜区、国家AAAAA级旅游景区。

长江三峡水利枢纽工程

中国长江上游段建设的大型水利工程项目,功能有十多种,航运、发电、种植等等。三峡水电站为坝后式电站,分布在重庆市到湖北省宜昌市的长江干流上,大坝位于三峡西陵峡内的宜昌市夷陵区三斗坪,并和其下游不远的葛洲坝水电站形成梯级调度电站。

三峡大坝是中国以及世界上有史以来建设规模最大的水坝。工程包括主体建筑物及导流工程两部分,大坝高185米,蓄水高175米,水库长2 335米,于1994年12月14日正式动工修建,2006年5月20日全线修建成功。三峡水电站安装32台单机容量为70万千瓦的水电机组,伴随2012年7月4日三峡电站最后一台水电机组投产,装机容量达到2 240万千瓦的三峡水电站成为全世界规模最大的水力发电站和清洁能源生产基地。

三峡工程除了有世界规模最大水坝、最大的水电站,还有多项世界之最,是世界工程量最大、施工难度最大、防洪效益最显著的水利工程,拥有世界泄洪能力最大的泄洪闸等等,也是世界水库移民最多、工作最为艰巨的移民建设工程。

黄河小浪底水利枢纽工程

黄河干流上一座集减淤、防洪、防凌、供水灌溉、发电为一体的大型综合性水利工程。位于三门峡水利枢纽下游130千米、河南省洛阳市以北40千米的黄河干流上,控制流域面积69.4万平方千米,占黄河流域面积的92.3%。坝址所在地南岸为孟津县小浪底村,北岸为济源市蓼坞村,是黄河中游最后一段峡谷的出口。小浪底工程由拦河大坝、泄洪建筑物和引水发电系统组成。小浪底工程拦河大坝采用斜心墙堆石坝,设计最大坝高154米,坝顶长度为1 667米,坝顶宽度15米,坝底最大宽度864米。坝顶高程281米,水库正常蓄水位275米,水库水面面积272平方千米,总库容126.5亿立方米。坝址处多年平均流量1 327立方米/秒,输沙量16亿吨。泄洪建筑物形成蜂窝状断面,地质条件复杂,混凝土浇筑量占工程总量的90%,施工中大规模采用新技术、新工艺和先进设备。引水发电系统总装机容量180万千瓦,多年平均年发电量45.99亿千瓦时和58.51亿千瓦时(分别为前10年、后10年)。

小浪底水利枢纽战略地位重要,工程规模宏大,地质条件复杂,水沙条件特殊,运用要求严格,被中外水利专家称为世界上最复杂的水利工程之一。

葛洲坝水利枢纽工程

长江上第一座大型水电站,也是世界上最大的低水头、大流量、径流式水电站。位于长江三峡的西陵峡出口南津关以下2 300米处,距宜昌市镇江阁约4 000米。大坝北抵江北镇镜山,南接江南狮子包,于1971年5月开工兴建,1972年12月停工,1974年10月复工,1988年12月全部竣工。坝型为闸坝,最大坝高47米,总库容15.8亿立方米。总装机容量271.5万千瓦,其中二江水电站安装2台17万千瓦和5台12.5万千瓦机组;首台17万千瓦机组于1981年7月30日投入运行。大江水电站安装14台12.5万千瓦机组,年均发电量140亿千瓦时。

葛洲坝不仅仅是一项重要的水利工程,同时也是一座纵贯南北的长江大桥,连接了鄂西地区的南北道路交通。

南水北调工程

中国为解决北方地区缺水进行水资源优化配置的一项战略性基础设施工程。

总体规划为:东线、中线和西线三条调水线路。通过三条调水线路与长江、黄河、淮河和海河四大江河的联系,构成以“四横三纵”为主体的总体布局,以利于实现中国水资源南北调配、东西互济的合理配置格局。目前西线工程还没有开工建设。

东线工程:利用江苏省已有的江水北调工程,逐步扩大调水规模并延长输水线路。东线工程从长江下游扬州抽引长江水,利用京杭大运河及与其平行的河道逐级提水北送,并连接起调蓄作用的洪泽湖、骆马湖、南四湖、东平湖。出东平湖后分两路输水:一路向北,在位山附近经隧洞穿过黄河;另一路向东,通过胶东地区输水干线经济南输水到烟台、威海。东线工程开工最早,并且有现成输水道。

中线工程:水源70%从陕西的汉中、安康、商洛地区汇聚至汉江流向丹江口水库,从丹江口大坝加高后扩容的汉江丹江口水库调水,经河南南阳的淅川陶岔渠首闸,沿豫西南唐白河流域西侧过长江流域与淮河流域的分水岭方城垭口后,经黄淮海平原西部边缘,在郑州以西孤柏嘴处穿过黄河,继续沿京广铁路西侧北上,可基本自流到终点北京。

西线工程:在长江上游通天河、支流雅砻江和大渡河上游筑坝建库,开凿穿过长江与黄河的分水岭巴颜喀拉山的输水隧洞,调长江水入黄河上游。西线工程的供水目标主要是解决涉及青、甘、宁、内蒙古、陕、晋等6省和自治区所在的黄河上中游地区和渭河关中平原的缺水问题。结合兴建黄河干流上的骨干水利枢纽工程,还可以向邻近黄河流域的甘肃河西走廊地区供水,必要时也可及时向黄河下游补水。

调水规模规划的东线、中线和西线工程到2050年预计调水总规模达448亿立方米,其中东线148亿立方米,中线130亿立方米,西线170亿立方米。

南水北调工程是优化水资源配置、促进区域协调发展的基础性工程,是中华人民共和国成立以来投资额最大、涉及面最广的战略性工程。

机械

杜诗水排

一种利用水力鼓风的机械设备,东汉建武七年(31)由南阳太守杜诗创造。该设备以水力传动机械,使皮制的鼓风囊连续开合,将空气送入冶铁炉,铸造农具,用力少而见效多。

要获得液态生铁,需有较高的炉温。有风才有铁,鼓风技术对于生铁冶铸的发展有着极重要的意义。早期冶铸匠师高度重视鼓风器具的制作。鼓风装置由人力驱动(人排)发展到用畜力和水力驱动(马排、水排),是东汉冶铁技术的重大创新。杜诗水排就是利用水力推动一排风扇或风箱将风送入炉内,以提高炉火的燃烧度和温度,把生铁炼成熟铁,进而由铸铁发展到锻铁,这样就解决了冶铁技术上的一个关键问题。由于杜诗的倡导,水排至迟在公元1世纪上半叶于南阳地区已较多地使用。

杜诗水排利用水力鼓风铸铁,在中国沿用了很长一个时期,直到20世纪70年代一些地方还在使用,在世界冶铸技术史上谱写了光辉的一页。

丁缓被中香炉

一种特殊结构的香炉,外壳是用两个镂空的半球组成,打开香炉后可以看到中间是放香木或香料的半球状炉体。在外壳与炉体之间有两层同心圆环,炉体的两端各有一轴,支撑在内环上,能自由转动。内环外的两端也各有一轴,支撑在外环上,能自由转动。外环的外两端也各有一轴，支撑在壳体上，能自由转动。相邻两层的旋转轴互相垂直，各环相互制约，在重力的作用下，不管香炉怎么转动，都能保证香炉的炉体保持水平位置，使香木或香料不会外泄出来。

汉代刘歆著述的《西京杂记》卷上记载：西汉时期“长安巧工丁缓者，为常满灯……又为卧褥香炉，一名被中香炉。本出房风，其法后绝。至缓始更为之。为机环转运四周，而炉体常平，可置之被褥，故以为名。”

被中香炉的最早记载见于西汉司马相如的《美人赋》。1963 年在西安沙坡村出土的唐代银质被中香炉，球体外径 50 毫米，制作精细，镂刻雅致。被中香炉不仅是一种艺术珍品，从机构学的观点看，也是一项重要创造。1987 年，陕西省扶风县法门寺塔基地宫内出土了一大批唐代宫廷稀世珍品，这是中国考古发现史上的一件大事。在出土的大批金银器中，有两件鎏金双蜂团花纹镂空银薰球，其中一件直径 128 毫米，是国内现存最大的一枚银薰球。

近代力学有一种叫常平支架或万向支架的仪器，主要用来演示和研究回转运动，其结构与被中香炉类似，是由几个轴心线依次互相垂直的金属环组成，其金属环的个数就是自由度的个数。这个仪器就是根据被中香炉的原理研制出来的。

顿钻

交替地升起和降落钻具在硬岩石中钻孔的一种方法，亦称“冲击钻”。利用钻绳连接钻具，靠钻头的上下冲击作用钻凿地层，经一段时间之后，用汲砂绳接汲筒将岩屑取出，使井内清洁后，再下钻头，如此反复进行，直至钻孔完成。

人工挖坑、凿井，深度很有限。后来人们发明了简单的机械，利用冲击的原理来打井。这就是顿钻的开始。这种没有动力机，靠人力或畜力来带动的钻井技术，其发源地在中国。世界著名科技史学家李约瑟在他所著的《中国科学技术史》中这样写道：“今天在勘探油田时所用的这种钻探井或凿井的技术，肯定是中国人的发明。”

北宋庆历年间，四川的少数民族发明了卓筒井。据记载，卓筒井的施工时很像古代的舂米，所不同的是，它的锥头下吊着一种特殊的圆銼，里面有一把直刃。圆銼的直径与南方的楠竹相当，因此卓筒井的井孔呈圆形。在人力的作用下，銼不断地被高高吊起，然后依靠自身的重力不断地冲击地下的泥土和岩石。圆銼每冲击一次之后就换个角度，以便銼内的直刃把井底的岩石击碎。这种钻井方式就叫作“冲击式顿钻法”。大约在 1253 年左右出现了用畜力代替人力推动绞车的“冲击钻机”，到了明代、清代，中国的顿钻技术已经相当完善和成熟。清代嘉庆、道光年间（1820 年前后），四川的钻井深度已经达到三四百丈，即 1 000 米左右。

北宋庆历年间发明使用的“冲击式顿钻法”更是开创人类机械钻井技术的先河。这一深井钻凿技术后来传到西方，有力地推动了世界凿井技术的发展。以自流井为代表的中国古代深井钻凿技术，被誉为中国继四大发明之后的第五大发明。

双作用活塞式风箱

一种配有活塞板和拉杆的箱形装置，推拉过程中都可以鼓风，出现的时间不晚于宋代。双作用活塞式风箱的箱体为木质，有方形和筒形两类。内部装置一个活塞板，箱内一侧下部有一个长方形风管，前、后开口都与箱内相通，中间有一个向外的出风口。出风口内部的一个单页双置活门，可使出风口与方管的一半相通，阻断出风口与方管另一半之间的空气流动。在气流推动下，方管两部分交替与出风口相通。活塞板做前后往复运动时，都可以将空气压出，从而实现连续鼓风。

中国古代鼓风设备的发展，经历了由皮囊到单作用木扇再到双作用活塞式风箱的演变过程。明代宋应星在《天工开物》中绘制了熔炼金属和铸造金属器物的情景，其中多幅插图都表现了双作用活塞式风箱的使用，不同熔炼炉所用风箱的大小尺寸不同,其中有只需一人操作的小风箱,也有需“合两三人力”操作的大风箱,特别是“炒铁炉”上所用的风箱更大。

活塞式风箱效率高、操作简便,明、清时期与木扇共同成为冶铸业主要的鼓风设备。直到20世纪,活塞式风箱仍然在乡村广泛使用,不仅用作手工业中的鼓风器,还普遍被家庭用作炉灶鼓风。欧洲直至公元16世纪才发明了类似的双动往复式水泵,为后来的活塞式机械开了先河。

大风车

又称“立轴风车”,是一种旋转轴垂直于地面的风力机械,不晚于南宋时期(12世纪)出现,因其体形巨大,民间直呼其为大风车。立轴大风车是一项体现中国技术传统的发明,具有两大鲜明的特色:风帆的构造原理与中国传统船帆无异,能够自动调节迎风方向,其原理迥异于西方的卧轴(水平轴)风车;它能为龙骨水车(即翻车)提供原动力,常被用于农田灌溉或盐场汲卤,其设计、制造与使用体现因地制宜的思想。

立轴大风车采用敞开式设计,高约8米,回转直径约10米,矗立于田间地头或河渠之畔,颇为壮观。它通常包括8面风帆与8根桅杆、1根主轴、1个大齿轮,以及桁架、轴承、滑轮、铁链与绳索等零部件。8面风帆均可独立升降与调节,改变其迎风面积,调整风车转速,受驱动的龙骨水车的功率也随之而变。

中国风能资源丰富,立轴风车及其驱动的龙骨水车是东亚地区体型最大、结构最复杂的传统风力提水机械,曾广泛分布于中国东部沿海,应用于农田灌溉和制盐生产。这项颇具地域特色和技术特征的发明被称赞为“一个具有巨大利益和使用价值的发明”。

老式织布机

又叫纺织机,是依靠人力带动的,把线、丝、麻等原材料加工成丝线后织成布料的工具全称,有纺坠、纺车、锭子、踏板织布机,与现代机械织布机、现代数控自动织布机,统称为织布机。

最早的织布机,是席地而坐的踞织机(叫腰机)。这种看似简单的织机已经有了上下开启织口、左右引纬、前后打紧等3个方向的运动,是现代织布机的始祖。人们在织布的生产实践中,逐步革新,成功创造了脚踏提综的斜织机。在汉代画像石上多次出现其图像。这种斜织机已经有了一个机架,经面和水平的机座成五六十度的倾角,且采用了脚踏提综的开口装置。织布的人可以坐着操作,手脚一起并用,生产效率比原始织布机可提高10倍以上,是当时世界上最先进的织布机。到秦汉时期,已被黄河流域和长江流域的广大地区普遍使用。

一般的织机只能织出平纹的织物,而要织造带有复杂花纹的织物,就要在织机上再加提花装置。中国在商周时期已有了提花设备,到汉代,已使用复杂精密的提花机。但这类提花机劳动强度大,生产效率不够理想。三国时,扶风(今陕西兴平)的马钧对提花机进行改革。改革后的提花机省工省时,织出花纹更加精美,很快得到推广。后经唐、宋的不断改进提高,提花机更加完善定型。唐代的纺织业非常发达,已能织出布、绢、纱、绫、罗、绵、绮等十几种丰富多彩、精巧新奇的布帛。花楼提花机和提花方法是中国古代纺织技术方面一项极为重要的发明。

纺车

采用纤维材料如毛、棉、麻、丝等原料,通过人工机械传动,利用旋转抽丝延长的工艺生产线或纱的设备。纺车通常有一个用手或脚驱动的轮子和一个纱锭。

纺车起源于中国,欧洲已知的对纺车的最早介绍,是在1280年左右出版的德国施派尔一个行会章程中间接提到的。

关于纺车的文献记载最早见于西汉扬雄的《方言》,记有“维车”和“道轨”。曾锭纺车最早的图像见于山东临沂银雀山西汉帛画和汉画像石。约在战国时期，中国出现了手摇纺车也称轩车、纬车和维车。手摇纺车的主要结构由锭子、绳轮和手柄三部分组成，分为两类，卧式由一人操作，而立式需要二人同时配合操作。因卧式更适合一家一户的农村副业之用，故一直流传至今。脚踏纺车约出现在东晋，结构由纺纱机构和脚踏部分组成，纺纱机构与手摇纺车相似，脚踏机构由曲柄、踏杆、凸钉等机件组成，踏杆通过曲柄带动绳轮和锭子转动，完成加捻牵伸工作。打线车是采用纺坠来捻丝。北宋后出现大纺车，结构由加捻卷绕、传动和原动三部分组成，原动机构是一个和手摇纺车绳轮相似的大圆轮，轮轴装有曲柄，需专人用双手来摇动。南宋后期出现以水为动力驱动的水力大纺车，元代盛行于中原地区，主要用于加工麻纱和蚕丝，是当时世界上先进的纺织机械。水力大纺车是中国古代将自然力运用于纺织机械的一项重要发明，如单就以水力作原动力的纺纱机具而论，中国比西方早了4个多世纪。

转轴舵

用来控制航向的船尾操纵工具。它由木桨演变而来，经历了托桨、拖舵和轴舵等技术进化阶段。早期的桨在船舷侧划动，用以推动船舶前进，当两侧桨力不对称时，船舶发生转向，因此桨也具有操纵航向的功能。后来桨的推进和操作功能逐渐分离，设在船尾的桨专门用来控制船舶航向，并扩大了桨叶面积，逐渐演变成舵。

北宋时期，转轴舵得到普遍应用。张择端《清明上河图》中描绘的船舶尾部全部使用了转轴舵，并且已经发展成为平衡舵。平衡舵的特点，就是在舵杆朝向船头的方向上也有一部分舵叶，舵力的作用点离转动轴更近，从而使转舵更为省力。中国古代还有一种开孔舵，其特点是舵面上有许多小孔，也可以起到转舵更省力的效果，并且由于水的表面张力作用，也不会对舵的性能造成影响。

中国古代的船尾舵安装在船尾封板上，因此称为尾板舵，大船的尾部还可以修建舵楼，专门用来操纵舵。由于船航行时水域深浅不一，舵后来又演变成升降舵，根据水深调整舵的高低位置，用辘轳对大型舵进行升降。西方的船尾舵安装在尾柱上，称为尾柱舵，从13世纪时开始使用，比中国晚5个世纪。船尾舵是中国古代造船技术的最重要发明之一，它的发展历程和技术形态体现了古代航海技术的高超成就，对世界造船、航海事业也产生了重大影响。

水密舱壁

用隔舱板将船舱分成若干个互不相通的独立船舱，当船舶发生触礁、碰撞等造成船壳破损时，即使某一船舱破损进水，也不至于波及其他船舱，从而提高船舶的抗沉性，是中国造船史上的一项重要发明。中国最早带有水密舱壁的船可能出现在东晋义熙年间（405—418），当时卢循建造了一种“八槽舰”，用来隔开船槽的有可能是水密舱壁。目前关于水密舱壁的确凿实物证据来自唐代，1973年江苏如皋发现一艘唐代木船，船舱木板缝隙中填有石灰桐油的混合物，具有严密坚固不进水的效果，增加了船舱的水密性。可见至迟到唐代，中国造船中已经形成成熟的水密舱壁技术。

在中国古代海船的水密舱壁上，正中线的下端还会留有圆形或方形的小孔，这种流水孔也称过水眼。设计流水孔是为了使舱底积水能够流通，让水集于船底的最低部位，便于排水，增加船舶安全性能。舱壁最初是为木板船的结构强度需要而产生的，由于它的满实性，配合舱缝进而形成水密舱壁。水密舱壁支撑了船壳板和甲板，增加了船体的刚度与强度，形成船体的坚固横向结构，使桅杆紧贴舱壁，与船体紧密连接，这也使中国古代帆船采用多桅多帆技术成为可能。

水密舱壁自18世纪开始被欧洲人采用，后来逐渐成为各国造船业通行的技术，对世界造船业做出了巨大的贡献。

水运仪象台

中国古代天文学家发明的一种大型天文仪器，由北宋天文学家苏颂等人创建。它是集观测天象的浑仪、演示天象的浑象、计量时间的漏刻和报告时刻的机械装置于一体的综合性观测仪器，实际上是一座小型的天文台。宋元祐元年(1086)开始设计，到元祐七年(1092)全部完成。它是中国古代的卓越创造。其中的擒纵器是钟表的关键部件。因此，英国科学家李约瑟等人认为水运仪象台“可能是欧洲中世纪天文钟的直接祖先”。

整座仪器高约12米，宽约7米，是一座上狭下广、呈正方台形的木结构建筑。其中浑仪等为铜制。全台共分三隔：下隔包括报时装置和全台的动力机构等；中隔是间密室，放置浑象；上隔是个板屋，中放浑仪。这台仪器的制造水平堪称一绝，充分体现了中国古代汉族劳动人民的聪明才智和富于创造的精神。

水运仪象台是11世纪末中国杰出的天文仪器，也是世界上最古老的天文钟。国际上对水运仪象台的设计给予了高度的评价，认为水运仪象台为了观测上的方便，设计了活动的屋顶，这是今天天文台活动圆顶的祖先。浑象一昼夜自转一圈，从水运仪象台可以反映出中国古代力学知识的应用已经达到了相当高的水平。

木牛流马

传说是三国时期蜀汉丞相诸葛亮发明的运输工具。

史载建兴九年至十二年(231—234)诸葛亮在北伐时所使用，其载重量为“一岁粮”，大约四百斤以上，每日行程为“特行者数十里，群行三十里”，为蜀汉十万大军提供粮食。不过，准确的方式、样貌现在不太清楚，对其亦有不同的解释。

晋代陈寿《三国志·诸葛亮传》记载：“建兴九年，亮复出祁山，以木牛运，粮尽退军……十二年春，亮悉大众由斜谷出，以流马运，据武功五丈原，与司马宣王对于渭南。”

有一种说法是，木牛流马应该就是带腿的推车。因为蜀道崎岖难行，遇到上坡下坡，轮车十分不便，这些木腿可以利用杠杆原理，使用较少的人力就能把车抬出陷坑，推到坡上，同时也让推车在半坡时能自动刹车，减少人力浪费。

冷兵器

人力和简单机械力作用下斩击和刺杀的武器。

石器时代，人们制作石刀、石矛、石斧等，用于狩猎或防卫。原始社会末期，攻击性兵器类型已经基本形成，包括长柄格斗兵器如棍棒、锤、矛、戈、斧等，短柄卫体兵器如匕首和手执的短柄矛等，以及射远兵器如弓箭和用飞石索投掷的石球。

商代青铜兵器有长柄的戈、矛和战斧，射远的弓箭，护身短柄刀剑，以及防护装具青铜胄、皮甲、盾等。战车兴起之后，逐渐以戈、矛、戟和弓箭为主。当时青铜兵器锡含量提高到16%以上，兵器制造专业化、标准化，出现了复合刀剑，剑脊、剑刃焊锡量不同，兼具韧性和硬度。战国诸侯设立了专造兵器的官营作坊，兵器质量也显著提高，类型更系统，配置更合理。

青铜兵器中最精良的是剑。剑两侧有刃，中间有脊，前窄后宽，后安带环短柄，用于刺劈。春秋时期，吴、越、楚等国出现了一批神话传说式的铸剑工匠，如欧冶子、风胡子、干将、莫邪等。越王勾践剑至今光泽犹存，锋利异常。

钢铁具有更好的韧性、更高的硬度，可通过淬火、退火等予以调节，性能远优于青铜。铁兵器最早系利用天然陨铁制造，例如河北藁城商代的铁刃铜钺。西周晚期，开始用人工冶铁制造。从春秋战国时期开始，铁制兵器的比例逐渐增加。楚、燕、韩、魏、赵等国已使用铁剑、铁矛、铁戟和铁片兜鍪等。秦汉时期，随着铸铁脱碳钢、炒钢、百炼钢、灌钢技术的进步或发明，钢铁兵器的制造技术和质量也随之提高，全面取代了青铜兵器。

汉代铁兵器以环首刀最为著名，是军队的制式兵器。环首刀脊厚而刃薄，刀身平直而柄短，适宜劈砍近战。东汉钢刀经过反复折叠锻打，次数日益增多。如山东省苍山县三十炼环首刀，日本出土东汉制造百炼钢刀等。三国时曹操延请名师用三年时间造五把宝刀，曹植为之作赋。吴主孙权亲自督造百炼、青犊、漏景这三把随身佩带的宝刀。蜀国造刀名师蒲元对钢刀的淬火技术有较深的造诣。

弩是由弓演变而来，将蓄积的机械能瞬时释放。弩安装有张弦装置和发射机构。先张弦、安箭、瞄准后再发射，其射程和精度都高于弓。东汉的腰开弩，两足向前蹬弓，利用腰部拴钩拉挂弩弦，射程更远。

青铜弩机

一种非常精巧、坚实的机械装置，由牙（包括望山、瞄准器）、悬刀（扳机）、郭（机匣）、构心（中间杠杆，又称牛）和枢轴（或称键、销轴）等铜质部件构成的联动机构。

弩是装有托柄和释放装置的弓，而弩的关键集中体现于弩机，弩机是弩的机发部件，实现张弦和发射过程中的分离，做到储能和延时发射。

弩从春秋时期发明后，弩机不断得到改进。到了战国时期，两国交战时开始使用一种更大的弩。史书上就曾记载过一种叫“连弩车”的大型机械武器，放置在城墙上，由多名弩士驾驶，可以同时放出大弩箭 60 支、小弩箭无数。经汉代改进后，青铜弩机达到比较成熟的阶段：弩机普遍加装铜郭，显著提高了铜弩机部件与木弩臂的受力性能；并在望山的后侧立面上加上刻度，使得弩具备“三点一线”的瞄准功能；让弩机可借助臂力之外的动力，以人脚踏、绞车等方式张弦，为制作大型弩机化解了难题，丰富了弩机的类型。

11—12 世纪弩机传至西欧，影响也很大，衍生出了其他类型的弩机，弩和弩机的发明与改进，对古代战争产生了重要影响，被称为“中国之利器”。

织染

种棉技术

棉花原产印度、阿拉伯地区，从现有的文献和考古资料来看，中国边疆地区（西部边疆、东南沿海）对棉花的种植和利用比中原地区要早，直到汉代，中原地区的棉纺织品还是比较稀缺的。宋元之际，棉花开始向内地移植，但宋朝时期，人们还没有认识到棉花的经济价值，多是作为观赏植物。宋以前，中国只有带丝旁的“绵”字，没有带木旁的“棉”字。“棉”字是从《宋书》开始出现的。

棉花有粗绒棉和细绒棉两类。粗绒棉又分为非洲棉和亚洲棉；细绒棉有美洲的陆地棉和海岛棉。其中非洲棉是经过中亚传入中国新疆地区，时间应该不晚于西汉中期。南北朝时期，新疆地区棉纺织业已经具有了一定的规模，在吐鲁番高昌时期（6 世纪左右）的墓葬中出土了丝、棉混织的锦和白棉布。《梁书·高昌传》记载：其地有“草，实如茧，茧中丝如细纩，名为白叠子，国人多取织为布”。由此可知当时新疆地区种植的是小棉铃的非洲棉。

亚洲棉品质优于非洲棉，其原产地在印度，经由东南亚传入中国的华南地区，时间要晚于非洲棉传入新疆地区的时间。这种棉花在中国古代被称为“古贝”。可能是从马来语或梵语音译而来。从南北朝到唐、宋时期，种植棉花的地区有新疆、云南、广东、广西、福建等。到宋朝末年和元朝初年，棉花的种植开始迅速向长江中下游和陕西地区传播。

19 世纪后期湖广总督张之洞开始大规模引种陆地棉并进行推广。到 20 世纪 40 年代末，陆地棉种植面积已占全国棉田总面积的 52%，主要分布在黄河中、下游各地。直至 20 世纪 50 年代，亚洲棉才被淘汰，完全栽种陆地棉。海岛棉的引种始于 20 世纪 30 年代，近二三十年才在云南、新疆的南疆地区有较多栽培。

养蚕缫丝

古代中国劳动人民创造的重要技艺，种桑养蚕之法相传源于黄帝的妻子嫘祖。汉族劳动人民发明了养蚕缫丝、织绸刺绣的技术。这方面的发明应归功于汉族妇女。

将蚕茧抽出蚕丝的工艺称“缫丝”。原始的缫丝方法，是将蚕茧浸在热盆汤中，用手抽丝，卷绕于丝筐上。盆、筐就是原始的缫丝器具，缫丝工艺过程包括煮熟茧的索绪、理绪，茧丝的集绪、拈鞘、缫解，部分茧子的茧丝缫完或中途断头时的添绪和接绪，生丝的卷绕和干燥。

中国商代已出现装有锭轮的手摇纺车雏形，周代出现索绪，靠振动茧子，在温水中引出丝绪。秦汉时期缀丝技术发展，沸水煮茧已很普遍，开始使用特制的简单的丝框来辅助缫丝，为以后手摇缎车确定了基本形制。到魏晋南北朝时，手摇纺丝车上已安装纺锭，固定卷绕并捻。唐代出现了缲(缫)车、掉丝(缫丝)等，缫车是指普及了的手摇式缫丝车。该车结构靠偏心横动导丝杆进行交叉卷绕，使丝绞分层。宋代缫丝技术发展较快，出现了较为复杂的脚踏缎车，这是从手摇式发展而来的革新成果，从此缫丝者可以腾出双手来进行索绪、添绪等工艺，生产效率大为提高。宋代缎丝分为生、熟两种，生指将鲜茧立即缫丝，熟则是鲜茧经过贮茧过程(日晒或盐泡)后再行缎制。元代缫丝工艺在宋代基础上进一步完善。鲜茧干燥处理分为日晒、盐绝和笼蒸三种，以笼蒸法最好，为元代所创。缫丝水温分热釜和冷盆两种。到明清时代，北缫车与冷盆相结合，成为后代缫丝技术的主流。脚踏缫车已普遍应用，工作效率显著提高。清代晚期机械缫丝工业兴起后，厂丝产量质量都有很大提高，且用蒸汽煮茧，优点较为明显，手工缫制的土丝相形见绌。

中国生产制作的丝绸制品开启了世界历史上第一次东西方大规模的商贸交流。

印染

中国染色技术起源很早，早在商周时期，利用矿物颜料(如赭石、丹砂、胡粉、白云母、金银粉箔)和植物染料(如蓝草、茜草、栀子、紫草等)进行多次浸染(将织物反复多次浸泡在一种染液中着色)、套染(将织物多次浸入两种以上的染液中以获得各种色彩的中间色)或借助某种媒介物质使染料色素附着在织物上的媒染技术已经成熟。

当时在织物上设计花纹图案，主要是采用“画缋(缋即绘)”的方法用颜料或染料在织物上作画。考古工作者曾在洛阳东郊商代墓葬中发现施于墓廓四周彩色布幔的痕迹，上面画着黑、白、红、黄的几何花纹，也有红、绿、白三色的，这就是“画缋”。

随着古代劳动技术的不断提高，印染技术逐渐代替了“画缋”技术。最早代替“画缋”的印染技术是凸版印花和夹缬。

凸版印花是在平整光洁的木板上刻好花纹图案，然后在图案凸起的部分涂刷色彩，以压印的方式把花纹印在织物上。这种印花技术速度快、质量高，印出的花纹清晰明快，线条光滑有力，有立体感，所以发展很快。目前中国发现的最早的凸版印花作品，是湖南长沙马王堆汉墓出土的印花敷彩纱和金银色印花纱。

夹缬，就是夹版印花。它的工艺特点是先在木板、油纸上刻出图案制成版，然后将织物夹持在两块镂空版之间，不使织物移动，然后在镂空处涂刷或注入色浆，干后解开型版就成为印花的织物。中国夹缬的印染技术发明很早，大概秦汉时期即有了应用，不过到隋唐以后才盛行。

蜡缬，又名蜡染。它的工艺特点是用排染作用的蜡(蜂蜡、虫蜡、石蜡、松脂、树胶等)在织物上画出图案，然后在常温染液中浸染，最后沸煮去蜡，即显出色底白花的花纹。

绞缬，又名撮缬、扎染。这是一种把布料的局部进行扎结，防止局部染色而形成预期花纹的印染方法。它的操作顺序是先把布料上的某些部分用针线穿缝或结扎起来，防止它染色。这样经印染处理，最后布料上就出现了由深而浅、具有晕渲效果的花纹，颇具变幻迷离的情调。

明代以后，由于中国资本主义萌芽，染织手工作坊增多，大量印染深底白花的纺织品，蜡染、绞缬已不敷需要，而且中国劳动人民通过实践又创造了用化学药品褪色的“拔染”技术，效率成倍提高，因此蜡缬、扎缬也就渐渐退出了历史舞台，只有一些少数民族地区还在应用。

在1834年法国的佩罗印花机发明以前，中国一直拥有世界上最发达的手工印染技术。

纺织机械

原始先民从最初的手经指挂到学会用葛麻纤维、石刀、骨锥等进行原始的简单编织来制成遮羞蔽体的原始服饰，这是最早的纺织雏形。随着原始纺织雏形的形成，纺织工具应运而生。浙江余姚河姆渡遗址出土了不少石制、陶制、木制、骨制的原始纺织工具和木制的织机部件。

精妙绝伦的丝绸在新石器时代中后期诞生了，此后，家蚕已进入室内饲养，丝的产量和质量、丝绸的数量和品种都增加了。春秋战国时期，缫丝工具从最初的手工缫丝发展为手摇缫丝车和脚踏缫丝车。三国时期著名的机械工程师马钧继西汉陈宝光后再一次对提花织机进行重大改革，把50蹑改为12蹑，成为中国纺织科技史上的又一大革新，提高了生产能力。明清时期，蚕桑丝绸尽管受到了棉花的冲击，但是杭嘉湖一带的蚕桑生产依然比较发达。

棉花自汉代传入中国，宋元交替时期棉花生产迅速在内地普及，成为元明以后人们最基本的服饰原料。随着棉花种植的推广，中国的棉纺织技术得到进一步发展。元代初期黄道婆把从海南黎族人民那里学到的先进的棉纺织技术传入内地，并改进了擀、弹、纺、织等工具，极大地提高了纺纱效率。此外，她用错纱、配色、综线等技术，织制出有名的乌泥泾被，推动了松江一带棉纺织技术和棉纺织业的发展，使松江在当时一度成为中国棉纺织业的中心。

在长期的纺织生产实践中，人们发明创造了很多棉纺织加工机械。如最初轧棉工序中使用的脱籽机，将脱籽后的棉花弹松用的椎弓，用来纺纱、拈线的最原始工具纺专到手工机器纺车（始称纬车），后经过改进出现的脚踏纺车，便于棉纱后加工的绕锭架、经车、经床，以及织造工序的织布机等。纺织发展历史体现了中国劳动人民的无穷智慧和坚韧勤劳。

织造术

将丝或线制成绸缎和布匹的技术，需要使用织布机来完成。不同的织机对应了不同的织造技术。织机可根据经面角度分成不同机式，中国古代主要采用水平和斜织两种，也曾出现过立机，不过其使用较少。

最早的时候，人们用“手经指挂”的方式来织布，将一根根纱线依次绑结在两根木棍上，再把经两根木棍固定的纱线绷紧，用手指像编席或织网那样进行有条不紊的编结。后来随着纤维加工技术的显著进步，纱线日渐精细。“手经指挂”的方法不但费工而且柔软的纱线极易纠缠在一起，给操作带来很大困难。

原始织机具有了开口、引纬、打纬三项主要织造运动。织工席地而坐，将经纱的两端分别绑在两根横木上，一根系在腰间，另一根由脚踏住，靠腰背控制经纱张力，利用分经棍形成一个自然梭口，用纡子引纬，砍刀打纬。织第二梭时，提起综杆，使下层经纱变为上层，形成第二梭口，如此交替循环往复完成织造。与浙江余姚河姆渡新石器遗址出土距今6 000多年前原始织机相似的机件，部分少数民族地区至今仍有使用。

斜织机是一种带有脚踏提综装置的纺织机，在战国到汉代已普遍使用。江苏铜山洪楼和江苏泗洪曹庄出土的两块画像石中都有“曾母投抒”故事图。斜织机具有机架，经面和机座之间有倾角，方便观察。用梭子和竹箱送纬打纬，提高了织造速度。织工坐着操作，用经纱导棍和织口卷布轴来代替腰力，用脚踏提综，双手用于引纬和打纬。它比同时代罗马的竖机、平地机等织机更高效、先进。宋元时期斜织机基本定型，和近代农村使用的织布机相同。

立织机的经纱平面垂直于地面。古代有关立织机的记载和应用不是很多。最早记载发现于唐末五代敦煌遗书及莫高窟壁画中。新疆地区多有使用。宋元时期,立织机传入内地,山西高平市开化寺发现的元书《梓人遗制》有载。

罗织物质地轻薄、透孔,凉爽舒适,是高级丝织品。罗织物是靠互不平行的经纱相互有规律地绞转后,与纬纱交织在一起织成。商周时代的罗主要是二经相绞的素罗。秦汉以后出现了三经绞罗、四经绞罗以及罗纹地上起花的花罗。

织造表面有简单几何图案的织物时,会在织机上安装一定数量的综片,穿入相应的经纱。西汉出现了脚踏开口、较复杂的多综多摄织机。东汉时发明了一种花楼式束综提花机,用线综控制提花经线,且升降运动相同的线综是束结一起吊挂在花楼之上,可以制造更为复杂的丝绸花纹。花楼提花机到宋代完善而定型。花楼提花机和提花方法是中国古代纺织技术中一项极为重要的发明。现代纺织厂普遍采用的龙头提花机原理和整体结构与此基本相同。

刺绣术

用绣针引彩色的丝、绒、线等,按设计的花样,在丝绸、布帛等织物刺缀,往返运针,使绣迹构成各种美丽图案,称为一种装饰性织物,又被称作“针绣”或“绣花”。

刺绣的针法极其丰富,且富于变化,使得线条组织、艺术表现效果各具特色。可分为共有 9 大类 43 种,主要有齐针、抢针、套针、施针、乱针、滚针、切针、平金、打点、打子、结子等。刺绣工艺要求顺、齐、平、匀、洁。

刺绣在古代被称为“黹”“针黹”。根据《尚书》记载,4 000 多年前的章服制度中就规定了“衣画而裳绣”。东周已设官专司其职,至汉已有宫廷刺绣。在先秦文献中有用朱砂涂染丝线,在素白的衣服上刺绣朱红花纹的记载。目前发现的最早刺绣是战国时期湖南长沙楚墓中出土的两件绣品,配色清雅,线条流畅,龙游凤舞,猛虎瑞兽等形象自然、活泼。汉代绣品在全国地方均有出土,多采用波状云纹、翱翔凤鸟、奔驰神兽等纹饰。唐宋刺绣施针匀细,设色丰富,盛行用刺绣做书画、饰件等。明清时封建王朝的宫廷绣工规模很大,民间刺绣也得到进一步发展。这一时期先后产了苏绣、粤绣、湘绣、蜀绣等“四大名绣”。还有京绣、鲁绣、汴绣、瓯绣、杭绣、汉绣、闽绣等地方名绣,中国的少数民族如维吾尔、彝、苗、侗、傣、布依、哈萨克、瑶、白、壮、土家、景颇、蒙古、藏等也都有自己特色的民族刺绣,各具风格,传承至今,成为重要的非物质文化遗产。

运输

勒勒车

北方草原上古老的交通运输工具,曾在草原牧民的生活中发挥了重要的作用,至今在蒙古族、达斡尔族、哈萨克族中仍有使用。勒勒车轴、车轮多用桦、榆等硬质木材制成,不用铁件,结构简单,易于制造和修理,以牛、马、骆驼拉动,适宜在草原、雪地、沼泽上行走,可用来拉水、盐和牛奶,以及搬运毡包与柴草燃料,运送各种生活资料等。

北方游牧民族很早就有造车用车的习俗。阴山岩画有多幅关于车子形象的岩画。史书《汉书》《后汉书》中有多处记载匈奴车的技艺和规模;北魏时的敕勒以造车业闻名,并因创造了一种高大的车被南方人称为高车族;《蒙古秘史》中多处提到车。

近代勒勒车的种类逐渐增加,一种是大车,主要用于商货的运输,载重量在 250 千克到 500 千克之间。一种为轿车,车辆上有轿,专供乘客用。另有无篷车、箱车和篷车等具有草原特色的牛车。

勒勒车制作的原则是就地取材、制作简单、拆装方便,从技术上来说,其制作工艺并不复杂。“行则车为室,止则毡为庐”,在昔日的草原上,常常可以见到由一辆辆首尾相连的勒勒车排成长长的车队,如列车般行进在广袤的草原上,一个妇女或儿童即可驾驭七八辆甚至数十辆,承担全部家当的运输任务。昔日牧民家里随时随地都可以按不同需求来制作多辆勒勒车。

随着中国现代生活水平的提高,勒勒车正逐渐在草原上消失。现今各种各样的机动车飞驰在草原上,仅在内蒙古呼伦贝尔盟和锡林郭勒盟的部分地区仍保留着使用勒勒车的习惯。

造船术

中国东部的龙山文化和东南沿海以河姆渡遗址为代表的百越文化中,人类海洋活动的痕迹比比皆是,既有用于加工独木舟的工具,也有逐岛漂航的物证。中国古代有目的、有计划的海洋活动起步于夏、商、西周,形成于春秋战国时期。河北平山县发掘的战国随葬船,船身长13.1米,排水量为13.28吨,船板以铁箍连接,是中国迄今发现的最古老的船舶遗迹。

秦汉造船技术获得很大发展,汉代形成从广东出发通向印度洋和从山东半岛出发经朝鲜半岛通往日本的航路。东汉《释名·释船》把当时的造船成就和技艺水平翔实地记录了下来。汉墓中也发现了许多船舶模型。

隋代随着南北大运河的扩展和开凿,促进了造船业的繁荣,隋炀帝三次率庞大船队巡游江都,为此建造龙舟及游船数万艘。唐代内河航运在国计民生中占重要地位,江苏如皋发现的唐代古木船,船体细长,用3段木料榫合而成,长18米,分成9个舱,设水密舱壁。底部用整木榫接,舱板以及盖板用铁钉钉成,两舷用7根长木料上下叠合,以铁钉钉合,填以石灰、桐油。水密隔舱是中国造船技术的一大发明,起始于唐代,宋以后在海船中被普遍采用。宋代的丝、瓷贸易依靠海上航运,从广州或泉州出发,经南海行销东南亚、南亚、北非乃至东非沿岸。元代远洋海船因马可·波罗《东方见闻录》而远播海外。

明代郑和七下西洋所使用宝船,大者长四十四丈四,宽十八丈,其后明朝廷采取了禁海政策,造船业陷入停滞。清代中国人在海外仍持续造船活动,明末清初中日之间的货物运输仍使用中国商船,日本称为唐船,内河航运也持续发展。18世纪60年代后,中国传统帆船在东南亚海上贸易中遭到西方夹板帆船的挑战,所占份额迅速衰退,在与西方列强坚船利炮的对抗中,最终败下阵来。晚清的洋务运动揭开了中国近代造船业的序幕。

造桥术

中国桥梁的历史可以上溯到约6 000年前的氏族公社时代,针对跨越两岸的需求,人们总会找到合适的材料,结合传统的工艺,利用当地的地形,建造出实用的桥梁。中国的桥梁类型丰富。

在桥梁结构中,最简单的就是平梁桥,中国泉州的跨海大桥洛阳桥长834米,就是石平梁桥的代表。平梁桥如果多增加几层,利用两岸地基压住梁尾,梁头出跳就形成了伸臂桥,历史上最出名的伸臂桥梁当属南北朝时建于青海的河厉桥,《沙州记》中有记载,伸臂桥在中国的青海、西藏及国外的尼泊尔一带至今有所分布。

中国有建造石拱桥的传统,由于南北方河基情况的不同,北方多为厚拱厚墩石桥而南方多为薄拱薄壁石桥,两种石桥体系并行发展。具有划时代意义的赵州桥,又称安济桥,建于隋炀帝大业年间(605—618)。该桥跨径约37米,这一跨度在建成后700多年都未被超越。其采用弧形拱,显著降低桥高,使道路平坦,还首创了敞肩式桥梁,减轻了桥身自重的同时减少了洪水的压力。用木材做大跨度的桥梁,中国开发出了编木系统,最出名的例子就是《清明上河图》中的虹桥。浙闽山区至今仍有编木拱桥使用。

进入现代,中国京沪高速铁路的丹阳—昆山大桥是世界最长桥梁,全长164.851千米。全球最长跨海大桥——港珠澳大桥全长55千米,也于2018年正式通车。目前,长度排名全球前十的桥梁中国占据了八个,在世界十大拱桥、十大梁桥、十大斜拉桥、十大悬索桥中,中国分别占据了半壁江山或一半以上。钢拱桥中的重庆朝天门大桥（跨径552米）、梁桥中的石板坡长江复线大桥（跨径330米）、斜拉桥中的苏通长江大桥（跨径1 088米）、悬索桥中的西堠门大桥（跨径1 650米）等，均是同类桥梁中跨度超群的大桥。一个又一个“世界之最”的桥梁如火如荼地建设，使中国成为世界第一桥梁大国。

数学与测量

中国古代数学成就

数学在中国的起源可追溯到遥远的上古时代。形和数的概念早在旧石器时代和新石器时代已经形成。

据《世本》记载有“黄帝使隶首作算数”。《易经》上说：“上古结绳而治，后世圣人易之以书契。”

殷商时期已形成了刻在龟甲和兽骨上的甲骨文汉字系统和十进数字系统：从一到十的自然数，十、百、千、万，最大数目到三万。

至迟在春秋末年，人们已掌握了完备的十进位和位值制的记数法，普遍使用了算筹这种中国独有的先进计算工具和筹算这种利用算筹进行计算的简便方法。

出土和传世的秦汉数学典籍有《算数书》《周髀》和《九章算术》，见于史载、现已亡佚的还有《许商算术》《杜忠算术》（见于《汉书·艺文志》）等。

《九章算术》是中国古代最重要的数学经典著作。它对先秦中国的算学内容进行了归纳和总结。全书以计算为中心，列出246个应用问题，分别隶属于方田、粟米、衰分、少广、商功、均输、盈不足、方程、勾股等九章，基本上采取算法统率应用问题的形式，提出了90多条抽象性解法和公式，在分数四则运算、各种几何图形面积和立体体积计算、多位数开平方和开立方程序、线性方程组解法和正负数加减法则等方面的许多成就居世界领先地位，奠定了此后中国数学领先世界千余年的基础。

《九章算术》成书后，注家蜂起。魏晋时期刘徽于魏景元四年（263）注《九章算术》，成《九章算术注》十卷。前九卷“析理以辞，解体用图”，全面论证了《九章算术》的公式和解法，发展了出入相补原理、齐同原理和率的概念，在圆面积公式和阳马鳖臑体积公式证明中采用了无穷小分割方法，首创了求圆周率精确值的算法化程序“割圆术”等。

约5世纪初出现的《孙子算经》记载了筹算记数制度及乘除法则，其“物不知数”问题则开一次同余式组解法之先河。

5世纪下半叶出现的《张丘建算经》中著名的“百鸡问题”开中国古代不定方程研究风气之先。

北周甄鸾有《五曹算经》《五经算术》和伪托东汉徐岳撰、甄鸾注的《数术记遗》三部算学著作传世。表现出十进小数应用的萌芽、大数进位制和计算工具的改进，以及管理数学、军事数学的出现。

南朝祖冲之、祖暅父子是自刘徽以来最有成就的数学家，其重要的数学著作《缀术》（或称《缀述》）可惜已经失传。但《隋书·律历志》所载祖冲之将圆周率计算精确到有效数字八位（即小数点后七位）领先世界。至于唐朝李淳风《九章算术注释》所引祖暅“开立圆术”中提出的“缘幂势既同，则积不容异”原理，完全与1 000多年以后西方的所谓“卡瓦列利原理”等价。

唐初“算学博士”王孝通撰《缉古算经》，其关于三次方程数值解法及其应用是世界数学史上最早的记载。

北宋初期贾宪的《黄帝九章算经细草》标志着中国传统算学的算法系统在代数学方面的飞跃。他创造的开方做法本源即“贾宪三角”，分别早于阿拉伯和欧洲400年和600年。他创造的增乘开方法，与19世纪初才在欧洲出现的霍纳法基本相同。

科学全才沈括在《梦溪笔谈》中首创隙积术，开垛积术（高阶等差级数求和）这一数学新分支；又提出会圆术，首次以近似公式求弓形弧长。

13世纪中叶至14世纪初，中国数学发展到高潮时期。

秦九韶的《数书九章》（1247）分大衍、天时、田域、测望、赋役、钱谷、营建、军旅、市易共9类81题，其数学成就主要是高次方程数值解法和一次同余式组解法，因其领先世界的成就而被数学史界誉称为“秦九韶程序”和“中国剩余定理”。李冶的《测圆海镜》(1248)完善了“天元术”这种中国独特的半符号代数学，其水平超过了同时期代数学最为发达的印度和阿拉伯，早于欧洲引进字母符号表示方程中的未知数300多年。

朱世杰的《算学启蒙》(1299)、《四元玉鉴》(1303)创立“四元术”，即高次方程组的解法——四元消法；在高阶等差级数求和以及高次招差法方面也有创造性的贡献，西方经过300多年直至格雷果里、牛顿才超越。

宋元时期的数学具有几何代数化和设计计算程序化的特色，当代数学大师吴文俊受此启发而从事数学机械化和机械化数学的研究，成就卓著，饮誉海内外。中国传统数学的思想和方法可以古为今用，对当代数学前沿的研究提供宝贵的借鉴。

自唐中叶以来的算法改革成果导致了珠算的发明。元末明初关于珠算的史料有图有书。明朝中晚期则是珠算的黄金时代。以程大位的《算法统宗》(1592)为代表，至20世纪末的300年间，多次被翻刻、改编，成为中国数学史上流传最广的算书，并传到东亚和东南亚各国。时至今日，珠算仍然在生活中发挥着作用。

明末清初，清末民初，随着欧洲耶稣会士来华传教，包括数学在内的西方科学开始传入中国。徐光启、李善兰等同传教士合作，把西方几何学、近代代数学、三角学、微积分学和概率论等陆续介绍到中国。中国传统数学逐渐融入世界数学发展的洪流之中。

珠算

以算盘为工具、口诀为算法而进行数字计算的一种方法。算盘是中国一项伟大的发明。

“珠算”一词最早见于汉代徐岳撰的《数术记遗》，其中有云：“珠算，控带四时，经纬三才。”

不过，那个时候的算盘运算法与今天还是有很大区别的。现代珠算起源于元明之间。元朝朱世杰的《算学启蒙》载有36句口诀，即与今天的大致相同。明朝时逐步传入日本、朝鲜、泰国等地。元代刘因《静修先生文集》中有题为《算盘》的五言绝句。元代画家王振鹏《乾坤一担图》(1310)中有一算盘图。元末陶宗仪《南村辍耕录》(1366)卷二十九“井珠”条中有“算盘珠”比喻。书里更记载了一段有趣的俗谚：“凡纳婢仆，初来时曰擂盘珠，言不拨自动；稍久曰算盘珠，言拨之则动；既久曰佛顶珠，言终日凝然，虽拨亦不动。”元曲中也提到“算盘”，由这些实例，可知宋代已应用珠算。

现存最早载有算盘图的书是明洪武四年(1371)新刻的《魁本对相四言杂字》。现存最早的珠算书是闽建(福建建瓯)徐心鲁订正的《盘珠算法》(1573)。流行最广，在历史上起作用最大的珠算书则是明朝程大位编的《算法统宗》。

算盘已列入第二批国家级非物质文化遗产目录。2013年12月4日，联合国教科文组织在阿塞拜疆首都巴库通过珠算正式成为人类非物质文化遗产。这也是中国第30项被列为世界级非遗的项目。

十进位值制与算筹记数法

一般意义上的十进制实际上包括十进位和位值制两条原则，“十进”即满十进一；“位值”则是同一个数位在不同的位置上所表示的数值就不同，比如999，同样的数字9最右侧的代表9，中间的代表90，最左侧的代表900。十进位值制记数法，是现代世界通行的记数法，它很可能最早出现于中国。

中国人一直普遍使用十进制。早在商代的甲骨文中就体现有一至九、十、百、千、万共13个数字符号，成为十进位值制的形式。这种形式在秦代陶文中已出现简单的例证。

早期比较普遍而又典型的十进位值制记数法是算筹记数法。算筹本身非常简单，就是长条形小棍。古代用算筹排列成基本数字一至九，有两种形式。其特点是：一至五，表示几就用几根算筹；六至九，用一根在上面的算筹表示所含的五，比五多几就在下面用几根算筹与表示五的算筹靠拢垂直放置。记数时，个、百、万等奇数位上的数字用纵式，十、千、十万等偶数位上的数字用横式，纵横交错表示整数。如果遇某位上数字为零，则空出相应的位置。古代还通过算筹的颜色、形状或摆放方式来区分正负数。

文献记载算筹在公元前6世纪中期早已存在。《老子》说“善数不用筹策”，《墨经》反映了十进位值制的特点，还有其他先秦文献如《孙子》《管子》等都提到了算筹的运用，秦汉简牍书中的用语则表明很多计算是用算筹进行的。

直到14世纪珠算发明之前，算筹一直是中国人常用的计算工具，其简便快捷的优点，在中国古代数学的早期发达与持续发展中发挥着重要作用。

盈不足术

中国古代解决盈亏类问题的一种算术方法。成书于公元1世纪的中国古代数学名著《九章算术》中，专辟一章名为“盈不足”。其中第一个问题是：“今有共买物，人出八，盈三；人出七，不足四。问人数、物价各几何?”

这是有关盈不足术的典型问题，可用通用的数学符号表示如下：设每人出 a_1，盈（或不足）b_1，每人出 a_2，盈（或不足）b_2，其中在“盈”时，$b_1, b_2>0$，“不足”时，$b_1, b_2<0$。

《九章算术》给出了这个问题的一般解法，即平均每人应出钱数 x，人数 p 和物价 q，可分别用下列公式计算：

$$x=\frac{a_2b_1-a_1b_2}{b_1-b_2}$$

$$p=\frac{b_1-b_2}{a_1-a_2}$$

$$q=\frac{a_2b_1-a_1b_2}{a_1-a_2}$$

在上述问题中，由公式可得人数 $p=7$，物价 $q=53$。盈不足术是中国数学史上的一项杰出成就。用盈不足算法不仅能解决盈亏类问题，而且能解决一些更复杂的问题。

在代数学的符号系统发展起来之前，“双设法”是中世纪欧洲解决算术问题的一种主要方法，并得到广泛的应用。13世纪著名的意大利数学家斐波那契最早介绍了这种方法，并把它叫作“阿尔-契丹耶(elchataym)”，这显然是阿拉伯语的音译。因为在11—13世纪，这种方法就引起了阿拉伯数学家的重视，并称之为“契丹算法”。当时阿拉伯人所说的“契丹”，实际上就指的是中国。“契丹算法”就是“中国算法”。由此看来，“双设法”追本溯源应该来自中国，来自中国古代的“盈不足术”。中国早已有之的“盈不足术”很可能经由阿拉伯传入欧洲，在欧洲数学发展中起了重要的作用。

日晷、铜壶滴漏

两种中国古代计时器，创始时间不晚于战国时代（前476—前222）。

日晷，本义是指太阳的影子。日晷，又称日规，是指古代利用日影测得时刻的计时仪器。其原理就是利用太阳的投影方向来测定并划分时刻，通常由晷针（表）和晷面（带刻度的表座）组成。利用日晷计时的方法是人类在天文计时领域的重大发明，这项发明被沿用达几千年之久。

一天中，被太阳照射到的物体投下的影子在不断地改变着：随着时间的变化，影子的长和方向在不停改变。从原理上来说，根据影子的长度或方向都可以计时，但根据影子的方向来计时更方便一些。故通常都是以影子的方位计时。随着时间的推移，晷针的影子慢慢地由西向东移动。移动着的晷针影子好像是现代钟表的指针，晷面则是钟表的表面，以此来显示时刻。

铜壶滴漏是中国古代的一种自动化计时装置，又称刻漏或漏壶。漏壶的最早记载见于《周礼》。这种计时装置最初只有两个壶，由上壶滴水到下面的受水壶，液面使浮箭升起以示刻度（即时间）。保持上壶的水位恒定是滴漏计时准确的关键。这个问题后来是用互相衔接的多级（3—5级）水壶来解决的。平水小壶上有溢水口，让多余的水泄入减水桶以保持水面恒定。在莲花漏中还采用一个浮子式阀门作为自动切断阀。当受水壶水位升至满刻度时，浮子式阀门就会自动阻塞上级水壶的出水孔，切断水滴。

在不同的领域与场合，古人会使用不同的计时工具，日晷和铜壶滴漏的发明与使用，让人不禁惊叹于古人智慧的伟大。

时辰制

中国古代计时方法，把一天划分为十二个时辰，每个时辰相当于现在的两小时。十二时辰是古人根据一日间太阳出没的自然规律、天色的变化以及自己日常的生产活动、生活习惯而归纳总结、独创于世的计时方法。

西周时就已使用，汉代命名为夜半、鸡鸣、平旦、日出、食时、隅中、日中、日昳、晡时、日入、黄昏、人定，又用十二地支来表示：

子时（23:00—00:59）鼠夜半，又名子夜、中夜；鼠在这时间最活跃。

丑时（01:00—02:59）牛鸡鸣，又名荒鸡；牛在这时候咀嚼白天没消化的食物。

寅时（03:00—04:59）虎平旦，又称黎明、早晨、日旦等；夜与日的交替之际，老虎在此时最猛。

卯时（05:00—06:59）兔日出，又名日始、破晓、旭日等；指太阳刚刚露脸、冉冉初升的那段时间。

辰时（07:00—08:59）龙食时，又名早食等；古人“朝食”之时也就是吃早饭时间，相传这是“群龙行雨”的时候。

巳时（09:00—10:59）蛇隅中，又名日禺等；临近中午的时候称为隅中，蛇在这时候隐蔽在草丛中。

午时（11:00—12:59）马日中，又名日正、中午等；这时候太阳最猛烈，阳气达到极限，阴气将会产生，而马属阴类动物。

未时（13:00—14:59）羊日昳，又名日跌、日央等；太阳偏西为日昳，羊在这段时间吃草。

申时（15:00—16:59）猴哺时，又名日哺、夕食等；猴子喜欢在这时候啼叫。

酉时（17:00—18:59）鸡日入，又名日落、日沉、傍晚；意为太阳落山的时候，鸡于傍晚开始归巢。

戌时（19:00—20:59）狗黄昏，又名日夕、日暮、日晚等；天地昏黄，万物朦胧，故称黄昏，狗开始守门口。

亥时（21:00—22:59）猪人定，又名定昏等；此时夜色已深，人们也已经停止活动，安歇睡眠了，夜深时分猪正在熟睡。

十二时辰表时独特、历史悠久，是中华民族对人类天文历法的一大杰出贡献，也是灿烂的文化瑰宝之一。

百刻制

中国古代的一种计时方式，即把昼夜分成均衡的一百刻，起计点在日出时刻，到下一个日出前计满一百刻。

其产生与漏刻的使用有关。漏壶分播水壶和受水壶两部。播水壶分二至四层，均有小孔，可滴水，最后流入受水壶，受水壶里有立箭，箭上刻分100刻，箭随蓄水逐渐上升，露出刻数，以显示时间。而一昼夜24小时为100刻，即相当于现在的1 440分钟。时刻制是十二时和一百刻配合使用。早期的表述方法为“时某刻”，即“时后第某刻”；宋代以后为“时初某刻、时正某刻”，即“时初现后第某刻、时正位后第某刻”。每刻相当于现在的14.4分钟。所以“午时三刻”接近于现在的中午11时45分。

百刻制可能起源于黄帝时代（前22世纪左右）。文献记载：“黄帝时，漏箭计刻。”汉时曾把它改造为百二十刻，南朝梁改为九十六刻、一百零八刻，几经反复，直至明末欧洲天文学知识传入才又提出九十六刻制的改革，清初定为正式的制度。

干支

上古时已经出现的一种计数、计时符号。以十天干同十二地支循环相配,通称“六十甲子”。中国古代用来表示年、月、日和时的次序,周而复始,循环使用。

十天干为:甲、乙、丙、丁、戊、己、庚、辛、壬、癸。

十二地支为:子、丑、寅、卯、辰、巳、午、未、申、酉、戌、亥。

相传天干地支是黄帝时期的大挠氏所创。干,就是天干;支,就是地支。天干和地支合起来,简称为干支。

古人以天干地支来作为载体,天干承载的是天之道,地支承载的是地之道;在天成象,在地成形,在人成运;干象天而支象地,万物虽长于地上,但是万物的荣盛兴衰却离不开天。古人认为世间万物衍变,皆可以通过其推算。干支历,又称节气历或中国阳历,是一种用六十组各不相同的天干地支标记年月日时的历法。干支历法历史悠久、深奥莫测,蕴含了深奥的宇宙星象密码。干支历主要由干支纪年、干支纪月、干支纪日、干支纪时四部分组成。

自古以来,干支历一直为官方和民间所普遍接受,应用于天文、风水、命理、选择术和中医等领域上,并为历朝官方历书(即黄历)所记载,是中国传统文化的重要组成部分。

阴阳合历

调和太阳、地球、月亮的运转周期的历法。它既要求历法月同朔望月基本相符,又要求历法年同回归年基本相符,是一种综合阴、阳历优点,调合阴、阳历矛盾的历法,所以叫阴阳合历。中国古代的各种历法和今天使用的农历,都是这种阴阳合历。

阴阳合历是古人在长期的社会实践生活中,融合了天文、气象与农业等多种科学理论,并深入研究它们之间的相互关系而创造出来的历法。阴阳合历,就是既要考虑月相的符合,即新月在初一,满月在十五,又要让一年的平均长度仍然为 365 日多一点(和公历的年长接近)。因此,大约每过二到三年,阴阳合历便会出现一个闰月。而闰月的时间,则需要通过二十四节气的变化来确定。

这样历法中,就必然会同时容纳阴历和阳历两种成分,并且要将它们调和起来,所以比阳历和阴历都要更为复杂。中国历史上出现过百余部历法,都是阴阳合历,这在世界其他古代文明中是难以想象的,阴阳合历一直沿用至今。

圭表

中国古代度量日影长度的一种天文仪器,由“圭”和“表”两个部件组成。直立于平地上测日影的标杆和石柱叫作表;正南正北方向平放的测定表影长度的刻板叫作圭。

在不同季节,太阳的出没方位和正午高度不同,并有周期变化的规律。于露天将圭平置于表北面,根据圭上表影测量、比较和标定日影的周日、周年变化,可以定方向、测时间、求出周年常数、划分季节和制定历法。所以圭表测影是中国古代天文学的主要观测手段之一。圭、表间用枢轴连接,使之合为一体,使用时将表竖立与圭垂直;平时可将表折入圭体中留出的空档内,便于携带。根据传统的说法,表高为 8 尺,这一数值曾被长期沿用。

中国现存最早的圭表是 1965 年在江苏仪征石碑村 1 号东汉墓出土的仪征铜圭表,该表的表高恰为 8 尺的 1/10,说明它是一件便携式的测影仪器,可证明当时常设的天文台用 8 尺的表进行观测的说法是可信的。春秋时代已经使用圭表测量连续两次日影最长和最短之间所经历的时间,并计算出回归年的长度。元代杰出的天文学家郭守敬在传说周公测时的地方设计并建造了一座测景台,使测量精度大大提高。以圭表测时一直延至明清,现在南京紫金山天文台的一具圭表,是明代正统年间(1437—1442)所造的。

天文地理

天文观测

中国是世界上天文学起步最早、发展最快的国家之一,有大量天文观测资料。传说早在尧帝时代就设立了专职的天文官,专门从事"观象授时"。仰韶文化时期,人们就描绘了光芒四射的太阳形象,进而对太阳上的变化也屡有记载,描绘出太阳边缘有大小如同弹丸、成倾斜形状的太阳黑子。

中国古代测量天体位置的主要仪器是浑仪。西汉时落下闳开改制浑仪之先河,东汉的张衡使浑仪成为千年定制。宋代苏颂创立了水运仪象台。元代的郭守敬先后创制和改进了十多种天文仪器,如简仪、高表、仰仪等。

中国古代观测天象的台址名称很多,如灵台、瞻星台、司天台、观星台和观象台等。现今保存最完好的是河南登封观星台和北京古观象台。

中国古代无论是对太阳、月亮以及行星、彗星、新星、恒星,还是日食和月食、太阳黑子、日珥、流星雨等罕见天象,都有着悠久而丰富的记载,观察仔细、记录精确、描述详尽,其水平之高,达到使令人惊讶的程度,这些记载至今仍具有很高的科学价值。

例如,世界天文史学界公认,中国对哈雷彗星观测记录的久远、详尽,首屈一指。《史记·秦始皇本纪》记载的秦始皇七年(前240)的彗星,这是公认的世界上最早的哈雷彗星记录。从那时起到1986年,哈雷彗星共回归了30次,中国史籍和地方志中都有记录。

中国还有多次对太阳黑子的记录,如公元前约140年成书的《淮南子》中说:"日中有踆乌。"公元前165年的一次记载中说:"日中有王字。"战国时期的一次记录描述为:"日中有立人之像。"更早的观察和记录,可以上溯到3 000多年前甲骨文字中有关太阳黑子的记载。从公元前28年到明代末年的1 600多年当中,中国共有100多次翔实可靠的太阳黑子记录,这些记录不仅有确切日期,而且对黑子的形状、大小、位置乃至分裂、变化等,也都有详细和认真的描述。这是中国和世界人民一份十分宝贵的科学遗产,对研究太阳物理和太阳的活动规律以及地球上的气候变迁等,有重要的参考价值。

中国古代对著名的流星雨,如天琴座、英仙座、狮子座等流星雨,各有多次记录,天琴座流星雨至少有10次,英仙座至少有12次。1833年狮子座流星雨创下了最高流星数量的记录。从902—1833年,中国以及欧洲和阿拉伯的一些国家总共记录了13次狮子座流星雨的出现,其中中国占7次,最早的一次是在931年10月21日,是世界上的第二次记录。从公元前7世纪算起,中国古代至少有180次的相关流星雨记录。

历法

指推算年、月、日的长度和它们之间的关系,根据天象制订时间顺序的法则。中国对历法的称谓有五种:公历、阴历、阳历、干支历、农历(阴阳合历)。依据月亮环绕地球运行制订的历法为阴历;依据太阳在不同季节的位置变化制定的历法为阳历。

人们根据地球自转产生昼夜交替的现象形成了"日"的概念;根据月亮绕地球公转产生朔望形成"月"的概念;根据地球绕太阳公转产生的四季交替现象而形成了"年"的概念。这三个概念所依据的物质运动是互相独立的。根据精确测定,地球绕太阳公转一周的时间约为365.242 2平太阳日,称为一个回归年。而从一次新月到接连发生的下一次新月的时间间隔为29.530 6平太阳日,称为一个朔望月。以回归年为单位,在一年中安排多少个整数月,在一个月中又安排多少个整数天的方法和怎样选取一年的起算点的方法就叫历法。历法问题的复杂性在于回归年和朔望月这两个周期太零碎,它们同"日"之间的关系彼此不能通约。所以,大多数历法总是顾此失彼,不能同时协调两个周期。因此历法一般分为三类：太阴历、太阳历和阴阳历。侧重协调朔望月和历月关系的叫太阳历，简称阳历；兼顾朔望月和回归年、历月和历年的叫阴阳历。

无论哪一种历法，都有一个协调历日周期和天文周期的关系问题。在原则上，历月应力求等于朔望月，历年应力求等于回归年。但由于朔望月和回归年都不是整日数，所以，历月须有大月和小月之分，历年须有平年和闰年之别。通过大月和小月、平年和闰年的适当搭配和安排，使其平均历月等于朔望月，或平均历年等于回归年。这就是历法的主要内容。

测定回归年的长度是历法的基础。中国古代历法特别重视冬至这个节气，准确测定连续两次冬至的时刻，这一时间间隔，就是一个回归年。

中国古代历法都是“四分历”，即采用回归年长度为 $365\frac{1}{4}$ 日。自西汉太初历（前 104）起成为定制。又以朔望月大 30 日、小 29 日安排月长，结果每年只有 354 日。古人采用“十九年七闰”即两三年增加一个闰月的方式协调回归年与朔望月之日长的关系，加上二十四节气的运用，成为中国特有的阴阳合历，即农历。

根据观测结果，中国古代上百次地改进了历法。以郭守敬于 1280 年编订的《授时历》为例，他通过三年多时间进行了 200 次测量，经过计算，采用 365.242 5 日作为一个回归年的长度。这个数值与现今世界上通用的公历值 365.242 2 差距甚微。而在七百多年前，郭守敬能够测算得如此精密，实属难得，这一历法比欧洲的格雷果里历早了 300 年。

中国古代历法不仅包括节气的推算、每月的日数的分配、月和闰月的安排等，还包括许多天文学的内容，如日、月食发生时刻和可见情况的计算和预报，五大行星位置的推算和预报等，是世界上最优秀的古代历法之一。

计时（记时）

又称记时。中国古人的记时方法，主要有十时辰制、百刻制、十六时辰制、十二时辰制。这里说的“时辰”指的是时段。

十进制是自然而然的选择，因此早期的历法采用了十进制。阴阳五行历，属于十月太阳历；十时辰制，则是时间的十进制划分。在十时辰的使用早期，选择了若干关键性的自然现象、生物反射、生活习惯作为时间的节点，帮助人们认知时间。到后来，才逐渐转变为使用数字、天干等代码来表述。据《隋书·天文志》，白天的五个时间节点为：朝、禺、中、晡、夕；夜晚的五个时间节点为：甲、乙、丙、丁、戊。夜晚的五个时间节点，逐渐转变为夜间安全巡逻时的附加授时节点，称为五鼓、五更，一直延续到清末。

百刻制是十时辰制的进一步划分，即把十时辰进一步划分成均衡的一百刻。出土的汉代日晷盘面上的刻度为一百刻中可能用到的六十九刻。汉时曾被改为一百二十刻，南朝梁改为九十六刻、一百零八刻，几经反复，直至明末欧洲天文学知识传入才又提出九十六刻制的改革，清初定为正式的制度。

十六时辰制是历算的副产品。中国早期的历法，从阴阳五行历转变为四时八节历，历算过程中，将一年切分为十二个月时，会出现以 16 为分母的分数。古代人很早就认识到，一年的长度为 365 又 1/4 天，切分为 12 个月，则每个月 30 又 7/16 天。十六时辰制，就是配合历算而进行的时间划分。《淮南子·天文训》记录了十六时辰名称中的十五个：晨明、朏明、旦明、蚤（早）食、宴（晚）食、隅中、正中、少还、晡时、大还、高舂、下舂、县（悬）东、黄昏、定昏。

十二时辰制是指自西周开始，中国的历法逐渐稳定了一岁十二个月的概念。以日比作岁，也采用十二时辰划分一日，并将日期切分点（换日点）固定在夜半。

十二时辰的十二个时间节点（起点）为十二时。汉代命名为夜半、鸡鸣、平旦、日出、食时、隅中、日中、日昳、晡时、日入、黄昏、人定。随着人们工作、生活的多元化，逐渐词不达意，遂改用十二地支来表示，以晚上十一点为子时、凌晨一点为丑时、凌晨三点为寅时、早晨五点为卯时、上午七点为辰时、上午九点为巳时、中午十一点为午时、下午一点为未时、下午三点为申时、傍晚五点为酉时、晚上为七点戌时、晚上九点为亥时。

堪舆与风水

以河图洛书为基础，结合八卦九星和阴阳五行的生克制化而形成一套特殊的理论体系，用以推断或改变人的吉凶祸福。是常用于占相阳宅（生人住宅）和阴宅（死者墓葬）的地形、环境、结构、坐向以测断吉凶休咎的方术。

《淮南子》中有："堪，天道也；舆，地道也。"堪即天，舆即地，堪舆学的原意是天地之学。《葬书》中有："葬者，乘生气也，气乘风则散，界水则止，古人聚之使不散，行之使有止，故谓之风水，风水之法，得水为上，藏风次之。"风是元气和场能，水是流动和变化。早期的风水主要是通过适应自然变化的规律，对城镇及村落地址、宫殿建设环境进行选择，以达到趋吉避凶的目的，后来发展至寻找居住或者墓葬的选址。

因两者最终目的皆是选择适宜的用地，所以民间经常对此不加区分，堪舆即风水，成为传统五术（山、医、命、相、卜）之一相术中的相地之术。实际上是地理学、地质学、星象学、气象学、景观学、建筑学、生态学以及人体生命信息学等多种学科综合的一门学问。核心思想是审慎周密地考察自然环境，顺应自然，有节制地利用和改造自然，创造良好的生活环境，以臻于天时、地利、人和，诸吉咸备，旨在人与自然的和谐相处，达到"天人合一"的至善境界。

风水在中国长期封建社会的流传中，也掺入了一些迷信和不科学的成分，这是需要今人认真鉴别的。

地动仪

东汉科学家张衡（78—139）创造的传世杰作。张衡所处的东汉时代，地震比较频繁。张衡对地震有不少亲身体验，为了掌握全国地震动态，他经过长年研究，终于在阳嘉元年（132）发明了候风地动仪，这也是世界上的第一架地动仪。

地动仪有八个方位，每个方位上均有口含龙珠的龙头，在每条龙头的下方都有一只蟾蜍与其对应。任何一方如有地震发生，该方向龙口所含龙珠即落入蟾蜍口中，由此便可测出发生地震的方向。

汉顺帝阳嘉三年十一月壬寅（134 年 12 月 13 日），地动仪的一个龙机突然发动，吐出了铜球，掉进了那个蟾蜍的嘴里。当时在京师（洛阳）的人们却丝毫没有感觉到地震的迹象，于是有人开始议论纷纷，责怪地动仪不灵验。没过几天，陇西（今甘肃省天水地区）有人快马来报，证实那里前几天确实发生了地震，于是人们开始对张衡的高超技术极为信服。陇西距洛阳有 1 000 多里，地动仪标示无误，说明它的测震灵敏度是比较高的。

但由于历史久远，张衡地动仪已经失传，只留下一百多字的文字记载。

学者们考证，张衡在当时已经利用了力学上的惯性原理，"都柱"实际上起到的正是惯性摆的作用。同时张衡对地震波的传播和方向性也一定有所了解，这些成就在当时来说是十分了不起的，而欧洲直到 1880 年才制成与此类似的仪器，比起张衡的发明晚了 1 700 多年。

关于地动仪的结构，流行的有两个版本：王振铎模型（1951），即"都柱"是一个类似倒置酒瓶状的圆柱体，控制龙口的机关在"都柱"周围。这一种模型最近已被基本否定。

另一种模型由科学家冯锐（2005）提出，即"都柱"是悬垂摆，摆下方有一个小球，球位于"米"字形滑道交汇处（即《后汉书·张衡传》中所说的"关"），地震时，"都柱"拨动小球，小球击发控制龙口的机关，使龙口张开。另外，冯锐模型还把蛤蟆由面向樽体改为背向樽体并充当仪器的脚。该模型经模拟测试，结果与历史记载吻合。

科技著作

《考工记》

春秋战国时期一本对手工业生产技术、制度和技术规范的汇集。它本来是一本单独的著作,但由于《周礼》中“冬官”(上古设置官职以四季命名,周代设六官,司空为冬官,掌管工程制作,后世亦将工部通称为冬官)缺失,西汉河间献王刘德把《考工记》补入,身居儒家经典之中,身价倍增,广为流传。

《考工记》第一部分强调“百工”在社会分工中的地位,介绍了各地的工艺特产和获得优质产品必须遵循的基本原则,罗列了 6 类 30 个工种。第二部分详细记叙了各工种的职能和技术规范,包括车辆制造、兵器、乐器、容器、玉器、皮革、练丝与染色、陶瓷、建筑和水利工程等等,表现出当时手工业专门化、分工精细的高度发达状况。

《考工记》力图阐明技术中的科学道理,记载了中国先秦的许多科技成就,其中很多在全世界也是首次。记载了青铜冶铸分为六个工种,记载了青铜器六种合金比例的“金有六齐”,以及依据烟气和火焰颜色判断冶炼进程。记录了丝织品灰水脱胶、日光脱胶漂白、反复印染等过程。记载了许多物理知识,如用水的浮力测量箭杆的质量分布;指出箭羽是箭飞行的稳定器;提到了滚动摩擦力和轮径大小的关系;记录了钟、磬、鼓的大小、厚薄等因素对音质的影响。保存了丰富的应用数学知识,如制车工艺中记载的角度概念,曾在春秋战国时期广泛使用;用简单分数表示产品各部分尺寸比,如“十分寸之一谓之枚”,被后世所继承。建筑部分强调了建筑群体之间的相互连接和配合,使用了水平器、线坠等测量仪器,并用观测太阳和北极星的方法来确定方向。

《考工记》是世界上最早的质量管理、标准化管理的专著,严格规定了技术分工,统一产品的部件名称,制定产品和建筑设计的标准与规格,从选材、用料到生产程序的各个环节都有严格的制度,并规定了相应的产品检验方法和标准。

《考工记》有过长久而巨大的影响。历代宫廷器具的制作以及都城的修建,多以《考工记》为参照。元、明、清三代对《考工记》讨论和考订非常多。现代学者从多学科角度对《考工记》开展研究,特别是将文献记载与考古发现相结合,有了更高的认识水平。

《梦溪笔谈》

北宋著名科学家、社会活动家沈括(1031—1095)以笔记体裁形式写成的科学著作,内容包括农业、水利、天文、数学、物理、化学、考古、语言、史学、文学、音乐、绘画以及财政、经济等等,从自然科学到社会科学,应有尽有。《梦溪笔谈》原有 26 卷,后来增加《补笔谈》3 卷,《续笔谈》1 卷,总计 30 卷。全书分成 17 类,共 609 条,10 余万字,内容十分丰富,可以说是一部集前代科学成就之大成的光辉巨著,被英国科学史家李约瑟誉为“中国科学史上的坐标”。在世界文化史上也有重要的地位。

沈括在数学上发明了隙积术、会圆术,开其后“垛积术”即二阶等差级数求和之先河。在物理学上首次提出磁偏角的概念,在天文观测、改进历法等方面卓有贡献。

沈括还详细记述了庆历年间(1041—1048)平民毕昇发明活泥字印刷术的全过程,比德国人古腾堡发明金属活字印刷早 400 多年。

书中还记录了能工巧匠喻皓的高超建筑技术,尤其是摘抄了其著作《木经》的部分内容,为中国建筑科技史留下了极为宝贵的史料。

本书还记述了治理黄河水患时,河工高超巧合龙门的三节压埽法等。

《天工开物》

世界上第一部关于农业和手工业生产的综合性著作,是中国古代一部综合性的科学技术著作,国外学者称它为“中国 17 世纪的工艺百科全书”。《天工开物》初刊于明崇祯十年(1637),作者是明朝科学家宋应星。当时欧洲正处于文艺复兴时代,封建制走向崩溃,资本主义正在兴起,随之而来的是科学革命和技术的迅猛发展,是历史的大变革时代。

《天工开物》是中国科技史料中保留最为丰富的一部,作者在书中强调人类要和自然相协调、人力要与自然力相配合,更多地着眼于手工业,反映了中国明代末年出现资本主义萌芽时期的生产力状况。

全书分为上、中、下三篇,共18卷,记载了明朝中叶以前中国古代的各项技术。该书对中国古代的各项技术进行了系统的总结,构成了一个完整的科学技术体系。文字简洁,记述扼要,书中所记均为作者直接观察和研究所得,全面反映了当时中国工艺技术的成就。附有120多幅插图,描绘了130多项生产技术和工具的名称、形状、工序。收录了农业、手工业的相关生产技术,诸如机械、砖瓦、陶瓷、硫磺、烛、纸、兵器、火药、纺织、染色、制盐、采煤、榨油等。尤其对机械有详细的记述。书中记述的许多生产技术,一直沿用到近代。

该书问世以后,有不少版本流传,先后被翻译成日、英、法、德等多种文字。

四大发明

指南针

指示方位的一种简单仪器,中国"四大发明"之一。利用小磁体受到地磁场的作用而起指向效果。中西方在公元前7世纪前后分别发现了磁石互相吸引、排斥和吸铁等现象,在各自的文化和知识基础上做了很多尝试。中国最早将磁石或磁化铁针作为指示方向的工具,将磁体本身的物理属性与地磁场结合了起来。

先秦以来的很多古代文献中都记载了"司南"。其中一些文献里的司南可能是将磁石打磨成勺状;实验证明这样的磁石勺有很好的指向性。而且在古代可用磁石资源、知识与工艺及其地磁环境等条件下,古人完全有能力实现磁石勺指向。此外,用水浮、悬吊等多种方式都可以有效指向。

文献记载显示,至迟在9至10世纪,人们已经用磁石摩擦的方法来磁化铁针,浮于水面上指南;并且将指南针应用于堪舆术中,还发现了地磁偏角。

指南针在宋代获得了大发展,出现了借助水浮、悬吊、指甲、碗沿等安置指南针的方法。当时还有一种特殊的军用铁片式指南鱼,不需要借助磁石摩擦,而是利用热剩磁效应来磁化。其磁化机理利用了夹持鱼形铁片的铁钳的自带剩磁,而不是此前所认为的地磁场。南宋时出现了旱罗盘,用磁石将菱形铁片摩擦磁化,在铁片中心用细轴支撑,可以灵活指向;还有用磁石驱动的木刻指南龟、指南鱼等,用于幻术表演。

北宋时,人们开始将指南针用于航海,并逐渐传到中亚和欧洲,极大地推动了航海事业的发展,对中世纪以来的世界大融合发挥了积极影响,成为影响世界的"四大发明"之一。

造纸术

中国"四大发明"之一。早在公元前2世纪的西汉前期已出现植物纤维纸,在新疆、甘肃、陕西等地多有发现。当时的纸张主要用于包装材料、文字书写、绘制地图等;例如汉昭帝时期(约前87—前74)地层出土古纸上有隶书药名字迹,是迄今所见最早有文字的纸。

传统的造纸工艺先是将植物纤维制成纸浆,再用帘模滤水,使纤维交叉堆叠在上面,形成薄片,揭下来晾干后就变成纸。敦煌悬泉置(汉武帝时期设立的驿站)遗址发现古纸460片,系由麻类纤维制成。西汉地层出土者全为浇纸法产品,东汉地层有少量抄纸法产品。浇纸法是将纸浆直接浇到帘模上成形,产品表面粗糙,纤维分布不够均匀。抄纸法则是在纸浆中加入纸药,和水搅拌,令纸浆悬浮后,再把帘模沉入水中,边摇晃,边抄出纸张,纤维分布均匀,产品表面较为光滑,往往有帘纹。

东汉初年(约2世纪),尚方令蔡伦对制造作为书写材料的纸张有重大贡献。《后汉书·蔡伦传》:"自古书契多编以竹简，其用缣帛者谓之为纸。缣贵而简重，并不便于人。伦乃造意，用树肤、麻头及敝布、渔网以为纸。元兴元年（105）奏上之，帝善其能，自是莫不从用焉，故天下咸称蔡侯纸。”西汉已用浇纸法生产麻纸。当前研究认为，经过工艺改良的“蔡侯纸”很可能是抄纸法产品，平滑光洁，适合书写。选择树皮、麻头（生麻废弃部分），可大量获得廉价原料，降低成本。晋唐以后，抄纸法已经居于主流位置。麻、树皮、藤、竹、麦稻茎秆等植物纤维，都曾先后用作造纸原料。

纸张是文字和信息传播的理想载体，对人类文明产生了重大影响。3—4世纪，中国书籍的书写材料普遍由简牍（竹、木）转化为纸张。敦煌莫高窟藏经洞保存了三国至北宋（3—11世纪）800多年间的经卷、文书、佛画等纸质文籍，总数约达5万件。纸与造纸术（抄纸法）在3—5世纪先后传入越南、朝鲜、日本，8世纪传至西亚，12世纪传入欧洲。至迟在唐代发明了印刷术之后，纸张成为最适宜的印刷材料。两种技术相得益彰，极大地促进了文化传播。

印刷术

将文字或图像反刻在木板或其他材质上，然后敷墨覆纸刷印的一项技术。中国“四大发明”之一。

中国早期采用雕版印刷，即在整块木板上雕刻。目前发现的最早雕版印刷品是约8世纪的《大随求陀罗尼经咒》，在四川、陕西等地出土。目前有明确纪年的最早雕版印刷品是唐代咸通九年（868）的《金刚般若波罗蜜经》，其雕版印刷技术已经十分成熟了。唐朝后期，民间广泛使用雕版印刷术印刷黄历、字书、韵书等。五代时运用于宫廷印刷儒家经典。宋代是雕版印刷的鼎盛时期，形成江西、浙江、四川、福建等印刷中心，书籍版式逐渐规范化。金属版首次出现，用来印刷纸钞和广告。

11世纪中叶，毕昇发明了用胶泥制作活字，用火烧硬，排版印书。13世纪末，木活字与金属活字均已出现。王祯《农书》提到了泥活字和锡活字排印书籍，继而介绍了自创的木活字印刷方案，以轮盘分格，按韵部储字，提高检字效率。西夏文佛经与元代回鹘文也采用木活字印刷。13—14世纪，朝鲜半岛也开始制造汉文活字印书。明代以后，木活字印书已为常态。18世纪，清朝官方大规模采用活字印书，康熙末年的《古今图书集成》（铜活字本）与乾隆年间的《武英殿聚珍版丛书》（木活字本）是其代表。

19世纪以降，西方近代印刷技术东渐，随着印刷机、铅活字、电镀字模、纸型等新设备、新技术的应用，汉文活字印刷实现了技术突破，铅字排版印刷在20世纪占据了主导地位。

套印本书籍最早出现于元代。元朝至正元年（1341）朱墨双色套印的《金刚经注》，是在一块书版上分别刷朱色和墨色，分两次刷印而成。明代分版套印技术兴起，一种颜色雕刻一个印版，分版分次印刷。短版和拱花（无色印刷）技术开始在版画印刷中得到应用，将中国古代雕版套色印刷技术推向巅峰。清代后期，西方石印、铅印技术传入，传统的雕版和活字印刷逐渐被取代。

印刷术发明后，传入了朝鲜、日本、越南、琉球等汉字文化圈地区，13世纪末，传入伊朗、埃及等地区，促进了知识的普及和文化的传播，对中国乃至世界历史进程产生了重要的影响。

火药

中国“四大发明”之一。中国古代的火药是以硝石、硫黄和木炭（或其他易碳化的有机物）按照一定比例组成的黑色混合物，点着后迅速燃烧，产生高温气体发生爆炸，生成黑色烟焰，西方称之为黑火药。

中国古代火药的发明起源于炼丹术。在炼丹过程中为了防止爆炸和猛烈燃烧，炼丹家采用了许多“伏火”的配方。晋代葛洪的《抱朴子》已有将硝、硫、炭合炼制丹的记载。

一般认为火药发明的确切时间不晚于9世纪。808

年成书的《太上圣祖金丹秘诀》“伏火矾法”明确记载了以硫二两、硝二两、马兜铃（遇明火碳化）三钱半为火药配方。另一部宋人辑录的炼丹术作品《诸家神品丹法》记载了一种“伏火硫黄法”。采用了与“伏火矾法”类似的火药配方。成书于9至10世纪的《真元妙道要略》记载“有以硫黄、雄黄合硝石并蜜烧之，焰起，烧手、面及烬屋舍者”，这里提到了火药爆炸的威力。

到了10世纪后半叶，即五代到北宋初期，火药已经被用于军事。《宋史》中多处记载到这一时期的火器。“火药”一词首次出现应该在1023年左右，据《宋会要》记载，该年汴京的武器作坊中专门有生产火药的“火药作”。1044年成书的《武经总要》首次记载三个军用的火药配方：毒药烟球方、火炮火药方和蒺藜火球方。经过长期试验，中国人探索出了发送药和爆炸药两种火药。它们的燃烧速度不同，用途也不同。北宋末年的采石战役中，宋军使用了大量火箭弹，利用发送药产生强大的反推力，将爆炸部分射向金军。

元代军队中已经大量配置火铳，用金属管身，威力巨大，是火炮的前身。13世纪，蒙古军队西征时把中国的火药技术带到了阿拉伯，阿拉伯人在14世纪初将火器又传到了欧洲。李约瑟指出，14世纪火炮的第一次轰鸣，不但敲响了城堡的丧钟，同时也敲响了西方的军事贵族封建制的丧钟。

新四大发明

中国古代的“四大发明”众所周知，即造纸术、指南针、火药与印刷术。这四项发明随着古代“丝绸之路”和“海上丝绸之路”传到世界各地，让中国走在了当时世界科技的前沿。21世纪，中国诞生了许多令世界为之惊叹的“新奇事物”。2017年5月，来自“一带一路”沿线的二十国青年评选出了“中国的新四大发明”：高铁、支付宝、共享单车和网购。其实这四样并非中国首创，但是在推广应用方面，中国在世界范围内产生较大影响。

高铁技术起源于日欧，而如今中国一马当先，是世界上高速铁路发展最快、系统技术最全、集成能力最强、运营里程最长、运营速度最高的国家，所以高铁成为当今中国一张靓丽的名片。

网购是由英国人发明的概念，自亚马逊和eBay推出了他们的网站后，电子商务开始在全球流行，而如今中国成为世界第一大网络零售市场。

虽然移动支付、二维码也并非中国发明，但移动支付解决了以往长期困扰人们的交易信用难题，让远隔万里、素不相识的卖家和买家可以放心成交，在中国应用广泛。

共享单车最早由荷兰发明，但近年来中国通过技术革新，对物联网技术、大数据、云计算的应用以及数字化运营，使共享单车迅速普及，方便了人们的生活。

“新四大发明”服务于中国人的衣、食、住、行各个方面，这是中国人生活水平提高的体现，是当今中国综合国力提升的体现。

传统工艺

竹艺

以竹为原材料的传统工艺。中国以竹为艺的历史十分悠久，是寻常百姓的直接创作，原本目的是为了满足自身需要。从早期的“以竹为器”，到“器艺结合”，再到“以竹为艺”，长期以来，人们以竹青、竹篾、竹根、竹筒等多种载体材质创造出了丰富多样的竹艺。因竹艺加工一般都就地取材，而竹子在中国主要生长在南方，所以竹艺的发展也以南方地区为主。

传统竹艺按产品类型可细分为：竹编、竹刻、竹簧、竹扇、竹伞等。

竹编：一种用毛竹剖劈成篾片或篾丝并编织成各种用具和工艺品的工艺，主要产品集中在竹篮、竹席、竹盘、各式竹编工艺品、瓷胎竹编等。

竹刻：一种在笔筒、文具、对联等上面雕刻文字和图案的工艺。由于竹刻的材料直接影响到它的表现形式、技巧以及内容，因此它最大的特点就在于因材施艺。

竹簧：即把楠竹锯成竹筒，去节去青，留下薄层的竹簧，经过煮、晒压平后，胶合或镶嵌在木胎上，然后磨光，并在上面雕刻各种人物、山水、花鸟等纹样。

竹扇：有的是用竹制作扇子的骨架，有的用竹子制作扇柄，有的则用竹篾用于扇面的装饰，有的甚至是直接用竹篾、竹丝编织成扇。

竹伞：伞在中国有悠久的历史，以竹做伞是竹艺之一。竹伞在江浙一带主要用丝网作为伞面，而在福建、湖南则是主要用纸作为伞面。

玉器制作

以玉石为原材料的传统工艺。玉在中国古代有着特殊的地位和文化内涵。现代矿物学中，玉主要包括软玉（透闪石、阳起石类）和硬玉（翡翠）。古人将一些外观美丽的石头统称为玉，可视为广义上的玉石，如蛇纹石、钻石、青金石、玛瑙、水晶、绿松石、珊瑚、琥珀、珍珠、大理石以及彩石、汉白玉和京白玉等。

《山海经》记载的中国玉石产地有200余处，但大多已无踪迹可寻。从古玉料的来源看，新疆和田、辽宁岫岩、河南南阳独山和陕西蓝田都是古代玉料的重要产地，江苏溧阳小梅岭、四川汶川龙溪、甘肃酒泉、青海青藏公路沿线高原丘陵地区和台湾花莲等地都是玉料产地。

根据考古发现，中国最早的玉器出土于内蒙古赤峰敖汉旗兴隆洼文化遗址和辽宁阜新查海文化遗址，距今约七八千年，以透闪石类材质为主。东北的红山文化，长江下游的石家河文化、凌家滩文化和良渚文化等亦有发现。玉器制作发展出现一个鼎盛阶段，有学者将此时期称为玉器时代。

玉石加工技艺上承新石器时期的加工技术，逐渐发展形成开解、琢磨、穿孔和抛光等多个环节。早期主要是磨光和饰以简单纹饰。良渚文化时期已熟练运用切割、弦纹阴刻、钻孔、镂空和浮雕等技艺。在良渚文化的瑶山和反山墓地，一座墓葬就出土一二百件玉器，其加工的精细程度大大提高。反山琮王神人兽面复合像上2.5毫米宽度内竟然可见13道刻纹。之后的龙山文化中玉器也可以看出工艺发展。因缺乏记载，古代玉器的大平面、窄细平行线刻、扭丝纹和深细孔等是如何加工的，迄今仍是未解之谜。

至夏、商、周时，玉器成为政治和社会生活的核心内容之一。三代以降，玉器在礼仪、日用装饰和艺术表现中的应用绵延不绝。微痕分析显示，大约自商代起，开始使用旋转式圆盘即坨具，并附解玉砂来加工玉石，可以完成开解、琢磨等。早期可能是石质圆盘，后来采用铁质圆盘，为后世所通用。以图文形式描绘琢玉装置的记载首见明代《天工开物》。

中国玉文化历史悠久，底蕴深厚，承载着丰富的工艺内容以及古代社会的价值、礼仪制度与艺术内涵，被视为“中国传统文化的标志”之一。

陶器制作

指用黏土制作胎体，干燥后用火焙烧，在600℃—800℃逐渐去掉颗粒之间的结构水，成为坚固耐用的器皿的制作过程。早在新石器时代就已有简单粗糙的陶器。陶是最早利用化学变化改变材料的天然性质制造而成的人造材料，在技术史上具有重要意义，是人类社会由旧石器时代发展到新石器时代的标志之一。

在距今8 000年的磁山和裴李岗文化遗址，其制陶工艺以红陶为主，包括泥质陶和夹砂陶两类，手制而成，器壁薄厚不匀，烧成温度在900℃—960℃之间，器形有盘、豆、碗、钵、壶、罐、鼎等。表面略有磨光，纹饰较多，有蓖点纹、指甲纹、乳钉纹、席纹、刻画纹等。裴李岗遗址还发现横穴式陶窑，是目前发现最早的陶窑。

距今7 000—5 000年的仰韶文化是中国新石器时代诸文化中的一支主干，属于定居型的农耕文化。仰韶文化陶器上有精美的彩绘装饰，其制作工艺达到了较高的水平。窑炉有横式也有竖式，采用泥条盘筑法成型，用慢轮修饰。用比较细致的泥制陶制作精美的生活用具；

用夹砂陶制作炊具，其中加入细砂、蚌壳末或破碎陶器粉末，不易碎裂。

距今6 000多年前的屈家岭文化开始出现了黑陶，其烧成温度达到1 000℃左右，在大汶口文化、大溪文化、龙山文化、良渚文化等遗址中均有发现。黑陶有细泥、泥质和夹砂三种，其中以细泥薄壁黑陶制作水平为最。其陶土经淘洗、轮制，器形浑圆工整，造型优美，胎壁厚仅0.5—1毫米，再经打磨，精巧装饰，以独特的无釉无彩碳化窑变烧制成漆黑光亮外观，技艺惊人。这时期的黑陶以素面磨光的最多，带纹饰的较少，有弦纹、划纹、镂孔等几种。

白陶在大汶口文化时期就已经出现，到商代晚期白陶烧制达到了高峰，在华北中原地区均有发现，以安阳殷墟出土为最多。其中白陶器选料精细，制作规整、精致，器表又多饰有饕餮纹、夔纹、云雷纹、曲折纹等，多仿制当时的青铜礼器，是当时陶器中的珍品。

商代陶窑也有很大发展。在浙江上虞、江西吴城均发现了商代龙窑，依山势建在山坡上，窑身呈长条形倾斜砌筑，外观上形似一条龙从下而上，利用热空气的对流，火势大，升温快，可以提高窑的装烧量，还更利于维持窑炉温度。由此而出现了最早的原始瓷。商代以后，瓷器逐渐替代了陶器在生活用品中的位置，陶器逐渐转向建筑用陶，如瓦当、砖以及陪葬用品等。

瓷器制作

以瓷石、高岭土、石英石、莫来石等制作胚料，外表施以玻璃质釉或彩绘，经1 200℃—1 400℃高温烧制为成品的制作过程。

瓷器是在陶器的基础上发展而来的，首先出现于南方。大约在商代早期，工匠们在烧制白陶和印纹硬陶器的基础上，不断改进原料和处理工艺，依山坡建立长条形陶窑提高烧成温度，并在器表施釉，创造出了原始瓷。之后历经发展，东汉时瓷器烧制已经达到成熟。在浙江上虞、慈溪、宁波和永嘉等地发现了东汉时的瓷窑遗址。烧制瓷器所用的龙窑经过不断改进，规模越来越大，能烧到更高的温度，釉面也更加细腻、滋润、有光泽。

北方地区烧造青釉瓷器晚于南方，但富有自己的特色，并在北朝晚期创造性地发明了白釉瓷器。至隋朝，白瓷逐渐成为北方地区制瓷手工业的主流产品。在隋唐时期形成南方以烧造青釉瓷器、北方以烧造白釉瓷器为主的“南青北白”的制瓷业格局。到了宋元时期，又形成以耀州窑、定窑、磁州窑、钧窑、景德镇窑、龙泉窑、建窑为主体的七大窑系。元代青花瓷正是在宋元青白釉瓷器的基础上，增加了釉下钴蓝技术而制成。青花瓷广受欢迎，在中国陶瓷史中占有重要地位，对世界陶瓷的发展也具有重大影响。

到了明代，江西景德镇成为全国制瓷业的中心。制瓷工艺摆脱了前朝以单色釉为主的格局，五彩、斗彩以及各色彩釉逐渐流行起来，青花瓷器也得到改进和创新，推广开来并臻于完美。清代创新了绚丽多姿的粉彩、珐琅彩和古铜彩，还出现多品种的单色釉。

中国陶瓷大规模外销始于唐代晚期，大发展并繁荣于宋元时期，在明清时期达到最高峰。外销瓷则遍布欧洲、非洲、亚洲及美洲。瓷器是中国对世界陶瓷发展最重要的贡献，以至于在英语和阿拉伯语中“瓷器”和“中国”是同一个词。

酿酒术

将植物花叶、果实等酿酒原料在容器中发酵，利用酒曲中微生物酶的催化作用，生产出含一定浓度酒精的饮料的工艺。

传说中有黄帝时期“仪狄造酒”、夏禹时期“杜康造酒”之说。考古研究发现距今9 000—7 800年已经开始酿酒，河南舞阳的贾湖遗址出土的陶器壁附着物含有酒类挥发后的酒石酸，这也是世界上最早的酒。山东莒县陵阴河大汶口文化墓葬中发掘出陶鼎、陶尊、漏缸、陶瓮等整套酿酒器。夏代二里头文化出现了精致美观的青铜酒器。商代酒礼器大量应用于生活、祭祀、丧葬等活动中，酒文化成为礼制的重要内容，其影响延续至今。河南信阳莽张商代墓的青铜卣中发现了3 000多年前的古酒，浓香依旧。

酒曲酿酒是中国酿酒的精华所在。酒曲上的微生物分泌出淀粉酶、糖化酶和蛋白酶等，将谷物中的淀粉、蛋白质等加速转变成糖、氨基酸。糖分在酵母菌的酶的作用下，分解成酒精。河北藁城台西村商代遗址酿酒作坊中发现了最早的人工培植酵母酒曲。北魏贾思勰著《齐民要术》记载了12种不同的酒曲和20多种酒的制法。

宋代酿酒技术得到较大发展。宋代发现了红曲，大大增加了酒类品种。其菌种是红曲霉，耐高温，糖化能力强。明代《本草纲目》和《天工开物》都有红曲的制法和应用的记载。南宋《北山酒经》记述了酿酒先制好酸浆，保护酵母菌和调节发酵；也记载了加热杀菌法，为之后葡萄酒、果酒等酒品的生产开辟了广阔前景。

酿酒原料不同，所用微生物及酿造过程也不一样。中国古代的饮料酒主要是黄酒、白酒和葡萄酒，还有枣酒、菊花酒、莲花酒、桂花酒、五加皮酒等多种特色酒。

黄酒是把大米（糯米或粳米）或黄米经蒸煮、摊凉后，加入酒曲，浸米水，或加入酵母搅拌后，在缸内糖化与发酵，发酵完成后进行压榨，压榨出的液体即为黄酒。白酒以高粱、玉米、大麦等高淀粉粮食为原料，用酒曲微生物等将淀粉分解成糖类，再由酵母菌将葡萄糖发酵产生酒精，同时产生酯类、高级酯类、挥发性游离酸、乙醛和糠醛等，使白酒有了浓香味。葡萄酒是在葡萄即将成熟前摘取，皮上附有野生酵母不用清洗，在盆中用力揉搓，挤出汁液；可以滤掉果皮，也可混在一起静置发酵。温度控制在18℃—22℃，维持十多天，数次分离贮藏，陈贮3—5个月即成。

茶叶栽培加工

茶的确切文献记载始见于汉代，当时巴蜀成为第一个茶生产中心。三国、两晋至唐，茶的栽培中心从西向东移，至宋、元再向东南移动。

茶之为用，始于咀嚼茶树的鲜叶，发展到生煮羹饮。曹魏时期出现了制茶工艺的萌芽，把采来的叶子先做成饼，再晒干或烘干。初步加工的饼茶仍有很浓的青草味，后历经反复实践，发明了蒸青制茶。即将茶的鲜叶蒸后碎制，去汁制饼，使茶叶苦涩味大大降低。唐代蒸青制饼已经逐渐完善，陆羽《茶经·之造》记述了整套蒸青茶饼制作工序，包括蒸茶、解块、捣茶、装模、拍压、出模、晾干、穿孔、烘焙、成串、封茶。

炒青绿茶始自唐代。唐刘禹锡《西山兰若试茶歌》记载将嫩叶快速炒制，满室生香。历代发展，炒青茶逐渐增多。宋代，制茶技术发展很快，新品不断涌现，其中作为贡茶的龙凤团茶尤为珍贵。明代炒青制法日趋完善。《茶疏》《茶解》中均有详细记载。在制茶过程中注重保持茶叶香气和滋味，通过不同加工方法，从不发酵、半发酵到全发酵一系列不同发酵程序所引起茶叶内质的变化，探索到了一些规律，从而使茶叶从鲜叶到原料，通过不同的制造工艺，制成色、香、味、形品质特征不同的绿茶、黄茶、黑茶、白茶、红茶、青茶等六大茶类。

漆器制作

由天然漆树汁液精炼成多种性能的漆，并加工为工艺美术品的制作过程。漆器是中国古代在化学工艺及工艺美术方面的重要发明，7 000多年以前，中国已经出现了漆器。漆器形态各异，用途广泛，花色繁多，其技艺之精湛，艺术之精美，一直为世人所称道。

漆器制作的一般步骤如下：

第一步，制胎。因漆是液体，所以需要借助胎身成形，一般加工的漆器类型不同，选择的胎身也不同。常用的漆器工艺胎身有木胎、脱胎、竹胎、皮胎、陶胎等多种形式，不同的胎身材质成形难度不同，漆器成形后质地也不尽相同。

第二步，采漆。中国古代所用漆，是漆树分泌的一种汁液，大漆采自漆树，每年三伏天，用河蚌壳破开树皮，在树木上划开如柳叶刀的刀口，树体就会渗出乳白色液体，顺着柳叶口缓缓流入竹筒，然后再由有经验的工匠制成大漆。用其做涂料，有耐潮、耐高温、耐腐蚀等特殊功能，又可以配制出不同色漆，光彩照人。

第三步，髹漆。俗称“上漆”，用刷涂、擦涂等方法把漆涂在胎身上。因为此步骤是漆成形的关键一步，大多装饰技法也发生在此步骤当中，装饰方式根据手法的不同分为描绘、镶嵌、刻填、磨绘、变涂、堆塑等。

最后一步，推光。一般是漆器工艺的最后一个步骤，待涂膜干固后，用灰粉末细细打磨漆器，用适当的力度，上百次的打磨，才能抛光出灿烂的漆器工艺品。

琉璃

原指一种天然宝石，有多种颜色。后亦指用黏土、长石、石青等配制烧成的一种半透明材料。需经过数十道手工精心操作方能完成，稍有疏忽便会造成失败或瑕疵。

中国古代制造琉璃的历史可以追溯到西周时期，最初制作琉璃的材料，是从青铜器铸造时产生的副产品中获得的，经过提炼加工然后制成琉璃。琉璃的颜色多种多样，古人也叫它“五色石”。但中国古代人造琉璃的表面釉质部分的主要成分却是铅钡玻璃，因此不适合用于制作饮食器皿，一般常用于装饰品、礼器和随葬品等。各种色彩的琉璃瓦常用于建筑材料中，是中国古代建筑以及现代中式建筑的重要装饰构件，一般用于宫殿、庙宇、陵寝等重要建筑的屋顶和影壁。冶炼技术掌握在皇室贵族的手中，一直秘不外传。古时由于民间很难得到，所以当时人们甚至把琉璃看得比玉器还要珍贵。

琉璃色彩流光溢彩、美轮美奂，其品质晶莹剔透、光彩夺目，被誉为佛家七宝之一，七宝分别为金、银、琉璃、玻璃、砗磲、珊瑚和码碯。琉璃也被誉为中国五大名器之一，五大名器分别为金银、玉翠、琉璃、陶瓷和青铜。

古时琉璃被人赋予了深刻的文化内涵和神话色彩，随着近现代脱蜡铸造法的复兴，琉璃工艺品开始日益流行。

景泰蓝

中国的著名特种金属工艺品之一，是金属胎嵌搪瓷工艺在中国衍生出来的一个独立品种。春秋时已有此技术，到明代景泰年间(1450—1457)这种工艺技术制作达到了顶峰，制作出的工艺品最为精美，使用的珐琅釉多以蓝色为主，故后人称这种金属器为“景泰蓝”。景泰蓝正名“铜胎掐丝珐琅”，俗名“珐蓝”，又称“嵌珐琅”，在铜质的胎型上，用柔软的扁铜丝掐成各种花纹焊上，在据此划分而成的空格内填入各种颜色的珐琅浆(釉料种类很多，最常用的是天蓝、宝蓝、红、浅绿、深绿等)，后经焙烧成型。景泰蓝由金、银、铜等贵重金属，经设计、制胎、掐丝、点蓝、烧蓝、磨光、镀金等十余道工艺精制而成，精美的景泰蓝制品必须是色彩润泽鲜明，胎骨厚重坚实，掐丝整齐匀称，镀金灿烂光亮。过程中既运用了青铜工艺，又利用了瓷器工艺，同时大量引进了传统绘画和雕刻技艺，包含了造型艺术、装饰艺术、环境艺术、空间艺术。

早期景泰蓝整体来说只有铜胎掐丝珐琅这一种，随着技术的不断发展和市场的需要，景泰蓝的制作工艺不断进步，景泰蓝新品种、新花色、新工艺不断涌现。现代景泰蓝分类按胎体材质分为金属胎景泰蓝、非金属胎景泰蓝。

古代家具

主要有席、床、屏风、镜台、桌、椅、柜等。席子，是最古老、最原始的家具。古人常“席地而坐”，足见席子应用广泛。床，是席子以后最早出现的家具。一开始，床极矮，古人读书、写字、饮食、睡觉几乎都在床上进行。魏晋南北朝以后，床的高度与今天的床差不多，成为专供睡觉的家具。唐宋以来，高型家具广泛普及，有床、桌、椅、凳、高几、长案、柜、衣架、巾架、屏风、盆架、镜台等，种类繁多。

如以历史为线索对古代家具分类，可分为早期家具、汉唐家具、宋元家具、明清家具、民国家具等。各个朝代的家具都讲究工艺手法，力求图案丰富、雕刻精美，表现出浓厚的中国传统气息，成为中国传统文化的重要组成部分。其独特风格与样式，对不少国家产生深远影响。

按地方风格脉络分类，每个地方都各具特色。甚至在一个地区地理环境中、不同的背景下，由于审美习惯和文化传统等方面的差异，都会有不同的产物，长期以来形成了博采众长，又风格迥异、各领风骚的家具流派。主要有苏式、广式、京式、晋式、宁式、鲁式、闽式等流派。其中苏式、广式、京式的古代家具，各代表一方的风格特点，是古代家具的三大名作。

榫卯加工

是传统木工中利用凹凸部位相结合的方法接合两个或多个构件的方式。中国榫卯结构最早出现在7 000年前的河姆渡文化，原始先民们居住的木结构房子已出现较多榫卯结构。构件中的凸出部分称为“榫”，凹入部分则称为“卯”。榫卯即为榫头卯眼的简称。

中国的木建筑构架一般包括柱、梁、枋、垫板、桁檩、斗拱、椽子、望板等基本构件，这些构件相互独立，需要用一定的方式连接起来才能组成房屋，这些连接原则上采取榫卯连接的方式，必要时也会用铁钉。

中国家具把各个部件连接起来也用“榫卯”做法，“榫卯”被称作家具的“灵魂”，由于连接构件的形态不同，由此衍生出千变万化的组合方式，使家具达到功能与结构的完美统一。

榫卯使用得当，两块木结构之间就能严密扣合，达到天衣无缝的程度。它是古代木匠必须具备的基本技能，工匠手艺的高低，通过榫卯的结构就能清楚地反映出来。

榫卯结构按作用来归类，大致可分为三大类型：

一类主要是作为面与面的接合，也可以是两条边的拼合，还可以是面与边的交接构合。如槽口榫、企口榫、燕尾榫、穿带榫、扎榫等。

第二类是作为“点”的结构方法。主要用于作横竖材“丁字”接合，成角接合，交叉接合，以及直材和弧形材的延伸接合。如格肩榫、双榫、双夹榫、勾挂榫、锲钉榫、半榫、通榫等。

还有一类是将三个构件组合一起并相互连接的构造方法，这种方法除运用以上的一些榫卯联合结构外，还用到一些更为复杂和特殊的做法。如常见的有托角榫、长短榫、抱肩榫、粽角榫等。

马镫

一对挂在马鞍两边的脚踏，供骑马人在上马时和骑乘时用来踏脚的马具。马镫的作用不仅是帮助人上马，更主要的是在骑行时支撑骑马者的双脚，以便最大限度地发挥骑马的优势，同时又能有效地保护骑马人的安全。

马镫最早是用皮革制成的。马镫有银、铜、铁鎏银、铁等不同的材质。它是马具中至关重要的一个部件。中国最早的实物硬质金属马镫的年代是北魏时期，这种马镫是木芯长直柄包铜皮的挂式马镫。其后，马镫也被高句丽人掌握和改造，用木芯包铁镫代替了北燕的木芯包铜镫，之后向东传播，扩散到朝鲜半岛和日本，继而出现了窄踏板金属马镫，该马镫在亚洲大草原上广泛传播。中国南方地区，大约公元4 世纪也已出现了马镫。总之，木芯长直柄马镫是东西方各类马镫的源头。

欧洲普遍使用马镫要晚得多，几乎到中世纪早期欧洲各国的常规军队才开始使用。在中世纪步兵到骑兵的主要兵种的演变过程中，马镫起到了重要作用：有助于封建骑士阶级的形成，对欧洲中世纪的历史产生了深远的影响。

马镫是人类历史上一项具有划时代意义的发明。正如美国科技史学家怀特指出的：“很少有发明像马镫那样简单，而又很少有发明具有如此重大的历史意义。马镫把畜力应用在短兵相接之中，让骑兵与马结为一体。”

扇子

一种拨动空气以令人凉快的工具，以前夏令必备之物。

中国古代扇子的种类非常多，包括羽毛扇、蒲扇、雉扇、团扇、折扇、绢宫扇、泥金扇、黑纸扇、檀香扇等，其中最受欢迎的要数折扇和团扇。折扇又名“折叠扇”，折扇收则折叠，用则打开。折扇产生时间虽较迟，其重要性却极大。它携带方便，出入怀袖，扇面书画和扇骨雕琢，是文人雅士的宠物，所以又有“怀袖雅物”的别号。团扇是一种有柄的扇子，扇面多为圆形或近似圆形，产生远早于折扇，可供直接扇风，不能折叠。因形状团圆如月暗合中国人合欢吉祥之意，又名“合欢扇”。

中国传统扇文化有着深厚的底蕴，是中华民族文化的一个组成部分，它与竹文化、道教文化、儒家文化有着密切关系。历来中国有“制扇王国”之称。扇子最初称为“五明扇”，据传是虞舜所制。中国一向有在日常器物上施以装饰的传统，于是扇柄扇骨上有雕工，扇面正反加以书画。较早的雕工书画多由普通匠人完成，后来，各种有才华富有想象力的艺术家也参与其中，扇子也就此演变成有实用功能的艺术品。

现代，纳凉的工具多为电风扇或空调，扇子的使用也逐渐衰落。但作为一种艺术文化，在包括舞蹈、戏曲、相声、评书、绘画、书法等艺术形式中，扇子道具依然作为一种精神载体蓬勃发展。

风筝

一种中国民间工艺品和玩具。一般用细竹扎成骨架，再糊以薄纸，系以长线(绳)，玩时利用风力使其升入空中。

风筝由中国古代劳动人民发明于东周春秋时期，至今有2 000多年的历史。相传墨翟以木头制成木鸟，研制三年而成，是人类最早的风筝。后来鲁班用竹子改进了墨翟的风筝材质。南北朝时，风筝开始成为传递信息的工具。从隋唐开始，由于造纸业的发达，民间开始用纸来裱糊风筝。到了宋代，放风筝成为人们喜爱的户外活动，逐渐演进成为今日多线风筝。

传统中国风筝的技艺概括起来是四个字：扎、糊、绘、放，简称“四艺”。“扎”是用竹子扎骨架，“糊”是在骨架上糊以纸、布等，“绘”是在风筝上绘以图案，最后用长线系绑就可以去“放”风筝了。

作为中国传统文化，风筝上到处可见吉祥寓意和吉祥图案的影子。风筝的形状主要模仿大自然的生物，如雀鸟、昆虫，也有几何图形等。中国人借“蝙蝠”(谐音“遍福”“遍富”)形状来求“福”，借龙凤的形状来求吉祥，等等。图案方面，主要由个人喜好而设计。在漫长的岁月里，古人同样在风筝上创造了许多反映人们对美好生活向往和追求、寓意吉祥的图案。风筝通过图案、形象，融合了群众的欣赏习惯，反映人们善良健康的思想感情，渗透着中国民族传统和民间习俗，因而在民间广泛流传，为人们喜闻乐见。

制伞

一种用来遮蔽雨、雪或日光照射的工具，是中国劳动人民的创造。中国是世界上最早发明伞的国家，3 500多年前就出现了伞。上至皇帝出行的黄色罗伞，下至百姓的避雨工具，伞与人们的生活息息相关。受中国文化影响，亚洲许多国家很早就有使用伞的传统，而欧洲至16世纪才开始风靡中国伞。

伞的构造主要包括伞柄、伞骨、伞面三部分。伞柄是伞的主心骨，支撑着整个伞，主要是用木头、竹子、金属等材料制成；伞骨支撑整个伞面，能折叠能撑开，便于携带；伞面是伞中最重要的部分，担负着遮雨的责任，制作材料古有油纸，现代有塑料布、油布、绸布以及经久耐用的尼龙布等具延展性的材料。

伞通常可分为实用伞和工艺伞。实用伞以遮阳遮雨为主要功能，还可细分为直骨伞、二折伞、三折伞等。遮蔽阳光的伞又称作阳伞或遮阳伞，也可固定于露台桌等户外家具，或用在海滩上。用于遮雨的伞则叫雨伞，主要雨天行路使用。工艺伞一般是晴天用来装饰观看的伞，属于中国民族工艺品，其伞骨一般是精选的竹或木，伞面则用油纸、花边、绸作原料，图案形式可分为刷花伞、绘画伞、绣花伞，各自又形成了独特的艺术风格。工艺伞可做居家装点，也是戏曲、歌舞、杂技艺术中常用的道具。

装裱

又称装池、裱褙，是一种对书画、碑帖等原件保护以及美化的工艺，使书画平整，便于展示与收藏。

中国书画主要是采用绢或宣纸做载体，其材料质地纤薄，特性柔软，历时较久，易破碎。古时为了利于保存、便于观赏，从加固的实用需要出发，多用麻纸、布帛等材料在书画背面裱褙数层为装裱，称之为“裱褙”。而后逐渐加以美化，四周镶嵌薄型的绫、绢等丝织品为边框，在背面裱一层或数层纸，并加上必要的装饰，使原件更为牢固，最后压平并且根据需要的形制加装轴杆等，便于展开和悬挂，满足人们观赏的需求。所以装裱是伴随着书画传统艺术的发展而产生的深加工工艺，史料显示，早在1 500年前装裱技术就已经出现了。一幅完整的书画作品，要使其更为美观，以及便于保存、流传和收藏，离不开装裱。俗话说，三分画七分裱。书画作品一经装裱，便觉相得益彰，赏心悦目。

如北京装裱，简称“京裱”，是中国书画装裱的主要流派之一。流行于以北京为中心的北方地区，装饰上一般趋向于高贵华丽，质地厚重，锦缎做边，常用多色绫，外形端正稳重，以浓装为特色。

随着现代科技的发展，目前书画市场也出现了机裱，通过高温定型、化学胶膜粘压的方法装裱。

皮革加工

通过物理、化学等方法除去原料皮中的皮下脂肪、非胶原纤维、毛发等，使其真皮层胶原纤维适度松散、固定和强化，整体变软，不易腐败，而成为革的过程。

早在史前时代人类就已经开始利用兽皮来披身取暖和裹足利行。中国商周时期皮革加工技术已较熟练。在甲骨文和金文中有“裘”“革”等字，西周铜器铭文中有关于皮披肩、皮围裙、皮索、鞋筒子皮、染色皮和生皮等的记载。秦俑所穿的皮甲上染有不同的颜色，说明当时已掌握了皮革的染色技术，皮革与毛皮的加工技术已经达到一定水平。古代皮革生产主要在北方。汉代的匈奴人以裘皮为贡品，也用之造铠甲、造船。蒙古部落很早就已开始使用皮革来制作甲胄、鞍鞯、鼓风皮囊和革囊（即羊皮筏）等。

制皮所用原料皮因地而异，多以家畜皮为主，如牛皮、羊皮、猪皮以及驴皮、马皮、骡皮、骆驼皮等。最原始的鞣皮方法可能是用动物的油脂和脑髓等涂抹在生皮内侧，再经常揉搓，使毛皮变软。后来逐渐形成了多种鞣制工艺。

剪纸

一种用剪刀或刻刀在纸上剪刻花纹，用于装点生活或配合其他民俗活动的民间艺术。剪纸在中国具有广泛的群众基础，是各种民俗活动的重要组成部分。其视觉形象和造型格式蕴含了丰富的文化历史信息，表达了广大民众的社会认知、道德观念、实践经验、生活理想和审美情趣，具有认知、教化、表意、抒情、娱乐、交往等多重社会价值。

剪纸艺术在中国有悠久的历史。南北朝时期《木兰辞》中就有“对镜贴花黄”的诗句。现存最早的中国剪纸作品，是新疆吐鲁番火焰山附近出土的北朝时期五幅团花剪纸。唐代剪纸已处于大发展时期，民间有以剪纸招魂的风俗。现藏于大英博物馆的唐代剪纸反映出当时剪纸手工艺术已达到极高水平。现藏日本正仓院的《对羊》，羊的纹样就是典型的剪纸手工艺术表现手法。另外，在敦煌莫高窟也出土过唐代及五代的功德剪纸一类的作品。

南宋时期，已经出现了以剪纸为职业的行业艺人。

明清时期剪纸手工艺术走向成熟,并达到鼎盛时期。民间剪纸手工艺术的运用范围更为广泛,民间灯彩上的花饰、扇面上的纹饰以及刺绣的花样等等,均有以剪纸作为装饰再加工而成的例子。

20世纪初"五四"新文化运动,蔡元培、鲁迅、刘半农、周作人等倡导建立了中国民俗学的雏形。他们广泛收集民间文学资料,同时也努力收集民间美术作品,其中就有民间剪纸这一项。20世纪30年代,艺术家陈志农在北京开始了民间剪纸的研究与创作。他用速写和剪影的形式描绘了老北京大量的风俗民情,表现了串街小贩、作坊工匠、食摊茶挑、集市庙会、市井闲人等。

20世纪40年代,以现实生活为题材的剪纸开始出现。1942年,毛泽东发表的《在延安文艺座谈会上的讲话》提出"文艺为工农兵服务"的文艺方针。此后,延安鲁艺的艺术家陈叔亮、张仃等人开始学习当地具有深厚群众基础的民间剪纸,对民间剪纸进行了搜集、发掘、整理和研究,并创作出了一大批反映边区人民生产、生活、战斗的剪纸作品。作品运用了民间传统的样式,描写了抗日战争和边区建设的新内容。它推动了群众性剪纸的创作和发展,使传统的民间剪纸发生了革命性的变化。1944年,陕甘宁边区首次展出了西北地区的民间新剪纸作品,为中华人民共和国成立后剪纸艺术的发展拉开了序幕,开创了中国剪纸的新纪元。

中华人民共和国成立后,在"百花齐放,推陈出新"文艺方针的指导下,艺术家们创作了大量表现社会主义新人新事的新剪纸,开拓了剪纸创作的道路,也丰富了中国民间装饰美术的形式和内容。

2006年5月20日,剪纸艺术遗产经国务院批准列入第一批国家级非物质文化遗产名录。2009年,中国剪纸项目入选"人类非物质文化遗产代表作名录"。

玉雕

中国传统雕刻品种之一,有长达7 000余年的悠久历史,指以硬玉、软玉、碧玉、蛇纹石等为原料制作的器物。玉雕发展至今,在种类、题材和表现手法上不断创新和发展,逐渐成为蕴含深厚底蕴、具有鲜明民族特色的文化瑰宝。

玉雕品种丰富,按其社会功能和用途的不同,可分为礼器玉、殉葬玉、装饰玉和器具玉四类。礼器玉一般包括璧、琮、圭、璋、琥、璜六种。殉葬玉主要分为殉葬用玉和随葬用玉,前者有玉衣、玉塞、玉握,后者如玉枕、玉卷、玉镜及玉动物、玉人物等。装饰玉是玉器的主要用途,包括玉珠串、手镯、玉佩等人体装饰用玉,玉剑饰、玉带钩、玉带扣等服饰装饰用玉,玉山子、玉瓶、玉炉、玉熏等陈列装饰用玉等。器具玉可分为玉兵器和玉工具两种,玉兵器包括戈、矛、斧、刀、剑、匕首等,玉工具包括文房用具和实用器具。玉雕制作的工序极为复杂,制作工序主要包括选料、剥皮、设计、粗雕、细雕、修整和抛光等。

中国玉雕发展至今,最著名的四大流派分别是北京玉雕、海派玉雕、扬州玉雕和南阳玉雕。北京玉雕也称为"北玉",素有"工精料实"的声誉。海派玉雕是以上海为中心的玉石雕刻艺术风格,代表人物有"炉瓶宗师"孙天然、孙天仪,"三绝艺人"魏正荣等,炉瓶器皿是海派玉雕最具标志性的创作。扬州自明清以来就是中国三大玉雕重地之一,扬州玉器分为炉瓶、人物、花鸟、走兽、仿古、山子雕六个类别,代表作《大禹治水》属于稀世珍品。南阳被誉为"中国玉雕之乡",也被称为"独山玉"或"南玉",代表作有《九龙晷》《渎山大玉海》。

石雕

中国传统雕刻品种之一,亦称石刻,指以各种石料为材料,塑造不同形象。石雕起源于旧石器时代中期,延传至今。不同时期的石雕在类型和样式风格上都有很大的差别,其中,最具代表性的石雕有汉代霍去病墓石刻、魏晋南北朝时期的石窟造像、唐代的昭陵六骏石刻等。

中国石雕作品数量庞大,类别繁多,按制作工艺方法不同，可分为圆雕、浮雕、沉雕、影雕、镂雕、透雕等几大类。根据石雕的用途，可分为实用型石雕和观赏型石雕。实用型石雕主要是指皇宫、府邸、民宅、庙宇、陵墓、桥梁等的装饰部件，大型神佛造像和生活用品、文房用具等。观赏型石雕主要是指室内陈设、艺术摆件，包括小人物、小型神佛像、山水风景和动植物造型等。石雕的题材内容丰富，大致分为吉祥图案、戏曲人物、辟邪纳福的吉祥物与祥瑞的动物等。石雕工艺广泛运用于建筑的诸多部位上，如梁枋、台基、门狮等。制作程序包括石料加工、起稿、打荒、打糙、掏挖空当、打细等环节，传统工具主要有錾子、楔、刻刀、斧、锤等。

中国石雕比较著名的有安徽徽州石雕、福建惠安石雕和寿山石雕、浙江温岭石雕、山东嘉祥石雕、江苏苏州石雕，还有以青田石为材料雕制而成的青田石雕，以汉白玉大理石为材料雕刻而成的曲阳石雕。代表作品有马踏匈奴、许国石坊、故宫石狮子、人民英雄纪念碑汉白玉石雕和南京雨花台革命烈士纪念碑等。

青铜器

由青铜合金制成的器具。商代晚期到西周晚期是中国青铜器艺术的繁盛时期。中国的青铜器数量多、造型丰富、制作精美，代表着中国 4 000 多年青铜器发展的高超技术与文化。

中国古代青铜器的艺术魅力表现在三个方面：构思巧妙的形态、富丽精致的纹饰、风格多样的铭文书体。中国青铜器在铸造工艺方面有自己的传统，主要有三种：范铸法、失蜡法和浑铸法。商周时期铸造的青铜器具种类很多，包括工具、礼器、乐器、兵器、食器、日常用具、车马器、量器、各种构件以及装饰艺术品等等。食器包括鼎、鬲、簋等，水器包括壶、盘、鉴等。青铜礼器代表使用者的身份等级和权力，是立国传家的宝器，青铜殉葬礼器根据贵族等级不同用器数量都有规定。青铜器形制多样，方的、圆的、平底的、三足的、圈足的都有。大多有平雕、浮雕和圆雕的纹样装饰，装饰图案以动物图案、几何纹样为主，以兽面纹、饕餮纹、龙纹和云雷纹最为著名。中国青铜器的一个显著特点是铸刻有文字，即金文，这是与世界上其他国家的青铜器的一个明显的不同之处。

中国青铜器在世界青铜器中享有极高的声誉和艺术价值，如鸮尊、毛公鼎、龙虎鼎、后母戊方鼎、四羊方尊、羊父丁方尊。

铜鼓

是一种流行于中国云南、贵州、广西、广东、海南、湖南、重庆、四川等地区的打击乐器，它具有东方艺术的特色，也承载了各个民族的历史文化。铜鼓除了作为乐器，讲究音响效果之外，还作为神器、礼器和权力重器，并且逐渐形成了自身特有的装饰艺术。铜鼓是中国古代悠久而灿烂的文化结晶，是中国少数民族智慧的象征。

铜鼓在发展过程中，不同时代、不同地区，形成了各自不同的特色。根据铜鼓的时代和原产地，以及铸造和使用它的民族，铜鼓分为 8 种类型，分别是万家坝型、石寨山型、冷水冲型、遵义型、麻江型、北流型、灵山型、西盟型。铜鼓的制作工艺考究，以铜为主要成分的铜、锡、铝合金等铸造。铜鼓的铸造过程主要分为铸造和调音两个阶段，主要的铸造工艺有失蜡法、泥范法。铜鼓表面的花纹丰富多彩，富有浓厚的生活气息和民族特色，其制作方法灵活多样，主要采用雕刻法、滚压法和印痕法。铜鼓的纹样花样繁多，有太阳纹、翎眼纹、云纹、乳钉纹、栉纹、游旗纹等纹饰。铜鼓的纹饰不仅具有装饰的作用，还具有特殊的寓意，比如表达对自然的崇拜、对雨水的渴望、图腾崇拜，同样也反映了少数民族的历史传说和先民生活，也是权力财富的一种象征。铜鼓装饰包括平面装饰和立体装饰，丰富且复杂，变幻无穷，这也是铜鼓文化内蕴的直接体现。

物理化学

火箭

在中国古籍文献中“火箭”一词具有极不相同的含义。按工作原理的差异可划分为两种：一种是借助弓弩等机械弹力发射箭，用于纵火和焚烧；一种是应用火力喷射推进箭矢，实现纵火和爆炸杀敌的目的。后者已具现代火箭的雏形，可称之为原始的固体火箭。

“火箭”一词最早见于《三国志·魏书·明帝纪》裴松之注引的《魏略》。不过，当时的火箭只是一种火药箭。北宋后期，一种利用了火药燃烧后反作用力的玩赏火箭开始出现。南宋时期，这项技术开始大规模用于战场，出现了最早的军用火箭。此时出现的霹雳炮，实际上是火箭弹的雏形。

明初，出现了最早将“喷气火箭”用于战争的记载。此后各种单级喷气火箭日益增多，有单发和多发两大类。明朝时中国制造了世界上最早的二级火箭——“火龙出水”。明朝书籍《武备志》绘有“火龙出水”图。明中期以后，民间的书籍对火药、火箭、火炮等火器有详细论述，并附有插图。明朝火箭多达几十种，其中有战时用的军用火箭、信号火箭，也有民间用的娱乐火箭。在军用火箭中，大体上可分为四大类：单飞火箭、集束火箭、火箭弹和多级火箭。

历史上，中国与阿拉伯地区的往来非常频繁。海陆通道开展的人员、学术和贸易的往来，为中国火箭技术最先传到阿拉伯地区创造了条件。蒙古军西征曾在阿拉伯地区建立了伊利汗国，中国火药、火箭技术也在此时直接或间接传入欧洲，进而改变了世界进程。

火铳（管形火器）

中国古代用火药发射石弹、铁弹或铅弹的管形火器，用青铜或铁铸成，是最古老的火炮。

火铳的创制是中国元代兵器制造的重要成果，它依据南宋火枪尤其是突火枪的发射原理制成。现存最早的有铭文的元代火铳，是至顺三年（1332）的制品，陈列在中国国家博物馆。火铳采用青铜铸造管身，能耐较大膛压，可以填较多的火药和较重的弹丸，因而大大提高了火器的威力。火铳使用寿命长，能反复装填使用发射，因此在发明以后不久就成为军队的重要装备。

火铳问世后发展很快，在朱元璋建立明朝的战争中发挥了重要作用。明朝建立后，大量制造火铳，加强了边防、海防和城防设施，并于永乐年间（1403—1424）组建了专用火器的神机营，促进了明军训练和作战方式的改变，创造和发展了火铳同冷兵器相结合的战术。嘉靖（1522—1566）以后，明军装备的轻型手铳和重型火铳逐渐被鸟铳和火炮所取代。

火铳是中国古代第一代金属管形射击火器，它的出现使热兵器的发展进入一个新的阶段，也为后来的战争形式和军事技术的发展做了铺垫。

兵器与金属冶炼

最早的兵器是石制的。此后，兵器的发展伴随着金属冶炼技术的进步，从青铜兵器发展为铸铁兵器，继而发展为铸钢兵器，为兵器的大规模进步创造了条件。

中国古代最初是使用自然铜，商代早期已能用火法炼制铜锡合金的青铜。冶炼青铜的过程较复杂，大概是先把选好的矿石加入熔剂，再放在炼炉内，燃木炭熔炼，等火候成熟，取精炼铜液，弃去炼渣，即得初铜，再经提炼才能获得纯净的红铜。红铜加锡、铅熔成合金，即是青铜。越王勾践剑的主要成分是铜和锡，还含有少量的铅、铁、镍和硫等，剑身的黑色菱形花纹是经过硫化处理的，这种脊部坚韧、刃部锋利、刚柔并济的复合剑，是青铜兵器铸造技术的重要标志。

白口生铁又脆又硬，虽然坚固耐磨，但不适于制造需要强度和韧性的兵器。中国劳动人民在春秋战国之际创造了钢铁柔化术，利用碳化铁分解出石墨能变成可锻铸铁，将含碳量接近熟铁的块炼铁放在炭火中加热渗碳，并反复折叠锻打，挤出杂质，得到块炼渗碳钢，这是最原始的钢,配合定量的渗碳剂和催化剂,密封加热渗碳,炼出优质的块炼钢,干将、莫邪、太阿等名剑就是用这种优质块炼钢制成的。西汉时期,人们将生铁铸件在氧化性气体中脱碳退火,使它的含碳量降低到钢的成分范围而不析出或很少析出石墨,从而变成钢剑,利用炒钢法将生铁加热熔化成液态或半液态,撒入矿石粉,并不断进行搅拌,是以脱碳成钢。

经过"块炼法"—"百炼钢"—"炒钢法"的发展历程,中国发明了灌钢法,为世界冶炼技术的发展做出划时代贡献。这种利用液态生铁对熟铁进行扩散渗碳炼钢的方法,最早记载于《北齐书·綦毋怀文传》,称其为"宿铁"。后世称为"灌钢",又称为"团钢"。后来"灌钢法"又不断发展,宋代将生铁片嵌在盘绕的熟铁条铸件之上,用泥把炼钢炉密封后进行烧炼,效果更好。明代将生铁片盖在捆紧的若干熟铁薄片上,使生铁液可以均匀地渗入熟铁之中,用涂泥的草鞋遮盖住炉口,使生铁可以从空气中得到氧气而更易熔化,提高了冶炼效率。

明中期以后,"灌钢法"又进一步发展为苏钢法,以熟铁为料铁置于炉中,而将生铁置于炉口,生铁板开始熔化后用火钳夹住左右移动,并不断翻动料铁,使料铁均匀地淋到滴下的生铁液,这样既可以产生很好的渗碳作用,又可以产生剧烈的氧化作用,使铁和渣分离,生产出含渣量少而成分均匀的钢材。

小孔成像

一种光学现象,通过这一现象,可以证明光在同种均匀介质中(不受引力作用干扰的情况下)沿直线传播。

具体过程为:用一个带有小孔的板遮挡在墙体与发光物之间,墙体上就会形成物的倒像。前后移动中间的板,墙体上像的大小也会随之发生变化,这种现象说明了光沿直线传播的性质。

约公元前5世纪,中国的学者墨翟(墨子)和他的学生做了世界上第一个小孔成倒像的实验,《墨经》中这样纪录了小孔成像:

"景到,在午有端,与景长。说在端。"

"景。光之人,煦若射,下者之人也高;高者之人也下。足蔽下光,故成景于上;首蔽上光,故成景于下。在远近有端,与于光,故景库内也。"

原文的意思是:光穿过小孔如射箭一样,是直线行进的,人的足部遮住了下面的光,成影在上边,人的头部遮住了上面的光,成影在下边,就形成了倒立的影。

记载中解释了小孔成倒像的原因,指出了光的直线传播的性质。这是人类有记载的对小孔成像原理的第一次清晰解释,也是对光沿直线传播性质的第一次科学论述。

当代科技成果

两弹一星

指核弹、导弹、人造卫星,有时也指对中国依靠自己的力量掌握的核技术和空间技术的统称。这是中华人民共和国伟大成就的象征,是中华民族的骄傲。

1960年11月5日,中国第一枚地对地近程导弹发射成功;1964年10月16日15时,中国第一颗原子弹爆炸成功,使中国成为第五个拥有原子弹的国家;1967年6月17日上午8时,中国第一颗氢弹空爆试验成功;1970年4月24日21时,中国第一颗人造卫星发射成功,使中国成为第五个发射人造卫星的国家。中国的"两弹一星"是20世纪下半叶中华民族创建的辉煌伟业。

党中央领导在表彰"两弹一星"元勋和广大科研工作者的杰出贡献和奋斗精神时将其概括为"两弹一星"精神,表述为"热爱祖国、无私奉献,自力更生、艰苦奋斗,大力协同、勇于登攀"的精神。

神舟飞船与嫦娥工程

前者是中国自行研制,具有完全自主知识产权,达到或优于国际第三代载人飞船技术的飞船。采用三舱一段结构,即由返回舱、轨道舱、推进舱和附加段构成,由13个分系统组成，具有起点高、具备留轨利用能力等特点。

后者为2004年起中国正式开展的月球探测工程，分为“无人月球探测”“载人登月”和“建立月球基地”三个阶段。

2003年10月15日，神舟五号载人飞船搭载航天员杨利伟升空；2005年10月12日，神舟六号搭载费俊龙、聂海胜两名航天员升空。2008年9月25日，神舟七号搭载翟志刚、景海鹏、刘伯明三名航天员升空。截至2019年，神州飞船已完成11次成功飞行，标志着中国航天事业的阶段性成功，而距离中国人登陆月球的梦想也越来越近。

2007年10月24日，嫦娥一号成功发射升空，在圆满完成各项使命后，于2009年按预定计划受控撞月。2010年10月1日，嫦娥二号顺利发射，也已圆满并超额完成各项既定任务。2013年12月2日，探月工程已经完成嫦娥三号卫星和玉兔号月球车的月面勘测任务。2020年11月24日发射的嫦娥五号主要科学目标包括对着陆区的现场调查和分析，以及月球样品返回地球以后的分析与研究。中国人的探月工程为人类和平使用月球做出了新的贡献。

天眼

500米口径球面射电望远镜，简称FAST，位于贵州省黔南布依族苗族自治州平塘县。该工程是中国国家重大科技基础设施，由主动反射面系统、馈源支撑系统、测量与控制系统、接收机与终端及观测基地等几大部分构成。

“天眼”工程由中国天文学家南仁东于1994年提出构想，历时22年建成，于2016年9月25日落成启用。2018年，“天眼”首次发现毫秒脉冲星并得到国际认证，该星是至今发现的射电流量最弱的高能毫秒脉冲星之一。截至2018年9月12日，“天眼”已发现59颗优质的脉冲星候选体，其中有44颗已被确认为新发现的脉冲星。2019年3月，“天眼”和天马望远镜团队合作，首次成功实现联合观测，这标志着“天眼”具备了联合组网观测的能力。

“天眼”工程是由中国科学院国家天文台主导建设，是具有自主知识产权、世界最大单口径、最灵敏的射电望远镜，与原最大口径100米望远镜相比，其观测能力提高了10倍，并且将在未来二三十年保持世界领先地位。它将在基础研究众多领域，例如宇宙大尺度物理学、物质深层次结构和规律等方向提供发现和突破的机遇。

“雪龙”号

中国第三代极地破冰船和科学考察船，也是中国最大的极地考察船。“雪龙”号耐寒，能以1.5节航速连续冲破1.2米厚的冰层（含0.2米雪），技术性能先进，属国际领先水平，也是中国进行极区科学考察的唯一一艘功能齐全的破冰船。

自1994年10月首次执行南极科考和物资补给运输至2014年7月，“雪龙”号已先后31次赴南极，6次赴北极执行科学考察与补给运输任务，足迹遍布五大洋，创下了中国航海史上多项新纪录，获得了极地科考全深度观测的第一手数据资料和实物样品，为中国取得了一些重大科考进展和考察成果，成为中国认识极地、利用极地和保护极地的重要支撑。

大国重器

指随着科技领域的飞速发展，中国近几年来取得的一系列具有里程碑般意义影响深远的科技成果和装备制造业的重大成果。

“中国之眼”展示大国视距。500米口径球面射电望远镜被誉为“中国天眼”，是具有自主知识产权，世界最大单口径、最灵敏的射电望远镜，实现了空间飞行器的测控与通信、脉冲星计时阵和自主导航、非相干散射雷达接收系统、高分辨率微波巡视等功能。

“中国蓝鲸”尽显大国气魄。“蓝鲸2号”是全球第二座最先进的超深水双钻塔半潜式钻井平台，最大作业水深3 000多米，对推动中国海洋工程关键技术的发展具有划时代的意义。

“中国科技”汇聚大国力量。墨子号量子科学实验卫星使中国在世界上首次实现卫星和地面之间的量子通信，构建天地一体化的量子保密通信与科学实验体系。

“中国飞机”腾跃大国高度。C919大型客机是中国首款按照最新国际适航标准，具有自主知识产权的干线民用飞机。

“中国桥梁”树立大国地位。随着全球最长跨海大桥——港珠澳大桥主体桥梁在2016年国庆节前夕正式贯通，中国成为世界第一桥梁大国。

“中国之路”走出大国特色。中国高速公路总里程13.1万千米位居世界第一；营业里程超过12万千米的中国铁路纵横城市郊野；高铁总里程已超过第2至第10位国家的总和，创造了交通发展的世界新纪录。

“中国港口”弘扬大国精神。中国从2013年超越美国成为世界第一大贸易国，在全球港口货物吞吐量和集装箱吞吐量排名前10名的港口中，中国港口均占有7席，中国成为全球贸易的主角。

“中国网”汇聚大国智慧。随着“网络强国战略”的高歌猛进，“大数据”“云计算”“4G网”广泛应用遍布神州各个角落，“5G”技术独领风骚，使中国的互联网服务水平引领世界。

“中国列车”体现大国速度。中国自主研制的“2.0版”磁浮列车，适于在城市内部、城市和卫星城之间、城市群之间、地形复杂的景区内部运行，将成为城镇化建设、“一带一路”建设和“走出去”的拳头轨道交通产品。

科技人物

张衡（78—139）

字平子，南阳西鄂（今河南南阳市石桥镇）人，中国东汉时期伟大的天文学家、数学家、发明家、地理学家、文学家，在北宋时被追封为西鄂伯。

张衡发明了世界上第一台用水力推动的大型演示星象的天文仪器——漏水转浑天仪。它采用齿轮系统把浑象（天球仪）与计时漏壶相结合，制成漏水转浑天仪，用来演示星空变化以展示浑天说。他还著有《灵宪》《灵宪图》《浑天仪图注》等，绘制了相对完备的星象图。张衡重视观测实践，亲自设计和制造了世界上第一架检测地震的仪器——候风地动仪。候风地动仪是世界上最早的机械验震装置。虽然它的功能尚只限于测知震中的大概方位，但它却领先了相关领域世界科技的发展约1 800年。

此外，张衡还在地理、历法、数学、文学、艺术等领域成就斐然，共著有科学、哲学、文学著作32篇，是一个多才多艺、举世罕见的天才，被后人誉为“木圣”。

蔡伦（约62—121）

字敬仲，东汉桂阳郡人。汉明帝永平末年入宫给事，章和二年（88），蔡伦因有功于太后而升为中常侍，后又以位尊九卿之身兼任尚方令。蔡伦总结以往人们的造纸经验革新造纸工艺，终于制成了“蔡侯纸”，元兴元年（105）奏报朝廷，汉和帝下令推广他的造纸法。

蔡伦的造纸术被列为中国古代“四大发明”之一，对人类文化的传播和世界文明的进步做出了杰出的贡献，千百年来备受人们的尊崇。被纸工奉为造纸鼻祖、“纸神”。麦克·哈特的“影响人类历史进程的100名人排行榜”中，蔡伦排在第七位。美国《时代》周刊公布的“有史以来的最佳发明家”中蔡伦上榜。2008年北京奥运会开幕式特别展示了蔡伦发明的造纸术。

祖冲之（429—500）

字文远，建康（今南京）人，祖籍范阳郡遒县（今河北涞水县），是中国南北朝时期杰出的数学家、天文学家。祖冲之从小受其家族影响，学习科学知识，青年时进入华林学省，从事学术活动。其主要贡献在数学、天文历法和机械三方面。

祖冲之在刘徽开创的探索圆周率精确方法“割圆术”的基础上，首次将“圆周率”精算到小数点后第七位，即在 3.141 592 6 和 3.141 592 7 之间。祖冲之对圆周率数值的精确推算值，对于中国乃至世界是一个重大贡献，后人将“约率”用他的名字命名为“祖冲之圆周率”，简称“祖率”。

祖冲之撰写的《缀术》被收入著名的《算经十书》中，作为唐代国子监算学课本（后佚）。在天文历法方面，祖冲之创制的《大明历》是当时最科学最进步的历法，对后世的天文研究提供了正确的方法。

毕昇（约 970—约 1051）

出生于北宋淮南路蕲州蕲水县，在宋仁宗庆历年间（1041—1048）发明活字印刷术。毕昇活字印刷术的发明，比德国人古腾堡发明金属活字印刷早 400 多年，是印刷史上的一次伟大革命，是中国古代“四大发明”之一。它为中国文化经济的发展开辟了广阔的道路，为推动世界文明的发展做出了重大贡献。

毕昇本是杭州书肆刻工。他根据实践经验，发明胶泥活字印刷技术，即在胶泥片上刻字，一字一印，用火烧硬后，便成活字。这一技术未及推广，毕昇就去世了。他的字印为沈括家人收藏，事迹见于沈括的《梦溪笔谈》。从 13 世纪到 19 世纪，毕昇发明的活字印刷术传遍全世界。活字印刷术具有一字多用、重复使用、印刷多且快、省时省力、节约材料等优点，比整版雕刻更为经济方便，是印刷技术史上的一次质的飞跃，对后世印刷术乃至世界文明的进步有着巨大而深远的影响。1990 年在湖北英山县发现毕昇墓碑。

科技规划

12 年科技发展规划

12 年科技发展规划是《1956—1967 年科学技术发展远景规划纲要（修正草案）》的简称。这是中华人民共和国成立后第一个科技发展远景规划。沿着规划的方向，中国开始了大踏步追赶世界先进科学技术水平的历程。

1956 年是中国科学技术发展史上具有里程碑意义的一年。随着中华人民共和国成立后经济的逐渐恢复，中国在短时间内建立了门类齐全的工业体系和相对齐全的科研机构和部门。经济目标的实现有赖于科学技术的发展，从而对当时中国还很薄弱的科技工作提出了很高的要求。1956 年 1 月 14—20 日，中共中央召开了全国知识分子问题会议，发出了“向科学技术进军”的号召。1 月 25 日，毛主席在最高国务会议上说：“中国人民应该有一个远大的规划，要在几十年内，努力改变中国在经济上和文化上的落后状态，迅速达到世界上的先进水平。”按照这一指示，在周恩来总理领导下，国务院成立了科学规划委员会，调集了几百名各种门类和学科的科学家参加编制规划工作，还邀请了 16 名苏联各学科的著名科学家来华，帮助中国了解世界科学技术的水平和发展趋势。历经 7 个月完成了初稿，后经反复讨论修改，1956 年 12 月，中共中央、国务院批准后执行。

12 年科技发展规划确定了“重点发展，迎头赶上”的指导方针，对数学、力学、天文学、物理学、化学、生物学、地质学、地理学等 8 个基础学科做出了系统的规划；从 13 个方面提出了 57 项重大科学技术任务、616 个中心问题，从中进一步综合提出了 12 个对科技发展更具关键意义的重点任务：1. 原子能的和平利用；2. 电子学中的新技术（超高频技术、半导体技术、电子计算机技术、电子仪器和遥控技术）；3. 喷气技术；4. 生产过程自动化和精密仪器；5. 石油及其他特别缺乏的资源的勘探，矿物原料基地的探寻和确定；6. 结合中国资源情况建立合金系统并寻求新的冶金过程；7. 综合利用燃料，发展重有机合成；8. 新型动力机械和大型机械；9. 黄河、长江综合开发的重大科学技术问题；10. 农业的化学化、机械化、电气化的重大科学问题；11. 危害中国人民健康的最大的几种主要疾病的防治及消灭；12. 自然科学中若干重要的基本理论问题。为填补中国在一些急需的尖端科学领域里的空白，规划还提出了1956年的4项紧急措施；此外，为了组织落实和实现“12年科技规划”制定的目标和各项任务，国家还对科学技术工作体制、科学研究机构的合理设置、科技干部的使用培养及国际合作、科学研究事业良好环境条件的创造、规划的组织管理程序、年度科学技术的制定等做了一般性规定。

规划的制定和实施不仅对中国科学技术的发展起了重要的推动作用，而且，对中国科研机构的设置和布局、高等院校学科及专业的调整、科技队伍的培养方向和使用方式、科技管理的体系和方法，以及中国科技体制的形成起了决定性的作用。

在国家人力和物力上的优先保证下，在各方面的积极配合与共同努力下，规划提出的任务尤其是重点任务提前5年完成了。比如，中国第一座实验性原子反应堆和回旋加速器于1958年6月13日开始发生链式反应；1958年8月1日，中国第一台电子管计算机“103机”研制成功；1959年，大型通用计算机“104机”研制成功；1960年，中国第一台完全是自行设计的通用电子数字计算机“107机”设计试制成功。这些工作为“两弹一星”和其他科学技术的发展奠定了坚实的基础。

863计划

国家的一项高技术发展计划，是以政府为主导，以一些有限的领域为研究目标的基础研究的国家性计划。

1986年3月，面对世界高技术蓬勃发展、国际竞争日趋激烈的严峻挑战，王大珩、王淦昌、杨嘉墀和陈芳允四位科学家提出了《关于跟踪研究外国战略性高技术发展的建议》。邓小平同志立即做出“此事宜速作决断，不可拖延”的重要批示。

在充分论证的基础上，党中央、国务院果断决策，于1986年3月启动实施了“高技术研究发展计划(即863计划)”，旨在提高中国自主创新能力，坚持战略性、前沿性和前瞻性，以前沿技术研究发展为重点，统筹部署高技术的集成应用和产业化示范，充分发挥高技术引领未来发展的先导作用。朱光亚是“863计划”的总负责人，参与了该计划的制定和实施。

“863计划”的主要内容包括信息技术、生物和现代农业技术、新材料技术、航天技术、激光技术、先进制造与自动化技术、能源技术、资源环境技术以及若干重大专项技术等高技术领域。

30多年来，“863计划”始终瞄准世界高技术发展前沿，按照“有所为、有所不为”的原则，在事关国家长远发展和国家安全的重要高技术领域，以提高中国自主创新能力为宗旨，坚持战略性、前沿性和前瞻性，以前沿技术研究发展为重点，统筹部署高技术的集成应用和产业化示范，充分发挥高技术引领未来发展的先导作用，在生物工程药物、通信设备、高性能计算机、中文信息处理平台、人工晶体、光电子材料与器件等国际高技术竞争的热点领域，成功开发了一批具有自主知识产权的产品，形成了中国高技术产业的增长点；同时，围绕国防现代化建设需求，发展中国新的战略威慑手段和新概念“杀手锏”装备，取得了突出的成绩，为中国高技术的起步、发展和产业化奠定了坚实基础，对国民经济和社会发展产生了重大影响。

15年科技发展规划

指《国家中长期科学和技术发展规划纲要(2006—2020年)》(以下简称《规划纲要》)。

进入21世纪，中国作为一个发展中大国，加快科学技术发展、缩小与发达国家的差距，成为紧迫的战略任务。

2002年11月党的十六大从全面建设小康社会、加快推进社会主义现代化建设的全局出发，提出要“制定科学和技术的长远发展规划”。

2003年新一届国务院组成后决定着手研究制定《国家中长期科学和技术发展规划纲要》，期限定为2006年至2020年。

随后,国务院成立由23个部门组成的国家中长期科学和技术发展规划领导小组,时任总理温家宝任组长,时任国务委员陈至立任副组长,时任中科院院长路甬祥、工程院院长徐匡迪、科技部部长徐冠华等24位部级以上领导任领导小组成员。由周光召、宋健、朱光亚为召集人,王选等18名科学家组成专家顾问组,组织2 000多名专家,分20个专题进行了战略研究,在此基础上,经过一年多时间的几易其稿,在2006年2月9日,国务院发布了《国家中长期科学和技术发展规划纲要(2006—2020年)》。

4万多字的《规划纲要》,站在历史的新高度,以增强自主创新能力为主线,以建设创新型国家为奋斗目标,对中国2006年至2020年科技的发展作出了全面规划和部署。

《规划纲要》明确了自2006年以后15年,科技工作的指导方针是:自主创新,重点跨越,支撑发展,引领未来。

到2020年,全社会研究开发投入占国内生产总值的比重提高到2.5%以上,力争科技进步贡献率达到60%以上,对外技术依存度降低到30%以下,本国人发明专利年度授权量和国际科学论文被引用数均进入世界前5位。

根据全面建设小康社会的紧迫需求、世界科技发展趋势和中国国力,必须把握科技发展的战略重点。一是把发展能源、水资源和环境保护技术放在优先位置,下决心解决制约经济社会发展的重大瓶颈问题。二是抓住未来若干年内信息技术更新换代和新材料技术迅猛发展的难得机遇,把获取装备制造业和信息产业核心技术的自主知识产权,作为提高中国产业竞争力的突破口。三是把生物技术作为未来高技术产业迎头赶上的重点,加强生物技术在农业、工业、人口与健康等领域的应用。四是加快发展空天和海洋技术。五是加强基础科学和前沿技术研究,特别是交叉学科的研究。

重大专项是为了实现国家目标,通过核心技术突破和资源集成,在一定时限内完成的重大战略产品、关键共性技术和重大工程,是中国科技发展的重中之重。

《规划纲要》确定了核心电子器件、高端通用芯片及基础软件,极大规模集成电路制造技术及成套工艺,新一代宽带无线移动通信,高档数控机床与基础制造技术,大型油气田及煤层气开发,大型先进压水堆及高温气冷堆核电站,水体污染控制与治理,转基因生物新品种培育,重大新药创制,艾滋病和病毒性肝炎等重大传染病防治,大型飞机,高分辨率对地观测系统,载人航天与探月工程等16个重大专项,涉及信息、生物等战略产业领域,能源资源环境和人民健康等重大紧迫问题,以及军民两用技术和国防技术。

中华人民共和国成立以来,中国先后制定了7个科技规划。而《规划纲要》被普遍认为是1956年的“12年科技发展规划”后,最重要的科技发展规划,对中国科技创新产生了极其深远的影响。现在,“15年规划”已基本完成,国家又开始筹备制定新的15年即2021—2035年国家科技发展规划。

⊙ 遗产文物 ⊙

长城

中国古代的军事防御工程，利用高大、坚固而连绵不断的长垣，阻隔敌骑的行动。长城不是一道单纯孤立的城墙，而是以城墙为主体，同大量的城、障、亭、标相结合的防御体系。又称“万里长城”。

长城修筑的历史可上溯到西周时期，著名典故“烽火戏诸侯”就发生在西周首都镐京（今陕西西安）一带的长城上。春秋战国时期列国争霸，互相防守，长城修筑进入第一个高潮，但此时修筑的长度都比较短。秦灭六国统一天下后，秦始皇连接和修缮战国长城，始有万里长城之称。自秦始皇以后，凡是统治着中原地区的朝代，几乎都要修筑长城。汉、晋、北魏、东魏、西魏、北齐、北周、隋、唐、宋、辽、金、元、明、清等十多个朝代都不同规模地修筑过长城，可以说自春秋战国时期开始到清代的2 000多年一直没有停止过修筑。明朝是最后一个大修长城的朝代，今天人们所看到的长城多是此时修筑。

长城资源主要分布在河北、北京、天津、山西、陕西、甘肃、内蒙古、黑龙江、吉林、辽宁、山东、河南、青海、宁夏、新疆等15个省、市、自治区。其中陕西省是中国长城资源最为丰富的省份，境内长城长度达1 800多千米。根据文物和测绘部门的全国性长城资源调查结果显示，明长城总长度为8 851.8千米，秦汉及早期长城超过1万千米，总长超过2.1万千米。

1961年3月4日，长城被国务院公布为第一批全国重点文物保护单位。1987年12月，长城被列入世界文化遗产。

长城在军事实用功能逐渐消退、文化精神作用不断增强的双向历史演进中，不断显示出了其美学魅力，一方面不断地向世界展示着中华民族的智慧和创造能力，另一方面也在展示人类的坚强意志和雄伟气魄。

仰韶文化彩陶人面鱼纹盆

新石器时代前期仰韶文化的典型陶器，于1955年出土于陕西省西安市半坡。其功能可能是儿童瓮棺的棺盖，是一种特制的葬具。现收藏于中国国家博物馆。

这件陶盆高16.5厘米，口径39.8厘米，由细泥红陶制成，敞口卷唇，口沿处绘间断黑彩带，内壁以黑彩绘出两组对称人面鱼纹。人面呈圆形，头顶有似发髻的尖状物和鱼鳍形装饰。前额右半部涂黑，左半部为黑色半弧形。眼睛细而平直，似闭目状。鼻梁挺直，成倒立的“T”字形。嘴巴左右两侧分置一条变形鱼纹，鱼头与人嘴外廓重合，似乎是口内同时衔着两条大鱼。另外，在人面双耳部位也有相对的两条小鱼分置左右，从而构成形象奇特的人鱼合体。在两个人面之间，有两条大鱼作相互追逐状。其绘饰风格简单、夸张。

这件陶盆是仰韶彩陶工艺的代表作之一，代表了当时的美术工艺水平，也是研究仰韶文化的重要文物之一。

1995年5月25日，新石器时期仰韶文化彩陶人面鱼纹盆被定为中国国家一级文物。

2002年，新石器时期仰韶文化彩陶人面鱼纹盆被列入国家文物局发布的《首批禁止出国（境）展览文物目录》。

良渚文化神人兽面纹玉钺

1986年出土于浙江省余杭反山12号墓，属于新石器时代良渚文化。现藏于浙江省博物馆。

它总体略呈“风”字形，两侧略向内凹弧，左右不对称。玉料呈青色，透闪石玉，局部有褐斑。玉钺扁平，刃宽肩窄，近肩处的中央有一圆孔，两面纹饰相同，皆于近刃处的上角饰一神人纹，下角饰一神鸟纹。全长17.9厘米，最厚0.9厘米，孔径约0.55厘米。此器出土时，位于墓主的左侧，同时发现的还有一件玉冠饰和一件玉镦饰。玉冠饰下部有卯眼可以安柄。椭圆形的玉镦有卯眼和横孔可以和钺把固定。从出土位置判断，钺杖总长约70厘米。而从这件器物的方位来看，它应该是死者生前手持之物，是一件礼器，代表死者生前拥有高贵的地位和权力。

良渚文化的贵族墓中出土了多件玉钺。这件玉钺的形制较大，制作精致，它还是目前出土的良渚文化中唯一一件有纹饰的玉钺，从工艺上看，它是良渚文化玉钺中最杰出者，从礼仪等级上看，它也具有更高的等级，因此它具有重要的文物价值。

红山文化女神像

中国最早的女神像，它归属于新石器时代晚期的红山文化，现藏于辽宁省文物考古研究院。

红山文化是距今五六千年间一个在燕山以北、大凌河与西辽河上游流域活动的部落集团创造的农业文化。因最早发现于内蒙古自治区赤峰市郊的红山后遗址而得名。

20世纪80年代，位于牛河梁的红山文化女神庙被发现。庙址由南、北两组建筑组成，其中北组为主体建筑，南北18米余，东西宽近7米。墙壁经过彩绘，室内发现有大量的人物塑像碎块，有头、肩、手以及乳房等部位的残块，均属女性，面涂红彩，双眼镶嵌青色玉片，可辨别出至少分属六个人像个体。其中最小的如真人一般大小，主室出土的大鼻大耳竟等于真人耳鼻的三倍。这些泥塑人物、禽兽残块以及彩绘庙室建筑构件、墙壁残块等，无一不是杰出的艺术作品，而一尊真人大小、较完整的人像头部尤为雕塑佳作。它的躯体部分虽然已经破损，头像却得以保留，它的造型结构合理，五官比例准确，表情生动逼真，这尊泥塑就被称为红山文化女神像。这不仅是中国文明黎明时期艺术高峰的标志，也是亿万炎黄子孙第一次看到的五千年前用黄土塑造的祖先形象，对中华文明起源史、原始宗教思想史的研究具有极其重要的意义。

红山文化坛、庙、冢代表了已知的中国北方地区史前文化的最高水平，专家们因而对中华文明起源史、中华古国史进行了新的思考：中华文明起源史的研究，从四千年前提早到五千年前；中华古国史的研究，从黄河流域扩大到燕山以北的西辽河流域。

大玉戈

现存最大的商代前期玉质仪仗器，1974年出土于武汉市黄陂区盘龙城李家嘴三号墓。

大玉戈整体呈硕长形。玉质成青黄色，全器长94厘米，宽14厘米，而厚仅1厘米。由于它是目前出土的玉戈中长度最长的，堪称“玉戈之王”，因此被称为“大玉戈”。

大玉戈整体呈扁长形，通体光素，由刃和柄两部分组成。刃部的一边平直，一边略成弧形，两边均有刃，头部较为尖锐。柄部略成长方形，上下两侧有稍微凸起的脊。刃部和柄部相交之处有一个圆孔，在使用的时候以绳子穿过圆孔，将大玉戈固定在木柄之上。

以玉为戈始见于二里头文化，其后流行于商、周两代。玉戈并不是真正的兵器，而多为礼器。大玉戈就属于礼仪用玉器。从其形制规模较大的情况来判断，大玉戈应该用于高级贵族的仪仗之中，象征着权力和地位。但也有的专家认为，大玉戈出土墓室，其功用是祭器或葬器。

2002年，大玉戈被列入国家文物局发布的《首批禁止出国（境）展览文物目录》，作为国家珍贵文物，得到了应有的保护。

商后母戊鼎

商代晚期青铜器。鼎腹内壁有“后母戊”三字铭文，故名。旧称司母戊鼎，又称后母戊大方鼎、后母戊方鼎。

原器1939年3月在河南安阳出土。是商周时期青铜文化的代表作，鼎呈长方形，口长112厘米，口宽79.2厘米，壁厚6厘米，连耳高133厘米，重达832.84千克。鼎身雷纹为地，四周浮雕刻出盘龙及饕餮纹样，反映了中国青铜铸造的超高工艺和艺术水平。

后母戊鼎初为乡人私掘，因体积过大，为防日军抢走，将其重新掩埋。1946年6月重新出土，存于南京中央博物院。1959年铜鼎从南京调往北京，存于新建成的中国历史博物馆（今中国国家博物馆）至今。

经研究考证，鼎腹内壁铭文“后母戊”是商王武丁的后妃妇姘的庙号。后母戊鼎是用陶范法铸造而成的，在商后期铸造后母戊鼎至少需要1 000千克以上的原料，且要在大约二三百名工匠的密切配合下才能完成，经测定，鼎含铜84.77%、锡11.64%、铅2.79%，与古文献记载制鼎的铜锡比例基本相符。

但也有学者认为，“后母戊”鼎以及另外一件“司母辛”鼎其实都是礼器，甚至认为“后母戊”“司母辛”的读识有误，这样的鼎应该是九鼎之中的“执德”“执新”鼎，并非用于祭祀，而是国家重器，代表着国家的威仪。

后母戊鼎是迄今世界上出土最大、最重的青铜礼器，享有“镇国之宝”的美誉。现为国家一级文物，2002年被列入国家文物局发布的《首批禁止出国（境）展览文物目录》。

商四羊方尊

中国现存最大的商代青铜方尊，1938年出土于现属炭河里遗址的湖南宁乡县黄材镇月山铺转耳仑的山腰上，普遍认为它是商朝晚期祭祀用礼器。

四羊方尊的造型庄重别致，它总体呈四方形，其每边边长为52.4厘米，高58.3厘米，重量34.5千克，长颈，高圈足，颈部高耸，四边上装饰有蕉叶纹、三角夔纹和兽面纹。它最具有标志性的特征是四角各塑一羊，肩部四角是四个卷角羊头，羊头与羊颈伸出于器外，羊身与羊腿附着于尊腹部及圈足上。这也就是四羊方尊得名的原因。同时，方尊肩饰高浮雕蛇身而有爪的龙纹，尊四面正中即两羊比邻处，各一双角龙首探出器表，从方尊每边右肩蜿蜒于前居的中间。

从工艺角度分析，四羊方尊是用两次分铸技术铸造的，即先将羊角与龙头单个铸好，然后将其分别配置在外范内，再进行整体浇铸。整个器物用块范法浇铸，鬼斧神工，显示了高超的铸造水平，被史学界称为“臻于极致的青铜典范”。

四羊方尊的造型主要以四羊、四龙构成，显示出它在酒礼器中的至尊地位。同时，羊寓意着吉祥，有寄福五谷丰登的寓意，同时也有以羊献祭、祭奉神明之意。

抗日战争时期，四羊方尊曾经被损坏，后经民众与政府的共同努力，四羊方尊以残破之躯得以保存，解放后经过专家们修复，恢复了其本来的面貌。2000年5月，中国历史博物馆首次遴选馆藏青铜器十大顶级国宝，四羊方尊位列其中。

2013年，四羊方尊被列入国家文物局发布的《第三批禁止出国（境）展览文物目录》。

春秋越王勾践剑

春秋晚期越国青铜器，国家一级文物。1965年冬出土于湖北省荆州市江陵县望山楚墓群中。

此剑一出土就光彩照人，几乎没有腐锈，历经2 400余年，仍然纹饰清晰精美，而且两刃异常锋利，轻轻用力，便将16层白纸划破，显示出其不同寻常之处。此剑长55.7厘米，宽4.6厘米，柄长8.4厘米，重875克，剑首外翻卷成圆箍形，内铸有间隔只有0.2毫米的11道同心圆，剑身上布满了规则的黑色菱形暗格花纹，剑格正面镶有蓝色玻璃，背面镶有绿松石。剑身有中脊，两从刃锋利，前锋曲弧内凹。茎上两道凸箍，圆首饰同心圆纹。经无损科学检测，其主要合金成分为铜、锡、铅、铁、硫等。花纹处含硫高，而硫化铜可防锈，这也是剑身花纹不锈的主要原因。

剑在靠近护手处有两行共八字鸟篆铭文：“钺王鸠

浅，自乍用鐱”。对于这八个字的解读，专家们曾有不同意见，郭沫若先生及考古专家方壮猷先生认为，第三、四两个字是“邵滑”，是楚国派到越国的越奸，最后被封为越王。而古文字专家唐兰认为，这两个字是“鸠浅”，是“勾践”的通假字。最终，后者得到了大部分专家的认同，这把青铜剑于是被认定为春秋越王勾践剑。

越王勾践剑工艺的精湛程度令人叹服，不仅造型简洁优美，装饰与功用完好结合，其合金金属比例的配置也巧妙精准，使得宝剑不仅历经千年不腐，还能锋芒如初。如此高超的铸造技巧，即使在今天也很难复制。它的出土证实了古代典籍中所描述的吹毛立断的兵器是真实存在的。也正因此，春秋越王勾践剑获得了“天下第一剑”的美誉。

曾侯乙编钟及青铜尊盘

前者为战国早期青铜乐器。钟架南面高 273 厘米，长 335 厘米，西面高 265 厘米，长 748 厘米，总重 2 500 千克。1978 年湖北随县（今随州）擂鼓墩曾侯乙墓出土。共 65 件，其中钮钟 19 件，甬钟 45 件，楚惠王五十六年（前 433）所赠镈 1 件，分三层八组悬挂在铜木结构的曲尺形钟架上。钟架以黑漆为地，加朱、黄彩色，245 个构件可拆装，设计精巧合理。钟体、钟架和挂钟构件上共有铭文 3 755 字，内容有编号、铭记、标音及乐律。铭文大多错金。钟的鼓部和鼓侧有标音。绝大多数钟能发出两个不同的乐音，与标示相符。是传世的唯一一套曲尺形编钟，现藏湖北省博物馆。

曾侯乙尊盘同样于 1978 年出土于湖北随州市擂鼓墩曾侯乙墓，是该墓室中最精美的青铜器具，也是目前中国境内出土的先秦青铜器中最精湛的作品之一。它的出土，以实物展示了中国古代青铜铸造技艺的高超，因其工艺极其复杂，目前还无法精准复制，更被视为举世无双的珍宝。

尊是古代的一种盛酒器，盘则是水器，曾侯乙尊盘则融尊盘于一体，技术构思极其别致。曾侯乙尊盘出土时，保存非常完整，当时尊置于盘上，可以拆开为两件器物。整体装饰纷繁复杂，铜尊是用 34 个部件经过 56 处铸接、焊接而连成一体，尊体上装饰着 28 条蟠龙和 32 条蟠螭。铜盘盘体上共装饰了 56 条蟠龙和 48 条蟠螭。曾侯乙尊盘给人印象最深的是其鬼斧神工的透空雕饰。装饰表层彼此独立，互不相连，由内层铜梗支撑，内层铜梗又分层连接，参差错落，玲珑剔透，繁复华丽，而且没有锻打和铸接的痕迹，令人叹为观止。

曾侯乙尊盘采用失蜡法铸造，它的出土，证实了先秦时代中国的失蜡法铸造技术已经达到极高的水准。2002 年，曾侯乙尊盘被列入国家文物局发布的《首批禁止出国（境）展览文物目录》。

长信宫灯

汉代青铜器，1968 年出土于河北保定满城中山靖王刘胜妻窦绾墓。

作为使用性灯具，其造型十分精巧，完全可以说是一件铜雕铸艺术品。外形被塑造成一个半跪持灯的宫女形象。通高 48 厘米，宫女高 44.5 厘米，重 15.85 千克。宫女的姿态非常优美，她左手托住灯座，右手提着灯罩，犹如持灯舞蹈。最巧妙的是，她的身体是中空的，她的右臂与灯的烟道相通，而袖管就是排烟炱的通道。宫女宽大的袖管自然遮住了灯体，正好形成了顶部的灯罩。她的头部、身躯、右臂、灯座、灯盘和灯罩是分六部分分别铸造再焊装成的，头部和右臂还可以拆卸。灯罩由两块弧形的瓦状铜板合拢后为圆形，嵌于灯盘的槽之中，可以左右开合，任意调节灯光的照射方向、亮度和强弱。灯盘中心和钎上插上蜡烛，点燃后，烟会顺着宫女的袖管进入体内，不会污染环境，可以保持室内清洁。灯盘有一方銎柄，内尚存朽木。座似豆形。

宫灯表面没有过多的修饰物与复杂的花纹，更像是一件独立的铜雕作品，在同时代的宫廷用具中显得较为朴素。但在材料使用上，长信宫灯却很讲究，它通体鎏金，显得金碧辉煌，富贵华丽。

长信宫灯灯体上共九处刻有铭文，共计65个字。其中有六处“阳信家”字样，说明宫灯原本是属于阳信夷侯的刘揭。此外，宫灯上还有“长信”字样，显示出这件宫灯为窦太后居所长信宫中的器物，所以专家命名其为“长信宫灯”。

长信宫灯是中国工艺美术品中的巅峰之作和民族工艺的重要代表作。这不仅在于其独一无二、稀有珍贵，更在于它精美绝伦的制作工艺和巧妙独特的艺术构思。其采取分别铸造，然后合成一整体的方法。考古学和冶金史的研究专家公认，此灯设计之精巧，制作工艺水平之高，在汉代宫灯中首屈一指。

1993年，汉长信宫灯被鉴定为国宝级文物。

金缕玉衣

又称“玉衣”“玉匣”，是汉代规格最高的丧葬殓服，大致出现在西汉文景时期。它们是用许多四角穿有小孔的玉片，用金丝编缀而成的。当时的人相信玉石可以永保尸身不腐，于是以玉为衣作为葬仪高贵的礼器和死者身份的象征。除了金缕玉衣，还有以银丝、铜丝连缀的玉衣，分别叫“银缕玉衣”“铜缕玉衣”，葬仪与死者身份的等级也依次低于“金缕玉衣”。

玉衣的起源可以追溯到东周时的“缀玉面饰”。所谓“缀玉面饰”，就是将做成眉、眼、鼻、口形状的玉石片按一定形状排列，辍附在织物上，再覆盖在死者面部。同时，以玉塞九孔以保证死者的灵魂不散。

“金缕玉衣”盛行于汉代，到三国时曹丕下诏禁用玉衣为止，共流行了400年。

中国已经出土玉衣的西汉墓葬共有18座，而金缕玉衣墓只有8座。其中最具代表性的是1968年河北满城一号墓出土的中山靖王刘胜的金缕玉衣。它用1 000多克金丝连缀起2 498块大小不等的玉片，由上百个工匠花了两年多的时间完成。整件玉衣设计精巧，做工细致，是旷世难得的艺术瑰宝，出土时轰动了世界。1995年江苏徐州楚王陵出土的金缕玉衣是现今年代最早，玉片数量最多的玉衣，制作于西汉时期，全长174厘米，宽68厘米，玉片总数达4 248片。

金缕玉衣是现存重要的汉代玉器实物，完好地保留了当时的玉器制作工艺，同时也展示了当时人们的丧葬观、礼仪观和社会等级情况，是中国重点文物。

唐三彩骆驼载乐俑

唐朝的文物，1959年出土于陕西省西安市西郊中堡村唐墓，通高58厘米，长41厘米。现收藏于陕西历史博物馆。

这件作品造型新颖浪漫，驼背部架一平台，铺方格纹长毯，上有乐舞俑8个，为7个男乐俑和1个女舞俑。乐俑环坐平台四周，分别执笛、箜篌、琵琶、笙、箫、拍板、排箫7种乐器，在全神贯注地演奏，女舞俑亭亭玉立于7个乐俑中间，轻拂长袖，边歌边舞。这组乐舞俑是典型的盛唐时期的作品，舞乐者均穿着汉族衣冠，使用的却大多是从西域传入的乐器，表现的是流行于开元、天宝时期的“胡部新声”，即胡汉文化融合后的新舞乐。作品釉色鲜明亮丽，协调自然，艺术家用浪漫的手法将舞台设置在驼背上，可谓匠心独具，堪称唐三彩中的极品。

唐三彩骆驼载乐俑虽经地下埋藏1 300多年，出土时仍光彩夺目，它为人们再现了盛唐乐舞场面，不仅是难得的彩陶艺术品，更是珍贵的历史资料。

目前，唐三彩骆驼载乐俑是唯一一件被评定为中国国宝级文物的唐三彩制品。

宋代五大名窑

始见于明代皇室收藏目录《宣德鼎彝谱》：“内库所藏汝、官、哥、钧、定名窑器皿，款式典雅者，写图进呈。”清末许之衡《饮流斋说瓷》中说：“吾华制瓷可分为三大时期：曰宋、曰明、曰清。宋最有名之窑有五，所谓柴、汝、官、哥、定是也。更有钧窑，亦甚可贵。”由于柴窑至今未发现窑址，又无实物，因此通常将钧窑列入，与汝、官、哥、定并称为宋代五大名窑。

汝瓷属五大名窑之首，窑址在今河南省汝州市区张公巷、蟒川乡验货店村，及当时所辖的大营镇清凉寺村。事实上，自宋初以来便有了汝窑的烧制，北宋晚期更是其鼎盛时期。汝窑以青瓷为主，“釉色天青色”“蟹爪纹”“香灰色胎”“芝麻挣钉”等是鉴别汝窑的重要依据。汝窑瓷胎体一般较薄，釉层较厚，有玉石般的质感，釉面有很细的开片，而在造型上则比较庄重大方。汝窑传世的作品不足百件，又因其工艺精湛，所以非常珍贵，如北京故宫博物院藏有汝窑天青釉弦纹樽、汝窑天青釉圆洗、汝窑天青釉碗等。

宋代官窑由官府直接营建，分北宋官窑和南宋官窑。北宋官窑在北宋末年宋徽宗时才开始烧造，具体的窑址至今没有发现。宋高宗南渡后，在临安(今杭州)另设新窑，一个“置窑于修内司”，后又在“郊坛下别立新窑”。因此北宋官窑称为“旧官”，南宋官窑称为“新官”。宋代官窑瓷器主要为素面，既无华美的雕饰，又无艳彩涂绘，最多使用凹凸直棱和弦纹为饰。其胎色铁黑、釉色粉青，“紫口铁足”增添古朴典雅之美，官窑的器形除常见的盘、碟、洗等之外，仿商、周、秦、汉古铜器中的各式瓶、炉样式也很多。如故宫藏有官窑粉青釉弦纹瓶、官窑青釉直颈瓶、官窑青釉圆洗等。

哥窑与官窑类同，也有紫口铁足，也有开片，不过至今其窑址不明，学界对其烧造年代也有分歧，有人认为并非是宋代，而是元代。哥窑将“开片”的美发挥到了极致，产生了“金丝铁线”这一哥窑的典型特征，使平静的釉面产生韵律美。宋代哥窑瓷器以盘、碗、瓶、洗等为主。北京故宫藏有哥窑青釉贯耳瓶、哥窑青釉鱼耳炉等作品。

钧窑主要烧造时期有宋、金、元的不同说法，有学者认为如今被定为宋代钧官窑的陈设瓷为明初永乐宣德时期烧造。钧窑有钧官窑和钧民窑之分，钧官窑窑址在河南禹州市(时称钧州)，钧窑也属于青瓷，但它不是以青色为主的瓷器。钧窑的颜色有玫瑰紫、天蓝、月白等多种色彩。其中“钧红”尤被推崇。钧窑典型特征就是“蚯蚓走泥纹”，北京故宫藏钧窑月白釉出戟尊，就有这种特征。

定窑是最早为北宋宫廷烧造御用瓷器的窑场，也是宋代五大名窑中唯一烧造白瓷的窑场，窑址在河北曲阳。定窑之所以能名扬天下，一方面是由于色调上属于暖白色，细薄润滑的釉面白中微闪黄，给人以湿润恬静的美感，另一方面则由于其善于运用印花、刻花、划花等装饰技法，将白瓷从素白装饰推向了一个新阶段。定窑造型以盘、碗最多。北京故宫藏有定窑白釉刻花牡丹纹折沿盘等作品。

宋代五大名窑是中国古代瓷器艺术的一座高峰，至今对陶瓷工艺和相关的艺术生产发挥着深远的影响力。

⊙ 建筑与园林 ⊙

古代城市

“城”与“市”的组合，从原始聚落发展而来，是人类步入文明的标志之一。“城”主要用于防卫，一般有城墙；“市”用于交易，“城市”并称意味着这是一个由统治者执掌，聚集了一定数量的人口、财富的领域。

商代之前即已有城市，规模小，筑城技术原始，军事堡垒功能突出；商代城市规模增大，宫殿和宗庙建筑大量涌现；周代分封制规定了不同级别的王侯拥有不同规制的城市，在《周礼·考工记》中有明确记载。秦汉以后，手工业、商业进一步发展，出现不少新兴城市，城市的规模更加扩大，格局渐趋成熟多样。

中国古代都城的发展大致可分为前后两大阶段：前一阶段从先秦到唐代，是封闭式都城制度时期，以分隔居住区与贸易活动区的“里坊制”为特点。封闭都城制度的历史阶段按城郭连接的不同布局还可划分为三个时期：商代是有城无郭时期；西周到西汉是西城连接东郭的时期；东汉到唐代为东、西、南三面郭区环抱中央北部城区的时期。

后一阶段是北宋到明清，为开放式都城制度时期，以开放的“行市”和“街市”的形成和发展为特点。随着人口的急剧增长，居民对生活必需品的供求日益增加，“行”“市”的形成打破了原先封闭的街坊结构，在漫长的历史过程中逐渐演变出宫城、内城、外郭三重城圈的结构，出现以宫城为中心分布全城的交通。

历史上有名的城市有：河南嵩山王城岗夏代古城、河南偃师二里头商代古城、秦代咸阳城、西汉长安城、唐长安城、北宋东京、南宋临安、元大都、明清北京城等。

民居园林

前者指用于居住的建筑及建筑群，后者是为了满足居住者对自然的追求，建造或改造而成的可以陶冶自身精神情怀的景观环境，是起居休闲场所的一部分。长久以来规模较大的宅邸都具有园林，苏轼诗词“宁可食无肉，不可居无竹”，直接反映了这种中国人对居住空间要与自然景观相结合的心理需求，故将民居园林放在一起叙述。

居住建筑是最基本的建筑类型，出现时间最早，分布地域最广，数量最多，也最多样。居住建筑最早由穴居和干栏式建筑发展而来，分别代表北方和南方早期的建筑形式。后来产生了宫室式建筑，最初为高贵的宗庙所使用，后来推广为汉人最常用的制度。此外民居形式还有碉房、蒙古包、舟居、四合院、镬耳屋、窑洞、安徽古民居、福建土楼等。由于南北方气候不同，民居也各有不同的做法及式样。北方风沙大，雨水少，冬季气候严寒，民居多注重保温防风，结构厚实，开窗较小，屋顶坡度较小或平顶；南方雨水多，夏季湿热，民居多注重通风遮阳，结构轻盈，内设天井，屋顶坡度较大。

中国有关造园的记载最早出现于商代末期。春秋战国时代诸侯国王对于园囿的追求更加奢华。秦汉时期园林建设愈加兴盛。隋唐时期富裕阶层均喜造园。两宋时期统治者造园喜用石，此时中国式的自然园林普遍具有山石小池建筑。明清时期造园理论开始出现，计成所著《园冶》一书堪称中国第一本园林艺术理论的专著。清代园林更是繁多精致，较为有名的民居园林有北京恭王府花园，苏州狮子林、拙政园，扬州个园等。

四合院

中国的一种传统合院式建筑，格局为一个院子四面建有房屋，从而将庭院合围在中间，故名四合院。四合院是河北、山东、东北等北方地区民居常用的平面布局，其中以北京四合院的布局最为宏敞严整。

西周时期就已经出现了完整的四合院，陕西岐山凤雏村周原遗址出土的两进院落建筑遗迹，是中国已知最早、最严整的四合院实例。汉代四合院进一步发展，受风水学说影响，四合院从选址到布局有了一套阴阳五行的说法。唐代上承两汉、下启宋元，其格局是前窄后方。唐代以前盛行廊院式四合院落，即以中轴线为主体建筑，周围绕以回廊，而非四面建房。晚唐出现具有廊庑的四合院，逐渐取代了廊院。宋朝以后，廊院逐渐减少，明清逐渐绝迹。元明清时期四合院日趋成熟，元代是北京四合院大规模形成时期，北京后英房出土的元代四合院遗址，可视为北京四合院的雏形。后经明清完善，逐渐形成北京特有的四合院建筑风格。

四合院的组合方式较多，可单体存在，也可联合而成为院落群体。四合院有一进、二进、多进院落，也可以有跨院。完整的四合院为三进院落，第一进院是垂花门前倒座房所居的窄院，第二进院是厢房、正房、游廊组成，第三进院为正房后的后罩房。四合院有时还与园林相结合，布局自由，有四合院与园林左右布局、前后布局、园林位于四合院一个角落等，如北京的半亩园园林位于四合院左侧，恭王府花园位于四合院落之后。四合院与园林结合的做法不仅限于北方，南方园林也有出现，如广东番禺余荫山房、东莞可园等。

四合院通常为大家庭所居住，提供了相对于外界比较隐秘的庭院空间。长者居北房，长子住东厢，次子住西厢房，佣人住倒座房，女儿住后院，其中反映着“男外女内”以及中国传统的尊卑等级思想。明清时期的坎宅巽门布局也体现着阴阳五行学说的影响。

吊脚楼

河北、湖南、四川、贵州地区少数民族普遍使用的一种建筑形式，在特征上可概括为一种 2 至 4 层的木楼，结合地势，底部架空或半架空，由干栏式建筑发展而来。

其本体结构可概括为三个特征：

1. 架空或半架空的建筑形式。吊脚楼分布地区多是坡地、山区或邻水地区，地势崎岖，湿气重，不利于身体健康和食物的保存，居民利用吊脚的高低来适应地形变化，将下部架空以隔离湿气。

2. 吊脚楼一般采用全木构架与装修，不砌砖墙或土坯墙，外观轻巧空透。

3. 厢房内侧或端面一般有走廊，上部有与挑檐相接的雨搭，形成过渡空间，作为内外生活空间的中介，是吊脚楼中重要的空间。

从结构类型来看吊脚楼多为穿斗式。

根据自然条件、社会状况和文化传统等差别来看，吊脚楼的空间布局和结构在不同民族、不同地区之间具有不同的特征。苗族吊脚楼前室后堂，居住层前曲廊退堂，卧室布置于前部，居住功能围绕堂屋展开，吊脚楼防御性较强；侗族吊脚楼前廊后室，前廊突出且空间宽大；重庆吊脚楼依山而建，为适应山地平面布局不规则，平面布局无固定模式。以上均可归为单栋式的吊脚楼。吊脚楼还可以有院落式的变体，如湘西吊脚楼分连三间一字屋、一正两厢、一正三厢；土家族吊脚楼分“一”字形、曲尺形和“凹”字形，并延伸出“口”字形、“山”字形、“皿”字形等。

窑洞

中国北方广泛使用的一种民居形式。由史前时代的穴居形式发展而来，广泛分布于山西、陕西、河南、河北、内蒙古、甘肃以及宁夏等省和自治区，建造结构上可视为人工横向再造的居穴，建造方式和特点明显区别于竖向地穴式建筑和干栏式建筑，是一种在自然地貌基础上，以“减法”营造出的空间。具体说来大致可分为三个类型：靠崖窑、地窨窑和独立式窑洞。

靠崖窑在天然土崖壁上挖出，窑体垂直于崖壁，顶部呈半圆形或抛物线形，可以并列 3—5 孔。崖面多用砖石包砌，上口挑檐，砌女儿墙，截水沟，以防坍塌。有的大型靠崖窑在前面另建地面建筑做厢房、大门，围成庭院。

地窨窑为从地面向下挖坑，在坑壁上开挖的窑洞，也称“地坑窑”或“平地窑”。地坑多为矩形，当三面或四面挖窑洞时，就形成地下的三合院或四合院。大型地坑院可以几个地坑相连，成为几进院落。地坑窑院具有防风沙、聚雨水的作用，院内采光和灌溉都很好，适宜北方干燥、风沙大的环境。

独立式窑洞是模仿传统窑洞形式，用木、土、砖石盖成的独立式房屋，是采用“加法”营造出的空间。既保持了窑洞冬暖夏凉的优点，又具有布局自由的特点，其建造成本也更高。

窑洞的主要装饰重点在于窑脸，不同地域具有不同特征，如陕北多见用砖砌方式装饰女儿墙；山西窑洞多用木结构装饰窑檐，雕工繁复精美；宁夏西海固地区窑洞窑檐部分通常不装饰，也没有砖花女儿墙，比较朴素。

土楼

是以生土版筑墙作为主要承重系统的多层集合式居住建筑。生土版筑墙即利用未经烧焙的土并按一定比例的黏质砂土拌合而成，用夹墙板夯筑。

土楼产生于宋元，发展成熟于明末、清代和民国时期，分布在中国东南部的福建、江西、广东三省的客家地区。早期土楼下部没有石基，墙体自下而上皆以生土夯筑。后来为了墙体更加稳固，外墙下层以石头叠垒，下层不开窗，上层为生土版筑，上层开小窗作为狙击口，体现了很强的防御性特征。土楼内部一般为多层木结构阁楼，分设几处公共楼梯，留内走廊，用于家族的起居生活。较大的土楼有多环，外环之内建1—2层内环，分间与外环各户联系，并按户以短墙分隔成各户独立活动的空间。内外环之间围成小天井，名为“透天厝”。

土楼分为方楼、圆楼、长方形楼、府第式方楼、宫殿式方楼、五凤楼、殿堂式围楼、走马楼、五角楼、纱帽楼等多种形式。圆楼出现在方楼之后，它省工料，消灭死角，既扩大了使用空间，又增强了抗风抗震的能力。土楼中分布最广、数量最多、品类最丰富、保存最完好的，是福建地区土楼，已于2008年被正式列入世界遗产名录。

目前有年代可考的最早土楼为安沙建乡齐云楼，建于明代洪武四年（1371），其他有代表性的土楼还有福建田螺坑土楼群、集庆楼、高北土楼群等。

苏州园林

今天分布于江苏省苏州市古典园林的统称，是南方园林的代表，其特点为将空间布置与诗书画意结合，不以规模而以意境取胜。苏州园林始于春秋时期吴国建都姑苏时，形成于五代，成熟于宋代，兴旺鼎盛于明清。到清末苏州已有各色民居园林170多处，现保存完整的有60多处，对外开放的有19处，拙政园、留园、网师园、沧浪亭、狮子林、耦园等先后被列入世界遗产名录。

苏州园林在布局、结构、风格上都有自己的艺术特色，产生于苏州古典园林鼎盛时期的拙政园、留园、网师园、环秀山庄这四座古典园林，占地面积虽然不广，但巧妙运用了造园技巧和手法，将亭台楼阁、泉石花木组合在一起，模拟自然风光，创造了“城市山林”“居闹市而近自然”的理想空间。苏州园林受到唐宋文人写意山水画的影响，是文人写意山水模拟的典范。造园者在造园时多以画为本，以诗为题，通过凿石堆山、栽花种树，创造出诗情画意的景观，以表现园主的情趣、理想、追求。

苏州园林是南方园林的代表，呈现出与北方皇家园林完全不同的特征，皇家园林宏大、严整、堂皇、富丽，苏州古典园林则以小巧、自由、精致、淡雅，以写意见长。皇家园林发展到晚期，在意境、创作思想、建筑技巧、人文内容上，也大量地汲取了私家花园的“写意”手法。

亭轩斋舫

园林中主要作为景观建筑的四种特殊建筑形式，也代表园林中有塑造景观的特殊功能的建筑小品。

“亭”是中国建筑中最轻巧自由的建筑形式之一，通常只有屋顶和梁柱而无四壁，内外通透；形式有三角、四角、梅花、六角、横圭、八角、十字等，随景置之，一般设在可供休憩、观眺的形胜之地，另外还有专门用途的亭，如碑亭、井亭等。“轩”通常以敞朗为特点，为有窗的长廊或小屋，通常设置在高旷之处，增添观景效果，如颐和园谐趣园北部山岗上的霁清轩。“斋”不宜敞显，需藏气而收敛，使人有肃然斋敬之意，通常是古人用来斋戒或学习、读书的场所，中国古代名流雅士大都有自己的书斋，并有各种雅号，如蒲松龄的“聊斋”。“舫”是仿照船的造型，在水面上建造起来的一种建筑物，供人们游玩设宴、观赏水景，如苏州拙政园的“香洲”、北京颐和园的“清晏舫”等。

园林景观建筑除亭、轩、斋、舫外还有廊、榭、台、庑等。根据园林构造的手段，或借景，或造景，或抑景，或添景，将这些景观建筑灵活地变形、组合，可以构造出园林或淡雅幽静、蜿蜒奇妙的风格。包括亭轩斋舫在内的园林景观建筑是表现中国园林天人合一精神追求的建筑要素，也是最可以体现人文关怀的小品建筑类型。

陵墓

泛指坟墓，多指帝王、诸侯等规模较大的坟墓。中国古代习用土葬，历史上许多朝代流行厚葬，陵墓规模庞大，建筑类型多样，往往装饰华丽，陪葬品丰厚。

商和西周的墓葬多采用木椁墓，深葬，是否有累土已不可考。春秋战国间的墓则已有累土，且植树，从结构上来说已有防潮防腐的设置。秦始皇陵规模宏大，由三层方形夯土台累叠而成，陵的周围有内外两重墙垣，并建寝殿，供祭祀，是中国历史上体型最大的陵墓，其地下结构据说有模拟都城咸阳的宫殿样式，在顶部画出日月星辰，地面置水银以象征河流。西汉继承秦朝制度，亦实行厚葬，有方锥平顶形封土，封土周围有高墙、石象生及殿屋，陵内置寝殿和苑囿，周以城垣，设官署和守卫的兵营，陵旁往往有贵族陪葬墓，并迁各处富豪居于附近，号称“陵邑”，其地下墓室结构及陪葬品均仿生前居所，往往多室，且以壁画装饰壁墙。南北朝厚葬之风较汉代有所收敛，南朝陵墓主要分布在江苏南京江宁，镇江句容、丹阳等地，典型的如南京西善桥大墓，南朝墓室多以花砖及拼镶砖画为装饰，是一大特征。唐代王陵最大的特征在于利用地形，因山为坟。平面布局是在山陵四周筑方形陵墙围绕，四面辟门，门外设石狮，四角建角楼，陵前神道一般顺着坡势向南延展，神道上的门阙和两侧的人、兽雕像较前代增多，以唐高宗和武则天合葬的乾陵为代表。北宋的帝后陵集中于河南巩义市境内洛河南岸的台地上，形成一个相当大的陵区，影响到南宋、明、清陵区的做法，诸陵以帝陵为主题，西北部有附葬的后陵，陵本身称为上宫，另在上宫的北偏西建有下宫，作为供奉帝后遗容、遗物和守陵祭祀之用，仍存在封土。唐、宋陵的另一特点是根据风水观念选择地形。明陵位于北京城北的天寿山麓，称“明十三陵”，山口外的石牌坊是整个陵区的入口，陵园地上建筑按宫殿形制建造，例如长陵以祾恩殿为中心布置三重庭院，地下墓室俑巨石发券构成若干墓室相连的“地下宫殿”。清代皇陵基本承袭明代的布局和形式，具有代表性的有清东陵陵墓群等。

楼阁

指中国古代建筑中的木构多层建筑物。早期阁与楼有所区别，楼是重屋，阁是下部架空高悬的建筑。

楼阁起源于汉代，汉代崇信神仙方术，认为神仙居高楼，故多修建高楼，汉代陪葬明器中的楼屋、塔楼等均可见后代楼阁的雏形。佛教传入后，大量修建的佛塔建筑中有相当一部分是楼阁建筑，如北魏洛阳永宁寺木塔，高“四十余丈”，百里之外即可遥见。辽代山西应县佛宫寺塔是中国现存最高的古代木构建筑。

最早的阁或飞阁，是指连接宫室之间高架的阁道，同时也派生出一种单独的建筑形式。历史上一些用于储藏的建筑也称为阁，佛道等宗教兴起发达后，阁也用于供奉神佛。宋以后楼与阁互通，无严格区分。

中国楼阁有很多结构形式，以方木相交叠垒成井栏形状所构成的高楼，称井干式；单层建筑重叠构成整座建筑的，称重屋式。唐宋以来，在层间增设平座层，上下层间多用“叉柱造”；明清以来的楼阁构架将各层木桩相续成为通长的柱材，与梁枋交搭，称为通柱式。此外，也有其他许多特异的楼阁构架形式。

中国著名楼阁有天津蓟县独乐寺观音阁、湖南岳阳楼、江西南昌滕王阁、山西应县佛宫寺塔等。

独乐寺观音阁

位于天津市蓟州区独乐寺内，为木构重檐九脊顶楼阁，其结构之精巧、力学结构之科学，堪称现存木质楼阁中的代表作。阁中一座高16米的辽塑十一面观音像是中国现存古代最大的塑像。独乐寺位于清帝谒陵途中，除山门和观音阁外均为清代建筑，观音阁东北还建有清帝行宫院落一座，除去观音阁本身的结构优势外，地理优势也是其保存完好的原因之一。

观音阁面宽五间，进深八椽，侧面显四间，坐落在90厘米高的石砌台基上。采用单檐九脊顶，屋顶采用下昂和华栱出挑相同而高度不同的做法以调整屋顶坡度；外观高两层，内部结构实为三层，在两层之间的平座、腰檐处为一暗层；整体使用内外两槽构架和明栿、草栿两套屋架，内外槽和两套屋架紧密联系；上下各层柱子不直接贯通，而是上层柱叉在下层柱头斗拱上的“叉柱造”。为防止结构变形，暗层的上层明间前后内槽柱和次间的中柱间用内额联系，构成六角形空井，下层空井则为方形，上下层空井形状不同有助于防止空井结构变形，加强了整个阁结构的刚性；空井又用于容纳观音像，做到了结构、功能和审美上的统一。观音阁作为三层叠落的构架，其处理古代建筑中惯用的柱之升起与侧脚的方式，补充了《营造法式》并未提及楼阁处理方式的空白。

据学者研究，日本是在1855年安政大地震后才出现柱间斜撑的做法，并称此为日本耐震构造法的开始，而此做法在10世纪的观音阁就有体现，不得不令人为之赞叹，这也是观音阁经历20次大地震，历经千年不倒的科学原因。观音阁的构架对研究中国古代木构楼阁的抗震能力和发展轨迹都具有重要意义。

应县木塔

全称佛宫寺释迦塔，位于山西省朔州市应县城西北佛宫寺内，建于契丹清宁二年（宋至和三年，1056），金明昌六年（南宋庆元元年，1195）增修完毕，为平面八角形五层六檐塔，攒尖顶，是中国现存最高最古老的木构塔式建筑。

应县木塔位于释迦寺南北中轴线上的山门与大殿之间，该寺属于“前塔后殿”的布局。塔建造在3.86米高的台基上，塔高67.31米，底层直径30.27米。应县木塔最具特色之处有三：

1. 双层木架八角形筒体结构。各层均采用内外两圈柱子，内槽供奉佛像，外槽为走廊，每圈柱与柱之间各自用阑额相连，柱间弦向及经向斜撑的运用，增强了柱间的平面刚度，可归属为“古代高层木框架筒体结构”一类，抗震性能优异。各层上下柱亦使用“叉柱造”。

2. 外观五层，内部九层，暗层结构处理极为巧妙。暗层从外看是装饰性很强的斗拱平座结构，从内看却是坚固刚强的结构层，在历代加固过程中，又在暗层增加了许多弦向和经向斜撑，组成了具有良好力学性能的框架构层。

3. 斗拱类型众多，全塔共应用54种斗拱，被称为“中国古建筑斗拱博物馆”。

殿堂

古代建筑群中重要的主体建筑，包括殿和堂两种建筑形式，殿为宫室、礼制和宗教建筑专用，堂为祭祀祖先、缅怀先贤所用，可由民间或官府所立。殿、堂之称皆始于周代，最初可以通用，后来等级上有了差别：殿的名称逐渐为宫室专用，此后佛寺道观中供奉神佛的建筑也被称为殿；堂自汉以后主要指衙署和宅邸中的重要建筑，宫殿、寺观中的次要建筑也被称为堂。

古代殿堂之内，有厢，有房，有室，有户，有牖。西汉宫殿还保存着这种旧制，并非像今天太和殿一样中空没有区隔。其中结构流传最久的是东西二堂，历魏晋至隋唐渐渐消失。今太和殿东西夹室，有追摹古制的痕迹。

殿堂平面配置，夏周皆取九七比例，近正方形。秦汉以来皆长方形，如阿房前殿、鲁灵光殿、太和殿等。唐代以来殿堂平面除长方形外，还有正方形、圆形、偃月形、工字形、曲尺形、卍字形等，圆形、十字形、口字形等用于坛庙、园囿为多。明清时期殿堂下一般有台基，开间多为五、七、九间，最多不过十一间。

殿堂是单体建筑，都可分为台阶、屋身、屋顶三个部分，受等级制度影响，殿和堂在形式上、构造上都有所区别。堂只有阶，殿不仅有阶还有陛，整个建筑坐落在高大的台基之上。殿和堂在屋顶上也有区别，最晚至唐，已规定只有殿可以使用庑殿顶、鸱吻，堂只能用歇山或悬山屋顶，宋以后更加严格，只有宫殿才可以用歇山屋顶，民间只能用悬山、硬山屋顶。在构造上二者也有截然的区分，宋《营造法式》明确规定了殿与堂两种结构方式，殿由水平分层（立柱层、铺作层、屋顶层）叠组而成，而堂由梁、柱等组成一排一排的横向构架，再由檩、枋串联构成整体。这种结构上的二分直到清代都保持。

五台山佛光寺东大殿

位于今山西省五台县五台山西麓，为佛光寺的正殿，建于唐大中十一年（857），为中国现存规模最大、结构保存最完整、艺术价值最高的唐代木构殿堂。1937年，营造学社成员梁思成同林徽因等共五人造访佛光寺并展开测绘研究，确定其为唐代木构，这一发现恰逢卢沟桥事变爆发前夜，而此前日本学者断定中国不存在千年以上唐代木构建筑，可以说佛光寺东大殿的发现于中国建筑史、于民族自尊心都有很大的意义。

佛光寺大殿为单檐庑殿顶建筑，面阔七间，进深四椽，柱网由内外两圈组成，内槽后半部建有巨大佛坛，坛上置20余尊唐代塑像，可惜后世多次修复，不复原态。殿前面中央五间设板门，两梢间开窗；其余三面围以后墙，仅山墙后部开小窗。根据殿内梁架底部的墨书题记，可知出资建殿者为长安贵妇“宁公遇”。

佛光寺东大殿体现了结构和艺术的统一，结构空间的设计与佛像的尺寸、置放整体考虑。例如内外两圈柱网将空间分割为内槽和外槽，内槽使用明乳栿、明栿和斗拱等形成与外槽隔绝的空间，突出了它的重要地位，五间内槽各安置一组佛像，以中部三间为主，各间的四跳斗拱全部使用偷心造作为佛像之间的分隔。内外槽间柱、枋与佛像的视觉关系恰好能使佛像、背光收入视野内；内槽繁密的天花、简洁的月梁、斗拱、精致的背光与全部朴素构件的对比中形成一种韵律。

佛光寺大殿另外值得说明的是：它出檐深远，屋顶采用1∶2的缓坡度，整个屋檐挑出约4米；斗拱硕大，整体呈庄重稳定的形象，这也是唐代建筑共有的特征。梁思成将其称为“国内古建筑之第一瑰宝”。

兰亭

位于浙江省绍兴市西南14千米兰亭镇的兰渚山下，以《兰亭集序》出名，原为东晋著名书法家王羲之的园林住所，是一座晋代园林。传说春秋时越王勾践曾在此植兰，汉代在此设驿亭，故名曰兰亭。现址为明嘉靖二十七年（1548）郡守沈启重建，1980年修复成明清园林的风格。

兰亭布局以曲水流觞为中心，四周环绕着鹅池、鹅池亭、流觞亭、小兰亭、御碑亭、墨华亭、右军祠等。

鹅池亭为三角亭，内有石碑，上刻“鹅池”二字，“鹅”为王羲之亲笔书写，“池”字为王献之补写，父子合璧，传为美谈。流觞亭前有一条“之”字形的曲水，中间有一块木化石，上面刻着“曲水流觞”四个字，其中包含着王羲之《兰亭集序》中“天朗气清，会于会稽山阴之兰亭……清流激湍，映带左右，引以为流觞曲水”的雅集盛事。现在流觞亭上匾额为光绪年间江夏太守李树堂题。

乾隆皇帝仿照流觞亭的形式在北京故宫乾隆花园内也建有亭子。御碑亭为重檐八角亭，始建于康熙年间，毁于台风后重建。中间有一方清代石碑，正面为康熙皇帝1693年临写的《兰亭集序》全文，背面是乾隆皇帝1751年游兰亭时即兴所作的七律诗《兰亭即事诗》。王右军祠是兰亭的精华所在，建于康熙年间，粉墙黛瓦，四面临水，祠内清池一方，传说为书圣洗笔之处，池中有墨华亭，整个建筑集“山水廊桥亭”于一体。

兰亭建筑群是体现中国园林建筑人与自然结合造景意象的鲜活案例之一。

斗拱

又称枓栱、斗科、欂栌、铺作等，是中国建筑特有的一种结构。一般位于柱头、柱间阑额上或角柱上，据其位置可称为柱头铺作、补间铺作和转角铺作，基本构件由斗、拱、昂组成，变化多样。

斗拱的作用很多：一是承重作用，可以将屋顶的重量分散传递到不同柱子之上，承载屋檐，或抬高屋檐使其更加深远；二是装饰作用，它构造精巧，使建筑具有结构美，明清时期斗拱承重作用减弱，装饰作用更加凸显；三是抗震作用，斗拱采用榫卯结合的空间结构接触并非刚接，可以抵御一定横向或纵向的晃动。

斗拱在中国建筑工艺中发展历史悠久，在战国时期中山王墓中出土的四龙四凤铜方案中就可见其原型，经汉代、南北朝的发展，至唐代较为成熟，宋代《营造法式》记载了成熟的斗拱制度和做法，辽金元时期的斗拱各有特色，明清斗拱结构功能逐渐退化，体量变小而更加繁复，装饰意味更浓。

唐宋以来的建筑中，斗拱可以昭示建筑等级，斗拱的使用与否、层数高低都反映着建筑的等级与规格，明清以来规定一般民居不能施斗拱。另外，非常重要的是斗拱的模数制度，是指从最小的斗拱尺寸到整个建筑的开间、进深、高宽的比例关系，在宋代称材份制度，清代称斗口制度。

斗拱的形式变化多端，有斜拱、把头绞项造、斗口跳等等。斗拱的形式有时也可作为古建筑断代的重要依据之一。

门阙

通常指独立的门，体量宏大，用以分隔建筑群体空间，具有纪念碑性的意义。古代早期的门阙体量比较高大，呈塔楼状建筑，置于道路两旁作为城市、坛庙、关隘、官署、陵墓等入口的标志。外观大体分为阙座、阙身与阙檐三部分。有单出阙、双出阙、三出阙等形式，阙檐也有一、二、三层之别，皆可用于象征等级。

门阙檐下为装饰重点，多以斜撑或斗拱支撑，门阙的材料可用土、石、木材，实心的土阙和石阙不可登临。留存至今年代最早的是汉朝陵墓前的门阙，是用石料仿造土木结构做出的建筑形式。此外门阙的形式在汉画像石、画像砖、唐代墓室壁画、线刻棺画中也时有出现。

楼阁形门阙，阙多分立，也有两阙中间相连者，如北京紫禁城的入口午门，左右两侧的城台和阁楼与中央连接形成“凹”字形，是国内现存最大的一座门阙。门阙在演变过程中还产生了棂星门、牌坊等多种建筑形式。

牌坊滥觞于汉阙，成熟于唐宋，至明清登峰造极，也具有独立、体量宏大、分隔建筑群体空间、具有纪念碑性的特点。但其功能与门阙有很大区别，牌坊是封建社会为表彰功勋、科第、德政及忠孝节义所立的建筑物。后来也置于主要街道的起点、交叉口、桥梁等处，景观性也很强，起到点题、框景、借景等效果。老北京的东单、西单、东四、西四都曾有过标志性的牌坊。

吻兽

建筑屋顶的装饰构件，根据位置可分为正脊吻、垂脊吻和“仙人走兽”，一般出现于大型建筑屋顶，材质有陶制或琉璃制等。

正脊吻，用于屋顶正脊两端，其出现可上溯到周代。起初仅是为了稳固屋顶构件，增强屋顶对室内环境和大木构件的保护作用,由瓦当堆砌而成的简单翘突,后逐渐形成动物形状,有凤凰、朱雀、孔雀等鸟形以及鱼龙形。根据《唐会要》《营造法式》记载,汉朝的柏梁殿上有"鱼虬尾似鸱"的东西,有"避火"之用。晋代以后的文献中出现了"鸱尾"一词(传说是一种海中能灭火的神物),其外形类似于鱼尾,尾端朝上,曲向正脊的方向。至唐朝中叶和末期,出现"鸱吻",下部是张口衔脊的兽头,上部则仍与鸱尾相似。宋朝以后,此种图案逐渐增多;金国出现龙形吻,龙头吞脊,龙尾向内卷曲,称"龙吻"。元朝时,尾部逐渐改为向外卷曲,背部出现剑柄,据《营造法式》记载,正脊两头还垂有五尺长的"吻索"。明朝以后,龙吻逐渐盛行,改叫大吻,尾部完全向后卷起,身上有小龙。清代官式建筑上的龙吻基本定型,正式称为"吻兽",或"吞脊兽"。明清年间,民间建筑中吻兽形象也很多样。

垂脊吻,主要指屋顶垂脊端头的瓦饰,又叫"垂兽"。早期建筑垂脊端头有时用力士或鬼脸瓦装饰,明清则普遍使用龙头。造型为一昂起的龙头,面朝前方,头顶犄角前突。它如果被用在歇山建筑的戗脊上,则称为"戗兽"。此外屋檐四角下伸出的角梁头上套的龙形瓦件称为"套兽"。

"仙人走兽"的位置在垂脊吻之前,宋金建筑上也有类似装饰构件,如"嫔伽"等,但造型和制度与明清建筑有明显区别。明清屋顶上的仙人走兽有定制,排列顺序和数目都有严格规定,具有等级象征意义,数目越多等级越高。按顺序应为仙人骑凤、龙、凤、狮子、天马、海马、狻猊、押鱼、獬豸、斗牛和行什,形象均来自神话传说,有象征意义。仙人走兽的数目一般为单数,数目最多的建筑为故宫的太和殿,除去仙人骑凤外有十个。

建筑色彩

泛指中国建筑上的色彩:一方面是由材料本身带来的,例如砖瓦、石头、金属、木材等具备其原色;另一方面是以木结构为主的中国古代建筑需要油漆防腐,为金属等构件作保护,这种特性决定了建筑色彩兼具了必要性、实用性与装饰性。

中国建筑色彩一般表现在壁画、建筑彩画、金属构件、琉璃构件等方面。

壁画在建筑色彩中占有一席之地可上溯到秦代,陕西秦咸阳宫三号遗址上的车马仪仗壁画是迄今发现最早的宫殿壁画。唐宋到明清以来,建筑壁画经历了抽象到写实再到抽象的过程。建筑彩画早期以单色刷饰木构件为主,如唐代建筑红白相间的"赤白造"。宋代以来建筑彩画取得长足发展,宋式彩画有五彩遍装、碾玉装、青绿叠晕棱间装、解绿装、丹粉刷饰等类型。明清以来,彩画进入成熟阶段,图案形式多样,又可分为三个等级:和玺彩画、旋子彩画、苏式彩画。每个等级中根据彩画内容特点又可细分等级,例如和玺彩画又有龙和玺、龙凤和玺、凤和玺、龙草和玺等,等级依次降低。元明之后,琉璃材料普遍使用,除了瓦和屋顶上的"正吻"等外,还发展了面砖和"墙画",如著名的"九龙壁"。

建筑色彩除装饰作用外,还与中国传统中的"象征主义"观念有关,例如"五行"对应"五色",尤其黄色象征权力。由此还演化出建筑色彩的另一项功能——标志身份,这一制度从周代一直延续到明清,清代正式规定黄色琉璃瓦仅限于宫殿、门、庑、陵、庙,王公府邸只能用绿色琉璃瓦。

《营造法式》

中国古代建筑专著。北宋熙宁年间(1068—1077)开始编修,元祐六年(1091)成书。绍圣四年(1097)因"元祐《营造法式》只是料状,别无变造用材制度,其间工料太宽,关防无术",由李诫重新编修,元符三年(1100)成书,崇宁二年(1103)刊印。

这是一部闪烁着古代工匠智慧和才能的巨著,直接或间接记录了中国 11 世纪建筑设计和施工经验、工程管理的情况,以及工匠对科学技术的掌握程度,是研究古代建筑史及技术史重要的文献。

全书共34卷，其中13卷是关于基础、城寨、石作及雕饰，以及大木作、小木作、砖瓦作和彩画作的；其他卷是各类术语的释义及估算各种工、料的数据。全书最后4卷是各类木作、石作和彩画的图样。

大木作制度为全书最重要部分，由材契、斗拱、梁、柱、举折等部分组成，除此之外对阑额、角梁、榑、椽、侏儒柱等均有规定。除构件、结构外，《营造法式》还清晰地记录了宋代的“材份”制度，以“材”作为一个模数，建筑结构的主要部分均以其倍数计算，并且模数有8种不同的实际尺度，依据实际所需建筑物规模而定。此外书中还列举了8种不同跨度的主梁，5种不同的屋顶结构，并可以看到“殿堂”和“厅堂”是两种不同的结构形式。

该书规范了建筑的等级制度，提出了成熟的模数理论，标志着宋代建筑理论的成熟，但由于名词改变、样式演变、匠作之术一直为士大夫所轻蔑等原因，该书800年来已无法解读。营造学社成立以来将其整理研究，才使得《营造法式》及许多现存的古建实物被重新理解。

唐陵

除唐昭宗李晔的和陵和唐哀帝李祝的温陵分别在河南偃师和山东菏泽外，其余唐代帝王陵皆依山而建，气势雄伟，呈扇形环绕在京都长安周围，和长安城以及宫殿群一起构成中国等级最高、密度最大的唐代文物、文化遗址景区。

唐陵分布于陕西省富平县、蒲城县、三原县、泾阳县、礼泉县、乾县六县，包括献、昭、乾、定、桥、泰、建、元、崇、丰、景、光、庄、章、端、贞、简、靖十八座唐代帝王陵墓。现存唐陵遗迹较完整者有太宗昭陵、高宗乾陵、睿宗桥陵、肃宗建陵等。

唐代陵寝制度因袭隋制，将魏晋以来的堆土为陵改为因山为陵，并准许功臣密戚陪葬，形成制度。陵区一般可以分为三个部分：陵山、陵园（内外城）、下宫和陪葬墓群。陵山的选择要巍然独特、气势雄峻，站在山陵之巅向南尽可以俯视整个陵园，可以眺望泾、渭大川。

“因山为陵”一方面是为了显示气势雄伟，另一方面也是为了防盗。陵园的平面布局自乾陵开始形成定制，墓室凿在山南的半腰处，高踞陵园北部，为全陵主体建筑，四周筑围墙，分内外两道，内城墙四面设门，南门内修筑献殿。外墙南面有三道门，石刻群（石狮、王宾像、碑石、石人、石马、鸵鸟和华表）置于由南而北的第二、三道门之间。第一道门外分布着皇族和文武大臣的陪葬墓。

隋唐两代帝王都讲求陵墓的风水地理，由工官、工匠和阴阳官一同选址。

明十三陵

明代自成祖到思宗十三个皇帝的陵墓。坐落于今北京市昌平区天寿山麓，地处东、西、北三面环山的小盆地中，陵区周围群山环抱，中部为平原，陵前有小河曲折蜿蜒，总面积120余平方千米，陵区占地面积达40平方千米，是中国乃至世界上现存规模最大、帝后陵寝最多的一处皇陵建筑群。

明十三陵整体分布以明成祖朱棣的长陵为主体，其他十二个陵各依地势分布于它的东南、西北和西南等处，各自占据一片山坡，自成陵区，规模大小不一。明成祖长陵的规模最大，布局规制最完备。整个陵区以宏伟精丽的石牌坊作为入口标志，大红门内由碑亭、华表、神道柱、石像生及棂星门组成的总神道，为各陵所共用。

十三陵诸陵的建筑规制基本相似，按规模大小及建筑配置的多少稍有区别，大致可分三种类型：一是轴线上有陵门、祾恩门、祾恩殿、内红门、二柱门、方城明楼、宝城、宝顶，此类形制仅长陵一例，与江苏南京孝陵、湖北钟祥显陵相同，为明代帝陵规制最完备的一种；二是没有陵门，增加月牙城（俗称“哑巴院”），如献陵、景陵、裕陵、茂陵、泰陵、康陵、昭陵、庆陵、德陵；三是没有内红门，如永陵、定陵。明十三陵中，已经开放为景点的有长陵、定陵、昭陵和神路。

明陵地下墓室都用巨石发券构成若干墓室相连的“地下宫殿”。根据已发掘的定陵来看，明陵墓室平面以一主室二配室为主，由三室之间的三重前室与最后一室十字形相交的两个隧道所组成，是地上庭院式布局的反映。

清东陵

位于河北遵化市马兰峪西部昌瑞山主峰南麓，距北京125千米，是一座规模宏大、体系完整的古代陵墓建筑群。

有顺治、康熙、乾隆、咸丰、同治帝陵5座，慈安、慈禧等后陵及妃嫔、王公、公主陪葬墓130多座，陵区占地2 500平方千米。整个建筑群以顺治帝的孝陵为中心东西排开，规模宏伟壮观。自陵区南端入口处的石牌坊至孝陵明楼宝顶长5 000米的神道上，布置有牌楼、石像生、华表、桥、碑亭、殿堂等各类建筑和雕刻物，井然有序，富节奏感。诸陵中除已发掘的乾隆帝之裕陵供参观外，还有慈禧陵，为今日已发掘的第一座皇后陵地下宫殿。

清东陵是中国封建皇陵的集大成者，于2000年11月30日被正式列入世界遗产名录。2001年1月被国家旅游局评定为4A级旅游景区。

清西陵

位于河北省易县城西15千米处的永宁山下，离北京120多千米。周界约100千米，面积达800余平方千米，北依永宁山，南傍易水河。清西陵陵址为雍正帝所选，雍正的陵址本来是选在清东陵九凤朝阳山，但他认为“规模虽大而形局未全，穴中之土又带砂石，实不可用”，因而将原址废掉，命另选“万年吉地”。选陵址者奏称，易县永宁山下是“乾坤聚秀之区，阴阳汇合之所，龙穴砂水，无美不收。形势理气，诸吉成备”。雍正皇帝览奏后十分高兴，也认为这里“山脉水法，条理分明，洵为上吉之壤”。自此，清各代皇帝便间隔分葬于遵化和易县东、西两大陵墓。清西陵共有清帝陵4座，即泰陵（雍正）、昌陵（嘉庆）、慕陵（道光）、崇陵（光绪）；后陵3座；王公、公主、妃子园陵7座。这14座陵墓共葬了76人。清西陵体现了中国历代帝王陵寝的最高水准，座座陵寝都反映出清朝的历史文化、建筑文化、生态文化和风水文化。

天坛

明清两代帝王“祭天”和“祈谷”的场所。位于北京外城南部永定门内大街东侧，与先农坛夹着全城的中轴线东西对峙，初建于明永乐十八年（1420），清乾隆、光绪时曾重修改建。

天坛整体建筑组群总面积约280万平方米，明嘉靖九年（1530）形成现在规模。天坛建筑布局巧妙，皇帝来天坛行礼时，自天安门出皇城走北京中轴线，经过大明（清）门、正阳门沿永定门内大街来到天坛西侧，故而其主入口设于西侧。天坛由内外两重围墙环绕，围墙平面接近正方形，但背面的两角采用圆形，南面为直角，对应古代“天圆地方”。内围墙内以一条高出地面的丹陛桥构成轴线，南部为祭天的圜丘及其附属建筑群，圜丘外面两层矮墙，使圜丘显得比真实尺度更大，北部为以祈年殿为主体的建筑群，圜丘和祈年殿构成了天坛的主体。西门南侧为皇帝祭祀前斋宿的斋宫。外围墙西门内建有饲养牲畜的牺牲所和舞乐人员居住的神乐署。重点突出的同时，以大片柏树林创造了肃穆、静谧的环境。

天坛建筑的设计中寓意很多，例如圜丘、皇穹宇、祈年殿为圆形建筑，象征着“天圆”的宇宙观；圜丘的石块与栏板数目均为奇数或其倍数，中国文化中奇数为“阳”；祈年殿内外三层柱子的数目分别象征十二月、十二节令、四季；各主要建筑的蓝色琉璃瓦象征“天”等。

天坛是国家重点文物保护单位，1998年已被联合国教科文组织列入世界文化遗产。

孔庙

是祭祀中国古代著名思想家和教育家孔子的祠庙，在北京、曲阜、吉林、南京、武汉、杭州等中国各地均有设置，也叫“文庙”或“夫子庙”。

中国孔庙发端于公元前478年，原为祭祀孔子的“家庙”，公元前195年，汉高祖刘邦亲临曲阜孔庙祭孔，首开帝王祭孔先河，从此曲阜孔庙由家庙演变为“国庙”。北魏孝文帝下诏全国各郡县均祀孔子，从此确立了国家在学校内祀孔的礼制，使孔庙在华夏大地上遍地开花。唐代又开诸儒从祀孔子的礼制，孔子的地位不断被抬高。至清代，祭孔被抬到与祭天地、祭太庙、祭社稷同等高度，达到了登峰造极的境地。孔庙不仅仅分布在中国，日本、朝鲜、越南、新加坡、马来西亚等地均有孔庙或孔子文化建筑。

中国现存最有代表性的孔庙为曲阜孔庙，与孔林、孔府并称为“三孔”。其位于山东省曲阜市，与南京夫子庙、北京孔庙和吉林文庙并称为“中国四大文庙”。历史上经历过春秋至唐代的因宅立庙时期，宋金时代布局框架时期，明代扩建形成最终规模时期。现存建筑群平面呈长方形，占地近14万平方米，为三路九进院落。全庙共有五殿、一祠、一阁、一坛、两堂、十七碑亭、五十三门坊，共计殿庑约四百六十间，分别建于金、元、明、清及民国时期。孔庙内最为著名的建筑有：棂星门、二门、奎文阁、杏坛、大成殿、寝殿、圣迹堂、诗礼堂等。孔庙以帝王建筑规制建造，九进院落、大成殿面阔九间、进深五间体现孔子的“九五之尊”；黄色琉璃瓦也是皇宫之制。

1994年，曲阜孔庙被联合国教科文组织列入世界文化遗产名录。

莫高窟

俗称千佛洞，位于河西走廊西端的敦煌鸣沙山。它始建于十六国的前秦时期，历经十六国、北朝、隋、唐、五代、西夏、元等历代的兴建，形成巨大的规模，有洞窟735个、壁画4.5万平方米、泥质彩塑2 415尊，是世界上现存规模最大、内容最丰富的佛教艺术地。

莫高窟各窟均是集洞窟建筑、彩塑、绘画于一体的综合性艺术。洞窟最大者200多平方米，最小者不足1平方米。洞窟形制主要有禅窟、中心塔柱窟、佛龛窟、佛坛窟、涅槃窟、七佛窟、大像窟等。塑绘结合的彩塑内容主要有佛、菩萨、弟子、天王、力士像等。彩塑形式有圆塑、浮塑、影塑、善业泥等。佛像居中心，两侧侍立弟子、菩萨、天王、力士，少则3身，多则11身。以第96窟35.6米的弥勒坐像为最高，而小者仅10余厘米。多以夸张的色彩表现人物性格，神态各异。其丰富的内涵，堪称是一部中国古代千年佛教彩塑史。壁画内容丰富博大，分为佛教尊像画、佛经故事画、佛教史迹画、经变画、神怪画、供养人画像、装饰图案等七类，种类繁多的壁画，从多方面反映了古代的社会现实生活，为研究中国封建社会历史、文化、政治、经济、科技、军事、宗教、建筑、交通、服饰、乐舞和民俗提供了极其珍贵的形象史料，因而被世界誉为“墙壁上的博物馆”“世界上最长的画廊”，堪称一部跨越千年的“形象历史”。

1961年，莫高窟被中华人民共和国国务院公布为第一批全国重点文物保护单位之一。1987年，莫高窟被列入世界文化遗产。

龙门石窟

位于河南省洛阳市洛龙区伊河两岸的龙门山与香山上，开凿于北魏孝文帝年间，之后历经东魏、西魏、北齐、隋、唐、五代、宋等连续大规模营造达400年之久，南北长1千米，现存窟龛2 340多个，造像10万余尊，碑刻题记2 800余品；与莫高窟、云冈石窟、麦积山石窟并称“中国四大石窟”。

龙门石窟其地有东、西二山夹伊水峙立，古称“伊阙石窟”。

北魏石窟均开凿在西山东麓，共有主要洞窟20多座，开凿于孝文帝迁都洛阳之时，其中经营较早的是6座进深在10米左右的大窟，即古阳洞、莲花洞、火烧洞与宾阳三洞，窟室的开凿都与皇室成员有关。后期洞窟随经营者地位的降低，规模渐小。龙门北魏洞窟均为单室窟，平面多前方后圆，设像方式与云冈二期佛殿窟及麦积山早期洞窟相近，设主像于正壁，正壁作背光处理。除古阳洞等几座洞窟之外，大多数洞窟的窟顶都凿成天盖形式，笼罩在佛像上方，中心有形象突出的浮雕莲花。另外宾阳中洞、南洞等地面均雕有莲花、龟纹为主的装饰。

唐代洞窟在西山崖壁上有敬善寺、摩崖三佛龛、万佛洞、奉先寺等，东山全部是唐代的窟龛，如莲花洞、看经寺洞等。奉先寺是龙门石窟规模最大、艺术最为精湛的一组摩崖群雕，窟内长宽各30余米，此窟开凿于唐高宗初，咸亨三年（672）皇后武则天赞助“脂粉钱”两万贯。

龙门石窟延续时间长，跨越朝代多，2000年被联合国科教文组织列入世界文化遗产名录。

少林寺

位于河南省郑州市登封市嵩山五乳峰下，为大乘佛教禅宗的祖庭。

少林寺始建于北魏太和十九年（495），原是孝文帝为安置他所敬仰的印度高僧跋陀尊者落迹传教使用。北魏孝昌三年（527），印度婆罗门摩诃迦叶的第二十八代佛徒菩提达摩辗转来到少林寺，广集信徒，寺院逐渐扩大，名重一时。唐代在朝廷的大力支持下，少林寺成为驰名中外的大佛寺，博得“天下第一名刹”的称号。元明两代是少林寺鼎盛时期，清代衰落。

少林寺现存建筑大多为明清以后重修，为七进院，总面积约57 600平方米。主要包括常住院、塔林和初祖庵等。常住院沿中轴线自南向北依次为山门、天王殿、大雄宝殿、藏经阁、方丈院、立雪亭、千佛殿。另外，寺西有塔林，北有初祖庵、达摩洞、甘露台，西南有二祖庵，东北有广慧庵。

山门面阔三间进深六椽，歇山顶，清雍正十三年（1735）敕建，门上匾额“少林寺”为康熙皇帝御笔。山门背后的甬道列有许多石碑，因而称“碑林”，其中有唐代到清代的名碑100多座。大雄殿、天王殿、藏经阁、钟鼓楼等殿堂在民国时期的一场大火中焚毁，现存建筑为民国十七年（1928）后重建。少林寺的塔林十分著名，其中有唐贞元七年（791）至清嘉庆八年（1803）间各代的砖、石墓塔220余座，是中国现存最大的塔群。包括少林寺常住院、初祖庵、塔林在内的建筑群，2010年被联合国教科文组织列为世界文化遗产。

布达拉宫

位于中国西藏自治区拉萨市拉萨古城八廓街西面2千米处、拉萨河北的红山顶上，始建于7世纪，相传为吐蕃赞普松赞干布迎娶唐文成公主和尼婆罗（今尼泊尔）尺尊公主而建，后毁于战火。现存建筑为和硕特汗国时期第五世达赖喇嘛重建，后来就成为达赖喇嘛的居所和藏传佛教格鲁派的圣地，后世喇嘛陆续有修建和扩建。

布达拉宫海拔约3 700米，占地总面积36万平方米，建筑面积13万平方米，外观13层，由东部达赖喇嘛居住的白宫、中部用于佛殿及放置历代达赖喇嘛灵塔的红宫组成。红宫前面有一白色高耸的墙面为晒佛台，在佛教节日用来悬挂大幅佛像挂毯。布达拉宫整体为石木结构，基础直接深入岩层。墙身全部用花岗岩砌筑，高达数十米，每隔一段距离，中间灌注铁汁。墙上部用西藏特有建筑材料白玛草压制而成，提高了墙体抗震能力。屋顶和窗檐用木构，屋顶采用歇山式和攒尖式，有汉式建筑风格。屋檐下的墙面装饰有鎏金铜饰，形象均为藏传佛教法器式八宝，柱身上遍布彩画和华丽雕饰。

白宫外壁为白色石灰粉掺入大量牛奶粉刷而成，最顶层为达赖的寝宫“日光殿”，第六层和第五层都是生活和办公用房，第四层是白宫最大的殿宇东大殿，白宫在红宫的下方，与扎厦相连，扎厦是为布达拉宫服务的喇嘛们的居所。

红宫整体采用曼陀罗布局，围绕着历代达赖的灵塔殿造了许多经堂、佛殿，与白宫连为一体。红宫内现存最早的一座佛殿为松赞干布用做修行的“法王洞”。“法王洞”实为一小殿，殿内共三柱，呈三角形布置，佛殿内供奉松赞干布和文成、尺尊二妃像，佛殿的左、右、后三面有转经廊，廊内有突出山石，位居山顶，是确定早期布达拉宫位置的依据。

布达拉宫是世界上海拔最高，集宫殿、城堡和寺院于一体的宏伟建筑，也是中国西藏最庞大、最完整的古代宫堡建筑群。

卑宫室

一种发端于先秦时期的基于道德的建筑思想，是中国古代建筑最重要的基本原则之一。最早见于《论语·泰伯》，阐述君主不应大兴土木，应崇简尚德、适度宜人。

“卑宫室”思想是与先秦时期“大壮”建筑思想对立的思想。“大壮”追求建筑的宏大、壮美，然而为了壮丽外观、炫耀帝王之威势很容易劳民伤财。而“卑宫室”实际上是中国传统文化中尚俭思想的具体体现，历代良臣志士都会在君主大兴宫殿而可能致劳民伤财之时以“卑宫室”之说来劝谏。从根本上看，这种尚俭不仅体现在形式上的尺度卑小，也包括外观上装饰的质朴，也包括沿用前人制度，房无所增，圮有修葺，这里凸显的是中国人对居室最为关心的是道德原则而不是西方建筑对“美观”的终极追求。

“卑宫室”并非指纯粹的越简陋越好，还体现着“宫室有度”的原则，是指建筑在满足生存需要和礼制要求的标准之外，要节制消费，用之有度。“卑宫室”的建筑思想在儒家、墨家、道家乃至诸子百家学说中都有体现，《左传》中曾提到“卑宫室”的具体要求——“室不重坛”“宫室不观”，指平地作室，不起坛，宫室不修筑亭台楼阁。墨子提出，室高可以避潮，可以抵御风寒，墙高可以分别男女之礼，就达到要求了，不宜过之。

“卑宫室”作为传统尚俭、有度的建筑思想，在今天的建筑当中也应适当被采用。

鲁班

中国古代建筑工匠，本名公输般。公输是他的姓，因为他原是春秋末鲁国人，“般”与“班”同音，故在民间多称他为鲁班。鲁班是中国古代有史书记载的最早的能工巧匠和创造发明家之一，据说鲁班生于公元前507年。关于鲁班的传说记载很多，比如他发明了攻城机械云梯、水战用器械钩强、能够飞翔三日的木鹊及各种木工工具等，这些传说难辨真假，鲁班就像很多历史人物，很多的发明创造被归于他名下，民间历代奉他为土木工匠的祖师。

中国古代民间建筑技术的传授，是历代匠师在实际操作中通过口传身教，辅以手抄本流传下来的，匠师自己编著的书非常少。宋初木工喻皓写的《木经》已失传，只有少量片段保存在沈括的《梦溪笔谈》里，唯独明代的《鲁班经》是流传至今的一部民间木工行业专用书，具有重要的史料价值。

现在发现的《鲁班经》有两个版本，第一个是明中叶天一阁所藏《鲁班营造正式》，第二个是万历年间开始流传的《鲁班经匠家镜》，前一本是残本，记录木工技术的内容较多，保存很多宋元做法，后一本与前一本内容上有很多继承，流传更多更广，内容上去掉了一些宋元时的做法，增加了一些生活用具、家具的做法，此外加入大量厌胜禳解的迷信内容。可以看出从宋到明木工业务内容的变化和信仰意识形态的影响趋重。

此书以鲁班冠名，称鲁班为“仙师”“祖”，反映了传统社会的行帮组织靠鲁班信仰维系的情况，这一情况一直延续到中华人民共和国成立前，各地都以鲁班庙、祠、馆等为行业工会，某种程度上，此书是带有行会准则性质的职业用书。

梁思成(1901—1972)**与林徽因**(1904—1955)

中国近代建筑史上最著名的一对伉俪。梁思成，祖籍广东新会，毕生致力于中国古代建筑的研究和保护，是建筑历史学家、建筑教育家和建筑师。林徽因，祖籍福建闽县，出生于浙江杭州，中国著名建筑师、诗人、作家。

1922年梁思成与林徽因相识，二人因对建筑的共同爱好而结缘，两年后双双越洋赴美留学，梁思成学习建筑，林徽因学习美术。1928年，梁思成与林徽因在加拿大渥太华的中国总领事馆举行婚礼，之后赴欧洲参观古建筑。1937年起，梁思成和林徽因等人先后踏遍中国15省200多个县，测绘和拍摄2 000多件唐、宋、辽、金、元、明、清各代保留下的古建筑遗物，包括天津蓟州区的辽代独乐寺观音阁、宝坻辽代广济寺，河北正定辽代隆兴寺、赵县隋造安济桥，山西应县辽代木塔、大同辽代寺庙群华严寺和善化寺等。这些重大考察结果的发表使很多古建筑受到了中国乃至世界的重视和保护，也正是数次的古建筑考察为梁思成注释《营造法式》打下基础。在此期间，梁思成与林徽因一起用现代科学方法研究中国古代建筑，成为此学术领域的开拓者，后来获得巨大学术成就，为中国古代建筑研究奠定了坚实的科学基础。

解放战争年代，梁、林绘制了《全国文物古建筑目录》，交给中国人民解放军，使北平古迹避免受到炮击，很好地保护了北京的文物和古城墙。中华人民共和国成立后，梁思成与林徽因持续在建筑实践、保护与建筑教育上发挥着光与热，梁思成创办了清华大学建筑系，出任北京市都市计划委员会副主任等。20世纪50年代，梁思成与陈占祥向政府提出保护旧北京、在西郊建新城的方案，未被采纳。梁思成先后设计了哈尔滨工程大学(原中国人民解放军军事工程学院，即“哈军工”)教学楼、人民英雄纪念碑、扬州鉴真和尚纪念堂等。林徽因同样在清华任教，与梁思成一起设计了人民英雄纪念碑及中华人民共和国国徽，设计了八宝山革命公墓主体建筑格局等。

杨廷宝(1901—1982)

中国近现代建筑设计开拓者之一，著名建筑学家，在推动建筑国际学术交流方面做出了重要贡献。杨廷宝，字仁辉，民国时期任国立中央大学建筑系教授，中华人民共和国成立后当选为中国科学院院士，被誉为“近现代中国建筑第一人”，与梁思成并称“南杨北梁”。

杨廷宝的建筑设计主张对中外古今建筑风格的兼收并蓄，在设计中要量体裁衣、切合实际、照顾全局；他主张洗练凝重，反对浮华铺张，设计风格稳健、严谨、精致大方。其代表作品有古建筑修缮工程，如天坛圜丘坛、祈年殿，北京城东南角楼，正觉寺金刚宝座塔等；有建筑设计工程，如南京中山陵音乐台、北京王府井百货大楼、北京和平宾馆、天津基泰大楼、沈阳东北大学、北京国立清华大学总体规划、清华大学气象台、清华大学学生宿舍、南京中央体育场、南京中央医院、南京金陵大学图书馆、四川大学理化楼、四川大学学生宿舍等，足迹遍布大江南北。

此外，杨廷宝先生是民国时期中央大学建筑学的开创者，在多年的教学工作中以引导为主，强调学生要有广博的知识、扎实的基本功、严谨认真的工作学习态度，为国家培养出众多人才，如吴良镛、汪坦、戴念慈等。

其出版论著有主编的《中国大百科全书·建筑学》，此外还有《杨廷宝水彩画选》《杨廷宝素描画选》《杨廷宝建筑设计作品集》《杨廷宝建筑言论集》《杨廷宝谈建筑》等。

中华人民共和国成立初期十大建筑

指20世纪五六十年代为了展现中华人民共和国全新形象，在北京建造的具有象征意义的十大建筑。具体有人民大会堂、中国革命和中国历史博物馆、中国人民革命军事博物馆、北京火车站、北京工人体育场、全国农业展览馆、北京民族文化宫、华侨大厦、民族饭店、钓鱼台国宾馆，总面积67万余平方米。

这些同后来的八九十年代的建筑相比，有着独特的时代特点：一是规模大、工期短。规模大，指占地面积和建筑面积大，都有上万平方米。工期短，从开工到竣工一年，人民大会堂工期仅10个月。二是中央决策，全国支援。十大建筑是1958年中央政治局扩大会议决定的，周总理亲自审定设计方案，18个省市和中央共同参与形成施工队伍，提供物资，承接任务，凝聚了全国人民的智慧和创造精神。三是浩大的工程是采用边设计、边勘察、边施工的做法，采取折中主义的古典风格，古今中外的建筑风格为我所用。四是推动了城市建设，确立了现代北京的城市布局。这些建筑与改建天安门广场的工程同步进行，广场发展了原有的南北中轴线，打通、展宽、延伸了长安街。十大建筑中的人民大会堂、中国革命和中国历史博物馆、中国人民革命军事博物馆、北京民族文化宫等建筑耸立长安街两侧，形成新的东西轴线。

这十大建筑不论是工程质量还是建筑艺术都堪称一流，除华侨大厦于1988年拆除重建外，其他九大建筑已经历半个多世纪的考验。

⊙ 医药与养生 ⊙

中医

中国原创性的认识生命、维护健康和防止疾病的医学体系，是中国传统文化的"活化石"。中医医学体系以整体观念为主导思想，以精气、阴阳、五行学说等为哲学基础和思维模式，以脏腑经络和精气血津液为生理病理学基础，以辨证论治为诊疗特点，以方剂、针灸、推拿、导引、气功等为干预手段。其最主要特点是整体观念和辨证论治。

中医有着数千年的发展历史，其理论主要来源于实践，并在实践当中不断充实和发展。早在远古时代，我们的祖先在生产和生活实践中逐步发现一些减轻或消除某些病痛的方法，如食用某些动植物，用烧热的沙石做局部取暖，使用尖锐器物刺激身体某一部位等，这些原始的医疗方式正是中医的雏形。战国至秦汉时期，医学著作《黄帝内经》《难经》《神农本草经》和《伤寒杂病论》相继问世，标志着中医学理论体系确立。自汉代以来2 000余年，出现了众多杰出的医家、医著和医学流派，中医学得以不断发展、创新和成熟。

中医自古代便传播至世界各地，对其他国家的传统医学产生了深刻影响。日本汉方医学和韩医均源自中医，阿拉伯传统医学也吸收了中医的部分成就。目前，中医药已传播到180多个国家和地区。据世界卫生组织统计，中医已先后在澳大利亚、加拿大、新加坡、阿联酋、南非等20多个国家和地区以政府立法形式得到承认，约18个国家和地区将中医药纳入医疗保险。

中医中药是中华民族的智慧宝库，从古至今为中国人民乃至世界人民的健康做出了巨大贡献，并以其独特之处越来越受到世界各国民众的欢迎。它注重人与自然的和谐相处，强调作为整体的人的身心健康，在诊断和治疗上也是对人体身心及外部环境进行全面考量和调理；它重视养生保健，崇尚未病先防，自古就有"上医治未病"的观点；它治疗有病痛的人，而非人的病，强调"以人为本"的个体化治疗。这些理念与现代前瞻性的医学模式和健康观念相契合。中国科学家屠呦呦从东晋时期的中医典籍《肘后备急方》中得到启发，于中药青蒿中成功提取青蒿素以治疗疟疾，并于2015年获得诺贝尔生理学或医学奖。

中医整体观念

是中医对于人体自身的整体性，以及人与自然、社会环境的统一性的认识，是中医的主要特点之一。

中医学对与人体自身整体性的认识体现在：一是生理上的整体性，人体由脏腑、形体、关窍、经络、精气血津液等构成。它们以五脏为中心，通过经络系统的沟通，在结构上彼此联系，功能上相互影响，构成了心、肝、脾、肺、肾五个生理系统，进而形成一个完整和谐的整体。这种以五脏为中心的结构与功能相统一的观点称为"五脏一体观"。此外，中医学还强调形体与精神的统一，两者相互依存，相互影响，不可分离，即"形神一体观"。人的精神情志活动由五脏精气所化生和维持，因此精神情志活动也分属五脏所藏寓或主司，五脏精气旺盛，则精神充沛，反应灵敏，情志活动正常；如若五脏精气不足，则精神情志活动失常。另外，精神情志活动的异常也会影响五脏的生理功能，如心在志为喜，过喜则伤心。

二是病理上注重整体分析，人体是一个有机整体，因此，中医学在分析疾病的病理变化时，既着眼于发生病变的局部脏腑形体官窍，又重视与病变部位相联系的其他脏腑经络的影响。而人体又是形神统一的，因此形体的病变可以引起神的失常，反之亦然。

三是诊治上重视局部与整体的统一，脏腑功能失常，可以通过经络反映于体表某些部位，因此可以通过观察外部的五官、形体、色脉、舌象、音声等变化，判断体内脏腑的病变，为治疗提供依据。此外，由于脏腑形体官窍通过经络相互影响，中医治病不仅考虑解决局部的问题，更重要是从整体上加以调整。如用清心泻小肠火的方法治疗口腔溃疡，用针刺腿部穴位来治疗胃肠疾病等。

人与外部环境也是相互统一的。一方面，中医学强调人与自然的统一性，认为自然界的各种变化可以直接或间接地影响人体的生理和病理，人必须随着自然界的变化而做出相应的变化以适应自然，养生和治疗也要顺应自然规律，这就是"天人相应""天人合一"。另一方面，人的生命活动也受到社会环境的影响。良好而稳定的社会环境，能使人身心健康；不良的社会环境，则会导致人的精神情志活动的不稳定，从而影响人体脏腑精气的正常功能，引发身心疾病。

整体观念是中医学的核心思想之一，是中国古代哲学思想和方法在中医学中的具体体现，要求人们在观察、认识、分析和处理有关生命、健康和疾病等问题时，必须注重人体自身的整体性及人与自然、社会环境之间的统一性和联系性。在中医学中，整体观念广泛用于指导说明人体的生理、病理、诊断、辨证、养生、防治和组方用药等各个方面。

辨证论治

是中医认识和治疗疾病必须遵循的基本原则，中医医学体系的主要特点之一。

病，即疾病，如感冒、泄泻、痢疾、麻疹等。证，即证候，是对疾病某一阶段或某一类型的病理概括。证候反映疾病某一阶段或某一类型的病因、病位、病性、邪正盛衰等所构成的病变本质；各阶段或类型的证候贯穿并叠合起来，就是疾病的全过程。比如，感冒可分为风寒、风热、暑湿、气虚等不同证候，若症状为发热重恶寒轻，鼻塞流黄涕，口干咽痛，舌红苔薄黄，脉浮数，则属于感冒的风热证。

辨证，是指运用中医理论，对通过望、闻、问、切四诊所收集的所有疾病资料（包括症状和体征）进行综合分析，辨清疾病的原因、性质、部位及发展趋势，然后概括、判断为某种性质的证候的过程。论治，是指在通过辨证得出证候诊断的基础上，确立相应的治疗原则和方法，选择适当的治疗手段和措施来处理疾病。辨证是论治的前提和依据，论治是辨证的目的，两者在诊治疾病的过程中相互衔接，不可分割。比如，在诊治感冒的过程中，必须先收集并分析病人的症状和体征等临床资料，诊断为何病以及目前为何证候。如果诊为感冒的风寒证，则可明确治疗当用辛温解表法，确立治法后，便可进行相应的处方用药。

由于证候反映病程中某一阶段或类型的病变本质，故同一种疾病可有不同的证候，同一证候又可见于不同的疾病中，加之辨证是论治的主要依据，因此在诊治中常可见"同病异治"和"异病同治"。同病异治是指同一种病表现出不同的证候，故采取不同的治法。比如感冒可分为风寒、风热、暑湿、气虚等不同证候，治疗上则分别采用辛温解表、辛凉解表、清暑祛湿解表、益气解表等法。异病同治是指不同的疾病表现出大致相同的证候，因此治法可大致相同。

临床上，中医诊病往往是辨病和辨证相结合。先把握疾病过程的总体规律，辨析确诊疾病（辨病），然后对该疾病现阶段病变本质进行分析和把握（辨证），最后据此确定治则治法，遣方用药，此所谓"以辨病为先，以辨证为主"。

中医的哲学基础

中医理论体系形成于战国至秦汉期间，当时哲学繁荣，百家争鸣，并渗透到了医学领域中，对中医理论体系和思维方法的形成产生了深远影响，甚至直接参与到了一些中医基本概念的创建过程。主要指阴阳学说与五行学说。

阴阳学说：阴阳是中国古代哲学的一对范畴，最初是指阳光的向背，即向光的地方为阳，背光的地方为阴。后来阴阳的概念逐渐引申为自然界一切事物和现象相互对立的两个方面。一般来说，凡是活动的、上升的、明亮的、机能亢进的、无形的或属于功能方面的均属阳；凡是静止的、下降的、隐晦的、机能衰退的、有形的或属于器质方面的皆属阴。

阴阳学说在中医学中的应用主要体现在：第一，说明人体构成。人的一切组成部分都可以分为相互对立又相互联系的阴阳两部分，如人体上部属阳，下部属阴；体表属阳，内脏属阴；五脏属阴，六腑属阳；精血属阴，气属阳。第二，说明人体生理功能。人体生命活动正常，是体内阴阳两个方面不断对立消长但又保持动态平衡的结果，即所谓“阴平阳秘”。例如，体内具有温煦、推动性质的机能，需要具有凉润、静止性质的机能来制约，以防太过，反之亦然。第三，说明人体病理变化。疾病的发生，是受致病因素影响，人体阴阳失去平衡，出现偏盛或偏衰的结果。此外，致病因素也可根据其特点被分为阴阳两类。第四，用于疾病诊断。首先，病人的症状和体征可以概括为阴阳，如躁动不安、身热恶热者属阳，蜷卧静默、身寒喜暖者属阴。其次，根据临床表现的阴阳属性，可将疾病证候归为“阳证”或“阴证”。第五，指导疾病治疗。中医治疗的基本原则，就是调整阴阳，或损其有余，或补其不足，从而恢复阴阳的协调平衡。

五行学说：五行是指木、火、土、金、水五种基本物质属性及其运动变化。人们采用取象比类和推演的方法，将自然界的各种事物和现象都归为这五类，并用五行之间的关系来解释说明各种事物和现象的发生和变化规律。

五行学说在中医学中的应用主要体现在：第一，构建以五脏为中心的天人一体的功能系统。中医根据五行归类方法，构筑了以心、肝、脾、肺、肾五脏为中心的生理病理系统。且通过演绎，将自然界的五时、五方、五气、五化、五色、五味等与人体五大生理系统分别联系起来，构成了天人合一的有机体系。比如，肝与春气通应，故有“应春温之气以养肝”的养生法则。第二，说明五脏的生理特点及其相互关系。五行学说将五脏分别归于五行，如肝属木，心属火，肺属金，脾属土，肾属水，用五行的特性来说明五脏的生理功能特点。此外，五行生克制化的关系，又可以来说明五脏之既相互资生又相互制约的联系。第三，说明五脏病变的相互影响。用五行学说的相生相克关系说明在病理情况下五脏间的相互影响。例如，水（母）生木（子），肾（水）的功能失常会影响肝（木），为母病及子；木（母）生火（子），心（火）的疾病可以影响肝（木），为子病及母；木克土，肝（木）可以影响脾胃（土）的功能，木郁土虚或木旺乘土。第四，指导疾病的诊断和治疗。诊断中，五行学说可用来推断病情。例如，面见青色，喜食酸味，脉弦，可推断其病在肝。在治疗方面，由于五脏在病理上相互影响，因此除了对病变的本脏加以处理外，还要根据五行生克乘侮的规律来制定治疗方法，如培土生金、滋水涵木、培土制水等，以兼顾其他相关脏腑，调整其传变。

藏象学说

藏象，又作“脏象”，是指藏于体内的内脏，及其表现于外的生理病理现象及与自然界相通应的事物与现象。

“藏”分为五脏（心、肝、脾、肺、肾）、六腑（胆、胃、小肠、大肠、膀胱、三焦）和奇恒之腑（脑、髓、骨、脉、胆、女子胞）；“象”是指体内脏腑的外现表象。藏象学说是研究藏象的概念内涵，各脏腑的形态结构、生理功能、病理变化，以及脏腑之间、脏腑与形体官窍及自然社会环境之间的相互关系的学说，是中医理论体系的核心内容。

以五脏为中心的整体观是藏象学说的基本特点，它包括五脏一体观和形神一体观，以及以五行学说为指导的人体内外环境相应的统一体。该学说围绕五脏，整合了人体脏腑、形体、官窍、精神情志活动以及自然界各类因素，形成了一个联系紧密的天人合一的有机系统，各种脏腑生理病理的论述也是据此展开。

中医学认为，人体内的脏腑可分为五脏、六腑和奇恒之腑三类。

五脏：包括心、肝、脾、肺、肾，它们在形态结构上多为实体性脏器，共同的生理特点是化生和贮藏精气。心具有推动血在脉管内运行以营养全身的功能，它还能统帅全身脏腑、经络、形体、官窍的生理活动和主司精神、意识、思维、情志等心理活动。中医认知与西医生理器官功能不同。由于心主血脉和主神明的功能主宰人体整个生命活动，所以心被称为“君主之官”“生之本”“五脏六腑之大主”。肺主司一身之气的生成和运行。全身的血都通过百脉汇聚于肺，经肺的呼吸，进行体内外清浊之气的交换，然后再通过肺气的宣降作用，将富含清气的血通过百脉输送到全身。此外，肺气的宣发和肃降能推动和调节全身水液的输布和排泄，因此肺被称为“水之上源”。脾主运化，能把饮食水谷转化为水谷精微和津液，将其吸收后转输到全身各脏腑。人出生之后，生命活动的维持和精气血津液的化生和充实，均赖于脾所运化的水谷精微，故称脾为“气血生化之源”“后天之本”。此外，脾气能统摄、控制血在脉中正常运行而不溢出脉外。肝主疏泄，肝气能疏通全身气机，进而促进精血津液的运行输布、脾胃之气的升降、胆汁的分泌排泄以及情志的舒畅。肝还能贮藏血、调节血量和防止出血。肝贮藏充足的血，为女子月经来潮的重要保证，因此有“女子以肝为先天”之说。肾能贮存、封藏精气，以充分发挥其促进生命活动的作用。由于肾主要藏有先天之精，是生命之源，人体之本，故称肾为“先天之本”。肾中精气的盛衰，关系到人体的生长发育和生殖能力，因此肾的功能正常与否，尤其是肾中精气的充盛与否，与人体生长发育和生殖密切相关，而相关疾病也多从肾论治。另外，肾还主司和调节全身的水液代谢，并且帮助肺保持吸气的深度，防止呼吸表浅，以保证体内外气体正常交换。

六腑：包括胆、胃、小肠、大肠、膀胱、三焦，它们在形态结构上多为空腔性脏器，共同的生理特点是受盛和传化水谷。胆的主要生理功能是贮存和排泄胆汁。此外，中医还认为人的勇、怯与胆有关，故称“胆主决断”。胃的主要功能是受纳和腐熟水谷。小肠接受胃中转化来的水谷，做进一步的消化，化为精微物质和糟粕两部分，即所谓“受盛化物”；接着吸收精微物质（清），经脾转送全身，而糟粕（浊）则归于大肠和膀胱，即所谓“泌别清浊”。大肠的主要功能为传化糟粕。膀胱的主要功能是贮存、排泄尿液。三焦是中医学独有的概念，是上、中、下焦的总称，是诸气和水液运行的通道。上焦一般指膈以上的部位，包括心、肺及头面部，主要功能是主血脉、司呼吸，将营养物质散布于全身；中焦指膈以下、脐以上的部位，包括脾胃等脏腑，主要功能是消化、吸收并输布水谷精微和化生血液；下焦指脐以下的部位，包括肾、膀胱、小肠和大肠等，主要功能是泌别清浊，排泄糟粕。

奇恒之腑：包括脑、髓、骨、脉、胆、女子胞，它们在形态上中空有腔与六腑相类，功能上贮藏精气与五脏相同，与五脏和六腑都有明显区别，故而称之为奇恒之腑。

藏象学说的形成基础，大致有以下几方面：第一，古代解剖知识；第二，“视其外应，以知其内脏”以及“取象比类”的思维方式指导下的长期生活实践观察；第三，长期医疗实践经验的大量积累；第四，阴阳、五行学说等中国古代哲学思想的渗透。藏象学说是中医关于人体解剖、生理、病理特有的系统理论，尽管心、肝、脾、肺、肾等名称与现代医学大致相同，但该理论中的脏腑概念超出了现代人体解剖学的范畴，更重要的是其生理、病理内涵。也就是说，中医的脏腑与西医脏器的名称虽大致相同，但内涵却大不一样。

精气神

被称为“人身三宝”，在人体生命活动中占有极其重要的地位。精、气是脏腑、经络、形体、官窍进行生理活动的物质基础，两者概念的形成深受中国古代哲学思想的影响。

精是构成人体和维持人体生命活动的最基本物质。广义的精，主要是指人禀受于父母，与生俱来的生命物质和后天所摄取的精微之物，如血、津液和水谷精微等。狭义之精，单指肾中所藏之精，其具有促进人体生长发育和生殖等功能。

精可分为先天之精和后天之精。先天之精由父母的生殖之精结合，是构成胚胎的原始物质，具有遗传性，主要藏于肾中。后天之精即为脾胃运化的水谷之精，主要分布于五脏之中，以支撑各脏腑的功能活动。人体之精的功能主要为：繁衍生命，促进生长发育；濡养各脏腑形体官窍，以维持各自的正常生理功能；化生血液和髓汁；化气养神。

气是人体内活力很强、运行不息的极精微物质，是激发和调控人体生命活动的动力源泉。它来源于先天之精所化生的先天之气（又称元气）、水谷之精所化生的水谷之气和肺吸入的自然界清气，后两者合称为后天之气。气有升、降、出、入四种基本运动形式，其贯穿于生命过程的始终，不断推动和调控人体的各种生理活动，气的运动停止，则意味着生命终止。

人体之气的功能主要包括：第一，激发和促进人体生长发育以及各脏腑经络组织的生理功能；第二，温煦人体；第三，护卫肌表，防御外邪入侵，也可驱除体内病邪；第四，固摄、控制体内血、津液、精等液态物质，防止其无故流失；第五，推动精、气、血、津液各自的新陈代谢及其相互转化。

广义的神，指整个人体生命活动的主宰及其外在总体表现，包括形色、眼神、言谈、表情、应答、举止、精神、情志、声息、脉象等各个方面。狭义的神，指人的精神、意识、思维、情志等心理活动。

神的生成和机能的维持，需要得到脏腑精、气、血、津液的不断滋养，而这些精微物质的产生又依赖于相关脏腑功能的发挥，因此，体内精气血津液和脏腑功能的情况，可以通过外在的神的表现体现出来。精气血津液充盛，脏腑功能正常，则神旺，表现为精神良好，神志清楚，反应灵敏，双目有神，面色红润，声音洪亮，呼吸平稳，动作自如等；反之则神衰。另一方面，神对人体生命活动有极重要的主宰和调节作用，脏腑功能的发挥和精气血津液的代谢，都依赖于神的统摄和调控。精神情志活动调畅，能促进体内脏腑功能的协调，而精神情志活动异常，则会影响脏腑功能的正常发挥。因此，中医养生中十分注重心理情志活动的调节。

精、气、神三者之间相互依存，相互为用。精可化生为气，气能促进精的生成，并且摄精使其不致无故耗损外泄；精和气能化神养神，而两者的代谢又靠神的控制和调节。三者的关系体现了中医的“形神一体观”，为养生防病、诊治疾病和预后提供了宝贵的理论依据。《素问·上古天真论》曰：“故能形与神俱，而尽终其天年。”

中医体质

不同个体在人体形态、生理功能和情志活动等方面所反映出来的相对稳定的差异性。每个人都有自己的体质特点，不同体质的人在生理功能、代谢以及对外界刺激的反应等方面会有所差异，对某些疾病和病因的易感性、病变类型和疾病传变转归也会有不同的倾向。中医学认为，体质的形成取决于人体脏腑经络及精气血津液的盛衰偏颇，受先天禀赋，以及后天环境、饮食习惯、精神情志、年龄变化、性别差异、疾病损害和针药治疗等影响。

在疾病预防和诊治中重视人的体质差异是中医学的一大特色。中医体质理论源自《黄帝内经》，该书明确指出个体存在明显的体质差异，并提出了体质类型和分类方法，以及体质与疾病发生发展规律、辨证论治和防病养生的关系等。中医体质广泛应用于分析病因、发病和病机，指导辨证论治和养生防病。

目前，根据人体阴、阳、气、血、津液的盛、衰、虚、实变化，比较公认地将人的体质分为阴阳平和质、阴虚质、阳虚质、气虚质、痰湿质、湿热质、瘀血质、气郁质和特禀质这九种基本类型。平和质指强健壮实的体质状态，表现为体态适中，面色红润，精力充沛。气虚质由于元气不足，以气息低弱、脏腑功能状态低下为主要特征。阳虚质则阳气不足，以虚寒现象为主要特征，多见体形白胖，平素畏冷。阴虚质由于体内津液精血等阴液亏少，以阴虚内热为主要特征，多见体形瘦长，易烦躁烘热。痰湿质由于水液内停而痰湿凝聚，以粘滞重浊为主要特征，多见形体肥胖，喜食肥甘厚腻，多痰。湿热质以湿热内蕴为主要特征，形体偏胖或苍瘦，易生痤疮粉刺，男易阴囊潮湿，女易带下量多。瘀血质是指体内有血液运行不畅的潜在倾向或瘀血内阻的病理基础，并表现出一系列外在征象的体质状态，平时皮肤偏暗，易患疼痛，出现瘀斑，以瘦人多见。气郁质由于长期情志不畅、气机郁滞，故形成性格内向不稳定、忧郁脆弱、敏感多疑的特点。特禀质表现为一种特异性体质，多指由于先天性和遗传因素造成的一种体质缺陷，包括先天性、遗传性的生理缺陷，先天性、遗传性疾病，过敏反应，原发性免疫缺陷等。

中医的病因

体内外各种能导致疾病发生的原因。中医把病因主要分为四类：一为外感病因，包括六淫、疠气；二为内伤病因，包括七情内伤、劳逸失常、饮食所伤；三为病理产物，包括痰饮、瘀血等；四为其他病因，包括外伤、寄生虫等。

六淫是风、寒、暑、湿、燥、火六种外感病邪的统称。风、寒、暑、湿、燥、火在一般情况下是自然界的六种正常气候变化，被称为“六气”，一般不会致病。当气候变化异常，超出了人体适应能力，或者人体正气不足，抵抗力下降，无法适应气候变化时，六气则会成为致病因素，侵犯人体而发病。这种情况下，致人发病的六气就称为“六淫”或“六邪”。六淫致病，其发病途径多自肌表、口鼻而入，多与季节气候、居住环境有关，如夏季多暑病，冬季多寒病。六淫邪气既可单独致病，也可两种以上同时致病，如风寒头痛、湿热泄泻等。六淫有各自的致病特点和临床表现。

疠气是一类具有强烈致病性和传染性的外感病邪，在中医文献记载中，又被称为“疫毒”“戾气”“异气”“毒气”“乖戾之气”等。现代医学中许多传染病和烈性传染病，如白喉、天花、霍乱、鼠疫等，均属于疠气所致的疫病。明代《温疫论》（吴又可）指出，“疠气”有别于六淫邪气，多从口鼻而入，发病急骤，病情凶险，往往相互传染，容易形成地域性流行；每一种疠气所致的疫病，症状和病程大多类似；不同的疫病有不同的发病季节。早在中国古代，人们就发现患疠气后常具有免疫性，有的获得终身免疫，不再复患。10 世纪左右，中国人创造了“人痘接种术”，是世界人工免疫的先驱。

七情是指喜、怒、忧、思、悲、恐、惊七种正常的情志活动，它们是人体对外界环境刺激做出的正常反应。由于情志活动与脏腑气血相互影响，因此，当突然、强烈或持久的情志刺激超出了人体的适应能力，或者人体对情志刺激的耐受、调节能力下降，这些异常的情志变化就会成为致病因素，导致人体气血紊乱、脏腑功能失调，从而产生或诱发疾病。此时，七情致病则称之为“七情内伤”。由于七情分属于五脏，所以一般而言，过喜或过惊伤心，过怒伤肝，过度思虑伤脾，过悲伤肺，过恐伤肾。此外，七情致病会导致脏腑气机升降失调，例如，怒则气上，喜则气缓，悲则气消，恐则气下，惊则气乱，思则气结。而且，情志异常波动可以使原有的病情加重甚至恶化，而情绪积极乐观则有利于病情好转或康复。因此，在中医养生和治未病观念中，调养情志是十分重要的方面。

中医的发病

人体被邪气损害和正气抵抗邪气损害之间的矛盾过程。正气，简称“正”，是指人体脏腑、经络、气血等物质的功能活动及其抗病、康复能力的总称。邪气，简称“邪”，泛指各种致病因素。

在正常情况下，人体脏腑功能正常，气血充盛，正气旺盛，病邪就难以入侵，即使入侵人体，也能被及时抑制或消除。如果正气相对虚弱，抵抗病邪的能力下降，邪气就会趁虚而入，引发疾病。感受不同的邪气，疾病的病理表现也各不相同。另外，邪气在一些情况下也起主导作用，比如疫疠、高温、电击、金刃及虫兽伤等，即使正气强盛，也难免被其所伤。因此，中医还提出了"避其毒气"的主动预防措施。

疾病的发生和变化本质上是正邪斗争的动态反映。正邪斗争的胜负，就决定着发病与不发病；正邪相争贯穿于疾病始终，病程中的正邪斗争消长盛衰，也直接影响着疾病的发展和预后。

人的体质、精神状态、生活环境以及营养、锻炼等与人体的正气密切相关。因此，中医学认为，增强体质、保持情志调畅、生活起居规律、合理饮食和锻炼等是预防疾病的重要措施。

治病求本

是中医治疗疾病的主导思想，主张在治疗疾病时，必须抓住疾病的本质，辨析出疾病的根本病因和病机（发病机理），并针对疾病的本质进行治疗。

疾病的外在表现有时纷繁多变，但无论多么复杂，只要寻找出疾病的根本病因病机，解决了疾病的主要矛盾，其外在的症状、体征也会随之而解。比如便秘，如果辨明病机属热结肠腑，便需泻热导滞，润肠通便；如果病机为气虚而致大肠传导无力，则应该补气健脾，润肠通便。总而言之，任何疾病的治疗，都应先找准病因病机，确立证候，然后论治。

疾病有"本"，亦有"标"，本和标的关系常用来概括事物的本质与现象。在中医学中，标本关系可用以说明病变过程中各种矛盾的主次先后关系。不同情况下"标本"的所指有些不同，如从正邪关系来说，正气为本，邪气为标；从病机和症状来说，病机为本，症状为标；从疾病先后来说，旧病、原发病为本，新病、继发病为标。治疗时，应该掌握疾病的标本，分清矛盾主次，抓住治疗的关键。

在一些复杂多变的疾病过程中，根据病情缓急，在治疗上也应有先后缓急之分。一般情况下，病情缓和，暂无急危重症，则应着眼于疾病本质的治疗，即治其"本"。比如气虚自汗，其中气虚不能固摄汗液而致其无故外泄为本，出汗为标，治疗上应补气以治其本，气足则固摄有力而汗自止。但是，在某些情况下，标病甚急，如不及时治疗，可能危及生命或影响本病的治疗，应先治其"标"。比如大出血的病人，无论出血原因为何，都应先立即止血以治标，待血止后再治本。这就是"急则治其标，缓则治其本"原则。若标本并重，则应标本兼治。区分标病与本病的缓急主次，有利于从复杂的病变中抓住关键，做到"治病求本"。

三因制宜

因时制宜、因地制宜、因人制宜，合称为"三因制宜"，是指在治疗疾病时，必须根据季节时令节律、地域环境和个体差异，区分对待，制定出适宜的治法和方药。三因制宜是中医治疗疾病必须遵循的一个基本原则，充分体现了中医整体观念和辨证论治在治疗实践当中的原则性和灵活性。

因时制宜：此处的"时"既指自然界的时令气候特点，也指年、月、日的时间变化规律。根据"天人相应"的理论，人体的生理活动和病理变化，会随着年月季节、昼夜晨昏变化而有所不同，因此，在制定治疗原则和选方用药时，应考虑以上特点，做出相应调整。比如春夏季节，气候由温转热，人体腠理疏松开泄，容易出汗，即使感受风寒，也不宜过用辛温发散的药物，以免耗伤津气或助热生变；秋冬季节，气候由凉转寒，阴盛阳衰，此时若患热证，应慎用寒凉药物，以防损伤阳气。又如在针灸和妇科月经病治疗中考虑每月的月相盈亏规律，提出新月时勿用泻法，满月时勿用补法。此外，针灸中的"子午流注法"根据一天中不同时辰选取不同经络和穴位进行治疗，也是因时制宜的体现。故中医是一种时间医学。

因地制宜：人体的生理活动和病理变化同样受到其周围地理环境和地域性习俗的影响，所以治疗用药也应考虑患者的地域特点、水土性质、居住和工作环境、地域性生活习惯与方式等。比如中国西北地区寒冷干燥，故其病多寒燥，治疗宜以辛温散寒和润燥为主；东南一带温热潮湿，其病多湿热，治疗宜以清热化湿为主。即使是同一病证的治疗，不同的地区用药也有所不同。比如同样是外感风寒的感冒，由于严寒地区阳气内敛，人们的腠理闭塞，故用辛温解表药量较重，常用麻黄、桂枝温性较大的药等；而湿热地区阳气容易外泄，人们腠理较疏松，故用辛温解表药量较轻，常用荆芥、防风等温性较小的药。

因人制宜：根据病人的年龄、性别、体质等不同特点，制定适宜的治疗用药原则。在年龄方面，比如老年人气血虚衰，脏腑功能减退，治疗时多用补虚之法，或攻补兼施，选方用药应注意避免损伤正气；小儿生机旺盛，但气血未充，脏腑娇嫩，所以治疗小儿疾病，忌用峻攻，少用补剂，药量宜轻，疗程宜短。在性别方面，妇女有经、带、胎、产等情况，处方用药时应当加以考虑，如妊娠期应慎用或禁用峻下、破血、开窍、通利、走窜及有毒药物。在体质方面，素体阳盛或阴虚之人，慎用温热药物；素体阴盛或阳虚之人，慎用寒凉药物；体质壮实者，少用补益之剂，攻邪之药量可以稍重；体质偏弱者，慎用攻邪之药，适当多以补益为主。

中医四诊（望闻问切）

指望、闻、问、切四种诊法，是中医临床诊察疾病、收集病情资料的基本方法，为辨证论治提供重要依据。根据中医学整体观念，脏腑与体表通过经络内外相应，故通过观察病人的外部表现，可以测知内脏的病理变化（司外揣内）；另外，中医认为人体的某些局部常包含着整体的生理、病理信息，通过观察局部的、微小的变化，可以测知整体的、全身的病变（见微知著）；最后，在认识正常生理状态的基础上，通过观察比较，可判别出异常的病理状态（以常达变）。司外揣内、见微知著、以常达变构成了中医四诊的三大基本原理。

望诊：医生观察病人的神、肤色、形体、姿态、身体局部及排出物的色、质、量等，发现异常表现，以了解病情。其中，望舌，即通过观察舌体和舌苔的表现来测知体内病变的方法，是中医的特色诊法之一，在中医诊断中占有十分重要的地位。由于舌体脉络丰富，且五脏六腑都通过经络与舌相联系，脏腑气血的异常变化可以反映于舌，因此，观察舌象有助于诊察脏腑气血的病理变化。此外，通过观察 3 岁以内小儿食指脉络（虎口至食指内侧桡侧的浅表静脉）的形色变化以了解其病情，也是中医望诊的特色之一。

闻诊：医生利用听觉和嗅觉来了解病人病情的诊察方法。一方面，医生可以通过听辨病人的语声、语言、呼吸、咳嗽、呕吐、呃逆、嗳气、叹息、喷嚏、鼻鼾、肠鸣、哮鸣等声音，以了解病情变化；另一方面，也可以根据病人体内所散发的各种气味以及分泌物、排泄物和病室的气味来辅助诊察病变。

问诊：医生通过对病人或陪诊者进行有目的的询问以了解病情。问诊能够充分收集其他三诊无法获取的病情资料，因此在四诊中占有相当重要的地位，被称为诊病之要领，临证之首务。医生要详细询问病人的一般情况、主诉、现病史、既往史、个人生活史、家族史等。其中，询问现在的症状是问诊的主要内容，包括询问相关的寒热、出汗、疼痛、饮食、睡眠、精神情志状况、大小便、妇人经带胎产等情况。

切诊：此诊法又分为按诊和脉诊两部分。按诊，是指医生用手触、摸、按、叩病人局部，探察冷热、润燥、软硬、疼痛、痞块及其他异常表现，从而了解病情。脉诊即切脉，是医生用手指触按病人的动脉搏动，以探查脉象，是中医的特色诊法之一。脉象是由脉搏所显示的部位、速率、形态、强度和节律等组成的综合表象。脉为血之府，而血液的生成运行与五脏和精气均密切相关，因此，体内脏腑精气的异常变化可以引起脉的变化，反映出不同的病理脉象，故而切脉能够帮助诊断疾病。目前临床上常用的切脉部位为双侧腕后桡动脉搏动处，此方法中医叫寸口诊脉法。

这四种诊法各自从一个侧面对病人的病情进行了解，具有一定的局限性，因此，它们能够相互补充但不能彼此替代。在临床上，医生必须将望闻问切四诊结合起来，全面、系统地收集病情资料，综合分析判断，才能保证诊断的正确性，这就是“四诊合参”。

中药

指在中医理论指导下，用于防治疾病并具有康复与保健作用的物质。中药主要来源于天然物质及其加工品，包括植物药、动物药、矿物药及部分化学、生物制品类药物。目前中药的数量已达上万种。

中药之所以能够防治疾病，主要取决于各自的性能以及在此基础上形成的功效。中药的性能，又称药性，是对中药的基本性质和特征的高度概括，包括药物的四气、五味、归经、升降沉浮、毒性等。

四气：药物具有寒、热、温、凉四种不同的药性。一般而言，具有清热泻火、凉血解毒等作用的药物属于寒凉药，可用于治疗热证；具有温里散寒、温通经脉等作用的药物属于温热药，可用于治疗寒证。

五味：药物具有辛、甘、酸、苦、咸五种不同的味道。确定“药味”的主要依据为：药物的滋味、作用及其来源。五味与药物的功效密切相关，如辛味药有发散、行气、活血和化湿、开窍的作用；甘味药有补虚、调理中焦、调和药性、缓急止痛的作用；酸味药有收敛固涩、生津的作用；苦味药有清热泻火、泻下、降逆、燥湿的作用；咸味药有泻下、软坚散结的作用。

升降沉浮：药物作用于人体时的四种不同趋向。一般来说，升浮药物的作用趋势向上、向外，有发汗、升举阳气、催吐、开窍、透疹等作用，多用于治疗病位在上、在表（如感冒）或病势向下（如泄泻、脱肛）的病证；沉降药物的作用趋势向下、向内，有泻下、利尿、清热、安神、收敛固涩、止咳平喘等作用，多用于治疗病位在下、在里或病势向上（如呕吐、咳喘）、向外（如自汗、出血）的病证。

归经：表示药物在人体的作用部位和范围，主要用来说明某些药物对某些脏腑、经络的病变起主要治疗作用。例如，朱砂、茯苓能宁心安神，归入心经；桔梗、杏仁能止咳平喘，归入肺经。

毒性：指药物对机体的损害性。一般可根据对机体损害程度的不同，将药物分为大毒、有毒、小毒、无毒等几类。应该强调的是，中药毒性的有无是相对而言的，毒性的大小强弱也不是一成不变的。无毒的药物，如果长期大量服用，或者用法不当，可能也会产生毒副作用。有毒的药物，通过严格的加工炮制，适当的配伍，正确的使用以及药量控制，则可以减轻甚至消除毒性。因此，一切撇开药物剂量、配伍和加工处理来谈中药毒性对人体损害的做法都是不恰当的。

天然药材的产地与质量关系紧密，因此中医里有“道地药材”一说，指的是质优效高的特产药材。道地药材的确定与产地、品种、质量等因素有关，起决定因素的还是临床疗效。例如，四川的黄连、江苏的薄荷、广东的陈皮、东北的人参、云南的茯苓、河南的地黄等，都是有名的道地药材。重视中药产地与质量的关系，强调道地药材的开发和应用，对保证中药疗效起着十分重要的作用。

炮制是指根据各种需要对原药材进行加工处理的过程，是使用中药前非常重要的一环。通过炮制，可以降低或消除药物的毒副作用，增强药物功能或改变药物的性能，便于制剂和储藏、煎服，矫臭、矫味，使药物便于服用。常见的炮制方法有修治（纯净、粉碎、切制）、水制（浸润、漂洗、加液研磨）、火制（清炒、加液拌炒、煅烧、烘焙）、水火共制（煮、蒸、淬）等。

方剂

指根据病情需要，在辨证的基础上，依据确定的治法，选择适当的药物，酌定用量，配伍组合而成，是中医治疗疾病的主要手段之一。中药是方剂的组成单位，只有通过将各具特性的诸味中药按不同用量合理地组合成一个新的整体，发挥其相辅相成或相反相成的综合作用，才能充分满足辨证论治的需要。这种组合药物的过程就是配伍。药物通过配伍，可以起到增强药力、产生协同作用、控制药物毒副作用、控制中药功效的见效方向、扩大治疗范围等重要作用。

“君、臣、佐、使”是组成方剂的基本范式。一般而言，君药是针对主病或主证起主要治疗作用的药物，是方剂中不可缺少的主要部分。臣药既可以辅助君药以加强疗效，也能针对重要的兼病或兼证起主要治疗作用。佐药或能辅助君臣药以加强治疗作用，或能直接治疗次要兼证，或能消除或减弱君臣药的毒性。使药可以分为引经药和调和药，引经药能引导药力至特定病所，而调和药具有调和方中诸药的作用。方中药物的配伍既主次分明，又全面兼顾，彼此紧密配合，这样才能发挥出理想的治疗效果。

方剂组成之后，还要根据病情与药物特点制成一定的形态，称为剂型。传统的剂型有汤剂、丸剂、散剂、膏剂、丹剂、酒剂。随着现代制药工艺的发展，一些新剂型，如片剂、冲剂、注射剂、栓剂等也陆续出现。剂型与临床疗效关系密切，临床上应根据病情需要和药物性质来选择采用何种剂型。例如：使用同一方剂治疗疾病时，如果病情较急重，应使用汤剂，汤剂作用快而力峻；如果病情较轻缓，或者需要长期服药，可改汤剂为丸剂，丸剂作用慢而力缓。

外治法

与内服相对的一类治疗方法。广义外治泛指除口服及单纯注射给药以外，施于体表皮肤（黏膜）或从体外进行治疗的方法，比如音乐疗法、体育疗法等；狭义外治则指用药物、手法或器械施于体表皮肤（黏膜）或从体外进行治疗的方法。中医和现代医学都有外治法，中医外治一般指在中医学基本理论指导下的狭义外治活动。中医外治法历史悠久，疗效独特，作用迅速，具有简、便、廉、验之特点。

中医外治法的主要操作方法包括针法类（各种中医针疗法，如灵龟八法、子午流注开穴法、药穴指针疗法、针刀疗法、穴位注射、穴位埋线、耳针、放血、火针等），灸法类（直接灸、艾香灸、艾炷灸、雷火灸等），罐法类（拔罐、循经闪罐、药物罐、走罐、姜罐等），药浴类（足浴、中药直肠灌注等），推拿法（颈项推揉法、小儿推拿、面部刮痧等），鼻嗅法，穴位贴敷法，烫熨疗法，香薰疗法，特色音疗法（五音疗法），养生操等。

中医外治的基本原理是基于中医的整体观，认为体内的脏腑通过经络气血与体表相通，故内病可外治。中医外治法治疗范围遍及内、外、妇、儿、骨伤、皮肤、五官、肛肠等各科，与中医内治法（用口服药物治疗疾病的方法）相得益彰，原理一致，具有“殊途同归，异曲同工”之妙，对“不肯服药之人，不能服药之症”，尤其对危重病症，更能显示出其治疗之独特和迅速，故有“良丁（高明的医生）不废外治”之说。

针灸

刺法和灸法的总称。刺法是指用金属制成的针，刺入人体一定的穴位，运用捻转与提插等针刺手法来对穴位进行刺激，从而通过全身经络的传导，来调整气血和脏腑的功能，从而达到治疗疾病的目的。灸法是指用艾绒搓成艾条或艾炷，点燃以温灼人体皮肤表面，达到温通经脉、调和气血的目的。针灸临床应用以阴阳、脏腑、经络等理论为依据，运用四诊诊察疾病以获得病情资料，在此基础上进行相应的辨证、处方，依方施术，或针或灸，或针灸并用，以此治疗疾病。

针法起源于新石器时代，早期以砭石为工具，至秦汉时期，逐步发展为金属针，现多用不锈钢针具。灸法产生于火的使用之后，由于艾叶具有易于燃烧、气味芳香、资源丰富、易于加工贮藏等特点，故为灸治的主要材料。针灸疗法是中国数千年的独特疗法,在发展过程中产生了很多学派,如经学派、经穴考订派、穴法派、手法派、重灸派、重针派、刺络放血派、针药相须派、中西医汇通派等。《针灸甲乙经》是中国现存最早的针灸学专著,也是针灸疗法至今最重要的典籍之一,以整体观指导针灸理论与临床,记载了腧穴349个,并开创了极具特色的分部位划线布穴法。

近半个世纪以来,国际上掀起了一股“针灸热”,针灸疗法已经走向世界。1996年世界卫生组织米兰会议提出3类64种针灸适应病症,主要包括:中风、面瘫、偏头痛、小儿麻痹症、颈椎病、便秘等。随着现代研究手段的进步,对针灸治病原理和经络实质等深入研究,并开拓了针刺麻醉、针刺分娩、反映点针灸等领域。针灸所治疾病广泛,具有效验明显和简单易行的优点。

经络

经脉和络脉的总称,是运行气血、联系脏腑和体表及全身各部的通道,是人体功能的调控系统。经络主要包括经脉、络脉和连属部分。大者为经脉,经脉的分支为络脉。

经脉是经络系统的主干,主要有正经、经别和奇经三大类。正经有十二,故又称“十二正经”或“十二经脉”,是气血运行的主要通道,与脏腑有直接的络属关系,每一经脉的名称都是据其分布于手足内外、所属脏腑的名称和阴阳属性而命名,包括手太阴肺经、手厥阴心包经、手少阴心经、手阳明大肠经、手少阳三焦经、手太阳小肠经、足太阴脾经、足厥阴肝经、足少阴肾经、足阳明胃经、足少阳胆经和足太阳膀胱经。经别是从十二正经别出的重要分支,又称“十二经别”,具有加强互为表里的正经联系和补充十二正经的作用。奇经有八条,即督脉、任脉、冲脉、带脉、阴跷脉、阳跷脉、阴维脉、阳维脉,具有统帅、联络和调节十二正经的作用。

络脉是经脉的小分支,依据大小有别络、浮络、孙络之分,具有沟通联系经脉的作用。

连属部分包括外连和内属两部分,对内连属各个脏腑,对外连于筋肉、皮肤而称为经筋和皮部。

以十二经脉为主体的经络系统具有联系脏腑、沟通内外、运行气血、协调阴阳、抗御病邪、反映证候、传导感应、调整虚实的作用。经络学说在临床上的应用,主要表现在诊断和治疗两个方面。诊断方面主要包括经络辨证、经络望诊、经络腧穴按诊等。经络辨证是指以经络学说为理论依据,对患者的症状、体征进行综合分析,以判断病属何经,并进而确定发病原因、病变性质及病机的一种辨证方法。如头痛,痛在前额者多与阳明经有关,痛在两侧者多与少阳经有关,痛在后头部多与太阳经有关,痛在巅顶部多与厥阴经有关。经络望诊是通过部位皮表所发生的各种异常改变来诊断疾病,要观察全身经络穴位的色泽、形态变化,如皮肤的皱缩、隆陷、松弛,以及颜色的变异、光泽的明晦、色素的沉着和斑疹的有无等。经络腧穴按诊在经络腧穴部位上运用按压、触摸等方法来寻找异常变化,如压痛、麻木、硬结、条索状物、肿胀、凹陷等,借以诊断疾病的方法。治疗方面主要体现在指导针灸治疗和药物归经。针灸临床选穴一般是在明确辨证的基础上,除选用局部腧穴外,通常以循经取穴为主,即某一经络或脏腑有病,便选用该经或脏腑的所属经络或相应经脉的腧穴来治疗。药物归经指药物按其主治功能归入某经或某几经,如柴胡治寒热往来,治少阳之病;桂枝治畏寒发热,治太阳之病。

腧穴

又称穴位,是人体脏腑经络之气血输注于体表的特殊部位。“腧”,又作“俞”,通“输”,有输注、转输的意思;“穴”,原意为“土室”,引申指孔隙、空窍、凹陷处。腧穴既是疾病的反映处,也是针灸的施术部位,可接受各种刺激(如针、灸、按摩、电针、药物注射等),这些特殊部位对气血运行起着极为重要的调整和平衡作用。

人体的腧穴主要分为十四经穴、经外奇穴和阿是穴三大类。十四经穴是人体腧穴的主要组成部分,指十二正经加任脉、督脉经穴总合，又称“经穴”。经外奇穴指不归属于十四经，但具有一定名称、固定位置和一定主治作用的腧穴，简称为奇穴。阿是穴没有固定的位置和名称，为疼痛局部或敏感反映点。腧穴定位法又称取穴法，是指确定腧穴位置的基本方法，主要包括体表标志定位法、骨度分寸定位法、手指同身寸定位法和简便取穴法。

针刺腧穴能通过疏通经脉、调和气血，达到治疗疾病的目的，针灸凭此治疗百病。腧穴的主治作用包括近治作用、远治作用和特殊作用。近治作用指经穴、奇穴和阿是穴都能治疗其所在部位及邻近部位的病证，如眼区的睛明、承泣、四白、球后各穴，均能治眼病。远治作用指经穴，尤其是十二经脉在四肢肘膝关节以下的腧穴的主治作用，这些穴位不仅能治局部病证，而且能治本经循行所到达的远隔部位的病证，如合谷穴，不仅能治上肢病证，而且能治颈部和头面部病证。除了近治和远治作用，腧穴还具有双向调整、整体调整和相对的特异治疗作用，如泄泻时针刺天枢穴能止泻，便秘时针刺之则能通便。每个腧穴都有较广泛的主治范围，这与其所属经络和所在部位的不同有直接关系，无论腧穴的局部治疗作用，还是远离部位的治疗作用，都是以经络学说为依据，就是“经络所过，主治所及”。

《黄帝内经》

简称《内经》，是中医发展史上最重要的医学典籍之一。黄帝是中华民族的始祖，深受后人尊崇，因此，古人大多喜欢把著作托名为黄帝以示珍重，《内经》亦是如此。该书虽冠以黄帝之名，且书中体裁表现为黄帝与其臣子岐伯之间的问答，但其作者不是黄帝。由于书中呈现的学术主张、文字特点等不尽相同，后世学者推断，《内经》并非一时一人所著，而可能是战国至秦汉时期众多医家经验、理论观点的总结和汇编。

《黄帝内经》包括《素问》和《灵枢》两部分，各有 9 卷 81 篇。《素问》侧重于论述基本理论和原则，《灵枢》则侧重于讨论针灸、经络等。《内经》全面论述了中医的思维方法，人与自然的关系，人体的生理、病理以及疾病的诊断与防治等。它强调“天人相应”的整体观念，构建了藏象经络理论，系统论述了外感病邪和内伤七情的病因理论，提出了三因制宜理念，对后世辨证论治体系的建立具有重要的启示作用。

《内经》将中国古代哲学思想如精气、阴阳、五行学说等引入医学领域，标志着中医由经验医学阶段发展到有理论指导的系统的理性医学阶段。其构建了中医理论体系的基本框架，为中医理论体系的确立奠定了基础。它是几千年来中医体系的基石，即使到了 2 000 多年后的现在，它所论述的医学理论和方法还能在现代临床实践中得以验证，仍然有效地指导着医家的临床思维和实践。由于书中内容主要是以黄帝和岐伯二人互为问答的形式展开的，又鉴于《内经》一直被奉为中医学圭臬，后世又把中医称为“岐黄之术”。2011 年 5 月，联合国教科文组织将《黄帝内经》列入世界记忆遗产名录。

《伤寒杂病论》

东汉名医张仲景所著，中医学史上第一部理法方药完备、理论联系实际的临床医学著作。张机，字仲景，河南南阳人，被后人称为“医圣”。其书成书于东汉末年（约 200—210），后由晋代王叔和整理成《伤寒论》和《金匮要略》两部分。前者专门论治伤寒，后者主要论治内、外、妇、儿科杂病。此处“伤寒”的概念与西医学中感染伤寒杆菌所致疾病的概念有所不同；中医广义的伤寒是一切外感热病的总称，狭义的伤寒指外感风寒所发的疾病，所谓“伤寒”，即伤于寒。

《伤寒杂病论》始创“观其脉证，知犯何逆，随证治之”的辨证论治原则。书中记载处方 269 首，每首方都用药简练，但不管是在当时还是现代，临床疗效都十分显著，对中医临床各种疾病辨治都有指导作用。另外，汉代以前的医学界，要么是侧重理论探讨，“有说无方”，要么是侧重方术研究，“有方无说”，而该书首次实现了中医理论和临床实践的紧密结合,是中医史上第一本伟大的临床医学专著。书中对外感热病的论述以及辨证论治体系的创立,更是为明清时期温病学说的形成奠定了理论基础。此外,在这部距今1 800多年的医学巨著中,张仲景首次记载了人工呼吸、药物灌肠和胆道蛔虫治疗方法。此书是自《黄帝内经》之后中国医学史上第二座里程碑,被后世视为"众法之宗,群方之祖"。

《伤寒杂病论》在古时远传海外,对日本、朝鲜、韩国及东南亚一些国家和地区的医药事业也产生了深远影响。比如日本江户时代的古医学(古方派)把此书视为金科玉律,对张仲景极为推崇。直到现代,日本汉方医学仍喜欢沿用仲景原方治疗疾病,这已经成为汉方医学的一个主要特点。在日本一些著名的中药制药工厂出品的中成药中,伤寒方也占到60%以上。

《本草纲目》

明代伟大医药学家李时珍所著,是到16世纪为止中国最系统、最完整、最科学的一部医药学著作,被誉为"东方医药巨典"。

李时珍,字东璧,晚年自号濒湖山人,蕲州(今湖北省蕲春县)人,生于医学世家,是明代著名医家,被后世尊为"药圣"。他以前人的本草学术成就为基础,参考了800多部医学书籍,并且亲自遍访各地进行实地考察,采集药物仔细观察,从1552年开始,历时27年,三易其稿,乃成《本草纲目》一书。

全书共52卷,约200万字,共收载药物1 892种,附图1 100多幅,附方11 000余首,涉及人体生理、病理、证候、预防、卫生、植物、动物、矿物、物理、天文、气象等诸多内容。李时珍不仅对16世纪以前的本草学成就进行了全面的整理总结,而且还记述了自己丰富的研究成果和新经验,尽可能地纠正了过去本草中的一些谬误。他打破了自《神农本草经》以来沿袭了1 000多年的上、中、下三品分类法,把药物分为水、火、土、金石、草、谷、菜、果、木、器服、虫、鳞、介、禽、兽、人共16部,以下再分为60类。各药之下分正名、释名、集解、正误、修治、气味、主治、发明、附录、附方等项,从药物的历史、形态到功能、方剂等,系统地记述了各种药物的知识,丰富了本草学的内容。该书首创了按药物自然属性逐级分类的纲目体系,这种分类方法是现代生物分类学的重要方法之一,比现代植物分类学创始人林奈的《自然系统》早了一个半世纪,达尔文在研究生物进化论时也借鉴了其纲目分类法。

《本草纲目》在17世纪初便传播到海外,不仅为中国药物学的发展作出了重大贡献,而且对世界医药学、博物学、化学的发展也产生了深远的影响,被译成10余种文字在国外出版。英国著名生物学家达尔文把《本草纲目》称为中国古代的百科全书。2011年5月,中国中医科学院所藏的金陵本《本草纲目》入选联合国世界记忆遗产名录。金陵本《本草纲目》是1593年金陵胡承龙刊刻的《本草纲目》,是《本草纲目》的最早版本,也是迄今唯一由李氏家族自编的版本。

中医的医德

主要体现为:救死扶伤,仁术济世;勤研医术,精益求精;万事万物,莫贵于人;谦虚诚恳,尊重同道;无论贵贱,一视同仁;清廉正派,重义轻利。受儒家"仁""爱",墨家"兼爱"以及佛家"普度众生""大慈大悲"等观念影响,中医学十分重视医者的职业道德规范,强调医者自身的道德修养和自律,重视医德与医术的统一。因此,古人提出"医乃仁术"和"夫医者,非仁爱之人,不可托也"的观点。

唐代"药王"孙思邈所著《千金要方》一书中的《大医精诚》可以算作早期比较系统的医德规范的典范,而孙思邈本人也被视为中国医德思想的创始人。《大医精诚》一文提出,医者应该精研医术,学无止境;治病时,医生须以解除病人痛苦为唯一职责,无欲无求,发大慈恻隐之心;对待病人皆一视同仁;平时医生应善于内省,气度庄重宽宏;谦虚谨慎,不谈说别人的短处或诽谤攻击其他医生,不夸耀自己的功德。《大医精诚》被誉为是“东方的希波克拉底誓言”,影响着一代又一代中医人,直到现在,不少中医院校仍用它作为医学生誓言。

另一个系统论述了中医医德的代表之作,当属明代著名外科医学家陈实功所著《外科正宗》一书中的《医家五戒十要》。在这篇文章中,陈实功对医生的行为做出了规范,主要包括了医生的思想修养、服务态度、言行举止、专业学习、同事关系以及对待金钱财物的态度等。美国乔治敦大学主编的《生命伦理学大百科全书》认为,陈实功的《医家五戒十要》应当被看作是目前世界上最早成文的医学道德法典,这一说法代表了西方伦理学界的基本观点。

中医医德不仅体现在典籍文献里,更是被历代医家严格奉行,他们心怀仁术,救济苍生,涌现出许多感人的故事。其中最著名的例子之一,便是“杏林”的典故。三国时名医董奉不仅医术高明,且医德高尚。他救人无数,但看病从来不收取病人钱财。但凡重病者痊愈,董奉便要病人在其居住的山坡上种植五棵杏树;病轻者治愈,则种植一棵。由于董奉义名远播,远近患者纷纷前来求治,数年之间就种植了万余棵杏树,成为一片杏林。董奉贴出告示,杏林结出的果子任人采摘,无须通报,只需留下一斗谷子,便可自行摘一斗杏去。他把换来的谷子又用来救济贫民,每年都有两万余人受到董奉的接济。董奉去世后,“杏林”的故事一直流传了下来,后人也不断效仿。1 000 多年来,人们一直用“杏林春暖”或“誉满杏林”等成语来赞扬医生的高明医术和高尚医德,而“杏林”也成为中医的代名词。

传统养生

指以古代的医学、哲学、天文学、地理学、生物学、文学、史学为深厚底蕴,根据人体生命活动变化规律,集各地各族各时代人民养生智慧为一体,汲取各个学派精华,逐渐总结出祛病强身、延年益寿的宝贵方法。养生法来源于中医预防保健、哲学宗教、人文社会、天文气象、心理行为等多种领域,由于领域不同,养生家各自的理论和实践体会不同,其养生法各有侧重、各有所长,却又互相渗透、交叉影响,例如,除了中医养生法,还有按照宗教区分的佛家养生法、道家养生法、儒家养生法等,这些养生法又相互渗透融合。

中医养生法秉持生命观(精、气、神是形成生命的基础,运动是生命的根本特点,进而衍生出个人面对生死时当持有的基本态度),寿夭观(生、长、壮、老、死是生命延续的自然规律,养生的宗旨不是追求长生不老、返老还童,而是却病延寿、尽享天年),健康观(四个维度分别是身体健康、心理健康、适应社会、道德健康,应遵循形与神俱的健康标准),和谐观(应保持人与自然的和谐、人与社会的和谐、人体自身的和谐),权衡观(自然、生命在正常情况下,其内在运动变化永恒存在,整体保持稳定平衡,人体呈现平衡稳定,一旦稳态受到破坏,人体自身会自动予以调节,以恢复正常)等基本观念,确立了以预防为主、扶正祛邪,动静结合、形神合一,审因施养、三因制宜,五脏为本、杂合以养(以五脏为中心,根据具体的情况,不拘一功一法,从起居、动静、药食、针灸、推拿按摩等多种途径、多种方式进行养生实践活动)等基本原则,其内容丰富多彩,包括情志养生、社交养生、饮食养生、起居养生、四时节气养生、体质养生、雅趣养生、沐浴养生、运动养生、针灸推拿养生、药物养生等。这些丰富的养生方法能治、能养、能防,既包括医疗手段,也包括非医疗手段,其充分利用自然和社会环境的诸多有利因素,作用于人体自身的调节能力,使人与环境和谐一体,而且具有简单易行实用、应用广泛的优点。

饮食养生

简称食养,指依据中医理论,按食物的性味归经及其功能作用,调整饮食结构,注意饮食宜忌,合理摄取食物,从而达到保健强身、预防和治疗疾病、延年益寿的目的。

在几千年实践经验基础上,中医饮食养生形成了独特的理论和实践体系，其主要包括饮食有节、饮食均衡、药食同源几个方面。饮食有节主要指进食要有规律、有节制，不可过饥过饱、过寒过热。一日三餐遵循“早餐好、午餐饱、晚饭少”的习惯，这与人体昼夜的生理变化有关，因为人身阴阳气血的运行在昼夜中有盛衰的不同，适时提供营养物质以供机体利用，使脏腑功能正常、协调有序。饮食均衡主要指全面膳食、搭配均衡，并且应因人、因地、因时等选择不同的食物。例如，中医认为五季、五色、五脏有相对应的关系，吃相应颜色的食物可补益相应脏腑，如春天可多吃青色食品补肝。药食同源即指许多食物本身就是药物，许多药物又是日常的可口食物，食物与药物并无清晰的分界线，来源亦相同，主要为自然界的动植物和部分矿物。食物和药物一样也有“四气”“五味”“升降沉浮”“归经”等属性。基于药食同源的原理，在中医理论指导下，通过讲究饮食治疗疾病，发展出了药膳食疗，即以药物和食物为原料，烹饪加工制作膳食，既有食物之可口美味，又有药物的保健治疗功效。

运动养生

是中国古人在与疲劳、疾病、衰老的长期斗争中，摸索、创造的重要摄生保健方法。它融合了医、儒、释、道等多种传统文化元素，以天人相应观，整体恒动观（天地之四时、六气，人体五脏、六腑以及万事万物，既是一个完整统一、相互联系、息息相关的整体，又时时刻刻在运动变化和相互影响），形身相因观（又称形神合一、形与神俱，是指不仅要注意形体的保养，而且要注意精神的摄生）等为理论基础，以形神共养、动静结合等为理论指导原则，结合呼吸吐纳、配合精神意念以及自然环境的调和等方式进行体育锻炼，通过调节呼吸、意念、形体三者相结合的运动达到增强健康、延年益寿的目的。

运动养生经历了原始的巫舞、导引行气、内丹术和现代健身气功等几个阶段。湖南长沙马王堆汉墓出土的帛画《导引图》是迄今所发现的最早最完整的古代体操图样。运动养生可分为体动（肢体运动）、气功（呼吸运动）、抚动（按摩运动）与意动（意念运动）等几种类型，其表现形式除了导引、气功、太极拳等以缓慢、柔和、轻盈为特征的养生方式外，还有鸣天鼓、梳头、叩齿、明目、提肛、摩腹等以微运动或局部运动为特征的诸多养生方式。自古名医多长寿，他们进而治病救人，退而保身长全，运动养生是他们跻身于长寿者的重要法宝。

太极拳是中国首批国家非物质文化遗产。其他常用健身气功还有五禽戏、八段锦、易筋经和六字诀等。

民族医学

广义的民族医学指中国各民族的传统医学，包括中医和少数民族医学。狭义的民族医学指中国各少数民族的传统医学理论、治疗方法和保健习俗。民族医学是中国少数民族长期与疾病做斗争的经验总结，为各个民族的健康繁衍做出过重要贡献。

中国55个少数民族对医学的贡献是多方面的。其中19个民族有分量不等的成文医药专著、侧重点不同的临床实践和丰富的药物资源，它们是藏族、蒙古族、维吾尔族、傣族、壮族、苗族、瑶族、彝族、侗族、土家族、朝鲜族、回族、哈萨克族、畲族、布依族、仡佬族、拉祜族、羌族、水族。还有若干少数民族的医学资源也不可忽视，例如海南省的黎族医药、云南省的白族医药和哈尼族医药等。

中国民族医学具有典型的地域性与民族性，根据各个民族生存的自然环境、生产方式、生活条件和疾病状况不同，其医药创造和医药成就也各有千秋。以瑶族医药为例，中华人民共和国成立以前，绝大多数瑶族同胞世代居住在深山老林里，环境相对封闭，受其他民族文化的影响较少，形成其独特的医学体系。瑶医认为，人之所以会发病，除了风、气、虫、毒、饮食和外伤，还与体内的五脏六腑、气血有着密切的联系。在诊断方法上除了望、闻、问、切之外，常用的还有甲诊、掌诊、舌诊、耳诊和面诊等。在治疗上除了采草药内服、外洗、外敷和熏、熨、佩戴等之外，还有放血、骨灸、药物灸、药棍灸以及拔罐、针挑、捶击、推拿和指刮、骨弓刮、碗刮、青蒜刮、秆草刮等。瑶医有许多传统的地道药材，如“五虎”（虎类药物性能峻猛，见效快，多为消肿止痛药，有一定毒性），“九牛”（牛类药物性能强劲有力而持久，多为舒筋通络、强筋壮骨补肾药），“十八钻”（钻类药物性能强劲渗透、通达经络、透利关节，多为行气止痛、散瘀消肿药），“七十二风”（风类药物性能多样，多为清热解毒、祛风利湿、活血调经类药）等。瑶医治疗癌症、红斑狼疮、妇科病、跌打骨折、风湿病及毒蛇咬伤等病的效果，历来得到广大患者的认可。

藏医

藏族传统医学，简称藏医，是生活在青藏高原上的藏族人民积累的极其丰富的医疗保健经验的集合，是中国医学宝库的重要组成部分。藏医已有 3 000 多年的历史，它熔古代藏族人民的哲学、天文历算学、生物学、物理学、化学于一炉，把藏传佛教的某些理论和医学体系交织在一起，并且是地地道道的高原医学。

藏医理论系统、完整，医学典籍众多，如《四部医典》《月王药诊》《晶珠本草》等。藏医理论认为，人体内存在着“隆”（气）、“赤巴”（火）、“培根”（土和水）三大因素，存在饮食精微、肉、血、脂肪、骨、骨髓、精七种物质基础，并有大便、小便、汗液三种排泄物。三大因素支配七种物质基础和三种排泄物的运行变化。“隆”主气血、肢体活动、五官感觉、食物的输送分解和生殖机能等；“赤巴”可生发热能，调解体温气色，管饥渴消化、胆识智慧等；“培根”输送液体，调解肥瘦，主管味觉、睡眠和性格等。

藏医认为人生病的原因在于环境、气候和饮食起居的影响及体内三大因素的失调。其诊断方法采用望闻问切，尤其重视舌苔与早晨首次小便的情况变化。其将疾病分为热症与寒症两大类，并将病人分为“隆”型、“赤巴”型和“培根”型。药物治疗分内服和外治两种。内服药物采取“热者寒之”“寒者温之”的原则。外治有灸疗、放血、拔罐、热酥油止血、青稞酒糟贴敷外伤患处等。常用药是由多种药物配制的成药，共有 1 400 多种，其中一部分为青藏高原特产。

藏族人民世世代代生活在青藏高原，高寒缺氧，日照强烈，多风，气候多变。人们长期以游牧为主，肉食居多，燃料缺乏，患高原病、高血压、中风、肺心病、风湿病、肝胆病、肠胃病比较多，藏医对这些疾病的治疗经验相当丰富。

蒙医

蒙古族传统医学，简称蒙医，是蒙古民族在长期的医疗实践中逐渐积累的医药学理论和治疗方法。

蒙医全面吸收了藏医药的基本理论，并与蒙古族原来的传统医药经验相结合，故而许多医学理论和方药都与藏医相似。蒙医用“赫依”“希拉”“巴达干”三根（人体赖以生存的生命活动的三种能量和基本物质）的关系来解释人体的生理、病理现象。所谓“赫依”，是指各种生理功能的动力，凡是思维、语言、动作及各脏器的功能活动，都受它支配。如果“赫依”功能失常，则会导致脏腑功能减弱，表现为神志异常、失眠、健忘等。“希拉”有火热之意，机体的体温、各组织器官的热能及精神的振奋等都是“希拉”在发挥作用。“希拉”偏盛，就会发生各种温热病，如口苦、吐酸、神情狂躁等表现。“巴达干”是指体内的一种黏液状物质，具有寒性的特征。“巴达干”的功能失调，除了表现为一般寒性征象外，还易导致水液的停滞不化而出现各种分泌物增多的现象。

蒙古族生活在高寒地区，逐水草而居，作为“马背民族”，多户外活动，多肉食，其间传统医学也受中医的影响很大，过去也受到萨满教的治疗影响，现基本用草药、针灸、推拿等方法治病。蒙医的主要治疗方法包括放血，拔罐穿刺（拔罐与放血结合的外治法），灸疗（包括蒙古灸、白山蓟灸、西河柳灸、温针灸），酸马奶疗，蒙医正骨术等。

其中蒙医正骨术是历代蒙古族正骨医学家们所积累的治疗各类骨折与关节脱位、软组织损伤等一系列病症的疗法，包括骨折整复手法、骨折按摩法以及蒙医震脑术等各种正骨疗法，具有鲜明民族特色。其一般按整复、固定、按摩、药浴治疗、护理和功能锻炼等步骤进行。蒙医正骨术有固定的矫形器械和支架，如凸面青铜镜或银杯、蛇蛋花宝石、压板、压垫沙袋、绷带等。使用器械固定时，先用烈性白酒充分喷洒在伤肢骨折处和关节部位，再进行揉捋按摩，有解毒、舒筋和活血的作用。现代蒙医正骨术以蒙医学理论为指导，以手法整复为主，辅以蒙药治疗，具有方法简便、器械简单、费力少、治愈快等特点。

苗医

苗族传统医学，简称苗医，是苗族人民在长期的生产活动和与疾病、伤害的生存斗争实践中，积累的丰富、宝贵、自成体系的治疗方法和用药经验，是中国传统医药宝库中的一部分。

历史上素有“千年苗医，万年苗药”之说。先秦著述记载“苗”是尝百草的神农氏最早传人之一，西汉更有“古之医者曰苗父”之说。苗族早期迁徙频繁，所经之处多是人迹罕至的荒僻山区和瘴疠之乡，自然条件十分恶劣，同时药材资源非常丰富，因而苗医积累了大量草药知识和治病知识。苗医是草药知识最丰富的民族医学之一，素有“三千苗药，八百单方”之称。

苗医对病因的认知和疾病的命名、分类等，皆具民族特色，并体现了规范性。它将疾病分为经类、证类、翻类、胎病、抽病、丹类、疔类、癀类、花类、疮类、龟类等，认为人体患病与不良的自然环境、气候有很密切的关系，即日、月、寒、暑、风、霜、雨、露、雾都可形成“毒气”侵犯人体而致病。苗医认为毒、亏、伤、积、菌、虫是导致人体生病的六种因素。

苗医通过望、听、嗅、问、摸、弹等方法搜集疾病表现的各种症状和体征，结合天时地域及其他条件进行综合分析，辨别冷、热二病，依据“冷病热治、热病冷治”两大治则，通过内治法和外治法达到治疗疾病的目的。它创造了独特的治病十六法，包括赶毒法、败毒法、攻毒法、止痛法、冷疗法、热疗法等，尤其对妇科疾病、儿科疾病、骨伤、虫咬蛇伤、皮肤肿疖、岚瘴秽浊诸病有显著疗效。其外治法十分丰富，体现了浓郁的民族特色，包括放血疗法、刮治法、爆灯火疗法、气角疗法、发泡疗法、佩戴疗法、熏蒸疗法等。苗医治疗方法因苗人的所在区域和分支不同而略有差异。

拼 音 索 引

X

Y

Z

图书在版编目(CIP)数据

中国文化知识辞典 / 徐宝锋主编. —南京: 江苏凤凰教育出版社, 2021.3

ISBN 978-7-5499-9099-3

Ⅰ. ①中… Ⅱ. ①徐… Ⅲ. ①中华文化—词典 Ⅳ. ①K203-61

中国版本图书馆 CIP 数据核字(2020)第 255398 号

书　　名 中国文化知识辞典
主　　编 徐宝锋
责任编辑 戎文敏　马镇兴　林　明　徐念一　陈彦理
装帧设计 周　晨
印刷监制 石贤权
出版发行 江苏凤凰教育出版社(南京市湖南路 1 号 A 楼　邮编 210009)
苏教网址 http://www.1088.com.cn
排　　版 南京展望文化发展有限公司
印　　刷 南京爱德印刷有限公司　电话(025-57928017)
开　　本 889mm×1194mm　1/16
印　　张 41
版　　次 2021 年 3 月第 1 版
2021 年 3 月第 1 次印刷
书　　号 ISBN 978-7-5499-9099-3
定　　价 288.00 元
网店地址 http://jsfhjycbs.tmall.com
公 众 号 江苏凤凰教育出版社(微信号:jsfhjyfw)
邮购电话 025-85406265, 025-85400774, 短信 02585420909
盗版举报 025-83658579